Adolf Lasson

System der Rechtsphilosophie

Adolf Lasson

System der Rechtsphilosophie

ISBN/EAN: 9783864032530
Erscheinungsjahr: 2011
Erscheinungsort: Bremen, Deutschland

© Outlook Verlagsgesellschaft mbH, Fahrenheitstr. 1, 28359 Bremen. Alle Rechte beim Verlag und bei den jeweiligen Lizenzgebern.

www.eh-verlag.de | office@eh-verlag.de

Bei diesem Titel handelt es sich um den Nachdruck eines historischen, lange vergriffenen Buches. Da elektronische Druckvorlagen für diese Titel nicht existieren, musste auf alte Vorlagen zurückgegriffen werden. Hieraus zwangsläufig resultierende Qualitätsverluste bitten wir zu entschuldigen.

Adolf Lasson

System der Rechtsphilosophie

System

der

Rechtsphilosophie.

Von

Adolf Lasson.

Berlin und Leipzig.
Verlag von J. Guttentag
(D. Collin).
1882.

Vorrede.

Der Zeitpunkt, in welchem das vorliegende Buch in die Oeffentlichkeit tritt, legt dem Verfasser eine doppelte Erinnerung nahe.

Es ist jetzt ein halbes Jahrhundert vergangen seit Hegel's Tode. Mehrere Jahrzehnte hindurch hat Hegel's Lehre auf die Theologie, die Rechtswissenschaft, die historischen, die ästhetischen Anschauungen, ja auf das gesammte deutsche Geistesleben den tiefgehendsten Einfluss geübt; gegenwärtig ist in Deutschland die Zahl derjenigen, die von Hegel noch etwas aus eigener Kenntnis wissen, gering, und sich in des Mannes Sprache und Gedankengang hineinzufinden, scheint nur wenigen der Mühe werth. Bei der grossen Masse, bei Gelehrten wie bei Ungelehrten, hat sich das Urtheil festgestellt, dass Hegel's Lehre Trug und Täuschung, sein Verfahren unwissenschaftlich und willkürlich sei, und ungestraft darf jeder dürftige Anfänger auf fremden Credit hin das Andenken des Mannes beschimpfen, der den Fremden wol auch noch heute neben Kant als der bedeutendste und charakteristischste Vertreter des deutschen Gedankens erscheint.

In eben diesem Jahre ist zugleich ein volles Jahrhundert verflossen seit dem Erscheinen der „Kritik der reinen Vernunft". Scheinbar hat Kant ein ganz anderes Schicksal gehabt als derjenige, der unter seinen Nachfolgern so lange der gefeierteste war. Kaum wird heute ein Name häufiger genannt als derjenige Kant's. Die Kant-Literatur hat sich seit Jahren zu einer schwunghaft betriebenen Industrie herausgebildet; die Kritik der reinen Vernunft insbesondere wird commentirt und excerpirt, interpretirt und kritisirt in infinitum. Aber all dies geräuschvolle Treiben vermag doch die Thatsache nicht hinwegzutäuschen, dass die Gestalt des Königsberger Weisen dem Bewusstsein und der Denkweise des gegenwärtigen Geschlechtes fremd und immer fremder geworden ist. Kant, der kühne aprioristische Systematiker des reinen Gedankens, der Schöpfer der metaphysischen Speculation bei den Deutschen, ist vergessen; übrig geblieben ist ein sensualistischer Empirist von skeptischer Haltung, ein etwas verfeinerter Nachfolger von Locke und Hume.

Vielleicht darf man es als einen Vorzug der deutschen Nation betrachten, dass sie sich zeitweise von den grossen Männern und den grossen Gedanken, die ihre Cultur in vergangener Zeit bestimmt haben, abzuwenden und sich in völlig entgegengesetzte Richtungen zu werfen vermag. Bei anderen Nationen ist es nicht so. Der Franzose hält an seinem Descartes wie der Engländer an seinem Lord Bacon fest, und die Gestalten dieser Männer sind typisch geblieben für den gesammten wissenschaftlichen Betrieb bei ihren Nationen bis auf den heutigen Tag. Die Deutschen haben es von je geliebt, das Eigenste, was sie haben, zeitweise mit Geringschätzung abzuthun und sich den Manieren der Ausländer hinzugeben. Gegenwärtig ist die edle Blüte des eingeborenen Idealismus des deutschen Geistes, sein Erbtheil und seine Signatur von den Jahrhunderten her, erstickt unter dem Wegekraut des common sense, unter der engbrüstigen Nüchternheit und handwerksmässigen Dürftigkeit des Sensualismus und Empirismus nach englischem Vorbild. So war es auch im Zeitalter vor Kant und bei denjenigen seiner Zeitgenossen, die sich seinem Einfluss am hartnäckigsten entzogen, und was sich heute als die neueste Weisheit giebt, das kann man ziemlich genau ebenso und mit dem gleichen Anspruch auch schon bei den deutschen Psychologen des vorigen Jahrhunderts lesen. Es scheint, als ob die unverwüstliche und unerschöpfliche Productionskraft der Deutschen sich zuweilen auf Nebenwege verliere nur zu dem Zwecke, um in scheinbarer Zerstreuung Kräfte zu neuem Anlauf und Stoffe zu neuer Verarbeitung zu sammeln. Dass der deutsche Geist sich und seinen Adel dauernd aufgebe, das ist auch jetzt nicht zu fürchten; die Zeit wird wiederkehren, wo er sich auf sein eigentliches Wesen zurückbesinnt und an seine Vergangenheit bedachtsam wieder anknüpft.

Die Periode der deutschen Philosophie, die von Kant bis Hegel reicht, ist genau in demselben Sinne classisch, wie die Periode der deutschen Poesie von Lessing bis Goethe, wie die Periode der deutschen Musik von Gluck bis Beethoven. In Leibniz hat die deutsche Philosophie ihren Vorläufer gehabt, wie die Poesie in Klopstock, die Musik in Bach. Die funfzig Jahre von 1781—1831 sind das eigentlich productive Zeitalter der deutschen Philosophie gewesen; alles, was später gekommen ist, ist unproductiv geblieben. Viel Feines und Geistreiches ist auch seitdem gesagt worden; nichts, was bleibende Macht besässe, nichts, was die Nation in ihrer Tiefe zu ergreifen vermöchte, nichts, was sich in umfassenderem Sinne fruchtbar erwiesen hätte. Gilt es zu erklären, wodurch die deutsche Nation vermocht hat, eine leitende Stellung unter den Völkern von höchster Cultur zu erringen, so muss man doch immer auf jene funfzig Jahre und ihre Ideenproduction verweisen.

Inzwischen hat sich nicht bloss der Charakter der wissenschaftlichen Theorieen verändert. Wissenschaftliche Theorie und Praxis des Lebens stehen sich nicht so äusserlich und gleichgültig gegenüber, wie man wol zuweilen meint. Den nächsten Rückschlag üben die grossen Evolutionen des Gedankens immer auf die Ausbildung von Recht und Staat. Im Zeitalter Kant's und Hegel's suchte man auf Ideen der Vernunft gestützt den Staat der Freiheit und Gerechtigkeit; es ist ganz natürlich, dass man im Zeitalter des skeptisch empiristischen Sensualismus ebenso den Staat des Nutzens und der Wolfahrt anstrebt. Der trivialste Gesichtspunkt hat sich allmählich mit siegender Gewalt die grosse Mehrzahl unterworfen. Was soll uns noch Idee, Vernunft, Wissenschaft! Wissen kann der Mensch doch nichts; Thatsachen beweisen. Die erste Thatsache aber ist, dass der Mensch essen will, möglichst viel und möglichst gut. Was soll uns

Freiheit, Individualität, Selbstthätigkeit! Ist der Mensch nur ein besonders glücklich organisirtes Thier, so ist es ausreichend, ihn mit sinnlichem Behagen zu versorgen, und diese Aufgabe zu lösen, bietet sich ein einfaches Mittel, die Staatssclaverei. Wozu hätte auch der Staat seine riesigen Mittel, wozu die Macht, jedem das Seine zu nehmen und jeden zu dem zu zwingen, was er am wenigsten mag, wenn er nicht einmal dieser Macht sich bedienen sollte, um die Menschen glücklich zu machen? Lasst nur erst den Staat in seiner modernen Entwicklung die Sache in die Hand nehmen, und es wird sich auf Erden eine Art von Glückseligkeit entwickeln, gegen welche die erbaulichsten Schauspiele, die uns die Despotieen des Ostens bieten, ein reines Kinderspiel sind.

Der Strömung der populären Meinung, die sich seit Jahren mit immer wachsender Gewalt in die eben bezeichnete Richtung geworfen hat, stellt sich das vorliegende Buch entgegen. Es hat keine andere Absicht, als die wissenschaftliche Erkenntnis vom Rechte zu fördern; aber die Rechtsphilosophie kann es gar nicht vermeiden, sich auf die Streitfragen politischer und socialer Natur einzulassen, die eben jetzt am lebhaftesten erörtert werden. Indem dieses Buch den utilitarischen Gesichtspunkten den **Idealismus des Rechtsstaates** gegenüberhält, erhebt es zugleich die Gegenstände der geläufigsten Discussion über das Parteigezänke hinaus in die lichteren Regionen einer wissenschaftlichen Erörterung im Lichte der obersten Principien.

Der Nachdruck liegt dabei auf der **systematischen Anordnung** des Ganzen. Durch die systematisch strenge Form der Durchführung des Princips allein kann der Philosoph hoffen, ausser der Fortbildung seiner Wissenschaft auch dem Fachmann, also in diesem Falle dem Juristen, eine nützliche Handreichung zu bieten. Was eine Rechtsphilosophie leisten kann, ist doch immer nur dies, dass das Einzelne des gegebenen Rechtsstoffes in einem neuen und helleren Lichte erscheint, wenn es in seinem gliedmässigen Zusammenhange mit den obersten Principien aufgefasst wird. Der Philosoph hat es nicht mit einem bestimmten positiven Rechte zu thun, sondern im Grunde mit allem, was positives Recht jemals gewesen ist oder künftig einmal werden kann. Mit einzelnen mehr oder minder geistreichen Reflexionen über Eigenthum und Ehe, Gericht und Strafe, Staatsverfassung und ewigen Frieden ist nichts geschafft; es gilt nach Möglichkeit den positiven Rechtsstoff in seinem inneren Zusammenhange erkennend zu durchdringen. Freilich, der Philosoph hat wol die Pflicht, encyclopädisches Wissen anzustreben, um die zur Zeit sicher erkannten Thatsachen je an ihrer Stelle in das System der Vernunftbestimmungen einreihen zu können: die Aufgabe, mit dem Fachmanne auf dessen eigenstem Gebiete zu concurriren, hat er nicht. Unfehlbar ist die begriffliche Construction ebensowenig, wie jede andere Art der Forschung; aber selbst das Verfehlen und Misslingen kann, wo nur sonst ein ernstes Streben auf rechtem Grunde zu solchen Irrthümern im einzelnen verführt hat, der Wissenschaft förderlich werden, indem es zu weiterer Durchbildung der Begriffe Anregung giebt.

Seiner Form nach ist das vorliegende Buch als ein Handbuch angelegt, welches auch den Lernenden, Juristen sowol als Philosophen, seine Dienste zu leisten geeignet sein soll. Schon deshalb ist davon Abstand genommen worden, die Menge der im Texte zustimmend oder ablehnend berücksichtigten Schriftsteller ausdrücklich zu citiren. Die eingestreuten Literaturangaben werden ausreichen, damit der Anfänger sich weiter finden könne.

Zugleich giebt sich das Buch als ersten Theil der Ethik. Von der allgemeinen Grundlegung der Ethik ist dasjenige hineingearbeitet worden, was für die besonderen Aufgaben der Rechtsphilosophie unerlässlich schien. Seine Ergänzung fordert das Buch in einem Handbuche der Politik, das in Vorbereitung ist. So sehr die Politik ein integrirender Theil der Rechtsphilosophie ist, so schien doch eine abgesonderte Behandlung dieser Wissenschaft geeigneter, theils weil sie gemeinhin nicht unter dem Begriffe der Rechtsphilosophie mitbefasst wird, theils weil ihr, sollte irgend den wissenschaftlichen Anforderungen genügt werden, ein grösserer Umfang und eine eingehendere Darstellung zuzuweisen war. In die

Politik ist auch das Völkerrecht verwiesen worden, das nur in ihrem Zusammenhange seine rechte Stellung und sein wahres Verständnis finden kann. Dem Verfasser ist es als eine Pflicht erschienen, in dieser Zeit dieses Buch zu schreiben. Er hat geglaubt, für die Philosophie wie für die Rechtswissenschaft einiges Förderliche vorbringen zu können: nun kann er nur das Urtheil Berufener mit Ergebung abwarten. Um die Unberufenen ist er fest entschlossen sich nicht zu kümmern. Wenn das Buch altmodisch erscheint, so lässt sich dagegen nichts thun. In diesem Buche ist allerdings viel von Vernunft, von Nerven und Muskeln gar nicht die Rede, und der Unterschied von weisser und grauer Commissur, von quergestreiften und glatten Muskeln wird nicht ein einziges Mal in Betracht gezogen. Selbst die günstige Gelegenheit, von den Bogos und Maoris, den Kunamas und Osseten und anderen gleich interessanten Völkerindividualitäten zu sprechen, ist völlig unbenutzt geblieben. Wer einmal altmodisch ist, der muss sich nicht scheuen, auch altmodisch zu erscheinen. Für die neue Weltanschauung des Neu-Conservativismus und der Neu-Orthodoxie, die durch den pharisäischen Schein frommer, „gläubig" klingender Redewendung die principielle Uebereinstimmung mit den Idealen der Socialdemokratie, des praktischen Materialismus und des Ultramontanismus so schön und so erbaulich einzuhüllen weiss, fehlt es dem Verfasser an aller Sympathie und allem Verständnis. Er hält mit unbelehrbarer Starrköpfigkeit fest an den alten conservativen staatsbildenden Gedanken des preussischen Staates, an der alten evangelischen und lutherischen Orthodoxie, die wie die Werke vom Glauben so auch weltlich Geschäft von geistlichem sauber scheidet, und an dem altgermanischen Respect vor der Heiligkeit des Rechtes und den erworbenen Rechten, vor der Person und vor ihrem Eigenthum.

Uebrigens, wenn einer vor die Oeffentlichkeit tritt, so muss er auf die Möglichkeit gefasst sein, dass andere von ihm reden; um so weniger hat er Anlass, selbst von sich zu reden. Deshalb sei nur noch eine Bemerkung hinzugefügt. Ist in der Hauptsache in dem Buche einiges Brauchbare und

Förderliche zu finden, so darf der Verfasser für Mängel und Verfehlungen mildernde Umstände plaidiren, die ja wol auch in äusseren Verhältnissen gefunden werden können. Die Verhältnisse, in denen der Verfasser lebt, sind literarischer Production nicht günstig.

Hangelsberg, Villa Wöhlert,
den 4. October 1881.

A. Lasson.

Inhaltsverzeichnis.

Einleitung.

		Seite
§ 1.	Der Begriff der Rechtsphilosophie	1
§ 2.	Die Aufgabe der Rechtsphilosophie	10
§ 3.	Der Gegenstand der Rechtsphilosophie	21
§ 4.	Die Geschichte der Rechtsphilosophie	42

System der Rechtsphilosophie.

Eintheilung 111

Erster Theil.
Die Begriffe des Rechtes und des Staates.

Erster Abschnitt.
Die Grundlagen des Rechtes und des Staates.

Erstes Capitel. Die Natur des Menschen.

§ 5.	Die leibliche Natur des Menschen	113
§ 6.	Die seelische Natur des Menschen	116
§ 7.	Das menschliche Bewusstsein	120
§ 8.	Der Mensch als geistiges Wesen	122
§ 9.	Die Vorstellung	126
§ 10.	Der Verstand	133
§ 11.	Das Begehren	136
§ 12.	Das besonnene Wollen	141
§ 13.	Der freie Wille	154

Zweites Capitel. Die menschlichen Verhältnisse.

§ 14.	Der Mensch und die äussere Natur	162
§ 15.	Die Familie	165
§ 16.	Das Volk	169

Drittes Capitel. Die Interessen der Menschen.

		Seite
§ 17.	Die materiellen Interessen	174
§ 18.	Die Interessen der Persönlichkeit	181
§ 19.	Die gesellschaftlichen Interessen	187

Zweiter Abschnitt.
Die Momente des Rechtsbegriffs.

Erstes Capitel. Die Ordnung als Princip des Rechts.

§ 20.	Die praktische Vernunft und der natürliche Wille	193
§ 21.	Das Recht als gesetzliche Ordnung	198
§ 22.	Das Recht als Grenze der Befugnis	207

Zweites Capitel. Das Gerechte als Princip des Rechts.

§ 23.	Das Recht als inhaltlicher Ausdruck der praktischen Vernunft	215
§ 24.	Die Momente des Gerechten	222
§ 25.	Das Gerechte und das Recht	231

Drittes Capitel. Die Freiheit als Princip des Rechts.

§ 26.	Das Recht als Ausdruck der Innerlichkeit	242
§ 27.	Die divergirenden Richtungen der Rechtsentwicklung	261
§ 28.	Das Recht als das äussere Dasein der Freiheit	271

Dritter Abschnitt.
Die Verwirklichung des Rechts im Staate.

Erstes Capitel. Der Staat nach seinem Wesen.

§ 29.	Die äusseren Kennzeichen des Staates	283
§ 30.	Der Existenzgrund des Staates	293
§ 31.	Die Functionen des Staates	310

Zweites Capitel. Der Staat als historisches Gebilde.

§ 32.	Der Staat als Nationalstaat	350
§ 33.	Das Ziel der Entwicklung des Staates	368
§ 34.	Die Antinomieen des Staatslebens	380

Drittes Capitel. Der Staat unter Staaten.

§ 35.	Die Souvränetät	389
§ 36.	Das Völkerrecht	394
§ 37.	Der Staat und die Weltgeschichte	407

Zweiter Theil.
Das System der Rechtsbestimmungen.

Erster Abschnitt.
Allgemeine Lehre von den Rechtsbestimmungen.

Erstes Capitel. Die Natur der objectiven Rechtsbestimmungen.

§ 38.	Die Rechtsquellen	412
§ 39.	Gültigkeitsgrenzen des Rechtes	423
§ 40.	Die endgültige Feststellung des Rechtes	431

Zweites Capitel. Rechtssubject und Berechtigung.

§ 41.	Das Rechtssubject	440
§ 42.	Die Berechtigung	451
§ 43.	Rechtsthatsachen und Rechtshandlungen	462

Drittes Capitel. Das Unrecht.

§ 44.	Wesen und Arten des Unrechts	484
§ 45.	Die Abwehr des drohenden Unrechts	505
§ 46.	Die Wiederherstellung des Rechtes aus dem Unrecht	518

Zweiter Abschnitt.
Das Privatrecht.

§ 47.	Privatrecht und öffentliches Recht	541

Erstes Capitel. Die Rechte der Persönlichkeit.

§ 48.	Das Recht des Bestandes der Persönlichkeit	545
§ 49.	Das Recht der materiellen Interessen	553
§ 50.	Das Recht der idealen Interessen	556

Zweites Capitel. Das Recht der Personenverbände.

§ 51.	Der Familienverband	559
§ 52.	Der persönliche Dienstverband	584
§ 53.	Der corporative Verband	588

Drittes Capitel. Das Vermögensrecht.

§ 54.	Das Eigenthum	592
§ 55.	Die dinglichen Rechte	615
§ 56.	Die Forderungsrechte	628

Inhaltsverzeichnis.

Dritter Abschnitt.
Das öffentliche Recht.

Erstes Capitel. Die Verfassung.

		Seite
§ 57.	Die Herrschgewalt	641
§ 58.	Die Rechtsbildung	647
§ 59.	Die Organe des Staatswillens	651

Zweites Capitel. Die Verwaltung.

§ 60.	Die unmittelbare Selbsterhaltung des Staates	670
§ 61.	Die abwehrende Staatsfürsorge	676
§ 62.	Die fördernde Staatsfürsorge	682

Drittes Capitel. Die Rechtspflege.

§ 63.	Das Gericht	687
§ 64.	Die Vollstreckung	693
§ 65.	Das Verwaltungsgericht	696

Einleitung.

§ 1.
Der Begriff der Rechtsphilosophie.

Die Rechtsphilosophie ist ein Theil der Ethik als der Lehre von der Verwirklichung der Idee des Guten im menschlichen Willen. Die Ethik aber bildet einen Zweig der Philosophie des Geistes, welche sich nach den drei Ideen des Schönen, des Wahren und des Guten in die Aesthetik, die Logik oder Wissenschaftslehre und die Ethik gliedert. Die Philosophie des Geistes hat mit der Naturphilosophie, ihrer nebengeordneten Schwester, die gemeinsame Grundlage in der Wissenschaft von den obersten Principien, der Metaphysik.

Die Ethik umfasst ausser der Philosophie des Rechts als derselben nebengeordnete Theile die Philosophie der Sitten, die Moralphilosophie oder die Lehre von den Tugenden, und die Lehre von der Sittlichkeit oder der sittlichen Persönlichkeit. Denn in vier wesentlich verschiedenen Formen realisirt sich die Idee des Guten im Elemente des menschlichen Willens: als Recht, als Sitte, als Moralität und zuletzt als Sittlichkeit. Von diesen Formen ist das Recht die erste und unmittelbarste und zugleich die Basis für alle anderen. Alle Theile der Ethik haben ihre Voraussetzung in der ethischen Principienlehre, welche die Idee des Guten in ihrem Verhältnis zu den Ideen des Schönen und des Wahren, sowie in der inneren Gliederung ihrer Manifestationen betrachtet, und die Begriffe des Willens, des Zweckes und der Freiheit erörtert.

Die Rechtsphilosphie hat somit ihre Wurzeln in der systematischen Einheit der philosophischen Weltanschauung überhaupt und beruht zuletzt auf der Summe dessen, was von den Principien alles Seins, von Natur und Geist wissenschaftlich erkannt ist. Wo indessen die Rechtsphilosophie als ein Ganzes für sich behandelt wird, ist es nicht möglich und auch in keinem Sinne erforderlich oder nützlich, dass sie die ganze Fülle ihrer Voraussetzungen mit sich schleppe. Es muss genügen, dass sie, indem sie ihrem besonderen Gegenstande nach allen seinen wesentlichen Gesichtspunkten gerecht wird, sich auch über die Berechtigung ihrer Voraussetzungen ausweise, deren Discussion nicht in ihren eigenthümlichen Bereich zu fallen vermag.

1. Das Verhältnis des Rechtes zum sittlich Guten und damit auch der Rechtsphilosophie zur Ethik oder Moralphilosophie, wie sie gewöhnlich verstanden wird, birgt für die wissenschaftliche Erkenntnis grosse Schwierigkeiten. Die Griechen und die Römer, soweit sie über Recht und Staat philosophirt haben, wussten das specifisch Rechtliche von anderen Formen des Ethischen noch nicht zu unterscheiden; ihnen ging der Mensch im Bürger auf, und Pflicht und Tugend des Menschen fiel ihnen mit der Pflicht und Tugend des Bürgers, das Sittengesetz mit dem Rechtsgesetz zusammen. Der Unterschied von bloss äusserer Legalität und Uebereinstimmung der Gesinnung mit dem Gesetze konnte dem Scharfsinn eines Aristoteles nicht wol entgehen (Rhetorik I, 13. 1374 a 20. Eth. Nicom. V, 5; 13. II, 3. IV, 2. VI, 10); aber zu klarer Sonderung des Rechtlichen und Sittlichen kommt es bei ihm nicht. Selbst die Stoiker, obgleich sie Erhebung über den Staat, dem wir durch Geburt angehören, und über das Gesetz dieses Staates fordern, fassen doch das Sittengesetz wieder nur als ein universales, ideales Rechtsgesetz in einem idealen Staate auf, der die Menschheit und die Götter zugleich umfasst (Seneca De otio IV, 1). Cicero erkennt im Staatsgesetz ausdrücklich den Inbegriff aller sittlichen Vorschriften (De Republ. I, 2, 2). Für die römischen Juristen gilt die Anschauung, die Celsus ausspricht (L. 1. D. De i. et i. I, 1): Jus est ars boni et aequi. Aber auch in der christlichen Wissenschaft ist der wesentliche Unterschied zwischen Rechtsgesetz und Sittengesetz bis auf die neueren Zeiten verhüllt geblieben. Augustinus begründet alle Vorschriften für menschliches Handeln in gleicher Weise auf den geoffenbarten Willen Gottes und kennt eine selbstständige

Bedeutung des Rechtes schon deshalb nicht, weil nach ihm der irdische Staat der blosse Gegensatz des Gottesstaates, eine Folge des Sündenfalls, vom Princip des Bösen durchdrungen, nur ein nothwendiges Uebel ist, und Herrschaft, Gericht, Eigenthum mit der Wiederherstellung des Reiches Gottes verschwinden werden. Thomas von Aquino freilich, der von Aristoteles gelernt hat, Legalität und tugendhafte Gesinnung auseinanderzuhalten, weiss auch von dem göttlichen Gesetze das menschliche zu unterscheiden als ein Dictat der praktischen Vernunft, welches nicht alle, sondern nur die allzu schlimmen Vergehen verhindert, besonders diejenigen, welche zum Schaden Anderer gereichen, und ohne deren Verhinderung das menschliche Zusammenleben nicht bestehen kann. Diese menschlichen Gesetze sind vernünftige Ordnungen für das gemeine Wohl, von der Obrigkeit gegeben; sie binden das Gewissen, sofern sie gerecht, d. h. aus dem ewigen göttlichen Gesetze abgeleitet sind; sofern sie ungerecht sind, binden sie das Gewissen nur, wenn es gilt, Aergernis und Unordnung zu vermeiden, zu welchem Zwecke der Mensch die Pflicht hat, selbst von seinem „Rechte" zu weichen. Gesetze, die dem göttlichen Rechte widerstreiten, haben überhaupt keine verbindliche Kraft, weil man Gott mehr gehorchen muss als den Menschen. — Offenbar hat auch Thomas von dem eigenthümlichen und allem Sittengesetze gegenüber selbstständigen Werthe des Rechts noch kein Verständnis gehabt. Bis zum 17. Jahrhundert blieb es die herrschende Auffassung, das Recht wie alles Sittliche und von diesem ungesondert auf den im Dekalog geoffenbarten göttlichen Willen zu begründen. Und als Grotius, den man doch in mancher Beziehung als den Erneuerer einer philosophischen Betrachtung des Rechts bezeichnen darf, den Inhalt des Rechtsgebotes von dem Willen, ja von dem Dasein Gottes unabhängig erklärte, so wusste doch auch er nicht die eigenthümliche Natur des Rechtes gegenüber dem Sittengesetze zu erfassen, sondern setzte es ohne Einschränkung in die engste Beziehung zu moralischem Urtheil und moralischer Nöthigung sowie zu dem Verbote und Gebote Gottes. Kaum dass er in seinem Begriffe der Schicklichkeit (aptitudo), zu der nicht gezwungen werden kann, einen Ansatz macht zur Unterscheidung zweier Arten innerhalb des Rechtes, die dann andere weiter zu führen vermochte zu einer Unterscheidung des Rechtlichen und Moralischen (De iure belli ac pacis. 1625. I, 1. 10; 7. II, 7. 4; 17. 2). Unter seinen Nachfolgern nimmt Pufendorf einen Anlauf, Satzungen göttlichen und Satzungen menschlichen Gerichtes zu unterscheiden. Die menschlichen Gesetzgeber, meint er, erstreben durch ihre Gesetze den Nutzen des Gemeinwesens und lassen sich deshalb an der dem Gesetze entsprechenden äusseren Handlung genügen, ohne auf die Absicht des Handelnden zu sehen, die ja für ein menschliches Auge ohnehin schwer zu erkennen sei. Er statuirt danach auch einen Unterschied von vollkommenen und unvollkommenen Rechten, je nachdem die Leistung des Geschuldeten sei es durch Krieg, sei es durch gerichtliche Klage erzwungen werden darf, oder bloss dem sittlichen Gefühl und dem Gewissen anheimgestellt bleiben muss. Der Grund für diese Verschiedenheit liege darin, dass die eine Art von Rechten dringlicher sei für die Existenz der Menschen als die andere, und dass sie auch auf ausdrücklichem Vertrage beruhe. Danach unterscheidet denn Pufendorf auch eine universale Gerechtigkeit von der particularen, von denen jene die Erfüllung moralischer Gewissenspflichten, diese die Erfüllung rechtlicher Zwangspflichten bedeutet (De iure nat. et gent. 1672. I, 1, 19 ff. I, 7. 7. I, 8, 3. VIII, 1. 1 ff.). Aber Pufendorf vermag nicht diese Gesichtspunkte, die er gefunden hat, festzuhalten und im einzelnen durchzuführen. Die juridische Zurechnung, die Beachtung von Absicht und Vorsatz bei der Beurtheilung des Unrechts scheint ihm, wie sogar manchen noch heut zu Tage, identisch mit sittlicher Beurtheilung; und in allen seinen Einzelausführungen verfährt er, als habe er den Unterschied von göttlichem und menschlichem Gericht, von Gewissenspflicht und Rechtspflicht völlig vergessen. Rechtliches und Moralisches tummelt sich bei ihm unterschiedslos in krauser Verwirrung durch einander. Nichts desto weniger haben seine Anläufe kräftig fortgewirkt, schon bei Leibniz, der sich sonst zu Pufendorf's Gegnern stellt. Leibniz hebt in der Gesetzgebung für menschliche Handlungen den Unterschied von Dürfen und Sollen hervor, von potentia moralis und necessitas moralis. Er unterscheidet drei Rechtsgesetze und danach drei Stufen der Gerechtigkeit: ein strictes Recht zunächst, welches Verletzung des Andern verbietet und die Anwendung des Zwanges gestattet; die Billigkeit sodann, welche Andere möglichst zu fördern gebietet; endlich eigentliche Sittlichkeit (pietas, probitas, honeste vivere), welche Selbstverleugnung befiehlt, über das irdische Leben hinaus auf ein transcendentes Gut verweist und in der Idee der Unsterblichkeit und Gottes wurzelt. Diese letztere Stufe, die Sittlichkeit, nennt er auch die universale Gerechtigkeit und fasst sie als den Inbegriff aller Tugenden, als das natürliche Recht des vollkommensten Staates, in welchem wir unter Gott als dem allweisen und allmächtigen Regenten leben (De notionibus iuris et iustitiae. 1693. Opp. philos. ed. Erdmann. S. 118 ff.). Entscheidend für das sichere Festhalten des Unterschiedes zwischen Moral und Recht in der Wissenschaft sind dann erst die genaueren Bestimmungen des Chr. Thomasius geworden. Dieser trennt das Gebiet des Rechtes, das iustum, von dem des Moralischen, dem honestum, wie von dem der praktischen Wolanständigkeit und Klugheit, dem decorum; das Recht ist wesentlich negatives Gebot, und beschränkt sich auf die Ordnung der Beziehungen zu andern Menschen und auf die äusseren Verhältnisse der Menschen mit dem Streben, den äusseren Frieden zu bewahren. Das Kriterium des Rechtes ist die Erzwingbarkeit; den Rechtspflichten, bei denen der Zwang möglich ist, stehen als den vollkommenen Pflichten die moralischen, unerzwingbaren, als die unvollkommenen gegenüber (Fundamenta iuris naturae et gentium. 1718. 1, 6, 35—42; 72—76). Die Lehre des Thomasius ist der Ausgangspunkt insbesondere auch für Kant's Auffassung des Verhältnisses von Recht und Moral geworden. Bei Kant zerfällt die „Metaphysik der Sitten", d. h., wie wir sagen würden, die Ethik, in zwei coordinirte Theile: Rechtslehre und Tugendlehre. Beide sind begründet in der praktischen Vernunft, beide haben ihr Princip in der Freiheit; aber das Recht zielt auf die äussere Freiheit den Andern gegenüber, die Moral auf die innere Freiheit, die Herrschaft der Vernunft über die Begierde. Für das Recht ist es charakteristisch, dass für dasselbe eine äussere Gesetzgebung möglich ist, weil es sich auf äussere Handlungen bezieht abgesehen von der Triebfeder, und dass deshalb der äussere Zwang für seine Erfüllung zulässig ist. Das Moralgesetz fordert dagegen, dass das Gesetz selbst auch die Triebfeder der Handlung sei: es begnügt sich nicht mit blosser Legalität, es fordert Moralität der Gesinnung. Der Grund dieser Scheidung des Ethischen in zwei Arten liegt in der Verschiedenheit der Aufgaben von Recht und Moral. Die Aufgabe des Rechtes ist, das äussere Zusammenbestehen der Menschen zu ermöglichen, soweit es von den Handlungen der Menschen als äusseren Thatsachen abhängt, und die formalen Bedingungen der äusseren Freiheit zu wahren, soweit die Willkür des einen auf die Willkür des anderen zu wirken vermag. Die moralische Pflicht geht dagegen auf eigene Vollkommenheit und fremde Glückseligkeit (Metaphysische Anfangsgründe der Rechtslehre. 1797). Wenn bei Kant Recht und Moral zwar unterschieden, aber einander nebengeordnet sind als die beiden Formen des Ethischen, so wird bei J. G. Fichte dieser Unterschied zu einem diametralen Gegensatz verschärft und das Rechtliche aus dem Gebiete des Ethischen völlig ausgeschlossen. Während die Moral zum Inhalte die freie Selbstbestimmung hat, welche fortschreitend die Unabhängigkeit vom Naturtriebe erringt, so ist das Recht nur eine äussere mechanische Veranstaltung behufs der Möglichkeit des menschlichen Zusammenlebens. Es hat mit dem Sittengesetze nichts zu thun; der gute Wille kommt hier gar nicht in Betracht; das Recht muss sich erzwingen lassen, wenn auch kein Mensch einen guten Willen hätte. Im Rechte herrscht die praktische Macht des Syllogismus, die Denknothwendigkeit ist sein Princip. Wer mit Anderen in Gemeinschaft leben will, muss consequent sein und sich demgemäss in seinem Handeln beschränken, wo er in der Sinnenwelt Wirkungen übt, die auch Andere berühren. Der Charakter der Sittlichkeit ist die Selbstlosigkeit, moralische Gesinnung ist Liebe der Pflicht um der Pflicht willen; die rechtliche Gesinnung dagegen ist die Liebe seiner selbst um seiner selbst willen. So liegt das Recht ausserhalb der Moralität, aber es bildet einen Durchgangspunkt, um sich zur Moralität zu erheben (Grundlage des Naturrechts. 1796). Die letztere Bestimmung weiter ausbildend, hat Fichte später doch Recht und Staat in engere Beziehung zum Sittlichen gesetzt, indem er das Recht als die Bedingung der Sittlichkeit und den Staat nicht bloss als zwingende, sondern auch als befreiende Gewalt auffasste. Das Recht ist ihm so ein von der Vernunft gefordertes Mittel für den Zweck der moralischen Cultur der menschlichen Gattung, und die Aufgabe des Staates ist es, das Werden der Sittlichkeit zu ermöglichen (Grundzüge des gegenwärtigen Zeitalters. 1804. System der Rechtslehre. 1812. [Nachgelassene Werke Bd. II]). Hegel hat an der Trennung von Recht und Moralität festgehalten; aber bei ihm kehrt sich die Werthschätzung der beiden Glieder des Gegensatzes geradezu um. Seine Ethik wird im wesentlichen zur Rechtsphilosophie, und die Moralität erscheint innerhalb derselben als Durchgangspunkt für den Staat, der von ihm als die höchste Verwirklichungsstufe, als das reale Dasein der Sittlichkeit gefasst wird. Das „abstracte Recht" freilich, welches sich ihm im Eigenthum, im Vertrag und im Unrecht darstellt, behandelt er getrennt vom Staate als die erste Form der Verwirklichung der Freiheit, als das unmittelbare Dasein, welches sich die Freiheit auf unmittelbare Weise giebt. Die „Moralität", das Gebiet des Vorsatzes, der auf das Wohl gerichteten Absicht und des das Gute anstrebenden Gewissens, ist dem abstracten Recht gegenüber die höhere Stufe, indem hier erst die volle Subjectivität des Willens aufgeht, der sich in seiner Unendlichkeit erfasst. Aber erst in der „Sittlichkeit", wie sie sich in den objectiven Instituten der Familie, der bürgerlichen Gesellschaft und des Staates darstellt, ist die Idee der Freiheit verwirklicht als eine vorhandene Welt, die auch das Selbstbewusstsein mit vernünftigem Gehalte durchdringt (Grundlinien der Philosophie des Rechts. 1821). Die Herabsetzung des Rechtes und seine radicale Ausscheidung aus dem Gebiete des Ethischen, wie sie sich bei Fichte findet, so wie die vergötternde Ueberschätzung des Aufbaus der äusseren rechtlichen Ordnungen im Gegensatze zur Moralität, wie sie bei Hegel hervortritt, riefen dann bei den Nachfolgenden eine naturgemässe Reaction hervor. Man bemühte sich, Recht und Moral wieder einander nahe zu bringen, und verlor darüber freilich zuweilen den ganzen Gewinn an begrifflicher Strenge und Einsicht in das Wesen der Sache, der seit Thomasius gemacht war. Es mag genügen, von Ansichten Neuerer noch folgende als am meisten charakteristisch zu erwähnen. F. J. Stahl erkennt im Ethos einen Dualismus von Recht und Moral an, entsprechend einem doppelten Princip: der Idee der vollendeten Persönlichkeit einerseits und dem Plane der sittlichen Welt andererseits. Demgemäss bezeichnet er das Recht als das objective Ethos, das Ethos der menschlichen Gemeinexistenz, die Moral als das subjective Ethos, das Ethos des Einzelnen. Das Recht ist die Lebensordnung des Volkes, hervorgebracht durch die Gemeinschaft selbst, durch die menschliche Obrigkeit, eine menschliche Ordnung, zur Erhaltung von Gottes Weltordnung; die Moral enthält dagegen Gottes unmittelbare Gebote und umfasst das ganze sittliche Gebiet, während das Recht den Bau der menschlichen Gemeinexistenz nur nach seinem nothdürftigsten Bestande umfasst. „Die Moral bezielt eine Willensbeschaffenheit des Einzelnen, das Recht eine gegenständliche äussere Ordnung; jene ein sittliches Handeln, dieses eine sittliche Gestalt des öffentlichen Zustandes; jene die besondere That, dieses die allgemeine gleichmässig beobachtete Regel." Im Wesen des Rechtes liegt die Nothwendigkeit unausbleiblicher Erfüllung, die sich dem Widerstreben des Einzelnen gegenüber als physischer Zwang äussert; das Recht ist also zugleich ethisches Gebot und mechanisch sich erhaltende Einrichtung (Philosophie des Rechts. Bd. II. 3. Aufl. S. 191 ff.). Trendelenburg dagegen giebt die Scheidung des Legalen und Moralischen, des Gesetzlichen und Sittlichen ausdrücklich auf, seltsamerweise deshalb, weil sie „zu äusserer Gesetzespünktlichkeit der Pharisäer" führen würde, womit man ja aber im Rechtsgebiete völlig zufrieden sein könnte. Das Recht steht auf dem Grunde der Ethik, nimmt aber unter den Gestalten der Ethik einen bestimmten Platz ein. Das ethische Princip ist die Verwirklichung des idealen Menschen im grossen Menschen der Gemeinschaft (d. h. im Staat) einerseits, und im individuellen des Einzelnen andererseits. Der unterscheidende Charakter des Rechtes ist es, die äusseren Bedingungen für die Verwirklichung des Sittlichen mit der Macht des Ganzen zu wahren. Es enthält sich somit alles dessen, was der individuellen Sittlichkeit angehört; es ist der Inbegriff derjenigen allgemeinen Bestimmungen des Handelns, welche die Erhaltung und Weiterbildung des sittlichen Ganzen und seiner Gliederung ermöglichen (Naturrecht auf dem Grunde der Ethik. 2. Aufl. 1868. § 46). Aehnlich wie bei Trendelenburg führt auch bei Ahrens das Bestreben, das Recht in möglichst enge Verbindung zur Moral zu setzen, zu Unklarheit und Verschwommenheit. Ahrens hält den Zwang für kein wesentliches Merkmal des Rechts und verwechselt, wie es Trendelenburg auch thut, die juridische Beurtheilung der rechtlichen Absicht mit der sittlichen Beurtheilung der freien Gesinnung. Doch macht er zugleich den Versuch, irgend einen Unterschied des Rechtes von der Moral festzuhalten. Das Recht bildet, meint er, eine Ergänzung für das Sittliche, indem es die Bedingungen normirt, unter welchen alle Güter und Güterzwecke in der menschlichen Gesellschaft verfolgt werden können. Moral und Recht sind demnach zwei verschiedene Formen der Verwirklichung des Guten. Die Moral bezieht sich auf die Motive der Handlung, auf Moralität, das Recht auf die Handlung an sich selbst nach ihrer objectiven Erscheinung, auf Legalität. Das Recht umfasst die Bedingungen für alles vernünftige Leben und Handeln und gestattet demnach auch den Zwang, der zu einem Mittel der Zucht für das Gute und Rechte, für sittliche Besserung wird, — eine Ansicht freilich, die völlig verkehrt ist und deren Consequenz bei religiös Gesinnten geradezu zur Erneuerung der Glaubensgerichte führen müsste. Denn wenn es nicht widersinnig, wenn es nicht unmöglich ist, zur Tugend und Heiligkeit zu zwingen, so ist es zweifellose heilige Pflicht, solchen Zwang anzuwenden. Die Moral ist nach Ahrens ferner unabänderlich, das Recht dagegen wandelbar und abhängig von historischen Zuständen und vom Volkscharakter. Jene untersteht nur der Beurtheilung des Gewissens, dieses wird von einer äusseren Autorität festgestellt und beurtheilt. Die Moral ist weiter, das Recht enger; nicht alles, was die Moral gebietet oder verbietet, gebietet oder verbietet auch das Recht; aber umgekehrt wird alles Rechtliche auch durch die Moral bekräftigt, — auch dies eine offenbar verkehrte Bestimmung (Naturrecht oder Philosophie des Rechtes und des Staates. 6. Aufl. 1870. Bd. I. § 37). H. Ulrici endlich lehrt, dass Recht und Moral trotz ihrer Zusammengehörigkeit doch streng auseinanderzuhalten sind. Das Recht ist die in der ethischen Natur des Menschen liegende

Verpflichtung, die Bedingungen für die Erfüllbarkeit des Sittengesetzes zu wahren und zu sichern; deshalb gehört zum Begriffe des Rechts einerseits die Erzwingbarkeit, andererseits die Einschränkung seines Gebietes auf diese unentbehrlichen Bedingungen und auf das äussere Thun und Lassen der Menschen (Grundzüge der prakt. Philosophie etc. Bd. I. 1873. S. 220).

2. Gelöst ist das Problem des Verhältnisses von Recht und Moral, welches R. v. Ihering das „Cap Horn der Rechtswissenschaft" genannt hat, mit alledem nicht, schon deshalb nicht, weil man aus demselben Grunde, aus welchem man im Ethischen — denn von einer Ausscheidung des Rechts aus dem Ethischen kann gar nicht die Rede sein — Recht und Moral unterscheidet, auch noch andere ebenso tief greifende Unterschiede im Ethischen anerkennen muss. Rechtsgebot und Moralgebot heute noch als im wesentlichen übereinstimmend ansehen zu wollen, hiesse sich gegen die gesichertste Erkenntnis und gegen die offenbarsten Thatsachen verschliessen. Aber wenn z. B. das Verbot, meinem Nachbarn die Aussicht zu verbauen, sicher nicht in die Moral, das Verbot unkeusch und lieblos zu sein, sicher nicht in das Recht fällt: so fällt die Verpflichtung, meinen Freund durch Abnehmen des Hutes zu grüssen, oder Gastfreundschaft nach Landes- und Standesbrauch zu üben, oder die Formen der guten Gesellschaft innezuhalten, ebenso sicher weder unter die Moral noch unter das Recht. Solche Verpflichtung hat andern Inhalt und andere Form, andern Verpflichtungsgrund und andere Sanction als alles Rechtliche oder Moralische. Es ist eben neben Recht und Moral ein drittes Gebiet innerhalb des Ethischen anzuerkennen, welches zwischen beiden mitten inne steht: das Gebiet der Sitte, welche ihre Sanction nicht in äusserm Zwang, sondern in dem allgemeinen Urtheil, und welche ihre Quelle weder in dem Gesetze der Autorität noch in dem des eigenen Gewissens, sondern in der herrschenden Meinung vom Schicklichen und Geziemenden, in dem herrschenden Brauch und der Uebung findet. Das weite Gebiet dessen, was Recht und Moral frei lassen, wird durch die Sitte beherrscht und geordnet mit einer nach Form und Inhalt ebenso eigenthümlichen Gesetzgebung, wie es die des Rechts einerseits, der Moral andererseits ist, und die Lehre von den Sitten tritt gleichberechtigt neben die Lehre vom Recht und von der Moralität. Aber auch damit ist die Eintheilung des Ethischen noch nicht vollständig geworden. Gehen wir in der Erfahrung die Formen des menschlichen Handelns durch, denen wir das Prädicat der Vernünftigkeit beilegen, so finden wir noch Weiteres, was weder unter das Recht

noch unter die Moral oder unter die Sitte gehört und doch von allgemeingültigem Charakter ist. Ein Leben des Gebets und der Andacht zu führen im Hinblick auf das Reich Gottes und die transcendenten Güter des ewigen Lebens ist weder moralisch noch unmoralisch, ist weder unter dem Gesichtspunkte des Rechts noch unter dem der Sitte geboten oder verboten. Dieses Gebiet vernünftiger Selbstbestimmung des Willens, in welchem sich der Wille nicht durch endliche einzelne Zwecke und Güter, sondern durch den absoluten Zweck und den absoluten Willen Gottes bestimmt, darf man nicht mit der moralischen Tugendlehre verwechseln oder vermischen, sondern man muss es als ein besonderes und eigenthümlich von den anderen unterschiedenes Gebiet des Ethischen anerkennen. Wir nennen erst diese letzte und abschliessende Form des Ethischen, die in der Religion wurzelt, eigentliche Sittlichkeit, so dass wir ausser dem Recht noch drei andere selbstständige Formen des Ethischen anerkennen: Gesittetheit, Moralität und Sittlichkeit. Näher auf diese Unterschiede einzugehen, ist hier nicht der Ort. Es gehört auch dies zu den Voraussetzungen der Rechtsphilosophie, mit denen die Disciplin selber nicht weiter zu belasten ist. Ausführlicher über die Gliederung der Ethik handeln des Verfassers „Umrisse zur Lehre von der Schule" (Berlin 1871. S. 6 ff.) und „Ueber Gegenstand und Behandlungsart der Religionsphilosophie" (Leipzig 1879. S. 22—26). Einige für unsern Zweck unerlässlich scheinende Ausführungen über den gleichen Gegenstand finden sich im Folgenden (§ 13, 7).

§ 2.
Die Aufgabe der Rechtsphilosophie.

Die Aufgabe der Rechtsphilosophie ist, das vorhandene Recht in seinem vernünftigen innern Zusammenhange und Zusammenhange mit den andern Richtungen und Erscheinungen des Lebens zu begreifen. Das Recht selbst ist eine durch Erfahrung gegebene Thatsache; ausser dieser Thatsache findet aber die Rechtsphilosophie zugleich eine reich entwickelte Rechtswissenschaft vor, auf deren Ergebnisse sie sich stützt und gründet, indem sie aus allen wissenschaftlichen Erkenntnissen vom Recht das letzte und höchste Resultat zu ziehen unternimmt für die Erkenntnis des obersten Principes alles Daseins und aller Entwicklung des Rechtes wie

Einleitung. § 2. Die Aufgabe der Rechtsphilosophie. 11

für seine Eingliederung in das einheitliche System der Erscheinungsformen der Vernunft. Die Rechtsphilosophie hat daher nicht die Aufgabe, selbst ein Recht zu produciren, etwa ein Recht, was sein sollte, verschieden von dem Rechte, was ist. Die Aufgaben, wie sie sich das Naturrecht oder das Vernunftrecht stellte, sind von der Rechtsphilosophie abzuweisen, weil sie theils überhaupt nicht lösbar, theils von der Philosophie nicht lösbar, theils nur in Folge eines völligen Missverständnisses der Natur und der Functionen des Rechtes gestellt worden sind.

1. Die Rechtsphilosophie übt auf einem besonderen Gebiete das Werk, das der Philosophie auf allen Gebieten zukommt. Die Aufgabe der Philosophie ist, im Seienden überhaupt die ihm immanente Vernunft zu begreifen, d. h. das Seiende zu erkennen. Die Voraussetzung der Philosophie wie aller Wissenschaft ist, dass im Seienden Vernunft und dass diese Vernunft auch erkennbar ist; ohnedas wäre Wissenschaft ein sinnloses und vergebliches Bemühen. Philosophie ist also Wissenschaft überhaupt; sofern es aber noch andere Wissenschaften giebt ausser ihr, ist die Philosophie das Ziel und der Abschluss für die andern Wissenschaften, zugleich aber denselben nicht fremd, sondern ihnen immanent und selbst von ihnen getragen und durchwaltet. Alle Wissenschaft, auch die letzten äusserlichen Handlangerdienste für die Wissenschaft mit einbegriffen, ist philosophisch in höherem oder geringerem Grade, sofern sie hinter die Erscheinung auf das Wesen und den vernünftigen Zusammenhang hindurchdringt; sie bleibt aber insoweit hinter der Philosophie zurück, als sie nicht an die höchsten und letzten Principien selbst ausdrücklich und mit bewusster Absicht anknüpft und nicht die letzte systematische Einheit alles Seienden anstrebt. Die Rechtsphilosophie verhält sich also zur Rechtswissenschaft, wie die Philosophie zu den verschiedenen Zweigen der Wissenschaft überhaupt sich verhält; sie fasst die von ihr gelieferten Einzelerkenntnisse in einer höchsten Synthese zusammen. Ohne diese Einzelerkenntnisse, ohne das ihr von den Einzelwissenschaften überlieferte, schon in wissenschaftliche Form gebrachte Material ist die Philosophie ohnmächtig. Sie setzt nur die Richtung fort, welche in den Einzelwissenschaften bereits eingeschlagen ist, um bis zu einer letzten Einheit systematischen Erkennens fortzuschreiten. Die Rechtswissenschaft, sei sie nun Wissenschaft eines bestimmten einzelnen Rechtssystems, oder sei sie Wissenschaft von der historischen Entwicklung des Rechtes, hat ähnlich wie die

Sprachwissenschaft in hervorragendem Maasse ein philosophisches Element, und kann gar nicht anders als mit philosophischem Geiste fruchtbar betrieben werden, weil sie sich überall auf dem Boden geistiger Thaten und Thatsachen von verwickeltster Art bewegt, auf welche ein äusserliches, rein empirisches Verfahren gar nicht anwendbar ist. Die allgemeinen Lehren, welche der Betrachtung der einzelnen Rechtsinstitute und Rechtsbestimmungen zu Grunde liegen, tragen eigentlich schon den Charakter der Rechtsphilosophie an sich und gehen in dieselbe über, sobald die Absicht auf systematische Einheit der Erkenntnis ausdrücklich hervortritt. Somit herrscht zwischen Rechtsphilosophie und positiver oder historischer Rechtswissenschaft die engste Verwandtschaft; sie gehen mit fliessender Grenze unmerklich in einander über.

2. Man nennt die Ethik auch wol **praktische Philosophie** zum Unterschiede von der **theoretischen Philosophie**. Der Name ist richtig, sofern er den Gegensatz der Wissenschaft von der vernünftigen Willensbethätigung zu der Wissenschaft von der vernünftigen Erkenntnisthätigkeit bezeichnen soll, wobei dann als drittes Eintheilungsglied die ästhetische Wissenschaft als die Wissenschaft von der vernünftigen Phantasiethätigkeit gefordert wird. Soll aber der Name praktische Philosophie bezeichnen, dass dieser Theil der Philosophie der Praxis zu dienen, etwa Vorschriften und Regeln für das Handeln zu geben berufen sei, so wäre der Name mit Entschiedenheit abzulehnen. Alle Philosophie hat nur den einen Zweck der Erkenntnis des Seienden, ist also in diesem Sinne rein theoretischer Natur. Anweisungen zum Handeln lassen sich durchaus nur aus rationeller Empirie, nicht aus einer philosophischen Theorie schöpfen. Die Ethik lehrt demnach nicht, wie gehandelt werden *soll*, sondern wie in wirklicher Willensbethätigung sich die Vernunft ausprägt und von je ausgeprägt hat; sie giebt keine Vorschriften, sondern entwickelt den Inhalt und Grund des für das Handeln vernünftigerweise von je gültigen Sollens. Insbesondere gilt dies von der Rechtsphilosophie als einem Theile der Ethik. Auch sie ist reine Theorie von dem was ist, nicht eine Anweisung zu dem was sein sollte. Das Recht, was von je sich unter den Menschen entwickelt hat, sucht sie zu begreifen, aus dem Princip alles Rechts abzuleiten, nach seiner immanenten Vernünftigkeit zu erfassen. Nur beiläufig kann sie eine Vermuthung wagen, wie wol das vorhandene Recht nach dem ihm einwohnenden Triebe der Entwicklung sich weiter gestalten werde; aber das thut sie auf ihre Gefahr und ohne Gewähr. Nicht Philosophie, sondern die reife Erfahrung und

erprobte Einsicht des mit den Verhältnissen und Bedürfnissen, den Trieben und Meinungen der Menschen Vertrauten darf es unternehmen, die Fortbildung des Rechtes praktisch zu beeinflussen. Die Philosophie muss sich bescheiden. Sie kann keine Thatsachen aus Begriffen construiren, sondern muss sie sich von dem Empiriker überliefern lassen, weil Thatsachen nur auf empirischem Wege zu constatiren sind. Sie kann aber auch die unendliche Verwicklung des praktischen Lebens nicht beherrschen, weil erst die abgeklärte Erscheinung, die der Zufälligkeit entkleidet und zu reiner Form idealisirt ist, ein geeignetes Object für ihre Functionen und Verfahrungsweisen bildet. Dagegen bleibt der Rechtsphilosophie die hohe Aufgabe, dem denkenden Bewusstsein die Erkenntnis von dem Zusammenhange des Rechts mit den obersten Principien der vernünftigen Weltordnung und des bestimmten einzelnen wirklichen Rechts mit dem Princip alles Rechts zu vermitteln. Es giebt ohne Zweifel Objecte, die so aus dem Absoluten abzuleiten Aberwitz wäre: Heraldik, Polizeiwissenschaft, die Regeln des Schachspiels. Zum Rechte dagegen haben wir von vorn herein das Vertrauen, dass es zu den geheiligten Grundlagen alles Daseins und Lebens gehört und seiner Existenz wie seinem Inhalte nach in engster Verbindung steht mit den obersten Zwecken des absoluten Grundes aller Dinge. Dies Vertrauen muss sich allerdings erst im Fortgange der Untersuchung rechtfertigen.

3. In ihrer geschichtlichen Wirklichkeit freilich hat die Rechtsphilosophie von ihren ersten Anfängen an und bis auf den heutigen Tag ihre Aufgabe meistens dahin missverstanden, dass sie dem Rechte gegenüber, welches galt, ein anderes vollkommeneres Recht aus reinem Denken aufstellen zu müssen glaubte, um das vorhandene Recht zu Gunsten eines solchen ausgedachten Rechtes zu verwerfen. Bei den Griechen, bei denen das Privatrecht noch unausgebildet war, wandte sich eine solche construirende Thätigkeit fast ausschliesslich der Staatsform und dem öffentlichen Rechte zu. Dabei machte es keinen Unterschied, ob man ein von Natur Gerechtes anerkannte oder alles Recht auf blosse Satzung zurückführte. Denn diejenigen, welche ein von Natur Gerechtes leugneten, suchten wie Thrasymachos von Chalcedon bei Plato (Rep. I. 338 C. Legg. X, 889 D) dasjenige Recht, welches einzelnen Zwecken und Interessen am besten entspreche; die Anderen stellten Ideale von einem Recht auf, welches der Idee der Gerechtigkeit am meisten entspreche. Schon im Zeitalter des Sokrates zeichnete Hippodamos von Milet, den Aristoteles den ersten Privatmann nennt, der es unternahm, sich über die beste Staatsverfassung auszusprechen, und Phaleas

14 Einleitung. § 2. Die Aufgabe der Rechtsphilosophie.

von Chalcedon Ideale staatlicher und gesellschaftlicher Ordnungen (Aristot. Polit. II, 7; 8). Und Plato, indem er in seiner „Politeia" den Begriff des Gerechten zu untersuchen unternimmt, leitet die Untersuchung über in die Construction eines Idealstaates mit Ordnungen, die dem Philosophen ideal erscheinen im Gegensatze zu der Verkehrtheit der wirklich vorhandenen rechtlichen Ordnungen. Selbst der Staat, wie er ihn dann in den „Gesetzen" schildert, ist noch ein Idealstaat, wenn auch zweiten Ranges und mit einiger Rücksicht auf die Möglichkeit der Realisirung entworfen. Aristoteles war mit ausdauerndem Fleisse und lebhaftestem Interesse der Sammlung und Erforschung der Thatsachen zugewandt und hat überdies in seiner mustergültigen Untersuchung des Begriffes des Gerechten die Grundlagen für alle Rechtsphilosophie gelegt (Eth. Nicom. V). Auch seine principielle Ableitung des Wesens menschlicher Gemeinschaften, insbesondere der Ehe, der Gemeinde, des Staates (ebd. VIII—IX. Politik I), sowie seine kritische Behandlung der Verfassungsformen und Gesetzgebungen in seiner Politik ist von unvergänglichem Werthe. Er erklärt ausdrücklich, dass es nicht seine Absicht sei, wie seine Vorgänger bloss einen Idealstaat darzustellen oder eine besondere wirkliche Staatsform, etwa die spartanische, als die vollkommenste zu empfehlen; sondern er wolle auch zeigen, welche Staatsform unter den jedesmaligen Umständen, welche im Durchschnitt der Fälle die beste sei, ferner durch welche Bedingungen die wirklich vorhandenen Verfassungen entstanden sind und erhalten werden (Polit. IV, 1). Dennoch herrscht auch bei ihm die Absicht vor, für die beste Einrichtung der Staaten Rathschläge zu geben, zu zeigen, welche Verfassung die beste, welche die nächst beste ist u. s. f., und er hat dann auch ein Staatsideal gezeichnet, welches entweder nur Bruchstück geblieben oder nur als Bruchstück auf uns gelangt ist (Polit. VII—VIII. Vgl. K. Hildenbrand, Geschichte u. System der Rechts- u. Staatsphilosophie. Bd. I. 1860. S. 427 ff.). Euhemeros, der Kyrenaiker, der um 300 v. Chr. lebte, schilderte in seiner Ἱερὰ ἀναγραφή den von Priestern regierten Idealstaat der fingirten Insel Panchäa, und Andere haben Aehnliches vor ihm und nach ihm gedichtet (Vgl. Hildenbrand S. 503. R. v. Mohl, Gesch. u. Lit. der Staatswissensch. 1855. I. S. 177). Noch am Ausgang der griechischen Philosophie hat Plotinus von der Verwirklichung des platonischen Staatsideals in Platonopolis, einer Stadt der Philosophen, geträumt. Die Untersuchungen über den Staat, die das frühere christliche Zeitalter hervorgebracht hat, tragen alle den gleichen Charakter, dass man nicht sowol das vorhandene Recht der Staaten nach seinem principiellen Wesen zu erfasseu suchte, sondern aus begrifflicher Construction eine Meinung über Ursprung und Wesen des Staates und der Staatsgewalt, über Rechte und Pflichten der Obrigkeit schöpfte. So besonders im 16. und 17. Jahrhundert. Die Jesuiten, insbesondere Bellarmin, Mariana, Suarez, begründen den Staat auf die Souveränetät des Volkes. Und nicht anders im entgegengesetzten Lager. Buchanan, der Schotte, der gegen Maria Stuart kämpfte, ebenso wie Humbert Languet, der französiche Hugenotte, oder Milton, der englische Vertheidiger des Königsmordes, — sie alle machen sich eine ideale Vorstellung von ursprünglichem Volksrechte zurecht und construiren daraus eine für alle Zeiten und alle Verfassungen gültige Gebundenheit des Monarchen, dem die Gewalt nur widerruflich und bedingungsweise vom Volke übertragen worden sei. Bodinus, der von der gleichen Grundlage ausgeht, hält sich zwar näher an der Wirklichkeit der monarchischen Staatsordnung; aber auch er leitet aus allgemeinen Principien allgemeingültige Forderungen für jedes Staatswesen ab. In demselben Zeitalter beginnen mit Thomas Morus die Aufstellungen idealer Staats- und Gesellschaftsordnungen, die mit der Wirklichkeit der Dinge überhaupt nichts mehr zu thun haben. Die neuere Rechtsphilosophie seit Hugo Grotius, die nun auch das Privatrecht in den Kreis ihrer Betrachtung zieht, giebt sich ausdrücklich als „Naturrecht"; sie hält es für ihre Aufgabe, im Gegensatze zu allem positiven Rechte ein ideales Recht zu entwerfen, welches von Natur und deshalb allgemein für alle Zeiten und Völker gelten und nach dem das bestehende Recht zu corrigiren sein sollte. Denn die Natur der Menschen, die nach dieser Anschauung die Quelle des Rechtes ist, sei überall die gleiche; die Erkenntnisquelle des Rechts aber sei die menschliche Vernunft, die ebenso überall die gleiche sei und die gleichen Forderungen stelle. Recht ist also z. B. nach Grotius, was die Vernunft als übereinstimmend mit der geselligen Natur des Menschen erkennt, und dies natürliche Recht als Dictat der gesunden Vernunft ist unabänderlich (De iure b. ac p. I, 1. 10). Die Consequenz war, dass nun auch unabänderliche Anforderungen an alles positive Recht gestellt wurden im Namen der Natur und Vernunft, dass man von unveräusserlichen Menschenrechten sprach, die der Mensch aufzugeben gar nicht das Recht oder die Möglichkeit habe, und dass man ganz genau zu sagen wusste, wie Staat und Gesetz eingerichtet sein müssten, um der reinen Vernunft, den Rechten der Menschen und den Geboten der Natur zu entsprechen. Am energischsten spricht sich dieser Standpunkt, der seine Spitze feindselig gegen alles vorhandene Recht kehrt, bei J. J. Rousseau aus (Contrat social. 1762). Diese Anschauung wurzelt einerseits in dem unbefangenen Vertrauen des Verstandes zu sich selbst, durch seine Reflexion die reine Natur der Sache allgemeingültig ergründen zu können, andererseits in einem Missverständnis der Natur des Rechtes, dessen Wesen es doch vielmehr ist, immer ganz bestimmtes, positives, geltendes Recht zu sein, so dass ihm mit der anerkannten Gültigkeit in der zeitlich und örtlich bestimmten Gemeinschaft auch der Charakter als Recht entzogen sein würde. Das Naturrecht ist also gar kein Recht, sondern ein Vorschlag, wie nach der Vorstellung seiner Urheber das Recht beschaffen sein sollte. Den Naturrechtslehrern blieb ferner verborgen, dass ihre gesunde Vernunft, die recta ratio, welche allein über die Rechtmässigkeit des Rechts entscheiden sollte, selbst nichts war als das geschichtliche Product geschichtlicher Bedingungen von vorübergehendem Werth, und dass, was einer denkt, er aus der Stimmung und Gesinnung seiner Zeit, mit den von derselben gelieferten Mitteln des Erkennens denkt. Der Rationalismus des Naturrechts ist nicht ohne seinen Werth gewesen für die Umbildung eines erstarrten, seelenlos gewordenen Rechtszustandes, der der Aufklärung eines fortgeschrittenen Zeitalters nicht mehr entsprach; aber nur für seine Zeit, im historischen Zusammenhange eignet dem Naturrecht eine positive Bedeutung. Schlechthin abzuweisen dagegen ist der Anspruch, dass die naturrechtlichen Methoden und Ansichten eine universelle Gültigkeit besitzen sollen für alle Zeit, für alle Wissenschaft und alle Praxis des Rechts, und dass die abstracte Reflexion das höhere Recht haben soll gegenüber der lebendigen Bewegung der Zeit und ihrer Bedürfnisse. Vorwiegend hat der Rationalismus des Naturrechts doch eine zerstörende, nicht eine bauende Wirksamkeit geübt. Denn leicht ergiebt er die praktische Consequenz, dass das vorhandene Recht, welches nun vielmehr im Gegensatze zu dem vermeintlichen natürlichen Rechte als Unrecht gilt, um jeden Preis zu beseitigen ist, um dem letzteren Platz zu machen. In der That haben an den revolutionären Strömungen in Staat und Gesellschaft seit dem Ende des vorigen Jahrhunderts ausser den concreten Bedürfnissen und Trieben der Menschen auch die abstracten philosophischen Vorstellungen von einem idealen und überall zu verwirklichenden Rechte der Natur einen bedeutsamen Antheil gehabt. Mitgewirkt hat zu der Entstehung der naturrechtlichen Theorien freilich auch das missverstandene Vorbild der römischen Juristen und ihre Ausdrucksweise; aber in Wirklichkeit ist kaum ein schärferer Gegensatz denkbar als derjenige, der zwischen dem Verfahren der letzteren und dem der Naturrechtslehrer waltet. Die römischen

Juristen haben ein überkommenes positives Rechtssystem auszubauen gehabt im Hinblick auf die veränderten Bedürfnisse und die zunehmende Verwicklung der Lebens- und Verkehrsverhältnisse und zugleich auf Grund eines modificirten Rechtsbewusstseins und Rechtsgefühls, welches die nationale Beschränktheit mehr und mehr ablegte und die überkommene Strenge des formalen Elements durch eine Fülle von Anschauungen universellerer Art auf Grund der Kenntnis fremder Rechtsinstitute und Rechtssätze belebte. Nichts Anderes als dies in dem Volke und der Zeit lebende Rechtsbewusstsein, keineswegs aber ein Product abstracter Reflexion, die sich der Wirklichkeit gegenüberstellt, ist das ius naturae, die lex naturalis, die naturalis ratio, die ratio et aequitas, auf die sich diese Juristen für die Begründung der Rechtssätze berufen, die theils Bekräftigungen, theils Fortbildungen, theils Umänderungen des nationalen ius civile sind. Mit diesem ius naturale der Römer hat also das „Naturrecht" des 17. und 18. Jahrhunderts keine andere Aehnlichkeit als die des Namens.

4. Kant, der auch für die Rechtsphilosophie Epoche macht, hat an die Stelle des Naturrechts eine völlig verschiedene Auffassung von dem Grunde des Rechts gesetzt, indem er dasselbe nicht mehr aus der Natur der Menschen und aus einzelnen Absichten und Interessen derselben, sondern aus der praktischen Vernunft und dem kategorischen Imperativ derselben ableitete. Man kann diese neue Auffassung des Rechts im Gegensatze zum Naturrecht mit J. G. Fichte das Vernunftrecht nennen. Aber in der Auffassung des Verhältnisses der Rechtsphilosophie zum wirklich vorhandenen Recht brachte die neue Wendung des Gedankens kaum eine Aenderung hervor. Die Rechtsphilosophen suchten und suchen nach wie vor nach dem besten Staate und der idealen Verfassung, und wie sie vorher in lockrerer Reflexion aus der angeblichen Natur des Menschen und seiner Verhältnisse das natürliche Recht abgeleitet hatten, so leiteten sie nun aus der praktischen Vernunft und der Idee der Freiheit das der Vernunft allein entsprechende Recht ab. Kant hat nicht allein die einzig rechtmässige Verfassung in dem, was er die reine Republik nennt, construirt, sondern sogar einen Friedensbund aller Völker, einen allgemeinen Staatenverein oder Völkerstaat als anzustrebendes Ideal gezeichnet. J. G. Fichte sodann hat sich von seinem „Naturrecht" und seinem „Geschlossenen Handelsstaat" (1800) an sein ganzes Leben hindurch mit den abenteuerlichsten Projecten für einen zu construirenden besten Staat getragen. Ja, Hegel selber, der im Princip das Verhältnis des philosophischen Rechts zu dem positiven Recht nach Analogie der Institutionen zu den

18 Einleitung. § 2. Die Aufgabe der Rechtsphilosophie.

Pandekten bestimmt, und von dessen Einsicht doch sicher eine richtigere Werthschätzung des vorhandenen Rechts gegenüber allen Träumen von einem besseren Recht aus eigener Vernunft zu erwarten wäre, fühlt sich als Rechtsphilosoph gleichwol verpflichtet, seine Meinung von der besten der Republiken des Näheren darzulegen, wenn er sich auch bescheidet, den leise modificirten preussischen Staat als dies von der absoluten Vernunft geforderte Ideal eines Staates nachzuzeichnen. Im wesentlichen sind die Rechtsphilosophen auch seitdem bei dieser Manier geblieben, das Recht im Ganzen und die einzelnen Rechtsinstitute an der eigenen Ansicht über ein an sich Gerechtes und Gutes zu messen und abzuschätzen und je nach Stimmung und Standpunkt mehr das theokratisch-feudale oder das demokratisch-liberale Element in dem Aufbau des vollkommenen Rechtszustandes vorwalten zu lassen.

5. Eine andere Auffassung von dem Amte der Rechtsphilosophie ist durch die historische Rechtsschule angebahnt worden. Um dieselbe Zeit, wo in England Edmund Burke in seinen „Betrachtungen über die französische Revolution" (1790) den Satz aufstellte, dass der Staat und seine Formen ein im Wesen dieser bestimmten Menschen begründetes Erzeugnis dieser bestimmten geschichtlichen Entwicklung seien und nur als solches zu bestehen vermögen, dass sie daher nicht aus Begriffen zu construiren seien, und dass man nicht einer Theorie zu Liebe in den thatsächlichen Bestand staatlicher und rechtlicher Ordnungen eingreifen dürfe, begründete in Deutschland, angeregt offenbar durch die Herder'schen Ideen von geschichtlichem Werden. Hugo die Lehre, welche nachher auf Grundlage Schelling'scher Gedanken von Savigny am geistvollsten ausgebildet worden ist, und deren glänzendste Vertreter ausserdem B. G. Niebuhr, K. Fr. Eichhorn und Puchta geworden sind. Es ist dies die Lehre, dass Recht und Staat ihre Quelle haben im unbewusst schaffenden Volksgeist, der in der organischen Function der Production des Rechts seine innere Anlage und Bestimmtheit manifestire. Abgelehnt wird damit die Meinung, dass es ein Naturrecht oder Vernunftrecht gebe, eine für alle Zeiten und alle Fälle gültige ideale Gesetzgebung, die wir nur zu entdecken brauchten, um das positive Recht für immer zu vollenden. Das Recht ist vielmehr seiner Natur nach historisch, das Product innerer still wirkender Kräfte, und entstammt nicht der Willkür oder Einsicht eines Gesetzgebers. Der Staat ist die leibliche Gestalt der geistigen Volksgemeinschaft, die organische Erscheinung des Volkes. Danach kann von einem Idealrecht oder Idealstaat nicht länger die Rede sein;

wissenschaftlich Recht und Staat begreifen, heisst ihre historische Genesis, ihre darin gegebene Nothwendigkeit, ihren inneren organischen Zusammenhang mit dem Boden begreifen, aus dem sie erwachsen sind. Das Historische ist auch das Vernünftige; Recht kann nur das heissen, was wirklich gilt, was im Bewusstsein der Menschen lebt und in demselben wurzelt, nicht was einer sich auf eigene Hand ausdenkt und ergrübelt.

6. Diese historische Auffassung des Rechts wird sich auch uns als die gesicherte Grundlage der Philosophie des Rechtes bewähren. In vielen Stücken ist man in unseren Tagen über die speculativen Anschauungen der ersten Hälfte unseres Jahrhunderts auf den Rationalismus des vorigen Jahrhunderts, des Zeitalters der Aufklärung, des „philosophischen" Jahrhunderts, zurückgegangen; auch in der Auffassung des Rechts hat man das einigermaassen mystische unbewusste Walten des schöpferischen Volksgeistes, das man nicht sehen und erfahren, auf das man nur schliessen kann, zurücktreten lassen, um die sichtbare und thatsächliche Arbeit klug berechnender Gesetzgebung voranzustellen. In der That hat die historische Schule dieses letztere Element der Rechtsbildung vielleicht zu wenig gewürdigt. Andererseits hat dieselbe Schule über der Betonung der historischen Besonderheit und Eigenthümlichkeit die schöpferische Macht der einen Rechtsidee, die in allen diesen historischen Gebilden sich ihre Realisation verschafft und die in ihr enthaltenen einzelnen Momente explicirt, zu sehr vernachlässigt; und wiederum möchte man in der übermässigen Schätzung der Classicität des römischen Rechts bis zu einem gewissen Grade sogar eine Analogie zu der Lehre vom natürlichen und allgemeingültigen Recht erkennen, das nur nicht erst entdeckt zu werden brauche, sondern als Erzeugnis der wunderbaren Begabung des römischen Volksgeistes schon thatsächlich vorhanden sei. Indessen, solche Einseitigkeiten in der Ausführung des Grundgedankens bei seinem ersten Hervortreten hindern in keiner Weise, seine wesentliche Wahrheit anzuerkennen. Die philosophische Rechtsbetrachtung wird nur mit dieser Anerkennung das Streben, allen Seiten des Objects gleichmässig gerecht zu werden, zu verbinden haben.

7. Die Rechtsphilosophie kann sich nicht mit der breiten Fülle der geschichtlichen Einzelheiten belasten; diese hat sie hinter sich zu lassen als ein nach Kräften verarbeitetes und vom Gedanken durchdrungenes Material und darüber hinaus zu den einfachen Principien vorzudringen, aus denen dieser Reichthum der Erscheinung resultirt. Ihr Ausgangspunkt ist die Idee des Rechts, zu der sie das Vertrauen hat.

2*

20   Einleitung. § 2. Die Aufgabe der Rechtsphilosophie.

dass sie sich auch zu realisiren vermag, wie sie der historischen Wirklichkeit vertraut, dass sie die geeignete Stätte und das empfängliche Gefäss für solche Realisirung sei. Es liegt darin allerdings die Annahme einer unbewussten Vernunft in der Entwicklung der Rechtsverhältnisse, die über alle bewusste Thätigkeit der Menschen übergreift, sie lenkt und zügelt, indem sie die Begierden, Bestrebungen und Absichten der Menschen beherrscht, und die psychologischen Processe, die widerstreitenden Meinungen der Vielen durch den Zwang, der in der Logik der Thatsachen liegt, sich dienstbar macht, um das begrifflich Nothwendige innerhalb der Schranken dieser zufälligen Endlichkeit zu realisiren. Die einfachen Momente, in die sich die Idee des Rechts explicirt und die sie in ihrer Einheit zusammenfasst, bilden für die Rechtsphilosophie den Rahmen, innerhalb dessen sich die unerschöpfliche Vielheit geschichtlicher Erscheinung bewegt. Denn so gestaltenreich diese Vielheit ist, von den bizarrsten Anwandlungen barbarischer Völker bis zu den reifsten Bildungen der Völker höchster Cultur, so hält sich doch dieser ganze Reichthum, und selbst das Fratzenhafteste und Verzerrteste noch wie das Edelste und Lauterste, innerhalb der durch die Idee des Rechts gesetzten Möglichkeiten, die ganz bestimmte und exclusive sind und doch einen hinreichend weiten Rahmen abgeben, um jene Gestalten sämmtlich zu umfassen. Den Schein, aus Begriffen a priori das Thatsächliche construiren zu wollen, kann freilich bei Unverständigen keine Philosophie vermeiden. Denn das ist eben ihr Amt, die Begriffe soweit durchzubilden, dass sich das Thatsächliche, was sie aus empirischer Forschung überkommen hat, wie von selber in die Gliederung ihrer Begriffe einzuordnen scheint, und sie muss so thun, als ob sich ihr das Thatsächliche in seinen allgemeinen Umrissen aus der zusammenhängenden Reihe ihrer Begriffe von selbst ergeben habe. Sie hat ihr Ziel um so sicherer erreicht, je enger und unlösbarer die Verbindung ist zwischen der strengen Consequenz der Begriffe und der streng festgehaltenen Reihe der gesicherten Thatsachen. Ein berechtigter Vorwurf gegen solche aprioristische Construction ergiebt sich erst da, wo das Thatsächliche dem als Vorurtheil festgehaltenen Begriffe zu Liebe verfälscht, umgebogen oder geleugnet worden ist.

8. Die Rechtsphilosophie wird endlich nicht umhin können, unter den Rechtsbildungen solche zu unterscheiden, welche dem Begriffe und der Natur der Sache in höherem Grade, und solche, welche denselben in geringerem Grade angemessen sind. Unter diesem Gesichtspunkte wird sie auch die Anerkennung nicht verweigern dürfen, dass es auch solche

Rechtsbildungen geben kann, die in nahezu idealer Weise sich mit dem Begriffe der Sache decken, die also ein ideales, ein durchaus vernünftiges Recht enthalten, seien sie nun irgendwo schon geschichtlich verwirklicht oder nicht. Aber nimmermehr darf sie daraus die Vorschrift ableiten, dass bloss aus diesem Grunde schon und um der Angemessenheit an die Rechtsidee willen jetzt oder hier dies Vollkommnere oder Ideale ohne weiteres zu verwirklichen, das minder Vollkommne zu beseitigen sei. Sondern sie wird sich die Einsicht bewahren, dass das Recht als historische Erscheinung noch einen andern, weitaus richtigeren Maassstab seiner Vollkommenheit hat, dass es nämlich vor allem daran zu messen ist, ob es den Bedürfnissen, Verhältnissen, Anschauungen und Trieben dieses bestimmten Volkes und dieser bestimmten Epoche des Daseins dieses Volkes entspricht. Dass die Geschichte der Menschheit dahin geht, auch auf dem Gebiete des Rechtes schliesslich das Ideale zu verwirklichen, ist unzweifelhaft; aber Tag und Stunde hat sie sich vorbehalten, und regiert wird sie durch ihre eigenen inneren Gesetze, nicht durch die Ungeduld des Theoretikers. Ein Moment unter den die fortschreitende Bewegung bestimmenden Kräften vermag auch die philosophische Betrachtung des Rechtes zu bilden, aber ein an Wirksamkeit immerhin beschränktes, und auch das nur, sofern die Theorien und die auf diesen begründeten Forderungen des Philosophen sich in Einklang befinden mit den in den Verhältnissen und Gesinnungen der Menschen, wie in dem ganzen Zuge der Culturbewegung wirksamen lebendigen Kräften (vgl. § 38, 1).

§ 3.
Der Gegenstand der Rechtsphilosophie.

Den Gegenstand der Rechtsphilosophie bildet das Recht. Unter dem Recht verstehen wir den Inbegriff derjenigen Vorschriften über das Thun und Lassen der Menschen, welche in einer umfassenden menschlichen Gemeinschaft allgemein anerkannt und gültig sind, und zwar in der Weise, dass es erstens im Zweifelsfalle eine Stelle giebt, von der die ein für allemal gültige Entscheidung ausgeht über das was als Recht zu gelten hat, und dass es zweitens dem widerstrebenden Willen gegenüber eine sicher wirkende Macht giebt, um die Befolgung der Vorschrift zu erzwingen. Recht giebt es also nur da, wo inmitten und auf Grund der unendlich vielgestaltigen menschlichen Thätigkeiten ein aus aller Störung sich sicher wiederherstellender Zustand existirt, welcher durch die allgemein anerkannten und mit zwingender Gewalt gewahrten Vorschriften für menschliche Handlungen stetig aufrecht erhalten wird. Die unentbehrliche Voraussetzung für die Existenz des Rechts ist mithin eine in der umfassenden Gemeinschaft vorhandene o b e r s t e G e w a l t, welche Autorität hat, das Recht zu bestimmen, und welche zugleich p h y s i s c h e M a c h t hat, um nöthigen Falls den dem Rechte gemässen Zustand durch Zwang herzustellen. Diese mit einer höchsten Gewalt zur Schöpfung und Wahrung des Rechtes versehene Gemeinschaft nun heisst ein S t a a t. Mithin sind Recht und Staat von einander unabtrennbar. Es giebt kein Recht als im Staate, und keinen Staat als zum Schutze des Rechtes. Die Rechtsphilosophie ist daher eine Philosophie des Rechtes und des Staates, nicht als von zwei Gegenständen, sondern als von e i n e m Gegenstande.

1. Das Wort Recht ist in seinem volksthümlichen und leider auch in seinem wissenschaftlichen Gebrauche ein äusserst vieldeutiges, nicht bloss in der Weise, dass man etwa mit demselben zwar einen und denselben Gegenstand bezeichnete, aber dann an diesem Gegenstande sehr verschiedene Merkmale als die wesentlich unterscheidenden hervorhöbe, sondern so dass man über den durch das Wort bezeichneten Gegenstand selbst uneinig ist, und wo keine ausdrückliche Definition gegeben wird, niemals der Eine wissen kann, wass der Andere eigentlich meint, wenn er das Wort Recht in den Mund nimmt. Wir können hier am Eingange unserer Darstellung den Gegenstand, den wir der philosophischen Betrachtung unterziehen, nur ganz vorläufig und nur wie aus dem Groben bezeichnen; alle näheren Bestimmungen und den Nachweis der Berechtigung dieser allgemeinsten Angaben selbst müssen wir dem Fortgange der Untersuchung überlassen. Aber das ist für uns unumgänglich, gleich von vorn herein den Gegenstand, mit dem wir uns im Folgenden beschäftigen wollen, soweit hinreichend zu bezeichnen, dass man wenigstens sieht, wovon denn nun eigentlich die Rede sein soll und worum sich die Untersuchung drehen wird. Denn wer einen andern Begriff vom Recht hat, wird auch einen andern Begriff von Rechtsphilosophie haben, und in Folge dessen wird Manches, was man sonst zur Rechtsphilosophie zählt, bei uns nicht zu finden sein, Manches dagegen bei uns

vorkommen, was in andern Bearbeitungen der Rechtsphilosophie unberührt bleibt; immer aber wird die Auffassung und Anordnung des Einzelnen von der zu Grunde liegenden Auffassung des Gegenstandes und seiner charakteristischen Merkmale beeinflusst werden müssen.

2. Recht ist im gewöhnlichen Gebrauche zunächst der umfassende Ausdruck für eine ganze Fülle von Erscheinungen, die auf sehr verschiedenen Gebieten heimisch sind. 1. Alles Positive, besonders das Gute, Nützliche, Zweckmässige, Geziemende, aber auch das in den jeweiligen Zusammenhang Passende, das Richtige, Wahre, alles, was sich Beifall und Zustimmung gewinnt, heisst recht. Die kürzeste Verbindungslinie zwischen einem Punkt und einer Linie oder Fläche, die eine passendste Richtung unter der Unendlichkeit aller möglichen Richtungen, ergiebt den rechten Winkel; der rechte Winkel erzeugt wie die einfachste Theilung in zwei gleiche Theile, so das höchste Maass von Sicherheit und Festigkeit, und zugleich das einfachste und sicherste ästhetische Genügen. Die rechte Hand ist die brauchbarere Hand, das rechte Wort das treffendste Wort. Es hat jemand Recht, wenn er das Wahre aussagt oder den zweckmässigsten Rath giebt. Recht handelt, wer Barmherzigkeit, Grossmuth, Vergebung übt, sich dankbar, aufopfernd, treu erweist; recht ist es aber auch, sich in geziemenden Formen zu bewegen, klug nachzugeben, zu geeigneter Zeit zu zögern oder zu eilen. 2. In eingeschränkterem Sinne wird alles Wolbegründete, Einwandfreie in menschlichen Handlungen, die sich auf äussere Güter beziehen, recht genannt, und ein Recht heisst die Befugnis, solches selbst zu thun, oder von Andern zu verlangen, dass sie solches und nur solches thun. Jeder hat ein Recht auf das, was vernünftigerweise ihm zukommt, wo für eine Einschränkung seines Willens und seiner Macht kein hinreichender Grund angegeben werden kann; er handelt recht, wo er sich innerhalb der Schranken dieses seines Rechtes hält, und unrecht, wo er diese Schranken überschreitet. Das Recht heisst dann der Inbegriff aller Bestimmungen über das, worauf jeder ein Recht hat, worauf nicht, was thuend er recht oder unrecht thut. So hat der Mensch ein Recht über die Natur; er hat das Recht, die Thiere nach seinem Belieben, mindestens ohne überflüssige Grausamkeit, zu benutzen, zu tödten, zu verzehren. Ja, jedes Wesen überhaupt hat wie den Trieb so auch das Recht, soweit seine Macht reicht, sich in seinem Sein zu behaupten; das Lebendige, insbesondere der Mensch, hat das Recht zu leben, zu athmen, sein Wol mit allen geeigneten Mitteln zu suchen. Spinoza spricht in diesem Sinne von einem Recht der Fische, zu schwimmen, von einem

24 Einleitung. § 3. Der Gegenstand der Rechtsphilosophie.

Recht der grossen Fische, die kleinen aufzufressen. Demgemäss hat auch der Mensch natürliche, angeborene Rechte, in die einzugreifen unrecht ist, hat sogar das Thier das Recht, dass der Mensch sich seiner erbarme, es mit Milde und Schonung behandle. 3. Noch weiter wird die Bedeutung des Wortes eingeschränkt, wo es auf die gegenseitigen Verhältnisse der Menschen im Verkehr der Güter angewandt wird. Ueber das Recht entscheidet hier zufälliger Erwerb oder Verdienst und Würdigkeit. Jeder hat oder erhält mit Recht vermöge der blossen Thatsache des Habens oder Erhaltens, was für sich zu haben oder zu erhalten kein Anderer einen besseren Grund angeben kann; und jeder hat einen rechtlichen Anspruch auf das, was für eine aufgewandte Mühe, ein gebrachtes Opfer, ein hingegebenes Gut das geeignete Aequivalent ist. Man nennt recht in diesem Sinne alles Gerechte; was aber das Gerechte ist, darüber entscheidet im gegebenen Falle nicht der klare Begriff, sondern das in den Menschen lebende Rechtsgefühl, der natürliche, angeborene, anerzogene, angeerbte Sinn für das Gerechte. Gerecht ist nach dieser Auffassung, dass wer nicht arbeitet auch nicht esse; gerecht, dass wer den nützlichen Gegenstand geschaffen hat, ihn auch behalte; gerecht, dass der Lohn mit der aufgewandten Arbeit in gleichem Verhältnis wachse; gerecht, dass die Tugend belohnt, das Laster bestraft werde. Nach diesen Maassstäben für das Urtheil über das Gerechte wird denn auch im gemeinen Sprachgebrauch jedem dieses oder jenes bestimmte Recht zugesprochen oder abgesprochen, schwebt den Gemüthern die Vorstellung eines Rechtes als des Inbegriffs solcher allgemeinen Normen über das Gerechte vor.
3. Vom Recht in irgend einer der bisher aufgezählten Bedeutungen des Wortes ist in unserem Zusammenhange nicht die Rede. Am ersten noch von der zuletzt erwähnten Bedeutung des Wortes, aber auch von dieser in einem dem gewöhnlichen Bewusstsein und dem Sprachgebrauch keineswegs geläufigen Zusammenhang. Vom Begriff des Gerechten und vom Verhältnis des Rechtes zu dem Gerechten wird später gehandelt werden müssen; aber es wird sich eben dort zeigen, dass wenn auch das Gerechte sicher ein Moment im Rechte bildet, doch beides, das Recht und das Gerechte, seinem Wesen nach entschieden auseinander fällt. Das Recht als solches ist nicht gerecht, und das Gerechte als solches ist noch kein Recht. Es wird nützlich sein, gleich hier an dieser Stelle an dem geläufigen Gebrauche des Wortes gerecht nachzuweisen, wie unklar und völlig unfassbar das Gerechte im gemeinen Bewusstsein sich darstellt, und dass, wenn man das Recht und das Gerechte als identisch setzen wollte, ein Recht

überhaupt nicht in bestimmter Existenz, sondern nur in dem
Wolkenkukuksheim des Meinens und Beliebens, der tausendfach
verschiedenen individuellen Ansichten und Vorstellungen
zu finden sein würde. Denn die Berufung auf das Gerechte
ist das untrügliche Mittel, jede feste Bestimmung in Fluss zu
bringen und jeden sicheren Halt zu erschüttern. Im wirklichen
Rechtszustande haben wir ein einfaches Mittel, um zu
erfahren, was Recht ist. Wir wenden uns an den Richter,
und bei dem was der Richter in definitivem Spruche sagt,
ist jeder gebunden, sich zu beruhigen. Diejenigen aber,
die durchaus nur das Gerechte wollen gelten lassen, halten
dem Richterspruche etwas Anderes, Höheres gegenüber, und
zwar zunächst den wahren Sinn und die Meinung des geltenden
Gesetzes, im Vergleich mit welcher der Richterspruch, sofern
er sie verfehlt, offenbar als ungerecht bezeichnet werden muss.
Denn als das Gerechte erscheint zunächst das, was dem Gesetz
entspricht. Aber die Freunde des Gerechten beruhigen sich
auch dabei noch nicht. Das vorhandene Gesetz, welches
Recht und Unrecht für die menschlichen Verhältnisse bestimmt,
wird selber wieder gemessen an dem Gerechten,
wie es sich in dem Rechtsgefühl und Rechtsbewusstsein des
Durchschnitts der jetzt lebenden Menschen darstellt; danach
aber kann es leicht geschehen, dass das herrschende Gesetz
sich als ungerecht ausweist und der Anforderung des Rechtsbewusstseins
widersprechend. Aber dies Rechtsbewusstsein
ist selbst wieder keineswegs die höchste Instanz für die Beurtheilung
des Gerechten; denn es ist wandelbar und unterliegt
im Gange der Geschichte den stärksten Veränderungen.
Gar Vieles, was heute als gerecht gilt, hat früher als ungerecht
gegolten oder wird sicherlich späteren Geschlechtern
als ungerecht gelten. So ist man überall gezwungen, um das
Gerechte zu finden, über das, was im vorhandenen Rechtsgefühl
der Menschen als das Gerechte gilt, noch weiter hinauszugehen
zu einem an sich Gerechten, das nun in keiner
Wirklichkeit mehr gegeben ist, über welches es nur noch
subjective Ansichten giebt. Das Streben also, alle Verhältnisse
auf ihre Gerechtigkeit zu prüfen, giebt damit schliesslich
jeden objectiven und gültigen Maassstab aus den Händen,
der irgend welche Aussicht hätte, allgemein anerkannt zu
werden. Die meisten utopischen Hirngespinste über die Gestaltung
von Familie und Vermögensordnung, von Staat und
Herrschaft, wurzeln in solchen Träumen und Einbildungen
von einer idealen Gerechtigkeit. Die Construction aus der
Meinung vom Gerechten ist der sicherste Weg zu jeder
Schwärmerei und zu jedem Unsinn und endet zuweilen in
eigentlicher Verrücktheit; zugleich aber wird dieser Weg am

liebsten betreten von den Verschmitzten und Ehrgeizigen, die auf die Dummheit der Menschen speculiren und ihrer Phantasie schmeicheln, um Verwirrung und Zerstörung zu säen. 4. Auf so schwankenden Boden kann sich die Rechtsphilosophie nicht stellen. In der Rechtsphilosophie kann vom Recht in keiner der aufgezählten Bedeutungen die Rede sein. Es bleibt indessen für sie noch eine letzte und eingeschränkteste Bedeutung des Wortes übrig, und diese ist es, mit der sie es ausschliesslich zu thun hat. Unter allen Gesetzgebungen, Regeln und Vorschriften für menschliches Handeln, die irgendwie denkbar sind, begegnet uns in wirklicher Erfahrung eine von ganz besonderer und bestimmter Art, die sich an äusserlichen Kennzeichen sehr leicht von den anderen unterscheiden lässt. Wir haben diese Kennzeichen oben aufgezählt: es gehört dazu die allgemeine und anerkannte Gültigkeit, die Möglichkeit, im Zweifelsfall über ihren Sinn und Meinung eine unzweifelhafte und gültige Entscheidung zu erlangen, und das Vorhandensein einer ausdrücklich für ihren Schutz bestimmten physischen Gewalt, die das von ihr Geforderte nöthigenfalls zu erzwingen vermag. Die durch diese Merkmale charakterisirte Gesetzgebung nun wird gleichfalls in dem gewöhnlichen Sprachgebrauch als Recht bezeichnet; nur fehlt gemeinhin dabei das Bewusstsein der fundamentalen Verschiedenheit dieser zuletzt erwähnten Erscheinungssphäre von allem anderen, was man eben auch Recht nennt. Wir heben diese letzte Bedeutung als die einzige heraus, und in dem technischen Gebrauche des Wortes als Terminus bezeichnen wir nur diese Erscheinungsgruppe durch das Wort Recht; im übrigen werden wir uns wol der Volkssprache anzuschliessen haben, ohne dass dadurch eine Zweideutigkeit entstehen könnte, da jedermann den technischen Gebrauch des Wortes von dem nicht technischen leicht unterscheiden kann. Den Andern lassen wir es natürlich frei, das Wort Recht zu gebrauchen, wie sie wollen, und mit demselben Worte das Allerverschiedenste zu bezeichnen: für uns aber, im wissenschaftlichen Sprachgebrauch, scheint es die erste Pflicht, jede aus der Vieldeutigkeit des Wortes möglicherweise entspringende Verwirrung und Unklarheit dadurch abzuschneiden, dass wir das Wort technisch nur in der einen ganz specifischen Bedeutung gebrauchen. Recht also nennen wir in Zusammenhange unserer Untersuchung nur diejenige Gesetzgebung, die die oben angegebenen Kennzeichen an sich trägt. Was diese formellen Kennzeichen nicht hat, ist mithin in unserem Sinne kein Recht. Alles Recht, wie wir das Wort gebrauchen, ist **positives Recht**, das gilt, bezüglich das gegolten hat; es ist wirkliches Recht nur solange es gilt, und hört auf Recht zu sein, sobald es nicht mehr gilt. Was nicht Anerkennung hat, Anerkennung nicht erringen kann, was nicht erforderlichen Falls die physische Macht zu seiner Durchführung besitzt, mag in jedem anderen Sinne des Wortes Recht heissen; in dem Sinne, wie wir das Wort gebrauchen, kann es als Recht nicht bezeichnet werden. Es giebt kein Recht von Natur; Recht giebt es nur durch Satzung. Niemand hat natürliche, angeborene Rechte; sondern was einer an Rechten hat, das hat er vermöge des objectiv vorhandenen Rechts erworben, durch Uebertragung, durch Zugeständnis erlangt. Nur mit diesem positiven, anerkannten, gültigen, mit dem erzwingbaren Rechte beschäftigt sich die Rechtsphilosophie und mit nichts Anderem, was wol auch Recht genannt wird.

5. Man kann nun vielleicht die wissenschaftliche Berechtigung in Zweifel ziehen, den Gegenstand der Rechtsphilosophie in der Weise, wie wir es gethan haben, zu bestimmen. Indessen, jedenfalls muss es uns frei stehen, uns das Object auszusuchen, von dem wir handeln wollen; vorausgesetzt nur, dass dieses Object ein reelles, nicht ein erträumtes ist. Die ganz allgemein unter allen menschlichen Gemeinschaften zu allen Zeiten zu beobachtende Realität des Rechtes nun in dem von uns angegebenen Sinne wird man nicht leicht in Zweifel ziehen, und auch nicht, dass dieses Object für jeden verständigen und erfahrenen Mann durch die angegebenen formellen Kennzeichen hinreichend bezeichnet ist. Andere werden vielleicht bestreiten, dass für das von uns gemeinte Object diese Merkmale die wesentlichen seien, und werden das Wesen dieses Objects in andern Eigenschaften suchen; diesen kann erst der Fortgang der Untersuchung antworten. Erledigen lässt sich die Frage nach der Berechtigung unserer Begriffsbestimmung nur durch den Nachweis, dass gerade der von uns bezeichnete Complex von Merkmalen ein Object von ganz eigener Art und Bedeutung für die gesammte Erscheinungswelt des menschlichen Lebens constituirt. Ueber den Begriff des Rechts lässt sich debattiren ins Unendliche; die Sache würde auf einen reinen Wortstreit hinauslaufen, wenn nicht die Einen eine weit grössere Fülle von Erscheinungen, indem sie sie mit einem und demselben Worte benennen, als wesentlich gleichartig bezeichneten, während die Andern aus jener Fülle einen weit engeren Kreis herausheben, den sie von allem Andern, was auch als Recht bezeichnet wird, für wesentlich verschieden erklären. Wir halten es mit den Letzteren und bestimmen den Begriff des Rechts, um von Vielen nur Einen zu nennen, ebenso wie R. v. Ihering, der das Recht den Inbegriff der in einem Staate geltenden Zwangsnormen nennt und für das einzige Kriterium des Rechts

die Anerkennung und Verwirklichung desselben durch den Richter erklärt (der Zweck im Recht. Bd. I. 1877. S. 318. 337). Indem wir diesen beschränkteren Erscheinungskreis allein mit dem Namen Recht belegen und zum Gegenstand einer Wissenschaft machen, die sich nur mit ihm beschäftigt, behaupten wir nur das Eine, dass dieser Gegenstand von allen anderen durch Eigenschaften sich unterscheidet, die so wesentlich sind, dass das Meiste, was von ihm gilt und was als Consequenz aus ihm sich ergiebt, von allem Anderen nicht gilt, aus allem Anderen sich nicht ergiebt. Es muss sich zeigen, ob wir mit dieser Behauptung Recht behalten (vgl. § 21, 5). Ueber Namen also und Worte streiten wir nicht. Wenn Andere dies Object lieber nicht Recht, seine philosophische Betrachtung nicht Rechtsphilosophie nennen wollen, sondern diese Namen für ein anderes Object und eine andere Wissenschaft vorbehalten, so können wir nichts dagegen einwenden. Das wäre dann schliesslich nur eine Frage des Sprachgebrauchs, und es bliebe abzuwarten, ob Andere bei anderem Sprachgebrauch zu genaueren Resultaten kommen und zu solchen, die mit der Wirklichkeit der Dinge besser übereinstimmen.

6. Die Erkenntnis, dass das Recht vom Gerechten verschieden und dass es in dieser Verschiedenheit für sich ein bedeutungsvolles Object wissenschaftlicher Untersuchung sei, ist erst allmählich erlangt worden. Die älteren Auffassungen gehen unbefangen von der gleichen Bedeutung des Rechts und des Gerechten aus. Wenn wir behaupten, dass das Recht nicht von Natur, nur durch Satzung sei, so darf man diese Ansicht nicht mit der andern verwechseln, dass es ein Gerechtes von Natur nicht gebe, dass das Gerechte selbst nur auf menschlicher Satzung, auf willkürlichem Belieben oder auf Einsicht in das Nützliche oder Zweckmässige beruhe. Ueber die Frage der Begründung des Gerechten in der Natur oder nur in der Satzung haben wir noch durchaus nichts entschieden; diese Frage wird erst später sich lösen lassen (vgl. §. 23—25). Schon bei den Alten ist darüber mit Lebhaftigkeit gestritten worden; beide gegentheiligen Ansichten behalten aber eben darin etwas Schillerndes und Unklares, dass den Alten das Recht und das Gerechte ungesondert in einander floss. Während Heraklit, der um 500 blühte, behauptete, alle menschlichen Gesetze würden genährt von dem einen göttlichen, dem obersten Gesetze vernünftiger Nothwendigkeit, hielt Archelaos, der älter als Sokrates und vielleicht dessen Lehrer war, dafür, dass der Unterschied des Gerechten und des Schändlichen nicht von Natur sei, sondern auf menschlicher Satzung beruhe. Unter den Sophisten lässt den Protagoras Plato

(Theät. 167 C) sagen, gerecht und ehrenhaft sei jedesmal das, was dem einzelnen Staate so scheine, und es bleibe gerecht und ehrenhaft nur so lange, als der Staat es dafür halte. Dem Kritias wird die Behauptung zugeschrieben, die Menschen hätten Anfangs ohne Gesetz und Recht gelebt, wie die Thiere, und die Gesetze seien später erst von klugen Leuten gegeben worden, um Gewaltthaten zu verhüten (Sext. Empir. advers. Mathemat. IX, 54). Lykophron, der ein Schüler des Gorgias gewesen zu sein scheint, leitete das Gesetz aus dem Vertrage ab, durch den man sich gegenseitig das Seinige verbürgt habe (Aristot. Polit. III, 10). Andere Sophisten lehren sogar ausdrücklich, das Gerechte, wie es vom Gesetze bestimmt werde, sei wider die Natur; so Kallikles (bei Plato im Gorgias 482 E; Aristot. Soph. Elench. 12. 173 a 7), Polos (bei Plato im Gorgias 470 C), welcher letztere die absolute Gesetzlosigkeit für das von Natur allein Gerechte erklärt und demgemäss das Gesetz, wie es im Staate herrscht, als dem Gebote der Natur widersprechend, als ungerecht und aus willkürlicher Satzung stammend bezeichnet; so Hippias von Elis (bei Plato im Protagoras 337 C), nach welchem das Gesetz ein Gewaltherrscher ist, der die Menschen zu Vielem zwingt, was wider die Natur ist. Nach sophistischer Ansicht ist da das höhere Recht, wo die grössere Macht ist; Staat und Recht also eine schlau ersonnene Erfindung, um zwischen den Stärkeren und den Schwächeren eine Gleichheit künstlich herzustellen, die wider das natürliche Recht des Stärkeren sei; die Natur fordere vielmehr den Krieg Aller gegen Alle, in welchem dann dem Stärkeren von selbst die höhere Macht zufallen würde. Diesen sophistischen Meinungen gegenüber hat Sokrates ein objectives Gesetz der Vernunft in der Natur der Dinge anerkannt und den Staat und sein Gesetz als begründet in dieser Vernunft angesehen, so dass er nicht durch willkürliche Satzung, sondern von Natur sei (Xenoph. Memorab. II, 1, 12; II, 2, 6; IV, 4, 20). Mit schöpferischem Tiefsinn hat dann Plato, der grosse Lehrer aller menschlichen Geschlechter, die Lehre systematisch durchgeführt, die der Menschheit niemals wieder verloren gehen kann, dass das sittlich Gute das eigene immanente Gesetz des vernünftigen Selbstbewusstseins und mit dem erzeugenden Princip der Welt im Einklang ist (De republ. VII, 517; VI, 508; IX. 577—588. Phileb. 22 C). Im Dialog Kriton führt Plato aus, dass auch die Gesetze des Staates ein Theil der Weltordnung und den ewigen göttlichen Satzungen verbrüdert seien. Auch nach Aristoteles stammen die Gesetze aus der Vernunft, giebt es ein objectiv Gerechtes, dessen Ausdruck die Gesetze sind, ist die Herrschaft des Gesetzes die Herrschaft der Gottheit und der Vernunft (Eth. Nicom. III, 15; 16. X, 10). Der Staat ist von Natur, der Mensch ein auf den Staat angelegtes Wesen, der Staat eigentlich früher als das Individuum; ohne Staat ist der Mensch nicht Mensch, sondern das bestialischste der Thiere (Polit. I, 1—2). Aristoteles widerlegt auch den sophistischen Einwand, dass es kein von Natur Gerechtes geben könne, weil die Gesetze veränderlich und in verschiedenen Staaten verschieden seien; er weiss zwischen dem von Natur Gerechten und dem positiven Recht zu unterscheiden. Das positive Recht entwickelt sich allmählich wie die Staatskunst sich vervollkommnet, und ist abhängig von den wechselnden Umständen, denen es angepasst sein muss (Eth. Nicom. V, 10). Dass das positive Recht deshalb auch Bestandtheile enthalten kann, welche dem Princip der Gerechtigkeit widersprechen, hat weder Plato noch Aristoteles verkannt; aber schon weil in der Terminologie das Recht und das Gerechte nicht unterschieden wurde, sondern das positive Recht nur wie eine Art des Gerechten erschien, haben sie die volle Consequenz aus dieser Erkenntnis nicht gezogen. Aristoteles insbesondere (Eth. Nicom. V, 1; 2. 10. Pol. VII, 9. III, 3; 9; 13. Rhetor. I, 10; 13) unterscheidet ein natürliches, immer gleiches Recht und ein Recht durch besondere Satzung; er weiss auch, dass das Gesetz unter Umständen nur eine sehr unvollkommene Verwirklichung des Gerechten ist, dass es auch solches giebt, was nur relativ, innerhalb eines bestimmten Systems von Umständen und Institutionen gerecht genannt werden kann, wie der Ostrakismos. Aber dann heisst ihm doch wieder alles dem positiven Gesetze Entsprechende gerecht; das formell Rechtliche ($\nu \acute{o} \mu \mu o \nu$) und das materiell Gerechte ($\mathit{i} \sigma o \nu$); und auch die Gerechtigkeit im Sinne der Sittlichkeit als Inbegriff aller Tugenden und die Gerechtigkeit als besondere Tugend im praktischen Verhalten zu Anderen, fliessen ihm zusammen. Die Stoa hat das sittliche Leben auf den Gehorsam gegen die allgemeine Weltvernunft und die eigene vernünftige Natur des Menschen begründet und in dem von Natur Gerechten das Urbild für alle positiven Gesetze gefunden. Freilich ist der Weise nicht an das positive Gesetz gebunden, sondern erhebt sich über dasselbe zu dem ewigen Urbilde (Plutarch. De Stoicor. repugn. 9. Diog. Laërt. VII, 128 ff. Stobäus Eclog. Eth. p. 184). Dagegen hat Aristippos, der Begründer der kyrenaischen Schule, der das Wahre und Gute nur in der Lust fand, die Lehre erneuert, dass es ein Gerechtes von Natur nicht gebe, sondern nur durch Satzung und Gewohnheit, und Epikur, der zum ersten Mal das

Princip der Utilität zum obersten Princip für das Gute und die Tugend gemacht hat, hat das Gesetz als Consequenz der aus freier Willkür unter den Menschen eingegangenen Gemeinschaft aus dem Vertrage abgeleitet, den die Zusammentretenden zu gegenseitiger Sicherung freiwillig eingegangen seien. Daher giebt es nur positives Recht, dessen Inhalt von den Umständen abhängig ist, für die es nützlich sein soll; und die Gesetze hören auf verbindlich zu sein, sobald sie aufhören nützlich zu sein (Diog. Laert. X, 150. Lucretius De Rerum Nat. V, 1106. 1159). Die Lehre des Epikur ist dann wieder bei den Engländern, besonders seit Bentham und seiner Schule aufgelebt. Da wir in dieser Schule wol eine Production von Redewendungen, aber nicht von fruchtbaren Gedanken entdecken können, so wird es uns genügen, sie hier erwähnt zu haben, ohne dass wir eingehender wieder auf sie zurückkommen. Cicero stellt sich in entschiedenen Gegensatz zu den Epikureern und betont aufs stärkste, dass das Recht aus dem tiefsten Wesen des Menschen stamme, dass das Gesetz auf der obersten der Natur eingepflanzten Vernunft beruhe, dass es ein nicht gesatztes, ein ursprüngliches Recht von Natur gebe, das von der Meinung unabhängig, über die Willkür erhaben, unveränderlich und unvergänglich sei, und in dem allgemein menschlichen Rechtsbewusstsein, dem von Natur den Menschen eingepflanzten Gewissen wurzele, während allerdings manches rein Positive zunächst aus Rücksichten der Zweckmässigkeit angenommen worden, dann in die Gewohnheit übergegangen, und endlich zusammen mit dem von Natur Gerechten durch Gesetz und Religion geheiligt worden sei. Dieses positive Gesetz, welches wechsele und im Laufe der Zeiten hin und her schwanke, verdiene eigentlich den Namen des Gesetzes nicht; es verhalte sich zu dem wahren Recht und der echten Gerechtigkeit nur wie ein Schattenbild. Soweit es allgemeingültig, ius gentium, ist, entspricht es als positives Recht dem von Natur Gerechten; soweit es national beschränkte Sonderbildung (ius civile) ist, sollte es nach jenem corrigirt werden (De Legg. I, 6. II, 4—5. De offic. III, 7; 17. De Natur. Deor. II, 21. Pro Mil. IV, 10. De republ. III, 22). So wenig wie zu einer klaren Unterscheidung von Rechtlichem und Moralischem, so wenig ist Cicero zu einer sicheren Sonderung von Recht und Gerechtem gelangt; im ganzen aber nähert er sich ähnlich wie die Stoa noch am meisten unter den Alten der naturrechtlichen Auffassung bei den Neueren an. Im Mittelalter ist eine selbstständige Untersuchung über den Ursprung des Rechts nicht unternommen worden. Bei Thomas von Aquino erscheinen auf der Aristotelischen Grundlage seiner

Lehre sehr verschiedene Einflüsse; indessen muss man anerkennen, dass er das Gerechte und das positiv Rechtliche besser zu unterscheiden wusste, als jemand vor ihm. Er kennt ein natürliches Gesetz; dasselbe entspringt aus der Theilnehmung des Menschen an dem ewigen göttlichen Weltgesetze, das sich seit dem Sündenfall allerdings nur mehr oder minder deutlich im menschlichen Geiste wiederspiegele. Das Recht enthält die Bedingungen des menschlichen Gemeinschaftslebens, das zur Natur des Menschen gehört, und ist dadurch verschieden von dem geoffenbarten Gebote, welches der ewigen Seligkeit dient. Das Recht existirt als positives Recht, als lex humana, die theils ius gentium, aus dem natürlichen Recht, der lex naturalis, geschöpft, theils ius civile von rein menschlicher Satzung ist; letzteres findet seine Rechtfertigung darin, dass für die veränderlichen menschlichen Verhältnisse immer andere Gesetze nothwendig erscheinen. In dem positiven Recht findet sich aber neben Gerechtem auch geradezu Ungerechtes (Summa theol. II, 1. 91—97. II. 2. 57—58.) Die verhältnissmässig scharfe Unterscheidung des Gerechten vom positiven Recht, die sich bei Thomas findet, ist in späterer Zeit und noch bei den Naturrechtslehrern nicht mehr gegenwärtig gewesen. Die Ableitung des Staates aus einem Vertrage der Einzelnen unter sich und der Gesammtheit der Einzelnen mit dem Inhaber der obersten Gewalt schien selbstverständlich, aber zugleich auch, dass der bestimmte Inhalt dieses Vertrages auf der allgemeingültigen Natur der Menschen und der Dinge beruhe und sich durch gesunde Vernunft erkennen lasse, und dass ebenso die Natur selbst dazu zwinge, einen solchen Vertrag einzugehen. Die naturrechtliche Lehre hat demnach mit derjenigen des Epikur eine nahe Verwandtschaft, so wenig sie ihr dem äusseren geschichtlichen Zusammenhange nach entstammen mag. Bei Grotius ist die Natur des Menschen das Princip, die gesunde Vernunft die Erkenntnisquelle des Rechts; der Staat aber entsteht nach ihm durch den Vertrag, da Vertragstreue das erste Gebot des natürlichen Rechtes sei, und erst aus dem stillschweigenden oder ausdrücklichen Vertrag fliesst alles Recht im Staat (De i. b. ac p. Prolegg. 15. 16). Den Inhalt dieses Vertrages aber bildet das, was er das natürliche Recht nennt. Er erwähnt wol ein positives Recht (ius voluntarium) als vom natürlichen Recht verschieden, weiss aber mit diesem Begriffe schlechterdings nichts anzufangen (ebd. I, 1, 9); es ist nur eine Reminiscenz an Aristoteles, wie denn in dem stockenden und unbeholfenen Gedankengange des Grotius das Meiste blosse Reminiscenz und obendrein noch oft genug schief aufgefasst und übel angebracht ist. Hobbes hat die

Lehre von einem Naturstand ausgebildet, in welchem es noch keine Gesetze, aber ein natürliches Recht Aller auf Alles giebt; Natur und Vernunft gebieten, aus diesem Zustande des Krieges Aller gegen Alle heraus- und in den bürgerlichen Zustand hinüberzutreten, der durch den Vertrag begründet wird. Der bürgerliche Zustand erfordert eine höchste Gewalt, deren Wille schlechthin gilt und die auch, selbst durch kein Gesetz beschränkt, festsetzt, was als Recht gelten soll. So wird auch hier alles positive Recht mittelbar aus dem Vertrage abgeleitet. Daneben aber erkennt Hobbes ein unveränderliches natürliches Gesetz an, welches mit dem Moralgesetze identisch ist, und dessen Zweck es ist, Frieden zu erhalten und Streit zu vermeiden. Dies natürliche Gesetz ist im Staate aufgehoben und durch das positive Gesetz ersetzt; doch giebt es Grenzen, innerhalb deren es Sünde ist, dem positiven Gesetze zu gehorchen, welches dem von Gott in natürlicher Vernunft oder in der Offenbarung gegebenen Gesetze widerspricht. Auflehnung und offener Ungehorsam ist aber auch dann verboten; in der Collision zwischen dem religiösen Gewissen und dem positiven Gesetze ist es Pflicht, das Martyrthum freudig zu übernehmen (De cive. 1642. I, 10 ff. V. XIV. XVIII, 13). Auch Spinoza kennt ähnlich wie Hobbes ein natürliches „Recht", für das es nur an Mitteln der Sicherheit und der Vertheidigung fehle. Nach Spinoza ist von Natur Macht und Recht ungetrennt, aber unsicher; um ihre Macht und damit ihr Recht zu sichern, treten die Menschen deshalb durch Vertrag in den staatlichen Zustand, wo das natürliche Recht der Stärke zwar nicht aufgehoben, aber durch den Zweck des einmüthigen und friedlichen Lebens eingeschränkt wird (Tractatus theologico-politicus. 1670. Cap. XVI). Pufendorf unterscheidet ein natürliches und ein positives Recht, jenes aus der vernünftigen und geselligen Anlage des Menschen stammend und die Bedingungen für den Frieden in der Gesellschaft herstellend, dieses aus dem blossen Willen des Gesetzgebers entspringend und dem Bedürfnis einer bestimmten Gesellschaftsbildung angepasst. Die Unterscheidung gilt aber eigentlich nur für das geoffenbarte göttliche Recht; das menschliche Recht ist streng genommen durchaus positives Recht (De iure nat. et gent. 1672. I, 6, 18). Der Gesetzgeber bestimmt, was als Zwangspflicht gelten, was dem Gewissen und dem sittlichen Gefühl anheimgestellt bleiben soll. Nur diejenigen Bestimmungen des natürlichen Rechts haben in allen Staaten Geltung, welche die Bedingung für die Erhaltung des inneren Friedens ausmachen; ausserdem füllt das natürliche Recht die Lücken des positiven Rechts aus (ebd. VIII, 1, 1 ff.). Der Unterschied des Rechts vom Gerechten bleibt dabei ganz unklar. Es wird nur behauptet, dass es ein Gerechtes vor aller staatlichen Fixirung eines Rechtes gebe; das Verhältnis des positiven Rechts zu diesem Gerechten bleibt ein ungelöstes Räthsel (ebd. VIII, 1, 5). Thomasius unterscheidet Naturrecht von positivem Recht. Jenes wird durch Denken gefunden, dieses muss ausdrücklich publicirt sein: jenes gebietet mehr in der Form des Rathes, dieses ist Gebot des Herrschers; jenes ist unveränderlich, dieses veränderlich. Das Naturrecht ist für das positive Recht die Norm. Das positive Recht, wo es gegen das stricte Naturrecht verstösst, das Verletzung Anderer verbietet, hat keinerlei verbindliche Kraft; dagegen kann es aus Zweckmässigkeitsgründen solches bestimmen, was das Naturrecht offen lässt (Fundam. iur. nat. ac gent. I, 5. 29—64). — Die Ableitung des Rechtes und Staates aus dem Vertrage hat das vorige Jahrhundert völlig beherrscht. Montesquieu freilich erkannte, dass die Gesetze ihrem wesentlichen Gehalte nach aus der Natur der Dinge fliessen, aus einer ursprünglichen Vernunft, welche die ganze Welt beherrsche, dass es eine ideelle Gerechtigkeit gebe vor allem positiven Gesetz, dass es ausser den Gesetzen, die sich die Menschen selbst gegeben haben, auch solche gebe, die ihnen ihr Dasein nicht verdanken, während allerdings in allen rechtlichen und staatlichen Verhältnissen ein Element des Relativen sei, das je nach Natur und Geschichte wechsele (Esprit des Lois. 1748. I. 1—3). Diesen letzteren Gesichtspunkt hatte dereinst der skeptische Geist Montaigne's besonders hervorgehoben, der in der Verschiedenheit der bei den verschiedenen Völkern herrschenden positiven Rechte ein Allgemeingültiges nicht zu entdecken vermochte und deshalb bestritt, dass es ein in der Natur des Menschen begründetes Gesetz gebe; alle Meinung vom Gerechten beruhe vielmehr auf Erziehung und Gewöhnung (Essays 1580). Ganz im Gegensatze zu solcher Skepsis und andererseits zur Lehre von der Relativität in der Verwirklichung des Gerechten durch das Recht wird bei Kant und seinen Nachfolgern der denkenden Vernunft die Macht zugeschrieben, ein schlechthin allgemeingültiges Recht zu produciren. Kant legt dem Staate wie dem Rechte eine absolute Anforderung der praktischen Vernunft zu Grunde; den Staat weiss er allerdings nur aus einem Urvertrag zu construiren, der wenn auch geschichtlich nicht nachweisbar, doch ein Postulat der Vernunft sei (Metaphys. Anfangsgründe der Rechtslehre § 43 ff.). Es giebt also ein Recht durch blosse Vernunft, daneben freilich auch ein positives Recht als eine von einem äussern Willen sanctionirte Gesetzgebung. Es lässt sich ein positives Recht denken, das lauter natürliche Gesetze enthielte; soweit es indessen vom natürlichen Recht abweicht, ist es wol Rechtens, aber nicht Recht. Denn das Kriterium, woran man Recht und Unrecht erkennt, liegt in der blossen Vernunft (ebd. Einleitg. in die Metaphys. der Sitten IV. Einleitg. in die Rechtslehre § B.). J. G. Fichte seinerseits erklärt den Staat für den Naturstand der Menschen, wenngleich auch er dem Staate den Vertrag zu Grunde legt. Alles Recht ist reines Vernunftrecht und gründet sich auf einen Begriff a priori. Das Rechtsgesetz ist nur im Staate möglich, die Gesetze des States aber sollen nichts Anderes sein als das realisirte Naturrecht. Das positive Recht ist nicht Recht, sofern es sich nicht auf Vernunft gründet (Naturrecht § 14. 16). Hegel findet die vernünftige Nothwendigkeit des Rechts darin, dass es das Dasein des freien Willens, die Verwirklichung der Freiheit in äusserer Existenz ist, und leitet aus dem Begriffe der Freiheit auch im Einzelnen die Bestimmungen für das Recht ab, die sich mit Nothwendigkeit aus seinem Begriffe ergeben. Er weiss aber, dass das Recht zugleich positives Recht ist, der Form nach, weil es im Staate Gültigkeit hat, dem Inhalt nach, weil es dem besonderen Nationalcharakter und den geschichtlichen Zuständen eines Volkes entspricht und weil es für die in der Erfahrung begegnenden Fälle anwendbar sein muss, endlich weil es sich zu mehr oder minder willkürlichen quantitativen Bestimmungen zuspitzen muss. Das Naturrecht ist indessen von dem positiven Recht wol verschieden, aber doch ohne dass sie einander widerstreiten. Gewalt und Tyrannei ist nur zufällig im positiven Recht. Andererseits darf man in der historischen Begründung nicht auch schon eine Rechtfertigung der positiven Rechtsbestimmungen finden wollen; das positiv Rechtliche kann in den Umständen und vorhandenen Institutionen vollkommen begründet und doch an und für sich unrechtlich und unvernünftig sein (Philos. des Rechts § 3). Ein Verständnis für den organischen Charakter des Rechts und die immanente Vernünftigkeit der historischen Rechtsbildungen hat Hegel, obgleich er es vermöge seiner Grundvoraussetzungen hätte haben sollen, doch nicht erreicht, weil er noch zu eng mit den Vorstellungen des Naturrechts verwachsen war. In vollen Gegensatz zur naturrechtlichen Auffassung trat erst die Rechtsphilosophie der historischen Schule. Freilich das in Princip und Ausführung gleich unklare Lehrbuch von Hugo (Lehrbuch des Naturrechts als einer Philosophie des positiven Rechts. 1799) kann man für sie nur in bedingter Weise als Zeugnis gebrauchen. Nur der Intention nach ist seine Rechtsphilosophie eine Philosophie des positiven Rechts. Im Einzelnen sucht er nicht etwa den Zusammenhang der positivrechtlichen Bestimmungen mit dem gesammten Culturzustande der Völker oder mit der in ihnen sich eine geschichtliche Wirklichkeit gebenden Rechts-Idee nachzuweisen, sondern ergeht sich in unglaublich oberflächlicher Reflexion über die wichtigsten Rechtsinstitute, indem er ihre Nützlichkeit, beziehungsweise ihre Schädlichkeit darzuthun unternimmt und sie an den äusserlichsten Gründen und Gegengründen misst. So erweist er die Rechtmässigkeit und den Nutzen der Sclaverei; dagegen zählt er die Nachtheile des Privat-Eigenthums auf, das er für eine keineswegs nothwendige Institution hält, verwirft die Ehe und vertheidigt die Kinderaussetzung, und was dergleichen barockes Zeug mehr ist. Dann lehrt er wieder sich bei den vorhandenen Zuständen, z. B. der Hörigkeit und den feudalen gutsherrlichen Rechten, zu beruhigen mit dem seichten Troste: es sei nun einmal ein allgemein bekannter Theil des positiven Rechtes und insofern auch billig. Das ist seine Art, die Existenz des „provisorisch" Rechtlichen, d. h. des positiven Rechts, gegenüber dem „peremtorischen" Recht, dem Recht aus reiner Vernunft, zu rechtfertigen. In weit höherem Grade geeignet, den Standpunkt der historischen Schule unserer Frage gegenüber zu bezeichnen, sind die Ausführungen Puchta's (Cursus der Institutionen. 1841. I. § 4 ff.), so sehr auch sie an einem Mangel an begrifflicher Klarheit laboriren. Puchta leitet das Recht überhaupt aus der menschlichen Willensanlage, der Freiheit, ab, als eine ursprünglich dem Menschen mitgegebene Herrschaft über die Erde; nach dem Sündenfall ist das Unrecht, eine Trennung der rechtlichen und der factischen Macht, und die Abwehr des Unrechts durch das Recht in eigenthümlicher nationaler Form eingetreten. Die eigentliche Rechtsbildung beginnt erst mit der Entstehung der Völker, deren jedes seinem Volkscharakter gemäss sein eigenes Recht ausbildet, aber so, dass es zugleich einen Bildungsprocess des Rechtes durch die ganze Menschheit giebt, an welchem jedes Volk seinen besonderen Antheil hat, und in welchem sich der Rechtsbegriff zu immer grösserer Klarheit und Lauterkeit entfaltet. Alles wirkliche Recht ist also positives, eigenthümliches Recht, Ausdruck der gemeinsamen Rechtsüberzeugung, des gemeinsamen Willens der Rechtsgenossen, und verwirklicht durch den Organismus des Staates, der ebenso wie das Recht ein Erzeugnis des Volksgeistes ist, nicht durch einen Vertrag, auch nicht wie ein Naturgewächs entstanden, sondern zugleich in Gottes Ordnung begründet und durch den nationalen Willen hervorgebracht. Erst Stahl hat dann endlich die Sache in die entscheidende Formel gefasst: Alles Recht ist positiv seinem Inhalt wie seiner Geltung nach; Recht und positives Recht sind gleichbedeutende Begriffe; es giebt kein anderes Recht als das positive. Aber dies positive Recht unterliegt der Forderung, dass es den Gedanken und Geboten der Weltordnung Gottes entsprechen soll. Diese stehen dem positiven Recht als ein Gerechtes, Vernünftiges, nicht aber selbst als ein Recht gegenüber. Es giebt daher wol Vernunftforderungen an das Recht, aber es giebt kein Vernunftrecht, so wenig wie es ein Naturrecht giebt. Gegen diese vernünftige Anforderung kann das Recht geradezu in Widerstreit treten, ohne dass es darum aufhörte Recht zu sein, ebensowenig wie jenes an sich Gerechte oder Vernünftige deshalb schon jemals ein Recht wäre (Philos. des Rechts II, 1. S. 218 ff.). Wir glauben, dass an dieser Auffassung von der Natur des Rechtes das Wesentliche zum anerkannten und allgemeingültigen Besitz der Wissenschaft geworden ist. Die Confusion freilich ist unbelehrbar. H. Ahrens z. B. nennt es eine platte Ansicht, kein anderes Recht gelten lassen zu wollen als formell festgestelltes, positives (Naturrecht I. S. 366), und manche Rechtsphilosophen mögen ihm darin noch heute beistimmen. Dadurch aber darf man sich nicht irre machen lassen.

7. Die Ansicht, die wir vertreten, ist die, dass es unabhängig von aller menschlichen Meinung und Willkür eine Idee des Gerechten giebt, die in den obersten Principien der Welt ihren Sitz hat, dass aber Recht niemals von Natur, sondern nur durch Satzung sein kann. Wie sich jene Idee des Gerechten zum positiven Recht verhält, dies zu untersuchen ist eine der Aufgaben der Rechtsphilosophie. Der Staat ferner ist nach unserer Auffassung mit dem Recht untrennbar verbunden, so dass keins von beiden ohne das andre sein oder gedacht werden kann. Auch das ist an dieser Stelle nur eine vorläufige Bestimmung, die sich später rechtfertigen muss. Nur der Sinn derselben ist hier noch etwas näher darzulegen. Einen Staat nennen wir die mit oberster Gewalt ausgestattete Gemeinschaft, deren Thätigkeit ist, das Recht zu verwirklichen. Die Meinung ist dabei die, dass alle und jede Thätigkeit des Staates sich auf das Recht, auf die Schöpfung, Wahrung und stetige Wiederherstellung eines Rechtszustandes bezieht, und dass der Staat seinem Wesen und Begriffe nach gar nicht umhin kann, in allem, was er thut, Recht zu setzen und zu wahren. Welche Zwecke auch der Staat betreibe, er schafft oder schützt damit immer eine Form Rechtens. Und das nicht so, dass dies ein Ideal wäre, zu welchem hin er sich entwickelte, sondern so, dass jeder Staat zu jeder Zeit von Anfang an nichts anderes gethan hat, als Recht setzen und wahren. Es liegt dies als selbstverständliche Consequenz darin, dass nach unserm Sprachgebrauch Recht

nichts Anderes als die jedesmal im Staate geltenden Bestimmungen bedeutet. Gewöhnlich unterscheidet man drei hauptsächliche Zwecke, die einzeln oder verbunden den Gegenstand der Staatsthätigkeit bilden sollen: den Rechtszweck, den Wolfahrtszweck und den Culturzweck. Dabei versteht man den Rechtszweck so, dass er nur den Schutz der privaten Rechte bedeutet (vgl. z. B. H. Schulze, Einleitung in das Deutsche Staatsrecht. 1867. § 36 ff.). Mit einer solchen Unterscheidung hat unsere Auffassung nichts zu schaffen. Recht heisst in unserm Sinne nicht bloss Privatrecht. Es ist gar nicht abzusehen, warum nicht auch Wolfahrt und sittliche Cultur oder jede andere Art von Cultur in der Form Rechtens sollte betrieben werden können. Damit, dass das Recht als die Form aller Staatsthätigkeit bezeichnet wird, ist schlechterdings nichts ausgesagt über irgend einen besonderen Zweck, den er verfolge oder ausschliesse; sondern es heisst nur, dass der Staat, welchen Zweck er auch verfolge, diesen in der Form des Rechtes verfolge. Die Erörterung der Frage, welchen Inhalt der Staat in der ihm eigenen Rechtsform behandelt, bleibt damit durchaus vorbehalten und wird von unserer Behauptung gar nicht berührt.

8. Dass der Staat zu seinem wesentlichen Inhalt das Recht habe, blieb anfänglich vermöge der oben bezeichneten Verwechselung der an sich verschiedenen Begriffe des Rechtes und des Gerechten unter der Anschauung verborgen, dass der Staat zu seinem Inhalt die Gerechtigkeit habe, woraus dann folgte, dass er alle wahrhaft menschlichen Zwecke, alle Tugend und alle Sittlichkeit überhaupt betreibe. Die wesentliche formelle Bestimmung, dass alle Thätigkeit des Staats nothwendig sich in die Rechtsform kleidet, trat in der Aufmerksamkeit der Menschen hinter der Untersuchung dieser inhaltlichen Zwecke zurück. Indessen wird es zweckmässig sein, die wichtigsten Theorien vom Staatszweck an dieser Stelle schon anzuführen. Die Alten zunächst schreiben dem Staate die allerumfassendste Aufgabe zu. So ist der Staat für Plato der Mensch im Grossen, der Zweck des Staates die Tugend und Glückseligkeit des Ganzen (De rep. II, 368 E. VII. 490 ff.). Aehnlich bestimmt Aristoteles den Zweck des Staates als das rechte, glückselige und vollkommene Leben, welches in vollkommener Uebung der Tugend und Entwicklung aller menschlichen Vermögen besteht. Verhütung gegenseitigen Unrechts und Beförderung des Austauschs der äusseren Güter macht nach ihm noch keinen Staat, sondern erst die volle Gemeinschaft des Lebens in der Folge der Generationen zum Zwecke eines vollkommenen und sich selbst genügenden Lebens. Darum muss der Staat, der es nicht

bloss dem Namen nach ist, vor allem sich die Erziehung der Bürger zur Tugend angelegen sein lassen; sonst würde der Staat nur eine Gemeinschaft zu Schutz und Trutz gleich der völkerrechtlichen werden (Pol. III, 9). Die Staatskunst ist somit die höchste Kunst und geht auf alles menschlich Gute als solches; sie umfasst alle anderen Zwecke und betreibt alles sittlich Gute und Schöne; sie hat die Bürger tugendhaft, zu allem Guten fähig zu machen (Eth. Nicom. I, 1—10). Im Gegensatze zu Plato und Aristoteles, bei denen der Zweck des Staates die Vollendung des Menschen nach allen Seiten seines Wesens ist, wird der Staat bei den Epikureern, die einen idealen Beruf des Menschen und damit auch des Staates nicht anerkennen, zum ersten Mal eingeschränkt auf die dürftige Aufgabe der Sicherung jedes vor jedem andern durch das für Alle verbindliche Gesetz (Diog. Laërt. X, 150); es ist dieselbe Anschauung, die so viel später auch der naturrechtlichen Theorie vom Staate zu Grunde gelegt wurde. Die ältere christliche Anschauung, wie sie sich, um von Augustinus zu schweigen, bei Thomas von Aquino darstellt, hält, wie eine irdische bürgerliche Tugend der wahrhaften, christlichen Tugend, so den Staat der Kirche gegenüber. Der Staat ist um der menschlichen Schwäche und Bedürftigkeit willen und hat für irdische Tugend und irdisches Wol zu sorgen, daneben aber auch die Kirche und den Cultus zu schützen (Summa theol. II, 1, 95 ff. De reg. princ. I, 14 ff.). Die naturrechtliche Theorie hat ebensowol mit dieser theologischen als mit der Epikureischen Auffassung vom Berufe des Staates Verwandtschaft. Nach Grotius ist der Staat eine Gemeinschaft zum Zwecke der Sicherung des Rechtes und des gemeinen Nutzens (De i. b. ac p. I, 1); ganz so hatte schon Cicero den Zweck des Staates bestimmt, aber in der Nachwirkung der Aristotelischen Lehre den gemeinen Nutzen weiter gefasst, als Glückseligkeit überhaupt, und ebensowol die Beförderung der Tugend, wie die der äusseren Interessen als Aufgabe des Staates bezeichnet (De Republ. I, 25. De Legg. II, 5). Bei den Naturrechtslehrern beschränkt sich dagegen der Staat durchaus auf die privatrechtlichen Interessen, nur dass die Einen dabei mehr an die strenge Form des Rechtes, die Anderen mehr an die lockrere Form der Beförderung des allgemeinen Woles durch die thätige Fürsorge der obrigkeitlichen Gewalt im Staate denken. Da dient der Staat wie bei Pufendorf oder Hobbes zum gemeinen Frieden und Sicherheit, wie bei Locke zum Schutze des Eigenthums oder nach Anderen zur Vervollkommnung des Nationalwolstandes, zur Annehmlichkeit des Lebens und zur Förderung des Ackerbaues und der Bevölkerung. Nicht wesentlich anders lehrt

Kant, wenn er den Staat eine Vereinigung einer Menge von Menschen unter Rechtsgesetzen nennt (Metaphys. Anfangsgr. der Rechtslehre § 45), oder Fichte, wenn er die gegenseitige Sicherheit der Rechte Aller zum Zwecke des Staates macht (Naturrecht § 16). Denn auch sie denken beim Rechte nur an die durch Zwang gesicherten privaten Interessen. Kant aber hat insofern ein besonderes Verdienst, als er bei der Staatsthätigkeit nur den Schutz formell durchgebildeten Rechtes im Auge hat, die lockere Form eines das Wol der Unterthanen nach Gutdünken fördernden väterlichen Despotismus energisch abweist (§ 49). Bei Fichte in seiner zweiten Periode vollzieht sich dann der Uebergang zu einer wesentlich anderen Anschauung vom Staate, die zwar nicht, wie einst Plato und Aristoteles es thaten, den Staat alle höchsten Zwecke der Menschheit betreiben lässt, aber ihn doch zu diesen höchsten Zwecken in unmittelbare Beziehung setzt. Eine solche lebensvollere Auffassung des Staates hatte schon Edm. Burke, freilich in sehr unbestimmten und verschwommenen Zügen, angebahnt. Nach ihm ist der Staat „nicht eine Gemeinschaft in Dingen, welche nur dem rohen, leiblichen Dasein einer kurze Zeit währenden und vergänglichen Natur fröhnen, sondern eine Genossenschaft in aller Wissenschaft, aller Kunst, in jeder Tugend und Vollkommenheit, eine Genossenschaft, die nicht bloss die Lebenden, sondern auch die Verstorbenen und die Künftigen verbindet. Jeder Staatsvertrag ist nur eine besondere Klausel in dem grossen Urvertrage der ewigen Weltordnung, welche die niederen Wesen mit den höheren, die sichtbare Welt mit der unsichtbaren verbindet" (Reflect. on the revol. in France). Mit grösserer Klarheit und Schärfe der Begriffe lehrt Fichte Recht und Staat als Bedingungen für die Erscheinung des Sittlichen würdigen. Der Staat ist der Zuchtmeister auf die Sittlichkeit hin. Die höheren Zweige der Vernunftcultur freilich können nie Zwecke des Staates werden; aber äussere Sitte und Sittlichkeit hat er hervorzubringen und durch die sittliche Bildung, die er erzeugt, sich mit seinem Zwange überflüssig zu machen. Schelling hat in unentwickelten und nur umrissenen Andeutungen über das Wesen des Staates doch so viel geleistet, dass die Folgenden von ihm abhängig geblieben sind. Der Staat ist nach Schelling nicht auf einzelne äusserliche Zwecke beschränkt, überhaupt nicht als etwas Gemachtes und Berechnetes, nicht als Mittel, als bedingt und abhängig zu begreifen, sondern er ist ein Organismus, und zwar der äussere Organismus einer in der Freiheit selbst erreichten Harmonie der Nothwendigkeit und der Freiheit, ein Kunstwerk der Natur, dessen Inhalt ist, das unmittelbare und sichtbare Bild des absoluten Lebens zu sein und eben dadurch alle Zwecke von selbst zu erfüllen (Vorles. üb. die Methode des akad. Stud. 10. Vorles.). Mit ähnlicher Ueberschwänglichkeit hat Hegel in weiterer Ausführung des Strebens, den Staat als ein in sich Vernünftiges zu begreifen und darzustellen, das Rechtssystem als das Reich der verwirklichten Freiheit, als eine zweite Natur, als die aus dem Geiste selbst hervorgebrachte Welt des Geistes bezeichnet. Der Staat ist ihm deshalb der göttliche Wille als gegenwärtiger, sich zur wirklichen Gestalt und Organisation einer Welt entfaltender Geist, die Wirklichkeit der sittlichen Idee, der sittliche Geist als der offenbare, sich selbst deutliche, substantielle Wille, der sich denkt und weiss und das, was er weiss und insofern er es weiss, vollführt (Philos. des Rechts. Vorrede; § 257 ff.). Viel mehr wird man dem Staate allerdings nicht zugestehen können. Eine mehr theologisirende Richtung hat dann den Staat in engeren Zusammenhang mit Gottes geoffenbartem Willen gebracht. Stahl insbesondere behandelt den Staat unter dem Gesichtspunkte des sittlichen Reiches als eine über die Menschen schlechthin erhabene Autorität mit der Bestimmung, das ganze Leben des Volkes zu fördern und Gottes Gebote zu wahren (Philos. des Rechts II, 2, § 1 ff.). Der vornehmste Zweck des Staates ist das Recht und die Gerechtigkeit als die Lebensordnung des Volkes zur Erhaltung von Gottes Weltordnung, insbesondere der zehn Gebote. Seine Wirksamkeit umfasst die Totalität des menschlichen Gemeinlebens, soweit es sich um äussere Ordnung und indirecte Förderung der Zwecke des socialen Lebens handelt; das innere sittliche Leben der Menschen dagegen ist nicht seine Sache (II, 2, § 38 ff.).

9. Ueber das Recht oder Unrecht dieser Auffassungen vom Staate kann man verschieden denken. Das ändert aber durchaus nichts an dem Satze, dass alle Staatsthätigkeit auf Rechtsbildung und Rechtsschutz hinausläuft. Jeder Inhalt, der vom Staate betrieben wird, nimmt eben dadurch den Charakter des Rechts an, und der Staat kann nichts thun oder treiben, ohne ihm damit rechtlichen Charakter zu ertheilen. Der Staat ist also als solcher Institution des Rechtes. In ganz anderem, prägnanterem Sinne gebraucht man das Wort Recht, wenn man an den Staat die Forderung stellt, er solle Rechtsstaat sein. Gneist bemerkt, R. v. Mohl habe das Wort in diesem Sinne in Gang gebracht (vgl. R. v. Mohl, Gesch. u. Literat. der Staatswiss. I. 297 ff.). In diesem Gebrauche des Wortes bedeutet Rechtsstaat denjenigen Staat, der den festen Bau eines formell völlig durch-

gebildeten und mit dem Rechtsbewusstsein der Besten und Edelsten in Einklang gebrachten privaten und öffentlichen Rechtes siegreich aufrecht erhält gegen die beständig andrängenden eigensüchtigen gesellschaftlichen Interessen, und der, um dies zu können, die geeigneten Institutionen in höchster Vollkommenheit ausgebildet hat. Der Rechtsstaat hat also seinen Gegensatz in dem Staate, dessen oberste Gewalt den gesellschaftlichen Interessen einzelner Classen und ihrem Eigennutze irgendwie dienstbar wird, theils weil das für alle gleiche Recht nicht genügend ausgebildet, theils weil die vorhandenen Institutionen nicht ausreichend stark sind, um den Uebergriff der Interessen über das gleiche, bleibende, gerechte Recht zu verhindern (vgl. O. Bähr, Der Rechtsstaat. 1864; und besonders R. Gneist, Der Rechtsstaat. 2. Aufl. 1878). Der Rechtstaat in diesem Sinne ist ein zu erreichendes Ideal; er bedeutet den Staat mit der höchsten formellen und materiellen Durchbildung sowol des öffentlichen als des privaten Rechtes als Ziel des Strebens. Dieses Ziel ist gewiss ein höchst erstrebenswerthes. Da wir aber vom Recht in weniger prägnantem Sinne reden, so ist uns der Staat, der Recht schafft, nicht ein fernes Ideal, sondern die von je gegebene Wirklichkeit. Denn uns gilt als Recht nicht bloss die vollendete Bildung, sondern auch die unvollendete, sofern sie nur als positive Satzung im Staate Gültigkeit hat, und nicht allein die dauernde und bleibende Bestimmung, sondern auch die für den einzelnen Fall von der zuständigen Behörde im Auftrage der höchsten Gewalt getroffene Entscheidung, sofern es definitiv bei ihr bleibt und sie behufs ihrer Ausführung die physische Macht des Staates zur Verfügung hat. Wenn aber Recht nur positive Bestimmung des Staates überhaupt, und zwar im allerweitesten Umfange, bedeutet, so ist offenbar jeder Staat ein „Rechtsstaat", und dies zu sein ist für ihn nicht eine neue, hinzukommende, sondern schon in seinem Begriffe nothwendig mitenthaltene Bestimmung. Nur wird es sich empfehlen, dem Terminus Rechtsstaat seine Bedeutung zu lassen, mit der er im wissenschaftlichen Gebrauche sich eingebürgert hat.

§ 4.

Die Geschichte der Rechtsphilosophie.

Die Geschichte der Rechtsphilosophie lässt sich im allgemeinen von der Geschichte der Ethik nicht abtrennen, weil bis auf die neueren Zeiten der Unterschied des Rechtes von

Einleitung. § 4. Die Perioden der Geschichte der Rechtsphilosophie. 43

den übrigen Grundformen des Ethischen noch nicht erkannt oder doch nicht in klaren Begriffen erfasst war. Ein systematisches Denken über ethische Gegenstände findet sich zuerst bei den Griechen und zwar seit Sokrates und in den von ihm ausgehenden Schulen der Philosophie. Die erste Epoche der Rechtsphilosophie reicht von da ab bis zum Ausgang der griechischen Philosophie. Den Gegenstand des Nachdenkens bildet in dieser Epoche das Gerechte selbst, und wie es sich im Staate, in Staatsformen und öffentlichem Rechte ausprägt. In der Ethik und somit auch in der Rechtsphilosophie gehen von Anfang an zwei Richtungen neben einander her, eine idealistische und eine sensualistische. Die idealistische Richtung der Ethik erreichte in der Philosophie des Plato und des Aristoteles ihren ersten Höhepunkt; ein Nachhall derselben war die Ethik der stoischen Schule. Die sensualistische Richtung fand ihren Ausdruck in der Philosophie Epikur's und ist über dessen Gesichtspunkte bei der Behandlung ethischer Fragen bis auf den heutigen Tag nicht wesentlich hinausgekommen. Die zweite Epoche der Rechtsphilosophie reicht vom Ausgang des Alterthums bis auf Kant. Innerhalb derselben lässt sich die Zeit des Mittelalters, die Zeit der Renaissance und die Zeit des strenger durchgeführten Naturrechts von Grotius bis Kant unterscheiden. Das Mittelalter hat eine selbstständige Rechtsphilosophie nicht gehabt. Am meisten beschäftigte man sich mit dem gegenseitigen Verhältnis des Staates und der Kirche, der geistlichen und der weltlichen Gewalt; man erörterte das rechtliche Verhältnis des Herrschers zu den Unterthanen, des Kaisers zu den Fürsten, alles das überwiegend auf Grund theologisch-dogmatischer Voraussetzungen und unter dem Einfluss der überlieferten Anschauungen des classischen Alterthums, ohne aber auf die letzten Principien zurückzugehen, dagegen an das Vorurtheil eines natürlichen Rechtes gebannt, und im Dienste praktischer Interessen. Einen Höhepunkt selbstständiger Bearbeitung der Aristotelischen Lehren bezeichnet auch auf diesem Gebiete Thomas von Aquino. Einigermaassen unabhängiger gestaltete sich die Reflexion über Staat und Staatsgewalt in dem Zeitalter der Renaissance und der Reformation; die Lehren von der Souverainetät und von dem Ursprunge des Staates erlangten in dieser Zeit festere Formen. Neue Ansätze beginnen mit Hugo Grotius, der den ersten, freilich noch unbeholfenen Versuch machte, allgemeingültige Erkenntnisse über das Recht durch reine Verstandesreflexion zu erlangen. Für die an Grotius sich anschliessende Schule der Naturrechtslehrer ist viererlei charakteristisch: 1. dass man nunmehr nicht nur das öffentliche, sondern auch das Privatrecht philosophisch zu begründen unternahm und jenes bloss als Mittel und Bedingung für die Durchführung des Privatrechts ansah; 2. dass man ernsthaftere Anläufe nahm, das Recht als eine besondere Form des Ethischen von der Moral zu trennen; 3. dass man den Grund des Rechtes in einzelnen äusseren Nützlichkeiten und in den angeborenen Trieben der menschlichen Natur fand; 4. dass man, hierin sich an die seit dem Mittelalter gebräuchliche Auffassung anschliessend, dasjenige, was man durch die Reflexion als das natürliche Recht gefunden zu haben glaubte, als das einzige wahre Recht und als absolute Anforderung an alle menschlichen Verhältnisse betrachtete. Die dritte Periode der Rechtsphilosophie beginnt mit Kant, der zum ersten Mal wieder innerhalb eines systematischen Ganzen der Philosophie das Recht nach Art der Sokratischen Schulen nicht auf einzelne Nützlichkeiten und Triebe, sondern auf die unwandelbaren Grundsätze der praktischen Vernunft gründete und die Trennung von Recht und Moral streng durchführte. In der Kantischen Schule gestaltete sich in consequenter Weiterbildung seiner Principien, und zugleich unter dem Einfluss der von Montesquieu, Herder und Burke ausgehenden Anregungen, die historische Rechtsanschauung, nach welcher das Recht, vom Gerechten gesondert, nur als positives Recht seine Verwirklichung findet, dieses positive Recht aber der organische Ausdruck des nationalen Geistes ist, und in dem weltgeschichtlichen Processe der Rechtsbildung der verschiedenen Völker die Idee des Gerechten sich immer vollkommener verwirklicht.

Unter den Schriftstellern, welche die Geschichte der Rechtsphilosophie behandelt haben, heben wir folgende hervor: L. A. Warnkönig, Rechtsphilosophie als Naturlehre des Rechts. 1839.

S. 23—174; Philosophiae iuris delineatio. Ed. 2. 1835. S. 3—52. — Rossbach, Perioden der Rechtsphilosophie. 1842. — R. v. Mohl, Gesch. u. Litt. der Staatswissenschaften. 3 Bde. 1855—1858. — F. v. Raumer, Geschichtl. Entwicklung der Begriffe von Recht, Staat u. Politik. 3. Aufl. 1861. — A. Geyer, Gesch. u. System der Rechtsphilos. 1863. S. 6—108. — Bluntschli, Geschichte des allgem. Staatsrechts u. der Politik. 1864. — H. Ahrens, Naturrecht oder Phil. des Rechts u. des Staates. 6. Aufl. 1870. Bd. I. S. 13—222. — F. J. Stahl, Philos. des Rechts. 4. Aufl. 1871. Bd. I. — Laurent, Histoire du droit des gens. 1861—70. XVIII Bde. — Insbesondere für das Alterthum ist zu verweisen auf E. Zeller, Die Philosophie der Griechen in ihrer geschichtl. Entwicklg. Bd. I—V, und K. Hildenbrand, Gesch. u. System der Rechts- u. Staatsphilos. Bd. I. Das klassische Alterthum. 1860. — Die neuere Rechtsphilosophie behandeln: Hinrichs, Gesch. der Rechts- u. Staatsprincipien seit der Reformation. 3 Bde. 1848—52. — J. H. Fichte, System der Ethik. Bd. I. Die philosophischen Lehren von Recht, Staat und Sitte von der Mitte des 18. Jhdts. bis zur Gegenwart. 1850. — F. Vorländer, Gesch. der philos. Moral, Rechts- u. Staatslehre der Engländer u. Franzosen. 1855. — O. Gierke, Joh. Althusius u. die Entwicklg. der naturrechtl. Staatstheorien. 1880.

1. Das griechische Volk ist classisch auch für die Fragen der Rechtsphilosophie; alle Probleme und Lösungsversuche erscheinen hier in ihrer einfachsten, natürlichsten und unmittelbarsten Form, gleichsam als ein concentrirter Auszug aus der gesammten Geschichte des menschlichen Gedankens. Wir brauchen deshalb nur bei den Griechen ausführlicher zu sein und dürfen uns nachher um so kürzer fassen. Die Veranlassung für den Anfang einer eigentlichen Philosophie des Ethischen war bei den Griechen die Auflösung der naiven und unmittelbaren Hingebung an die nationale Sitte und die heimische Rechtsanschauung durch die aufgeklärte Meinung und die subjective Reflexion, ein Process, der sich in den Sophistenschulen am deutlichsten wiederspiegelt. Die Sophisten haben selbst noch keine Rechtsphilosophie erzeugt; aber sie haben den unbefangenen Glauben an die verpflichtende Macht des Rechtlichen und Sittlichen erschüttert. Als Mittel dazu verwandten sie die Berufung auf die Verschiedenheit der subjectiven Meinungen, für die es kein Kriterium der Wahrheit gebe, und auf die Vielgestaltigkeit des Sinnenscheins. der nicht aufzuheben sei. So haben sie zuerst eine Reihe von Gedanken vorgebracht, die seitdem immer wieder zum Vorschein gekommen sind und die am besten gleich hier bei ihrem ersten Auftreten näher charakterisirt werden.

Zu Grunde liegt den Anschauungen der Sophisten vom Rechte das, was man ihre Erkenntnistheorie nennen kann, ihre Hinneigung zu sensualistischem Subjectivismus. Da sie nichts

Allgemeingültiges in der Verschiedenheit menschlicher Meinungen anerkannten, und das Bewusstsein des Individuums von dem Bewusstsein aller anderen völlig isolirten, so war ihnen wie auf theoretischem Gebiete die Empfindung und die Meinung eines jeden, so auf praktischem Gebiete der Trieb und die Begierde eines jeden die höchste Instanz. Deshalb schien ihnen die Gesetzlosigkeit und der Krieg Aller gegen Alle der natürliche Zustand der Menschen, der Staat und sein Gesetz widernatürlich. Denn während das Natürliche ist, dass jeder seinem Belieben folge, dass in dem Streite die Macht entscheide und nur die Grenze der Macht als Grenze des Beliebens anerkannt werde, ist der Staat darauf angelegt, den natürlichen Unterschied der Stärke und der Schwäche und das natürliche Vorrecht des Stärkeren durch eine für Alle gleiche Norm auszugleichen (Arist. Soph. elench. 12. Kallikles bei Plato Gorg. 482). Gerechtfertigt erscheint der Staat nur, wenn der Starke in ihm ein Mittel erkennt, seine Stärke zu vergrössern und die Befriedigung seiner Begierde zu sichern; dies aber ist der Fall, wo der Starke die Herrschaft hat und als Gesetz dasjenige gilt, was dem Vortheil des Herrschenden entspricht (Thrasymachos bei Plato De Republ. I, 338). Jeden Anderen beliebig verletzen zu können, ohne Vergeltung fürchten zu müssen, ist für den Starken der wünschenswertheste Zustand, und zu diesem gelangt er, wenn er die Macht und das Gesetz des Staates in seine Gewalt bringt (Polos bei Plato Gorg. 470). So führt die Ansicht der Sophisten zur Anpreisung der Despotie in asiatischer Manier. Der hellenische Gesetzesstaat hält der subjectivistischen Reflexion nicht Stand, weil das Gesetz das Allgemeine ist und diese Reflexion das Allgemeine nicht anerkennt. Indem die sophistische Reflexion den hellenischen Staat zersetzt, hält sie seinem Idealismus den Standpunkt barbarischer Verwilderung als den höheren ebenso gegenüber, wie bei uns der sensualistische utilitarische Socialismus den wirthschaftlichen Ordnungen der Culturwelt gegenüber die primitive Barbarei der Gemeinwirthschaft als das Bessere anpreist.

Das Charakteristische für den sophistischen Standpunkt ist die Bestreitung des Allgemeinen und Allgemeingültigen. Die Leugnung des objectiv Gerechten gründet sich auf die Leugnung des objectiv Wahren; eben deshalb war aber eine zusammenhängende Erörterung der Rechtsbegriffe auf diesem Standpunkte unmöglich. Protagoras, nach dessen bekanntem Ausspruch der Mensch das Maass aller Dinge ist, setzte, weil er jede Meinung für gleich wahr hielt, das Gerechte wie das Wahre in die jedesmalige Meinung (vgl. Plato Theätet 167). Gorgias, der jede Meinung für gleich falsch hielt, legte mindestens die Consequenz nahe, dass die Befriedigung der Begierden das einzig gerechtfertigte Princip des praktischen Verhaltens sei, und Schüler von ihm haben diese Consequenz gezogen. Das hindert allerdings nicht, dass die Sophisten im einzelnen sich der herrschenden Anschauung angeschlossen haben. Protagoras soll eine Schrift über den Staat verfasst und Plato sogar einiges daraus entnommen haben (Diog. Laërt. IX, 55; III, 57). Gorgias lehnte die Rolle des Tugendlehrers ab (Plato Meno 95); aber er erörterte doch mit vielem Geschick, wie verschieden die Tugend des Mannes und die des Weibes, die des Knaben und des Greises, die des Freien und des Sclaven sei, wie für jede Aufgabe, jede Lage und jedes Alter es eine eigenthümliche Tugend gebe (Arist. Polit. I, 13. Plato Meno 71). Nicht durchaus kann man es inconsequent nennen, wenn die Sophisten zur Tugend ausdrückliche Anleitung zu geben versprachen, auch wenn man unter der $ἀρετή$ nicht die blosse praktische Tüchtigkeit versteht, die sie allerdings zunächst im Auge hatten. Ist im Belieben das praktische Princip und die Grenze des Beliebens nur in der thatsächlichen Grenze der Macht zu finden, so kommt alles darauf an, den Menschen stark zu machen. Das hauptsächlichste Element der Stärke aber liegt in der Ueberlegenheit des Verstandes, und die Sophisten leiteten deshalb vor allem zur Beredsamkeit an. Aber auch die Tugend im eigentlichen Sinne, Selbstbeherrschung, Freigebigkeit, Tapferkeit, ist ein Element der Stärke, und so darf es selbst nach den Grundsätzen der Sophisten nicht verwundern, wenn manche von ihnen, wie Prodikos, Rechtsgefühl und sittliche Scheu preisen, sinnliche Zügellosigkeit verwerfen. Ist aber der Starke der Tugendhafte, so wird die Begierde des Starken, welche statt des Rechtes gelten soll, auf seinen wahren und dauernden Nutzen gerichtet sein, und dieser wahre Nutzen wird mit dem grosse Aehnlichkeit haben, was von anderem Standpunkte aus das Gute heisst. So sieht sich selbst derjenige, der den Zufall des Beliebens statt des vernünftigen Gesetzes zum Princip macht, doch wieder durch die Consequenz des Gedankens darauf hingedrängt, irgend eine allgemeine Norm des Rechten anzuerkennen.

Derselbe Widerspruch kommt noch an anderer Stelle zur Erscheinung. Der sophistische Satz lautet: von Natur giebt es nichts Gerechtes; jede dauernde objective Norm, die das Belieben einschränken will, beruht auf willkürlicher Satzung und wird von dem, der die Macht hat, mit Recht bei Seite geworfen, weil kein vernünftiger Grund einzusehen ist, warum der Mächtige sich in der Befriedigung seiner Begierde beschränken soll. Das heisst aber vielmehr: es giebt wol ein von Natur Gerechtes, nämlich dass jeder seinem Belieben folge, soweit er Macht hat; es giebt eine objectiv vernünftige Norm, eben diese, dass die einzige thatsächliche Schranke des Beliebens, die Macht, auch die einzige rechtmässige Schranke ist. Beide Ausdrucksweisen kommen denn auch bei den Sophisten vor. Sie wollen das Recht aufheben, indem sie das Recht des Beliebens, das die Macht hat, oder wie man dafür wol uneigentlich sagt, das Recht der Stärke, lehren; das vernünftige Gesetz ist dies, dass das vernünftige Gesetz nicht gelten soll. Diese Ansicht bewegt sich in dem fortwährenden inneren Widerspruch, dass sie leugnet was sie setzt, und setzt was sie leugnet.

Allgemeingültiges und Nothwendiges giebt es überall nur durch die Vernunft und für die Vernunft. Wer das vernünftige Allgemeine im Erkennen nicht zugiebt, für den kann es auch nichts Vernünftiges im Handeln geben, und nur durch Inconsequenz kann er etwas Allgemeingültiges in der Phantasiethätigkeit, im Erfassen des Schönen und in den Productionen der Kunst, zugestehen. Darum wird die Verschiedenheit der logischen Grundanschauungen auch zum unterscheidenden Moment für die Richtungen, die in der Ethik überhaupt und in der Rechtsphilosophie im besonderen sich geltend machen. Diejenigen, welche eine Erkenntnis des Wahren suchen und das Mittel dazu in den Ideen der Vernunft finden, die erst eine Erfahrung überhaupt möglich machen, werden immer auch objektive und schlechthin gültige ideale Normen des Handelns anerkennen und den bestimmenden Grund derselben in der praktischen Vernunft finden. Diejenigen dagegen, die in der sinnlichen Wahrnehmung den letzten Ausgangspunkt und in der äusseren Erfahrung das einzig gesicherte Material für eine immer nur relative Gewissheit erblicken, werden immer auch die Anlage und Bestimmung des Menschen zu praktischer Vernünftigkeit leugnen und die allgemeingültige Norm in relative Nützlichkeiten auflösen mit Beziehung auf die natürlichen Triebe und Begierden des Menschen und auf die unendlichen Zufälligkeiten seiner äusseren Verhältnisse, die immer nur einen gewissen mittleren Durchschnitt als das Regelmässige und überwiegend Wünschenswerthe zulassen. Welche von den beiden Richtungen Zustimmung verdient, ergiebt sich aus einer einfachen Betrachtung. Die idealistische Richtung weiss was sie thut; die sensualistische weiss es nicht. Thatsächlich beruft sich auch die letztere beständig auf die Vernunft, die sie im Princip abzuweisen vermeint. Die Gegner der begrifflichen Erkenntnis und Freunde der begrifflosen Erfahrung raisonniren doch immer in Begriffen; denn sonst würden sie gar nichts sagen.

Sie stellen selber allgemeingültige Normen auf, indem sie die allgemeingültigen Normen leugnen, und wäre es auch nur so, dass sie für den rechtmässigen und vernunftgemässen Zustand die Rechtlosigkeit erklären. Irgend etwas, sei es auch das zufällige Moment der Begierde und ihres Zusammenkommens mit der Macht, müssen auch sie für einen vernünftigen Grund halten, und irgend etwas als das dadurch begründete Rechte bezeichnen, wenn auch nur dies, dass es kein Recht geben soll. Es ist eben nicht möglich, aus der Vernunft herauszukommen, so lange man überhaupt denkt und spricht. Selbst wer die Vernunft leugnet, erklärt eben dies für vernünftig, dass man die Vernunft leugne. In diesem Widerspruch erweist sich der Widersinn der Richtung, die ihn nicht vermeiden kann (vgl. § 24, 6).

2. Eben daran nun haben Sokrates und seine rechten Nachfolger angeknüpft, um die sophistischen Meinungen zu widerlegen. In demjenigen, ohne welches es kein Denken überhaupt giebt, in dem Begriffe eines dauernd sich selber Gleichen mit dem Charakter der Allgemeingültigkeit und Nothwendigkeit haben sie den geeigneten Hebel gefunden, um das irregehende subjective Meinen und Dünken der Sophisten aus dem Sattel zu heben. Es blieb auch bei ihnen der Geist der freien kritischen Reflexion über die Rechtmässigkeit des Ueberlieferten lebendig; aber indem sie ein objectiv Gültiges im begrifflichen Denken anerkannten, gelangten sie auch zu einem objectiv Gültigen in dem praktischen Verhalten des Menschen. In diesem Sinne ist zunächst Sokrates der Urheber einer Wissenschaft des Ethischen. Cicero sagt von ihm bezeichnend, er habe die Philosophie von den Dingen des Himmelsraumes abgelenkt, sie in den Städten der Menschen heimisch gemacht, sie auch in das häusliche Leben hineindringen lassen und sie gezwungen, sich mit Leben und Charakter der Menschen, mit dem Guten und dem Bösen zu beschäftigen (Tuscul. V, 4). Begriffliche Erkenntnis suchte Sokrates auf dem Wege der Definition und der Induction, Methoden, die er zuerst kunstmässig zu üben lehrte; und wie er hier ein über alle Zufälligkeit der Subjecte hinausreichendes Ewiges und Absolutes fand, so erkannte er im Menschen ein Göttliches, durch das er an der absoluten Vernunft theilnehme (Xenoph. Memorab. IV. 3, 14). Damit hat auch alle Norm für das Handeln begrifflichen Charakter, und das Gute, die Tugend, besitzt begriffliche Allgemeinheit. Dem Sokrates wandte sich diese Erkenntnis freilich durch eine naheliegende Verwechselung um in den misslichen Satz, dass die Tugend lehrbar sei, dass sie im Wissen bestehe, dass niemand das Unrechte wissend thue

(Arist. Eth. Nicom III, 11; VI, 13; VII, 3. Xenoph. Memorab. III, 9, 4). Nicht dieser Satz von der Lehrbarkeit der Tugend ist das bleibend Gültige an der Sokratischen Lehre; für alle Zeiten gewonnen ist vielmehr die Erkenntnis, dass, wie es eine objective, vernünftige Gesetzlichkeit draussen giebt in dem weiten Zusammenhange der von Weisheit und Vorsehung regierten Welt, so der Mensch als Glied dieser geordneten Welt verpflichtet ist, der vernünftigen Ordnung der Dinge sich dienend einzureihen, und dass darin seine Tugend besteht (Xenoph. Memorab. I, 6, 9; II, 2, 6; III, 8; IV, 4, 20; 8, 6). Die Freiheit des denkenden Geistes ist des Menschen Bestimmung; man gelangt zu ihr durch die Herrschaft über die Sinnlichkeit (ebd. IV, 5, 6. Aristot. Eth. Nicom. VII, 3). Daraus folgt dann, dass auch der Staat und sein Gesetz in der Natur des Menschen und der Dinge begründet, keine willkürliche Erfindung, sondern ein wesentlicher Bestandtheil der ewigen Weltordnung ist, und dass das Gesetz des Staates den Menschen bindet vermöge der ihm wie dem Menschen einwohnenden Vernünftigkeit (ebd. II, 1, 12; IV, 4, 5; 15). Diese Gesetze sind theils ungeschrieben und haben göttlichen Ursprung und allgemeingültigen Charakter; theils sind sie die bestimmten Gesetze des gegebenen Staates. Diesen wie jenen zu gehorchen ist die oberste Pflicht. Das Gesetz bewirkt das Heil des Ganzen wie jedes Einzelnen; Gerechtigkeit ist Gesetzlichkeit (ebd. IV, 4, 12; 15), die beste Herrschaft die nach Gesetzen (ebd. IV, 6, 12).

Diese Gedanken sind gerade in ihrem principiellen Zusammenhange von welthistorischer Bedeutung gewesen. Aber sie bildeten immer erst einen Ansatz und Keim, der weiter zu entwickeln war. Sokrates selbst hat es noch nicht vermocht, seinem Principe getreu den vernünftigen Inhalt der objectiven Norm für den Willen im Einzelnen zu entwickeln; er zählt statt dessen immer nur einzelne äussere Nützlichkeiten und Zweckmässigkeiten auf. Plato's Verdienst ist es, den Sokratischen Principien ihre volle Entwicklung gegeben zu haben; eben dadurch ist der Platonismus in der Entwicklungsgeschichte des menschlichen Gedankens nicht eine Erscheinung neben anderen gleichberechtigten, sondern er ist der ewige Typus des menschlichen Gedankens überhaupt. Der Ausgangspunkt ist der Sokratische: die Selbstgewissheit des reinen Denkens von seiner immanenten Vernünftigkeit, die nur in der strengen Form des Begriffs zur Verwirklichung gelangt. Der Weg zu allgemeingültiger nothwendiger Wahrheitserkenntnis führt „von Begriffen durch Begriffe zu Begriffen", ohne sich eines Sinnlichen zu bedienen (De Republ. VI, 511 B). Das wahrhaft Seiende wird nur erfasst in der

Abwendung von den Schattenbildern der Sinnlichkeit; Philosophie ist eben diese Erhebung der Seele aus dem Ocean der Sinnlichkeit, wobei sie das ihr anhaftende Fremdartige gleich wie Muscheln, Tang und Kies von sich abstreift (Phaedon 64. De Republ. X, 611 D). Das wahrhaft Seiende ist das, was das eigentliche Object des Denkens ist und die Form der Denkbarkeit trägt; dieses immer sich gleiche Allgemeine, die Ideen, sind die Urbilder, alles daseiende Einzelne ist nur Abbild. Die Ideen ergreift man nur in reinem Denken; an der Spitze der Ideen aber steht die Idee des Guten, gleichsam die Sonne, welche ebenso das Leben wie das Erkennen hervorbringt. Sie ist der Zweck, der Grund und die Ursache aller Dinge, die göttliche Vernunft selber (De Republ. VI, 508; VII, 517 B). Dieser göttlichen Vernunft ist der Mensch verwandt, und diese Vernunft von den Schranken der Sinnlichkeit frei zu voller Herrschaft in sich zu bringen, ist des Menschen sittliche Aufgabe (Phaedon 66 ff.). Frei sein, heisst der Vernunft gehorchen. Wenn die Seele in solchem Gehorsam ist, was sie ihrem vernünftigen Wesen nach sein soll, dann ist sie gesund, und diese Gesundheit ist zugleich ihre wahre Glückseligkeit (De Republ. I, 353. Gorgias 504). Das Gute ist eben dies, was dem vernünftigen Wesen der Seele entspricht; es trägt die Form des Begriffs, der vernünftigen Allgemeinheit, und darum lässt sich wahre Tugend, die nicht bloss äussere Angewöhnung, principlos, flüchtig, dem Irrthum ausgesetzt und von äusserlichen Rücksichten beherrscht bleiben soll, nur auf dem Wissen begründen (Menon 99; De Republ. VII, 534). Das ist das oberste Princip dieser ganzen Anschauung: gerade so wie es ein schlechthin objectives Allgemeingültiges im Erkennen giebt, gerade so giebt es auch eine schlechthin objective Vernünftigkeit im Handeln.

Von diesem Princip aus widerlegt nun Plato die sophistische Begründung des Gerechten auf Macht und Begierde. Seiner vernünftigen Natur nach kann der Mensch gar nichts Anderes als das objectiv Gute wirklich wollen; nur im Guten kann er seine Befriedigung finden (Gorgias 467 ff.). Das wahre Uebel ist allein die Ungerechtigkeit; sie ist eine Krankheit der Seele; denn da widerspricht der Zustand der Seele ihrem Wesen. Nicht Befriedigung der Begierde kann des Menschen Zweck sein, nicht der Zustand der Lust; denn alles das ist wesenlos, zufällig, ein Werden und Vergehen ohne ein Sein, während doch ein zur Vernunft berufenes Wesen sich nur im Seienden, im Ewigen befriedigen kann (Phileb. 53 ff.). Der Grund des Rechtes kann also auch nicht in der Macht liegen; schon deshalb nicht, weil immer die Vielen mächtiger sind als der Eine, der sich also vielmehr dem Belieben der Vielen unterwerfen müsste; vor allem aber, weil wahre Macht nicht in der Befriedigung der Begierden, sondern in der Herrschaft über die Begierden besteht und den Lüsten ergeben sein vielmehr Ohnmacht ist (Gorgias 488. 507 ff.). Das Recht der Macht würde ausserdem jede Gemeinschaft des Lebens unmöglich machen; denn nur durch das Gesetz vernünftiger Allgemeinheit, durch Ordnung besteht die Welt (De Republ. I, 351). Darum hält der Gerechte für das grösste Uebel die Ungerechtigkeit; er ehrt Gesetz und Recht, welche für die Seele sind, was Gymnastik und Heilkunst für den Leib ist; er unterwirft sich freudig der Strafe, die das Heilmittel ist für die Krankheit der Seele, während Sicherheit vor der Strafe des Unrechts rettungsloses Verderben für die Seele wäre (Gorgias 470 ff. 477 ff. 504 ff.). Nicht das Angenehme, die Befriedigung der Lüste, sondern das Gute, das Gesetz der Vernunft, ist der wahrhafte Zweck des Menschen; nicht das Leben ist das höchste Gut, sondern dass man im Leben seine Schuldigkeit thue (ebd. 512. Kriton 47). Das wahre Glück besteht in der Gesundheit, der Kraft, der Schönheit der Seele, in der Harmonie und Wolordnung des inneren Lebens. Darum strebt der Gerechte auch nicht nach äusserer irdischer Ehre, die an sich keinen Werth hat; nur das ist wahre Ehre, dem ewigen Richter mit gesunder Seele gegenüberzustehen (Gorgias 526).

In dem Kreise des Ethischen dem Staate und seinem Gesetze seine bestimmte Stelle und seinen unterschiedenen Charakter anzuweisen, hat Plato nicht versucht. Der Staat ist ihm vielmehr der Träger alles sittlichen Lebens und das Staatsgesetz vom Sittengesetz nicht verschieden. Die Aufgabe des Staates ist, die Bürger tugendhaft zu machen; deshalb ist auch die Staatskunst die höchste aller Künste (Gorgias 464. De Republ. VII, 490 ff.). Indessen ist bei Plato das Verständnis für die Subjectivität des Gewissens doch schon soweit entwickelt, dass das Verhältnis des guten Willens zum positiven Gesetze als ein Problem der Forschung auftritt. Im Kriton wird ausgeführt, dass das Gesetz dem Interesse des Einzelnen gegenüber absolut bindende Macht hat, so lange nicht eine höhere sittliche Pflicht dazwischentritt; dass es Undankbarkeit, dass es überdies Vertragsbruch wäre, dem Gesetze, und selbst dem ungerechten, zu widerstehen; dass wer das Gesetz verletzt, ein Feind der Menschen und der Götter sei, weil die Gesetze des einzelnen Staats an den göttlichen ewigen Gesetzen ihre Brüder haben (49 ff.). In der Apologie hingegen, wo nicht das Interesse, sondern die sittliche Begeisterung der von dem Gesetze drohenden Strafe gegenübersteht, wird die sittliche Nothwendigkeit dargelegt, um des Gewissens willen die Strafe zu tragen und in der Uebung des von Gott empfangenen Berufs Gott mehr zu gehorchen als den Menschen (29 ff.). Im übrigen ist Plato weder dem Unterschied von formellem Recht und materieller Gerechtigkeit, noch dem von Sittlichem und Rechtlichem weiter nachgegangen. So viel ist ihm gewiss, dass das Gesetz die Bedingung alles Menschlichen ist. Die Menschen müssen Gesetze haben und nach Gesetzen leben, oder sie würden sich in nichts von den allerwildesten Bestien unterscheiden; die Quelle des Gesetzes aber ist Gott und die Natur, sein Inhalt die Vernunft (De Legg. IX, 874; X, 889). Das Gerechte bestimmt Plato als das Gleiche und setzt es, ohne sich näher auf die Untersuchung dieses Begriffes einzulassen, in Analogie zu der mathematischen Gesetzlichkeit, welche Himmel und Erde, die ganze Welt in vernünftiger Ordnung zusammenhält (Gorgias 508 in.). Der Staat ist ihm der Mensch im Grossen, und wenn er das Wesen des Gerechten erforschen will, so richtet er seine Blicke auf die Formen des Staates, weil hier wegen der Grösse der Verhältnisse das Gerechte und Ungerechte leichter zu erkennen ist als im Leben der Einzelnen (De Republ. II. 368). Der Mensch geht völlig auf im Staate. „Ihr selbst, die Eintagsgeschöpfe, seid nicht euer, noch weniger ist eure Habe euer. Ihr und eure Habe gehört dem ganzen Geschlechte an, dem, das vor euch war, und dem, das nach euch sein wird; das ganze Geschlecht aber nebst allem, was es hat, gehört dem Staate" (De Legg. XI. 923). Die Herrschaft im Staate gebührt dem Wissenden, dem, der die grösste Einsicht in das Gute und Gerechte hat, dem königlichen Manne, dessen Geist die reinste Verwirklichung der Idee ist, und könnte man den wahren Herrscher nach Leib und Seele so sicher unterscheiden, wie es bei der Bienenkönigin möglich ist, so wäre das unzweifelhaft die beste Verfassung. Da man das aber nicht kann, so muss man sich mit dem Staate behelfen, in welchem die Gesetze regieren, die freilich den Mangel haben, dass sie starr und leblos als feste Normen an die unendliche Verschiedenheit der einzelnen Fälle nicht heranreichen und das Ungleiche gleich behandeln. Immerhin ist der Gesetzstaat demjenigen Staate unendlich vorzuziehen, in welchem die Willkür entscheidet, sei es die der Menge oder Einzelner oder eines Einzigen (Politic. 294 ff. 301). In dem Idealstaate, den Plato in seiner Politeia aufbaut, übergiebt er denn in der That die Herrschaft den Wissenden, die durch eine besondere Erziehung hindurchgehen und in der Pflege der Wissenschaft und in den Staatsgeschäften ihren einzigen Beruf finden. Dafür haben sie aber auch weder Eigenthum noch Familie, während den Regierten nur das private Leben bleibt ohne alle Theilnahme an den öffentlichen Geschäften. Der auf dieser Grundlage erbaute Staat ist der Staat der Gerechtigkeit. Auf Erden findet er sich nirgends; im Himmel aber wohnt sein Urbild für den, der Augen dafür hat. Die Realisation dieses Staates ist die Bedingung für die Beendigung der Uebel, unter denen die Menschen seufzen. „So lange nicht die Philosophen Könige werden, oder die gegenwärtigen Machthaber und Könige gründlich philosophiren; so lange nicht die Macht im Staate und die Liebe zur Wissenschaft untrennbar verbunden wird und diejenigen, die nur nach dem Einen ohne das Andere streben, von aller Regierung ausgeschlossen werden: so lange giebt es für die Staaten keine Erlösung von ihren Uebeln und wol auch nicht für das menschliche Geschlecht" (De Republ. V. 473). Aber nur unter Göttern und Göttersöhnen könnte ein solcher Staat bestehen; darum, meint Plato, müsse man sich mit dem nächstbesten begnügen, den er denn auch gegen Ende seines Lebens noch in den Büchern von den Gesetzen zu zeichnen unternommen hat. In diesem Staate müssen gute Gesetze den philosophischen Geist der Herrscher ersetzen, die Gesetze aber müssen der Eigenthümlichkeit von Land und Volk angepasst sein (De Legg. V. 747). Indessen zeichnet auch hier Plato ein allgemeingültiges Schema einer relativ besten Verfassung; dieses in seine Einzelheiten zu verfolgen hat hier ebensowenig wie in Bezug auf die einzelnen Bestimmungen des Staates der Politeia für unseren Zusammenhang ein grösseres Interesse.

Bei Plato begegnen wir zum ersten Mal in der Geschichte einer in grösserem Zusammenhang entwickelten Lehre vom Staate und vom öffentlichen Rechte. Charakteristisch für Plato ist die streng antike Auffassung der völligen Unterordnung des Individuums unter das Allgemeine. Die Persönlichkeit wird nicht geachtet, eine selbstständige Sphäre des Privatrechts giebt es nicht. Soweit überhaupt Eigenthum und Verkehr zugelassen wird, geschieht es ausschliesslich im Interesse des Staates, gegen das die Person des Einzelnen mit ihrem Glück und ihren Neigungen nicht ins Gewicht fällt. Auf die wandelbaren geschichtlichen Umstände achtet Plato nicht. Er zeichnet ein allgemeingültiges Urbild des nach der Idee der Gerechtigkeit gestalteten Staates, wie er ein Ideal des Wissens zeichnet ohne den Gedanken an eine historische Fortentwicklung. Zwischen den Herrschenden und den Regierten ist eine ebenso strenge Scheidewand, wie zwischen dem Wissen und der unwissenschaftlichen Vorstellung. Das Wissen selber aber hat zum Gegenstande ein transcendentes Ewiges, das zur Sinnenwelt in einer ausschliesslich negativen Beziehung steht. Wie sich aus alledem eine unverkennbare Analogie ergiebt zwischen dem Platonischen Idealstaat und zwischen dem hierarchischen Bau der römischen Kirche, das hat geistvoll E. Zeller nachgewiesen in seiner Abhandlung: Der Platonische Staat in seiner Bedeutung für die Folgezeit (Vorträge u. Abhandl. geschichtl. Inhalts. 2. Aufl. 1875. Bd. I).

3. Plato's Ethik und Philosophie des Staates ist in allen ihren Richtungen weiter geführt worden von Aristoteles, seinem grossen Schüler, der den Sokratischen Principien die reichste und die definitive Entwicklung gegeben hat. Er hielt fest an der gemeinsamen Grundlage, dass das Wissen auf begrifflichem Denken beruht; aber mehr als Plato richtete er sich auf Beobachtung des Einzelnen, der Thatsachen der Erfahrung, um auf gesichertem Wege zum Begriffe zu gelangen. Das begriffliche Wesen und die erscheinende Einzelheit der Dinge liess er nicht in der Weise Plato's in bloss äusserer negativer Beziehung neben einander bestehen, sondern er versuchte eins in dem andern nachzuweisen. Der Begriff hat bildende Kraft und prägt sich in den Dingen aus durch den Process der Gestaltung. Der Begriff ist die Form, die an der Materie ihr Substrat hat; der Process geht als immanente Zweckbewegung von der Form aus und auf die Form als das Ziel hin. Ausgang und Ziel ist die Gottheit, die reine Form, die sich selbst denkende Vernunft. Der Process vollzieht sich durch eine Unendlichkeit von Stufen, indem schrittweise der Widerstand der Materie überwunden wird. Das oberste Wesen der irdischen Welt ist der Mensch, seinem Wesen nach vernünftiger Geist, aber noch in die Natur versenkt; die Bestimmung des Menschen ist die Entwicklung seiner vernünftigen Anlage in Erkennen und Wollen, und in der Erreichung dieses Zieles liegt seine Glückseligkeit. Wie sich die Erkenntnis stufenweise entwickelt aus sinnlicher Anschauung durch Vorstellung und Erinnerung, so entwickelt sich das vernünftige Wollen aus dem Naturtrieb durch Gewöhnung und Uebung. Damit verbindet sich bei Aristoteles das historische Interesse ihr Werden der Dinge wie an dem Werden der Erkenntnis. Ganz anders als Plato lässt er sich liebevoll auf die Vielheit der Erscheinungen und auf die Vielheit der Meinungen ein; er sammelt Thatsachen aus allen Sphären des Daseins mit unermüdlichem Eifer und sucht in allem Einzelnen die bildende Kraft des Begriffes wiederzufinden.

Diejenigen Werke des Aristoteles, die uns hier näher angehen, sind die Nicomachische Ethik (von der die Eudemische Ethik wol eine zum Theil erweiternde Umarbeitung ist, während die Magna Moralia im wesentlichen ein Auszug aus der letzteren sind mit Spuren der Einwirkung stoischer Gedanken) und die Politik, die entweder unvollendet geblieben oder doch als Fragment auf uns gekommen ist: beide Werke gehören zum Grössten, was menschlicher Geist jemals geschaffen hat. Eine ganze Reihe von Fragen, die das Gebiet des Ethischen betreffen, hat Aristoteles zuerst behandelt; in allem hat er seine Vorgänger an Klarheit, erschöpfendem Reichthum und innerem Gehalte der Lehre weit hinter sich gelassen. Gegen die Bedeutung und den Werth des von ihm Geleisteten kommt aber auch nichts Späteres irgend in Betracht. Vielleicht dürfen wir annehmen, dass die deutsche Wissenschaft unseres Jahrhunderts seit der Erneuerung alles wissenschaftlichen Denkens durch Kant, dass die historische Rechtsschule einerseits, Hegel's Lehre andererseits einen Fortschritt über die Aristotelischen Gesichtspunkte hinaus bezeichnet, indem sie dieselben in einem umfassenden System philosophischer Wissenschaft bereichernd und umbildend wieder aufgenommen und übertroffen hat.

Wie Aristoteles die erkenntnistheoretischen Grundlagen mit Sokrates und Plato gemein hat, indem er sie zugleich weiter fasst und tiefer durchbildet, so hat er dem entsprechend auch die Ueberzeugung mit ihnen gemein, dass das Ethische nicht relativ für einzelne Nützlichkeiten einen bedingten Werth, sondern in unmittelbarer Beziehung auf das höchste Gut einen schlechthin unbedingten und absoluten Werth hat. Der Unterschied seiner Ansicht vom Ethischen von derjenigen seiner Vorgänger besteht überwiegend nur darin, dass er auf der gemeinsamen Grundlage zuerst ein umfassendes Ganzes ethischer Lehren in systematischer Ableitung entworfen und durchgeführt hat. Wir können seinen Gedankengang nur in den knappsten Umrissen nachzuzeichnen unternehmen. Alles menschliche Thun, lehrt Aristoteles, hat einen Zweck; die Zwecke der verschiedenen Thätigkeiten sind einander über- und untergeordnet, und die Stufenfolge dieser Zwecke ergiebt einen höchsten Zweck, um dessen willen alles Uebrige, der aber selbst nur um seinetwillen erstrebt wird. Dieser höchste Zweck der Zwecke ist die vernunftgemässe Vollendung des Menschen nach allen seinen Anlagen und Kräften, die durch die Herrschaft der Vernunft über die Sinnlichkeit bewirkt wird. Von dieser Vollendung nicht zu trennen ist der subjective Reflex derselben, die Eudämonie, die jeder in dem Maasse hat, als er Tugend und Einsicht besitzt und aus ihr heraus thätig ist (Eth. Nicom. I). Die Tugend als die bleibende, der Vernunft entsprechende Beschaffenheit haben wir nicht von Natur; von Natur haben wir nur die Anlage zur Tugend, die durch Gewöhnung befestigt wird und in der zur anderen Natur gewordenen Gesinnung sich vollendet, so dass das Gute um des Guten willen gethan wird. Das Wissen vom Guten reicht nicht aus und hat auf das sittliche Leben nur geringen Einfluss (ebd. II, 1; 3—6). Das Gute wie das Böse liegt vielmehr im Willen, der Wille aber ist frei. Der Mensch, aber auch nur der Mensch, ist letzter Grund seiner Handlungen und verantwortlich; und zwar verantwortlich nicht nur für das, was er thut, sondern auch für das, was er an Vorstellungen, Trieben und Motiven in sich hegt, für seinen ganzen ethischen Zustand (ebd. III, 7). Die natürliche Anlage als solche verdient weder Lob noch Tadel; erst das, was der Mensch aus sich gemacht hat, kommt sittlich in Betracht. Um sich aber sittlich zu bilden, bedarf der Mensch der Gewöhnung und mithin fremder Hilfe und Anleitung (ebd. II, 4; IV, 15; VII, 1; 9).

Diese Anleitung nun gewährt ihm vor allem der Staat. Der Staat ist es, der die Menschen zur Tugend erzieht (ebd. X, 10). Darum ist die Staatskunst die höchste Kunst, ihr Zweck alles menschlich Gute als solches. Die Staatskunst hat die Bürger tugendhaft, zu allem Guten fähig zu machen; darum begreift sie alle menschlichen Zwecke in sich, alles sittlich Gute und Schöne überhaupt. Der Staat regelt das Thun und Treiben seiner Bürger durch Gesetze; die Aufgabe des Gesetzes ist, die Menschen durch Gewöhnung zum Guten anzuleiten. Lohn und Strafe soll die Lust am Schlechten zurückdrängen, die Lust am Guten fördern; denn alles Handeln bedarf der Motive, und die Lust am Guten ist das Motiv des sittlichen Handelns (ebd. III, 1; 7; II, 2; X, 10). Wie die Tugend selbst, so dreht sich also die Kunst der Gesetzgebung darum, dass die Menschen zur Lust und Unlust sich auf rechte Weise verhalten lernen und zu vernünftigen Motiven des Handelns angeleitet werden. Das Gesetz hat deshalb die doppelte Eigenschaft, dass es einerseits aus der Vernunft stammt, und dass es andererseits zwingende Kraft hat; es ist für alle Lebensalter gleich nöthig, denn die Masse wird immer sicherer durch Zwang als durch Belehrung gelenkt werden, mehr durch die drohende Strafe, als durch die Lust am Guten sich bestimmen lassen. Das Gesetz gebietet alle Tugenden, auch Muth und Selbstbeherrschung, und beherrscht das ganze sittliche Leben (Magn. Moral. I, 34). Wenn es sich durchführen liesse, so wäre das Beste, der Staat übernähme die Sorge für alle sittlichen Thätigkeiten, wie es annähernd bei den Lacedaemoniern der Fall war (Ethic. Nicom. X, 10; II, 2; III, 1, 7). Denn man muss nicht glauben, dass irgend ein Bürger sich selbst angehöre; alle gehören dem Staate an (Pol. VIII, 1).

58 Einleitung. § 4. Die Geschichte der Rechtsphilosophie.

Der Inhalt des Gesetzes ist das Gerechte. Eine eingehende Erörterung des Begriffes des Gerechten hat Aristoteles zum ersten Mal sich zur Aufgabe gestellt, und diese Untersuchung ist kaum seitdem wieder aufgenommen, geschweige denn wesentlich weitergeführt worden (Eth. Nicom. V). Das Gerechte hängt unmittelbar zusammen mit den obersten Gesetzen der Weltordnung überhaupt. Das Princip des Gerechten ist die Gleichheit in ihrer Anwendung auf die Güter, die von den Menschen begehrt werden und in deren Besitz oder Mangel das äussere Glück oder Unglück der Menschen besteht; dahin gehören Selbsterhaltung, Vermögen, Ehre. Die gerechte Abmessung in der Zutheilung der Güter nach dem Princip der Gleichheit ist zugleich das, was die Vollkommenheit und die Glückseligkeit der staatlichen Gemeinwesen sowol in ihrer Ganzheit als diejenige ihrer Theile bewirkt. Was wider die Gleichheit ist, ist wider die Natur und also auch gegen das Gerechte. Die Forderung der Gleichheit beruht auf der wesentlichen Gleichheit der zum Staate vereinigten Personen. Was für Einen gilt, gilt für Alle; jeder hat sein Streben nach den Gütern durch die Rücksicht auf alle Anderen einzuschränken. Keiner darf in den Besitzstand des Andern nach Willkür eingreifen; ist aber ein solcher Eingriff geschehen, so fordert das Gerechte die Wiederherstellung des Zustandes, wie er vor solchem Eingriff war. Die Gleichheit, die den Begriff des Gerechten ausmacht, ist nun theils directe Gleichheit: diese herrscht in dem Austausch der Güter, wo jeder ebensoviel wiederbekommt, als ihm entgeht; theils ist sie Gleichheit der Proportion, Zutheilung der Güter, die sich nach der Würdigkeit der Personen bestimmt. Jene directe Gleichheit beherrscht als das ausgleichende Gerechte (δίκαιον διορθωτικόν) insbesondere die privatrechtlichen Verhältnisse, auf welche Aristoteles kaum in einem andern als in diesem Zusammenhange zu sprechen kommt. Um solche Gleichheit herzustellen, müssen die Güter nach ihrer Quantität vergleichbar sein, und das sind sie nach ihrem Werthe gemessen; dieser aber wird durch das Bedürfnis bestimmt. Nicht die Dinge, aber wol das Bedürfnis ist dem Maasse zugänglich. Ohne Verkehr giebt es kein gesellschaftliches Zusammenleben, ohne Gleichheit keinen Verkehr, ohne ein Maass keine Gleichheit. Daher hat man durch Uebereinkunft das Geld als Werthmesser geschaffen, durch den commensurabel wird, was dem Tausche unterliegt. Am Geld wird aller Werth gemessen; darum ist das Geld der allgemeine Vermittler alles Verkehrs. Weil es selbst von relativ unveränderlichem Werthe ist, so bietet das Geld die Sicherheit für die Möglichkeit jedes künftigen Austauschs; darum muss aller Werth in Geld ausdrückbar sein, jedes Gut seinen Preis in Geld, seinen Tauschwerth haben. Die Gleichheit der Proportion ferner ist das Princip für das Gerechte in der Vertheilung der Güter, das austheilende Gerechte (δίκαιον διανεμητικόν); sie hat ihren Platz zunächst da, wo die Güter unter solche zu vertheilen sind, die alle Anspruch haben, sodann bei der Strafe, und sie beruht auf dem Grundsatze, dass den Gleichen Gleiches, den Ungleichen Ungleiches zuertheilt wird, alle aber nach gemeinsamem Maassstabe der Würdigkeit gemessen werden. Für die Strafe insbesondere gilt der Satz, dass das Gerechte niemals in der blossen Wiedervergeltung gefunden werden kann. Nach Verhältnis, nicht nach abstracter Gleichheit soll die Vergeltung geübt werden, und dadurch erhält sich der Staat; Sclaverei wäre es, wenn überhaupt keine Vergeltung für Unrecht geübt würde. Damit dient denn die Strafe zugleich als Heilverfahren dem Uebel und als Zuchtmittel dem ungerechten Willen gegenüber (Eth. Nicom. X, 2, 10. Rhetor. I, 10).

Das Gerechte ist begründet in der Vernunft und in der Natur der Dinge. Das Gesetz als die Sanctionirung des Gerechten ist das Dictat der Vernunft und praktischen Einsicht, sein Charakter die Allgemeinheit, die gedankenmässige Form. Das Gesetz ist reine Vernunft, welche von sinnlichem Begehren frei ist; die Herrschaft des Gesetzes bedeutet also Herrschaft der Gottheit und der Vernunft, während, wo der Mensch herrscht, immer das sinnliche Begehren und die Leidenschaft mitspricht. Darum ist die Herrschaft des Gesetzes das Bessere, und die Herrschgewalt der Person muss nur da ergänzend eintreten, wo das Gesetz seiner Natur nach nicht ausreicht. Gesetze giebt es nur unter Freien, und Freiheit nur unter dem Gesetz (Eth. Nicom. III, 15—16; V, 10; X, 10). Das Amt der Obrigkeit bedeutet das Wächteramt für das Gesetz, und ihren Lohn findet sie in der auszeichnenden Ehre; begehrt sie mehr, so wird sie zur Tyrannei. Wo über das Recht gestritten wird, da giebt der Richter als das Person gewordene Gerechte die Entscheidung. Wie das Gerechte selbst die rechte Mitte ist zwischen dem Zuviel und dem Zuwenig, so ist der Richter der Finder der rechten Mitte, der rechte Mittler (ebd. V, 7). Dabei ist aber dem Gesetze möglichst viel, dem richterlichen Ermessen möglichst wenig zu überlassen. Denn der Gesetzgeber ist einsichtiger, das Gesetz reiflicher überlegt, als der einzelne Richterspruch. Das Gesetz stellt die allgemeinen dauernden Formen auf; Gericht und Volksversammlung unterliegen im gegebenen Fall dem Spiel der Neigungen und Interessen (ebd. II, 15 ff. Rhetor. I, 1). Man sieht, dass in diesen Bestimmungen, die zum Theil gegen Plato gerichtet sind, Aristoteles den Charakter des Rechtsstaates sicher getroffen hat. Es giebt ein von Natur gerechtes und ein positives Recht durch Satzung. Unveränderlich ist auch das von Natur Gerechte nicht, oder es ist es doch nur bei den Göttern, die in unveränderlichen Zuständen leben; aber es giebt ein Gerechtes schlechthin als bleibende Norm und unaufhebbare Anforderung, welche begründet ist in der vernünftigen Natur des Menschen einerseits und in den bleibenden Bedingungen der äussern Natur andererseits. Das positive Recht dagegen ist theils gerecht nur unter den jedesmaligen Bedingungen, denen es sich anzuschliessen hat als Anwendung jener allgemeinen Norm auf diese Bedingungen, theils ergiebt es sich aus dem jedesmaligen besondern Ziele, welches sich die Gesetzgebung im einzelnen gegebenen Staate steckt, und dann kann es auch materiell ungerecht sein. Geht das Ziel der Gesetzgebung auf das gemeine Wol, die Vollendung des Ganzen und seiner Theile, so ist das Gesetz gerecht als concrete Realisirung des Gerechten schlechthin, und darum giebt es durch die Natur der Sache nur eine Verfassung, die der idealen Norm völlig genügt. Setzt sich die Gesetzgebung andere Ziele, übt das Interesse einzelner Personen und Classen entscheidenden Einfluss: so ist die Consequenz ein Recht, welches der Norm des Gerechten nicht entspricht. Seiner Quelle nach ist das Recht theils geschriebenes, theils ungeschriebenes Recht. Das ungeschriebene Recht umfasst auch die Normen, die das von Natur Gerechte ausmachen; zugleich aber gehört dahin die Volkssitte, welche noch mächtiger und wirksamer ist als das geschriebene Gesetz. Seiner Gültigkeit nach ist das Recht theils auf ein Gemeinwesen beschränkt, theils vielen gemeinsam (Eth. Nicom. V, 10; VIII. 15. X, 10. Rhetor. I. 10; 13—15).

Weil das positive Recht das Gerechte nur unvollkommen verwirklicht, so tritt als Ergänzung das Billige ein. Das Billige ist selbst ein Gerechtes, nicht etwa ein vom Gerechten, sondern nur ein vom fixirten Rechte verschiedenes. Dem positiven Gesetze gegenüber ist das Billige eine bessere Verwirklichung des Gerechten, und zwar in doppelter Weise, theils indem es ein besseres Recht darstellt als das positiv fixirte es ist, theils indem es besser ist, als das Recht überhaupt es zu sein vermag. Das Billige ist erstens ein besseres Recht, wo das ausdrücklich fixirte Recht zufällig ihm anhängende Schwächen zeigt. Der Gesetzgeber hat etwa sich versehen, etwas übergangen, sich im Ausdruck vergriffen: dann ist zurückzugehen vom Wortlaut auf die Absicht des

Gesetzes und die eigentliche Meinung des Gesetzgebers; es ist so zu entscheiden, wie der Gesetzgeber selbst entscheiden würde, wäre er zugegen, oder nach der Bestimmung, die er getroffen haben würde, hätte er den Fall vorausgesehen. Das Billige ist **zweitens** besser als das Recht überhaupt, sofern es vom fixirten Gesetz auf das Gerechte schlechthin zurückgreift. Denn das Gesetz bleibt nothwendig hinter seiner Bestimmung, Ausdruck des Gerechten zu sein, zurück, schon weil es die Form des allgemeinen Satzes trägt. Damit nämlich entgeht ihm zuweilen die Beherrschung des Einzelnen, und es kann nur beanspruchen, den Durchschnitt der Fälle zu treffen. Hier liegt der Fehler weder am Gesetz, noch am Gesetzgeber, sondern er ist in der Natur der Dinge und in dem Charakter alles Praktischen begründet; es ist ein wesentlicher Fehler, der allem positiven Gesetze als solchen anhängt. Dem gegenüber nun geht das Billige zurück auf die unveränderliche Norm des Gerechten schlechthin, auf das von Natur Gerechte, und verbessert damit den Mangel des positiven Rechtes, welches veränderlich ist und seinen Ursprung der Satzung verdankt (Eth. Nicom. V, 14. Rhetor. I, 13; 15).

Wie nun das Gesetz selbst in vollkommenem Einklang mit dem Gerechten oder in theilweisem Widerspruch zu demselben stehen kann, so trägt auch die **Gerechtigkeit** als Eigenschaft des Menschen einen doppelten Charakter. Die Gerechtigkeit bedeutet entweder die Fertigkeit des Menschen, das objectiv Gerechte in freiem Handeln zu verwirklichen, oder sie bedeutet die Gesinnung und Handlungsweise, welche dem positiven Gesetze entspricht. In letzterem Sinne kann sie auch bloss formelle Gesetzlichkeit bedeuten, da wo das vorhandene Gesetz der Norm des Gerechten nicht entspricht. In der vollkommenen Verfassung fällt Gesetz und sittliche Anforderung zusammen; da ist also materielle und formelle Gerechtigkeit eins und dasselbe. In der unvollkommenen Verfassung dagegen, wo das Gerechte schlechthin und das den gegebenen Bedingungen angepasste Gesetz auseinanderfallen, ist auch die Legalität ($\nu\acute{o}\mu\mu o\nu$) und die materielle Gerechtigkeit, die auf Gleichheit ausgeht, verschieden, und da kann also auch zwischen Tugend und Gesetzlichkeit ein Unterschied herrschen (Eth. Nicom. V, 1—3; 5; 9). Dem starren Festhalten am Buchstaben gegenüber zeigt sich die Tugend der Billigkeit darin, dass man nicht zum Nachtheil des Andern auf seinem stricten Recht besteht. — Uebrigens gebraucht **Aristoteles** dasselbe Wort Gerechtigkeit in der oben dargelegten engeren und in einer weiteren Bedeutung. Im engeren Sinne bestimmt die Gerechtigkeit das praktische Verhalten zu anderen Menschen in Bezug auf die äusseren Güter; im weiteren Sinne steht Gerechtigkeit für Sittlichkeit überhaupt und umfasst alle Tugenden, auch diejenigen, die der Mensch im Verhältnis zu sich selbst bewährt. Das Sittliche vom Rechtlichen rein abzulösen, ist Aristoteles schon wegen seiner schwankenden Terminologie nicht gelungen.

Dieselbe Gedoppeltheit wie bei der Gerechtigkeit erscheint auch in der Ungerechtigkeit. Das Unrecht widerspricht entweder dem von Natur Gerechten oder dem positiven Gesetz. Mit besonderer Sorgfalt führt Aristoteles den Satz aus, dass niemand freiwillig Unrecht leidet und dass niemand sich selber Unrecht thun kann. Weil er aber Rechtliches vom Sittlichen nicht streng genug trennt, so fügt er hinzu, dass ein Unrecht gegen sich selbst in dem übertragenen Sinne möglich ist, dass man den vernünftigen Theil der Seele dem unvernünftigen gegenüberstellt etwa wie den Herrscher und den Beherrschten, und so, indem in der einen Person gewissermaassen zwei Wollende erscheinen, der eine von dem andern beeinträchtigt werden kann (ebd. V, 10; 15).

Wie Aristoteles das Gerechte auf der vernünftigen Natur des Menschen und auf den ewigen Gesetzen der Weltordnung begründet, so leitet er auch den Staat, diese höchste Verwirklichung des Gerechten, nicht aus zufälligem Belieben und aus der Willkür, sondern aus der Natur des Menschen und der Dinge ab. Die Menschen sind schon durch Naturtrieb auf einander angewiesen, natürliches Wolwollen zieht sie zu einander hin. Der Mensch ist für das gemeinschaftliche Leben, für den Staat geschaffen. Das beweist schon die Gabe der Sprache, die ihm von Natur eingewurzelte Unterscheidung von Gut und Böse, von Recht und Unrecht (Eth. Nicom. VIII. Pol. I; III, 6). Von Natur schliessen sich die Menschen zu Familienverbindungen zusammen; sie bilden Genossenschaften, um für die Erlangung der Güter des Lebens gemeinsam zu arbeiten; sie gründen Staaten, um nicht einzelne Zwecke, sondern alle menschlichen Zwecke überhaupt, und nicht vorübergehend, sondern dauernd zu verfolgen. Das Zusammenleben der Menschen wird bedingt durch das Verhältnis von Herrschenden und Gehorchenden. In der Vielheit der Familien bildet sich zunächst die Herrschaft des Aeltesten aus; es schliesst sich daran die Bildung von Gemeinden, und diese machen das Uebergangsglied zum Staate. Denn der Staat ist die Zusammenfassung mehrerer Gemeinden zu einem vollkommenen Ganzen, welches das hat, was der Einzelne niemals haben kann, ausreichende Macht zur Selbsterhaltung für sich und seine Glieder, Autarkie. Der Staat ist mithin eine Gesammtheit von Bürgern, die zu unabhängigem Zusammenleben sich selbst genug ist, eine

Gemeinschaft von Geschlechtern und Ortschaften zu einem vollkommenen, sich selbst genügenden Leben (Polit. III, 1; 10). Der Staat ist von Natur und eigentlich älter als das Individuum, nicht durch Vertrag; das hindert aber nicht, dass sich an seiner Begründung und Gestaltung die Einsicht und Tüchtigkeit der edelsten Männer bewährt habe, die damit für die Menschheit die Urheber der höchsten Güter geworden sind. Der Zweck des Staates ist das vollkommene und glückselige Leben in aller tugendhaften Thätigkeit und der dem entsprechenden inneren Befriedigung (Pol. I, 1 ff. III, 9; 10. VII, 8). Der wahre Staat, der es nicht bloss dem Namen nach ist, muss vor allem die Tugend der Bürger sich zum Zwecke setzen; sonst würde aus dem Staate eine blosse völkerrechtliche Gemeinschaft zu Schutz und Trutz. Nicht bloss zum Schutze der Privatrechte und des Eigenthums sind die Menschen in die staatliche Verbindung getreten; nicht bloss um des Lebens, sondern um aller menschlichen Zwecke willen; nicht bloss zu gegenseitiger Vertheidigung, noch zum Austausch der Güter, sondern zu gegenseitiger sittlicher Erziehung. Eine Gemeinschaft freilich, die von Natur zur Abhängigkeit bestimmt wäre, könnte nicht Staat heissen. Den Frieden zu erhalten, ist der Staat da; eben deshalb muss der Staat eine Macht und genügendes Vermögen haben, um sich im Kriege vertheidigen zu können; er muss mächtig und gefürchtet sein, um seine Selbstständigkeit zu wahren. Aber nicht vorwiegend oder ausschliesslich darf der Staat auf den Krieg eingerichtet sein; das würde Gewaltthätigkeit und Herrschsucht erzeugen und die Bürger der Künste des Friedens entwöhnen. Nicht das ist die letzte Aufgabe, die Bürger waffenstark, den Staat siegreich zu machen, sondern die Bürger für den Frieden und die Musse heranzubilden. Den Staat auf Krieg und Eroberung einrichten, heisst des Rechtes vergessen. Staatskunst ist nicht die Kunst, unumschränkt zu herrschen, das Ungerechte zu thun, was man für das eigene Interesse nicht thun würde. Nicht nach aussen hat der Staat zu wirken, sondern nach innen, für das Wol der Bürger. Daher pflegt der Staat um seiner Selbstvertheidigung willen bei seinen Bürgern wol Tapferkeit und Ausdauer, aber auch Gerechtigkeit, Selbstbeherrschung, wissenschaftliche Bildung. Denn das wünschenswertheste Leben ist für den Einzelnen und für den Staat das gleiche. Freilich, wie die Pflanzen der Thiere und die Thiere der Menschen wegen da sind, so sind auch die niederen Menschenracen der höheren wegen da, und wenn solche, die von Natur dazu bestimmt sind, von Andern beherrscht zu werden, sich nicht wollen beherrschen lassen, so ist gegen diese allerdings der Krieg gerecht (Polit. II, 6; 7. III, 4; 9).

Im wesentlichen Unterschiede von Plato gesteht Aristoteles den privaten Verhältnissen der Menschen eine Sphäre voller Selbstständigkeit dem Staate gegenüber zu. Zunächst die Familie beruht in einer von der Natur selbst gesetzten Nothwendigkeit. Die Ehe hat zum wesentlichen Inhalt nicht bloss die Fortpflanzung des Geschlechtes, sondern die Gemeinschaft in allen Lebenszwecken und die gegenseitige Ergänzung. Denn Mann und Frau, ebenso aber auch Eltern und Kinder, haben ungleiche Begabung, und so giebt es in der Familie wie im Staate ein natürliches Verhältnis von Herrschaft und Unterordnung. Das Weib ist der Art und dem Grade nach vom Manne verschieden, ihr Wille ist unselbstständig, ihre Tugend auf die Pflichten des häuslichen Kreises beschränkt. Darum soll zwar der Mann herrschen; aber der Frau gebührt ihr eigenthümlicher und selbstständiger Wirkungskreis, so dass das Verhältnis der Gemeinschaft der Freien im Staate gleicht und eine Art von Aristokratie bildet. Wo die Weiber als Sclavinnen gehalten werden, da is dies ein Zeichen, dass auch die Männer nichts Besseres sind. Dagegen hat das Kind dem Vater gegenüber kein Recht, wol aber der Vater dem Kinde gegenüber die Pflicht, für sein Bestes zu sorgen. Das Verhältnis von Vater und Sohn ist somit der Monarchie ähnlich, während das geschwisterliche Verhältnis der Timokratie gleicht (Eth. Nicom. VIII, 14. Polit. I, 2; 5; 13. III, 4).

Ebenso lässt der Staat auch eine Sphäre der wirthschaftlichen Verhältnisse frei. Der Staat ist eine Einheit der Vielen einander Gleichen zu gegenseitiger Ergänzung. Wo wirkliche Einheit sein soll, da muss sie eine Einheit der Verschiedenen sein; diese Verschiedenen müssen individuelle Selbstständigkeit und deshalb auch ausschliessendes Eigenthum besitzen. Auch das Privateigenthum wurzelt in der Natur des Menschen; es entspricht ebenso der Forderung der Gerechtigkeit wie der Zweckmässigkeit. Selbstliebe ist ein berechtigter Naturtrieb, erst die Ausartung zur Selbstsucht ist verwerflich. Im Zustande der Gütergemeinschaft würde es geradezu unmöglich, menschlich zu leben. Nur das Sondereigenthum macht die Freude an Besitz und Gewinn möglich. Liegt darin eine Versuchung zur Selbstsucht, so ist doch damit auch ein Anreiz zu tugendhafter Selbstliebe, die Möglichkeit, Wolwollen und gegenseitige Aushülfe zu üben, gegeben. Darum muss Sondereigenthum die Regel bilden, das Wolwollen aber eine relative Gemeinschaft der Güter bewirken. Ueberall hört mit der ausschliessenden Zugehörigkeit die Liebe auf. Der Mensch hängt am meisten an dem, was er sein eigen nennt und was ihm sauer geworden ist. Gemeinschaftliches wird mit geringerem Interesse besorgt. Die Verderbtheit der Menschen würde auch in der Gütergemeinschaft, und nur noch in höherem Maasse, sich geltend machen. Nicht das Eigenthum ist die Quelle der meisten Uebel, sondern die Ehrsucht. Man wird nicht Tyrann, damit man nicht friere. Nur die gemeine Masse legt auf die socialen Fragen, die Fragen des Besitzes, das Hauptgewicht; für die Edleren handelt es sich weit mehr um Ehre und um politische Macht. Die Begierde, für deren Befriedigung der grosse Haufe lebt, ist ihrer Natur nach schrankenlos und die Niederträchtigkeit der Menschen unersättlich. Darum ist es von viel dringenderer Bedeutung, die Begierden auszugleichen, als die Güter. Dauernde Gleichheit der Güter liesse sich doch nicht erreichen, denn man kann weder die Kindererzeugung noch das bewegliche Vermögen reguliren; sie anzustreben ist verkehrt, denn wenn man Ungleichen Gleiches zutheilt, so macht man die Besten zu Feinden der Verfassung. Sorge sollte man lieber dafür tragen, dass die besitzlose Menge nicht ungerechte Behandlung erleide, andererseits aber auch keinen zu grossen Einfluss gewinne. Es ist nicht wünschenswerth, dass der Staat in Reiche und Arme zerfalle, die einander bekämpfen. Den Kern des Staates bildet der wolhabende Mittelstand, in ihm sollte auch der Schwerpunkt der politischen Gewalt liegen (Polit. II, 2—7. IV, 11). Echt griechisch ist dabei die tiefe Verachtung, die Aristoteles gegen den Stand der Handarbeiter hegt. Der banausische Handwerker lebt in einer Art von Sclaverei, nur dass er nicht von Natur, sondern durch Beschäftigung Sclave ist. Diejenigen, die sich mit niederer Arbeit beschäftigen, sind der Bürgertugend und darum auch des Bürgerrechts nicht fähig; in einem rechten Staate giebt man keinem Handwerker das Bürgerrecht (Pol. I, 13. III, 5. IV, 11).

Was nun den Staat anbetrifft, so beruht er auf der Gerechtigkeit, und Gerechtigkeit ist seine Seele (ebd. I, 2). Der Staat hat zunächst eine Verfassung; darunter versteht man die Ordnung der Gewalten im Staat. Solcher Gewalten zählt Aristoteles drei auf: die berathende, die ausführende und die richterliche Gewalt (IV, 14). Die Verfassung bestimmt die Besetzung der Staatsämter, den Inhaber der obersten Gewalt, den obersten Zweck des jedesmaligen Staates. Sodann hat der Staat Gesetze, d. h. Bestimmungen, die von jenen fundamentalen zwar verschieden, aber mit ihnen im Einklang sind; ihnen gemäss wird regiert und werden etwaige Uebertretungen restringirt (I, 2. II, 8; 9). Bürger des Staates ist, wer an der Verfassung activ Theil hat, d. h. wer zu einem berathenden oder richterlichen Amte berufen werden kann.

Eine Handlung des Staates ist nur die, die auf Grund der Verfassung von den verfassungsmässigen Organen vorgenommen wird (III, 1 ff.). Der Charakter der Verfassung bestimmt sich danach, wer der Träger der obersten Gewalt ist: ein Einzelner, eine Klasse, die Gesammtheit der Bürger. Zielt die Verfassung, wie sie soll, auf das gemeine Wol, so heisst sie Monarchie, Aristokratie oder Politie; ist sie dagegen auf den Dienst der Interessen des Herrschers eingerichtet, so ergeben sich die drei Ausartungen: Tyrannis, Oligarchie und Demokratie (III, 6; 9. IV, 4; 8; 11. Eth. Nicom. VIII, 12). Im Staate sollte jedem Theile sein Einfluss gewahrt bleiben im Verhältnis dazu, wie er für den Zweck und den Bestand des Staates beiträgt. Dem schwächeren Theile durch die Gesetzgebung ein künstliches Uebergewicht verleihen, ist unhaltbare Sophisterei. Begründet ist das Vorrecht der Edlen, der Freien; auch Bildung, Reichthum, Rechtssinn, kriegerische Tüchtigkeit geben Anspruch auf ausgezeichnete Stellung. Aber keine Klasse der Bevölkerung hat als solche den Anspruch auf Herrschaft, kein Sonderinteresse soll sich vordrängen können. Einer oder Einige können sich durch Tüchtigkeit auszeichnen, nicht die Masse, die höchstens kriegerische Tugenden entfalten kann. Indessen haben die Vielen zusammen doch auch wieder grössere Vorzüge als ein Einzelner oder Wenige. Die öffentliche Meinung ist keineswegs zu verachten. In manchen Dingen urtheilt die Menge richtiger als irgend ein Einzelner, und der, den die Sache zunächst in seinem Interesse trifft, hat zuweilen ein besseres Urtheil als der Fachmann. Die Menge ist auch weniger leicht zu bestechen, wie eine grössere Menge Wassers sich schwerer trüben lässt als eine kleinere. Darum ist die Masse des Volkes wol von der Regierung auszuschliessen, aber nicht von der berathenden und der richterlichen Thätigkeit, und es kommt ihr eine Controle über die Regierung zu. Am wesentlichsten hängt die Gesundheit des Staates ab von einer guten Volkserziehung und von einer geeigneten Vorbildung für diejenigen, denen die Ausübung der Macht obliegt (Polit. III, 15. IV, 12. V, 9. III, 4; 11. VIII, 1). Die Verfassung muss verschieden sein je nach der Verschiedenheit der Menschen und der Verhältnisse; unter verschiedenen gegebenen Bedingungen ist Verschiedenes gerecht und zweckmässig. Jedenfalls aber muss der Herrscher durch das Gesetz beschränkt sein (III, 17. V, 5—10). — Was A r i s t o t e l e s mit tief eindringendem Scharfsinn aus reicher Beobachtung und Erfahrung an Rathschlägen für die Staatseinrichtungen und an Erkenntnissen über die geschichtlichen Processe der Staaten unter den verschiedenen Verfassungsformen sonst mittheilt, übergehen wir, weil es, so interessant es unter dem Gesichtspunkte der Geschichte und der praktischen Politik ist, doch keine eigentliche Bedeutung für die Philosophie des Rechtes in Anspruch nehmen kann.

4. Die Aristotelische Lehre von Recht und Staat bezeichnet den Höhepunkt dessen, was die alte Zeit für dieses Gebiet geleistet hat. Die Cyniker zunächst und die Stoiker haben wahrhaft förderliche Gedanken über unsern Gegenstand nicht vorgebracht. Nach der Lehre der Cyniker (seit Antisthenes, 444—370 v. Chr.) besteht die Tugend des Weisen in der Unabhängigkeit von allen Bedürfnissen; der Weise zieht sich aus allem Aeusseren auf sich selbst zurück. Er hat kein Vaterland, sein Vaterland ist die Welt. Die Sehnsucht ist auf die Einfachheit des Naturstandes gerichtet; die Feindschaft gegen alle Cultur zeigt sich in der Verschmähung des Staates, der Ehe, des Eigenthums. Die Stoiker (seit Zeno, der 308 in Athen als Schulhaupt auftrat) bilden diesen Begriff des Weltbürgerthums weiter aus. Das höchste Gut ist ihnen die der Vernunft entsprechende Thätigkeit, die zugleich die der Natur gemässe Thätigkeit ist, weil sie mit der die Welt lenkenden Vernunft übereinstimmt. Dieses der Vernunft und der Natur gemässe Leben ist die Tugend, die Tugend also für alle vernünftigen Wesen dieselbe, ihr Gesetz in der Vernunft der Welt begründet, und vernünftige Wesen als solche bindend. Aus der Weltvernunft stammen die Gesetze des Handelns; durch sie stehen wir mit den Göttern und den Menschen in Verbindung und in Gemeinschaft des Rechtes. Es giebt nur ein Gerechtes, nur ein Gesetz für alle Vernunftwesen. Die Welt ist die gemeinsame Heimat, das gemeinsame Vaterland für Götter und Menschen; alle Menschen sind Glieder eines Leibes, und unter einander Brüder, sofern Gott der gemeinsame Vater aller ist. — Ein positives Verständnis für Staat und Recht ist nach alledem von den Stoikern nicht zu erwarten. Das stoische Tugendideal der vollkommenen Weisheit läuft auf die Apathie, die Freiheit von allen Affecten, hinaus. Der Weise in diesem Sinne befasst sich nicht mit Staatsgeschäften; im Staate der Weisen giebt es nicht Ehe noch Familie, nicht Tempel noch Gericht oder Geld. Weil von Natur alle Menschen Brüder sind, so ist das Ideal der Universalstaat der Menschheit. Die vorhandene Erscheinung des Staatslebens erkennend zu durchdringen, trieb den Stoiker kein näheres Interesse.

5. Neue und eigenthümliche Ansätze in der Auffassung aller ethischen Verhältnisse finden sich im directen und ausgesprochenen Gegensatze zu den Lehren der eben genannten Schule bei den Epikureern. Schon die Kyrenaiker

(seit Aristipp 430—350) gingen von einer rein sensualistischen Erkenntnistheorie aus und setzten den Zweck alles Handelns in die Empfindung der Lust, die allein das Gute sei. Da wir nur von unsern Empfindungen wissen, von den Empfindungen Anderer aber nie etwas zu erfahren vermögen, so bleiben wir durchaus auf die Grenzen unserer Individualität beschränkt, und es giebt schlechterdings für uns nichts Allgemeingültiges und mithin auch keine Erkenntnis. Demgemäss ist denn auch über das Gerechte und Ungerechte nichts Allgemeingültiges auszusagen. Es ist nichts von Natur gerecht, und nur durch Satzung und Gewohnheit entsteht die Vorstellung des Gerechten. Ist für Jeden nur seine Lust der Zweck seines Handelns, so ist es widersinnig, sich für ausser ihm liegende Zwecke, etwa für das Vaterland, zu bemühen. Diese Keime haben bei Epikur (341—270) eine reichere Entwicklung gefunden. Das Denken mit seinen logischen Formen schätzt Epikur gering, nur die Aussage der Sinne gilt. Die Lust ist das einzige Gut, das einzige Uebel der Schmerz; doch fasst Epikur die Lust negativ als Freiheit von Schmerz, und das Gute deshalb auch nur als Freiheit von Uebeln; die Stimmung des Weisen ist die Ataraxie. Auch ist nicht alle Lust gleichwerthig, vielmehr steht die geistige Lust über der sinnlichen, und es gilt, die rechte, die dauernde Lust zu wählen. Darum ist die Einsicht das werthvollste Gut, und die Tugend das Mittel, um sich dauernd im Zustande der Lust zu erhalten. Geniessen was sich bietet, aber wenig bedürfen, genügsam und mässig, von leidenschaftlichem Begehren und Sorge frei zu sein, das bezeichnet den Weisen und Tugendhaften. Den Andern gegenüber ist er mitleidig und versöhnlich; er pflegt die Freundschaft und hält es für besser, Wolthaten zu erweisen als entgegenzunehmen, — alles dies um des Nutzens und des Bedürfnisses willen. Denn die Tugend ist nicht Selbstzweck, sondern Mittel zur Lust.

Damit kündigt sich nun ein Princip an, das seitdem so weit ausgesponnen worden ist und so zahlreiche Anhänger gefunden hat: das Princip der Utilität. Die Voraussetzung für dasselbe ist überall dieselbe, dass nur die Individuen und ihre egoistischen Triebe wahrhaft in Betracht kommen, dass das Wesen der menschlichen Individualität in der sinnlichen Empfindung besteht, und dass es allgemeingültige Gesetze der Vernunft nicht giebt. Auf dieser Grundlage nun hat Epikur den weiteren Schritt gethan und Staat und Recht abgeleitet aus dem Vertrage. In der That, sind nur die Individuen wirklich und haben in ihnen nur die sinnlichen Triebe wirkliche Macht und Gültigkeit, so kann auch die staatliche Gemeinschaft und das sie regelnde Gesetz nur aus dem Vertragswillen der Individuen abgeleitet werden, die um des wechselseitigen Nutzens willen ihre natürliche Ungebundenheit aufgeben und gegenseitige Berücksichtigung ihrer Interessen versprechen. Von Natur sind die Menschen im beständigen Conflict der Interessen, weil was der Eine geniesst, dem Andern entzogen wird. Darum weist die Natur selbst auf den Ausweg aus der continuirlichen gegenseitigen Bedrohung und Befehdung hin: sie drängt zum Sicherungsvertrage, der Allen den grössten Nutzen gewährt, weil er Jeden vor dem Andern sicher stellt. Den Inhalt dieses Vertrages aber setzen die Menschen fest aus Klugheit, in Erwägung dessen, was das Nützlichste ist. Die Natur gebietet wol die Gemeinschaft mit Andern und den Abschluss des Vertrages, um diese Gemeinschaft zu ermöglichen und nutzbar zu machen; aber wozu sich die Menschen in diesem Vertrage verpflichten, das stammt nicht aus Natur oder allgemeingültiger Vernunft, sondern aus willkürlicher Vereinbarung. Dadurch erst wird das Eine gerecht, das Andere ungerecht, und das Motiv, sich der ungerechten Handlungen zu enthalten, ist allein die Furcht vor der Strafe; wie Epiktet, der Stoiker, es höhnisch ausdrückt: nicht das Stehlen ist schlimm, sondern das Ertapptwerden. Epikur hat dann noch die weitere Consequenz gezogen, dass das Gesetz, weil es nur in seiner Nützlichkeit seine Rechtfertigung hat, in demselben Augenblick aufhört gültig zu sein, wo es aufhört nützlich zu sein. Damit ist denn nun schliesslich der Rechtsnorm der Charakter dauernder Verbindlichkeit vollends genommen, und das Urtheil über die Gültigkeit des Gesetzes in die subjective Meinung vom Nützlichen gelegt.

Es ist nicht nöthig, das Princip der Utilität, wie es sich bei den Epikureern gestaltet und von da aus auf neuere Schulen verbreitet hat, umständlich zu widerlegen. Aus dem Gesichtspunkte des Nutzens lässt sich alles, auch das Verkehrteste, vertheidigen; denn Verschiedenen ist Verschiedenes nützlich, und nicht einmal ein Durchschnitt des für die Mehrzahl der Personen und für die Mehrheit der Fälle Nützlichen lässt sich mit irgend einem Grade der Wahrscheinlichkeit aufstellen. Epikur z. B. hielt das Eigenthum für überwiegend nützlich und war gegen Gütergemeinschaft; die Ehe dagegen und das Familienleben widerrieth er dem Weisen als dem Interesse zuwiderlaufend. Der Nutzen, wie die Lust, ist wandelbar und fliessend; darauf lässt sich am wenigsten das Recht begründen, das seiner Natur nach dauernde und festbestimmte Norm ist. Ueberdies ist die Ansicht durchaus inconsequent. Dass es ein Allgemeingültiges als strenge Forderung der praktischen Vernunft giebt, wird von ihr bestritten;

und doch nimmt sie gerade für ihre Abmessung des Gerechten
nach dem Nutzen Allgemeingültigkeit in Anspruch. Man hält
sich an das Individuum und an dessen sinnliche Begierden
als an den einzigen Gegenstand, der in wirklicher Erfahrung
gegeben sei; und doch ist gerade das Individuum und in demselben das Element blosser Sinnlichkeit in der Erfahrung
schlechterdings nicht nachweisbar. Kurz, wie die sensualistische Erkenntnistheorie in beständigen Widersprüchen sich
bewegt, zu deren Lösung aus einer Art von Trägheit des
Denkens nicht einmal ein Anlauf genommen wird, und wie sie
unfähig bleibt, die logische Natur der Begriffe, mit denen sie
selbst beständig hantiert, zu erklären: so wurzelt auch die
sensualistische Ethik und Rechtsphilosophie in einer Schwäche
des Denkens, die unter steter Berufung auf die Erfahrung
gegen die gesichertsten Thatsachen der Erfahrung sich eigensinnig verschliesst, und so unmöglich wird es ihr auch, von ihren
Voraussetzungen aus irgend eine der Erscheinungen begreiflich zu machen, die das Gewebe unserer rechtlich und sittlich
geordneten Lebensverhältnisse ausmachen. Was aber die Ableitung von Staat und Recht aus der Willkür der Individuen
anbetrifft, die sich gegenseitig durch einen Vertrag binden,
so leuchtet die Unmöglichkeit einer solchen Auffassung schon
dadurch ein, dass der Vertrag nur einen Sinn hat, wo das
Gesetz, dass Verträge zu halten sind, schon ohnedas und von
vorn herein gültig ist, dass also wol der Vertrag aus dem
Recht, nimmermehr aber das Recht aus dem Vertrage abgeleitet
werden kann.

6. Der Gegensatz der Platonisch-Aristotelischen und der
Sophistisch-Epikureischen Auffassung ist typisch geblieben
für alle philosophischen Lehren vom Ethischen überhaupt und
von Recht und Staat insbesondere bis auf den heutigen Tag.
Die Productivität des griechischen Geistes auf dem von uns
behandelten Gebiete ist mit den bisher erörterten Lehren im
wesentlichen erschöpft gewesen. Der Skepticismus, der
die beginnende Auflösung und Zersetzung der wissenschaftlichen Cultur Griechenlands bezeichnet, hat nichts wahrhaft
Neues mehr zu erzeugen vermocht. Er findet das Glück in
der Aphasie, in der Enthaltung von jeder bestimmten Aussage, und verzichtet auch auf ein bestimmtes Urtheil über
das Gerechte und Ungerechte. Timon (325—235) leugnet,
dass es in Wahrheit etwas Gerechtes oder Ungerechtes gebe.
Karneades (214—129) kommt auf die sophistische Lehre
vom Rechte des Stärkeren zurück. Gerecht handeln heisst
nach ihm unklug handeln und das Einzige, was gilt, den persönlichen Vortheil, einer Einbildung opfern: im Staate aber dem
Gesetze gehorchen ist wiederum blosse Klugheit, die auf ihren

Vortheil bedacht ist, also nicht Gerechtigkeit, sofern in dem Begriff der Gerechtigkeit liegt, dass man dem Gesetze folge auch wider das eigene Interesse. Unter den zehn Tropen, mit denen die Skeptiker die Unmöglichkeit der Erkenntnis nachzuweisen pflegten, befand sich auch der von der Verschiedenheit der Gesetze und Gewohnheiten bei den Menschen in verschiedenen Staaten, woraus hervorgehe, dass es ein an sich Gerechtes nicht gebe. Der Neuplatonismus, die letzte Gestalt, welche die Philosophie bei den Griechen angenommen hat, war von viel zu überweltlicher und transcendenter Richtung, um Recht und Staat auch nur einer eingehenden Betrachtung zu würdigen. Zieht doch nach ihm alles Handeln den Menschen ins Irdische und Niedrige hinab, weshalb man auch den Guten und Weisen nicht zumuthen darf, sich irgendwie mit den Staatsgeschäften zu befassen oder ein irdisches Vaterland zu haben, über dessen Wol sie sich freuen, über dessen Untergang sie sich betrüben könnten.

7. Die Römer sind ohne Zweifel das klassische Volk für die Ausbildung des Rechts; aber für die Philosophie des Rechts haben sie nichts Wesentliches geleistet. Dazu fehlte es ihnen zu sehr an dem rein theoretischen Interesse und an schöpferischer Kraft des reinen Denkens. Ihre Philosophie haben sie von den Griechen herübergenommen; aber bei ihrer Richtung auf das Praktische schlägt ihnen die Wissenschaft um in Weltweisheit und Lebensweisheit. So erklärt sich leicht, dass auf sie die Manier der Stoiker einerseits und der Epikureer andererseits die grösste Wirkung übte, dass sie dagegen von den Platonisch-Aristotelischen Gedanken sich nur einzelne Wendungen anzueignen vermochten; insbesondere lag edleren Gemüthern mit der Neigung zu schönrednerischem Idealismus dies oder jenes Platonische noch näher als die abstracte stoische Tugendlehre. Als Vertreter eigentlicher Rechtsphilosophie bei den Römern kommt kaum jemand in Betracht ausser Cicero (106—43), dessen Bücher De Republica (54—52 geschrieben, aber nur in Bruchstücken auf uns gelangt), De Legibus (52 geschrieben und nicht zu Ende geführt), De Officiis (44 geschrieben) ausdrücklich Staat, Recht, sittliches Leben unter philosophischen Gesichtspunkten behandeln. Das Verdienst einer hohen Originalität hat Cicero freilich hier so wenig wie anderswo; aber die Gewandtheit seiner Darstellung, die edle Wärme seines Gefühles für das Gute und Schickliche und das überall bei ihm herrschende Ebenmaass eines gebildeten Verstandes haben ihm in allen Jahrhunderten einen starken Anhang verschafft und bewirkt, dass er die Denkweise der späteren Geschlechter wesentlich hat bestimmen helfen. Auf die letzten Principien in strengem

Denken zurückzugehen ist nicht seine Art; er beruft sich am liebsten auf die Aussage des gebildeten Gefühles, auf die gemeinsame Ueberzeugung der Menschen, auf die Thatsachen der Erfahrung, und wählt aus der Verschiedenheit der Ansichten eklektisch diejenigen aus, die einem gebildeten sittlichen Gefühle am meisten zusagen. So leitet er das Recht aus der Natur des Menschen und aus der die Welt beherrschenden Vernunft, zugleich aber aus dem natürlichen Wolwollen ab, das die Menschen aneinander bindet. Ausdrücklich lehnt er die Meinung ab, dass das Recht aus der Willkür und kluger Vereinbarung stamme (De Rep. II, 1). Nicht dann erst nimmt das Gesetz seinen Anfang, wenn es aufgezeichnet worden ist, sondern gleich mit seiner Entstehung gilt es, und entstanden ist es zugleich mit der göttlichen Vernunft (De Legg. II, 4). Das Sittliche und Rechtliche fliesst ihm dabei ineinander. Die Gerechtigkeit, die ihm das Fundament aller Tugenden ist, charakterisirt er durch den Begriff der Gleichheit (De Offic. II, 12. De Republ. I, 32. Auct. ad Herenn. III, 2, 3). Das Gerechte ist auch allein das wahrhaft Nützliche: die Ungerechtigkeit würde die Lebensgemeinschaft, auf die der Mensch von Natur angelegt ist, unmöglich machen (De Offic. III, 5). Vor allem geschriebenen Gesetze giebt es ein natürliches Gesetz, welches in der göttlichen Ordnung der Welt selbst seine Wurzeln hat; in ihm wurzelt das ius gentium, das Recht, das übereinstimmend bei vielen Völkern gilt, während das positive Recht des bestimmten Staates, das ius civile, zugleich durch Rücksichten der Zweckmässigkeit für gegebene örtliche und zeitliche Verhältnisse mit bedingt ist. Vielfach verdient dieses bloss positive Recht den Namen des Rechtes nicht, der für das ewige Gesetz, das von Natur gilt, vorbehalten bleiben sollte (De Offic. III, 7; 17. De Legg. II, 4; 5. De Republ. III, 22).

Wie das Recht, so stammt auch der Staat aus der Natur des Menschen, nicht aus seiner Willkür. Vor dem Staat und vor aller rechtlichen Ordnung lebten die Menschen in einem Zustande, wo nur die Gewalt entschied (Pro Sestio 42). Was den Menschen aus diesem Zustande in den Staat trieb, war nicht sowol die Bedürftigkeit und die Rücksicht auf den Nutzen, als vielmehr der natürliche Trieb der Gemeinschaftsbildung, die sich auf immer höheren Stufen wiederholt: in der Familie, im Staat, in dem Reich, welches durch die Gemeinschaft der Sprache constituirt wird, in dem Menschheitsbunde, endlich in der idealen Gemeinschaft von Göttern und Menschen (De Republ. I, 25. De Offic. I, 17). Der Zweck des Staates ist das gemeine Wol, sein Wesen besteht in der Gemeinschaft des Rechts und in der Förderung der gemein-

samen Interessen. Res publica heisst res populi. Die Obrigkeit muss wissen, dass sie die Staatsperson vertritt; ihr Wesen ist, das Person gewordene Gesetz zu sein, während das Gesetz gewissermaassen die unlebendige und abstracte Obrigkeit ist (De Legg. III, 1; 2).
Es ist eine nicht unglückliche Verschmelzung der bedeutungsvollsten Resultate griechischer Philosophie über Recht und Staat, die uns in populärer Form bei Cicero entgegentritt, ganz geeignet, als allgemein angenommene Meinung in die Gesinnung der Menschen überzugehen und als etwas Selbstverständliches zu gelten. In der That hat Cicero's Anschauungsweise lange Zeit diese Geltung besessen. Nach Cicero haben die Römer auf diesem Gebiete nichts Bemerkenswerthes mehr geleistet. Insbesondere die römischen Juristen haben auf die philosophische Theorie des Rechts sich nicht weiter eingelassen. Sie strebten in der praktischen Ausbildung ihres Rechtssystems danach, das formelle Recht mit einem möglichst reichen Gehalt an materieller Gerechtigkeit zu erfüllen; dafür beriefen sie sich auf ein Recht, das in der Natur der Sache begründet sei und das als Gesetz der Natur im Bewusstsein der Menschen lebe. So sprachen sie theils von rechtlichen Verhältnissen, wie Ehe, elterliches Verhältniss und Erziehung, zu denen die Natur selbst allen lebendigen Wesen die Anleitung gegeben habe; theils von einer von Natur gegebenen Rechtsanschauung, die, in der menschlichen Anlage mitgesetzt, für alle Menschen gültig sei, bei allen Völkern innegehalten werde und wie sie aus göttlicher Vorsehung stamme, so auch unerschütterlich und unwandelbar immer dieselbe bleibe. Sie kennen eine Natur der Sache (naturalis ratio), aus der sich für ein verständiges Urtheil, das über das materiell Gerechte entscheiden soll, die rechtliche Bestimmung von selbst ergiebt. Die Natur der Sache ist theils die logische Consequenz der Begriffe, theils die dem gesunden Urtheil sich aufdrängende Anforderung der realen Verhältnisse. Wegen dieses letzteren Gesichtspunktes sind nach der Natur der Sache manche Sachen unfähig, Sondereigenthum zu bilden, ist es ebenso wider die Natur der Sache, dass zwei dieselbe Sache besitzen sollten, wie dass zwei an demselben Platze stehen könnten, ist ein Vertrag über unmöglich zu Leistendes durch die Natur der Sache ungültig. Nicht die väterliche Gewalt, aber wol Ehe und Blutsverwandtschaft ist in diesem Sinne in der Natur der Sache begründet. Im Sinne der logischen Consequenz dagegen heisst es, dass verbrauchbare Sachen ebensowenig nach der Natur der Sache als nach positivem Recht den Niessbrauch zulassen. Wenn ein Senatsgesetz den Niessbrauch an allen

74 Einleitung. § 4. Die Geschichte der Rechtsphilosophie.

Vermögensgegenständen und so auch an Geld zugelassen habe, so sei die Meinung dabei doch nicht gewesen, damit wider die Natur der Sache zu verstossen; es war eben nur ein uneigentlicher, kein eigentlicher Niessbrauch gemeint (Pr. § 1. J. De rer. divis. II, 1. — L. 3, 5. De acqu. poss. XLI, 2. — L. 1, 9. De Obl. et Act. XLIV, 7. — L. 5, 16. De agn. et al. liber. XXV, 3. — L. 2, 1. J. De usufr. II, 4. — L. 2, 1. De usufr. ear. rer. VII, 5).

Von diesem natürlichen Recht unterscheiden sie das p o s i t i v e R e c h t, welches theils als ius gentium den verschiedenen Völkern gemeinsam ist, theils als ius civile einem einzelnen Volke ausschliesslich zugehört. Beide Arten des positiven Rechtes weichen in einzelnen Bestimmungen von jenem in der Natur selbst gegebenen Rechte ab, weil sie zugleich dem Einflusse der Zweckmässigkeit und des Bedürfnisses in den wechselnden menschlichen Verhältnissen unterliegen; doch steht im allgemeinen das ius gentium dem natürlichen Rechte näher (L. 1—6; 9; 11. De iust. et iure I, 1. — § 1—2. 11. J. De iure nat. I. 2. — § 11. J. De rer. divis. II, 1. — L. 34. 1. De contrah. emt. XVIII, 1. — L. 8. De servit. praed. urb. VIII, 2. — L. 64. De cond. indeb. XII, 6. — L. 1. De acquir. rer. dom. XLI, I).

Es wirken in diesen Anschauungen offenbar noch die Aristotelischen Begriffsbestimmungen nach; aber eigentliche begriffliche Strenge in ihrer Anwendung lag ausserhalb des Weges und Bedürfnisses der römischen Jurisprudenz. Durch den Rückgang auf jene natürliche Rechtsanschauung, besonders in der Form, wie sie in dem ius gentium vorlag, auf das von Natur Gerechte, durch die Natur der Sache Geforderte, milderte man die formelle Strenge des überkommenen Rechtes, die in stricter Anwendung und Consequenz besonders unter so gründlich veränderten wirthschaftlichen und Culturzuständen der materiellen Gerechtigkeit allzu grell widersprochen haben würde. In dieser Beziehung erscheint die Rücksichtnahme auf das natürliche Recht auch als das Princip der B i l l i g k e i t, das in schonender Anwendung des formellen Rechtssatzes auf den gegebenen Fall und in der Vermeidung unnützer und durch das Princip der Gerechtigkeit nicht gebotener Härte sich wirksam erweist (L. 32, 4. Ad leg. Falc. XXXV, 2. — Vgl. die Sammlung der Quellenstellen bei L e i s t, die realen Grundlagen u. d. Stoffe des Rechts. 1877. S. 195 ff.). Man erkannte also ein v o n N a t u r G e r e c h t e s an, welches das Recht zu verwirklichen strebe und welches man bei der Ausbildung des Rechtes im Auge behalten müsse; man berief sich darauf insbesondere, wo es galt, positive Rechtssätze in der Anwendung auf gegebene Verhältnisse nicht in Widersinn ausarten zu lassen. So heisst es nach natürlichem Rechte billig, dass niemand durch Schädigung und auf Unkosten eines Anderen sich bereichere. Aus dem von Natur Gerechten folgt, dass zwingende Umstände das Ausbleiben beim Termin entschuldigen. Das Gesetz der Natur lässt nicht zu, dass Diebstahl ungeahndet bleibe. Von Natur sind alle Menschen frei; die Sclaverei ist ein Institut des ius gentium und verstösst geradezu wider die Natur. Was auf unserm Grund und Boden von jemand gebaut worden ist, geht nach natürlichem Recht in unser Eigenthum über, weil zum Boden gehört, was darauf steht. Ebensowol das natürliche Rechtsgefühl als das positive Recht hat die Bestimmung gefordert, dass man die Lage eines Dritten ohne sein Wissen und Wollen wol vortheilhafter gestalten, aber nicht verschlimmern darf (L. 206. De reg. iur. L, 17. — L. 13, 7. De excusat. XXVII, 1. — L. 1, 3. De furt. XLVII, 2. — L. 32. De reg. iur. L, 17. — L. 4, 1. De statu hom. I, 5. — L. 50. Ad leg. Aquil. IX, 2. — L. 38 (39). De negot. gest. III, 5).

Insbesondere erscheint die Anerkennung eines von Natur Gerechten wirksam in der Auslegung der Gesetze unter dem Gesichtspunkte der Billigkeit. Die strenge Consequenz des positiven Rechtes kann die natürlichen Rechte nicht beseitigen (L. 8. De cap. minut. IV, 5). Nicht die Consequenz des Rechtssatzes noch die wolwollende Auslegung unter Billigkeitsrücksichten gestattet es, dass das, was zu Nutz und Frommen der Menschen eingeführt worden ist, durch übertriebene Härte in der Auslegung wider ihren Vortheil zu drückender Belästigung umgewandelt werde. An den strengen Formen Rechtens soll freilich nichts nachgelassen werden; aber wo augenscheinlich die Billigkeit es fordert, muss man dem Geschädigten durch günstige Auslegung zu Hilfe kommen. Insbesondere wo jemand ohne eigenes Verschulden sich hat täuschen lassen, etwa durch eine List der Gegenpartei, wird der rechte Richter nach Fug und Billigkeit (ut et ratio et aequitas postulabit) lieber das Verfahren neu eröffnen, als zu sachlich ungerechtfertigter Härte sich verleiten lassen (L. 25. De legg. I, 3. — L. 7. pr. 1. De in integr. restit. IV, 1). Die Billigkeit fordert, dass man dem strengen Rechtssatze gegenüber das Interesse im Auge behalte; so bei der Compensation. Compensation ist gefordert, weil die Menschen ein Interesse daran haben, lieber nicht zahlen, als das schon Gezahlte wieder einklagen zu müssen. Die Billigkeit lässt nicht zu, dass jemand verurtheilt werde, ohne dass er gehört worden; deshalb gilt Entschuldigung für das Ausbleiben im Termin. Billig ist es, dass man jeden zu Worte gestatte, der für einen Abwesenden redet und die Unschuld desselben zu erweisen unternimmt (L. 3. De compens. XVI, 2. — L. 1. pr. De requir. vel absent. damnand. XLVIII, 17. — L. 33, 2. De procurator. III, 3). Ausdrücklich wird so das, was die Billigkeit erfordert, und die strenge Consequenz des formellen Rechtes einander gegenübergestellt. Auch das, was die Billigkeit erfordert, ist ein objectiv Gegebenes; es liegt in der naturalis ratio, es ist das von Natur Gerechte im Gegensatze zu formellem Recht. Gefunden wird das Billige subjectiv durch Rechtsgefühl, durch eine wolwollende Gesinnung (humanitas), die es verschmäht, das positive Recht in rücksichtsloser Anwendung zum Vorwand unnützer und ungerechtfertigter Härte zu gebrauchen (Civilis deficit actio, sed natura aequum est. L. 1, 1. Si is qui testamento. XLVII, 4. — Licet hoc iure contingat, tamen aequitas dictat... L. 32 pr. De peculio. XV, 1. — Haec aequitas suggerit, etsi iure deficiamur. L. 2, 5, De aqu. et aqu. pluv. arcend. XXXIX, 3. — Licet enim subtili iuris regulae conveniebat, ruptum fieri testamentum, attamen... ad huiusmodi sententiam humanitate suggerente decursum est. L. 13 pr. De liberis et postum. hered. XXVIII, 2). Ganze Rechtsinstitute wie die Restitutio in integrum, die Naturalis obligatio, die Rechtshilfe bei Laesio enormis beruhen in diesem Sinne auf der Billigkeit, die durch die Schranken des positiven Rechtes hindurch das an sich Gerechte zu verwirklichen trachtet.

In alledem tritt uns aber nicht ein Philosophem über Ursprung und Wesen des Rechtes entgegen; sondern es kleidet sich nur die praktische Bearbeitung und Fortbildung des geltenden Rechts unter dem Gesichtspunkte der im lebendigen Rechtsgefühle wurzelnden materiellen Gerechtigkeit in den nahe liegenden und leicht verständlichen Ausdruck, dass man ein in der Natur der Sache liegendes und im Bewusstsein der Menschen sich spiegelndes Gerechtes ausdrücklich anerkennt und an das positive Recht die Anforderung stellt, sich diesem materiell Gerechten soweit anzupassen, als es möglich ist, ohne den dem Rechte wesentlichen Charakter strenger formeller Consequenz aufzuopfern. Dass die römischen Juristen beide Anforderungen an das Recht, die Forderung formeller Strenge und die Forderung eines möglichst reichen Gehaltes an materieller Gerechtigkeit, gleichmässig nicht nur anerkannt und hochgehalten, sondern auch praktisch zu wahren und durchzuführen vermocht haben, das ist ihr einziger und unvergleichlicher Ruhm, wenn auch zugegeben werden muss, dass sie nicht in philosophischer Weise verfahren sind und dass sie mehr mit gesundem Tact und durchgebildeter Einsicht in die Natur der Lebensverhältnisse, als mit strenger begrifflicher Untersuchung der obersten Principien ihrer hohen

Aufgabe zu genügen gestrebt haben. Die Missverständnisse, die sich an ihre Ausdrucksweise, an Worte wie ius naturae und lex naturalis, später geknüpft haben, haben sie nicht selbst verschuldet und sind in keinem Sinne dafür verantwortlich zu machen.

8. Die Periode vom Ausgang der antiken Philosophie bis auf Kant ist im wesentlichen für die Rechtsphilosophie eine äusserst unergiebige; insbesondere gilt dies für die Zeit, die bis auf die Bewegungen des Reformationszeitalters reicht. Gewiss traten mit den germanischen Völkern und mit dem Christenthum eine Menge neuer und fruchtbarer Motive für die Rechtsbildung sowol auf dem Gebiete des öffentlichen wie des privaten Rechts bei den Völkern in Wirksamkeit, die fortan den Vordergrund des Schauplatzes der Weltgeschichte einnahmen. Aber in jenen Zeiten war das rein theoretische Interesse nicht mächtig genug, um das philosophische Denken dem Probleme des Staates und des Rechtes rein um seiner selbst willen zuzuwenden, und wo ein solches Interesse für reine Theorie des Objects sich etwa herausbilden möchte, da hindert der allgemeine Charakter des Denkens in diesem Zeitalter, die Abhängigkeit von Autoritäten des Alterthums einerseits, von dem kirchlichen Dogma andererseits, eine wahrhaft originale Gedankenproduction. Stand doch überdies das Recht, als dem ethischen Gebiete angehörig, zu dem Religiösen in so unmittelbarer Beziehung, dass eine von der Theologie durchaus beherrschte Epoche es nicht leicht vermochte, das Recht anders als im Zusammenhange theologischer Dogmatik zum Gegenstande der Betrachtung zu machen. Was das Zeitalter an Theorien hervorgebracht hat, die das Recht und den Staat betreffen, das ist durchweg von praktischen Tendenzen beherrscht. Die Reflexion dreht sich um das öffentliche Recht, um Ursprung, Wesen und Grenzen der staatlichen Herrschergewalt, um ihr Verhältniss zur Kirche und kirchlichen Obrigkeit; mit solchen politischen Theorien nahm man Stellung in dem grossen Kampfe der Parteien, welcher die Welt bewegte, und in welchem es sich um Universalstaat oder Nationalstaat, Principat des Kaiserthums oder des Papstthums, verfassungsmässige Grenzen kaiserlicher oder fürstlicher Gewalt und dergleichen handelte. Man nahm Partei mit Theorien, ohne doch auf letzte Principien zurückzugehen; gewisse Voraussetzungen schienen festzustehen, so die Voraussetzung eines natürlichen Rechts, das man nur mit verständiger Reflexion aufzudecken hätte, und der Entstehung alles gegebenen Rechtes durch einen Vertrag der freien zum staatlichen Verein zusammengetretenen Persönlichkeiten, dessen naturgemässe und selbstverständliche Bestimmungen jeder nach

seiner Parteistellung zu deuten unternahm. Das wirklich
geltende Verfassungsrecht und das durch Reflexion als das
natürlich und selbstverständlich gefundene wusste man dabei
nicht auseinanderzuhalten, und beanspruchte ganz unbefangen
für ein der Reflexion als selbstverständlich und natürlich
erscheinendes Recht die volle Gültigkeit einer bestehenden
Rechtsverfassung. So kommt denn bei dieser Reflexion weder
etwas philosophisch Begründetes, noch überhaupt etwas eigentlich Wissenschaftliches heraus, und so gewaltig diese politischen
Theorien auf die Praxis des Staatslebens und auf die Bildung
der Meinungen von dem im Staatsleben Gerechten und Anzu-
strebenden und damit auf den ganzen geschichtlichen Process
der Staatenbildung eingewirkt haben, so geringes Interesse
haben sie unter dem Gesichtspunkte der reinen Theorie. Es
sind von Anfang an immer dieselben Verschiedenheiten der
Meinung, die sich bis zu Ende des vorigen Jahrhunderts immer
wieder herausstellen und gegenseitig bekämpfen, und nur
gering ist die Zahl der neuen Gesichtspunkte, die im Laufe
so vieler Jahrhunderte dem Streite der Meinungen wenigstens
eine wechselnde Färbung verleihen.

Zweierlei vor allem unterscheidet die Staatslehre der
christlichen Zeiten von allen antiken Auffassungen des Gegenstandes: dass es neben dem Staate auch noch eine selbstständig organisirte Kirche giebt, und dass der Beruf des
Menschen, der in der Gottähnlichkeit gefunden wird, weit
über den Staat und alles irdische Leben hinaus in die Ewigkeit und in das Jenseits hineinreicht. Der Mensch geht nicht
mehr in den Staat auf, seine Tugend ist nicht mehr bloss
oder wesentlich bürgerliche Tugend; des Menschen Tugend
trägt vielmehr transcendenten Charakter und bezieht sich auf
transcendente Güter, einer ewigen Seligkeit, auf Gebot und
Richterspruch eines schlechthin heiligen Willens. Nicht mehr
der Mensch dient dem Staate, sondern der Staat dient dem
Menschen. Das Erste ist der einzelne Mensch, das Ebenbild
Gottes, mit einem absoluten Werthe; der Staat ist erst das
Zweite und von Menschen mit freier Willkür gemacht. Dem
Scheine nach sieht das aus wie die alte Epikureische Theorie
vom Vertrage; dem Gehalte nach ist es etwas ganz Anderes.
Denn dort ist das irdische Genügen, dem der Staat dient,
höchster Zweck; hier trifft der Staat nur die äussere irdische
Existenz des Menschen, und erst jenseits derselben geht das
wahre Wesen des Menschen auf, seine höheren Pflichten und
sein ewiger Beruf. Dabei stritt man denn je nach der theologischen und politischen Parteistellung darüber, ob der Staat
und die Herrschergewalt im Staate unmittelbar von Gott sei,
wenn auch von Menschen errichtet, oder ob sie nur durch

Vermittlung der Kirche und der Kirchengewalt in göttlichem Auftrag entstanden sei. Die Berechtigung der einzelnen Nationalstaaten bleibt dem Nachdenken verborgen; man träumt von einer Universalmonarchie der gesammten Menschheit mit den beiden Schwertern der geistlichen und der weltlichen Gewalt, von denen jenes der Papst, dieses der Kaiser als fingirter Fortsetzer der alten römischen Kaisergewalt innehabe, und über deren Ueber- oder Nebenordnung der Streit mit Theorien wie auf dem Boden der Thatsachen geführt wurde.

Der einzige Denker des Mittelalters, der für die Rechtsphilosophie im engeren Sinne in Betracht kommt, ist derselbe grosse Theologe, der den Höhepunkt der mittelalterlichen Wissenschaft und der dogmatischen Durchbildung der römisch-katholischen Kirchenlehre zugleich mit dem Höhepunkte des Einflusses Aristotelischer Philosophie bezeichnet: Thomas von Aquino (1224—1274). Er hat die Staats- und Rechtslehre behandelt in der Schrift De regimine principum, von welcher Buch I und II. cap. 1—4, ihm angehören, während der Rest von Ptolemaeus Lucensis stammt, und in längeren Abschnitten seines grossen Werkes Summa theologiae (II, 1. qu. 91—96. II, 2. qu. 57—59). Den Ausgangspunkt seiner Lehre vom Recht bildet die Idee des ewigen Gesetzes, welches durch die im göttlichen Verstande beruhende weltregierende Vernunft constituirt wird als bestimmende Kraft für alle Thätigkeiten und Processe im Universum. Aus diesem ewigen Gesetze stammt das natürliche Gesetz, indem der Mensch vermöge der durch den Sündenfall freilich verkümmerten Empfänglichkeit für das göttliche Licht Gutes und Böses unterscheiden lernt; denn jedes vernünftige Wesen hat auch ein seiner grösseren oder geringeren Empfänglichkeit entsprechendes Maass von Erkenntnis des ewigen Gesetzes. Der Mensch nun ist von Natur ein zur Geselligkeit bestimmtes Wesen, und alles, was für die Erhaltung der menschlichen Gemeinschaft die unentbehrliche Bedingung bildet, ist somit der menschlichen Natur angemessen: so z. B. die Achtung vor Person und Eigenthum. Demnach giebt es in menschlichen Handlungen ein von Natur Gerechtes. Aber der Mensch hat zugleich die Bestimmung zur ewigen Seligkeit, eine Bestimmung, die das natürliche Vermögen des Menschen überschreitet, und mit Rücksicht auf diese ist dem Menschen ein unfehlbares Gesetz durch göttliche Offenbarung gegeben, welches auch deshalb das natürliche Recht ergänzt, weil nur Gott des Menschen Herz und Gesinnung zu leiten und zu bestimmen vermag, und weil der Arm menschlicher Gerechtigkeit nicht überall hinreicht. In diesem göttlichen Gesetze ist manches geboten, weil es gut, und verboten, weil es böse ist; manches aber auch ist nur darum gut, weil es geboten, oder böse, weil es verboten ist. Darin vor allem besteht der Unterschied des im Neuen Testamente enthaltenen Gesetzes von dem alttestamentlichen, dass es zu den Geboten des natürlichen Gesetzes nur sehr Weniges hinzufügt, während das Alte Testament eine Menge von blossen Cerimonialgesetzen enthält. Das Gesetz nun, das als lex humana bei den Menschen gilt, entstammt der praktischen Vernunft, die ebenso wie die theoretische Vernunft aus Principien Folgerungen ableitet. Von den menschlichen Gesetzen wurzelt nur ein Theil in dem natürlichen Gesetze; ein anderer Theil beruht bloss auf positiver Satzung. Die ersteren, welche die Bedingungen für das menschliche Zusammenleben bilden, machen das ius gentium aus; die anderen, sofern sie jeder Staat nach eigenem Bedünken bestimmt, ergeben das ius civile. Immer hat das Gesetz seinen Grund in der vernünftigen Abzweckung auf das gemeine Wol, und sein Kennzeichen hat es daran, dass es von der rechtmässigen Staatsgewalt erlassen ist. Aendern sich die Verhältnisse der Menschen, so darf auch das Gesetz geändert werden, das sich den wechselnden Bedingungen des Lebens anzuschliessen hat. Denn die Principien zwar sind unwandelbar und ebenso auch ihre einfachen Consequenzen, wie sie im ius gentium, dem allgemeinen Recht der Menschheit, vorliegen; aber die weiteren Determinationen, die praecepta secundaria, sind veränderlich und haben schon wegen der durch den Sündenfall verderbten menschlichen Vernunft nur zeitlich bedingte Geltung. Dabei hat auch die Gewohnheit rechtsbildende Wirkung; sie lässt Gesetze veralten und bestimmt den Sinn der vorhandenen Gesetze. Im positiven Recht giebt es gerechte und ungerechte Gesetze. Gerecht sind diejenigen, welche dem gemeinen Wol dienen, innerhalb der Competenz des Gesetzgebers liegen und Wolthat und Last in rechtem Verhältnis vertheilen.

Der Staat ist ein Erzeugnis der menschlichen Bedürftigkeit und der geselligen Natur des Menschen; zugleich ist er ein Abbild des Gottesreiches, und wäre auch ohne den Sündenfall durch die menschliche Natur gefordert. Seine Aufgabe ist, die Bedingungen für das äussere Zusammenleben der Menschen zu wahren, Unrecht und Verletzung des Andern, wie Mord und Diebstahl, zu verhüten, irdische Tugend und irdische Wolfahrt zu fördern, aber auch für den rechten Gottesdienst zu sorgen. Die ganze Menschheit ist eigentlich ein grosser von Gott gestifteter Staat unter Gott als einheitlichem Monarchen. Deshalb ist auch die Monarchie die beste Regierungsform. Der Fürst ist über dem Gesetz, keinem Unterthanen, nur Gott und der Kirche verantwortlich. Es giebt keine Zwangsgewalt wider den Fürsten, auch dann nicht, wenn er zum Tyrannen wird; der Grundsatz des Tyrannenmordes ist verwerflich. Aber als unerzwingbare Anforderung gilt für den Fürsten die Pflicht, sich von dem natürlichen Rechte in seinen Handlungen leiten zu lassen.

Aber der Staat und sein Gesetz ist keinesweges die höchste Autorität über den Menschen; denn der Mensch hat nicht bloss einen irdischen Beruf. Das Ziel des staatlichen Gesetzgebers ist der äussere Friede zwischen den Menschen; es giebt aber auch ein geistliches Recht, dessen Ziel das Heil der Seelen und der ungestörte Bestand der Kirche als der Anstalt für das ewige Heil ausmacht, und diese beiden Gesetzgebungen können ganz verschiedene Bestimmungen über denselben Gegenstand enthalten, wie bei Wucher und Verjährung. Und nun wird jener so bedeutsame Trugschluss wirksam, dass, weil das Ziel der Kirche einen absolut höheren Werth beanspruchen darf, als das Ziel des Staates, deshalb auch auf dem äusserlichen Gebiete der Ordnung irdischer Angelegenheiten alles Staatliche der obersten Autorität der Kirche und ihrer Obrigkeit unterstehe. Wie der Mensch über die unvernünftige Creatur und der Fürst über die Menschen, so ist die Kirche über die Fürsten gesetzt. Die Könige sind Vasallen der Kirche. Dem Papst von Rom müssen alle Könige christlicher Völker ebenso unterthan sein, wie dem Herrn Jesus Christus selber. Die weltlichen Fürsten haben die Kirche zu vertheidigen, die Ketzer durch weltliche Gewalt auszurotten. Der Papst hat den Gipfel beider Gewalten, der weltlichen wie der geistlichen, inne. In allem, was sich auf das Heil der Seelen bezieht, ist die weltliche Gewalt der geistlichen unterthan, und die Schüler des Thomas, wie Ptolemaeus Lucensis und Augustinus Triumphus, erklären ausdrücklich, dass auch alles das dahin zu rechnen ist, was die Sorge für die Förderung und Mehrung des öffentlichen Woles anbetrifft, also im Grunde alle staatlichen Angelegenheiten. Darum ist es auch keine Anmaassung, wenn der geistliche Obere sich in die weltlichen Dinge einmischt. Verfällt der Fürst wegen Abfalls vom Glauben dem Bann, so sind die Unterthanen ohne weiteres seiner Herrschaft entledigt und des Eides der Treue entbunden.

Damit nun war dem grundverkehrten Ideale einer hierarchischen Obergewalt über alles Staatliche, einer priesterlichen Universalmonarchie unter der Leitung des Bischofs von Rom eine scheinbare philosophische Begründung gegeben. Man hatte nur das Eine dabei ausser Augen gelassen, dass eine Gewalt, die über der Staatsgewalt stehen soll, nur wieder selbst eine äussere staatliche Gewalt sein kann, da sie, wenn nicht mit zwingender Macht ausgerüstet, immer nur vergebliche Ansprüche erheben würde; eine solche Staatsgewalt über der Staatsgewalt aber ist einfach widersinnig, weil damit die weltliche Gewalt vielmehr aufgehoben und entthront wird. Man übersah aber ferner, dass diese Staatsgewalt über der weltlichen Gewalt, die nun eigentlich allein als wahre Staatsgewalt übrig bleibt, in den Händen von Priestern und als Kirchengewalt gedacht wird und zu Zwecken gebraucht werden soll, die dem Begriff des Staates direct widersprechen. Diese mit höchster Macht ausgerüstete priesterliche Gewalt will eben nicht bloss den äusseren Frieden, sondern die ewige Seligkeit der Untergebenen erzwingen. Es giebt aber ein weites Gebiet, an das der Zwang nicht heranreicht, das durch Zwangsgesetze ordnen zu wollen doch einmal in der Geschichte als wider die Natur des Menschen und der Dinge empfunden wird: das Gebiet der Gewissenspflichten und der transcendenten Bestimmung des Menschen. Eben dies aber ist das Gebiet, das der kirchlich-priesterliche Staat sich recht eigentlich zum Gegenstande seiner Bethätigung aussieht, und man erhält also mit dem Anspruch absoluter Gültigkeit eine staatliche Gewalt, die sich zum Zwecke setzt, dem Menschen unter dem Vorwande, ihn selig zu machen, die Möglichkeit freier sittlicher Bethätigung und damit seine Menschenwürde zu rauben. Dieses Institut, das sich an die Stelle des Staates drängen will, der das Vernünftige mit vernünftigen Mitteln erstrebt, wird nothwendig mit der Zeit widersinnig; das kam denn auch in den historischen Conflicten der staatlichen und priesterlichen Gewalt, die das Mittelalter ausfüllen, zu unheilvollem Ausdruck. Daher das stets erneuerte Bestreben scharfsinniger Denker besonders seit Beginn des 14. Jahrhunderts, die der staatlichen Gewalt zukommende Selbstständigkeit und Unabhängigkeit gegenüber der Kirche und der Hierarchie aus Begriffen zu rechtfertigen. Man unternahm es freilich mit unzulänglichen Hilfsmitteln, mehr unter dem Drucke praktischer Tendenzen, als in strenger philosophischer Begründung; darum sind auch diese Bestrebungen mehr für die geschichtliche Entwicklung auf dem Boden der Wirklichkeit, als für die philosophische Theorie des Staates fruchtbar gewesen.

Einige der bedeutsamsten Vertreter dieser Richtung mittelalterlicher Staatslehre mögen im Folgenden erwähnt werden. Zunächst der grosse Dichter Dante Alighieri (1265—1321), der in seiner den mittelalterlichen Ideenkreis am treuesten wiederspiegelnden Schrift De monarchia die Unterordnung des Kaisers unter den Papst bestreitet; sodann Wilhelm Occam († 1347), das Haupt der nominalistischen Richtung, der die Sache Ludwig's des Baiern und der kaiserlichen Gewalt gegen die päpstlichen Ansprüche in einer Reihe von Schriften energisch und geistvoll vertrat. Bei Occam erscheint schon der ganze Apparat des Naturrechts und der Vertragslehre. In dem ursprünglichen Naturzustande ist Allen Alles gemein; das Recht der Natur treibt die Menschheit, durch Vertrag den einen die Menschheit umfassenden Staat zu gründen. Durch Vertrag wird die Herrschergewalt eingesetzt; aber das Volk bleibt dem Herrscher an Recht überlegen; es darf den ungerechten Herrscher richten und absetzen, und eben dasselbe gilt auch gegen den Papst in der kirchlichen Gemeinschaft. Wenn aber auch die Menschen den weltlichen Herrscher einsetzen, so stammt seine Gewalt doch zugleich von Gott, da sie in Gottes Ordnung begründet ist. In die Rechte der Privaten soll der Herrscher nicht eingreifen, wenn nicht aus triftigem Grunde und zu gemeinem Nutzen. Denn auch diese privaten Rechte, insbesondere das Eigenthum, wurzeln im natürlichen Rechte und sind nicht bloss aus staatlicher Satzung abzuleiten. — Der entschiedenste Vorkämpfer der staatlichen Selbstständigkeit gegenüber der Kirche war Marsilius von Padua († nach 1342) in seinem Defensor pacis (1324). Auch nach ihm entsteht der Staat dadurch, dass sich die Individuen mit freier Willkür vertragsmässig binden. Das Volk ist souverän: bei dem Volke, oder wenigstens bei dem überwiegenden Theile, der das gesammte Volk vertritt, ruht die gesetzgebende Gewalt, und nur weil die Gesammtheit doch nicht selbst zu regieren vermag, bestellt sie sich einen Herrscher, der seine Gewalt nur als ein ihm aufgetragenes Amt aus der Hand des wahren Souveräns empfängt und eine diesem untergeordnete, dienende Stellung einnimmt. Er ist deshalb auch verpflichtet, nach Willen und Meinung der ihm Untergebenen sein Amt als Vertreter der Gesammtheit zu führen; er kann zur Rechenschaft gezogen und gestraft werden. Der Staat ist eine unmittelbare Gottesordnung, und darum sind auch die Herrscher Gottes Diener, und die Herrschergewalt entstammt göttlicher Einsetzung. Um aber den geistlichen Ansprüchen zu begegnen, begeht Marsilius denselben Fehler wie seine Gegner, nur in entgegengesetzter Richtung. Wie diese der Kirche eine oberste staatliche Gewalt, so vindicirt er dem Staate eine oberste kirchliche Gewalt, auch was das innere Wesen und Leben der Kirche anbetrifft. Der Staat umfasse alle menschlichen Zwecke; ihm liege ebensowol die Sorge für die jenseitige wie für die diesseitige Wolfahrt der Menschen ob. Darum ist die Kirche selbst eine Staatsanstalt, all ihr Gut ist Staatsvermögen, und das geistliche Amt ist ein Staatsamt. Die Priester dürfen keine Zwangsgewalt inne haben, theils weil alle Zwangsgewalt beim Staate sei, theils weil Gott kein erzwungenes Bekenntnis wolle. — Dass alle Herrschaft durch den Willen des Volkes begründet sei, das Volk die gesetzgebende Gewalt und die Controle über den Fürsten zu üben habe, dass das Volk als höhere Macht über dem Fürsten denselben richten und nach Urtheil und Recht absetzen dürfe, lehrt auch Lupold von Bebenburg (De iuribus regni et imperii Romanorum. 1340); ganz ähnlich auch Engelbert von Volkersdorf (De regimine principum. 1327; De ortu progressu et fine Romani imperii. 1310) und Petrus de Andlo (De imperio Romano-Germanico. 1460). Der grosse Erneuerer der Philosophie Nicolaus Cusanus (1401—1464) führt in seiner Concordantia catholica (1433) aus, dass die Menschen den Staat durch freiwillige Unterwerfung begründen und die bindende Kraft der Gesetze auf der Zustimmung derjenigen, welche durch sie gebunden werden, zur Unterwerfung unter dieselben beruht. Dass bei den Menschen sich diese Uebereinstimmung des Willens zur Unterwerfung unter den Staat und sein Gesetz herstellt, das stammt aus der göttlichen Einwirkung. Der Herrscher ist eingesetzt durch den Collectivwillen der ihm Untergebenen; er ist der Vertreter des Gesammtwillens, der Verwalter des Gesammtrechtes. Der Gesammtheit steht die gesetzgebende Gewalt zu, und diese steht über dem Herrscher. Deshalb kann der Herrscher vom Volke gerichtet und abgesetzt werden, nach unverjährbarem göttlichem und natürlichem Rechte, so dass keine positive Rechtsbildung diesem natürlichen Rechte widersprechen oder es aufheben kann.

9. Im Zeitalter der Renaissance, der Reformation und der von den Jesuiten beherrschten Gegenreformation bilden sich drei hauptsächliche Strömungen in den Theorien von Staat und Herrscherrecht: die strenge Lehre von der Souveränetät des Herrschers, die jesuitische und endlich die antijesuitische Lehre von der Volkssouveränetät, alle auf der gemeinsamen Grundlage naturrechtlicher Anschauungen. Es genügt, diese Strömungen in ihren Hauptvertretern kurz zu charakterisiren. Die Einheitlichkeit und Untheilbarkeit der souveränen Herrschergewalt hat vor allem der Franzose Jean Bodin (1530—1596, De la république. 1576) betont. Das Volk ist zwar nach ihm die Quelle aller Gewalt und die Herrschaft vom Volke dem Herrscher übertragen; aber sie ist ihm als eine unumschränkte und bedingungslose Gewalt übertragen. Alle eingeschränkte Herrschaft und deshalb auch die gemischten Verfassungsformen sind Ausartungen; denn dabei giebt es keinen eigentlichen Souverän, also auch keinen eigentlichen Staat. Der Herrscher steht über dem

Gesetz; er soll zwar der Verletzung von Person und Eigenthum sich enthalten, das göttliche, das natürliche Recht und das ius gentium achten; aber ein Recht des Widerstandes giebt es gegen ihn nicht. — Dagegen verfolgte die Staatslehre der Jesuiten das entgegengesetzte Interesse, die Herrschergewalt im Staate möglichst herabzudrücken und als eine möglichst eingeschränkte erscheinen zu lassen; zu diesem Behufe bildeten sie die Lehre von der Volkssouveränetät, vom Rechte des Widerstandes und des Tyrannenmordes aus, eine Lehre, die denn auch reichliche praktische Anwendung fand. Staat und Herrschaft haben hier einen rein weltlichen Ursprung, und schon durch die Art der Begründung ist die weltliche Gewalt der von Gott selbst unmittelbar abstammenden geistlichen Gewalt untergeordnet. Nach Ludovicus Molina (1535—1600. De iustitia et iure. 1592), Bellarmin (1542—1621. De potestate summi pontificis. 1610), Franz Suarez (1548—1617. De legib. ac Deo legislatore. 1613), Juan Mariana (1537—1624. De rege et regis institutione. 1599) stammt das Recht der Obrigkeit aus dem Willen des zum Staate vereinigten Volkes, das die Macht, die ursprünglich nach Naturrecht ihm eignete, nach Naturrecht übertrug, weil die Schwäche und Bedürftigkeit des Einzelnen in dem ursprünglichen Zustande der Isolirung zur Vereinigung und zur Aufrichtung einer Herrschaft trieb. Dass die Menschen den Trieb und das Bedürfnis der Vereinigung empfanden, das entspringt aus göttlicher Anordnung, und nur insofern ist Staat und Herrschaft auf Gott zurückzuführen. Der ursprüngliche Souverän ist also das Volk, und dieses kann sich seine Verfassung wählen, auch die eingesetzte Verfassung nach Bedürfnis umstürzen und ändern. Die Herrschaft ist immer nur bedingungsweise übertragen. Der Herrscher ist an das Gesetz gebunden; überschreitet er die ihm durch das Naturrecht und durch seinen Auftrag gezogenen Schranken, so hat das Volk das natürliche Recht des Widerstandes; es kann den Tyrannen richten, absetzen, jedem die Tödtung des Tyrannen gestatten. — Ganz ähnlich ist die von den sogenannten Monarchomachen vorgetragene Theorie, deren Tendenz sich ebenso wie bei den Jesuiten gegen die selbstständige Herrschergewalt der Obrigkeit richtet, aber nicht im Interesse des Papstes und der geistlichen Gewalt, sondern im Interesse der dem reformatorischen Glauben anhängenden Parteien und zum Schutze gegen willkürliche Bedrückung der Gewissen. Es gehören dahin der Presbyterianer Buchanan (1506—1582. De iure regni apud Scotos. 1579); der Hugenotte Humbert Languet (1518—1581), der unter dem Namen Junius Brutus Vindiciae contra tyrannos schrieb (1579) und sich gegen den den wahren Glauben unterdrückenden König wandte; der deutsche Calvinist Johannes Althusius (1557—1638. Politica. 1603), der als Syndicus von Emden das Bekenntnis und das Recht der Bürgerschaft dem Landesherrn und der Ritterschaft gegenüber vertrat. Buchanan lehrt, dass der König vom Volke gewählt sei und alle seine Gewalt vom Volke habe. Das Volk steht über dem König an Rang und Macht, der Herrscher ist an das Gesetz gebunden und hat seine Gewalt zum Besten des Volkes zu üben: das alles nach dem Rechte der Natur, nach göttlicher Offenbarung und nach dem Vorbilde der Römer. Nach Languet ist der Herrscher nur Beamter des Staats, vermöge eines gegenseitig verpflichtenden Vertrages, dass ihm treu gehorcht werde, wenn er recht regiere. Dass er das thue, gilt als stillschweigende oder ausdrückliche Bedingung; thut er's nicht, so ist der Vertrag gelöst. Das souveräne Volk giebt das Gesetz, der König hat es nur zu verwalten. Leben und Eigenthum der Bürger hat er zu achten; auch das Eigenthum an Staatsgebiet und Staatsvermögen gehört dem Volke, und der König verwaltet es nur. Die Rechte des Volkes sind unverjährbar und unveräusserlich. Die Vertreter des Volkes, die von demselben ihren Auftrag erhalten haben, stellen das gesammte Volk dar; als Einzelne sind sie Unterthanen, als Gesammtheit stehen sie über dem König. Das Volk ist der Richter über den König, darf ihn absetzen, strafen, tödten, wo er seiner Pflicht untreu geworden ist. Ebenso erscheint bei Althusius die Theorie der Volkssouveränetät, nur in noch strengerer Consequenz durchgebildet. Für das Volk nimmt er das Majestätsrecht in voller Untheilbarkeit und Unveräusserlichkeit in Anspruch. Das Volk hat sich durch einen Gesellschaftsvertrag zum Staate vereinigt, durch einen Herrschaftsvertrag die Herrschergewalt übertragen. Letztere bleibt aber durch das göttliche und natürliche Recht, durch das positive Gesetz des Staates und durch die Verfassung gebunden, und wenn sie auch der Strafe und dem Zwange nicht unterliegt, so giebt es doch gegen den Tyrannen ein Recht des Widerstandes und der Absetzung. Denn die Summe der Gewalt bleibt unveräusserlich beim Volke, das sich nur unter der Bedingung, dass fromm und gerecht regiert werde, durch Vertrag verpflichtet hat, und auch nur so lange der Vertrag vom andern Theil gehalten wird, verpflichtet bleibt. — In den Unruhen der englischen Staatsumwälzung hat in ähnlicher Weise John Milton (1608—1674. Defensio pro populo Anglicano. 1651) den Grundsatz der Volkssouveränetät und des zwischen Volk und König bestehenden vertragsmässigen Zustandes, das Recht der Revolution und obendrein noch das jederzeit dem Volke zustehende

Recht, die Verfassung zu ändern und den Herrscher abzusetzen, vertreten. Schliesslich mag als Vertreter der gleichen Theorien auch noch Algernon Sidney (1622—1683. Discourses of government. 1683) genannt werden.

10. Einen neuen Aufschwung hat die Naturrechtslehre seit Hugo Grotius (1583—1645. De iure belli ac pacis. 1625) genommen und in der gewonnenen reicheren Ausbildung das Zeitalter der Aufklärung, der beginnenden neueren Philosophie und der Herrschaft des gesunden Menschenverstandes bis in unser Jahrhundert hinein völlig beherrscht. Den Ausgangspunkt bildete die begriffliche Untersuchung über das Völkerrecht, dessen Rechtscharakter keinem Zweifel unterlag, das aber wol aus dem Naturrecht abgeleitet sein musste, weil es positives Recht auf diesem Gebiete nicht gab. So wurde das Völkerrecht vorbildlich für die Rechtsauffassung überhaupt, und der Begriff des Rechtes wurde nach dem bestimmt, was doch in Wahrheit niemals den Charakter eigentlichen Rechtes erlangen kann. Auf dieser Grundlage aber errichtete man in strengerem wissenschaftlichem Zusammenhange und im Dienste eines vorwiegend theoretischen Interesses ganze umfassende Systeme, in die man nunmehr mit Vorliebe auch die privatrechtlichen Begriffe umsomehr hineinzog, als der Einzelne und seine äusseren Interessen fortan als letzter Grund und Inhalt von Staat und Recht galten. Bei Grotius selber erscheint zunächst noch der ganze Apparat von Autoritäten und Exempeln, mit dem auch die Früheren gearbeitet hatten, und in den Grundbegriffen ist nichts Wesentliches geändert. Mehr der Anstoss, den er gegeben hat, als die eigene Leistung ist von Werth; die philosophische Auffassung des Rechts hat bei ihm kaum einen Fortschritt gemacht. Denn auch das Princip, von dem die von Grotius ausgehende Richtung den Namen der socialen Schule erlangt hat, nämlich der Versuch, die verschiedenen Institute des Rechts auf die sociale Natur des Menschen zurückzuführen, ist von alter Zeit her bekannt. Die Menschen werden nach Grotius durch ihre gesellige Natur aus dem Naturstande heraus und zum Gesellschaftsvertrage getrieben; Recht ist, was als der gesellschaftlichen Natur des Menschen angemessen von der Vernunft erkannt wird. Der eigentliche Inhaber der Gewalt ist das Volk und bleibt es auch, nachdem es die Ausübung der Gewalt durch den Unterwerfungsvertrag einem Herrscher übertragen hat; dieser ist das besondere Organ des Ganzen zur Ausübung der Herrschaft. Aber das Volk hat keineswegs das Recht, den Herrscher zu richten und zu strafen; das Recht des Widerstandes gegen den Inhaber der höchsten Gewalt werde mit Unrecht behauptet. Dagegen könne der-

gleichen vertragsmässig besonders festgestellt werden, und es könne auch geschehen, dass der Herrscher durch seine Handlungsweise selbstverständlich sein Recht verliert (I, 4, 7—14). Aber in alle dem muss man bei Grotius keine klaren Begriffe erwarten. Er verwechselt unausgesetzt öffentliches und privates Recht (II, 6, 3 ff.), er nimmt beliebig aus ganz fremdem Zusammenhange Gedanken und Begriffe Anderer herüber, und selbst den grundlegenden Begriff eines Rechtes der Natur setzt er gelegentlich in ein Recht der Natur um, welches im Gegensatze zu allen gesellschaftlichen Einrichtungen gedacht wird (II, 2, 6, 2; II, 6, 5). — Man athmet auf, wenn man aus der verworrenen Redseligkeit des Grotius zu Thomas Hobbes (1588—1679. De cive. 1642. Leviathan. 1651) kommt, dem Erneuerer der wesentlichsten Gedanken der Epikureischen Lehre. Hier findet man wenigstens ein klar ausgesprochenes Princip, den Sensualismus, und eine streng durchgeführte Entwicklung desselben in seine Consequenzen. Der Mensch ist nach Hobbes von Natur nicht gesellig; die bürgerliche Gesellschaft entspringt vielmehr aus der wechselseitigen Furcht, da der Naturstand der unausgesetzte Conflict der Selbstsucht aller, der Krieg aller gegen alle ist, und da die Menschen insofern von Natur einander gleich sind, weil jeder den anderen zu tödten vermag. Obgleich es ursprünglich ein Recht aller auf alles giebt, so ist doch dieses Recht nutzlos, weil es keine Sicherheit des Genusses gewährt; darum gebietet Natur und Vernunft, den Frieden zu suchen (De cive I). Zu diesem Zwecke muss man sein Recht aufgeben und übertragen, einen Staat, der Zwangsgewalt hat, und damit die Möglichkeit gültiger Verträge schaffen (ebd. II). Erst dadurch nun entsteht Recht und Unrecht; denn es giebt kein Unrecht gegen den, mit dem man nicht contrahirt hat (ebd. III, 4). Es giebt zwar natürliche Grundsätze des Rechtes, ein natürliches Gesetz, das mit dem offenbarten Moralgesetze zusammenfällt und unveränderlich ist wie die Vernunft selbst; dasselbe beruht auf dem Vernunftgebote der Selbsterhaltung und dem Zwecke, Frieden zu erhalten und Streit zu meiden, und ergiebt sich nach der Regel: was du nicht willst, dass dir geschehe, das thue auch Anderen nicht (ebd. III, 26—32). Aber diese natürlichen Gesetze, welche das Gewissen binden, reichen nicht aus, den Frieden zu erhalten; im Naturstande kann sie niemand halten, weil jeder beständig bedroht ist. Darum müssen die Menschen zusammentreten, um sich Einem zu unterwerfen, dem sie all ihr Recht übertragen; so entsteht der Staat als ein künstliches Product wie eine Uhr oder eine andere Maschine, seiner Macht nach als der sterbliche Gott (Leviathan

19 ff.) Der Staat bildet wegen der Einheit des Willens **eine** Person; die Staatsgewalt, der gegenüber jeder das Recht des Widerstandes aufgegeben hat, entweder durch Unterwerfung unter den Mächtigeren, oder durch freien Vertrag, absorbirt in sich das Recht und die Person aller Einzelnen und der Gesammtheit (De cive V. Leviath. 17). Das Erste dabei ist die zwingende Gewalt; denn es giebt kein Recht, so lange jeder sich selbst schützen muss. Diese Gewalt ist uneingeschränkt in den Händen des Herrschers, ebenso aber auch Gesetzgebung und Gericht, und das Recht, alle Lehren und Meinungen, die dem Frieden gefährlich sind, zu verbieten. Der Herrscher selber ist unverantwortlich und steht über dem Gesetz; seine Gewalt ist untheilbar und auch durch Privatrechte nicht beschränkt (De cive VI. XII). Im Staate behält jeder nur so viel Freiheit, als zum guten und ruhigen Leben ausreicht, und giebt so viel ab, dass niemand ihn zu fürchten braucht. Was recht und unrecht sein soll, bestimmt der Herrscher; niemand darf sich darüber ein Urtheil erlauben (ebd. XII, 1). Die Pflicht des Herrschers ist, für das Wohl des Staates zu sorgen, äusseren und inneren Frieden, Eigenthum und Freiheit zu schützen (ebd. XIII, 2—6). Das natürliche Moralgesetz, insbesondere die Zehn Gebote, gilt ideell schon vor dem Staate, nur dass es nicht gehalten werden kann, weil keine Sicherheit da ist; aus ihm folgt auch, weil es die Verletzung der Verträge verbietet, die Verpflichtung, das Gesetz des Staates zu halten, auch wenn es dem natürlichen Gesetze widerspricht; denn dieses ist dann nach jenem auszulegen (ebd. XIV, 10). Der Staat hat auch den Gottesdienst zu ordnen und die Grenzen seiner Befugnis auf dem Gebiete der Religion selbst zu bestimmen; die Auslegung der Heiligen Schrift geht von der Staatsgewalt aus (ebd. XV, 16. XVII, 14; 27). Staat und Kirche ist eins und dasselbe (ebd. XVII, 21). — Die hohe Bedeutung der Hobbesischen Lehre liegt in der strengen Betonung des Begriffes der Souveränetät, den er nur mit einer gewissen Naivetät überspannt, und in der schlagenden Durchführung des Gegensatzes zwischen einem Zustande, wo es keine sicher wirkende Gewalt zur Durchführung des Rechtes giebt, und dem staatlichen Zustande, der gerade dadurch sich charakterisirt, dass eine solche Gewalt vorhanden ist. Darin ist in der That ein mit dieser Bestimmtheit und Energie vorher nie herausgehobenes, neues und wesentliches Moment für das Verständnis des Rechtes gegeben.

Aehnlich wie **Hobbes** geht auch **Benedict de Spinoza** (1632—1677. Tractatus theologico-politicus. 1670. Tractatus politicus, unvollendet. Ethica. 1677) von der natürlichen Selbstsucht der Menschen als dem Grunde der Staatenbildung aus. Aber darin schreitet er über **Hobbes** hinaus, dass er die unveräusserliche vernünftige Natur des Menschen betont, welche der Herrschergewalt im Staate stets anzuerkennende Grenzen ihrer Wirksamkeit setzt. Jedes Wesen hat ein Recht auf alles, wozu es Macht hat; denn die von der Natur verliehene Macht ist Gottes eigene Macht, und Gott hat das höchste Recht auf alles. Jedes Wesen hat somit auch ein Recht auf Existenz und Wirksamkeit nach seiner natürlichen Bestimmung; das gilt vom Menschen wie von den andern Creaturen. Im Naturzustande lebt mit gleichem Rechte der vernünftige Mensch der Vernunft und der sinnliche Mensch dem Triebe gemäss und betrachtet mit Recht jeden als Feind, der ihn daran hindern will. Das Naturrecht verbietet also nichts, als was niemand mag und niemand kann. Dieser Zustand ist aber unerträglich, darum muss man ihn verlassen (Tract. theol. pol. 16. Tract. pol. II, 4 ff.). Das Wesen des Menschen ist das Streben der Selbsterhaltung; Natur und Vernunft gebieten die Selbstliebe, das Streben nach dem wahrhaft Nützlichen, nach allem, was zur Vervollkommnung des Wesens führt. Tugend ist dies naturgemässe Handeln im Interesse der Selbsterhaltung, und eben dies ist die Glückseligkeit, dass der Mensch sich in seinem Wesen zu behaupten vermag. Darum ist die Tugend Selbstzweck. Wir bleiben aber mit allen unsern Vermögen auf eine Aussenwelt angewiesen; in dieser ist uns nichts näher und nützlicher als andere Menschen, die unseres gleichen sind. Darum ist das am meisten zu Begehrende, dass alle Menschen mit Leib und Seele sich vereinigen, so dass sie gleichsam **einen** Leib und eine Seele bilden und das Streben nach der Selbsterhaltung gemeinsam betreiben. Der Vernunft entspricht es daher, dass keiner einen Nutzen für sich begehre, den er nicht auch für die Anderen begehrt, dass mithin jeder gerecht, treu und sittlich lebe. So wird der Eigennutz die Grundlage aller Tugend und Frömmigkeit (Eth. IV, 18). Die Vernunft also gebietet, in den Vertragszustand zu treten, die Willkür des Triebes zu zügeln und einen Rechtszustand zu errichten. Dadurch erringt sich der Mensch die Freiheit; denn frei sein heisst der Vernunft gehorchen, der Begierde folgen ist Knechtschaft. Es ist ein ewiges Gesetz der Natur, dass man von zwei Gütern dasjenige wählt, welches grösser, von zwei Uebeln dasjenige, welches kleiner scheint. Jeder Vertrag zielt deshalb auf den Nutzen und wird ungültig, wenn sein Nutzen aufhört. Andererseits folgen die Menschen mehr dem selbstsüchtigen Triebe als der Vernunft, und damit ist jeder von jedem beständig bedroht. Soll also der Vertrag gelten, so muss dem Uebertreter ein grösseres Uebel drohen, als er vermeiden will, und das kann nur erreicht werden durch Errichtung einer höchsten zwingenden Gewalt mit dem höchsten Recht gegen alle, einer Gewalt, welcher alle freiwillig oder aus Furcht gehorchen, auch wo sie das Widersinnigste befehlen würde. Diese höchste Gewalt ist an kein Gesetz gebunden; ihre Theilung wäre ihre Aufhebung; als Recht gilt, was sie dafür erklärt. Erst im Staate also kann es ein Unrecht geben; der Staat ist die Bedingung für alles Gute. Aber die Staatsgewalt selbst und die Pflicht ihr zu gehorchen besteht nur, so lange sie die Macht hat, und deshalb wird sie in der Regel nach der Vernunft regieren und für das gemeine Beste sorgen. Am ehesten wird dies in der Demokratie erreicht werden. Um des gemeinen Woles willen dürfen alle Privatrechte verletzt werden; das Urtheil über das, was zum gemeinen Wole nöthig ist, steht aber nur dem Herrscher zu. Dieser wird indessen vernünftigerweise das Volk nicht zum Aufruhr reizen. Wo der Zweck des Staates das gemeine Wol, wo die Gesetze in der Vernunft gegründet sind, da ist Freiheit, da bleibt auch die Gleichheit des Naturstandes gewahrt (Tract. theol. pol. 16. Tract. pol. IV, 6). Wie viel auch der Mensch von seiner Macht und seinem Rechte übertragen mag, seine menschliche Würde kann er nicht aufgeben, und daran findet die Staatsgewalt ihre thatsächliche Schranke. Denn aller Gehorsam beruht im Willen und in der Gesinnung der Menschen, auf welche die Staatsgewalt wol einen mächtigen, aber keinen unbedingten Einfluss hat. Es gilt, den Gehorsam, auch den unvernünftiger und selbstsüchtiger Menschen, zu einem freudigen zu machen. Zu dem Zwecke hat man mancherlei versucht, insbesondere hat man die Staatsgewalt mit dem Scheine der Göttlichkeit umgeben; immer bleibt die Aufgabe eine höchst schwierige (Tract. theol. pol. 17). Auch Frömmigkeit und Gottesverehrung muss sich dem Nutzen des Staates anpassen im Gehorsam gegen die Gebote der Staatsgewalt (ebd. 19). Aber niemand kann sich der Freiheit des Denkens und Urtheilens entäussern; die freie Meinung lässt sich nicht unterdrücken. Wenn also der Glaubenszwang und Lehrzwang auch im Rechte der Staatsgewalt liegt, so doch nicht in ihrem Nutzen und auch nicht in ihrer Macht. Der Zweck des Staates ist die Freiheit, ein Zustand, wo jeder nach Leib und Seele seiner Bestimmung in Frieden und Sicherheit nachleben kann. Jede Lehre ist deshalb zu dulden, die nicht direct die Grundlagen alles staatlichen Lebens angreift (ebd. 20). Auf das, wozu weder Lohn noch Drohung die Menschen zu treiben vermag, erstreckt sich das Recht des Staates nicht (Tract. pol. III, 8).

Samuel Pufendorf (1632—1694. De iure naturae ac

gentium. 1672. De officio hominis et civis. 1673) schloss sich
am nächsten an Grotius an, dessen Princip der Geselligkeit
er aufnahm, war aber zugleich durch Hobbes sehr stark beeinflusst, und wenn er das Princip der Geselligkeit beibehielt,
so führte er doch eben diese auf das Interesse zurück und
hielt Furcht und Misstrauen für den eigentlichen Grund des
menschlichen Gemeinlebens (De iure nat. VII, 1). Er hat
des Eigenthümlichen und Neuen nicht gerade viel gebracht;
aber indem er mit feinem und scharfem Geiste in sicherem
Gange eine systematische Durchbildung der gesammten Ethik
auf dem Grunde der naturrechtlichen Theorien lieferte, hat
er die herrschende Lehrform für ein Jahrhundert bestimmt
und mindestens einzelne Begriffe viel schärfer gefasst, als
irgend einer seiner Vorgänger. Wenigstens den Versuch hat
er gemacht, die obersten ethischen Begriffe genau zu fixiren
(ebd. I). Den Grund dafür, dass der Mensch in geordneten
gesetzlichen Zuständen lebt, findet er in der vernünftigen
Natur des Menschen, in der Unbegrenztheit seiner Begierden,
in der unendlichen Verschiedenheit der menschlichen Individuen und in der Schwäche und Bedürftigkeit der menschlichen Anlage (ebd. II, 5—8). Der Naturstand des Menschen
war äusserst elend. Streng genommen hat ein solcher freilich
nie existirt; denn wenigstens das Familienband ist immer
gewesen, und ein ursprünglicher Krieg aller gegen alle ist
schon deshalb nicht anzunehmen, weil der Mensch von vorn
herein mit vernünftiger Einsicht ausgestattet war. Doch war
der Friede höchst unsicher (ebd. II. 2). Das natürliche
Recht erkennt man durch Erwägung der menschlichen Anlage,
der Verhältnisse und Neigungen des Menschen. Der Mensch
hat den Trieb der Selbsterhaltung, ist für sich hilflos, im
Verein mit andern stark, dazu von selbstsüchtigen Leidenschaften erfüllt. Ein solches Wesen ist auf die Geselligkeit
angewiesen, und was zur Geselligkeit nöthig ist, das gehört
somit zum natürlichen Recht (ebd. II, 3, 14 ff.). Aus gegenseitigem Misstrauen, zum Schutze gegen die Feindseligkeiten
der Menschen sind die vorher getrennten Familienverbände
zu staatlicher Vereinigung übergegangen, weil das natürliche
Recht ohne den Staat keinerlei Gewähr der Verwirklichung
hatte (ebd. VII, 1, 6—12). Den Staat schaffen die Menschen,
indem alle eine Gewalt mit dem Charakter einer moralischen
Person errichten und dieser gegenüber sich zum Gehorsam
verbinden, zugleich für sich und ihre Nachkommen. Dies
geschieht zunächst durch den Vereinigungsvertrag zwischen
den Einzelnen, dann durch den Beschluss über die zu errichtende Verfassungsform, endlich durch den Unterwerfungsvertrag unter die Obrigkeit, wobei diese sich zur Sorge für das

gemeine Wol, das Volk sich zum Gehorsam verpflichtet. Solche Verträge müssen nicht als fingirt, sondern als wenigstens stillschweigend wirklich abgeschlossen gelten, weil der Staat doch einmal entstanden sein muss und auf andere Weise gar nicht entstehen konnte. Bei dem Unterwerfungsvertrage aber hat der Oberherr allein das Urtheil über das Maass seiner Verpflichtung; deshalb kann er nur im Fall der offenbarsten Pflichtverletzung des Vertragsbruchs beschuldigt werden. Somit ist der Staat eine zusammengesetzte moralische Person, deren durch die Verträge Mehrerer zu einer Einheit vereinigter Wille für den Willen aller gilt, so dass er Kraft und Vermögen der Einzelnen zum Zwecke des Friedens und der Sicherheit für alle verwenden kann. Was der Herrscher als solcher thut, das thut durch ihn der Staat; daneben aber bleibt der Herrscher Privatmann und handelt als solcher. Das Volk aber ist als solches niemals der Staat, sondern bloss eine Menge ohne Einheit (ebd. VII, 2, 5—20). Der Herrscher hat die Pflicht, religiöse oder andere Lehren, welche die Grundlagen des Staates bedrohen oder den Staat sonst schädigen, aus dem Staate zu verbannen (ebd. VII, 4, 9). Die Herrschaft ist untheilbar; ein Zwangsrecht des Volkes gegen den Herrscher würde den Begriff des Staates aufheben (ebd. IV, 10—14). Der Herrscher steht über dem Gesetz; die Lehre von der Volkssouveränetät ist völlig widersinnig. Die oberste Gewalt ist unumschränkt, aber ihr vernünftiger Gebrauch ist der für die Zwecke des Staates, d. h. für Sicherheit und Wol aller und für die Möglichkeit, das natürliche Recht ungefährdet ausüben zu können. Doch hindert nichts, dass die höchste Gewalt auch kraft ausdrücklichen Vertrages beschränkt, ja, nur bedingungsweise übertragen sein könne; denn auch da ist das, was der König will, der Wille des Staats, nur dass Fürsorge getroffen ist, dass er Bestimmtes überhaupt nicht oder nur ohne allen Erfolg wollen könne. Das öffentliche Wol ist das höchste Gesetz; aber wenn der Herrscher ohne solchen zwingenden Grund in private Rechte eingreift, so thut er dem Bürger unrecht, und dem gegenüber giebt es für das Volk wie für die Einzelnen, aber allerdings nur im Falle der äussersten Noth, ein Recht der Selbstvertheidigung. Sonst giebt es ein Recht des Widerstandes nur, wenn ein solches vorher vertragsmässig vorbehalten ist, oder im Falle offenbarster Verletzung der Regentenpflichten (ebd. VII, 8, 1—7). Der Herrscher hat für den rechten religiösen und weltlichen Unterricht der Bürger zu sorgen (VII, 9, 4); über Inhalt und Grenzen der Lehrfreiheit giebt Pufendorf keine klare Entscheidung.

Als Fortsetzer der von Pufendorf eingeschlagenen Richtung hat vor allem Christian Thomasius (1655—1728. Fundamenta iuris naturae et gentium. 1705; Institutiones iurisprudentiae divinae. 1688), der einflussreiche Förderer der Aufklärung, eine höchst fruchtbare Wirksamkeit geübt. Die ethische Principienlehre hat durch ihn entschiedene Fortschritte gemacht; freilich wird bei diesem schlagfertigen Vertreter des sensus communis das Nützlichkeitsprincip an die Spitze gestellt. Die Abzweckung der Normen für das Handeln ist, das menschliche Leben recht lang und recht angenehm zu machen, äussern und innern Frieden herzustellen (Fundam. iur. nat. I, 6, 21 ff.; 4, 38). Indem er dabei das Sittliche (honestum, Ehrbarkeit) vom Schicklichen (decorum, Wolanständigkeit) und vom Gerechten (justum) trennt, erobert er zuerst für das Recht ein abgesondertes Gebiet und findet für das Gerechte die glückliche und folgenschwere Bestimmung, dass es das unentbehrliche Minimum des Guten anstrebe, das Maximum des Bösen zu hindern bezwecke (ebd. 40 ff. 72 ff.). Er sieht ferner, dass die Rechtspflichten sich als äussere und als vollkommene, d. h. erzwingbare, charakterisiren, dass sich das Recht auf die äussere Freiheit und auf die Regel der äusseren Coëxistenz bezieht; die Formel des Gerechten ist: thue dem Andern nicht, was du nicht von dem Andern dir gethan willst (ebd. I, 6, 41; 5, 9). Uebrigens hält er gegen Hobbes den Begriff der angeborenen Rechte fest (ebd. I, 5, 12; 27). Das natürliche Recht ist göttlicher Stiftung, Gott hat es in des Menschen Gewissen gepflanzt; aber es hat mehr die Art eines Rathes, als eines wirksamen Befehles. Das eigentliche, das menschliche, positive Gesetz ist das zwingende Gebot des Machthabers (ebd. I, 4, 54 ff.; 77—83). Da der Staat nur die Aufgabe hat, den äusseren Frieden zu bewahren, so hat er, soweit es dieser Zweck erlaubt, mit dem Gebiete des religiösen Glaubens und der Gewissenspflichten nichts zu schaffen; die Glaubensfreiheit soll er achten und nur den äusseren Frieden zwischen den Religionsparteien sichern (Inst. iurispr. div. III, 6, 149 ff.).

Den Abschluss der rein naturrechtlichen Richtung bildet Christian von Wolf (1679—1754. Ius naturae, 9 Quart-Bände. 1740—49; Institutiones iuris naturae et gentium. 1754). Seine wichtigste Eigenthümlichkeit ist die Ableitung des Rechts aus der moralischen Verpflichtung und die Charakterisirung des Rechts überhaupt als eines Erlaubnisgesetzes. Das Princip der moralischen Verpflichtung ist bei ihm das Gebot, an seiner Selbstvervollkommnung zu arbeiten; die Vollkommenheit ist die einzige Quelle der Glückseligkeit. Und nicht bloss die eigene, sondern auch die fremde Vollkommenheit zu befördern ist moralische Pflicht; was aber

Pflicht ist, dazu hat der Mensch auch das Recht, und dass dieses Recht geachtet werde, darf jeder von allen Andern fordern (Ius nat. I, § 170; § 608 ff.). Wie es daher allgemeingültige Pflichten giebt, so giebt es auf Grund derselben auch angeborene und unveräusserliche Menschenrechte (ebd. I, § 23 ff. 64. 72) und in Bezug auf sie sind ursprünglich alle Menschen gleich (ebd. 89—110). Die Pflicht setzt ein Gebot, das aus der Pflicht sich ergebende Recht eine Erlaubnis: daraus ergiebt sich der Unterschied der Moral, die sich in leges praeceptivae et prohibitivae ausdrückt, von dem Recht, das sich in der Form von leges permissivae ausdrückt. Jeder darf von allen Anderen fordern, dass sie zu seiner Vervollkommnung beitragen, soweit es ihr Streben nach der eigenen Vervollkommnung gestattet (ebd. § 608 ff.). Im allgemeinen hält Wolf an dem Unterschiede von inneren und äusseren Pflichten, von vollkommenen, d. h. erzwingbaren, und unvollkommenen, d. h. unerzwingbaren Pflichten, fest. Aeussere Pflichten können nur die Pflichten gegen Andere sein, und diese ergeben nur zum Theil erzwingbare Ansprüche (ebd. § 656 ff. 904). Wo daher die Verbindlichkeit vom Urtheil des Andern abhängt, ergiebt sich nur ein unvollkommenes, unerzwingbares Recht; vollkommene Rechte nur aus besonderem Verpflichtungsgrunde (ebd. § 906). Für diesen Unterschied ein bestimmteres Kriterium anzugeben hat Wolf nicht vermocht.

Die naturrechtliche Lehre, dass der Staat nur zum Schutze der Privatrechte, die aus dem Naturrechte stammen, durch freien Vertrag gegründet sei, erscheint in äusserst praegnanter Gestalt bei John Locke (1632—1704. Two treatises on government. 1689). Von Natur giebt es keine Herrschaft eines Menschen über andere ausser der väterlichen Gewalt. Von Natur sind alle frei und gleich und unabhängig, und eine Unterwerfung unter einen anderen kann nur durch freie Einwilligung statt finden (Two treat. II, 2). Von Natur giebt es ein Recht auf persönliche Freiheit und Eigenthum, letzteres begründet durch Arbeit und Occupation (ebd. II, 5). Zum Schutze dieser natürlichen Rechte ist der Staat geschaffen; aber keineswegs haben die Menschen alle ihre Rechte auf den Staat übertragen, sondern nur die Strafgewalt und die Rechtspflege, und nur innerhalb der Schranken der natürlichen Rechte jedes Einzelnen, und auch nur zu dem Zwecke, Freiheit und Eigenthum des Einzelnen besser zu sichern. Der Staat dient zum gemeinen Wole, und was dazu nicht nöthig ist, liegt auch nicht in der Befugnis des Staates. Es wäre widersinnig anzunehmen, dass ein vernünftiges Wesen von seiner ursprünglichen Freiheit und Gleichheit mehr übertragen haben sollte, als der Zweck des Staates, das gemeine Wol zu befördern,

erforderlich macht (II. 9; 15). Alle Gewalt stammt vom
Volke und fällt wieder an das Volk zurück; das Volk ist
der Richter über die Ausübung der Gewalt und kann jederzeit
die Gewalt wieder an sich nehmen und eine neue Verfassung
errichten. Ungerechte Gesetze sind unverbindlich
(II, 11; 14; 19, § 242—243). Das Recht des Widerstandes
gegen ungerechte Ausübung der Gewalt ist unveräusserlich,
ein Verzicht darauf wäre widersinnig (II, 18; 19). Der Staat
hat gegen jeden Glauben und jede Lehre Toleranz zu üben,
nur nicht gegen die Atheisten, weil der Atheismus sich mit
dem öffentlichen Wole nicht verträgt (Lett. concerning toleration.
1685). — Spätere englische Denker haben die Philosophie
des Rechts nicht mehr wesentlich gefördert. Es mag genügen,
die beiden hauptsächlichsten von ihnen zu erwähnen: Jeremy
Bentham (1748—1832. Traités de législation. 1802), der
alle Normen für das Handeln auf den Nutzen zurückführte
und das grösste Glück der grössten Zahl für das Princip
aller Gesetzgebung erklärte, und John Stuart Mill (1806—
1873. On liberty. 1859. Considerations on representative
government. 1861. On utilitarianism. 1864). der Bentham's Theorien
weiter durchzubilden unternahm. Alles das liegt abseits
von dem Wege strengerer Wissenschaft. Von den Fortschritten,
welche die Erkenntnis des Gegenstandes seit Grotius gemacht
hat, zeigt sich bei den Schriftstellern aus der Schule Bentham's
nirgends auch nur eine leise Spur der Einwirkung.

Den geschichtlichen Abschluss der Epoche der naturrechtlichen
Lehre bildet J. J. Rousseau (1712—1778. Contrat
social. 1762), nicht dadurch, dass er wesentlich neue
Gedanken ausgesprochen hätte, sondern dadurch, dass er durch
beredten Ausdruck und durch fanatische Einseitigkeit dem
seit dem Mittelalter geläufigen Gedankengange eine ungemeine
Wirksamkeit auf ein dafür empfängliches Geschlecht verliehen
hat. In dieser Lehre vom Gesellschaftsvertrag erscheint der
ganze herkömmliche Apparat von Naturstand und natürlichem
unveräusserlichem Menschenrecht, von Staatsbildung durch
Vertrag der Individuen und von dem auf das Gesammtwol,
das heisst auf das Wol aller Individuen, beschränkten Staatszweck,
von Volkssouveränetät und Recht des Widerstandes.
Aber während Rousseau die Vereinigung selber durch Vertrag
entstehen lässt, lehnt er die Begründung der Staatsgewalt durch
einen Unterwerfungsvertrag ab, und macht dafür die Staatsgewalt
zu einem widerruflich beauftragten Commis des Souveräns,
d. h. des Volkes, das, wenn es versammelt ist, jederzeit
den Commis wegjagen darf, so dass jede Regierung immer
nur provisorisch bis zum nächsten Zusammentritt des Volkes
gilt, wie auch alle Gesetze nur provisorisch gelten, bis sie

das Volk aufhebt, was in jedem Augenblick geschehen kann. Das souveräne Volk wird durch keinen Vertrag verpflichtet; es hat absolute Gewalt, und alle Rechte der Individuen sind auf die Gemeinschaft übergegangen. Diese Souveränetät des Volkes ist unveräusserlich und untheilbar. Der Staat als Inhaber eines einheitlichen Willens (volonté générale) im Gegensatze zu dem Willen aller Einzelnen (volonté de tous) bildet eine moralische Person; doch kommt jener einheitliche Gesammtwille nur durch das zum Ausdruck, worin der Wille aller Einzelnen übereinstimmt. Der Souverän kann nicht vertreten werden. Zum ursprünglichen Gesellschaftsvertrag gehört Einstimmigkeit der Abstimmenden; später ist anzunehmen, dass jeder sich stillschweigend den Beschlüssen der Majorität als dem Ausdruck des Willens des Souveräns unterwirft (IV, 2). Diese Staatsform ist die allein zulässige, jede Abweichung widerrechtlich und ungültig. Für die Zwecke des Staates ist von Staats wegen eine Religion festzustellen, eine Lehre vom höchsten Wesen, vom künftigen Leben, einem gerechten Gericht, von der Heiligkeit des Gesellschaftsvertrages und der Gesetze. Daran zu glauben kann der Staat nicht zwingen; aber wer nicht glaubt, den kann er als einen untauglichen Bürger verbannen. Zugleich aber verlangt Rousseau Duldung für alle religiösen Meinungen, welche mit dem Wole des Staates weiter nichts zu thun haben, insbesondere für diejenigen, die nicht selbst gegen die Pflicht der Duldung verstossen (IV, 8).

11. Der Erneuerer aller modernen Wissenschaft nach Methode und Inhalt, Immanuel Kant (1724—1804. Grundlegung zur Metaphysik der Sitten. 1785. Kritik der prakt. Vernunft. 1788. Metaphys. Anfangsgründe der Rechtslehre. 1797) ist im gleichen Maasse und Sinne auch der Erneuerer der Rechtsphilosophie geworden. Auf den ersten Blick zwar scheint er zu den Vertretern des Naturrechts zu gehören, denn einige der grundlegenden naturrechtlichen Auffassungen finden sich auch bei ihm. Sie finden sich aber bei ihm mit Modificationen, die grundstürzend sind, und es erweist sich bei näherer Betrachtung, dass nur ein alter Vorstellungskreis und eine Reihe von alten Namen beibehalten worden sind, die Begriffe selbst völlig verändert sind. Kant bezeichnet dadurch einen neuen Anfang, und zwar dies insofern als mit ihm der fürs erste noch unbewusste Rückgang auf Aristoteles eintritt. Es genügt an dieser Stelle, nur die Punkte hervorzuheben, an die sich die weitere Bewegung angeknüpft hat. Der Bruch mit dem Naturrecht wird bei Kant vollzogen dadurch, dass Recht und Staat nicht aus einzelnen Seiten der menschlichen Natur, aus besonderen Bedürfnissen und

Zwecken, sondern aus der Vernunft allein, aus der Freiheit des Willens und ihrem kategorischen Imperativ abgeleitet werden. Der Mensch kann gar nicht anders als in der einzelnen Handlung zugleich einen allgemeinen Satz, ein Gesetz ausdrücken: so darf, so soll gehandelt werden. Diese Idee des Willens eines jeden vernünftigen Wesens als allgemein gesetzgebenden Willens ist das Grundprincip der Kantischen Lehre. Indem das Wesen des Menschen seine Vernünftigkeit ist und alle Normen für den Willen nur aus dieser seiner Vernünftigkeit folgen, ist der Wille autonom, d. h. das Gesetz ist nur der Ausdruck der Vernunft im Willen und nur aus dieser ohne sonstige empirische Bestimmungsgründe wie Triebe, Neigungen und Bedürfnisse abzuleiten. Das Recht hat daher auch keine bloss äusserliche Abzweckung; sondern es ist Zweck an sich, dass die Menschen in der Gemeinschaft nach Gesetzen der Vernunft leben, d. h. dass die Art der Willensbethätigung eine widerspruchslose und allgemeingültige sei, und dass die Maxime, welche sich in der einzelnen Handlung ausdrückt, fähig sei, den Inhalt einer allgemeinen Gesetzgebung zu bilden. Recht ist somit diejenige Bestimmtheit menschlicher Handlungen, vermöge deren die Handlung, nach der Idee eines allgemein gesetzgebenden Willens betrachtet, das Zusammenbestehen der Willkür jedes Einzelnen mit der Willkür jedes Andern möglich macht (Einleit. in d. Rechtslehre). Es handelt sich dabei allein um das Heil des Staates, und nicht um das Wol der Staatsbürger und ihre Glückseligkeit; der Zweck ist die vernünftige Ordnung selber. Unter dem Gesichtspunkte der Glückseligkeit lässt sich überhaupt kein allgemeingültiger Grundsatz für Gesetze aufstellen, wegen der Veränderlichkeit der Umstände und der Meinung, worin jeder seine Glückseligkeit setzt. Was Recht sei, kann keine Erfahrung lehren, sondern das gründet sich auf apriorischen Principien (Verhältn. der Theorie zur Praxis. II. Folgerg.). Die zweite principielle Abweichung von allem Naturrecht bei Kant besteht darin, dass er die besondere wirkliche Rechtsordnung nicht mehr aus einem willkürlichen Act der Individuen in der Form des Vertrages ableitet, sondern aus der dem Willen immanenten Vernunft stammen lässt (Rechtslehre § 41; 44). Der Eintritt in den Staat ist eine Vernunftforderung; der Vertrag ist nur eine Idee der Vernunft, nicht ein Factum; als solches wäre er gar nicht möglich. Die Zurückführung auf den Vertrag ist vielmehr nur ein Ausdruck für die Verbindlichkeit, die der Gesetzgeber hat, die Gesetze so einzurichten, wie sie aus dem vereinigten Willen des Volkes entspringen könnten, und damit für das Vernunftprincip der Beurtheilung aller öffentlichen rechtlichen Verfassung überhaupt. Der Mensch hat nicht einen Theil seiner angeborenen äusseren Freiheit einem Zwecke aufgeopfert, sondern er hat die wilde gesetzlose Freiheit gänzlich verlassen, um seine Freiheit überhaupt in einem rechtlichen Zustande unvermindert wiederzufinden (Verhältn. der Th. zur Pr. II. Folgerung. Rechtslehre § 47). Das Gesetz stammt mithin wol aus dem Willen, aber nicht aus demjenigen des empirischen erscheinenden Menschen, sondern aus dem reinen Vernunftwillen des ideellen Menschen; nicht das Volk als die Summe der Einzelnen, sondern die öffentliche Gerechtigkeit als der Ausdruck der allen gemeinsamen Vernunft schafft und wahrt das Recht (Rechtslehre II. 1. Allgem. Anmerkg. E. 1). Wenn daher das vereinigte Volk selbst als das Oberhaupt des Staates und die Quelle der Gesetzgebung bezeichnet wird, so bedeutet das bei Kant vielmehr, dass die die Einzelnen verbindende praktische Vernunft, deren Ausdruck das aus apriorischen Principien fliessende Gesetz ist, der wahre Souverain sei. Und dies nennt Kant die einzige bleibende Staatsverfassung, wo das Gesetz selbstherrschend ist und an keiner besonderen Person hängt (Rechtslehre § 47. 52). Endlich ist drittens als eine Lehre von entscheidender Bedeutung die der naturrechtlichen Auffassung direct entgegengesetzte, aber aus den angeführten Principien streng abgeleitete Ausführung anzusehen, wonach Kant die Uebereinstimmung der gegebenen Staatsformen mit den apriorischen Rechtsprincipien, die Errichtung einer rein vernünftigen Rechtsverfassung, als Selbstzweck betrachtet und jede Rücksicht auf Wol und Glückseligkeit für eine Fälschung des Staatszweckes erklärt. Das Wol der Bürger kann vielleicht im Naturzustande oder unter einer despotischen Regierung viel mehr gefördert werden. Niemand darf mich zwingen, auf die Art, wie er sich das Wolsein anderer Menschen denkt, glücklich zu sein; dies würde der grösste denkbare Despotismus sein. Die Freiheit und Menschenwürde hängt daran, dass jeder seine Glückseligkeit auf dem Wege suche, welcher ihm selbst gut dünkt, vorausgesetzt, dass er das Recht achtet. Der rechte Grundsatz ist: es herrsche Gerechtigkeit, die Schelme in der Welt mögen auch insgesammt darüber zu Grunde gehen. „Wenn die Gerechtigkeit untergeht, so hat es keinen Werth mehr, dass Menschen auf Erden leben" (Verhältn. der Th. zur Pr. II. u. ebd. Folgerung. — Zum ewigen Frieden. II. Anhang 1. — Rechtslehre II. 1. Allgem. Anmerkg. E. 1).

Bei alledem steckt Kant noch mit einem Fusse im Naturrecht. Die neuen Principien sind nicht bloss in die herkömmliche Terminologie verhüllt, sie sind auch nicht in ihrer ganzen Tragweite ihrem Urheber zum Bewusstsein gekommen.

100   Einleitung. § 4. Die Geschichte der Rechtsphilosophie.

Vor allem, Kant zeichnet in alter Weise den Idealstaat mit
dem, was er die republikanische Verfassung nennt, und ein
ideales Recht, das, aus reiner Vernunft abgeleitet, allein überall
und jederzeit wahrhaft Recht ist; in der Ableitung der einzelnen Rechtsinstitute aber, wie Eigenthum, Ehe, väterliche
Gewalt, zeigt sich eine Aeusserlichkeit der Auffassung, die eben
dem, was Kant selbst nach seinen Principien anstreben musste,
aufs stärkste widerspricht. Trotz alledem hat es seit Aristoteles keinen Denker von ähnlicher Energie des Gedankens
gegeben, und auch auf dem uns hier beschäftigenden speciellen
Gebiete hat niemand eine grössere und entscheidendere Bedeutung für den Fortschritt wahrer Erkenntnis gehabt als Kant.
    Der nächste Fortbildner des von Kant gewonnenen
Schatzes von Erkenntnissen ist J. G. Fichte (1762—1814).
Schon in seiner frühesten betreffenden Schrift, den „Beiträgen
zur Berichtigung des Urtheils über die französische Revolution"
(1793. Sämmtl. Werke Bd. VI) bricht durch alle naturrechtliche Extravaganz im Rousseau'ischen Stile der Satz hindurch,
dass der einzige Zweck der Staatsverbindung die Cultur der
Freiheit ist, worunter allerdings zunächst nur die politische
Freiheit und Rechtsgleichheit gemeint ist (Sämmtl. Ww.
VI, 89 ff. 101). Viel reiner schon erscheint die Ausführung
der durch Kant gefundenen Principien in der „Grundlage
des Naturrechts" (1796. Sämmtl. Ww. Bd. III), die noch vor
Kant's Rechtslehre, aber unter Einwirkung von Kant's
früheren Schriften zur praktischen Philosophie verfasst wurde.
Seine folgenden Schriften, das „System der Sittenlehre" (1798.
Sämmtl. Ww. Bd. IV), „Grundzüge des gegenwärtigen Zeitalters" (1806), „Reden an die deutsche Nation" (1808. Sämmtl.
Ww. Bd. VII), „System der Rechtslehre" (1812. Nachgelass.
Ww. Bd. II), „Staatslehre" (1813. Sämmtl. Ww. Bd. IV),
zeigen ihn weiter und weiter fortgeschritten zu immer tieferer
und lebendigerer Anschauung. Auch Fichte's Ausgangspunkt für die Erkenntnis des Rechtes ist die praktische Vernunft und ihre Freiheit. Der Rechtsbegriff geht darin auf,
eine Gemeinschaft zwischen freien Wesen als solchen zu begreifen; das Recht ist apriorische Bedingung des Selbstbewusstseins. Jeder hat seine Freiheit durch den Begriff der
Freiheit jedes Anderen zu beschränken. Damit diese Anforderung sicher realisirt werde, muss eine mit mechanischer
Nothwendigkeit wirkende Veranstaltung getroffen werden;
diese findet sich in dem Zwangsgesetz. Erst so wird ein
Rechtszustand möglich; Recht giebt es nur in einem gemeinen
Wesen und unter positiven Gesetzen. Demnach giebt es
kein Naturrecht im Sinne eines Rechtes vor dem Staat; der
Staat selbst ist der Naturstand des Menschen, und seine Ge-

setze wollen nichts Anderes sein als das realisirte Naturrecht im Sinne eines allgemeinen und schlechthin vernünftigen Rechtes (S. W. III, 9. 11. 92. 112. 142. 148).

Da weiss Fichte nun zuerst keine andere Erklärung für das Vorhandensein eines solchen Rechtszustandes, als einen ausdrücklichen, in der Sinnenwelt zu irgend einer Zeit wahrzunehmenden und nur durch freie Selbstbestimmung möglichen Act aller, die Abschliessung des Staatsbürgervertrages. Als das Object des gemeinsamen Willens wird zunächst nur die gegenseitige Sicherheit bezeichnet; nicht Moralität, nur Eigenliebe ist dabei das treibende Motiv; jeder will den gemeinsamen Zweck nur um seines Privatzweckes willen. Dadurch aber wird der Einzelne ein Theil eines organisirten Ganzen und schmilzt mit demselben in eins zusammen, indessen immer nur nach der äusseren Seite seines Daseins. In allem Andern bleibt der Mensch freie, nur von sich selbst abhängige Person, und zur Sicherung dieser Freiheit allein giebt es eine Staatsgewalt. Der Mensch ist nicht von Natur moralisch, sondern er muss zur Moralität erzogen werden und sich selbst erziehen; darin liegt die Nothwendigkeit des Rechtsgesetzes. „Die Menschheit sondert sich ab vom Bürgerthume, um mit absoluter Freiheit sich zur Moralität zu erheben; dies aber nur, inwiefern der Mensch durch den Staat hindurchgeht." (III. 106. 150. 152. 202 ff. 148. 206). Die Lehren von der Volkssouveränetät, vom Rechte der Revolution, die Zeichnung eines idealen privaten und öffentlichen Rechts und die überwiegende Betonung des vom Staate zu leistenden Schutzes der privaten Rechte erinnern noch in allem an die entsprechenden naturrechtlichen Theorien. Doch ist auch bei Fichte der Vertrag als Grundlage von Recht und Staat nicht in strengem und eigentlichem Sinne gemeint. Im Staatsbürgervertrage unterwirft sich der Mensch mit vollkommener Freiheit; d. h. er unterwirft sich dem Gesetz, welches so ist, dass jeder es selbst nach der Regel des Rechtes so geben müsste, und damit seinem eigenen unabänderlichen Willen. Das, worüber allein die Menschen sich einigen können, weil es der Ausdruck der ihnen gemeinsamen Vernunft ist, ist das Recht. Sie brauchen sich gar nicht ausdrücklich darüber zu äussern, durch eine Sammlung der Stimmen würde man nur einen sehr unreinen Ausdruck des gemeinsamen Willens erhalten. Worüber alle übereinstimmen, kann jeder Verständige, ohne dass sie sich darüber äussern, aus der Vernunftidee des Rechtes in der Anwendung auf die besonderen gegebenen Lebensverhältnisse angeben. Die für alle verbindende Kraft des Gesetzes ist somit schon durch die Einwilligung der Einzelnen, mit dieser bestimmten Volksmenge sich zu einem gemeinen Wesen zu vereinigen, gegeben (III, 104. 107). Im „System der Sittenlehre" wird es für absolute Gewissenspflicht erklärt, sich mit Anderen zu einem Staate zu vereinigen. Darum muss man sich zunächst mit dem Nothstaat begnügen, der die erste Bedingung des allmählichen Fortschreitens zum vernunft- und rechtsgemässen Staate ist (IV, 238 ff.). Seitdem wendet sich Fichte's Gedankengang mehr und mehr einer Philosophie der Geschichte zu, nach welcher der Staat und das Recht als Bedingung für das Werden der Freiheit und die Realisirung der Vernunftbestimmung erfasst und auch die der Idee des Rechts unangemessenen Gestaltungen als geschichtlich wol begründet in ihrer Beziehung auf den nothwendigen Entwicklungsgang der Menschheit begriffen werden. In den „Grundzügen des gegenwärtigen Zeitalters" verwirft Fichte schlechthin die herrschende Ansicht, nach welcher der Staat nur zum Schutze der privaten Zwecke da sein soll. Der Staat beruht nicht auf Individuen und ist nicht aus Individuen zusammengesetzt; sein Zweck ist der Zweck der Gattung, auf welche er alle individuellen Kräfte richtet. Der Zweck der Gattung aber ist Cultur, und nur zu diesem Zwecke wird die äussere Subsistenz der Individuen gesichert; dieser Zweck der Gattung, der Gesammtzweck, ist zugleich der wahre Zweck aller Individuen. Die Aufgabe ist, alle Verhältnisse der Gattung nach dem Vernunftgesetze einzurichten. „Der Zweck des Staates, sich selbst zu erhalten, und der Zweck der Natur, die menschliche Gattung in die äusseren Bedingungen zu versetzen, in denen sie mit eigener Freiheit sich zum getroffenen Nachbilde der Vernunft machen könne, fallen zusammen." Es giebt keine Art von Bildung, die nicht vom Staate ausgehe und in denselben zurückzulaufen streben müsse; zu diesem absoluten Staate des reinen Culturzwecks sich allmählich mit Freiheit zu erheben, ist die Bestimmung des menschlichen Geschlechtes. Dazu gehört, dass jeder eine Sphäre freier Bethätigung behalte. Die unvollkommenen Verfassungen sind der nothwendige Durchgang zur Vollendung des Staates, die noch Jahrtausende erfordern mag. Die höheren Zweige der Vernunftcultur: Religion, Wissenschaft, Tugend können freilich unmittelbar nie Zwecke des Staates werden; der Staat als zwingende Gewalt rechnet auf den Mangel des guten Willens und richtet sich nur auf das Erzwingbare, auf äussere gute Sitte und Sittlichkeit, welche noch lange nicht Tugend ist. Nur stören darf der Staat nicht, was der idealen Bestimmung des Menschen angehört. Jeder soll ein Werkzeug des Staates sein und jeden Anderen so ansehen und behandeln; die vollkommene Durchdringung aller vom Staate tritt erst ein durch die vollkommene Gleichstellung der Rechte aller, die das zu erstrebende Ziel bildet (VII, 143—170; 187 ff. 221). In dem „System der Rechtslehre" ist der wesentlichste Gesichtspunkt der, dass das Recht als die factische Bedingung der Sittlichkeit gefasst wird. Die äusseren Zwecke, die uns die Natur auferlegt als Bedingungen des höheren Zwecks, unsere Erhaltung und unsere Sicherheit, müssen erreicht sein, ehe das Sittengesetz allgemein erscheinen kann. Dazu ist das Recht. Der Staat hat die Möglichkeit des Werdens der Freiheit zu sichern. Er geht darum darauf aus, sich aufzuheben; denn sein letztes Ziel ist die Sittlichkeit, diese aber macht ihn überflüssig. Man muss den Staat nicht nur als berechtigte Zwangsgewalt, sondern auch als verpflichtete, befreiende Gewalt auffassen (Nachgel. Ww. II, 498 ff. 515 ff. 540 ff.). Die „Staatslehre" zeigt den Denker neben einer Menge phantastischer Constructionen nach einem tieferen geschichtlichen Verständnis der Rechtsentwicklung ringend. Schon in den „Reden an die deutsche Nation" legt Fichte eine hohe Begeisterung für Volksthum und Nationalität dar (Sämmtl. Ww. VII, 381 ff. 467). In der Staatslehre bildet die Erkenntnis, dass die Menschheit sich in individualisirte Volksganze gliedert, innerhalb deren sich auf individuelle Weise die Entwicklung zum Vernunftreiche und zur Freiheit vollzieht, den Mittelpunkt. Ein Volk wird zur Einheit gebildet durch gemeinsame Geschichte, Sprache, Ansicht und Denkweise; seine Selbstständigkeit und Freiheit besteht darin, dass es in dem angehobenen Gange aus sich selber sich zu einem Reiche fortentwickeln darf. Wird der Gang dieser Entwicklung durch fremde Gewalt abgebrochen, das Volk einer anderen Culturform einverleibt, so wird das Volk getödtet (Sämmtl. Ww. IV, 412; 419). Der Staat ist allerdings Zwangsanstalt, aber so, dass alle zur Einsicht in die Rechtmässigkeit des Zwanges und so zur Entbehrlichkeit desselben gebracht werden sollen. Nur zum Rechte darf gezwungen werden, jeder andere Zwang ist durchaus widerrechtlich. Nur in der Staatsgesellschaft ist die Entbindung der Freiheit und des Verstandes aus der Unfreiheit und dem Unverstande möglich. Die vorhandenen Rechtsverfassungen sind nur Nothverfassungen; die besten, die jetzt möglich sind, nur vorläufige Stufen. Die Errichtung des vollkommenen Rechtszustandes ist Sache der Entwicklung des Menschengeschlechts (ebd. 437. 469. 392. 432. 561).

Die volle Consequenz aus dem, was Kant zuerst und nach ihm Fichte an Principien und Tendenzen in die Philosophie des Rechts eingeführt hatten, hat G. W. F. Hegel gezogen (1770—1831. Encyklopädie der philos. Wissenschaften. 1830. § 483—552. Werke VII, 2. Grundlinien der Philosophie des Rechts. 1821. Ww. VIII), freilich in mangelhafter Gliederung, nicht ohne Einseitigkeit und auch er noch nicht völlig frei von den Nachwirkungen der naturrechtlichen Manier. Bei alledem gehört Hegel's Rechtsphilosophie, und insbesondere seine Staatslehre, in die vorderste Reihe der klassischen Hervorbringungen der Wissenschaft aller Zeiten. Wir heben Dreierlei als den bleibenden Gewinn der Hegel'schen Rechtsphilosophie hervor. Erstens: Hegel hat mit Kant und Fichte das gemeinsam, dass für Staat und Recht nicht nach einem äusseren Nutzen gesucht wird; beide gelten vielmehr als absolute Anforderung der Vernunft und zwar der praktischen Vernunft; aber bei Hegel ist dieser fundamentale Gesichtspunkt viel schärfer begründet und viel consequenter durchgeführt. Der Wille ist nach Hegel eine besondere Weise des Denkens, das Denken als sich übersetzend ins Dasein. Wie die Schwere eine Grundbestimmung der Körper, so ist die Freiheit die Grundbestimmung des Willens. Das Freie ist der Wille, Wille ohne Freiheit ist ein leeres Wort. Der Begriff der Freiheit ist, dass das Ich, indem es sich bestimmt, dennoch bei sich bleibe und nicht aufhöre, das Allgemeine festzuhalten. Frei ist der Mensch dadurch, dass er von allem, was es sei, abstrahiren kann, und also sich selbst bestimmen, jeden Inhalt durch sich in sich setzen kann. Jedes Selbstbewusstsein weiss sich als Allgemeines. Der natürliche Wille ist durch Triebe, Begierden, Neigungen von Natur bestimmt; erst indem er sich unter der Form der Allgemeinheit selbst bestimmt, ist er freier Wille. Die Allgemeinheit ist Inhalt, Gegenstand und Zweck des Willens; das im Willen sich durchsetzende Denken macht die Freiheit aus. Der wahrhafte Wille ist identisch mit seinem Inhalt; der Wille will den Willen, die Freiheit will die Freiheit. Erst indem der Wille so sich selbst zum Gegenstande hat, ist er für sich, was er an sich ist. Aus der Freiheit muss das Recht begriffen werden. Der Boden des Rechts ist das Geistige, der Wille, die Freiheit seine Substanz. Dies, dass ein Dasein überhaupt Dasein des freien Willens ist, ist das Recht. Das Rechtssystem ist das Reich der verwirklichten Freiheit, die Welt des Geistes aus ihm selbst hervorgebracht als eine zweite Natur. In diesem Sinne will Hegel den Staat als ein in sich Vernünftiges begreifen und darstellen (Grundlinien einer Philos. des Rechts § 4—29). Das Recht nun ist zunächst abstractes Recht, dessen Sphäre das Sachenrecht ausmacht. Der freie Wille erscheint nämlich unmittelbar als der in sich einzelne Wille eines Subjects mit besonderen Zwecken, die sich auf eine vorgefundene äussere Welt beziehen, aber zugleich in der Endlichkeit als das Unendliche, Allgemeine und Freie sich erfassend. Das ergiebt den Begriff der Person. Das Rechtsgebot fordert weiter nichts, als eine Person zu sein und die Anderen als Personen zu respectiren, zunächst nur als Erlaubnisgesetz und in der negativen Form, die Persönlichkeit nicht zu verletzen. Die blosse Subjectivität der Persönlichkeit ergänzt sich durch die thätige Beziehung auf das Aeussere, indem sie das Dasein der Sachen als das ihrige setzt und so sich Realität giebt. So wird das Eigenthum und alle privaten Rechte nicht aus äusseren Zwecken und Nützlichkeiten, sondern rein aus dem Begriffe der Persönlichkeit selbst abgeleitet (§ 34—41). Das Zweite, was hervorzuheben ist, ist die Hegel'sche Auffassung vom Staate. Im Staate existirt das Sittliche als Substanz, als Macht, als objectiv gewordene Vernunft; die Individuen sind dem gegenüber nur ein Accidentielles. Der Inhalt des Sittlichen ist die Vernünftigkeit des Willens selbst; in den Gesetzen, den objectiven Formen der Sittlichkeit, erkennt das vernünftige Subject sein eigenes Wesen wieder; so ist der Staat der Ausdruck des wirklichen Geistes einer Familie und eines Volkes (§ 142—157). Als die Grundformen dieser objectiven sittlichen Mächte erscheinen bei Hegel die Familie, die bürgerliche Gesellschaft und der Staat. Dass Hegel die bürgerliche Gesellschaft vom Staate getrennt hat, wird immer als ein Verdienst gerühmt werden müssen, so mangelhaft auch die Weise ist, in der er den Begriff der Gesellschaft bestimmt hat. Die Naturrechtslehrer hatten den Begriff des Staates darin aufgehen lassen, dass der Staat die auf private Interessen zurückgeführten privaten Rechte schütze. Hegel's Auffassung ist die, dass dies alles noch vorstaatlicher Natur ist, der Staat vielmehr Functionen von weit höherer Art übt. Dagegen die bürgerliche Gesellschaft im Sinne Hegel's ist eben dieses System der privaten Interessen, sofern es das Material für die Thätigkeit des Staates liefert, selbst aber nicht Rechtsform an sich trägt; nur dass er vieles, was unzweifelhaft staatlicher Natur ist, wie Rechtspflege, Polizei und Corporation, damit vermengt. Der Staat, als die höchste Form, welche sich die Sittlichkeit in ihrem objectiven Dasein giebt, ist nach Hegel der göttliche Wille selbst als gegenwärtiger, sich zur wirklichen Gestalt und Organisation einer Welt entfaltender Geist. An der Sitte und an dem Selbstbewusstsein der Einzelnen hat er seine Grundlage; das Selbstbewusstsein hat am Staate, in den es mit der Gesinnung verwachsen ist, der sein Wesen ausdrückt und aus seiner Thätigkeit als Zweck und Product derselben hervorgeht, seine substantielle Freiheit. Der Staat ist das schlechthin Vernünftige in äusserer Existenz, absoluter Selbstzweck, und hat das höchste Recht gegen die Einzelnen; er ist der objective Wille, das an sich in seinem Begriffe Vernünftige, gleichgültig dagegen, ob es von den Einzelnen erkannt und von ihrem Belieben gewollt werde oder nicht. Es ist der Gang Gottes in der Welt, dass der Staat ist; sein Grund ist die Gewalt der sich als Wille verwirklichenden Vernunft. Die Souveränetät eignet deshalb dem Staate, nicht dem Volke. Der Staat als vollkommen concrete Objectivität des Willens hat Persönlichkeit: diese ist nur als eine Person, der Monarch, wirklich (§ 257 ff. 278 ff.). Damit ist nun die Vertragslehre definitiv abgethan. Der Staat ist der Geist, der sich in der Welt mit Bewusstsein realisirt, während er in der Natur sich nur als schlafender Geist verwirklicht: nicht der Geist der Individuen, sondern objectiver Geist, Idee, die sich als selbstständige Gewalt realisirt, in der die Einzelnen nur Momente sind. Eben deshalb ist der Staat Organismus, d. h. Entwicklung der Idee zu ihren Unterschieden. Die Verfassung, obgleich in der Zeit hervorgegangen, ist doch nicht als ein Gemachtes anzusehen; sie ist vielmehr das schlechthin an und für sich Seiende, das darum als das Göttliche und Beharrende und als über der Sphäre dessen, was gemacht wird, erhaben anzusehen ist (§ 269. 273). Und nun vermag Hegel endlich, — und das ist das Dritte, was bei ihm zu betonen ist, — auch den gegebenen Staat mit seinen positiv rechtlichen Formen als vernünftig zu begreifen. Der Staat existirt immer nur als individueller und besonderer Staat, als der Staat eines bestimmten Volkes, im engsten Zusammenhange mit dem Volksgeiste, mit dem Selbstbewusstsein des Volkes von sich, insbesondere mit der Religion als dem lebendigen Quell aller Sitte und Gesinnung. Jedes Volk hat die Verfassung, die ihm angemessen ist und für dasselbe gehört; sie ist die Arbeit von Jahrhunderten, die Idee und das Bewusstsein des Vernünftigen, in wie weit es in einem Volke entwickelt ist. Das Volk muss zu seiner Verfassung das Gefühl seines Rechts und seines Zustandes haben; sonst kann sie zwar äusserlich vorhanden sein, aber sie hat keine Bedeutung und keinen Werth (§ 274). Das ist das wesentliche Moment in dem Dasein eines Volkes, dass es sich seinen Staat bildet und erhält: ein Volk ohne Staatsbildung hat keine Geschichte. In dem geschichtlichen Gange des Geistes ist Freiheit der Endzweck: so ist Vernunft in der Geschichte. Die geschichtlichen Processe vollziehen sich vermittelst der einzelnen Volksgeister. Das Selbstbewusstsein eines besonderen Volkes ist der Träger der jedesmaligen Entwicklungsstufe des allgemeinen Geistes, und dies Volk ist dann das weltbeherrschende; aber in dem Fortgange der Entwicklung schreitet der Weltgeist über das besondere Volk hinaus und übergiebt es seinem Zerfall und Gericht. So lassen sich also auch die unvollkommenen Verfassungen als nothwendige Momente in der Explication der Idee des Staates in ihre Momente und als insofern vernünftig und rechtmässig begreifen (Ww. VIII. § 341 ff. VII, 2. § 545. 548—552).

In alle dem hat Hegel das Princip der historischen Auffassung und Würdigung von Recht und Staat tiefer aufgefasst und energischer dargelegt als irgend ein Anderer. Die Durchführung im einzelnen ist vielfach mangelhaft. Die Gliederung der Ethik ist völlig verfehlt, das subjective Element des Moralischen in seinem Werthe verkannt, der stolze architektonische Bau des Staates mit Unrecht für die höchste Form der Sittlichkeit genommen. Im einzelnen ist Hegel noch so weit vom Naturrecht beeinflusst, dass er gewisse Formen des Privatrechts wie der öffentlichen Verfassung mit dem Anspruch zeichnet, als drückten sie die schlechthin ideale Vernunftform des Rechtes aus, als wären sie ein absolutes Recht, während sie doch nur als historische Durchgangsstufen in der Entwicklung der Rechtsidee zu begreifen sind. Dass hier und da, besonders im abstracten Recht, gegen das juristische Verständnis der geschilderten Rechtsinstitute sich erhebliche Einwendungen machen lassen, mag nur im Vorbeigehen bemerkt werden.

12. Hegel's Rechtsphilosophie ist die letzte geschichtlich bedeutende philosophische Theorie des Rechtes gewesen. Die einzige Rechtsphilosophie von grösserer Wirksamkeit und selbstständigem Werthe, die nach Hegel aufgetreten ist, die „Philosophie des Rechts auf der Grundlage christlicher Weltanschauung" (1830. 4. Aufl. 1871) von F. J. Stahl steht im wesentlichen, trotz aller Polemik gegen Hegel, auf dem Standpunkte Hegel's, den sie in einzelnen Punkten berichtigt und consequenter durchbildet. Die theologischen Anklänge beruhen meist nur auf einem veränderten Sprachgebrauch; dagegen ist hier die geschichtliche Rechtsanschauung und die Würdigung des positiven Rechtes entschieden weitergeführt. F. v. Baader's im einzelnen geistreiche, aber unsystematische Gedanken über Recht, Staat, Gesellschaft und Kirche hat Fr. Hoffmann zusammengestellt (Grundzüge der Societätsphilosophie. 2. Aufl. 1865). Von anderen rechtsphilosophischen Autoren aus neuerer Zeit nennen wir noch als Vertreter einflussreicher Richtungen folgende: H. Ahrens (Naturrecht oder Philosophie des Rechts und des Staates. 6. Aufl. Wien 1870. 2 Bde.) und K. Roeder (Grundzüge des natürlichen Rechts. 2. Aufl. 1860). Beide stehen auf dem Standpunkte des Philosophen Krause, der das organische Moment des Rechts energisch betont, die Begründung des

Rechts in der Sittlichkeit und in dem Wesen Gottes sucht
und jedem ein Recht auf Erfüllung seiner Bestimmung zuschreibt.
C. L. Michelet (Naturrecht oder Rechtsphilosophie.
1866. 2 Bde.) baut auf Hegel'scher Grundlage weiter.
A. Geyer (Gesch. u. System der Rechtsphilosophie. 1863)
geht von Herbart aus, welcher den schlechten Geschmack
hatte, das Recht und alles Ethische auf gewisse ursprüngliche
Geschmacksurtheile zurückzuführen. J. H. v. Kirchmann
(Die Grundbegriffe des Rechts und der Moral. 1869) führt
vom Standunkte eines sensualistischen Realismus aus das
Recht und die Moral auf die Gefühle, insbesondere auf die
Achtung vor der Autorität zurück. A. Trendelenburg
(Naturrecht. 2. Aufl. 1868) sucht in nicht immer klarer Weise
eine Anlehnung an Aristoteles, giebt aber darüber zum
Theil wesentliche Errungenschaften der neueren Wissenschaft
preis und dringt trotz vieler geistreichen Bemerkungen im
einzelnen nirgends zu principieller Schärfe der Auffassung durch.
R. v. Ihering (Der Zweck im Recht. Bd. I. 1877) erblickt das
Wesen des Rechtes in seinem Nutzen für die Ordnung der verschiedenen
Lebensverhältnisse und führt diesen Gesichtspunkt
in geistreicher Reflexion durch. Eine wahre Fundgrube der
tiefsten philosophischen Erkenntnisse vom Rechte überhaupt
bildet desselben Verfassers „Geist des römischen Rechts auf den
verschiedenen Stufen seiner Entwicklung" (Bd. I—III, 1. 4. u.
3. Aufl. 1873—81). Schäffle (Encyclopädie der Staatslehre.
[Bau u. Leben des socialen Körpers. Bd. IV.] 1878), der den
Staat vom Standpunkte der Darwinistischen Entwicklungslehre
zu begreifen sucht, betont vor allem das gesellschaftliche und
wirthschaftliche Leben.

Eine einheitliche philosophische Lehre von Recht und Staat,
die sich allgemeinerer Anerkennung erfreute, giebt es heute
weniger als je. Während man der heutigen Rechtswissenschaft
das Lob zugestehen muss, dass sie mit philosophischem
Geiste nach dem tieferen inneren Zusammenhange der einzelnen
Rechtsinstitute und Rechtssätze sucht, wogt, was die
Ableitung alles Rechts aus einem obersten Princip anbetrifft,
dieselbe Verschiedenheit der Meinungen durch einander wie
auf den anderen Gebieten der philosophischen Forschung.
Dennoch hat die bisherige Bewegung der Rechtsphilosophie
von Aristoteles bis Hegel im Verein mit der rastlosen
historischen Erforschung nicht ermangelt, für vieles Einzelne
festen Boden zu schaffen und eine Klärung der Begriffe zu erzeugen,
die theilweise zum Gemeingut geworden ist. An diese
geschichtlichen Resultate früherer Wissenschaft hat jeder neue
Versuch philosophischer Durchdringung des Rechtes gewissenhaft
anzuknüpfen.

System der Rechtsphilosophie.

Eintheilung.

Die Rechtsphilosophie zerfällt in einen allgemeinen und einen speciellen Theil. Die Aufgabe des allgemeinen Theiles ist es, den Begriff des Rechtes und den Begriff des Staates abzuleiten und zu bestimmen. Der erste Abschnitt des allgemeinen Theils behandelt die Grundlagen, in denen Recht und Staat wurzeln; diese Grundlagen sind die Natur des Menschen, ferner die Verhältnisse und endlich die Interessen der Menschen. Für die Bestimmung des Rechtsbegriffes ergeben sich daraus drei Principien: das Princip der Ordnung, das Princip der Gerechtigkeit und das Princip der Freiheit. Der Begriff des Staates aber ist in dreifacher Weise zu bestimmen: Gegenstand der Betrachtung ist der Staat zunächst nach seinem allgemeinen Wesen, sodann als historisches Gebilde, endlich nach seinem Verhältnis zu andern Staaten. Der zweite, specielle Theil beschäftigt sich mit der Lehre von den einzelnen Rechtsbestimmungen oder von den Rechten; denn das Recht existirt nur als ein System von einzelnen Rechtsbestimmungen. Auch hier ist ein allgemeiner Theil und ein specieller Theil zu unterscheiden. Der allgemeine Theil, welcher den ersten Abschnitt der Lehre von den Rechten bildet, behandelt das, was für alle einzelnen Rechtsbestimmungen gleichmässig Geltung hat, als allgemeine Lehre von den Rechtsbestimmungen überhaupt. Den zweiten Theil bildet die Betrachtung der einzelnen Rechtsinstitute, und zwar behandelt der **zweite Abschnitt** der Lehre von den Rechten die Rechtsinstitute des **Privat-Rechts**, der **dritte Abschnitt** die Rechtsinstitute des **öffentlichen Rechtes**.

Erster Theil.
Die Begriffe des Rechtes und des Staates.

Erster Abschnitt.
Die Grundlagen des Rechtes und des Staates.

Erstes Capitel.
Die Natur des Menschen.

§ 5.
Die leibliche Natur des Menschen.

Die Voraussetzungen des Rechts liegen zunächst in der Natur des Menschen. Diese lässt sich in den allgemeinsten Umrissen dahin bestimmen, dass der Mensch als ein physisches Wesen und zwar individuell in äusserer Realität existirt mit einem materiellen Leibe, durch Sinne und Bewegungsorgane auf eine äussere Welt bezogen, als ein Wesen, welches für die äussere Wahrnehmung entsteht, sich verändert und vergeht in bestimmt begrenzter Zeit. Es ergeben sich daraus die verschiedenen Lebensalter und die verschiedenen Generationen der Menschen. Die Beziehung auf die äussere Welt bildet den Process des Lebens in Assimilation und Reproduction, im Gegensatze des Schlafens und Wachens, in der Gesundheit und Krankheit. Die Menschen sind ferner wesentlich individualisirt zuerst durch den Unterschied des Geschlechtes, sodann durch den Unterschied der gesammten leiblichen Anlage in Wuchs, Haltung, Formen und Farben der leiblichen Erscheinung.

114   I. Theil. I. Abschn. 1. Cap. Die Natur des Menschen.

1. Es handelt sich hier nicht um eine eingehende Darstellung der Anthropologie und Psychologie; es genügt, an die hauptsächlichen für das Wesen und die Gestaltung des Rechtes bedeutungsvollen Erscheinungen, welche die menschliche Natur bietet, zu erinnern. Die Psychologie als Wissenschaft liegt noch durchaus im Streite der Meinungen, und weniger als auf irgend einem anderen Gebiete giebt es hier fest ausgeprägte und sicher nach allen Seiten hin bestimmte Lehren, die den Grundstock einer herrschenden Ueberzeugung zu bilden vermöchten. Als diejenigen Werke, die relativ den meisten Aufschluss gewähren, mögen genannt werden: Aristoteles, Ueber die Seele; Hegel, Encyclopädie § 387—482 (Ww. VII, 2), und an ihn sich anschliessend K. Rosenkranz, Psychologie (3. Aufl. 1863); vorzüglich aber W. Volkmann Ritter v. Volkmar, Lehrbuch der Psychologie (2. Aufl. 1875. 2 Bde.), welcher mit grosser Ausführlichkeit und einsichtiger Kritik über die verschiedenen psychologischen Theorien berichtet, selbst aber auf dem Boden der Herbartischen Lehre steht. Die neueren Ansichten, wie sie sich zumeist auf die Fortschritte der physiologischen Kenntnisse zu begründen suchen, spiegelt am treuesten wieder das durch Sorgfalt und besonnenes Urtheil gleich ausgezeichnete Werk von W. Wundt, Physiologische Psychologie. 2. Aufl. II Bde. 1880. Wir legen es hier natürlich nicht auf einen Abriss der Wissenschaft von der Seele an, noch auf eine genetische Erklärung der Erscheinungen des Seelenlebens, sondern allein auf eine Zusammenstellung der wichtigsten Thatsachen und ihre Anordnung in dem Zusammenhange, der uns der natürlichste scheint. Am wenigsten kümmert uns die physiologische Vermittlung der seelischen Vorgänge; denn mit dem Physiologischen hat es das Recht nicht weiter zu thun als mit jedem äusseren Ding und jedem äusseren Vorgang. Was man herkömmlich als Psychologie abhandelt, ist keine eigentliche Wissenschaft für sich, sondern ein Conglomerat aus Abschnitten, die theils zur Zoologie, theils zur Aesthetik, zur Logik oder zur Ethik gehören. Im Zusammenhange unserer Betrachtungen wird ein solches Conglomerat gerechtfertigt erscheinen, in welchem die Lehre vom Willen die Hauptsache, das Uebrige Substruction ist.

2. Die wesentliche Grundlage des Rechtes ist, dass der Mensch und seine Lebensäusserungen sich als ein sinnlich wahrnehmbares Object der äusseren Welt darbieten, räumlich im bestimmten Augenblick an einen bestimmten Ort gebunden und nur durch einen vermittelten Process der Bewegung an einen andern Ort übertragbar, in die Grenzen eines bestimmten Zeitablaufs gebannt und in allen äusseren Qualitäten so

§ 5. Die leibliche Natur des Menschen.

determinirt, dass ein sicheres Wiedererkennen des bestimmten Individuums mit objectiver Gewissheit für andere möglich ist. Wo durch ein besonderes Naturspiel oder im regelmässigen Lauf der Dinge die Aehnlichkeit der Gestalt die sichere Erkennbarkeit der individuellen Person beeinträchtigt, wie jenes bei Erwachsenen vorkommt, dieses im frühesten Kindesalter der Fall ist, da erwachsen auch für das Recht besondere und schwer zu lösende Schwierigkeiten. Mit seiner längsten Dauer in bestimmte zeitliche Grenzen eingeschlossen, bietet der Verlauf eines Menschenlebens das Schauspiel einer nach bestimmten Normen sich vollziehenden continuirlichen Veränderung, in der sich verschiedene Hauptstufen, die Lebensalter, wenn auch immerhin mit fliessenden Grenzen unterscheiden lassen. Die grosse Verschiedenheit der Lebensdauer, die lange Dauer des zeugungsfähigen Alters bewirken, dass Menschen der verschiedensten Altersstufen gleichzeitig leben, ohne dass doch der Unterschied auf einander folgender Generationen dadurch verwischt würde. In regelmässiger Weise gehen durch Vererbung die Eigenschaften der Zeugenden auf die Nachkommen über, doch so, dass neben der Gleichheit auch entschiedene Abweichung hervortritt, und in der Reihe der Generationen erscheint eine Aehnlichkeit der leiblichen Anlage, welche sie alle zu einer verhältnissmässigen Einheit zusammenhält und den Unterschied von anders gearteten Menschen zu einem schon äusserlich wahrnehmbaren macht.

3. Als äusserlich existirendes Ding steht der menschliche Leib im Verkehr mit der Aussenwelt, auf sie wirkend und von ihr Einwirkungen empfangend. Seine Lebensprocesse verweisen den Menschen nach seiner äusseren Existenz in die Verwandtschaft der Thiere; er ist selbst das höchst organisirte Thier und steht, wo nur an die Erhaltung und Pflege des physischen Lebens gedacht wird, mit den Thieren in einer Reihe, wenn auch an der Spitze dieser Reihe. Der Mensch bedarf, um physisch zu existiren, der äusseren Dinge: Luft, Wasser, Nahrungsmittel; er bedarf der Wärme und des Lichtes. In mancher Beziehung ist die natürliche Ausstattung des Menschen eine dürftigere als die ihm näher stehender Thiere. Seine Nacktheit bedingt das Bedürfnis künstlicher Wohnungsanlage und künstlicher Bedeckung und Bekleidung; die Kärglichkeit der von dem menschlichen Kinde mitgebrachten Instincte, die lange Dauer seiner hilflosen Kindheit machen eine langwierige und angestrengte Pflege des menschlichen Kindes durch Erwachsene erforderlich. In ähnlicher Weise macht dann wieder hohes Alter den Menschen zu unabhängigem Dasein unfähig. Die stark ausgesprochene

116 I. Theil. I. Abschn. 1. Cap. Die Natur des Menschen.

Differenz der leiblichen Organisation zwischen dem **männlichen** und **weiblichen Geschlecht** bewirkt eine ebenso
starke Differenz in der gesammten Lebensthätigkeit der beiden
Geschlechter, die, von der Natur gegeben, durch keine künstliche Veranstaltung ausgeglichen werden kann und auch für
das gesammte Rechtssystem von entscheidender Bedeutung ist.

4. Durch seine ganze körperliche Anlage ist der Mensch ein
Heerdenthier und auf das gemeinschaftliche Leben mit seinesgleichen angewiesen, um nur überhaupt existiren zu können.
Seine körperliche Kraft ist verhältnismässig gering, angeborene
Waffen zu seiner Vertheidigung besitzt er gar nicht; das un-
abweisbare Bedürfnis des Schlafes macht ihn fast die Hälfte
seiner Lebenszeit völlig unfähig sich zu schützen. Der zarte
Bau seines Leibes steigert mehr, als es bei anderen Thieren
der Fall ist, die Angreifbarkeit für Krankheiten, zwingt zu sorg-
fältiger Auswahl und zu künstlicher Bereitung der Nahrungsmittel. Der Geschlechtsprocess nimmt bei ihm andere Formen
an als bei dem Thiere. Er ist nicht an bestimmte Jahreszeiten
gebunden; die Auswahl des Individuums von anderem Geschlechte tritt beim Menschen bestimmter hervor. Wie viel
von alle dem ursprüngliche Anlage der menschlichen Gattung,
wie viel allmählich erworben ist, kann hier nicht weiter in
Betracht kommen. Genug dass wir den Menschen, wo er
uns in der Vergangenheit oder Gegenwart begegnet, überall
in dieser Weise schon bestimmt vorfinden. Mit dieser so bestimmten Natur des Menschen hat es das Recht zu thun.

§ 6.
Die seelische Natur des Menschen.

In dem Verkehr mit der Aussenwelt erfährt der Mensch
unausgesetzt Reize, die, zunächst auf seinen Leib geübt, zu
Bestimmtheiten seiner Seele werden als **Empfindungen**.
Die unmittelbare Einheit des leiblichen und seelischen Daseins offenbart sich in der Zurückstrahlung der Empfindung
durch den leiblichen Ausdruck derselben, die **Geberde**.
Der einmalige Reiz und die durch ihn ausgelöste Wirkungs-
form der Seele, die Empfindung und die Geberde, gehen nicht
verloren, wenn sie vorüber sind, sondern erhalten sich in bestimmten Spuren als das Eigenthum des leiblich-seelischen
Wesens. Gleichartiges und Verschiedenes einigt und sondert
sich zu bestimmten Gruppen, und es bildet sich ein seelisches

Gedächtnis in der Form der **Gewöhnung**, welche, die Schärfe des Reizes abstumpfend, die Bahn der Gegenwirkung erleichternd, die Empfindungsweise der Seele gegenüber den ihr von aussen kommenden Reizen für immer in eigenthümlicher Weise bestimmt und durch Uebung den Leib in die Gewalt der Seele bringt. Gewöhnung schafft Bestimmtheit der Empfindung und Fertigkeit der Bewegung. In der Wechselwirkung von Leib und Seele setzen sich die Bedürfnisse der Selbsterhaltung zu **Trieben** um, vermöge deren das lebendige Wesen auf den durch die Empfindung vermittelten Reiz bestimmte Gegenwirkungen übt. Auf der Gewöhnung in ihrer Verbindung mit **Sympathie** und **Nachahmung** beruht alle **Erziehung** und **Disciplin**, alle Sitte und dauernde Gleichförmigkeit in der Gemeinschaft der lebenden Wesen.

1. Die Empfindung ist die erste und niedrigste Stufe der Verinnerlichung, die sich überall da findet, wo Leben ist, und mindestens beim Thiere uns in ebenso leichter Wahrnehmbarkeit entgegentritt, wie beim Menschen. In dem Gegensatze von Leib und Seele, als dem Gegensatze von Aeusserem und Innerem, und zwar in dem steten Auseinandertreten und Ineinssetzen dieser beiden Entgegengesetzten, besteht das Leben. Für die Seele ist der Leib die unmittelbar gegebene Aussenwelt; vermittelst des Leibes erst wird sie zu einer umfassenderen Welt draussen in Beziehung gesetzt. Die Veränderungen der leiblichen Zustände, indem theils die Theile des Leibes auf einander wirken, theils die äussere Welt auf den Leib wirkt, werden **empfunden**, sofern sie zugleich Veränderungen des seelischen Zustandes bilden. Seele heisst nichts Anderes als Innerlichkeit, und zwar diese in ihrer Beziehung auf den Leib, der ihre Aeusserlichkeit ist. Die Innerlichkeit des Menschen, so sehr sie sein Wesen ausmacht, bliebe doch verborgen und unwahrnehmbar ohne den Leib; alles Leibliche aber bliebe ohne die Seele ein blosser äusserer Vorgang. Als das Wesen hat die Seele am Leibe ihre Erscheinung, als der Zweck hat sie an ihm ihr Organ. Wir sprechen schon bei den Pflanzen und in der unorganischen Natur nicht von einer Seele, weil die Verinnerlichung äusserer Zustände uns hier nicht in unmittelbarer Deutlichkeit entgegentritt. Der Mensch aber ist offenbar beseelter Leib und verleiblichte Seele wie das Thier; deshalb erscheinen bei ihm alle leiblichen Affectionen als Empfindungen, die zugleich, je nachdem sie den Lebensprocess hemmen oder fördern, dem empfindenden Wesen selbst als angenehm oder unangenehm

sich darstellen und die Seele zu bestimmten Rückwirkungen auf den Leib und durch den Leib auf die Aussenwelt erregen.

2. Wie die veränderlichen Zustände des Leibes in der Seele als Empfindungen erscheinen, so erscheinen die Empfindungen der Seele wieder im Leibe in der Form leiblicher Veränderungen. Die Empfindung, sofern sie angenehm oder unangenehm ist, geht unmittelbar über in die leibliche Bewegung des Aneignens oder Abwehrens und erscheint so als Trieb, als Richtung von innen nach aussen, wie die Empfindung die Richtung von aussen nach innen ist. Aber auch nach ihrem reinen Inhalt, d. h. abgesehen von ihrer Beziehung auf die Selbsterhaltung des empfindenden Wesens, wird die Empfindung unmittelbar in einen leiblichen Zustand übersetzt, der sich zu ihr verhält, wie alles Aeussere sich zum Inneren verhält, symbolisirend, und in dieser Form offenbarend, darstellend. Die Bewegung überhaupt, sofern sie als Darstellung des Inhalts der Empfindung oder als Aeusserung ihrer Beziehung zum Lebensprocess, unmittelbare Rückwirkung der Empfindung auf die leibliche Aeusserlichkeit ist, heisst Geberde. Als Geberde wird die Empfindung äusserlich, ein Moment der Aussenwelt, ein wahrnehmbarer Vorgang; die Geberde wirkt deshalb wieder auf die Empfindung zurück, und wie die Empfindung die Geberde, so vermag die Geberde die Empfindung hervorzurufen. Die bleibende Gestalt ist eine festgewordene Geberde, ein Spiegel der Seele; die vorübergehende Bewegung ist ein Spiegel der vorübergehenden Empfindung.

3. Die Seele bleibt durch die erfahrene Affection des Leibes, auf welche sie in der Form der Empfindung und der Geberde geantwortet hat, dauernd bestimmt, und die wiederkehrende gleiche Affection findet eine veränderte Seele vor. Die Seele ist eben kein Ding, sondern ein continuirlicher Vorgang, ein individualisirtes Geschehen, und das individualisirende Moment sind die Affectionen des Leibes. Die Seele wird gegen diese Affectionen abgestumpft, indem dieselben keine Veränderung mehr in dem Zustande der Seele hervorbringen, weil dieser Zustand schon durch jene Affectionen bestimmt worden ist. Die Wiederholung der gleichen Affection erzeugt einen bleibenden Besitz, eine mit der Häufigkeit der Wiederholung wachsende Kraft, die aus dem Gleichgewichte zu bringen immer stärkere Affectionen erforderlich werden. Dieser bleibende Inhalt der Seele ist ihre fest gewordene Eigenthümlichkeit, und zwar in der doppelten Form als stehender innerer Habitus den Affectionen gegenüber und als stehender äusserer Habitus der Verleiblichung. Beides wird

zusammengefasst unter dem Namen der **Gewohnheit**. Die gewohnte Empfindung drückt sich aus in der gewohnten Geberde, und so wird der Leib in allen seinen Formen und Bewegungen, Miene, Gang, Haltung, Handschrift symbolische Darstellung der seelischen Innerlichkeit. Der Weg von der Seele zum Leibe wird immer kürzer und sicherer, der Leib ein immer gefügigeres Werkzeug, und während das Verhältnis seine Unmittelbarkeit beibehält, werden die Beziehungen zwischen Seele und Leib immer reichhaltiger und verschlungener.

4. Mit der Empfindung ist der Mensch aufs innigste in das gesammte Naturleben und in das Leben der Wesen von seiner Art verwachsen. Die die Empfindung anderer Wesen offenbarende Geberde wird zunächst als äusserer Vorgang empfunden, aber in Folge der erlangten Gewöhnung als stehender Ausdruck des Innern hingenommen. Die fremde Geberde wirkt in Folge dessen wie die eigene Geberde auf die Empfindung zurück und erzeugt **Sympathie** mit der fremden Empfindung, indem diese vermittelst der Geberde zur eigenen Empfindung wird. Die Rückwirkung der Empfindung auf die Geberde ergiebt die mit der Sympathie in nächster Verwandtschaft stehende **Nachahmung**. Sympathie und Nachahmung binden die Menschen zusammen und erlangen eine bestimmende Macht für die Gewöhnung.

5. Alle Bestimmtheit menschlicher Individualität und in Folge dessen alle menschlichen Verhältnisse beruhen auf der Gewohnheit als dem Grundzuge des menschlichen Wesens. Durch seine besondere Gewöhnung ist jeder was er ist, hat jeder seine besondere Aussenwelt und seine besonderen Beziehungen zu sich selbst wie zu anderen Wesen. Unser Leib wie unsere Seele und vermittelst ihrer die Welt ist das Erzeugnis unserer Angewöhnung. Die Gewohnheit aber erzeugt sich im Wechselverkehr mit Menschen und Dingen. Jede seelische Affection und Wirkungsweise ist gleich das erste Mal der Anfang eines Lernens und Uebens. In Folge der Sympathie und Nachahmung lernt jeder von allen, wird jeder durch alle anderen in bestimmter Richtung geübt. Die fest gewordene Gewöhnung bildet dann die eigentliche, wahre Natur des Menschen, nicht bloss eine zweite, nur hinzukommende Natur. Denn die erste Natur, die der Gewohnheit vorausgeht, ist noch erst eine blosse Anlage und Bestimmbarkeit, aus der alles Mögliche werden kann; erst die Gewöhnung bildet die wirkliche individuell bestimmte Natur. Darum kann man nun auch den Menschen, auf seine Triebe sich stützend, nach freier Absicht zu dem machen, wozu man ihn haben will, indem man seinem Lernen und seiner Uebung,

seinem Empfinden und seiner Geberde, seiner Abhärtung und
seiner Fertigkeit eine bestimmte Richtung giebt. So wird
der Mensch nach Leib und Seele das Product seiner Umgebung, und ist er einmal etwas Bestimmtes geworden, so
kann er nicht mehr beliebig etwas Anderes werden. Man
kann auf ihn zählen, mit ihm rechnen; die Art, wie er empfinden und auf Empfindungen reagiren wird, lässt sich vor-
aussehen und auf solcher Voraussicht eine bestimmte Ordnung
begründen.

§ 7.
Das menschliche Bewusstsein.

Indem in der Wechselbeziehung von Leib und Seele der
Mensch sich zu voller individueller Bestimmtheit gewöhnt,
erreicht er eine neue höhere Stufe der Verinnerlichung, und
wie der Leib in der Seele, so wird die leiblich-seelische Individualität verinnerlicht in der Form des Bewusstseins.
Das Bewusstsein ist Selbstempfindung, nicht mehr der
einzelnen Affection, sondern der individuellen Bestimmtheit
überhaupt, und in einem zugleich ein Sichfesthalten und ein
Sichunterscheiden von Anderem, theils von der einzelnen
Affection, theils von allem Aeusseren. Das Bewusstsein trägt
deshalb den Gegensatz zu dem, was das Wesen nicht ist, nothwendig in sich. Indem es Bewusstsein des Wesens von sich
selbst ist, ist es zugleich Bewusstsein von dem, was das Wesen
nicht ist, ausschliessendes Bewusstsein, das sich
vermittelst seiner Triebe im Kampfe gegen das Andere befindet. Aber indem es zugleich im Anderen sich seiner bewusst wird, ist das Selbstbewusstsein der Act, des Anderen
in unmittelbarer Einheit mit dem eigenen Selbst bewusst zu
bleiben, das Selbst im Anderen zu haben und damit individuell sich zu empfinden nur, indem es sich zugleich als Allgemeines empfindet: inhaltvolles Bewusstsein.

1. Das lebendige Wesen wird individuell bestimmt, indem Leib und Seele sich gewöhnen, jedes von beiden für sich
seine Gewohnheiten annimmt, und beide an einander, die so
bestimmte Seele an den so bestimmten Leib, der Leib an die
Seele, sich gewöhnen. Das so bestimmte einheitliche Wesen
ist nicht völlig fest geworden, sondern so lange es lebt bildet

§ 7. Das menschliche Bewusstsein.

es sich durch immer neue Gewöhnung um; aber eben deshalb ist der jedesmalige feste Niederschlag der bisherigen Lebensprocesse für das Wesen selbst, das über diese Bestimmtheit zugleich in jedem Augenblicke hinaus ist, ein Aeusseres, und die Seele als das Princip der Innerlichkeit verinnerlicht die bestimmte Individualität, wie sie im gegebenen Momente ist, nicht mehr bloss im Gegensatze des Innern zur einzelnen äusseren Affection, sondern im Gegensatze der Innerlichkeit überhaupt zu der befestigten Form des leiblich-seelischen Einzeldaseins. Die Innerlichkeit auf dieser Stufe wird nicht mehr Seele, sondern Bewusstsein genannt. Bewusstsein ist noch nicht Wissen, ist noch blosses Empfinden, aber ein Empfinden von höherer Art, von grösserer Bestimmtheit, und deshalb dem Wissen näher: Selbstempfindung, die das Empfundene nicht mehr nach aussen verlegt, sondern es ausdrücklich allem Aeusseren entgegensetzt. Bewusstsein ist daher allgemeines Attribut alles Lebendigen. Man spricht es wol mit aller Sicherheit den Pflanzen wie der unorganischen Natur ab, mit geringerer Sicherheit den Thieren, wenigstens den höher organisirten. Indessen liegt darin eine Ueberspannung des Begriffes des Bewusstseins. Von den anderen Wesen zu schweigen, wird man den Thieren jedenfalls Bewusstsein zugestehen müssen: dem Menschen eignet nur ein Bewusstsein von höherer Entwicklung, grösserer Klarheit, und zwar in Folge der unendlich reichhaltigeren Gewöhnung theils seines Leibes, theils seiner Seele. Erst innerhalb des Gebietes des Bewusstseins tritt die volle Scheidung des Menschlichen von allem Thierischen ein.

2. Menschliches Bewusstsein ist ein Bewusstsein, welches sich im Lebensprocesse zu immer grösserer Klarheit entwickelt, und diese Klarheit erreicht es durch die Unterscheidung des Selbst von allem, was nicht das Selbst ist. Das Wesen, sofern es seiner bewusst ist, verinnerlicht in jedem Augenblicke die bis dahin erreichte Bestimmtheit als den Niederschlag eines individuell gearteten Lebensprocesses, indem es zugleich die Continuität des sich stetig verändernden Wesens festhält und dieses einheitliche Wesen in seinem Gegensatze zu der stetigen Veränderung und jedesmaligen Bestimmtheit empfindet. Darin hat nun das Bewusstsein das Wesen inne als die allgemeine Form der Beziehung auf sich, der Selbstempfindung, der Innerlichkeit schlechthin, und zugleich als dieses so bestimmte und von allen anderen unterschiedene Wesen. Damit treten am Bewusstsein die beiden Seiten hervor des reinen Selbstbewusstseins der Ichheit überhaupt und des bestimmten Selbstbewusstseins, der Individualität, und zwar diese beiden zugleich in ihrer

Zwiespältigkeit und unmittelbaren Einheit. Das in dieser Zwiespältigkeit seines Selbstbewustseins sich in seiner continuirlichen Einheit empfindende Wesen heisst eine **Person**. In dem Selbstbewusstsein, welches die Persönlichkeit ausmacht, liegt also die Empfindung eines dreifachen Gegensatzes: erstens des Gegensatzes des continuirlich mit sich identischen Wesens und seiner jedesmaligen fest gewordenen Bestimmtheit; zweitens des Gegensatzes des Wesens zu seinen einzelnen sich stets erneuernden Affectionen und zu der gesammten Aeusserlichkeit; drittens des Gegensatzes der allgemeinen Form der Ichheit und der bestimmten Individualität.

3. Es ist dem Wesen, welches Person ist, eingeboren, dass es sich zugleich als Persönlichkeit überhaupt und als Individuum empfindet. Durch die allgemeine Form der Persönlichkeit empfindet es sich als gleichartig mit allem was gleichfalls Person ist; durch seine Individualität empfindet es sich im Gegensatze zu allen Personen von verschiedenartiger Bestimmtheit. Aber auch seiner Individualität wird es sich nicht in durchaus vereinzelnder Weise bewusst. Wie es selber das Product seiner Gewöhnung und damit seiner Umgebung ist, so sieht es die Wirkung der im wesentlichen gleichen Umgebung in der im wesentlichen gleichen Gewöhnung und Bestimmtheit anderer Individuen und hat seine Selbstempfindung an anderen seinesgleichen. Die Individualität selber ist deshalb ausschliessend nur nach der einen Richtung hin. Jede Person empfindet ihr eigenthümlich geartetes Selbst nur als in einem Kreise gleichartiger Personen stehend, und zieht damit diese ebenso wie die umgebende Welt, die die eigene Welt dieses Individuums und aller mit ihm gleichartigen Individuen ausmacht, unmittelbar in das eigene Selbst hinein. Das unmittelbare Bewusstsein, das die Person von sich hat, bindet daher dieselbe an engere und weitere Kreise von Personen, an eine Gesammtheit äusserer Dinge und Verhältnisse, ausserhalb deren es zu seiner Selbstempfindung nicht zu gelangen vermag. Die Selbstempfindung ausschliessender Individualität und der Gebundenheit an eine gleichartige Masse gehen so in dem inhaltsvollen Bewusstsein, das die Person von sich hat, in eine Einheit zusammen.

§ 8.

Der Mensch als geistiges Wesen.

Durch den allgemeingültigen Gehalt seiner Persönlichkeit ist der Mensch ein geistiges Wesen. Geist ist voll-

§ 8. Der Mensch als geistiges Wesen.

kommene Innerlichkeit, die in dem ihm gegenüberstehenden Aeusseren sich selber wiederfindet. Die erste und unmittelbarste Form der Einheit von Innerem und Aeusserem, mit der das Leben des Geistes anhebt, ist das Gefühl. Der Empfindung verwandt, aber von dem Bewusstsein und damit von der Persönlichkeit angeeignet und durchdrungen, ist das Gefühl nicht mehr bloss natürlicher Art, ein leiblich-seelischer, sondern ein geistiger Process. Der Mensch als geistiges Wesen eignet sich neben der Fülle der auf ihn einstürmenden Empfindungen die eine an, in die er nun sein ganzes Selbst legt; weiter aber löst er im Acte der Aufmerksamkeit von seinem bleibenden Wesen diese einzelne Bestimmtheit ab, ohne dass doch diese aufhörte, von ihm als seine Bestimmtheit empfunden zu werden. So wird ihm seine innere Bestimmtheit zu der Anschauung eines Aeusseren, eines Objectes, mit dem Charakter der Allgemeingültigkeit. In dem Acte der Aufmerksamkeit und dem Resultate desselben, der Anschauung, erweist sich das Gefühl als die gemeinsame Quelle der beiden hauptsächlichen Formen der geistigen Thätigkeiten: des theoretischen und des praktischen Verhaltens des Geistes, die beide schon im Gefühl enthalten sind, aber zuerst noch im Keime, in dem Zustande der Ungeschiedenheit schlummernd.

1. Ueber Seele und Bewusstsein hinaus liegt erst der eigentliche unterscheidende Charakter des Menschen, in seinem geistigen Wesen, und dieses erst hebt den Menschen völlig aus allem Naturdasein heraus. Geist ist zu Seele und Bewusstsein die dritte und höchste Stufe der Verinnerlichung. Wie die Seele sich zum Leibe, das Bewusstsein sich zur seelisch-leiblichen Individualität verhält, so verhält sich der Geist zum Bewusstsein. Das Bewusstsein ist Verinnerlichung der Individualität, Geist ist Verinnerlichung des Bewusstseins. Das Bewusstsein ist noch an die Anregung durch das Aeussere gebunden, ausschliessend, mit dem Gegensatze behaftet; der Geist ist vom Aeusseren frei, indem er das Aeussere schlechthin zu dem Seinigen macht und den Gegensatz der Natur, wie er sie in sich und ausser sich hat, überwindet. Das Bewusstsein ist individuell, der Geist ist allgemeingültig; die reine Ichheit, nicht mehr als gespannt gegen die Selbstempfindung der Individualität, sondern in allgemeingültiger Form in der Einzelheit sich selbst erfassend, ist der Geist:

Geist ist also Bewusstsein des Bewusstseins, das Bewusstsein der Person als in ein höheres Bewusstsein aufgenommen, welches allen Inhalt als den seinigen empfindet und keinen Inhalt von sich ausschliesst. Als Geist ist die Person nicht etwas Fertiges und Abgeschlossenes, sondern eine stetige Thätigkeit, das Aeussere in sich hineinzuziehen und zu überwinden. Alles Andere ist dem Menschen gegeben, Erzeugnis seiner Naturbestimmtheit. Dass er Geist ist, ist seine eigene That; der Geist erhält sich nur durch die unablässige Thätigkeit, sich selbst zu setzen. Es ist durchaus nicht wahr, dass der Mensch als bewusste Person nothwendig auch schon geistig sei. Zum geistigen Wesen muss er sich vielmehr erst machen, und thatsächlich bleiben die meisten Menschen in den ersten Ansätzen dazu stecken. Geistigkeit ist nur in der Freiheit, und die Freiheit nur im Acte der Selbstbefreiung. Der Mensch, sofern er sich in die Sphäre des Geistes zu erheben vermag, heisst S u b j e c t; das Aeussere, womit es das Subject zu thun hat, ist sein Object, und dieses Object ist nicht mehr ein anderes als das Subject, sondern dieses selbst in einer seiner Bestimmungen. Geist ist die reine Thätigkeit des Subjects, sich in seinem Objecte auf sich selbst zu beziehen.

2. Der Geist entwickelt sich aus der Natürlichkeit heraus. Diese ist das Unmittelbare und Gegebene, der Geist das sich daraus Erzeugende. Die Natürlichkeit ist zufällig und rein thatsächlich, das Geistige ist allgemeingültig und nothwendig. Insofern nennen wir den Grundcharakter des Geistes die V e r n u n f t; denn Vernunft drückt nichts Anderes aus als eben diese Allgemeingültigkeit und Nothwendigkeit. Da der Geist das sich durch seine freie That erzeugende Wesen ist, so hat er die Natürlichkeit zwar an sich als ein ihm Gegebenes, Fremdes, das aber in dieser Fremdheit nicht verbleiben kann, sofern es zur Geistigkeit kommen soll. Darum hat das Subject, das nicht mehr blosses Bewusstsein ist, sondern beginnender Geist, das Gegebene nicht mehr in der Form der Empfindung, sondern in der des G e f ü h l s. Im Gefühle ist das Subject mit dem, was seine Bestimmtheit ausmacht, in unmittelbarer Einheit; das Subject hat den Inhalt, der das Gefühl ausmacht, als seinen eigenen, in sein Wesen hinein verflochtenen. In dem Gefühl schlummert noch alles in unklarer, ungesonderter Einheit; das Selbstgefühl wie das Gefühl eines einzelnen Inhaltes ist noch ohne bestimmte Gestalt, versenkt in die unmittelbare und unerschlossene Ganzheit des Wesens; jeder weitere Fortgang ist ein Act der Sonderung und Scheidung, der Klärung dieses ursprünglichen chaotischen Schwebens und Webens; aber diese ursprüngliche

§ 8. Der Mensch als geistiges Wesen.

Form macht so sehr das Wesen des Geistes überhaupt aus, dass alle Sonderung zum schliesslichen Resultate wieder die Rücknahme jedes besonderen Inhalts in die Einheitlichkeit dieser Grundform hat. Zwischen der ursprünglichen Ungeschiedenheit, der eintretenden Sonderung und der Rückkehr in das einheitliche Wesen vollzieht sich alle Bewegung des Geistes. Ihr Ausgangspunkt ist das Gefühl und ihr Endpunkt ist das Gefühl, die Differenz der Richtungen liegt in der Mitte. Als Geschmack, als Tact, als zum Wesen gewordene Fertigkeit, als intellectuelle Anschauung kehrt aller besondere Inhalt wieder in den einheitlichen Grund des Geistes zurück.

3. Die im Gefühle unmittelbar gegebene Beziehung jedes Inhalts auf die Ganzheit des Wesens stellt sich dar als der Zustand der Lust und des Schmerzes, als Bejahung und Verneinung, Förderung und Hemmung des Wesens, und damit als der erste Anfang eines positiven oder negativen Interesses des geistigen Wesens an seinem jedesmaligen Inhalt. Dieses Interesse ist die Quelle des **praktischen Verhaltens** des Geistes, und die erste Aeusserung dieses praktischen Verhaltens ist die **Aufmerksamkeit**. In der Unendlichkeit der Bestimmungen, die der Geist jedesmal als Inhalt in sich findet, wendet er sich dieser einzelnen Bestimmung zu, um sie sich anzueignen, weil sie eben jetzt die nächste positive oder negative Beziehung auf sein Selbstgefühl hat. Dieser jedesmalige durch die Aufmerksamkeit hervorgehobene Inhalt wird nun zum eigenen Wesen des Geistes, ihm bleibend angeeignet; der Inhalt hört damit auf, nur gegeben zu sein; er wird des Geistes eigene That. Das geistige Wesen ist in seiner Bestimmtheit das Product seiner Attention. Worauf der Geist nicht attendirt hat, das ist für ihn nicht. Durch sein auswählendes Attendiren, welches wiederum von dem im Gesammtgefühle des Subjectes herrschenden Interesse abhängt, erzeugt sich das Subject seine Welt, die soweit allgemeingültig ist, als das Subject die blosse Natürlichkeit in sich überwunden hat und zur Geistigkeit vorgedrungen ist.

4. Das Aufmerken des Geistes auf einen bestimmten vorgefundenen Inhalt ist aber zugleich der Anfang des **theoretischen Verhaltens** des Geistes. In seiner Attention empfindet der Geist nicht mehr bloss, sondern er **nimmt wahr**, und diese Wahrnehmung **hat** er nicht bloss, sondern er **macht** eine Wahrnehmung. Der Geist nimmt sich selber wahr nach seinem bleibenden Wesen und zugleich nach seiner vorübergehenden Bestimmtheit; er nimmt sein Bewusstsein und seine Persönlichkeit und jeden Inhalt wahr, auf den er attendirt, und erst durch dieses Wahrnehmen seiner selbst

und dessen, was als Inhalt in ihm ist, wird er zum wahrhaften Subject. So hat er als Subject sich selbst zu seinem Object, und in der Fülle seines Inhalts ergreift er den unerschöpflichen Reichthum seiner Objecte. Sofern er den Inhalt als das Gegebene in sich vorfindet, wird ihm derselbe zu einem Aeusseren, Materiellen, in Raum und Zeit Zerstreuten, von dem er sich unterscheidet; aber auch in diesem Aeusseren findet er sich selbst wieder. Denn das Aeussere, das er selber gesetzt hat, trägt die allgemeingültigen und nothwendigen Formen seiner Vernünftigkeit an sich. Durch seine Attention erschafft sich der Geist eine Aussenwelt und eine Innenwelt, und in beiden gelangt er zu seinem Selbstgefühle, indem er sich zugleich vom Anderen unterscheidet und im Anderen wiederfindet. Dieses erste Heraustreten aus der unaufgeschlossenen Einheit seines Gefühles, womit der Geist eine Welt von Objecten sich durch sondernde Thätigkeit erzeugt, heisst Anschauung. Das Wahrgenommene, welches in der Empfindung gesetzt, ins Bewusstsein erhoben, im Gefühl angeeignet, durch die Aufmerksamkeit herausgehoben war, wird von dem fühlenden Subject aus sich herausgesetzt zu einem äusseren Object, welches nun nicht mehr dem einzelnen Individuum, dem besonderen Bewusstsein der Person eigen ist, sondern allgemeingültig der Wahrnehmung des als geistiges Wesen bestimmten Subjects als solchen angehört. Die Anschauung ist aber nur erst ein Anfang des Sich-objectivirens des Geistes. Sie ist einheitlich, unmittelbar, ungegliedert; sie enthält ein Ganzes auf einen Schlag. Ihr Reichthum besteht in der implicirten Fülle des Einzelnen, das man in ihr erfassen kann; ihre Armuth in der Ungeschiedenheit dieser Fülle, in welcher noch nichts Einzelnes wirklich erfasst worden ist. Das Object als bloss angeschautes theilt noch die Unklarheit und Unbestimmtheit des Gefühles, aus dem es stammt. Der weitere Fortgang erst ist die wachsende Herrschaft des Geistes über sein Object vermittelst der Sonderung und Klärung, durch welche der Geist das Object immer freier und sicherer nach sich gestaltet.

§ 9.
Die Vorstellung.

Das durch die Anschauung gewonnene Object ist Eigenthum des Geistes, seine bleibende Bestimmtheit geworden, nicht als einzelnes schlechthin, sondern im Zusammenhange mit allem anderen Inhalte des Geistes. In dem Lebensprocesse

§. 9. Die Vorstellung.

des Subjectes lösen die Anschauungen einander ab; aber der Geist, so sehr er jedesmal seiner gegenwärtigen Bestimmtheit hingegeben ist, verleugnet doch seine Vergangenheit nicht. In der vergleichenden und unterscheidenden Beziehung der Anschauungen auf einander werden die einzelnen Merkmale hervorgehoben und als selbständige Bestimmtheiten angeschaut; so geht die Anschauung in die Vorstellung über. Durch seine Attention auf seine Vergangenheit bildet sich das Subject eine Gewöhnung seines Vorstellens, jedes in eigenthümlicher Weise; die gewohnten Vorstellungen rufen sich, vom Subjecte unbeherrscht, gegenseitig hervor in der Form der Association. Sie werden unter der Herrschaft des Geistes über die Gewöhnung zu unmittelbarer Gegenwärtigkeit wiedererweckt, oder wo die Attention sich ihnen nicht zuwendet, schlummern sie ungerufen als blosse Möglichkeiten im Abgrunde des Geistes. Darauf beruht das Sicherinnern und Vergessen, die ganze complicirte Erscheinung des Gedächtnisses. In productiver Phantasiethätigkeit erzeugt der Geist aus dem unerschöpflichen Schatze seiner disparaten Vorstellungen neue Anschauungen, die in symbolischer Bedeutsamkeit seine freie Selbstbestimmung wiederspiegeln. Noch vollere Macht über seine Vorstellungen gewinnt das Subject, indem es dieselben theils an die eigene Natur gewisser Anschauungen anknüpft, theils willkürlich mit bestimmten Anschauungen verbindet, die es als feststehende Symbole oder als Zeichen für feststehende Vorstellungen verwendet. In der durch die Bezeichnung, zumeist durch Sprache und Schrift, ermöglichten Fixirung der Vorstellung für das Subject selbst und Mittheilung an alle anderen Subjecte vollzieht die Durchbildung der Vorstellung zur Allgemeingültigkeit hin einen weiteren bedeutungsvollen Schritt.

1. Die Erscheinungen, welche im Wechselverkehr des Leibes und der Seele, in Empfindung, Geberde und Gewöhnung hervortreten, wiederholen sich auf höherer Stufe in der Sphäre des geistigen Lebens. Auch das Subject hat seine Gewöhnung und wird durch sie individualisirt; ursprünglich abhängig von der Bestimmtheit, die es in sich vorfindet, ist seine Entwicklung der Process, auf dem Grunde seiner Ge-

wöhnung selbstthätig in den allgemeingültigen Formen des geistigen Lebens sich von der vorgefundenen Bestimmtheit unabhängig zu machen und seinen Gebilden den Charakter der allgemeingültigen Vernünftigkeit mehr und mehr aufzuprägen. Die leiblich-seelische Individualität und die bewusste Persönlichkeit ist die Basis, auf der das Geistige sich erhebt; aus dem Gegebenen, der ihm vorausgesetzten Natürlichkeit hat sich das Subject herauszuarbeiten. Zunächst auf dem Wege des theoretischen Verhaltens. Fühlend und anschauend beginnt der Geist erst die Natürlichkeit ins Allgemeingültige zu erheben. Aber in dem Anfang liegt auch schon die Gewähr des weiteren Fortganges. In der Anschauung hat der Geist sich sein Object erzeugt; diese Anschauung und somit das Object bleibt ihm fortan in allem zeitlichen Verlauf als das seinige; jede folgende Anschauung geht von dem durch die frühere Anschauung schon bestimmten Geiste aus. Das Leben des Subjectes ist ein continuirliches Geschehen und Thun, dessen disparate Elemente durch die sich gleichbleibende Natur des Geistes verbunden bleiben. Daher in allem Unterschiede die Gleichheit und in aller Succession die Einheit. Jede folgende Anschauung ist bestimmt durch alle schon gebildeten. Der Geist bemächtigt sich seiner Gegenwart nicht anders als in der Vergleichung und Unterscheidung derselben von seiner Vergangenheit. So wird die volle und runde Anschauung aufgelöst in ihre einzelnen Berührungspunkte mit anderen Anschauungen, in ihre Merkmale. Diese neue potenzirte Anschauungsbildung, die an den Anschauungen die Merkmale objectivirt, wie aus den Gefühlen heraus die Anschauung objectivirt wurde, ist die eigentliche Vorstellungsbildung.

2. Die Anschauung geht nicht in der Vorstellung unter; das Object bleibt vielmehr als angeschautes dem Geiste eigen. Zu diesem Objecte tritt nun vielmehr in der Vorstellung ein anderes von höherem Range hinzu; der höhere Rang liegt darin, dass die Vorstellung in höherem Maasse Product freier Selbstthätigkeit ist. Die Anschauung kann wiederholt werden, wofern sie sich nicht von selber wiederholt. Denn indem der Geist seine Gefühlsbestimmtheit als angeschautes Object gesetzt hat, vermag er nicht allein die schon gebildete Anschauung überhaupt bei sich erneuernder gleicher Gefühlsbestimmtheit in der Recognition als die seinige wiederzuerkennen, sondern auch die Bedingungen, unter denen er diese Bestimmtheit erfahren hat, zu wiederholen und so die Anschauung, die er gebildet hat, mit der erneuerten Gefühlsbestimmtheit zu vergleichen. Darum ist das Beobachten und Experimentiren die vom Geiste unabtrennbare Form seiner Thätigkeit, durch die er sich seiner Objecte bemächtigt. Gegen die

Fülle von Merkmalen, die sich an dem Objecte bei erneuerter Attention wahrnehmen lassen, ist jede im Geiste vorhandene Anschauung verhältnismässig inhaltsleer und rein schematisch; aber in der Anschauung ist dafür auch noch keine einzelne Bestimmtheit negirt, es ist der Raum für alle offen gelassen. Indem nun der Geist aus dieser schlechthin unendlichen Anzahl aller an dem Objecte wahrnehmbaren Bestimmtheiten die einzelne Bestimmtheit durch seine Attention hervorhebt, verkürzt er wohl den Reichthum des Inhalts; aber eben daraus erwächst ihm ein neuer Reichthum. Das bloss Zufällige und Unwesentliche bleibt liegen, das Allgemeingültige und Wesentliche tritt hervor. Je mehr der Mensch sich zu geistigem Wesen erhebt, desto mehr heftet sich seine Attention an das Wesentliche, desto mehr trägt die Welt seiner Objecte, die Gesammtheit seiner geistigen Gebilde, allgemeingültigen Charakter. Die Schemen der Anschauung haben von der chaotischen Empfindung schon das Verwirrende der blossen unendlichen Einzelheit abgethan; die Vorstellung führt die Anschauung noch mehr auf das für die Einheit und Continuität des geistigen Lebens Entscheidende zurück, noch tiefer in das Wesen hinein. Die Welt der Objecte, insofern sie vorgestellte Objecte sind, ist eine Welt geistiger Wesenheiten von reinerem Charakter als alle Anschauung.

3. Der Geist macht sich seine Vorstellungen zurecht auf Grund der vorgefundenen Anschauungen, die wieder von den vorgefundenen Gefühlsbestimmtheiten abhängig sind. Seine weitere Entwicklung geht dahin, dass er Herr seiner Vorstellungen werde. Von vorn herein besitzt er diese Herrschaft nicht; er muss sie erst selbstthätig erringen. Den Durchgangspunkt zu dieser Herrschaft hin bildet die Gewöhnung des Geistes an seine Vorstellungen. Auch die Vorstellungen, die das Subject gebildet hat, werden zu einer bleibenden Bestimmtheit des Geistes, und hier kann man wirklich von einer zweiten Natur sprechen, von einer erneueten Gebundenheit des Geistes durch seine schon vollzogenen Bildungen, aus der er sich erst wieder aufs neue zu befreien hat. Seine Vorstellungen tauchen in ihm auf und versinken. Die Eigenthümlichkeit des Subjects als die ihm gegebene und vorhandene macht dabei das Unterscheidende aus; das Gemeinsame liegt in der allgemeingültigen Verknüpfbarkeit der Vorstellungen nach ihren Merkmalen, und alle Merkmale dienen in gleicher Weise, um Vorstellung an Vorstellung anzureihen. Aber jenes Eigenthümliche ist in der Vorstellungsassociation so sehr das Entscheidende, dass sie, weil das Subject darin durch seine Natur und seine gegenwärtige Stimmung gebunden ist, regellos und gesetzlos sich vollzieht, gewissermaassen hinter

dem Rücken des Subjects, das für dieses Spiel seiner Vorstellungen nur den Schauplatz abgiebt.

4. Die Gewöhnung des Geistes ergiebt einen Zustand des Hingegebenseins an seine Naturbestimmtheit, der mit dem ursprünglichen Zustande des Gefühles eine nahe Verwandtschaft hat und wie dieser die Selbstthätigkeit der Attention hervorruft, nicht versenkt zu bleiben in die chaotische Masse der Vorstellungen, sondern sich zu determiniren und die eine Vorstellung vor den anderen zur Gegenwärtigkeit zu erwecken. Zu Grunde liegt das Interesse des Subjects an seinen Vorstellungen, und dieses Interesse beruht auf dem Zusammenhange der Vorstellung mit dem geistigen Lebensprocesse des Subjects. Diese Erhebung der Vorstellung zur Gegenwärtigkeit in der Anknüpfung an die unmittelbar gegenwärtige Bestimmtheit des Geistes ist die Erinnerung. Durch die Erinnerung erhält die Vorstellung erneuerte Kraft, und diese Kraft wächst mit der Wiederholung des Actes der Erinnerung; sie wird zum Minimum herabgesetzt, wo die Erinnerung unterbleibt, und dann ist die Vorstellung zwar immer noch im Besitze des Geistes, aber als eine vergessene, nicht ohne die Möglichkeit, wieder erinnert zu werden, aber mit gradweiser Verminderung dieser Möglichkeit. Das Phänomen des Fortbestehens der Vorstellungen als bleibender Bestimmtheiten des geistigen Wesens mit den verschiedenen Graden der Erinnerungsmöglichkeit macht das Gedächtnis aus.

5. Die Attention ist die bildende Macht des Gedächtnisses. In der Form des Gedächtnisses hat das Subject seine Vorstellungen zu freiem Besitze in seine Verfügung bekommen und schaltet nun mit denselben nach seinen inneren Antrieben. Die Vorstellungen werden durch Erinnerung reproducirt, aber nicht mehr durchaus in dem durch die früheren Acte gesetzten Zusammenhange, sondern in freier Thätigkeit, so dass die Vorstellungen als Material dienen für eine durch Zusammensetzung und Ausscheidung ihnen zu ertheilende Form. Dieses Verhalten des Geistes ist die productive Phantasie, jene glückliche Mitte des Geistes, wo Gebundenheit und Freiheit, Natürlichkeit und Geistigkeit in voller Harmonie sich gegenseitig durchdringen. Hier wirkt der Geist aus seiner einheitlichen Grundanlage heraus in dem vorhandenen Material von Vorstellungen, das er auf Grund seiner Naturbestimmtheit gebildet und in seinen vollkommenen Besitz gebracht hat. Diese Vorstellungen sind noch im engsten Zusammenhange mit der Anschauung, mit der Selbstentäusserung des Geistes; aber zugleich sind sie ein Spiegel des Bewusstseins, das der Geist von sich hat und das er seinen Objecten einprägt. In der Phantasie vollendet sich dieser Charakter der Vorstellung.

§ 9. Die Vorstellung.

Der Zug zur Personification, zur Verwandlung alles Vorganges in ein Thun und Leiden nach Menschenart, wie er in der Vorstellung von vorn herein liegt, kommt hier zu reinem Ausdruck. In der Anschauunng versinnlicht der Geist sein Inneres; diese Versinnlichung haftet noch aller Vorstellung an. In der Phantasie wird eben diese Versinnlichung zum Mittel, das Geistige nicht bloss nach einer seiner Bestimmtheiten, sondern nach seiner Ganzheit auszudrücken. Sinnliches und Geistiges gehen hier in einander auf, Inhalt und Form vermählen und durchdringen sich. Das Sinnliche wird unmittelbar als Ausdruck des Geistigen ergriffen, das Geistige ins Sinnliche übersetzt; alle Thätigkeit der Phantasie ist symbolisirend. Auf dieser Macht, im Sinnlichen das Symbol des Geistes zu schauen, beruht die ganze ursprüngliche Geistesentwicklung in den Mythen, Formen und Bräuchen, Sitten und Meinungen, im Spiel und Schmuck, vor allem in der schönen Kunst. Der Geist spielt mit seinen Vorstellungen, sie nach seiner inneren Anlage frei verwendend, um sich in einer ihm angemessenen Aeusserlichkeit sein freies Abbild zu schaffen, ohne sich doch von seiner Naturbasis völlig abzulösen.

6. Die so gewonnene Macht über seine Gebilde benutzt der Geist weiter, um die Erzeugnisse seiner versinnlichenden Thätigkeit zu Trägern seiner höheren Thätigkeiten zu erheben. Zunächst wird eine Vorstellung an eine bestimmte Anschauung symbolisirend so angeknüpft, dass von dem Objecte alles abgestreift wird, ausser dem einen Merkmale, das der Geist ausschliesslich festhält, und dass das Object als Symbol nicht bloss sich selbst, sondern zugleich dieses ausschliessliche Merkmal bedeutet, d. h. die Vorstellung dieses Merkmals zur Gegenwärtigkeit wachruft. Das Object wird damit als es selbst wahrgenommen, aber als etwas von ihm selbst Verschiedenes verstanden, wobei aber ein ihm anhaftendes Merkmal die Bedeutung bestimmt. Weiterhin aber wird das Band zwischen dem Object und der Bedeutung, die es hat, immer lockerer, die Symbolik immer mehr zu einem willkürlichen Ausdeuten; der Geist macht sich in seinem Bestreben, bestimmte Vorstellungen an bestimmte Objecte zu knüpfen, um sie frei vergegenwärtigen zu können, von den durch unmittelbare Anschauung gegebenen, einen Gefühlsinhalt versinnlichenden Objecten immer unabhängiger. Dabei wird dann nicht mehr das wahrgenommene Merkmal des gegebenen Objects nur frei benutzt, sondern das Object selbst ist freies Erzeugnis des Geistes, und ebenso wird dem Object eine Bedeutung durch geistige That frei beigelegt. Das Object wird damit mehr und mehr zum blossen Zeichen und in beliebiger Steigerung zum Zeichen des Zeichens, zum Zeichen des Zeichens für

ein Zeichen und so fort ins völlig Schrankenlose. Die
Zeichen schliessen sich zum Systeme zusammen, indem die
äussere Aehnlichkeit zwischen den Zeichen selbst wieder das
Zeichen wird für die inneren Beziehungen der Vorstellungen,
so dass den Gruppen innerlich verwandter Vorstellungen
Gruppen ähnlich gestalteter Zeichen entsprechen. Damit
vollendet sich die Verinnerlichung der Welt des Geistes.
Auch das Zeichensetzen ist versinnlichende Thätigkeit; aber
die Objecte, welche Zeichen sind, gelten dem Geiste nicht
mehr als Aeusseres, sondern bedeuten ihm sein eigenes Inneres,
seine Vorstellung. Durch die productive Phantasie wird die
ursprünglich äussere Welt der versinnlichenden Anschauung
in eine Metapher für das innere Leben des Geistes umgewandelt; durch die zeichensetzende Thätigkeit des Geistes
wird die ursprünglich innere Welt der Vorstellungen durch
eine vom Geiste selbst geschaffene Welt von angeschauten
Objecten ausgedrückt. Indem der Geist seine Vorstellungen
bezeichnet, giebt er ihnen völlige Objectivität und Wahrnehmbarkeit, macht er sich sein eigenes Thun gegenständlich
und die Welt seiner inneren Gebilde zu einem für alle geistigen
Wesen wahrnehmbaren Objecte. Damit zieht sich der Geist
aus der bloss gegebenen Aeusserlichkeit zurück; die Aeusserlichkeit, die ihn nun beschäftigt, ist vielmehr sein eigenes
Product und blosser Träger seiner Innerlichkeit; diese objective Welt der Zeichen bedeutet nichts für sich, sie ist vollkommen wesenlos, soweit nicht der Geist in ihr ein Mittel
für seine Vorstellungsthätigkeit findet. Das Zeichen ist damit die Voraussetzung für alle höheren Formen der Bethätigung
des Geistes. Erst indem es das Aeussere schafft oder sich
aneignet, das es als Zeichen benutzen will, ist das Subject
wahrhaft geistiger Art. In der Sprache, der Schrift liegt die
Wurzel des geistigen Wesens. Auf dem hörbaren und sichtbaren Zeichen beruht die geistige Gemeinschaft der Menschen;
in der Mittheilung des innerlich Gebildeten erlangt dieses
selbst seine Allgemeingültigkeit, und die geistigen Gebilde
übertragen sich in der Reihe der Generationen von einer zur
anderen als bleibender Besitz der Menschheit. Das System
von Zeichen, in das Gedächtnis der Menschen aufgenommen,
bestimmt fortan alle weiteren geistigen Processe. Die Uebung
im Gebrauche der Zeichen wird die eigentliche geistige Gewöhnung, der Stil der Bezeichnung ist die geistige Geberde;
die im Gebrauche der Zeichen erlangte Fertigkeit ist das
Maass für die Herrschaft des Geistes über seinen Besitz. Das
Zeichen in Wort, Sprache, äusserer Geberde gestattet ein
bleibendes Dasein jedes geistigen Actes in dem allgemeinen
und allgemeingültigen Gedächtnis.

§ 10.
Der Verstand.

Die Thätigkeit des Geistes, nach den ihm einwohnenden Formen seine Vorstellungen unter Anknüpfung an die sprachliche Bezeichnung auf einander zu beziehen und durch einander zu bestimmen, heisst Denken im engeren Sinne, und der Geist als denkender heisst Verstand. Das Denken bewegt sich in Vorstellungen, die in der Bestimmtheit, die sie durch die sprachliche Bezeichnung erhalten, den Charakter von Begriffen tragen. Die Begriffe werden durch das Denken determinirt im Urtheile. Den Schatz von gebildeten Urtheilen, der als gewonnener Inhalt den Reichthum des Geistes ausmacht, führt der Geist in der Thätigkeit des Schliessens auf die Einheit systematischer Erkenntnis zurück, in welcher er sich aller Objectivität als der seinigen bemächtigt und die Harmonie zwischen seinen inneren Gebilden und dem Wesen des Gegebenen durch die Nothwendigkeit des Denkens beweist, welche auch die Nothwendigkeit des Seins ist. Von Einzelerkenntnissen zu systematischer Wissenschaft, von Gesetzen zur bedingenden Einheit für die Gruppen von Gesetzen und endlich zum einheitlichen Grunde alles Seins aufsteigend, erfasst der denkende Geist in seinen Gedanken geschichtlich fortschreitend die Wahrheit des Seins in allgemeingültiger Form und erhebt sich auf die Stufe theoretischer Vernunft.

1. Durch die Anknüpfung an das Zeichen wird die Vorstellung nicht bloss mittheilbar; sie erfährt dadurch auch innerlich eine Veränderung, die das Wesen betrifft, und tritt zum Leben des Geistes selber in eine veränderte Beziehung. Indem der Geist in der Vielheit der Anschauungen, die er sich bildet, seine innere Einheit wahrt und nach Gleichheit und Verschiedenheit seine Anschauungen aufeinander bezieht, erzeugt er aus dem Einzelnen das Allgemeine. Dieses Allgemeine, an das dem Geiste geläufige und mit Fertigkeit verwandte Zeichen angeknüpft, hat fortan ein selbständiges Dasein, eine Objectivität dem Geiste gegenüber, und der Geist ist daran gebunden als an eine feste Bestimmtheit, die den Niederschlag seines Bildens ausmacht. In dieser dem Geiste gegenüber selbständigen Bestimmtheit, in welcher die Vor-

stellung als etwas Objectives existirt, wird die Vorstellung zum Begriffe. Fortan ist das Leben des Geistes die Thätigkeit, dieser Begriffe vollkommen Herr zu werden, indem er seine eigene Einheit in der steten Beziehung zwischen den Begriffen erweist, die er in sich hegt, und in dieser Thätigkeit der Beziehung der Begriffe auf einander bewährt sich der Geist als denkender Geist. Denken wird zwar auch alles theoretische Verhalten des Geistes genannt, alles Anschauen und Vorstellen; aber das begriffliche Denken erweist sich als das Ziel, auf welches das theoretische Verhalten hinausläuft und mit dem es abschliesst. Begriffliches Denken ist deshalb mit Recht allein erst eigentliches Denken zu nennen.

2. Seine Begriffe hat der Geist als von ihm selbst zwar unterschiedene, aber nach seiner Art und Natur gestaltete. Was in der ursprünglichen Objectivität, wie sie durch Wahrnehmung und Anschauung hervorgebracht war, Aeusserliches und Sinnliches vorhanden war, ist in dieser höheren Objectivität des Begriffes abgestreift. Sofern die Welt unter der Form des Begriffes im Denken erfasst wird, trägt die Welt des Geistes eigene Form, und das ist die unmittelbare Selbstgewissheit des Geistes, dass er an der Form des Begriffes die Wahrheit hat, dass er die an sich seiende Welt in seinen Begriffen nach der ihr selber innewohnenden Wahrheit erfasst. Was der Geist ursprünglich als Object sich gegenüberstellte, die äusseren Dinge mit ihrem gegen die Innerlichkeit des Geistes fremdartigen Charakter, das erweist sich darin als ein blosser Schein, den der Geist nach der ihm anhaftenden Natürlichkeit sich nothwendig erzeugt; erst wenn die Aeusserlichkeit des Dinges abgethan ist, im Begriffe, erreicht die Objectivität ihre wahre Form. Denkend also befreit sich der Geist von seiner Natürlichkeit, um in seinen Objecten sich selbst zu haben. Da ist das äusserlich Gegebene, die unmittelbare Bestimmtheit des Geistes, die leiblich-seelische Empfindung, wie sie sich vermittelst des Bewusstseins als Gefühl reflectirt, beseitigt; die eigenen eingeborenen Formen des Geistes, die Kategorien, die aller Möglichkeit einer Erfahrung vorausliegen, machen das Wesen aller seiner einzelnen Begriffe aus und bauen ihm seine Welt. Sie tragen den Rest einer Versinnlichung an sich in ihrer Anknüpfung an das sprachliche Zeichen und sind insofern selber noch eine Art von wahrnehmbaren Objecten. Aber diese Versinnlichung gilt nicht mehr für sich, sondern nur durch ihre Bedeutung, durch das, was jeder Denkende darunter versteht. Der Geist als denkender setzt das versinnlichende Zeichen nur noch, um sich desto sicherer und energischer aus

§ 10. Der Verstand.

solcher Aeusserlichkeit in sich selbst zurückzuziehen, sich seiner Begriffe um so vollkommener zu bemächtigen und mit ihnen um so fertiger umzugehen.

2. Der Geist bemächtigt sich seiner Begriffe, indem er sie im Urtheil verbindet, um einen durch den andern zu determiniren. Den Process des Urtheilens im einzelnen darzustellen, ist nicht dieses Ortes. Es genügt zu bemerken, dass das Denken als Befreiung des Geistes aus der Natürlichkeit mit der Bearbeitung der Wahrnehmung anhebt und im Urtheil die einzelne vorgefundene Thatsächlichkeit in den Begriff erhebt, indem er das Einzelne seiner Anschauung ausdrücklich unter die Formen der Kategorien einreiht; dass der Geist ferner in freier, von der Wahrnehmung unabhängiger Reflexion seine Begriffe reproducirend verbindet und in den Formen der Causalität bestimmt; dass endlich der einzelne Begriff in der Beziehung auf die Totalität des Geistes durch das Urtheil der Classification und Definition seine vollendete Bestimmtheit erhält. Der so völlig in die Herrschaft des Geistes gebrachte Begriff und das vermittelst strenger begrifflicher Kritik geläuterte Urtheil ermöglicht den Ausbau einer systematischen Erkenntnis in der Form des Schliessens. Aus Urtheilen werden Urtheile gewonnen, nicht mehr unter Anlehnung an die einzelne Thatsächlichkeit, sondern vermittelst der freien Selbstbesinnung des Geistes auf seinen inneren ursprünglichen und erworbenen Reichthum, auf die ursprünglichen Formen seiner Thätigkeit. Schliessend bewährt der Geist seine innere Einheit an aller Verschiedenheit des in ihm gegenwärtigen Materials von Einzelerkenntnissen und steigt von den Urtheilen zu Gesetzen, von particulären Wissenschaften zur einen Wissenschaft von den Absoluten empor. Die innere Nothwendigkeit seines eigenen Thuns verwendet er im Beweise als das Erkenntnismittel für alles Nothwendige, Allgemeingültige und Ewige in dem an sich seienden Wesen. Das Unmittelbare und Natürliche, was den Ausgangspunkt bildete im theoretischen Verhalten des Geistes, ist noch nicht die Wahrheit. Zur Wahrheit gelangt der Geist erst durch das Vermittelte, was ihm nicht gegeben, sondern durch ihn producirt ist, durch das Beweisbare und Apodiktische, was die Kraft der Ueberzeugung für alle hat, in allgemeingültigen Begriffen, Urtheilen und Schlüssen. So erhebt sich der Geist denkend aus der Natürlichkeit zur Vernünftigkeit, aus der Zufälligkeit zur Nothwendigkeit, vom Meinen zum Wissen, vom Irrthum zur Wahrheit. Diese Arbeit der Selbstbefreiung aber ist die geschichtliche Arbeit nicht des einzelnen Subjectes, sondern des menschlichen Geschlechtes, und das

einzelne Subject ist darin nur das Organ für die Subjectivität des Geistes überhaupt, um die Idee des Wahren zu realisiren.

§ 11.
Das Begehren.

Das praktische Verhalten des Geistes nimmt, wie das theoretische, seinen Ausgangspunkt an dem Gefühl, in welchem immer eine fördernde oder hemmende Beziehung auf den gesammten Lebensprocess des sich seiner selbst und seiner einzelnen Zustände bewussten Wesens enthalten ist, und das sich zum **Affecte** steigert, wo diese Beziehung eine hervorragende Kräftigkeit erlangt. Das Subject, indem es den Inhalt seines Gefühles als sein Object sich gegenüberstellt, hält dabei diese Beziehung auf seinen Lebensprocess fest, so dass das Interesse des Subjectes an seinem Objecte nunmehr über die Selbstständigkeit, die das Object dem Subjecte gegenüber hat, überwiegt. Diese Beziehung des Subjects auf sein Object beruht auf der Grundform des **Triebes**. Aber im Durchgange durch das Bewusstsein wird der Trieb, der als solcher noch der Stufe des leiblich-seelischen Wesens angehört, zur **Begierde** erhoben, die entsprechend dem Gefühle der Lust und Unlust sich in doppelter Richtung darstellt, als Suchen und Fliehen, eigentliches Begehren und Verabscheuen. Vom Wünschen und Sehnen bis zur Entschiedenheit der Leidenschaft durchläuft die Intensität der Begierde eine Reihe von Stufen. In dem Maasse als das Begehren an Intensität zunimmt, hört es auf, bloss innerlich zu sein, und setzt sich in die **Aeusserung** um, die das Charakteristische ist für das praktische Verhalten des Geistes. Das Begehren ist durchaus **egoistisch**; aber in der Entwicklung des geistigen Wesens wird immer mehr objectiver Inhalt in das eigene Selbst hineingezogen, und in der **Neigung** und **Liebe** erweitert sich die egoistische Begierde zum Begehren der Förderung dessen, was nicht das Subject selbst, aber als sein Object zu ihm selbst gehörig ist.

1. Des Geistes Wesen ist es, sich selbst zu setzen; darum ist der Geist seinem Wesen nach **Thätigkeit**, sein Ver-

halten praktisches Verhalten. Ohne die Thätigkeit des Geistes, sich selbst zu setzen, giebt es auch kein theoretisches Verhalten. Das auswählende Interesse der Attention ist selbst schon 'praktischer Art; in diesem Interesse aber liegt die Grundlage auch für alles Anschauen und Vorstellen. Es giebt kein Denken ohne Denkenwollen, freilich auch kein Wollen ohne Denken. Diese beiden Grundrichtungen im Verhalten des Geistes sind demnach zwar unterschieden, aber zugleich untrennbar mit einander verbunden. Im Gefühle, wie es aus dem Bewusstsein stammt, liegt die gemeinsame Wurzel des praktischen und des theoretischen Verhaltens insofern, als im Bewusstsein zugleich die Spannung zwischen dem, was die Person ist und was sie nicht ist, und zugleich die umfassende Einheit für beides liegt. Im Bewusstsein ist schon der Anfang der Entgegensetzung zwischen Subject und Object gegeben, der nachher im Gefühl sich darstellt als der Gegensatz des Subjects nach seinem bleibenden Wesen und nach seiner jedesmaligen Bestimmtheit. Die Aufmerksamkeit, die nichts Anderes ist, als das Interesse, das das Subject an sich in seiner Bestimmtheit hat, wird der Grund zur Bildung einer Anschauung, sofern das Subject seine Bestimmtheit sich als sein Object gegenüberstellt; sie wird der Grund zur Bildung des **Begehrens**, sofern das Subject in seiner Beziehung auf dieses sein angeschautes Object **sich selber festhält**. Dieser Unterschied bleibt auch weiterhin der Unterschied zwischen dem theoretischen und dem praktischen Verhalten des Geistes. Im Theoretischen hält das Subject sein Object fest und gleicht es fortschreitend seinem bleibenden Wesen an, es aus der Aeusserlichkeit der Versinnlichung in die Innerlichkeit der Vergeistigung übertragend; im Praktischen hält das Subject sich selber fest und gleicht sich in seiner gegebenen Bestimmtheit seinem ewigen Begriffe an, sich aus der Natürlichkeit zur Allgemeingültigkeit und vernünftigen Nothwendigkeit schrittweise erhebend. Das praktische Verhalten bindet also das Subject an das **vorgefundene Object**, an das wahrnehmbare Ding der sinnlichen Anschauung, und damit an die Wandelbarkeit der Erscheinung; aus der Sphäre der Vorstellung und des Begriffes wird das Subject im Praktischen immer wieder auf das sinnlich Einzelne als das Material seiner Thätigkeit zurückgeworfen. Daher die Unverwüstlichkeit des Sinnenscheins mitten in der zunehmenden Reife des erkennenden Geistes. Der Idealismus des theoretischen Geistes geht Hand in Hand mit dem Realismus des praktischen Geistes. Die sinnliche Einzelheit, die im Vorstellungsprocess mehr und mehr abgethan wird und schliesslich in die Allgemeinheit des

Begriffes einmündet, bleibt im Processe des Willens die Basis für alle geistige Thätigkeit, und was vom Standpunkte des Erkennens aus als blosser Schein des Sinnlichen sich darstellt, erweist sich im Handeln als das unabänderlich sich aufdrängende Medium der praktischen Selbstbildung des Geistes. **Alle Realität des Einzelnen ist praktischer Art.** Der theoretische Geist ist nicht die Totalität des Geistes und hat nicht die ganze Wahrheit; erst der Realismus des praktischen Geistes und der Idealismus des theoretischen Geistes zusammen erschliessen uns die volle Erkenntnis der subjectiven und der objectiven Welt. Der praktische Geist ist die Ergänzung des theoretischen, und erst wo der praktische Geist zu seinem Ziele gekommen ist, über alle endliche Bestimmtheit hinaus ganz Geist und reiner Geist zu sein, da erreicht der Geist seine Einheit, zu der er berufen ist. Da erst vereinigen sich Theoretisches und Praktisches in dem gleichen Ziele der Einheit des Subjectiven und des Objectiven; da ist das Object rein geistiger Art, und das Subject schlechthin objectiv, d. h. allgemeingültig geworden. Der Weg zu praktischer Freiheit erweist sich auch als der Weg zu theoretischer Wahrheit, und am Ende, wenn gleich nicht am Anfang, ist das **Gute** und das **Wahre** eins und dasselbe. Darum hat es auch seinen guten Sinn, von dem **Primate des praktischen Geistes** zu sprechen. Das Praktische ist das eigentliche Wesen des Geistes, weil der Geist ganz und gar That, nicht Process ist; das Theoretische ist nur eine Art der Bethätigung des Geistes, dem Praktischen im engeren Sinne nebengeordnet, während beide aus dem Praktischen im weiteren Sinne fliessen, welches der Geist selbst ist. Aber auch die nebengeordneten Glieder, das Theoretische und das Praktische im engeren Sinne, durchdringen sich wechselseitig. Das Ziel des praktischen Geistes ist das Ziel des Geistes überhaupt; in der **Freiheit** liegt der Sinn alles Daseins, sowol des geistigen, als des nicht-geistigen, beschlossen.

2. Schon in der leiblich-seelischen Daseinsform des Wesens ist der Gegensatz des Theoretischen und Praktischen angelegt als **Empfindung** und **Trieb**. Die Empfindung ist Bestimmtheit der Seele als erste Verinnerlichung der leiblichen Bestimmtheit; der Trieb schlägt die umgekehrte Richtung ein von der Bestimmtheit der Seele zur Verleiblichung. Das äusserliche organische Bedürfnis wird in der Seele empfunden und als Trieb von der Seele aus zu leiblicher Bewegung umgesetzt. Das lebendige Wesen hat Triebe, sofern der Lebensprocess zur Selbsterhaltung des Wesens leibliche Bewegungen erfordert; die Triebe sind aber nicht ursprünglich

§ 11. Das Begehren.

leibliche Bewegungen, sondern gehen von der Seele als der ideellen Einheit und Innerlichkeit des Leibes aus, die die leiblichen Zustände in ihrer zeitlichen Continuität als innere Zustände wiederspiegelt. Die Triebe sind somit den Geberden nahe verwandt; aber die Geberde drückt den momentanen Zustand aus, der Trieb die Einheit und zeitliche Continuität im zeitlichen Wechsel der Zustände. Eben deshalb bleibt die Geberde auf den räumlichen Umfang des Leibes beschränkt, der Trieb setzt eine veränderte Beziehung zu äusseren Dingen, welche in der immer wechselnden Empfindung gegeben sind. Die Triebe liegen dem Bewusstsein voraus und gehen als solche nicht durch das Bewusstsein hindurch. Erst indem im Bewusstsein das Wesen sich selbst als Einheit zugleich mit seiner jedesmaligen Bestimmtheit erfasst, wird auch der Trieb als das Gegebene von dem Bewusstsein mitempfunden, und das bewusste Interesse an sich und seinem Zustande wird dann zum Gefühle. Durch die im geistigen Wesen erwachende Attention auf die Einzelheit, die seine Bestimmtheit ausmacht, wandelt sich dann der Trieb in die Begierde um. Erst das geistige Wesen begehrt. Das Begehren ist ein Anschauen seiner selbst in der einzelnen Bestimmtheit, wobei letztere nicht sowol aus dem Subjecte hinaus verlegt und versinnlicht wird, sondern das Subject auf Grund seiner gegenwärtigen Bestimmtheit sich selbst mit einer andern ergänzenden Bestimmtheit erfasst; denn im Gefühle enthält die gegenwärtige Bestimmtheit eine Hemmung oder Förderung des Lebensprocesses, und das Interesse an sich wird dadurch zu einem Interesse der Selbsterhaltung, am stärksten im Affect, dem Gefühle von hervorragender Intensität. Das Sich-Anschauen, welches Begehren heisst, ist also ein Sich-Objectiviren nicht nur in der gegenwärtigen Bestimmtheit, sondern auch in der zeitlichen Continuität der Zustände. Man begehrt, indem man sich in einem künftigen Zustande anschaut und an diesem künftigen Zustande ein Interesse hat. Die Grundform für das theoretische Anschauen ist der Raum, die Grundform für das praktische Anschauen ist die Zeit.

3. Das Interesse an dem eigenen künftigen Zustande ist zunächst ein blosses Wünschen und Sehnen, das der theoretischen Anschauung noch ganz nahe steht. Hier ist schon ein Begehren, aber von geringster Intensität; die Kraft, mit welcher die Anschauung den Gesammtzustand des Wesens bestimmt, ist noch durch andere Kräfte niedergehalten. Bei zunehmender Kraft und Herrschaft wird aus dem Wünschen ein Streben, und das eingewöhnte und eingewurzelte Streben wird zum Hang. Nimmt das Begehren den ganzen Raum der Innerlichkeit ein, so dass es alle widerstrebende Kraft

zurückdrängt, so heisst es Leidenschaft. Die gleiche
Stufenleiter geht in negativer Richtung von dem Sorgen und
Scheuen durch das Abwehren und Fliehen zu leidenschaftlichem
Abscheu. In allem diesem Begehren ist der Trieb enthalten;
aber seine unmittelbare Umsetzung in leibliche Bewegung ist
durch die Macht des Bewusstseins unterbrochen, das mit anderem
Inhalte erfüllt und in eine Vielheit von Interessen zerspalten,
das Verhältnis der Unmittelbarkeit zu dem Leibe aufgehoben
hat. Die zunehmende Intensität des Begehrens aber ist auch
zunehmende Nöthigung des Subjects zur Aeusserung des Innern
in leiblicher Thätigkeit. Die praktische Selbstanschauung,
indem sie das Subject bei dem Objecte der Sinnlichkeit festhält, setzt auch die unmittelbare Beziehung des Subjects auf
seinen Leib, der für die theoretische Anschauung nur ein Object ist wie alle anderen. Je weiter sich die praktische Anschauung von der theoretischen loslöst, desto mehr setzt sie
sich in diejenige Bewegung des Leibes um, die gewissermaassen als äussere Geberde dem inneren Zustande entspricht,
und der Leib wird das Organ, der Knecht des begehrenden
Subjectes, um den mit Lust angeschauten Zustand des Selbstes
zum äusseren Objecte des Selbstgefühles zu machen, d. h. ihn
zu verwirklichen, dagegen den mit Unlust angeschauten
Zustand des Selbstes abzuwehren. Die Aeusserung des Begehrens in körperlichen Bewegungen ist so ein Produciren von
Dingen durch das natürliche, sinnliche Individuum, von welchem
eben diese Dinge dann wie alle anderen empfunden werden
als Bestandtheile der äusseren realen Welt. Oder vielmehr,
da die Dinge selbst unabänderlich als Correlat der sinnlichen
Empfindung gegeben sind, ist die praktische Aeusserung des
Begehrens ein Produciren von Formen an dem unabänderlich gegebenen Material.

4. Das Begehren des Subjects ist eine Erscheinungsform seines geistigen Wesens, aber doch nur ein erster Anfang des Geistes. Noch ist das Subject als begehrendes an
die gegebene Einzelheit seiner veränderlichen inneren Bestimmtheiten gebunden, und die Continuität seiner Zustände,
die das eigenthümliche Object seiner praktischen Selbstanschauung ausmacht, ist noch die des exclusiven Ich, das sich
in der Spannung gegen das Andere, gegen andere Ichs und
andere Dinge, befindet. Alles Begehren richtet sich auf einen
begehrten Zustand des Begehrenden und ist damit durchaus
egoistisch. Es kann schlechterdings nicht anders begehrt
werden als in der Form des Egoismus. Aber indem das Begehren sich auf einen bestimmten Zustand richtet, schliesst
es zugleich die Richtung auf ein Object ein, welches dem Subjecte nicht fremd, sondern in die Selbstanschauung des Wesens

mitaufgenommen ist. Die Leere der reinen Form der Subjectivität füllt sich aus durch die vom Subject unabtrennbare Beziehung auf sein Object, und wie das Selbstbewusstsein sich aus seiner Exclusivität erlöst durch die unmittelbar empfundene Gleichartigkeit der Anderen von gleicher Gewöhnung, die eine Folge ist aus der Gleichartigkeit des umgebenden Mittels, so setzt die Selbstanschauung die ebenso unmittelbare Beziehung des Subjectes auf andere Subjecte, auf deren Wohl und Lust, als die Bedingung des eigenen Wohles und der eigenen Lust, und ebenso eine Beziehung auf solches, was nicht eigentlich Subject ist, aber worauf das Subject sein Selbstgefühl überträgt und ohne welches es sein eigenes Wohl nicht anzuschauen im Stande ist. Durch solche Beziehung auf ein Object, an dessen Wohl das eigene Wohl des Subjectes in seiner Selbstanschauung geknüpft ist, wird das Begehren zur **Neigung**, und das praktische Streben nach dem eigenen Wohle wird zum Streben nach fremdem Wohle als eingeschlossen in den Egoismus der Förderung des eigenen Wesens. Die siegreiche Macht, mit welcher solche Neigung, wenn sie an Intensität wächst, das unmittelbare Streben für ausschliessendes eigenes Wohl niederhält, ist der Charakter der **Liebe**, und der Egoismus des Begehrens unter der Herrschaft der Liebe äussert sich als Hingebung, Aufopferung, Selbstverleugnung, in welcher das Selbst doch nur einen höheren und vermittelten Egoismus über den niederen und unmittelbaren Egoismus des ausschliessenden Ich triumphiren lässt. In der Liebe erweitert sich das Subject, indem es in sein egoistisches Begehren nicht bloss andere Subjecte, sondern überhaupt Objecte jeder Art aufnimmt; damit streift das Begehren seine Zufälligkeit und blosse Gegebenheit ab und wird allgemeingültig, sofern das in die Selbstanschauung aufgenommene Object den gleichen Werth nicht bloss für dieses bestimmte Object, sondern ganz allgemein für alle Subjecte wegen der blossen Form der Subjectivität zu erlangen vermag.

§ 12.
Das besonnene Wollen.

In der Form der Neigung und Liebe hat das Subject ein Object seines Begehrens gewonnen und dasselbe seinem Begehren selbstständig gegenübergestellt. Dadurch nimmt das praktische Verhalten eine vermittelte Form an, und zwischen das Begehren und sein Object schiebt sich die **Besinnung** ein.

Das Object wird zum gewollten **Zweck**, und die Aeusserung des Begehrens wird zur Verwirklichung des Zweckes auf dem durch Ueberlegung festgestellten vermittelten Wege. Weil der Zweck gewollt wird, werden die **Mittel** gewollt. Das Resultat der Besinnung auf die Mittel für den gewollten Zweck ist die **Absicht**, die Festsetzung des Begehrens in der durch die Absicht bestimmten Form ist die **Entschliessung**. Die Entschliessung, die Absicht zu verwirklichen in bestimmter Zeit und am bestimmten Ort, unter bestimmten Umständen und mit bestimmten Mitteln, ist der **Vorsatz**. Die innere Beschaffenheit des Subjects, sich Zwecke von bestimmter Art zu setzen, ist seine **Gesinnung**; die aus dem Zusammenwirken der äusseren Welt und der Gesinnung erfolgende jedesmalige Bestimmtheit des Gemüthes, sich diesen einzelnen bestimmten Zweck zu setzen, ist das **Motiv**; die innere Seite des Motives, die in der Gesinnung wurzelt, ist die **Triebfeder**; die bestimmten äusseren Umstände dagegen, unter denen bei dieser vorhandenen Gesinnung das bestimmte Motiv wirksam wird, bilden den **Beweggrund**. Die äusseren Umstände bieten dem Wollen einen **Anreiz**, eine **Versuchung**; durch seine Besinnung kann das Subject diesem Anreize widerstehen und je nach seiner Gesinnung unter den verschiedenen Anreizungen diejenige auswählen, der es nachzugeben sich entschliesst. Darin besteht die formelle **Freiheit der Willkür**. Die Aeusserung des Wollens, sofern sie der Absicht und dem Vorsatze entspricht, heisst eine **Handlung**; sofern aber Absicht und Vorsatz bei dem Erfolge nur mitbetheiligt, nicht ausschliesslich wirksam war, heisst sie eine **That** oder ein **Thatbestand**. Nur die Handlung wird dem Subjecte **zugerechnet**, nicht die That.

1. Die praktische Selbstanschauung des Begehrens ist die einfache Selbstliebe und Selbstbehauptung, in welcher sich das Subject von seinem Object noch nicht bestimmt sondert. Erst indem das Subject im Begehren ein bestimmtes äusseres Object in Neigung und Liebe umfasst, entsteht im Begehren die deutlich hervortretende Gedoppeltheit: das Begehren des eigenen Zustandes und das Begehren eines Zustandes des Objects, und diese beiden in engster Beziehung auf einander, so dass fremdes Wohl als Bedingung für das eigene Wohl angeschaut wird. Damit tritt das begehrende

Subject aus der blossen Subjectivität, der Richtung auf den eigenen Zustand, heraus und wendet seine praktische Anschauung dem Objecte zu, freilich zunächst keineswegs in der Form der Zuneigung oder Abneigung zu diesem Objecte um dieses selber willen, sondern in der Form, dass nun auf das Object attendirt wird allein in seiner Beziehung auf die Selbstbefriedigung des Subjects. Das Attendiren auf das Object in dieser Loslösung vom Subject ist das theoretische Element darin; das Object des Begehrens ist zugleich Object des Vorstellens. Andererseits ist die Beziehung des Objects auf die Selbstbefriedigung das praktische Element darin; das Object wird vom Begehren erfasst als das Mittel zum Zwecke. Zwischen beide Glieder also, die praktisch auf einander bezogen werden, tritt die theoretische Vermittelung der Besinnung ein als ein Vorstellen mit praktischer Bedeutung, das zugleich des Erfassen eines ursächlichen Zusammenhanges ist. Das Begehren auf Grund der Vorstellung von Objecten und ihren ursächlichen Zusammenhängen heisst Wille, und zwar zunächst besonnener Wille, sofern die Besinnung die Vermittelung bildet zwischen dem Begehren und der Verwirklichung des Begehrens. Die Vermittelung aber zwischen der Selbstbefriedigung als dem eigentlich Begehrten und dem Object als dem Mittel dazu, welche durch die Besinnung hergestellt wird, ergreift nun auch das Object selbst, welches Mittel ist. Wie das Object als Mittel der Selbstbefriedigung als dem Zwecke dient, so dienen diesem Objecte wieder andere Objecte, zu denen es sich selbst wieder verhält wie der Zweck zum Mittel, und so fort. Jedes Mittel ist selbst wieder ein partialer Zweck und wird durch andere Mittel verwirklicht. Dass nun dieses bestimmte Mittel auf diesen bestimmten Zweck bezogen wird, ist das Werk der Vorstellung, die sich darin als praktische Klugheit erweist. Der Wille ist in seiner Aeusserung gebunden an die in der Vorstellung gegebenen Objecte und Zusammenhänge der Objecte. Das also ist das Wesen des Willens, dass er auf Grund der durch die Vorstellung gesetzten ursächlichen Zusammenhänge ein Begehren des Zweckes ist und mittelbar ein Begehren der Mittel für diesen Zweck.

2. Das Gewollte, Bezweckte ist die **Selbstbefriedigung**. Sofern diese in der Vorstellung erfasst wird als abhängig von einem bestimmten Zustande der äusseren Welt oder eines einzelnen Objectes, heisst dieser Zustand selbst ein **Zweck**. Zweck ist also irgend ein **objectives Verhältnis** in seiner durch den Willen erfassten Beziehung auf das wollende Subject und dessen Selbstbefriedigung. Wille und Zweck gehören zusammen wie Richtung und Ziel; ohne

Zweck kein Wille, ohne Willen kein Zweck. Indem das Begehren sich auf einen Zweck besinnt, wird es zum Willen; aber eben darin besinnt es sich auch auf die Mittel zum Zweck. Sofern die Selbstbefriedigung der Zweck ist, ist das Mittel nicht der Zweck; das Mittel legt sich zwischen das Begehren und sein eigentliches Object, die Befriedigung, und bildet darum eine Hemmung des Begehrens. Alle Vermittelung ist deshalb unwillkommen; denn nicht das Mittel ist das Begehrte, sondern der Zweck. Der besonnene Wille will also das Nicht-Begehrte, das, worin keine Selbstbefriedigung enthalten ist. Er will Schmerz und Leid, Hemmung und Nachtheil, um dadurch zu der Selbstbefriedigung zu gelangen, die er begehrt. Die Aeusserung des Begehrens, die sich zunächst auf das Mittel bezieht, um erst durch dieses zum Zwecke zu gelangen, ist die Arbeit; die Arbeit ist deshalb als solche unerwünscht. Die Vermittelung durch Arbeit erfordert einen Aufwand von Kraft, eine Anstrengung, die an sich nicht begehrt ist, sondern sich zwischen das Subject und seine Befriedigung drängt. Die Arbeit ist dem Subjecte auferlegt durch die objectiven Zusammenhänge der Welt, die jedesmal als feste unabänderlich gegeben sind und erst durch die Arbeit verändert werden sollen. In der Anstrengung der Arbeit ist der Mensch unfrei, den äusseren Bedingungen unterworfen, ein Spielball der Nothwendigkeit. Durch solchen verhassten Zwang muss er sich jede Befriedigung erkaufen. Die Reihe der Vermittelungen zwischen Begehren und Befriedigung kann nicht aufgehoben, aber sie kann vermindert werden. Die Besinnung als praktische Klugheit dient dem Willen, indem sie den kürzesten Weg der Vermittelung erfindet, bei welcher der mindeste Aufwand von Kraft die möglichst hohe Befriedigung in kürzester Zeit herbeiführt. Die durch das Begehren veranlasste Vorstellungsthätigkeit ist praktische Ueberlegung, und das Resultat derselben die Absicht. Der durch Ueberlegung festgestellte, in die Vorstellung als deren Inhalt eingegangene kürzeste Weg der Vermittelung zum Ziele der Selbstbefriedigung macht das Wesen der Absicht aus.

3. Die bestimmt festgestellte Absicht wird für den Willen der Grund der Entschliessung. An der Entschliessung nehmen Vorstellung und Wille in gleicher Weise Theil. Der Weg der Vermittlung zwischen dem Begehren und dem Zweck ist in der Absicht theoretisch festgestellt; kommt nun das Praktische hinzu, die Feststellung des Begehrens sowol des Zweckes als der Mittel, so entschliesst sich der Wille. Die Entschliessung setzt nicht wie die Leidenschaft einen unmittelbaren Uebergang des Innern zur Aeusserung, sondern dieser

§ 12. Das besonnene Wollen.

Uebergang selbst ist hier durch die Vorstellung vermittelt. Zwischen der Entschliessung und der Ausführung kann lange Zeit vergehen. Der entschlossene Wille wartet seine Zeit ab, bis sein Beschluss ausführbar wird, bis die äusseren Umstände sich so gestaltet haben, dass der in der Absicht vorgestellte Zusammenhang der Ursachen und Wirkungen von dem vorgestellten Anfang an zum vorgestellten Ziele zu führen vermag. Die Entschliessung so angewandt auf einen bestimmten äusseren Zustand ist der Vorsatz. Dem Vorsatze liegt also eine Absicht zu Grunde, die schon zum Entschlusse geworden ist und nun in der gegebenen Constellation der Umstände das Material findet, um sich zu verwirklichen. Alle Entschliessung ist nur eventuell, erst der Vorsatz ist definitiv. Was nicht zum Beginn der Ausführung gekommen ist, ist auch kein Vorsatz gewesen; doch kann in der Arbeit der Ausführung der Vorsatz aufgegeben und durch einen andern Vorsatz verdrängt werden. Durch den gewöhnlichen Sprachgebrauch darf man sich allerdings dabei nicht irre machen lassen. Die Hölle ist nicht sowol mit guten Vorsätzen gepflastert, als vielmehr mit frommen Wünschen und redlichen Absichten.

4. Der Zweck, den sich ein Subject setzt, ist nicht etwas Vereinzeltes und dem Subjecte selbst Aeusserliches, sondern das, worin das Subject seine Befriedigung findet. Das Subject selbst und sein Wille ist continuirlich; im Wechsel der Zeiten und der Gefühlsbestimmtheiten bleibt doch das Subject mit seinem Willen wie mit seinem Bewusstsein dasselbe. Der Zweck als das, worin das Subject seine Befriedigung findet, zeugt für das bleibende Wesen des Subjects. Das Wesen des Subjects ist modificirbar, aber doch nur durch die Willensacte, die es selbst vollzogen hat. Der Willensact geht gerade so wie die Vorstellung nicht verloren, sondern bleibt in dem Geiste als eine dauernde und unvergängliche Bestimmtheit. Die Vielheit der Willensacte erzeugt eine Gewöhnung des bestimmten Wollens. Das bleibende Wesen des Subjects ruht auf seiner leiblich-seelischen Individualität; es ist modificirbar innerhalb der durch diese Individualität gezogenen Grenzen, und die Macht, welche die in der Anlage gegebenen Möglichkeiten zur bestimmten Wirklichkeit ergänzt, ist die Gewohnheit. Der jedesmalige Niederschlag der Gewohnheit ist die Gesinnung des Subjects, seine bleibende Beschaffenheit, aus welcher im Zusammenwirken mit den äusseren Umständen seine jedesmaligen Zwecke, seine Absichten, Entschliessungen und Vorsätze folgen. Die Gesinnung ist dem einzelnen Willensacte gegenüber das Allgemeine, das Wesen, der Grund. Der einzelne Willensact folgt daraus, indem in der Verflochtenheit des Subjects mit

der äusseren Welt die bestimmte Situation auf die bestimmte
Gesinnung trifft. In diesem Zusammenwirken bildet die Lage
der äusseren Umstände und die Art, wie sie vom Subjecte
vorgestellt wird, den Beweggrund, die auf Grund der im
Subjecte lebenden Gesinnung von demselben ergriffene Willensrichtung die Triebfeder. Beweggrund und Triebfeder
werden gewöhnlich beide als Motiv bezeichnet; wir werden
im folgenden das Wort Motiv für die Triebfeder, also im
engeren Sinne gebrauchen. Innerhalb derselben Gesinnung
ist eine Vielheit von Motiven möglich, entsprechend der Vielheit gegebener äusserer Umstände; die bestimmte Wirklichkeit
des einen Motivs ist das Ergebnis der beiden zusammenwirkenden Factoren, des Innern der Gesinnung und des
Aeusseren der bestimmten Situation.

5. Die äusseren Umstände, wie sie sich in der Vorstellung
spiegeln, erzeugen eine Mannichfaltigkeit des Begehrens. Das
Subject hat immer neue Bedürfnisse; seine Selbsterhaltung
gebietet, immer wieder andere Hemmnisse zu beseitigen, andere
Förderungsmittel zu suchen. So enthält die gegebene Aeusserlichkeit den Anreiz für das Subject, Motive von bestimmter
Art zu bilden. Auf diesen Anreiz antwortet das Subject
verschieden je nach seiner verschiedenen Gesinnung. Das
nächstliegende und allgemeinste Motiv ist das der sinnlichen
Lust. Hier ist das Subject noch versenkt in den Egoismus
seiner Individualität, und die Befriedigung, die es sucht, ist
nur die Befriedigung seiner sinnlichen Natur. Da aber diese
Natur ihm schlechthin gegeben ist, so ist das Subject, das
sinnliche Lust als Motiv seines Wollens setzt, im Zustande
der Unfreiheit, der Knechtschaft. Die Arbeit wird übernommen, nicht weil die Arbeit selbst Befriedigung gewährt,
sondern weil sie den unvermeidlichen Durchgang bildet für
den Genuss, der am Ende winkt, und der immer vereinzelt
und flüchtig bleibt. Indessen das Motiv der Lust führt das
Subject immer tiefer in den unversöhnbaren Zwiespalt mit
der äusseren Welt, welche das Streben nach Lust unausgesetzt
täuscht und dem Subjecte seine Unzulänglichkeit und Abhängigkeit immer aufs neue demonstrirt. Der Wille aber
strebt seinem Begriffe nach nach Unabhängigkeit; denn Wille
ist gar nichts Anderes als das Sichfesthalten des Subjects in
dem Wechsel seiner äusseren Bestimmtheiten. Darum ist es
eine höhere Stufe der Motivbildung, wenn der Wille seine
Befriedigung sucht nicht mehr in dem einzelnen Genuss, in
der sinnlichen Lust, welche flüchtig und verschwindend kommt
und geht, sondern in einem dauernden Zustande des Woles,
der allein durch eine vorhandene dauernde Ordnung der Dinge
ermöglicht wird. Das Wol ist nicht mehr bloss sinnliche

§ 12. Das besonnene Wollen.

Lust, nicht mehr bloss Lust des einzelnen Individuums und nicht mehr bloss vereinzelter Genuss desselben, sondern im Wole ist die geistige Natur mit eingeschlossen, und ebenso das Wol anderer Subjecte, und zwar gehört zum Wole dauernde Befriedigung. Das begehrende Ich hat hier nicht bloss sich in seiner Exclusivität, sondern auch andere Ichs zu seinem Objecte und erfasst sich nicht bloss nach seiner sinnlich-natürlichen Einzelheit, sondern nach seinem bleibenden und vielen gemeinsamen Wesen. Indem als Grundlage für das Wol eine dauernde Ordnung gewollt wird, erlangt diese für das Wollen einen höheren selbstständigen Werth, und das Einzelne in seiner dauernden Beziehung auf das Ganze erscheint als nützlich. Die Arbeit für das Nützliche gewährt einen Grad von unmittelbarer Befriedigung, die die Arbeit für die Lust nicht gewährt. In der dauernden Ordnung, die nicht bloss das Ziel der Arbeit, sondern in der Arbeit selbst als dem zweckmässigen Zusammenwirken vieler schon enthalten ist, findet der Wille sich in seinem Elemente, mit einer gewissen Unabhängigkeit von den äusseren Dingen ausgestattet. Dass aber dieses Bestimmte nützlich ist für das Wol, beruht auf dem objectiven Zusammenhange des Universums und seiner bleibenden Beziehung auf die geistige Anlage, die nicht mehr individuelle Zufälligkeit, sondern allgemeines Wesen aller Subjecte ist. So ist denn das Wollen des Nützlichen im Einklange mit dem Wesen der gegebenen Welt. Dennoch haftet aller Nützlichkeit die Zufälligkeit des Einzelnen an, ebensowol in Bezug auf die Objecte und ihre Qualitäten, als auf die Subjecte und ihre Individualität. Wegen dieses Charakters der Einzelheit, dem Allgemeinen gegenüber zufällig zu sein, kann immer das Nützliche auch schädlich und das Wol des Einen das Uebel des Anderen sein. Darum bleibt der Wille abhängig und unfrei auch noch da, wo er sich auf das Nützliche richtet, und die Arbeit für den Nutzen bleibt eine Arbeit im fremden Stoff, eine Knechtschaft unter die gegebene Einzelheit, die als ein Widerspruch zu der geistigen Natur des Willens um so tiefer empfunden wird, je tiefer der Geist eben in dieser Arbeit in seine Natur einkehrt. So ergiebt sich denn eine dritte und höchste Stufe der Motivbildung, indem der Wille über die individuelle Lust und das subjective Wol hinaus das objective Gute begehrt. Das Gute besteht nicht mehr in den einzelnen Gütern, welche nützlich sind für das Wol, welche einen bedingten und sich gegenseitig beschränkenden Werth haben, sondern darin, dass der Wille sich seine absolute Befriedigung zum Zwecke setzt, seine eigene Vollkommenheit, ganz das zu sein, was er seinem Begriffe nach ist, und darin

seine **Seligkeit** zu haben. Der **Wille**, der sich auf das
Gute richtet, setzt sich nicht mehr irgend welche particulare
Befriedigung vor, sondern seine Zwecke sind die allgemeingültigen, ewigen Zwecke des Willens, die unabhängig von
irgend welcher besonderen äusseren Lage sich aus der ewigen
Natur des Willens selber ergeben. Damit ist der Wille aus
seiner Natürlichkeit herausgetreten und hat sich auf die Stufe
der **praktischen Vernunft** erhoben, deren Charakter
ganz wie derjenige der theoretischen Vernunft die Allgemeingültigkeit und Nothwendigkeit des Wollens ist. In dieser
Erhebung über die Natürlichkeit und Gegebenheit, in der
Einkehr des Willens in seinen Begriff und in der Durchdringung des subjectiven Wollens mit der allgemeingültigen
praktischen Vernunft hat sich der Wille befreit. Der vernünftige Wille ist der **freie Wille**.

6. Die Gesinnung des Subjects als die dauernde Form,
in der es sich seine Zwecke setzt, wird charakterisirt durch
die Motive, die es in sich walten lässt. Auf Anlass der
äusseren Welt bildet sich im Willen eine Vielheit der Motive;
das Subject aber ist vermöge seiner Gesinnung Herr über die
Motive. Je nach seiner Gesinnung verwirft oder bestätigt es dieselben, und darin übt es seine **Selbsterziehung**; denn jedes
durch den Willen bestätigte Motiv gewinnt, jedes verworfene
Motiv verliert an Macht über den Willen. Die verschiedenen
Motive haben eine verschiedene Intensität; der Widerstand
gegen das eine Motiv ist schwieriger als gegen das andere.
Aber der Wille in seiner Bestimmtheit als Gesinnung ist eine
allen Motiven überlegene Kraft, wenigstens der allgemeinen
Möglichkeit nach, und auch das am intensivsten wirkende
Motiv kann vom Willen zurückgedrängt und überwältigt
werden, wenn der Wille sich dazu erzogen hat. Der Selbsterziehung geht eine **Erziehung durch andere und
durch den Zusammenhang der äusseren Welt** voraus und zur Seite. Das nächstliegende selbstische Motiv der
Lust wird in der Erziehung das Mittel, um die Menschen über
die selbstische Motivbildung zu dem einsichtigen Motive des
Woles hinauszuheben. Der Mensch wird gewöhnt, einsichtig
zu wollen, indem durch selbstisches Wollen das selbstische
Subject sich getäuscht sieht und statt der begehrten Lust
Unlust gewinnt. Der einsichtige Wille des Woles wird weiter
erzogen theils durch die Enttäuschung, die allem Irdischen
und Endlichen anhaftet, theils durch die Vorbilder eines
reinen und vernünftigen Wollens, und dadurch angeleitet, von
seiner einzelnen Bestimmtheit abzusehen, um das schlechthin
Allgemeingültige in sich zu ergreifen und festzuhalten. Aber
alle Erziehung, die das Subject erfährt, ist zugleich Selbst-

§ 12. Das besonnene Wollen.

erziehung. Das Subject macht sich frei durch seine Freiheit, indem es sich seine Motive bildet. Die Freiheit ist eine werdende; der Wille hat die Anlage zur Freiheit, und die Freiheit wird zur wirklichen ausgebildeten Kraft, indem sie geübt wird. Der Wille kann nicht gezwungen, nur beeinflusst werden. Seine seelisch-leibliche Natur freilich empfängt der Mensch als sein Schicksal, und auf der Basis dieses Gegebenen findet alle Erziehung des Willens statt. Darum ist auch der Wille des Subjects niemals unbedingt, sondern er bleibt mit seiner besonderen Qualität an diese gegebene Natürlichkeit verhaftet. Aber auf Grund derselben kann das Subject als geistiges Wesen das schlechthin Allgemeingültige in sich verwirklichen. Das Mittel, das dem Subject dazu innewohnt, ist die Selbstbesinnung, die Freiheit seines Attendirens, der Selbstanschauung in dieser oder jener Bestimmtheit, und die daraus folgende Freiheit der Vorstellung und des Begehrens. Die Grenze zwischen der sinnlichen Natürlichkeit, die ihm gegeben ist, und dem, was der Mensch selbstthätig aus sich macht, ist eine fliessende. Seele, Bewusstsein, Geist gehen im Lebensprocess unmerklich in einander über. Auch dass das bloss Natürliche im Menschen noch gilt, ist des Menschen eigene That. Soweit der Mensch dieses Natürliche in sich gelten lässt, ist seine Gesinnung eine selbstische; soweit er sich über das bloss Natürliche zum Wollen einer dauernden Ordnung erhoben hat, hat er die Gesinnung des Einsichtsvollen; soweit er durch seine Selbstbestimmung den allgemeingültigen Willen in sich erzogen hat, ist seine Gesinnung eine gute Gesinnung geworden.

7. Die Gesinnung, die sich zu höherer Stufe der Motivbildung gewöhnt hat, weist den in den äusseren Umständen gegebenen Anreiz zu Motiven von niederer Art je nach dem Grade der erlangten Festigkeit entweder als eine Versuchung zurück, oder sie unterliegt der Versuchung, indem sie sich untreu wird. Denn die Gesinnung vermindert wol die Freiheit der Willkür, aber sie hebt sie nicht auf. Die Gesinnung ist durch jeden einzelnen Willensact aufs neue zu bestätigen und zu befestigen; sie hat dem erneuten Anreiz gegenüber immer nur eine relative Festigkeit: aber ihre Festigkeit wächst im Lebensprocesse mit der Vielheit der in gleichem Sinne vollzogenen Willensacte. Der Versuchung widersteht der Wille immer nur durch stete Selbstbeherrschung, durch Absehen von der einzelnen Bestimmtheit und Einkehr in das Allgemeine seiner Vorstellung. Die Gesinnung ruht deshalb am sichersten auf den Grundsätzen, den in der Vorstellung vorhandenen allgemeinen Formen des Begehrens. Eine so durch bestimmt vorgestellte Grundsätze gesicherte

Gesinnung macht das Wesen des **Charakters** im prägnanten
Sinne des Wortes aus. Das Subject ist frei, sich seine **Gesinnung** und seinen Charakter zu bilden und stetig umzu-
bilden auf Grund seiner natürlichen Anlage, und diese Freiheit kommt zur Erscheinung in der Bildung des jedesmaligen
Motivs. Die **Freiheit der Wahl, der Willkür**, so
oder anders zu wollen, ist die erste und gewisseste aller Thatsachen, und es ist ein aller Erfahrung widersprechendes Vorurtheil, sie nicht gelten zu lassen. Die Einwendung dagegen
wird meistens hergenommen von dem allgemeingültigen Gesetze der Causalität, von dem auch die Erscheinungen, die
dem Gebiete des Willens angehören, keine Ausnahme machen
können. Aber man sollte sich nur bei dem Worte Causalität
etwas Bestimmtes denken; die Meisten gebrauchen das Wort
ganz gedankenlos. Man bezeichnet als Ursache der Wärme
die Reibung, als Ursache der Bewegung des Lebendigen den
Trieb, als Ursache des Steigens der Curse das herrschende
Vertrauen, als Ursache des Krieges den politischen Egoismus,
als Ursache der Bekehrung die Gnade, und meint, weil das
Wort Ursache in allen diesen Fällen dasselbe ist, so sei auch
der Begriff derselbe. Aber dasselbe Wort hat in diesen verschiedenen Fällen ganz verschiedene Bedeutungen, und indem
man dasselbe sagt, meint man ganz Heterogenes. Was von der
Ursache in der einen Bedeutung gilt, gilt deshalb nicht auch
von der Ursache in der anderen Bedeutung des Wortes.
Causalität besteht zunächst in der mechanischen Beziehung
der äusseren sinnlichen Dinge auf einander, in der quantitativen Gleichheit der Bewegung einerseits und des Stoffes
andererseits bei aller Verschiedenheit der Erscheinungen
und ihrer Qualitäten. Schon das organisch Lebendige lässt
sich aus solcher Causalität nicht mehr genügend erklären,
weil die organische Form allem Mechanischen voraus liegt
und aller mechanischen Bewegung den Zügel anlegt, so
dass als Resultat der mechanischen Bewegungen immer
wieder das hervorkommt, was schon vorher gegeben war, die
bestimmte Form. Für das Organische ist die mechanische
Causalität nur noch Vermittelung, nicht der erzeugende
Grund; oder richtiger, zu der mechanischen Causalität tritt
eine neue höhere Causalität hinzu, die Kraft der Form, sich
in allem Wechsel selbst zu erhalten. Wo wir es nun vollends
mit dem Geiste und seiner sich selbst setzenden Thätigkeit
zu thun haben, kann von jener mechanischen Causalität gar
nicht mehr die Rede sein. Der Geist ist Form der Formen,
mit sich identisch im Wechsel seiner Zustände durch seine
eigene That. Alle Wirkung, die auf ihn geübt wird, ist doch
von ihm selbst gesetzt; er ist selbst seine Ursache und seine

§ 12. Das besondere Wollen.

Wirkung. Was ihn afficirt ist er selbst; die Causalität in ihm ist ein wechselseitiges Bestimmen und Bestimmtwerden seiner niederen und seiner höheren Daseinsformen durch einander. Die Dinge kommen nicht in ihn hinein; sie sind für ihn nur in der Form seines natürlichen Daseins, wie ihm dasselbe gegeben ist, und in der Form der Anschauungen, Vorstellungen und Begriffe, wie er sie sich selbst bildet. Die äusserlich determinirende Causalität reicht nicht über sein leibliches Dasein hinaus, die organische Causalität der sich erhaltenden Form nicht über die Stufe der Verinnerlichung, die wir Seele nennen. In seinem geistigen Lebensprocesse ist er selber schlechthin Ursache seiner selbst und hat das Vermögen, jede Bestimmtheit in sich zu setzen und aufzuheben, beides auf Grund seines allgemeinen Wesens und seiner Selbstbesinnung, vermöge deren er sich selbst determinirt und aus jeder Determination wieder in sich zurückzieht. Causalitätslos allerdings in jedem Sinne des Wortes ist auch das geistige Thun nicht. Causalität hat hier nur eine ganz veränderte Bedeutung. Dass ein Subject sich im gegebenen Augenblicke diese Motive bildet und diese Zwecke setzt, davon ist die Ursache das Wesen des Subjectes selbst, wie es aus der eigenen That des Subjectes hervorgegangen ist und stetig hervorgeht. Denn in keinem gegebenen Zustande des Subjectes ist seine Bildungskraft fertig und erloschen, sondern jeder Niederschlag früherer Bildungen ist immer nur Durchgangspunkt zu beständiger Erneuerung aus dem unerschöpften Quell der inneren Bildungskraft. Daher giebt es nichts Neues unter der Sonne im Bereiche der mechanischen Processe: aber der Geist setzt fortwährend wirklich Neues und ist ein absoluter Anfang.

8. Auf Grund der durch die Entschliessung festgestellten Absicht schreitet der Wille in festem Vorsatze zur Verwirklichung seines Zweckes durch die Handlung. Die Handlung ist eine Aeusserung des Willens, eine Einwirkung auf die äussere Welt, und dazu bedient sich das Subject seines Leibes. Der Leib ist für das Subject ein Ding wie ein anderes: es gebraucht ihn wie ein Werkzeug und zuweilen wie eine Maschine: wie ein Werkzeug, indem es den Leib unausgesetzt mit seiner Aufmerksamkeit beherrscht, und wie eine Maschine, indem es dem Leibe nur einen ersten Anstoss ertheilt und dann den Leib mit der ihm eingewöhnten Kraft und Fertigkeit walten lässt. Das Subject muss dabei mit den in der Beschaffenheit des Leibes gegebenen Möglichkeiten und Nothwendigkeiten rechnen, mit dem Maasse von Kraft, das der Leib besitzt, und mit den Richtungen, in welche sich diese Kraft möglicherweise bringen lässt. Wie der Wille den Leib in Be-

wegung zu setzen vermag, ist durch mechanische Causalität nicht zu erklären, das Verhältnis des geistigen Wesens zu seinem Leibe ist in keine Form sinnlicher Anschaulichkeit zu bringen. Das Wesen dieses Verhältnisses besteht darin, dass das Subject ein bestimmtes äusseres Ding sich vollkommen angewöhnt hat, und dass es vermittelst dieses Dinges sich die ganze äussere Welt der Dinge angewöhnt hat. So gehört der Leib zum Geiste durch die Vermittelung der Seele; aber zugleich ist der Leib für den Geist ein Aeusserliches, von dem er eine Anschauung und eine Vorstellung hat wie von einem anderen Objecte. Ist der Wille zum bestimmten Vorsatz gediehen, so ist dieser Act des Wollens eine Bestimmtheit des ganzen Wesens geworden, die Geist und Seele erfüllt und von der Seele aus im Leibe zum Ausdruck gebracht wird. So wenn ich mit jemandem etwas sprechen und zu diesem Behufe mich zu ihm begeben will. Der Vorsatz wirkt in der Seele als Trieb, und dieser Trieb drückt sich in der entsprechenden leiblichen Bewegung, im Gehen, aus. Hat aber der Leib einmal zu gehen angefangen, so setzt er wie eine Maschine mit der ihm gewöhnlichen Schnelligkeit und auf dem ihm gewohnten Wege sein Gehen fort bis zum Ziele, und will ich etwa unterwegs noch einen besonderen Nebenzweck erreichen, so bedarf es ganz besonderer Aufmerksamkeit, um durch diesen zweiten Vorsatz die Bewegung des Leibes von der gewohnten Continuität abzubringen. Der praktische Geist steht eben immer wieder in Beziehung zur sinnlichen Einzelheit, zunächst zum Leibe und durch ihn zu den äusseren Dingen. Das Wollen des Geistes ist ein Emporrufen bestimmter Triebe in der Seele, denen bestimmte leibliche Bewegungen entsprechen.

9. Die **Handlung** ist also eine vom Willen ausgehende, nach bestimmter Absicht vorsätzlich geübte Einwirkung auf die äussere Welt. Diese Einwirkung aber hängt von dem eigenen Zusammenhange der Dinge ab und wird vom Vorstellen, der Absicht, und dem Willen, dem Vorsatz, nicht völlig beherrscht. Das Ganze der durch die Handlung hervorgebrachten Veränderung in dem Zustande der Dinge kann deshalb sehr verschieden sein von dem was in der Absicht enthalten war und worauf sich der Vorsatz gerichtet hatte. Diese wirklich stattgefundene Veränderung, sofern sie Wirkung des Handelns ist, macht die **That** aus. Die That kann Anderes enthalten, als was in der Absicht vorher vorgestellt und im Vorsatze gewollt war. Nur das aber, was gewollt war, gehört an der That dem Subjecte an, also seine eigene **Handlung**, wie sie durch die Absicht des Subjectes charakterisirt wird. Die **Zurechnung** bezieht sich auf den inneren

§ 12. Das besondere Wollen.

Process des Wollens und dessen Uebergang in die Aeusserung durch die Handlung. Damit etwas dem Subjecte zugerechnet werden kann, muss das Subject durch Ueberlegung sich einen Zweck gesetzt, für diesen Zweck sich die geeigneten Mittel in seiner Vorstellung zurechtgelegt, also sich eine Absicht gebildet haben und vermöge seines Vorsatzes an die Verwirklichung seines Zweckes in der durch seine Absicht bestimmten Weise gegangen sein. In diesem Sinne kann also auch eine **Unterlassung** eine Handlung ausmachen. Das Motiv, das zum Handeln geführt hätte, ist unterdrückt worden; der in der Absicht vorgestellte Erfolg ist vermittelt worden durch ein Waltenlassen der vom Willen unabhängigen Kräfte. Eine Unterlassung kann also wie eine Handlung begründet sein in ausdrücklicher Motivbildung, Zwecksetzung, in Absicht und Vorsatz, und dann ist sie auch zurechenbar wie eine Handlung. Es gehört mithin überall zur Zurechnung mehr als ein Trieb oder ein blosses Begehren; es muss wirklicher Wille vorhanden gewesen sein auf Grund besonderer Ueberlegung. Es muss, damit die Handlung zurechenbar sei, ein Vorsatz gebildet worden sein, der einer bestimmten in der Vorstellung festgestellten Absicht entspricht. Darum entzieht sich der Zurechnung alle körperliche Bewegung, die ohne geistigen Antrieb rein aus der leiblichen Beschaffenheit selbst hervorgeht, wie die Reflexbewegungen, ferner alle durch Triebe, die nicht durch das Bewusstsein hindurchgegangen sind, von der Seele aus im Leibe gewirkten Bewegungen, endlich alle durch den Affect erzeugten Handlungen, sofern sie die überlegende Vorstellungsbildung ausschlossen, sofern also die Erregung des Affects und die That durch kein irgend beträchtliches Zeitintervall getrennt sind. Alle krankhaften Seelenzustände, welche die Herrschaft des Geistes über den Leib und die freie Vorstellungsbildung beeinträchtigen oder verhindern, heben auch die Zurechnung auf. Es kann im einzelnen Falle schwer sein zu entscheiden, ob die Bedingungen für eine Zurechnung vorhanden gewesen sind oder nicht. Aber offenbar kann die Zurechnung nicht mehr oder minder, nicht in höherem oder geringerem Grade stattfinden. Denn entweder ist eine Absicht und darauf hin ein Vorsatz gefasst worden oder nicht: ein Drittes giebt es nicht. Aber wol kann der Handelnde in seiner Absicht und seinem Vorsatze durch dringlichere oder weniger dringliche Motive bestimmt worden sein, so dass seine Freiheit in der Beherrschung seiner Motive eine mehr oder minder beschränkte war.

§ 13.
Der freie Wille.

Das Wollen eines zur Vernunft beanlagten Wesens, indem es das Begehren durch die Selbstbesinnung, durch spontane Vorstellungsbildung, durch Motiv, Zweck und Absicht vermittelt, trägt in jedem einzelnen seiner Acte den Charakter der Allgemeinheit und drückt eine **praktische Maxime** aus. In der Fähigkeit der Maxime, ohne sich selbst aufzuheben den Inhalt einer allgemeinen Gesetzgebung zu bilden, liegt die **Vernünftigkeit** des bestimmten einzelnen Wollens. Der Wille ist **autonom**, sofern er sein Gesetz selbstthätig aus der Form seiner eigenen Vernünftigkeit producirt. **Gut** ist, was der praktischen Vernunft entspricht, und der Wille ist **guter Wille**, sofern er das Gute will und dies aus keinem anderen Motive will, als weil es gut ist. Der gute Wille, der in bleibender Gesinnung zum Wesen des Subjects geworden ist, ist der wahrhaft **freie Wille**; er steht in vollendeter Harmonie mit sich, mit der vernünftigen Ordnung des Universums, mit dem heiligen Willen Gottes. Das nun ist der höchste Zweck der Welt, dass der Wille frei werde; dazu ist die Welt geschaffen, und alle ihre Bewegung hat keinen andern Sinn und Zweck als diesen. Die höchsten Gebilde in der Welt aber sind die objectiv vorhandenen **Organisationen**, deren Gehalt die praktische Vernunft selber ist mit der ihr immanenten Stufenfolge ihrer Momente: der **Staat**, die **Familie**, die **Schule** und die **Kirche**. So ist die Welt eine Gnadenanstalt, eine Stätte der Erziehung aller durch alle und durch den die Welt durchwaltenden heiligen Willen des absoluten Geistes.

1. Der Wille ist seinem Begriffe nach frei. Wer Willen sagt, der sagt Freiheit; freier Wille ist eine Tautologie. Auf der Freiheit allein beruht die Möglichkeit der Zurechnung. Es ist etwas Anderes, jemanden als Ursache einer Veränderung oder eines Zustandes betrachten, und ihm etwas zurechnen. Als Ursache setzen wir auch das Thier oder die Pflanze; es giebt bösartige und gutartige Thiere, und wir versuchen auch, durch eine Art von Zucht bösartige Thiere in gutartige Thiere zu verwandeln. Dennoch rechnen wir ihnen ihr Benehmen

§ 13. Der freie Wille.

nicht zu; Lob und Tadel hat hier eine andere Bedeutung, als beim Menschen. Bei den Thieren ist nicht die Rede von Verdienst und Schuld; sie haben keinen Willen, nur Triebe und Begierden, und niemand meint, sie sollten anders sein, sich selbst anders machen als sie sind. Kein verständiger Mensch macht ein Thier verantwortlich für das, was es ist oder thut. Allerdings, auch den Menschen machen wir nicht verantwortlich für seine Triebe und Begierden; aber wol dafür, dass er sie in sich walten lässt und dass er sie nicht beherrscht oder unterdrückt. Für seine Gesinnung, seine Motive, für seine Absichten und Entschliessungen ist der Mensch verantwortlich. Darin könnte er immer anders sein als er ist vermöge seiner Herrschaft über sich, die ihm in dem Vermögen der Besinnung anvertraut ist; in diesem Vermögen allein finden wir seine Freiheit. Nur im Willen aber ist die Freiheit, in der Vermittelung alles Begehrens durch die Besinnung; in den Trieben und Begierden ist sie nicht. Vorausgegeben ist dem wollenden Subjecte seine natürliche Bestimmtheit. Aber bei dieser Bestimmtheit bleibt es nicht, da das Subject sich selbst bestimmt. In seiner Selbstbesinnung erhebt es sich über dieselbe und hebt ihre blosse Gegebenheit auf, indem es sie bekräftigt oder beherrscht. Dadurch erst wird das Subject verantwortlich. In seiner Vorstellungsbildung über seine künftigen Zustände, über die Dinge und seine Beziehungen zu den Dingen, in seiner Motivbildung erweist das Subject, dass es durch den gegebenen Trieb und die vorgefundene Begierde nur angereizt, nicht gebunden ist. Durch seine Selbstbestimmung vermag das Subject die Macht, die seine Natürlichkeit besitzt, zu brechen oder zu verstärken, indem es seine Natur entweder sich unterwirft oder sich an seine Natur fortwirft. Jeder gewonnene Sieg der Selbstbesinnung enthält die Gewähr neuer Siege; jede Niederlage erschwert den künftigen Sieg, ohne doch den weiteren Kampf aussichtslos zu machen. Die formelle Freiheit besteht immer in gleicher Weise fort, mögen auch die Resultate ihrer Bethätigung je nach dem Grade der Sprödigkeit des Materials, das der Mensch in sich zu bewältigen hat, auch bei gleichem Ernste und gleicher Dauer des Kampfes sehr verschieden sein. Darin nun erscheint eine Gedoppeltheit im Begriffe der Freiheit, die Freiheit als Ausgangspunkt und die Freiheit als Ziel. Die Freiheit des besonnenen Wollens ist zunächst nur die formelle, dagegen der Sieg über die Natürlichkeit erst ist die inhaltliche Freiheit des Willens. Das Subject kann seine Natürlichkeit aufheben, aber es kann sie auch bejahen; es kann sich neue Triebe anbilden, es kann aber auch seine Naturtriebe als solche gelten lassen und durch seine formelle

Freiheit sich in der inhaltlichen Unfreiheit befestigen. Für die meisten Menschen bleibt es erfahrungsmässig bei der blossen formellen Möglichkeit der Willkür, sich über den Trieb zu erheben. Die formelle Freiheit dient ihnen nur dazu, den an sich bloss natürlichen Trieb zu ihrem bleibenden Wesen zu machen, und wenn doch diese Natürlichkeit inhaltlich die Unfreiheit selber ist, so wird ihnen damit die formelle Freiheit zum Fallstrick, so dass sie die inhaltliche Unfreiheit des Begehrens zu ihrem Wesen machen.

2. Aber diese Form der Entwicklung des wollenden Subjectes ist, so oft sie auch vorkommen mag, doch eine abnorme. Im Begriffe des besonnenen Wollens liegt eine andere Richtung der Entwicklung als die normale vorgezeichnet. Denn die Vorstellung ist das Allgemeine, und bestimmt, zu begrifflicher Festigkeit und Allgemeingültigkeit sich durchzubilden. In der That liegt in jedem Wollen auch für das Bewusstsein des wollenden Subjectes selber die Forderung der Allgemeingültigkeit. Alles menschliche Handeln steht deshalb, sofern es menschlich ist, unter einem Gesetze, und dies Gesetz giebt sich das Subject selbst, wo es ihm nicht gegeben ist. Mit jedem Handeln verbindet sich für ein menschliches Bewusstsein die Vorstellung eines Dürfens und eines Sollens: der Mensch ist das Wesen, welches ein Gewissen hat. Der Mensch als solcher wägt in seiner praktischen Ueberlegung nicht bloss Lust gegen Unlust, Vortheil gegen Nachtheil, sondern auch Recht gegen Unrecht, Pflicht gegen Schuld, Gutes gegen Böses ab. Dieses Formelle, welches das Gewissen ausmacht, nämlich dies, dass man sich überhaupt verpflichtet weiss, ist allgemein menschlich und findet sich auch bei den uncultivirtesten Barbaren, während der Inhalt des Gewissens, dasjenige, wozu man sich verpflichtet weiss, sehr verschieden sein kann. Das Gewissen ruht wie alles Menschliche auf der Fähigkeit, das Allgemeine zu erfassen. Das Subject weiss sich als wesensgleich mit den anderen Subjecten: seine Situation, seine Motive und Zwecke stellt es sich selber als allgemeine vor: was das eine Subject darf und soll, das dürfen und sollen in gleicher Lage alle anderen Subjecte auch. Indem das Subject handelt, schreibt es nach seinem eigenen Bewusstsein das Gesetz vor, wie ein Subject überhaupt in dem gleichen Falle handeln soll. So drückt jedes einzelne Handeln eines Subjectes zunächst eine praktische Maxime aus, und diese erhebt den Anspruch, allgemeingültig zu sein. Kant ist es, welcher zuerst der in dem Begriffe des besonnenen Wollens selber liegenden Norm für die Entwicklung der formellen Freiheit den vollkommen zutreffenden Ausdruck gegeben hat: vom Willen gefordert wird

praktische Vernünftigkeit, und diese besteht darin, dass die subjectiv gesetzte Maxime des Handelns zu einer allgemeinen Gesetzgebung tauglich sei ohne inneren Widerspruch.

3. In der Allgemeingültigkeit der praktischen Maxime liegt die vernünftige Anforderung an das Wollen. Widerspruchslose Allgemeinheit ist der Charakter der Vernünftigkeit überhaupt. Das einzelne Handeln des einzelnen Subjectes soll mit dem Begriffe des Willens selbst übereinstimmen. Ist diese Uebereinstimmung als eine dauernde Beschaffenheit des Willens erreicht, so ist der Wille inhaltlich frei, und das ist die normale Entwicklung des Willens, dass der Wille durch die formelle Freiheit seiner Willkür sich zu solcher inhaltlichen Freiheit hindurcharbeite. Die Natürlichkeit des Begehrens ist der Zustand der Unfreiheit; denn der Wille ist hier noch dem unterworfen, was er nicht selbst ist. Der Wille ist dagegen inhaltlich frei, indem er sein Gesetz aus seinem eigenen Begriffe entnimmt, d. h. indem er autonom ist. Ebenso ist das Subject frei und autonom, wenn es sich selbstthätig in seinem Wollen vermöge seiner formellen Freiheit bestimmt durch die vernünftige Natur des Willens überhaupt. Jeder Bestimmungsgrund des Willens dagegen, der nicht die Vernunft des Willens selber ist, macht den Willen unfrei: es sei das Motiv der Lust oder das des Woles und des Nutzens oder irgend ein anderes, das man sich ausdenken möchte. Die Uebereinstimmung mit der praktischen Vernunft, welche die Freiheit des Handelns ausmacht, macht allein auch die Güte des Handelns aus. Alles Gute liegt deshalb eigentlich in dem Willen, aus welchem die Handlung entspringt, und zwar darin, dass der Wille des Subjects nichts will, als seine inhaltliche Freiheit, also als seine eigene wesentliche Vernunft, seine eigene Allgemeingültigkeit und sein ihm eingeborenes Gesetz. Der gute Wille ist der Wille, der seine Freiheit will.

4. Der besonnene Wille setzt sich Zwecke und bildet sich Absichten, indem er für seine Zwecke die Mittel ersinnt. Aber der Zweck selbst ist wiederum nur Mittel für den eigentlichen Zweck, die Selbstbefriedigung. Letztere indessen kann wieder nicht in jedem Sinne als der Zweck selbst gelten. Denn das vernünftige Subject begnügt sich nicht dabei, das Streben nach Selbstbefriedigung nur in sich vorzufinden; sondern wie es sich über seine Natürlichkeit überhaupt erhebt, so auch über sein gegebenes Selbst und dessen Befriedigung. Von seinem Selbst nun kommt es allerdings nicht los; denn um zu wollen, muss es es selbst bleiben. Aber wol kann es sein einzelnes Selbst zum allgemeinen Selbst erheben und

die reine Form der Selbstheit in sich verwirklichen. Dadurch
erst tritt es aus der Natürlichkeit heraus, um sich in seiner
Geistigkeit zu ergreifen. Das Wollen selbst kann gar nicht
anders stattfinden als mit dem Zwecke der Selbstbefriedigung;
aber dieser Zweck wird von dem vernünftigen Subject in
seinem Zusammenhange mit einem höheren Zwecke erfasst,
der nun der höchste Zweck schlechthin ist. Die wahre Selbstbefriedigung des vernünftigen Subjects ist erst die Befriedigung
des reinen, absolut vernünftigen Willens, dessen Charakter die
Heiligkeit ist, und also die völlige Befreiung von der selbstischen Natürlichkeit des Wollens. Der vernünftige Wille
will, was Gott will: er betrachtet sich schlechthin als Werkzeug des heiligen absoluten Willens und findet seine Befriedigung in dieser Einheit mit dem absoluten Willen, d. h. in
der Seligkeit. Auf jede untergeordnete Befriedigung kann
der Wille verzichten, aber nicht auf seine Seligkeit; diese ist
aber nicht exclusive Selbstbefriedigung, sondern der Einklang
mit der Befriedigung des vernünftigen Willens überhaupt.
Seine Seligkeit hat der Wille in der Realisirung seines Begriffes, und der Wille des Subjectes erlangt seine volle Befriedigung erst in seiner Harmonie mit dem geordneten Reiche
der subjectiven Geister, welche als die Ebenbilder des absoluten Geistes in der unerschöpflichen Fülle desselben enthalten und vorgesehen sind und aus seinem schöpferischen
Worte hervorgehen.

5. Der Wille ist deshalb in seiner höchsten und reinsten
Form nicht das Wollen eines Aeusseren, sondern das Wollen
eines Inneren, die Herausbildung einer bestimmten Gesinnung,
und zwar eines bestimmten Verhältnisses, das sich der Wille
zum absoluten und heiligen Willen Gottes giebt. Alles andere Wollen ist daraus nur abgeleitet. Der Wille ist deshalb
auch nicht an einem äusseren Handeln zu messen, aber wol
das äussere Handeln am Willen. Alles Handeln steht unter
den Bedingungen der äusseren Welt, der besonderen Beschaffenheit des Subjects, seiner beschränkten äusseren Kraft,
seiner ihm gegebenen Natürlichkeit, der Situation, in die es
gesetzt ist. Der Wille steht über dem allen. Nicht was er
äusserlich thut, giebt dem Willen den Werth, sondern wie er
innerlich beschaffen ist: in theologischem Ausdruck heisst dies
der Glaube, das durch den Willen gesetzte Verhältnis des
einzelnen Subjects zu Gott, im Gegensatze zu den durch allerlei
Aeusseres bedingten Werken. Der Mensch kann ein ein-
gefleischter Teufel sein, ohne dass sein äusseres Thun jemals
einen Anstoss erregte, und er kann eine hohe Stufe im
Himmelreich einnehmen, während die Schwäche der Natur
noch immer in bedenklichen Erscheinungen zu Tage tritt.

Mit meinem Willen bin ich so gross wie die Welt und nur kleiner als Gott. Alles Böse, was Menschen je gethan haben, kann der Wille des Einzelnen innerlich vollbracht haben, aber auch alles Gute, ohne dass es für menschliche Augen in Aeusserungen kund würde. Der Bettelarme kann den Willen der Wohlthätigkeit, wie der von Leiden Freie den Willen der Geduld haben. Das innere Wesen des Willens kennt nur der, der Herz und Nieren prüft. Das wahre Werk des vernünftigen Willens ist ein inneres Werk, die continuirliche That, sich dem Ideale des vernünftigen Willens in freier Selbstbestimmung zuzuneigen; die äusseren Werke sind erst daraus abgeleitet. Nicht das Gutesthun, sondern das Gutsein macht die Vernunft des Willens aus. Erst das ist Sittlichkeit, dass man im heiligen Willen Gottes fest eingewurzelt sei durch die continuirliche Gesinnung des Glaubens. Nicht einzelnes Gutes, sondern dass das Gute überhaupt zu unserem Wesen geworden sei, ist die Anforderung der Vernünftigkeit an den Willen des vernünftigen Subjectes.

6. Die Erhebung des Willens aus der Natürlichkeit geschieht nicht unvermittelt, sondern durch Erziehung. Von Erziehung kann erst da die Rede sein, wo der von aussen kommenden Einwirkung eine spontan wirkende innere Empfänglichkeit und Mitarbeit entgegenkommt. Gefühle, Anschauungen, Vorstellungen sind die Stadien, in denen nicht bloss überhaupt die Selbstbesinnung sich vollzieht, sondern auch insbesondere die Selbstbesinnung des Willens auf seine Vernünftigkeit, und der Entschluss des Willens sich erzeugt, nichts als nur seine Freiheit zu wollen und in allem einzelnen Wollen die Freiheit als obersten Zweck festzuhalten. Damit ist das Subject auf die äussere Welt als auf die Stätte und das Mittel seiner Erziehung angewiesen. Aus der Welt spricht zu ihm der absolute und heilige Wille, der sich in ihr offenbart. Zwischen dem absoluten Willen und dem Willen des endlichen Subjectes besteht das Band der Ebenbildlichkeit; die Anforderung des absoluten Willens ist darum für das Subject vernehmbar und verständlich, und in allem einzelnen Erlebnis vermag dasselbe den Erziehungszweck Gottes zu erkennen, für den alles Aeussere das Mittel ist. Nennen wir nun die erziehliche Einwirkung des absoluten Willens auf den endlichen Willen mit dem theologischen Ausdruck Gnade, so dürfen wir die Welt in ihrer Gesammtheit als Gnadenanstalt bezeichnen. Das ist sie aber am allermeisten in den höchsten Gebilden, die sie umschliesst, in den Niederschlägen früherer Bildungen des Geistes, die eine unmittelbare Beziehung auf die Erhebung des Geistes aus seiner Natürlichkeit haben. Die Welt, in der wir leben, ist eine Welt ob-

jectiver ethischer Bildungen, die als feste Organisationen dem Reiche des Daseienden eingegliedert sind und die, unsere Anschauungen und Vorstellungen, unsere Umstände und unsere Gewöhnungen bestimmend, die eigentlichen Träger der göttlichen Erziehungszwecke bilden.

7. Vierfach sind die Stufen der Erhebung des Willens aus der Natürlichkeit zur Freiheit, und vierfach sind die diesen Stufen entsprechenden **ethischen Organismen**. An den natürlichen Willen wird die Vernunft zunächst äusserlich herangebracht als das Allgemeine eines Gesetzes, das zu seiner Verwirklichung nur auf die Motive der natürlichen Selbstsucht rechnet: dies ergiebt den äusseren Zustand des **Rechtes**, der Organismus des Rechtes aber ist der **Staat**. Die Aeusserlichkeit der rechtlichen Einschränkung des Willens ergänzt sich durch die im innern Antriebe, der eigenen natürlichen Nothwendigkeit des Gemüthes wurzelnde **Sitte**, welche sich durchsetzt durch die Scheu vor dem Urtheil der anderen, durch das Gefühl der Ehre und das Bedürfnis des Vertrauens. Die Sitte zügelt die Unbestimmtheit der natürlichen Willkür zunächst als rein **formelle Sitte**, als äusserer Brauch von symbolischer Bedeutsamkeit, in dem sich der Inhalt des besonderen Thuns zur Erscheinung bringt, in volksthümlicher Gewohnheit; ferner als **inhaltsvolle Sitte**, welche, zweckmässig und nützlich, Vertrauen und Regelmässigkeit in den Lebensfunctionen der Gemeinschaft hervorbringt und theils als **Standessitte**, theils als **Sitte der allgemeinmenschlichen Beziehungen** die Willkür der Menschen an das Gesammtgefühl der Gemeinschaft bindet; endlich vollendet sich die Sitte in der **Sitte der schönen Form**, der Convention der guten Gesellschaft. Als der objective Organismus der Sitte bietet sich die **Familie** dar, das Wort in erweiterter Bedeutung genommen. Die erwachende Freiheit und Mündigkeit des Subjectes führt dann weiter über die Gebundenheit der Sitte hinaus zu freier Reflexion über das an sich Gute und Zweckmässige und damit zur **Moralität**, dem Producte des freien Gewissens und des allgemeingültigen Verstandes, welcher sich selbst die Gesetze des Handelns vorschreibt, indem er auf die Vielheit der zu wahrenden Güter reflectirt und die Einzelheit der Willkür der Allgemeinheit des von ihm als vernünftig erkannten Gesetzes selbstthätig unterwirft. Der moralische Mensch trachtet den einzelnen Tugenden nach, wie sie sich im Zusammenhange des Lebens als die vernünftige Handlungsweise für alle ergeben, theils im Verkehr mit den andern Menschen, theils im Gebrauche der eigenen Lebenskraft, theils in Beziehung auf die objectiven Lebenszwecke. Das moralische Motiv ist nicht

§ 13. Der freie Wille.

mehr Lust oder Nutzen oder der selbstverständliche Brauch, sondern die Anerkennung des Guten als solchen. Die Moralität als auf der ethischen Reflexion und freien Kritik beruhend, stellt sich dar in dem objectiven Organismus der Schule. Aber indem die Moralität mitten im beständigen Kampfe gegen die natürliche Begierde zur Ausbildung einer continuirlichen Gesinnung treibt, die nicht mehr bloss einzelne Güter, sondern das Gute als solches umfasst, fordert sie ihre Ergänzung durch den vollständigen Bruch mit der Natürlichkeit des Willens und die vollständige Hingabe des eigenen Willens an den absoluten Willen. Auf diesem höchsten Standpunkte erst wird der Wille frei von der Form der Gesetzlichkeit und ist er sich selbst sein Gesetz; erhaben über das einzelne Gute und einzelne Tugenden ist er dann eins geworden mit dem absoluten Princip alles Guten, emporgehoben über die Casuistik der einzelnen moralischen Bestimmungsgründe des Willens und ihre unausgesetzten Collisionen. Aus der kritischen Reflexion ist er auf seiner Höhe wieder zurückgekehrt zu der Unmittelbarkeit des Gefühles, des Tactes, der reinen Anschauung, und er thut nicht mehr einzelnes Gutes, er ist das Gute selbst geworden. Dieser höchste Standpunkt der Befreiung des Willens erst, wo unmittelbar angeknüpft wird an den heiligen Willen Gottes, ist Sittlichkeit zu nennen; der objective Organismus der Sittlichkeit aber ist die Kirche. Diese ethischen Organismen sind die eigentlichen Offenbarungsstätten des göttlichen Willens in der Welt, seine Mittel zur Erziehung des menschlichen Geschlechtes. Diese göttliche Erziehung ist die vom absoluten Willen ausgehende That der Erlösung, welcher der Wille der Freiheit von Seiten des Menschen entgegenkommt. In diesem Sinne als Anstalt zur Erlösung des Willens aus seiner Natürlichkeit ist auch das Recht und der Staat zu verstehen. Sie bilden in dem gesammten Processe die erste Stufe; denn in ihrem Gebiete erscheint der Wille nur erst als natürlicher Wille. Aber ohne die Anlage des Willens zu absoluter Vernünftigkeit wären auch sie nicht zu verstehen. Die Thatsache, dass eine Rechtsordnung unter Menschen besteht und sich behauptet, muss allen denen unbegreiflich bleiben, die den Menschen für ein blosses Naturwesen ansehen und seine Bestimmung auf die Diesseitigkeit beschränken.

Zweites Capitel.
Die menschlichen Verhältnisse.

§ 14.
Der Mensch und die äussere Natur.

Durch den Leib und den äusseren organischen Lebensprocess steht der Mensch in unausgesetzter Beziehung zu der äusseren Natur. Er bedarf der äusseren Dinge zu seiner Selbsterhaltung wie zur Befriedigung seines Strebens nach Lust und Wol. Die Natur liefert ihm die Mittel für seine ersten und nächsten Zwecke; an der Natur findet er den Stoff, den er bearbeitet. Durch Willen und Verstand macht er sich die Natur dienstbar, indem er mit ihr kämpft. Zugleich steht aber der Mensch zur äusseren Natur in einem Verhältnis der Sympathie; er verdankt ihr die tiefsten Anregungen seines geistigen Lebens, und durch ihre Menschenähnlichkeit wird die Natur zur Lebensgenossin des Menschen. Neben dem praktischen hat der Mensch an der Natur ein ästhetisches und ein wissenschaftliches Interesse. Er belauscht ihre Physiognomie und ihre Stimmung und ahmt sie in freier Gestaltungskraft vermittelst schöpferischer Phantasie nach; er erforscht ihre Geheimnisse, löst denkend ihren Schein auf und dringt auf ihr Wesen vor. Im Fortschritte der Cultur wird das Verhältnis des Menschen zur Natur immer mehr zu dem der Herrschaft des Menschen, der Dienstbarkeit der Natur, und die Erweiterung der Grenzen der menschlichen Macht über die äusseren Dinge geht fort ins Unermessene. (Vgl. § 54.)

1. Das Verhältnis des Menschen zur äusseren Natur beruht zunächst auf dem leiblichen Bedürfnis, das theils blosse organische Nothdurft, theils als Trieb in der Seele reflectirt, theils Inhalt des Begehrens ist. Der Mensch bedarf der Luft, um zu athmen, des Festen, um zu stehen und zu gehen; er bedarf der Nahrung und des Trankes, der Wärme und des Lichtes. Der Mensch ist ein bedürftiges Wesen, und es ist charakteristisch für ihn, dass er bedürftiger ist als alle anderen Wesen, dass seine Abhängigkeit von der Natur ursprünglich die allergrösseste ist. Aber auch mit allem seinem

weiteren Begehren, das nach seiner sinnlich-geistigen Natur im Gange seiner Entwicklung in ihm auftaucht, ist der Mensch in die äussere Natur verflochten; alle Lust und alles Behagen kann ihm allein durch die Vermittelung der Natur zu Theil werden. Der Unendlichkeit und Wandelbarkeit menschlicher Begierden steht die Natur mit ihrem festen Bestande und ihrem regelmässigen Geschehen als eine Schranke und Fessel gegenüber; zugleich aber ist die Natur bildsamer Stoff, der im Anschluss an seine eigenthümliche Bestimmtheit durch überlegte Absicht und zweckmässiges Thun umgewandelt werden kann. Die Natur widerstrebt zwar den Zwecken des Menschen; aber sie bietet sich ihm zugleich zum Genusse dar und liefert ihm selbst die Mittel, um ihren Widerstand zu überwinden. Daher ist das äussere Leben der Menschen ein Kampf mit der Natur, um sie zu unterwerfen, eine Arbeit an dem natürlichen Stoffe, und der Mensch weist den Kräften der natürlichen Dinge durch seine überlegte Thätigkeit die Richtung an, in der sie sich fortan bewegen sollen, um den Zwecken des Menschen zu entsprechen. Aus von der Natur gebotenen Stoffen bereitet sich der Mensch Waffen, Werkzeuge und Maschinen, Geräthe und Gefässe; er gestaltet die Dinge zur Geniessbarkeit und Brauchbarkeit um, zu Nahrung, Wohnung und Kleidung. Dies ganze praktische Verhältnis zur Natur beruht auf Gewalt, die der Natur angethan wird, sowol wo der Mensch die Dinge sich leiblich assimilirt und verzehrt, als wo er sie zu seinem Gebrauche formt und zurichtet und als Vorrath für künftiges Bedürfnis aufspeichert. Durch seine Intelligenz vermag der Mensch den Dingen Gewalt anzuthun; durch Ueberlegung ist er allen einzelnen Naturwesen und der Natur selbst unendlich überlegen, der Herr der Schöpfung. Um die Dinge zu bearbeiten, zu brauchen, zu geniessen, bringt der Mensch die Dinge in seine Gewalt, und zwar muss sie der Einzelne grossentheils in seiner ausschliessenden Gewalt und Herrschaft haben, um sie nach seiner Absicht zu nutzen. Diese ausschliessende Gewalt bildet die Bedingung für die Selbsterhaltung des Einzelnen und für die Erhaltung der Gattung, für den Fortgang aller menschlichen Zwecke. Der Mensch ist Mensch nur durch ausschliessende Herrschaft über die Sachen, die seinen Bedürfnissen und Begierden wie seinen höheren Zwecken entsprechen.

2. Indessen, der Mensch steht zur Natur nicht bloss in dem Verhältnis, das auf seinem Begehren und Wollen beruht. Die Natur ist ihm wie sein eigenes Inneres Object seiner bildenden Phantasie und seines reflectirenden Verstandes. Sie ist ihm nicht fremd, sondern als Ergänzung seines eigenen Wesens gehört sie zu ihm. Er braucht seine eigene Stimmung

nicht erst auf sie zu übertragen, sondern findet sie in ihr vorgebildet. Ueberall trifft der Mensch in der Natur auf Vorbilder und Typen seines eigenen inneren Lebens, überall auf Ansätze zur Persönlichkeit. In sinnlich anschaulicher Form trägt die Natur dem Menschen Bilder geistigen Lebens entgegen. So wird der Mensch von der Natur zu verstärkter Innerlichkeit angeregt. Die Natur ist ihm nichts Todtes, sondern etwas Lebendiges, seine Arbeitsgenossin und Begleiterin auf seinem Lebenswege, seine Wolthäterin und dann auch wieder seine Feindin. Der Mensch lebt das Leben der Natur mit und reflectirt in sich den Wandel ihrer Erscheinungsformen als sein eigenes inneres Leben. Nicht bloss das Bedürfnis redet hier mit, sondern auch die freie Neigung des Gemüthes, das Interesse an der reinen Form, und dieses bewegt dann wieder den Menschen zu freiem eigenem Schaffen auf der Spur der Naturgebilde, in Nachahmung der von ihr gebotenen Bilder. Der Mensch legt in die Natur seine Seele, und weit über den Werth hinaus, den jegliches durch seinen Nutzen für die Befriedigung äusserer Bedürfnisse empfängt, sind die Naturdinge dem Menschen theuer als zugehörig zu seinem eigenen Lebensgefühle.

3. Anfänglich steht die Natur in ihrem grossen Zusammenhange dem Menschen gegenüber als das geheimnisvolle Uebermächtige, seinem Verstande undurchdringlich, unbezwinglich seinem Willen; das Göttliche, das er ahnt und ersehnt, glaubt er in ihr zu finden. Allmählich gewinnt er praktische Macht über die Natur; damit zugleich aber erwacht in ihm der Trieb, sie theoretisch zu durchdringen. In der Einzelheit der Erscheinung erkennt er das Gesetz, in der Vergänglichkeit der Gestalten die sich erhaltende Substanz, in dem Zufall den strengen Zusammenhang von Ursache und Wirkung. Mit jedem Schritte, den er vorwärts thut in seiner Erkenntnis, thut er viele Schritte vorwärts in seiner Macht. Seine Herrschaft über die Natur, die nur fragmentarisch und eng begrenzt ist, so lange sie auf zufälligen und einzelnen Erfahrungen beruht, wird zu einer gesicherten und regelmässig sich ausbreitenden, wenn sie sich auf systematischer Naturerkenntnis begründet. Fortan wird die Natur völlig durch den Menschen umgewandelt. Der Wald wird gerodet und der Boden entwässert; die Flüsse erhalten ein neues Bett, die Sümpfe verschwinden; Hügel werden abgetragen, Thäler ausgefüllt; die Oede wird zum blühenden Gefild, und der starre Fels muss Früchte tragen. Der Mensch zerreisst die Wolkendecke über seinem Haupt und befreit die Luft um ihn her von giftiger Ausdünstung. Er durchwühlt den Schooss der Berge und holt sich aus den Eingeweiden der Erde seine kostbarsten Schätze.

Die Flüsse werden überbrückt, das Weltmeer verliert seine trennende Kraft. Die Luft wird durchschifft wie die See, die Erde wird in eiserne Gürtel geschlagen. Die Thiere, die Pflanzen werden aus fremden Zonen in neue Lebensbedingungen versetzt; unter des Menschen kluger Leitung verändern sie Art und Charakter. Nichts in der Natur ist mehr auf seiner alten Stelle, nichts so, wie es ohne Zuthun des Menschen die Natur selbst gestaltet haben würde. Freilich hört der Widerstand der Natur nicht auf, und der Kampf der Arbeit darf niemals ausgesetzt werden: aber immer herrlicher und grossartiger sind die Siege, welche des Menschen List und Kunst davonträgt. Von Geschlecht zu Geschlecht vererbt sich die errungene Kenntnis und Geschicklichkeit, wird ein immer grösserer Vorrath von ersparten Gütern aufgehäuft. Der Reichthum wächst, und was die Erde irgendwo an nützlichen Gegenständen hervorbringt, wird zum allgemeinen Besitze des menschlichen Geschlechtes in demselben Maasse, als auch die entlegensten Theile der Erde immer zugänglicher und bekannter werden.

§ 15.

Die Familie.

Der Mensch ist regelmässig nur vorhanden als ein Individuum bestimmten Geschlechtes: dies sowie die natürliche Ordnung der Zeugung macht den Menschen ergänzungsbedürftig und verweist jeden an ein Individuum des anderen Geschlechtes. Natürliche Liebe macht diese Verbindung zu einer dauernden; Kinder als die Frucht solcher Verbindung verstärken das Band zwischen den Eltern. Eltern und Kinder sowie die Geschwister unter einander und die weiteren Kreise der Blutsverwandtschaft verbindet ein Gefühl natürlicher Zusammengehörigkeit. Darauf beruht die Gemeinschaft der **Familie**, die ursprüngliche Stätte aller menschlichen Entwicklung. In der Familie bildet sich die **Sitte** aus, in ihrem Schoosse vollzieht sich das Werk der ersten **Erziehung** des Menschen. Durch Pflege des Umgangs und der **Geselligkeit** ergänzt sich das innere Leben der Familie. Weil Gemeinsamkeit des Bedürfnisses und der Fürsorge Gemeinsamkeit der Arbeit und des Sparens bewirkt, so bildet die Familie die **wirthschaftliche Einheit des Hausstandes**. Die

Gemeinschaft des Blutes und das Zusammenleben erzeugt Gemeinschaft der Stimmung und Gesinnung; Familiengeist und Familientradition bildet das Gegenstück zur physiologischen Vererbung. (Vgl. § 51.)

1. Dass die Familie in der Natur des Menschen ebenso begründet ist, wie das Verhältnis der Person zu den Sachen, kann nicht wol bezweifelt werden. Eine ganz andere Frage ist die, ob die ausgebildeteren Formen der Familie, die wir in geschichtlicher Zeit bei Völkern von höherer Cultur, oder auch nur diejenigen, die wir bei sogenannten wilden Völkern finden, schon ursprünglich mit dem Menschen selbst gegeben sind. Es kann ja sein, dass der Mensch ursprünglich nicht menschlich, sondern bestialisch gelebt habe; für wahrscheinlich halten wir's nicht, aber die ganze Frage geht uns hier nichts an. Die Frage, ob der Mensch sich aus dem Thiere herauf entwickelt habe, ist eine Frage der Physiologie und Biologie. Wir bestreiten in Folge eines apriorischen Gedankenganges, dass das Vernünftige aus dem Unvernünftigen stammen, dass das Thier sich zum Menschen entwickeln könne. Kann man uns durch Thatsachen vom Gegentheil überzeugen, so müssen wir uns der Thatsache gefangen geben, mindestens den apriorischen Satz so weit modificiren, dass er mit der unzweifelhaften Thatsache stimmt. Bisher scheint uns der Erfahrungsbeweis für die Abstammung des Menschen vom Thiere nicht geliefert. Wir haben es an dieser Stelle weder mit dem problematischen Menschenaffen, noch mit dem ebenso problematischen Affenmenschen zu thun, sondern mit dem Menschen, wie ihn die gesicherte Erfahrung in allen bekannten Zonen und Zeiten aufweist, und dieser Mensch lebt in der Familie als Mann und Weib und Kinder in einem Hauswesen, wobei allerdings die verschiedensten Modificationen des Verhältnisses vorkommen. Ein Mann und viele Weiber, viele Männer und ein Weib, eine Vereinigung auf Lebensdauer, auf kürzere oder längere Zeit, unlösbar oder leichter oder schwerer lösbar, mit grösserer oder geringerer Macht des Mannes oder des Weibes, die Familie strenger oder weniger streng abgegrenzt gegen andere Familien und gegen den ganzen Stamm, die Verwandtschaftsverhältnisse sehr verschieden geordnet nach dem Ueberwiegen der Vaterschaft oder der Mutterschaft, das natürliche Gefühl der Scham, der Eltern- und der Kindesliebe stärker oder schwächer hervortretend, die Pflicht der Keuschheit, besonders beim Weibe, mehr oder minder betont, und was dergleichen Unterschiede mehr sind. An dem Wesentlichen, daran, dass der Mensch in der Familie lebt, wird durch diese Verschiedenheiten der Erscheinungsform nichts geändert.

2. Das Eigenthümliche der Gemeinschaftsform, welche Familie heisst, liegt in ihrem engen Zusammenhange mit dem nächsten physischen Bedürfnis. Die Familie dient nicht einem einzelnen bestimmten Zwecke, sondern sie umfasst die gesammten Lebensverhältnisse des Menschen, sofern sie sich auf die sinnliche Bedürftigkeit des Menschen beziehen. Das Band zwischen den Familiengliedern beruht wesentlich auf der Dankbarkeit für erfahrene leibliche Förderung und auf dem natürlichen Triebe. Der geschlechtliche Umgang bewirkt beim Menschen eine alle Richtungen des Gemüthes gleichmässig ergreifende Innigkeit dauernder Verbindung. Der unaufhebbare Unterschied des Mannes vom Weibe, der nicht bloss in physiologischer Beziehung hervortritt, sondern auch die ganze innere Anlage des Gemüthes, des Denkens und Wollens bestimmt, bindet Mann und Weib an einander zur Ergänzung ihrer Einseitigkeit. Die Liebe der Eltern zum Kinde ist von den analogen Erscheinungen bei den höheren Thieren völlig verschieden. Sie ist ein Naturtrieb, der freilich wie alle Naturtriebe hier stärker, dort schwächer auftreten, auch durch Reflexion und Interesse ganz unterdrückt werden kann; aber sie ist zugleich ein Reflex des geistigen Bewusstseins, das in dem Kinde die Keime eigenen freien Geisteslebens freudig begrüsst. Die völlige Hilflosigkeit des Kindes und der früh hervortretende Adel seiner Gestalt, die naive Anmuth seiner Bewegungen und Geberden geben der Elternliebe und vor allem der Liebe der Mutter ihre besondere Farbe. Das Kind ist von denen völlig abhängig, die sich seiner annehmen, und wächst in dem Gefühle dieser Abhängigkeit und der Dankbarkeit für die stetig erfahrene Förderung seines leiblichen und geistigen Daseins heran. Die Familie ist überhaupt die Stätte der Behaglichkeit, der physischen Fürsorge; den Höhepunkt des Familienlebens bildet die gemeinsame Mahlzeit. Vollendet wird der Charakter der Familiengemeinschaft durch das Gefühl natürlicher Zusammengehörigkeit. Man verbindet sich nicht erst, man ist verbunden und fühlt sich nicht anders als in dieser Verbindung; man lebt zusammen in dem Gefühle, dass es gar nicht anders sein kann. Zwischen Eltern und Kindern und dann auch den anderen Verwandten waltet die Gemeinschaft des Blutes, die sich in dem gleichen Typus der Gestalt, in der Aehnlichkeit der Geberde, des Temperaments und der Stimmung zur Erscheinung bringt. Daher ist man nur in der Familie ganz zu Hause, ganz in seinem Elemente; hier sind die Anderen nur Glieder an mir. So ist die Familie die Heimath der Gemüthlichkeit, des unbegrenzten Wolwollens, des völligen Aufgehens des Einen in den Andern, der uneingeschränkten Einheit der Inter-

essen, einer Neigung und Liebe, die das exclusive Ich gar
nicht aufkommen lässt. Die Aufopferung und Selbstverleugnung ist hier am offenbarsten nur Bewährung und Selbsterhaltung des erweiterten Ich, das die Anderen in sich mit
hineingezogen hat, nicht in freier Reflexion, sondern auf
Grund des unmittelbaren Naturgefühls.

3. Die Familie ist so vor allem die Stätte der gemeinschaftlichen Arbeit für das gemeinschaftliche Bedürfnis, des
gemeinschaftlichen Genusses am erworbenen Gute, der gemeinschaftlichen Fürsorge für die Zukunft auch in der Einschränkung des Genusses und in der Ersparnis, ein **wirthschaftender Hausstand**, in welchem die Theilung der
Arbeit in verschiedener Weise vollzogen sein kann, in welchem
aber jeder zugleich für alle Anderen wie für sich arbeitet,
erwirbt und spart. Aus wirthschaftenden Hausständen setzt
sich jeder weitere Wirthschaftskreis zusammen. Aber ebenso
bildet die Familie das erste Element alles eigentlichen geistigen
Lebens. Im Schoosse der Familie wird der Mensch geboren;
hier empfängt er seine ersten geistigen Eindrücke, hier seine
ursprüngliche physische Erziehung, die erste Anleitung zum
Gebrauche seiner körperlichen und geistigen Kräfte. Das Kind
ist ganz und gar noch blosse Anlage und Bestimmbarkeit,
voll sinnlicher Receptivität, regiert vom Triebe, von unbegrenzter Fähigkeit der Entwicklung, aber noch ohne Urtheil und Einsicht, ohne Willenskraft und Selbstbeherrschung,
abhängig vom Naturbedürfnis, während das Geistige noch in
der Hülle des Seelischen schlummert. Dem Kinde gegenüber
sind die Eltern die natürliche Autorität; zur Selbstbestimmung
gelangt es durch den Gehorsam ohne Einsicht in den vernünftigen Grund, durch Gewöhnung und Nachahmung. Seine
Sprache gewinnt es als Muttersprache, die Grundlagen zu
freier Selbstbestimmung legt es in blinder Abhängigkeit; das
familienhafte Naturgefühl wird der Ausgangspunkt freier
Persönlichkeit.

4. Die unreflectirte Natürlichkeit, welche das Wesen der
Familiengemeinschaft ausmacht, beschränkt die in der Familie
lebende vernünftige Willensbestimmtheit auf die Form der
Sitte. Die Seele der Familie ist das Weib, das eigenthümlich Weibliche der Typus des Familienhaften. Wo man über
diese Stufe nicht wesentlich hinausgelangt, da bleibt die Form
alles Menschlichen eine dunkle Naturbestimmtheit, die Unmittelbarkeit und Gebundenheit des Gefühles; Brauch und
Gewöhnung unterdrücken die freie Selbstbestimmung. Die
Vererbung der körperlichen Eigenschaften verbindet sich mit
der Vererbung des in der Familie von Generation zu Generation einheimischen **Familiengeistes**. Darin liegt die

§ 15. Die Familie.

erste und bleibende Grundlage alles Menschlichen. Das patriarchalische Wesen bildet ein Grundelement in allen menschlichen Verhältnissen, auch wo die volle Freiheit der Subjectivität schon errungen ist. Auch das Ansehen und der Einfluss wird vererbt; darauf beruht der Geburtsadel, der in der menschlichen Natur selber begründet, in der einen oder anderen Form immer wieder ein wesentliches Phaenomen in aller menschlichen Lebensgemeinschaft ausmacht. Die Natur ist aristokratisch; Edle werden von Edlen, Gemeine werden von Gemeinen gezeugt. In den ursprünglicheren Zuständen prägt sich das stärker aus, aber es schwindet niemals. So lange Körpergrösse und Leibesstärke, Muth, Gewandtheit und gesellige Sitte als wesentliche Eigenschaften gelten, behält auch die edle Geburt ihre hohe Bedeutung; denn diese Eigenschaften vererben sich am regelmässigsten. Die Cultur freier Subjectivität erhebt über die Naturbestimmtheit, nivellirt den Familiengeist und gleicht die natürlichen Unterschiede aus; aber das kann sie nicht verhindern, dass von früh an in der Familie der Mensch mit der Muttermilch seine Gewohnheiten und seine Vorstellungen einsauge, und dass diese früh gewonnene Qualität in der unendlichen Mehrzahl der Fälle dem Menschen für immer anhafte. Auf dem Grunde der Familiensitte erweitert sich die Familie durch den Kreis der weiteren Verwandten, der Freunde, zur Pflege der Geselligkeit. Alles zielt auch hier noch auf sinnliche und gemüthliche Befriedigung, auf heitere Anregung und Belebung der Empfänglichkeit. Das Mittel der Geselligkeit ist die schöne Form, das Spiel, die Unterhaltung, die schöne Kunst: man will sich mit einander wolbefinden, sich gegenseitig gefallen, dem Gemüthe in freier Neigung unbefangenen Ausdruck geben. Alle idealsten Interessen klingen an in engster Verbindung mit der Pflege leiblichen Wolseins. So ist die Familie das bleibende Grundelement geistiger Gesundheit, der Rückkehr aus aller Einseitigkeit und Zerstreuung in die Einheit unbefangenen Naturgefühles.

§ 16.

Das Volk.

Wie die Gemeinschaft der Familie, so ruht auch diejenige des Volksthums auf Grundlagen, die von der Natur selbst gegeben sind, zunächst auf Gemeinsamkeit der Abstammung und damit gegebener physiologischer Gleichartigkeit und Verwandtschaft des natürlichen Temperaments, weiterhin auf Gemeinsamkeit der **Naturumgebung** und der durch sie veranlassten Formen der Arbeit. Diese Naturbedingungen der Volksgemeinschaft werden ergänzt oder ersetzt durch Gemeinsamkeit **geistiger Lebensformen**, durch Sprache, Sitte, Religion, Geistescultur. Dadurch aber wird die Volksgemeinschaft wesentlich zum Producte **geschichtlicher Processe**, dauernder Lebensgemeinschaft, gemeinsamer Thaten und Schicksale, und die Volkseinheit findet ihre tiefste Begründung erst da, wo durch Vermittlung geschichtlicher Gemeinschaft unter ursprünglich verschiedenartigen Menschen ein lebendiges Gefühl der Einheit, der Zugehörigkeit zu einem grossen Volksganzen, der Theilnahme an der Eigenthümlichkeit und Auszeichnung desselben sich herausgebildet hat. (Vgl. § 31.)

1. Die Gemeinschaft des Volksthums ist eine natürliche Bestimmtheit der Gemüther und bleibt das immer. Sie ist gegeben, vorgefunden, geworden, nicht gemacht, gewollt, beabsichtigt. Aber darin unterscheidet sie sich von der Gemeinschaft der Familie, dass für das Werden des Volksthums die bloss von der Natur gelieferten Bedingungen immer mehr an Bedeutung verlieren, die aus dem Boden des geistigen Lebens sich ergebenden Kräfte der Einigung an Wirksamkeit stetig zunehmen, so dass das Volk schliesslich noch weit mehr eine geistige als eine natürliche Einheit ausmacht. Volksgeist heisst zur unmittelbaren natürlichen Bestimmtheit Aller im Volke gewordener Geist. Volkseinheit und Volksgeist erklären sich gegenseitig; es ist das reinste Beispiel für das Verhältnis der Wechselwirkung. Die Einheit des Volksthums erzeugt geistige Gemeinschaft, und diese erzeugt stets lebendig sich erneuende und befestigende Einheit. Was die Menschen über die engere Familienverbindung hinaus ursprünglich zu grösseren Gruppen vereinigt und zusammenhält, ist ein Doppeltes: die fortlebende Erinnerung der gemeinsamen Abstammung und das Bedürfnis gegenseitiger Verstärkung zu gemeinsamer Arbeit und gemeinsamer Abwehr. Die gleiche Abstammung wirkt als reine Naturursache. Sie giebt mit äusserer leiblicher Aehnlichkeit, mit der Aehnlichkeit der Geberde und des Brauches auch das gleiche Bewusstsein der Gemeinsamkeit. Die familienhafte Autorität des Stammhauptes, der sich alle selbstverständlich beugen, ruht auf diesem Bewusstsein. Das andere Moment trägt schon eher den Charakter der freien Reflexion und Absicht. Auf Grund-

lage der Stammesgemeinschaft bleibt man und hält man zusammen um der gemeinsamen Gefahr und des gemeinsamen Bedürfnisses willen. Eben deshalb wird nun auch die Gemeinsamkeit der Naturumgebung zu einer Quelle des Einheitsbewusstseins: nicht bloss, weil die umgebende Natur des Menschen Gemüth und Gefühlsweise aufs tiefste beeinflusst, weil der Bewohner der Ebene anders geistig gestimmt ist als der Gebirgsbewohner, der Mensch der warmen Klimate in allem Betracht ein anderer ist als der Mensch der kalten Himmelsstriche, weil die Eigenart der Pflanzen- und Thierwelt eines Landes sich in der Eigenart der menschlichen Bevölkerung spiegelt; sondern vor allem, weil anderes Land andere Bedürfnisse setzt und andere Beschäftigungen auferlegt. Die Individualisirung der Theile des Erdbodens entspricht der Individualisirung der verschiedenen Abtheilungen der Menschheit. Die Menschen auf fruchtbarem Ackerboden sind anders als die Menschen der Oede oder der Steppe, weil sie andere Noth und andere Arbeit haben; das Volk an der Seeküste ist anders als das Volk im oberen Stromlande, weil die Schifffahrt, der Handel, die Industrie, der Ackerbau, die Viehzucht, weil Jagd, Fischfang, Bergbau den Menschen verschiedene Art und Haltung mittheilt. Dazu kommt die Leichtigkeit des Verkehrs und der dauernden Berührung, wie sie durch die Formationen des Erdbodens gewährt oder versagt wird, als Ursache des Bewusstseins der Einheit oder der Getrenntheit. Die Bevölkerungen weiter zusammenhängender Ebenen kommen leichter zur Einigung als diejenigen von Gebieten, die schon durch scharf ausgesprochene Naturgrenzen, insbesondere durch Gebirge, in kleine getrennte Gebiete von deutlicher Selbstständigkeit zerlegt sind.

2. Indessen, auch hier erweist sich der Mensch als Herr über die Natur. Die Verbindungen, welche die Natur versagt hat, werden durch die Kunst hergestellt; auf dem gleichen Boden bildet sich die grösste Verschiedenheit der Beschäftigungen; wandernd und reisend gewöhnen sich die Menschen an die verschiedenartigsten Natureindrücke und bilden ihre Stimmung um; Menschen verschiedenster Abstammung und Art leben auf demselben Gebiete zusammen. So bilden sich neue Einheiten, die nicht mehr von Natur gegeben sind, auf der Grundlage gemeinsamen geistigen Schaffens und geistigen Besitzes. Wir nennen, ohne ins Einzelne eingehen zu können, nur die hauptsächlichsten Potenzen geistigen Lebens, die auf solche Einheit des Bewusstseins hinwirken. An erster Stelle steht die Gemeinsamkeit der Sprache und Schrift, die sich im Zusammenleben aus ursprünglicher Verschiedenheit herstellt, ferner die Gemeinsamkeit des herrschenden, festge-

wordenen Vorstellungskreise, Mythus und Sage, Lied und Sprichwort, volksthümliche Meinungen von Natur- und Menschenleben, Gemeinsamkeit der Sitten und des Brauches, endlich der gesammte Zustand der idealen geistigen, wie der technischen materiellen Cultur. Ganz verschiedene Bestandtheile einer Bevölkerung, die auf diesen Gebieten in Wechselwirkung gemeinsam produciren, verschmelzen mit einander eben durch diese Gemeinschaft des Producirens zum Bewusstsein der Einheit, als wäre diese von Natur gegeben. Insbesondere ist es die Religion, welche die Einheit eines Volksbewusstseins repräsentirt. Der Gott des Volkes ist das ideale Gegenbild des Volksgeistes; an seinem Gotte hat das Volk seine Selbstanschauung in objectiver Form. Und wie das Volk besonders vermittelst seiner eigenthümlich gearteten idealen Cultur sich zu immer geschlossenerer Einheit seines Selbstbewusstseins zusammenfasst, so giebt es darin zugleich seinem Unterschiede von anderen Völkern den energischsten Ausdruck. In der idealen Cultur liegt die Macht der stärksten Repulsion zwischen den verschiedenen Volksgeistern, deren jedes in dem stolzen Selbstgefühle seiner Eigenthümlichkeit das Fremde als das Geringere, Werthlose, Verhasste von sich weist, weil es sich dadurch in seinem innersten Selbst bedroht und gefährdet weiss. Daher in den Völkern der lebhafte Trieb der Selbsterhaltung, das Streben nach eigener Unabhängigkeit, das so leicht in das Streben nach Unterdrückung des Fremden ausartet, um die eigene werthvollere Art nicht bloss zu sichern, sondern auch auszubreiten und ihre innere Ueberlegenheit in der äusseren Thatsache des eigenen Sieges und der eigenen Herrschaft, der Niederlage und Unfreiheit des Anderen handgreiflich zu demonstriren.

3. Darin ist nun das Werden der Einheit des Volksbewusstseins zu einer Sache geschichtlicher Thaten und geschichtlicher Processe geworden. Damit dies einheitliche Volksbewusstsein sich bilde, bedarf es schliesslich weder der Gemeinschaft der Abstammung oder der Gleichheit der Naturumgebung oder sonst irgend einer bloss natürlichen Bedingung, noch der gemeinsamen Sprache und Cultur. Das von Natur ganz Verschiedene verschmilzt zu e i n e m Volke, ohne dass selbst das Bewusstsein der ursprünglichen Verschiedenheit zu verschwinden brauchte. Die Religion, die Sitte, selbst die Sprache kann die Bestandtheile trennen wie der Racencharakter, und doch können dabei diese Bestandtheile zu einem einheitlichen Ganzen verwachsen sein. Was so im höchsten Sinne die einigende Macht bildet, durch die ein Volk entsteht, das ist im Gegensatze zu der Natur die G e s c h i c h t e. Gemeinsame Unternehmungen und Schicksale, gemeinsam erfahrenes Glück und

ertragenes Leid, gemeinsam durchgeführte Kämpfe sind der
festeste Kitt zwischen den Menschen. Die zuerst widerwillig
neben einander standen und lieber sich feindlich gegenüber
gestanden hätten, die lernen über alle Verschiedenheit hinaus
sich als Eines empfinden. Die nur der Zwang und die bittere
Nothwendigkeit zusammenhielt, werden zu Brüdern, die freudig
für einander einstehen, weil der Gedanke, dass man sich trennen
könnte, auch nicht mehr als ein möglicher vorschwebt. Aller
Ruhm wird dann als ein gemeinsamer Ruhm des Ganzen von
jedem Bruchtheile und jedem Einzelnen sich zugeeignet: die
Namen der grossen Männer im Krieg und Frieden, der Helden
und Gesetzgeber, der Gelehrten und Künstler lassen jedes
Herz höher schlagen, und jeder Einzelne meint Theil zu haben
an der Ehre, die die grossen Männer und die grossen Thaten
umstrahlt, auch diejenigen aus längst entschwundenen Jahrhunderten. Der Begriff des Volkes ist also ein höchst com-
plicirter; mit einer einzelnen Bestimmung ist es unmöglich,
ihn zu erschöpfen. Von dem Jägerstamm oder der Nomaden-
horde bis zum Culturvolke von entscheidender Bedeutung
für den geschichtlichen Entwicklungsgang des menschlichen
Geistes finden sich die verschiedensten Bedingungen für das
Bewusstsein der Einheit nach innen und des Gegensatzes nach
aussen. Die grossen culturtragenden Völker haben sich alle
auf geschichtlicher Basis durch Verschmelzung von Hete-
rogenem gebildet. Solche Verschmelzung kann ungünstige,
sie kann aber auch die allergünstigen Resultate ergeben. Erst
da hat der Begriff des Volkes seine ganze Erhabenheit erreicht, wo der geschichtliche Geist sich als die höhere Macht
über die trennende Naturschranke hinaus erwiesen hat; der
naive Autochthonen-Stolz ist eine Auflehnung der Natur
wider den Geist, die bei den Alten als selbstverständlich,
bei christlichen Völkern nur als Rückfall in die Barbarei erscheinen kann. Recht verstanden freilich ist es das Volk,
dem wir angehören, das uns erst zu Menschen macht. Das
Volk ist nicht eine blosse Summe von Individuen, sondern es
ist die grosse lebendige Gemeinschaft, die die Individuen erst
zeugt und nach sich bestimmt. In dem System äusserer Ge-
meinschaftsformen, in denen sich der Volksgeist zum gegen-
ständlichen Ausdruck bringt, haben auch die Individuen den
Stolz ihres Selbstbewusstseins. An seinem Volke hat jeder
Einzelne seinen Adelsbrief, seinen höheren und edleren Gehalt,
seine irdische Fortdauer. Denn er lebt mit seinem Volke,
und sein Volk überdauert ihn. Der Volksgeist ergreift jeden
Einzelnen; in dem, was in seinem Volke lebendig ist an Sitte
und Meinung, an Sprache und Literatur, findet jeder das
innerste Wesen seiner eigenen Persönlichkeit ausgeprägt. Wer

sich selbst festhalten will, muss sein Volk festhalten. Wer sich von seinem Volke lossagt, der wirft sich selbst weg, der hat die Ehre seines Selbstbewusstseins aufgegeben. Jeder nimmt an der Menschheit Theil nur vermittelst seiner Volksthümlichkeit; jeder ist zuerst Sohn seines Volkes und dann erst Mensch. Wer sich nicht im historischen Zusammenhange seiner Volksgeschichte als historisches Product fühlt, der kommt überhaupt nicht zum echten Selbstgefühl seiner menschlichen Persönlichkeit.

Drittes Capitel.

Die Interessen der Menschen.

§ 17.

Die materiellen Interessen.

Wie die Erhaltung und Pflege des leiblichen Daseins die Bedingung für den gesammten Lebensprocess, für die Empfindung irgend welcher Lust, für die Vollziehung irgend welcher leiblichen oder geistigen Thätigkeit ist, so macht die Sorge für leibliche Selbsterhaltung und leibliches Wolsein das erste und alle anderen bedingende Interesse der Menschen aus, so sehr dass die grosse Masse der Menschen sich über diese materiellen Interessen kaum zu erheben vermag und der Wettbewerb um die äusseren Güter Kraft und Leben der Meisten fast ausschliesslich in Anspruch nimmt. Da aber die Menschen meistens in Folge einer unmittelbaren und natürlichen Bestimmung ihres Selbstgefühls die nächsten Familienglieder als zu dem eigenen Dasein mitgehörig und die Sorge für das äussere Wol derselben als untrennbar von der Sorge für die eigene Person empfinden, so erweitert sich das eigennützige Streben nach dem eigenen Wol bei den meisten Menschen zu einem Streben für Erhaltung und Wolfahrt des Familienstandes, so wie für Beschaffung und Bewahrung möglichst vieler äusserer Mittel nicht nur für augenblicklichen oder nahe bevorstehenden Gebrauch, sondern auch für eine fernere Zukunft, um Gefahren sicher begegnen, auftauchende Bedürfnisse und Begierden sicher befriedigen und selbst über die Zeitgrenze des eigenen irdischen Daseins hinaus den in das eigene Selbstgefühl aufgenommenen Familiengliedern ein gewisses Maass von äusserer Wolfahrt sichern zu können.

1. Die materiellen Interessen entwickeln sich auf Grund der Triebe und Begierden des natürlichen Menschen; sie sind an sich rein egoistischer Natur, und es verdient weder Lob noch Tadel, dass die Menschen ihnen ergeben sind. An sich liegen sie allen sittlichen Lebensformen voraus und zu Grunde; aber sie lassen es nicht bloss zu, sie fordern es geradezu, dass weiterhin die Art, wie sie betrieben werden, zum Gegenstande freier sittlicher Selbstentscheidung erhoben werde. Zu Grunde allerdings liegt das rein natürliche Streben nach physischer Selbsterhaltung, nach Befriedigung der leiblichen Bedürfnisse, und der darin zum Vorschein kommende Eigennutz ist an sich kein Gegenstand des Vorwurfs. Vielmehr, da alles höhere geistige Leben und Streben an der physischen Selbsterhaltung ebenso seine Voraussetzung hat, wie alles Geistige am Leiblichen, so wird für denjenigen, der sich im höheren Sinne als von Gott gewolltes Organ für die heiligsten Zwecke erfasst und als solches erhalten will, der Eigennutz zu eigentlicher Pflicht. Gerade der gottergebene Sinn der Selbstverleugnung und Weltflucht, der Aufopferung für die Zwecke, die man unter dem Namen des Reiches Gottes zusammenfasst, setzt voraus, dass die Aufgabe der leiblichen Selbsterhaltung, wo nicht noch höhere Zwecke fordern, dass man im gegebenen Ausnahmefall von ihr absehe, schon gelöst und durch ernstes, consequentes Streben gewahrt sei. Man darf deshalb den Eigennutz nicht mit der Selbstsucht verwechseln. Diese ist an sich tadelnswerth, jener nicht. Die Selbstsucht ist ausdrücklich pflichtwidrig; der Eigennutz ist rein natürlich und kann sehr wohl durch das Pflichtgebot ausdrücklich selbst dem widerstrebenden Willen auferlegt werden. Ein Geistlicher z. B., der viele Kinder hat, handelt pflichtwidrig, wenn er in lässigem Gottvertrauen und falscher Scheu sich um die bessere Pfründe nicht bemüht und den Mitbewerbern den Rang auf ehrliche Weise abzulaufen verschmäht. Die Gesinnung der Weltflucht und Weltentsagung, der selbstverleugnenden Liebe und Hingebung bewährt sich weit seltener in mönchischer Askese, als mitten in der Arbeit für die Andern, bei der man auch seinen und der Seinigen Nutzen pflichtmässig wahrzunehmen hat.

2. Die Zwecke der Selbsterhaltung werden naturgemäss von jedem in der Gemeinschaft mit anderen Menschen ver-

folgt, theils weil der Mensch von Natur auf die Gemeinschaft angewiesen ist, den Trieb zur Mittheilung, das Bedürfnis der Anregung des Gefühls- und Vorstellungsvermögens im Verkehr und in der Sympathie mit Anderen empfindet, theils weil er auf Nachahmung dessen, was die Anderen thun, auf Aneignung des von früheren Geschlechtern Ueberlieferten, auf Wechselwirkung in der Gemeinschaft, auf das Geben und Empfangen, Lernen und Lehren angelegt ist, theils endlich, weil er durch Intelligenz einsieht, dass vereinigte Kraft Vieler jeden Einzelnen besser in den Stand setzt, die Zwecke der Selbsterhaltung, des Woles und des sinnlichen Behagens zu erreichen. Dasjenige, was als Mittel der Selbsterhaltung erfasst und festgehalten wird, sind zunächst die äusseren körperlichen Dinge, die dem Dienst und Bedürfnis der Menschen unterworfen, verbraucht oder für künftigen Gebrauch aufbewahrt, als Mittel künftiger Erzeugung von brauchbaren Dingen angeeignet oder erzeugt werden. Ebendahin aber gehört die Verwendung von menschlichen Kräften und Leistungen, die man sich für das eigene Interesse zu sichern sucht. Dieser Umgang mit körperlichen Dingen und mit der productiven Kraft von Menschen macht das System der Wirthschaft aus; die Grundlage für alle materiellen Interessen bilden somit die **wirthschaftlichen Interessen** der physischen und socialen Selbsterhaltung. Der Natur des Menschen nach haben alle Zwecke, die höheren wie die niederen, eine wirthschaftliche Seite; denn bei allen unseren Thätigkeiten bedürfen wir der äusseren Mittel und sind wir von äusseren Verhältnissen abhängig. In der Natur der wirthschaftlichen Interessen aber liegt das Bestreben eines jeden, selbst zu wachsen an Mitteln und an Macht, und sofern die Anderen nothwendig und naturgemäss das gleiche Streben haben, diesen zuvorzukommen und zunächst sich selbst in dem sicher zu stellen, was für das eigene Wol erforderlich ist oder scheint.

3. Schon daraus ergiebt sich zwischen den in wirthschaftlicher Gemeinschaft Lebenden der ernste Kampf des **Wettbewerbs**. Derselbe wird aber ausserordentlich verschärft und verbittert dadurch, dass nach der Natur des Menschen die Bedürfnisse eines jeden die Fähigkeit und die Neigung haben, ins Unendliche zu wachsen. Es giebt beim Menschen nicht wie beim Thiere eine feste Grenze seines Bedürfnisses; vielmehr jede gesicherte Befriedigung regt naturgemäss das neue Streben an, das ebenso nach Befriedigung ringt. Hinzu kommt die völlige Unbestimmtheit, die im Begriff des natürlichen Willens und seiner Willkür liegt, und vermöge deren jeder Grad von blinder Selbstsucht, von Missachtung

§ 17. Die materiellen Interessen.

der Interessen und Existenzbedingungen des Andern erwartet werden kann und gefürchtet werden muss. Denn dass der natürliche Wille und seine ungezügelte Begierde durch Gesichtspunkte vernünftiger Allgemeinheit irgendwie ethisch geregelt sei, ist von der Seite der äusseren Erfahrung ein blosser Zufall, der unter anderem auch vorkommt, aber nirgends mit einiger Sicherheit vorausgesetzt werden darf. Und selbst die Einsicht in den wahren und dauernden Nutzen, die praktische Klugheit, die sich ohne eigentlich sittliche Motivirung mit dem bescheidet, was wahrhaften Vortheil verheisst, ist, wie die Menschen einmal beschaffen sind, nur hier und da und nicht regelmässig vorhanden. Denkt man sich also einen Zustand, wie man ihn sich seit alter Zeit als Stand der Natur vorgestellt hat, wo die in Gemeinschaft lebenden Menschen ihren Interessen, und zwar zunächst nur den wirthschaftlichen Interessen, nachgehen, ohne eine andere Einwirkung auf die Motive und die Erfolge ihres Handelns, als die in der Natur der Menschen und in der Natur der Dinge liegen, so würde dieser Zustand dem Bilde so ziemlich entsprechen müssen, das mit sicherer Hand Hobbes und nach ihm am besten J. G. Fichte gezeichnet hat, und der Krieg aller gegen alle würde dafür als der passendste Ausdruck erscheinen. In diesem Zustande würde jeder nur so viel an den zur Selbsterhaltung nöthigen Dingen haben und festhalten, als er mit eigener Macht und List behaupten kann. Jeder müsste auf den Angriff von jedem anderen in jedem Augenblicke gefasst sein. Allgemeines Misstrauen würde herrschen, Vertrauen nur ausnahmsweise sich einstellen. Der natürliche Trieb des Wolwollens würde zurückgedrängt durch die unausgesetzte Furcht; den Andern zu fördern, würde unklug, ja pflichtwidrig sein, da Zunahme der Macht und des Woles des Anderen Zunahme der eigenen Gefahr und Bedrohung sein würde und die Pflicht der Selbsterhaltung auch im Sinne des Dienstes aller höheren Zwecke für jeden die erste und nächste Pflicht ist. Gerade der sittlich geläuterte und edle Wille würde in diesen Kampf des Misstrauens und der gegenseitigen Bedrohung am allergewaltigsten verstrickt werden, weil gerade er nicht bloss die nächsten sinnlichen Bedürfnisse für sich und die Seinen, sondern auch eine Menge von viel höheren Zwecken zugleich zu bedenken und dafür einzustehen hätte.

4. Durch alles dies wird nun diese Sphäre der wirthschaftlichen Interessen die eigentliche Heimath der Ungemüthlichkeit, des unauslöschlichen Streites; nirgends wie hier entfaltet sich die Nachtseite der menschlichen Natur; alle Gemeinheit und verblendete Selbstsucht des natürlichen Willens, alle krause Zufälligkeit der individuellen Willkür mit ihren

Trieben, Begierden und Neigungen findet hier ihre Heimath. Dieses wirthschaftliche Ringen und Streben ist Bedingung und Voraussetzung für alles Höhere, und zugleich hält es den Menschen mit unabänderlicher Gewalt irdischer Schwere am niederen Stoff und niederen Treiben fest. Arbeit an der äusseren Natur und Umgang mit schlechten körperlichen Dingen vom Mist und Schmutz bis zum sogenannten edlen Metall und edlen Gestein ist das Loos auch der Edelsten und Besten auf der Erde. Um zu essen, zu trinken, zu schlafen, warmes Gemach und warme Kleidung zu haben, geht der beste Theil des Lebens drauf. Bei Strafe des physischen Todes und des Scheiterns aller edleren Zwecke darf nichts davon unterlassen werden. Und dabei ist die Natur der Menschen und der Dinge darauf eingerichtet, dass auch im günstigsten Fall der Unendlichkeit der Bedürfnisse ein eng begrenztes Maass von Mitteln der Befriedigung gegenübersteht, dass dem Menschen nichts von selber zufällt oder von selber aushält, dass zum Erwerb und Besitz ausdauernde Arbeit, Mässigung und Besonnenheit gehört, die Eigenschaften also, die zu pflegen dem Menschen am schwersten fällt. Und um dieses im Verhältnis zum Bedürfnis und zur Begierde so Wenige, das erarbeitet, erspart, erworben ist, herrscht der erbitterte Streit des Wettbewerbes, in welchem jeder auf seiner Hut sein muss oft gegen den nächsten Freund. Alle Arglist und Verschlagenheit, alle Bosheit und Tücke der gemeinen menschlichen Natur, dazu bei den Edleren selbst die Parteilichkeit und Unsicherheit der Meinung breitet sich auf diesem Plane selbstgefällig und anspruchsvoll aus. Wo aber die Mittel der Befriedigung ausnahmsweise einmal für die vorhandene Menge der Menschen reichlicher zu fliessen scheinen, da ist es wieder unabänderliche Ordnung der Natur, dass an der reicher besetzten Tafel nach dem Gesetze der Zeugung eine Ueberzahl von Gästen sich einfindet, welche die dem Einzelnen zuzuwendenden Bissen wiederum schmälert und den Hunger für viele oder doch für die Mehrzahl immer wieder erneuert. So bleibt die Noth der dauernde Zustand des menschlichen Geschlechtes; sie bleibt es trotz aller nur denkbaren Fortschritte in der Bewältigung der Natur und in der Erzeugung der Güter. In demselben Verhältnis, wie der geistige Fortschritt sich vollzieht, wächst auch die Menge der Bedürfnisse und Begierden; Zunahme des Reichthums heisst für das Geschlecht vielmehr Zunahme der Armuth, nicht vermöge besonderer menschlicher Einrichtungen, sondern vermöge der Einrichtung der Natur. Reichthum ist nur der Art nach veränderte, nicht der Grösse nach verminderte Noth. Die Noth selbst wird dann immer wieder das Motiv

§ 17. Die materiellen Interessen.

verstärkter Arbeit. Nur die Noth überwindet die natürliche Arbeitsunlust des gemeinen Menschen: nur sie bewirkt, dass auch diejenigen Arbeiten geschehen, die niemand um ihrer selbst willen vollbringen mag und die doch vollbracht werden müssen. Denn Arbeitslust und Freude an der Sache ist naturgemäss nur bei wenigen vorhanden, und selbst das Motiv der Ehrliebe ist nur bei der Auswahl wirksam: zum freudigen Dienste höherer Zwecke ohne Noth aber finden sich nur die Edelsten und Besten bereit. Nur die Noth schränkt endlich das Uebermaass der Zeugung ein. So wird die Noth der Menschen in der Hand der Natur der gewaltige Regulator für den vernünftigen Fortgang der menschlichen Dinge: relativer Wolstand erzeugt sie immer von neuem durch Schwächung des Antriebs zur Arbeit.

5. Es ist hier nicht der Ort, um die einzelnen grundlegenden Begriffe des wirthschaftlichen Lebens eingehender zu erörtern. Nur so viel ist zu sagen, dass die Gemeinschaft der Menschen von Natur die Bestimmung hat, in immer vollkommenerer Weise zunächt die physische Selbsterhaltung jedes Einzelnen durch die gemeinsame Thätigkeit aller zu sichern. Was irgend einem wirthschaftlichen Bedürfnisse zu entsprechen vermag, das ist ein wirthschaftliches Gut. Dahin gehören zunächst die körperlichen Dinge mit ihren Kräften und Eigenschaften, dahin aber auch die Arbeitskräfte und Leistungen der Menschen selber. Solche Güter werden in der Gemeinschaft gemeinsam für alle erzeugt durch Arbeit, und weil nach dem Gesetze der menschlichen Anlage die Gewohnheit einer bestimmten Arbeitsart den Process der Gütererzeugung erleichtert und beschleunigt, so strebt die Entwicklung des wirthschaftlichen Lebens eine immer weiter specialisirte Theilung der Gesammtarbeit zwischen den Einzelnen an, die ihre Ergänzung findet in dem immer mehr vervollkommneten System des Austauschs und des Verkehrs. Durch das Zusammenwirken der Menge der vorhandenen Güter mit der Intensität der vorhandenen Begierden und Bedürfnisse bestimmt sich der Werth der Güter im Verkehr, und um dem Werth einen exacten Ausdruck geben zu können, dient das allgemeine Austauschsmittel des Geldes, an dessen fest bestimmtem Werthe alle anderen Werthe gemessen werden. In diesem ganzen Systeme der Arbeit und des Verkehrs übt der natürliche Wille des Triebes und der Begierde seine fast uneingeschränkte Herrschaft. Freilich ist der höhere geistige Wille nicht ausgeschlossen: aber in diesem Systeme nimmt selbst der idealste Willensinhalt die Form des eigennützigen natürlichen Willens an, und die weit überwiegende Masse beugt sich höchstens der Forderung des klug

sich beschränkenden Egoismus. Natürlicher Wille aber ist
determinirter Wille. Die Natur schafft die Menschen mit
einer durchschnittlichen Willensbeschaffenheit, so dass in
grossen Massen die individuellen Abweichungen nach der einen
und nach der anderen Richtung sich gegenseitig so ziemlich
ausgleichen und aufheben uud ein gewisses Mittelmaass
des Wollens gerechnet werden kann. Im Verkehr der Güter
sucht jeder den eigenen Vortheil; er will für ein möglichst
geringes Maass von Gütern, die er hingiebt, ein möglichst
hohes Maass von Gütern eintauschen. Dabei wirkt der natürliche Trieb und die Begierde nach Art einer Naturkraft, und
die wirthschaftlichen Processe vollziehen sich mit einer an
die Wirkungsart der Naturkräfte erinnernden Gesetzlichkeit.

6. Ueber die engherzige Abgeschlossenheit in den Eigennutz der persönlichen Selbsterhaltung wird der Mensch zunächst
emporgehoben durch den elementaren Trieb der Familienliebe. Auch diese ist an sich noch keinesweges eine ethische
Art von Willensbestimmung; sie hat mit dem Naturtriebe
der Thiere eine nahe Verwandtschaft. Aber der Mensch tritt
in diesem übermächtigen und für jede Art der Veredelung
leicht empfänglichen Triebe zu allererst in eine innige Gemeinschaft mit anderen, ohne die er sich selbst weder fühlen
noch denken kann. Das geschlechtliche Verhältnis von Mann
und Weib, das elterliche Verhältnis der Erzeuger zu den
Kindern und umgekehrt, das geschwisterliche Verhältnis und
das der Blutsverwandtschaft, so weit es überhaupt noch auf
Gemeinschaft des Lebens und dem unmittelbaren Gefühle der
Zusammengehörigkeit beruht, machen die erste Stufe der
Idealisirung des eigennützigen Willens aus; zugleich durchdringen sie die Gesammtgestaltung aller wirthschaftlichen
Interessen, die dadurch zu Interessen der verschiedenen Hausstände und weiteren Familienkreise werden. Die Familienliebe
liefert die nächsten mächtigen Motive zur Uebernahme von
Arbeit, von Mühen und von Einschränkungen des Verbrauches;
sie verschärft aber auch die Hitze und Leidenschaft des wirthschaftlichen Wettstreits durch dringende Sorge um solche,
deren Wohl jedem normal angelegten Menschen noch mehr
am Herzen liegt als das eigene. Insbesondere die Sorge
um die Zukunft und selbst eine ferne Zukunft geht aus der
Liebe zu den Kindern und den Kindern der Kinder hervor.
Deshalb übernimmt das gegenwärtige Geschlecht die sauerste
Mühe für das Wohl kommender Geschlechter. Der Mann
und die Frau arbeiten und sparen für die Zukunft der Kinder.
und der Greis pflanzt Bäume, die erst einer späteren Generation Schatten oder Früchte zeugen werden.

§ 18.
Die Interessen der Persönlichkeit.

Zu den Interessen der leiblichen Selbsterhaltung treten andere hinzu auf Grund ebenso mächtiger Triebe, die ganz allgemein in der menschlichen Natur liegen. In dem Selbstbewusstsein des Menschen von normaler Anlage liegt zunächst der Trieb, sich selbst zu schätzen, sich höher oder mindestens ebenso hoch wie andere zu stellen, und die Begierde, sein eigenes Wesen von den anderen anerkannt zu sehen. Zugleich aber beseelt alle in höherem oder geringerem Grade der Trieb nach Macht und Herrschaft über die anderen, die Scheu vor Knechtschaft und Unterordnung und das Streben nach den äusseren Mitteln, welche dazu dienen, Ehre, Einfluss und Macht zu gewinnen und zu behaupten. Die ursprüngliche Ungleichheit der Menschen nach Anlage und äusseren Verhältnissen steigert sich ins Grenzenlose durch den ungleichen Erfolg dieses Strebens. Dazu kommt, dass der Mensch unmittelbar und von Natur auch Interessen idealerer Art verfolgt, die über sein Einzeldasein hinausliegen und in der Liebe zur guten Sitte, zur Erkenntnis und zur rechten Gottesverehrung, in der Freude am Schönen und an dem für Viele Nützlichen wurzeln. Dieser weitere Interessenkreis indessen, den wir unter dem Namen Interessen der Persönlichkeit zusammenfassen, vermag die Wirkung des Streites der Einzelinteressen nicht abzuschwächen, sondern nur noch weiter zu steigern. Indem der Einzelne sich nicht als solcher, sondern unmittelbar als einer unter seinesgleichen empfindet, schliessen sich die Menschen nach Classen gegliedert zusammen, und der Wettbewerb wird zum feindseligen Kampfe der verschiedenen Gruppen innerhalb der Gemeinschaft, von denen jede durch die Gemeinsamkeit der Interessen zusammengehalten, und jeder anderen gegenüber durch den Gegensatz der Interessen zum Streit um vorwiegende Ehre und Macht gespornt wird.

1. Die materiellen Interessen, die grundlegenden für alle anderen, werden von den Menschen bei weitem nicht bloss um ihrer nächsten und engsten Bestimmung, um der Selbst-

erhaltung willen verfolgt, sondern sie stehen zu allen anderen
menschlichen Zwecken in der nächsten Verbindung. Besitz
an äusseren Gütern macht unabhängig, giebt Macht und Ehre,
und indem er nicht bloss für das Individuum, sondern für
seine Nachkommen mit erworben wird, verleiht er eine Art
von Fortdauer der persönlichen Existenz, eine Aussicht, die
den Menschen schmeichelt und sie zu erhöhten Anstrengungen
treibt. Ein Geschlecht von nachhaltiger Blüthe zu begründen
und auszustatten, dieser Gedanke wird für viele der Sporn
zu wirthschaftlichen Tugenden und veredeltem Eigennutz.
Was einmal an vorwiegendem Besitz, überlegener Macht und
vorragender Ehre gewonnen worden ist, das hat eben deshalb
die Neigung, sich im engeren Kreise zu befestigen und für
immer fortzubestehen. Sobald es einen Anfang wirthschaftlicher Thätigkeit giebt, so stellen sich damit auch die Unterschiede zwischen wirthschaftlich Starken und wirthschaftlich
Schwachen ein. Denn die Ungleichheit zwischen den Individuen, die in der gründlich verschiedenen körperlichen und
geistigen Ausstattung ihren Grund findet, offenbart sich am
allerunmittelbarsten in dem sehr verschiedenartigen Erfolge des
Wettstreites um die äusseren Güter. Darauf wirken aber
nicht bloss die inneren, sondern auch die äusseren Bedingungen
der Arbeit ein, die für die verschiedenen Individuen nicht
weniger ungleichartig sind, als die persönliche Begabung.
Wie kein Stück des Erdbodens dem andern gleich ist, so
sind auch die Verhältnisse von Wasser und Luft und allen
Elementen, sind auch die Beziehungen zu den anderen Menschen
für den einen günstiger als für den anderen. Diese Un-
gleichheit nun vererbt sich, vergrössert sich im Verlauf der
Generationen; die Unterschiede der Bildung, des körperlichen
Gebahrens werden zu festen Merkmalen; der Besitz und die
Möglichkeit zum Besitze zu gelangen wird für die einzelnen
Familienkreise immer ungleichartiger; und eigenthümliche
Verhältnisse der Macht und der Ehre erwachsen daraus ohne
Aussicht möglicher Veränderung. Wer den grösseren Besitz
hat, der hat eben daran die reicheren Mittel des Erwerbs;
er ist damit zugleich der Herr, der Freie, wie der Arme als
solcher der Bedürftige und Abhängige ist. Darum wird der
Reichthum auch als Mittel der Macht begehrt, und wiederum
die Macht als Mittel des Reichthums gebraucht. Der grössere
Besitz verleiht der Regel nach selbst die grössere körperliche
Blüthe, verlängerte Lebensdauer und reichere geistige Entwickelung. Im wirthschaftlichen Kampfe sinken daher die
einen desto tiefer, je höher die anderen steigen. Und selbst
das Gegengewicht gegen den dem Menschen natürlichen Zug
rücksichtsloser Härte, welches darin liegt, dass Ehre erworben

§ 18. Die Interessen der Persönlichkeit.

und Macht behauptet wird durch Schutz und Wolwollen, die man den Schwachen erweist, vermag doch jene Richtung der Entwicklung nur zu steigern. Denn der Starke empfindet seine Herrschaft immer mehr als selbstverständlich und als Wolthat für den andern, und der Schwache wird unter dem Schutze des Mächtigen immer schwächer. Das Gefühl und Bewusstsein seiner Kraft erlischt; er fügt sich in seine Unselbstständigkeit und in sein Elend, und begnügt sich, als Knecht unter der Willkür des andern ein kaum noch menschliches Dasein zu fristen. Der Zufall der Abstammung entscheidet zuletzt völlig über das Schicksal des Menschen; die Unterschiede des Besitzes und der Macht, die durch die Reihenfolge der menschlichen Geschlechter hindurch immer schroffer und immer breiter klaffen, schliessen einen immer grösseren Theil der Menschen von der Theilnahme an allem Menschlichen aus. Die menschliche Gemeinschaft, die dazu dienen sollte, mit vereinigten Kräften jedem die Befriedigung seiner Interessen zu erleichtern, wird zum Fallstrick für die überwiegende Zahl und verhindert, dass ein grosser Theil der Menschen überhaupt noch eine menschliche Existenz führt. Und das alles nicht aus Schuld oder bösem Willen der Menschen, sondern vermöge der in der menschlichen Natur liegenden Nothwendigkeiten.

2. Nun wird ja freilich der abstract eigennützige Wille thatsächlich nirgends gefunden. Nicht bloss durch das Familieninteresse wird er durchbrochen, sondern durch eine grosse Menge von edleren Regungen und Antrieben wird er vermenschlicht. Der Wille des Menschen ist von vorn herein der Wille eines auf Unendlichkeit der Willkür angelegten Wesens, und unter den Zwecken, die der Mensch verfolgt, sind unmittelbar und von Natur auch solche, die ihrem Wesen nach aus seiner geistigen Natur entspringen. Die ursprünglichsten dieser Zwecke liegen auf dem Gebiete der Religion, der ältesten und elementarsten Macht im menschlichen Geiste; sie liegen ferner in der Anhänglichkeit an die liebgewordenen Bräuche und Gewohnheiten, in dem geistigen Bedürfnis der Bezwingung und Ordnung der äusseren Naturverhältnisse auch abgesehen von dem individuellen Besitz und von den Bedürfnissen der persönlichen Selbsterhaltung. Der Mensch ist ferner vor allem ein entwicklungsfähiges und immer höheren Zielen zugewandtes Wesen, und sein geschichtliches Leben vollzieht sich in fortschreitender Cultur, in der Ausbildung aller seiner körperlichen und geistigen Kräfte und Anlagen. Das geschäftige Spiel seiner Phantasie wird zum fruchtbaren Boden, auf dem die schöne Kunst erwächst; die reflectirende Thätigkeit seines Verstandes drängt ihn zur Pflege der

Wissenschaft. An Ordnung und Regel in allen äusseren Verhältnissen hat der Mensch ein natürliches Wolgefallen, und was vielen oder allen Freude macht, das wird durch die natürliche Sympathie mit seinesgleichen zu einem Gegenstande seines eigenen persönlichen Interesses. Das Gemeinnützige zu suchen und zu pflegen, empfindet der Mensch Beruf von Natur. Je weiter die menschliche Gattung in ihrer Entwicklung fortschreitet, desto entschiedener und allgemeiner stellen sich diese objectiven Zwecke der Summe von Interessen der äusseren Selbsterhaltung und von bloss subjectiven Interessen zur Seite. Aber wenn man meinte, dass die in solchen objectiven Zwecken wurzelnden Interessen von idealerer Art geeignet wären, das Resultat des Kampfes um die Selbsterhaltung wesentlich abzuändern, so würde man gleichwol irren. Zunächst laufen auch sie immer auf materielle, wirthschaftliche Interessen hinaus; alle höchsten Zwecke, auch Religion und Kunst, Wissenschaft und Naturbeherrschung bedürfen zu ihrer Pflege zu allererst der äusseren Mittel. Sodann aber werden auch diese höheren Interessen nicht mit geringerer, sondern eher mit grösserer Leidenschaft und Ausschliesslichkeit betrieben, als die anderen. Und endlich tritt nirgends mit so entscheidender Gewalt wie auf diesen idealeren Gebieten der ursprüngliche Unterschied in der Beanlagung der Menschen hervor; nirgends scheiden sich so deutlich die Edlen von den Gemeinen oder Mittelmässigen, die Leitenden und Herrschenden von den Geleiteten und Beherrschten. Zwischen den im äusseren Besitz Gesicherten, die ihre Kraft und ihr Streben den objectiven idealen Zwecken zuwenden, und den Dürftigen und Geringen, die in natürlicher Dumpfheit auf den engen Kreis der ärmlichsten Interessen des physischen Lebens beschränkt bleiben, giebt es zuletzt kein inneres Band des gegenseitigen Verständnisses mehr. Die Menschheit zerfällt in Geistesfreie und in Sclaven, die vor allem Sclaven der Sinnlichkeit und ihres äusseren Bedürfnisses sind. Wie zwischen Reichthum und Armuth, so erhebt sich zwischen geistiger Bildung und Unbildung eine trennende Mauer. Wie der Besitz, so macht die Bildung den Freien; der ungebildete, ungeschulte Verstand ist hilflos und elend dem gebildeten und geschulten Verstande gegenüber. Vorhandensein oder Mangel der Uebung in gesellschaftlichen Formen charakterisirt bleibend getrennte Theile der menschlichen Gemeinschaft. Auf der einen Seite herrscht die Tendenz zur Unterdrückung, auf der anderen der Knechtssinn, die Servilität; der Eine überhebt sich, der Andere wirft sich fort. Und doch ist das Verhältnis nicht nothwendig ein für immer befestigtes. Zwischen willig getragenem Sclavenjoch und gewaltsamer Auflehnung schwankt das geschichtliche

Leben der menschlichen Gemeinschaften hin und her, und unermesslich ist der Verlust an Menschenwerth und Menschenwerken, der im Gefolge dieser Kämpfe die Stätten der Cultur mit Ruinen bedeckt.

3. Das Entscheidende ist nun, dass in Folge des Streites der Interessen und der Gemeinsamkeit der Interessen die in Gemeinschaft lebenden Menschen sich in engere Gemeinschaften spalten, deren Glieder unter sich in heftigster Weise im Wettbewerbe streiten mögen, aber nach aussen hin durch den gemeinsamen Gegensatz aufs engste zu Schutz und Trutz zusammengehalten werden. Denn vor allem ist dies ein herrschender Grundzug der menschlichen Natur, der hier schwächer, dort stärker ausgeprägt sein mag, nirgends aber vermisst wird, dass jeder nicht sowol als Individuum sich fühlt, sondern als Glied engerer und weiterer Kreise, mit deren eigenthümlichen Interessen er seine eigenen als aufs engste verbunden und verflochten empfindet. So fühlt sich jeder zunächst als Glied eines Familienkreises und als Glied eines weiteren Kreises, der durch gemeinsame Abstammung, Naturanlage, Sprache, Geberde, Gewöhnung charakterisirt wird. Sodann hält die Gemeinsamkeit von Fach und Beruf, von wirthschaftlicher Lage und wirthschaftlichen Interessen die Menschen zusammen. Und endlich macht die gemeinsame Religion, die gemeinsame Liebe zu anderen Zwecken von höherer oder niederer Art das einigende Band aus für Gruppen von grösserer und geringerer Ausdehnung. Alle diese Gruppen nun ringen wiederum genau mit demselben Ernste und derselben Erbitterung wie die Einzelnen im wirthschaftlichen Wettbewerb unter einander um die äusseren Mittel zur Erreichung ihrer Zwecke, um die Anerkennung durch andere und um vorwiegende Ehre, um die Macht und die Mittel der Macht, um Sicherung für Gegenwart und Zukunft, um Wachsthum und fortschreitenden Einfluss. Keine Heiligkeit des Zwecks, den die Menschen in ihr Gemüth aufgenommen und zu ihrem Interesse gemacht haben, vermag aus dem Streite auch nur die äusserste Leidenschaftlichkeit in der Verfolgung der eigenen Interesses, auch nur die erbittertste Ausschliesslichkeit in dem Gegensatze zu fremden Interessen zu verbannen. Vielmehr liesse sich eher sagen: je idealer der Zweck, desto furchtbarere Leidenschaften entfesselt er, wenn er zum Interesse grosser Massen geworden ist. Keine Tugend und kein böser Wille der Menschen ändert etwas an der Grundform der Erscheinung. Mit verhängnisvoller Naturgewalt stossen die Interessenkreise feindselig aufeinander. Soweit dieselben auf rein wirthschaftlichem Gebiete liegen, pflegt man sie als Classen zu bezeichnen, und das Gemälde des

geschichtlichen Lebens der Menschheit ist von solchen Classenkämpfen ausgefüllt. Aber auch die Interessengruppen von nicht wesentlich wirthschaftlicher Art bieten dasselbe Schauspiel. Stamm steht gegen Stamm und Race gegen Race, das eine religiöse Bekenntnis kämpft wider das andere, und ebenso Stand gegen Stand und Berufskreis gegen Berufskreis. Der Widerstreit und die Abneigung wird zu offenem wüthendem Hass; der Kampf wird um die Existenz geführt; die eine Gruppe möchte am liebsten die andere ausrotten, und jedes Mittel der Gewalt und List, Verbannung und Beraubung, Galgen und Scheiterhaufen wird unbedenklich, ja mit dem Glauben an die Verdienstlichkeit und Pflichtmässigkeit des eigenen Thuns angewandt, um der feindlichen Gruppe gegenüber den höheren Stolz des eigenen Selbstbewusstseins und den höheren Werth des eigenen Interesses zu demonstriren. Die Einzelnen, die sich im wirthschaftlichen Wettbewerb begegnen, mögen sich gegen einander versöhnlich und bescheiden erweisen; aber unversöhnlich und unbezähmbar stossen die Gegensätze der wirthschaftlichen Classen und der anderen Interessengruppen auf einander. Denn in der Gemeinschaft tritt die Verantwortlichkeit und das Gewissen des Einzelnen zurück; die Leidenschaft steigert sich, indem sie die Menge ergreift, und reisst jeden Einzelnen mit fort, und jede Art von grausamem Hohn, von rücksichtsloser Härte scheint schon dadurch geadelt zu sein, dass sie in der Gemeinschaft geübt wird, dass viele sie theilen, sie billigen. Die schlimmsten Thaten, die aus fanatischer Leidenschaft geboren sind, stellen sich der natürlichen Unbefangenheit der grossen Mehrzahl aus allen Classen schon deshalb in verklärtem Lichte dar, weil sie im Dienste der Gemeinschaft und mit einer Art von Begeisterung für an sich edle und hohe Zwecke, an die das Individuum sich scheinbar hingiebt, geübt werden. So grenzt im Menschen das Edelste an das Gemeinste. Der Andersgläubige, der Mensch von anderer Abstammung, anderer Hautfarbe, ja oft nur anderem Berufe wird zum jagdbaren Wild, an dem jede Art von Uebermuth und roher Leidenschaft mit dem stolzen Bewusstsein eines verdienstlichen Thuns sich auslässt. Fortschreitende geistige Cultur, zunehmende Reflexion und Beherrschung der natürlichen Antriebe kann die wildesten Ausbrüche bei einzelnen, ja bei vielen hemmen oder mildern; aber vergeblich wäre die Hoffnung, es könnte jemals Kaste mit Kaste, Classe mit Classe, Gruppe mit Gruppe auf die Dauer verträglich und einträchtig leben. Der Streit der Classen ist unaufhebbar wie die repulsive Kraft des Selbstbewusstseins, wie die Noth und der Wettkampf des wirthschaftlichen Lebens, wie die Exclusivität leidenschaftlich erfasster Einzelzwecke. Die Gemeinschaft der Menschen wird von Stürmen geschüttelt mit noch ganz anderer Gewalt, als aller Aufruhr der entfesselten Elemente in der Natur draussen sie besitzt, und die Raubthiernatur des Menschen entzündet sich am furchtbarsten gerade an denjenigen Interessen, die die heiligsten und erhabensten Zwecke zum Inhalte haben.

§ 19.
Die gesellschaftlichen Interessen.

Die menschliche Gemeinschaft, sofern sie den Boden bildet für das Durcheinanderwogen der Summe aller Interessen, welche die Einzelnen als solche oder zu Gruppen vereinigt verfolgen, wird mit dem Namen der **Gesellschaft** oder genauer der **bürgerlichen Gesellschaft** bezeichnet. Die Gemeinschaft hat allen diesen Interessen der Einzelnen und der Gruppen von Einzelnen gegenüber ihre eigenen Interessen. Im Gegensatze zu den Interessen der Gemeinschaft, welche **öffentliche Interessen** heissen, sind alle anderen Interessen **privater, gesellschaftlicher** Natur. Das Dasein und Leben der Gemeinschaft zeigt einen unausgesetzten Kampf der gesellschaftlichen wider die öffentlichen Interessen. Daran dass diese die Oberhand gewinnen und behaupten, liegt das Heil und die gedeihliche Entwicklung des menschlichen Geschlechtes.

Ueber die Geschichte des Begriffes der Gesellschaft ist zu vergleichen R. v. Mohl, Geschichte u. Literatur der Staatswissenschaften. Bd. I. S. 72 ff. Die beste Behandlung des Begriffes findet sich bei L. v. Stein, Der Begriff der Gesellschaft und die sociale Geschichte der französ. Revolution (Leipzig 1850. S. I—CXII); vgl. dessen Volkswirthschaftslehre (2. Aufl. 1878. S. 448—553); ferner bei R. Gneist, Selfgovernment, Communalverfassung u. Verwaltungsgerichte (3. Aufl. Berlin 1871. S. 879 ff.) u. Der Rechtsstaat und die Verwaltungsgerichte in Deutschland (2. Aufl. Berlin 1879. S. 1 ff.).

1. Es ist einer der wichtigsten Fortschritte in der Wissenschaft vom Menschen und von den menschlichen Dingen, dass man gelernt hat, die Gesellschaft genau und streng aus der Vielheit der Beziehungen zwischen den Menschen, die der Betrachtung sich darbietet, auszuscheiden und abzusondern. Die Gesellschaft in dem hier waltenden technischen Gebrauche des Wortes ist nicht Gemeinschaft zwischen den Menschen

überhaupt, sondern eine bestimmte Seite an dieser Gemeinschaft. Die Gemeinschaft selbst hat eine umfassendere Bedeutung. Dass die Menschen in Gemeinschaft leben, das ist nicht ihre Willkür. Es ist ein vollkommen widersinniger Gedanke, dass die Menschen, vorher etwa bloss familienweise gruppirt, mit überlegter Absicht sich zu grösseren Gemeinschaften zusammengeschlossen hätten; vielmehr wird der Mensch nirgends in solcher relativen oder völligen Isolirtheit angetroffen; ausserhalb der Gemeinschaft ist er nicht Mensch. Die Gemeinschaft ist die Bedingung für das Menschsein; soll es Menschen geben, so muss es auch die Gemeinschaft geben; denn ausserhalb derselben vermag sich nichts von alle dem zu entwickeln, was den Menschen erst zum Menschen macht, nicht die Sprache, nicht die Religion, nicht Brauch und Sitte, keine Erkenntnis, kein Gemüthsleben, keine eigentliche Arbeit. Eben deshalb aber weil die Gemeinschaft die Bedingung für alles Menschliche ist, geht sie nicht auf im Dienste der Interessen der jedesmal vorhandenen Individuen. Diese werden geboren und sterben, die Gemeinschaft bleibt. Die absolute Forderung für das ganze System alles Daseins ist die, dass es überhaupt Menschen, menschliche Lebensformen und menschliche Entwicklung gebe, als Ziel und Krönung alles Daseins und Geschehens; die Individuen, nach ihren Interessen, also nach ihrem Naturdasein betrachtet, sind dem gegenüber von verschwindend geringer Bedeutung. Dass es Individuen überhaupt gebe, ist allerdings wieder eine Bedingung für das Vorhandensein der Gemeinschaft, und die Individuen können nicht bestehen, ohne dass ihre wesentlichen und bleibenden Interessen gewahrt werden. Darum ist diese Wahrung auch einer der Zwecke der Gemeinschaft; die letztere bildet die Basis und Voraussetzung dafür, dass überhaupt Menschen da sind, die ihre Interessen wahrzunehmen vermögen. Aber die Gemeinschaft geht in diesen Zweck nicht auf und bleibt nicht auf ihn beschränkt, am allerwenigsten beschränkt sich ihre Bedeutung auf den Schutz der willkürlichen Interessen dieser bestimmten Individuen. Sondern sie ist Anstalt und schützendes Gefäss für alle wahrhaft menschlichen Zwecke überhaupt, und das ist sie von Natur, ganz unabhängig von der Wahl und Absicht der Menschen. Als den Inbegriff der wahrhaft menschlichen Zwecke können wir ganz wol, um an dieser Stelle alle weitere Erörterung und das Eingehen auf den Streit der Meinungen zu vermeiden, die Erfüllung der menschlichen Bestimmung bezeichnen; und wir verstehen darunter die Entwicklung aller echt menschlichen Anlagen und Kräfte, die Herausbildung der Vernunft aus der Natürlichkeit, der geistigen Freiheit aus der natürlichen Ge-

§ 19. Die gesellschaftlichen Interessen.

bundenheit. Davon ist die Verfolgung der privaten Interessen der Einzelnen und der Gruppen von Einzelnen als etwas Verschiedenes zu erfassen, als ein einzelnes Element innerhalb der Gesammterscheinung des menschlichen Gemeinschaftslebens. Die Summe aller derjenigen Beziehungen zwischen den Menschen, welche sich aus der Verfolgung der privaten Interessen ergeben, bildet dann den Begriff der Gesellschaft, der an diesem Merkmal mit hinreichender Genauigkeit aus allen verwandten Erscheinungen sich herauserkennen lässt.

2. Da die menschliche Gemeinschaft ebenfalls mitten hineingestellt ist in diese irdische Wirklichkeit, so bedarf auch sie zu ihrem Bestande der äusseren Mittel, ebenso wie dieselben für die Selbsterhaltung der Individuen nöthig sind, also der Naturdinge und Naturkräfte und der Kräfte und Leistungen der Menschen. Eben darum hat auch die Gemeinschaft ihre Interessen für sich, und diese Interessen können zu Interessen zugleich einzelner Menschen werden, sofern diese die Interessen der Gemeinschaft zu ihren eigenen machen. Daraus ergiebt sich die Frage nach dem Verhältnisse der Werthe der beiden Arten von Interessen, der öffentlichen und der privaten. Nun treten in den Kreis der privaten oder gesellschaftlichen Interessen alle Zwecke, welche sich die Einzelnen oder die Classen und Gruppen setzen können, die höchsten wie die niedrigsten. Die Interessen der Gemeinschaft aber sind zunächst diejenigen der Selbsterhaltung der letzteren, damit nur überhaupt die Gemeinschaft bestehen könne. Es kann also vorkommen, dass die höchsten und idealsten Zwecke in der Form von gesellschaftlichen Interessen bloss materiellen Interessen der Gemeinschaft gegenüberstehen, und jene möchten dann an Werth weit zu überwiegen scheinen. Aber die Gemeinschaft hat das Eigne, dass sie die unerlässliche Vorbedingung für alles Menschliche, für das Dasein von Menschen und die Erreichung aller menschlichen Zwecke ist, und es ist oberstes praktisches Gesetz, dass die Bedingung immer zuerst zu wahren ist und allem anderen zu Erstrebenden an Dringlichkeit weit vorangeht. So ist das leibliche Leben sicher nicht dem Werthe nach das Höhere gegenüber dem Geistigen; aber gleichwol geht die Sorge für das Leibliche aller anderen Sorge voran, weil, wenn jenes nicht gewahrt wird, alles das, wofür es die Bedingung bildet, mit hinwegfällt und keine weitere Sorge dafür irgend etwas nützen kann. Ebenso ist es mit dem Verhältnis der Gemeinschaftsinteressen auch zu den höchsten und idealsten unter den gesellschaftlichen Interessen. Jene müssen immer zuvor gewahrt werden, ehe an diese gedacht werden kann. Nicht allein also, dass die Interessen der Gemeinschaft und diejenigen der Gesell-

schaft keineswegs zusammenfallen: ihr Unterschied kann sich zu ausgesprochenem Gegensatze zuspitzen. Die gesellschaftlichen Interessen können von der Gemeinschaft nur so weit berücksichtigt werden, als das eigene Interesse der Gemeinschaft, welches das frühere und höhere ist, dabei bestehen kann, und in jedem Falle, wo sie nicht zusammenbestehen, wird die Gemeinschaft sich mit ausgesprochener Feindseligkeit der Gesellschaft gegenüberstellen, um sich und das Ihrige zuerst zu wahren und alles ihr Hinderliche abzuthun.

3. Mit diesem Gegensatze der gesellschaftlichen und der Gemeinschaftsinteressen kommt also in die menschlichen Verhältnisse ein neues Element unversöhnlichen Streites. Es ist nirgends mit einiger Sicherheit zu erwarten, dass der Mensch, der unter der Herrschaft der natürlichen Triebe steht, oder dass die Interessengruppen, welche die verschiedensten Arten privater Interessen verfolgen, jemals hinreichende Einsicht haben, um das eigene Begehren und Bestreben den Bedürfnissen der Gemeinschaft unterzuordnen. Wo sich eine solche Einsicht und Selbstbescheidung findet, da ist sie eine besondere Gunst des Zufalls, eine hier und da zur Reife gebrachte Frucht der Cultur; niemals kann sie zur ausnahmslos herrschenden Regel werden, weil der Entschluss, sich über die natürliche Blindheit des selbstsüchtigen Triebes zu erheben, Sache der unberechenbaren Freiheit ist. Und doch müsste sie ausnahmslose Regel sein, sollte der Streit und damit die stetige Erschütterung der allerersten Grundlagen, ohne die menschliches Dasein und förderliche Thätigkeit für die Aufgaben des Menschengeschlechtes gar nicht gedacht werden kann, aus der Welt verschwinden. Wie die Menschen erfahrungsmässig beschaffen sind, ist der Ansturm der Begierden und Interessen gegen die unentbehrlichen Bedingungen des Gemeinschaftslebens ebenso die herrschende Grundform der öffentlichen Verhältnisse, wie der unversöhnbare Widerstreit zwischen den um ihre Selbsterhaltung und die Befriedigung ihrer subjectiven Interessen ringenden Einzelnen, Classen und Gruppen es für die privaten Verhältnisse ist. Wie gespalten sie auch sonst unter sich sein mögen, darin sind alle rein gesellschaftlichen Kreise einig, dass sie den Interessen der Gemeinschaft so viel wie möglich abzukargen suchen. Andererseits strebt aber wieder jeder gesellschaftliche Interessenkreis danach, für sich die Herrschaft innerhalb der Gemeinschaft zu gewinnen, die Macht des Ganzen in die eigene Hand zu bringen und die anderen zu unterdrücken. Die Folge ist der mit ebenso grosser Erbitterung als List und Unverdrossenheit geführte Kampf der Theile gegen das Ganze und der Theile

unter einander, und in Folge dieses Streites die immer drohende Gefahr des Zerfalles und der Auflösung.

4. Die Meinung, dass aus diesem Streite sich von selber und durch immanente Kräfte eine Harmonie der Interessen ergeben könne oder müsse, ist völlig unhaltbar. In der Natur ist es wol der Fall, dass aus dem Sturm und Aufruhr der Elemente immer wieder ein Zustand vergleichsweiser Ruhe und annähernden Friedens hervorgeht, dass im grossen und ganzen die Gattungen der Dinge in aller Gefährdung und allem Streite sich erhalten und der Gesammtanblick der Schöpfung in grossen Zeiträumen wesentlich derselbe bleibt. In der Natur hat auch das, was durch den Streit der mit einander ringenden Kräfte zu Grunde geht, einen geringeren Werth und wird durch Anderes derselben Art so gut wie vollkommen ersetzt. Die Menschenwelt aber trägt einen durchaus entgegengesetzten Charakter. Hier sind nicht bestimmte Kräfte nach unabänderlichen Gesetzen thätig; alle menschlichen Leidenschaften sind der Steigerung ins Unbegrenzte fähig, und so wenig für ihr Auftauchen wie für ihre Wirkungsweise giebt es irgend fest bestimmte Gesetze. Das Individuelle aber, was im Sturme des entbrannten Streites hingerafft wird, seien es einzelne Menschen, seien es ganze Gemeinschaften oder seien es selbst von Menschen gebildete Naturproducte, hat einen unendlich viel höheren, ja einen unersetzbaren Werth. So würde mithin das Resultat folgendes sein. Um ihre Bestimmung zu erfüllen, sind die Menschen von Natur darauf angelegt, in Gemeinschaft zu leben; eben diese Gemeinschaft aber wird vermöge der Natur des Menschen zum Anlass und Schauplatz für den alles verheerenden Streit der Interessen, und macht deshalb das Dasein der Menschen, die Erfüllung ihrer Zwecke und die Erreichung der menschlichen Bestimmung zur Unmöglichkeit. Das ist nun ein vollkommener Widerspruch, und die wirkliche Erfahrung, die uns das Bestehen menschlicher Gemeinschaften in leidlich geordneten Zuständen und einen verhältnismässigen Fortgang der menschlichen Culturaufgaben zeigt, liefert den thatsächlichen Beweis, dass es bei jenem Widerspruche nicht bleiben kann, nicht geblieben ist. Aus dem System der Interessen stammt die Kraft nicht, den Widerstreit zu lösen und zur Harmonie zu führen; es muss also in dieses System eine Reihe von anderen Kräften hinübergreifen, und es ist auch leicht einzusehen, woher diese Kräfte stammen werden. Wir haben den Menschen im Bisherigen immer nur unter dem Gesichtspunkte des natürlichen Willens betrachtet. Das aber ist nur eine Seite am Menschen, nicht der ganze Mensch. Vom Menschen unabtrennbar ist die Anlage zur Vernünftigkeit, und damit auch die Bestimm-

barkeit seines natürlichen Willens durch die praktische Vernunft. Der natürliche Wille des Menschen hat an der Intelligenz eine Waffe von unbegrenzter Wirksamkeit und Furchtbarkeit zur Seite; eben deshalb macht er sich selbst unmöglich und hebt sich selbst auf. Der Wille eines intelligenten, frei reflectirenden Wesens kann niemals bloss natürlicher Wille sein. Darum kann es auch niemals bei dem Streite der im natürlichen Willen wurzelnden Interessen bleiben; es wirkt unmittelbar in den trennenden und zerstörenden Streit die einigende und versöhnende Macht der praktischen Vernunft herein, und die Weise, in der sie dies vollbringt, ist die **Production des Rechtes** und die **Erhaltung eines Rechtszustandes**.

Zweiter Abschnitt.
Die Momente des Rechtsbegriffs.

Erstes Capitel.
Die Ordnung als Princip des Rechts.

§ 20.
Die praktische Vernunft und der natürliche Wille.

Das **Recht** ist diejenige Form **vernünftiger Willensbestimmung**, welche den Willen des Menschen als wesentlich noch **natürlichen Willen**, der auf Trieben und Begierden beruht, zur Voraussetzung hat und die Vernunft nur erst äusserlich als bestimmende und einschränkende Macht an denselben heranbringt. Der Zweck des Rechtes ist zunächst nur, die **Bedingungen des Gemeinschaftslebens** als der Bedingung für alle menschlichen Zwecke zu wahren und innerhalb der Gemeinschaft jedem für die Betreibung seiner Interessen so viel Raum zu schaffen und zu lassen, dass der Streit der Interessen nach Möglichkeit zur Verträglichkeit und Harmonie ausgeglichen und das Zusammenbestehen der Willkür eines jeden mit der Willkür jedes anderen und der Interessen aller Einzelnen mit den Interessen der Gemeinschaft ermöglicht werde.

1. Nach den vorausgegangenen Deductionen über die Voraussetzungen des Rechtes wird es manchem scheinen, als hätten wir den Rechtsbegriff, wie man im Tone des Vorwurfs zu sagen pflegt, lediglich a priori zu construiren unternommen. Es scheint geboten, uns gegen eine solche Auffassung in aller Kürze zu verwahren. Unser Ausgangspunkt ist in der That ein rein empirischer. Eine Erscheinung, die im Reiche des Wirklichen thatsächlich begegnet, fesselt unsere Aufmerksamkeit, die Thatsache nämlich, dass es unter den Menschen Gemeinschaften giebt, in welchen gewisse Bestimmungen für das

Thun und Lassen, für die Ordnung der äusseren Thätigkeiten und der äusseren Dinge, soweit sie von solchen Thätigkeiten abhängen, in anerkannter Geltung stehen, und zwar so, dass sie durch eine in der Gemeinschaft vorhandene oberste Gewalt nöthigenfalls mit physischer Macht aufrecht erhalten werden. Diese Thatsache, die als solche nicht zu bestreiten ist, gilt es uns zu begreifen. Die Frage ist für uns: wozu dient diese, wenigstens in entwickelteren menschlichen Zuständen ausnahmlos begegnende Einrichtung? worin liegt der Grund ihrer Nothwendigkeit, ihrer Unentbehrlichkeit? was bedeutet sie für den gesammten Zusammenhang des menschlichen Lebens und der Processe des Universums? welches sind die von ihrem Wesen unabtrennbaren charakteristischen Attribute? Darauf beschränkt sich der Gegenstand unserer Untersuchung; wir wollen nichts, als vorhandene Thatsachen klar erkennen und auf ihre Gründe und Zwecke zurückführen. Ob die Voraussetzungen, mit denen wir an diese Aufgabe herantreten, die Erkenntnis des Gegenstandes zu fördern im Stande sind, muss sich für ein gesundes Urtheil im Fortgange der Untersuchung herausstellen; da wird zu fragen sein, ob unsere Aussagen über den Gegenstand mit den vorliegenden Thatsachen sich decken und aus unseren Voraussetzungen in strenger begrifflicher Ableitung folgen. Eine wesentliche Bestätigung für die Richtigkeit unserer Deduction finden wir darin, dass alle Bestimmungen des Rechtsbegriffs, die die grossen Meister des Gedankens von Aristoteles bis auf unsere Tage als die wesentlichen gefunden haben, zwanglos je an ihrer Stelle sich einreihen lassen, in diesem Zusammenhange aber zugleich ihre Einseitigkeit aufgeben und sich zur Totalität des einen, die vielen Seiten der Erscheinung deckenden Begriffes zusammenschliessen.

2. Zunächst ist der Nachdruck darauf zu legen, dass das Recht von der Natur gegebene Verhältnisse des Menschen vorfindet, die es nicht schafft, die es nur in bestimmter Weise formt wie ein vorgefundenes, mit bestimmten Eigenschaften ausgestattetes Material. Die leiblichen und seelischen Anlagen und Beschaffenheiten des Menschen, sein Verhältnis zur äusseren Natur, die Gebilde der Familie und des Volksthums, die aus der menschlichen Willensanlage sich ergebenden Interessen und deren Conflicte liegen dem Rechte und damit allem Ethischen voraus, nicht der Zeit nach, — denn es möchte sich erweisen, dass das Recht ebenso alt ist wie der Mensch, — aber dem Begriffe nach. Auf dem Grunde dieses Materials schafft das Recht eine äusserliche wahrnehmbare Ordnung, stellt es einen Zustand her, der eine Analogie hat mit der Regelmässigkeit der Vorgänge in der äusseren Natur.

§ 20. Die praktische Vernunft und der natürliche Wille.

Nur auf diese Form kommt es zunächst an. Diese Form wird überall gefunden, wo uns das Recht begegnet; der Inhalt mag immerhin von Ort zu Ort und von Zeit zu Zeit wechseln. Der besondere Inhalt kann erst im Fortgange zur Besprechung gelangen. Offenbar aber gilt das Recht nur im Zusammenleben der Menschen, im Verhältnis derselben zu einander und zu der sie umfassenden Gemeinschaft, und nur mittelbar dadurch im Verhältnis zu den Dingen. Es richtet sich ferner zunächst an unsere **äusseren Handlungen** und erst mittelbar dadurch an die Innerlichkeit unseres Willens, sofern derselbe die Quelle unserer äusseren Handlungen ist. Dass unsere Handlungen und unser Wille thatsächlich noch anderen Formen der Gesetzgebung unterliegen, die sich mit der des Rechtes im selben Punkte begegnen können, zum Theil aber auch Abweichendes gebieten oder verbieten, ohne dass sie dadurch aufhören, Ausflüsse der Vernunft zu sein, ist eine weitere Thatsache, die im Zusammenhange der Ethik zu begreifen ist. Zunächst haben wir es mit dem Recht in seinen charakteristischen Unterschieden von den anderen Gebieten des Ethischen thun; weiterhin wird sich begreiflich machen lassen, wie alle diese verschiedenen Gebiete innig zusammengehören und ein Ganzes vernünftiger Willensbestimmtheit ausmachen.

3. Auf Grund unserer bisherigen Betrachtungen legen wir dem Rechte zwei Thatsachen zu Grunde: erstens die, dass der empirische Mensch, wie er gefunden wird, durch die Antriebe des natürlichen Willens bestimmt wird, und dass die Erhebung der Individuen zu den höheren Formen eines geistigen Willens für die Erfahrung etwas Zufälliges und Vereinzeltes ist, worauf nicht mit einiger Sicherheit gerechnet werden kann; zweitens die, dass die Gemeinschaft als die unentbehrliche Bedingung für alle menschlichen Zwecke gegen die Willkür und den Streit der zufälligen Interessen geschützt werden muss, womit dann ebenso ein allgemeiner und wechselseitiger Schutz jedes Einzelnen gegen die etwaige Rücksichtslosigkeit, mit der der Andere seine Interessen zu betreiben sich versucht fühlen kann, verbunden sein müsste. Dies letztere darf kein frommer Wunsch, kein guter Rath, keine unerfüllte Anforderung bleiben, sondern muss zur möglichst ausnahmslosen Verwirklichung geführt werden, weil mit der Gemeinschaft alles Andere, was irgend objectiven Werth hat oder von den Menschen geschätzt und begehrt wird, zugleich hinfällig werden würde. Zu diesem Behufe muss offenbar das äussere Handeln der Menschen eingeschränkt werden; es müssen den Menschen gewisse Richtungen des Handelns angewiesen, andere möglichst versperrt werden. Dass die Menschen, wie sie sich finden,

solche Schranken sich von selber auferlegen möchten, wäre
eine ungerechtfertigte und grundlose Erwartung; also müssen
diese Einschränkungen ihnen von aussen auferlegt werden.
Auf das Handeln der Menschen aber wirkt man nur vermittelst der Motive, die man in ihnen zu erwecken versteht,
und diejenigen Motive, von denen man eine ausnahmslose Wirksamkeit am ehesten erwarten darf, die höchstens bei dem
einen Theile überflüssig sind, weil auch ohne sie im gleichen
Sinne gehandelt werden würde, die aber allein ein im ganzen
gleichmässiges Handeln bei allen verbürgen, sind Furcht und
Hoffnung. Die Aufgabe, den Zustand herzustellen, bei
dem allein die Gemeinschaft und die Menschen in derselben
gegen die Willkür genügend geschützt sind, um zu bestehen
und ihre Zwecke zu erfüllen, ist also nur lösbar, indem die
Motive der Furcht und Hoffnung mit hinreichender Sicherheit
im Wollen der Menschen angeregt werden, und andererseits,
wo dieser Zweck verfehlt wird, das für den Bestand des
Ganzen und seiner Glieder Nöthige auch ohne Mitwirkung
des der Willkür verfallenen Willens durch äussere Gewalt ins
Werk gesetzt werden kann.

4. Es ist aber dabei festzuhalten, dass es sich zunächst
nur um die Wahrung der Gemeinschaft als der Bedingung
alles menschlich Werthvollen und um die Bedingungen für
den Bestand und Fortgang der Gemeinschaft handelt, dass es
also nur gilt, die Noth der Gemeinschaft abzuwehren, welche
aus der Willkür der Interessen entspringt, nicht auch das
möglichst Förderliche zu schaffen. Soll für die menschliche
Bestimmung gearbeitet werden, so gehört dazu, dass immer
neue menschliche Personen in diese Welt des endlichen
Daseins geboren werden und immerdar Schutz und Pflege
für ihre leiblichen und geistigen Bedürfnisse finden; dass eine
stetige Tradition der gesparten äusseren Güter sowie der errungenen geistigen Bildung, der Erkenntnisse, Kunstleistungen,
Lebensordnungen von Generation zu Generation gelange; dass
in jedem einzelnen Individuum ein kräftiges Organ für die
Darstellung des höchsten Gutes nach Möglichkeit herangebildet werde. Nicht diese Zwecke selber, sondern die Bedingungen dafür hat das Recht zu wahren. Darin liegt, dass
die Forderung an den Willen zunächst nur in dem rein negativen Sinne erhoben wird, sich dessen zu enthalten, was die
Gemeinschaft als Bedingung und was die Bedingungen für
die Gemeinschaft unmöglich machen würde. Das Handeln
der Menschen soll also unter diesem Gesichtspunkt nicht sowol
möglichst heilsam, als vielmehr nur mit jenen Bedingungen
verträglich sein und gegen die darin liegenden Einschränkungen der Willkür nicht verstossen. Gefordert wird

§ 20. Die praktische Vernunft und der natürliche Wille. 197

nur, dass dieses oder jenes **nicht** geschehe. Dafür nun muss es eine bestimmte und unzweifelhafte Anweisung geben, wenn anders das schlechthin Unentbehrliche dem Streite der Meinungen enthoben werden soll; es muss das Geforderte ferner in jedem Falle durchgesetzt werden können; und endlich es muss nach alle dem über dem einzelnen und zufälligen Willen, der sich nach Willkür so oder anders bestimmen mag, einen anderen mit höherer Macht ausgestatteten Willen geben, der die ihm zu Gebote stehende Macht mit sicherer Regelmässigkeit anwendet, um das Unentbehrliche zu verwirklichen.

5. Das alles nun ist erreichbar nur für den Willen, der, so sehr er auch in den Fesseln der Natur befangen sein mag, doch die Anlage zur Vernünftigkeit besitzt. In der That aber hat der Wille des Menschen diese Beschaffenheit. Der Wille des Menschen ist der Wille eines intelligenten Wesens mit der Fähigkeit unendlicher Reflexion; der rein natürliche Wille wird bei einem Wesen von solcher Anlage überhaupt nicht gefunden, weil es in demselben schon über denselben hinaus ist und ihn klarer oder dunkler als Widerspruch zu seinem Wesen empfindet. In dem Willen des denkenden Menschen liegt schon der Trieb, sich als allgemeiner Wille zu erfassen. Indem er etwas Bestimmtes ergreift, spricht er damit zugleich und unmittelbar das Urtheil aus, dass dieses Bestimmte ergriffen werden darf oder soll, dass es die Fähigkeit hat, allgemein von jedem ergriffen zu werden, und wo diese Fähigkeit nicht vorhanden ist, da empfindet er das als etwas was nicht sein sollte. (§ 13.2) Der Mensch ist sich selbst ein Allgemeines und sieht in den andern Menschen seinesgleichen; ebenso erfasst er unmittelbar jedes seiner Verhältnisse als ein Allgemeines und eben darum auch jede seiner Handlungsweisen. So hat er denn zwar, so lange er auf der Stufe des natürlichen Willens verharrt, das Allgemeine, Widerspruchslose, was eben darum als das Vernünftige zu bezeichnen ist, ausser sich, aber doch so, dass er es zu verstehen und in sich aufzunehmen vermag. Wo wir von Vernunft sprechen, von Vernunft im Willen oder anderswo, da meinen wir nichts Anderes als widerspruchslose Allgemeinheit, Uebereinstimmung mit sich selbst, Einheit des Verschiedenen. In diesem Sinne ist die Vernunft des Menschen Wesen und Bestimmung, auch wo sie noch in der Hülle der natürlichen Triebe schlummert. Der Mensch als solcher befriedigt sich in zweckmässigem Thun; die Unvernunft des bloss natürlichen Willens der Willkür hebt sich für sein eigenes Bewusstsein selber auf, weil sie unzweckmässig ist, sobald sie in allgemeiner Uebung auftreten wollte. Es ist hier nicht der Ort zu zeigen, wie sich der vernünftige Wille, der in

jedem Menschen im Keim vorhanden ist, einen realen Ausdruck und eine Macht verschafft gegenüber dem Zufall des Einzelwillens; aber das leuchtet schon nach dem bisher Ausgeführten ein, dass eben dieser vernünftige Wille, der die Bedingungen der Gemeinschaft wahrt gegenüber der Willkür, sicher ist, im Gemüthe des normalen Menschen empfänglichen Boden für seine Wirksamkeit zu finden, dass schliesslich doch diese Vernunft jedem näher ist als der nächste Blutsfreund.

§ 21.
Das Recht als gesetzliche Ordnung.

Der unendlichen Einzelheit der Willkür gegenüber giebt sich die praktische Vernunft eine reale Existenz als **Allgemeines**, als **Gesetz**, normirende Vorschrift, die für jeden einzelnen Willen in jedem objectiv gleichartigen Falle gleichmässig gilt. Diese Vorschrift ist **erkennbar und bekannt**, ein Princip für das Handeln in der Form des Gedankens, und bietet dadurch die Möglichkeit, von dem denkenden Bewusstsein erfasst und verwirklicht zu werden. Die Norm ist **von der Macht geschützt**, so dass das vom Gesetz Geforderte mit möglichster Regelmässigkeit wirklich geschieht. Dadurch stellt sich in der unendlichen Vielheit des Begehrens und Handelns eine feste **Ordnung** her, eine Einheit des Zweckes und der Regel, die die Verschiedenheiten der Menschen, der Thätigkeiten und der Dinge nach bestimmten Gedanken sich unterwirft.

1. Die Motive und Zwecke, die Beweggründe und Absichten des natürlichen Willens sind zufällig und unberechenbar; dadurch erzeugt sich der unversöhnbare Streit, in dessen wildem Getümmel alles Menschliche unterzugehen droht. Das Heilmittel liegt in der vernünftigen Anlage des Menschen, welche die Möglichkeit mit sich bringt, dass schon auf der Stufe der blossen Natürlichkeit der Wille aus rein natürlichen Antrieben sich durch die Allgemeinheit einer von allen gleichmässig anerkannten Bestimmung beherrschen lasse. Diese Allgemeinheit macht den Charakter des **Gesetzes** aus; das Recht ist deshalb ein Inbegriff von Gesetzen. Das Allgemeine aber soll die Einzelheiten des Lebens und seiner Thätigkeiten als normirende Vorschrift wirklich beherrschen: darum genügt es nicht, dass das Allgemeine über den Einzelheiten schwebe,

sondern es muss in sie eingehen, sie gliedern und mit ihnen die eigene Unbestimmtheit ausfüllen. Darum nimmt das Gesetz die Besonderung der verschiedenen Lebensverhältnisse in sich auf; von obersten allgemeinsten Principien aus gliedert es sich im engen Zusammenhange mit den Wirklichkeiten des Lebens immer weiter ins Besondere und Einzelne hinein, ohne seine beherrschende Allgemeinheit und seinen inneren Zusammenhang aufzugeben. Die vernünftige Allgemeinheit des Rechtes ist nicht bloss ein Aggregat, sondern ein eng verbundenes **System von Gedankenbestimmungen** in der Form von Gesetzen; der Charakter des Rechtes ist die **logische Consequenz**, welche danach strebt, die den Dingen, den Verhältnissen und Thätigkeiten real innewohnende Consequenz zu erreichen und zu decken. Die Voraussetzung des Rechtes ist also, dass die von ihm zu bewältigenden objectiv vorhandenen Einzelheiten die Natur haben, in Begriffen fassbar zu sein. Wären nicht die Dinge objectiv gedankenmässig, so wäre das Recht unmöglich. Die Lebensverhältnisse, sofern sie das gegebene Material liefern, an dem die formende Kraft des Rechtes sich äussert, heissen **Rechtsverhältnisse**. Wie die Rechtsverhältnisse durch die Macht des ihnen immanenten Begriffes nach Gattungen und Arten sich gruppiren, so schliessen sich die sie betreffenden Rechtsbestimmungen zu innerlich verbundenen Ganzen, zu **Rechtsinstituten** zusammen, die weiteren und engeren Umfang haben können, einander über- und untergeordnet oder nebengeordnet sind. In der Natur des Rechtes, welches der Willkür und dem Belieben die feste Norm gegenüberhält, liegt das Streben, nichts von dem, was es zu bestimmen hat, unsicher, schwankend oder zweifelhaft zu lassen. Das Rechtsgesetz giebt deshalb so viel als möglich die Bestimmung in praecisester, exactester Form, soweit die streng begriffliche Beherrschung des Materials irgend zu reichen vermag; und im übrigen, besonders wo es sich um das Quantitative, um Zahl und Maass handelt, wählt es nach Gesichtspunkten der Zweckmässigkeit diejenigen Bestimmungen aus, die in consequentem Zusammenhange, so sehr ihnen ein Element des Willkürlichen anhaften mag, zu einander am besten passen, nur damit die Sache überhaupt völlig bestimmt sei, damit so viel als möglich alles feststehe und in jedem Falle etwas dasei, woran man sich mit Sicherheit halten könne. So wird die Zeit bis auf Tage und Stunden, der Werth bis auf Groschen und Pfennige bezeichnet. Und wenn dennoch ein Zweifel entsteht, was bei der unendlichen Einzelheit der Fälle und bei dem ebenso unendlichen Streite der Meinungen niemals ausgeschlossen werden kann, so wird der Charakter des Rechtsgesetzes dadurch vollendet, dass es eine Stelle giebt, die, was im einzelnen Falle als Bestimmung des Gesetzes zu gelten hat, mit unbedingter Autorität entscheidet.

2. Das Rechtsgesetz wendet sich an den **Menschen**, sofern er **handlungsfähig**, an den **Willen**, sofern er **zurechnungsfähig** ist. Unter diesem Gesichtspunkte heisst der Mensch eine **Person**. Der Mensch als Person hat bestimmtes Begehren, bewusste Motive, setzt sich Zwecke, wählt die Mittel dazu nach verständiger Ueberlegung; überhaupt er denkt, er versteht das Gesetz, vermag zu unterscheiden, das Allgemeine im Einzelnen zu erfassen. Aber das Recht hat es nicht mit dem ganzen Menschen in allen seinen Beziehungen, sondern nur nach einer bestimmten Seite zu thun, nur sofern er wahrnehmbare Wirkungen in der äusseren Welt übt. Dem Rechte gemäss handeln kann man aus sehr wenig löblichen Motiven, aus einer ganz unfreien Gesinnung, zu schlechtem und verächtlichem Selbstgenuss. Das Recht fordert nur, dass die äusseren Bedingungen des Gemeinschaftslebens gewahrt bleiben; deshalb geht es bis auf die **Absicht** zurück, sofern sie sich in der äusseren Handlung verkörpert, damit sie den Bedingungen der Gemeinschaft nicht widerspreche. Die Seite der reinen Innerlichkeit am Menschen dagegen berührt das Recht nicht; die Zwecke und Motive lässt es frei. Der Cognition des Rechtes unterliegt nur **die Gesinnung als rechtliche oder unrechtliche**, welche Zwecke und Motive auch immer ihr zu Grunde liegen mögen, d. h. das Vorhandensein oder Fehlen der continuirlichen Absicht, dem Rechte gemäss zu handeln. Eine rechtliche Gesinnung kann auch in unsittlichen oder gegen alles Sittliche indifferenten Motiven wurzeln, z. B. in Furcht, Bequemlichkeit, Ehrliebe, und eine widerrechtliche Absicht kann auf den werthvollsten sittlichen Motiven beruhen, auf religiöser Begeisterung, selbstverleugnender Liebe, Hingebung an ideale Zwecke. Für die eigentliche rechtliche Beurtheilung ist die Wurzel, aus der die Absicht und Gesinnung entspringt, gleichgültig. An den „guten Glauben", die bona fides, knüpft das Recht rechtliche Vortheile, wie an den „schlechten Glauben" rechtliche Nachtheile. Der gute Glaube ist eben die rechtliche Gesinnung und Absicht, der Glaube, dass man im Rechte ist, und die Gesinnung, nichts Widerrechtliches thun zu wollen. Solche rechtliche Gesinnung anzubauen und zu fördern, liegt im Interesse des Rechts; darum ist mit ihr ein Lohn, mit dem schlechten Glauben eine Strafe verbunden. Das Recht würde auch sich selber aufgeben, wenn es das in unrechtlicher Absicht und ohne begründeten Glauben an das eigene Recht Unternommene ohne weiteres gutheissen und mit seinem

Schutze ausstatten, z. B. einen in schlechtem Glauben angetretenen Besitz durch Verjährung als Eigenthum anerkennen wollte. Das Motiv und der Zweck dagegen hat auf die rechtliche Beurtheilung der Absichten und Handlungen nur insofern Einfluss, als aus ihrer mehr oder minder sicheren Constatirung auf das Verhältnis der Gesinnung zum Rechte im gewöhnlichen Verlaufe des Lebens geschlossen werden kann. Nur aus diesem Grunde wird der Meineid, der aus Mitleid geleistet worden, der Diebstahl aus Wolthätigkeit, der Widerstand gegen die Obrigkeit oder die Selbsthilfe gegen Private in dem Glauben an das eigene Recht, der Aufruhr und die Auflehnung gegen die Staatsgewalt, um mit Begeisterung erfasste Ideale zu verwirklichen, auch vom Rechte anders beurtheilt, als die Fälle, wo solche Handlungen aus Motiven entspringen, die auch sittlich verwerflich sind. Für das Recht bleiben die eigentlich moralischen Pflichten dem freien Belieben überlassen. Wolthätigkeit, Selbstverleugnung, Feindesliebe, Grossmuth sind rechtlich nicht geboten; die moralischen Laster wie Neid, Schadenfreude, Lieblosigkeit, Völlerei, Lüge unterliegen keiner rechtlichen Verurtheilung. Nur wo die innere sittliche Verworfenheit sich in Handlungen äussert, welche sich gegen die Bedingungen des Gemeinschaftslebens wenden und dessen äusseren Bestand untergraben, oder wo sie fortwuchernd auch die rechtliche Gesinnung aufheben würde, wird sie Gegenstand rechtlicher Berücksichtigung. So sehr daher die Sätze gelten: de internis non iudicat praetor; cogitationis poenam nemo patitur: so wird doch der sittlich zu missbilligende Grund oder Inhalt von Rechtsgeschäften bei der Beurtheilung der aus ihnen sich ergebenden rechtlichen Verbindlichkeit in voller Consequenz des Rechtsprincips mit in Erwägung gezogen. Das Recht wird seiner Natur getreu bleiben, wenn es Unsittliches, das in äusserer Handlungsweise vieler äusserlich wahrnehmbar wird, wie Hazardspiel, öffentliche Unzucht und schamlosen Wucher, Thierquälerei und Trunkenheit einzuschränken sucht, nicht weil es unsittlich ist, sondern weil es auf den äusseren Zustand der Gemeinschaft und ihrer Glieder verderbliche Wirkungen von beträchtlicher Grösse üben muss, oder weil es dem allgemein in der Gemeinschaft lebenden Gefühle und Bewusstsein vom Geziemenden und sittlich Zulässigen in crasser Aufdringlichkeit widerspricht. Die Grenze wird hier nicht für immer scharf gezogen werden können, sondern nach Zeit und Ort weiter oder enger werden. Das Recht kann niemandem Sinn für Wolthätigkeit zumuthen; aber wol kann es jedem die Leistung von Armenunterstützung auferlegen im öffentlichen Interesse. Es kann nicht Gottesfurcht und frommen Sinn zu befehlen, aber wol dreiste Gotteslästerung zu verhüten unternehmen. Lauterkeit und Wahrheit des Herzens ist keine Forderung des Rechts; aber Lüge, Verleumdung, Betrug werden doch nicht bloss nach ihrer Wirksamkeit auf die äusseren Güter, sondern auch nach der Beschaffenheit des Gemüthes, aus dem sie stammen, in Anschlag gebracht. Undankbarkeit ist zunächst unter sittlichem Gesichtspunkte verwerflich; aber eben diese Verwerflichkeit kann auch auf die Beurtheilung von Rechtsverhältnissen Einfluss üben. Das Recht duldet nicht, dass anerkannt Unsittliches von einem Menschen durch formell rechtliche Mittel erzwungen werde, sobald es dergleichen zu verhüten im Stande ist. Schon die römischen Juristen haben Bedingungen bei Rechtsgeschäften nicht zugelassen, wie dass eine Frau sich von ihrem Manne scheiden lasse, dass jemand seinen kriegsgefangenen Vater nicht loskaufe, seinen Eltern oder seinem Patron die Alimente versage, überhaupt dass jemand etwas sittlich Verwerfliches thue. Ungültig auch nach rein rechtlichem Gesichtspunkte ist die Bedingung der Ehelosigkeit, des Religionswechsels, selbst der Beschränkung auf einen bestimmten Wohnsitz, weil sie gegen die vom Rechte anzuerkennende natürliche Freiheit verstösst. Ungültig ist ein Versprechen für eine vollbrachte oder noch zu vollbringende Unthat, und was dergleichen mehr ist.

3. Wie es sich im Recht um den äusseren Bestand der Gemeinschaft, um äussere Handlungen und rechtliche oder unrechtliche Absicht handelt, so bezieht sich das Recht auch nur auf äussere Objecte, auf solche also, auf die eine wahrnehmbare thatsächliche Einwirkung durch menschliches Handeln geübt werden kann, und es bezieht sich auf dieselben nur, sofern die Gemeinschaft unmittelbar oder mittelbar wegen der zu ihr gehörigen Subjecte an diesen Objecten und einer bestimmten Art auf sie zu wirken ein Interesse hat. Die äusseren Objecte, die für das Recht in Betracht kommen sollen, müssen den Charakter von äusseren Gütern haben, für menschliche Zwecke als Mittel dienen und Nutzen gewähren; sie müssen einen Werth haben und zwar nicht bloss in dem Sinne des objectiven Werthes, in welchem Sinne die Werthe der Dinge sich stufenweise bestimmen je nach der Bedeutung des zu erreichenden Zweckes und nach der Kraft des Dinges, für den Zweck als Mittel zu dienen, sondern auch in dem subjectiven Sinne, dass das Object werth gehalten und geschätzt, ein Gegenstand intensiveren oder weniger intensiven Begehrens ist. Die Güter, um die sich das Recht kümmert, haben daher auch einen ausdrücklichen Tauschwerth, einen Preis, oder es lässt sich wenigstens das Interesse an

§ 21. Das Recht als gesetzliche Ordnung.

ihnen nach einem erfahrungsmässigen, für den Durchschnitt der Fälle gültigen Maassstab auf einen solchen zurückführen. Mit Geistesanlagen, Kenntnissen, Tugenden hat es kein Recht zu thun, aber wol mit den von ihnen zu erwartenden oder vollbrachten Leistungen. Leib, Gesundheit und Leben des Menschen, seine äussere Freiheit und äussere Ehre; die Sachen, sofern sie sinnlich wahrnehmbar sind, insbesondere sofern der Gebrauch derselben durch den einen den Gebrauch durch den andern ausschliesst; die Leistungen und Thätigkeiten der Menschen, sofern sie vereinzelt sind oder durch längere Zeit und ein ganzes Leben sich hinziehen: das sind diejenigen Dinge, auf welche sich das Recht seinem Begriffe nach beziehen kann. Aber immer wird für die Möglichkeit einer rechtlichen Beurtheilung gefordert, dass ein Interesse der Einzelnen oder der Gemeinschaft vorhanden sei. Ein Interesse z. B. eines verstorbenen Ehegatten daran, dass der überlebende Theil unvermählt bleibe, ist nicht denkbar; also geht das auch das Recht nichts an. Oder wenn das Grundstück untergeht, dem eine Servitut zusteht, so hat niemand mehr ein Interesse daran, dass eine Praedialservitut fortbestehe: also hört hier auch für das Recht das alte Verhältnis auf. Das Recht sorgt für die Interessen real vorhandener Personen und Gemeinschaften: es legt Verbindlichkeiten auf gegenüber der Gemeinschaft und gegenüber den Einzelnen, nicht aber Verbindlichkeiten gegen Gott, gegen Verstorbene, gegen uns selbst, gegen die Thiere. Verletzungen der göttlichen Ehre, der Ehre Verstorbener, Selbstverletzungen wie Selbstmord oder Selbstverstümmelung, können wie die Thierquälerei nur insofern das Recht betreffen, als durch sie zugleich das äussere Interesse der Gemeinschaft oder der Einzelnen und die Bedingungen ihres Bestandes mitbetroffen werden.

4. Das Rechtsgesetz betrifft äussere Handlungen und äussere Objecte; seine Abzweckung geht auf eine äussere Ordnung. Der äussere Zustand, den es herzustellen strebt, ist abhängig von menschlichen Handlungen und soll durch dieselben und trotz derselben sich stetig wieder herstellen in stricter Nothwendigkeit. Das Gesetz für menschliche Handlungen ist von anderer Art als das Naturgesetz. Dieses enthält eine Nothwendigkeit, die sich blind und von selbst vollzieht; das Rechtsgesetz strebt eine Nöthigung an, die durch das Wissen hindurchgeht und den eigenen Entschluss des Handelnden, eine bestimmte Form des Wollens zur Voraussetzung hat. Es setzt deshalb ein Dürfen und Sollen dem Können und Wollen gegenüber; es sucht den Willen durch geeignete Motive zu bestimmen, die auf den natürlichen Willen mit einer Art von Naturnothwendigkeit wirken. Wo aber

vermöge der unausrottbaren Willkür des Wollens das nicht
geschieht, was dem Gesetze entspricht, da tritt vermöge
äusserer Gewalt ein äusseres Müssen ein. Ordnung überhaupt
ist Sicherheit eines gleichmässig sich erhaltenden Bestandes,
Sicherheit der Wiederkehr gleichmässiger Verhältnisse im
Wechsel des Handelns und der Vorgänge, regelmässige Wiederherstellung aus Störung und Unruhe. Ordnung geht hervor
aus Einheit des Zweckes, der Methode; sie setzt in der Vielheit der Kräfte und Bestrebungen ein Zusammenwirken zu
einem Ziel nach gleichem Gesichtspunkt, im Neben- und
Nacheinander eine gedankliche Einheit. Wo die Vielheit als
solche ohne Ordnung waltet, da tritt Verwirrung, Lähmung
der Kräfte durch das Gegeneinanderwirken derselben ein
und in Folge dessen Vereitelung der Zwecke, und darum hebt
die Unordnung die Bedingungen für die Gemeinschaft und
alles zu ihr Gehörige auf. Das Recht, welches diese Bedingungen, aber auch nicht mehr, zu wahren strebt, schafft
deshalb eine äussere, wahrnehmbare, thatsächliche Ordnung,
eine Ordnung der äusseren Handlungen, die es wie Vorgänge
behandelt: es betrachtet demgemäss die Innerlichkeit des
Menschen wie eine Naturkraft, auf die sich durch äussere
Mittel wirken lässt. Und in der That ist ja der Wille des
natürlichen Menschen so beschaffen und unterliegt der äusseren Determination; der mit Intelligenz ausgerüstete Naturwille wird zu dem gewollten Ziele gelenkt auf nahezu mechanischem Wege durch Erregung von Lust und Unlust. Gewiss
giebt es schon im natürlichen Menschen auch Triebe des Wolwollens, der Liebe, der Begeisterung für ideale Zwecke, und
die Möglichkeit der unendlichen Selbstbestimmung der Freiheit zur Herrschaft über den Trieb ist immer vorhanden.
Aber dass diese vernünftige Selbstbestimmung wirklich eintrete,
das ist zufällig; darauf kann man nicht zählen, keine Ordnung darauf begründen, die ihrem Begriffe nach unfehlbar
und völlig sicher sein soll. Auf die Wirksamkeit der Triebe
dagegen kann man mit grosser Sicherheit sich verlassen, mit
ihnen kann man rechnen. Auf die Triebe wirkt man ein
durch Erregung von Hoffnung und Furcht; sofern der Mensch
von aussen durch sie determinirt wird, unterliegt er dem
psychischen Zwange. Wo dieser versagt, was bei der unendlichen Willkür der Triebe immer möglich ist, da tritt dann
vermittelst des Rechtes der physische Zwang ein, damit
der geforderte Zustand der Ordnung auch ohne den Willen und
wider den Willen hergestellt werde. Die Mittel des Zwanges
aber werden abgemessen nach der Grösse der Gefahr, die
der unvernünftige Wille droht, nach dem Werthe der zu
schützenden Güter, nach der Dringlichkeit der einzuhaltenden

Ordnung im gegebenen Fall. Darum ist die Kraft, mit der dem widerstrebenden Willen das Uebel angedroht wird, das er flieht, der Lohn verheissen wird, den er anstrebt, darum ist auch der Nachdruck, mit dem die gestörte Ordnung wiederhergestellt wird, äusserst verschieden an Grösse in den verschiedenen Lebensverhältnissen. Die Härte der Disciplin im Heer oder unter dem Schiffsvolk zur See, das Standrecht in Zeiten des Aufruhrs wollen die unentbehrliche Ordnung mit ganz anderem Nachdruck sichern, als es im gewöhnlichen Laufe des regelmässigen Verkehrs zwischen den Menschen geschieht.

5. Der Zwang, der gegen die Willkür und ihre Unvernunft geübt wird, ruht als Mittel für die Verwirklichung des Gesetzes in einer sicher begründeten äusseren Ordnung in der Hand der Vernunft, und darin ist er selber vernünftig und eine allgemeine Vernunftanforderung. Der Wille, der sich selbst zu beherrschen nicht vermag, wird durch eine ihm äussere Macht beherrscht; der Zustand, der dadurch herbeigeführt wird, ist ein vernünftiger Zustand. Der an sich noch unvernünftige Wille wird wenigstens in seiner Aeusserung zur Vernunft gezwungen und sieht sich von einer vernünftigen Ordnung umgeben. Damit entsteht nun zwischen den Menschen ein neues und völlig eigenartiges Verhältnis. Durch den Zwang der Macht wird jedem gegen jeden eine allgemeine wechselseitige Garantie geschafft. Der Einzelne braucht sich, sein Dasein und seine Interessen nicht mehr durchaus selbst zu schützen; innerhalb einer bestimmten Sphäre, wie sie das Gesetz bezeichnet, sieht er sich durch eine ohne ihn vorhandene überlegene Macht geschützt. Unter der Wirksamkeit dieses Schutzes wird nunmehr gegenseitiges Vertrauen möglich; denn wenigstens unter normalen Umständen und in der weit überwiegenden Mehrzahl der Fälle kann jeder vom andern erwarten, dass er nicht durch Waltenlassen seiner Willkür für geringere Lust die sicher drohende, weit grössere Unlust eintauschen werde. Mit der Sicherung des Bestandes der Gemeinschaft durch das Gesetz, das die Macht findet, die es durchsetzt, weiss sich auch jeder Einzelne in den wesentlichen Bedingungen seines Daseins und seines Strebens geschützt; nunmehr kann er auch seinerseits jeden Anderen in der gleichen Sphäre achten und anerkennen und das Bedürfnis und Interesse der Gemeinschaft für sein eigenes dringendstes Bedürfnis und Interesse ansehen. Mit der durchgehends geleisteten Garantie gegen die Unvernunft fremder Willkür nimmt der Zustand der perpetuirlichen Noth, sofern dieselbe in fremder Handlungsweise begründet ist, ein Ende: der Krieg aller gegen alle wird eingedämmt, der wüthende

Streit der Interessen wird gemässigt. Liebe und Wolwollen hören auf, wider die nächste Pflicht der Selbsterhaltung zu verstossen. An feste Regeln seines Handelns sich binden, das kann der Mensch nicht, so lange nicht alle dasselbe thun, und darauf dass alle es thun, kann gerechnet werden erst da, wo der Zwang beginnt. Eine Regel, die nicht durch die Gewalt geschützt ist, ist nur eine gutgemeinte Ermahnung; die Wirkungen des Rechtes kann sie nicht haben. Man nehme vom Rechte die Macht hinweg, und kein Mensch wird sich auch beim besten Willen an das Recht binden können. Ein Einziger unter einer Menge, der seinen Willen nicht an das Recht bände und dazu nicht genöthigt werden könnte, machte allen Rechtszustand unmöglich. Denn um so oder so handeln zu können, ist die erste Bedingung, dass ich überhaupt dasei. Ist es nun in jedem Augenblicke möglich, dass ich in meinem nackten Dasein und in den unentbehrlichen Mitteln, dasselbe zu erhalten, bedroht werde, so müsste ich immer zunächst darauf bedacht sein, dieses Unentbehrliche auf jede Weise zu schützen, die zum Ziele führt. Dazu reichte nicht der dem Rechte gemässe, sondern allein der kluge und tapfere Wille aus. Ein Zustand, in welchem die Befolgung der Rechtsregel dem Belieben überlassen wäre, wäre nichts Anderes als der Krieg aller gegen alle. Selbst in rechtlich geordneten Zuständen tritt dieser Zustand des Krieges ein, wo gegen den bösen Willen, der das fremde Gut und das fremde Dasein bedroht, die zwingende Gewalt nicht zu Handen ist. Wolwollen könnte ich niemals zeigen, so lange jeder Zuwachs an Macht bei dem Andern ein Zuwachs der Bedrohung für mich wäre. So lange die durch den Zwang geleistete Garantie nicht vorhanden ist, so lange ist also kein Raum für den selbstverleugnenden, hingebenden Willen, der fremde Interessen wie die eigenen fördert. Nicht bloss die Selbstbeschränkung des rechtlich, sondern auch die des sittlich gebundenen Willens ist überall nur möglich unter der Herrschaft des Zwanges, es wäre denn, dass die Heiligung des Willens bei allen nicht mehr bloss eine Forderung, sondern schon völlig realisirt wäre. Somit ist die Garantie, die der Zwang gewährt, unter den Menschen, wie sie sind und sein werden, nicht etwas Unwesentliches, sondern für alle menschlichen Verhältnisse schlechthin Entscheidendes von geradezu fundamentaler Bedeutung. Der Zwang ist das charakteristische Kennzeichen für eine ganz besondere Sphäre des menschlichen Daseins, die das, was sie ist und bedeutet, eben nur durch das Moment des Zwanges ist und bedeutet. An diesem Zwange, den das vernünftige Gesetz gegen die unvernünftige Willkür übt, hängt nicht weniger als das gesammte Dasein einer Mensch-

heit und die Möglichkeit der Erreichung aller menschlichen
Zwecke. Das Gesetz als solches ergiebt noch keinen geordneten Zustand; das leistet erst der in dem Sinne des Gesetzes
wirksame Zwang. Erst das mit dem Zwange bewehrte
Gesetz ergiebt also den Begriff des Rechtes. Was
die im Zwange liegende Garantie nicht für sich hat, darf
nicht Recht heissen. Durch diese Garantie wird unter Menschen möglich und wirklich, was sonst überall unmöglich und
unwirklich sein würde; durch den blossen Zustand des durch
Zwang geschützten Gesetzes tritt der Mensch auf eine neue
erhöhte Stufe des Daseins; an der so gesicherten äusseren
Ordnung hat der Mensch die Basis und Voraussetzung seiner
Menschlichkeit.

§ 22.

Das Recht als Grenze der Befugnis.

Das Rechtsgesetz und sein Zwang, indem es in der
äusseren Ordnung die Bedingungen des menschlichen Gemeinschaftslebens zu sichern unternimmt, richtet sich nur auf das
zu diesem Behufe Unentbehrliche und lässt alles Andere
von seiner Einwirkung frei. Es zieht deshalb eine Linie, die
nicht überschritten werden soll; was diesseits derselben liegt,
das bezeichnet für jeden die Sphäre seiner Befugnis.
In dieser Befugnis jeden anzuerkennen und zu sichern, ist
der eigentliche Charakter des Rechtes; das Recht verhindert
in der Form von Gesetzen, denen die zwingende Macht zu
Gebote steht, dass ein Berechtigter in seinen Rechten gekränkt
oder verletzt werde. Im Begriffe des Rechtes liegt die Anforderung, dass die Sphäre der Befugnis ein Maximum,
die Einschränkung ein Minimum sei mit Rücksicht auf
das Maass dessen, was jedesmal für den Bestand des Ganzen
und seiner Theile nicht entbehrt werden kann.

1. Es liesse sich vielleicht eine Gesetzgebung für menschliche Handlungen denken, die einen ganz universalen Charakter
trüge und alles zu regeln unternähme, und das Moralgesetz
nimmt in der That so viel für sich in Anspruch, freilich ohne
auch wirklich das Vermögen zu besitzen, mit seiner Allgemeinheit die unendlichen Einzelheiten des Lebens zu decken
und zu beherrschen. Das Rechtsgesetz hat jedenfalls diesen
Charakter nicht, theils wegen seiner Natur und Bestimmung,

theils wegen der Mittel, deren es sich zu seiner Durchführung bedient. Denn zunächst wendet es sich als eine äussere vernünftige Vorschrift gegen die Willkür der natürlichen Begierden, nur um sie zu hemmen und einzuschränken; sodann will es nur die Bedingungen des Gemeinschaftslebens wahren und bezieht sich also nicht auf das, was zu diesen Bedingungen nicht gehört. Endlich aber bedient es sich des Zwanges, und der Zwang ist der Natur des Menschen nach nur auf engerem Gebiete wirksam. Der Zwang ist eigentlich wider die Natur des Menschen. Der Mensch ist in Wahrheit niemals bloss natürlicher Mensch, wie das Recht mit seinen Methoden ihn auffasst und behandelt; der Mensch ist in Wahrheit freier Geist und kann sich in jedem Augenblicke aus der Natürlichkeit auf den Standpunkt freier Geistigkeit erheben, sich zum Herrn seiner Triebe und Begierden machen. Und selbst in dem natürlichen Willen selber schon liegt die Möglichkeit, durch stärkere Antriebe sich über die nächsten Triebe der Furcht und Hoffnung zu erheben. Im allgemeinen ist die Neigung zum Märtyrthum unter den Menschen nicht weit verbreitet; aber sie liegt wol in des Menschen Natur. Schon die alteingewurzelte Gewohnheit, die herkömmliche Meinung und Ueberzeugung, noch mehr die hoch gespannte Leidenschaft macht Märtyrer. Der alles umfassende Zwang würde die Lust am Märtyrthum zur allgemeinen machen. Der Mensch wird unter seinem Werthe behandelt, wo man ihn zwingt; daher ist der Zwang nur da durch die Vernunft der Sache gerechtfertigt, wo er unentbehrlich ist. Bei Kindern und Unmündigen gilt der durchgängige Zwang behufs der Erziehung und Gewöhnung; mit zunehmender Reife der Einsicht und wachsender Kraft der Selbstbestimmung nimmt der Zwang vernünftigerweise ab. Ebenso ist es in den grossen Verhältnissen der gesellschaftlichen Ordnung. Die Herrschaft des Zwanges tritt zurück, um der freien Selbstbestimmung Raum zu schaffen.

2. Die Function des Rechtes ist also die, die Willkür nach allgemeinen Gesetzen mit der Möglichkeit zwangsmässiger Repression innerhalb bestimmter Schranken zu halten. Die Voraussetzung dafür ist die Anerkennung einer freien Sphäre des Beliebens, innerhalb deren jeder gegen jeden geschützt wird. Auf das, was innerhalb dieser freien Sphäre liegt, bezieht sich das Recht nur mittelbar, nur dadurch, dass es die Grenzen um dieses Gebiet zieht und fremdem Eingriff in dieses Gebiet wehrt. Die Befugnis ist also das Selbstverständliche, erst die Einschränkung stammt aus dem Recht; was nicht verboten ist, das ist erlaubt, und unter dem blossen Gesichtspunkte des Rechtes mag es jeder damit halten wie

er will. Aber in diese Befugnis soll von keinem gegen keinen eingegriffen werden; das Rechtsgesetz ist deshalb seinem Wesen nach Verbot der Verletzung: neminem laedere. Die Rechtspflicht hat die n e g a t i v e Bedeutung, dass jedem verboten ist, die Befugnis des andern anzutasten und zu stören. Das Rechtsgebot bestimmt nicht eigentlich, was jeder thun soll, sondern was jeder nicht thun darf, und nur mittelbar dadurch umschreibt es auch die Sphäre dessen, was jedem gestattet ist. Das Ziehen der Grenze und die Ertheilung der Befugnis ist eine und dieselbe Thätigkeit; denn meine Befugnis ist eben das, worin jeder andere die Grenze seiner Willkür hat. Darum ist der Satz ganz richtig: Qui suo iure utitur, neminem laedit (L. 55. 151. 155. De Reg. iur. L, 17); aber freilich ist er rein tautologisch. Denn wird gefragt, was denn nun eigentlich das Recht eines jeden ist, so kann die Antwort immer nur lauten: das, wodurch er niemanden verletzt. Indem das Recht die Willkür einschränkt, erkennt es sie innerhalb der gezogenen Schranken an; das so mittelbar anerkannte Gebiet meiner Willkür giebt mir einen Anspruch gegen jeden auf Nichtverletzung, der Rechtsanspruch ist somit wesentlich negativer Art. Meine Berechtigung, mein subjectives Recht bedeutet die durch die objective Rechtsregel geschützte Anforderung, dass ich in dieser bestimmten Befugnis nicht gestört werde (§ 42). Ich selber mag mich meines Rechtes bedienen oder nicht, darüber entscheidet die Rechtsregel nicht. Iure suo uti nemo cogitur (L. 156 ibid.); das drückt ganz correct die Natur des Rechtsanspruches aus, und insofern kann man sagen, dass das Rechtsgesetz die Natur einer lex permissiva habe. Die R e c h t s p f l i c h t entspringt erst aus dem R e c h t s a n s p r u c h des anderen als dessen Correlat; sie ist die Pflicht aller, nichts zu thun, was in das Recht eines Subjectes eingreifen würde. Die Rechtspflicht ist also immer nur zum Scheine positiv. Die Pflicht zu geben ist vielmehr eine Pflicht, nicht vorzuenthalten; die Pflicht zu leisten eine Pflicht, nicht zu unterlassen. Das was ich zu geben, zu leisten habe, liegt nicht mehr in der Sphäre meiner Befugnis, sondern in der Befugnis des anderen; unterliesse ich das Geben und Leisten, so würde das ein störendes Vorenthalten sein, das fremden Rechtsanspruch antastete. Wenn der Hausvater dem Kinde gegenüber die Pflicht zur Erziehung und Ernährung hat, so liegt die entsprechende Leistung in dem Gebiete dessen, was dem Kinde gehört und was ihm nicht vorenthalten werden darf. Wird mir vom Recht ein bestimmtes positives Verfahren vorgeschrieben ohne Rücksicht auf die Befugnissphäre der anderen, z. B. bestimmte Fristen innezuhalten, bestimmte Formen zu gebrauchen, die Diffamationsklage anzustellen, so geschieht das nur bedingungsweise. Das Recht knüpft an solches bestimmtes Thun gewisse Folgen für die Erweiterung meiner Rechtsansprüche; verzichte ich auf solche Erweiterung, so mag ich immerhin das Gebot bei Seite setzen. Und wenn in dem Gebiete des öffentlichen Rechtes Berechtigung zugleich Verpflichtung ist, so heisst das nichts anderes, als dass die Gemeinschaft durch Ertheilung der Berechtigung an den Einen zugleich ihre Befugnis, ihre Rechtsansprüche erweitert hat, so dass die Unterlassung der Ausübung des Rechtes in die Berechtigung der Gemeinschaft verletzend eingreifen würde. Was für mich eine Verpflichtung ausmacht, das zu thun bin ich dann auch berechtigt. Niemand darf mich hindern, meiner Rechtspflicht zu genügen; das wäre ein Eingriff ebensowol in meine Rechtssphäre, wie in die Rechtssphäre dessen, dem ich zu leisten habe. Das ist die wirkliche Natur des Rechts. Man kann das Recht kaum gründlicher verkennen, als wenn man es als einen Inbegriff von „Imperativen" oder wie der Lieblingsausdruck lautet von „Normen" betrachtet, aus denen dann erst die Befugnisse abzuleiten seien. Vielmehr ist die Befugnis das Erste, und alle Normen haben nur den Inhalt, dass fremde Befugnis nicht gestört werden soll.

3. Wie weit oder wie eng das Rechtsgesetz die Sphäre der Befugnis zu ziehen habe, das kann nur aus der Aufgabe und Bestimmung des Rechtes gefunden werden, welche darin besteht, die Bedingungen des Gemeinschaftslebens zu wahren. Vernünftigerweise lässt das Recht jede Befugnis bestehen, die mit den Bedingungen des Gemeinschaftslebens verträglich ist, und die gezogene Schranke muss sich vor gesunder Einsicht dadurch rechtfertigen können, dass sie zum Bestande des Ganzen und seiner Theile unentbehrlich ist. Wie viel zu diesem Unentbehrlichen gehört, das ist der jedesmaligen concreten Lage der menschlichen Verhältnisse zu entnehmen; darüber giebt es schlechterdings keine allgemeingültige Entscheidung für alle Fälle, die a priori aus reiner Vernunft geschöpft werden könnte. Das Recht muss anerkennen, dass die Sphäre der Befugnis für jeden so weit gelassen werden muss wie möglich; aber niemals kann es anerkennen, dass dieses oder jenes einzelne nothwendig und von Natur in der Befugnis des Menschen gelassen werden müsse. Von einer natürlichen Befugnis, oder wie man auch sagt, einer natürlichen Freiheit, von angeborenen, unveräusserlichen Menschenrechten zu sprechen, ist völlig verkehrt. Das Recht hebt nach seiner Bestimmung, nach den unentbehrlichen Bedingungen des Gemeinschaftslebens, jede einzelne Befugnis, so natürlich und selbstverständlich sie auch erscheine, auf, sobald dieselbe

§ 22. Das Recht als Grenze der Befugnis.

mit den Bedingungen der Gemeinschaft in Widerspruch geräth. Die Befugnis zu leben, zu essen, zu schlafen, hört nach der Anforderung der Vernunft eben damit auf zu existiren, dass sie durch das vorhandene Recht ausgeschlossen wird, und sie wird vom Rechte ausgeschlossen, sobald sie mit den Existenzbedingungen der Gemeinschaft in Widerspruch geräth, was immer vorkommen kann. Die Befugnis wird durch das Recht nicht erschaffen noch ertheilt; aber sie besteht nur so lange, als das Recht sie nicht beseitigt. Die objective Rechtsordnung giebt mir nicht eigentlich meine subjective Befugnis, aber sie verwandelt sie in einen rechtlich geschützten Anspruch. Vor dem Bestehen einer Rechtsordnung würde meine Befugnis so weit reichen, wie meine Macht, mich in meinem Belieben gegen fremdes Belieben zu schützen, reichen würde; innerhalb der Rechtsordnung bin ich der Sorge für meine Macht überhoben, und es giebt ein objectives Maass dessen, worin nicht verletzt zu werden ich einen geschützten Anspruch habe. Mein Recht ist insofern allerdings ein Stück Willensmacht, das aber nicht die objective Rechtsordnung erst geschaffen, sondern das sie mir nur gelassen, durch die von ihr gezogenen Grenzen nicht mit aufgehoben hat. Die natürlichen Triebe, Verhältnisse, Interessen der Menschen bleiben unter der Rechtsordnung bestehen; sie bilden das Material des Rechts und werden vom Rechte nur begrenzt und geformt. Diejenigen Auswüchse werden beschnitten, die sich mit den Bedingungen der Gemeinschaft nicht vertragen; das Princip, nach welchem das geschieht, kann man wol als die **Maxime der Coëxistenz** bezeichnen, nur dass es sich nicht bloss um die Coëxistenz der Willkür aller Einzelnen, sondern vor allem und am meisten um die Coëxistenz der Einzelnen und der Gemeinschaft handelt. Jeder behält nur so viel Willensmacht, als sich mit dem nöthigen Schutze für die Willensmacht aller anderen und für die Bedingungen des Gemeinschaftslebens verträgt; was sich damit nicht verträgt, darauf muss er eben verzichten. Jene Begrenzung ist die Sache der praktischen Vernunft, der sich die Willkür zu fügen und zu unterwerfen hat.

4. Indem das Recht die Sphäre der Befugnis so weit als möglich zieht, so lässt es in der Befugnis des Menschen vieles bestehen, was vom Moralgebot und vom sittlichen Urtheil ausgeschlossen wird, so weit es nicht die Bedingungen der Gemeinschaft antastet. Denn nicht alles, was förderlich ist, begehrt das Recht herzustellen, sondern nur alles, was unerträglich ist, strebt es zu beseitigen. Das honeste vivere ist kein Rechtsgebot. Vielmehr gilt der Satz: non omne quod licet honestum (L. 144 ibid.); nicht alles, was sittlich ge-

fordert ist, ist auch rechtlich gefordert; nicht alles, was rechtlich gestattet ist, ist auch sittlich gestattet. Wie die vom Rechte frei gelassene Sphäre der Befugnis dahin strebt, ein Maximum zu sein, so trägt das vom Rechte ausdrücklich Geforderte den Charakter eines Minimum. Thatsächlich schützt die Rechtsordnung, indem sie die Rechtsansprüche eines jeden schützt, auch sehr viel schlechthin Verwerfliches. Ich habe das Recht, gemein und niederträchtig zu sein; ich darf von Rechts wegen Forderungen an einen Schuldner aufkaufen, um ihn zu ruiniren; ich darf die Formen des Rechtes rabulistisch mir zu nutze machen, um schlechte selbstsüchtige Zwecke zu erreichen. In emendo et vendendo naturaliter concessum est . . ., invicem se circumscribere (L. 22, 3. Locat. cond. XIX. 2. — L. 16, 4. De minorib. IV. 4). Die Rechtsordnung schützt nicht so gar selten den, der unsittlich handelt, gegen den unschuldig Leidenden, so lange jener sich in der Form Rechtens hält. Aller mögliche Betrug in Kauf und Verkauf, alle Grausamkeit und Hartherzigkeit des Selbstsüchtigen und Habgierigen, alle Unwahrheit und Arglist des Ränkeschmieds und des Verräthers findet in der Rechtsordnung selbst eine Hülle und eine Waffe, um sich zu bergen und zu sichern. Das Recht vermehrt das Elend des Unterdrückten und giebt die Tugend dem Laster preis. Das alles ist nicht die regelmässige Erscheinung, aber auch keine blosse Ausnahme; vermöge der eigenthümlichen Natur und Aufgabe des Rechtes ist es nicht völlig auszuschliessen. Man muss sich drein ergeben: es kann nicht anders sein, und es soll nicht anders sein. Das Recht will eine äussere Ordnung, es schafft sie durch allgemeine Gesetze und sichert sie durch das Mittel des Zwanges. Diese äussere Ordnung ist für alles Menschliche so sehr die wichtigste und entscheidendste Vorbedingung, dass man um der Wohlthat willen, die sie gewährt, störende Nebenwirkungen sich muss gefallen lassen. Das Recht gehört zu den obersten Bedingungen des menschlichen Daseins; es kann nicht anders sein als es ist; man muss es hinnehmen wie ein Schicksal, wie einen Theil der in der Endlichkeit und Natürlichkeit des Menschen liegenden Consequenzen. Man soll es preisen als eine Manifestation der Vernunft am endlichen Stoff, nicht es schelten, weil es in der Verflechtung mit dieser schlechten Endlichkeit selber mit Unvollkommenheit und Mängeln behaftet erscheint.

5. Nicht alle Vorschriften für den Willen, die an sich vernünftig sind, können in Rechtsgebote verwandelt werden. Wollte man das durchführen, so würde der Zwang zum universalen werden, und als solcher ist er nicht möglich und scheitert an der menschlichen Natur. Alles oder auch nur

so vieles als möglich unter das Rechtsgebot stellen, das hiesse den Menschen zur Maschine erniedrigen, die menschliche Bestimmung unmöglich machen, die freie That der Selbsterhebung, das Herauswachsen der geistigen Freiheit aus natürlicher Unmündigkeit abschneiden. Es soll dem Menschen ein Gebiet der Selbstthätigkeit übrig bleiben, das so weit ist als möglich: diese Anforderung liegt in des Menschen Natur und Bestimmung. Sie unerfüllt lassen, wäre mehr als despotische Tyrannei, wäre völlige Aufhebung der Menschenwürde. **Der Mensch darf zur Sittlichkeit nicht gezwungen werden;** aber es giebt auch noch vieles andere, wozu der Mensch nicht gezwungen werden darf. Ueberdies würde es ja auch unmöglich sein, seine Zwecke und Motive zu beherrschen. Das Recht mit seinem Zwange bleibt also auf das Aeussere und selbst darin auf das Unentbehrliche beschränkt. Das Recht ist nicht die Stätte der inneren Freiheit, nicht das Mittel, die Menschen glücklich, sittlich, selig zu machen. Nur die **Bedingungen** für die menschlichen Zwecke, nicht die Zwecke selbst sind sein Gebiet. Was zu diesen Bedingungen als das Unentbehrliche gehört und darum unter das Recht fällt, das wechselt mit der Zeit. In der thatsächlichen Wirklichkeit kann das durch das Recht zu Erzwingende auch wol ein Maximum ausmachen, so bei wilden oder halbwilden Völkern oder selbst noch in der orientalischen Despotie, wo fast jede Lebensäusserung unter der Macht des mit Strafgewalt geschützten Brauches, unter der Willkür des Despoten, unter dem noch furchtbareren Gebote der theokratischen Machthaber steht. Aber wenn die Menschheit von einem Maximum rechtlich erzwungener Bestimmungen ausgeht, so ist der Fortschritt der Culturentwicklung zugleich die zunehmende Einschränkung des Rechtsgebietes. Das vom Rechte und seinem Zwange Geforderte strebt danach, sich immer enger zu begrenzen. Es ist die Vernunft des Rechtes, dass es jedesmal ein Minimum mit seinen Bestimmungen zu treffen sich bescheidet. Die äussere Lage und die inneren Verhältnisse des gemeinen Wesens, der höhere oder geringere Grad von Sicherheit oder Bedrohung durch äussere Kräfte oder durch die Leidenschaften der Menschen, der höhere oder geringere Werth, der auf die Persönlichkeit gelegt wird, das Maass des Vertrauens, das man in die Einsicht, die Mässigung, die Selbstthätigkeit der Menschen setzen kann: das alles entscheidet über das Maass dessen, was durch das Rechtsgesetz ausdrücklich zu ordnen ist, wie über die Art und Weise der Repression der Willkür. Daher sind z. B. die Grenzen zwischen civilem Recht und Strafrecht fliessend; daher werden die Strafen allmählich milder, schränkt sich der Inhalt der Rechtsgebote ein oder erweitert sich auch vorübergehend. Mehr und mehr wird das religiöse, das sittliche Leben vom Zwange des Rechtes frei gelassen, wird das wirthschaftliche Leben der Regelung durch das Recht entzogen, und das Element der freien Entschliessung, der Ausprägung individueller Eigenthümlichkeit wird auf immer weiteren Gebieten vom Rechte anerkannt und geschützt.

6. In den eben entwickelten Punkten tritt der Gegensatz zu Tage zwischen einer im Begriffe des Rechtes wurzelnden Anschauung und zwischen den Tendenzen der Socialisten einerseits, der theokratisch Gesinnten andererseits. Die Socialisten wollen das gesammte äussere Leben der Menschen. Arbeit und Verkehr, Unternehmung und Genuss, so viel als irgend möglich unter die Herrschaft der äusseren rechtlichen Ordnung und damit also auch des äusseren Zwanges stellen; die theokratisch Gesinnten wollen das gesammte innere Leben der Menschen, ihr Verhältnis zu Gott und das Heil der Seele. durch die Methode des Rechtes und seinen Zwang beherrschen. Jene glauben damit den Menschen eine Wolthat zu erweisen. indem sie dieselben der Gefahr der Armuth und äusseren Noth, der Sorge um die physische Selbsterhaltung überheben; sie wollen die Menschen mit Gewalt und Zwang glücklich machen. Die Freunde der Theokratie sind bemüht, dem Menschen das Irren und Zweifeln, die Arbeit der freien Meinungsbildung und das Suchen nach eigener Ueberzeugung zu ersparen in dem, was ihnen für das ewige Heil der Menschen als das Entscheidende gilt; sie wollen die Menschen durch das Rechtsgesetz, wo es nöthig ist mit Feuer und Schwert, selig machen. Beide Parteien verkennen in gleicher Weise die in der menschlichen Natur liegenden Möglichkeiten und Nothwendigkeiten. Man kann den Menschen weder glücklich noch selig machen ohne seinen Willen. Raubt man ihm das erste Attribut seiner Menschenwürde, die freie Entscheidung aus eigner Willkür, so erhebt man ihn nicht auf eine höhere Stufe seines Daseins, sondern erniedrigt ihn unter das Thier. Einschränkung, die nicht unentbehrlich ist, heisst Entfesselung der Bestialität. Die Einen betrachten den Menschen nach Art der Ochsen und Schweine, die man im Koben mästet: die Andern nach Art der Hunde oder Pferde, die man zu Verstand und Tugend mit Zuckerbrot und Peitsche dressirt. Eine gesunde Auffassung vom Recht wendet sich gegen beide Verkehrtheiten, indem sie den Menschen als seinem Wesen nach freie Persönlichkeit betrachtet, deren Willkür anzuerkennen ist, soweit es nur irgend angeht. Nicht die äussere Wolfahrt des Hausthieres will das Recht wahren, sondern die Möglichkeit der freien Entwicklung und Selbstbestimmung;

nicht den Weg zum Himmelreich schreibt es dem Menschen in gebundener Marschroute vor, sondern den Adel der menschlichen Anlage will es ehren, indem es die freie sittliche Selbstentscheidung unangetastet lässt, aber die äusseren Hindernisse aus dem Wege räumt, die derselben im Wege stehen könnten.

Zweites Capitel.
Das Gerechte als Princip des Rechts.

§ 23.
Das Recht als inhaltlicher Ausdruck der praktischen Vernunft.

Der Inhalt der Rechtsbestimmung ist abzuleiten aus der **praktischen Vernunft**, aus der die Möglichkeit einer Rechtsordnung ebenso stammt wie die Forderung, dass eine Rechtsordnung unter Menschen überhaupt vorhanden sei. Die Vernunft aber setzt als das, was ihr entspricht, nichts als die Form der **Allgemeinheit und Widerspruchslosigkeit**; das Gleiche, was immer wiederkehrt und in der Verschiedenheit sich als dasselbe erhält, ist das Vernünftige. So weit die Vernunft herrscht, werden alle Unterschiede und Gegensätze durch ein übermächtiges Gesetz der Allgemeinheit und Gleichheit zur Harmonie und Einheit zurückgeführt. Dieses rein Formelle nun heisst das **Gerechte**; in seiner Anwendung auf die von der Natur gegebenen menschlichen Verhältnisse ergiebt es das **Recht**.

1. Im Bisherigen haben wir entwickelt, dass und aus welchen Gründen und zu welchen Zwecken es eine Rechtsordnung geben muss, und die wesentlichen Attribute einer solchen dargelegt. Die Frage ist nun weiter: wenn es doch ein Rechtsgesetz geben muss, welchen **Inhalt** hat dasselbe, und was gebietet oder verbietet es? Und wenn das mit zwingender Gewalt ausgestattete Gesetz bestimmt ist, zwischen den Menschen in der Gemeinschaft Ordnung zu erhalten, welchen gesetzlichen Bestimmungen sind vor anderen oder ausschliesslich dazu geeignet, diesen Zweck zu erreichen? auf

welches einfache Princip lässt sich alles das Unendliche, was unter den Menschen mit dem Charakter des Rechtes gilt und gegolten hat, zurückführen? Diese Fragen wollen die Einen beantworten, indem sie psychologisch zu Werke gehen und sich auf die Gefühle der Menschen, auf ihr Rechtsbewusstsein, auf angeerbte, durch Gewöhnung festgewordene Triebe und Neigungen berufen; die Andern wollen dieselbe Frage lösen, indem sie aus der Erfahrung vom Nützlichen deduciren und untersuchen, welche gültige Bestimmung am meisten geeignet sein würde, den Zustand der Lust für alle oder doch für die möglichst grosse Zahl zu sichern und den Zustand der Unlust zu verdrängen. Beide Gesichtspunkte scheinen uns für die Erkenntnis des Rechtes völlig unbrauchbar, wie sie sich denn bisher bei denen, die sie in Anwendung gebracht haben, in der That als unfruchtbar erwiesen haben. Was zunächst die psychologische Betrachtungsweise angeht, so lehrt die nächste Erfahrung, dass es auf psychologischem Gebiete schlechterdings nichts Festes, nichts Allgemeines giebt, woran man sich halten, was man als Princip verwenden könnte. Das Psychologische ist das Gebiet der Willkür, der Zufälligkeit, dasjenige, was die Menschen trennt und scheidet, nicht das was sie eint und bindet. Alles, was als Allgemeingültiges die Menschen vereinigt und woran sie sich als von Wesen gleich erkennen, liegt jenseits des Psychologischen in dem Elemente der Vernunft; sie erst ist es, die alle Absonderlichkeit und Zufälligkeit der psychischen Individualität in der Einfachheit und Einheit ihrer gedankenmässigen Principien aufhebt. So wenig man die Sprache ihrem Wesen nach aus der psychischen Eigenthümlichkeit der Individuen oder der Stämme erklären kann, wenn gleich das allgemeingültige logische Grundprincip in seiner Ausprägung in den Einzelheiten der Sprache durch solche Eigenthümlichkeit aufs stärkste beeinflusst wird, ebenso wenig wird das Wesen des Rechtes dadurch begriffen, dass diese bestimmten Individuen oder diese bestimmten Völker in ihrem Rechtsgefühl, ihrer Rechtsanschauung so oder anders bestimmt gewesen seien, wenn auch ohne Zweifel die besondere Gestaltung, die das Recht an diesem oder jenem Orte zu bestimmter Zeit gefunden hat, unter anderen beeinflussenden Mächten auch auf die besondere psychische Beanlagung der Menschen hinweist. Nicht das subjective Gefühl der Menschen schafft das Recht, sondern das ganz objective Princip des Rechts bildet nach sich die Art der Menschen es aufzufassen und zu behandeln in individueller Weise aus. Noch weniger genügt die Ableitung aus dem Nutzen der Aufgabe, den Inhalt des Rechtes zu begreifen. Was nützlich ist, oder was

§ 23. Das Recht als inhaltl. Ausdruck der prakt. Vernunft. 217

Lust bereitet, — bei den Meisten fällt das ja zusammen, — dafür giebt es ebenso wenig ein allgemeines Princip, wie für die psychische Beschaffenheit der Menschen. Verschiedenen ist Verschiedenes nützlich oder angenehm. Die Lust begründet keine Regel. Wo ist die Lust, die Bestand hätte, oder wo ist ein glücklicher Mensch zu finden, der es nicht jetzt, sondern der es bleibend ist? Wie kann man Wolbefinden mit Wolbefinden vergleichen, und wo ist dafür ein objectiver Maassstab? Von welchem Aeusseren kann man behaupten, dass es nothwendig lusterzeugend auf jeden wirken muss? Und wenn doch Reinlichkeit besser sein soll als Schmutz, oder Kenntnis besser als Unwissenheit, ein Palast besser als eine Hütte, die englische Verfassung besser als die türkische: würden sie auch besser sein, wenn man sie nach der Lustempfindung aller dieser zufälligen Individualitäten beurtheilte? Der Eskimo fühlt sich in unserer Civilisation unglücklich; der Mensch vergangener Zeiten würde nur mit Entsetzen unter unseren Zuständen leben: sind wir denn nun fortgeschritten, und giebt es einen Fortschritt, wenn die Lust der Maassstab ist? Sicher sind die heutigen Menschen nicht glücklicher als irgend ein früheres Geschlecht. Nein, das Gute, und so auch das Recht, an der Lust zu messen, ist ebenso abgeschmackt, als seicht und gedankenlos. Aristoteles bemerkt mit Recht, dass das Gute oft gerade das Schädliche ist, dass es Leute gegeben hat, die durch Reichthum, andere, die durch Tapferkeit ihren Untergang gefunden haben (Eth. Nicom. I. 1). Es giebt kaum etwas, was für den Wilden und den Culturmenschen, weniges, was für den Gebildeten und den Ungebildeten auf gleiche Weise nützlich und erfreulich wäre. Woran ein Mensch seine Lust und Befriedigung finden mag, das lässt sich von vorn herein nicht sagen. Nicht wenige finden ihre Lust daran sich todtzuschiessen oder sich aufzuhängen; manche befriedigen sich an starkem Getränk, manche an leichter Lectüre: für den Einen ist die Gesellschaft, für den Andern die Einsamkeit Grund der Lust oder Unlust. Für alles das giebt es keine Regel und kein Gesetz. Soweit aber z. B. die Statistik eine Regelmässigkeit in solchen Trieben und Neigungen zahlenmässig nachweist, beruht dieselbe auf der blossen natürlichen Determinirtheit des Willens, die das Individuum dem Zufall überlässt und nur in grossen Massen einen mittleren Durchschnitt herstellt. Das ändert aber durchaus nichts daran, dass das Meiste, was dem Einen nützlich ist, dem Anderen nothwendigerweise schädlich ist, und dass eben dasselbe, was dem Triebe des Einen entspricht, dem Triebe des Andern sich hemmend erweist. Und liesse sich ausfindig machen, was erfahrungsmässig im Durchschnitt für die Mehrzahl das Nützlichste ist, so würde das doch nicht hindern, dass es im einzelnen Fall für den Einzelnen das Schädlichste ist, und es liesse sich keine Verpflichtung für den Betroffenen begründen, sich dem ihm Schädlichen deshalb zu fügen, weil es Anderen nützt. Das Recht selber als Einschränkung der Willkür steht offenbar zum Streben nach Lust in feindlicher Beziehung. Gewährt es einen Nutzen, so bezieht sich dieser nicht auf die Befriedigung der Gelüste und Begierden der Menschen, sondern darauf, dass eine Gemeinschaft des Lebens in ihrem wesentlichen Bestande durch das Recht erhalten wird, ganz abgesehen von den zufälligen Interessen der Individuen, nur zu dem Zwecke, damit es Menschen geben könne und die Erreichung der menschlichen Bestimmung möglich werde. Ob es überhaupt für Menschen einen Zustand des Glückes geben könne, ob nicht nothwendig die Unlust bei einem denkenden und wollenden Wesen die Lust überwiege, und damit das Streben nach einer „Maximisation" der Lust und des Glückes von vorn herein als ein eitles erscheine, das wollen wir hier nicht untersuchen; es ist auch ohne Interesse für uns, da wir den Werth des Lebens nicht an der Lust messen. So viel ist jedenfalls sicher, dass das Recht nicht der Lust, dem Glücke oder dem Nutzen dient und dass es auch aus solchen Gesichtspunkten nicht erklärlich ist. Jeder Fortschritt der Cultur überhaupt und des Rechtes insbesondere schafft neue Unlust für ganze Generationen; wollte man bloss auf den Zweck der Lust sehen, so würde man an dem Altgewohnten, sei es auch noch so barbarisch, niemals etwas ändern dürfen. Dass das Recht mit seiner Feindseligkeit gegen Wol und Behagen, Gelüsten und Begehren der Individuen thatsächlich besteht, ist an sich schon die kräftigste Widerlegung alles Eudämonismus und Utilitarismus.

2. So lange wir damit beschäftigt waren, die unterscheidende Form alles Rechtes, die Mittel seiner Wirksamkeit, die Grenzen seines Gebietes festzustellen, war unser Ausgangspunkt die Beziehung des Rechtes auf ein einzelnes durch dasselbe zu wahrendes Gut, nämlich den Bestand der Gemeinschaft, und damit gewissermaassen ein bestimmter endlicher Zweck, also ein Nutzen, den zu leisten das Recht bestimmt ist. Sobald sich aber die weitere Frage erhebt: welchen Inhalt muss das Recht haben, um dieser seiner Bestimmung genügen, diesen Nutzen schaffen zu können, so sind wir unmittelbar in eine viel umfassendere Sphäre getreten und stehen den ersten Elementen alles Daseins und Processirens der Welt gegenüber. Innerhalb dieser Welt nämlich soll die Gemeinschaft bestehen können; darum muss sie mit

§ 23. Das Recht als inhaltl. Ausdruck der prakt. Vernunft.

den obersten Principien dieser Welt sich im Einklang befinden. Wie in der Welt draussen nur das bestehen kann, was innerhalb der alle Wesen umspannenden Wechselwirkung sich der unendlich zusammengesetzten Mannigfaltigkeit der Bewegungen und Kräfte im Universum anzupassen vermag, so ist auch die Gemeinschaft der Menschen an dieses Gesetz der Harmonie mit der Totalität der Wesen gebunden, und alle die Gemeinschaft bildenden Theile und Glieder müssen von demselben Princip der Einstimmigkeit getragen werden, durch welches allein eine dauernde und sich stetig wiederherstellende Einheit des Verschiedenen möglich ist. Dieses Princip nun der Einstimmigkeit des Verschiedenen ist die Vernunft. Die Vernunft mit ihren Zwecken hält die weite Welt draussen, sie allein hält auch die Gemeinschaft der Menschen in ihrem Dasein und Bestande zusammen. Das Unvernünftige ist das Singuläre, was dem allgemeinen und gleichen Bestande widerspricht; in seiner Zufälligkeit hebt es Gesetz und Regel auf; es ist das schlechthin Unverträgliche, mit dem ein friedliches Zusammenbestehen nicht möglich ist, das schlechthin Unharmonische, welches die Entwicklung zur Verschiedenheit aus der Einheit und das Band der Einheit in der Verschiedenheit, also den Lebensprocess selber und die Erreichung des Zieles alles Lebendigen beseitigen würde, wenn es je zur Herrschaft gelangen könnte. Aber die Unvernunft hat keine Möglichkeit des Daseins. Als die Regel gesetzt, — was an sich schon einen Widerspruch involvirt, — hebt sie sich selber auf. Die Unvernunft kann niemals ein selbstständiges Dasein führen; nur an dem Vernünftigen kann sie als ein zufälliges und verschwindendes Moment auftreten. Sie ist das schlechthin Flüchtige und Vergängliche, was gar kein eigenes Sein hat. Das Vernünftige allein ist das dauernd Bestehende mit der Möglichkeit regelmässiger Wiederkehr derselben Formen und Gestalten. Nur in der durch die Vernunft gesetzten Form ist Einheit in der Vielheit möglich, eine Gliederung der Einheit zu einer Vielheit besonderer Gestaltungen und eine stetige Zurückführung der Vielheit auf die Einheit. Vernunft ist die organisirende Macht, die Einheit des Zweckes, d. h. der wechselseitigen Gesetztheit des Einen durch das Andere und innere wesentliche Bezogenheit aller auf einander; sie ist allgemeiner Gedanke, der mit überwältigender Macht die Einzelheiten ergreift und nach sich gestaltet. Vernünftig geht es zu, wo viele nach demselben Zweck, mit demselben einheitlichen Gedanken, nach einem Plane mitten in der Verschiedenheit der Kräfte und Bedingungen, wie sie sich nach Ort und Zeit und menschlicher Individualität darbieten, thätig sind. Die Vernunft allein ist die Macht, den Streit zu vermeiden, die Gegensätze zu versöhnen, das Getrennte zu verbinden. Das Vernünftige allein ist deshalb auch das wahrhaft Nützliche, was den Bestand der Gemeinschaft aufrecht erhält und sichert. Es ist aber dieselbe Vernunft, die draussen in den unendlichen Zusammenhängen des Universums und die in der Menschenwelt thatsächlich herrscht und sich behauptet; die menschliche Gemeinschaft, wie sie sich durch das Recht gestaltet, ist ein Abbild derselben Harmonie, welche die Gestirne in ihrem regelmässigen Gange erhält, welche die Gattungen der Thiere und Pflanzen und die unorganische Welt zu einem bleibenden und sich gleichen Bestande in allem Wechsel der individuellen Erscheinung befähigt. Nicht ohne Wahrheit sagt der Dichter: „Die Natur ist ewig gerecht," wenn auch die Form der Wirksamkeit blinder Kräfte und die Eigenschaft äusserer Vorgänge nur eine Analogie zu bieten vermag zu dem, was Werk des Willens, der Absicht, das Resultat freier Handlungen ist. In der Natur herrscht vernünftige Ordnung nach Gesetz, Maass und Zahl, durch Ausgleichung aller Störungen, Erhaltung des Stoffes und der Kraft, die ein äusseres mechanisches Gleichgewicht und stete Wiederkehr derselben Formen verbürgt. Eine Möglichkeit des Seins, welches immer ein Zusammensein des Vielen ist, giebt es überall nur durch die Vernunft. Das ist der Gesichtspunkt, von welchem dereinst Plato und Aristoteles und in neuerer Zeit Kant und die Reihe der deutschen Denker nach ihm in der Philosophie des Rechts ausgegangen sind: denselben halten auch wir für den allein geeigneten, um das Recht nach seinem Inhalte zu begreifen.

3. Die Vernunft als solche ist ein rein formelles Princip; sie fordert die Form der Allgemeinheit und Widerspruchslosigkeit. Seinen Inhalt erhält das Princip durch das Material, worauf es angewendet wird, und um sich zu realisiren, bedient es sich der ursprünglichen Anlage der menschlichen Innerlichkeit, welche bei aller krausen Willkür der zufälligen Individualität doch zur Vernunft die erste und nächste Beziehung hat. Die realen Verhältnisse der Menschen zunächst sind von der Natur, dass in ihnen das Gesetz mit dem Charakter widerspruchsloser Allgemeinheit wenigstens bis zu einem gewissen Grade sich durchführen lässt; thatsächlich lässt sich eine wahrhafte und haltbare Ordnung zwischen den Menschen aufrichten, indem man Personen, Sachen und Handlungen nach den dem realen Bestande immanenten objectiven Kategorien unter das rechte Allgemeine bringt, das von Wesen Gleiche zusammenfasst und nach seinen wesentlichen Unterschieden gliedert. In der Natur herrscht eine äussere Iden-

tität, ein mechanisches Aequivalent; es wird nur immer wieder das Alte, nichts wahrhaft Neues taucht auf aus dem Strudel des Werdens. Im Geiste vollzieht sich der Process des Werdens als That von unbegrenzter Fruchtbarkeit; hier ergiebt sich wahre Veränderung und Erneuerung, fortschreitende Entwicklung, die mit Freiheit und Bewusstsein gewollt, durch denkend ergriffene Zwecke gelenkt ist. Durch das vernünftige Gesetz des Gerechten wird auch hier in allem Wechsel die Gleichheit des Bestandes gesichert, die das Wesen der Ordnung ausmacht. Ebenso aber ist bei den Menschen wie sie gefunden werden die praktische Vernunft schon als Anlage oder Trieb vorhanden, von vorn herein und nicht erst als Resultat der Bildung; denn diese vermag ohne die ursprüngliche Anlage nichts und kann die vorhandene Anlage nur weiter entwickeln. Es ist im Menschen ursprünglich ein Vernunfttrieb neben andern Trieben, eine Art von Gewissen, welches mahnt und warnt, eine Unterscheidungsgabe für das, was zu thun und was zu lassen ist, eine unmittelbare Anschauung des Allgemeinen, welche das, was im einzelnen Falle von dem einzelnen Subjecte geschieht, unmittelbar auf alle gleichen Fälle und alle gleichen Subjecte überträgt und darin die Widerspruchslosigkeit des gleichen Bestandes fordert. Von vorn herein vergleicht der Mensch den Zustand der ist, mit dem Zustande, der nach Vernunftforderung sein sollte, mit einem Ideale allseitiger Zweckmässigkeit und Vollkommenheit, das zu verwirklichen seine Aufgabe und Bestimmung ist. Denn der Mensch kann nicht anders als denkend wollen. Zudem die Unvernunft, die ihm im vorhandenen Zustande begegnet, macht sich ihm durch ihre schädlichen Wirkungen aufs schmerzlichste fühlbar; dass das Unvernünftige nicht sein kann, nicht sein soll, davon macht er die Erfahrung an seinem eigenen Leibe wie an seinen andern Gütern. Was wider das Gerechte ist, das erweist sich als unwahr, unwirklich, unhaltbar; das Ungerechte als das Unvernünftige widerspricht sich selber und der Gesammtheit alles anderen was existirt. Nur das vernünftig Allgemeine ist wahrhaft nützlich und zweckmässig. Das Ungleiche als Regel gesetzt ist der Widerspruch schlechthin; die Gleichheit nur als Ausnahme und Zufall gesetzt, ergiebt den Begriff der Unordnung und Verwirrung, in der nichts gedeiht, alles Feste untergeht. Im Menschen lebt deshalb auch ein ursprünglicher Trieb der Vergeltung, ein unmittelbares Gefühl für Recht und Unrecht, ein Rechtstrieb, Rechtsbewusstsein, Rechtsgefühl von beherrschender Macht. Dadurch wird er von vorn herein das geeignete Werkzeug für die Realisirung einer vernünftigen äusseren Ordnung, wie sie das Recht verlangt. Wie du mir, so ich dir; was dem Einen

recht ist, das ist dem Anderen billig; was du nicht willst,
dass man dir thu', das füg' auch keinem andern zu: dergleichen Anforderungen gehören zum ersten und ursprünglichen Inhalt jedes normal entwickelten menschlichen Bewusstseins. In den ärmlichsten Anfängen lässt sich eine Art
von Rechtsgefühl selbst bei Thieren nachweisen, nur dass da
der Fortgang zu begriffsmässiger Klarheit und Bestimmtheit
ausgeschlossen ist. Es handelt sich dabei auch beim Menschen
nicht schon um die tiefere Innerlichkeit, sondern nur um die
äusseren Handlungen in Bezug auf die äusseren Güter. Das
Recht ist überall nur die erste Stufe der Ethisirung des
Willens. Aber auch hier schon zeigt die Vernunftanlage des
Menschen ihre autonome, schöpferische, gesetzgebende Macht.
Sie beschränkt sich nicht auf die gemachte Erfahrung vom
Nützlichen und Schädlichen, wenn sie gleich von da aus ihren
Ausgangspunkt genommen hat; sie geht auf das Allgemeine,
das Gleiche, das Widerspruchslose überhaupt. Was meine
Befugnis ist, das ist auch die deine, mein Recht dein Recht,
meine Pflicht deine Pflicht; denn zunächst sind wir als Personen, sind die Sachen, die Handlungen als solche einander
gleich, und worin wir uns oder die Sachen, die Handlungen
sich unterscheiden, das wird wieder nach Arten begrifflich
eingetheilt und danach eine verhältnissmässige Gleichheit hergestellt. So setzt die eigene immanente Vernunft des Willens
eine äussere Ordnung vermittelst des Princips des Allgemeinen und Gleichen, und dieses Princip als durch
die praktische Vernunft in der Anwendung auf die Personen,
die äusseren Güter und äusseren Handlungen gefordert nennen
wir das Gerechte. Das Gerechte ist nichts als der Ausdruck der praktischen Vernunft auf einem bestimmten Gebiete;
der gerechte Wille ist der Wille, der seiner eigenen immanenten Vernunft folgt, der aber, indem er das thut, zugleich
die Bedingungen inne hält, von denen der Bestand der Gemeinschaft abhängt. Der gerechte Wille dient nicht unfrei
einem solchen äusseren Zwecke; aber er erfüllt ihn zugleich,
indem er nur sich selbst gehorcht, seinem eigenen inneren
Gesetze folgt und sein Wesen in adäquater Weise ausspricht.

§ 24.

Die Momente des Gerechten.

Der Begriff des Gerechten findet seine Anwendung
in Bezug auf die Personen, die äusseren Güter und
äusseren Handlungen. Das Gerechte hat die Form einer

2. Cap. Das Gerechte als Princip des Rechts.

Regel und eines allgemeinen Gesetzes; der Inhalt dieses Gesetzes ist, dass das Gleiche gleich und das Ungleiche im Verhältnis zu seiner Ungleichheit ungleich behandelt werde. Damit der Begriff des Gerechten zur Anwendung gelangen könne, wird die Anerkennung eines **vorhandenen Zustandes** von Personen und äusseren Gütern vorausgesetzt: das Gerechte enthält dann die Forderung, dass an dem vorhandenen Zustande nichts ohne **zureichenden Grund** geändert werde, alle Veränderung aber nur so eintrete, dass ein bleibendes **Gleichgewicht** sich stetig wieder herstelle. Da diese Forderung sich an den Willen und an seine äusseren Handlungen richtet, so bezieht sich auf das, was unabhängig vom Willen äusserlich geschieht, die Anforderung des Gerechten nicht. Die Güter werden dabei nicht auf ihre stricte Identität, sondern auf ihre **Werthe** hin angesehen. Gleichheit als **einfache Gleichheit** oder als **verhältnismässige Gleichheit** in der Ungleichheit bei der Zuertheilung der Werthe an die Personen durch den Willen der Rechtsordnung oder durch andere Personen macht mithin den Inhalt des Gerechten aus.

1. Das Gerechte, wie es das inhaltliche Princip des Rechtes bildet, ist zuerst und mit bleibenden Resultaten von **Aristoteles** analysirt worden; an ihn hat sich die ganze Begriffsentwicklung auch ferner anzuschliessen. Die Rede ist hier ausschliesslich von dem **objectiv Gerechten**, der Regel, dem Gesetze, welches bestimmt, wie die Form der Allgemeinheit und Widerspruchslosigkeit in der Anwendung auf die Vertheilung der Güter unter den Personen sich darstellt. Die subjective Eigenschaft der **Gerechtigkeit** bedeutet theils, dass jemand das **an sich Gerechte** zu erfüllen den stetigen Willen hat, theils dass er die in der **gegebenen Rechtsordnung** enthaltenen Bestimmungen stetig achtet, was beides aus einander fallen kann. Die Gerechtigkeit in beiderlei Bedeutungen kann auf äusserlichen und **egoistischen Motiven** der Klugheit und Besonnenheit, sie kann aber auch auf den **idealen Motiven** der Moralität und auf der sittlichen Hingebung an den absoluten Zweck beruhen. Von dieser Gerechtigkeit als einer Eigenschaft des handelnden Subjects sprechen wir erst nachher (§ 24, 5); hier ist die Rede von dem objectiv Gerechten, welches eine bestimmte Form des Handelns und auch eine Form des Geschehens darstellt, letzteres dann, wenn ein Vorgang sich auch ohne die Absicht

handelnder Wesen so vollzieht, wie er sich vollziehen müsste, wenn ein thätiger Wille in gerechter Absicht den Vorgang bestimmt hätte. Dieses objectiv Gerechte nun trägt zugleich logischen und metaphysischen Charakter: jenes durch die Forderung vernünftiger Allgemeinheit, dieses durch die Angemessenheit an die Natur der realen Verhältnisse. Die rechtliche Ordnung, fanden wir, besteht in der nach allgemeinen Gesetzen erfolgenden Begrenzung der Sphäre der Befugnis, so dass die Befugnis des Einen zugleich die Grenze für die Willkür des Andern bildet, und dies in voller Wechselseitigkeit für Alle gilt. Die dem Rechte damit gestellte Aufgabe wäre von höchster Einfachheit, so lange es sich nur um die Zahl der unter sich ganz gleichen Personen handelte. Aber die Personen sind von unendlicher Verschiedenheit, und ebenso sind es ihre Verhältnisse, sind es die Sachen, auf die ihr Wille sich bezieht. In dieser unerschöpflichen Mannigfaltigkeit soll das Allgemeine als das Gesetz für Alle seine regelnde Macht erlangen. Dies kann nur geschehen, indem die Verschiedenheiten auf ihre allgemeinen Principien und Klassen nach Möglichkeit zurückgeführt werden; dazu aber ist erforderlich, dass an jedem Verhältnis von Person und Gut das innerste allgemeingültige Wesen sicher gefunden, das Zufällige und Unwesentliche streng ausgeschieden, und das nach solcher Ausscheidung übrig bleibende wesentlich Gleiche nach schlechthin allgemein geltenden Gesichtspunkten behandelt werde. Damit wäre dann für jegliches die gerechte Bestimmung gefunden. Darum ist objectiv gerecht die auf der Erkenntnis des Wesens begründete Gleichheit, objectiv ungerecht die Ungleichheit der Behandlung bei Gleichheit des Wesens oder die Missachtung des Wesens zu Gunsten unwesentlicher und äusserlich anhängender Bestimmungen. Ebenso liegt im Begriffe des Gerechten aber auch die Forderung, dass das von Wesen Ungleiche auch ungleich behandelt werde, dass aber auch diese Ungleichheit in der Behandlung keine willkürliche, sondern durch die Allgemeinheit einer Regel geregelt sei. Diese allgemeine Regel muss Gleichheit in der Ungleichheit, also Gleichheit des Maassstabes und des Verhältnisses sein. So viel das Ungleiche von dem Gleichen dem Wesen nach abweicht, so viel muss auch die Behandlung des Ungleichen von der des Gleichen in demselben Verhältnis abweichen. Vorausgesetzt dabei aber ist immer das Interesse des Willens. Denn nur auf den Willen und seine Aeusserungen bezieht sich das Gerechte und Ungerechte. Volenti non fit iniuria. Wie jeder von seiner Befugnis nach Belieben Gebrauch machen kann oder nicht, so darf er auch auf das nach dem Princip des Gerechten ihm Zukommende verzichten, und

§ 24. Die Momente des Gerechten.

dem freiwillig auf das ihm Gebührende Verzichtenden geschieht kein Unrecht. Niemand kann in Beziehung auf sich selbst gerecht oder ungerecht handeln, sondern immer nur in Beziehung auf andere.

2. Das Gerechte will nach einer allgemeinen Regel die Veränderung eines Zustandes abwehren oder in bestimmter Weise formen, soweit diese Veränderung durch menschliche Handlungen bewirkt wird. Der Begriff des Gerechten setzt mithin für seine Anwendbarkeit einen **festen Punkt** voraus, einen Zustand, der als solcher gilt; sonst würde man bei immer weiterem Rückgange auf das, woraus die Veränderung geworden ist, auf eine unendliche Reihe kommen, die nichts Festes mehr übrig liesse, dessen Veränderung ins Auge gefasst werden könnte. Der Inhalt des Gerechten fällt insofern mit dem **Princip des zureichenden Grundes** zusammen. Ein **bestimmter Bestand** ist gegeben, der als solcher zu achten ist; wird auf ihn durch Handlungen gewirkt, so soll die hervorgebrachte Veränderung in bestimmter Weise vor sich gehen. Das Gerechte geht aus von der Annahme einer jedesmal gegebenen Summe von Personen und Gütern; die immer rege Bewegung wird in einem gegebenen Momente gewissermassen als erstarrt festgehalten. Den vorhandenen Bestand in seinem ganzen Umfange bis auf Adam zurück prüfen zu wollen, wäre das directe Gegentheil des Gerechten. Das Princip des Gerechten setzt eine Continuität der Veränderung; der Rückgang aber ist nur bis zu einem gewissen Punkte erlaubt; erst von da ab wird die vorgefallene Veränderung auf ihre Uebereinstimmung oder ihren Gegensatz zum Gerechten untersucht. Zu diesem bestimmten Zeitpunkt ist die Thatsache, dass ein Gut im Besitze einer Person ist, ausreichend, um den Grundsatz des Gerechten darauf anzuwenden. **Dieser oberste und erste Grundsatz des Gerechten aber fordert, dass ein jeder jedes Gut, das er hat, ungehindert von dem Handeln eines jeden anderen behalte.** Dafür dass eine Veränderung eintrete, muss ein zureichender Grund vorhanden sein, der sich erst aus den weiteren Grundsätzen, in denen das Princip des Gerechten sich darstellt, ergeben kann. Die vorhandene Thatsache des Innehabens eines Gutes wehrt sich vernünftigerweise mit der Kraft der Trägheit gegen die Veränderung so lange, bis ein zureichender Grund für die Veränderung eintritt. Handelt es sich aber um den Erwerb eines Gutes, welches entweder überhaupt noch nicht im Besitze einer Person gestanden hat oder nicht mehr darin steht, und zwar so, dass von einem Habenwollen des Gutes seitens des früheren Besitzers in keinem Sinne mehr die Rede sein kann, so ist die selbstverständliche Consequenz

aus dem Princip des Gerechten, dass die Thatsache der ersten Aneignung dieselbe Folge hat, wie jedes als ursprünglich gesetzte Haben eines Gutes sie hat.

3. Es ist die Natur des Willens, sich im Handeln zu äussern, und alles solches äusseres Handeln betrifft die vorhandenen Güter und deren Verhältnis zu den Personen. Durch das Handeln wird der vorhandene Bestand stetig abgeändert, es tritt ein rastlos strömender Fluss des Geschehens ein. Güter werden erzeugt und vernichtet, das Gut des Einen geht durch Tausch und Verkehr in des Andern Hände über. Soweit die Güter sich erzeugen, vergehen oder sich verändern, ohne dass menschliches Handeln die Ursache wäre, wird das Princip des Gerechten davon nicht berührt. Sobald aber der Wille auf die Gestaltung des Güterwesens Einfluss hat, so tritt die Bestimmung des Vorganges nach dem Princip des Gerechten ein. Dasselbe geht nicht gegen die Veränderung als solche, weil es sich mit der vernünftigen Natur des Willens nicht in Widerspruch setzen kann, welche die Veränderung gebietet; aber es regelt die Veränderung mit Rücksicht auf das Interesse, das der Wille der Person am Gute hat, und dieses Interesse drückt sich aus im Werthe. Der Werth ist eine Idealisirung des Gutes, welches nicht mehr bloss auf seine äusserliche körperliche Identität angesehen, sondern zum Bedürfnis und Begehren der Person in die engste Beziehung gesetzt wird. Durch den Werth wird das einzelne bestimmte Gut mit anderen vergleichbar und ersetzbar; der Werth trägt quantitativen Charakter, und gleiche Quantitäten können ohne wesentliche Veränderung für einander eintreten. Nun sind bei der vorgehenden Veränderung zwei Fälle möglich: entweder die Güter bleiben dieselben und nur ihre Beziehung zu den Personen wechselt, oder die Güter selbst verändern sich durch Erzeugung oder Zerstörung. Für den ersten Fall gilt der zweite Grundsatz, der im Princip des Gerechten enthalten ist; derselbe fordert, dass für jeden abgetretenen Werth jeder den gleichen Werth zurückerhalte. Denn es ist kein Grund ersichtlich, aus dem die blosse Thatsache des Ueberganges eines Gutes an den anderen mit einem Verluste an Werth wider den Willen des früheren Inhabers verbunden sein sollte. Für den zweiten Fall der Neuerzeugung oder der Zerstörung von Gütern gelten die beiden folgenden Grundsätze: jeder neu erzeugte Werth verbleibt bei dem Erzeuger; wo aber viele an der Erzeugung zusammengewirkt haben, da fällt von dem Gesammtwerthe des Erzeugten einem jeden ein entsprechender Antheil im Verhältnis zu seinem Antheil an der Erzeugung zu; jedes zerstörte Gut dagegen ist dem Zerstörer

zerstört worden, und ist das zerstörte Gut ein fremdes
Gut, so erleidet der Zerstörer einen Abzug am eigenen Gut
bis dahin, wo der Benachtheiligte durch einen gleichen Werth
für seinen Nachtheil entschädigt worden ist. Haben aber
viele bei der Zerstörung zusammengewirkt, so erleidet jeder
von ihnen einen entsprechenden Abzug im Verhältnis zu seinem
Antheil an der stattgefundenen Zerstörung. Die letzten beiden
Regeln, die sich auf die Erzeugung und Zerstörung von
Gütern beziehen, beruhen auf der Anwendung des Satzes von
der verhältnismässigen Gleichheit, wo es sich um den ungleichen
Antheil Verschiedener an einer einheitlichen Wirkung handelt.

4. Zu dem Problem, in der Erzeugung und Zerstörung
von Gütern das Gerechte zu wahren, tritt endlich das neue
Problem hinzu, die Vertheilung von Gütern und
Lasten nach gerechtem Maassstabe zu regeln. Dabei handelt
es sich nicht bloss um Güter körperlicher und greifbarer Art,
die dem äusseren Bedürfnisse dienen, sondern auch um solche
von mehr ideeller Art, die nur der Befriedigung des Selbstbewusstseins dienen, insbesondere um Ehre, Einfluss, Macht,
Wirkungskreis. Das Princip des Gerechten fordert auch hier,
dass die Ertheilung und Vertheilung unter viele stattfinde
ohne Berücksichtigung aller für das Verhältnis unwesentlichen
Umstände, aller der Person zufällig anhängenden Eigenschaften, nur mit Rücksicht darauf, was jedesmal als das an
und für sich Wesentliche zu gelten hat. So zunächst wo Ehre
und Ehrenlohn zu ertheilen oder zu vertheilen ist auf Grund
vollbrachter fördernder und nützlicher Leistungen, da erfordert
das Princip des Gerechten, dass der Lohn angemessen sei dem
Verdienste nach für alle gemeinsamem Maassstabe, also in
demselben Verhältnis wachse wie das Verdienst, welches die
Würdigkeit ausmacht; und ebenso umgekehrt, wo Unehre und
Ehrenstrafe sich auf vollbrachte schädliche und dem Rechte
zuwiderlaufende Handlungen bezieht. Wenn es sich ferner um
erst zu vollbringende Leistungen handelt, um Zuertheilung
eines Wirkungskreises mit allen den Consequenzen, die der
Selbstliebe und dem Thätigkeitsdrange der Menschen schmeicheln, so ist das Wesentliche dafür, was allein den Maassstab gerechter Vertheilung zu geben vermag, die bewiesene
Fähigkeit und Kraft, die schon vollbrachte Leistung und die
nach gesundem Urtheil der Einsichtigen und Erfahrenen
auf solcher Leistung sich begründende Erwartung künftiger
Leistungen. Wo endlich für den gemeinsamen Zweck vieler
den Einzelnen Leistungen aufzuerlegen sind, die als Lasten
und Nachtheile empfunden werden, da ist das Wesentliche
des Verhältnisses entweder das, dass jemand Person überhaupt
ist, ohne dass es auf die Unterschiede der Personen irgendwie

ankommt, und dann sind Leistungen und Lasten nach dem Maassstabe **absoluter Gleichheit** zu vertheilen; oder der Unterschied der Personen spricht als ein wesentliches Moment mit, theils wegen der verschiedenen Grösse der einem jeden aus der Gemeinschaft sich ergebenden Vortheile, theils wegen der bei gleicher Nothwendigkeit für alle für die Einzelnen verschiedenen Möglichkeit, dem gemeinsamen Zwecke zu dienen, und dann sind die Lasten und Nachtheile nach **relativer, verhältnismässiger Gleichheit** zu vertheilen, so dass nach gleichem Maassstab jeder im Verhältnis zu seiner Leistungsfähigkeit und zu der Grösse der ihm aus der Gemeinschaft erwachsenden Vortheile zu Leistungen und Lasten herangezogen wird.

5. Damit sind die Verhältnisse, auf die sich das Princip des Gerechten bezieht, und die Grundsätze für die Anwendung des Gerechten auf diese Verhältnisse erschöpft. Das Gerechte selbst nun ist ein ganz allgemeines Princip des Handelns in Bezug auf andere und deren äussere Güter, und es reicht weit über die Sphäre des Rechtes hinaus. Für die Moralität ist das Gerechte das eine der Principien, die sie beherrschen, neben dem Princip des Maasses, dem des inneren Zweckes und dem der wechselseitigen Förderung durch Liebe. Hier haben wir es zunächst mit dem Gerechten bloss nach seiner Bedeutung für das Recht zu thun. Nicht alles Gerechte kann durch das Recht verwirklicht werden; aber alles Recht sucht nach seinem Inhalte dem Gerechten zu entsprechen. Es giebt aber auch ein Gerechtes auf den verschiedensten Lebensgebieten im Urtheilen und Handeln. Ueberall besteht das Gerechte darin, dass unter der Form der Allgemeinheit nach einem Gesetze, dass ferner mit sicherer Einsicht in das Wesen und unter Absehen von allem Unwesentlichen, dass endlich nach absoluter oder verhältnismässiger Gleichheit geurtheilt und gehandelt werde. Darin besteht die Gerechtigkeit des Vaters gegen seine Kinder, des Lehrers gegen seine Schüler, des Recensenten gegen den Schriftsteller. Der Gegensatz zum Gerechten ist überall das Fehlen der Gleichheit und Allgemeinheit, die Betonung dessen, was für die Sache nicht wesentlich ist, und die Hintansetzung des Wesens, das Ansehen der Person, deren bestimmte Einzelheit an der Sache doch nichts ändert, das Hervorheben der Nebenumstände, die grundlose Willkür, die den einen Fall anders behandelt als den andern ihm von Wesen gleichen. Gerecht sein heisst: sich mit Denken und Willen an das eigene Wesen der Sache und das in demselben liegende Gesetz hingeben; ungerecht ist man, indem man die eigene Zufälligkeit des Meinens und Beliebens der Sache gegenüber festhält, voreingenommen und

§ 24. Die Momente des Gerechten.

vorurtheilsvoll ist, oder sich durch persönliches Interesse leiten lässt. Die Eigenschaft des Subjectes, im Urtheilen und Handeln stetig nach dem Grundsatze des Gerechten zu verfahren, heisst die **Gerechtigkeit**. Indem dabei das Subject den allgemeinen Satz, der auf alle gleichen Fälle anzuwenden ist, entweder selbst zu finden hat, oder denselben von aussen entgegennimmt als Festsetzung einer äusseren Ordnung, der zu gehorchen ist, ergeben sich zwei Arten der Gerechtigkeit, welche verschieden sind wie die Gerechtigkeit des Recensenten und diejenige des Richters, und die man **materielle** und **formelle** Gerechtigkeit nennen kann. Ist der durch eine äussere Ordnung gegebene allgemeine Satz in Uebereinstimmung mit dem, was das an sich Gerechte fordert, so fällt in dem nach diesem Satze entscheidenden Subjecte die formelle Gerechtigkeit mit der materiellen zusammen. Im andern Falle kann ein gerechter Mann mit bester Einsicht und bestem Willen immer nur formelle Gerechtigkeit üben, die zwar den gegebenen Satz nach dem Gesichtspunkte der Gleichheit und reinen Sachlichkeit in Anwendung bringt, die aber in anderer Hinsicht zu der materiellen Gerechtigkeit im Gegensatze steht, sofern der Satz selbst nicht den Forderungen der Gleichheit entspricht. Die blosse Legalität dagegen, die sich, aus welchen Motiven auch immer, nur bemüht, mit den vorhandenen Rechtssätzen äusserlich im Einklang zu bleiben und danach zu handeln, ist nicht eigentliche Gerechtigkeit zu nennen: sie ist blosse Rechtlichkeit, die freilich für den äusseren Zusammenhang der Rechtsordnung eine immerhin werthvolle Eigenschaft der Menschen bildet.

6. Die über den Begriff des Gerechten gefundenen Resultate ermöglichen nun auch ein Verständnis des oft angewandten Begriffes vom Rechte der Stärke, das die Einen ebenso eifrig behaupten, als es die Anderen verwerfen. Wir unterscheiden drei Bedeutungen, in denen vom Rechte der Stärke gesprochen wird. 1. Wenn man unter dem Rechte der Stärke versteht, dass jedesmal mit Ausschluss des vernünftigen Gesetzes das Belieben entscheiden soll, welches die Stärke zur Seite hat, so ist diese sophistische Anschauung selbstverständlich nichts als die Aufhebung und Leugnung alles Rechtes, und das Recht der Stärke in diesem Sinne kann nur ironisch gemeint sein. Es heisst nichts anderes als: Recht soll es überhaupt nicht geben; sondern das Belieben, das die Macht hat, soll ebenso herrschen, wie in rechtlich geordneten Zuständen die allgemeine gedankenmässige Bestimmung des Rechtes herrscht. Das aber ist durchaus widersinnig, weil es jede Ordnung und alles Gerechte in menschlichen Angelegenheiten völlig ausschliesst. 2. Dagegen lässt

das Wort vom Rechte der Stärke eine andere Bedeutung zu, die wol ihren guten Sinn hat. Die Menschen sind von Natur und durch die socialen Entwicklungen sehr ungleich an intellectueller Begabung und Bildung, an Willensstärke und wirthschaftlicher Kraft. Ueberall nun, wo das vorhandene Maass der Stärke von wesentlicher Bedeutung ist für ein rechtlich zu ordnendes Lebensverhältnis, da wird das Recht auch dies Moment zu berücksichtigen und die Befugnis, die Last und den Wirkungskreis jedem nach dem Maasse seiner Stärke zuzumessen haben. In allen Herrschaftsverhältnissen bildet deshalb die Stärke das ausschlaggebende Moment für die Ertheilung von Rechten. Es ist eine Anforderung des Gerechten an das Recht, dass dem Starken derjenige Wirkungskreis zufalle, wo er mit seiner Kraft am meisten ausrichten kann, dass die Functionen, die doch geübt werden müssen, und für die das Maass der Stärke entscheidend ist, nach dem Grundsatze vom Gerechten dem Stärkeren und nicht dem Schwächeren übertragen werden. Denn es geziemt sich eher, dass die Kraft der Schwachheit gebiete, als das Umgekehrte. So ist es in der Familie in der väterlichen und eheherrlichen Gewalt, so im Staate, wo gerechterweise die höhere Leistungsfähigkeit auch die höhere Pflicht, das höhere Ansehen und den grösseren Einfluss gewährt. Die Stärke an sich, indem sie einen objectiven Maassstab und eine sich darauf gründende Regel zulässt, ist also durchaus geeignet, als Fundament einer rechtlichen Ordnung zu dienen, und wo es sich um das erst zu schaffende Recht handelt, wird es gerecht sein, die höhere Berechtigung des Stärkeren ausdrücklich zu sanctioniren. Dagegen hat dem bestehenden Rechte gegenüber der Starke vor dem Schwachen gar nichts mehr voraus; vielmehr dazu gerade ist das Recht da, dass an seinen Bestimmungen und an seiner Macht der Trotz des Starken ebenso scheitere wie das ohnmächtige Gelüsten des Schwachen. Die Stärke selbst giebt gar kein Recht ausser dem, was die bestehende Rechtsordnung ihr ausdrücklich verliehen hat. 3. Endlich aber giebt es Gebiete, die sich der Regelung durch das Recht entziehen, wie die wirthschaftliche Concurrenz, die sich zwar innerhalb der vom Rechte gezogenen Schranken, aber auf dem freigelassenen Gebiete unter der Entscheidung durch Stärke und Tüchtigkeit vollzieht, oder wie der Wettstreit der Einzelnen um Ehre und Macht im Staate, und im grossartigsten Maassstabe der gleiche Wettstreit der Staaten selber unter einander, bei welchem von einer Regelung durch eigentliches Recht gar nicht mehr die Rede sein kann. Wenn auf diesen Gebieten der Stärkere, d. h. der Geschicktere, Verständigere, sittlich Tüchtigere siegt, so ist das zwar der gerechten Forderung entsprechend, aber es darf nicht ein **Recht des Stärkeren** genannt werden. Nur in übertragenem Sinne könnte man den Ausdruck gebrauchen, weil das Recht seiner Natur nach hier überhaupt nicht die Entscheidung zu geben vermag. Damit ist aber gegen die Herrschaft des Rechtes auf anderen Gebieten gar nichts erwiesen. Freilich, wer mit falschem Idealismus vom Rechte verlangt, dass es **Alles** regele, der wird durch die Macht der Thatsachen sich bald auf den sophistischen Satz zurückgeworfen finden, dass es überhaupt ein Recht nicht gebe und in menschlichen Dingen thatsächlich die Stärke entscheide. Der Einsichtigere dagegen wird zugeben, dass es Gebiete giebt, wo das **Recht** nichts zu entscheiden vermag, und wo es ebendeshalb **gerecht** ist, dass die Stärke entscheide.

§ 25.
Das Gerechte und das Recht.

Das Recht ist seinem Begriffe nach eine äusserliche Ordnung mit dem Charakter des Fixirten, eine Einzelexistenz mit mehr oder minder zufälliger historischer Form: **positives Recht**. Sich gegenüber hat es das Gerechte, welches von schlechthin universaler Natur, reiner Ausdruck der Vernunft und dem historischen Process entnommen ist. So bildet das Gerechte die **ideale Anforderung** an das Recht, eine Anforderung, die völlig niemals zu erfüllen ist. Die Zufälligkeit der Bestimmungen, die Rücksicht auf einzelne äussere Zweckmässigkeiten, auf formelle Consequenz aus einmal gegebenen, nur historisch gerechtfertigten Principien, der Einfluss zufälliger Meinungen und Auffassungen lässt sich aus dem Rechte niemals beseitigen. Zwischen der unendlichen Fülle der realen Einzelheiten und der obersten Allgemeinheit der Grundsätze des Gerechten klafft ein unversöhnbarer Zwiespalt. Das Recht hat den inneren Trieb, mehr und mehr sich den Anforderungen des Gerechten anzugleichen; das ergiebt zunächst einen unendlichen Process innerer Fortentwicklung, der den Gegensatz stufenweise mildert, aber nicht aufhebt. Das Gerechte, wie es im menschlichen Bewusstsein als Rechtsgefühl, als Ueberzeugung vom Gerechten lebt, wendet sich gegen die gegebene Einzelheit der rechtlichen Bestimmungen an einzelnen Punkten oder gegen das gesammte System des Rechts in der Form der **Billigkeit**. Die Billigkeit aber als Regel gedacht würde das System des Rechtes als der fixirten äusseren Ordnung nicht sowol ergänzen als aufheben. Darum bleibt ihr jedesmal ein beschränktes Gebiet, und nur die äussersten Härten und Schroffheiten der formell rechtlichen Consequenz, nicht das innere Wesen des Rechtes vermag die Billigkeit zu corrigiren.

1. Die erste Anforderung, damit die menschliche Gemeinschaft bestehen könne, ist die, dass überhaupt eine **feste äussere Ordnung** mit zwingender Gewalt wider die Willkür vorhanden sei. Wird dann gefragt, wie diese äussere Ordnung einzurichten sei, damit sie ihre Aufgabe erfüllen könne, so ist zu antworten, dass sie nach Möglichkeit die Natur des Gerechten an sich auszuprägen habe. Das heisst aber: das Recht **soll** gerechtes Recht sein; das Recht ist nicht an sich schon das Gerechte. Es trägt von vorn herein nur den **formellen** Charakter der Vernünftigkeit, sofern es überhaupt das Allgemeine, das Gesetz zwingend gegen die Unvernunft der Willkür geltend macht. Dass es nun aber auch **materiell**, dem Inhalte des Gesetzes nach vernünftig sein soll: das ist zunächst nur eine **ideale Forderung**, keine Wirklichkeit. Das Gerechte hat sein Dasein an sich als Idee, die sich in dem Rechte eine Realität zu geben strebt; es bedient sich dazu der Macht der Verhältnisse, der Triebe und Meinungen der Menschen: aber die Realisirung des Gerechten im Recht ist eine Aufgabe, deren Lösung nur in fortschreitender Annäherung, niemals in voller Strenge zu vollziehen möglich ist. Alles Recht bleibt ein menschlicher Versuch, in einer festen äusseren Ordnung das Gerechte zu verwirklichen; das Recht als reale einzelne Existenz und das Gerechte als ideales Princip liegen nichts desto weniger ausser einander und decken sich nicht.

2. Das Recht ist zunächst seiner Entstehung nach **historisch**, das Product menschlicher Thaten, modificirt durch die Eigenthümlichkeit der Menschen, die es gebildet und geschaffen haben. Die Meinungen und Gesinnungen der Menschen, die grössere oder geringere Stärke ihrer Einsicht in das Gerechte oder ihres Gefühles für das Gerechte bedingen seine besondere Gestaltung. Es hat sodann zur Voraussetzung ganz bestimmte und eigenthümliche äussere Verhältnisse, deren Bedingungen und Anforderungen es zu genügen hat. Deshalb existirt das Recht in einer Vielheit von einzelnen Rechtsordnungen, die unter einander wesentlich verschieden sind.

Den zum Begriffe des Rechtes gehörenden Charakter einer mit zwingender Gewalt ausgestatteten äusseren Ordnung trägt das Recht immer nur als positives Recht mit einem ganz bestimmten fixirten Inhalt, als ein Recht, das hier oder da gilt, hier dieses, dort anderes festsetzt, in Folge seines historischen Werdens auch Zufälliges und Willkürliches mit umfasst. Die Aufgabe wäre nun, dies bloss Positive im Rechte mehr und mehr abzulösen und das universal Gültige, die Gesichtspunkte der reinen Gerechtigkeit in immer grösserer Strenge durchzuführen. Indessen wie für das Recht einerseits ein möglichst reicher Gehalt an gerechten Bestimmungen das erste Bedürfnis ist, so bewirkt andererseits die unveräusserliche Natur des Rechtes, dass das bloss positive Element zwar Schritt für Schritt zurückweicht, aber dem inhaltlich Gerechten doch den Platz gänzlich zu räumen gar nicht im Stande ist. Zunächst kommt hier in Betracht die ungeheure Schwierigkeit, die in der unendlichen Zufälligkeit und Mannigfaltigkeit der realen Erscheinung liegt, in der Individualität der Personen, der Sachen, der Handlungen und der Verhältnisse. Der Natur des Rechtes gemäss soll alles das in der Form des Begriffes bewältigt, unter das Gesetz eingereiht werden, und dieses Gesetz soll die Grundsätze des Gerechten in ihrer Anwendung auf das bestimmte Material realer Verhältnisse ausdrücken. Aber zwischen dem Gerechten als Princip und zwischen den Einzelheiten des Lebens ist der Zwiespalt unaufhebbar. Das schlechthin Individuelle lässt sich nicht immer in die Form der allgemeinen Regel mit Sicherheit einreihen, und der Streit der subjectiven Meinungen und Auffassungen, in welchem die an und für sich gültige objective Kategorie gefunden werden soll, entzündet sich an jedem einzelnen Punkte ohne die Möglichkeit einer ein für allemal gültigen Entscheidung. Die Lebensverhältnisse befinden sich in stetem Schwanken: in allen Beziehungen zwischen Personen und Gütern ist ein nach Ort und Zeit veränderliches Element; das Recht aber ist seiner Natur nach das Feste, Dauernde; es widersteht durch die ihm innewohnende Kraft der Dauerbarkeit dem sich herandrängenden Bedürfnisse der Aenderung und geräth in ihr Widerspruch mit dem Flusse der Entwicklung. Insbesondere das Interesse der Menschen hält die bestehende äussere Ordnung vermittelst der durch dieselbe verliehenen äusseren Macht auch dann noch eigensinnig fest, wenn die inneren Gründe, die sie dereinst hervorgerufen und gerechtfertigt hatten, längst ihre Bedeutung verloren haben. Die einmal bestehende Ordnung hat für Viele eine Fülle von Befugnissen, von erworbenen Rechten begründet, die sich dem Bewusstsein der mit ihnen Bekleideten als geheiligt und unverletzlich darstellen, weil sie in der Rechtsordnung wurzeln, und die doch den Anforderungen des Gerechten entweder nie entsprochen oder in Folge veränderter Culturverhältnisse denselben zu entsprechen aufgehört haben. Alte Gewohnheit und Anhänglichkeit an das Hergebrachte, eigensinnige Beschränktheit und hart gesottene Selbstsucht vereinigen sich, um dem fortgeschrittenen Rechtsbewusstsein und den Forderungen einer neuen Lage gegenüber das alte Recht auch in denjenigen seiner Bestimmungen leidenschaftlich zu vertheidigen, die eine innere Berechtigung nicht mehr besitzen. Dazu kommt die hohe Bedeutung, die eine gesicherte feststehende Ordnung auch abgesehen von ihrem mehr oder minder vernünftigen Inhalte für alle menschlichen Verhältnisse, für die Möglichkeit des Bestehens der Einzelnen und des Ganzen hat. Jede Neuerung hat schon insofern etwas Erschreckendes, als sie die Sicherheit der bestehenden Ordnung erschüttert. Es giebt deshalb bei den Menschen einen durchaus nicht zu verwerfenden Eifer für die Form des Rechtes, der sich mit dem Sinn für inhaltliche Gerechtigkeit keinesweges deckt. Denn jedenfalls ist die Heiligkeit und Unverletzlichkeit des bestehenden Rechtes das erste und dringendste Bedürfnis und die wichtigste Bedingung für alles Menschliche; die Schwierigkeit aber, das Neue in das Bestehende so einzuführen, dass nicht das ganze System des anerkannten Rechtes darüber ins Schwanken gerathe, erschreckt nicht bloss schwache Gemüther. So ist es denn eine unvermeidliche Consequenz aus dem Begriffe des Rechts, dass es, wie es von vorn herein als positives Recht existirt, so auch im Fortgange den Charakter des bloss Positiven völlig abzustreifen niemals vermag.

3. Die Aufgabe, die Grundsätze des Gerechten in alle Theile des Rechtes einzuführen, ist nur möglich durch eine vollkommen richtige und allgemeingültige Abschätzung der Werthe aller Güter, die in Betracht kommen können. Diese Abschätzung aber ist eine Aufgabe von der ungeheuersten Schwierigkeit. Auf keinem Gebiete überhaupt geht das subjective Meinen so häufig irre, drängt sich die Voreingenommenheit des Urtheils so gewaltig vor, um die rein sachliche Erwägung nicht aufkommen zu lassen. Aber auch auf keinem Gebiete beruht das Object, das von der rechten Einsicht erfasst werden soll, auf so zusammengesetzten Bedingungen, bietet es sich dem Blicke in einer solchen Vielheit von Hüllen und Verkleidungen, die erst abzustreifen sind, ehe eine sichere Erkenntnis des Objectes möglich wird. In der Unmöglichkeit, durch strenges Denken und klaren Begriff über die unendliche Verschlungenheit der Sache zu objectiven und allgemeingültigen Urtheilen zu kommen, sehen sich die Menschen auf

ein unmittelbares Gefühl, auf den Tact für die Abschätzung der Werthe in ihrer Verschiedenheit angewiesen, und damit ist der Zufälligkeit der Auffassung, die aus dem besonderen Bildungsgrade der Menschen folgt, Thür und Thor geöffnet. Auch die Werthe von Gütern idealerer Art, soweit durch äussere Handlungen auf sie eine Einwirkung geübt werden kann, sollen richtig abgeschätzt werden. Je höher diese Güter liegen, desto unsicherer wird ihre Schätzung; den Werth des Lebens, der Freiheit, der Ehre eines Menschen mit den Werthen äusserer Dinge in ein allgemeingültiges Verhältnis zu bringen, ist eine geradezu unlösbare Aufgabe. Das Recht begnügt sich solchen Aufgaben gegenüber mit der Herstellung einer gewissen äusseren Analogie, indem es das Wesen zu treffen von vorn herein verzichtet. Dazu kommt nun noch ein Weiteres. Für das Recht ist es nicht genügend, dass das Gerechte bloss erkannt, gefunden und ausgesprochen werde: nun bedarf es auch noch einer äusseren Veranstaltung, um es sicher im Leben durchzuführen. Es soll auch jeder sein Recht verfolgen und erlangen können; dazu gehören bestimmt vorgeschriebene äussere Formen des Procedirens, und bei diesen findet die Erwägung des Gerechten schnell eine äussere Grenze. Man muss sich mit blossen Zweckmässigkeiten behelfen; das Bedürfnis einer sicheren consequenten äusseren Form, die leicht zu erkennen und innezuhalten ist, überwiegt jede andere Erwägung. Dasselbe Princip äusserer Zweckmässigkeit erstreckt sich aber auch auf alle Normirung des inneren Gehaltes des Rechtes. In der Natur des Rechtes liegt es, dass zuerst nach einer bestimmt erkennbaren äusseren Form gestrebt wird; vor allem will das Recht exact und unzweideutig sein, und in seiner Anwendung und Ausführung fordert es buchstäbliche formelle Strenge. Für die Willkür und das Belieben, für zufällige Meinung soll keine Lücke übrig bleiben; darum wird jeder Schritt mit möglichster Bestimmtheit vorgezeichnet. Darüber aber erhält alles Recht einen pedantischen Zug: es erscheint wie ein eigensinniger, hartköpfiger Mensch, der auf seinem Kopfe besteht und keine Vernunft annimmt. Gerade die Strenge in der Form wird nicht selten der Anlass, die Zwecke des Rechts zu vereiteln. Die Arglist bedient sich eben dieser Formen, um dem Sinn und der Meinung des Gesetzes eine Nase zu drehen. Aber noch mehr ist der formelle Charakter des Rechtes an sich schon ein Hindernis für die innere Vollendung des Rechtes. was seinen Inhalt angeht. Die Form des Rechtes und die eigene Form der menschlichen Verhältnisse fallen auseinander. An der Gestaltung des Rechtes hat der Natur der Sache nach das Bedürfnis der Uebersichtlichkeit, der Klarheit und

Einfachheit einen mächtigen Antheil; das Recht strebt überall
nach systematischer Form und äusserer logischer Consequenz,
bei der dann wol der Gegensatz der begrifflichen Construction
zu der zusammengesetzten und verflochtenen Natur der durch
das Recht zu bewältigenden realen Erscheinungen von Schritt
zu Schritt weiter klafft. Es soll auf jeden Fall eine deutlich
erkennbare, vollkommen bestimmte Grenzlinie gezogen werden,
innerhalb deren sich alles Handeln zu bewegen hat. Diese
vollkommene Sicherheit lässt sich nur auf eine Weise erreichen: durch quantitativ genaue Bestimmungen; solche aber
sind wie die exactesten und bestimmtesten, so auch die aller-
äusserlichsten und gegen das Wesen der Sache gleichgiltigsten;
nicht die innere Vernunft der Sache, sondern eine blosse
Analogie und äussere Convenienz bedingt ihre Abmessung.
Im Rechte kehrt auf jedem Punkte dieses Wesen von Zahlen
wieder, die wenn auch immerhin im grossen und ganzen der
Natur des zu regelnden Verhältnisses angepasst, doch in
dieser ihrer Bestimmtheit willkürlich und zufällig sind. Statt
einer objectiven Schätzung der Werthe tritt in jedem Rechte
überhaupt an vielen Stellen der Gesichtspunkt relativer Nützlichkeiten in den Vordergrund, und das für die besondere
Lage dringend Gewordene überwiegt die ruhige Erwägung
des Gerechten. Statt des Gerechten sucht man gewisse Vortheile, die nur unter den bestimmten gegebenen Bedingungen
sich als solche darbieten. Ist nun die allgemeine Bestimmung
gefunden, die mehr oder minder der Natur der Sache gerecht
zu werden scheinen mag, so ist damit immer noch nicht die
Aufgabe der Rechtsbildung vollendet. Denn nun gilt es erst,
die allgemeine Bestimmung mit sicherem Verständnis auf die
Einzelheiten des Lebens anzuwenden, die letzteren jedesmal
richtig unter das ihnen zukommende Allgemeine zu subsumiren.
Da beginnt der unlösbare Streit der Meinungen aufs neue,
und eine formell gültige, äusserlich abschliessende Entscheidung
muss in vielen Fällen ausreichen statt der inhaltlich allgemeingültigen und die Sache erledigenden Lösung, die unerreichbar ist. Und endlich mag auch noch das erwähnt werden,
dass das Recht für seinen Ausdruck an die Sprache gebunden
ist, und dass damit die Unvollkommenheiten der Sprache sich
auch auf das Recht übertragen. Allem sprachlichen Ausdruck des Gedankens haftet eine Unsicherheit und Vieldeutigkeit an; dadurch wird dann wieder die vom Rechte gesuchte
Exactheit und Sicherheit ins Schwanken gebracht, und der
Streit um die Bedeutung der Worte wird zum Streite über
das Recht selber.

4. Also nicht bloss von einem einzelnen bestimmten
Rechtssystem, das zu einer bestimmten Zeit und für eine

bestimmte menschliche Gemeinschaft gilt, sondern von allem Rechte ohne Ausnahme und wegen der unaustilgbaren Natur des Rechtes überhaupt gilt der Satz, dass das Recht nur eine theilweise und unvollkommene Verwirklichung des Gerechten in den äusseren Lebensverhältnissen ist, und dass es in seiner Ausbildung ausser durch die in ihm sich verwirklichende Idee des Gerechten auch noch durch eine Reihe von anderen Factoren bedingt wird, die ihm eine unerschöpfliche Verschiedenheit der Richtungen anweisen. Das durchaus allgemeingültige Recht, welches bloss durch das Gerechte bestimmt sei, anstreben, heisst also das Recht nicht fortbilden, sondern es aufheben wollen. Denn das Recht ist ein Mittleres zwischen dem rein Allgemeinen, welches in dem idealen Princip des Gerechten gefunden wird, und dem Einzelnen der realen Lebensverhältnisse, und nur als dieses Mittlere kann es seine weitere Ausbildung finden. Das reine Natur- oder Vernunftrecht ist, auch ganz abgesehen davon, dass es keine Sanction und keine zwingende Macht zur Seite hat, schon wegen der Abstractheit seines Inhaltes überhaupt kein Recht, sondern nur eine subjective Meinung darüber, wie das Recht wol beschaffen sein könnte oder sollte. Das Gerechte lebt zwar im Rechte, aber in der Form der Besonderheit; es entwickelt sich im Rechte, aber im Anschluss an das vorliegende Bedürfnis, an die Culturverhältnisse, an die Meinungen und Gesinnungen der Menschen: es treibt das Recht vorwärts, aber immer nur in einzelnen Punkten, und so dass es bei normaler Entwicklung das minder Entsprechende wol durch das Entsprechendere, kaum jemals aber durch das schlechthin Allgemeingültige verdrängt. Alles Recht ist als solches zunächst bloss formell und trägt nur den Charakter der anerkannten, gültigen, erzwingbaren Regel, welche eine äussere Ordnung schafft. In vielen Fällen ist schon viel damit erreicht und muss man sich daran genügen lassen, dass nur überhaupt eine geltende und anerkannte Bestimmung da ist, an die man sich halten kann, dass der Fall nur überhaupt entschieden, der Streit aus der Welt geschafft ist; innerhalb des Ganzen eines Rechtssystems ist das Einzelne der rechtlichen Bestimmungen schon dann hinlänglich gerechtfertigt, wenn sich nur dafür etwas sagen lässt, wenn gute Gründe, relative Zweckmässigkeiten angeführt, wesentliche Vortheile aufgezeigt werden können. Seine ideelle Macht allerdings erhält das Recht durch seinen Gehalt an Gerechtem. Das Recht ist gerade so weit haltbar, als es Ausdruck des Gerechten ist, und durch diesen seinen Bestandtheil erhält es die Welt im rechten Gange. Dass das Gerechte im Recht zu mangelhaftem Ausdruck gekommen ist, dass es auf dem oder jenem

Gebiete noch nicht in der zur Zeit möglichen Weise den
Rechtsstoff zu durchdringen vermocht hat, das kündigt sich
an in der continuirlichen Störung und Beunruhigung, in dem
Widerspruche zu dem Rechtsbewusstsein der Menschen und zu
den Bedürfnissen ihrer Lage. Das Recht ist als Recht so
weit mangelhaft, endlich, der weiteren Ausbildung und Entwicklung bedürftig, als es das an sich Gerechte noch nicht ausdrückt. Das formelle Recht soll materielles, d. h. gerechtes Recht
werden; dahin wird es durch den ihm eigenen innewohnenden
Zug getrieben. Denn seinen einfachsten und unentbehrlichsten
Zweck, äussere Ordnung zu schaffen, kann es nicht auf andere
Weise erfüllen, als indem es sich mehr und mehr in inhaltlich gerechtes Recht umwandelt. In jedem einzelnen gegebenen
Rechtssystem bleibt aber allerdings der Gegensatz von formellem und materiellem Recht unaufhebbar; das bloss formelle
Recht ist vielfach das Vorhandene, das materielle Recht die
erst noch zu verwirklichende ideale Anforderung.

5. Der Widerspruch, in welchem das Recht als bloss
formelles zu seiner eigentlichen und höchsten Aufgabe steht,
die Durchführung des Gerechten im Leben zu ermöglichen,
macht sich in dreifacher Weise in äusserer Erscheinung fühlbar: als ein Widerspruch der geltenden Bestimmung zu dem,
was nach dem Rechtsbewusstsein der Menschen in dieser
Zeit gelten sollte; als ein Widerspruch ferner zwischen
den einzelnen Bestimmungen dieses vorhandenen
Rechtssystems unter einander; als ein Widerspruch endlich
zwischen der vorhandenen Bestimmung und dem gegebenen
einzelnen Fall, den nach jener zu entscheiden ein
Aeusserstes an Härte und Ungerechtigkeit ergeben und am
meisten gegen die eigene Absicht des Rechtes selbst verstossen würde. So drängt das Recht von selbst auf eine Ergänzung seines starren und festen Bestandes durch ein ihm
zunächst fremdes Element. Die Correctur, die dem Rechte
widerfährt durch die Rücksicht auf das materiell Gerechte,
wie es jedesmal im Gefühl und in der Erkenntnis der Menschen sich darstellt, nennt man die Billigkeit. So ist es
denn eigentlich die Billigkeit, die den Antrieb bildet, das
Recht vermöge der Gesetzgebung und der Rechtsschöpfung
überhaupt weiter im Sinne des Gerechten zu entwickeln. Es
ist freilich dabei festzuhalten, dass das objektiv Gerechte zunächst immer nur durch seine Spiegelung in den Gemüthern
das Recht zu gestalten vermag, und dass das Organ der Fortbildung des Rechts die subjective Anschauung vom Gerechten
bildet, welche in den Menschen, theils in der Masse, theils in
der Auswahl der berufenen Rechtsbildner lebt. Wo aber die
Entwicklung in normaler Weise vor sich geht, da ist die

Fortbildung des Rechtes zur Correspondenz mit der subjectiven Anschauung vom Gerechten auch eine Entwicklung zur Uebereinstimmung mit dem an sich Gerechten. Denn die Ansichten der Menschen vom Gerechten bilden sich weiter aus auf Grund der reichlichen Erfahrung von dem, was in den wirklichen Lebensverhältnissen als das dauernd Mächtige und Bestand Verheissende sich bewährt, und damit stehen sie zugleich unter der Macht der Idee des Gerechten. Das Ungerechte wird objectiv durch seine Zweckwidrigkeit, durch seinen Widerspruch zu den Verhältnissen und Bedürfnissen offenbar gemacht, und schon deshalb drängt sich das Gerechte den Gemüthern auch subjectiv in immer klarerer Form auf. Das Gerechte erweist sich als das dringendste aller Bedürfnisse; denn das Gerechte allein ist das wahrhaft Zweckmässige und allseitig Nützliche. Durch den Fortschritt des erkennenden Geistes und des sittlichen Bewusstseins wird das an sich Gerechte immer sicherer erkannt und immer treffender im vorhandenen Rechte ausgeprägt, wenn auch zeitweise Irrungen und Schwankungen zum minder Vollkommenen hin immer vorkommen können. So macht sich denn in der Rechtsschöpfung fortwährend das Princip der Billigkeit geltend als **Trieb zum materiell Gerechten**. Dies zeigt sich nun in dreifacher Form. Zunächst wirkt die Billigkeit in der consequenten Umbildung des **gesammten Systems**, wie es z. B. in der Ausgestaltung des altrömischen Rechts zum allgemeingültigen Weltrecht unter dem Einflusse des ius gentium der Fall war. Sie treibt ferner zur **Einfügung von einzelnen Bestimmungen** in das System, welche gegen die stricte Consequenz der Rechtssätze gehen, als Ausnahmen, Privilegien, als casuistische Berücksichtigung besonderer Personen, Fälle und Verhältnisse. In dieser Bewegung nun drückt das Princip der Billigkeit nur den eigenen inneren Trieb des Rechtes aus, immer mehr als materielles Recht sich mit gerechtem Inhalt zu erfüllen. Dagegen wendet sich die Billigkeit endlich auch, das stricte Rechtsprincip durchbrechend, mit ausdrücklicher Gegensätzlichkeit **gegen die Rechtsform selbst**. Dies geschieht in den Fällen, wo aus der Anwendung des positiven Rechtssatzes auf den concreten Fall sich eine widersinnige Consequenz zu ergeben scheint und das strengste Recht im formellen Sinne zum äussersten Unrecht im materiellen Sinne führen würde nach dem Spruche: summum ius summa iniuria. Der Grund dieser Erscheinung liegt nach der treffenden Bemerkung des Aristoteles theils in der nothwendigen Unvollkommenheit alles Rechtes als solchen, theils in solchen Mängeln, die demselben nur nebensächlich und zufällig anhaften, aber dennoch regelmässig und unausbleiblich immer wieder zum Vorschein kommen. Jene nothwendige Unvollkommenheit des Rechtes zunächst besteht darin, dass das Recht nur in der Form allgemeiner Bestimmungen vorhanden sein kann, das Allgemeine aber eine nothwendige Incongruenz zum Einzelnen zeigt, das es beherrschen soll und zu beherrschen doch nicht vermag. Vortrefflich spricht darüber Plato (Politicus 294 B—C): „Ein Gesetz ist niemals im Stande, das, was in jedem einzelnen Falle das Passendste und Gerechteste ist, mit voller Genauigkeit zu umfassen und so die beste Bestimmung zu treffen. Die Ungleichartigkeit der Menschen und ihrer Handlungen, die unaufhörliche Unruhe und Beweglichkeit alles Menschlichen lässt es nicht zu, dass irgend eine mit Absicht getroffene Bestimmung in ihrer Allgemeinheit für alles und für jede Zeit gültig sei. Das Gesetz aber wie ein eigensinniger, unbelehrbarer Mensch setzt sich gerade dieses Ziel; es lässt nicht mit sich reden, es hört keinen Rath, auch dann nicht, wenn jemandem das Neue, gegen die Bestimmung des Gesetzes gehaltene Bessere zur Hand wäre. Unmöglich ist es, dass das immer sich selbst Gleiche für das passe, was immer veränderlich ist." Daneben besteht ferner die dem Rechte nur zufällig anhaftende Unvollkommenheit, die sich in einzelnen Versehen des Gesetzgebers zeigt, der etwa an diese oder jene wirklich eintretende Möglichkeit nicht gedacht oder den sprachlichen Ausdruck ungeschickt gewählt hat. In allen diesen Fällen wendet sich die Billigkeit gegen das bestehende Recht: mit minderer Schärfe, wo nur zufälligen Mängeln abzuhelfen ist; — denn da wird mindestens im Sinne, wenn auch nicht nach dem Wortlaute der Rechtsregel entschieden und durch den Rückgang auf die Absicht und eigentliche Meinung des Gesetzes das vorhandene Recht ergänzt und fortgebildet; — mit grösserer Entschiedenheit, wo die die allgemeinste Gültigkeit beanspruchende Rechtsregel im einzelnen Falle zu widersinnigen Consequenzen führt; denn da wird über alles positive Recht hinaus zurückgegriffen auf das Rechtsgefühl, die Erkenntnis vom an sich Gerechten, auf subjective Anschauung und Meinung, von der zunächst nur angenommen wird, dass sie allgemeine Billigung und Zustimmung finden könne. So wird freilich unnütze Härte vermieden, der Schaden und Ruin von Einzelnen oder Vielen in privatem oder öffentlichem Interesse abgewendet, sofern er nicht durch das Gerechte ausdrücklich gefordert wird; es wird ermöglicht, dass die wahre Natur des Verhältnisses zum Ausdruck komme im Gegensatze zu künstlichen und gemachten Constructionen, wie sie in der Consequenz des Rechtssatzes liegen würden. (Vgl. § 46, 3—4.) Aber so unentbehrlich der Eingriff der Billig-

§ 25. Das Gerechte und das Recht.

keit in das bestehende Recht ist, so bedenklich ist er auch. Denn alle Billigkeit hat den fundamentalen Uebelstand, dass sie nicht auf objectiven und sicheren Bestimmungen, sondern auf subjectiver Einsicht, auf Tact und Meinung sich begründet, und damit droht sie das Gesicherte wieder in den Streit der Meinungen aufzulösen. Unbedenklich zwar ist es, wenn aus Billigkeitsrücksichten einzelne Ausnahmen von allgemeinen Rechtssätzen im Rechte selbst zugelassen werden, wie etwa bei den Römern die exceptio non numeratae pecuniae, die Nachlassung der Rechtsnachtheile als Folgen des Rechtsirrthums bei Minorennen, Weibern, Ungebildeten, Kriegsleuten, oder das beneficium competentiae, welches die Leistungspflicht nach der Leistungsmöglichkeit beschränkt. Bedenklicher ist es, wenn der römische Praetor in den bonae fidei iudicia dem Richter die Formel giebt: quo aequius, melius, oder wenn es in England eigene Billigkeitsgerichte, Equity courts, im Gegensatze zu den Gerichten gemeinen Rechtes giebt, die denn auch allmählich ihrer ursprünglichen Bestimmung entfremdet worden sind und nun ihrerseits wieder in ihrer Weise ein formell strictes Recht ausgebildet haben. Im öffentlichen Rechte nun gar ist ohne Zuhilfenahme des Princips der Billigkeit gar nicht auszukommen. Wollte man hier auf dem stricten Buchstaben des geschriebenen Rechtes, auf dem „Rechtsboden" mit ängstlicher Peinlichkeit bestehen, so würde bei den ewig wechselnden Verhältnissen von Macht und Bedürfnis ein verträgliches Zusammenbestehen der verschiedenen Factoren, die Erfüllung auch nur der dringendsten Zwecke zur vollen Unmöglichkeit werden, und das Ganze der menschlichen Gemeinschaft ebenso sicher zerrüttet werden, als wenn ein öffentlicher Rechtszustand gar nicht bestünde oder gar nicht geachtet würde. Ohne die Mässigung des Rechts durch Billigkeit kann nichts Menschliches gedeihen, und die Billigkeit schliesst selbst wieder die äusserste Gefahr in sich. Sehr gut sagt Paulus, der römische Jurist: dass in dieser Frage de bono et aequo plerumque sub iuris auctoritate perniciose erratur (L. 91, 3. D. De Verb. oblig. XLV, 1). Auf Billigkeit lässt sich keine Ordnung begründen; eine sogenannte aequitas cerebrina, die sich nicht auf die möglichst wenigen Fälle beschränkt, in denen eine Remedur dem strengen Rechte gegenüber am dringlichsten geboten ist, sondern die in möglichst vielen Fällen das Princip einer gerechten Entscheidung aus dem eigenen Kopfe und Herzen entnehmen möchte, statt aus dem objectiv vorhandenen Rechtsgesetze, müsste zu völliger Aufhebung jegliches Rechtszustandes führen. Dass das objective formelle Recht in der Lage ist, eine Nachhilfe seitens der Billigkeit bei seiner Durchführung in den Einzelheiten des Lebens gar nicht entbehren zu können, ist der sicherste Beweis für die innere Unvollkommenheit des Rechtes, für den unaufgelösten Widerspruch zwischen seiner Bestimmung und seinem zeitlichen Dasein, zwischen seinem Zwecke und den Mitteln, auf die es angewiesen bleibt, um denselben zu erreichen. Aber eben dies muss uns anleiten, das Recht unter einen weiteren Gesichtspunkt zu stellen, mit welchem wir dann hoffen dürfen, die wesentlichen Momente des Rechtsbegriffes erschöpft zu haben.

Drittes Capitel.
Die Freiheit als Princip des Rechtes.

§ 26.
Das Recht als Ausdruck der Innerlichkeit.

Alles Recht hat Elemente von bloss positivem Charakter, die jedem Rechtssysteme seine Eigenthümlichkeit verleihen. Durch eben diese keineswegs grund- und bedeutungslose Eigenthümlichkeit aber erhält das Recht das Vermögen, seine höchste Function zu üben, zugleich **Ausdruck und Gefäss für das innere Leben und die geistige Bestimmtheit eines Volkes** zu sein. Schon seiner Entstehung nach als **Gewohnheitsrecht, Gesetzesrecht** und **Juristenrecht** ist das Recht der getreue Spiegel der auf dem Boden des bestimmten Volksgeistes sich vollziehenden Processe der Culturbewegung in ihrer unterscheidenden Eigenthümlichkeit. Durch seine besondere Form verleiht ferner das bestimmte Recht des einzelnen Volkes einem jeden Gliede desselben eine bestimmt gestaltete Sphäre anerkannter Berechtigung, die in ihrer Art und Abmessung sich gerade mit der Willens- und Vorstellungsbestimmtheit dieser Menschen nach ihrer besonderen Art deckt, und auch das Ganze der umfassenden Gemeinschaft erhält eine bestimmte Form seiner Thätigkeiten und Functionen, die mit dem Triebe und Bewusstsein der in dieser Gemeinschaft lebenden Menschen übereinstimmt. Durch diese Harmonie zwischen dem inneren Leben und Bedürfnis und den äusseren Formen der die Lebensprocesse regelnden rechtlichen Ordnung erlangt das Recht seinen Adel und seine hohe positive Bedeutung für das gesammte Culturleben der Völker; dem eigenen positiven Rechte gehorchend haben die Völker ihre **Freiheit** und die in Gemeinschaft lebenden Menschen die **Gewähr ihrer Menschenwürde**.

<small>Zum Folgenden ist zu vergleichen: F. C. v. Savigny, Vom Beruf unserer Zeit für Gesetzgebung. 1814. — Puchta, Das Gewohnheits-Recht. 2 Bde. 1828. 1837. — G. Beseler, Volksrecht und Juristenrecht. 1843. — W. Arnold, Cultur und Rechtsleben. 1865.</small>

1. Das Gerechte haben wir kennen gelernt als die nie verstummende Anforderung an das Recht, als den demselben innewohnenden lebendigen Antrieb der Fortbildung. Aber das Recht als solches ist nicht das Gerechte; es ist positiv und statutarisch und enthält zwar Elemente des Gerechten, aber auch vom Gegentheil. Ist nun das positive Recht in diesem seinem Gegensatze zum Allgemeingültigen bloss zufällige und willkürliche Satzung? ist es etwas, was eigentlich nicht sein sollte? So viel ist sicher, dass es ein anderes als ein positives Recht nicht geben kann; das absolut gerechte Recht ist nicht zu haben, auch nicht einmal solches Recht, welches den Menschen einer bestimmten Zeit als solches absolut gerechtes Recht erscheint. Wer kein positives Recht, wer nur reines Vernunftrecht will, der will also vielmehr gar kein Recht. Aber man soll auch das bloss Positive und Statutarische im Rechte nicht als blosse Thatsache hinnehmen: auch dieses bloss Positive hat seine hohe ideelle Bedeutung als eine Thatsache der geistigen Welt, durch seinen **historischen** Charakter, dadurch dass es den Bedürfnissen und Gewohnheiten, den Rechtsanschauungen und Ueberzeugungen gerade derjenigen Menschen entspricht, für die es gilt. Alles Recht, sofern es positiv ist, zugleich historisches Product, begründet in bestimmten geschichtlichen Verhältnissen und Gesinnungen; es ist ein äusseres Dasein, in welchem sich das innere Leben dieses Theiles der Menschheit ausdrückt. Alles Recht ist damit also auch **national**, durchdrungen von der Eigenart, den eigenthümlichen Lebensformen und dem besonderen Bewusstsein des Volkes, und in seiner gesammten Fortentwicklung an dieses Element gebunden, aus dem es ursprünglich erwachsen ist. Durch dieses sein inneres Lebensprincip ist endlich das Recht ein lebendiges Ganzes nach Art des **Organischen**. Das Wort organisch auf das Recht angewandt ist ein bildlicher Ausdruck, der aber keineswegs

deshalb zu verwerfen ist, weil ihm eine Vergleichung zu Grunde liegt. Es bildet vielmehr eine höchst treffende Bezeichnung, vorausgesetzt nur, dass man sich immer in klarem Begriffe gegenwärtig hält, was damit bezeichnet werden soll. Die organische Natur des Rechtes besteht zunächst darin, dass das Ganze einer bestimmten positiven Rechtsordnung nicht aus einer Anzahl einzelner Bestimmungen nach Art eines mechanischen Aggregats äusserlich zusammengesetzt ist, so dass diese Bestimmungen gegen einander gleichgültig sich verhielten und das Eine nach Belieben wegfallen oder sich ändern könnte, ohne dass das Andere davon betroffen würde. Vielmehr das bestimmte Recht bildet ein durch ein **inneres Band der Einheit** verbundenes Ganzes, so dass nach Analogie des lebendigen Körpers das Einzelne ein integrirendes Glied des Ganzen ausmacht, alle Einzelheiten unter einander und zum Ganzen in der lebendigsten Wechselwirkung stehen, jedes dem anderen dient und von dem andern getragen wird, und eine Erschütterung an einem Punkte sich auf das ganze System erstreckt. Das Zweite, was man meint, wenn man von der organischen Natur des Rechtes spricht, ist dies, dass das Recht nicht nach Art mechanischer Producte der Menschenhand etwas willkürlich Gemachtes, nach freier Absicht Erfundenes ist, sondern dass es das Princip seiner Entstehung und seines Wachsthumes in sich selber trägt, die Einzelheiten seiner Gestaltung nach **inneren morphologischen Gesetzen** aus sich selber hervortreibt und deshalb der frei schaltenden Absichtlichkeit der Menschen nur einen geringen Spielraum übrig lässt, einen viel geringeren, als es zunächst scheinen möchte. Der Boden, in welchem das Recht wurzelt und aus dem es seine Nahrung saugt, ist der Volksgeist, die innere Bestimmtheit dieses besonderen Theiles der Menschheit, mit allen seinen Eigenthümlichkeiten, wie sie sich in bestimmten Formen des Fühlens, Denkens, Wollens, in geschichtlicher Lage, in wirthschaftlichen Verhältnissen, in der Sprache, der Kunst, der Religion, der Wissenschaft gleichmässig und aus **einem** Princip heraus zur Erscheinung bringen.

2. Der historische, nationale, organische Charakter des Rechtes, der den positiven Einzelheiten desselben die höhere Bedeutung verleiht, prägt sich allerdings am fassbarsten in der **Entstehungsweise des Rechtes** aus. Aber man hat dabei viel zu sehr den Nachdruck gelegt auf eine einzelne Form der Entstehung des Rechts. Der innere Zusammenhang des Rechts mit der geistigen Bestimmtheit des dasselbe producirenden Volkes tritt bei allen Formen der Rechtsbildung gleichmässig in die Erscheinung, ebensosehr bei dem

ältesten denkbaren Ursprunge des Rechtes, wie bei der Fortbildung desselben im Zeitalter höchst gesteigerten Culturlebens. Im allgemeinen lassen sich **drei zeitliche Perioden der Rechtsbildung** mit verschiedenem Charakter unterscheiden; die in denselben vorherrschenden Formen und Stufen schliessen sich aber keinesweges gegenseitig aus, sondern bestehen auch wieder nebeneinander fort und ergänzen sich gegenseitig. 1. Die **älteste Periode** der Rechtserzeugung fällt vor alles Menschengedenken, in dasselbe Zeitalter, in welchem sich die Sprache, der Mythus, die Religion, die älteste Poesie und der älteste Kunststil der Menschen bildet, und das Recht entsteht aus derselben Wurzel und in voller Einheit mit allen diesen das geistige Leben des Volkes bildenden Mächten. In inniger Einheit mit dem religiösen Glauben, von den nationalen Göttern geschützt, vom Sittlichen noch ungeschieden, als Sitte und Gewohnheit sich befestigend, gehört das Recht zu denjenigen Potenzen, die das Selbstbewusstsein des Volkes von sich und seiner Art am mächtigsten bedingen. Es ist das Zeitalter, wo das Volk noch eine einheitliche, wenig gegliederte Masse bildet, die Individuen sich noch nicht zu selbstständigem Bewusstsein aus der im wesentlichen gleichartigen Masse herausgehoben haben, die subjective Reflexion noch wenig entwickelt, das freie Denken in die Form unmittelbarer Anschauung und bildlicher Vorstellung eingehüllt ist. Dies ist das classische Zeitalter des **Gewohnheitsrechtes**. Die Menschen bilden sich ein Recht, das ihrem inneren Wesen, ihrer Auffassung der Grundverhältnisse des menschlichen Lebens entspricht, mehr aus dunklem Triebe, als mit klarem Bewusstsein. Nicht der denkend erfasste Grundsatz, sondern das Gefühl für das Schickliche und Rechte, für das, was dem Bedürfnis entspricht und der Noth abhilft, für das Gerechte, was den inneren Sinn befriedigt, leitet den Process der Rechtserzeugung. Gewiss sind es schon in dieser Zeit die an Talent und Einfluss hervorragenden einzelnen Männer, die dem Rechte seine Gestalt geben: aber seine Geltung und Macht gewinnt das Recht durch schweigende Zustimmung der Menge, die da erfolgt, wo das geschaffene Recht der Menge verständlich und einleuchtend ist. Nur durch seine Angemessenheit an das Bedürfnis der äusseren Lage und an das innerlich lebendige Gefühl zugleich wird das Recht in normalen Verhältnissen zum **Volksrecht**, das wirklich gilt und in Uebung bleibt: jeder Widerspruch zu der äusseren Lage oder der inneren Bestimmung raubt dem Rechte die Möglichkeit, sich einzuleben und festzuwurzeln, und kein noch so mächtiger Einfluss, kein äusserer Zwang drängt dem Volke ein Recht auf, das es nicht

mag und nicht versteht. Das Recht in diesem Zeitalter lebt
in der Gesinnung der Menschen als ein lebendiger Bestandtheil des allgemeinen Bewusstseins, und diese innere Uebereinstimmung aller seiner wesentlichen Bestimmungen mit dem
Gesammtgeiste bildet seinen hohen Vorzug. Dafür aber hat
es auch den Mangel, dass es äusserlich nicht fixirt ist. Es
wird geübt mehr durch den Trieb, der am Selbstverständlichen, gar nicht anders Möglichen festhält, als mit besonnener
Erwägung der Gründe und Gegengründe. Die Masse selbst
oder ein leitender Stand, die Priester, die Adligen haben das
Recht inne durch Ueberlieferung von Geschlecht zu Geschlecht.
Weder die Gewandtheit des sprachlichen Ausdrucks, noch
die Kunst eines strengen logischen Denkens ist in hinreichen-
dem Maasse vorhanden, um dem Rechte diejenige formelle
Strenge und Genauigkeit zu ertheilen, die zu seiner inneren
Vollendung erforderlich wäre. Für die Auslegung und Anwendung des Rechtes ist man auf lebendigen Tact und unmittelbares Rechtsgefühl angewiesen, wie es sich auf dem
Boden heimischer Rechtsanschauung ausgebildet hat. In
engeren Kreisen innerhalb des grossen Volksganzen bildet
sich wol, wie es bei den Deutschen der Fall war, eine unerschöpfliche Fülle eigener Rechtssatzungen aus; noch wird
die Einheit der volksthümlichen Rechtsbildung durch solche
Autonomie einzelner Gruppen nicht wesentlich gestört. In
unversiegbarem Flusse geht so mit ungemeiner Fruchtbarkeit
eine Fülle von Bestimmungen, das Erzeugnis unermüdlicher
Schaffenslust, durch einander. Zuerst gestaltet sich das Strafrecht genauer, dem dringenderen Bedürfnis entsprechend;
erst später vollzieht sich die eingehendere Ausbildung des
Privatrechts. Man hält sich bei der Beurtheilung der Handlung zunächst an die anschauliche Thatsache; für das Ein-
dringen in das Innere und für die Berücksichtigung der Absicht fehlt der Blick. Der Einfachheit der Lebensverhältnisse entspricht die Einfachheit der Auffassung und die
geringe Anzahl von vorgenommenen Unterscheidungen; erst
mit der durch die zunehmende Cultur gesteigerten Verschlungenheit und Mannigfaltigkeit der Beziehungen tritt
eine reichere Gestaltung des Rechtes ein. Alles bewegt sich
ursprünglich in einfachen und festen Formen, von denen
man sich erst allmählich im Interesse grösserer Beweglichkeit
loslöst. Thätig erweist sich dabei vor allem die gestaltende
Macht der Phantasie; Bild und Zeichen überwiegt den Ausdruck des klaren Begriffes. Das Bild hilft der Anschauung nach,
das Symbol ersetzt die Sache; die Rechtshandlung wird mit
künstlerischem Gefühl gestaltet, das Gemüthsleben betheiligt
sich bei der Art der Bezeichnung, eine Formensprache von

§ 26. Das Recht als Ausdruck der Innerlichkeit. 247

ästhetischer Bedeutsamkeit umkleidet die nüchterne Prosa des Geschäftes mit poëtischem Schimmer. Aeussere Merkmale ersetzen die innere Bestimmtheit des Begriffes. Ein sinnreicher Ausdruck, ein Rechtssprichwort ersetzt die künstlich gebildeten Begriffe. Durch alle diese Eigenschaften ist dies ursprüngliche Recht ein durchaus eigenthümliches, und zwar als ein durchaus nationales; das Volk lebt in seinem Rechte. Aber diese Eigenschaft des Rechtes, sich mit dem Volksgeiste zu decken, hört auch später nicht auf, wenn sie gleich auf andere Weise vermittelt wird. Recht und Volk halten gemeinsamen Schritt auch in weiterer Entwicklung.

3. Eben diese Entwickelung nämlich treibt 2. die Völker weiter von der Stufe, auf der das Recht wesentlich Gewohnheitsrecht ist, zu andern Stufen, welche höhere Formen des geistigen Lebens darstellen, aber nicht ohne dass der Fortschritt nach der einen Richtung durch eine Einbusse nach der anderen erkauft würde. Die äusseren Verhältnisse der Menschen werden verwickelter und künstlicher, das wirthschaftliche Leben zusammengesetzter und reicher an Formen; die Theilung und Specialisirung der Arbeit wächst. Es bilden sich trennende Unterschiede zwischen den Ständen und Berufsarten; Ungleichheiten der Bildung, des Vermögens, der Gewohnheiten treten immer entschiedener hervor. Die Individuen von besonderer Geisteskraft heben in deutlichem Unterschiede das Haupt aus der Menge hervor und üben mächtige Wirkungen auf die Gesammtheit im äusseren und im inneren Leben. Die Reflexion wird reifer und löst sich klarer ab von Bildlichkeit und phantasievoller Anschauung; die Prosa stellt sich mit ihren ersten Versuchen neben die Poesie; die technischen Gesichtspunkte der Nützlichkeit beherrschen den Verstand, der mehr und mehr ein Ganzes in logischer Consequenz zu erfassen und zu gestalten lernt. In friedlicher und kriegerischer Berührung mit anderen Völkern wird man sich des Eigenen sicherer bewusst, empfängt auch wol vereinzelte fremde Einflüsse; in äusserer und innerer Politik bilden sich bestimmte Richtungen, verständige Grundsätze der Klugheit aus. In solcher Zeit gewinnt dann auch das Recht einen wesentlich anderen Charakter. Zunächst ist es nicht mehr das Volk als Ganzes, welches sich an der Rechtsbildung betheiligt; die Masse versinkt mehr und mehr in Passivität, die leitenden Stände und die leitenden Männer übernehmen die gestaltende Thätigkeit. So tritt nun der Gesetzgeber hervor, der ein Recht in bestimmter Formulirung producirt; das Recht wird **Gesetzesrecht, geschriebenes Recht**, und durch die ersten Anfänge einer eigentlichen **juristischen Technik** innerlich bestimmt. Das bildliche Element tritt zurück, das

Streben nach verständiger Consequenz überwiegt. Die formelle Strenge wird mehr und mehr betont, wäre es auch auf Kosten der materiellen Gerechtigkeit; eine naive Lust an dem Ernst der vorgeschriebenen Formel, an dem bestimmten Wort und Brauch beherrscht die Gestaltung der Rechtsverhältnisse. Das unmittelbare Rechtsbewusstsein, der Tact und Sinn für das Billige sieht sich durch solche Lust an der Consequenz der stricten Form verdrängt. Nicht was jemand gewollt, beabsichtigt hat, sondern was er ausdrücklich gesagt, geschrieben, gethan hat, entscheidet. Das Recht wird herzlos; wie es vom Billigen sich trennt, so scheidet es sich mehr und mehr vom Sittlichen, wenn diese Scheidung auch nicht klar erkannt wird. Es liegt darin ein unermesslicher Fortschritt; denn so erst erzeugt sich für die Menschen die grösste Wolthat, eine feste äussere rechtliche Ordnung. Das Recht wird zugleich ein Mittel der Charakterbildung. Jeder hat sich in seinen Angelegenheiten vorzusehen, für sein Recht selbst Sorge zu tragen, sich an Formen zu binden, an Exactheit zu gewöhnen, die bestimmt abgegrenzte fremde Sphäre zu achten. Aber auch auf dieser Stufe wieder wächst das Recht mittelbar aus dem Volke selbst heraus und verwächst das Volk mit seinem Recht. Die berufenen Söhne dieses Volkes haben es geschaffen; was sie in ihrer Meinung vom Besten, Schicklichsten, Gerechtesten geleitet hat, das ist doch wieder der Kreis der Ideen und Anschauungen, die sie auf dem heimischen Boden, auf Grund der alten Ueberlieferungen und Gewohnheiten eingesogen haben. Es mag das Fremde auf sie eingewirkt haben; aber die Form der Aneignung selbst des Fremden zeugt immer von der überwiegenden Macht des nationalen Geistes. Die Bedingung aber, unter der allein ein Volk ein ihm gegebenes Recht sich anzueignen vermag, bleibt immer dieselbe, dass dieses Recht den Verhältnissen, Bedürfnissen und Anschauungen dieses Volkes genügt. Auch als Gesetzesrecht bleibt das Recht, — immer unter Voraussetzung normaler Verhältnisse und abgesehen von Störungen der natürlichen Entwicklung, die gegen das Wesen der Sache als zufällig zu gelten haben, — in innerem Einklang mit dem Leben des Volkes und in steter Wechselwirkung mit seiner geistigen Eigenthümlichkeit. Das Recht bildet sich nach dem Volke, und das Volk bildet sich nach seinem Recht.

4. Die dritte Periode in der Entwicklung des Rechts wird charakterisirt durch die Rechtswissenschaft; das Recht wird Juristenrecht. Immer verwickelter werden bei steigender Cultur die wirthschaftlichen, die politischen Verhältnisse, immer mannigfaltiger die Bedürfnisse, immer gegliederter das ganze äussere Leben. Um den Bedürfnissen

des Lebens zu genügen, schliesst sich Rechtsinstitut an Rechtsinstitut und Rechtssatz an Rechtssatz. Rechtsbildung wird fachmässige Bildung; nur ein ausdrücklich dazu geschulter Verstand vermag noch diese Mannigfaltigkeit zu überblicken, sie verständnisvoll sich anzueignen und fortzubilden. In consequenter Fortsetzung früherer Anfänge bildet sich ein Stand von Rechtsgelehrten, die sich vor allem durch die fachmässige Kenntnis und durch die Uebung in strengem Denken auszeichnen. Die Kenntnis des Rechts wird mit der Zunahme logischer Fertigkeit und abstracter Reflexion zu eigentlicher Wissenschaft, die in systematischem Zusammenhange die innere principielle Einheit der einzelnen Gebiete und des gesammten Aufbaus des Rechtes erfasst. Man lernt mit eingehender Gründlichkeit das Recht fremder Völker betrachten; die Kenntnis des geschichtlichen Werdens des Rechtes und der Rechte tritt hinzu; ein specifisch juristisches Denken, ausgezeichnet durch formelle Strenge, durch logische Consequenz der Construction und exacte Unterscheidung der Begriffe bildet sich aus. Die Kunst der Interpretation wird geübt auf Grund der sprachlichen und begrifflichen Zusammenhänge; über den nächsten Wortsinn lernt man zurückgehen auf die eigentliche Meinung des Gesetzes, wie man auf die Willensmeinung und Absicht des Handelnden achten lernt, um die wahre Natur der Rechtsverhältnisse in dem oft missverständlichen äusseren Thun zu erkennen. Man opfert von der äusseren formalen Strenge, um sicherer das materiell Gerechte herzustellen. Das Recht wird beweglicher, geschmeidiger, sich den wechselnden Lebensverhältnissen anzuschliessen. Zugleich löst es sich mehr und mehr von den sittlichen Anschauungen los. Es nimmt einen überwiegend technischen Charakter an, um dem Heraustreten der freien Individualität mit ihren besonderen Interessen und Tendenzen freien Spielraum zu lassen. Statt der überwiegenden Gleichmässigkeit des äusseren Lebens mit dem sicheren Gange von Arbeit und Feier ist der bunteste Wechsel und die reichste Mannigfaltigkeit äusserer Arbeiten und wirthschaftlicher Mühen eingetreten. Der Eigennutz artet zu wilder Selbstsucht aus; der Verstand nimmt alle seine List zusammen, um im Dienste der Interessen den Anderen den Rang abzulaufen; die Kühnheit des rastlosen Unternehmers sucht sich ungebahnte Wege; gemeiner Betrug und wagehalsige Speculation häufen Opfer auf Opfer und Trümmer auf Trümmer. Ein ewig strömender Fluss der Veränderung reisst alles mit sich fort; wie die Formen der Production, so wächst die Fülle der Bedürfnisse, der Genüsse und Bequemlichkeiten ins unermessene. Die Erfindungen bemächtigen sich des Spieles der Naturkräfte; immer profaner wird die

Oberfläche des Lebens. Im politischen Leben zeigt sich die gleiche Verflochtenheit, die gleiche Rastlosigkeit der Bewegung. Parteibestrebungen und politische Ideale lösen sich in schneller Folge ab; die alte heimische Sitte weicht dem Individualismus der aufgeklärten Meinung; die gesellschaftlichen Classen stehen wider einander; in hartem, verwildertem Kampfe stossen die socialen Schichten und Parteien zusammen. Da erst hat das Recht die höchste Aufgabe zu lösen, in solcher Verwirrung Ordnung, in solchem Wechsel Stetigkeit zu schaffen, die Leidenschaften durch das für alle gleiche, das mächtige und der Anforderung angepasste Gesetz zu bannen. Nicht ohne die strenge logische Zucht des wissenschaftlichen Denkens, nicht ohne die Kunst bewusster Reflexion, die sich auf die Lehren der Vergangenheit, auf historische Kenntnis stützt, nicht ohne durchgebildete Technik wäre die Aufgabe lösbar, im öffentlichen wie im privaten Rechte die Fülle der wirklichen Erscheinungen durch die Form des Gesetzes zu beherrschen. Damit erlangt dann der Jurist die grösste Bedeutung für das gesammte nationale Leben. Seine Wissenschaft, seine Kunst wird die Zuflucht in der immer drängender werdenden Noth, und seine heilende Hand muss die Wunden pflegen, den Gefahren vorbeugen, die Regel und das Maass in das regellose und maasslose Spiel der Leidenschaften, Kräfte und Thätigkeiten tragen.

5. Diese Schilderung der Geschichte der Rechtsentwicklung nach den drei Perioden des Gewohnheitsrechtes, des Gesetzesrechtes und des Juristenrechtes beabsichtigt nur einen idealen Durchschnitt zu zeichnen. Es ist eine Abstraction aus den allerorts beobachteten wirklichen Vorgängen. Gerade so haben sie sich nirgends vollzogen, aber das Wesen ist damit gezeichnet. Störungen des Vorgangs finden sich überall. Die fremde Rechtsanschauung und Rechtsübung drängt sich ein; ein übermächtiger despotischer Wille, ein Eroberer, ein unterjochendes Volk unterbricht durch unvorbereitete eigenwillige Satzung den stetigen Gang der Entwicklung. Selbst in Rom bildet das fremde Recht, das ius gentium, ein wesentliches Ferment der fortschreitenden Rechtsbildung, die darauf hinausläuft, jenes Element mit dem heimischen ius civile eingliedernd zu verschmelzen. In Deutschland tritt zu gegebener Zeit die Reception des römischen Rechtes ein, auf manchen Gebieten die altgewohnte nationale Rechtsübung völlig verdrängend. Dennoch betreffen auch solche Abweichungen nicht das Wesen der Sache. Nicht früher wird das fremde Recht aufgenommen und verarbeitet, als das Volk über sein eigenes Recht in äusserer Lage und Bedürfnis, in innerem Trieb und Gesinnung hinausgewachsen

§ 26. Das Recht als Ausdruck der Innerlichkeit. 251

ist, und die Aneignung des Fremden geschieht wieder in nationaler, eigenthümlicher Weise. Selbst die Unterjochung unter den Willen des Despoten, unter das völlig fremde Recht ist nur ein Durchgang; in fortschreitendem Process der Gährung wird doch das mit dem eigenen Wesen Unverträgliche ausgestossen, oder das Volk bildet sich innerlich um, bis das ursprünglich Fremde wieder zu seinem inneren Eigenthum geworden ist. Heute und bei den civilisirten Völkern Europas freilich ist ein Austausch und eine Uebertragung der Rechtsanschauungen und Rechtsinstitute von einem Volke auf das andere, zumal im Privatrecht, kaum mehr als eine solche Störung des regelmässigen Ganges anzusehen. Denn die Civilisation hat eine ausgleichende Macht, und auch in ihren Rechtsanschauungen sind sich die höchstgebildeten Völker sehr nahe gerückt. Für alle Rechtsbildung heute liegt im römischen Rechte einerseits, im germanischen Rechte andererseits die gemeinsame Wurzel klar zu Tage, und was aus solcher Wurzel entsprossen, zeigt hinreichende Züge der Verwandtschaft, um es möglich zu machen, dass deutsche Volkstheile sich ohne Schwierigkeit in französisches Recht, französische sich in deutsches Recht einleben.

6. Allen Stufen und Formen der Rechtsentwicklung ist dies gemeinsam, dass die Fortbildung des Rechtes nur auf historischem Wege geschehen kann, in der Weise eines stillen und unvermerkten Wachsens und Werdens. Dass Gesetze gegeben, von bestimmten Menschen ausgedacht und festgesetzt werden, darf darin nicht irre machen. Was nicht durch die innere Entwicklung des Volksgeistes und seiner Rechtsübung genügend vorbereitet ist, das bleibt doch unfruchtbar und schafft nur Verwirrung. Recht kann immer nur formell, nicht dem Inhalte nach gemacht werden. Immer ist die Entwicklung aus dem Willen und der Einsicht, aus den Bedürfnissen und Trieben der Menschen das Erste, und die ausdrückliche Aufzeichnung als Werk der Reflexion, des bewussten Gedankens tritt erst ergänzend hinzu. Alles neue Recht ist eigentlich schon altes Recht, denn es muss einen geeigneten Boden schon vorfinden. Bei weitem nicht alles, was als ausdrückliches Gesetz vorhanden ist, ist deshalb auch schon wirklich lebendiges Recht mit der dazu gehörigen Stetigkeit der Ausübung; dasjenige, dem sich die Gemüther der Menschen hartnäckig entziehen, kann niemals Recht werden und bleibt immer nur ein gescheiterter Versuch einer Gesetzgebung. Wiederum bei weitem nicht alles, was als Recht im Volke lebt und in sicherer Uebung im Schwange ist, ist ausdrücklich als Gesetz aufgezeichnet. Es ist schlechterdings unmöglich, dass jemals das Gesetz alle diejenigen Einzel-

heiten, Fälle und Beziehungen umfasse, auf die das Recht sich einzurichten hat. Für alle diese Mängel, Lücken und Unbestimmtheiten des Gesetzes tritt mit unermüdlicher Geschäftigkeit die niemals nachlassende Schaffenslust des Gewohnheitsrechtes ein, die ebenso im Zeitalter des Gesetzesrechtes wie in dem des Juristenrechtes immer neue Schösslinge zu treiben fortfährt. Das Vorbild für diesen Process ist für immer das Edictum perpetuum des römischen Magistrats. Der Praetor versuchte die nothwendige Neubildung und Umbildung auf Grund dessen, was er als lebendiges Recht annehmen zu dürfen glaubte, durch bestimmte Fixirung vorzunehmen. Hat er das Rechte getroffen, so bleibt, was er geschaffen, in dauernder Geltung; andernfalls fällt es stillschweigend zu Boden. Der Gesetzgeber kann nicht willkürlich nach seinem Belieben und seinen Einfällen Recht schaffen; ebensowenig kann es die Wissenschaft des Juristen. Normaler Weise steht die Wissenschaft gerade so wie der Gesetzgeber im genauesten Zusammenhange mit dem geistigen Leben und der Eigenthümlichkeit des Volkes; wollte sich die Gesetzgebung oder die Wissenschaft von diesem Zusammenhange lösen, so würden sie nichts dauerndes, nichts, was wirklich die Geltung eines Rechtes zu behaupten vermöchte, zu produciren im Stande sein. Thatsächlich ist unter gewöhnlichen Umständen die Wissenschaft nicht vom Volksleben geschieden. Auch die Gelehrten bleiben Söhne ihres Volkes, durch den Volksgeist bestimmt; die Wissenschaft selber trägt eine nationale Färbung, und die Rechtswissenschaft bei dem Reichthum ihrer Beziehungen zu den concreten Einzelheiten des wirklichen Volkslebens kann gar nicht umhin, sich mit der Eigenart dieses bestimmten Volkes im engsten Zusammenhange zu erhalten. Freilich kann es Zeitverhältnisse und Umstände geben, unter denen dieses Streben der Wissenschaft hinter eigensinnigem Gelehrtendünkel und der Voreingenommenheit für ein allzu einseitig gepriesenes Fremdes zurücktritt, wie es in Deutschland seit der Alleinherrschaft des Studiums des römischen Rechtes der Fall war. Aber dergleichen ist immer nur Ausnahme, eine zeitlich verlaufende Krankheit, die allmählich wieder weicht und der Gesundung zu normalen Zuständen Platz macht; und schon die Krankheit selbst ist bezeichnend für einen inneren Schaden in der nationalen Entwicklung, den sie nur auf dem speciellen Gebiete des Rechtes zum Ausdruck bringt. Seiner Natur nach ist das Juristenrecht eine Art von Gewohnheitsrecht, an dem die Volksseele insofern ihren Antheil hat, als sie durch die besten und geeignetsten Söhne des Volkes dabei vertreten ist; es ist ein Gewohnheitsrecht, welches mit bewusster Kunst und systematischer

Reflexion im Streite der Meinungen an der Hand der zur Entscheidung kommenden Rechtsfragen oder des inneren Zusammenhanges der rechtlichen Theorie seine Ausbildung erlangt. Der Gesetzgeber wie der wissenschaftlich producirende Jurist wird im glücklichen Falle der Redner seiner Epoche, der demjenigen, was alle Herzen beseelt, Form und Ausdruck verleiht, wie der Dichter, der Künstler, der Denker es auf anderen Gebieten thut. Dadurch erlangt er classische Bedeutung für das gesammte nationale Leben. Sein Werk bleibt; sein Volk spiegelt sich in seinem grossen Sohne und bildet sich ebenso nach ihm, wie er der mustergültige Typus seines Volkes war. Wie das aesthetische, das religiöse, das intellectuelle Leben eines Volkes nach Stil, Princip und Geist von der Eigenart des Volkes getragen, aber von den geistesmächtigen Individuen gestaltet wird, so auch das Recht.

7. Nach alledem gilt es vom Rechte, wie es von der Sprache gilt, dass es nicht von Menschen gemacht ist, sondern aus seinem eigenen inneren Triebe auf dem Boden der bestimmten Volksseele mit bestimmter Eigenthümlichkeit erwächst. Was das Recht eigentlich bildet, ist die Idee des Rechtes, die vermittelst der einzelnen Volksgeister die in ihr enthaltenen Momente explicirt und sich ein so geartetes reales Dasein hier, ein anders geartetes dort gibt. Das Recht hat sein eigenes inneres Leben und bildet sich seine Glieder immer wieder aufs neue nach dem Gesetze der Correlation des Wachsthums. Die Aenderung an einem Punkte ruft eine morphologische Veränderung an allen anderen Punkten hervor; so bildet sich das Recht fortschreitend organisch im historischen Processe um und bedient sich dazu der Triebe und Meinungen, der Kunst und Geschicklichkeit der Menschen als der Mittel für den eigenen Lebensprocess. Die Entwicklung des Rechtes erfolgt nach der Natur der Sache, nicht nach äusseren Zufälligkeiten; gerade wie der Baum Luft, Licht und Boden benutzt, um nach der schon im Samenkorn enthaltenen Anlage zu bestimmter und harmonischer Form seine Glieder und Zweige auszubilden. Des Menschen Kunst und List kann dabei nachhelfen oder stören; aber das Gesetz der Sache ist stärker als alle Absicht und Reflexion. Was man wol den blinden Zufall des historischen Werdens genannt hat, ist viel sinnreicher und vernünftiger als alle erfundenen und ausgedachten Systeme. Nur die Schwachköpfe ersinnen sich Utopien eines Rechtszustandes, der nie möglich gewesen ist und nie möglich werden kann, und erscheinen sich darin viel klüger als die, wie man wol meint, blind producirende Geschichte. Aber das schlechteste positive Recht eines barbarischen Volkes enthält immer noch mehr Sinn und

Verstand, als das sich am ruhmredigsten vortragende Gedankengespinnst von der besten der Republiken. **Ein Recht lässt sich nicht erfinden**, so wenig wie eine Religion. Der Prophet muss seine Gläubigen haben, damit aus dem innerlich von ihm Geschauten eine Religion werde; ebenso braucht der Rechtsschöpfer ein Volk, das ihm entgegenkomme, das seine Anschauungen in Saft und Blut aufnehme, sie zu einer die Wirklichkeit des Lebens beherrschenden Macht erhebe, damit aus seiner Schöpfung ein wirkliches lebendiges Recht werde. Und dies Volk kann er nur finden, wenn er seine Gedanken aus dem Herzblute dieses Volkes schöpft und die innersten Antriebe, die in diesem Volke lebendig sind, mit tiefem Verständnis belauscht hat. Die Arbeit am Rechte, wo das Leben gesund, die Entwicklung normal ist, ist nicht die eines frei speculirenden Kopfes, noch die eines mechanischen Technikers, sondern die eines Gärtners oder Erziehers, der seinem Object in die inneren Gesetze seines organischen Werdens nachfolgt, und hier stützt, dort leitet, das Hindernis des graden Wuchses beseitigt und der Störung der gesunden Entwicklung vorbeugt. In keinem möglichen Sinne also ist das Recht ein Product menschlicher Absicht und freier Willkür. Dass es Recht giebt, steht nicht in der Wahl der Menschen; das Recht ist ein dem Menschen mit der menschlichen Natur zugleich auferlegtes Schicksal. Aber auch dass das Recht diese und nicht andere Formen hat bei diesem Volke, in dieser Zeit, ist nicht durch die Willkür der Menschen, sondern durch das Gesetz der Geschichte und die Macht der Idee bewirkt.

8. Den Satz, dass das Recht nicht aus der Willkür der Menschen stamme, glauben manche so ausdrücken zu können, dass sie das Recht aus dem Willen Gottes ableiten. Aber diese theologische Redeweise giebt keine genügende Erklärung der Sache und beruht überdies auch kaum auf hinlänglich klaren Begriffen. Mit der Berufung auf Gottes Willen und Gebot, so lange dieser Wille unbegriffen als ein zufälliger und willkürlicher erscheint, wird das Recht weder seinem eigenthümlichen Inhalt noch seiner Form nach erklärt, und was schlimmer ist, in scheinbar frommer Ausdrucksweise wird dem Rechte seine Würde, der Idee Gottes ihre Heiligkeit gemindert. Die Aufgabe wäre eben, zu zeigen, wie Gottes vernünftiger Wille in der inneren Architektonik des Rechtes sich offenbart; dazu gehörte, dass man die innere Vernunft des Rechtes darlegte. Ist diese erkannt, so ist die Uebereinstimmung derselben mit Gottes Willen ganz selbstverständlich; die Ableitung des Rechtes aus dem Willen Gottes ist also kein Erklärungsprincip von selbstständigem Werthe. Soll

aber diese Ableitung bedeuten, dass ein unbegriffener und seinem Inhalte nach zufälliger Complex von Satzungen dadurch eine höhere Sanction erhalte, dass man sich dafür auf einen Willen Gottes beruft, der nun ebenfalls nicht als absolute Vernunft, sondern als die Willkür eines allmächtigen Herrn und Gesetzgebers erscheint, so ist eine solche Anschauung vom Rechte ebenso abzuweisen, wie die Auffassung Gottes als eines Willkürherrschers, und zwar weil sie durchaus irreligiös und abergläubisch ist. Verständnislos ist es insbesondere, das Recht an irgend einer Offenbarungsurkunde zu messen. Dass ein allgemeingültiges Recht offenbart werde, ist wider den Begriff der Offenbarung, die ewig und unvergänglich ist nur in der Lehre vom Heil. Gott will das Recht, wie er alles Gute, wie er alle Grundbedingungen und Grundelemente der sittlichen Welt will; die Idee des Rechtes ist deshalb eine Manifestationsform des absoluten Geistes, wie die Idee des Guten, deren integrirender Theil sie ist. Gott will auch, dass dieses bestimmte Recht sei, nämlich soweit es vernünftig ist und als Mittel seinem Weltplane dient, den Culturfortschritt der Menschheit fördert. Aber Gott will auch, dass das Recht fortschreitend sich vervollkomme, seine Idee immer reiner realisire, das Element der Unvernunft abstreife und in das Gerechte hineinwachse. Dass das geltende Recht befolgt werde, so lange es gilt, ist Gottes Wille, weil daran die Ordnung und der Bestand der sittlichen Welt hängt; dass das Geltende bloss weil es gilt auch weiter gelte und der zweckmässigen und vernünftigen Veränderung entzogen werde, ist wider Gottes Willen wie gegen die Vernunft und gegen die Natur der Dinge. Das Historische, welches besteht, verdient Respect, aber keine blinde und keine ausnahmslose Unterwerfung, wie wir ihn dem Willen Gottes schulden; historisch ist auch das Gesetz der Umbildung und Vervollkommnung, und wir vollziehen Gottes Willen, indem wir dieses Gesetz erfüllen. Man soll nur gelernt haben, nicht willkürlich, nicht aus abstractem Besserwissen, sondern im engsten Anschluss an das innere Gesetz des Historischen das Bestehende fortzubilden.

9. Das Gesetz des historischen Werdens zeigt seine unwiderstehliche Gewalt durch die Rache, die es an denen nimmt, die es in hochmüthigem Vertrauen zu der eigenen Einsicht verletzt haben. Die Männer der französischen Revolution glaubten die Welt auf den Kopf stellen, das historisch Gewordene auf einen Streich beseitigen und auf dem leeren Bauplatze ungehindert ein Phantasiegebäude nach frei ausgedachtem Plane errichten zu können. Mit solchem unhistorischen und verkehrten Beginnen ist denn auch in der That

nichts erreicht worden, als dass über wilde Zerstörung und Ströme Blutes hinweg der eingeborne Zug des französischen Geistes seinen Weg fand nach wie vor und nicht ein allgemeingültiges Ideal der Verstandesaufklärung, sondern ein ganz eigenthümlicher nationaler Rechtszustand unter unaufhörlichen Convulsionen, Zusammenbrüchen und Kämpfen sich herstellte, ganz anders als die Menschen es sich eigentlich gedacht und beabsichtigt hatten. Nirgends so entschieden wie in der Thätigkeit der Rechtsbildung zeigt sich die Ohnmacht der klugen Absicht, die Unfruchtbarkeit der Thaten der Gewalt. Die gewaltsame Umwälzung des bestehenden Rechtes, die vorübergehende Aufhebung des Rechtszustandes in einigen seiner Bestimmungen, mit einem Worte die **Revolution**, kann ganz wol im geschichtlichen Process ausnahmsweise einmal das vom Genius der Geschichte gewählte Mittel sein, um den träge und unbeweglich gewordenen, hinter den gerechten Anforderungen zurückgebliebenen Rechtszustand in Fluss und Bewegung zu bringen; aber Widersinn ist es, die Revolution zur principiellen Regel, den gewaltsamen Bruch des Rechtes zum bleibenden Mittel der Rechtsbildung machen zu wollen. Denn das heisst, die Ordnung aus der continuirlichen Störung und Verwirrung, das Bleibende und Feste aus der sinnlosen Willkür der Leidenschaften und dem unaufhörlichen Wechsel erzeugen wollen. Historisch, in stillem, geräuschlosem Werden sich organisch zu entfalten, das ist die bleibende Natur des Rechtes; aber allerdings muss man das Organische an der rechten Stelle suchen. Die organische Natur des Rechtes darin zu finden, dass man es als physiologisches Product, als Erzeugnis der Gehirnmolecüle, als Product der Vererbung, als Resultat des thierisch blinden „Kampfes ums Dasein" betrachtet, ist widersinnig und führt zu widersinnigen Consequenzen. Das Recht ist organisch nur, indem es zugleich historische That und freies Erzeugnis des menschlichen Geschlechtes ist; diese That und dieses Erzeugnis steht zugleich unter der überwiegenden Macht der Idee des Rechtes, weil der Geist nach seiner Anlage vernünftig ist und sein Bilden und Schaffen den Gesetzen der Vernunft unterworfen bleibt. Es ist mit dem Rechte nicht anders als mit dem, was wir im eigentlichen Wortsinne organisch nennen. Die Voraussetzung für alles organische Werden und Wachsen bilden die chemischen Affinitäten des Kohlenstoffs und die physicalischen Gesetze; seine Form bringt der Organismus im wesentlichen fertig mit, und die Affinitäten und Gesetze müssen die Richtung inne halten, die ihnen die morphologische Eigenart des bestimmten Organismus vorschreibt. Ebenso liefert für den Aufbau des Rechtes die äussere Natur der Dinge und die physiologisch-psychologischen Kräfte des Menschen die Voraussetzung; aber die Art, wie diese Kräfte und Anlagen wirken, wird bestimmt durch die menschliche Vernunft und ihre Freiheit, wie durch die objective Vernunft und die innere Gestaltungstendenz des Rechtes.

10. Die Verkennung der historischen Bedingtheit alles Rechtes ist der Grundirrthum der naturrechtlichen Lehren. Das Naturrecht versuchte nicht bloss, das an sich Gerechte in allgemeingültiger Weise zu zeichnen; es stellte auch die Anforderung, das bestehende Recht müsse sich sogleich und unverweilt nach dem Abriss des natürlichen Rechtes umgestalten. Eine ganz unmögliche Forderung. Zunächst schon: wo ist die Garantie, dass das, was den besten Denkern der gegenwärtigen Generation als das absolut Gerechte erscheint, nicht schon in der nächsten Generation von allen als abgethan und verkehrt verworfen werde? Mit den naturrechtlichen Theorien des vorigen Jahrhunderts ist es in der That so gegangen. Und dann: die Menschen haben auf dem Gebiete des Rechtes nie machen können, was sie gewollt haben, sondern immer nur, was durch die Sache möglich war. Dem Rechte lässt sich auch durch die beste, die aufgeklärteste Meinung keine Richtung aufzwingen, die seinem inneren Zuge widerspricht. Das neue Recht bloss auf den Anspruch des abstracten Gedankens von einem besten Rechte begründen zu wollen, ist ein ganz vergebliches Unternehmen, weil sich den Menschen kein Recht aufpfropfen lässt, welches zu ihrem inneren und äusseren Leben nicht passt und nicht auf ganz bestimmte historische Bedingungen eingerichtet ist. Die Hauptmacht für die Einführung eines Rechtes ist eben die Gewohnheit, die gewohnte Anschauungs- und Handlungsweise; was darin keine Wurzeln zu schlagen vermag, das schwebt in der Luft. Was Recht sein soll, das muss in den Menschen die geeigneten Organe zu seiner Durchführung finden; die mechanische Wirkungsweise des äusseren Zwanges vermag nur einzelne ausnahmsweise Störungen zu beseitigen, nicht allgemeinem Widerstreben und allgemeiner Fremdheit in den Gemüthern gegenüber das Feindselige zu behaupten. Ein ersonnenes „Naturrecht" kann deshalb niemals Recht werden; es ist höchstens der Traum von einem Recht, am seltensten ein schöner Traum. Jedes positive Recht, welches irgendwo gilt, hat für sich die Praesumtion, dass es den geschichtlichen Bedürfnissen dieses Theiles der Menschheit entspricht; auch das bestausgedachte System eines natürlichen Rechtes hat diese Praesumtion nicht für sich. Das historische Werden ist nicht ohne seine Anomalien, Störungen und Abnormitäten;

aber im wesentlichen steht es doch unter der Macht der objectiven Vernunft. Vernunft hält das Werden innerhalb gewisser Schranken, und Vernunft ist das Ziel des Processes. Die naturrechtliche Construction steht ebenso unter den historischen Bedingungen der bestimmten Zeitepoche; aber hier greift weit störender der Zufall der subjectiven Meinung des Individuums ein, und was im Naturrecht etwa Vernünftiges und Bleibendes enthalten ist, das erweist sich als aus der concreten Wirklichkeit des historischen Rechtes herübergenommen und nur mit dem Scheine der freien Construction bekleidet. So war im vorigen Jahrhundert die naturrechtliche Gestaltung des Privatrechts durchweg durch das Maass der Kenntnis des römischen Rechtes bedingt; die Construction des öffentlichen Rechtes schloss sich entweder an das an, was man von der englischen Verfassung zu wissen glaubte, oder bewegte sich wie schon seit dem Mittelalter im Bodenlosen einer aller menschlichen Natur und allen Bedingungen des Lebens hohnsprechenden Träumerei.

11. Mit dem Naturrecht fällt auch die Meinung von natürlichen, angeborenen, von allgemeinen Rechten aller Menschen zu Boden. Ist jede Rechtsordnung dem Begriffe der Sache nach positiv, historisch, national, so ist es auch die Abmessung der Sphäre der Befugnis für jeden; denn das ist die wesentliche Function des Rechtes. Jeder hat vernünftigerweise nur diejenigen Rechte, die ihm die jedesmal vorhandene positive Rechtsordnung nach ihrem inneren vernünftigen Zusammenhange, nach den Bedingungen des äusseren Lebens und nach dem in den Menschen lebenden Rechtsbewusstsein zuzuweisen im Stande ist. Es giebt deshalb kein angeborenes Recht auch nur auf das, was uns heute für unser Rechtsbewusstsein als das Selbstverständlichste erscheint: kein allgemeines Menschenrecht auf persönliche Freiheit, äussere oder innere Freiheit, Gewissens- oder Glaubensfreiheit, sondern nur auf so viel, als jedesmal die Menschen ertragen können, als mit den Gesinnungen und Verhältnissen der Menschen verträglich ist. Was wir heute für das Verkehrteste halten müssen: Sklaverei, Glaubenszwang, Folter, Censur, Polygamie war seinerzeit oder ist noch unter gewissen Bedingungen nicht bloss positives Recht, sondern vermag sich auch vor einem verständigen Urtheil, das sich objectiv in die Lage fremder Zeiten und Völker zu versetzen vermag, als inhaltlich vernünftig auszuweisen, sofern es historisch bedingter Durchgang zu höheren Formen ist. Die Menschenrechte sind ebenso verschieden, wie die Menschen selbst und die Bedingungen ihrer gesellschaftlichen Vereinigung. Gewiss vollzieht sich in der Entwicklung des Rechts die Bewegung

auf ein bestimmtes Ziel hin, auf eine Vereinigung des an sich Gerechten mit möglichster Strenge formeller Durchbildung. Aber das Gerechte hat nie in irgend einem positiven Rechte gefehlt; es ist darin eingegangen, soweit es jedesmal möglich war.

12. Eben darum ist die **Rechtsphilosophie** etwas ganz anderes als ein blosses Naturrecht. Die Rechtsphilosophie ist die Wissenschaft von dem Gerechten, wie es im Rechte immanent ist. Sie steht auf dem Boden des positiven Rechtes und zeigt, wie das Gerechte sich im Rechte verwirklicht hat, nicht wie es sich etwa verwirklichen sollte. Darauf hin kann sie auch die Vermuthung wagen, wie sich das Gerechte im weiteren Processe verwirklichen wird. Diesem Processe muss sie aber mit ganz objectivem Interesse zuschauen; sie kann ihm seinen Weg nicht vorschreiben; nur mittelbar durch den Einfluss auf die Gedankenbildung der Handelnden kann sie ihn beeinflussen. Die Rechtsphilosophie kennt allerdings ein an sich Gerechtes und legt diese ihre Erkenntnis auch als Maassstab an bei der Beurtheilung jedes gegebenen Rechtssystems. Aber sie weiss auch, dass dies an sich Gerechte als solches ein bloss formales, inhaltsloses, abstractes Princip ausmacht, das seinen Inhalt erst von den jedesmaligen concreten Bedingungen der Realität empfängt, auf die es angewandt wird; sie weiss ferner, dass die Durchbildung des Rechtes im Sinne des Gerechten nur nach Maass und Schranke möglich ist, und sie verlangt nicht das Unmögliche; sie stellt keine Anforderung an die Gegenwart, keine an die Zukunft, als die sich aus dem eigenen inneren Zuge der bisherigen Rechtsbildung auf Grund der Erfahrung für die gesunde Einsicht auch des praktischen Gesetzgebers wie des juristischen Theoretikers ergiebt. Die oberste Sorge der Rechtsphilosophie muss immer die bleiben, sich von jeder Art von falschem Idealismus und utopischer Schwärmerei fernzuhalten, die nur die Köpfe erhitzt, die Leidenschaften aufregt und den gesunden Gang der Entwicklung hemmt und schädigt.

13. Indem das Volk in seinem Rechte seine Eigenart gleichsam verkörpert anschaut, gehorcht das Volk dem Gesetze mit **freiem Gehorsam**. Der Zwang des Rechtes ist ein Zwang, den das echte, das bleibende, das substantielle Bewusstsein des Volkes gegen die zufällige und abnorme Abweichung und Ausartung der Willkür und ihrer unvernünftigen Triebe übt. Wer dem Rechte gehorcht, gehorcht seinem besseren Ich. Alle diese Satzungen und Formen, Institute und einzelnen Bestimmungen sind dem Volke verständlich und vertraut; das alles ist selbstverständlich, kann gar nicht

anders sein, wird hingenommen als ein Ausdruck der eigenen
Ueberzeugung und Gesinnung. So im Gange des öffentlichen
Lebens mit der Majestät und Herrlichkeit seiner Institutionen.
Das Heimische, Alteingewöhnte, durch die Generationen Ueberkommene und Ererbte ist es, wodurch ein Volk sich frei und
gross fühlt. Wenigstens ist es so, wo es normal zugeht, obgleich in jeder geschichtlichen Lage ein Mehr oder Minder
solchen Genügens an dem überkommenen Bestande mit dem
ungestümeren oder milderen Drange der Weiterbildung auf
dem einmal vorhandenen Boden sich verbunden zeigt. Unfreiheit ist es, wenn dem Volke durch fremde Gewalt das
Fremde, ihm nicht Vertraute aufgedrängt wird, mag es auch
in anderem Betracht als das objectiv Vollkommenere erscheinen. Nicht wesentlich anders ist es mit dem Privatrecht.
Das jedesmalige positive Recht sichert einem jeden eine
Sphäre anerkannter Befugnis und Freiheit der Bewegung; es
entnimmt den Willen des Einzelnen der Zufälligkeit und giebt
ihm die Bedeutung eines integrirenden Momentes für den Zusammenhang des gesammten Lebens und Bestandes des Volkes.
In diesem herrlichen Ganzen findet jeder seinen Platz; es
wird für diesen oder jenen Zweck auf ihn gezählt; sein Wille
und seine Interessen bilden eine Schranke für den Willen
und die Interessen aller anderen; er ist ein Factor, mit dem
alle rechnen müssen. Daran und in dieser Beziehung zu dem
imposanten Ganzen, von dem er ein Glied ist, durch den
Schutz, der auch ihm gewährt ist, hat jeder seine Ehre. In
der anerkannten Sphäre bewegt er sich als Herr; da müssen
ihn alle achten, in seines Hauses Frieden, in seinen Gerecht-
samen; damit übt er eine Herrschaft über alle anderen.
In dieser Sphäre kann er ungehindert schalten und nach
seines Herzens Lust, nach dem Maasse seiner Gaben und
Kräfte frei gestalten; die Thatsache des eigenen Willens und
des eigenthümlichen Gestaltens wird zu einem bestimmenden
Motiv zunächst von negativer Art für alle anderen, zu einem
Ausdruck bildender Willensmacht, der sich die gesammte
Macht des geordneten Lebens des Volkes zwingend und Eingriffe abwehrend zu Gebote stellt. Der Niedrigste wie der
Höchste geniesst als anerkanntes Glied den Schutz des Gesetzes. In seinem Willen wird jeder mit seiner Persönlichkeit
geachtet, mit seinen eigentümlichen Bedürfnissen und Bestrebungen geschützt, ein Gegenstand der Berücksichtigung
für alle. In dieser seiner Bedeutung darf er sich fühlen, mit
allen wenigstens darin gleichgestellt, dass ihm sein Recht
wird. Sein Recht ist sein gutes Recht; ein schlechter, ehr-
loser Kerl, wer sein gutes Recht ohne besseren Grund aus
Bequemlichkeit, aus Muthlosigkeit, aus Mangel an Gefühl für

persönliche Ehre preis giebt. Denn er giebt damit nach seinem Theil die gesammte rechtliche Ordnung preis, die an ihm so gut wie an jedem anderen hängt. Diese anerkannte Willensmacht und rechtliche Ehre ist auch eines jeden rechtliche Freiheit. So lange alles auf die Macht gestellt ist und jeder zufällig Stärkere mich und meine Absichten und Interessen aus dem Wege räumen kann, habe ich als Persönlichkeit nur eine zufällige Existenz. Dagegen habe ich eine bleibende Bedeutung, meine Willensäusserung hat einen gesicherten Einfluss selbst über meinen Tod hinaus gewonnen, sobald eine feste rechtliche Ordnung, eine dauernde Institution und eine befestigte Macht, dazu eine herrschende Ueberzeugung und Rechtsgesinnung da ist, die jeden in dem Seinen und auch mich in meinen Entschliessungen und Thaten schützt. Die schlimmste Knechtschaft ist in der Unbestimmtheit und Ungewissheit des Rechtes zu finden. Das Recht erst ermöglicht volle Eigenthümlichkeit in der Ausbildung der Person, und das vorhandene positive Recht des Volkes, dem jemand angehört, ermöglicht es in der jedem zusagenden, verständlichen und natürlichen Weise. Diese Willensmacht, die das Recht verleiht, knüpft jeden aufs engste an die geschichtliche Lage und Eigenart seines Volkes. Die vorhandene Welt, in der wir leben, ist durch eine auf Grund der bestimmten Rechtsordnung vollzogene Reihe von Thaten unserer Vorvorderen entstanden. Wir sind die Erben ebenso der äusseren Resultate ihrer Arbeit, wie der geistigen Thaten der Vorfahren. So hat der Mensch an der besonderen privatrechtlichen und öffentlich-rechtlichen Gestaltung seines heimischen Volksthums wie an seiner Muttersprache ein Stück seiner geistigen Substanz. Man sieht, von wie unermesslicher Bedeutung die geschichtliche That der Ausbildung des Privatrechts für die Ausbildung persönlichen Lebens und persönlicher Freiheit war, eine That, die die Römer in einer für alle menschlichen Geschlechter mustergültigen Weise vollzogen haben. Auch nur das Mindeste von dieser privatrechtlichen Garantie der freien Ausbildung individueller Persönlichkeit ohne Noth opfern, hiesse eines der wichtigsten Mittel menschlicher Culturbewegung preisgeben.

§ 27.

Die divergirenden Richtungen der Rechtsentwicklung.

Die Mannigfaltigkeit der verschiedenartigen Gestaltungen des Rechts bei den verschiedenen Völkern ist nicht eine blosse regellose Vielheit, sondern lässt sich auf einfache Principien zurückführen, auf im Rechte selber nach der Natur desselben liegende divergirende Richtungen, die als principielle Gegensätze wirksam werdend die Gestaltung des Rechts bis in seine einzelnen Bestimmungen hinein bedingen. Die Grundstoffe der natürlichen Verhältnisse und Interessen der Menschen sind allen Rechtsbildungen gemeinsam; die ihnen durch das Recht aufgeprägte Form wechselt bei den Völkern ebenso nach der besonderen Eigenart des Volkes, die sich auch in seiner Auffassung der Natur der gegebenen Verhältnisse bethätigt, wie nach den auf eine beschränkte Zahl zurückzuführenden, bestimmten Möglichkeiten der Ausprägung des Rechtsbegriffes. Insbesondere sind es vier fundamentale Richtungen, die den Charakter des einzelnen Rechtssystems bestimmen. Zunächst lässt das Grundverhältnis des Gesetzes zur Willkür eine verschiedenartige Gestaltung zu, indem bei der Ausbildung des Rechts das überwiegende Interesse entweder an möglichster Sicherung der äusseren Ordnung oder an möglichster Ausdehnung der freien Befugnis des Individuums haftet. Die Verschiedenheit in der Auffassung des Verhältnisses der Rechtsform zum inhaltlich Gerechten wird eine zweite Quelle verschiedenartiger Rechtsentwicklung; das Recht bildet sich entweder mehr aus in der Richtung auf formale Strenge und äussere Consequenz, oder mehr in der Richtung auf materielle Gerechtigkeit. Dahin gehört auch, dass bald das Streben vorherrscht, möglichst vieles in der strengen Form des Gesetzes zu ordnen, bald wieder der Einsicht des Herrschenden und der Erwägung des jedesmal Zweckmässigen möglichst vieles zu überlassen. Drittens, was die Verwirklichung des Rechtes anbetrifft, so übernimmt entweder das Recht selber in möglichst hohem Grade den Schutz aller von ihm anerkannten Interessen, oder es zählt vorwiegend auf die Selbstthätigkeit der Einzelnen. Endlich viertens, der Werth der individuellen Persönlichkeit wird höher oder niedriger taxirt, und es wird danach das Recht der umfassenden rechtlichen Gemeinschaft mit einer Art von Ausschliesslichkeit betont, oder dem Einzelinteresse des Privatmenschen ein grösserer Spielraum zugewiesen. Jedesmal aber bestimmt das zur vorwiegenden Herrschaft gelangte Princip

§ 27. Die divergirenden Richtungen der Rechtsentwicklung. 263

nicht bloss diese oder jene Einzelheit, sondern in zusammenhängender Weise durchdringt es mit gestaltender Kraft das ganze System.

Einschlagende Werke sind: E. Gans, Das Erbrecht in weltgeschichtlicher Entwicklung. IV Bde. 1822—1835. — C. A. Schmidt, Der principielle Unterschied zwischen dem römischen und germanischen Rechte. 1853. — R. v. Ihering, Geist des römischen Rechts. Bd. I—III, 1. 4. u. 3. Aufl. 1873—81. — A. H. Post, Bausteine für eine allgemeine Rechtswissenschaft auf vergleichend-ethnologischer Basis. I. Bd. 1880. — O. Peschel, Völkerkunde. 1874. S. 227—255. — Waitz-Gerland, Anthropologie der Naturvölker. Bd. I—VI. 1859—72 (Thl. I. 2. Aufl. 1877). — G. Klemm, Allgem. Culturgesch. der Menschheit. X Bde. 1843—52. — Bastian, Die Rechtsverhältnisse bei verschiedenen Völkern der Erde. 1872. — S. Mayer, Die Rechte der Israeliten. Athener und Römer. III Bde. 1861—76. — John D. Meyne, On Hindu Law and Usage. 2. ed. 1880.

1. Eine vergleichende Rechtsgeschichte aller Völker des Erdenrundes existirt noch nicht und wird auch wol noch für lange ein unerfüllter Wunsch bleiben. Vielerlei Material haben die Ethnographen, die Reisenden zusammengetragen; aber es bleibt die Aufgabe, es zu ordnen und die Thatsachen unter die rechten Gesichtspunkte zu bringen. Beim Blick auf die Völker der niederen Culturstufen in allen Welttheilen gewahrt man zunächst eine scheinbar regellose Fülle der verschiedenartigsten Bestimmungen, oft von der verwunderlichsten Art. Man sieht wesentlich Gleiches bei Völkern von grösster räumlicher Entfernung, von denen nicht anzunehmen ist, dass sie jemals in irgend welche Berührung mit einander gekommen sind, und bei den nächsten Nachbarn wieder vollkommene Verschiedenheit herrschen. Bei alledem ist die Eigenart niedrig stehender Völker so wenig fest ausgeprägt, so willkürlich und grillenhaft, dass sie kaum ein grösseres Interesse einzuflössen im Stande ist. Am allerwenigsten darf man hoffen, aus der Kenntnis der Rechtsanschauungen barbarischer Völker für die Erkenntnis des Rechtes überhaupt, seiner Natur und Entstehung, wesentliche Förderung zu erlangen. Das Barbarische hat eben allzuwenig allgemein menschlichen Gehalt; es überwiegt die Entartung und Abnormität. Die Erzeugnisse brutalen Stumpfsinns nun gar mit den Productionen der für die Entwicklung des menschlichen Geistes mustergültigen Völker auf gleicher Linie behandeln zu wollen, ist selbst eine Art von barbarischer Verkehrtheit. Thibaut hat dereinst einen sehr gewagten Satz ausgesprochen, als er sagte: „Zehn geistvolle Vorlesungen über die Rechtsverfassung der Perser und Chinesen werden mehr wahren juristischen

264 I. Theil. II. Abschn. 3. Cap. Die Freiheit als Princip des Rechts.

Sinn wecken, als hundert über die jämmerlichen Pfuschereien, denen die Intestat-Erbfolge von August bis Justinian unterlag." (Civilist. Abhandlgen. 1814. S. 433.) Und doch sind Perser und Chinesen schon Völker von höherer Cultur. Wenn man aber die Stämme von Australien und Neuseeland, von Süd-Amerika und Inner-Afrika in den Vordergrund stellt und was bei ihnen gefunden wird als etwa gleichbedeutend mit griechischem, römischem, germanischem Wesen anzusehen die Miene annimmt, so wird der Gesichtspunkt völlig verschoben. Das höchste Interesse, das jene Völker gewähren können, ist das der Curiosität. Selbst für das Studium der sprachlichen Erscheinungen gewährt die Betrachtung dieser verwilderten Menschheitsglieder noch eher eine Ausbeute; denn der Organismus der Sprache ist widerstandsfähiger, erfordert auch bei den Menschen ein geringeres Maass von productiver Vernünftigkeit, als die Ordnung der Begierden und Leidenschaften unter ein formell durchgebildetes Recht. So bleiben denn für eine wahrhaft fruchtbare Rechtsvergleichung kaum andere Völker übrig als diejenigen, die die Weltgeschichte zunächst gemacht haben: die Juden und ihre nächsten semitischen Verwandten, die Hellenen, die Römer, die Germanen, die Celten und Slaven, alle diese Stämme mit ihren verschiedenen Verzweigungen.

2. Es kann nicht unsere Aufgabe sein, näher auf die Einzelheiten der Rechtsgeschichte einzugehen; nur die der Divergenz der Richtungen zu Grunde liegenden Principien lassen sich in der Kürze andeuten. Die Ausbildung des Rechtes geschieht überall auf folgenden Grundlagen. Zunächst entscheidet das natürliche Gefühl für das Gerechte, späterhin die strengere begriffliche Erkenntnis des Gerechten; es mischt sich aber von vorn herein die Rücksicht ein auf das im engeren Sinne Zweckmässige, auf die Nützlichkeit und Angemessenheit für die jeweilige Lage des öffentlichen und des privaten Lebens; endlich tritt bei ausgebildeter Reflexion der specifisch juristische Gesichtspunkt hinzu, das Interesse an der strengen Form und begrifflichen Consequenz der Construction, wo von den einmal gegebenen Grundsätzen aus zu den Einzelheiten fortzugehen ist. Diese verschiedenen Principien: das Gerechte, das Zweckmässige, die formelle Consequenz, treten nicht nur ergänzend neben einander, sondern bilden auch einander durchkreuzende Motive der Rechtsgestaltung. Von den zu wahrenden Gütern drängt sich das eine Mal die formell möglichst durchgebildete Rechtsordnung und das Interesse der Gemeinschaft in den Vordergrund, das andere Mal das private Wol, die Befriedigung der Einzelinteressen, und das Princip der Billigkeit. Die Rechtsverfassung hat grösseren oder ge-

ringeren Respect vor der individuellen Gestaltung der Persönlichkeit mit ihren Neigungen und Interessen, ihrer freien Initiative und eigenen Herrschaft in ihrem Bereiche. Sie dehnt das eine Mal die Sphäre der freien Befugnis aus, sie schränkt sie das andere Mal ein; sie übt eine möglichst weit gehende bevormundende Macht über die Personen, oder lässt sie möglichst ungehindert ihre Wege gehen, ihre Wege sich selber suchen. Sie dringt tiefer in die Innerlichkeit der Menschen ein und reflectirt auf rechtsgemässe oder rechtswidrige Absicht und Gesinnung, oder sie hält sich naiver und oberflächlicher an der äusseren Erscheinung, an der That, der Thatsache und dem Erfolge; sie erweitert oder verengert ihre Einwirkung auf die ethischen Lebensformen überhaupt und wagt sich auf das moralisch-religiöse Gebiet, oder hält sich von demselben möglichst ferne. Nach allen diesen Beziehungen charakterisirt sich der Unterschied der Rechtsverfassungen, oder einer und derselben Rechtsverfassung in den verschiedenen Stadien ihrer zeitlichen Wirklichkeit, je nach dem Ueberwiegen des einen oder des anderen Momentes. Hier waltet das Streben nach einfachen und möglichst allgemeinen Principien, denen die Einzelheiten der Wirklichkeit sich beugen sollen: dort herrscht eine weit in die Einzelheit der möglichen Fälle eingehende Casuistik; hier wird unerbittlich die strenge Form Rechtens aufrechterhalten: dort lässt man die Rücksichten der Billigkeit freier walten. Hier verschlingt die Selbsterhaltung und Sicherheit der Gemeinschaft die Berechtigung der Einzelnen im weitesten Umfange: dort behauptet sich die Selbstherrlichkeit der ihre Interessen verfolgenden Einzelnen und Classen selbst unter Schwächung und Desorganisation der Gemeinschaft.

3. Die wichtigsten unter den Rechtsinstituten sind einfache Ergebnisse der in der Natur, den Verhältnissen und Interessen der Menschen liegenden Bedingungen, die, wenn sie doch einmal der formenden Kraft des Rechtes unterworfen werden müssen, auch eine in manchen Grundzügen gleiche Form annehmen; so das Eigenthum, die Ehe, die Strafe; und auch in den weiteren Gliederungen innerhalb dieser umfassenderen Institute ist mancherlei, was wie selbstverständlich erscheint und überall in einer gewissen Gleichartigkeit wiederkehrt. Aber in jedem einzelnen Rechtsinstitute liegt zugleich die Möglichkeit einer sehr verschiedenartigen Auffassung und Ausbildung. Das Eigenthumsinstitut kann überwiegend im Interesse der Vielen, oder im Interesse des Einzelnen ausgebildet werden, mehr als Amt und Dienst, oder mehr als persönliche Herrschaft und Befugnis, und danach überwiegend als Gemeineigenthum oder als Sondereigenthum. Die Theilbarkeit,

die Veräusserlichkeit des Eigenthums wird hier mehr, dort weniger beschränkt, die Belastung mit Reallasten und Diensten zugelassen oder ausgeschlossen. Danach wird dann das Eigenthum an Grund und Boden entweder als Eigenthum überhaupt behandelt oder sein Unterschied von anderem Eigenthum energisch betont; es nimmt einen mehr privaten oder mehr öffentlichen Charakter an. Der Besitz wird in weiterem oder geringerem Umfange geschützt, seine Ablösung vom Eigenthum strenger oder loser gefasst. Das Recht und das Rechtsmittel der Behauptung und Verfolgung des Rechts stehen in engerem oder loserem Verhältnis. Bei Verjährung, Pfandrecht, bei der rechtlichen Behandlung der Verträge gilt entweder mehr das Interesse der Ordnung, der Sicherheit, des Vertrauens, der stricten Rechtsform, oder mehr das des materiell Gerechten, der Wahrung des eigentlichen Willensinhalts. Es ist dem Menschen gesetzt, einmal zu sterben: damit wird die Bestimmung über das Vermögen des Verstorbenen zu einem allgemein menschlichen Erfordernis. Aber nun kann entweder das Interesse für den Bestand der Familie und des gemeinen Wesens, oder die Anerkennung der freien Willensverfügung das maassgebende werden, und dies wieder in den verschiedensten Abstufungen. In der Ehe wird entweder die gesicherte Institution der Kindererzeugung und Kinderaufzucht oder die völlige Lebensgemeinschaft und Verschmelzung der Persönlichkeiten betont; die Stellung des Weibes in der Ehe kann in sehr verschiedener Weise constituirt werden, je nachdem mehr ihre gemeinsam menschliche Natur oder ihre Verschiedenheit vom Manne ins Auge gefasst wird; die Ehescheidung wird im Interesse der Ordnung erschwert, im Interesse des Woles erleichtert. Allgemein menschlichen Charakters ist das Institut der väterlichen Gewalt, auch wo sie nicht dem Vater, sondern etwa dem Oheim, dem Geschlechtshaupt zufällt; aber unzählige Unterschiede ergeben sich, je nachdem das Recht des Vaters oder das Recht des Kindes als das Wichtigere erscheint. Die Strafen sind hart oder milde, richten sich gegen die That oder gegen die Gesinnung, werden dem Verletzten oder dem Staate gebüsst, und was dergleichen mehr ist. Verhältnisse von Herrschaft und Unterthänigkeit als Grundform des öffentlichen Lebens ergeben sich als unausbleibliche Consequenz aus der Natur des Menschen; aber unerschöpflich ist der Reichthum der Gestaltung dieser Verhältnisse im Einzelnen. Auf die Mitwirkung und Mitthätigkeit der beherrschten Individuen für den Bestand und das Leben des Ganzen wird gezählt oder nicht gezählt; sie wird in oberflächlicherer oder gründlicherer Weise herangezogen. Die Unterschiede zwischen den Menschen werden bei der Austheilung der Berechtigungen beachtet oder als gleichgültig angesehen, beides in dem verschiedensten Maasse. Die Herrschaft ist vornehmlich Recht oder Pflicht; es ist eine feste rechtliche Ordnung, die mit Rechtsmitteln auch gegen den Willen des Herrschenden erzwingbar, alle Processe des öffentlichen Lebens so viel wie möglich gestaltet; oder es überwiegt die Sorge, dass nach dem Gutdünken des Herrschenden jedesmal das Zweckmässigste gethan werden könne, wie es in dem Flusse der Dinge aus rein augenblicklicher Constellation sich ergiebt.

4. So sind denn die Unterschiede zwischen den einzelnen Rechtsverfassungen keinesweges bloss äusserlicher und nebensächlicher Art, sondern sie greifen aufs tiefste in das Wesen ein und ergeben völlige Verschiedenheit selbstständiger Organismen mit ganz eigenthümlichen Lebensbedingungen und Lebensprocessen. Und diese Eigenthümlichkeiten beschränken sich keineswegs auf einzelne Punkte, sondern gestalten gleichmässig alle Theile des Ganzen, die in gliedmässiger Abhängigkeit zu einander und zu dem Ganzen stehen. Das öffentliche Recht wird bedingt durch das Privatrecht, die Justiz durch die Administration, das Familienrecht durch das Sachenrecht, und alles das ebenso in umgekehrter Weise. Die verschiedenen Rechtsverfassungen verhalten sich zu einander wie die verschiedenen Sprachen. Aller Sprache liegt die Logik der theoretischen Vernunft, allem Rechte die Logik der praktischen Vernunft zu Grunde; der concreten Wirklichkeit des Rechtes wie der Sprache ist der Stempel der Eigenthümlichkeit des Volksgeistes, der besonderen ästhetischen, intellectuellen, ethischen Culturstufe, der besonderen äusseren Lage und der physiologischen Bedingungen aufgeprägt. Man kann aus einem Rechte in das andere, wie aus einer Sprache in die andere übersetzen, aber ebenso wie hier nicht ohne schmerzliche Einbusse an dem zarten Blüthenstaube der gemüth- und phantasievollen oder verstandesmächtigen Eigenthümlichkeit. Die Culturarbeit jeder Abtheilung der Menschheit hängt wie von dem Grade der Vollkommenheit ihrer Sprache, so auch von dem Grade der Vollkommenheit ihrer Rechtsverfassung ab. Dass die Rechtsverfassung, unter der die Menschen leben, möglichst viel allgemeingültige Vernunft bei möglichster Angemessenheit an die Eigenthümlichkeit der Menschen enthalte, das ist eines der obersten menschlichen Interessen. Die Rechtsordnung eines Volkes ist der Maassstab seiner Cultur; jeder Fortschritt der Cultur spiegelt sich in ihr, sie selbst wird die Ursache continuirlichen Fortschreitens. Das Recht eines Volkes hat eine charakterbildende Wirkung, die sich auch auf allen anderen Gebieten

des Culturlebens äussert. Wie es Sprachen von höherem und Sprachen von niederem Bau giebt, so giebt es Rechtsverfassungen von höherer wie von niederer Organisationsstufe; im allgemeinen haben die Völker von höherer Cultur auch die höher organisirten Rechtsverfassungen. Wie man die Sprachen classificirt hat, so würden sich auch die Rechtssysteme classificiren lassen: Rechtssysteme mit der Tendenz auf einen öffentlich-rechtlichen Zustand und Rechtssysteme ohne diese Tendenz, Rechtssysteme mit durchgebildetem Privatrecht und solche, welche in den Elementen stecken geblieben sind. Ueberwiegendes Gemeineigenthum oder Sondereigenthum, Polygamie oder Monogamie, Sclaverei oder Freiheit aller Menschen, theokratische Institutionen oder Sonderung von Gewissenspflicht und Rechtspflicht. Kastenordnung oder individuelle Arbeitsfreiheit, Einschränkung oder Freigebung des Gedankenausdrucks, — dergleichen unterscheidet die Rechtssyteme wie das Vorhandensein oder Fehlen der Flexion, Verschmelzung oder Zusammensetzung, Unterscheidung oder Vermischung von Nomen, Verbum und Partikeln die Sprachen charakterisirt. Das höher organisirte Rechtssystem verleiht dem Volke eine höhere Organisationsstufe seines Daseins und Lebens; das Volk mit dem besseren Recht ist das geschichtlich mächtigere und wirksamere Volk, das die günstigeren Bedingungen seiner Selbsterhaltung und der Ausbreitung seiner Cultur und seines Einflusses auf andere Völker hat. Die Blüthe eines Volkes und der Grad der Durchbildung seines Rechtes — natürlich nicht bloss im privatrechtlichen Sinne — hängen auf das innigste zusammen.

5. Der geschichtliche Gang der Rechtsentwicklung geht, wie wir früher gesehen haben, von der Einschränkung der Befugnis zur Erweiterung derselben, von der willkürlichen Satzung zur vernünftig begründeten, von der Einhüllung des Rechtes in Sitte und Brauch zur freien ausgesprochenen Rechtsform, von der Flüssigkeit der Rechtsbestimmung zur Festigkeit und dauernden Gültigkeit. Genau so wie der Mensch sich entwickelt von natürlicher Gebundenheit zur Selbstständigkeit des Bewusstseins, von der Dumpfheit des Gefühls und der Vorstellung zur Klarheit der Reflexion und zum kritischen Gedanken, von der Naturbestimmtheit des vorgefundenen Triebes zur Selbstbeherrschung durch den Grundsatz: genau so wächst im Rechte der Werth des Subjects und die Achtung, die ihm gezollt wird. Vom Orient zum Occident, von Griechenland und Rom zu den Germanen, bei diesen von Jahrhundert zu Jahrhundert: es ist immer derselbe Gang und der Fortschritt zu demselben Ziele. Der Bestand der Gemeinschaft und der Menschen in derselben

§ 27. Die divergirenden Richtungen der Rechtsentwicklung.

erfordert eine äussere Ordnung; zu dieser gehört, dass die Menschen in ihren Willensäusserungen durch Normen eingeschränkt werden. Diese Einschränkung ist anfänglich allumfassend; die Entwicklung des freien Selbstbewusstseins macht die äusserlich auferlegten Normen allmählich unerträglich und entbehrlich. So lange der Mensch noch gar kein wahres Subject, noch ohne selbstständigen unersetzlichen Werth, noch unfähig der selbsteigenen Entschliessung auf Grund durchgebildeter Eigenthümlichkeit ist, gilt im Rechte nur das Volk als Ganzes und der Ausdruck, den es seinem Bewusstsein von sich in seinen Göttern und seinen Herrschern gegeben hat; der einzelne Mensch gilt gar nichts und wird unbedenklich von dem Allgemeinen absorbirt. Die patriarchalische, die despotische, die theokratische Rechtsverfassung entsprechen dieser Stufe der Entwicklung. Das griechische Wesen bildet den politischen Menschen aus, das Privatrecht dagegen bleibt unausgebildet: das Subject hat sich gefunden, aber es bleibt verhaftet an die Substanz seines Volksthums, und die allmählich eintretende Loslösung von demselben ist die allgemeine Zersetzung. Hier hat der Mensch die idealen Interessen für sich in hohem Grade frei; zugleich bildet und baut der Einzelne mit freiem Entschlusse am Leben des Staates mit; das staatliche Herrschaftsverhältnis strebt den Charakter eines durch Gesetze geordneten Geschehens in der Form des Rechtes an. In Rom zum ersten Mal wird auf Grund einer durchgebildeten Ordnung des öffentlichen Rechts das private Recht in formeller Strenge entwickelt, dem freien Subjecte eine Sphäre eigenthümlicher Bethätigung in seinem äusseren Leben nach festen Normen gesichert; in voller Selbstständigkeit erfasst sich die Privatperson mit ihren Interessen gegenüber dem politischen Gemeinwesen und verlangt von ihm Wahrung und Schutz seiner Eigenthümlichkeit; es ist die Epoche der mustergültigen Ausbildung des für alle gleichen, in formeller Strenge fixirten, objectiv vorhandenen und anerkannten Rechtes, dem als höchste Pflicht vorschwebt das: omnibus, summis infimisque iura exaequare. Im germanischen Rechte überwiegt die Betonung der besonderen Lebenskreise im Gegensatze zu abstracter nivellirender Gleichheit und damit die Auflösung der gemeinen Freiheit in einzelne Freiheiten und Willküren, die höhere Beachtung der Innerlichkeit und der sittlichen Lebensordnungen. Oeffentliches und privates Recht gehen mit fliessenden Grenzen in einander über, die strenge Form Rechtens wird über der reichen gemüthvollen und phantasievollen Innerlichkeit vernachlässigt, die den ethischen Gehalt der einzelnen Lebensverhältnisse mit möglichster Treue rechtlich auszuprägen trachtet; die Rechtsgemeinschaft zählt überwiegend auf die Selbstthätigkeit, auf die Gesinnung und den Willen, das Recht zu stärken und das Unrecht zu kränken. Der geschichtliche Process hat zu einer theilweisen Verdrängung des deutschen Rechtes durch das römische geführt, welches in seiner stahlharten und glänzenden Rüstung an dem weicher gearteten und mit geringerer Sicherheit das Leben beherrschenden deutschen Rechte einen zu längerem Widerstande kaum geeigneten Gegner fand, aber auch zu einer wesentlichen Umbildung des römischen Rechtes auf Grund der uralten und eingeborenen heimischen Rechtsanschauungen den Anstoss gegeben. Dieser Process in seinen verschiedenen Stadien hat bis heute gedauert und wird noch lange fortdauern, bis in der vollendeten gegenseitigen Durchdringung von römischem und deutschem Recht, — und wir verstehen darunter ebensowol das öffentliche wie das Privatrecht, — eine neue Basis für weiteren Fortschritt gefunden worden ist. Daran aber kann bei einem Culturvolke niemals gedacht werden, von dem unendlich Werthvollen und für die ganze Menschheit Errungenen, was das römische Recht geschaffen hat, insbesondere von der privatrechtlichen Selbstständigkeit der Menschen, irgend etwas zu Gunsten socialistischer Träume wieder abzuthun. Was unsere Zeit in der schöpferischen Arbeit fortschreitender Rechtsbildung vor früheren voraus hat, das ist vor allem die Wissenschaft, die geschichtliche Rechtswissenschaft, mit ihrer den Blick erweiternden, das Urtheil schärfenden Macht; die philosophische Vertiefung der Begriffe und allgemeinen Principien, die durch die Gedankenarbeit der letzten drei Jahrhunderte gewonnen worden ist; endlich die an dem Studium insbesondere des römischen Rechts wieder eingeübte Kunst streng juristischen Denkens und folgerichtiger juristischer Construction, die sich nun in der Anwendung auf die gründlich veränderten politischen Verhältnisse, auf die vollkommen neuen Formen der wirthschaftlichen Arbeit und des Verkehrs zu bewähren hat. Wohin die Entwicklung im einzelnen führen wird, das lässt sich nicht prophezeien. Aber so viel ist ganz ausgemacht und unzweifelhaft sicher, dass die Entwicklung nicht von höheren Organisationsstufen auf niedere zurückfallen, dass nicht die Nivellirung, sondern die Differenzirung weitere Fortschritte machen wird. Nicht dem Gemeineigenthum und der Gemeinwirthschaft, sondern dem Sondereigenthum und der Sonderwirthschaft gehört die Zukunft, nicht der Ausdehnung, sondern der Einschränkung des Gebietes rechtlichen Zwanges, nicht der Bevormundung, sondern der freien Selbstentscheidung, nicht der Erweiterung der nach Gesichtspunkten der Zweckmässigkeit überall eingreifenden Administration, sondern der

§ 27. Die divergirenden Richtungen der Rechtsentwicklung. 271

Befestigung der in streng fixirter Rechtsform sich auf immer
engerem Gebiete mit immer grösserer Intensität der Wirkung
bewegenden Herrschergewalt. Was man uns heute unter dem
Gesichtspunkte des „Woles" vormalt als das glückselige Zeitalter der mit zwingender Gewalt ausgestatteten, väterlich alles
lenkenden und keine Freiheit der Unternehmung zulassenden
höheren Weisheit, das müssen wir in die Reihe jener wolwollenden Verirrungen des Herzens und des Verstandes verweisen, die wie der Rousseau'ische Traum von der Glückseligkeit des Naturmenschen die Rohheit und Uncultur unent-
wickelter Zustände der zur Mündigkeit herangereiften, ihrer
selbst bewusst gewordenen Menschheit, die vielgliedrig sich
zum reichen Gesammtorganismus auf Grund mannigfaltig
entwickelter Individualität aufgebaut hat, als das höhere Ideal
vorhalten. Vollendete Ordnung in der reichsten Mannigfaltigkeit und reichste Mannigfaltigkeit in vollendeter Ordnung:
das bleibt das Ziel aller gesunden Entwicklung.

§. 28.

Das Recht als das äussere Dasein der Freiheit.

Indem das Recht als vernünftige Ordnung sich der Willkür und als Allgemeinheit des Gesetzes der zufälligen Einzelheit entgegenstellt; als Gerechtes die Anforderung der Vernunft an den Willensinhalt zur Geltung bringt; als Ausdruck
der Eigenthümlichkeit in allgemeingültiger Form das Besondere zu der Würde der Vernunftbestimmung erhebt: ist
das Recht der Ausdruck der Freiheit und findet der Mensch
seine eigene bleibende und wahre Natur im Rechte verkörpert,
im Recht überhaupt, und in der Bestimmtheit des positiven
Rechts. Zugleich aber ist das Recht ein äusserlich daseiendes
Mächtiges, dessen Wirkungen sich für die äussere Wahrnehmung fühlbar machen: dieses sein äusseres Dasein kann
also als das äussere Dasein der Freiheit bezeichnet werden.
Aber es ist auch nur das äussere Dasein, und das Dasein
einer nur äusseren Freiheit. und damit eine inadäquate Verwirklichungsstufe der Freiheit. Die Freiheit schaut sich im
Rechte nur äusserlich an, während sie ihrem Begriffe nach
reine Innerlichkeit ist: Aeusserlichkeit durchzieht das ganze
System des Rechtes. Somit ist das Recht wol etwas Heiliges,

aber nicht das Heilige schlechthin; es giebt Potenzen im Leben, die an Werth über dem Rechte stehen, wenn auch das Recht für sie alle die Bedingungen herstellt. Das Recht weist über sich selbst hinaus auf höhere Formen der Verwirklichung der Freiheit; es bahnt dieselben durch seine eigene Wirkungsweise an und fordert sie zu seiner Ergänzung.

1. Die gemeine Meinung sieht im Rechte nur die Einschränkung des Beliebens, und weil sie schon die blosse Willkür zufälligen Begehrens Freiheit nennt, so hält sie das Recht für eine Einschränkung der Freiheit. So wird denn gelehrt, der Mensch habe seine natürliche Freiheit nur vor der Errichtung einer Rechtsordnung und gebe davon um des Woles willen so viel auf als nöthig sei, um einen Zustand der gegenseitigen Sicherung und Aushilfe herzustellen und das gesellschaftliche Zusammenleben der Menschen zu ermöglichen. Dieser gesellschaftliche Zustand erscheint dann als ein Zustand künstlicher Unfreiheit. Dem stellt sich unsere Darlegung gegenüber. Wir halten die Vernunft für das eigentliche Lebenselement des Menschen, die Herrschaft der Begierde für eine Fremdherrschaft; unter Freiheit verstehen wir den Gehorsam gegen die Vernunft. Wo der Inhalt des Willens vernünftig ist, da folgt der Wille seiner wahren Natur, da hängt er von nichts ihm Fremden, in Wahrheit nur von sich selbst ab, und das nennen wir Freiheit. Liesse sich ein Zustand vor allem Rechte denken, so wäre derselbe der Zustand vollendeter Unvernunft und damit der äussersten Knechtschaft, und diese würde sich auch in dem unausgesetzten Streite, in der Unsicherheit aller Zustände, in der Entfesselung der wildesten Leidenschaften handgreiflich kundthun. Das Recht giebt dem Willen seinen vernünftigen Inhalt und macht ihn damit von der Fremdherrschaft der Willkür frei; aber freilich, dieser Inhalt tritt im Rechte an den Willen erst von aussen heran als ein äusseres Gebot, eine äussere Schranke und eine äussere zwingende Macht. Der Zweck dabei ist eine äussere Ordnung; das Motiv, das auf den Willen wirkt, ist das egoistische Motiv von Furcht und Hoffnung, das aus dem Bereiche der niederen Triebe stammt. Das Individuum producirt den vernünftigen Inhalt seines Wollens nicht selbst, sondern findet ihn vor als eine starre fertige Satzung, der es sich zu unterwerfen hat auch ohne eigene Einsicht in die Gründe und ohne eigene Billigung. So ist denn die praktische Vernunft hier nur erst vorhanden als eine objective Existenz, nicht als unendliche Selbstbefreiung des Willens durch seine eigene That. Das ist der Mangel am Rechte,

§ 28. Das Recht als das äussere Dasein der Freiheit.

durch welchen dasselbe hinter dem Begriffe vollkommener Freiheit zurückbleibt; aus diesem Grundmangel fliessen die einzelnen allem Rechte als solchem anhängenden Unvollkommenheiten, die das Recht zu einem harten Schicksal für das Menschengeschlecht machen, dem es sich fügen muss wie den andern bitteren Nothwendigkeiten des Lebens, aber doch mit einer gewissen Resignation in das Unvermeidliche und weil jede höhere, reinere Ausprägung der Vernunft ohne das Recht nicht zu haben ist.

2. Zunächst ist so viel klar, dass es ohne das Recht gar nicht geht. Ohne die durch das Recht gesicherte Ordnung und ohne die in ihm liegende Garantie wäre überhaupt kein gesellschaftliches Leben der Menschen und damit auch kein menschenähnliches Dasein möglich, keiner der in der menschlichen Bestimmung liegenden Zwecke erreichbar. Das Recht schafft die Basis für die Entfaltung aller menschlichen Kräfte und Anlagen und mithin für alles Gute und Schöne. Nur die Sprache kann als ein dem Rechte an Bedeutung für alles menschliche Dasein gleichkommendes Gut betrachtet werden. Alle idealen Güter, Familie, Schule und Kirche, Wissenschaft, Kunst und Religion, werden durch das Recht getragen, gerade so wie das System der materiellen Arbeit, wie die wirthschaftende Gesellschaft und die Arbeit für äusseres Wol und sinnliches Behagen. Als diese Bedingung für alles Menschliche, für die höchsten, wie für die niederen Zwecke, hat das Recht seine überwiegende Dringlichkeit, ist es unter allen Interessen immer das zunächst zu wahrende. Andererseits ist auch nicht zu verkennen, dass dem Rechte eine erziehliche Macht innewohnt. Das Recht ist die erste und nächste Form, in welcher die Vernünftigkeit an den Willen heran, in den Willen hineintritt. Das Recht mit seiner sicher wirkenden Naturgewalt pflanzt in den natürlichen Willen der zufälligen Triebe eine Gewöhnung an vernünftigen und allgemeingültigen Gehalt; es erzieht zunächst zur Befolgung der Regel, zur Besonnenheit, zur Beherrschung des Triebes, zur verständigen Abwägung des Nützlichen und Schädlichen; es disciplinirt den Willen. Durch seinen Inhalt an Gerechtem übt es den Willen in der Hingabe an das Vernünftige und in der Anerkennung der wahren Natur der Sache. Dadurch macht das Recht den Willen fähig, von sich aus höhere Stufen vernünftiger Selbstbestimmung zu erklimmen. Kein Zweifel also, dass das Recht ein Gut von unermesslichem Werthe ist; der Feind des Rechtes ist ein persönlicher Feind eines jeden von uns und ein Feind des menschlichen Geschlechtes. Aber das höchste Gut ist das Recht nicht, und es ist von ausserordentlicher Wichtigkeit, ebensosehr wie die

hohe Stellung des Rechtes als des Ausdrucks der dem Willen immanenten Vernünftigkeit auch die beschränkte und bedingte Natur des Rechtes in klarem Begriffe zu erkennen, damit man ihm zugestehe, was ihm gebührt, aber sich auch hüte, ihm das anzuvertrauen, was über die Sphäre des Rechtes hinausliegt.

3. Dem gewöhnlichen Bewusstsein gilt das Recht leicht für das Höchste und Beste. Die stolze Architektonik des Rechtssystems hat selbst eine kühne Speculation, die auf die Einheit von Natur und Vernunft als auf das Höchste ausging, verführt, die Bedeutung des Rechtes zu überspannen; diejenigen aber, die die ideale Freiheit reiner Innerlichkeit überhaupt nicht verstehen und denen alles Sittliche ein äusseres Thun ist, halten sich am liebsten an dem Rechte mit seiner sinnlichen Augenfälligkeit und handgreiflichen Derbheit, als stellte es die höchste bildende Potenz im Leben dar. Viele sind mit der besten Absicht thöricht genug, das Heil in allen Dingen davon zu erwarten, dass die Form der rechtlichen Ordnung auf immer mehr Gebiete ausgedehnt werde, die bis jetzt von derselben frei geblieben oder mit der Zeit von ihr frei gemacht worden sind. Dem gegenüber gilt es daran festzuhalten, dass es wider des Menschen Würde ist, dass dasjenige durch das Recht geordnet werde, was durch die freie Willkür in genügender Weise gestaltet werden kann, und dass es nicht der Mühe werth ist zu leben, wo man der Rechtsordnung mehr nachzugeben gezwungen ist, als sie für ihre Zwecke unabwendbar in Anspruch nehmen muss. Denn das Recht hat seinen Ausgangspunkt in der natürlichen Unfreiheit der Menschen und will sie zur Vernünftigkeit zwingen; es behandelt die Menschen als unmündig und legt den gleichen Zwang um der Sicherheit der Wirkung willen allen in gleichem Maasse auf, den innerlich Mündigen wie den Unmündigen. Zu sagen, das Recht sei Selbstzweck, wäre eine Redeweise, die erst bei sehr genauer Begrenzung einen richtigen Sinn ergäbe. Nichts überhaupt ist Selbstzweck als allein das höchste Gut; denn jedes andere Gut, so sehr es im Vergleich mit niederen Gütern das höhere sein mag, hat doch eben diesen höchsten Zweck noch über sich, dem es als Mittel dient. Auch Kunst, Wissenschaft, Religion, geistige Cultur überhaupt, was sonst das Höchste ist, ist nicht Selbstzweck; sondern sie stehen nur in so unmittelbarer Beziehung zum höchsten Gute, dass sie zwar ihm, aber nicht mehr einem andern endlichen Zwecke, irgend einem Nutzen oder Vergnügen, dienen. Das Recht aber steht in weit mittelbarerer Beziehung zum höchsten Gute als die genannten Güter. Denn das Recht ist zunächst eine Anstalt im Dienste der mensch-

lichen Gemeinschaft, und zwar nicht sowol um sie positiv zu bauen und zu fördern, als vielmehr um sie gegen die drohende Noth zu schützen und zu wahren. Die Gemeinschaft selbst aber ist wiederum nur die Bedingung für die Erfüllung der menschlichen Bestimmung. Allerdings hat das Recht zugleich mit dieser äusseren Abzweckung die ideale Bestimmung, nothwendiger Durchgangspunkt für die Realisirung der vernünftigen Anlage des Willens, für die Erhebung aus der natürlichen Gebundenheit zu vernünftiger Freiheit zu sein, und vergleichen wir das Recht mit den Zwecken des natürlichen, der Sinnlichkeit und Selbstsucht ergebenen Menschen, so erscheint seine Bedeutung dem gegenüber als eine unendlich hohe. So kann man im Gegensatze zu der Meinung, das Recht sei bloss ein Mittel für einzelne äussere Zwecke, wol sagen, das Recht sei Selbstzweck. Noch mehr. Das Recht ist insofern auch etwas Göttliches und nimmt Theil an der Heiligkeit, die allem substantiellen Guten zukommt, gegenüber der Zufälligkeit eigenwilliger Triebe. Indessen, wenn man das Recht rühmt als die Basis für alle idealen Güter, so soll man nicht versäumen hinzuzufügen, dass es auch nur die Basis ist. Es verhält sich zu ihnen wie die festen Fundamente in der Erde zu der Schönheit und Herrlichkeit des Tempels, der auf ihnen ruhend in die Lüfte emporragt. An der idealen Schönheit des Baues hat das Fundament doch nur einen bescheidenen Antheil; vorwiegend verrichtet es nur die saure Arbeit des Stützens und Tragens und ist durch technische Gesichtspunkte bedingt. Alle idealen Güter werden vom Rechte berührt; aber von ihnen allen ergreift das Recht nur den äusseren Theil, wonach sie Existenzen unter anderen Existenzen sind und dem Spiele der Bedingungen der irdischen Realität anheimfallen. Das Recht bleibt an die Natürlichkeit verhaftet. Es ist voll geistigen Inhalts; aber der es durchwaltende Geist ist noch in die Natürlichkeit versenkter, sie nur äusserlich bestimmender und begrenzender Geist. So ist unter allem Natürlichen das Recht das Höchste, an Rang selbst höher als die Sprache; aber an die reine Innerlichkeit und Freiheit des Geistes reicht es nicht heran.

4. Es liegt im menschlichen Geiste von Natur die Sehnsucht nach einem Reiche der Dinge, in welchem eine vollendete Harmonie und ein ungetrübter Friede waltet als vollkommene Offenbarung der göttlichen Vernunft. Die von allem Rechte unabtrennbare Unvollkommenheit lässt sich am besten erkennen, wenn man das Recht, das ja auch auf Harmonie und Frieden abzweckt, mit diesem Reiche der Liebe und der Seligkeit vergleicht, welches die Sehnsucht des menschlichen Geschlechtes als ein überirdisches Reich über

den Sternen sucht. Wir haben wiederholt hinzuweisen gehabt auf die Aeusserlichkeit der Gesichtspunkte, nach denen das Recht in seinen quantitativen Abmessungen verfährt, die es doch um der Exactheit und Sicherheit willen nicht entbehren kann. Aber weiter: wie vielfach durchkreuzt das Recht die zartesten Verhältnisse und verletzt die Gefühle der Liebe und Pietät mit seinen derben Eingriffen! Wie oft sieht sich das Recht gezwungen, um dieses oder jenes Zweckes dieses bestimmten Gemeinwesens in diesem bestimmten Zeitpunkte willen die naturgemässe Behandlung eines ganzen Gebietes menschlicher Verhältnisse durch Gesichtspunkte zu verkehren, die der Sache selbst ganz inadäquat sind! Die Rücksicht auf verstandesmässige Consequenz, auf Uebersichtlichkeit und Einfachheit verdrängt die Erwägung des Gerechten; über das Erbrecht, das Recht des Grundeigenthums entscheiden politische Convenienzen; über die Ernährung des Volkes, über die Gestaltung der Industrie und der Preise und damit über Leben und Sterben. Glück und Unglück der Millionen entscheiden Rücksichten bequemerer Steuererhebung. Ein einziges Zollgesetz birgt mehr Todesurtheile in seinem Schoosse als sämmtliche Strafgesetze der Welt. Beständig ist das Recht in Gefahr, als Kampfmittel in die Hand selbstsüchtiger herrschender Classen zu gerathen, die das Gerechte ins Ungerechte verkehren und unter dem Scheine und mit der Macht des Rechtes die gemeinen Leidenschaften des Classenkampfes befriedigen. Was früher gerecht und angemessen war, wird nothwendig im Umschwunge der Zeiten ungerecht und unangemessen. Dazu hat aber das bestehende Recht seine physische Macht, um sich der von Vernunft und Gerechtigkeit geforderten Aenderung mit äusserster Zähigkeit zu widersetzen. Das Recht kann sich darum des Charakters einer groben Thatsächlichkeit ohne vernünftigen Sinn und Grund nicht durchaus erwehren; es beugt unter sich mit roher Gewalt den Gerechten und das Gerechte, nur um den Bestand einer innerlich schon vermorschten Ordnung noch eine Zeit lang zu fristen. Nicht eine falsche Religionslehre hätte genügt, die Menge der Märtyrer zu machen; ein ungerechtes Recht musste ihr erst die Macht geben und ihr seinen tödtenden Arm leihen. Dem sittlichen Gewissen mit seiner besseren Ueberzeugung und seinem edleren Streben gegenüber steht so oft die brutale Macht der Rechtsordnung mit ihrer äusserlichen Regelmässigkeit; das Recht vergewaltigt das Ideale und hemmt den freien Flug des Geistes. Sehen wir ferner, wie das Recht alle diese Fülle menschlicher Handlungen, Verhältnisse, Charaktere, an denen oft das Individuelle das eigentlich Bedeutsame ist, unter seine abstracten Regeln beugt, so erweist sich das Recht leicht als etwas Dürftiges, Nüchternes, Phantasieloses. Nur mit Widerstreben fügt sich der Reichthum der Erscheinung in die eng gezogenen Grenzen; so oft wird daher die Strenge des Rechtes pedantisch, seine Consequenz kleinlich. Der Buchstabe wird gepresst und gedeutet; von den Wirklichkeiten des Lebens wendet man sich ab, das Wesen lässt man draussen und strebt knickrig nach einer nur der Form genugthuenden Genauigkeit. Wie schwer und mühselig, wie ungewiss und von tausend Bedingungen abhängig ist es, dass man im Rechtsstreite zu seinem Rechte gelange, den Eigensinn des Paragraphen, die unlebendige Starrheit der Form in den Dienst des Rechtes zwinge! Das Streben, dass die Regel allgemeingültig sei, führt dahin, dass sie auch da behauptet wird, wo sie nicht den Bestand sichert, sondern das Verderben herbeiführt. Die Gewohnheit, das Ideale an äusserlichen Maassstäben zu messen, die üble Eigenschaft besonders desjenigen Theiles des Rechtsgebietes, in welchem es sich um Geld und Gut und nirgends um ein substantielles Interesse handelt, bringt die Versuchung mit sich, die daher entnommenen Gesichtspunkte auch auf die höheren Sphären der Lebensverhältnisse zu übertragen; darüber verkümmert der Sinn für das Grosse und wahrhaft Bedeutende. Nicht gar selten stellt sich das Recht in ausdrücklichen Gegensatz zu den höheren Bestimmungsgründen des Willens. Das Recht benutzt für seine Durchführung unbedenklich auch das gehässigste Werkzeug, die Schlechtigkeit der Menschen; es setzt Preise auf Angeberei und Verrath und zieht die in allen Schlichen bewanderte Nichtswürdigkeit in seinen Dienst. Vieles, was durchaus rechtlich ist, ist unsittlich, unedel, verächtlich; vieles an sich Löbliche kann durch das Recht verboten und gestraft sein, z. B. ein nützliches Gut in ein Land einzuführen, eine gute und heilsame Lehre zu verbreiten, Gott auf die von einem erleuchteten Gewissen gebilligte Weise zu dienen. Wo es sich um mehr als um äussere Ordnung handelt, da erscheint es gemein, sich auf das Recht zu berufen; unter allen Umständen darf der Edle nicht die ganze Sphäre, die ihm das Recht frei lässt, für sich in Anspruch nehmen. Für den Uebelgesinnten ist es oft das Bequemste, sich auf sein Recht zu steifen; man schneidet damit alle weiteren Fragen nach dem vernünftigen Grunde, alle Rechtfertigung aus dem Princip des Guten und Gerechten ab. Nicht von einzelnen Unzuträglichkeiten und Unvollkommenheiten ist dabei die Rede, die diesem oder jenem bestimmten Rechtssysteme anhängen, sondern von solchen, die unausbleiblich mit der Natur und dem Begriffe des Rechtes selber gegeben sind.

5. Wol also darf man sagen, dass das Recht und seine Gewalt zu den bitteren Nothwendigkeiten des Lebens gehört. Um der Naturbedingungen unseres gesellschaftlichen Daseins wegen muss es ja sein. Man soll sich nicht dagegen verblenden, dass überall auf dem Grunde des Menschenlebens und unter der gleissenden Oberfläche die schmerzliche Noth und der gemeine Trieb lauert, und dass durch sie das Getriebe der menschlichen Dinge bestimmt wird. Man kann ja, wenn man sonst Wolgefallen an eitler Schönfärberei und Schönthuerei hat, mit wolfeilem Idealismus und sentimentaler Unklarheit von diesen dunklen Abgründen absehen und die Menschen als nur noch nicht ganz vollendete Engel schildern. Gefährlich wäre es erst, sie so zu behandeln. Will man bei der Wahrheit bleiben, so gestehe man: im Menschen, und zwar in jedem, steckt die Bestie, bereit hervorzubrechen, sei es im Falle der dringendsten äusseren Noth, sei es in dem der heftigsten Leidenschaft. Ob gebildeter oder ungebildeter, die ungeheure Mehrzahl der Menschen ist zu sittlicher Freiheit nicht erwacht, und die Naturordnung der menschlichen Willensbestimmtheit wird immer nur von wenigen für sich aufgehoben sein, die zu einem wahrhaft geistigen Dasein wiedergeboren sind. Das besondere religiöse Bekenntnis, Nationalität, Culturgrad ändert sehr wenig an dieser allgemeinen menschlichen Thatsache. Die grosse Masse, ob hoch ob niedrig gestellt, ist zu edleren Empfindungen und Thätigkeiten immer nur vorübergehend von einzelnen gewaltigen Geistern hingerissen worden, mehr in dumpfer Unklarheit des Gefühls, als in freithätigem Begreifen eines begeisternden Gedankens. Man nehme die Strenge der Zucht hinweg, und auch in dem besten Geschlechte würde die gemeine Natürlichkeit alle edlere Bildung ersäufen. In dieser bittern Noth des Lebens, gegenüber dem Hunger und dem Elend, die für die bei weitem grössere Mehrzahl ewig unaustilgbar bleiben, gegenüber der Furcht und Feigheit, der Selbstsucht und Unbarmherzigkeit der Creatur, die vor keiner noch so hoch gesteigerten Bildung weichen, ist die unerbittliche Strenge geboten, nicht damit das Beste geschehe, sondern nur damit das Böseste unterbleibe. Die verrätherische Untreue, der wilde Zorn, die Freude am Schaden des Andern, die Lust am Zerstören, die Unterwürfigkeit unter den blinden Trieb, die blöde Kurzsichtigkeit, die Wuth des Hasses und der Rache sind nicht vereinzelte Erscheinungen. Da hilft es nichts, sich gegenseitig zu belügen und sich eine rosige Phantasiewelt auszumalen: sondern Dämme und Schutzwehren gilt es zu errichten, die fest genug sind, um die wildwogenden Fluthen zurückzudrängen, dass sie das fruchtbare Land nicht über-

§ 28. Das Recht als das äussere Dasein der Freiheit.

schwemmen. Das ist der Charakter des Rechts, und so wendet es sich an uns alle. Unter gewöhnlichen Umständen sehen wir nur die Ruthe nicht, die uns regiert. Wo die höheren Motive des Handelns in einem Menschen lebendig geworden sind, da wird der Zwang des Rechtes als etwas tief unter der geistigen Bestimmung Stehendes empfunden und nur noch als das Unvermeidliche hingenommen.

6. Allerdings, das ist der Trost, dass das Recht seine Aufgabe löst durch seinen positiven Gehalt, durch die ihm innewohnende Vernunft, durch das Gerechte, das in seine Bestimmungen eingeht; nur dass diese Vernünftigkeit des Rechtes eine zeitlich bedingte, das in ihm ausgeprägte Gerechte nur ein theilweises und endliches ist, dass die Mittel, diesen positiven Gehalt zu realisiren, so äusserliche sind und so störende Nebenwirkungen haben. Deshalb ist beides gleich richtig: man kann das Recht aufs höchste preisen und man kann seine Nothwendigkeit aufs bitterste beklagen. Und zu Zeiten kann es dringend geboten sein, auf die allem Rechte anhängende Unvollkommenheit mit Energie hinzuweisen. Die Sonne bedarf des Lobes nicht; die Wohlthaten, die sie verbreitet, zeugen genugsam für sie. Aber dem Götzendiener, der sie anbetet, wird man klar machen müssen, dass dieser sein Götze nicht der letzte Quell alles Daseins, sondern selbst blosses Geschöpf ist, und dem von ihrem Glanze Geblendeten wird man sagen müssen, dass auch die Sonne nicht ohne Flecken ist. Gerade so ist es fast überflüssig, die Heiligkeit des Rechtes zu preisen und seine Wohlthaten für alles menschliche Leben zu rühmen. Aber die Seite der Endlichkeit am Rechte hervorzuheben wird oft genug nöthig, damit nicht über der zeitlichen Form des Rechtes die ewige Idee des Gerechten aus dem Bewusstsein der Menschen schwinde, nicht über der Freude an einer äusseren Ordnung die höheren Anforderungen des sittlich Guten vergessen werden. Es ist heutzutage doppelt nöthig daran zu erinnern, dass das Recht sein weites Gebiet hat, dass man aber seine Herrschaft über die Grenzen dieses Gebietes hinaus nicht erweitern darf, wenn man nicht die menschliche Natur heruntersetzen will. Gewiss sind die Eingriffe der Rechtsordnung in das freie Belieben der Einzelnen gerechtfertigt; aber sie sind es doch nur da, wo sie unentbehrlich sind. Das Recht ist ein Mittel der Erziehung zur sittlichen Freiheit; aber es würde jeden Fortschritt der Cultur zur Freiheit dadurch versperren, wenn es die Menschen des Anlasses entwöhnte, sich frei zu entschliessen. Das Recht ist eine heilige Macht; aber die freie Einsicht und freie Liebesthätigkeit steht doch noch höher. „Die reiche Gliederung" des Rechtsbaus, „die Architektonik

seiner Vernünftigkeit" in den „Brei des Herzens, der Freundschaft und Begeisterung zusammenfliessen zu lassen" (Hegel Ww. VIII, S. 11), wäre allerdings übel gethan. Aber der „praesente Gott" ist die Rechtsordnung doch auch nicht, und es ist eine schöne Aufgabe der reifenden Cultur, dem Zwange und der äusseren Satzung immer mehr abzudingen, um die freie Selbstentscheidung des Glaubens und der Liebe an die Stelle zu setzen, soweit nicht das dringendste Interesse darunter leiden würde. Je mehr das Recht extensiv verliert, desto mehr muss es intensiv an Kraft und Wirksamkeit auf dem Gebiete gewinnen, auf dem es herrschend bleibt und bleiben muss. Nur so kann die äussere Freiheit sich zur inneren vollenden. Das sicherste Zeichen unwürdiger Knechtschaft ist, dass solches, was seiner Natur nach zur gegebenen Zeit der Form des Rechtes widerstrebt, mit Gewalt in diese Form gezwängt wird. Das Recht auf seinem eigenen Gebiete ist seines Antheils an der Ehrfurcht, die allem Heiligen und Substantiellen gebührt, von jedem wolgebildeten Gemüthe sicher; dass es nicht weiter greife und mit äusserlichem Zwange und mechanischer Disciplin den Boden occupire, der für die freie Entschliessung wol offen bleiben könnte, ist das dringendste Interesse aller Edelgesinnten. Denn die letzte Instanz, um die menschlichen Verhältnisse zum guten und heilsamen Ziele zu lenken, ist das Recht nicht.

7. In der That bleibt es auch nirgends beim Rechte als solchem, sondern schon auf seinem eigenthümlichen Gebiete weist das Recht über sich hinaus, bahnt es höhere Formen der vernünftigen Willensbestimmung an. Der Zustand, der bloss Rechtszustand wäre, wird nirgends gefunden. Er ist eine an sich richtig gebildete Abstraction, die das Wesen einer Sphäre der Erscheinung begrifflich correct ausdrückt; aber die Abstraction darf sich nicht dafür ausgeben, mit der Wirklichkeit ohne weiteres zusammenzufallen. Was J. G. Fichte aus der Natur des Rechtes als Forderung ableitet: das Recht müsse sich erzwingen lassen, auch wenn kein Mensch einen rechtlichen Willen hätte, das findet in keinem wirklichen Zustande von Menschen seine Anwendung. Von vorn herein erwächst das Recht aus Sitte und natürlicher Geistesform. Das Recht als vernünftig und gerecht ist zugleich der wahre und substantielle Wille eines jeden und steht der Willkür, die flüchtig, vergänglich, an sich nichtig ist, als das Dauernde und Feste gegenüber. Das Individuum als solches existirt gar nicht; jeder ist vor allem ein Glied der Volksgemeinschaft und damit zugleich ein relativ selbstständiger Träger der das Ganze zusammenhaltenden Ordnungen. Die Macht des Rechtes praesentirt sich wol zunächt

§ 28. Das Recht als das äussere Dasein der Freiheit.

als rein mechanische Gewalt, als der durch die vorhandene Ordnung und Disciplin thatsächlich gebundene Wille der Vielen, der nöthigenfalls den dem Rechte widerstrebenden Willen des Einzelnen zu zwingen vermag. Aber das Recht ist von Anfang an zugleich innere Macht und findet seine Stütze darin, dass es eines jeden oberstes Interesse ist, dass es dem Bedürfnisse des Friedens und der Ordnung entspricht, damit jeder auch nur seinen privaten Interessen nachgehen, das Ideale wie das Irdische besorgen kann. Schon damit ist es durch die verständige Einsicht der Gutgesinnten und Anständigen getragen. Durch lange Gewohnheit befestigt, bildet es die selbstverständliche und anerkannte Grundlage alles Menschenlebens. Wo es gefährdet ist, da leiht ihm unter normalen Umständen die überwiegende Mehrzahl von selbst den Arm. Die Herrschaft des Rechtes hat also für sich die freudige Mitwirkung der Meisten. Der rechtliche Wille ist die Regel, der widerrechtliche die Ausnahme; der Zwang nur beständig angedroht, keineswegs beständig geübt, am wenigsten als äusserer thatsächlicher Zwang. Zum Schutze des Rechtes sind Sitte und Ehre bereit. Dadurch hört das Recht auf, rein mechanisch zu wirken; die höheren Sphären des Sittlichen dringen schon in dasselbe ein; die Wirksamkeit des Rechts ist nicht eine Reihe von discontinuirlichen Stössen, das Resultat ist vielmehr ein ruhiger, verhältnissmässig selten gestörter Zustand des Gleichgewichts, des Friedens und Vertrauens. Schon durch seine Form als Recht, als durch Macht gesicherte gesetzliche Ordnung, wird so das Recht immer mehr zu einer innerlichen Bestimmtheit der Menschen. Der blosse Bestand des Rechtes verstärkt und erweitert im Menschen die Herausbildung eines mehr als bloss rechtlichen Willens. Der Vernunft im Rechte entspricht zunächst der veredelte, klug berechnende Trieb, die Einsicht in das Zweckmässige, die zur klugen Selbstbeherrschung um des eigenen Vortheils willen und damit implicite für den Vortheil anderer und für das Wol der Gemeinschaft anleitet. Durch seinen Gehalt aber an Gerechtem, an systematisch durchgeführter Vernünftigkeit, an ideeller, allseitiger Zweckmässigkeit erweckt das Recht das Rechtsgefühl, steigert es das Rechtsbewusstsein und pflanzt es den Sinn und Tact für das Gerechte als zweite Natur dem Menschen ein. So ist denn das Recht die elementare Grundform, die erste und stärkste Macht, um die Vielheit und den Widerstreit der unvernünftigen Begierden, die Sinnlosigkeit der Willkür zu regeln und von innen heraus zur Unterwerfung unter das Gesetz vernünftiger Allgemeinheit zu bestimmen. Das Vernünftige wird, als Gesetz formulirt, zum Gegenstande klarer Erkenntnis, die Uebung in der Befolgung des Gesetzes zu persönlicher Fertigkeit und selbstverständlicher Disciplinirung des Willens. Die gute Sitte, eine auch inhaltlich werthvolle Form der Gewöhnung, wird zum Grundelemente des gesellschaftlichen Lebens der Menschen; es bildet sich ein öffentliches Gewissen, ein öffentliches Urtheil, das die äussere Macht des Rechtes durch die Hilfe der Innerlichkeit verstärkt und den Zwang ersetzt. Treue, Pietät, Ehrgefühl, öffentlicher Gesammtgeist beleben den blossen Rechtswillen; vom Urtheil der anderen verworfen sein, heisst sich selbst verächtlich werden. Die innere Unzulänglichkeit des Rechtes fordert die Ergänzung, der innere Reichthum des Rechtes schafft sich die Ergänzung, indem der Mensch über das Recht hinaus zu höheren, innerlicheren Formen der Vernünftigkeit des Willens fortgeleitet wird. Dieser Process nun wird sich genauer verfolgen lassen, wenn wir die Verwirklichung des Rechtes im Staate genauer ins Auge fassen.

Dritter Abschnitt.
Die Verwirklichung des Rechts im Staate.

Erstes Capitel.
Der Staat nach seinem Wesen.

§ 29.
Die äusseren Kennzeichen des Staates.

Einen **Staat** nennt man diejenige menschliche Gemeinschaft, welche eine organisirte **höchste Gewalt** besitzt als die **oberste Quelle alles Zwanges**. Diese Gewalt und der von ihr geübte Zwang steht im Dienste des Rechtes. Da der Zwang gegen die Willkür, die wesentliche Function des Staates, nur als Aeusserung eines Willens denkbar ist, so ist der Staat als ein **wollendes Wesen** nach Art einer Person aufzufassen; indessen ist der Wille des Staates nur ein kluger, zweckthätiger Wille ohne das Vermögen, sich beliebige Zwecke zu setzen. Zum Staate gehört eine Vielheit von Menschen und ein Gebiet auf der Erdoberfläche, **Volk** und **Land**, sowie eine **Obrigkeit**, die seinen Willen vertritt und ausdrückt; aber der Staat ist weder das Volk, noch das Land, noch die Obrigkeit, sondern von alle dem unterschieden als ein wollendes Wesen, dessen Wille einen ganz bestimmten Inhalt hat, und dieser Willensinhalt ist das Recht.

Aus dem Reichthum der neueren Literatur über den Staat heben wir hervor: A. L. Schlözer, Allgem. Staatsrecht. 1793. — K. S. Zachariä, Vierzig Bücher vom Staate. VII Bde. 1839—42. — C. Rössler, System der Staatslehre. 1857. — J. Held, Staat u. Gesellschaft. III Bde. 1861—63; Grundzüge des allgemeinen Staatsrechts. 1868. — J. C. Bluntschli, Lehre vom modernen Staat (Allgem. Staatsrecht.

5. Aufl.) III Bde. 1875—76. — H. Zöpfl, Grundsätze des allgem. u. deutsch. Staatsrechts. II Bde. 5. Aufl. 1863. — H. A. Zachariä, Deutsch. Staats- u. Bundesrecht. II Bde. 3. Aufl. 1865—67. — H. Schulze, Einleit. in d. deutsche Staatsrecht. Neue Ausg. 1867; Lehrb. d. deutsch. Staatsrechts. Bd. I. 1881. — P. Zorn, Staatsrecht des Deutsch. Reiches. Bd. I. 1880. — G. Meyer, Lehrb. des deutsch. Staatsrechts. 1878. — P. Laband, Das Staatsrecht des deutsch. Reichs. Bd. I—II. 1876—78. — Mejer, Einleit. in das deutsche Staatsrecht. 1861. — C. F. v. Gerber, Grundzüge eines Systems des deutsch. Staatsrechts. 3. Aufl. 1881. — H. Luden, Handbuch der Staatsweisheit oder der Politik. 1811. — H. Escher, Handbuch der prakt. Politik. II Bde. 1863—64. — F. C. Dahlmann, Politik. 2. Aufl. 1847. — G. Waitz, Grundzüge der Politik. 1862. — F. v. Holtzendorff, Politik. 2. Aufl. 1878.

1. Die Betrachtung des Staates hat ihren Ausgang zu nehmen von dem rein Erfahrungsmässigen, von der Thatsache, die jedem bekannt ist. Daran dass der Staat, dass eine Mehrheit von Staaten existirt, zweifelt niemand; jedermann hat schon die Wirkungen, die der Staat übt, tausendfach an sich erfahren, und über die Quelle, aus der diese Wirkungen stammen, ist eine Verschiedenheit der Meinungen nicht möglich. Der Staat ist keine concrete Einzelexistenz, die man sinnlich wahrnehmen könnte; aber an seinen Wirkungen erkennt ihn jedermann durch Reflexion auf vollkommen sichere Weise. Die Frage kann nur sein, was das Wesen dieses in seiner Realität nicht zu bezweifelnden Objectes ausmacht, was der Grund und Inhalt seines Daseins ist, welche Thätigkeiten es übt und zu üben berufen ist, und vor allem, was uns hier beschäftigt, an welchen Kennzeichen man es sicher zu erkennen vermag. Zunächst ist so viel gewiss, dass der Staat irgendwie innerhalb einer Gemeinschaft von Menschen zu finden ist. Solcher Gemeinschaften giebt es viele; es gilt also den Unterschied der staatlichen Gemeinschaft von allen anderen zu finden. In allen menschlichen Gemeinschaften nun finden wir einen gemeinsamen Zug: der Wille der einzelnen Glieder ist gebunden durch irgend einen überlegenen Willen, und alle unterliegen in einzelnen Beziehungen einer einheitlichen Leitung ihrer Thätigkeiten. So herrscht in der Familie die väterliche, die elterliche Gewalt; in der Kirche giebt es Priester oder doch Geistliche und Aelteste und eine Kirchenverfassung; in der Gemeinde eine Obrigkeit; in jeder Gesellschaft zu irgend welchen bestimmten Zwecken einen Vorsitzenden und Statuten, die die gesellschaftlichen Thätigkeiten regeln. Keine von diesen Gemeinschaften ist als solche schon ein Staat; es fragt sich, unter welchen Bedingungen eine Gemeinschaft staatlichen Charakter haben wird? Dafür nun giebt es ein einfaches Merkmal. Alle andern Gemeinschaften

vermögen wol bis zu einem gewissen Grade ihre Glieder zu zwingen; sie selbst aber werden auch ihrerseits wieder gezwungen. Der Staat dagegen ist die einzige Gemeinschaft, welche nur zwingt und selbst nicht gezwungen wird. Alle andern Gemeinschaften haben wol auch eine Gewalt; der Staat aber hat die höchste und eine allen anderen unvergleichlich überlegene Gewalt. Der Staat kann mit derselben jeden Zwang hindern, der nicht von ihm selbst ausgeht, und jede Gewalt brechen, die nicht seine Gewalt ist. Findet sich also an irgend einer Stelle eine Gewalt und ein durch sie geübter Zwang, so ist das der Fall offenbar nur durch Zulassung und mit Einwilligung des Staates. Der Staat ist mithin die einzige ursprüngliche Quelle für alle Gewalt und allen Zwang; alle andere Gewalt ist aus ihm abgeleitet. In jedem Zwange, der geübt wird, ist der Staat mitthätig, unmittelbar wo er selbst zwingt, mittelbar wo er den Zwang zulässt und nicht beseitigt. Dieses Kennzeichen ist völlig ausreichend, um den Staat von allem, was man mit ihm verwechseln könnte, sicher zu unterscheiden. Ein Staat ist da, wo es in einer menschlichen Gemeinschaft eine aller anderen Gewalt unvergleichlich überlegene Gewalt giebt, die an höchster Stelle Zwang ausübt und für allen anderen zu übenden Zwang die mittelbare Quelle ist.

2. Halten wir uns nur an unsere eigene Erfahrung, so finden wir uns in eine staatliche Gemeinschaft mit den oben ausgeführten Kennzeichen ohne all unser eigenes Zuthun und ohne unsere Wahl hineingepflanzt und völlig ausser Stande, dieser Art von Gemeinschaft zu entgehen. Denn wohin wir uns auch auf Erden wenden mögen, so etwas wie eine mit höchster Gewalt zwingende Gemeinschaft finden wir überall wieder, wenn auch hier sicherer, dort weniger sicher begründet. Wo die Gewalt nicht zu festem Bestehen organisirt ist, da findet sie sich in Zeiten des Bedürfnisses von selber zusammen und functionirt unregelmässig, aber sie functionirt. Ob sie durch einen Häuptling oder einen König, durch ein Collegium oder eine Masse vertreten wird: da ist sie immer, sobald nur Menschen in dauernden Gemeinschaftsbeziehungen zusammenleben. Die Horden verwilderter Barbaren und die Absprengsel einer civilisirten Gesellschaft, die Räuberbande, so lange sie sich dem Zwange einer höheren Gewalt zu entziehen vermag, und der zusammengelaufene Abhub in neuentdeckten Bergwerksdistricten der Wildnis zeigen darin die immer gleiche Erscheinung. Wer nicht in völliger Einsamkeit verkommen will, etwa auf einer wüsten Insel oder in einer von aller Welt abgeschiedenen Schlucht, der muss im Staate leben. Es liesse sich denken, dass jemand keiner

einzigen Gemeinschaft sonst angehörte: aber aus dem Staate
kommen wir nicht heraus. Der Staat ist für das menschliche
Dasein das Unumgängliche, ein unvermeidliches Schicksal,
dem wir uns ebensowenig entziehen können, wie der uns umgebenden oder der uns angeborenen Natur. Ebenso setzen
auch unsere Beziehungen zu ihm niemals aus. Er umgiebt
uns wie die Atmosphäre, in der wir athmen: mit unserem
ganzen Dasein sind wir in ihn als in das Selbstverständliche
verwickelt. Wir merken ihn an dem Zwange, der durch
menschliche Veranstaltung auf uns geübt wird, sobald wir in
unseren äusseren Handlungen eine gewisse Grenze überschreiten oder gewisse an uns gestellte Anforderungen nicht
erfüllen. Wir finden uns darin gegenüber einem dem unseren
an Macht unendlich überlegenen Willen, der uns in gewisse
Schranken weist, gewisse Leistungen von uns erzwingt,
unsere Interessen durchkreuzt und unser äusseres Handeln in
gewisse Richtungen drängt.

3. Der Staat wird also daran erkannt, dass er den Willen
zwingt. Darin liegt, dass die Thätigkeit des Staates von
ganz specifischer Natur ist. So specifisch wie das Mittel
seines Wirkens, der Zwang durch überlegene Gewalt, ist nothwendiger Weise auch der Inhalt und Zweck seines Wirkens.
Bei weitem nicht zu allem kann gezwungen werden; alles, was
der reinen Innerlichkeit angehört, das blosse Wollen, das sich
nicht in wahrnehmbaren Handlungen äussert, das Denken
und Fühlen bleibt vom Zwange frei. Ferner, wer uns zwingen
will so, dass wir überhaupt noch Menschen bleiben, der muss
uns allgemeine Vorschriften geben für unser Thun und Lassen,
bei deren Uebertretung erst der Zwang eintritt. Denn ein
willkürlich und ohne solche Regel geübter Zwang wäre gar
keiner, sondern einfach Vernichtung unserer Persönlichkeit.
Wo continuirlich gezwungen wird, muss zu etwas Bestimmtem
gezwungen werden, und dieses Bestimmte muss durch eine
Regel feststehen. Würde zu anderem und immer wieder
anderem gezwungen; könnte niemand zum voraus wissen, wozu
denn nun eigentlich gezwungen wird: so würden unsere Handlungen rein maschinenmässig und keine Aeusserungen des
Willens mehr sein. Wir haben aber im Staate eine zwingende
Gewalt, welche continuirlich wirkt, also eine Gewalt, welche
die Innehaltung gewisser allgemeiner Bestimmungen durch
physische Macht sichert. Allgemeine Bestimmungen für das
Handeln aber, welche auf diese Weise gesichert sind, ergaben
uns den Begriff des Rechtes, und auch alles Weitere, was
wir früher als nähere Bestimmungen des Rechtsbegriffes abgeleitet haben, ergiebt sich in strenger Consequenz daraus,
dass innerhalb einer menschlichen Gemeinschaft von einer

höchsten in derselben eingerichteten Gewalt ein continuirlicher Zwang auf die der Gemeinschaft angehörigen Menschen geübt wird. Somit bildet den Inhalt der staatlichen Thätigkeit das **Recht**, und der Zwang der staatlichen Gewalt wird im Dienste des Rechtes und zu keinem anderen Zwecke geübt. Andererseits bedarf das Recht, um eine reale Existenz zu gewinnen, einer sicher wirkenden obersten Gewalt, die alle zwingt, ohne selbst gezwungen werden zu können, eine Bedingung, die nur im Staate verwirklicht ist. Deshalb gilt ebensowol der Satz: **kein Recht ohne Staat**, als der Satz: **kein Staat als zur Aufrechterhaltung des Rechtes**.

4. Die Natur des Staates wird am sichersten erschlossen aus seiner Wirksamkeit; diese aber ist der continuirlich und nach allgemeinen Bestimmungen gegen den Willen geübte Zwang. Solcher Zwang nun kann nur von einem **Willen** geübt werden. Der Staat ist also ein wollendes Wesen, das Macht hat, wahrnehmbare Wirkungen zu üben, und diese Macht zu bestimmtem Zwecke braucht. Ein solches Wesen aber nennen wir eine **Person**. Auch der Mensch ist Person nur wegen dieser Eigenschaften, die er mit dem Staate gemein hat, dass er zu bestimmtem Zwecke äussere Wirkungen zu üben vermag. Der Ausdruck Person beabsichtigt ja keineswegs den vollen Inhalt des menschlichen Wesens, sondern nur eine Seite an demselben auszudrücken; eben darum hindert nichts, dass derselbe Ausdruck auch andere wollende Wesen entsprechend bezeichne, die nicht gerade Menschen sind. Jedenfalls soll, wenn wir den Staat eine Person nennen, damit nur gesagt sein, dass der Staat einen Willen hat, der sich in Handlungen wahrnehmbar äussert, und dass diese Aeusserung zu einem bestimmten, in begrifflicher Form ausdrückbaren Zwecke geschieht. Dieser Zweck nun ist das Recht, und auf diesen Zweck bleibt der Staat beschränkt. Denn der Staat kann sich nicht wie eine menschliche Person seine Zwecke frei wählen; er hat keinen unendlich wandlungsfähigen Willen, der sich einen beliebigen Inhalt geben könnte; es giebt für ihn weder Freiheit noch Wahl; der Inhalt seines Wollens ist ihm schlechthin gegeben. Man kann auch nicht **eigentlich** sagen, dass er einen Willen **hat**, sondern er **ist** vielmehr ein Wille, und zwar ein ganz bestimmter unveränderlicher Wille, der durch diesen einen Zweck, das Recht zu verwirklichen, völlig erschöpft ist. Von anderem als diesem Zwecke weiss er gar nicht; aber für diesen Zweck will er die geeigneten Mittel je nach Zeit und Umständen, und das ist die einzige Art von Aenderung, die in dem Willen des Staates eintreten kann und die seinen Aeusserungen den Schein einer unendlichen Verschiedenartigkeit und Fruchtbarkeit verleiht.

Der Staat mag wollen und treiben, was irgend möglich ist: er will und treibt es immer in der Form des Zwanges gegen den Willen und zum Schutze gewisser allgemeiner Bestimmungen; er kann gar nichts anderes wollen als das Recht, das heisst, als seinen eigenen Willen. Jeder beliebige Inhalt, den der Staat will, wird schon dadurch, dass der Staat ihn will, zum Rechtsgebot, und anders als in der Form des Rechtsgebotes kann der Staat gar nichts wollen. Der Staat kann sich für keinen Inhalt begeistern; er treibt was ihm für seinen Zweck nöthig ist, sein Zweck aber ist immer nur das Recht. Der Staat ist somit ganz eigensüchtig und egoistisch; er hat nicht die Möglichkeit, Liebe, Aufopferung zu bewähren, nicht die Fähigkeit zum freien sittlichen Entschluss, wie er sich ja überhaupt nicht frei beliebige Zwecke setzen kann. Dafür ist sein Wille aber auch frei von der Zufälligkeit, Regellosigkeit und Unvernunft, wie sie sich in dem Willen der mit freier Selbstentschliessung ausgestatteten menschlichen Person ergiebt. Jene Eigenschaft der herzlosen Selbstsucht, die nur den einen Zweck unwandelbar verfolgt, der das Wesen der Person selbst ist, und der Unfähigkeit, von diesem Zwecke zu weichen und ihm Widersprechendes zu thun, theilen mit dem Staate alle diejenigen Personen, die mit ihm die gleiche Natur haben, nur zweckthätiger Wille mit der Fähigkeit der Aeusserung, aber ohne freie Selbstbestimmung zu sein (§ 41). Wo nicht das gethan wird, was in dem bestimmten Zwecke des Staates begründet ist, da ist es nicht der Staat, welcher handelt, sondern andere handeln mit dem Scheine, als handelte durch sie der Staat. Es ist von äusserster Wichtigkeit, die Natur des Staates in dieser Beziehung sich völlig klar zu machen. Der Staat hat ebensowenig ein freies Bewusstsein von sich, als er einen freien Willen hat. Er muss irgendwie die Intelligenz finden, die sich in seinen Dienst stellt, das Organ, das thätig seinen Zweck ausführt; denn diese Intelligenz und dieses zweckthätige Handeln bildet das Wesen des Staates. Was so von seinen Organen im Dienste des Staates geschieht, das hat der Staat gethan, nicht diese Organe, nicht die Collegien und Majoritäten oder die einzelnen menschlichen Personen. Diese müssen im Dienste des Staates und in der Ausführung seines Willens vieles thun, womit sie gar nicht einverstanden sind, was sie selbst gar nicht wollen würden, was ihnen sehr sauer ankommt; sie müssen es aber thun, weil sie einen fremden Willen als dessen Organe ausführen. Niemals aber dürfen wir den eigenen Willen der Organe des Staates mit dem Willen des Staates und niemals das Bewusstsein dieser Organe mit dem Bewusstsein des Staates verwechseln. Der Staat weiss von einem höheren Zwecke, dem er dient, gar nichts; seine Thätigkeiten an einen solchen höheren Zweck anzuknüpfen ist er ganz ausser Stande. Wir können einsehen, dass der Staat höheren Zwecken dient; die Organe des Staates können ein Wissen darum haben, sofern sie überhaupt ein freies denkendes Bewusstsein besitzen; der Staat selbst sieht nicht über sich und über den Zweck hinaus, der er selbst ist. Der Staat ist ein vernünftiges Wesen dem Inhalte nach, denn sein Willensinhalt ist das Recht; aber der Form nach ist er blosses Naturwesen, weil ihm die freie Selbstbestimmung mangelt und er durch den Zweck, der er selbst ist, völlig determinirt ist. Der Staat ist klug, denn er handelt zweckmässig; des sittlichen Willens ist er unfähig, weil er einer bewussten und frei gewollten Beziehung seines Wollens auf das höchste Gut unfähig ist. Weil ohne selbstbewusste Freiheit und Vernunft, ist der Staat ein intelligenter Naturwille; dem Reiche der Vernunft gehört er an, weil das, was er will, objectiv vernünftig ist. Das Handeln des Staates ist ein technisches, auf einen einzelnen endlichen Zweck gerichtetes, und da dieser Zweck immer nur der mit dem Begriffe des Staates selbst identische ist, so ist das Handeln des Staates ein streng eigennütziges der Form nach, so sehr es auch inhaltlich im Dienste der höchsten Zwecke stehen mag.

5. Der Staat zeigt demnach eine Analogie mit dem empirischen Menschen, denn er ist determinirt und Naturwesen wie dieser. Aber der **Willensinhalt** unterscheidet den Staat von dem empirischen Menschen; denn dieser Willensinhalt ist beim Staate allgemeingültig, vernünftig und in sich consequent, was er beim empirischen Menschen nicht ist, und hat eine nothwendige und immanente Beziehung auf den obersten Vernunftzweck, wenn auch ohne Freiheit und Bewusstsein. Der Staat ist daher dem Menschen gegenüber ein Natürliches höherer Ordnung; er ist unter allem Natürlichen das Höchste und Letzte, wie das Recht, das den Inhalt seines Willens bildet, die höchste und letzte aller natürlichen Ordnungen ist. Der empirische Mensch ist für die Staatsthätigkeit nichts als ein Gegenstand, der ihren Zwecken dient, am wenigsten ist er Selbstzweck. Er wird von dem Staate genau so behandelt wie von der äusseren Natur, als ein Naturwesen von endlichem Werthe und beschränkter Kraft; er wird für die Zwecke des Staates mit seiner Kraft gebraucht und nach Bedürfnis verbraucht. Der natürliche Mensch ist von verschwindender Bedeutung gegenüber der Bedeutung des Staates, der das Bleibende ist im Wechsel der Individuen und der Generationen, das Substantielle im Gegensatze zu den auftauchenden und vergehenden Einzelwesen, der vernünftige

Zweck selber im Gegensatze zu den zufälligen und wesenlosen Interessen der Willkür. Für den Staat also wird das natürliche Individuum mit seinen Interessen und seinem gesammten Dasein ohne weiteres geopfert, sobald es nöthig ist. Andererseits ist der einzelne Mensch von unendlich höherer Bedeutung als der Staat, sobald man nicht auf das sieht, was er zufällig in seinem empirischen Zustande ist, sondern auf das, was er wesentlich, was er seiner Anlage nach zu werden bestimmt und berufen ist. Denn der Mensch hat die Aufgabe und das Vermögen, mit Freiheit und Bewusstsein sich zum selbstthätigen Organ des absoluten Zweckes heranzubilden, und darin erst findet er seine Befriedigung und wahre Seligkeit. Damit hat dann jeder einzelne Mensch einen unendlichen Werth, gegen den alle anderen Werthe verschwinden. Der Mensch geht also bei weitem nicht in den Staat auf und hat unendlich viel höhere Zwecke, als die Zwecke des Staates sind; seine Tugend ist etwas unendlich viel Höheres, als blosse politische Tugend. Als zur Sittlichkeit und zur Mitarbeit an dem Reiche Gottes berufenes Wesen steht der Mensch weit über dem Staat und mag den Staat wie alles Natürliche, wie das ganze sichtbare und unsichtbare Universum als ein blosses Mittel betrachten, welches ihm helfen soll, seine wahre Bestimmung zu erreichen und für sein sittliches Wachsthum zu sorgen.

6. Der Staat ist ein Naturwesen, sofern er ein Wille ohne die Fähigkeit unendlicher Selbstbestimmung ist; er besitzt physische Macht und übt äussere Wirkungen. Aber er selbst ist sinnlich nicht wahrnehmbar; sein Dasein ist nur durch Reflexion zu erschliessen, aber dies auch mit voller Sicherheit. Was irgend unmittelbar wahrgenommen werden kann, das ist nicht der Staat, sondern gehört ihm nur in irgend einer Weise an. Zunächst gehört zum Staate eine Vielheit von Menschen; aber diese Vielheit ist nicht der Staat. Eine Summe von Individuen macht noch keinen Staat aus, ebensowenig macht den Staat das Land oder die Obrigkeit, oder alles Dreies zusammen. Dieses alles ist nur Object, Mittel, Organ der Staatsthätigkeit. Der Staat hat ein **Volk** als eine seinem Willen unterworfene Summe von Individuen, die theils Objecte, theils Werkzeuge seiner Thätigkeit sind. Nehmen wir die unendliche Fülle von Beziehungen hinweg, welche zwischen diesen Individuen durch den Staat gesetzt sind, so bleibt nichts übrig als ein ungeordneter Haufen. Zwar ist meistentheils das durch den Staat zusammengehaltene Volk auch ohne dieses einigende Band schon irgendwie ein Ganzes. Die Einheit dieses Ganzen beruht auf physiologischer Grundlage, auf Gemeinsamkeit der Abstammung und des von

§ 29. Die äusseren Kennzeichen des Staates.

der Natur gegebenen geistigen Typus; das Volk wohnt auf bestimmtem Terrain, Volksart und Geschichte haben ihm eine Art von Gesammtgefühl und Gesammtbewusstsein verliehen. Aber in dem Sinne, von dem hier die Rede ist, bildet doch nur der Staat die Einheit des Volkes, und es liesse sich ein Staat denken, dem eine physiologische und psychische Zusammengehörigkeit der unter ihm befassten Menschen nur in geringstem Grade zu statten käme. Das Wort Volk hat vielerlei Bedeutungen; in dem Sinne der der e i n e n Staatsgewalt unterworfenen Vielheit von Individuen hat es sein einigendes Princip n u r im Staate, und nur so viel darf man sagen, dass die Thätigkeit des Staates dadurch wesentlich erleichtert wird, wenn das Staatsvolk schon durch andere Formen der Zusammengehörigkeit geeinigt ist. Aber der Staat ist nicht das Volk, in keinem möglichen Sinne dieses Wortes; er ist eine Macht über dem Volk, eine Summe von ideellen Beziehungen der zum Volke gehörigen Individuen zu einander und zu dem sie zusammenhaltenden Ganzen. Und so ist auch der Wille des Volkes nicht der Wille des Staates; der Wille des Staates und der Wille der Vielen, über die er herrscht, sind grundsätzlich verschieden und können zu einander in den ausgesprochensten Gegensatz treten. Wie das Volk, so gehört ferner auch das L a n d zum Staate, als Object seines herrschenden Willens. Der Staat beherrscht einen bestimmt begrenzten Theil der Erdoberfläche als sein eigenes Territorium, mindestens ist dies das normale Verhältnis. Denken liesse sich ja wol auch ein Staat ohne solch ein bestimmtes Landgebiet; wandernde Völker, Seeräuberhorden hören deshalb noch nicht durchaus auf, einen Staat darzustellen. Indessen in solchen Verhältnissen bleibt doch die Staatsform unausgebildet in den ersten Anfängen stecken wegen der nothwendig daraus sich ergebenden Schwäche und Unzulänglichkeit des herrschenden Willens, dem sich jeder nach Belieben zu entziehen vermag. Wenn also immerhin das bestimmte Landgebiet als ein wesentliches Attribut in den Begriff des Staates aufzunehmen ist, so wird doch der Staat damit keineswegs ein räumlich ausgedehntes Wesen, so wenig wie die Seele es dadurch wird, dass zu ihr ein Leib gehört. Der Staat ist kein räumliches Ding und keine Vielheit räumlicher Dinge; nur die Objecte seines Willens, Menschen und Dinge, haben ihre Existenz innerhalb bestimmter räumlicher Grenzen. Und endlich giebt es auch keinen Staat ohne eine O b r i g k e i t, die den Willen des Staates vertritt. Denn der Staat hat seine Existenz nur als ein Wille mit einem bestimmten Zweck; seine volle Wirklichkeit erlangt er erst dadurch, dass menschliche Einzelwesen in seine Dienste treten, seine Zwecke zu den ihrigen machen, ihren Arm ihm für die Ausführung seines Willens leihen, ihr Denkvermögen aufbieten, um die geeigneten Mittel für die Verwirklichung seiner Zwecke ausfindig zu machen. Aber auch die Obrigkeit, die diese Functionen übernimmt, ist nicht der Staat; sie vertritt ihn bloss als Organ seines Willens. Dieser Wille ist ein Wille der Herrschaft; denn in erster Linie ist der Staat ein mit zwingender Gewalt ausgestatteter Wille, der den Aeusserungen fremden Willens bestimmte Bahnen vorschreibt und andere abschneidet. Das Grundverhältnis im Staate ist also das Verhältnis des herrschenden Willens zu dem Willen der Beherrschenden, und der Herschaftswille des Staates findet in der Thätigkeit der Obrigkeit seine Verkörperung. Die Obrigkeit regiert im Namen und Auftrage des Staates; aber sie ist vom Staate selbst unterschieden. An die Stelle dieser Obrigkeit mag eine andere treten, und der Staat bleibt doch derselbe. Die obrigkeitliche Person ist auch noch weit mehr, als bloss Vertreterin des Staatswillens. Diese eine Function erschöpft wol ihren Begriff als Obrigkeit, aber nicht ihre menschliche Existenz. Der Regierende ist ein Mensch mit einer Unendlichkeit von Zwecken und Thätigkeiten; dass er regiert, das ist nur ein Amt und ein Auftrag, und unter seinen Thätigkeiten ist der Unterschied wol festzuhalten zwischem dem, was er diesem Auftrage gemäss, was also nicht eigentlich er selbst, sondern der Staat durch ihn thut, und zwischen dem, was er in seiner sonstigen Eigenschaft als willensfreie Persönlichkeit thut. Allerdings aber stellt sich in der Person des Regierenden am ehesten und leichtesten die Person des Staates anschaulich und concret dar; die ganze Heiligkeit und Majestät, die dem Staate als dem substantiellen Bande zwischen den Menschen, als der Naturorganisation der Willensvernunft innewohnt, geht auf den Regierenden über, und dem natürlichen Bedürfnis des menschlichen Gemüthes, das sich nach concreter Anschauung, nach Bildlichkeit und äusserer Fassbarkeit sehnt, wird dadurch am besten entsprochen, dass die abstracte Willenssubstanz, welche den Staat eigentlich ausmacht, durch eine bestimmte einzelne Persönlichkeit concret ausgedrückt wird. Fassen wir demnach die einzelnen Bestimmungen des Staatsbegriffes zusammen, so ergiebt sich: **der Staat ist ein mit bestimmtem Inhalte als seinem Zwecke erfüllter existirender Wille, der durch eine Obrigkeit vertreten, mit äusserer Macht ausgerüstet ist, um eine Vielheit von Menschen, ein Volk, zu beherrschen, das auf einem begrenzten Theile der Erdoberfläche zusammenwohnt; der Zweck aber, der seinen Willen erfüllt, ist die Schaf-**

fung, Erhaltung und Sicherung einer rechtlichen Ordnung durch den gegen den widerstrebenden Willen geübten Zwang der physischen Gewalt.

§ 30.
Der Existenzgrund des Staates.

Der Staat ist seiner Entstehung nach ein Erzeugnis zugleich der Natur und der menschlichen Vernunftanlage. Es hängt nicht von der Willkür der Menschen ab, ob der Staat sei oder nicht; aber in seiner besonderen Gestaltung wird der Staat zum Ausdruck der vernünftig gestaltenden Thätigkeit der Menschen. In seinem allgemeinen Wesen ist der Staat ein Spiegel der Vernunft des Universums und hat damit etwas Göttliches und Heiliges an sich. Der Staat an sich ist völlig geschieden von dem Willen des Volkes. **Volkssouveränetät** ist ein inhaltsloses Wort. Dagegen ist der Wille des Staates bestimmend für den Willen der Obrigkeit. Soll ein Staat existiren, so muss eine **Obrigkeit** dasein: diese aber hat ihre Gewalt nicht aus eigenem Recht, sondern **durch Uebertragung**, nicht seitens der Menschen, sondern seitens der Rechtsordnung. Findet eine Unterbrechung des regelmässigen Rechtsganges statt, so ist nicht das bloss formelle Recht der **Legitimität** das Entscheidende, sondern höhere Gesichtspunkte eines materiellen Rechts überwiegen an Werth sehr oft das formelle Recht. Die Lehre vom **göttlichen Recht der Obrigkeit** enthält zwar einen gesunden Kern, ist aber leicht missverständlich, und es ist wichtig, falsche Auffassungen, und die bedenklichen Consequenzen aus denselben, abzuschneiden.

1. Die Frage ist nicht nach den einzelnen Ursachen, durch die ein bestimmtes einzelnes Staatswesen entstanden sein mag, sondern nach dem tiefsten Grunde, aus dem so etwas wie ein Staat überhaupt ist. Die Entstehung eines einzelnen Staates mag auf die verschiedenartigste Weise stattgefunden haben: es waren etwa ursprünglich die Menschen nur familienweise geeinigt, die Familien traten in gemeinsamen Niederlassungen zu Dörfern zusammen, die Niederlassungen wuchsen zu Städten heran, eine Stadtgemeinde unterwarf das umliegende

Gebiet ihrer Herrschaft; wobei freilich zu bemerken ist, dass die Familie oder das Dorf so lange selbst schon einen Staat darstellten, als sie keinem höheren Herrscherwillen unterworfen waren. Oder ein hervorragender Mann schloss getrennte Horden, Stämme zur Einheit zusammen und gab ihnen durch seinen überlegenen Willen eine staatliche Organisation. Es lässt sich aber auch denken, dass früher getrennte und vereinzelte Menschen nach gemeinsamem Beschlusse zusammengetreten sind und in ausdrücklicher Festsetzung sich ein einheitliches Gesetz, eine einheitliche Staatsgewalt und eine Obrigkeit geschaffen haben, die sie verwaltete. Das mag in dem einen Falle so, in dem andern anders zugegangen sein. Eine ganz andere Frage ist die, aus welchem Grunde der Staat überhaupt besteht. Die lange herrschende und weit verbreitete Meinung war die, dass die Menschen ebensowol auch ohne Staat hätten auskommen können, dass es sich ohne Staat nur nicht ganz so angenehm und sicher habe leben lassen, und dass die Menschen deshalb nach gemachter Erfahrung von der Unbequemlichkeit ihrer Zustände sich zu einem gewissen Zeitpunkte entschlossen hätten, ihre Isolirtheit und ihren Naturstand aufzugeben; sie hätten es vorgezogen, die Nachtheile einer staatlichen Vereinigung unter einer bestimmten Herrschaft auf sich zu nehmen, um dafür auch die Vortheile einzutauschen, die dieser künstlich construirte neue Zustand allein zu verschaffen vermag. Natürlich war dann der Vortheil, den die Menschen damit bezweckten, nur ihr eigener persönlicher Vortheil, und zwar ein glücklicheres und bequemeres Leben für sich als Individuen; daraus folgt dann, dass dieser Vortheil der Individuen der Zweck des Staates überhaupt ist und ein Staat, der diesen Vortheil nicht zur Folge hat, eigentlich gar kein Staat, eine ungültige Einrichtung und so schnell als möglich zu beseitigen ist. Es folgt weiter, dass, wie die freie Willkür der Menschen den Staat geschaffen hat, sie ihn auch erhält und sie eigentlich den Staat zu beherrschen und zu gestalten hat. Nimmt man nun einige andere Vorstellungen dazu, wie sie sich der Wahn der Menschen von je gebildet hat, z. B. die Vorstellung von angeborenen und unveräusserlichen Menschenrechten, von einer unveräusserlichen Freiheit, deren sich der Mensch gar nicht begeben könne, und was dergleichen mehr ist, so kommt man zu einer Auffassung vom Staat, die ihn statt zur Verwirklichung des Rechtes zur Organisation der Unvernunft macht, und das, was seiner Natur nach das Festeste und die Bedingung aller Dauerbarkeit ist, zum Spielball der wüsten Begierde und des unberechenbaren Beliebens heruntersetzt. Die unorganisirte Masse soll dann die Herrschaft über den Staat, nicht der Staat die Herrschaft über die Masse haben, und nach ihrem Belieben soll die Willkür der Vielen den Staat auch aufheben oder in allen seinen Grundformen das Oberste zu unterst kehren dürfen, und das alles von Natur und Rechts wegen. Die deutsche Rechtsphilosophie seit Kant hat mit grosser Energie dahin gearbeitet, diesen mittelalterlichen Wust von Verkehrtheiten, den das Aufklärungszeitalter in naiver Täuschung über den Ursprung derselben und in der befriedigten Eitelkeit, dergleichen schöne Sachen selbst erfunden zu haben, für die höchste und tiefste Weisheit ansah, durch eine gründlichere Betrachtungsweise aus dem Wege zu räumen; aber man könnte nicht sagen, dass der Wahn deshalb völlig aus den Köpfen der Menschen geschwunden sei. Die rationalistische, unhistorische Vorstellung, als wäre der Mensch wesentlich Individuum, als hätte es ursprünglich Individuen gegeben und die Vereinigung zwischen ihnen wäre erst nachher durch ihre eigene That und freie Willkür eingetreten, hält die Köpfe immer noch gefangen und wagt sich immer wieder an das Licht; der Kampf gegen sie ist deshalb immer noch geboten.

2. Der einzelne gegebene Staat mit seinen bestimmten Formen mag also immerhin durch eine Art vertragsmässiger Festsetzung entstanden sein; der Staat als solcher ist es nicht. Dass ein Staat überhaupt da ist, das stammt nicht aus der Willkür der Menschen; der Staat ist durch die Natur der Menschen und der Dinge gegeben als eine allem menschlichen Wollen vorhergehende und zu Grunde liegende Nothwendigkeit. Ohne den Satz, dass Verträge gehalten werden müssen, ohne eine durch thatsächliche Gewalt geschützte Rechtsordnung, ist gar kein Vertrag denkbar; im letzten Grunde ist mithin der Staat die Voraussetzung jedes Vertrages, nicht der Vertrag die Voraussetzung des Staates. Man konnte sich gar nicht binden, ohne sich schon gebunden zu wissen; ehe man eine Regel von bestimmtem Inhalt festsetzen kann, geht immer schon die allgemeinere formelle Regel vorher, dass die Regel gelten soll. Der Wille der Individuen wird nicht erst nachträglich gebunden durch den Eintritt in den Staat: er ist es schon von vorn herein. Der Mensch ist ursprünglich gar nicht Einzelwesen; die Gemeinschaft ist früher als der Einzelne, und erst innerhalb derselben lernt er sich allmählich als Einzelwesen fühlen, erlangt er ein Bewusstsein seiner Individualität und löst sich aus der Versenkung in die Gemeinschaft heraus. Die Willkür wird nicht erst veräussert für grosse Vortheile, die man eintauscht; sondern ohne allen seinen Willen findet sich der Mensch im Staate lebend, vom Staate umgeben, der wie die Luft, das Wasser, der Boden eine seiner elementarsten Lebensbedingungen ausmacht. Wo

eine Vielheit von Menschen gegeben ist, da ist auch immer
schon ein Staat gegeben, sei es auch nur erst im embryo-
nischen Zustand. Der Staat ist älter als der Mensch. Der
Staat zeugt erst die Individuen, ohne ihn wären sie gar nicht.
Die Menschen könnten keinen Staat machen, wenn er ihnen
nicht gegeben wäre; ja, hätten sie die ihnen angedichtete
ursprüngliche Freiheit wirklich, so wäre es gegen die Pflicht,
diese Freiheit für irgend welche äussere Vortheile, wie Sicherheit und Rechtsschutz, aufzugeben. Wie sollte ferner die Willkür
zufälliger Individuen die Ursache eines bindenden und bleibenden Bestandes für alle folgenden Geschlechter werden? So
gut wie der Staat durch zufällige Willensübereinkunft einmal
gestiftet werden könnte, könnte er auch durch einen ebenso
zufälligen Entschluss wieder aufgehoben werden. Die Vorstellung einer societas sine imperio ist ganz unhaltbar. Der
äussere Grund für die Existenz des Staates liegt also in
der Natur des Menschen. Es giebt keine Menschen ohne
Continuität des Zusammenlebens, keine Continuität des Zusammenlebens ohne Ordnung, keine Ordnung ohne Recht, kein
Recht ohne zwingende Macht, keine Macht ohne Organisation,
und diese Organisation der Macht ist eben der Staat. Der
innere Grund für die Existenz des Staates liegt in der
Vernunftanlage des Menschen, die das wesentlichste
Stück seiner Menschheit ausmacht. Diese Vernunftanlage
fordert und schafft das Recht, das heisst die allgemeingültige
Form des Gesetzes im Handeln der Menschen; das Recht
aber hat sein reales Dasein nur vermittelst der organisirten
Gewalt. Wie nun der Staat einerseits ein Ausdruck der Vernunft ist, die ihn erzeugt, so ist er andererseits zugleich die
Voraussetzung für die Entwicklung der Vernunft in ähnlicher
Weise, wie es die Sprache auch ist. Der Mensch ist so
wenig Mensch ohne den Staat, wie er Mensch zu sein vermöchte ohne die Sprache. Aristoteles hat also ganz recht,
den Menschen ein staatliches, auf den Staat angelegtes Wesen
zu nennen. Der Mensch war nie ein Thier, am wenigsten
ein einzellebendes Thier; sobald der Mensch lebte, lebte er
auch menschlich, lebte er in Gemeinschaft und somit staatlich.
Vernunft kann sich nicht aus der Unvernunft, nur aus der
Vernunftanlage entwickeln; ebensowenig entwickelt sich der
Staat aus der Staatslosigkeit. Vernunft auf niederster Stufe
ist immer schon Vernunft; so ist auch die Familie, der
Stamm, die Horde schon ein Staat. Der Mensch hat nicht
die Macht über den Staat, dass der Staat sei oder nicht sei;
sondern der Staat ist die Macht über den Menschen, dass der
Mensch sei oder nicht. Der Staat ist des Menschen ursprüng-
liches Schicksal. Wenn also der Staat von Natur ist, nicht

§ 30. Der Existenzgrund des Staates.

gesetzt durch freie Wahl und kluge Absicht, so wäre es doch andererseits das gröbste Missverständnis, den Staat der Menschen in Analogie zu setzen zu den sogenannten Thierstaaten. Diese bestehen ganz abgesehen von einem Willen und freier Entscheidung; der Staat des Menschen aber ist zwar seinem Dasein nach durch Natur gegeben, aber er ist zugleich durch den Willen, dessen innere Natur er wiederspiegelt, bestätigt und ausgestaltet als Object seiner freien Thätigkeit. Darum giebt es hier eine Entwicklung, eine vernünftige Fortbildung, und der Mensch macht sich auch als staatsbildendes Wesen zum Herrn seines Schicksals. Der Staat ist nicht allein im allgemeinen ein aus unbewusster Naturnothwendigkeit hervorgegangenes Gebilde der Vernunft; er wird auch zum treuen Spiegel bewusster, vernünftig formender Thätigkeit. Der besondere Staat ist das Gebilde der besonders modificirten inneren Anlage und ihrer Eigenthümlichkeit. Mit demselben Rechte, wie dass der Staat von Natur ist, kann man auch sagen, dass er durch Vernunft ist. Die Vernünftigkeit des Menschen führt ihn zum Staate ohne Absicht und Verabredung, und der Staat ist wie die Sprache eine der Formen, in welchen sich die menschliche Vernunft in einem äusserlich daseienden Gebilde manifestirt. Die Vernunft im Staate ist zugleich die Vernunft des Universums; der Staat steht im Einklange mit den obersten Grundformen alles Daseins und wird durch diese gefordert. Der äussere Bau des Universums findet erst mit dem Bau des Staates seinen Abschluss und seine Krönung. Diese Vernunft des Universums stammt aus Gott, und so kann man denn auch sagen: der Staat ist von Gott. Freilich viel ist damit nicht gesagt. Von Gott stammt eben alles Gute und Vernünftige. Aber der Staat doch auch wieder in besonderem Sinne. Er hat zu Gottes Wesen eine nähere Beziehung als alles andere; er ist ein nächstes Abbild der göttlichen Ordnung, wie sie das ganze Weltall durchdringt und belebt. Gott will Sittlichkeit, will Cultur, will menschliches Leben als Zweck und Ziel des Weltenbaus, will geistige Entwicklung, mit welcher die Vielheit des Geschaffenen in ihren einheitlichen absoluten Grund sich zurückwendet; eben darum will er auch das Recht und den Staat, der die Realisation des Rechtes ist, als solchen Wendepunkt in der creatürlichen Existenz, in welchem sie zur Offenbarung der Vernunft im äusseren Dasein wird. Mit Recht repräsentirt uns daher der Staat den Willen Gottes; der Staat als der Abglanz göttlicher Ordnungen hat darin seine Heiligkeit. Er hat sie schon durch seine geradezu unermessliche Bedeutung als Bedingung aller menschlichen Güter und alles menschlich Guten; er hat sie noch mehr durch sein inneres Wesen, mit dem er als harmonisches Gefüge der Wolordnung die Willkür und die grenzenlose Ausschreitung des unvernünftigen individuellen Willens in regelmässige Bahnen bannt durch einen einheitlichen Gedanken und so ein Nachbild des Reiches Gottes darstellt. Nur soll man nicht vergessen, dass er ein solches Nachbild doch nur ist in engen Grenzen und mit ganz besonderer Bestimmung. Der Staat ist eine **erhabene** Erscheinung. Im Gegensatze zu den flüchtigen, vergänglichen Individuen stellt er das Grosse und Dauerbare als solches, im Gegensatze zum Zufall des Eigenwillens, zum Widersinn des Streites kleinlicher Interessen, zur Ohnmacht und Schwäche der Vereinzelung die hohe vernünftige Nothwendigkeit, den bleibenden Gedanken, die sicher wirkende Macht dar, der wir unterworfen sind. Dies ist die Majestät des Staates, die an die göttliche Majestät erinnert; nur soll man sich auch da vor Uebertreibung hüten. Gott ist praesent auch in der Ordnung der äusseren Natur. Der Staat ist zwar eine höhere Offenbarungsform seines Willens und seines Wesens; aber der Staat hat wie die äussere Natur, mit der er aufs engste verflochten ist, auch seine sehr irdische Seite, und die äusseren Bedingungen seines Daseins und Functionirens geben ihm in vieler Beziehung auch einen sehr unliebenswürdigen und selbst unheiligen, profanen Anstrich durch das viele bloss Technische und in endlichen Zweckmässigkeiten allein Begründete, was von seinem Wesen nicht zu trennen ist. So ist denn der Staat seinem allgemeinen Wesen nach zu begreifen als die mit Naturnothwendigkeit sich vollziehende, der Vernunftanlage des menschlichen Geschlechtes entsprechende Organisation der menschlichen Gemeinschaft, welche durch das freie Thun der Menschen in geschichtlicher Entwicklung ihre bestimmte und eigenthümliche Form hier anders als dort erhält.

3. Der Staat ist nicht durch den Willen der Menschen entstanden, er besteht auch nicht durch den Willen der Menschen, und seine Formen und Gesetze entnehmen ihre Gültigkeit nicht daraus, dass die Menschen sie geschaffen haben. Es kann sicherlich wol auch der Fall vorkommen, dass nachweisbar zu bestimmter Zeit diese bestimmte Staatsform durch einen Willensbeschluss der Menschen begründet worden ist; aber dieser Willensbeschluss erlangt seine Gültigkeit und seine für die Dauer bindende Kraft nicht dadurch, dass es der zufällige Wille dieser beliebigen Menschen ist, die sich irgendwie zusammengefunden haben. In keinem bestimmten Augenblicke dürfte man die Bedeutung des vorhandenen Rechtes darauf zurückführen, dass es einmal durch Menschen gesetzt worden ist. Das Recht kann immer nur

wieder durch das Recht gezeugt werden. Soll der Wille der Menschen Recht schaffen können, so müssen diese Menschen die Vollmacht dazu durch das Recht erlangt haben; nicht dass es der Wille dieser Menschen war, macht ihre Satzung zum Recht, sondern dass sie vom Rechte dazu beauftragt waren, Recht zu setzen. Der Wille beliebiger Menschen ohne solchen vom Rechte ertheilten Auftrag und ohne Vollmacht bedeutet gar nichts. Wenn er die Gewalt hat, sich gegen jeden widerstrebenden Willen durchzusetzen, so mag er eine thatsächliche Bedeutung erlangen, die mit derjenigen des Rechtes eine gewisse Aehnlichkeit hat; aber rechtliche Bedeutung verleiht solche blosse Thatsächlichkeit niemals. Der Wille der Menschen von heute könnte ja dann beliebig durch den Willen der Menschen von morgen oder übers Jahr umgestossen werden, und es ist gar nicht abzusehen, warum der Wille vom Vormittag mehr gelten soll als der vielleicht veränderte Wille vom Nachmittag. Zu einem Rechte und einem Staate könnte es so niemals kommen; denn dazu gehörte doch, dass es ein Gesetz und eine Macht über den beliebigen Willen gebe von dauernder und gesicherter Geltung. Der Wille der Menschen ist also für die Erzeugung des Rechtes zunächst völlig gleichgültig. Das Recht besteht, weil es Recht ist; ob die Menschen dies Bestehen wollen oder nicht wollen, darauf kommt gar nichts an. Gerade was die Menschen nicht wollen, wird zuweilen am leichtesten den Charakter des Rechtes haben, wenn die Menschen eigensüchtigen Interessen mehr ergeben sind als den bleibenden Bedingungen der Gemeinschaft. Damit Recht geschaffen werden könne, muss eine Form Rechtens vorhanden sein, welche den Process der Rechtsschöpfung regelt. Die das Recht schaffenden Menschen sind also niemals letzte Quelle des Rechts, sondern die schon bestehende Rechtsordnung ist diese Quelle, aus der ihre Vollmacht stammt und die allein dem von ihnen Gewollten den Rechtscharakter verleiht.

4. Nun meint man aber, der Wille beliebiger Menschen könne allerdings kein Recht schaffen; aber der Wille des Volkes könne es als der Wille der Gesammtheit, und der Wille des Volkes sei denn auch allein die ursprüngliche Quelle, aus der das Recht abzuleiten sei. Indessen das Volk selber ist, wenn man von seiner staatlichen Organisation und seiner gemeinsamen Unterwerfung unter dasselbe Gesetz absieht, nichts als ein Haufe von Individuen, eine beliebige Anzahl; das physiologische Band oder die gemeinsame psychische Bestimmtheit, die diese Anzahl von Individuen zusammenbindet, hat für das Recht zunächst gar keine Bedeutung. Es giebt kaum eine unbestimmtere und unklarere Bezeichnung als das

Wort Volk, und jeder gebraucht das Wort in anderem Sinne.
Wir verstehen hier unter dem Volk nichts anderes, als die
Summe der Individuen, die demselben Staate unterworfen
sind. Dies allein ist eine exacte Bestimmung, jede andere
ist fliessend und unsicher. Versteht man aber unter Volk
das Bezeichnete, so ist leicht einzusehen, dass es einen Willen
des Volkes in diesem Sinne nicht geben kann. Ein Volk besteht aus Männern und Weibern, aus Kindern und Greisen;
es umfasst die verschiedensten Berufsarten, Bildungsgrade,
Vermögensgrössen, Gesinnungen und Tendenzen. Es ist ganz
unmöglich, dass alle diese Individuen sich jemals einigen
könnten. Die meisten Individuen, welche im bestimmten
Augenblicke leben, können überhaupt nicht wollen, weil sie
die Stufe der Willens- und Bewusstseinsreife noch nicht erreicht oder bereits überschritten haben: manche erreichen sie
auch niemals. Grenzen und Unterschiede müssten also immer
unter den Individuen gezogen werden, wenn man einen Willensausdruck der Vielheit überhaupt erlangen wollte, und diese
Grenzen, falls sie gelten sollten, könnte nur das Recht ziehen.
Aber selbst so wird eine volle Einheit der verschiedenen
Willen niemals zu erreichen sein. Es müsste also etwa das
Mehrheitsprincip oder die Forderung einer bestimmten Zahl
überhaupt als Kennzeichen eintreten für das, was als Wille
des Volkes gelten soll, und auch diese Festsetzung wäre nur
durch das ausdrücklich anerkannte Recht möglich. Dass die
Mehrheit oder dass die Reichen oder die Gebildeten entscheiden sollen, das könnte nie auf der Natur der Sache oder
auf selbstverständlicher Vernunftforderung, sondern immer
nur auf positiver Rechtssatzung beruhen. Falls diese es für
zweckmässiger hielte, könnte sie auch einer beliebigen Minderheit oder einem Einzelnen die Befugnis ertheilen, das Recht
zu bestimmen, die man als selbstverständlich für das Volk
nur in Folge der verkehrten Vorstellung in Anspruch nimmt,
dass eine Summe von Individuen schon den Staat, ihr Wille
den Staatswillen ausmacht.

5. Die Lehre von der Volkssouveränetät, der
herrschenden Gewalt der im Staate vereinigten Individuen
als der nothwendigen und selbstverständlichen Staatsform, ist
eine verkehrte Consequenz aus verkehrten Grundanschauungen.
Das Volk ist nicht der Staat und macht auch nicht den Staat;
das Volk wird als wirkliche Einheit erst durch den Staat
hervorgebracht. Der Staat hat einen selbstständigen Ursprung
und einen selbstständigen Willen, und der Inhalt dieses
Willens ist das Recht. Das Volk steht nicht über dem Recht,
sondern unter dem Recht. Aber gesetzt selbst, man wollte
dem Volke eine selbstverständliche Gewalt über das Recht

§ 30. Der Existenzgrund des Staates.

zugestehen, so wäre das Volk, dem man diese Gewalt übertragen könnte, nicht zu finden. Man kann statt Volk immer höchstens sagen Mehrheit, und nicht Mehrheit schlechthin, sondern Mehrheit der Activbürger, der männlichen, erwachsenen von einer bestimmten Jahresgrenze an, der dispositionsfähigen, im Besitze der Ehrenrechte befindlichen Individuen; meistens kommen dann noch weitere Bedingungen hinzu: etwa ein Census, ein Bildungsgrad, eine gewisse Abstammung, ein zeitliches Minimum eines bestimmten Wohnsitzes, wirthschaftliche Selbstständigkeit oder was dergleichen mehr ist. Die Herrschaft dieser so bestimmten Auswahl aus der Summe aller Individuen ist dann aber nicht Herrschaft des Volkes, sondern Herrschaft einer Minderheit, und diese hat ihre Herrschaft nicht aus sich selbst, sondern sie ist ihr übertragen durch positive Rechtssatzung, die diese Bestimmung getroffen hat, aber auch jede andere Bestimmung ebensowol hätte treffen können. Niemals kann unter Menschen die Willensmeinung der ungegliederten Vielheit gelten, sondern immer nur die Willensmeinung der durch das Gesetz ausdrücklich mit diesen bestimmten politischen Rechten Ausgestatteten. Bestimmt nun etwa die Rechtsverfassung, dass der Wille einer irgendwie bestimmten Anzahl von Einfluss sein soll auf das im Staate geltende Recht, so mag das für den gegebenen Fall zweckmässig, vernünftig und gerecht sein; aus der Natur der Sache selbstverständlich folgt es nicht, und an anderm Ort, zu anderer Zeit mag es ebenso zweckmässig, vernünftig und gerecht sein, dass von jedem Einflusse irgend welcher grösseren Anzahl auf die Gestaltung des Rechtes völlig abgesehen wird. Ausserdem, selbst da, wo man einer sogenannten Mehrheit, die in der That doch fast immer eine verhältnismässig geringe Minderheit ist, Herrschaftsrechte zugesteht, da sind es immer nur bedingte Herrschaftsrechte. Es werden nothwendig immer und überall für die Berathung und Beschlussfassung gewisse Formen und Bedingungen vorgeschrieben, es wird die Competenz auf ein bestimmtes Gebiet beschränkt werden müssen. Andernfalls wäre überhaupt kein Recht und kein Staat vorhanden, in welchem die Mehrheit ihre Herrschaft üben könnte; die Herrschaft der blossen Willkür würde jede dauernde Ordnung unmöglich machen. Etwas Festes und Bleibendes muss es immer geben, was dem wechselnden Belieben unantastbar bleibt; sonst hört der Rechtszustand überhaupt auf. An eine Souveränetät der Mehrheit ist also unter den Menschen nie zu denken. Der oberste herrschende Wille ist niemals der einer Vielheit von Menschen, auch nicht der eines einzelnen Menschen, sondern immer nur der Wille des Staates, der sich ausdrückt in dem geltenden Rechte. Alle Herrschaft von

Menschen ist abgeleitet, übertragen. Wer auch die Herrschaft üben möge, ob Einer, oder Wenige, oder Viele, sie üben dieselbe im Auftrage des Staates als bevollmächtigte Organe der bestehenden Rechtsverfassung.

6. Wo ein Staat ist, da ist auch eine **Obrigkeit**, ein Mensch oder mehrere Menschen, welche an höchster Stelle Herrschaft üben, aber immer im Namen des Staates. Ist es aber von Wichtigkeit zu wissen, dass jede Herrschergewalt nicht aus eigenem selbstverständlichem Recht, sondern durch Bevollmächtigung seitens des Staates geübt wird, so ist es ebenso wichtig zu wissen, dass die Obrigkeit ihre Gewalt auch nicht durch den Willen der Menschen gewinnen und nicht durch den Willen der Menschen verlieren kann. Die Lehre von der Volkssouveränetät betrachtet die Obrigkeit als Beauftragte des Volkes, also eigentlich als Beauftragte einer beliebigen Vielheit und ihrer zufälligen Willkür, und es wird daraus auch wol der Satz abgeleitet, dass eben diese Vielheit auch wieder der Obrigkeit ihre Vollmacht beliebig entziehen kann, oder dass zwischen dem Volke und der Obrigkeit ein Vertrag oder doch eine Analogie zu einem vertragsmässigen Verhältnis existirt und die Verletzung des Vertrages durch die Obrigkeit die Vollmacht derselben zum Wegfall bringt. Etwa die Obrigkeit sei eingesetzt zum Besten des Volkes, für das öffentliche Wol, als Dienerin des Volkswillens; eine Obrigkeit, die diesen Auftrag nicht erfülle, nehme die Eigenschaft eines Tyrannen an, den das Volk absetzen, richten, strafen, oder den jeder aus dem Volke tödten könne. Aber wenn die Obrigkeit ihre Vollmacht vielmehr aus dem Willen des Staates und nicht aus dem Willen der Menschen hat, so fallen solche Consequenzen von selbst. Als einzelnes geschichtliches Factum ist es nicht ausgeschlossen, dass wie die bestehende Rechtsordnung überhaupt ihre Sanction, so die Obrigkeit insbesondere ihren Auftrag durch eine Abstimmung, einen gemeinsamen Willensbeschluss erhalten habe. Aber auch dieser Entstehungsgrund, wo er einmal wirklich vorhanden ist, vermag die Natur des Herrschaftsrechtes nicht zu ändern. Ist die Obrigkeit einmal geküürt, so besteht sie nun nicht mehr durch den Willen der Menschen, sondern durch die Autorität der geltenden Rechtsverfassung, und diese ist nun nicht mehr dem Willen der Menschen, sondern der Wille der Menschen ist ihr unterworfen. Es kann Bestimmung der Rechtsverfassung sein, dass wie das Gesetz, so auch die Obrigkeit zu weichen habe vor erneuten Mehrheitsbeschlüssen; aber so muss es nicht immer sein, und so ist es nicht selbstverständlich durch die Natur der Sache, sondern immer nur durch positive Satzung. Dass jemand Obrigkeit sei, das hängt nicht von einer nothwendig

§ 30. Der Existenzgrund des Staates.

und ausschliesslich für alle Fälle gültigen Bestimmung ab, sondern von dem Inhalte der jedesmaligen Rechtsverfassung. Eine Obrigkeit hat gleich gutes Recht auch bei den verschiedensten Formen ihrer Entstehung, wenn ihr Bestand nur jedesmal durch das positive Recht gefordert wird. Ob Erbfolge, Usurpation, Wahl, stillschweigende Duldung der Grund ihrer Einsetzung gewesen ist: sie ist Obrigkeit, so lange sie beauftragtes Organ des in der Rechtsordnung ausgedrückten Staatswillens ist, und die Meinung der Menschen kann an ihrem Recht und ihrem Auftrag nichts zufügen noch abnehmen.

7. Im regelmässigen Gange ordnet das positiv vorhandene Recht des Staates auch die Art, wie die herrschende Gewalt begründet wird, und bestimmt die Personen, auf die sie zu übertragen ist. Der Inhalt dieser Bestimmungen kann der allerverschiedenste sein; die Herrschergewalt kann einer Person, einem Collegium, einer in gewisser Weise sich zusammenfindenden grossen Anzahl überwiesen werden; sie kann sich auf ein weiteres oder engeres Gebiet erstrecken, unbeschränkt oder beschränkt sein; die zu beauftragenden Personen können durch das Loos, durch die Geburt, durch Wahl bezeichnet werden. Gegen keine dieser Formen wird sich als solche etwas sagen lassen; an ihrer Stelle je nach Zeit und Ort, nach Art der Menschen, ihrer Beschaffenheiten und Verhältnisse wird jede von ihnen als vernünftig, zweckmässig und gerecht sich ausweisen können. Das hindert aber nicht, dass man am Begriff der Sache messend nicht die eine Form für vollkommener halten dürfte als die andere und dass man nicht auch eine dem Sinn und Wesen der Institution angemessenste Form statuiren dürfte. Nur die Forderung, dass diese an sich vollkommenste und angemessenste Form deshalb auch die gleich in jedem gegebenen Falle zu realisirende oder die einzig rechtmässige Form sei, würde widersinnig sein. Dass das Vollkommenste sich herausbilde, wird man auch hier der fortgehenden Entwicklung zu überlassen haben. Rechtmässig ist jede Form der Herrschaft nicht durch ihre Angemessenheit an solche abstracte Forderung, sondern durch ihre Uebereinstimmung mit dem concreten jedesmaligen Rechte des gegebenen Staates.

8. Im Laufe der menschlichen Geschicke kommt es aber auch vor, dass die regelmässige Uebertragung der Gewalt in der Form des Rechtes unterbrochen wird durch Thaten der Gewalt, dass die Obrigkeit mit der in ihrer Verfügung befindlichen physischen Macht des Staates sich schwächer erweist als die auf sie eindringenden feindlichen Kräfte, sei dies die Macht eines fremden Staates und der sie vertretenden Obrigkeit, sei es eine Gewalt, die sich innerhalb des Staates selbst

gebildet und organisirt hat. In beiden Fällen, durch den Krieg wie durch die Revolution, wird die regelmässige rechtliche Succession der obersten Gewalt unterbrochen, und es bildet sich ein Gegensatz heraus zwischen der **thatsächlichen Obrigkeit**, welche die oberste Gewalt wirklich übt, und zwischen der **rechtmässigen Obrigkeit**, welche auf die oberste Gewalt den rechtlichen Anspruch, aber nicht die Macht hat, diesen Anspruch zu verwirklichen. Dieser Gegensatz bietet den Anlass für einen der schwersten Conflicte collidirender Pflichten, die überhaupt vorkommen können. Dass ein Bruch des Rechtes vorkommen könne, lässt sich unter den Bedingungen der menschlichen Natur nicht völlig vermeiden. Jeder andere Rechtsbruch findet an der sicher etablirten Rechtsordnung und ihrer regelmässig wirkenden Gewalt seine Remedur; diejenige Unterbrechung des Rechtes aber, welche die oberste Gewalt selbst betrifft, stellt den ganzen Rechtszustand in Frage und zieht eine Gefährdung aller durch das Recht zu ordnenden Verhältnisse nach sich; die Macht selbst versagt, welche sonst berufen ist, das Recht aus seiner Verletzung wiederherzustellen. Für diesen Conflict bietet die **Legitimitätstheorie** die einfachste Lösung. Nach ihr ist das formelle positive Recht die höchste Instanz der Entscheidung und verliert niemals seine Gültigkeit; dass dieses Recht wieder zu seiner Verwirklichung gelange, dafür muss jeder unausgesetzt mit allen Mitteln sorgen und der thatsächlichen Obrigkeit nur da gehorchen, wo die stricte Nothwendigkeit vorliegt. Indessen diese einfachste Lösung ist keinesweges auch die am besten begründete und der Natur der Sache am meisten entsprechende. Das positive Recht ist ein hohes Gut, aber nicht das höchste Gut. Seiner formellen Bestimmung steht oft mit höherem materiellem Rechte eine andere entgegen, die Forderung der Billigkeit; und ein Freund des Rechtes ist nicht der, der an der blossen Form des Rechtes sich genügen lässt und allen Gesichtspunkten der Billigkeit sich hartnäckig verschliesst, sondern weit mehr derjenige, der beides gleichmässig zu wahren sucht, die äussere Rechtsform und die innere vernünftige Forderung des materiell Gerechten.

9. Zunächst ist es oberste Forderung für alle menschlichen Verhältnisse, dass überhaupt ein Rechtszustand da sei, und dazu gehört eine thatsächlich vorhandene oberste Gewalt, die mit der physischen Macht des Staates das Recht wahre und dem Unrecht wehre. Der Rechtszustand überhaupt darf nicht pausiren. Nun sei die thatsächliche Obrigkeit auf einem nicht rechtmässigen Wege zur Gewalt gelangt: so ist an dieser obersten Stelle allerdings das Recht gekränkt worden.

§ 30. Der Existenzgrund des Staates. Die Legitimität.

Aber wenn nun diese Obrigkeit thatsächlich regiert, mit der Gewalt des Staates das Recht schützt, so ist sie auf allen anderen Punkten die Stütze des Rechtes: nur durch sie ist Recht überhaupt zu haben, und diese ihre Bedeutung vermag den Mangel ihres Ursprungs zuzudecken, sobald nur feststeht, dass die rechtmässige Obrigkeit wieder in die Gewalt einzusetzen eine thatsächliche Unmöglichkeit ist. Ist ferner der Krieg und die Eroberung die Ursache der Störung des regelmässigen Rechtsganges gewesen, so wirkt der unwiderstehliche Gang kriegerischer Ereignisse mit einer Art von rechtsbildender Macht, indem er das Alte gewaltsam wegräumt und das Neue als die unvermeidliche Basis einer neu zu beginnenden Bildung aufdrängt. Haben dagegen revolutionäre Kräfte im Innern des Staates ausbrechend vermocht, die Obrigkeit über den Haufen zu werfen, so ist eben durch die Schwäche der Obrigkeit, wo sie nicht schwach sein durfte, der Beweis geliefert, dass ihr Recht ein bloss formelles war, dass sie ihren Aufgaben, den Bedürfnissen der Lage nicht mehr genügte, dass statt des veralteten Rechtes ein neues Recht zu bilden an der Zeit war, dass wo auf dem Wege des Rechtes das Recht fortzubilden sich unmöglich erwies, der Bruch des Rechts behufs der Neubildung des Rechts zur geschichtlichen Nothwendigkeit wurde, diese Neubildung also das bessere materielle Recht darstellt trotz seines mangelhaften formellen Charakters. In keinem Falle freilich erlangt die thatsächliche Obrigkeit irgend ein Recht durch die Willkür der Menschen, die sie eingesetzt oder anerkannt haben; aber wol erlangt sie es durch die unwiderstehliche Macht der Ereignisse, durch fortdauernde thatsächliche Uebung der obrigkeitlichen Gewalt und Aufrechterhaltung des Rechtszustandes. Die ursprüngliche Form der Rechtsbildung durch Gewohnheit tritt dabei gewissermaassen wieder ein, um an Stelle eines beseitigten alten Rechtes ein neues zu schaffen. Eine Obrigkeit muss sein; wenn die rechtmässige nicht zu haben, wenn sie offenbar unmöglich ist, so muss man der unrechtmässigen gehorchen, sei es auch mit Schmerz und innerem Widerstreben. Die bloss thatsächliche Obrigkeit erlangt dann allmählich auch formelle Rechtmässigkeit durch Dauer und stetige Ausübung der Macht; denn in allem Recht ist es unmöglich, auf ein verjährtes formelles Recht zurückzugreifen gegenüber dem gegebenen Zustande, sobald sich dieser als der einzig mögliche Ausgangspunkt einer dauernden rechtlichen Ordnung erweist. Es hängt dabei viel davon ab, ob der Bruch des formellen Rechtes nur an dem einen, allerdings fundamentalen Punkte, in der Einsetzung der Obrigkeit, geschehen und alles übrige herrschende Recht unangetastet geblieben ist, wol gar seine

gedeihlichere Fortbildung in seinem eigenen Sinne und Geiste
gefunden hat, oder ob die mit dem formellen Makel ihres
Ursprungs behaftete Gewalt auch sonst in den Rechtszustand
auf eine der eigenen inneren Natur desselben widersprechende
Weise einzugreifen fortfährt. Im ersteren Falle wird der
Makel leichter, im anderen Falle schwerer ausgeglichen werden
können. So viel ist in jedem Falle gewiss, dass die Obrigkeit
als der Angelpunkt der ganzen Rechtsordnung, in welchem
die Heiligkeit derselben sich am unmittelbarsten darstellt,
auch alle Gefühle und Gesinnungen der Menschen am mächtigsten
aufregt. Einer Erschütterung des Rechtszustandes an
dieser Stelle entspricht daher eine Erschütterung des Rechtsgefühles
von unvergleichlicher Stärke. Man muss sich nicht
wundern, darf es nicht einmal tadeln, wenn eingewurzelte
Pietät und Anhänglichkeit, durch die Jahrhunderte anerzogene
Treue und Gewöhnung gerade in diesem Punkte sich an das
formelle Recht mit äusserster Energie anklammert, die Hoffnung
auf Wiederkehr des alten Rechtes mit Zähigkeit festhält,
auch dem Augenschein zum Trotze, das offenbar bessere
Neue hartnäckig verwirft und mit allen denkbaren Mitteln
der thatsächlichen Obrigkeit entgegenarbeitet. Besonders wo
die neu eingesetzte Herrschaft von allen als Fremdherrschaft
empfunden wird, oder einer Partei als widerrechtliche Herrschaft
einer gegnerischen Partei sich darstellt, ist der Widerstand
nur natürlich und aus den edleren Trieben der menschlichen
Natur leicht erklärlich. Hier liegt dann ein Gewissensconflict
vor, in welchem jeder sich nach dem Maasse seiner
Einsicht, seines Gefühles für materielles Recht und seines
Verständnisses für die Nothwendigkeiten der geschichtlichen
Entwicklung frei über die einzunehmende Haltung zu entscheiden
hat und eine allgemeine Regel nicht gegeben werden
kann; für die thatsächliche Obrigkeit wird dann die Verpflichtung
nur um so stärker, durch eine weise und versöhnende
Politik die Gemüther zu gewinnen und den Beweis
nicht nur der Macht, sondern auch des besseren materiellen
Rechtes durch den Schutz des Rechtes zu führen. Es giebt
aber auch Fälle, wo für jeden Einsichtigen die geschichtlichen
Thatsachen laut und vernehmlich genug sprechen und niemand
sich der Erkenntnis verschliessen kann, dass der neue
Rechtszustand trotz seines formell mangelhaften Ursprungs
unaufhebbar und seinem Inhalte nach der bessere ist gegenüber
dem beseitigten Rechte. In solchen Fällen würde ein
nutzlos und zur Schädigung des gemeinen Wesens fortgesetzter
Widerstand gegen die thatsächliche Obrigkeit den schwersten
Tadel begründen. Alles das lässt sich aber nur jedesmal auf
Grund der eigenthümlichen Natur des gegebenen Falles ent-

scheiden. Die blosse Legitimität, das blosse formelle Recht, liefert für sich allein keinenfalls einen genügenden Anhalt zur Entscheidung innerhalb der verschiedenartigen Complicationen der concreten geschichtlichen Lage. Nirgends ist es ausgeschlossen, dass durch den Bruch des formellen Rechtes sich das bessere Recht erzeuge, und dass nun vielmehr diesem zu gehorchen ist, sobald es sich nur mit thatsächlicher Nothwendigkeit auferlegt. (Vgl. F. Brockhaus, Das Legitimitätsprincip. 1868.)

10. Im Gegensatze zu der Lehre, dass die Obrigkeit durch den Willen des Volkes ihren Ursprung und ihr Bestehen habe, hat man die Lehre ausgebildet, die Obrigkeit sei vielmehr von Gott und durch Gottes Willen. Man vermeinte damit der Obrigkeit und allen staatlichen Institutionen eine besondere Heiligkeit zu verleihen, die sie dem Belieben der Menschen unantastbar mache. Indessen, das kann diese Theorie kaum leisten. Denn durch Gottes Willen ist jeder das, was er ist, und wenn er aufhört das zu sein, was er ist, so geschieht auch dies durch Gottes Willen, und Gott kann sich ja auch des willkürlichen Beliebens der Menschen bedienen, um diesem seinem Willen Wirklichkeit zu geben, oder der Strafgerechtigkeit der Menschen, um seine Strafe an dem Schuldigen zu vollziehen. Ebensowenig also, als der feste Glaube, dass alles was ist durch Gottes Willen ist, uns hindert, an diesem von Gott gewollten Zustande diejenigen Aenderungen vorzunehmen, von denen wir glauben, dass sie durch uns eintreten zu lassen Gottes Wille ist, ebensowenig wird uns auch der göttliche Ursprung der Obrigkeit und der ganzen Staatsverfassung daran hindern können, ihrer Verderbnis zu wehren, ihre Ordnungen zu verbessern, an die Stelle des Veralteten und Hinfälligen Neues zu setzen, wenn wir glauben, damit Gottes Willen und unsere Pflicht zu erfüllen. Nirgends giebt es einen Befehl Gottes, dass irgend ein Endliches und Einzelnes für immer conservirt werde; nur eines ist, was in seinem Bestande für immer unangetastet bleibt, das Reich Gottes im eigentlichen Sinne, und dieses liegt ausser aller Zeit in der Ewigkeit. Dies also leistet die Theorie vom göttlichen Rechte der Obrigkeit nicht, dass sie dem Willen der Menschen eine Schranke zöge, die nicht in anderer Weise besser begründet wäre. Dagegen bringt sie eine Gefahr von der allerernstesten Art mit sich, wegen deren man allen Grund hat, gegen sie auf der Hut zu sein. Sie ist von je dazu missbraucht worden, die Obrigkeit als eine Art von Stellvertreterin Gottes mit göttlichen Attributen bekleidet erscheinen zu lassen, sie damit der Rechtsordnung ausdrücklich zu entheben, und das, was ihren Charakter und ihre Bedeutung wirklich aus-

macht, dass sie den Willen des Staates im Auftrage der Rechtsordnung vertritt und ausdrückt, völlig zu beseitigen. Denn indem es heisst, sie sei von Gott, meint man vielmehr, sie sei nicht von Rechts wegen, sondern durch eine Art von selbsteigener Herrlichkeit; durch die Berufung auf Gott wird nur die Beschränkung durch rechtliche Institutionen abgelehnt. Daraus folgt denn wol, die Obrigkeit habe insofern an der göttlichen Allmacht Theil, als sie könne, was sie wolle, und insofern an der göttlichen Heiligkeit, als ihr Gebot den Unterthanen dem göttlichen Gebote gleich zu gelten habe. So meinte Ludwig XIV.: der, welcher den Menschen Könige gegeben, habe gewollt, dass man sie als seine Stellvertreter verehre, indem er nur sich das Recht vorbehalten habe, ihr Thun und Lassen zu prüfen. Gottes Wille sei, dass der Unterthan ohne weiteres gehorche; die Fürsten seien die lebenden Abbilder dessen, der allheilig und allmächtig sei (Oeuvres de Louis XIV. Tome II. p. 317). Die theokratischen Anschauungen vom Staate, wie sie zu allen Zeiten sich geltend gemacht haben, sind freilich ebenso oft eine Waffe gegen das Königthum gewesen, als eine Stütze desselben. Wenn Ludwig von Baiern im Jahre 1338 erklärte, die kaiserliche Würde und Vollmacht stamme von Gott allein, so lehnte er damit die Ableitung der obrigkeitlichen Gewalt aus priesterlich hierarchischer Verleihung ab. Dagegen ist für die Römisch-Katholischen der göttliche Ursprung der Obrigkeit eins und dasselbe mit der Verleihung der obrigkeitlichen Gewalt durch den Papst, den Stellvertreter Christi, und also auch mit der Oberherrschaft der kirchlichen Gewalt über alle weltliche Obrigkeit, und der König, der dem Gebote des Papstes zu trotzen wagte, galt für einen Rebellen, für einen Tyrannen, der eben dadurch sein Recht auf die Gewalt verwirkt habe, und den zu morden eine Gott wolgefällige That sei. Bei den Protestanten hat die Lehre vom göttlichen Rechte der Obrigkeit diese Consequenz natürlich nicht hervorgebracht, dagegen wol die andere kaum minder bedenkliche von der Erhabenheit des Königthums über alle rechtlichen Schranken und von der unbedingten Pflicht des duldenden und schweigenden Gehorsams auch gegen die dreiste gesetzlose Willkür des Tyrannen. Und um von den Neueren nur den bedeutendsten zu nennen, so hat noch Stahl aus der Lehre: der Staat sei eine göttliche übermenschliche Institution, die das Werk Gottes versehe; überall habe die bestimmte Verfassung und die bestimmten Personen Gottes Sanction, weitgehende Consequenzen zu Gunsten einer conservativen Politik gezogen, als seien z. B. Adelsvorrechte und ein System bureaukratischer Bevormundung einer fortgeschrittenen Cultur gegenüber deshalb unantastbar, weil jedesmal das Bestehende durch Gottes Sanction bestehe. In diesem Sinne ist die Lehre vom göttlichen Rechte schlechthin abzuweisen. Dagegen kann man in sie einen andern Sinn legen, der entschieden zu billigen ist. Die Obrigkeit schöpft ihre Vollmacht aus dem Recht; durch das Recht ist sie zur Vertreterin des Staatswillens bestellt. Damit ist sie, was sie durch ihre Ableitung aus Gottes Willen nicht wäre, dem zufälligen Belieben der Menschen entnommen. Denn das Recht ist eben die Macht über das Belieben; ohne die Sanction durch das Recht dagegen könnte das freie Gewissen immer glauben, es sei Pflicht und göttliches Gebot, das, was bisher durch Gottes Willen bestanden hat, abzuändern oder zu beseitigen. Wurzelt aber die Vollmacht der Obrigkeit im Recht, so wurzelt sie mittelbar in Gottes Willen; denn das Recht selber ist wie alles Gute von Gott gewollt. Die Rechtsordnung und ihre krönende Spitze, die Obrigkeit, ist auch in der That ein Abbild der göttlichen Ordnung im Universum, und als ethischer Natur und Ausdruck der praktischen Vernunft ist sie ein Nachbild des Reiches Gottes im irdischen Material und mit den dadurch gesetzten Schranken. Auch dass man die Obrigkeit eine Vertreterin des göttlichen Willens nennt, wird sich unter diesem Gesichtspunkte rechtfertigen lassen. Der König ist als Verkörperung der Majestät des Staates der Gesalbte Gottes; er ist von Gottes Gnaden, nicht wie wir alle es sind, sondern in besonderer Weise. Denn er repräsentirt in sich die wichtigste aller Bedingungen für menschliches Leben und menschliche Cultur, die dauernde, uns alle überlebende Substanz und Macht, die unser Leben gestaltet und unsern Willen bindet. Der Ausdruck ist auch wol geeignet, der Obrigkeit ihre hohe Pflicht, ihre Verantwortlichkeit und ihre unvergleichliche Bedeutung immer gegenwärtig zu halten, dem Bewusstsein des Volkes aber einzuschärfen, dass Staat und Recht ihre Geltung nicht durch die Willkür und Meinung der Menschen haben, auch nicht durch solche Willkür aufgehoben werden dürfen, und dass sie in der jedem Sittlichen gebotenen Ehrfurcht eine Art von religiöser Sanction besitzen. Verkehrt dagegen ist die Folgerung, dass die Obrigkeit über dem Rechte stehe. Damit wäre ihr Begriff geradezu aufgehoben, weil sie Obrigkeit nur ist, sofern sie den Willen des Staates, — und dieser ist das Recht, — zur Ausführung bringt. Verkehrt ist ferner der Anspruch, der Wille der Obrigkeit, und sei es auch, dass er mit dem Rechte übereinstimmt, habe gleiche Heiligkeit mit dem Willen Gottes. Zwar das ist richtig, dass Staat, Recht, Obrigkeit von jedem Pietät und Hingebung zu fordern haben weit über den bloss thatsächlichen Gehorsam des rechtlichen Menschen hinaus, und zwar um Gottes willen. Aber damit ist nicht ausgeschlossen, dass die Gewissenspflicht dem Frommen und Sittlichen dennoch höher stehe als das Staatsgebot und der Befehl der Obrigkeit. Wo aber der Wille der Obrigkeit das Recht in offenkundiger Weise bricht, da entsteht ein Conflict zwischen der Pflicht des Gehorsams gegen die Obrigkeit und der Pflicht eines jeden, für das verletzte Recht einzustehen, ein Conflict, der sich keineswegs durch eine allgemeine Regel, etwa die vom schweigenden Gehorsam, lösen lässt, sondern in jedem besonderen Falle je nach der eigenthümlichen Natur desselben eine besondere Entscheidung verlangt. Endlich, überkommene Rechtszustände bloss deshalb vor einer Aenderung im rechtlichen Wege als geschützt anzusehen, weil sie eben ihres wirklichen Bestehens wegen für Gottes Willen zu gelten haben, ist ein blosser Aberglaube. Gottes Wille ist vielmehr, dass wir über das bloss formelle Recht zu höherem materiellem Rechte hinaus fortschreiten. Ueberlebtes aus dem Wege räumen und dasjenige schaffen, was die historische Entwicklung nöthig gemacht hat; es soll nur in besonnener und schonender Weise geschehen. Die religiöse Ehrfurcht vor dem bestehenden Rechte hindert nur den Muthwillen und die Willkür, die sich gegen das Recht überhaupt auflehnt; dagegen schreibt sie keine besondere politische Parteirichtung, keine besondere Verfassungsform vor, und nur ein pharisäischer Dünkel oder ein abergläubischer Missbrauch der religiösen Lehre kann für eine politische Partei als solche das Privilegium der Uebereinstimmung mit dem göttlichen Willen in Anspruch nehmen und die Anhänger einer andern Partei bloss als solche als gottlos verdammen.

§ 31.

Die Functionen des Staates.

Der Staat ist die realisirte Rechtsordnung; damit ist auch der Umkreis der Functionen gegeben, die er übt. Wie das Recht unter verschiedenen Umständen auch sehr verschiedene Grenzen des Gebietes hat, auf welches es sich erstreckt, so schwanken damit auch die Grenzen der Staatsthätigkeit; aber wie vom Rechte, so gilt auch von der Staatsthätigkeit, dass sie im Laufe der geschichtlichen Entwicklung dahin strebt, dem Umfange nach sich auf ein Minimum zu beschränken. Unabtrennbar vom Begriff des

§ 31. Die Functionen des Staates. Der Staatszweck.

Staates ist die Function der **Selbsterhaltung**, und was dazu gehört: die Function der Schaffung und Wahrung des **Rechts** und die Function der Bildung einer **äusseren Macht** und hinreichender **Organe** für die Ausübung der staatlichen Thätigkeit. Von schwankenden Grenzen dagegen ist das Gebiet der **Verwaltung**. Fest steht hier nur dies: der Staat lässt alle Interessen und Kräfte so frei walten, als es sich mit den Nothwendigkeiten seiner Selbsterhaltung verträgt; in allem, was darüber hinausgeht, beugt er sie unter die Herrschaft des Rechts. Dies gilt ebenso von dem Verhalten des Staates den **wirthschaftlichen** als den **idealen Interessen** gegenüber, insbesondere auch von seinem Verhältnis zur **Kirche**.

<small>Ueber die Functionen des Staates vergl.: W. v. **Humboldt**, Ideen zu einem Versuch, die Grenzen der Wirksamkeit des Staates zu bestimmen. Breslau 1851. — Ueber Verwaltung: L. v. **Stein**, Die Verwaltungslehre. VII Bde. 2. Aufl. 1869 ff.; Handbuch der Verwaltungslehre. 2. Aufl. 1876. — H. **Roesler**, Lehrbuch des deutsch. Verwaltungsrechts. Bd. I, 1—2. 1872—73. — O. v. **Sarwey**, Das öffentl. Recht u. d. Verwaltungsrechtspflege. 1880. — Insbesondere über Staat und Volkswirthschaft: W. **Roscher**, System der Volkswirthschaft. Bd. I. 15. Aufl. 1881. — A. **Wagner**, Allgem. oder theoret. Volkswirthschaftslehre. I. Theil. Grundlegung. 2. Aufl. 1879. — H. **Dankwardt**, Nationalökonomie und Jurisprudenz. 1859. — J. **Fröbel**, Die Wirthschaft des Menschengeschlechtes. III Theile. 1870—76. — Ueber das Verhältnis von Staat und Kirche: E. **Friedberg**, Die Grenzen zwischen Staat u. Kirche. 1872. — R. **Sohm**, Das Verhältn. v. Staat u. Kirche. 1873. — E. **Zeller**. Staat u. Kirche. 1873. — H. **Geffcken**, Staat u. Kirche. 1875. — W. **Martens**, Die Beziehungen der Ueberordnung, Nebenordnung u. Unterordnung zw. Staat u. Kirche. 1877.</small>

1. Gewöhnlich betrachtet man den hier behandelten Gegenstand unter dem Gesichtspunkte, dass man nach dem **Zwecke** des Staates fragt. Der Begriff des Staatszweckes bietet aber dem Missverständnis einen weitgeöffneten Zugang. Die gemeine Auffassung versteht, wenn vom Zwecke einer Sache die Rede ist, darunter dies, dass man einen äusseren Nutzen oder Vortheil, worauf die Sache angelegt sei, im Auge habe. In diesem Sinne könnte man von einem Zwecke des Staates doch wol kaum sprechen. Das Naturrecht allerdings fragte zunächst, wozu denn nun eigentlich der Staat gut sei. und **Schlözer** z. B. nannte den Staat eine künstliche, überaus zusammengesetzte Maschine, die zu einem bestimmten Zwecke gehen solle. In Wahrheit aber ist der Staat weder

eine Maschine, noch mit Absicht künstlich gemacht, sondern er ist wie das Recht selber lebendig, organischer Natur, geworden und gewachsen, und er ist auch nicht auf einen bestimmten äusserlichen Zweck angelegt. Vielmehr ist er ein integrirender Theil der vernünftigen Weltordnung und nur durch seine Stellung innerhalb des vernünftigen Ganzen richtig zu definiren: sein wahrer Zweck ist kein anderer, als Ausdruck der weltumfassenden Vernunft auf bestimmter Stufe ihrer Realisation zu sein. Darin liegt aber allerdings, dass er als bestimmte Gestaltung des allgemein Vernünftigen auch bestimmte Formen seiner Thätigkeit, bestimmte Aufgaben und Ziele habe mit Ausschluss anderer, die ihm fremdartig sind, und darin kann man denn auch einen bestimmten Staatszweck finden, wenn man das Wort nur richtig versteht, nicht als Berechnung auf eine äusserliche Einzelheit, sondern als die eigene innere Wesensbestimmtheit des Staates.

2. In den endlosen Erörterungen über den **Staatszweck** kann man drei hauptsächliche Auffassungen des Gegenstandes unterscheiden. Entweder man denkt sich den Staat errichtet im **Interesse der Individuen**, die in ihm leben, und dabei sind zweierlei Meinungen möglich: man findet den Zweck des Staates in der **gemeinen Wolfahrt** und denkt nicht weiter an die Mittel, durch welche diese Wolfahrt zu erreichen ist, überlässt die Wahl der Mittel vielmehr der im Staate errichteten höchsten Gewalt; oder man schränkt einsichtiger den Staat ein auf die Sicherung der **Privatrechte**, indem man damit die Zwecke der Individuen am besten gewahrt glaubt, dass jeder sein Recht erlangen kann. Oder, — und das ist die dritte Auffassung, — man schreibt dem Staate weit über die Interessen der Privaten hinaus eine allgemeine Bedeutung für die **Cultur**, für die Förderung der Sittlichkeit und aller idealen Zwecke des menschlichen Geschlechtes überhaupt zu. Den Wolfahrtszweck hat z. B. **Bacon** im Auge, wenn er dem Staate den Zweck vorschreibt, dass die Bürger ein glückliches Leben führen, oder die französische Constitution von 1793, wenn sie erklärt: der Zweck des Staates ist die allgemeine Wolfahrt. Am naivsten vielleicht drückt das **Schlözer** aus, wenn er als den Zweck des Staates die Vervollkommnung des Nationalwolstandes, Annehmlichkeit des Lebens, Förderung des Ackerbaues und der Bevölkerung bezeichnet. Ueberwiegend den Rechtsschutz betont **Hobbes**, der, wie nach ihm **Pufendorf**, den Staat errichtet glaubt zu gemeinsamem Frieden und Schutz; während **Grotius** Genuss des Rechtes und gemeinen Nutzen mit einander verbindet, **Locke** aber Schutz des Eigenthums besonders hervorhebt. Den Rechtszustand für den ausschliesslichen Zweck

des Staates anzusehen, wurde besonders in der **Kantischen** Schule üblich. Eine umfassendere Aufgabe für die Ausbildung des menschlichen Wesens überhaupt schreiben dem Staate im Alterthum **Plato** und **Aristoteles** zu. Beide lassen den Staat dazu bestimmt sein, die Bürger zur Tugend zu erziehen; für **Plato** ist überdies der Staat die äussere Darstellung des Gerechten, **Aristoteles** hebt den Zweck des vollkommenen Lebens hervor. Die historische Schule kann einen eigentlichen Staatszweck überhaupt nicht gelten lassen; sie betrachtet den Staat als die leibliche Gestalt der geistigen Volksgemeinschaft, als die organische Erscheinung des Volkes, als einen ethischen Organismus. So **Savigny** (System des Röm. Rechts. I. S. 22), **Waitz** (Politik. 1862). Daraus wird denn auch wol abgeleitet, dass der Staat alle Aufgaben des Volkes zu seinem Zwecke mache, soweit dieselben einer gemeinsamen Förderung bedürfen. (H. **Schulze**, Einleitung in das Deutsche Staatsrecht. 1867. § 39.)

3. Es wäre entschieden besser und angemessener, von einem Staatszwecke überhaupt nicht mehr zu sprechen, sondern dafür zu untersuchen, welche Functionen dem Staate seinem Begriffe nach die natürlichen und eigenthümlichen sind, und welche er seiner Natur nach von sich ausschliesst. Wenn man den Staat, wie man doch muss, als die realisirte Rechtsordnung betrachtet, so ergiebt sich die Beantwortung dieser Frage von selbst. Die mit dem Begriffe der realisirten Rechtsordnung untrennbar verbundenen Functionen wird der Staat nothwendig üben; diejenigen, die in dieser seiner Natur nicht nothwendig enthalten sind, wird er entweder ganz von sich ausschliessen oder doch nur zufälligerweise als unwesentliche Anhängsel seiner eigentlichen Thätigkeit in sein Bereich ziehen. Dass nun das Recht sich nicht auf alle menschlichen Lebensbeziehungen gleichmässig bezieht, dass es auf vieles seine Macht nicht erstreckt, das ist die erste und sicherste Erkenntnis vom Recht. Danach wird es sich leicht ergeben, dass auch der Staat ein bestimmtes und beschränktes Gebiet für seine Thätigkeit in Anspruch nimmt, und dass er keineswegs das ganze Leben der Gemeinschaft und der Einzelnen in allen Beziehungen umfasst, sondern nur einzelne dieser Beziehungen als seinen eigentlichen Gegenstand unter den anderen hervorhebt. Als ein bestimmtes Moment in der vernünftigen Weltordnung hat er auch bestimmte Functionen, die ihm wesentlich sind und zu seinem Begriffe gehören, während andere ihm völlig oder theilweise fremdartig sind. Es giebt also Thätigkeiten, die der Staat nothwendig übt, ohne die er aufhört ein Staat zu sein. Diejenigen Thätigkeiten dagegen, die der eine Staat übt, der andere nicht,

gehören offenbar nicht zum Wesen und Begriffe des Staates, und es könnte wol ein Fortschritt in der Entwicklung des Staates darin gefunden werden, dass der Staat aufhört zu thun, was zu seinem Begriffe nicht nothwendig gehört, und mit desto grösserer Energie sich auf das concentrirt, was für seinen Begriff ein constituirendes Moment ausmacht.

4. Unabtrennbar vom Staate als der realisirten Rechtsordnung ist allein die Function der **Selbsterhaltung**. Denn der Staat kann gar nichts anderes wollen, als sich selbst, und der Inhalt seines Willens ist das Recht. Das Recht aber, die oberste Bedingung für alle menschlichen Zwecke und alle menschlichen Güter, findet seine Verwirklichung nur im Staate, der es mit seinem starken Arme schützt. Darum ist auch der Staat in gleichem Range mit dem Rechte als die oberste Bedingung für alles Menschliche; er ist das Erste und Dringendste vor allem zu Erstrebenden, und indem der Staat sich selbst erhält, erhält er zugleich mittelbar alles Gute und Werthvolle. Das erste Erfordernis ist also, dass der Staat selbst dasei, und diesem Erfordernis kann nur durch den Staat selbst genügt werden. Denn die Menschen, die etwa für die Selbsterhaltung des Staates arbeiten, arbeiten immer im Auftrage und in der Vollmacht des Staates, nach Anweisung des Rechtes, das den Willensinhalt des Staates ausmacht. Diese Function der Selbsterhaltung im weitesten Sinne nennen wir die **Regierung**; alle anderen Functionen des Staates sind also derjenigen der Regierung untergeordnet und fliessen aus ihr. Im engeren Sinne heisst dann Regierung die Sorge für das Staatsganze als solches im Gegensatze zu den einzelnen Functionen, die ein bestimmtes Gebiet in bestimmter Weise bearbeiten. Die Regierung selbst ist vielgestaltig und erhält im Flusse des staatlichen Lebens in jedem Augenblicke neue Aufgaben in immer neuen Formen, die durch die Zweckmässigkeiten der Selbsterhaltung auferlegt werden; die andern Functionen alle haben ihre bestimmten Formen und Aufgaben und damit eine einfachere Gestaltung. Der Selbsterhaltung des Staates freilich dienen auch sie und erhalten damit ein Moment der Zweckmässigkeit, aber in engeren Grenzen und in näher bestimmter Weise. Dahin gehört erstens die Thätigkeit der **Gesetzgebung**. Das, was der Staat dauernd und immer will, muss klar und erkennbar ausgesprochen werden als formelles Recht, und dieses Recht muss ferner seinem Inhalte nach im Anschluss an die veränderlichen äusseren Bedingungen fortgebildet werden. Denn gleichbleibend am Willen des Staates ist dies, dass er das formelle Recht will; veränderlich an seinem Willen ist der Inhalt dessen, was die formelle Sanction des Rechtes be-

sitzt. Diese Gesetzgebung erstreckt sich aber nicht bloss auf den Inhalt dessen, was als Recht gelten soll, sondern auch auf die rechtmässige Form, in welcher eine Bestimmung den Charakter als geltendes Recht erlangen kann, und eben darum auch auf die Feststellung der Organe, welche den Willen des Staates überhaupt und seine rechtsbildende und rechtsschützende Thätigkeit insbesondere regelmässig zu vertreten haben; der Staat bildet sich eine Verfassung und bestimmte Behörden mit bestimmtem Wirkungskreise aus. Es gehört zweitens zur Selbsterhaltung des Staates die Schaffung einer äusseren Macht, die er dem Rechte zu Gebote stellen kann zur Sicherung und Durchführung desselben, und mit der er sich selbst jedem widerstrebenden Willen gegenüber vertheidigen kann. Diese Macht besteht theils in den Leistungen von Menschen, die im Heer oder als Friedensbeamte den Dienst des Staates versehen, theils in äusseren Hilfsmitteln an Geld und Gut, an Gebäuden und Waffen und Geräthen, an Thieren und Nahrungsmitteln: kurz, der Staat hat auch ein Vermögen zu erwerben und zu verwalten und wirthschaftliche Interessen wahrzunehmen wie ein Privatmann. Das ist die eine Aufgabe der Verwaltung. Vom Begriffe des Staates unabtrennbar ist ferner die Function der Rechtspflege: der Staat entscheidet den Streit über das, was im gegebenen Fall als dem geltenden Recht entsprechend angesehen werden soll; der Staat auch stellt das Recht aus der ihm widerfahrenen Verletzung wieder her. Dazu kommt endlich die Thätigkeit des Staates, mit der er wenigstens abwehrend in alle Erscheinungen und Verhältnisse des Lebens eingreift: und das ist die andere Seite an der Function der Verwaltung. Die Verwaltung in diesem Sinne hat den weitesten Umfang; denn sie hat auf allen nur denkbaren Punkten des inneren Staatslebens das Interesse der Selbsterhaltung des Staates wahrzunehmen und das im Sinne des Staates Zweckmässige herzustellen, nur mit der Beschränkung, dass es innerhalb der Grenzen geschehe, welche das Recht zieht. Die Function der Verwaltung entspricht beim Staate am meisten dem, was beim Einzelnen als Sphäre der Befugnis durch das Recht nicht sowol positiv gestaltet, als nur eingehegt und begrenzt ist; nur dass die Befugnis des Staates nicht mit anderer Befugnis auf gleicher Linie und in gleichem Range steht, sondern im Nothfall jede andere Befugnis überwiegt und verschlingt. Denn ehe irgend etwas Anderes ist oder geschieht, muss zuvor immer darauf gesehen werden, dass der Staat selbst keinen Schaden leide, weil der Staat die Bedingung für alles Uebrige ist: die Sorge aber, dass der Staat keinen Schaden leide, ist des Staates eigene Sache und wird

von anderen regelmässig nur im Dienste und Auftrage des
Staates wahrgenommen. Um sich zu erhalten, sorgt der Staat
nothwendigerweise auch für die Erhaltung von Volk und Land,
die seine Kraft und sein Bestehen bedingen, wehrt er Störungen
und Schädlichkeiten von Leben und Gesundheit, von Vermögen und Erwerb, aber auch vom moralischen und intellectuellen Habitus der Menschen ab. Und so kann denn schliesslich sich der Thätigkeit des Staates nichts entziehen, was
unter Menschen geschieht oder besteht. Denn um seine Interessen, die allen anderen an Dringlichkeit voranstehen, wahrnehmen zu können und vor allem sich selbst und die unentbehrlichen Bedingungen seines Bestandes zu sichern, übt der
Staat eine Oberaufsicht und Controle über alle privaten
und öffentlichen Verhältnisse und Thätigkeiten und kann auf
diese Function gar nicht verzichten. Die Einzelnen und
ihre Verbindungen, Familie und Corporation, Schule und
Kirche, der Ackerbau und die Industrie, die wissenschaftlichen und die künstlerischen Bethätigungen: alle diese sind
einer Oberaufsicht des Staates unterworfen, die immer zunächst
bei allem das Eine ins Auge fasst, was ihm schaden und
seinen Interessen hinderlich werden könnte. Damit hat denn
der Staat ein unveräusserliches, zu seinem Wesen und Begriff
unabtrennbar gehöriges Recht, das sich auf alles bezieht,
was er mit seinen Mitteln und in der ihm eigenthümlichen
Form der Thätigkeit erreichen und treffen kann; das Befugnis
des Staates geht über alle anderen Befugnisse. Jedes Recht
irgend eines Subjects ist vom Staate ertheilt und aus dem
Willen des Staates abgeleitet; der Staat aber kann schlechterdings kein Recht ertheilen auf unbedingte und unwiderrufliche
Weise. Denn zuerst muss immer der Staat bestehen und gesichert sein, ehe irgend etwas Anderes gilt, und was mit dem
Bestande und der Sicherheit des Staates sich nicht verträgt,
das hört eben damit auf zu gelten. Die Noth des Staates
um seine Selbsterhaltung bricht alles Recht; denn der Staat hat
das höchste Recht auf alles.

    5. Der Staat hat die grösste Macht, die jeder anderen
unvergleichlich überlegen ist, und so wird vor dem Willen
des Staates, der eigennützig sein Interesse wahrt, kein Recht
und kein Interesse eines Einzelnen oder einer Vielheit bestehen.
Damit scheint sich nun das Gebiet der Staatsthätigkeit ins
Unbegrenzte zu erweitern und alles andere Recht durch das
Recht des Staates nicht sowol gesichert als vielmehr aufgehoben zu werden. Aber das ist gleichwol blosser Schein.
Denn der Staat ist zwar ein eigennütziger, aber auch ein
kluger Wille und thut nichts, was seinem Begriffe zuwider
wäre und seine wesentlichen Zwecke vereiteln würde. Des-

halb setzt er selbst seiner Thätigkeit Schranken und begrenzt sich selber seine Befugnis mit verständiger Einsicht und Besonnenheit. Von dem Vielen, was er zu thun Gewalt hätte, thut er nur weniges, um seiner Bestimmung, die realisirte Rechtsordnung zu sein, getreu zu bleiben. Die Gewalt, die der Staat hat, um seinen Willen durchzusetzen, würde für einen Menschen, der sie besässe, oder für eine Gruppe von Menschen eine beständige Versuchung sein, alles zu thun, was ihnen zweckmässig und gut überhaupt schiene, und jeden Widerstand, der sich gegen diese ihre Action aufthäte, einfach niederzuschlagen. Der Staat aber unterliegt solcher Versuchung nicht, weil er sich gar keinen anderen Zweck setzen kann, als den Zweck, der er selber ist, nämlich das Recht. Die Gewalt also, die in den Händen des Staates ist, steht schlechterdings nur im Dienste des Rechts. Das Recht aber, das seinem Begriffe nach ein begrenztes Gebiet seiner Wirksamkeit hat, umfasst mit seiner Regel nur die unentbehrlichen Bedingungen des Gemeinschaftslebens, jedesmal nur ein Minimum, das dem Rechte zu unterwerfen nicht unterlassen werden darf. Diese Grenze des Rechtes ist damit auch die Grenze der Staatsthätigkeit. Aber freilich, wie das Gebiet des Rechtes veränderliche Grenzen hat je nach der Eigenart und den Verhältnissen der Menschen, so verändert sich auch das Gebiet der Thätigkeiten des Staates und wird bald weiter, bald enger, jedesmal im Anschluss an die gebieterischen Nothwendigkeiten des Lebens und andererseits an die von den menschlichen Verhältnissen offen gelassenen Möglichkeiten. Wie für das Recht selbst, so lässt sich auch für den Staat die Grenze nicht in allgemeingültiger Weise ein für allemal ziehen. In dem Flusse des Lebens wird auch diese Grenze fliessend. Aber wie es vom Rechte gilt, so gilt es auch vom Staate, dass das Gebiet seiner Thätigkeit im Fortgange der geschichtlichen Entwicklung sich stetig nicht erweitert, sondern einschränkt. Der Staat bleibt gebunden an das Material, das ihm für seine Thätigkeiten zur Hand ist. Die Menschen je nach ihrer nationalen und geschichtlichen Eigenart entziehen sich ihm oder bieten sich ihm als gefällige und leicht zu erlangende Organe für die Uebung seiner Functionen dar; die äusseren Dinge, die seiner Selbsterhaltung dienen, strömen ihm in reicher Fülle zu oder sind nur knapp und spärlich zu erlangen. Auf diese äusseren Bedingungen seines Daseins und Wirkens richtet sich der Staat mit grosser Klugheit ein. Je nachdem die Möglichkeit geboten ist, zieht er mit grösserer oder geringerer Energie die Menschen und Dinge in seinen Dienst. Seine unveräusserlichen Functionen versieht der Staat immer, freilich nur so gut es geht; je mehr die Cultur der

Menschen zunimmt. desto sicherer weiss er sie als seine Werkzeuge zu verwenden, und je mehr der Reichthum wächst, desto gründlicher versieht er sich mit dem zu seinem Bestehen erforderlichen äusseren Vorrath. Darum nimmt auch die Sicherheit und Energie in den dem Staate eigenthümlichen Thätigkeiten stetig zu: in der Gesetzgebung, dem Finanz- und Heerwesen wie in der Rechtspflege. Die Veränderlichkeit der Grenzen der Staatsthätigkeit kommt am meisten in der Verwaltung zur Erscheinung. Dem Begriffe des Staates entspricht es, dass er seine Hand überall da aus dem Spiele lässt, wo nicht eine dringende Noth ihn zur Einmischung zwingt, und dass er sie überall da zurückzieht, wo es auch ohne ihn gehen würde und die freie Selbstthätigkeit der Einzelnen und ihrer Vereinigungen mit den gebieterischen Nothwendigkeiten seiner Selbsterhaltung nicht in Conflict geräth. Der Staat betreibt nur, was er ohne schweren Schaden für sich selbst nicht unterlassen kann; ganz wider seine Natur ist es, ohne Noth die Menschen zu bevormunden. Darum sind die Grenzen der Staatsthätigkeit in der Verwaltung je nach der Verschiedenheit der Menschen und der Verhältnisse sehr verschieden. Hier hat sich der Staat dieses, dort jenes vorbehalten. Dass die menschlichen Thätigkeiten insgesammt der Einwirkung des Staates unmittelbar oder mittelbar unterliegen müssen, ergiebt sich aus der Natur der Sache; völlig frei von dem Institute des zum Schutze des Rechtes thätigen Zwanges bleibt schlechterdings nichts. Aber das Eine betreibt der Staat selbst, das Andere beobachtet er nur als aufmerksamer Zuschauer, um wo es nöthig wird abzuwehren oder nachzuhelfen. Nicht eine Frage abstracten Raisonnements, sondern des praktischen Blickes auf Grund der Beobachtung der concreten Verhältnisse ist es, wie viel im rechten Sinne des Staates demselben jedesmal zuzugestehen, wie viel ihm zu versagen ist.

6. Der Staat als die grösste irdische Macht kann vieles leisten, was er doch nicht leisten soll. Auch auf vieles Gute und Nützliche, was mit der Staatsmacht wol auszurichten wäre, soll man vernünftigerweise verzichten. Dem Nutzen im Einzelnen stände der principielle Schaden gegenüber, dass die Menschen in der Unmündigkeit festgehalten, zur Unfreiheit gewöhnt, zum eigenen Entschluss, zu eigener Wahl und Thätigkeit und damit zu reicherer Entwicklung ihrer Anlagen und Kräfte unfähig gemacht würden, und dieser Schaden liesse sich durch keinen Vortheil wieder gut machen. Man soll nicht vergessen, dass die Form aller Staatsthätigkeit unabänderlich der äussere Zwang ist. Der Staat kann nicht anders thätig sein, als indem er die Menschen bevormundet. Diese Be-

§ 31. Die Functionen des Staates. Grenzen der Staatsthätigkeit.

vormundung ist vernünftig und muss getragen werden, wo sie unentbehrlich ist; wie viel aber in dieser Beziehung unentbehrlich ist, das lässt sich nicht a priori bestimmen. Die Despotie hat ihre Zeit, wie die Bureaukratie ihre Zeit hat; diesem Volke kann nur durch die Dictatur des Tyrannen, jenem nur durch den väterlichen Absolutismus geholfen werden. Es giebt aber auch Völker und Zeiten, wo die möglichste Entfesselung der individuellen Kräfte das allein Angemessene ist. Wo das eigene Denken, die Selbstständigkeit des Wollens und Entschliessens, die Freude an der eigenen Verantwortlichkeit, wo Treue, Ehrlichkeit und Gemeingeist noch erst heranzuziehen sind, da muss der Staat besorgen, was die Schultern der Menschen noch nicht tragen können. Aber mit dem Fortschritte der Cultur kommt sicher die Zeit, wo die Persönlichkeit das volle Gefühl ihrer Selbstständigkeit erlangt und die Bevormundung unerträglich wird, wo zudem die äusseren Verhältnisse des Lebens so zusammengesetzter Natur werden, dass der vermeidbare Eingriff des Staates ein öffentliches Unheil wird, weil auf so äusserliche Weise das verflochtene Ganze nicht mehr in seinem eigenen Sinne gelenkt werden kann. Dann stellt sich für den Staat die stricte Nothwendigkeit her, sich mit seiner Verwaltungsthätigkeit auf ein immer engeres Gebiet zu beschränken. Das ist keine Frage, dass das Ziel der Geschichte in ihrem continuirlichen Fortgange eben dieses ist, die individuelle Initiative nicht weiter zurückzudrängen, sondern immer mehr zu entfesseln, die ordnende Staatsthätigkeit dagegen von dem positiven Organisiren immer mehr auf das blosse Abwehren der Störung, auf die Function der Oberaufsicht und des Gewährenlassens des nicht geradezu Verderblichen zurückzuwerfen.

7. Der Staat hat in keinem Falle die Aufgabe, die Menschen glücklich zu machen. Nur ein grober Eudämonismus kann daran denken, um die sichere Unwürdigkeit vermeidlicher Bevormundung gewisse zweifelhafte Vortheile für das äussere Wolergehen erkaufen zu wollen. Ueberdies liegt dem eine falsche Berechnung zu Grunde. Die Menschen werden nicht glücklich durch äusseres Wolbefinden; mindestens für ein edleres Gemüth bleibt doch die Freiheit der Bewegung nach eigener Wahl ein Gut über alle Güter. Aber auch nicht einmal dieses äussere Wolbefinden wird mit irgend grösserer Sicherheit durch den zwingenden Eingriff des Staates bewirkt. Vorausgesetzt, dass ein intellectuell und moralisch hinreichend gereiftes Volk vorhanden ist, kann der Verstand der Millionen von Individuen, deren Scharfsinn stetig herausgefordert wird durch ihr eigenes nächstes Interesse, durch eigenes Bedürfnis und eigene Gefahr, durch den Sporn, der im „Kampfe um's

Dasein" liegt, durch nichts anderes ersetzt werden. Uns Modernen stellt sich die Action des Staates dar in der Thätigkeit des Bureaukraten. Nun ist das Eine sicher, dass auch der berufenste Geheimerath im Verwaltungsbureau weder allwissend noch allmächtig, dagegen oft bei bestem Wollen, tiefstem Wissen und grösster Gewandtheit in Amtsgeschäften doch zugleich eben infolge seiner besonderen Lebensstellung und Vorbildung vorurtheilsvoll, einseitig gebildet, zu mechanischer Thätigkeit neigend, pedantisch und umständlich ist. Und was von dem Einen gilt, das gilt nur in noch höherem Grade vom Collegium: es ist gar keine Garantie dafür gegeben, dass behördliche Eingriffe nicht viel häufiger das Falsche als das Richtige treffen. Und endlich, welche Uebelstände auch die Freilassung der individuellen Thätigkeit mit sich bringe: sie hat eine befreiende und erziehende Macht und erzeugt immer neue Kräfte, deren Wirksamkeit auch für den zunehmenden äusseren Wolstand fruchtbar wird, während die Bevormundung die Kräfte aller in gleicher Weise lähmt. Auf die Dauer also wird sich die freie individuelle Initiative, wo sie überhaupt zulässig ist, immer als das auch für das sogenannte äussere Glück Nützlichere erweisen.

8. Des Staates Wille geht immer nur aufs Unentbehrliche; wo des Staates Gewalt von seinen Organen für mehr als das Unentbehrliche in Anspruch genommen wird, da schieben diese Organe dem Staatswillen ihren eigenen Willen unter und bringen die Action des Staates aus ihrem rechten Gleise. Vor solchen vorübergehenden Störungen und Trübungen kann sich der Staat, der zum Ausdruck und zur Vertretung seines Willens auf fehlbare, dem Irrthum des Verstandes und der Verkehrung des Willens ausgesetzte Menschen angewiesen bleibt, nicht durchaus behüten. Aber die Grundrichtung des Staatslebens wird doch dadurch nicht dauernd alterirt; denn das Wesen der Sache stellt sich einfach durch die Logik der Thatsachen und die zwingende Macht der Bedürfnisse, der sich auch der stärkste und eigensinnigste Wille auf die Dauer nicht entziehen kann, nach allen Schwankungen und Ausschreitungen zur Rechten wie zur Linken immer wieder her. Wer ruhig und ohne Leidenschaft beobachtet, wird sich hüten, nach abstracten Sätzen und nach dem Maassstabe seiner Theorie die zu irgend einer Zeit vorhandene dauernde Erscheinung zu meistern. Man kann ganz sicher sein: wo der Staat dauernd eine Thätigkeit selbst übernimmt, die nicht zu seinem unveräusserlichen Wirkungskreise gehört, da sind die Menschen noch nicht genügend gereift, um der Hilfe des Staates entbehren zu können. Staatseinmischungen, die uns heute unerträglich dünken, waren früher durchaus vernünftig

§ 31. Die Functionen des Staates. Grenzen der Staatsthätigkeit. 321

und zweckmässig und dem Begriffe des Staates ganz entsprechend. Ein späteres Geschlecht wird in vielen Dingen, wo wir das Eingreifen des Staates für ganz selbstverständlich und unentbehrlich halten, sich diese staatliche Mühwaltung aufs angelegentlichste verbitten. Der Weg von der Kasten- zur Zunftordnung und von da zur Freiheit der Berufswahl, des Gewerbebetriebs und des Ortswechsels hat Jahrtausende in Anspruch genommen. Die Niederlassungshindernisse, die Schranken für die freie Verwendung der Arbeitskraft, die Staatsconcession für die Eingehung einer Ehe, — das alles ist auch bei den gebildetsten Völkern des modernen Europa erst in neuester Zeit in Wegfall gekommen. Dass auch damit das goldene Zeitalter noch nicht wiedergekehrt ist, scheint die Menschen zu verwundern. Aber man muss den Werth solcher Gesetzgebungsacte nicht an einzelnen äusseren Nebenwirkungen messen. Jede neue Einrichtung führt auch neue Uebel mit sich; jede Veränderung bringt nicht nur Schlechtes, sondern auch mit dem Schlechten zusammenhängendes Gutes in Wegfall. Gebundenheit der Menschen erzeugt eine gewisse äussere Ordnung und Regelmässigkeit, eine neu gewonnene Freiheit wird im Anfang nicht immer weise gebraucht. Dennoch liegt in dem Wegfall jeder Art von äusserer Gebundenheit ein Fortschritt, und es fragt sich nur, ob Menschen und Verhältnisse hier und jetzt so weit gereift sind, dass dieser Fortschritt gewagt werden darf. Ist es möglich und nach aller Erfahrung wahrscheinlich, dass aus dem seiner äusseren Gebundenheit entledigten Willen sich eine neue Ordnung und Regelmässigkeit wiederherstellt, so wird diese Ordnung von unendlich höherem Werthe sein, als diejenige, die das erquälte Product äusseren Zwanges ist. Denn jene entspricht in höherem Grade der Würde und Bestimmung des Menschen.

9. Es könnten wol alle menschlichen Thätigkeiten kräftiger und erfolgreicher geübt werden, wenn die gesammelte Kraft des Staates mit ihrem Zwange sie förderte. Unglaubliches haben die Menschen in den uralten Zeiten theokratisch-politischer Despotie unter der Einwirkung dieses Zwanges vollbracht, als alle ihre äusseren Hilfsmittel noch unentwickelt waren. Der Thurm zu Babel und die Pyramiden Aegyptens reden zu uns von dem Willen des Herrschers, der die Menschen zwang, das Unmögliche möglich und den Traum der Phantasie zur Wirklichkeit zu machen. Ursprünglich, als der Staat zugleich religiöse Autorität hatte und die Religion zugleich eine äussere Ordnung mit gesetzlicher Form gebot, da war das ganze Leben durch die Sitte, den religiösen Brauch und das Gesetz des Staates, mindestens durch den Willen des Herrschers in durchgängiger Weise gebunden, und diese ver-

schiedenen Bestimmungsgründe flossen in einander. Berufsarbeit und Speise und Trank, Gesundheits- und Reinlichkeitspflege, Liebesthätigkeit und Gottesdienst waren gesetzlich und religiös zugleich normirt. Damals waren die Menschen eben noch nicht zu freier Subjectivität und individuellem Selbstgefühl entwickelt, und sie empfanden die Fessel nicht als eine Last, sondern als etwas Selbstverständliches und als eine Wohlthat. Aber das Bewusstsein der Freiheit und das freie Gewissen, die eigene Ueberzeugung und das selbstständige Denken zerreisst allmählich solche Fesseln bei den Völkern, die zu höherer Cultur emporstreben, und der echte Staatswille ist es nicht, der sich der dadurch gebotenen Einengung des Gebietes der Staatsthätigkeit widersetzt. Grosse Vortheile gehen dadurch verloren, aber unendlich viel grössere werden gewonnen. Denn der Staat mit aller seiner majestätischen Erhabenheit kann gar nicht umhin, alles, womit er sich befasst, zu veräusserlichen. Der Staat arbeitet überall mit denselben specifischen Mitteln: äusseren Vortheilen und Nachtheilen, Ehre und Zurücksetzung, Lohn und Strafe. Er wirkt mittelst sinnlicher Motive auf den denselben zugänglichen Willen und begnügt sich mit der äusseren Handlung, weil er die innere Gesinnung nicht treffen kann. Dabei ist er ein durchaus eigennütziges Wesen, und nur was ihm dient und seiner ewig unbefriedigten Bedürftigkeit zu gute kommt, ist ihm verständlich und findet seinen Beifall. Die Religion als Staatsinstitution bleibt an die äussere Tendenz gebunden als ein äusserer Formelkram und wird dem erwachenden freien Gewissen gegenüber zu heuchlerischem Lippenwerk; die Wissenschaft würde im Joche des Staates, wo es gelänge, sie unter demselben festzuhalten, zu äusserlicher Liebesdienerei und ängstlicher Rücksichtnahme; die Kunst nähme ein höfisches, conventionelles, von bombastischem Patriotismus gefälschtes Wesen an. Das rein Menschliche und der idealen Bestimmung des Menschen Angemessene kommt überall erst da zum Durchbruch, wo der Staat mit seiner veräusserlichenden Einwirkung sich behutsam zurückzieht.

10. Von dem Orient, der Heimath der theokratisch gefärbten Despotie, durch die Hellenen, welche die freie Innerlichkeit des Menschen zum Durchbruch gebracht haben, indem sie den Freien, den Bürger zwar sonst im Staate aufgehen liessen, aber ihn zur Mitarbeit am Staate aufriefen und den Staat zum Gefässe für den ganzen idealen Gehalt rein menschlichen Lebens gestalteten, bis zu den Römern, die die Competenzen der Behörden im öffentlichen Recht vernünftig ordneten und zugleich durch ein sorgfältig ausgebildetes Privatrecht der Thätigkeit des Menschen ein sicher umhegtes Gebiet zu-

§ 31. Die Functionen des Staates. Grenzen der Staatsthätigkeit. 323

gewiesen und eine äussere Ordnung der Interessen geschaffen haben, zeigt sich im Alterthum ein sicherer Gang der staatlichen Entwicklung auf die Befreiung des Individuums hin. Das Christenthum im Bündnis mit dem germanischen Volksgeiste hat dann dem Menschen die sittliche Freiheit über alle Erdenschranken hinaus und die innere Selbstständigkeit des Gewissens auch dem Gesetze des Staates gegenüber verschafft. Auf dieser Bahn sind die Völker der europäischen Culturwelt stetig vorwärts gegangen, nicht ohne Hemmungen, Störungen und Irrnisse, aber doch im ganzen in einem grossen Zuge der Bewegung auf ein einheitliches Ziel hin. Die grössten und entscheidendsten Umwälzungen hat das letzte Jahrhundert gebracht: eine wahrhafte Oeffentlichkeit des Lebens und eine Freilassung der Individualität in allen nicht öffentlichen Lebensthätigkeiten, wie sie früher noch niemals verwirklicht war. Die ungeheuere Veränderung des ganzen Systems der Arbeit an der Natur und des Verkehrs über den ganzen Erdboden hin, die gewaltige Zunahme aller wirthschaftlichen Technik und aller intellectuellen Aufklärung hat in das gesammte Leben des Einzelnen wie des Staates einen veränderten Ton gebracht, und vor allem die neuen Productionsverhältnisse des Grossbetriebs in Verbindung mit der gestiegenen Achtung vor Menschenwerth und Persönlichkeit haben eine principielle Gleichstellung aller Classen der Gesellschaft, der Niedrigsten und Aermsten mit den früher Bevorrechteten zum charakteristischen Kennzeichen unserer Rechtszustände gemacht. Man soll sich nicht täuschen: was das letzte Jahrhundert, das letzte Jahrzehnt an altem Schutt weggeräumt hat, ist dahin, auf Nimmerwiedersehen; kein Jammern um die entschwundene alte gute Zeit und keine Klage über die unzweifelhaften Uebelstände, die das Gefolge der neuen Zustände bilden, kann gegen die Nothwendigkeit der Dinge aufkommen. Aber darüber ist an dieser Stelle nicht zu rechten. Hier gilt es nur das Eine mit möglichster Bestimmtheit festzustellen: wo die Frage aufgeworfen wird, ob dieses einzelne concrete Verhältnis der staatlichen Regelung unterworfen werden soll, da mag sich darüber streiten lassen, und nur praktische Einsicht, Erfahrung und gesunder Tact kann darüber die beste Entscheidung geben. Aber wo es principiell als leitender Grundsatz aufgestellt wird, der Staat habe so viel wie möglich in das Gebiet seiner unmittelbaren Thätigkeit hineinzuziehen, da muss dem aufs entschiedenste widersprochen werden. Nicht so viel wie möglich, sondern so wenig wie möglich hat der Staat zu betreiben. Der Fortschritt geht auf die Verminderung der Zahl der Gegenstände, auf welche die Staatsfürsorge sich erstreckt, und wo vorübergehend einmal eine Erweiterung in dieser Beziehung nöthig

21*

wird, da ist das eine Ausnahme, welche die Regel nicht aufhebt, sondern bestätigt.

11. Was insbesondere die **wirthschaftlichen Verhältnisse** betrifft, so ist die Freiheit der Unternehmung unter den Völkern der modernen Cultur die Regel, und die Einschränkung die Ausnahme; und welche unbequemen Folgen auch dieser Zustand dauernd oder vorübergehend haben möge, weder die geistige Beschaffenheit der Völker von höchster Cultur, noch die äusseren Bedingungen der Production und des Verkehrs, noch die Nothwendigkeiten der Concurrenz mit fortgeschritteneren oder durch die Natur begünstigten Völkern lassen die Rückkehr zu einem früheren Zustande oder die Fortbildung des neuen Zustandes auf anderer Grundlage als derjenigen der freien Unternehmung als möglich erscheinen. Die staatliche Organisation der Arbeit ist nicht ein Ideal der Zukunft, sondern ein Rückfall in die primitive Barbarei niederer Culturstufen. Der Socialismus in allen seinen verschieden Formen preist die Uncultur und Unfreiheit, die durch den geschichtlichen Fortschritt überwunden sind, als das Höhere und noch erst zu Erstrebende an. Der Socialismus, auch der gutmüthige, der das Glück der Menschen durch die zunehmende Staatsfürsorge bewirken will, ist eine unhistorische, rationalistische Anschauung, die dem wirklichen Zuge der Entwicklung und der Natur der Menschen widerstreitet. Man darf bei diesen fundamentalen Fragen am wenigsten auf die diejenigen hören, welche bloss die wirthschaftlichen Gesichtspunkte ins Auge fassen, die Natur und Aufgabe des Staates aber dabei übersehen oder wol gar sich als besonders edel und sittlich fühlen, weil sie so viel wie möglich den wirthschaftlichen Eigennutz, den sie für unsittlich halten, durch die Staatsfürsorge eingeschränkt wissen wollen. Immer hiesse das doch nur den privaten Eigennutz durch den Eigennutz des Staates eindämmen; denn eigennützig ist auch der Staat, und er ist es nur noch in uneingeschränkterer Weise als die Einzelnen. Aber was schlimmer ist: sie mögen manche unsittlichen Auswüchse des wirthschaftlichen Unternehmungsgeistes abschneiden; dafür schneiden sie aber auch den Quell und Ursprung aller Sittlichkeit ab. Denn eine Sittlichkeit, die erzwungen ist durch das unwiderstehliche Gesetz, ist gar nichts werth und ein Hohn auf ihren Namen. Auf Grund der freien Entschliessung könnte sich die Sittlichkeit herausbilden; schneidet man die Selbstthätigkeit der Initiative ab, so hebt man damit zugleich die Sittlichkeit und die Entwicklung zu derselben auf. In dieser Richtung darf man vorgehen nur, soweit es unvermeidlich ist und das geordnete Ganze ohnedas nicht bestehen könnte. Wenn man nur darauf sieht, wie ein

§ 31. Die Functionen des Staates. Die wirthschaftl. Verhältnisse.

Maximum der Production mit einem Minimum von Kraft und Mitteln, wie eine vortheilhafte Regelung der Consumtion und der Bevölkerungszunahme, wie eine möglichst gleichmässige Vertheilung der Güter wol zu bewirken sein möchte: so kommt man leicht auf die Vorstellung, diese Fragen der Utilität und der wirthschaftlichen Technik liessen sich am leichtesten lösen, indem man zu dem Zwecke die gesammelte Kraft der Gemeinschaft und ihrer rechtlichen Institutionen aufböte. Aber man sollte darüber nicht vergessen, was die vernünftige Natur des Menschen, der doch nicht bloss arbeitendes und geniessendes Naturwesen ist, was der Begriff des Staates und die Tendenz der Freiheit und Persönlichkeit verlangt. Und die Einsicht ist nicht schwer zu erlangen, dass unter unseren gegenwärtigen Zuständen und bei dem Culturgrad unserer heutigen Bevölkerung man unter dem Gesichtspunkte der Ausbildung der freien Persönlichkeit zu den gleichen Anforderungen an das Maass der unmittelbaren Staatsthätigkeit gelangt, wie unter dem Gesichtspunkte der wirthschaftlichen Technik. Früher allerdings waren die Menschen anders und die Verhältnisse anders; früher war also auch mit vollkommenem Rechte das gebotene Minimum für die Staatsthätigkeit nach seinen Grenzen anders zu bestimmen. Die Volkswirthe thun gern, als hätten sie die Welt erst neu zu schaffen und als müssten sich die Verhältnisse in aller Eile nach dem umgestalten, was sie für das Nützlichste und wol gar für das am meisten Ethische halten. Aber die Menschen und die Dinge sind wie sie eben sind. Das Gerechteste lässt sich ihnen nicht so bald aufzwingen, noch viel weniger das Nützlichste oder was dem oder jenem Gelehrten oder Ungelehrten so scheint. Die Naturrechtslehrer hatten doch insofern ein edleres Princip im Auge, als sie die Welt nach dem Maassstabe, den die Meinung vom Gerechtesten lieferte, aus den Angeln heben wollten; unsere socialistischen Volkswirthe bleiben durchaus im Niedern und Gemeinen stecken, wenn sie wider die Natur der Dinge und unsere eigene bessere Natur uns aufzwingen wollen, was nur durch seinen angeblichen Nutzen für den sinnlichen Trieb und das sinnliche Bedürfnis einen Schein von Annehmlichkeit erlangt. Wenn man uns nur nicht mit dem blossen Gesichtspunkte des Nutzens kommt, wenn man die Sache unter den Gesichtspunkt stellt, wohin sie gehört, so wird so viel leicht zuzugeben sein: vor allem anderen muss der Staat Sicherheit und Festigkeit haben; er muss gegen die Willkür der Einzelnen geschützt, in allen seinen nothwendigen Functionen möglichst ungehemmt sein; er muss um seiner Selbsterhaltung willen auch die bürgerliche Gesellschaft des Erwerbes und Verkehrs vor Ausschreitungen, die zu einer allgemeinen Gefährdung werden könnten, bewahren; er darf das Chaos nirgends aufkommen lassen, und wo der Gemeinsinn, die Redlichkeit, die Einsicht in den wahren und dauernden Vortheil bei den Einzelnen nicht ausreichend vorhanden ist, um haltbare und erträgliche Zustände zu schaffen, da muss er nachhelfen, durch Zwang zu erziehen suchen; was die Andern nicht können und was doch nicht entbehrt werden kann, das muss er selber leisten. Die ersten Grundlagen und Bedingungen des Verkehrs: Münze, Maass, Gewicht, werden immer Sache des Staates sein. Das Privatrecht und das Steuerwesen gehören dem Staate durch seine Natur, und das ganze System der Arbeit und des Verkehrs wird dadurch mittelbar vom Staate, von seiner privatrechtlichen und öffentlichen Gesetzgebung und Verwaltung abhängig. Niemand wird glauben, dass diese Abhängigkeit je aufhören könnte. Unter unseren heutigen Verhältnissen ist aber ferner auch noch die eigene wirthschaftliche Thätigkeit des Staates in Bergbau und Forstverwaltung, in Post-, Eisenbahnen- und Telegraphenwesen, die Fürsorge des Staates für Deiche und Dämme, für Häfen und Strassen, für Stromregulirungen und Canäle gar nicht zu entbehren. Niemand wird heute oder in absehbarer Zeit dem Staate die Sorge für das Unterrichtswesen aus den Händen winden wollen, niemand seine Thätigkeit im Sanitätswesen oder Bankwesen für entbehrlich oder hinderlich halten. Aber für eine ferne Zukunft ist ein Zustand der Menschheit wol denkbar, wo alle diese Gebiete, der freien Thätigkeit der Einzelnen und ihrer Verbindungen überlassen, von unmittelbarer Staatsthätigkeit frei bleiben dürfen und dem Staate nur eine Oberaufsicht zur Abwehr von einzelnen Störungen und Schädlichkeiten vorbehalten bleibt. (Vgl. § 17—19.)

12. Nicht den Interessen, am wenigsten den materiellen Interessen zu dienen, ist der Staat da. Die wesentliche und seinen Begriff constituirende Thätigkeit des Staates ist die, den Rechtszustand zu schaffen und zu sichern. Mit dieser Thätigkeit wendet sich der Staat vielmehr ausdrücklich gegen die Interessen der Menschen wie gegen ihre Begierden und Leidenschaften. Das wirthschaftliche Leben der Menschen geht ihn nur so viel an, als dabei das Interesse seiner Selbsterhaltung ins Spiel kommt. Alle wirthschaftlichen Interessen sind Interessen einzelner Classen; der Staat kann nicht das Interesse des Einen fördern, ohne das des Anderen zu schädigen. Am besten lässt er also seine Hand davon, wo ihm ein Eingreifen nicht durch offenbare Noth und mit der sichersten Aussicht auf Erfolg geboten ist. Der Staat kann nicht und soll nicht alles machen. Der grösste Irrthum ist es zu glauben, der Staat sei um der Individuen, ihres Woles oder ihrer

§ 31. Die Functionen des Staates. Die wirthschaftl. Verhältnisse. 327

Vollkommenheit willen, er habe sie zu beglücken oder zu erziehen. Freilich sind die Individuen ebensowenig um des Staates willen, sondern um ihrer unendlichen Bestimmung willen für ein schlechthin jenseitiges Ziel, und nur mit ihrer Naturseite bleiben sie dem Staate verhaftet. Der Staat aber ist ein Wesen von selbstständiger Herrlichkeit, eine Manifestation der Vernunft, und wenn er doch zu etwas dienen soll, so muss man ihn als Diener des menschlichen Geschlechtes, aller Geschlechter, die noch kommen werden, der höchsten Culturzwecke auffassen, die über Leben und Gesichtskreis des Individuums weit hinausragen. Im Dienste dieser Zwecke behauptet sich der Staat als vernünftige Ordnung, und darum hat er seinen eigentlichen Gegner an dem zufälligen Willen und Interesse der Vielen. Der Gegensatz von Staatswillen und Volkswillen ist unversöhnlich. Was man Volkswillen nennt, das ist eben die Summe von Interessen der Einzelnen, der Gesellschaftsclassen und Stände, der Corporationen und Berufsarten, und diese Interessen wenden sich nothwendig in erbittertem Streite nicht nur gegen einander, sondern auch gegen den Staat und die bleibende vernünftige Ordnung des Rechtes. Auf diesem Gebiete ist der Vortheil des Einen nothwendig der Nachtheil des Andern; in der sich daraus ergebenden verbitterten Concurrenz entscheidet der blinde Zufall der Machtverhältnisse. Der rücksichtslose Egoismus der Classeninteressen insbesondere droht alles in wüste Unordnung aufzulösen. Daraus ergiebt sich die eigentliche Aufgabe des Staates: dem Interesse gegenüber das Recht, und im Rechte so viel wie möglich das Gerechte zu wahren. Der Staat ist immer in Gefahr, dass seine Gewalt in die Hand der mächtigsten Classe und damit in den Dienst der Ungerechtigkeit gerathe, um unter dem Scheine des Rechtes eine Waffe zu werden im Kampfe der Interessen. Es giebt nichts, wodurch der Staat mehr geschädigt, sein Begriff gründlicher gefälscht würde. Das Erste, was der Staat will, ist immer dies, dass das Recht gesichert genug sei, um dem Andrang der Interessen widerstehen zu können, seien es nun Interessen der Selbstsucht oder Interessen des Erbarmens mit fremder Bedürftigkeit. Wo der Wille des Staates nicht durch die Menschen gefälscht wird, da ist das die erste Sorge des Staates, dass ebensowenig die Nachgiebigkeit gegen die Macht der Hohen, als die Rücksicht auf das Elend der Niederen zur Verkürzung des Rechtes gereiche. Doch nicht allein vom Streite der Interessen unter einander droht dem Staate Gefahr, sondern auch von der einheitlichen Richtung aller Privatinteressen, mit welcher sie sich gegen den Staat wenden. Der Staat hat seine eigenen Interessen, die zu den Interessen der Menschen in einem natürlichen Gegensatze stehen. Denn der Staat will selber mächtig, blühend und gesichert sein; das kann er nur erreichen, indem er den Willen der Menschen zwingt für ihn zu arbeiten und Opfer zu bringen an eigenem Wol und eigenem Gut. Jede Arbeit für den Staat ist ein Abzug an der Arbeit für das eigene Interesse. Die Menschen lieben von Natur äussere Bequemlichkeit und Ungenirtheit, sie hassen den Zwang und den Dienst eines fremden Willens. Der Staat kann nicht sein, ohne das freie Belieben in unerfreulicher Weise einzuschränken und Lasten, Dienste und Steuern aufzuerlegen, die niemand gern trägt. Der Lust und Neigung der Menschen kann der Staat nicht nachgeben, ohne sich selbst aufzugeben. Die Masse der Menschen, die der Staat als sein Volk beherrscht, ist immer unverständig, dem nächsten Vortheil ergeben, kurzsichtig und unfähig, den Werth des Staates oder auch nur die Bedeutung desselben für das eigene Wol zu ermessen, die Lage des Staates und die ihn bedrohenden Gefahren in Gegenwart und Zukunft zu überschauen. Für die grosse Masse in gewöhnlichen Zeiten ist, wenn nicht der Staat selbst, so jedenfalls das Joch, das er auferlegt, ein Gegenstand der Abneigung und des Verdrusses. Es hat wol patriotische Völker gegeben, die sich bewusst waren, was an ihrem Staate besassen, und an die strenge Disciplin des Gehorsams gewöhnt, dem Staate mit Freudigkeit leisteten, was er verlangte. Aber auf solche Gesinnung zählen und auf sie sich einrichten zu wollen, könnte leicht ins Verderben führen. Der Patriotismus auch der edelsten Völker flammt in den Massen nur vorübergehend und zu vereinzelten Malen auf unter dem Eindruck besonderer wichtiger Ereignisse und angefacht von hervorragenden leitenden Männern. Das Dauernde und Beharrliche in der Masse, soweit der Menschen Gedenken reicht, bleibt doch die sinnliche Selbstsucht, welche durch keine Erziehung sicher gehoben wird, und die man nur durch die Disciplin in andere, für den Staat vortheilhaftere Bahnen hinüberführen kann; und was die höheren und gebildeteren Classen betrifft, so nimmt dort die Selbstsucht nur feinere und leichter täuschende Formen an, ist aber deshalb dem Staate nur um so gefährlicher. Darum ist das vor allem die Function des Staates, dass er dem Volke in allen seinen Schichten sein hartes Gesetz auferlegt und eine unerbittliche Zucht der Gewöhnung übt, damit allmählich die schwere Last des Staates nicht mehr als etwas Ungewöhnliches und Befremdliches, sondern als selbstverständlich, natürlich und nothwendig empfunden werde. Wo die Zügel der Disciplin locker werden, da ist der Volkswille immer der Wille des Ungehorsams und der Selbstsucht, und

§ 31. Die Functionen des Staates. Der Volkswille u. die Interessen.

sein ungehemmtes Walten bedroht das Ganze mit der Gefahr der Schwäche und der Auflösung. Die Leistungen für den Staat werden immer unwilliger und verdriesslicher vollbracht, und zuletzt könnte der Staat sich gar nicht mehr getrauen, das Nothwendige zu befehlen. Liesse man dem Volke seinen Willen, so würde zunächst Heeresdienst und Steuerleistung abgeschafft oder doch auf das geringfügigste Maass beschränkt und die obrigkeitliche Gewalt bis zur Ohnmacht geschwächt. Denn die Obrigkeit erscheint auch da, wo sie nur in selbstloser Vertretung des Staatswillens Einschränkungen und Lasten auferlegt, als das nächste greifbare Object, auf das sich der durch die Beeinträchtigung des Woles erzeugte Verdruss und Zorn abladen kann; der Willkür der Obrigkeit wird so leicht jede Benachtheiligung der Interessen zugeschrieben, auch diejenige, welche durch die Natur und Action des Staates am unzweifelhaftesten geboten wird. Dass es keinem ganz so geht, wie er es wünscht, das hat die Obrigkeit verschuldet; was irgend anders geht als man gehofft hat, das schiebt man auf die Regierung oder doch auf die staatlichen Institutionen. Seine eigene Lässigkeit und Versäumnis anzuklagen, daran denkt niemand. Wer nicht Frau und Kind zu regieren im Stande ist, weiss doch, wie im Staate alles besser zu machen wäre. Die Meisten denken, wenn vom Staate gehandelt wird, doch nur an ihre nächsten persönlichen Interessen, an ein behagliches Leben mit möglichst wenig Arbeit und möglichst viel Genuss. Es ist der natürliche Zug des Volkes zu allen Zeiten, die Vollmacht der Obrigkeit zu verkürzen, die Rechte und Freiheiten der Individuen möglichst zu erweitern. Dem Staate die Mittel zu seiner Selbsterhaltung und zur Erfüllung der Functionen, auf die er gar nicht verzichten kann, so knapp als möglich zuzumessen, gilt als ein besonderer Triumph des Volkswillens, und der Kampf gegen die nothwendigen Attribute der Obrigkeit schmückt sich mit dem stolzen Namen eines Kampfes für Freiheit und Recht. Grade die höchstgebildeten Völker sind solcher Entartung am meisten ausgesetzt, weil bei ihnen die Selbstständigkeit der Einzelpersönlichkeit am meisten herausgebildet ist. Die geschichtlich grössten Völker sind am Mangel an Patriotismus zu Grunde gegangen. Auch das best beanlagte Volk muss zur Staatsgesinnung durch die unwiderstehliche Macht des Gesetzes erzogen, in solcher Gesinnung durch Institutionen von unerschütterlicher Festigkeit bestärkt werden. Derjenige Staat also ist der dem Begriffe des Staates am meisten entsprechende, der in der Einschränkung der Privatthätigkeit nicht weiter greift, als er muss, aber innerhalb dieser Grenze mit unerbittlicher Festigkeit seine Ordnungen dem Volkswillen gegenüber zu schützen und aufrechtzuerhalten weiss. Wie das erste Recht eines Kindes das Recht auf Erziehung ist, so ist das erste Recht eines Volkes das auf einen festen, seinen Aufgaben gewachsenen Staat, auf Disciplin und Ordnung, auf Schutz gegen den eigenen Leichtsinn und die eigene Kurzsichtigkeit. Ein ganzes Volk als solches wird in politischem Sinne niemals mündig; immer können nur die Besten und Edelsten sich mit eigentlichem Staatsgefühl und lebendiger Staatsgesinnung durchdringen. Blindes Vorurtheil, phantastischer Aberglaube, wilde Leidenschaft und kurzsichtige Selbstsucht beherrschen die Menschen jetzt, wie sie sie vor Jahrtausenden beherrscht haben. Die Bosheit und Wildheit der gemeinen Menschennatur, die tückische Arglist der Volksverführer, die in der allgemeinen Verwirrung ihren eigenen Vortheil finden, die Treulosigkeit, Undankbarkeit und Wandelbarkeit des grossen Haufens drohen heute nicht geringere Gefahr als früher. Das Andringen der gesellschaftlichen Interessen gegen den Staat ist einer der wesentlichsten Züge in dem Bilde der Weltgeschichte zu allen Zeiten gewesen. Völker und Staaten haben geblüht, wo der Staat die Kraft besessen hat, sich gegen diesen wilden Ansturm zu behaupten; sie sind untergegangen, wo dem Staate der Wille und die Kraft der Menschen versagt hat, um einerseits das Recht im Sinne des Gerechten fortzubilden und andererseits das geltende Recht der Leidenschaft und der Selbstsucht der Einzelnen und der Classen gegenüber zu behaupten. Nicht Pflege der Interessen, sondern Pflege des Rechts, nicht die Rücksicht auf das Wol, auf den Nutzen und einzelne Zweckmässigkeiten, sondern die Rücksicht auf das Gerechte, auf Freiheit und Menschenwürde ist das, was dem Staate seiner Natur und seinem bleibenden Wesen nach am meisten entspricht, und ihm die grösste Kraft und Blüthe verheisst.

13. Aehnlich wie das Verhältnis des Staates zu den materiellen Interessen gestaltet sich auch sein Verhältnis zu den idealen Interessen. Kunst, Religion, Wissenschaft gehören einer höheren Sphäre an als die des Staates ist, der Sphäre des naturfreien, sich in seiner Vernünftigkeit erfassenden Geistes. Auch sie finden freilich allein auf dem Boden des Staates ihre Verwirklichung, sofern sie als Zwecke lebendiger Individuen an irdische Bedingungen geknüpft sind. Der Staat bereitet auch für sie die Basis einer gesicherten äusseren Ordnung, auf der sie sich frei von Störungen, die nicht in der Natur der Sache liegen, bewegen können. Diese idealen Interessen sind der wesentliche Inhalt aller menschlichen Geschichte, sie bilden den eigentlichen Zweck des menschlichen Daseins und des Daseins der Welt. Es wäre eine völlige

§ 31. Die Functionen des Staates. Die idealen Interessen. 331

Umkehrung des wahren Verhältnisses, wollte man sie zu Dienern des Staates erniedrigen; aber es wäre auch ebenso verkehrt, dem Staate in Bezug auf sie positive Aufgaben zu stellen. Der Staat ist seiner Natur nach unfähig, auf diesem Gebiete eine Herrschaft zu üben. Das freie Gewissen und die ideale Begeisterung muss wol frei bleiben vom Zwange des Staates und wird von seinen Ehren und Belohnungen, wie von seinen Strafen und Zurücksetzungen nicht getroffen. Was im Begriffe des Staates liegt, das ergiebt sich nach dem früher Ausgeführten auch für dieses Gebiet leicht und sicher. Der Staat hat sein Recht in dem Sinne auszubilden, dass die Befugnis des freien idealen Bildens von Störungen durch fremde Gewalt frei bleibt, und eben darum hat er sich auch selbst jedes nicht durch das dringende Interesse seiner Selbsterhaltung gebotenen Eingriffes zu enthalten; der Staat hat aber andererseits das Amt der Oberaufsicht und Controle, um alles das abzuwehren, was ihm selbst und seinen Ordnungen bedrohlich werden könnte. Indem diese beiden Principien sich gegenseitig begrenzen, so kommt in den verschiedenen Jahrhunderten und in den verschiedenen geschichtlichen Situationen der Völker und Staaten ein sehr verschiedenes Bild heraus von dem Verhältnisse, das sich der Staat zu den idealen Interessen gegeben hat.

14. Der Staat als Inhaber der grössten Macht, die es auf Erden giebt, übt mit derselben schon durch seine blosse äussere Wucht eine Wirksamkeit, die in allem, was durch Leitung und Bestimmung der Triebe erreicht werden kann, die Wirksamkeit jeder andern Kraft unendlich überragt. Es sind das die unvermeidliche Seitenwirkungen des Staates, die eigentlich nicht in seinen Begriff gehören und seine charakteristische Eigenthümlichkeit nicht bezeichnen, weil alles, was Macht hat, jede andere Gemeinschaft, selbst der Reichthum und das Ansehen der Einzelnen, diese Wirkungen auch bis zu einem gewissen Grade übt. Der Staat ist immer in der Lage, Vortheile, Ehre, Einfluss, überhaupt solches zu verleihen, was jedermann begehrt. Diese seine Fähigkeit könnte er benutzen, um für sich nicht nur das zu erreichen, was erzwungen werden kann, also das Nothdürftige und Aeussere, sondern auch das, was nicht erzwungen werden kann, den Eifer und die Lust, ihm mit Hingebung der ganzen Persönlichkeit zu dienen. Damit könnte der Staat einen viel grösseren Theil der menschlichen Kräfte für seine Zwecke heranziehen, als es in seiner nächsten Aufgabe liegt, und er könnte auch das für sich in Anspruch nehmen, was er nicht nothwendig braucht. Aber so zu verfahren, ist wider die Natur des Staates. Um ihr treu zu bleiben, beschränkt sich der Staat in der Ausbeutung

seiner Mittel; es wäre sonst Gefahr, dass er alle Kräfte aus
ihrer rechten Bahn lenkte, und statt die Arbeit der Menschen
für die edelsten Zwecke zu beschützen, diesen Zwecken die
Arme und die Geister thatsächlich entzöge, um sie in seinen
Dienst hinüberzuziehen. Dass der Staat die Gebiete der idealen
Thätigkeit beeinflusst, dessen kann er sich gar nicht enthalten.
Es ist ganz nothwendig, dass der Staat überall, wo er die
Wahl hat, diejenigen Persönlichkeiten und Dinge am liebsten
für sich in Anspruch nimmt, die seiner Selbsterhaltung und
seinem Interesse die grösste Förderung versprechen. In jedem
Staate wird eine von patriotischem Geiste getragene Kunst,
eine mit den historischen Grundlagen dieses Staatswesens in
Einklang befindliche Richtung der Wissenschaft vom Staate
bevorzugt sein; jeder Staat findet in einer bestimmten Religionsform vor anderen das ihm am meisten zusagende Element.
Dass die äussere Herrlichkeit und Grösse des Staatswesens
die Gesinnungen der Menschen und ihre Bethätigungen auf
dem idealen Arbeitsgebiete aufs tiefste beeinflussen, dies zu
verhindern, kann der Staat weder den Willen haben, noch
böte sich ihm die Möglichkeit dazu, wenn er es wollte. Vielmehr muss man das als eine der nothwendigen Aeusserungsformen des Staatswillens hinnehmen, dass der Staat die Bevorzugung der einen Richtung vor der anderen auch äusserlich durch sein Handeln bewährt. Aber allerdings liegt darin
zugleich eine dringende Gefahr für alle idealen Interessen.
Denn die Gunst des Staates, der sich doch mit dem äusserlich erscheinenden Thun begnügen muss, befördert leicht den
Widerspruch dieses Thuns zu der inneren Gesinnung und
damit die äusserste Entsittlichung. Soll die ideale Arbeit
gut von Statten gehen, so ist die erste Anforderung, dass
überall nur die inneren dem betreffenden Gebiete selbst entstammenden sachlichen Motive mächtig seien; äussere Rücksichten aber beeinträchtigen leicht auch bei der ehrlichsten
Gesinnung die gerade Richtung der Entwicklung. Wollte
sich der Staat hier nicht bescheiden, so würde er eben durch
seine überwiegende Macht schädigen, was er fördern, verfälschen, was er schützen wollte. Eine Privatperson mag in
ihre Dienste ziehen, was ihr nützt und gefällt; der Staat, der
ja nur einer ganz bestimmten Aufgabe gemäss handelt, ist
nothwendig unparteiisch, soweit es irgend seine Selbsterhaltung erlaubt, und hütet sich, dass seine Wirksamkeit nicht
eine erdrückende und zerstörende werde. Man soll dem Staate
nur keine idealen Bestrebungen andichten; es giebt keinen
ausgemachteren Realisten als den Staat. Er hat als solcher
gar kein Verständnis für die eigentliche Natur des Idealen;
sein Urtheil gründet sich immer auf das Eine, ob etwas in

§ 31. Die Functionen des Staates. Die idealen Interessen.

dieser äusseren Welt der Dinge wirksam ist und ob es nützt. Dem Staate liegt daran, dass seine Bürger edel gebildet seien, weil sie das brauchbarer macht und seine Stärke dadurch wächst. Er braucht Organe für seine Thätigkeiten und muss deshalb die Schule und die Erziehung beaufsichtigen, nicht nur damit nichts Staatswidriges in ihr gesäet werde, sondern auch damit das geschehe, was für ihn verwendbare Persönlichkeiten zu erzeugen vermag. Er bestellt und belohnt Kunstwerke wie ein Privatmann und kann nicht wol umhin, auch die Stätten der Kunstübung und der Erziehung zu derselben wegen ihres gewaltigen Einflusses auf das Leben und Fühlen seiner Bürger im Auge zu behalten. Vor allem, die sittlichen Impulse, die durch die religiöse Erziehung den Menschen ertheilt werden, kann er gar nicht entbehren. Aber bei alledem liegt es nicht in der Art des Staates, alles ihm Nützliche zu wollen, was er wol erreichen könnte, sondern nur das Minimum, das ihm zu seiner Selbsterhaltung unentbehrlich ist. Dieses Maass ist auch auf diesem Gebiete ein zeitlich wechselndes; das Ziel der Entwicklung aber ist auch hier, dass die idealen Interessen dem Staate und seiner Macht gegenüber immer selbstständiger und unabhängiger werden, nicht etwa, dass der Staat immer mehr die Culturinteressen in seine unmittelbare Pflege nimmt. Wünschenswerth ist es jedenfalls überall, dass, soweit es jedesmal möglich ist, Kunst, Wissenschaft, Religion nicht in der Treibhauswärme der Staatsfürsorge grossgezogen werden, sondern draussen in Sonnenschein und Wind, in Unabhängigkeit und hartem Ringen ihren Platz im Kreise der Interessen sich erobern. So lange die Menschen nicht geeignet sind, selbstständig das Nöthige zu thun, wird der Staat durch gebieterische Nothwendigkeiten gezwungen, seinerseits für sie einzutreten. Aber Institutionen wie der Schulzwang, die staatliche Schulverwaltung, lassen sich immer nur aus zeitlichen Bedingungen heraus erklären; aus dem Begriffe des Staates folgen sie als nothwendige Functionen des Staates nicht, ebensowenig wie die staatliche Büchercensur oder die staatliche Kunstschule. Dem Staate alle höchsten Functionen für alles Menschliche aufbürden, heisst das Wesen des Staates verfälschen und die Ideale in seinem tiefsten Wesen beeinträchtigen. Irgendwo muss doch der Mensch dahin kommen, dass er vom Zwange und den Lockmitteln des Staates frei seinen Weg gehe. Irgendwo muss über das Recht und seine Proceduren hinaus für die reine sittliche Spontaneität ein Platz übrig bleiben. Der Staat hat einen eigenthümlichen idealen Gehalt, er bildet die Bedingung für alles Höhere; aber es giebt eben Höheres als er, wofür er nur Bedingung ist. Wollte er das alles aufsaugen und verschlingen, so würde der Fortschritt zu dem eigenthümlich Menschlichen hin nicht gefördert, sondern unterbunden werden.

14. Unter den idealen Interessenkreisen ist einer, dessen Verhältnis zum Staate von ganz besonderer Wichtigkeit ist. Es giebt auf Erden nur ein Mächtiges, das sich einigermaassen mit dem Staate vergleichen kann, nämlich die Religion und die Organisation des religiösen Bildens in der Kirche. Die Religion beherrscht die Menschen wie der Staat, und selbst die Mittel der Beherrschung, die sie anwendet, sind denen des Staates verwandt. Sie wirkt zunächst auf das System der Triebe, freilich nicht wie der Staat durch äussere Macht, sondern durch Vorstellungen von Lohn und Strafe, die theils in dem irdischen, theils in einem jenseitigen Leben, nicht vermittelst einer natürlichen Causalität, sondern durch übernatürliche Kräfte, der Handlung nachfolgen. Und diese Vorstellungen können so mächtig werden, dass sie die Furcht vor der sichtbaren und gegenwärtigen Macht des Staates bei weitem überwiegen. Es ist eine thörichte Meinung, zu glauben, dass die Macht der Religion und des kirchlichen Instituts über die Gemüther der Menschen sich mit steigender Cultur abschwäche. Gerade in den heutigen Zuständen haben wir den triftigsten Beweis vor Augen, dass durch die zunehmende Macht des freien Gedankens und durch die Weiterentwicklung der selbstständigen Persönlichkeit und der Beherrschung der Natur auch der Religion immer neue Kräfte zuwachsen, mit denen sie immer erfolgreicher ihre Stellung auch dem Staate gegenüber zu behaupten vermag. Damit erwächst nun dem Staate eine seiner schwierigsten Aufgaben, sein Verhältnis zur Kirche so zu ordnen, dass die Kirche ebensowol wie er selbst dabei bestehen kann. Denn der Antagonismus von Kirche und Staat ist von vorn herein gegeben, wenn er auch, im Anfang mehr latent, erst im Fortgange deutlicher hervortritt. Die Kirche hat eben andere Zwecke und Aufgaben als der Staat: jene knüpft den Menschen unmittelbar an seine ewige Bestimmung an, dieser stellt eine äussere irdische Ordnung her. Innerhalb des Staates gehören die kirchlichen Interessen zu dem weiten Kreise der gesellschaftlichen Interessen überhaupt und nehmen an der Natur derselben Theil, dem Staate von den Mitteln zu seiner Selbsterhaltung gern so viel wie möglich abzuziehen, um selbst in möglichstem Umfange und mit möglichster Sicherheit sich zu entfalten. Ursprünglich freilich tritt die Rivalität zwischen den beiden gewaltigsten Mächten hinter einer harmloseren Gestaltung ihres Verhältnisses zurück. Staat und Religion stehen in einem ursprünglichen Bündnis, bei dem es eine abgesonderte Kirche noch gar nicht giebt und der Staat kirchliche Func-

§ 31. Die Functionen des Staates. Staat u. Kirche. 335

tionen mit besorgt. Der Staat umgiebt sich dadurch mit einer neuen Autorität und gewinnt seinen Antheil an der heiligen Scheu, zu der die Religion die Gläubigen erzieht, der Scheu vor allem, was dem Willen der Götter entspricht. Dieses Bündnis zwischen Staat und Religion dürfte man auf der frühesten Stufe der menschlichen Cultur sicher nicht unnatürlich nennen. Freilich sind es zwei grundverschiedene Dinge, die sich hier vereinigen: aber sie sind es nicht von Anfang an der Thatsache nach, wie sie es ihrem Begriffe nach sind. Nur in ihrer weiteren Entwicklung sind sie bestimmt, immer weiter auseinander zu gehen zu ganz verschiedenen Zielen; ursprünglich stehen sie wie nah verwandte Mächte brüderlich zusammen. Denn wenn der Staat für immer auf dem Gebiete des natürlichen Willens seinen Beruf findet, so ist wenigstens im Anfang die Religion auf demselben Gebiete heimisch. Die Religion ist zuerst Naturreligion, d. h. sie entspringt aus der Beschaffenheit des natürlichen Menschen und entspricht derselben. Der natürliche Mensch ist religiös, sofern er die Befriedigung seiner Begierde von übersinnlichen Mächten erwartet, die er in sinnlicher Form anschaut, und deren Willen er sich geneigt zu erhalten bestrebt ist. Als der Wille solcher übersinnlichen Mächte stellt sich ihm auch das Recht und das Gebot des Staates dar, und der Wille der Götter fliesst in der Vorstellung mit dem Willen des Staates in eins zusammen. Das vorhandene Recht wird als der Wille der Götter verehrt, und was die Götter befehlen, nimmt die Form des Rechtsgesetzes an. Der Staat dient sich also selber, indem er die Ordnungen des religiösen Lebens wie seine eigenen Ordnungen mit seiner ganzen Macht unterstützt und aufrechterhält.

15. Das ursprüngliche Bündnis zwischen Staat und Religion geht in ein weit weniger harmloses Verhältnis zwischen beiden über, sobald die Stufe der Naturreligion überwunden ist, sobald Gott als heiliger Wille, die Bestimmung des Menschen als Heiligkeit nach Gottes Bilde erkannt wird. So lange nun die Heiligkeit des Menschen nur erst als äussere Gesetzlichkeit erfasst wird, so wird die ganze äussere Lebensordnung religiösen Geboten unterworfen. Das Recht verliert seine Selbstständigkeit und wird zu religiöser Satzung: der Staat wird zu einer Anstalt, um die Erfüllung der göttlichen Gebote zu erfüllen, und die Staatsgewalt liegt in den Händen des Priesters, der Gottes Gebot versteht und auslegt. Hier kommt es also gar nicht zu einem rechten Staate, sondern der Staat trägt kirchliche Attribute. Das specifisch Staatliche bleibt unausgebildet; die religiösen, die kirchlichen Gesichtspunkte überwuchern die Anstalt zum Schutze des Rechtes.

Eine völlig neue Wendung tritt dann ein, wenn die Bestimmung des Menschen nicht mehr in äusserer Erfüllung bestimmter Gebote, sondern in einer Umschaffung seines Wesens, in der Wiedergeburt, d. h. der Erhebung über alles Sinnliche zum schlechthin geistigen und ewigen Leben, in der Mitgliedschaft eines Reiches der absoluten Freiheit gefunden wird. Diese Wendung ist mit dem Christenthum eingetreten; mit dem Christenthum erst sind daher Staat und Religion völlig auseinander gerathen, und nun haben sich auch die Functionen von Staat und Kirche streng gesondert. Die Kirche, die Gemeinschaft des sittlichen Bildens auf der Grundlage der Religion, hat von dem Augenblicke an, wo die Religion die Sittlichkeit nicht mehr in gesetzlichem Thun findet, mit dem Staate nichts mehr zu schaffen als dies Eine, dass sie sich auf seinem Boden bewegt und von ihm den gesetzlichen Schutz erwartet, den er ihr nach seiner und ihrer Natur gewähren kann. Fortan hat es der Staat mit dem natürlichen Menschen und seinen irdischen Interessen zu thun, die Kirche mit dem geistigen Menschen und seiner unendlichen Bestimmung für eine jenseitige ewige Welt. Auf der Grundlage dieser Sonderung der beiden grossen Institutionen nach Wesen und Aufgabe kann nun erst dasjenige Verhältnis zwischen ihnen gefunden werden, welches den Begriff der Sache in möglichster Vollkommenheit deckt. Die protestantische Auffassung des Heilsprocesses, wie sie uns an sich als die allein wahre erscheint, scheint uns auch allein für das rechte Verhältnis von Staat und Kirche den Maassstab von bleibender Gültigkeit abzugeben.

16. Zunächst muss man unter dem Gesichtspunkte des Christenthums dies Eine festhalten, dass die Kirche nimmermehr vom Staate beherrscht werden kann. Der Staat als die Verwirklichung einer äusseren rechtlichen Ordnung reicht an die Zwecke der Kirche nicht heran; er ist gar nicht im Stande, die Religion zu begreifen; für die unendliche Freiheit des Gewissens hat er keinerlei Verständnis. Die Kirche allein kann ermessen, was ihr frommt, um ihre Zwecke sicherer zu erfüllen, und sie allein kann ihre äusseren Einrichtungen im Einklang mit ihrem Wesen erhalten. Auf der anderen Seite wäre es ebenso unvernünftig, wenn die Kirche den Staat beherrschen und seine Formen und Einrichtungen bestimmen wollte. Ja, wäre die Kirche jemals in einem bestimmten Zeitpunkte schon der vollendete Ausdruck des christlichen Grundprincips, wäre sie das Reich Gottes selber, so würde sie von ihrem höheren religiösen Zwecke aus auch die Aufgabe des Staates völlig zu würdigen im Stande sein, wie denn der sittliche Wille in seiner Reinheit überhaupt das Recht

nicht aufhebt, sondern bekräftigt. Eine kirchliche Leitung des Staates würde unter dieser Voraussetzung mit dem eigenen Willen des Staates übereinstimmen. Aber das ist eben das Wesen der Kirche, dass sie die schlechthin transscendente Idee des Reiches Gottes in allen ihren Lebensformen und allen Momenten ihres Daseins doch nur in endlicher Form zur Erscheinung bringen kann. Der Staat mit seiner durchaus diesseitigen Natur ist in jedem gegebenen Augenblicke das, was er sein soll, realisirte Rechtsordnung; seine Entwicklung besteht nur darin, dass das von ihm gebildete und geschützte Recht immer mehr der Uebereinstimmung mit der Idee des Gerechten sich annähert. Die Rechtsordnung, ob mit einem reicheren oder ärmeren Gehalte an Gerechtem erfüllt, bleibt doch immer formell Ordnung des Rechtes, und der Staat, der sie schützt, doch immer die adäquate Ausprägung des Rechtszustandes, an den eben eine unendliche Anforderung nicht erhoben werden kann. Es lässt sich also ein reiner Wille des Staates aus seinem Begriffe ableiten, der auch in die Erscheinung tritt, und die Unvollkommenheit besteht nur etwa darin, dass die Organe, auf die der Staatswille zu seiner Vertretung angewiesen ist, dass die obrigkeitlichen Personen den Staatswillen mehr oder minder exact zum Ausdruck bringen. Mit der Kirche steht es auch hierin ganz anders, gerade wegen der in der Endlichkeit des zeitlichen Daseins niemals rein auszuprägenden unendlichen Bestimmung. Die Kirche ruht jedesmal auf einer unvollkommenen und einseitigen Auffassung des schlechthin ewigen Gehaltes; aus dieser theilweisen Unvollkommenheit der Kirche gegenüber der reinen Hoheit ihrer Idee folgt die nothwendige und unversöhnliche Discrepanz zwischen dem Interesse der Kirche und dem Willen des Staates. Den Staat der Kirche unterwerfen hiesse deshalb nicht etwa, ihn dem wahren Herrn der Kirche, dem Heiland und Erlöser, dem ewigen Gottessohne selbst unterwerfen, sondern ihn von dem fehlbaren, dem Irrthum ausgesetzten, einseitigen Interessen nachgehenden Willen der Leiter einer nichtstaatlichen Gemeinschaft abhängig machen, der den Staat nach widerstaatlichen Gesichtspunkten beherrschen, ihn seiner eigentlichen Natur entfremden und seine für die Culturarbeit des menschlichen Geschlechtes unersetzlichen Functionen fälschen und stören würde.

17. Für den Staat, der irdische Existenz mit irdischen Zwecken ist, ist es einfache Consequenz aus seinem Begriffe, dass er nur als einzelner innerhalb einer Vielheit von Staaten wirklich ist. Dass die Kirche ebenso innerhalb der gegebenen Welt im Anschluss an die zeitliche und örtliche Verschiedenheit der äusseren Bedingungen nur als eine Vielheit von

Kirchen existirt, die in Lehre, Cultus, Verfassung dem göttlichen Princip der Offenbarung in höherer oder geringerer Weise entsprechen: das ist ein Zeichen, dass jede einzelne Kirche hinter ihrer unendlichen Bestimmung zurückbleibt. Der Zweck der Kirche ist der allerhöchste, den es giebt: aber als äussere, von der Endlichkeit ihrer Existenz tingirte Institution ergreift sie theils den Zweck nicht in voller Reinheit, theils unterliegt sie der Gefahr, die Mittel mit dem Zwecke zu verwechseln. Die Kirche strebt wie jede gesellschaftliche Interessengruppe nach äusserer Macht, nach Reichthum und Einfluss, allzuhäufig auch auf Kosten des Staates, den sie in seiner doch auch gottgewollten Selbstständigkeit allzuoft nicht nach Gebühr anzuerkennen vermag. Weil sie den Staat, der an geringere Zwecke verhaftet bleibt, nicht mit Unrecht unter sich sieht, so glaubt sie, ihn auch äusserlich beherrschen zu sollen. Je äusserlicher die Kirche den Process der Erlösung, Rechtfertigung und Heiligung fasst, um so eher träumt sie von einem Zustand, in welchem die weltliche Gewalt das Werkzeug der Kirche zur Beherrschung der Seelen, die kirchliche Gewalt des Priesters die Quelle und Meisterin auch der obrigkeitlichen Gewalt im Staate wäre. Offenbar wäre das ein Zustand, der von dem für uns allein gültigen, von dem christlichen Gesichtspunkte aus, dem Wesen der Religion und dem des Staates gleich entschieden widerspräche. Denn es ist undenkbar, dass die Menschen zur Heiligkeit und Seligkeit gezwungen werden könnten; und doch kann die Herrschaft der Kirche über den Staat gar keinen anderen Sinn haben, als dass die Kirche für ihre Zwecke die Methoden des Staates anwenden wollte, was eine Caricatur der Kirche ergäbe. Andererseits wird der Staat aus seiner Bahn gelenkt und ihm ein Zweck untergeschoben, der nicht der seine ist. Wird er zu irgend etwas Anderem gebraucht, als eine äussere rechtliche Ordnung für äussere Handlungen mit den Mitteln äusserer Gewalt herzustellen und zu sichern: so würde die Vorbedingung für alle menschliche Culturarbeit und auch für die Existenz und Wirksamkeit der Kirche selbst versäumt und die gesammte menschliche Entwicklung in Frage gestellt werden.

18. Es ist kein sehr wesentlicher Unterschied, ob man, wie es den Theoretikern der römisch-katholischen Kirche nahe liegt, den Staat, indem man ihn als eine äussere weltliche Veranstaltung von transitorischem Charakter einigermaassen niedrig taxirt, zum Schergen der Kirche macht und ihm die Aufgabe stellt, die Kirche zu schützen, Glauben, Gottesfurcht und Cultushandlungen zu erzwingen, oder ob man, wie es zuweilen in protestantischer Wissenschaft vorkommt, die staatliche Kirchengewalt als etwas ganz Natür-

liches und Selbstverständliches ansieht, weil der Staat, dessen Bedeutung man hier eher übertreibt, ja doch alle Culturzwecke zu besorgen habe, und der Meinung ist, schliesslich werde die Kirche ganz in den Staat aufgehen. Im Resultate kommen beide Ansichten auf dasselbe hinaus. Geistliches und Weltliches, Kirchliches und Staatliches wird vermischt, das Religiöse veräusserlicht, indem es zur Sache des Staates gemacht wird, das Staatliche in Verwirrung gebracht, indem es mit dem, was Sache des religiösen Gewissens ist, in perpetuirliche Berührung und damit auch in perpetuirlichen Conflict versetzt wird. Die Staatskirche und der Kirchenstaat, mögen beide Vorstellungen auch auf noch so verschiedenem Boden erwachsen sein, führen doch zu denselben Consequenzen, wie sie sich am energischsten ausdrücken im System der Jesuiten. Wenn die Seligkeit durch äusseres Thun erworben wird, so soll auch zu diesem äusseren Thun gezwungen werden; was Gott wolgefällt, weiss ausser Gott allein der oberste Priester, und dieser ist deshalb auch oberster König. Dass die Kirche immer mächtiger werde, um ihr Werk an den Seelen treiben zu können, ist der oberste Zweck, und dieser ist mit allen dienlichen Mitteln zu verfolgen. Wenn dagegen nicht äussere Werke die Seligkeit bewirken oder zu ihr beitragen, sondern allein die Gerechtigkeit aus dem Glauben gilt, der durch Gottes freie Gnade gewirkt wird, so wird ein Zwang im Dienste kirchlicher Lehre und kirchlichen Cultus widersinnig; die Kirche fühlt sich und ihre Ordnungen nur als gottgewolltes Mittel und nicht selbst schon als den Zweck der Zwecke, und sie kann nun nicht allein, sie muss auch den Staat als eine ihr gleichberechtigte gottgewollte Ordnung zu anderem und selbstständigem Zwecke anerkennen. Vom protestantischen Bewusstsein aus ergeben sich also folgende Sätze: Gäbe man dem Staate die Herrschaft über die Kirche, so würde nicht bloss die Kirche durch politische Gesichtspunkte gefälscht, sondern auch der Staat aus seiner wahren Natur in eine ihm fremdartige übergeleitet. Gewönne die Kirche die Herrschaft über den Staat, so würde die Kirche ganz ebenso veräusserlicht und der Staat ganz ebenso aus seiner Bahn geschleudert. Um der fundamentalen Verschiedenheit von Staat und Kirche willen muss sich jede Herrschaft des Staates über die Kirche ebenso als dem Begriffe der Sache widersprechend darstellen, wie es die Herrschaft der Kirche über den Staat ist.

19. Abzuweisen dagegen ist die ganz unglückliche Formulirung dieser Gedanken in dem vielgehörten Ausspruch von der „freien Kirche im freien Staat". Man meint damit eine absolute Lösung der schwierigsten aller Fragen gefunden

zu haben, eine Lösung, die überall anwendbar sei. Dem muss zuerst widersprochen werden; eine absolute Lösung giebt es hier so wenig wie auf andern Puncten des Staatslebens. Aber gesetzt auch, man wolle damit nur das ferne herrliche Ziel einer noch Jahrtausende dauernden Entwicklung bezeichnen, dem sich die Wirklichkeit nur mehr und mehr anzunähern habe, so würde auch in diesem Sinne die Meinung schwere Bedenken gegen sich haben, der Staat habe die Kirche principiell gewähren zu lassen, ohne sich weiter um sie zu bekümmern, und die Kirche habe andererseits vom Staate nichts weiter in Anspruch zu nehmen, als was jeder andere Verein auch in Anspruch nimmt: äusseren rechtlichen Schutz. Dass damit das Verhältnis zwischen Staat und Kirche unmöglich richtig bezeichnet sein kann, das ergiebt schon die leichteste Ueberlegung. Für uns liegt das Ideale nicht jenseits und ausserhalb der Wirklichkeit, sondern es ist in ihr immer schon angebahnt und wenn auch in getrübter Gestalt schon implicite enthalten. Das Verhältnis zwischen Staat und Kirche, wie es sich heute oder morgen oder überhaupt auf Grund bestimmter Bedingungen in bestimmter Zeit ergiebt, ist nicht durchaus demjenigen fremd, welches aus der Natur der Sache folgt, wenn wir aus rechter Erwägung des Begriffes des Staates den reinen Willen des Staates erschliessen. Thatsächlich finden wir zwischen Staat und Kirche sehr verschiedenartige Rechtsbildungen in verschiedenen Zeiten. Aber wenn wir in der veränderlichen Erscheinung das bleibende Wesen herauszuerkennen unternehmen, so finden wir in allen diesen einzelnen Erscheinungsformen einen gemeinsamen Grundzug. Dass der Staat nun und nimmer, in keinem Augenblicke seiner Existenz an der Kirche gleichgültig vorübergehen kann, liegt auf der Hand. An nichts geht er gleichgültig vorüber, was sich auf seinem Boden bewegt; und dieses ohne Vergleich mächtigste und einflussreichste aller Institute, diesen einzigen Rivalen, den er auf seinem eigenen Gebiete besitzt, sollte er geringschätzig und vornehm übersehen? Nimmermehr. Der Staat ist mit nichts beschäftigt, als mit seiner Selbsterhaltung. Wenn er Wissenschaft und Kunst, Handel und Gewerbe, Geselligkeit und Sitte darauf hin ansieht, wie viel sie ihm zu seiner Selbsterhaltung nützen, in welchen Puncten sie ihn bedrohen und schädigen könnten, so wird er jedenfalls der Kirche gegenüber die Augen nicht eben schliessen. In der That steht aber der Staat mit der Kirche in unausgesetzter tausendfacher Berührung; er kann sich ihrer nirgends erwehren, sie greift überall in seine wesentlichsten Functionen aufs tiefste ein. Die Köpfe seiner Bürger füllt die Kirche mit bestimmten Vorstellungen, und in ihren Herzen erweckt sie bestimmte Motive des Handelns. Wo der Staat Organe zum Ausdruck seines Willens, zur Ausübung seiner Thätigkeiten braucht, da muss er Menschen mit einer bestimmten religiösen Vorbildung nehmen, wie sie die bestimmte kirchliche Gemeinschaft liefert. Der Antrieb zu sittlichem Bilden, den die Kirche ertheilt, verstärkt oder schwächt die Motive des Handelns im Sinne des staatlichen Gebotes, auf deren Wirksamkeit sich der Staat verlassen muss. Und noch mehr: auch die Kirche stellt ein Gesetz äusseren Handelns auf, das mit dem vom Staate selber sanctionirten leicht in Gegensatz gerathen kann, und das doch durch die mächtigsten Triebe der Menschenbrust eingeschärft und eingeübt wird. Selbst durch ihre wirthschaftliche Macht und Bedeutung kann die Kirche den volkswirthschaftlichen Interessen des Staates äusserst gefährlich werden: denn das Kirchenvermögen hat fast überall die Neigung, in starkem Maassstabe zu wachsen, und Vermächtnisse und Schenkungen wenden sich der Kirche mit Vorliebe zu. Durch ihre sichere Stellung in den Gemüthern übt endlich die Kirche einen socialen Einfluss von ganz unvergleichlicher Gewalt; sie beherrscht und leitet das öffentliche Urtheil nach ihrem Wolgefallen und entscheidet über die sociale Stellung der Einzelnen und der Classen. Die Kirche ist ferner auf die Grenzen des Staates nicht beschränkt, sondern reicht in den meisten Fällen weit über sie hinaus; sie trägt damit einen internationalen Charakter und möchte leicht die vaterländische und patriotische Gesinnung durch Tendenzen von mehr kosmopolitischer Art verdrängen. Nun ist überdies die ideale Kirche nicht zu haben; jede wirkliche Kirche wird von sündigen Menschen verwaltet, die den ganzen Egoismus, die ganze Herrschsucht, die ganze beschränkte Einseitigkeit des Strebens in ihre Thätigkeit hineintragen, die allen gesellschaftlichen Interessen innewohnt. Die Kirche führt wie jede andere Gemeinschaft den Kampf der Concurrenz; sie führt ihn unter schwierigeren Verhältnissen als der Staat, weil sie nicht mit höchster Macht zu zwingen vermag, aber deshalb nur mit desto grösserer Erbitterung. Freiheit der Kirche wäre also Knechtschaft des Staates; der Staat würde von ihr umklammert und erstickt, wie der Stamm des Fruchtbaumes vom Parasiten. Schon der Streit der Confessionen würde das Volk zerspalten, die Staatseinheit und den Frieden zwischen den Bürgern aufheben, den Bürgerkrieg herbeiführen; in dogmatischem oder hierarchischem Interesse würden die wildesten Leidenschaften wach gerufen, allgemeine Zerrüttung unbedenklich gefördert werden. Von Gleichgültigkeit des Staates ist da nicht die Rede. Kaum irgendwo wie diesem Rivalen gegenüber handelt es sich für den Staat um das dringendste Interesse seiner Selbsterhaltung, und der Staatswille ist doch weder so unklug, noch so pflichtvergessen, um eine Gefahr von solcher Grösse gar nicht zu beachten. Nun hat ja allerdings der Staat unmittelbar mit den inneren Angelegenheiten der Kirche nichts zu schaffen; die versteht er nicht. Aber womit er wol zu schaffen hat, das ist seine Gefahr und sein Interesse, und darauf versteht er sich vortrefflich, um sie überall, wo es darauf ankommt, zu wahren. Man kann vom Staate sagen, dass er als solcher religionslos, ein „Laie" ist; aber das kann man nicht von ihm sagen, dass er gegen die Religion gleichgültig wäre. Denn sie kann ihm nützen oder schaden; sie ist ein überaus mächtiges Element, womit er zu rechnen hat. So wird er denn allerdings die Religion und die Kirche gewähren lassen, soweit sie ihn nichts angeht; dagegen wird er sich gar nicht besinnen, sich höchst energisch um sie zu bekümmern, sobald sie ihm seine Kreise stört oder sobald er ihrer für seine Zwecke gar nicht entbehren kann. Und das wird nicht bloss dieser oder jener Staat in diesem oder jenem Augenblicke thun, sondern das thut nothwendig jeder Staat in jedem Augenblicke, bloss deshalb, weil er Staat ist, gezwungen durch die Nothwendigkeit der Sache und die Bedingungen seiner Existenz.

20. Dass die Kirche lieber vom Staate ungenirt bliebe, dass sie über Vergewaltigung und schnödes Unrecht klagt, sobald der Staat seine Hoheitsrechte auch über sie geltend macht: darüber muss man sich nicht wundern; das ist bei allen Gruppen gesellschaftlicher Interessen so ziemlich in derselben Weise der Fall, und die Kirche weiss sich noch obendrein durch einen besonderen göttlichen Auftrag und durch die ausgezeichnete Höhe ihrer Zwecke über alle anderen irdischen Lebensformen und über den Staat selbst hoch erhaben. Aber ebensowenig wie man sich über solche Anklagen und Recriminationen verwundern darf, ebensowenig soll man sich dadurch irre machen lassen. Der Staat hat der Kirche gegenüber sein gutes Recht. Ueberall sind die Interessen des Staates zwar nicht inhaltlich die heiligsten, aber formell die dringendsten, weil die Sicherheit und Ordnung des Staates die Bedingung für alles Uebrige ist. Wo nur das dringende Interesse des Staates nachgewiesen werden kann, da ist auch gar kein Zweifel gestattet, dass der Staat zu jedem Eingriff das oberste unantastbare Recht hat. Denn der Staat ist die einzige und ausschliessliche Quelle alles Rechtes, und er ertheilt schlechthin keinerlei Berechtigung, ohne sich selber immer das höhere Recht vorzubehalten, jedes fremde Recht nach seinem Bedürfnisse aufzuheben oder zu modificiren. Von

§ 31. Die Functionen des Staates. Staat u. Kirche. 343

Staatsomnipotenz da zu reden, wo der Staat das dringende Interesse seiner Selbsterhaltung wahrt, beweist nur Unverstand oder bösen Willen. Nicht die Staatsallmacht tritt dabei in Wirksamkeit, sondern das oberste Majestätsrecht des Staates, sich zu vertheidigen, und wenn jeder andere Interessenkreis sich in solchem Falle die Action des Staates gefallen lassen muss, so ist nicht abzusehen, warum gerade die Kirche, von deren Seite Gefahr am ehesten droht, davon ausgenommen sein sollte.

21. Am wenigsten geht es an, sich auf den Grundsatz der Gewissens - und Glaubensfreiheit zu berufen, als wäre dieser die höchste Instanz, vor welcher der Staat die Segel streichen müsste. Unveräusserliche Rechte giebt es überhaupt nicht, am wenigsten ist die Gewissensfreiheit ein solches Recht. Dass der Staat die Freiheit der religiösen Lehre und des religiösen Cultus, wie ihn jedem sein Gewissen gebietet, nicht ohne Noth einschränken wird, ist selbstverständlich. Aber ebenso selbstverständlich ist auch, das eine solche Freiheit nicht geduldet werden kann, wo sie zu offenbarem Verderben für den Staat gereichen würde. Das Gewissen kann sich jeden beliebigen Inhalt geben, auch den allerunvernünftigsten und widersinnigsten. Es giebt thatsächlich religiöse Secten, welche den Meuchelmord, oder bestimmter den Tyrannenmord, die Verschneidung, die Polygamie, die Aufhebung des Eigenthums oder der Ehe, die Mönchsgelübde, den Cölibat, den blinden Gehorsam gegen unbekannte Obere oder gegen einen auswärtigen, wol gar für unfehlbar erklärten Souverän, die Verweigerung des Eides oder des Waffentragens als kirchliche und religiöse Pflichten sanctionirt haben, und zwar giebt es solche Secten mitten unter den höchst cultivirten Völkern. Bei einigen dieser Secten oder Kirchen ist es ganz unmöglich, dass der Staat sie dulde, weil sie die ersten Bedingungen seines Bestandes und seiner Ordnungen aufheben; bei anderen tritt der Moment ein, wo er zu überlegen hat, wie weit seine Duldung gehen kann, ohne dass er oder seine Ordnungen in augenscheinliche Gefahr gerathen. Man sagt sogar, es sei in neueren Zeiten in einem cultivirten Lande der Fall thatsächlich vorgekommen, dass ein fremdländischer Priester die Gesetze eines Staates für ungültig erklärt habe, und dass dann die Anhänger der von ihm verwalteten Kirche sich in ihrem Gewissen gebunden geglaubt haben, den Gesetzen des eigenen Staates mit dreister Zuversicht den Gehorsam zu versagen. In solchen Fällen die Gewissensfreiheit als die unbedingt gültige Richtschnur für das Verhalten des Staates in Anspruch zu nehmen, ist eine inhaltslose Rednerei und zuweilen wol auch ein Zeichen von tückischer Arglist, wenigstens bei

denen, die selbst gar nicht geneigt wären, die Gewissensfreiheit anderen zuzugestehen, die sie für sich verlangen. Eine religiöse Gemeinschaft, die dem Gesetze des Staates die Achtung versagt, kann überhaupt nicht geduldet werden. Was gegen das Gesetz des Staates um des Gewissens willen geschieht, ist nicht minder strafbar als die Uebertretung aus Frivolität oder verbrecherischem Eigenwillen, ja, nicht selten wegen der dringenderen Gefahr der Ansteckung und einer die Massen epidemisch ergreifenden Verirrung nur noch strafbarer als jedes andere Vergehen. Die Lehrfreiheit und Cultusfreiheit, die der Staat zugesteht, hat also jedesmal und unabänderlich ihre Grenze an den Existenzbedürfnissen und an der Gefahr des Staates. Ein bedingungsloses Gewährenlassen der Kirche ist schon deshalb unmöglich und mit dem Staatswillen unvereinbar.

22. Andererseits ist es freilich ausgemacht, dass der Staat die Kirche ungehindert walten lässt, soweit es irgend angeht. Unter allem, was der Staat zu achten und zu schonen hat, ist die Kirche das Höchste. Der Staat braucht überdies die Kirche. Er stützt sich auf Kräfte, die durch den Einfluss der Religion eine wesentliche Verstärkung erfahren. Ob ein Staat von Atheisten, vorausgesetzt, die Möglichkeit eines solchen wäre durch die menschliche Natur nicht ausgeschlossen, auch existenzfähig wäre, das kann wol nicht einmal gefragt werden. Der Staat könnte vielleicht das religiöse Moment im Eide allenfalls entbehren, aber sicher nicht das religiöse Element in der Erziehung der Jugend. Der Staat kann die Religion nicht wol unter einem andern Gesichtspunkt betrachten als unter dem gegen ihr Wesen allerdings äusserlichen und tendenziösen, was die Religion nützt. Sicher ist, dass, so lange Menschen geboren werden und sterben, das Leid und die Freude des Lebens tragen, so lange Adel des Gefühls, Schwung der Phantasie, tieferes Bedürfnis des Gedankens bei den Menschen nicht ausgestorben ist, auch Vorstellungen von Gott oder von Göttern, Hoffnung auf die Gunst und den Segen, Furcht vor dem Zorn und der Strafe dieser göttlichen Wesen, der Glaube an ein jenseitiges Dasein und ein göttliches Gericht bei den Menschen lebendig bleiben wird. Die historisch gewordenen Kirchen mit ihrem Schatze an uralter Offenbarungswahrheit ohne dringende Noth stören, das hiesse für den Staat nur, die krause und wilde Phantastik des Aberglaubens, die unheimlichen Gewalten düstern Wahns entfesseln. Zudem, jeder Staat hat an einer bestimmten Religionsform seine besondere geschichtliche Voraussetzung, die er gar nicht aus den Augen lassen kann. In der Regel ist eine bestimmte Confession nach der Zahl ihrer Angehörigen in der Bevölke-

rung und nach der Grösse ihres Einflusses überwiegend; es hat sich meistens die ganze staatliche Rechtsordnung unter vorwaltendem Einfluss der einer bestimmten Religionsform entstammenden Vorstellungen vom Guten und Rechten gebildet; das Oberhaupt und die wichtigsten Organe des Staates gehören dieser bestimmten Kirche an. So gewährt denn der Staat nicht allein im allgemeinen der Kirche seine Achtung und seinen Schutz, sondern es giebt auch in den meisten Staaten eine bevorzugte Kirche, die sich eines grösseren Maasses von Berücksichtigung erfreut als die anderen Kirchen, weil der Staat an ihr ein besonders wichtiges Mittel seiner Selbsterhaltung besitzt. Soweit es Staaten gegeben hat, giebt oder geben wird, schützt der Staat überall den kirchlichen Volksbrauch und die religiöse Lebensordnung; aber er kann z. B. nicht alle Feiertage aller Confessionen gleichmässig unter öffentlichen Schutz stellen, und für die Regelung seiner eigenen Thätigkeiten wird der Staat die äussere Lebensordnung der ihm historisch nächstverwandten Religionsgemeinschaft zu Grunde legen. Ebenso wird er in manchen Stadien seiner Entwicklung nicht umhin können, die Personen, denen er die Vertretung seines Willens anvertraut, mit Vorliebe aus dem Kreise derjenigen bestimmten Religionsgemeinschaft zu entnehmen, welche die für ihn passendste Vorbildung besonders in der Beurtheilung sittlicher Dinge zu gewähren scheint.

23. Bei alledem wird es dem Staate niemals gelingen, den Anforderungen, welche die Kirche an ihn stellt, zu genügen. Denn der Kirche ist es natürlich, dass sie dem Staate jede noch so grosse Leistung für ihr Gedeihen zumuthet, dem Staate aber jeden Eingriff, mit dem er auf sie wirken will, oder jeden Act, mit dem er seine Selbstständigkeit ihr gegenüber behauptet, aufs ernstlichste übelnimmt. In der That, mit der Glaubens- und Gewissensfreiheit befindet sich der Staat in einem unausgesetzten und unaufhebbaren Conflict, und man soll sich nicht dem Wahne hingeben, es könne je auf Grund irgend einer Gesetzgebung ein dauernder Friede zwischen Staat und Kirche hergestellt werden. Dauernder Friede zwischen dem Staate und den gesellschaftlichen Interessen ist überhaupt nicht möglich, am unmöglichsten, wo diese gesellschaftlichen Interessen die Weihe der Religion besitzen. Ist die Schule in den Händen des Staates, so hat er damit nothwendig auch seinen Einfluss auf die religiöse Unterweisung der Jugend, und die Kirche empfängt ihre künftigen Mitglieder aus seinen Händen, was sie nicht unterlassen kann übel zu vermerken. Hat er die Schule nicht, sondern hat die Kirche oder, was das Entsprechendere wäre, eine besondere

Schulgemeinschaft die Schule in ihre Gewalt bekommt, so kann der Staat mindestens nicht unterlassen, seine Oberaufsicht zu üben, welcher sich die Kirche sehr ungern unterwirft, theils weil man dem Staate im Princip nicht so viel zugesteht, theils weil man sich durch ihn genirt fühlt. Dass insbesondere die Kirche ihre Geistlichkeit vom Staate uncontrolirt heranbilde, wäre gegen alle Vernunft und alles Recht. Denn es kann und wird sicher einmal bei jeder Kirche der Punkt eintreten, wo ihre Interessen und diejenigen des Staates so scharf auseinander gehen, dass zu fürchten ist, die Geistlichen, diese wichtigsten und einflussreichsten Lehrer und Leiter des Volkes, möchten zu systematischer Feindseligkeit gegen den Staat und die Grundlagen, auf denen er ruht, herangebildet und dadurch die Massen der Verführung zu einer dem Staate abgewendeten Gesinnung preisgegeben werden. Weder die Verfassung der Kirche, noch ihre Vermögensverwaltung, weder die Disciplin, die sie gegen ihre Organe oder ihre Mitglieder übt, noch die Vertheilung ihrer Aemter und die Auswahl der Personen für dieselben können principiell eine Freiheit vom Staate und seiner Gewalt in Anspruch nehmen. Die Ausbildung der Kirchenlehre wird allerdings der Staat kaum zu beeinflussen vermögen; aber alle Consequenzen des kirchlichen Dogmas, die in ausdrücklichen Handlungen wahrnehmbar werden, trifft er mit seinem Gesetze und seinen Strafen, wenn sie seiner Selbsterhaltung zuwiderlaufen. Eine Kirche, die dieses oberste Hoheitsrecht des Staates, auf das er nicht verzichten kann, ohne sich selbst aufzugeben, nicht anerkännte, die es als unvereinbar mit dem Gewissen erklärte, dem Staate in den äusserlichen Ordnungen, die er aufrichtete, zu gehorchen, könnte in jedem Staate nur als Feind des Friedens und des Rechtes betrachtet werden. Der einzelne Fall wird immer vorkommen, wo das Gewissen mit dem Gesetze in Conflict geräth; in solcher Gewissensnoth ist es Pflicht, wo es schlechterdings nicht zu vermeiden ist, das Martyrium auf sich zu nehmen. Aber eine Propaganda des Martyriums wird kein Staat schützen oder auch nur zulassen; dass das Gewissen den Ungehorsam zur allgemeinen Regel mache, ist wider die ersten Elemente der staatlichen Ordnung. Das Verhältnis des Staates zur Kirche, wie es aus dem Begriffe des Staates sich ergiebt, wird sich also genauer folgendermaassen formuliren lassen. Der Staat lässt die Kirche in allem, was rein die Innerlichkeit angeht, ungestört walten; aber in allem, was als ihre Thätigkeit zur äusseren Wahrnehmung kommt, behält er sich die Oberaufsicht und die Oberhoheit vor, und wo das Interesse seiner Selbsterhaltung in Frage kommt, da setzt er der Kirche ganz ebenso wie allen anderen gesellschaftlichen Interessenkreisen Schranken und Ordnungen nach seinem Bedürfnis.

24. In diesen principiellen Sätzen liegt nun allerdings eine Art von absoluter Lösung dem Princip nach, aber zugleich eine unendliche Mannichfaltigkeit von einzelnen Gestaltungen der Consequenz nach als Möglichkeit enthalten. Der bestimmte einzelne Staat giebt sich der bestimmten einzelnen Kirche gegenüber im gegebenen Augenblick das Verhältnis, das sich mit seiner Selbsterhaltung am besten verträgt, immer auf Grund der bezeichneten Normen. Die oberste Quelle aller Gesetzgebung ist der Staat, die Kirche ist keine selbstständige Quelle der Rechtsbildung. Nach den veränderten Bedürfnissen ändert der Staat auch sein Verhältnis zur Kirche selbstständig, wenn auch immer mit möglichster Schonung für die kirchliche Institution. Der Staat hat darin wie in aller Rechtsbildung eine ausschliessliche und unbedingte Competenz. In allem Aeusseren ist die Kirche schlechthin Unterthanin des Staates und hat seiner Gesetzgebung sich ebenso zu fügen wie jeder andere Unterthan. Geschichtlich hat sich diese Oberhoheit des Staates in der verschiedensten Weise gestaltet, und jede dieser Gestaltungen muss aus den Bedingungen der Zeit heraus verstanden und gewürdigt werden. Es kann dem Staate durch seine Lage und Beschaffenheit wie durch die Gesinnung seiner Bürger geboten sein, nur eine Kirche zu schützen und zu dulden und jede andere gewaltsam zu unterdrücken, oder doch ihre Anhänger von gewissen Rechten und Ehren auszuschliessen. Der Staat kann in die Nothwendigkeit kommen, das Regiment der Kirche durch seine eigenen Organe ganz oder theilweise führen zu lassen und das System der Staatskirche consequent durchzuführen. Ebensowol wie die Theokratie hat auch der Caesareopapismus seine Stelle in der geschichtlichen Entwicklung der Staaten und Völker; Cultuszwang und Glaubensgerichte lassen sich im geschichtlichen Zusammenhange wol begreifen. Uns muthet vieles als barbarisch an, was seinerzeit in der Action des Staates wol begründet war, und ehe man Institutionen der Vergangenheit schlechthin verdammt, hat man auch auf diesem Gebiete sorgfältig zu prüfen, wie vieles aus der geschichtlichen Lage des Staates sich mit Nothwendigkeit ergab, und wie vieles etwa auf die Rohheit und den Unverstand der Menschen zu setzen ist, die den Willen des Staates falsch interpretirt haben. Wenn dereinst dem Landesfürsten ein Recht über die Religion seiner Unterthanen, ein Recht, die kirchlichen Verhältnisse nach seiner Meinung und seinem Belieben umzuwälzen, zugestanden wurde, so war eben die Kirche und der Glaube des Zeitalters auch danach

und die Menschen für solche Barbarei geeignet. Dass man Menschen um des Ausdrucks ihrer religiösen Ueberzeugung oder um gottesdienstlicher Handlungen willen an Leib und Gut und Leben strafte und der Staat seine besondere Aufgabe darin fand, der Hort der Rechtgläubigkeit zu sein, ist in christlichen Staaten ein Rest heidnisch-jüdischer Anschauung gewesen, von dem sich das Christenthum Vieler bis auf den heutigen Tag nicht hat gänzlich frei machen können. Böse Menschen deswegen in Anspruch zu nehmen, würde verkehrt sein. Das uns als mehr denn widersinnig und diabolisch erscheinende Gesetz des Staates war seinerzeit der ganz correcte Ausdruck der erreichten Culturstufe und bestimmter politischer Situationen, und die Menschen handelten dabei mit gutem Gewissen. Aber allerdings, wenn man dergleichen als historischen Durchgangspunkt begreift, so ist doch ebenso gewiss, dass es dabei nicht bleiben kann. Auch das Verhältnis von Staat und Kirche strebt in der geschichtlichen Entwicklung ein Ideal des Gerechten an, und jeder Fortschritt der Cultur auf staatlichem und kirchlichem Gebiete, in Gesittung und Wissenschaft, dient dazu, einen weiteren Schritt auch nach diesem Ideale hin anzubahnen. Wir heute würden Glaubensdruck nicht ertragen, nicht eine ungleiche Vertheilung der Rechte bloss wegen Ungleichheit der Confession, nicht Unduldsamkeit oder Ausschliesslichkeit gegen Bekenner einer Religion, die sich nicht in ausdrücklichen feindlichen Gegensatz zum Staate stellt. Aber alles das würde uns nur so lange unerträglich scheinen, als nach gesunder Einsicht kein dringendes Interesse des Staates daran nachgewiesen werden kann. Unsere religiöse Bildung ist zu grösserer Innerlichkeit und Vertiefung fortgeschritten, der Bau unseres Staates ist fester und widerstandsfähiger geworden; darum können wir vieles zulassen, was in früheren Zeiten zum Verderben geführt haben würde. Nicht dass wir die Religion für etwas Unwesentliches und Aeusserliches hielten; sondern wir halten sie für so wesentlich und so innerlich, dass der Staat sie nicht erreicht und sie über den Staat und alles Staatliche weit hinausliegt. Indessen ihre Grenzen wird wol die Duldung auch bei uns noch für lange haben. Dreiste Verhöhnung dessen, was der grossen Mehrzahl der Bevölkerung als heilig gilt, wird nicht zugelassen werden können; die atheistische Verweigerung des Eides würde eine der bisher noch nach allgemeinem Urtheil für wesentlich gehaltenen Stützen des öffentlichen Zustandes erschüttern; so lange der Staat Schulzwang übt, zwingt er auch die widerwilligen Eltern, ihren Kindern religiöse Unterweisung ertheilen zu lassen. Die Feier des Sonntags wird vom Staate geschützt, die Störung des Cultus wird abgewehrt, und mit besonderem Nachdruck der Cultus der bevorzugten Religionsgemeinschaften geschützt. Bis vor wenigen Jahren war im preussischen Staate Kirchliches und Staatliches noch vielfach verschmolzen. Es gab einen Zwang zur Taufe, einen Zwang zur kirchlichen Form der Eheschliessung. Die evangelische Kirche, die wenn auch nicht Staats-, doch Landeskirche genannt werden muss, hatte keine eigenen, dem Staate gegenüber selbstständigen Organe für die Verwaltung ihrer Angelegenheiten. Der Staat oder doch ausschliesslich vom Staate bestellte Organe übten ungeheuerlicherweise die kirchliche Lehrzucht, und andererseits vermassen sich kirchliche Beamte, denjenigen, denen der Staat das Recht eine Ehe zu schliessen zugestanden hatte, dieses Recht aus irgend welchen kirchlich-religiösen Bedenken zu versagen. Niemand wird verkennen, dass mit der in dem letzten Jahrzehent vollbrachten Beseitigung dieser Anomalien wesentliche Fortschritte zum rechten Ziele geschehen sind. In unsern heutigen Culturzuständen diese Schritte wieder zurückzuthun, würde sich als einfach unmöglich erweisen; nach vollständiger Unabhängigkeit der Kirche vom Staate aber zu streben, würde das gröbste Missverständnis der unveränderlichen Natur der Dinge beweisen. Ein absolutes, für alle Völker und Zeiten in gleicher Weise gültiges Recht giebt es auf diesem Gebiete am wenigsten. Das, was man allein fordern darf, ist das Maass von Unabhängigkeit der Kirche, das sich mit den Existenzbedingungen des Staates verträgt. Wie gross oder wie gering dieses Maass ist, das entscheidet sich nicht aus allgemeinen Principien, sondern aus der geschichtlichen Lage des Staates einerseits und aus der Natur der jedesmaligen Kirche andererseits. Darüber allein kann unter Verständigen und Gutgesinnten gestritten werden. Wer aber im Princip das ius supereminens des Staates, sein ius inspiciendi, cavendi, reformandi bestreitet, der ist ein Feind des Staates und der menschlichen Ordnungen überhaupt und arbeitet, wenn auch immer im Interesse einer missverstandenen Frömmigkeit, für die allgemeine Zerrüttung und die Auflösung aller sittlichen Bande. Denn erschüttert man die gesicherte Ordnung des Staates, so hebt man auch die wesentlichste Bedingung für den Fortschritt sittlicher Cultur auf und fördert die Verwilderung. Dies gilt nun alles zunächst nur von unseren heutigen Zuständen. Wenn aber vom fernen Ideale eines vollkommenen Zustandes die Rede ist, so kann auch hier weder der Herrschaft des Staates irgend etwas vergeben, noch sonst die unabänderliche Natur seines Verhältnisses zur Kirche anders geordnet werden, als es immer der Fall gewesen ist. Dürfte man sich die

Kirche alles ihr anhängenden Fremdartigen entledigt und den Staat in allen seinen Ordnungen als reine Verwirklichung des Gerechten vorstellen: so würde auch dann noch das Verhältnis der Herrschaft des Staates, der Unterordnung der Kirche in allem, was die äussere Ordnung des Rechtes angeht, unverändert fortbestehen; aber in so idealen Zuständen würde die Kirche freudig zu gehorchen gelernt haben, der Staat die mildesten Saiten aufziehen können, und die Harmonie zwischen Staat und Kirche ewig ungetrübt sein. Leider hat es bis dahin noch lange Zeit; in absehbarer Zeit wird der Conflict zwischen Kirche und Staat wol andere Formen annehmen, aber schwinden wird er nicht, und keine Kunst der Gesetzgebung wird ihn definitiv beseitigen.

Zweites Capitel.

Der Staat als historisches Gebilde.

§ 32.

Der Staat als Nationalstaat.

Der Staat existirt in der Wirklichkeit immer nur als ein einzelner Staat mit bestimmten Formen, Beschaffenheiten und Functionen, wie das Recht immer nur als positives Recht existirt. Denn der Staat ist immer der Staat eines bestimmten Volkes auf einer bestimmten Stufe seiner Entwicklung, ein Erzeugnis historischer Thaten und Ereignisse. Mit dieser seiner Bestimmtheit spiegelt er sich im Bewusstsein der Menschen, die an ihm den objectiven Ausdruck ihres inneren Wesens haben; deshalb vollendet sich der Staat darin, dass er als Nationalstaat die concrete Form für das geschichtliche Leben einer durch innere geistige Einheit verbundenen Abtheilung der Menschheit bildet. Die Nationalität hat ihren Gehalt und Werth an der nationalen Cultur; zu allen Richtungen derselben steht der Staat in innerer Beziehung. Aus ihr empfängt er die Form seiner Lebensprocesse und seine organische Einheit, wie er seinerseits bestimmend auf sie zurückwirkt. Das Individuum wie die Nation empfängt vom nationalen Staate einen höheren Gehalt seines Selbstbewusstseins und ideale Antriebe des Handelns. So bildet der Staat nicht nur das schützende Gefäss für die Heiligthümer des nationalen Lebens, sondern er ist selbst mit den hohen Zwecken, für die er den Boden bereitet, aufs innigste verflochten. In diesem Sinne kann man auch von einem christlichen Staate sprechen als dem Erzeugnis des christlichen Culturprincips. (Vgl. § 16.)

1. Nicht bloss die gemeine Vorstellung liebt es, sich das Idealbild eines Staates auszumalen, sondern auch die eigentliche wissenschaftliche Speculation hat von je es für ihre Aufgabe angesehen, das reine Urbild des Staates zu zeichnen, wie er von der Vernunft als vollkommene Verwirklichung der Idee des Gerechten gefordert werde. (Vgl. § 2, 3.) Aber das Gerechte ist, wie wir gesehen haben, zunächst eine rein formelle Bestimmung und erwartet seinen Inhalt erst von den concreten Verhältnissen, auf die es anzuwenden ist, ohne dass doch die Zwiespältigkeit zwischen diesem Besonderen und den schlechthin universellen Principien des Gerechten sich jemals in der Wirklichkeit ganz ausfüllen liesse. Wie nun das Recht in Folge dessen immer positiv und eigenthümlich ist, ein allgemeines Natur- oder Vernunftrecht aber ein Widerspruch an sich ist, so gilt eben dasselbe auch vom Staate. Giebt es kein ideales Recht, so kann es auch keinen Idealstaat geben. Der Staat erfüllt seine Aufgabe jedesmal und völlig, sofern er die Realisation des Rechtes ist, und dass er dies sei, ist keine blosse Anforderung an ihn, sondern das ist so sehr seine unabänderliche Natur, dass er gar nicht im Stande ist, sie zu verleugnen. In dieser seiner formellen Bestimmtheit ändert der Staat sich nicht; was sich ändert ist nur die Rechtsordnung, die seinen Inhalt bildet, und nur indem das Recht sich seiner idealen Bestimmung, das Gerechte immer vollkommener in sich aufzunehmen, fort und fort annähert, kann man auch vom Staate sagen, er entwickle sich in der Richtung auf seine ideale Aufgabe hin. Der wirkliche Staat bezeichnet so immer eine bestimmte Etappe in der geschichtlichen Entwicklung des Rechtes, und darin allein liegt seine Besonderheit gegenüber dem allgemeinen Begriffe des Staates. So hat denn jeder Staat ein anderes Aussehen, und so zeigt auch ein und derselbe Staat in den verschiedenen Stadien seines geschichtlichen Daseins eine ausgesprochene Eigenthümlichkeit. Nicht dass er das eine Mal realisirte Rechtsordnung wäre, das andere Mal nicht, oder dass er es bald in höherem, bald in geringerem Grade wäre, sondern diese Be-

stimmung trägt er immer in gleicher Weise an sich; aber
das sich ändernde Recht des Staates verleiht ihm einen veränderten Charakter. Die Functionen des Staates im einzelnen,
und die Art, wie er diese Functionen übt, wechseln und bedingen die Eigenthümlichkeit des gegebenen Staates. Diese
aber ist nicht zufällig, sondern steht im inneren Zusammenhange mit der Art und Natur des Volkes, das diesem Staate
angehört.

2. Wie ein Staat historisch im einzelnen Falle entsteht
und sich fortbildet, das gehört der Besonderheit der Realität
an und berührt uns hier nicht näher. Das Wesentliche ist,
dass dieses Werden des Staates überhaupt nur historisch
gefasst werden kann, und dass durch diese Bildungsgeschichte
des Staates derselbe nicht bloss äusserlich als ein zufälliges
Gebilde bestimmt wird, sondern dass sie die Vermittlung
wird für die allgemeine und ausnahmslose Erscheinung, dass
jeder Staat als Staat eines bestimmten Volkes die bestimmten
Charakterzüge des letzteren an sich trägt. Immer ist der
Staat das Product geschichtlicher Thaten. Es mag ein einzelner Mann von überragendem Geist und Willen sein, dem
sich die Menschen unterwerfen und der dem Staatsgebilde
das Gepräge seines Willens und seiner Einsicht aufdrückt;
er mag etwa eine Anzahl von gesonderten Stämmen und
Schaaren einigen und durch gemeinsame Gesetzgebung erst
ein Volk aus ihnen heranziehen: nimmermehr doch vermag er
mit den Menschen, die ihm zu Gebote stehen, wie mit einem
widerstandslosen Material nach Gutdünken und beliebigen
Einfällen zu verfahren; sondern er empfängt das Gesetz wie
er es giebt aus der Eigenart der Menschen, für die es bestimmt ist, und was aus seiner Initiative Dauerndes hervorgeht, das ist wesentlich durch die in der Anlage der Menschen
gegebenen Möglichkeiten bestimmt. Oder der Staat empfängt
seinen unterscheidenden Charakter unmerklicher und allmählicher im Laufe der Zeiten und in der Reihenfolge der
Generationen durch continuirliche Arbeit einer grossen Anzahl von sich ablösenden Geschlechtern und Individuen; immer
wird er den Stempel des Volkes tragen, das ihn gebildet hat.
Der einzelne Staat, den wir vor uns haben, ist doch immer
schon aus einem andern Staate oder aus einer Vielheit von
Staaten hervorgegangen durch eine geschichtliche Veränderung,
die auf staatsbildenden Thaten beruht. Ein Volk, das etwa
als eine Horde mit loserer Organisation bestanden hat, besetzt
ein neues Terrain, das bis dahin unbesetzt war, oder unterwirft sich mit kriegerischer Gewalt durch Eroberung die
früheren Bewohner; Abtheilungen eines Volkes werden aus
ihrem vormaligen Zusammenhange herausgelöst und einem

§ 32. Der Staat als Nationalstaat. Staat u. Volk.

neuen Staatswesen eingegliedert; früher staatlich getrennte Theile eines innerlich zusammengehörigen Volksganzen schliessen sich zusammen, oder bisher verbundene Stämme trennen sich. Massen, die sich aus einem Staatsverbande aussondern, gewinnen durch Auswanderung und Colonisation eine neue Heimath; eng zusammen oder durch einander wohnende Bevölkerungen verschiedener Abstammung verschmelzen mit einander. Die Verschiedenheit der Formen, in denen sich der Process der geschichtlichen Staatenbildung vollzieht, lässt sich nicht erschöpfen. Jedesmal aber macht die blosse Thatsache, dass eine Vielheit von Menschen in einem Staate zusammenlebt, mit der Zeit aus dieser Vielheit auch dann eine Einheit, wenn sonst eine Verwandtschaft der Gesinnung oder der Abstammung von vorn herein nicht vorhanden war. Das liegt schon in den äusseren Verhältnissen begründet. Der Staat entfaltet sich auf einem bestimmten Terrain, unter bestimmten, für alle seine Zugehörigen gleich bedeutsamen Bedingungen, inmitten anderer Staaten, mit denen er in freundliche und feindliche Berührungen geräth, in einer bestimmten geschichtlichen Situation, die ihn selbst wie seine Angehörigen in bestimmte Bahnen der Thätigkeit drängt. Die Gemeinschaft des Staates ist für alle eine Gemeinschaft des gesammten äusseren Lebens wie des gleichen Gesetzes, das allen gewisse Lebensformen vorschreibt und unter dessen Einwirkung sich bei allen eine theilweise Gleichheit der Gewöhnung herausbildet. Die äusseren Geschicke des Staates bestimmen zugleich die Geschicke der Einzelnen; des Staates Sieg oder Niederlage macht der Einzelnen Glück oder Unglück, selbst wenn man nur das private Interesse der Einzelnen ins Auge fassen wollte. Gesetzt also auch, der Staat fände bei seiner Entstehung nicht schon eine Bevölkerung vor, die irgendwie ein Ganzes bildete oder sich als ein Ganzes fühlte, so würde die dauernde Gemeinschaft des Staates diese Einheit und das Gefühl derselben nothwendig erzeugen und eine Gemeinschaft der Gesinnung hervorbringen, die durch die Eigenthümlichkeit des Staates wesentlich ihre Stimmung und Färbung erhalten würde. (Vgl. § 16).

3. Allerdings, nicht immer bildet die Gesammtheit der Menschen, die auf dem Territorium des Staates leben und von den Gesetzen des Staates beherrscht werden, auch ein einheitliches Staatsvolk. Die Unterschiede der Berechtigung, die zwischen den Theilen der Bevölkerung obwalten, können so gross sein, dass die Gemeinschaft der Gesinnung und des Selbstgefühls gerade in Bezug auf den Staat kaum aufkommen kann oder auf enge Grenzen beschränkt bleiben muss. Eine solche Scheidung der Bevölkerungsclassen kann die verschie-

densten Ursachen haben. Es wohnen etwa Stämme sehr verschiedenen Ursprungs, verschieden an Sprache, Religion, Sitte, Temperament, an Hautfarbe, Gestalt und Geberde durcheinander. Ein erobernder Stamm sieht auf einen unterworfenen herab; Unterschiede wirthschaftlicher Art haben sich durch die Generationen befestigt; Fremde sind durch Kauf, durch Raub, als Kriegsgefangene im Lande angesiedelt worden. Die höher berechtigte Classe richtet dann den Staat und sein Recht nach ihrem Bedürfnis ein und betrachtet sich als das eigentliche Volk; die niedere Classe muss fremdem Recht gehorchen, und im Gegensatze zu den Herren, den Freien, lebt die Masse in verschiedenartig gestalteten Verhältnissen der Unfreiheit, in Hörigkeit, Sclaverei, ohne den Staat, in dem sie lebt, als ihren Staat ansehen zu können. Es leuchtet ein, dass dergleichen Zustände zwar unter bestimmten Bedingungen, in besonderer geschichtlicher Lage, besonderen wirthschaftlichen Verhältnissen ihre Rechtfertigung finden können, dass sie aber dem reinen Begriffe des Staates sehr wenig entsprechen. Ist das Staatsvolk eigentlich doch nur eine einzelne Classe der Bevölkerung, so mag diese Classe am Staate mit voller Leidenschaft hängen; aber die anderen Classen sind ebenso wahrscheinlich dem Staate feindlich gesinnt, ihm wenigstens nicht mit allen Kräften zugewandt, und die Scheidung in höher und minder berechtigte Classen impft dem Staate ein Element der Zwietracht und Schwäche ein. Seine volle Kraft erlangt der Staat erst da, wo der Unterschied der von der Natur gegebenen Verhältnisse einen Unterschied des Rechtes nicht mehr begründet und alle Theile der Bevölkerung in gleicher Weise am Staate den Beschützer und Bewahrer ihrer Freiheit haben und ihn als solchen ehren.

4. Aber selbst unter solchen erschwerenden Umständen bewährt der Staat seine volksbildende Macht durch sein blosses dauerndes Dasein und Functioniren. Es ist nicht möglich, dass auf die Dauer das Bewusstsein seiner Angehörigen sich gegen ihn gleichgültig verhalte; denn mit unwiderstehlicher Macht beherrscht er alle Thätigkeiten und alle äusseren Schicksale der Menschen. So bildet sich denn auf Grund der Gemeinschaft des Rechts und des historischen Lebens sicher und ausnahmslos eine gemeinsame Modification des unmittelbaren Selbstbewusstseins auch unter solchen heraus, die vorher durch andere Bande der Zusammengehörigkeit nicht verbunden waren. Dieses nur durch die Gemeinschaft des staatlichen Lebens erzeugte gemeinsame Fühlen und Denken bildet das Staatsgefühl, die Staatsgesinnung, welche verschieden ist von dem Gefühl der Stammes- und Raceneinheit, und wie von jeder anderen Form des Gemeinschaftsgefühles, auch von der

§ 32. Der Staat als Nationalstaat. Staat u. Volk.

die Classen und Stände, die Besitzes- und Berufsgruppen durchdringenden Einheit des Denkens und Strebens. Das Staatsgefühl hält die Bevölkerung desselben Staates ebenso in sich zusammen, wie sie ihr nach aussen hin gegenüber der Bevölkerung anderer Staaten und gegenüber dem fremden Staatswesen selbst eine scharf ausgeprägte Stimmung der Gegensätzlichkeit und Ausschliesslichkeit verleiht. In derselben Staatsgesinnung vermögen sich auch sehr verschiedene Stämme und Racen zu begegnen, wie sich die Classen und Stände trotz aller Gegensätze, die sie spalten, doch durch das Band desselben Staates, auf dessen Boden sie sich bewegen, verbunden wissen. Die Geschichte zeigt immer dasselbe Schauspiel, dass durch das normale Functioniren der staatlichen Organisation was sich vorher fremd war mit einander verschmilzt, was sich gegenseitig hasste, zum Einverständnis gelangt, dass sehr verschiedene Culturformen sich ausgleichen, die stärksten Unterschiede der Sprache, der Sitte, der Abstammung sich gegenüber der einigenden Macht des Staatsverbandes nicht zu halten vermögen. Je ruhmvoller und glänzender sich die Action des Staates dem Bewusstsein darstellt, um so schneller und sicherer vollzieht sich dieser Process. Das ursprüngliche Widerstreben eines Stammes gegen den Staat, dem er angehört, mag noch so gross sein: wenn es sich auf die Dauer erweist, dass dieser Staat allein es vermag, diesen ihm angegliederten und einverleibten Bestandtheilen eine geordnete staatliche Existenz und die Theilnahme an den grossen geschichtlichen Thaten zu verleihen, so schwindet allmählich auch der Widerwille gegen die Zusammengehörigkeit mit dem Fremdartigen, und das Staatsgefühl überwindet jedes andere Gemeinschaftsgefühl. Allmählich wird das ursprünglich fremde Gesetz zur eigenen Natur, der ursprünglich fremde Staat zur eigentlichen Heimath der Untergebenen. Gemeinsam getragenes Leid und gemeinsam erworbener Ruhm, Gefahr und Sieg, Mühe und Lohn geben den mächtigsten Kitt zwischen den Volkstheilen ab, so disparat nach Art und Anlage sie auch ursprünglich gewesen sein mögen. Es bildet sich zunächst der Gemeingeist, gestützt auf Gemeinsamkeit der Interessen; denn das Gedeihen des Staates ist auch das Gedeihen des Einzelnen; Wolstand oder Verderben aller hängt ab von der Blüthe oder dem Sinken des Staates. In engste Verbindung tritt damit das Heimathsgefühl. Der Boden des Staates, dem wir angehören, war der Schauplatz für die Thaten und Leiden der Vorfahren, die wir ehren, für unseren eigenen Lebensgang. Dort sind die Gräber unserer Angehörigen, dort stand unsere Wiege; alle unsere Erinnerungen, unser ganzes Selbstgefühl ist mit diesem Boden verwachsen, und der Staat hat

23*

uns, unsere Weiber und Kinder mit seinem Rechte geschützt, mit seiner Macht vertheidigt. Endlich erzeugt sich die eigentliche **Vaterlandsliebe**, das Verständnis für die eigenthümlichen Formen dieses bestimmten Staatswesens und das Gefühl unserer untrennbaren Verbindung mit demselben, die nicht bloss eine äusserliche Angehörigkeit ist, sondern ein innerliches Mitleben mit allen äusseren Geschicken des Staates wie mit seinen inneren Entwicklungen. Unser eigenes Inneres in Fühlen und Denken und die Formen dieses Staatswesens stehen im inneren Einklang; der Staat wächst in unser individuelles Selbstgefühl als ein Bestandtheil desselben hinein, und wir verwachsen mit dem Staate. Wir lieben das Vaterland, wie wir uns selbst lieben; alles, was uns theuer ist, steht irgendwie in Abhängigkeit von diesem bestimmten Staatswesen, dessen Obrigkeit, dessen Gesetz, dessen Thaten und Leiden uns im Innersten erregen und unsere Kraft und unser Streben nicht bloss durch äusseren Zwang, sondern mit unserer freudigen Zustimmung für sich in Anspruch nehmen.

5. Ohne Zweifel ist die Gemeinschaft der Abstammung eine besonders geeignete Basis für die Staatenbildung; denn sie liefert von vorn herein eine Gemeinschaft der Lebensweise und der Gesinnung, die der einigenden Macht des Staatsverbandes dienstbar entgegenkommt und die Action des Staates wesentlich erleichtert. Man bezeichnet diese Gemeinschaft der Abstammung wol als Nationalität; richtiger würde man sie **Race** und die geringeren Trennungen innerhalb der Race **Stämme** nennen. Die Nationalität in diesem Sinne wäre nur eine von der Natur gelieferte Thatsache. Sie drückt sich am einfachsten aus in der Gemeinsamkeit der Sprache, die im normalen Verlaufe auf Gemeinsamkeit der Abstammung und Gewohnheit des Zusammenlebens als ihre Ursache zurückführt. Dass nun die durch gemeinsame Sprache Verbundenen sich am ehesten auch staatlich zusammenschliessen, ist leicht verständlich. Aber die Ansicht wäre doch falsch, dass jeder Staat von vorn herein eigentlich der Staat einer Nation in dieser physiologischen Bedeutung des Wortes sein müsste, und wenn er das nicht wäre, eine unregelmässige Bildung darstellte, die eigentlich nicht sein sollte. Denn der Staat, der als das Erzeugnis geschichtlicher Thaten der Freiheit und als Träger eines geistigen Lebens in der Form des Rechtes vielmehr den Beruf hat, die blosse Naturbestimmtheit nicht gelten zu lassen, sondern sie dem freien Gesetze des Geistes zu unterwerfen, kann auch die von der Natur gegebene Nationalität nicht als ein Höchstes respectiren. In der That besteht das geschichtliche Leben des Staates gerade darin, dass er die verschiedenen von der Natur gelieferten Racen-

charaktere, die er unter seinem Scepter vereinigt, gewissermaassen in sich verarbeitet und in eine höhere Einheit aufhebt. So bildet der Staat eine ihm gelieferte Anzahl von Racen oder Stämmen zu einer Nation um, und man muss wol unterscheiden zwischen der Race als dem ursprünglichen Material, das der Staat empfängt, und zwischen der Nation als dem Product des geschichtlichen Lebens des Staates. Der Zufall, dass auf dem Territorium, das der Staat für sich in Anspruch nehmen muss, um als ein sich selbst genügendes Ganzes in möglichster Sicherheit und möglichst reichhaltigem Dasein für sich bestehen zu können, Bevölkerungen von verschiedenem Racencharakter wohnen, kann die Action des Staates nicht hemmen, noch seinem an sich gerechtfertigten Streben der Selbsterhaltung unverrückbare Schranken setzen. Der Staat sucht die Nähe des Weltmeers, die Mündung des Flusses, die Wasserscheide, von der seine Gewässer kommen; zum Gebirgsland will er das Thal, zum Ackerland die Weide; das Metall oder die Kohle in den Eingeweiden der Berge lockt ihn an; zum kälteren Klima wünscht er sich das mildere und zum kargeren Boden den freigiebigeren. Für seine Sicherheit sucht er sich die beherrschenden Stellungen und die Grenzen, welche die leichteste Vertheidigung gewähren. Oft hängt von solchem Gewinn die Möglichkeit seines dauernden und erspriesslichen Bestehens ab, und er kann sich nicht lange bedenken, ob zu dem fremden Territorium auch die fremden Menschen, die darauf wohnen, sich aneignen soll oder nicht. Zudem sind die verschiedenen Racen auch von sehr verschiedener Staatsfähigkeit. Bei den einen ist die staatliche Organisation stark, bei den anderen ist sie schwach, und im Zusammenstosse des Selbstbewusstseins und des Interesses unterliegt die eine Nation wegen ihrer mangelhafteren Beanlagung für den Staat, und der Wille des stärkeren siegt. So wirft der geschichtliche Process das spröde Material der naturwüchsigen Racen und Stämme gewissermaassen in den Schmelztiegel der Staatenbildung, um sie umzuschmelzen und ihnen den Process der freithätigen Charakterbildung zu ermöglichen. Der wirkliche Staat reicht fast immer über die Grenzen des einen Racencharakters hinaus und übernimmt damit das schwierige, nur durch ernsteste und consequenteste Arbeit lösbare Problem, das scheinbar Unvereinbare zu vereinigen. So lange das Problem noch nicht gelöst ist, hat der Staat mit den centrifugalen Bestrebungen derjenigen Theile der Bevölkerung zu kämpfen, die sich in ihm noch nicht heimisch fühlen, oder mit der Ungerechtigkeit des selbstsüchtigen Interesses, das in feindseliger Ausschliesslichkeit gegen die Andersgearteten für sich die Herrschaft, für die

Anderen die Dienstbarkeit erstrebt. Offenbar gelingt die Umwandlung der Trennung nach Racen und Stämmen in die Einheit eines staatlichen Gemeingefühles und die Herausbildung einer einheitlichen Staatsnation da am besten, wo es möglich und mit den wesentlichen Zwecken des Staates verträglich ist, die Rechte aller auszugleichen und das Maass der Berechtigung für jeden von der Zugehörigkeit zu dem einen oder dem anderen Stamme unabhängig zu machen. Wenn sich so auf Grund der Staatseinheit durch Verschmelzung des von Natur Verschiedenartigen eine neue wesentliche Einheit herausgebildet hat, so ist mit solcher geschichtlichen Neubildung eine neue Potenz von bleibendem Werthe für das geschichtliche Leben der Menschheit gewonnen. Die leitenden Völker der Weltgeschichte sind alle in diesem Sinne Erzeugnisse der bildenden Kraft des Staates gewesen. Der Staat aber löst seine Aufgabe erst dann und erreicht erst dann seine volle Blüthe und geschichtliche Wirksamkeit, wenn er der Staat einer Nation wird, die er selber erzeugt und mit seinem Geiste erfüllt hat, wie er seinerseits von ihr getragen und in lebendiger Wechselwirkung bestimmt wird. Dann erst wird der Staat, was er nach dem treffenden Ausdruck Savigny's zu sein berufen ist: die leibliche Gestalt der geistigen Volksgemeinschaft, die organische Erscheinung des Volkes.

6. Andererseits bringt es der geschichtliche Process mit sich, dass zuweilen die eine Nation, wie sie sich im geschichtlichen Leben auf dem Boden des Staates gebildet hat, wieder in viele Staaten zerfällt, die sich dann auch wol mit ausschliessendem Bewusstsein gegen einander wenden. Dabei ergeben sich sehr verschiedene Resultate, je nachdem das Bewusstsein der gemeinsamen Nationalität überwiegt, oder die trennende Macht des Staatsgefühles das Stärkere ist. Im ersteren Falle wird das Streben nach staatlicher Wiedervereinigung jede Gunst der geschichtlichen Lage benutzen, um das innerlich Zusammengehörige auch äusserlich wieder in demselben Staate zu vereinigen; im anderen Falle wird vielmehr die staatliche Sonderung auf die Dauer den Anlass geben zur Herausbildung neuer Nationalitäten, für die dann eine Wiedervereinigung ausser Frage kommt. Oder es bleibt zwar die fundamentale Gemeinschaft des Bewusstseins bestehen; aber sie umschliesst zugleich eine solche Lebendigkeit individualisirender Kräfte, dass weder die volle Getrenntheit, noch die volle Strenge staatlicher Einheit dem Bedürfnis und Bewusstsein der Menschen genügt. In solchem Falle bilden sich die verschiedenen Formen der Föderation, vermöge deren entweder getrennte Particularstaaten in dauernde, aber

§ 32. Der Staat als Nationalstaat. Das Werden der Nationalität. 359

auf Einzelheiten beschränkte Verhältnisse der Befreundung treten, oder Einzelglieder mit weitgehender Selbstständigkeit die wichtigsten Attribute eigentlicher Staatshoheit dem Gesammtkörper überlassen. Aber auch zur Föderation und ihrer gedeihlichen Wirksamkeit ist der gemeinsame Racencharakter kein unumgängliches Erforderniss; es genügt oft schon die für verschiedene Stämme gleichartige staatliche Nothwendigkeit, die Zweckmässigkeit und das Bedürfnis, um einen festeren oder lockreren staatlichen Zusammenhang festhalten zu lassen. Auf solche Nothwendigkeiten und Bedürfnisse der historischen Situation begründen sich dann auch die verschiedenen Formen der Personal- und Real-Union mit stärker oder schwächer ausgeprägtem Bewusstsein staatlicher Einigung des an sich Verschiedenen. Normaler Weise sucht jedenfalls die Einheit des Staates ihr Gegenstück in der Einheit der Staatsregierung, die auf dem Boden gemeinsamer Nationalität nur am ehesten erreicht wird. Falsch ist die Meinung, als ob das Streben nach einer nationalen Staatenbildung nur dieser oder jener einzelnen Epoche der Geschichte angehöre. Vorhanden ist dies Streben immer, sobald es einmal Staaten giebt. Aber es wirken ihm widerstrebende Kräfte entgegen, zu verschiedenen Zeiten mit verschiedener Kraft und je nach den wechselnden geschichtlichen Verhältnissen mit verschiedenem Erfolge. Nicht jede Nation hat die Möglichkeit oder die Aussicht, dem natürlichen Streben nach dem ihr eigenthümlichen Staatswesen Befriedigung zu verschaffen. Es giebt Nationen, die zum Dienen, andere, die zum Herrschen bestimmt sind. Die Nationen stehen durchaus im geschichtlichen Flusse. Sie bilden sich um in dem Processe der Staatenbildung, und ein wesentliches Moment des Inhaltes der Weltgeschichte ist dies Auftauchen und Versinken, dieses langsamere oder schnellere Sich-Bilden und Umbilden der Nationalitäten. Die Staaten selbst sind damit in die lebhafte Bewegung der Geschichte hineingestellt. Der Staat hat so lange etwas Unfertiges, als er Bevölkerungsbestandtheile enthält, die in seinem Verbande noch nicht ihre wahre Heimath gefunden haben und in ihm und seinen Formen noch nicht das Vaterland mit begeisterter Liebe umfassen. So lange die Weltgeschichte dauert, wird darum auch der Process der Staatenbildung dauern. Kein einzelner Nationalstaat gewährt einen dauernden, ein für alle Mal gültigen Abschluss, und jeder wird mit der Zeit in den neuen Process der Umschmelzung eintreten, um durch Trennung oder durch Angliederung des Fremden das Gefäss zu bilden für den Bildungsprocess immer neuer Nationalitäten.

7. **Nationalität** ist nicht Racencharakter, sondern ge-

schichtliches Product und Niederschlag geistiger Processe. Sie kann sich ausbilden auf Grund eines bestimmten Racencharakters; aber sehr viel häufiger hat sie Verschiedenheit der Racen, die sich auf demselben Boden begegnen, und eine längere Zeit dauernde Gemeinsamkeit des geschichtlichen Lebens zur Voraussetzung. Sie führt also in den meisten Fällen auf die bildende Kraft des Staates zurück als auf die Ursache der Verschmelzung des von Natur Verschiedenartigen. Dass dabei in der einen Bevölkerung noch immer verschiedene Typen physiologischen Charakters unterscheidbar bleiben, hindert keinesweges die Einheit der Nationalität, wenn nur im wesentlichen Denkweise und Bestrebungen gemeinsam sind. Der Bildungsprocess einer Nationalität ist zu keiner Zeit abgeschlossen vor ihrem Untergange; wir treffen überall auf Nationalitäten in den verschiedensten Stadien ihrer Ausbildung. Gemeinhin, wo sich zwei oder mehr Racen auf einem Staatsgebiete begegnen, ist eine von ihnen die stärkere, die herrschende. Der eine Stamm wird etwa auf dem Wege der Eroberung unterworfen; er bildet fortan eine niedere, unfreie Classe, eine verachtete, rechtlose oder minder berechtigte Kaste; oder er muss sich, sonst in gesellschaftlicher Hinsicht gleichgestellt, wenigstens dem Rechte des Siegers unterwerfen; oder er bleibt mit eigenem Recht ein in allem gleichberechtigter Volkstheil und tritt nur mit dem Sieger unter die Gewalt des einen Staates. In allen diesen Fällen vollzieht sich schneller oder langsamer, energischer oder oberflächlicher doch derselbe Process: die beiden Stämme bleiben nicht auf die Dauer, was sie vorher waren; sie tauschen ihre Eigenthümlichkeiten mit einander aus, sie empfangen wechselseitig von einander, sie verschmelzen mit einander. Menschen bleiben auf die Dauer nicht in bloss äusserlicher Berührung; selbst der Herr und der Sclave werden durch den Verkehr auch innerlich umgeartet. Alles kommt dabei nicht sowol auf die äusseren Verhältnisse, als auf die Macht der geistigen Begabung und nebenbei auch auf das Uebergewicht der Zahl an. Der trotzige Stamm von Eroberern unterliegt der Geistesmacht der Ueberwundenen, nimmt von ihnen Recht und Sitte, Wissenschaft und Kunst, selbst Religion und Sprache an, die doch sonst am schwersten wechseln und am zähesten haften; es kann aber auch das Umgekehrte stattfinden, dass die weit überwiegende Zahl der Unterworfenen wie von den Waffen so auch von der Cultur der Sieger völlig unterjocht wird. In keinem Falle aber ändert nur der eine Stamm seine Art; sondern auch der, der seine Cultur auf den anderen überträgt, erlebt eine Umänderung und Angleichung an den anderen, und man kann in dem, was fortan beiden gemeinsam ist, nur

§ 32. Der Staat als Nationalstaat. Das Werden der Nationalität.

ein Uebergewicht der Eigenart des einen der beiden Verschmolzenen erkennen. Ganz ähnliche Wirkungen wie die Eroberung hat auch die Einwanderung und Colonisation, überhaupt jede Vereinigung zweier bisher getrennter Stämme unter gemeinsamer Staatshoheit, vorausgesetzt nur, dass dadurch eine dauernde und vielseitige Berührung der Verschiedenartigen bewirkt wird. Die einigende und das geistige Leben bestimmende Macht des gemeinsamen Staates vermag selbst Unterschiede der Sprache, der Religion und Sitte, welche fortbestehen, zu überwiegen; staatliche Trennung andererseits verhindert innere Einheit selbst bei solchen, die in Sprache und Religion übereinstimmen. Man kann also weder die Sprache noch den Körperbau noch sonst irgend ein Einzelnes zum unterscheidenden Kennzeichen der Nationen erheben. Der geistige Gesammthabitus, welcher die Nation bezeichnet, ist von jeder solcher Einzelheit unabhängig und wird am meisten auf der Grundlage der Gemeinschaft des Staates herausgebildet, der sich als gemeinsames Vaterland dem Gemüthe aller, auch der durch Naturbestimmtheit Verschiedenen, einprägt. Je mächtiger, je ruhmvoller der Staat ist; je mehr er gleiches Recht und Freiheit der Bewegung allen zu gewähren vermag: um so leichter und gründlicher auch verarbeitet er die auf seinem Boden sich bewegenden Volkselemente zu einer einheitlichen Nationalität.

8. Die Nation wird erkannt an ihrer eigenthümlichen Culturform. Dieser gegenüber ist alle von der Natur gelieferte Eigenthümlichkeit, ist selbst Religion, Muttersprache, Sitte nur etwas Aeusserliches. Die Culturform einer Nation besteht vielmehr zunächst in der Eigenthümlichkeit ihres Staates und ihres Rechtes, in den Formen des öffentlichen Lebens und dem System ihrer Wirthschaft, in Wissenschaft und Kunst. An der nationalen Culturform nehmen die Massen nur in unselbstständiger Weise Antheil; sie werden mehr geleitet als dass sie leiten, und nur ihre durchschnittliche Anlage ist für die Möglichkeit des von den ausgezeichneten Kräften zu Leistenden von Einfluss. Was in unbewusstem schöpferischen Thun das Volk als Ganzes ursprünglich geleistet hat, das ist doch nur Grundlage für die Herausbildung einer eigentlichen Nationalität und ihrer Cultur. Diese Cultur findet erst im Fortschritt der geschichtlichen Entwicklung ihre Ausbildung durch die hervorragenden Individuen, die Helden, Könige, Gesetzgeber, Feldherren, die Denker und Dichter, die Künstler und technischen Meister. Auf den einzelnen Gebieten höherer geistiger Thätigkeit bewegt sich jede Nation auf eigenthümliche Weise, erzeugt sie Grossthaten von besonderer Art. In ihren grossen Männern und

deren Leistungen spiegelt sich dann auch die Masse. Es giebt eine nationale Literatur, Wissenschaft, Kunst, wie es eine nationale Gesetzgebung und Staatenbildung giebt. An diesem Grossen hat jedes Glied der Nation den Stolz seines Selbstbewusstseins; vor allem aber sind es die geschichtlichen Thaten des staatlichen Lebens, und die Männer, die sie vollbracht haben, die sich der Erinnerung auch der Massen einprägen. Wo eine solche Gemeinsamkeit der Erinnerung und aus ihr folgend eine Gemeinschaft der Stimmung und der idealen Bestrebungen vorhanden ist, da ist Gemeinsamkeit der Nationalität, und je fester jenes Band der gleichen Erinnerungen und des gleichen Strebens ist, desto ausgebildeter und machtvoller überwiegt die Einheit der Nationalität alle sonstigen Unterschiede, die daneben immer fortbestehen mögen. Der Schotte oder Ire, der auf englische, der Franzose, Slave oder Jude, der auf deutsche Weise dichtet, denkt, Recht bildet, technisch oder künstlerisch thätig ist, gehört der Nation an, in deren Culturzusammenhang er geistig hineingewachsen ist. Die Nationalität hängt nicht an blonden oder braunen Haaren, an lebhaften oder trägen Gesten, nicht einmal an der Religionsform. Die verschiedensten natürlichen Temperamente können sich in den Dienst derselben nationalen Cultur stellen, und erst im Gegensatze solcher verschiedenartigen Naturbegabungen erlangt die Nation den wahren Reichthum ihres inneren Lebens.

9. Nur so, wenn man den Begriff der Nationalität richtig fasst, wird auch der Begriff des **Nationalstaats** einen zutreffenden Sinn erhalten. Das wäre einfach nicht wahr, dass irgend ein Staatswesen ausgebildeterer Art die Züge einer bloss natürlich gegebenen Raceneigenthümlichkeit an sich trage. Aber von der Stufe, die das zusammengesetzte Geflechte einer historisch sich bildenden Nationalität erreicht hat, giebt es keinen anschaulicheren und schlagenderen Ausdruck als den Staat mit der stolzen Formengebung seiner Architektonik. In der continuirlichen Wechselwirkung der geschichtlichen Lebensprocesse bestimmen sich Volk und Staat gegenseitig: jedes vollendet sich mit dem anderen, ist mit dem anderen fertig oder unfertig in höherem oder geringerem Grade. Der Staat empfängt sein Wesen aus dem inneren Leben seines Volkes und theilt demselben immer neue Antriebe des inneren Bildungsprocesses mit. Nur so kann man sagen, dass der Volksgeist das innere organische Bildungsprincip für den Staat und seine Formen enthalte, dass dem Volke seine Eigenart im Staate zu verständlicher Anschauung komme. Darum ist das historische Gebilde des Staatswesens nicht zufällig, sondern durch innere Nothwendigkeiten bedingt und innerlich so zusammenhängend wie der Volksgeist, der es gebildet hat.

Wie die Völker verschieden sind, so sind es auch ihre Staaten: die Durchbildung der Staatsform und der nationalen Culturform gehen parallel. Die Staatsform, die für das eine Volk gut und angemessen ist, ist es nicht auch für das andere. Der concrete vorhandene Staat ist jedesmal auch der relativ vorzüglichste, den dieses Volk auf dieser Stufe seiner Entwicklung haben könnte. Der Staat mit seinen Ordnungen gehört zu den wichtigsten Culturgütern des Volkes. Er ist bei weitem nicht bloss die realisirte Rechtsordnung, so sehr dies zu sein sein bleibendes und grundlegendes Wesen ist; sondern er ist zugleich der lebendige Ausdruck für alle idealen Culturbestrebungen des nationalen Geistes. Er schützt sie nicht bloss mit seiner Macht, sondern er selber in der Idealität seiner besonderen Gestaltung, als das Product sittlicher Kräfte und geschichtlicher Thaten, spiegelt sie wieder und ist von ihnen durchdrungen.

10. Der Staat ist der Rahmen, in welchem sich das gesammte Volksleben bewegt. Er einigt zunächst die wirthschaftenden Hausstände zu einer nationalen Einheit der Volkswirthschaft, einer Einheit, die durch den die Schranken des Staates weit überschreitenden und durch die ganze Welt reichenden Zusammenhang der wirthschaftlichen Interessen keineswegs beeinträchtigt wird. Durch sein Privatrecht, seine Handels- und Gewerbegesetzgebung, durch die Dienste und Leistungen, die er auferlegt, durch seinen festeren oder loseren Abschluss gegen das Ausland bedingt er jede einzelne wirthschaftliche Kraft und Thätigkeit, und ist doch zugleich in alle dem in strengem Zusammenhange mit den inneren Antrieben und Gesinnungen derjenigen, die sich auf seinem Boden bewegen. Alles, was die Einzelnen gewinnen und erwerben, wird zugleich für den Staat erworben; der Reichthum der Einzelnen ist der Reichthum des Staates, und jeder Einzelne bleibt rein in Folge des staatlichen Zusammenhanges an das gebunden, was die anderen alle doch auch mit für ihn geleistet und geschaffen haben. Aber ebenso stellt der Staat eine Einheit des idealen Schaffens für die höchsten Culturzwecke her. Nicht bloss dass sie sich auf seinem Boden mit Sicherheit und frei von Störungen bewegen können. Indem er äusserlich alle diese Kräfte und Bestrebungen zur Einheit eines Volkslebens zusammenfasst, nimmt nun vielmehr jeder in der durch den Staat geschaffenen engen Berührung zwischen allen Angehörigen des Staates an dem durch alle anderen Geleisteten seinen Antheil, und die nationale Kunst, die nationale Wissenschaft wird auch ohne positives Eingreifen des Staates zum Gemeinbesitz aller, der Ruhm der grossen Männer zum nationalen Ruhm. Damit erhebt der Staat den Einzelnen aus der

Enge seines Gesichtskreises. An der nationalen Cultur hat jeder sein besseres, sein bleibendes Selbst, an dem ruhmvollen mächtigen Staatswesen, welches diese eigenthümliche Culturform schützt, den Halt und Stolz seines Selbstbewusstseins. Die Unabhängigkeit des Staates von allem Fremden ist die Quelle und Bedingung für den Stolz des Subjectes, zu sein, was es ist, und nicht etwas anderes sein zu sollen. In der Stunde der Gefahr findet sich der höchste Opfermuth, um in dem nationalen Staatswesen die erste Grundlage zu erhalten und zu schützen für alles, was dem Menschen heilig ist, für den heimischen Herd und Altar, für die Möglichkeit, dass die Nation sich weiter entwickele auf ihre Art und jeder Einzelne an dem Ruhme dieser Entwicklung seinen Antheil behalte. Der Staat übt auch in diesem Sinne eine erziehende Macht. Nicht nur, dass er durch die Leistung, die er fordert, durch den Zwang, durch den er sich allgegenwärtig fühlbar macht, durch die gewaltige Grösse seines überlegenen Willens, den Willen disciplinirt, vernünftigen Gehorsam unter eine vernünftige Ordnung, Selbstbeherrschung und Besonnenheit schafft: er lenkt auch den Einzelnen auf würdige Ziele; er bewirkt, dass jeder sich als im Allgemeinen lebend weiss und erfasst; er erzeugt Liebe zu dem Grossen, Bleibenden, weit über die sinnlichen Interessen Hinausragenden, zu der staatlichen Form der nationalen Cultur: er wird eine Quelle staatsbürgerlicher Tugend, die mit Aufopferung und Freudigkeit die eigenen Interessen denen des grossen Gemeinwesens unterordnet. Ein Volk, das seinen nationalen Staat zu schaffen, zu erhalten, fortzubilden vermag, unabhängig und glücklich, ist zu jeder Leistung hoher idealer Culturarbeit fähig und ausgerüstet.

11. Von diesem Gesichtspunkte aus, dass der Staat der Ausdruck der nationalen Culturform auch in ihren idealsten Richtungen ist, muss man nun auch die oft gehörte Forderung beurtheilen, dass der Staat der modernen Culturvölker ein **christlicher Staat** sein oder werden soll. Unter den idealen Mächten des Lebens ist die Religion die fundamentalste. Es ist auch unzweifelhaft, dass jede nationale Culturform ihre Wurzel in einer bestimmten religiösen Glaubens- und Lebensform hat. Es giebt heidnische und christliche, katholische und protestantische Culturen. Es ist dabei nicht nöthig, dass diejenigen, die an dieser Culturform Theil haben, auch alle ausnahmslos dem bestimmten Glaubensbekenntnis angehören, das für dieselbe bestimmend geworden ist; nur für die reinere und vollkommenere Ausprägung des Princips dieser nationalen Cultur mag die Zugehörigkeit zu einer bestimmten Confessionsgemeinschaft immerhin von Bedeutung

sein, wenngleich das innere Leben abweichender Confessionen unter der Einwirkung der nationalen Cultur immer seine besondere Färbung von der in dieser Cultur herrschenden Confession empfangen wird. Wie nun die Religion die Gesinnungen und das ganze innere Leben der Menschen bestimmt, so wird auch das Staatswesen mit seinem Bau und seiner Gliederung und dem reichen Inhalt seiner rechtlichen Ordnungen durch die herrschende Religionsform mannigfache Einflüsse erfahren, und der Staat überwiegend christlicher Völker wird insofern ein christlicher Staat heissen dürfen, als die christliche Religion bei seinem Aufbau mit wirksam war. Leider aber schiebt sich diesem Worte vom christlichen Staate vielfach eine ganz andere Vorstellung unter. Der Staat soll entweder ausdrücklich in den Dienst einer bestimmten Religionsform gezogen, der grobe Hausknecht einer Kirchengemeinschaft werden, damit dieselbe ihren äusseren Herrschaftsbereich nach Belieben erweitern könne; seine Formen und Gesetze sollen ihm nicht aus seiner eigenen Natur und seinen Bedürfnissen, sondern aus den Dictaten irgend einer Kirchenlehre oder Offenbarungsschrift erwachsen. Das nun mag einer veräusserlichten und verweltlichten Kirche im Dienste ihrer Zwecke sehr heilsam erscheinen; aber christlich ist es nicht, und ein danach eingerichteter Staat wäre sicher kein christlicher Staat. Oder die Kirche und ihre Organe drängen sich dazu, staatliche Functionen zu üben, und in grobem Missverständnis findet man das Heil der Kirche darin, dass sie so von der Autorität des Staates einen Abglanz für sich erlange. Christlich wäre auch das nicht zu nennen, und als Ideal könnte man das kaum gelten lassen. Immerhin aber ist es ein edlerer Anblick, eine Kirche, die nach Herrschaft ringt, und wäre es mit jesuitischer Consequenz und jesuitischen Mitteln, als eine Kirche, die sich dazu drängt, Polizeidienste zu thun und ihre Organe als Standesbeamte in schwarzem Talar verwenden zu lassen.

12. Solchen Verirrungen gegenüber gilt es, wenn doch nicht zu bezweifeln ist, dass die Staaten der christlichen Culturwelt unter der Einwirkung christlicher Culturideen sich entwickelt haben, genau zu bestimmen, in welchen Punkten sich die Macht der christlichen Principien auch für das Staatsleben thätig erwiesen hat und zu erweisen fortfährt. Zunächst ist so viel klar, dass das Christenthum gerade ein strenges Auseinanderhalten von Staat und Kirche fordert. Derjenige, der gesagt hat: „Mein Reich ist nicht von dieser Welt", hat sicher nicht gewollt, dass nun doch wieder die Angelegenheiten des Reiches Gottes mit denen der weltlichen Rechtsordnung in eine trübe Vermischung gerathen, oder

dass vermittelst der Machtmittel der staatlichen Gewalt die Institution der Erziehung zum Himmelreiche eine äussere Herrschaft von weltlicher Art üben solle. Das Christenthum gerade lehrt den Staat als die äussere Bedingung aller sittlichen Entwicklung in seiner eigenthümlichen Herrlichkeit auf seinem beschränkten Gebiete begreifen und achten, indem es Weltliches von Geistlichem streng sondert. Die kirchlichen Interessen gehören mit in die Reihe der gesellschaftlichen Interessen, die als solche den Staat mit Verwirrung bedrohen, indem sie den Träger des gesammten nationalen Lebens zum Diener einer immerhin einseitigen Tendenz herabziehen möchten. Das gerade wehrt das Christenthum ab, indem es **Gerechtigkeit** üben lehrt, und giebt den Staat seinem hohen und umfassenden Berufe zurück. Christlich also ist der Staat, sofern er der Kirche giebt, was ihr zukommt, nicht weniger, aber auch nicht mehr: äusseren Rechtsschutz und möglichste Ungestörtheit ihrer inneren Entwicklung. Das Christenthum ferner fordert, dass das Verhältnis des Menschen zu seinem Gott und zu seiner transscendenten ewigen Bestimmung durch die That des freien Gewissens gestaltet, nicht unter ein Gesetz äusseren Zwanges gestellt werde. Darum lässt unter der Einwirkung des Christenthums der Staat den Glauben und das Gewissen frei und enthält sich aller Einwirkung auf Cultus und religiöse Lebensäusserung, soweit nicht die äussere Rechtsordnung des Staates dadurch beeinträchtigt oder bedroht wird. Das christliche Gewissen will ferner **Freiheit**, und will sie nicht allein für sich, sondern für alle, auch für Heiden und Juden; der christliche Staat ist deshalb der Staat der Duldung und Glaubensfreiheit. Das Christenthum endlich giebt wol eine Anweisung über den Weg zum ewigen Heil, aber keinerlei Anweisung für die Gestaltung staatlicher und rechtlicher Verhältnisse. Heidenthum und Judenthum, indem sie den sittlichen Process äusserlicher fassen, schreiben von sich aus ein Gesetz des äusseren Handelns vor, das mit dem Rechtsgesetze des Staates eine nahe Verwandtschaft der Form hat und sich auf den Zwang des Staates behufs seiner Durchführung zu stützen vermag. Christlich dagegen ist es nicht, dem Staate zuzumuthen, er solle seine Gesetze auf den Lehren des Christenthums begründen; denn über dergleichen lehrt das Christenthum nichts. Der Staat auf christlicher Grundlage bescheidet sich daher, mit seinen Gesetzen und Methoden über das Diesseitige hinausgreifen zu wollen, verbittet sich dafür aber auch, in seinem Streben, das Diesseitige vernünftig und gerecht zu ordnen, durch eine ihm völlig fremdartige Reihe von Motiven gehemmt und aus seiner Bahn gebracht zu werden. Alles Theokratische, wo es uns auch begegne, ist ein jüdischer oder heidnischer Rest, der sich in der vom Christenthum zum Theil nur erst äusserlich ergriffenen Welt fortzuerhalten vermocht hat. Jüdisch ist es, wenn die Kirche selbst staatlich organisirt, auf äussere Macht und Herrschaft gerichtet ist; jüdisch oder heidnisch, wenn der Staat seine Ordnungen durch die Anforderungen einer Kirchengemeinde bestimmen lässt. Christlich ist der Staat, in welchem jeder nach seiner Façon nach dem Heil seiner Seele streben darf, verschiedene Religionsgemeinschaften in dem Gehorsam gegen das gleiche Gesetz des Staates friedlich neben einander bestehen, das Gesetz aber unter dem Gesichtspunkte der Gerechtigkeit für alle sich stetig weiter entwickelt. Dem christlichen Staate ist damit genügt, dass man nach seinen Gesetzen lebe: auf welchem sittlichen Grunde und aus welcher religiösen Ueberzeugung der Entschluss zum rechtlichen Leben erwachse, muss ihm gleichgültig sein. Der Staat schützt unter anderem auch die christliche Kirche; dadurch wird er ebensowenig ein religiöses Institut, wie der Baumeister deshalb ein religiöser Mensch ist, weil er unter anderem auch einmal eine Kirche baut. Der christliche Staat wird den religiösen Brauch der weit überwiegenden Mehrzahl seiner Bürger für manche seiner Einrichtungen als Norm wählen, ihrer Kirche mit besonderem Nachdruck Schutz und Ehre verleihen; aber das hindert ihn nicht, auch die Juden und Heiden, oder die jüdische und heidnische Religionsgemeinschaft zu schützen und zu ehren. Nur der allen einseitigen kirchlichen Tendenzen gleichmässig abgewandte Staat ist ein christlicher, d. h. ein den Anforderungen des christlichen Gewissens entsprechender Staat. Im christlichen Culturprincip liegt es, dass das theokratische Institut bis auf den letzten Rest ausgetilgt werde. Ein Fortschritt zum christlichen Staate hin ist es also, wenn die rechtliche Seite der staatlichen Institutionen auch da, wo sie mit der Kirche in nächster Berührung stehen, wie in der Ehe und der Jugenderziehung, von der kirchlichen Seite derselben Institutionen klar und bestimmt abgelöst wird, wenn den Kirchenbeamten jede Art von staatlicher Function abgenommen, die Einwirkung der staatlichen Organe auf den inneren Gang des kirchlichen Lebens auf das unentbehrliche Minimum eingeschränkt wird. Die Religion ist freilich ein mächtiger Factor im Volksleben, und jeder Staat muss mit ihm rechnen; heute ist es ein bedauerlicher Uebelstand, dass man diese Nützlichkeit der Religion für die staatliche Erziehung der Massen mit besonderem Nachdruck ins Auge fasst, während doch die Bedeutung der Religion in Wahrheit auf einem ganz anderen Gebiete liegt. Aber so viel ist ganz sicher, dass vom Staate, wo er sich eingehend um die Religion kümmert, eine wirkliche Förderung des religiösen Lebens weit weniger zu erwarten ist, als eine Verfälschung und Schwächung desselben. Die Religion wesentlich darauf hin anzusehen, wie sie sich als Hilfsmittel äusserer Zucht verwenden lasse, ist ein gar nicht christlicher oder frommer Gedanke; es ist der Gesichtspunkt, in dem sich Männer wie Macchiavelli, Montesquieu, Voltaire, Bentham begegnen. Dass dieser Gesichtspunkt in der Schätzung der Religion für manche Zeiten seine dringende Bedeutung habe, ist nicht zu bestreiten; nur religiös und christlich soll man das nicht nennen, wenn man die Religion zur Handlangerin äusserer Nützlichkeiten macht. Der christliche Staat wird sich sicher davor hüten, die Religion und insbesondere das Christenthum irgendwie zu schädigen und zu hindern; er wird auch diejenige Förderung seiner Zwecke, die ihm von der religiösen Erziehung seiner Bürger zufliesst, dankbar hinnehmen. Aber vor allem wird er es vermeiden, Geistliches und Weltliches zu vermischen oder sich für die der Kirche in den meisten Fällen eigene Unduldsamkeit und ausschliessliche Herrschbegier in Dienst nehmen zu lassen. Dagegen, je mehr die Kirche, je mehr die Menschen sich mit dem reinen Geiste des Christenthums durchdringen, desto mehr werden auch alle Ordnungen des Staates den Stempel idealer Gerechtigkeit und Vernünftigkeit tragen; das ist der Weg, wie der Staat mehr und mehr in wahrem Sinne ein christlicher wird. Denn Gerechtigkeit und Vernunft, das ist die einzige Vorschrift, die für den Aufbau des Staates aus dem Christenthum zu entnehmen ist, und die Forderung der Christlichkeit für den Staat hat nur dann einen Sinn, wenn sie will, dass der Staat von aller Religion und Kirche unabhängig sicher nach seinen inneren Entwicklungsgesetzen den Weg zu seiner Vollendung weiter gehe.

§ 33.

Das Ziel der Entwicklung des Staates.

Die historische Eigenthümlichkeit des Staates birgt allgemeingültigen Gehalt in vergänglichen Formen, über welche hinaus der Staat zu höheren Formen fortschreitet. Für alle staatliche Entwicklung giebt es ein ideales Ziel, das nicht jeder Nationalstaat zu erreichen vermag, das aber in der Geschichte der Menschheit als das vom Staate überhaupt angestrebte sich offenbart. Die normale Entwicklung des Staates ist die Entwicklung seines Rechtes zu materieller Gerechtigkeit; das Gerechte in seiner Anwendung auf die Grundverhältnisse des Staates ergiebt die Ideale der **Freiheit** und **Gleichheit** als das Ziel für die Entwicklung des Staates.

1. So entschieden die Vorstellung des Idealstaates abzuweisen ist, weil der Staat immer nur als historisch einzelner und als Staat einer besonderen Nation vorhanden sein kann, so nachdrücklich ist auf der anderen Seite geltend zu machen, dass jeder Staat als ein besonderes Exemplar seiner Gattung in seiner Individualität den Begriff des Staates in concreter Form darstellt und damit zwar solches enthält, was gegen den Begriff des Staates unwesentlich und zufällig ist, aber doch auch solches, was allgemeingültig ist und jedem Staate als solchem zukommt. Jenes Zufällige findet zwar selbst seine Erklärung und Rechtfertigung in der historischen Natur des Staates und in seinem organischen Zusammenhange mit der Eigenart der Nation, der er zugehört; aber das bloss Historische und Nationale ist doch zugleich das Vergängliche und hat nur zeitlich bedingten Werth; die Unangemessenheit gegen den Begriff der Sache ist es, welche die Entwicklung darüber hinaus zu höheren Formen forttreibt. Was den Inhalt des Staates ausmacht, das Recht, vollendet sich im historischen Process, indem die unendliche Mannigfaltigkeit der Verhältnisse immer sicherer nach der Norm des Gerechten gestaltet wird. An dieser Stelle nun haben wir es mit dem Gerechten nur zu thun, sofern es die Formen des Staates unmittelbar angeht, nicht auch mit dem, was in den Verhältnissen, die sich auf dem Boden des Staates bewegen, gerecht ist. Es gilt also nur eine specielle Anwendung des Begriffes des Gerechten, freilich eine solche, die für alle weitere Ausbildung des Gerechten von fundamentaler Bedeutung ist. Denn der in seinen Grundformen gerecht gestaltete Staat wird als Verwirklichung des Gerechten auch darin sich bewähren müssen, dass er alles Recht im Einzelnen auf das gerechteste ausbildet, und das wird seine naturgemässe und selbstverständliche Thätigkeit sein. Das Recht als solches und der Staat, der es verwirklicht, haben darin einen verschiedenen Charakter. Das Recht, weil es immer positiv bleiben muss, erlangt seine höchste Bedeutung dadurch, dass es der Innerlichkeit des nationalen Geistes entspricht; es fordert deshalb im nationalen Staate das Organ zu seiner Verwirklichung. Der Staat aber hat seinen vollen Werth noch nicht darin, dass er in historischer Einzelheit als Nationalstaat existirt, sondern darin, dass er selbst wieder in fortschreitender Entwicklung aus den Grenzen nationaler Eigenart sich zum Gefäss und Organ für

die Darstellung allgemeingültiger Vernünftigkeit eignet und das Recht selber seiner idealen Bestimmung zuführt, nicht bloss positiv zu bleiben, sondern schlechthin gerechtes Recht zu werden.

2. Wie die Nationen, so unterscheiden sich auch die Staaten durch das Maass von allgemeingültigem Gehalte, den sie zu produciren vermögen. Der Staat ist auch darin das Spiegelbild der nationalen Culturform. Je reichhaltiger die letztere, desto mustergültiger ist auch der ihr entsprechende Staat. Die Völker, welche die classischen Vorbilder der Wissenschaft, Kunst, Religion geliefert haben, sind auch für den geschichtlichen Process der Staatenbildung die bedeutendsten geworden. Das gilt selbst von den Juden, deren ausgebildete Theokratie noch bis mitten in das Leben der fortgeschrittensten Culturvölker mit ihren Nachwirkungen hineinragt. Aber ebenso wie die Culturformen, sind auch die Staaten vergänglich. Das productive Vermögen der Nationen erschöpft sich in Bezug auf die Staatenbildung wie in jeder anderen Beziehung; die Grenze der Productivität bewirkt auch eine begrenzte Dauer, und das Nachlassen staatsbildender Kraft, das mit dem Sinken der nationalen Cultur zugleich eintritt, führt zum Untergange des Staates. Die einzelnen in der Geschichte auftretenden Nationen vermögen auch nur einzelne Seiten des Staatslebens vorwiegend auszubilden; dass die Aufgabe nicht allseitig erfasst, nicht vollkommen gelöst wird, das bildet die Ursache des auf die eine oder die andere Weise hereinbrechenden Verderbens. Vorübergehend vermag selbst die Barbarei einen mächtig organisirten Staat zu erzeugen, der mindestens die Kraft hat, andere Staaten zu erschüttern und ringsum Zerstörung und Verwüstung anzurichten. Aber dem Staate der Barbaren gebricht es an nachhaltiger Kraft. Ein Staat von dauernder Grösse erzeugt sich nur bei einer beträchtlichen Höhe idealer Cultur. Denn nur diese vermag den Menschen das Maass von Begeisterung, von selbstloser Hingebung, von energischem Willen und gründlicher Einsicht mitzutheilen, ohne welches dauernde Grundlagen für die Grösse eines Staates nicht gelegt werden können. Der Staat ist um so stärker, je mehr seine Ordnungen allseitig der idealen Norm des Gerechten entsprechen; das Ungerechte, was ihm anhaftet, bildet das Element seiner Schwäche und beraubt ihn der Mittel der Selbsterhaltung. Die Nation, welche die Fähigkeit hätte, in stetem Fortschreiten ihrer gesammten Cultur zugleich ihren Staat immer mehr im Sinne des Gerechten fortzubilden, würde die Gewähr ihrer dauernden Blüthe und des unerschütterlichen Bestandes ihres Staates haben auch unter dem Wechsel aller äusseren Verhältnisse.

§ 33. Das Ziel der Entwicklung des Staats. 371

Geht aber eine Nation mit ihrem Staate unter, so ist damit das von ihr Geleistete nicht schlechthin verloren, sondern es lebt als Grundlage für die weitere Entwicklung anderer Nationen fort. Was eine Nation auch in Bezug auf die Staatsbildung erarbeitet hat, das hat sie für die Menschheit erarbeitet, und der Zusammenhang der Tradition, der durch die Geschichte des Menschengeschlechtes hindurchgeht, bewirkt eine Tradition auch der Principien des Staatslebens. So geschieht es, dass zwar immer neue Principien der staatlichen Ordnung mit den neu auf die Bühne der Weltgeschichte tretenden Nationen wirksam werden, aber das Neue doch immer sich an das früher Errungene anlehnt und damit verschmilzt. In allen Staatenbildungen der Menschheit vollzieht sich ein einheitlicher Process der Herausbildung des immer Vollkommneren auf Grund zugleich der besonderen Nationalgeister und des sie alle belebenden allgemein menschlichen Gehaltes.

3. Die Grundform alles Staatlichen ist der Gegensatz zwischen Herrschenden und Beherrschten, zwischen dem Staatswillen und den Interessen, dem Oeffentlichen und Privaten, zwischen Obrigkeit und Unterthan, Macht und Zwang auf der einen, Gehorsam und Unterwerfung auf der anderen Seite. In der Art, wie dieser Gegensatz gestaltet wird, vollzieht sich die geschichtliche Entwicklung des Staates. Den Ausgangspunkt der Entwicklung, was zunächst die Herrschaft selbst betrifft, bildet der Zustand, wo als der herrschende Wille des Staates der Willkür der Vielen gegenüber sich die Willkür des Einen geltend macht, der als Despot die Macht des Staates in seiner Hand hat. Damit aber bleibt die Verwirklichung des Gerechten in dem Grundverhältnisse des Staates dem Zufall der persönlichen Einsicht und des guten Willens überlassen. Darum wird vielmehr gefordert, dass das Gesetz als dauernder und festbestimmter Gedanke der Herrschaft gegen die Willkür übe, der Wille der Obrigkeit durch das Gesetz gebunden, und der Weg, auf dem etwas die Geltung des Gesetzes erlangen könne, selbst durch das Gesetz geordnet sei. Die Herrschaft des Gesetzes aber lässt noch der Möglichkeit Raum, dass das Gesetz nur formell rechtliche Bestimmung sei, inhaltlich aber der Anforderung des Gerechten nicht entspreche. Darum ist das die weitere Forderung, dass das Gesetz sich mit vernünftigem Inhalt erfülle. Die Aufgabe der Staatsbildung ist daher, Garantien zu schaffen, dass das Gesetz herrsche und alle Macht des Staates nur im Dienste des Gesetzes thätig werde, und zugleich, dass die Gesetzgebung so geübt werde, dass das Gerechte selber in Form des Gesetzes den Staat nach allen Richtungen durchdringe. Andererseits, was die Beherrschten anbetrifft, so be-

ginnt die Entwicklung des Staates damit, dass der Einzelne
und sein Interesse dem Staate gegenüber keinerlei selbstständigen Werth hat und nur willenloses Object der Staatsthätigkeit ist. Erst im Fortgange richtet sich der Staat darauf ein, den Einzelnen in der Sphäre seiner privaten Thätigkeit zu achten und walten zu lassen; aber dafür entzieht er
ihm jede selbstthätige Theilnahme an dem Staate und seinen
Functionen. Endlich wird der Unterthan des Staates zum
Staatsbürger, der nicht nur in privaten Verhältnissen vom
Staate geschützt sich selbstständig bewegt, sondern auch den
Staat selber, seine Action und sein Gesetz, durch eigene
Thätigkeit bilden und bestimmen hilft. Damit sind nun die
beiden Hauptrichtungen bezeichnet, nach denen der Staat sich
in der Menschheit entwickelt. Zwei ideale Normen sind es,
die diese Entwicklung leiten. Die Herrschaft des Gerechten
in der Form des Gesetzes führt auf den Begriff der **Gleich-
heit**, die selbstthätige Theilnahme des Beherrschten an der
Bethätigung des Staatswillens auf den Begriff der **Freiheit**.
Wir besprechen den letzteren zuerst.

4. Unter politischer **Freiheit** versteht man Verschiedenes.
Eine Nation ist frei im negativen Sinne des Wortes, sofern
sie unabhängig vom Fremden sich nach ihrer Eigenart ungehindert bewegen und entwickeln kann; sie hat ihre Freiheit
positiv daran, dass das Gesetz und die Ordnung ihres Staates
der Ausdruck des inneren geistigen Lebens der Nation ist.
Mit einem andern Begriffe von Freiheit haben wir es hier zu
thun, wo von dem Verhältnis des Herrschers zu den Beherrschten im Staate die Rede ist. Freiheit in diesem Sinne
umfasst ein Doppeltes: erstens, dass die Individuen, auf welche
die Herrschaft sich erstreckt, eine möglichst umfassende
Sphäre der Befugnis offen haben und die einschränkende
Thätigkeit der Herrschergewalt ein möglichst enges Gebiet
betreffe; zweitens, dass das beherrschte Individuum an dem
Staate und seinen Ordnungen in möglichst umfassender Weise
selbstthätig betheiligt sei. Das Erstere haben wir als Ziel
der Entwicklung des im Staate geltenden Rechtes schon früher
abgeleitet; nur das Letztere kommt an dieser Stelle in Betracht. Alle staatliche Herrschaft behält so lange ein Element des Mechanischen, als sie sich äusserlich und durch
das Mittel des Zwanges den Beherrschten auferlegt. Aber es
ist das eigene innere Entwicklungsgesetz des Staates, dass
die im Gesetze sich ausdrückende Vernünftigkeit durch die
Macht der Disciplin und erziehenden Gewöhnung zum eigenen
inneren Wesen der Gehorchenden wird; damit ist die Möglichkeit gegeben nicht nur zu dem freien Gehorsam, so dass
jeder, indem er dem Gesetze gehorcht, darin vielmehr seinem

§ 33. Das Ziel der Entwicklung des Staats. Die Freiheit. 373

eigenen vernünftigen Wesen gehorcht, sondern auch zu dem freien, selbstthätigen Ergreifen der Zwecke und Actionen des Staates, so dass der Einzelne nicht nur in der Form der Herrschaft passiv bestimmt wird, sondern auch zu eigener staatlicher Thätigkeit als Organ des Staatswillens sich activ selbst bestimmt. Das ist also das Ziel der Entwicklung des Staates, dass der Einzelne sich in seinem Selbstbewusstsein wesentlich als Bürger dieses Staates fühle und in den Ordnungen desselben heimisch sei; im vollsten Sinne ist dies erst da verwirklicht, wo der Einzelne am Staate mitarbeitet, in staatlicher Thätigkeit einen Theil seines Berufes findet, und der Staat sich erhält, indem er so viel als möglich alle, die er beherrscht, zugleich zu Organen seines Willens macht.

5. Die Freiheit der Bürger in diesem Sinne macht den Staat zu einer wahrhaften res publica. Dass Einrichtung und Verwaltung des Staates nicht einzelnen Interessen, sei es der Unterthanen, sei es der Obrigkeit, dienen, sondern wirklich dem gemeinen Wesen, der rechtlichen Ordnung, der Selbsterhaltung des Staates und der dadurch bedingten Erhaltung und Förderung der nationalen Cultur, das ist das ganz Selbstverständliche, und das Gegentheil wäre blosse Entartung. Zur res publica wird der Staat erst dadurch, dass er die Selbstthätigkeit seiner Bürger für seine Action heranzuziehen vermag. Was man gewöhnlich als Republik bezeichnet, die Einsetzung der Obrigkeit in der Form der Wahl, ist dagegen etwas rein Formelles und ändert an dem Wesen des Staates gar nichts. Die republikanische Staatseinrichtung in diesem Sinne kann die Ausbildung des Staates zur Freiheit ebensowol erschweren und hindern, als erleichtern und fördern. Dagegen die res publica, sofern sie für die Staatszwecke auf die eigene Thätigkeit der Bürger zählt, macht die Angelegenheit des Staates zur persönlichen Angelegenheit jedes Einzelnen, befördert in den weitesten Kreisen des Volkes das Verständnis für die Action des Staates und erzieht zu freudigem Gehorsam, indem die Menschen je an ihrer Stelle staatlichen Auftrag und staatliches Herrschaftsrecht haben. Den widerstaatlichen Charakter der gesellschaftlichen Interessen zu mildern, kann nichts anderes so mächtig wirken, als wenn jeder, soweit seine Fähigkeit reicht, unmittelbar in den Dienst des öffentlichen Rechtszustandes gezogen wird und über den Kreis seiner privaten Interessen hinaus in Amt und Pflicht des Staates die festen Ordnungen und Gesetze, auf denen das Ganze ruht, seinerseits zu wahren und zu verwalten hat. Zur res publica gehört dann aber auch eine durchgeführte wahre Oeffentlichkeit des Staatslebens, durch welche es jedem nach dem Maasse seiner Fähigkeit ermöglicht ist, die Lage der

öffentlichen Angelegenheiten zu verstehen und durch Meinungsäusserung und That nach dem Maassstab der Gesetze sich an ihnen zu betheiligen. Die Gesetzgebung auf Grund öffentlicher Verhandlung, die Vertheilung von Lasten, Pflichten und Rechten am hellen Tageslichte der Oeffentlichkeit, die öffentlich geführte Controle über die Acte der obrigkeitlichen Gewalt in allen Richtungen des Staatslebens, Oeffentlichkeit der Rechtspflege, möglichst weitgehende Betheiligung aller tüchtigen Kräfte im Volke an den Aufgaben der Verwaltung: das ist das Kennzeichen eines freien Staates und freien Volkes. Solche Oeffentlichkeit war früher erreichbar nur in kleinem Kreise; für die umfassenden Staaten der neueren Welt mit Tausenden von Quadratmeilen und Millionen von Einwohnern ist sie ermöglicht worden erst durch die Fortschritte der neueren Technik. Die Presse und die Dampfkraft im Dienste derselben, die Eisenbahn und der Telegraph sind so zu Grundlagen auch der politischen Freiheit geworden.

6. Alle Freiheit ruht auf dem Gehorsam. Freudiger Gehorsam mit verständiger Einsicht in die Vernünftigkeit des Gesetzes, welcher sich die Interessen regelmässig und selbstverständlich unterordnen, Bereitwilligkeit eines Jeden, die eigene Kraft in den Dienst des öffentlichen Lebens und seiner Ordnungen zu stellen, macht die Staaten mächtig und zu jedem Fortschritte fähig. Wo das Nothwendige geschieht aus Einsicht und gutem Willen im bewussten Dienste der staatlichen Zwecke, da ist inhaltsvolle, wahrhafte Freiheit. Zweierlei gilt es zu vereinigen: dass die Formen des staatlichen Baues fest genug bleiben, um dem Andrange der widerstaatlichen Interessen zu widerstehen, und offen genug, um die miteingreifende Thätigkeit der Individuen im weitesten Umfange zuzulassen. Nach diesen beiden Richtungen scheiden sich, je nachdem die eine oder die andere in der Auffassung der Erfordernisse des staatlichen Lebens vorwiegende Bedeutung hat, überall die beiden hauptsächlichen politischen Parteien, freilich jedesmal mit besonderen, durch die bestimmte Situation veranlassten Modificationen. In dem Gegensatze dieser beiden sich bekämpfenden und Schritt für Schritt theilweise ausgleichenden Richtungen besteht eines der wichtigsten Momente des staatlichen Lebensprocesses. Das Ziel ist, dass jedes Glied des Volkes in seinem Kreise staatliche Thätigkeit übe und die durch staatliche Erziehung gewonnene Kraft und Einsicht in der Wirksamkeit für staatliche Zwecke bewähre, und dass der Staat sich erhalte, indem er alle, die er beherrscht, zugleich zu Organen seines in strenger Rechtsform ausgedrückten und mit sicherer Wirkung sich behauptenden Willens macht. Das blosse Wählen und Mitdreinreden freilich

§ 33. Das Ziel der Entwicklung des Staats. Die Freiheit.

thut es nicht, besonders so lange dabei vorwiegend nur das Recht und nicht die Pflicht ins Auge gefasst wird. Dass im Bewusstsein der Menschen Recht und Pflicht untrennbar sich vereinigen, dazu trägt am meisten das im öffentlichen Dienste geübte Amt bei, welches Opfer und selbstverleugnende Arbeit auferlegt, dafür aber auch Ehre und Einfluss gewährt. Treue gegen die Pflicht ist die Bedingung der Freiheit; durch sie kann es bewirkt werden, dass niemand bloss beherrscht wird. sondern jeder in höherem oder geringerem Maasse an der staatlichen Thätigkeit des Herrschens selbst theilnimmt. Ein Volk, das frei zu sein begehrt, muss deshalb an sich die allerhöchsten Anforderungen stellen. Der Zustand der Unfreiheit hat seine Bequemlichkeit. Da braucht man nichts selbst zu thun; was nöthig ist, das besorgt alles schon der Staat durch seine ausschliesslich ihm zugehörigen Organe. Ein freies Volk dagegen übernimmt mit der Thätigkeit für den Staat auch die ungeheure Verantwortlichkeit. Freiheit ist alles andere eher als Ungebundenheit. Frei sein kann nur ein genügend vorgebildetes, ein mündiges und gereiftes Volk, welches bereit ist, die schwere Last zu tragen, die Arbeit für den Staat nicht als Abbruch seiner Arbeit für individuelles Wol zu scheuen, sondern als edelsten Zuwachs des Berufes eines jeden mit Freude zu umfassen; nur ein Volk, welches Einsicht genug hat, sich innerhalb der Grenzen zu halten, jenseits deren die Gefahr der Zerrüttung der öffentlichen Macht und der Anarchie droht, vermag sich frei zu erhalten. Darum ruht die Freiheit auf herkömmlicher guter Sitte und auf bewusstem tugendhaftem Grundsatz. Es muss im Nothfalle auch das äusserste Opfer gebracht werden, das Opfer des eigenen Woles, des eigenen Lebens, ja was oft viel schwerer ist, der eigenen Meinung. Ein lässiges, ein bequemes Volk. das in die privaten Interessen ganz versenkt, die harte Arbeit für den Staat und die unerbittliche Strenge der staatlichen Zucht scheut, kann niemals ein freies Volk sein. Gewissenhafteste Selbstbeherrschung allein macht die Freiheit möglich. Wer sich selbst zu beherrschen nicht im Stande ist, kann noch weniger andere beherrschen; ein solcher muss von anderen beherrscht werden. Was nöthig ist, das muss doch geschehen; wird es nicht durch freien Entschluss hervorgebracht, so muss es erzwungen werden. Die Tugend, welche die Freiheit möglich macht, ruht am sichersten auf religiösen Motiven, empfängt wenigstens in den meisten Kreisen des Volkes von der Religion aus ihre wesentlichste Bekräftigung. Darum ist es eine oberflächliche Meinung, staatliche Freiheit sei möglich, ohne dass die tiefste Entschliessung des gotterfüllten Gewissens durch die Anknüpfung an die ewigen

Güter einer transscendenten Lebensordnung eingeübt und eingewöhnt sei. Die stete Selbstverleugnung, die sittliche Selbsterziehung, welche allein einen freien Staat zu schaffen und zu erhalten vermag, wird durch die vollendetste Cultur der Weltlichkeit nicht genügend gewährleistet. Nur religiöse Völker sind freie Völker, und jeder Fortschritt der kirchlichen Lehre und Lebensordnung in der Richtung auf Innerlichkeit und Geistesfreiheit hin wird sich immer auch als ein Fortschritt zur politischen Befreiung der Völker ergeben.

7. Die andere normgebende Richtung für die Entwicklung des Staatslebens ist die auf Gleichheit. Gleichheit ist nichts anderes als Gerechtigkeit; Gleichheit als Ideal für das Herrschaftsverhältnis im Staate bedeutet die Anwendung des Princips des Gerechten auf die Ordnung dieses Verhältnisses. Wollte sie etwas anderes sein, so würde sie zum Unsinn werden. Es handelt sich also nicht um abstracte Gleichheit, sondern um Gleichheit in der Ungleichheit, um Gleichheit des Maassstabes in der Vertheilung der Rechte, um verhältnissmässige Gleichheit als Ungleichheit der Rechte im directen Verhältnisse zu der Ungleichheit der Kräfte, der Leistungen und aller sonst noch für den Gegenstand als wesentlich in Betracht kommenden Momente. So ist denn Gleichheit zunächst Gleichheit vor dem Gesetz, gleiche Anwendung des Gesetzes, sofern es besteht, auf alle unter dasselbe gehörenden Fälle und Personen, so dass alle Ungleichheit der Behandlung nur die durch das Gesetz vorgeschriebene Ungleichheit ist. Das Gesetz wird unter dem Gesichtspunkte der Gleichheit auf alle ohne Unterschied und ohne Ansehen der Person angewandt; hinter dem Gesetze muss jedes andere Interesse ausnahmslos zurücktreten. Nur dadurch ist das Gesetz wahrhaft was es sein soll, herrschendes gedankenmässiges Allgemeines. Das Zweite ist nun, dass auch das Gesetz selber seinem Inhalte nach das Princip der Gleichheit verwirkliche, d. h., dass es denen, die einander wesentlich gleich sind, Gleiches, den von Wesen Ungleichen dagegen Ungleiches gebe und zwar Letzteres in rechtem Verhältnis zu dem für den betreffenden Punkt wesentlichen Unterschiede des Grades und Maasses. Die wahre Gleichheit achtet also die reale Ungleichheit der Menschen, und nur die Wirkung aller willkürlich gesetzten, nicht im Wesen der Sache begründeten Unterschiede hebt sie auf. Das wäre die höchste Ungleichheit, wenn die wesentlichen Unterschiede übersehen und nach der beliebten Formel alles, was menschlich Angesicht trägt, gleich behandelt würde. Für die Ertheilung der bürgerlichen Rechte und Ehren wie für die Auflegung von Lasten und Diensten sind wesentliche Unterschiede unter

allen Umständen die des Geschlechtes und Alters, in der einen oder anderen Beziehung auch die der körperlichen und geistigen Gesundheit, der Fähigkeiten und Kenntnisse, des Vermögens und der Berufsart. Ursprünglich ist die Ungleichheit das Ueberwiegende: als wesentlich gelten auch solche Unterschiede, die nicht nach allgemeingültigem Maassstabe, sondern nur unter besonderen Bedingungen und Verhältnissen ins Gewicht fallen, und in dieser Beziehung geht die Entwicklung der Staaten auf immer durchgreifendere Gleichheit und auf Wegräumung aller nicht nothwendig die Menschen trennenden Schranken. Im Laufe der Entwicklung fällt jede Art von Unfreiheit, die nicht in besonderen Verhältnissen der Person, sondern etwa in der Herkunft, in der Confession, im Berufe und in der Vermögensgrösse begründet ist; die allgemeinen staatsbürgerlichen Rechte werden allen unter denselben Bedingungen zugänglich gemacht. Ebenso aber thut die fortschreitende Entwicklung auch jede Art von Bevorzugung ab, die in bloss äusserlichen und der Persönlichkeit nur zufällig anhaftenden Beschaffenheiten ihren Grund hat, die Geburts- und Standesvorrechte; es wird vom Staate jedem der Zugang zu allen Gütern, Aemtern und Ehren in gleicher Weise eröffnet, soweit seine Kraft und Tauglichkeit das Geforderte zu leisten reicht. Derselbe Gesichtspunkt gilt dann auch von der Auferlegung der Lasten und Dienste, wie Kriegsdienst und Steuerleistung. In diesem Sinne bildet die zunehmende Gleichheit, wonach man im Menschen, ehe man auf die Unterschiede achtet, zunächst den Menschen ins Auge fasst und die Unterschiede nur so weit betont, als es unvermeidlich ist, ein Kennzeichen der zunehmenden Cultur. Aber die Gleichheit als solche hat doch nur geringen Werth, soweit sie sich nicht an die Freiheit anlehnt. Die Gleichheit in der allgemeinen Knechtschaft ist kein erstrebenswerthes Ziel. Aber wol ist es der Natur des sich immer mehr zur Vernünftigkeit hin bewegenden Rechtszustandes angemessen, dass die Freiheit, deren Wesen in der persönlichen Theilnahme am Staate besteht, nicht bloss für einzelne, sondern für alle gewährt werde, d. h. für alle mündigen, dispositionsfähigen, ehrenhaften Menschen männlichen Geschlechtes; denn die Weiber den Männern in politischer Berechtigung gleichstellen zu wollen, grenzt an Verrücktheit. Von Kindern, Blödsinnigen und Spitzbuben zu schweigen; denn auch diese heranziehen zu wollen, — so weit hat man's glücklicherweise doch noch nicht gebracht.

8. Zur Freiheit und Gleichheit wird gewöhnlich als fernere Anforderung an die vernünftige Entwicklung des Staates auch die **Brüderlichkeit** genannt. Schon das

Wort selbst drückt aus, dass wir es dabei nicht mit einer
eigentlichen staatlichen Anforderung zu thun haben. Der
Begriff der Brüderlichkeit ist zunächst in der Familie heimisch
auf Grund des Naturgefühls und des natürlichen Egoismus
des Familiengeistes als nach aussen geschlossener Einheit.
Eine Analogie findet sich dazu in weiteren Kreisen innerhalb
des Volkes, bei Religions- und Stammesverwandten, bei
Landsleuten aus gleicher engerer Heimat, bei Berufs- und
Standesgenossen; hier überall waltet ein Gefühl natürlicher
Zusammengehörigkeit, das sich wol auch in gegenseitiger
wirthschaftlicher Fürsorge und Förderung, in Pflege der Geselligkeit und in gemeinsamer Ausschliesslichkeit gegen Fremde
äussert. Selbst für ein ganzes Volk ergiebt sich so aus der
Zugehörigkeit zu demselben Staate, für eine Nation aus der
Gemeinsamkeit der Sprache und der Sitte ein inneres Band
der Gemüther und ein gemeinsamer Gegensatz gegen fremde
Staatsangehörigkeit und fremde Nationalität. Indessen das
alles ist nicht staatlicher Natur. Auf staatliche Verhältnisse
ist der Ausdruck nur in übertragenem Sinn anwendbar und
liefert zur Freiheit und zur Gleichheit kein selbstständiges
drittes gleichberechtigtes Moment. Auf das gegenseitige Verhältnis aller Bürger eines Staates angewandt, würde die
Brüderlichkeit im strengen Sinne eine Stimmung bezeichnen,
die gegen den Kampf der Concurrenz um die Güter des
Lebens, gegen den berechtigten Eigennutz und die Ausschliesslichkeit des Selbstgefühls nicht recht aufkommen könnte.
Gleichwol hat die Forderung der Brüderlichkeit auch hier
einen guten Sinn, wenn man sie recht versteht. Brüderlichkeit der Gesinnung wurzelt am natürlichsten in der staatlichen
Gleichheit. Wo die Vorrechte beseitigt und die Rechte ausgeglichen sind, da mildert sich die schroffe Trennung, welche
Stand von Stand und Menschen von Menschen scheidet. Wo
alle in gleicher Weise, nur auf ihre allgemein menschliche
und staatsbürgerliche Qualität angesehen, an dem Staatswesen,
dem sie angehören, eine wahre gemeinsame res publica haben,
der sie mit gemeinsamer Arbeit in freiem Bewusstsein und
selbstthätiger Ergebenheit Herz und Kraft und Arbeit widmen,
da gleicht sich auch der Unterschied der Classen, der Berufs-
stände, der Bildungsgrade und Vermögensgrössen aus. Wie
zwischen Herrschenden und Beherrschten allmähliche Ueber-
gänge der Stellung stattfinden, so bricht auch das Band
menschlicher Theilnahme nirgends völlig ab. Die Noth des
Einen wird von allen anderen mitempfunden als eine allgemeine Noth, und da auf jeden für das Wol des Ganzen gezählt wird, so wird Gleichgültigkeit und Fremdheit unter so
eng verbundenen Gliedern nirgends aufkommen können. Wo

§ 33. Das Ziel der Entwicklung des Staats. Die Brüderlichkeit.

der Gemeinsinn auf Grund der Heranziehung aller zu staatlicher Thätigkeit wächst, da sinken die Schranken zwischen Bürger und Bürger; die Classenkämpfe mildern sich, die Unbarmherzigkeit der blinden Selbstsucht, die gegenseitige Geringschätzung, Neid und Hass machen mehr und mehr gegenseitiger Theilnahme und schonender Rücksicht Platz. Der Missbrauch der Gewalt zur Unterdrückung der Schwachen, die dreiste und rücksichtslose Ausbeutung der Niederen und Geringeren ist immer da in höherem Grade vorhanden, wo die Staatsgewalt bevorrechteten Classen zur Verfügung steht. Die Zunahme gleichen Rechtes für alle bezeichnet immer auch eine Zunahme der Schonung aller Interessen, ein Wachsen der Billigkeit, eine Anerkennung des Menschenwerthes abgesehen von besonderer Stellung und Lage. Es finden sich dann keine Gedrückten und Schwachen mehr, die nicht selbst für sich reden oder wirken könnten, deren Interessen unvertreten blieben. Die Bereitwilligkeit, Opfer auch an wolerworbenen Rechten zu bringen, um die Lage Nothleidender zu bessern, besonders in solchen kritischen Zeiten, wo altes Recht und neues Bedürfnis, behaglicher Besitz und die Forderung der Billigkeit, die strenge Rechtsform und ein neu belebtes Gefühl für materielles Recht einander widersprechen, wird sich da am leichtesten entzünden und entwickeln, wo sich alle in lebendiger Staatsgesinnung auf dem Grunde eines freien Staatswesens als auf einander angewiesene Glieder eines Volkes empfinden und diese Gesinnung in der Oeffentlichkeit zu bewähren haben. In solchen Zuständen gewinnt dann auch die christliche Liebesgesinnung, die alle Volksgenossen umspannende Humanität einen breiteren Spielraum und eine eindringlichere Wirksamkeit. So wird allerdings die Brüderlichkeit im Gefolge einer auf dem Grunde der Freiheit und Gleichheit sich erbauenden Staatsordnung zunehmen, und schon die unmittelbare Gegenwart, die seit einem Jahrhundert stetig vollzogene Entwicklung reicht aus, um dies zu erweisen. Diejenigen, die den Classenhass schüren, sei es zwischen den Confessionen oder zwischen den Berufsständen und Vermögensclassen, setzen sich damit in den Gegensatz zu den edelsten Tendenzen des Zeitalters. Unvergleichlich viel geringer ist der Uebermuth oder die stolze Ausschliesslichkeit der höheren Classen gegen die niederen jetzt im Vergleich selbst mit dem Zeitalter der Aufklärung. Im Geringsten noch wird der Mensch geehrt, und die socialen Schäden, wo sie auch zeigen mögen, bleiben nicht unbemerkt; überall regt sich der Eifer zu heilen und zu helfen. Sehr vieles ist doch schon geleistet, freilich unendlich viel mehr ist noch zu leisten. Indessen das Princip ist gewonnen, und die Conse-

quenzen werden sich immer reicher entwickeln, nicht von
heute zu morgen, aber doch von Jahrzehent zu Jahrzehent.
Thätig zu dem gleichen Zwecke ist die staatliche Gesetzgebung,
der religiöse Liebeseifer, die freie Vereinigung der Privaten,
die grossmüthige Menschlichkeit einzelner Reicher und Mächtiger. Es ist doch ein herzerhebendes Schauspiel. Dass nun
die niederen Classen vielfach in frechem Uebermuth, erfüllt
von Hass und Neid gegen jede höhere Stellung, gegen Reichthum und Bildung, auf ihre Zahl pochend, die gesammte
Ordnung des Staates und der Gesellschaft mit Zerrüttung
bedrohen und den ruhigen Fortschritt hemmen, indem sie
eine Kampfesstellung einnehmen, das darf niemanden abhalten,
nur um so eifriger an ihrer Hebung in äusserer Lage und
innerer Bildung zu arbeiten. Man kann es ihnen nicht verargen, dass sie die neu gewonnene Gleichberechtigung missbrauchen, das eben erst erwachte Selbstgefühl vollen Menschenwerthes übertreiben. Gerechtigkeit für alle, lebendige Theilnahme an allen, inneres Gefühl der Gemeinschaft zwischen
allen, Hohen und Niederen, das muss die Losung bleiben für
die weitere Entwicklung. Der Staat aber hat dabei nur für
Freiheit und Gerechtigkeit zu sorgen; das Uebrige ist der
fortschreitenden Cultur zu überlassen. Ueberspannt der Staat
seine Action und will er mit seinen Mitteln die Menschen
zur Humanität, zu christlicher Liebesgesinnung und Brüderlichkeit zwingen, so wirkt er nur desorganisirend und hemmt
die gesunde Entwicklung, statt sie zu fördern.

§ 34.
Die Antinomieen des Staatslebens.

Der einzelne Staat als in der Entwicklung begriffen ist
an jedem Punkte eine endliche, bedingte, mangelhafte Erscheinung im Vergleich zu dem, was er zu werden bestimmt
ist, sowol wenn man das in ihm realisirte Recht mit der
Norm des Gerechten, als wenn man dasselbe mit dem in dem
Volke lebenden Geiste vergleicht. Aber auch der Staat überhaupt als Verwirklichung der praktischen Vernunft in äusserer
Existenz bezeichnet ein einzelnes Stadium und nicht den Abschluss des Processes, in welchem die Vernunft das Dasein
sich unterwirft; er hat höhere Stufen ausser sich, auf die er
zu seiner Ergänzung angewiesen ist. Insbesondere erweist
sich der Staat als endliche Erscheinungsform dadurch, dass

das Mittel der Verwirklichung des Rechtes als des vernünftigen Inhalts des Staates die physische Macht ist. Es erscheint als unmöglich, durch rein staatliche Mittel einerseits die Macht des Staates beim Rechte festzuhalten, andererseits die Macht selber sicher im Besitze des Staates zu erhalten. Darum unterliegt der Staat dem äusserlichen Schicksal als eine vergängliche Erscheinung. Im Entstehen und Vergehen einer Vielheit von Staaten vollzieht sich der Process der Verwirklichung der Idee des Staates.

1. Würde nicht so häufig die Bedeutung des Staates schier bis zur Vergötterung übertrieben, so wäre es nicht nöthig, sich bei dem Erweise länger aufzuhalten, dass auch der Staat bei aller seiner Herrlichkeit und unvergleichlichen Majestät seine sehr irdische und endliche Seite hat. Aber der eigentlich doch bei den Meisten herrschenden Meinung gegenüber, als dürfe man alles Heil für die Menschen, alle Förderung der höchsten Culturzwecke mittelbar oder unmittelbar vom Staate erwarten, ist es geboten, bei dem Thema von dem Werthe des Staates für den Zusammenhang des sittlichen Universums einen Augenblick zu verweilen. Von der endlichen und äusserlichen Natur des Rechtes haben wir früher gehandelt. Bei aller Anerkennung der Bedeutung des Rechtes für das Dasein vernünftiger Freiheit auf Erden haben wir zugleich gefunden, dass das Recht nur ein äusseres Dasein einer äusseren Freiheit ist, und dass es höhere Formen giebt, in denen die praktische Vernunft sich voller und reiner offenbart als im Recht. (§ 28.) Ganz dasselbe nun gilt auch vom Staate. Indem das Recht behufs seiner Verwirklichung auf den Staat angewiesen ist, bildet sich eine besondere Sphäre des Rechtes heraus, welche die Formen und Functionen des Staates regelt, und von dieser Rechtssphäre gilt genau dasselbe wie von allem übrigen Recht. Auch dieses specifisch den Staat betreffende Recht ist zunächst positive Satzung. die sich nach der Norm des Gerechten hin nur erst entwickelt; auch hier hat das Positive und Eigenthümliche wol seine wesentliche Bedeutung darin, dass es der Innerlichkeit dieser bestimmten Volksthümlichkeit entspricht; aber auch dieses Entsprechen selbst ist noch ein mangelhaftes und theilweises, und wie die Volksthümlichkeit in steter Umwandlung begriffen, die Herausbildung des nationalen Geistes aus der Verschiedenartigkeit der natürlichen Racen und Begabungen eine stets erst noch zu lösende Aufgabe ist, so bleibt auch das Recht des Staates ein immer unvollendetes und geräth in seiner Entwicklung inmitten der unerschöpflichen Zufälligkeit

der historischen Processe nicht selten in vollen Widerspruch mit dem, was es als objectiver Ausdruck des nationalen Geistes auf dieser bestimmten Stufe seiner Entwicklung sein sollte. Seiner Idee nach ist der Staat der organische Leib der Volksgemeinschaft; der Realität nach in seinem Einzeldasein als bestimmter Staat haftet dem Staate eine Menge von bloss Mechanischem an, was erst noch zu organisiren ist. Niemals ist der Staat etwas Todtes, ein Aggregat, eine Maschine, die man willkürlich umstellen und nach Belieben auf dem oder jenem einzelnen Punkte umändern könnte; aber auch niemals ist er ein vollkommener Organismus, sondern immer erst in der Arbeit begriffen, seinen organischen Charakter mehr und mehr durchzubilden.

2. Aber nicht bloss, dass der Staat immer nur als einzelner Staat existirt, dass dies eine Unangemessenheit gegen den Begriff nothwendig einschliesst: auch der Staat seiner fundamentalen Bestimmung nach erweist sich als unangemessen gegen den Begriff der praktischen Vernunft, die er auf seine Weise und mit Mitteln von bedingtem Charakter zu realisiren berufen ist. Der Staat schützt und erhält einen Rechtszustand mit dem Mittel physischer Macht. Mit dieser Macht wendet er sich an den natürlichen Willen und richtet sich gegen die Willkür der natürlichen Triebe. Die Wirkung der äusseren Gewalt auf den natürlichen Willen aber ist selbst eine bloss mechanische; sie stellt sich dar nicht in der Form eines stetig geübten gleichmässigen Druckes, — denn der Wille des Menschen ist von unendlicher Elasticität; — sondern als eine Reihe von discontinuirlichen Stössen, die einen gleichmässig fortdauernden und wolbefestigten Zustand, wie ihn herzustellen die Aufgabe ist, doch nicht ergiebt. Die Grundform aller staatlichen Thätigkeit bleibt doch, auch bei dem fortgeschrittensten Volke, der äussere Zwang der physischen Macht mit ihrer Unbeholfenheit und ihrer Gleichgültigkeit gegen den vernünftigen Gehalt der Sache. Man mag sich ein Volk in noch so grosser Gesundheit seiner herrschenden Stimmungen, die Gewohnheit des vernünftigen Begehrens und Handelns noch so weit verbreitet denken: dem irdischen Zustande haftet die Unvollkommenheit doch unaustilgbar an, und wie sich neben den Gesunden und Wolgestalteten ewig Bucklige und Einäugige oder sonst Entstellte finden, so hört auch die Abnormität des Begehrens nicht auf, und dem Willen nach Verwachsene und Verkrüppelte fordern unausgesetzt die Macht des Staates heraus, um Einhalt zu thun. Die Bosheit der Bösen und der Unverstand der Verblendeten, der den Bestand der Gemeinschaft selbst bedroht, bleibt aber nicht auf vereinzelte Individuen beschränkt; immer wieder thut sich die Macht

§ 34. Die Antinomieen des Staatslebens. Das Böse und der Zwang.

wilder Leidenschaften auf, welche in den Interessen ganzer Classen wurzelnd grosse Massen ergreifen und das Recht des Staates, zuweilen unter dem frömmsten oder sonst scheinbarsten Vorwande, zu durchbrechen suchen. Des Staates Arm ist weder lang genug, um überall hinzureichen, noch seine Formen dehnbar genug, um gleich in der Geburt die bösen Keime zu ersticken. Der Staat sieht sich allzuoft gezwungen, mit dem Uebel erst dann zu ringen, wenn es bis zur Furchtbarkeit herangewachsen ist, und dass er dauernde Ruhe nicht finde, dafür sorgt die immer wechselnde Form des Unverstandes und der bösen Lust, die, indem sie von heute auf morgen sich in immer neue Verhüllungen steckt und immer neue Verkehrtheiten ausbrütet, des Staates eigenes Gesetz sich für ihr thörichtes und frevelhaftes Beginnen nutzbar zu machen weiss. Es giebt keinen Staat, der nicht auf diese Weise im ersten Augenblick der Schwäche in Gefahr wäre, in völlige Desorganisation zu gerathen. Der Aufruhr lauert an den Thoren des Staates, bereit sie zu erbrechen, wenn die Augen der Wächter müde geworden sind. Gewiss erzieht der Staat seine Bürger durch die Gewöhnung der Disciplin, und geht die Richtung seiner Entwicklung auf die Freiheit, damit die Organe der staatlichen Ordnung immer mehr in der freien Selbstbestimmung der Glieder des Volkes selbst gewonnen werden. Aber die Schwierigkeit ist dabei, dass die Freiheit Reife der Bildung und Erziehung voraussetzt, um nicht in Zügellosigkeit auszuarten, diese Reife aber wieder die Uebung in der Freiheit zur Voraussetzung hat. So wird jeder Fortschritt des Staatslebens durch neue Erschütterungen erkauft; jede Erweiterung der staatlichen Thätigkeitssphäre für die Bürger bringt neue Gefahren des Missbrauchs mit sich, und zwischen Unordnung und Neuordnung, zwischen dem nicht mehr befriedigenden Alten und dem noch nicht eingelebten Neuen schwankt die Entwicklung des Staates von Klippe zu Klippe, von Abgrund zu Abgrund. Das eine Mal droht ihm die jähe Gefahr der Entfesselung, das andere Mal die schleichende Gefahr der Verrottung der Kräfte mit plötzlichem Schlagfluss oder langsamem Erlöschen der Lebensthätigkeiten.

3. Vor allem, in dem elementarsten Grundprincip des Staatslebens birgt sich ein Problem, das gelöst werden soll, und das doch unlösbar ist. Der Staatswille bedarf, um in die Wirklichkeit einzutreten, der Organe zu seiner Vertretung und ist dafür auf einzelne concrete Personen angewiesen, die mit dem Amte, den Staatswillen auszuführen, auch die gesammte Gewalt des Staates ausgeliefert erhalten. Soll nun diese Gewalt immer im Dienste des Rechtes erhalten bleiben,

so muss die Person, welche den Auftrag und die Gewalt hat, durchaus einsichtsvoll und zugleich durchaus selbstlos sein; sie muss das, was jedesmal der Staatswille erfordert, mit unfehlbarer Sicherheit durchschauen und dieser Erkenntnis zu Liebe jedes eigene Begehren und jeden selbstischen Wunsch bezwingen. Diese Person von vollkommener Einsicht und vollkommener Selbstlosigkeit aber wird nicht gefunden. Der Mensch, welcher das Organ des Staatswillens ist, hat jedenfalls die Macht, aber sehr oft nicht den Willen oder die nöthige Einsicht, um die Macht zu gebrauchen, wie sie gebraucht werden soll, im Dienste des Rechtes. Dadurch entsteht die Spannung der Macht gegen das Recht. Die Macht ist thatsächlich, das Recht problematisch. Die zwingende Gewalt hat einen Sinn nur, wenn sie im Dienste des Rechtes steht; nur unter dieser Bedingung kann sich der Mensch ihr unterwerfen, ohne an seiner Menschenwürde geschädigt zu werden. Nun aber fehlt jede Gewähr, dass da, wo die Macht ist, auch der Wille des Rechtes sei. Wie wir den empirischen Menschen kennen, und wenn wir nur den natürlichen Willen berücksichtigen, so ist immer als das Wahrscheinlichste anzunehmen, dass derjenige, welcher ungerecht zu sein vermag, auch wirklich ungerecht sein wird, sobald er sich damit zu nützen glaubt, und dass der, welcher die Macht hat, unbedenklich seiner Begierde folgt und sich um die Schranke des Rechtes nicht kümmert. Das Problem ist, die Macht beim Rechte festzuhalten. Vom Standpunkte des natürlichen Willens aus, auf den sich der Staat einrichtet, ist das nur dadurch zu erreichen, dass ein Zwang gegen die Obrigkeit verfügbar ist. Soll aber die Obrigkeit gezwungen werden, so bedürfte es einer Gewalt, welche grösser ist als die der Obrigkeit anvertraute Gewalt des Staates. Letztere Gewalt aber ist die grösste; eine Gewalt, die grösser wäre als die grösste, kann es nicht geben. Die Obrigkeit kann also nicht gezwungen werden. Damit aber ist das Bestehen einer Rechtsordnung in das Belieben der Obrigkeit gesetzt; das heisst aber vielmehr: die Nothwendigkeit, behufs der Realisation des Rechtes die Gewalt des Staates in die Hand einer den Staatswillen vertretenden Person zu legen, hebt die Sicherheit, dass die Macht im Dienste des Rechtes gebraucht werde, auf, und der Staat, der das Recht mit Sicherheit realisire, ist ein unlösbares Problem.

4. Das Problem ist unlösbar schlechthin und unter allen Bedingungen, und welche Vorkehrungen man sich auch ausklügeln möchte, um die Macht an das Recht zu binden. Die Theilung der Gewalt soll helfen. Nicht einer hat dann die ganze Gewalt, sondern mehrere haben einzelne Theile derselben, und der eine Theil der Gewalt in der Hand des einen

soll davor schützen, dass der andere Theil in der Hand des anderen widerrechtlich missbraucht werde. Damit aber hätte man genau so viele Staaten geschaffen, als es gleichartige Theile der Gewalt gäbe; zwischen diesen Theilen wäre der Conflict unablässig, und eine gesicherte Rechtsordnung gäbe es nun erst recht nicht. Oder man erwartet, dass die Macht, die nöthig ist, um die Obrigkeit zu zwingen, sich gegebenen Falles in der Form des bewaffneten Widerstandes zusammenfinde; man statuiert ein „Recht" der Revolution, der bewaffneten Conföderation; man erwartet eine Sicherung des Rechtes von dem von Zeit zu Zeit wiederkehrenden Aufruhr. Das aber heisst nichts anders, als dass man das Recht und die Verwirklichung desselben im Staate in die Hand der Willkür und des zufälligen Beliebens legt und im Kampfe der Willkür der Massen gegen die Willkür des Einen alle vernünftige Form des Rechtes überhaupt aufhebt. Mit welchen Formen auch man die Obrigkeit umgebe, in welche Fesseln auch man sie einzuschnüren versuche, als Obrigkeit hat sie immer die höchste Gewalt und damit die Macht, sobald sie will, alle solche Formen und Fesseln zu zerreisen. Eine annähernde Lösung des Problems erzeugt sich wol im geschichtlichen Processe, aber durch Kräfte, die nicht specifisch staatlicher Natur sind; vom Standpunkte des natürlichen Willens aus ist es nicht lösbar.

5. Dasselbe Problem kehrt von einer anderen Seite wieder. Nicht bloss die Vertretung des Staatswillens geschieht durch concrete menschliche Personen, sondern auch die Macht des Staates selber besteht aus demselben Materiale. Die Realisirung des Rechtes soll eine sichere und zuverlässige Thatsache werden; sie soll durch physische Kräfte mit der Nothwendigkeit, die der Wirkung der Naturkräfte einwohnt, durchgeführt werden. Aus welchen Elementen soll der Staatswille diese Kraft physischer Ueberlegenheit schöpfen? Es gilt, Menschen zu zwingen; aller blossen Naturkraft aber, die behufs des Zwanges gebraucht werden könnte, würde menschliche Intelligenz zu begegnen wissen. Menschen können nur durch Menschen mit Sicherheit gezwungen werden: einzelne oder wenige durch viele, unbewaffnete durch bewaffnete, undisciplinirte durch disciplinirte. Denn die durch viele Menschen auszuübende Wirkung wächst nur dann im Verhältnis zur Anzahl, wenn zugleich alle einzelnen ihren Willen einem verständig befehlenden Willen unterordnen, der sie auf das durch ihr Zusammenwirken zu erreichende Ziel hinlenkt. Die Macht also, die dem Staate behufs der Realisation des Rechtes zu Gebote stehen muss, wird nur erlangt durch Disciplin, durch eingewöhnten Gehorsam von Menschen gegen den herrschenden

Willen. Dieser Gehorsam aber, so sehr er durch Gewohnheit zur anderen Natur geworden sein mag, ist dennoch selber wieder eine freie That, weil der Wille gegen alles, was ihm natürlich ist, auf andere Motive hin zu reagieren vermag, und er kann versagt werden; ja, es ist anzunehmen, dass er versagt werden wird, sobald die Möglichkeit vorhanden ist. Denn niemand gehorcht gern von Natur, und jeder thut lieber, was seiner augenblicklichen Neigung zusagt, als was ein ihm fremder Zweck erfordert. Darum muss der Gehorsam, auch der eingeübte, doch wieder beständig erzwungen werden. Aber damit solcher Zwang möglich sei, bedarf es der erforderlichen Kraft, und damit diese Kraft vorhanden sei, ist Gehorsam die unentbehrliche Voraussetzung. So führt die Aufgabe, Menschen durch Menschen zu zwingen, in einen Zirkel, aus dem es kein Entrinnen giebt. Zum Zwang wird Gehorsam, zum Gehorsam Zwang erfordert. Welche Anstalten man auch treffe, um die weitere Masse der zu Zwingenden abzusondern von einer engeren Zahl, die durch dringenderes Interesse, durch Uebung im Gehorsam und durch härteren gegenseitigen Zwang zu einem brauchbaren Werkzeuge des Zwanges gegen die übrigen werden kann: die Möglichkeit ist immer da, dass diejenigen, vermittelst deren man zwingen will, selbst den Gehorsam verweigern, weil das Interesse, durch welches sie an den Dienst des Staates geknüpft sind, durch ein anderes Interesse, die eingeübte Disciplin durch eine heftige Leidenschaft überwogen wird. Die kluge List und feine Berechnung, mit welcher der, der die Natur der Menschen kennt, dieselben für seine Zwecke zu benutzen und die einen durch die anderen zu beherrschen versteht, findet die Grenze ihrer Wirksamkeit in der blinden Erregbarkeit, welche den Massen eignet, in der unberechenbaren Treulosigkeit und dem Wankelmuth der gemeinen Natur. Keine Sicherheit also ist vorhanden, dass der Staat, sofern er sich auf den natürlichen Willen stützt, um den natürlichen Willen zu zwingen, das Instrument solches Zwanges auch immer zur Hand habe. Der oberste Wille des Staates hat seine Gewalt nur dadurch, dass ihm thatsächlich gehorcht wird. Hört der Wille des Ungehorsams auf, die Ausnahme zu sein, und wird er zur Regel; ergreift er nicht bloss einzelne, sondern die Massen, insbesondere aber den abgesonderten kleineren Theil, diejenigen nämlich, die im Dienste des Staates durch dringenderes Interesse angeleitet und durch Disciplin geübt als Instrument des Zwanges dienen sollen; so hört der staatliche Zwang überhaupt auf, die rechtliche Ordnung ist umgestürzt, und die geordnete Gemeinschaft löst sich wieder in ihre chaotischen Elemente auf. Dieser Zustand kann in jedem

§ 34. Die Antinomieen des Staatslebens. Recht u. Macht.

Augenblicke eintreten; mit den Mitteln des Staates, der sich an den natürlichen Willen richtet, lässt er sich in keiner Weise verhindern. So erweist sich denn auch das Problem, eine Macht zu schaffen, die im Dienste des Staates als sicheres Werkzeug des Zwanges die Realisation der Rechtsordnung möglich mache, als unlösbar. Die wilde Zügellosigkeit des Praetorianerthums, die eidbrüchige Gewissenlosigkeit der Pronunciamentos, die Verbrüderung der bewaffneten Macht mit aufrührerischen Volksmassen: das sind immer wiederkehrende Erscheinungen, die keine Täuschung darüber zulassen, wie schwankend und unsicher der Grund ist, auf dem auch der stolzeste Staatsbau der gebildetsten Völker errichtet ist.

6. In solchen Gefahren und Schwankungen, in inneren Widersprüchen, die ihrer Natur nach eine volle und reine Lösung nicht zulassen, vollzieht sich das geschichtliche Leben aller Staaten. Nirgends bewegt sich die Entwicklung des Staates und seines Rechtes völlig glatt und gleichmässig ihrem Ziele zu; nirgends unter Menschen geht es ab ohne gewaltsamen Rechtsbruch, der im günstigsten Fall zum Ausgangspunkt für eine neue Rechtsentwicklung auf neuer Basis wird. Wer die menschliche Natur kennt, der wundert sich, dass es überhaupt noch geht, dass die Gemeinschaft der Menschen in staatlicher Form noch so leidlich zusammenhält, ohne von dem Abgrund, der, kaum zugedeckt, immer wieder aufs neue gähnt, verschlungen zu werden. Aber trotz der dummen Begierde und fanatischen Erregbarkeit der Masse, trotz der tückischen Arglist der ehrgeizigen Volksverführer, trotz der selbstgewissen Verkehrtheit der öffentlichen Meinung, welche urtheilt ohne wirkliche Kenntnis und zutappt aus blindem Vorurtheil, erhält sich der Staat und das Recht, wenn auch nicht in harmonisch befriedigtem Dasein, so doch immer noch in grossartiger Bewegung und majestätischer Wirksamkeit, und dass das geschieht, ist dem geschichtlichen Boden zu verdanken, in dem Staat und Recht wurzeln. Mit zunehmender Cultur wachsen wohl die Gefahren, aber auch die Mittel, ihnen zu begegnen. Die Dumpfheit des in der gleichartigen Masse individualitätslos mitthuenden Naturmenschen lieferte zuerst ein gefügiges Material für die Despotie; die fortschreitende Individualisirung, welche erst die Gefahr in ihrer ganzen Grösse zeitigt, ruht zugleich auf einer solchen Fülle von Culturproducten und Erziehungsresultaten, auf so viel eingewöhnter Scheu und angeerbter Sitte, auf so viel herkömmlicher Tugend und Ehrbarkeit, Pietät und Gewissen, dass in allem Schwanken ein gewisses Gleichgewicht immer noch erkennbar bleibt. Ohne diese Reste geschichtlicher

Arbeit, die auf das überstaatliche Gebiet hinausgreifend doch selbst durch geschichtliche Staatsthätigkeit erzeugt sind, wäre ein Bestehen des Staates nicht denkbar. Dass ein Staat für die heutige Menschheit noch möglich ist, ist die Frucht der durch die Geschichte erfahrenen Erziehung. Aber allerdings, die Resultate der geschichtlichen Erziehung sind für verschiedene Völker verschieden. So kommt es, dass in furchtbaren inneren Erschütterungen das eine Volk von dem Chaos der Anarchie zu dem Säbelregimente des Cäsarismus, von theokratisch gefärbtem Absolutismus zu leicht übertünchter Pöbelherrschaft, von einem Extrem zum andern taumelt, während das andere in sichrerem Gange leichtere Zuckungen gründlicher überwindet und durch alle Unruhe der Bewegung hindurch fortschreitend den Bau seines Staates zu immer einheitlicherer Organisation ausbildet. Mangelhafte Organisation des Staatsbaues ist immer ein Zeugnis der Schuld der Nation, geringerer moralischer Kräfte, die der jeder Nation gleichmässig gestellten Aufgabe nicht gewachsen waren. Jede andere Corporation hat ihren Richter am Staate, wenn sie es zur gedeihlichen Entwicklung ihrer Organisation zu bringen nicht vermochte; der Staat hat einen solchen Richter nicht über sich. Oder vielmehr, — er steht wol unter einem Gerichte, aber dieses Gericht über die Staaten ruht in den Händen der Weltgeschichte. Die Weltgeschichte ist der höchste Richter für Nationen und Staaten. Dieser Praetor ist unbestechlich, sein Urtheil unwandelbar gerecht. Was auch sonst geschehen möge, ein Staat und ein Volk geht nicht unter, wenn sie nicht die nächsten Pflichten sträflich verletzt haben. Im Strome der Geschichte tauchen die Staaten auf und halten sich oben, so lange sie in gedeihlicher Weise die Kraft zu entwickeln vermögen zu fortschreitender innerer Organisation und zu anerkannter Bedeutung für das ganze System der auf einander wirkenden und mit einander sich erhaltenden und fortbildenden Staaten. Sie versinken im Strudel, sobald ihnen der Athem ausgeht und der kühne Muth des Selbstvertrauens versagt, um sich gegen Strudel und Brandung zu wehren. Die einzelnen Staaten mit den verschiedenen Graden staatsbildender Kraft, mit den verschiedenen Principien politischer Cultur mit den verschiedenen sich daraus ergebenden Formen ihres Aufbaus, stellen explicirt die verschiedenen Momente dar, die in der Idee des Staates enthalten sind. Sie blühen durch das, was sie Positives leisten; sie welken durch das, was sie zu leisten unvermögend sind. Jeder mit besonderem Beruf und besonderen Aufgaben betraut, bestehen sie mit einander und lösen sie sich in geschichtlicher Aufeinanderfolge ab, von einander lernend, mit einander tauschend, in einem grossen

Zusammenhange geschichtlich productiver Thätigkeit. In solcher Mannigfaltigkeit und Gestaltenfülle, im Wechsel und in der Erneuerung führt die Idee des Staates ihr geschichtliches Leben, und die Unsterblichkeit des Staates besteht fort in der Vergänglichkeit der Staaten.

Drittes Capitel.

Der Staat unter Staaten.

§ 35.

Die Souveränetät.

Der Vielheit der Völker und Volksgeister entspricht eine Vielheit der Staaten, die mit einander in die vielseitigste geschichtliche Berührung treten. Das besondere Volk mit seiner besonderen Culturform hat im weltgeschichtlichen Entwicklungsprocess der Menschheit seine bestimmte Stellung und Aufgabe; dass es diese wahren könne, dazu hat es seinen besonderen Staat mit einem höchsten, von allem Fremden unabhängigen Willen. Darum eignet jedem Staate die Souveränetät im Verhältnis zu den andern Staaten als seine fundamentale Eigenschaft. Die Staaten können zu einander nicht in einem Verhältnis der Rechtsgemeinschaft stehen; zwischen ihnen entscheidet allein die Macht.

Zum Folgenden vergleiche man: A. W. Heffter, Das Europäische Völkerrecht der Gegenwart. 7. Aufl., bearbeitet v. H. Geffcken. 1881. — H. Wheaton, Elements of international law. 2. engl. ed. by A. C. Boyd. 1880. — P. J. Proudhon, La guerre et la paix. 2 vols. 1861. — A. Lasson, Das Culturideal u. der Krieg. 1868; Princip u. Zukunft des Völkerrechts. 1871. — A. Bulmerincq, Praxis, Theorie u. Codification des Völkerrechts. 1874. — R. v. Mohl, Staatsrecht, Völkerrecht u. Politik. 3 Bde. 1860—69.

1. Dass die Vielheit der neben einander bestehenden Staaten mancherlei Uebel mit sich bringt, das hat man seit lange empfunden und deshalb seit lange den Traum von dem einen, die ganze Menschheit umfassenden Universalstaate geträumt. Aber dieser Universalstaat ist ein blosser Traum,

ein inhaltsleeres Ideal, ebenso leer wie der Traum von einer Cultur, die bloss allgemein-menschlich und nicht die individualisirte Cultur eines bestimmten Volkes wäre. Die geistigen Processe der Menschheit vollziehen sich auf Grund der verschiedenen und zu einander gegensätzlichen Culturprincipien, wie sie an die einzelnen Volksgeister vertheilt sind. Der Staat aber ist nicht gleichgültig gegen den Volksgeist, sondern eine Ausdrucksform desselben, und hat von ihm seine Lebendigkeit und die Möglichkeit seines Bestandes. Jedes Volk verlangt deshalb, um wirklich ein Volk zu sein, für seine besonders geartete Cultur auch seinen besonders gearteten Staat; die Verschiedenheit der Völker aber soll sein, damit ein geschichtlicher Process in voller Lebendigkeit sei. Denn jedes Volk hat seine eigenthümliche Bedeutung und Mission für den Entwicklungsgang der Menschheit und ist insofern unersetzlich. Dass es sein Culturprincip rein und voll ausspreche und nach allen Seiten hin entfalte, ist eine gemeinsame Angelegenheit des menschlichen Geschlechtes. Diese Entfaltung der Cultur ist nur im nationalen Staate möglich, der mit seinen Ordnungen für das Volk das sichere Band der Einheit schafft und mit seiner Macht die nationale Culturthätigkeit gegen Störung durch fremden Eingriff schützt. Auch für das Individuum ist jeder höhere Lebensgehalt wie an die nationale Cultur, so auch an den nationalen Staat gebunden. Deshalb giebt es eine Vielheit der Staaten, so lange es einen lebendigen Culturprocess der Menschheit und eine Verschiedenheit der Culturprincipien giebt, und der Staat existirt nur als einzelner unter seinesgleichen, als Staat unter Staaten.

2. Des Staates sicherstes Kennzeichen ist, dass er nach innen höchste irdische Gewalt, oberste Quelle alles Rechtes und alles Zwanges ist. Diese oberste Gewalt aber ist er ebenso auch nach aussen, gegenüber seinesgleichen. Denn als nationaler Staat, als Vorbedingung für alles höhere Geistesleben des Volkes, hat der Staat die Aufgabe, die eigenthümliche Form der Culturarbeit des eigenes Volkes zu ermöglichen und sicher zu stellen gegen fremde Gewalt. Die Cultur des Volkes ruht auf seiner Selbstständigkeit, und Träger dieser Selbstständigkeit ist der Staat. Die verschiedenen Staaten nun stehen sich mit dieser gleichen Aufgabe und Beschaffenheit gegenüber, jeder ein höchst energischer und eigennütziger Wille, mit physischer Gewalt ausgerüstet und zunächst auf seine Selbsterhaltung und Selbstbehauptung bedacht. Jeder Staatswille ist vor allem auf sein eigenes Interesse gerichtet und gegen das Interesse des anderen Staates abwehrend, sofern es nicht zugleich sein eigenes Interesse ist. Der eigen-

thümliche Gehalt der nationalen Cultur giebt dem besonderen Staate seine eigenthümliche Form, seinem Willen den eigenthümlichen Inhalt. Die verschiedenen Volksgeister mit ihren verschiedenen Culturformen stossen zunächst einander ab, weil jeder sich in seiner Besonderheit zu behaupten trachtet. Sie vermögen sich gegenseitig weder zu verstehen noch mit einiger Gerechtigkeit zu würdigen; jeder strebt mit grösster Eifersucht und Ausschliesslichkeit nach Unabhängigkeit des eigenen Wesens. Die Ausschliesslichkeit der Volksgeister gegen einander kommt zur Erscheinung in der Selbstständigkeit des Willens der ihnen zugehör'gen Staaten. Diese Selbstständigkeit des Staatswillens gegenüber dem Willen anderer Staaten macht den Begriff der Souveränetät aus. Souverän ist der Wille, der keinem fremden Willen und keinem Gesetze gehorcht und den Inhalt seiner Zwecke nur aus sich selbst schöpft. Der Staat hört auf souverän zu sein, sobald er von einem anderen Befehle annimmt. Einen Rath kann man annehmen oder auch nicht, einem Wunsche; einer Aufforderung kann man nach Belieben nachkommen oder widerstehen: befehlen lässt sich nur da, wo der Gehorsam nöthigenfalls erzwungen werden kann. Unterstände aber der Staat einem ihm überlegenen Zwange, so hörte er insofern auf, ein Staat zu sein, weil des Staates Kennzeichen ist, dass er oberste Gewalt sei, die zwar zwingt, aber nicht gezwungen wird. Souveränetät ist also die wesentliche und unterscheidende Eigenschaft des Staates, und sie besteht in der vollkommenen Unabhängigkeit seines Willens gegenüber jedem anderen Willen, insbesondere gegenüber dem Willen eines anderen Staates.

3. Aus der souveränen Natur des Staates folgt, dass die Staaten in völliger Gleichheit sich gegenüberstehen, dass kein Staat über den anderen herrscht, und dass auch eine höhere Gewalt über verschiedenen Staaten nicht hergestellt werden kann, ohne den solcher höheren Gewalt untergebenen Staaten die Qualität als Staaten zu entziehen. Es ist aber das erste Interesse des Volkes, dass es wie seine Cultur auch seinen Staat behalte; deshalb, wo wesentliche Verschiedenheit der Cultur ist, da ist auch die Aufhebung der Verschiedenheit der Staaten durch gemeinsame Unterordnung unter eine oberste Gewalt ausgeschlossen. Wäre der Staat einer zwingenden Gewalt unterthan, so wäre er zu einer blossen Provinz, einer abhängigen Corporation degradirt; die Gewalt vielmehr, die ihn zwingt, wäre der Staat. Das Volk der unterthänigen Corporation wäre nicht mehr unabhängig, nicht mehr im Stande, seine Culturarbeit ungestört nach eigener Weise, im Sinne seines geschichtlichen Berufes zu treiben; das Volk wäre somit im Zustande der Knechtschaft und seine Cultur zum

Untergange verurtheilt. Fehlt aber zwischen den Einzelwesen, die mit dem Attribute der Souveränetät ausgestattet sind, die Möglichkeit einer höheren zwingenden Gewalt, so fehlt auch die Möglichkeit eines Rechtsverhältnisses zwischen ihnen. Denn Recht ist nur da, wo die Möglichkeit ist, ein rechtliches Verhalten zu erzwingen. Der Staat kann sich fremdem Willen nicht dauernd unterwerfen, ohne sich aufzugeben. Er kann nicht gehorchen und nicht disciplinirt werden; er kann keine Befehle annehmen und kein Gericht über sich anerkennen. Kommt es also zum Conflict zwischen Staaten, — und da sie wollende Wesen sind, deren Begehren in verschiedener Richtung an demselben Gegenstande zusammentreffen kann, so wird der Conflict immer möglich sein, — so wird das Mittel der Entscheidung allein in der Macht gefunden werden können. Das Verhältnis zwischen Staaten ist das Verhältnis von Macht zu Macht. Der Naturstand, der zwischen Menschen nie gewaltet hat, ist der bleibende und einzig mögliche Zustand für die Staaten. Der Kampf der Concurrenz zwischen den Menschen hat sich immer nur innerhalb der vom Rechte abgesteckten Grenzen bewegen können; zwischen Staaten lässt sich ein Rechtsverhältnis nicht aufrichten. Hier waltet also eben derselbe Kampf, ohne durch die Schranken einer Rechtsordnung äusserlich eingedämmt zu sein.

4. Der Begriff der Souveränetät hat seine eigentliche Stelle im Verhältnis des Staates zu anderen Staaten. Die oberste Gewalt, mit der der Staatswille nach innen herrscht, zeigt ganz andere Beschaffenheit. In der Souveränetät liegt nur der Stolz und die Macht der Selbstständigkeit, die gleiche Ehre und principiell gleiche Bedeutung mit jedem Wesen von gleicher Art, aber keinerlei Herrschaft und Uebermacht. Die oberste Gewalt im Inneren dagegen besteht wesentlich in dem Verhältnis von Herrschaft und Unterthänigkeit. Ferner, die oberste Gewalt ist nach innen vernünftigerweise gebunden an das Recht; jedenfalls schafft der Inhalt ihres Willens das Recht als vorübergehenden oder dauernden Befehl auch da, wo sie an eine feste allgemeine Bestimmung überhaupt nicht gebunden ist, wie in der uneingeschränkten Despotie. Dasselbe ist der Fall, wo in einem Staate mit geordnetem Rechtszustande zum Zwecke der Erhaltung des Ganzen im bestimmten Falle der einzelne Rechtssatz durch eine abweichende Bestimmung verdrängt wird. In den äusseren Verhältnissen dagegen findet der Staatswille weder ein eigentliches Recht vor, noch nimmt der Inhalt seines Handelns für sich rechtsbildenden Charakter in Anspruch. Nach innen bewegt sich alles Handeln des Staates auf dem Boden des Rechtes unter Anerkennung fremder Berechtigung; nach aussen richtet es sich

§ 35. Die Souveränetät. Naturstand zwischen Staaten.

ausschliesslich nach den Gesichtspunkten der Zweckmässigkeit im Dienste der eigenen Interessen. Die gestaltende Macht für die eine der Functionen des Staates, mit der er sein Verhältnis zu anderen Staaten ordnet, für die äussere Politik, ist allein die Befugnis, sein Interesse nach seinem Bedürfnis und wie es ihm passend scheint mit allen ihm zu Gebote stehenden Mitteln wahrzunehmen; diese Befugnis wird nur durch die Macht gewahrt, der Schwäche aber wird sie versagt, sobald es dem Stärkeren also beliebt. Auch die äussere Politik muss sich als Thätigkeit der obersten Gewalt auf dem Boden des inneren Staatsrechtes bewegen, sofern dieses sie irgend in gewisse Schranken bannt; aber von dem Rechte eines fremden Staates bleibt sie unbeeinflusst. Ein Recht aber, das nicht entweder inneres Recht des eigenen oder inneres Recht eines fremden Staates wäre, giebt es nicht. Nach innen ist die oberste Gewalt eigentlich ein Attribut der im Staate geltenden Rechtsordnung, und die Obrigkeit hat den Inhalt der Rechtsordnung mit der ihr überlieferten Macht des Staates zu vollziehen; nach aussen vertritt die Obrigkeit die Interessen des Staates je nach der Lage des Augenblicks und ihren Erfordernissen, ohne durch etwas anderes als den Eigennutz des Staates gebunden zu sein. Die Wirkungsweise des Staatswillens ist also eine völlig verschiedene, je nachdem sie nach innen oder nach aussen gerichtet ist. Darum sollte der Ausdruck der Souveränetät nur von der Thätigkeit nach aussen gelten, nicht auch von der nach innen. Versteht man aber unter Souveränetät überhaupt die suprema potestas, so kommt wenig darauf an, dass man das Wort im erweiterten Sinne gebraucht, wenn man dabei nur des Unterschiedes der beiden darin enthaltenen Bedeutungen sich bewusst bleibt.

5. Die Souveränetät gehört dem Staate: der obrigkeitlichen Person nur, sofern dieselbe den Staatswillen vertritt. Die Souveränetät des gewählten obersten Magistrats einer Republik hat darum denselben Charakter wie die Souveränetät eines Monarchen, dessen Amt lebenslänglich und erblich ist, nur dass die Souveränetät des Magistrats zeitlich beschränkt ist, die des Monarchen nicht. Indessen auch beim Monarchen hängt die Souveränetät nicht sowol an seiner Person, als an seinem Amte, an der rechtlichen Ordnung, die das Amt an seine Person knüpft, so dass er jedem fremden Staate gegenüber als der Vertreter des Staates und des Staatswillens erscheint. Er hört auf Souverän zu sein, sobald er thatsächlich nicht mehr die Macht des Staates verwaltet und den Staatswillen vertritt. Von einer Volkssouveränetät aber im strengeren Sinne, so dass die Wirksamkeit nach aussen gemeint wäre,

liesse sich nur da sprechen, wo das versammelte Volk den Willen des Staates in seinem Verkehr mit anderen Staaten auszudrücken durch die Rechtsordnung den Auftrag erhalten hätte, wie in den Republiken des Alterthums. Es gilt nur festzuhalten, dass das eine Form der Staatseinrichtung unter vielen anderen ist, eine Staatseinrichtung von zeitlich bedingtem Werthe, die man ja nicht für alle Zeiten und alle Staaten zu verurteilen braucht, die man aber noch viel weniger als die selbstverständliche und für immer gültige und beste anpreisen darf. Keinenfalls aber lässt sich die Souveränetät theilen oder beschränken. Man kann nicht mehr oder minder souverän sein, sondern man ist entweder souverän oder nicht souverän. Was souverän ist, ist ein Staat; was nicht souverän ist, ist auch kein Staat. Es giebt keine geteilte, keine halbe oder Viertels-Souveränetät. Und auch für die Vertretung des Willens des Staates muss es eine bestimmte Person oder Behörde geben, die dann die ganze und volle Souveränetät hat. Immer muss eine bestimmte Stelle zu finden sein, an der die Entscheidung liegt, ein Wille, der für den Willen des Staates gilt, und an dieser Stelle ist auch die ganze Souveränetät. Ob der Souverän nach innen an bestimmte Formen des Rechtes gebunden ist oder nicht, das geht das Verhältnis des Staates nach aussen gar nichts an. Die Souveränetät des Staates stellt sich nach aussen immer in der Person dar, welche das Handeln des Staates in letzter, entscheidender und endgültiger Stelle vollzieht, und es macht dabei gar nichts aus, ob noch andere Personen oder Behörden mitzuwirken berufen gewesen sind, damit ein endgültiger Beschluss zu Stande kam. Das geht nur das innere Staatsrecht an, nicht das Verhältnis des Staates zu anderen Staaten.

§ 36.

Das Völkerrecht.

Zwischen den Staaten als souveränen Wesen ist zwar ein eigentlicher Rechtszustand nicht möglich; aber da die Staaten zugleich klug sind und das Nützliche suchen, so stellt sich auf Grund der Gemeinsamkeit der Interessen ein Zustand her, der mit einem Rechtszustande eine gewisse Aehnlichkeit besitzt. Es giebt ein **Völkerrecht**, eine Reihe von Bestimmungen in der Form von mehr oder minder allgemein und sicher anerkannten Gesetzen, als eine im Ganzen regelmässig innegehaltene Schranke für die Thätigkeitsform der

Staaten im Verkehr unter einander. Das Völkerrecht besteht theils aus solchen Bestimmungen, die sich im Laufe der geschichtlichen Entwicklung als für alle Staaten gleich förderlich erwiesen haben und dadurch bei allen Staaten gleichmässig in Anerkennung und regelmässige Uebung gekommen sind, theils aus solchen, die den specifischen Bedürfnissen zweier Staaten oder doch eines engeren Kreises von Staaten zu entsprechen bestimmt sind nach besonderer Verabredung und Festsetzung. Eine zweite Eintheilung ergiebt sich dadurch, dass unter diesen Bestimmungen solche sind, welche unmittelbar die höchsten Lebensinteressen der Staaten selbst betreffen, andere, welche zunächst nur die Interessen von Privaten und erst dadurch und also nur mittelbar die Staaten selbst angehen, oder welche zwar unmittelbar die Interessen der Staaten, aber doch nur solche von untergeordneter Art betreffen. Je mehr die völkerrechtlichen Bestimmungen nur das Aeussere und Formelle regeln, je geringer ihre Erheblichkeit für den Bestand der Staaten ist, desto sicherer sind sie, regelmässig beachtet zu werden; je tiefer sie in das Streben des Staates für seine Selbsterhaltung eingreifen, desto unsicherer und bedingter ist ihr Ansehen und ihre Geltung.

1. Die Staaten stehen einander im Naturstande gegenüber; aber dieser Naturstand ist doch von ganz anderer Art, als er zwischen den einzelnen menschlichen Personen sich gestalten würde, wenn hier überhaupt ein Naturstand mehr als eine blosse Fiction wäre. Denn die Menschen zwar können sich jeden beliebigen Zweck setzen und sind der Versuchung zu jeder bösen und unverständigen Begierde ausgesetzt. Die Staaten dagegen, wenn auch durchaus eigennützig, haben nur den einen ganz bestimmten Zweck und auch nicht einmal die Möglichkeit, etwas ausserhalb desselben Liegendes zu begehren; sie sind ferner durchaus intelligente Wesen, die das dauernd Nützliche sicher begreifen und anstreben. Jeder Staat weiss also vom anderen Staate dies, dass er zwar eigennützig nach seinem Vortheil, aber auch dass er nicht nach etwas anderem strebt; auf die brutale Willkür, auf die ein einzelner Mensch dem anderen gegenüber gefasst sein muss, braucht er sich nicht einzurichten. Auf Feindseligkeit vom anderen Staate muss sich der Staat gefasst machen, sobald ein Conflict der Interessen eintritt, aber auch nur für diesen Fall; sonst hat jeder Staat vor allem das Bedürfnis des Friedens und weiss

von jedem anderen Staate, dass er dasselbe Bedürfnis hat. Darum erkennen sich die Staaten als kluge Wesen gegenseitig an und lassen sich in ihrem Bestande gegenseitig unangetastet, bis ein Moment der äussersten Noth eintritt, in welchem es sich um dringende Gefahr für die Selbsterhaltung handelt. Vorausgesetzt ist dabei allerdings, dass der Staat in der Lage sei, die Macht des anderen, mit welcher derselbe ihm schaden könnte, fürchten zu müssen; denn ein Staat, dessen Macht den anderen Staaten gegeüber gar nicht ins Gewicht fällt, ist gar kein eigentlicher Staat und hat gar nicht die Möglichkeit eines dauernden Bestandes. Die Verhältnisse der Staaten, weil sie zu einander in Form eines Rechtszustandes nicht gebracht werden können, beruhen allein auf der Macht und auf der Klugheit, mit der die Macht gebraucht wird. Aus diesem Grunde also halten die Staaten gegenseitig Frieden und suchen gemeinsam das, was zum Frieden dient, rein aus Eigennutz und um der Selbsterhaltung willen. Dass die Menschen, die den Staatswillen vertreten, denselben falsch zu interpretiren vermögen, und statt dem Friedensbedürfnis des Staates zu entsprechen, ihrer eigenen bösen Lust am Streite nachgeben können, das ändert an dem Wesen des Verhältnisses nicht viel. Denn die Natur der Dinge und die Logik der Thatsachen stellt das Wesen aus solcher Trübung regelmässig immer wieder her, und der Unverstand wie der böse Wille kommt gegen die einfachen Nothwendigkeiten des Lebens auf die Dauer doch nicht auf.

2. In jedem Staate tauchen in regelmässiger Entwicklung immer neue Bedürfnisse auf, die durch friedlichen Verkehr nicht immer zu befriedigen sind, und die immer wieder zum Conflicte zwischen den Staaten zu führen drohen. Den Conflict so viel als möglich zu vermeiden ist aber das wichtigste gemeinsame Interesse, in welchem die verschiedenen Staaten sich begegnen. Diese Gemeinschaft der Interessen ist der Grund, weshalb die Staaten streben, sich mit einander zu verständigen. Jeder Staat bescheidet sich in seinen Ansprüchen auf das Erreichbare und Dringlichste, sofern er dadurch von dem anderen die gleiche Bescheidung erreichen kann. Es werden Formen festgesetzt, unter denen Verabredungen von solchem Inhalte getroffen werden können; die Innehaltung des durch die Verabredung jedem der verhandelnden Staaten Auferlegten muss dann mit Sicherheit erwartet werden können. So allein kann Friede herrschen, kann die etwa doch ausbrechende Feindseligkeit in gewisse Schranken eingehegt und nach dem Streite der Friede wieder hergestellt werden. Es liegt also im dringenden Interesse des Staates, dass er Vertrauen erwecke; Vertrauen aber wird allein erlangt

§ 36. Das Völkerrecht. Gemeinschaft der Interessen.

durch Ehrlichkeit, durch loyale Erfüllung des Versprochenen. So lange es Staaten giebt, sind darum auch Verabredungen zwischen ihnen getroffen und im regelmässigen Gange der Dinge auch gehalten worden. Die Bestimmungen, welche die Staaten über ihr gegenseitiges Benehmen treffen, können zwar niemals den Charakter des Rechtes erlangen, weil sie nicht durch eine höhere Gewalt über den Staaten erzwungen werden können, und weil es keinen Gerichtsgang für die Staaten giebt, durch welchen die parteiliche Auffassung von Berechtigung und rechtlicher Verpflichtung abgeschnitten werden könnte; aber sie werden gleichwol, ähnlich wie rechtliche Bestimmungen von einem rechtlichen Willen, regelmässig innegehalten aus klugem Eigennutz, um Vertrauen zu geniessen und Frieden zu haben.

3. Die ältesten völkerrechtlichen Bestimmungen tragen den Charakter des Gewohnheitsrechts. Sie lebten sich ähnlich wie alles andere Recht ein durch Uebung und Gewöhnung, ohne streng formulirt zu sein, vielfach unterstützt durch die Form sinnlicher Anschaulichkeit und phantasievoller Symbolik, die den durch sie gebotenen Handlungen eine besondere Weihe gab. So hat man insbesondere von ältester Zeit her gewisse Bestimmungen getroffen und innegehalten, zunächst um nur den Verkehr zwischen den Staaten selbst, um Meinungsaustausch und Verabredung zu ermöglichen. Man hat Herolde und Gesandte vor Gewaltthätigkeit geschützt, Formen der Verhandlung, gegenseitige Ehrenerweisungen zwischen den Staaten festgesetzt, die zum Ausdrucke der gegenseitigen Anerkennung principieller Gleichberechtigung dienen sollten. Man hat den Ausbruch thatsächlicher Feindseligkeiten an gewisse Formen geknüpft, die Wuth des Krieges gemässigt, indem man für die Schwachen und Wehrlosen, für die Verwundeten und Gefangenen, für das Privateigenthum und die religiösen Heiligthümer nach gegenseitiger Verabredung Schonung zu erreichen suchte; man hat Zufluchtsstätten errichtet für Bedrängte, Verfolgte, Hilfeflehende. Ursprünglich stand dergleichen unter dem Schutze der Götter als ein fas, ein göttliches Recht, im Gegensatze zum ius, dem menschlichen Rechte; in dieser Unterscheidung barg sich der eigentliche Gegensatz, der vielmehr ein Gegensatz des zwischenstaatlichen zum innerstaatlichen Rechte ist, für das Bewusstsein der Menschen. Denn wenn gleich das innerstaatliche Recht selber religiöse Sanction hatte, so erschien es doch zugleich als unter dem Zwange des Staates stehend, während jenes zwischenstaatliche Recht in seiner Unerzwingbarkeit überwiegend als Sache des Gewissens und der Furcht vor den Göttern erschien. In gleicher Weise schritt man denn auch dazu fort, dass man sich gegenseitiges Gastrecht zugestand, für den friedlichen

Verkehr der fremden Kaufleute einen Gottesfrieden einrichtete, etwa indem man die Messen mit religiösen Festen verband. Auf die Epoche des Gewohnheitsrechtes folgte eine Analogie zum Gesetzesrecht. Mit zunehmender Kraft der Reflexion und wachsender Complication der staatlichen Berührungen fixirte man das Nützliche und dem gemeinsamen Interesse Dienende nach verständiger Ueberlegung und Verhandlung in der Form gesetzlicher Regeln. Die eigentlich politischen Verhältnisse wurden durch Verträge geordnet, die Grenzen des Gebietes und der Machtstellung abgesteckt, Bündnisse zu Schutz und Trutz geschlossen, Schranken der Willensäusserung in inneren Einrichtungen oder äusserer Politik auferlegt. Mehr als im eigentlichen Rechte trugen diese Verträge den Charakter der Gewissenspflicht. Alles dergleichen stand unter dem Schutze der Götter, der eidlich übernommenen religiösen Verpflichtung, weil es eine äussere Garantie nicht gab. Endlich findet sich in der Entwicklung des Völkerrechts auch eine Analogie zur Periode des Juristenrechtes; Hugo Grotius kann man als den Vater dieser neuen Aera der Völkerrechtes ansehen. Der Unterschied ist nur, dass die grossen Juristen, insbesondere die Römer, die Schöpfer des eigentlichen Juristenrechtes, von dem Begriffe des Rechtes ganz durchdrungen, sich auch auf dem Boden streng juristischer Rechtsproduction zu erhalten gewusst haben, während die Völkerrechtslehrer von Grotius an bis in die Gegenwart hinein, die eigentliche Natur des Völkerrechts verkennend, dasselbe theils an das eigentliche Recht, theils an die Moral angenähert und dadurch ihren Theorien die Anwendbarkeit und die Fruchtbarkeit für die Beherrschung der internationalen Verhältnisse vielfach geschmälert haben. Indessen haben die Lehren und Forderungen der Völkerrechtstheoretiker immerhin als eine Art von Canon für die völkerrechtliche Praxis dienen können und die weitere Ausbildung des Völkerrechts im Zusammenhange mit den in der Praxis hervortretenden Bedürfnissen und Möglichkeiten zu fördern vermocht. Das gegenwärtige Völkerrecht ist denn auch der Hauptmasse nach in ausdrücklicher Vertragsform zwischen einzelnen Staaten, oder für das gesammte Staatensystem in Lehrbüchern des Völkerrechts aufgezeichnet, welche einzelne gelehrte Männer, zwar meist ohne Auftrag, aber im glücklichen Fall nicht ohne Autorität verfasst haben. Was hier verzeichnet ist, findet seine Rechtfertigung theilweise durch seinen Anschluss an die herrschende Praxis und an die geläuterte Meinung der Bestgesinnten und der Kenner; anderes, was die Theoretiker auf eigene Hand zu bestimmen gewagt haben, unterliegt der Gefahr, dass es abgelehnt werde. am meisten das, was auf rein theoretischer Grundlage, nach

§ 36. Das Völkerrecht. Arten und Unterschiede.

Forderungen der juristischen Consequenz oder des moralischen Gefühles, construirt worden ist, oder wozu eine nicht genügend allseitige Erwägung des Nützlichen geleitet hat. Manches ist ziemlich allgemein bei allen Völkern der Culturwelt anerkannt, viel mehr noch ist streitig; aber unzweifelhaft haben die neueren Zeiten auch hier grosse Fortschritte gebracht. Es giebt doch für viele nicht unwichtige Punkte, die den Verkehr der Staaten mit einander betreffen, heut zu Tage einen Schatz von gültigen Regeln, die in allgemeiner Uebung eingewurzelt, dem Streite wehren, vernünftige Ordnung an Stelle der Willkür setzen und inhaltlich werthvoll oder doch dem endlosen Debattiren wenigstens einen formellen Abschluss gewährend, dem allgemeinen Bedürfnis und Interesse entsprechen.

4. Indessen, was man so als Völkerrecht zusammenfasst, besteht aus sehr ungleichartigen Bestandtheilen. Da ist zunächst eine Reihe von Bestimmungen, die nichts anderes sind als ausdrücklich erklärte Consequenzen aus der Natur des Staates und seinen Bedürfnissen; solche Bestimmungen haben deshalb der Hauptsache nach immer gegolten und mit der Zeit nur eine genauere formelle Fixirung gefunden, oder sie hätten wenigstens immer gelten müssen, wenn der reine Wille des Staates wirklich zum Ausdruck hätte kommen können und nicht durch die barbarische Wildheit der Menschen unterdrückt worden wäre. Dahin gehören die allgemeinen Formen der gegenseitigen Anerkennung der Staaten, ihrer Gebiete und Machtsphären, das Gesandtschaftsrecht, der Schutz der Privaten, der Schwachen und Wehrlosen mitten im Kriege, ein grosser Theil des internationalen Privatrechts, sofern es die Möglichkeit wirthschaftlichen Verkehrs im Frieden, gegenseitiges Gastrecht und Ordnung und Begrenzung der Competenz des Staates über seine Bürger in der Fremde oder über Fremde auf seinem Gebiete betrifft. Es ist eine ungemeine Wolthat für das ganze Menschengeschlecht, dass über das hierher Gehörige sich nicht nur eine sichere Ansicht und Uebung gebildet hat, sondern dass auch in eigentlich wissenschaftlicher Fassung durch die Rechtsprechung juristisch gebildeter Richter, durch die Constructionen fachmässig gebildeter Rechtslehrer, durch Staatsverträge wol formulirte Gesetze allgemeine Anerkennung haben finden können. Dagegen giebt es anderes, was durch Verabredung von Staat zu Staat oder zwischen einem engeren Kreise von Staaten nur für ihre bestimmten Verhältnisse und Bedürfnisse und mit Rücksicht auf den zeitlichen Zustand ihrer gegenseitigen Beziehungen in Form des Vertrages geordnet worden ist, manches darunter wol fähig, als allgemeiner Grundsatz auch für die Regelung der betreffenden Verhältnisse zwischen anderen

Staaten und allgemein für alle Staaten zu gelten, das Meiste aber doch nur von vorübergehendem Werthe und vergänglicher Gültigkeit und in seiner Bedeutung auf die den Vertrag schliessenden Staaten beschränkt. Zwischen bestimmten Staaten auf Grund bestimmter Verhältnisse abgeschlossene Handels- und Schifffahrtsverträge, Verträge über internationale Fürsorge für Gesundheits- und Gewerbezwecke, über Justiz und Auslieferung, über Naturalisation und Auswanderung haben nicht selten die Möglichkeit, den Charakter allgemeingültigen Völkerrechtes zu erlangen oder als Grundlage für die Ausbildung eines solchen zu dienen, und das um so mehr, je mehr in ihnen auf allgemein annehmbare Weise solche Verhältnisse geordnet werden, die zwischen allen Staaten der Culturwelt in gleicher oder ähnlicher Weise wiederkehren. Anderes, was Gegenstand von Verträgen ist, trägt einen weit mehr exclusiven Charakter; dahin gehört besonders solches, was mit der Selbsterhaltung der Staaten im engsten Zusammenhange steht, was zugleich mit der augenblicklichen gegenseitigen Lage der Staaten aufs engste verknüpft und dadurch ganz individualisirt und darum auch auf die Verhältnisse anderer Staaten unübertragbar ist. Hierüber entscheiden die eigentlichen hochpolitischen Verträge, die von Zeit zu Zeit erneuert und umgeändert werden müssen, um mit der veränderten Lage der Staaten Schritt zu halten. Bei dieser Gattung von vertragsmässigen Bestimmungen tritt die Analogie zu eigentlichem Rechte am meisten zurück; man thäte deshalb vielleicht besser, die Bezeichnung als Völkerrecht auf das zu beschränken, was allgemein für alle Staaten zu gelten die Fähigkeit hat. Jenes specifisch Politische, dem exclusiven und individuellen Vertrag Angehörige, das doch von wesentlich anderer Natur ist, mit demselben Namen zu benennen, hat immerhin seine Bedenken, weil man über der Gleichheit der Benennung die Ungleichheit des Wesens zu vergessen in Gefahr ist.

5. Einen anderen Unterschied von wesentlicher Bedeutung begründet die Tragweite der völkerrechtlichen Bestimmungen für den gesammten Bestand der Staaten. Es sind unter diesen Bestimmungen solche, welche das Wesen und die Selbsterhaltung der Staaten sehr wenig angehen, andere, welche darauf den stärksten Einfluss haben. Ein grosser Theil des internationalen Privatrechts gehört zur ersteren Art, während z. B. die Sätze über Rechte und Pflichten der Neutralen, über Blocaderecht und Kriegscontrebande, ja schon über die Militärpflichtigkeit von Auswärtigen und Auswanderern die wichtigsten Consequenzen für die Macht und Sicherheit der Staaten haben können. Nun ist es ganz offenbar,

§ 36. Das Völkerrecht. Fehlender Rechtscharakter.

dass das Interesse der Staaten an diesen beiden Arten von Bestimmungen ein sehr verschiedenes ist. Das, was nicht so tief in den Bestand der Staaten eingreift, ist viel leichter zu behandeln; das Urtheil ist hier ein unparteiischeres, die Sache kann in ruhiger Erwägung von Gründen und Gegengründen nach den Gesichtspunkten der Zweckmässigkeit und Gerechtigkeit geordnet werden je nach dem Zustande der jedesmaligen Cultur und der juristischen Bildung insbesondere. Wenn eine einigermaassen entsprechende formelle Bestimmung getroffen ist, so ist damit viel erreicht, ein Maassstab des Handelns gegeben, dem Verhandeln und Streiten ein Ende gemacht, und wenn sich Uebelstände zeigen, so kann man in aller Ruhe an die Verbesserung der Bestimmungen gehen. Wo aber Existenzfragen des Staates auftauchen, da reicht man mit Gesichtspunkten von Cultur und Menschlichkeit, von Gerechtigkeit und Billigkeit nicht aus, und jeder Staat vertritt mit exclusivster Voreingenommenheit, die sich in der heftigsten Leidenschaft und dem glühenden Parteieifer der Menschen wiederspiegelt, aller juristischen Kunst und allem wolwollenden Idealismus gegenüber einzig und allein sein Interesse. Die Analogie eigentlichen Rechtes tritt also nur bei demjenigen im Völkerrechte entschiedener hervor, was mehr nebensächlicher Art und nicht von erheblicher Bedeutung ist für den Bestand der Staaten, oder was ganz offenbar und unzweifelhaft im gemeinsamen Interesse aller Staaten liegt. Dagegen tritt der Rechtscharakter völlig zurück bei alle dem, was mit den Existenzbedürfnissen der Staaten in innigerem Zusammenhange steht. In Bezug auf dieses letztere wird ganz unzweifelhaft über alle juristischen Gesichtspunkte hinaus das, was zur Selbsterhaltung der Staaten gehört, immer als eine Frage der Interessen, nicht des Rechtes behandelt, und da, wo es bedroht oder angegriffen ist, wird es mit der Macht des Staates vertheidigt werden.

6. Ein dreifacher Mangel ist es, der im Vergleich zu dem Rechte, das innerhalb des Staates gilt, allem dem anhängt, was man unter dem Namen des Völkerrechts zusammenfasst. Für die Ordnung der internationalen Verhältnisse durch allgemeine gesetzliche Regeln, welche das Handeln der Staaten binden sollen, fehlt es zuerst an einer anerkannten gesetzgebenden Gewalt, so dass es immer im Zweifel und ein Gegenstand des Streites bleibt, was als völkerrechtliches Gesetz zu gelten hat. Gesetzt aber, es gäbe ein solches anerkanntes Gesetz, so würde es immer noch an dem anerkannten zuständigen Gerichte fehlen, welches den vorliegenden einzelnen Fall mit anerkannter Kraft der Entscheidung nach der völkerrechtlichen Regel zu beurtheilen und was recht oder unrecht

ist, auszulegen vermöchte. Und endlich, wollte man selbst das Vorhandensein des anerkannten Gesetzes und des gültigen Richterspruches annehmen, so würde wieder die sicher wirkende, unvergleichlich überlegene zwingende Gewalt vermisst werden, die den Richterspruch zur Ausführung bringen könnte. Dieser dreifache Mangel ist unaufhebbar nicht etwa wegen des bösen und widerrechtlichen Willens der Menschen, sondern wegen der Natur des Staates; der Charakter eigentlichen Rechtes bleibt dadurch dem Völkerrechte nicht bloss vorübergehend oder für niedere Zustände der Cultur, sondern für immer entzogen. Kein menschlicher Wille kann daran etwas ändern. Ein Staat, der eine gesetzgebende Gewalt, ein Gericht und eine höhere zwingende Gewalt über sich anerkännte, wäre kein Staat mehr, sondern höchstens eine Provinz; solche Rechtsinstitutionen über den Staaten schaffen wollen, gesetzt auch, es wäre nicht schlechterdings unmöglich und durch die Natur der Dinge ausgeschlossen, hiesse die Staaten aufheben und den Universalstaat schaffen, damit aber aller Freiheit, aller Individualität des nationalen Selbstbewusstseins und allem Fortschreiten der Cultur ein Ende machen. Alles Völkerrecht hat daher etwas Precäres. Der Staat behält sich vor, es zu beobachten oder nicht, je nachdem er es in seinem Interesse finde. Nun giebt es ohne Zweifel völkerrechtliche Bestimmungen, die unter Voraussetzung voller Gegenseitigkeit selbst zu beobachten und von allen beobachtet zu sehen im gemeinsamen Interesse aller Staaten ist; diese Bestimmungen werden also mit grösster Regelmässigkeit wirklich innegehalten werden, und mit Bezug auf sie ist es ein wesentlicher Vortheil für alle Staaten, wenn dieselben in strenger juristischer Formulirung ausgesprochen allgemeine Annahme gefunden und damit die Macht, die Verhältnisse der Wirklichkeit zu beherrschen, erlangt haben. Es ist eine schöne Aufgabe der völkerrechtlichen Wissenschaft und der Staatskunst zugleich, diejenigen allgemeinen Bestimmungen zu finden und in juristischer Form durchzuarbeiten, die dem Bedürfnisse aller Staaten gleichmässig entsprechen. Freilich, ein streng bindender Rechtscharakter wohnt auch ihnen nicht bei. Sobald sie mit den Existenzbedürfnissen und den dringenden Interessen der Staaten in Widerspruch gerathen, so nehmen auch sie den Charakter frommer Wünsche an. Der Staat ist thatsächlich nicht an sie gebunden, und da es Rechtspflichten, geschweige denn sittliche Pflichten, für die Staaten nicht giebt, so ist schlechterdings kein Grund abzusehen, warum der Staat sich selbst an sie binden sollte, wo nicht die Klugheit und das Interesse es ihm gebietet. Nur die den Staatswillen vertretenden Personen sind rechtlich und sittlich gebunden; von ihnen wäre es

§ 36. Das Völkerrecht. Fehlender Rechtscharakter.

pflichtwidrig, ihre eigene Rohheit und ihren Muthwillen an die Stelle des klugen Eigennutzes des Staates zu setzen. Noch weit misslicher aber steht es um diejenigen Bestimmungen, die eine allgemeine Gültigkeit für alle Staaten überhaupt nicht beanspruchen können, sondern nur die Verhältnisse von einzelnen Staaten je nach ihrer Lage und ihren Bedürfnissen regeln sollen. Diese können nicht durch irgend eine Wissenschaft unter allgemeinen Gesichtspunkten, sondern nur durch die Staatskunst in directer Vertretung des Staatswillens unter dem Gesichtspunkte der Zweckmässigkeit von Fall zu Fall aufgestellt werden; sie bilden deshalb auch keine bleibende Schranke für die Thätigkeit des Staates, sondern sie wechseln mit der politischen Lage, mit den Bedürfnissen und Interessen. Der Staat hält an ihnen fest, so lange sie nützen, und lässt sie fallen, sobald sie lästig werden. Sie gehören dem Kreise der Politik und Regierungskunst an, und tragen auch nicht einmal äusserlich eine Analogie zum Rechte.

7. Den Charakter rechtlicher Verbindlichkeit erlangen solche durch die Politik im Dienste der Interessen getroffenen Bestimmungen auch dann nicht, wenn in Form des ausdrücklichen Vertrages sich mehrere Staaten über dieselben geeinigt haben. Im Conflicte der Interessen, der zu thatsächlicher Feindseligkeit führen müsste, wird es den Staaten natürlich sein, sich gegen einander zur Innehaltung einer bestimmten Linie des Verfahrens zu verpflichten, wenn dadurch erreichbar wird, dass der Friede erhalten bleibt und doch eine wesentliche Schädigung der Interessen der sich vertragenden Staaten vermieden wird, oder doch die Schädigung von viel geringerer Bedeutung ist, als es die durch den thatsächlichen Streit heraufbeschworene Gefahr sein würde. Aber auch um sich gegenseitig zu fördern, sei es in einzelnen unwesentlicheren Punkten, sei es in den grundlegenden Bedingungen der Selbsterhaltung, im Gegensatze zu gemeinsamen Gegnern oder im Einklang gemeinsamer Bedürfnisse, schliessen die Staaten Verträge, in denen sie jeder den anderen und sich selber binden. Gerade für solche zwischenstaatliche Verträge ist es wichtig, den Unterschied, der sie von den Verträgen zwischen den Unterthanen eines und desselben Staates scheidet, nicht zu übersehen. Im Staate giebt es für die Gültigkeit und für die Auslegung des geschlossenen Vertrages einen Richter und für das Innehalten der getroffenen Verabredung einen Zwang. Beides fällt bei dem Vertrage zwischen Staaten fort. Jeder der Staaten legt den Sinn des Vertrages selber aus mit höchster Autorität, und seine Ansicht darüber, ob der andere den Vertrag innegehalten oder gebrochen hat, ob er also selber formell noch weiter verpflichtet ist, bleibt die gültige,

weil kein Richter da ist, sie zu entscheiden. Endlich wird der Staat zwar in kluger Voraussicht künftiger dauernder Bedürfnisse nach dem Rufe der Vertrauenswürdigkeit und Zuverlässigkeit streben und den Vertrag, den der andere nicht bricht, im gewöhnlichen Laufe der Dinge auch selber halten; aber wenn der Fall eintritt, dass die ihm durch den Vertrag angelegte Fessel sich mit seinen dringendsten Interessen nicht mehr verträgt, so wird er diese Fessel, die er nur durch seinen Willen trägt, tragen zu wollen aufhören, wofern er nicht durch den zu erwartenden Ausbruch der Feindseligkeiten grössere Gefahren für sich heraufbeschwören würde. Die Sorge für die Selbsterhaltung und Sicherheit des Staates ist so sehr das Erste, dass dagegen die Gedanken an formell übernommene Schranken des Willens nicht aufkommen. Sich einem andern Staate gegenüber dauernd und unwiderruflich zu binden, ist der Staat gar nicht im Stande, und gesetzt, er könnte sich doch so binden, so wäre nirgends eine Gewalt vorhanden, um ihn dabei festzuhalten. Die Verträge der Staaten haben also keine rechtliche, sondern nur eine thatsächliche Geltung. Sie werden gehalten, so lange sie der angemessene Ausdruck für die gegenseitigen Interessen und für die gegenseitigen Machtverhältnisse sind. Denn von seinen Interessen lässt jeder Staat so weit nach, und den Interessen des anderen weicht jeder so weit, als er die Macht des anderen zu fürchten hat, als sein Bedürfnis des Friedens dringlicher oder weniger dringlich, die Gefahr der Feindseligkeit für ihn grösser oder kleiner ist. Manche sprechen dabei von einer „doppelten Moral", deren eine für den Privatmenschen, die andere für den Staat gelte. Das ist verkehrt. Es giebt nur eine Moral, und das ist die Moral für Menschen, für vernünftige Wesen, die sich ihre Zwecke frei setzen können. Eine Moral für Staaten giebt es überhaupt nicht. Die Staaten handeln weder recht noch unrecht, weder sittlich noch unsittlich, sondern nur ihrer Natur gemäss, und das mit Nothwendigkeit und ohne Wahl. Sie suchen ihr Interesse mit klugem Eigennutz. Die Obrigkeit aber würde unrecht und unsittlich handeln, wenn sie im vermeintlichen Interesse des Rechtes oder der Sittlichkeit durch sogenannte Vertragstreue die Existenzbedingungen des Staates preisgäbe, ohne dazu durch die Macht und die Gefahr oder sonst durch noch wichtigere Existenzbedingungen gezwungen zu sein. Die höchste Pflicht der Obrigkeit ist, selbstlos den Willen des Staates zu vollziehen, d. h. als Obrigkeit thätig zu sein im Sinne des klugen Eigennutzes des Staates. Einen Rechtszustand giebt es nur innerhalb des Staates. Der souveräne Staat kann sich dem anderen nicht rechtlich verpflichten. Es

§ 36. Das Völkerrecht. Fehlender Rechtscharakter. 405

kann auch dem anderen Staate gegenüber dadurch nicht eine Rechtsverpflichtung entstehen, dass der Staat abgesehen von dem anderen Staate seinen Willen durch eine Satzung seines inneren Rechtes bindet; denn es bleibt immer dem Staate die souveräne Befugnis, seine Rechtsordnung ohne jede Rücksicht auf den anderen nach seinen Bedürfnissen umzuändern. Gleichwol wird der Staat im regelmässigen Laufe der Dinge in ähnlicher Weise wie es der Unterthan unter dem Zwange der Rechtsordnung thut, Vertragstreue üben, bis die äusserste Noth ihn treibt, die Rücksicht auf Vertrauenswürdigkeit hinter andere dringlichere Zwecke zurücktreten zu lassen.

8. Nach alledem giebt es für die Verhältnisse zwischen den Staaten ein eigentliches Recht von formellem und positivem Charakter nicht. Das Bedürfnis eines äusserlichen Rechtszustandes bewirkt die Erzeugung jener gewaltigen Gebilde, die als gesonderte Staaten den einzelnen Volksgeistern und ihren individualisirten Culturformen entsprechen. An diesem Punkte aber bricht die Möglichkeit einer Rechtsbildung ab. Diese mächtigsten aller existirenden Wesen stehen einander gegenüber mit ihrer Macht und ihren Interessen in unausgesetzter Berührung, und ungemildert durch irgend eine rechtliche Schranke ihres Willens kommen hier die Consequenzen aus dem Wettbewerbe um die Mittel der Selbsterhaltung rein und streng zur Erscheinung. Die Klugheit, die sich um des dauernden Nutzens willen zu bescheiden weiss, die Ehrlichkeit, die, um Gefahr und Streit zu verhindern, die Bedingungen des Friedens so lange wie möglich innehält, vermag doch den durch die Natur der Dinge gesetzten höchst ungemüthlichen Zustand der steten allseitigen Bedrohung aller durch alle, in welchem sich alle gegenseitig belauern und den Moment der Schwäche des andern abwarten, um Vortheile über ihn zu erringen, nicht wesentlich zu ändern. Man möchte wünschen, dass es anders wäre; aber es lässt sich daran nichts ändern. Weder durch die Absicht der Menschen, noch durch die still fortschreitende Gesittung kann die Nothwendigkeit beseitigt werden, die in der Natur der Staaten liegt. Durch äussere Rechtsinstitutionen die Entwicklung der internationalen Verhältnisse in bestimmte Bahnen zwingen, das kann man ebensowenig, als man Maschinen construiren kann, um den Gang der Planeten zu reguliren und ihre gegenseitigen Störungen zu verhüten. Wer da glaubt, dass die formelle Ordnung durch ein positiv fixirtes Recht der überall gültige höchste Ausdruck der praktischen Vernunft ist, muss wol in dieser bitteren Nothwendigkeit des Staatslebens die baare Unvernunft bedauern, die sich noch immer nicht durch zweckmässige Vorkehrungen aus einem Ge-

biete von so entscheidender Wichtigkeit habe verdrängen lassen. Wer dagegen die positive Rechtsform als nur auf bestimmtem Gebiete heimisch und als eine mannigfach bedingte Art der Verwirklichung des Gerechten von nur relativem Werthe erkannt hat, der wird die Möglichkeit zugeben, dass da, wo die Form des Rechtes abbricht, gleichwol die Vernunft der Sache sich in anderer Form durchzusetzen die Macht haben wird und dass an Stelle des Rechtes Gesetze von anderer Art treten, die den vernünftigen Fortgang der menschlichen Angelegenheiten ebenso sicher oder sicherer regeln. Der Staat und die durch ihn allein mögliche Realisation einer rechtlichen Ordnung ist die Bedingung für menschliches Dasein und für die Erreichung aller menschlichen Zwecke. Wol haftet dem Staate und dem Rechte das Moment der Aeusserlichkeit an; dennoch ist eine Herrschaft des Gerechten unter den Menschen, ist menschliche Freiheit ohne beide nicht denkbar. Darin liegt ihre Vernünftigkeit. Aber die Staaten ebenso unter eine Herrschaft des Rechtes gestellt, das ergäbe ein höchst unvernünftiges Schauspiel. Die menschlichen Individuen haben ein flüchtiges und vergängliches Dasein und sind insgesammt mehr oder minder vertretbar und ersetzbar. Die Volksgeister dagegen, ihre Culturformen und damit auch ihre Staaten sind von unendlichem und unersetzbarem Werthe. Das formell fixirte Recht behandelt mit gutem Fug die Individuen im wesentlichen als einander gleich; dass ein Individuum von unvergleichlich höherem Werthe sein kann als die übrigen, kann das Recht nicht berücksichtigen. Die Volksgeister und ihre Staaten dürfen vernünftigerweise so nicht behandelt werden. Der Unterschied des Werthes und der Fähigkeit zwischen ihnen ist für den Entwicklungsgang der Menschheit von allzu entscheidender Bedeutung. Durch ein äusserliches formell rechtliches Urtheil ist dieser Unterschied nicht zu erfassen. Wenn aber das formelle Recht als Mittel zur Verwirklichung des Gerechten hier fortfällt, so fällt doch nicht das Gerechte selbst fort. Gerecht ist, dass das höher stehende, für die Culturzwecke werthvollere Volk auch einen höheren Wirkungskreis auf dem Schauplatze der Geschichte erhalte. Dafür, dass dieses Erforderniss des Gerechten erfüllt werde, könnte kein Rechtsapparat, keine Herrschaft des Paragraphen und des Statuts, kein formeller Rechtsspruch genügende Gewähr leisten. Der grosse Gang des geschichtlichen Lebens der Staaten trägt nicht die Züge eines Bagatellprocesses. Aber gleichwol führt der geschichtliche Process mit der ihm immanenten Vernunft sicher und unwandelbar die gerechte Entscheidung herbei. Die Natur des Staates selber, das Wechselspiel von Macht und Interesse wird das Substrat und Mittel für solche Realisation des gerechten Richterspruches der Weltgeschichte.

§ 37.
Der Staat und die Weltgeschichte.

Trotz aller Kunst der Unterhandlung, die durch ein Gleichgewicht der Macht und kluge Ausgleichung der verschiedenen Interessen einen Zustand des Friedens herzustellen und zu schützen sucht, geschieht es in den Knotenpunkten der Entwicklung, dass die Interessen unvereinbar und damit die Ordnung der gegenseitigen Verhältnisse der Staaten auf die Macht allein gestellt wird. Die innere Leistungsfähigkeit und Culturhöhe des Staates hat sich dann durch den **Krieg** zu erproben; die Entscheidung des Krieges weist dem Staate das Maass von Wirksamkeit zu, das er fortan auf der Bühne der Geschichte zu üben hat. In der Vorbereitung auf diese furchtbaren Krisen des Staatslebens und in der Aufopferung sie zu bestehen, gewinnen und üben die leitenden Völker der Geschichte die Kräfte ihrer geschichtlichen Thätigkeit. Das geschichtliche Leben der Menschheit, wie es in den grossen Schöpfungen der idealen Cultur gipfelt, kommt in dem gewaltigen Ringen der Staaten zum anschaulichsten Ausdruck. Die staatsbildenden Thaten, Begründung, Wachsthum und Untergang der Staaten, bilden den Rahmen für die grossen Erinnerungen der Menschheit und den Anstoss zur Bildung des nationalen Selbstbewusstseins.

1. Der Staat steht durch die lebendige Bewegung aller seiner Verhältnisse mitten in dem Strome der Geschichte; die Richtung dieser Bewegung ist aber nicht für alle Staaten dieselbe. Der eine Staat steigt, während der andere sinkt, oder der eine Staat steigt wenigstens schneller oder langsamer als der andere. Die Veränderung der Menschenzahl, der wirthschaftlichen Cultur, der Wissenschaft und Technik, der äusseren politischen Lage schafft immer neue Bedürfnisse und Interessen. Dadurch werden die bestgeordneten Verhältnisse zwischen den Staaten immer aufs neue ins Schwanken gebracht. Insbesondere die ausdrücklich in der Form des Vertrages fixirten Abmachungen werden durch die mit der Zeit unaufhaltbar eintretende Veränderung ihrem Inhalte nach

hinfällig, auch wenn sie formell fortbestehen. Sie decken sich nicht mehr mit dem Bedürfnis, sie drücken das gegenseitige Verhältnis der Macht und der Interessen nicht mehr correct aus; die Klugheit gebietet, neue Verträge zu schliessen, die der neuen Lage besser entsprechen. Dazu müssen von einer Seite oder von beiden Opfer gebracht werden, und es kann der Punkt eintreten, wo dem Staate, sei es mit Rücksicht auf das Selbstbewusstsein seiner Bürger und auf die nationale Ehre, sei es wegen der Gefahr für die Bedingungen seiner Selbsterhaltung, unmöglich ist, sich zu solchen Opfern zu entschliessen. Er kann es am wenigsten dann, wenn das gegenseitige Verhältnis der Macht unklar geworden ist und die Verschiedenheit der Interessen sich zum ausgesprochenen Gegensatze gesteigert hat. In solchen Fällen scheitert die Unterhandlung an der Unversöhnlichkeit nicht der Menschen, sondern der Dinge. Der gegenseitige Hass der Völker kommt dann am ungehemmtesten zum Ausbruch; aber er ist doch nicht eigentlich der Stachel, der zur thatsächlichen Feindseligkeit treibt, sondern nur der Ausdruck für die Spannung in der Situation der Staaten, der instinctive Wiederhall der objectiven Gegensätze in der Seele der Menschen. Wo es normal zugeht, — und das ist weit öfter der Fall, als meistens die Menschen annehmen, — da sind es nicht sowol die Herrscher oder die Völker, die zu thätlicher Gewalt greifen, sondern die Staaten selbst thun es vermittelst der ihren Willen vertretenden Personen, und alle im Staate lebenden Menschen empfinden in erregter Sympathie das Lebensbedürfnis des Staates, seine Noth und sein Bedürfnis, wie den feindseligen Gegensatz, in dem er zum Fremden steht. Die grossen Wendungen im geschichtlichen Leben vollziehen sich nicht anders; in der Schärfung und Zuspitzung der Gegensätze tritt das Neue ins Leben, sucht es Raum für sein Gedeihen und Mittel für seinen Bestand, und was ihm nicht gutwillig zugestanden wird, das muss es sich erkämpfen.

2. Ein dauernder Zustand des Friedens ist herstellbar nur in der Form eines **Gleichgewichtes der Macht**, d. h. eines Zustandes, in welchem derjenige, der zum Kampfe greifen möchte, um seine Interessen zu wahren, durch die Ungewissheit des Erfolges davon zurückgehalten wird. Ein solches Gleichgewicht wird in einem complicirten Systeme von Staaten erreicht durch die verschiedenartige Gruppirung der einzelnen Mächte zu Bündnissen und Gegenbündnissen je nach der Gemeinsamkeit und dem Gegensatze der Interessen. Aber auch das beste Gleichgewicht ist ein höchst zartes und empfindliches Wesen, das von einem Lufthauch bedenklich afficirt werden kann; es bedarf der grössten Klugheit und

der durchgebildetsten Technik, um es aus der continuirlichen Störung continuirlich wieder herzustellen, es in immer neuen sinnreich construirten und geschickt gestützten Gruppirungen aufrecht zu erhalten. Eine wesentliche Umbildung und Erneuerung an einer Stelle macht aber das ganze mühsam, oft durch Stückeln und durch Flicken zusammengehaltene Gebäude unsicher, und ein plötzlicher Zusammenbruch des Gleichgewichts bezeichnet das Ende der friedlichen Unterhandlung. Oder eine lange vertagte Frage, ein dem Staate sich durch seine Geschichte und seine Lage aufdrängendes Ziel des Strebens, erlangt durch eine äussere Wendung oder durch innere Entwicklung eine Dringlichkeit, die ein weiteres Hinausschieben unmöglich macht, und zwingt dem Staate das Schwert in die Hand, um gegen jede etwaige Feindseligkeit den eigenen Willen durchzusetzen, während ebenso ein anderer unmittelbar betroffener Staat der Nothwendigkeit, solcher Aenderung zu widerstehen, sich nicht entziehen kann, ohne sich selbst aufzugeben. Am öftesten und am natürlichsten sind es die in der Verschiedenheit der nationalen Culturform liegenden Consequenzen, welche den Gegensatz der Interessen verschiedener Staaten bis zur Unversöhnlichkeit steigern. Die friedfertigste Gesinnung der Menschen kann es nicht verhindern, dass endlich die friedliche Unterhandlung doch einmal aussichtslos wird und der trotzige Wille der Staaten versucht, was jeder mit dem Schwerte gegen den anderen auszurichten im Stande ist.

3. Kein Staat kann zum voraus wissen, wann er in die Lage kommen wird, sei es im Angriff gegen den, der ihm das Nothwendige versagt, sei es in der Abwehr gegen den, der ihm das Unerträgliche zumuthet, seine Macht gebrauchen zu müssen; aber das weiss er, dass jeder nächste Augenblick die Möglichkeit eines auf friedliche Weise nicht austragbaren Conflictes mit sich bringt. Dadurch ist der Staat gezwungen, immer seine Kraft für solchen möglichen Fall zu entwickeln und bereit zu halten. Die Kraft des Staates aber besteht in der leiblichen und geistigen Tüchtigkeit seiner Bürger und insbesondere in der ihnen zu ertheilenden Erziehung und Uebung besonders für kriegerische Leistung, in Disciplin und Gehorsam, in Muth und Treue. Die Nothwendigkeit, das Volk in dieser Richtung zu erziehen, wird zum Anlass für die Entwicklung der meisten anderen Tugenden und Geschicklichkeiten. Indem der Staat seine kriegerische Kraft auf das höchste erreichbare Maass zu steigern sucht, entzieht er freilich zunächst viele Kräfte friedlicher Thätigkeit; aber er ersetzt diesen Ausfall reichlich durch die erhöhte persönliche Tüchtigkeit, welche die kriegerische Erziehung der Menschen

im Gefolge hat. Die immer drohende Möglichkeit des Krieges ist für das Menschengeschlecht die grösste Wohlthat. Denn sie lässt die Genügsamkeit des sinnlichen Behagens, die Beschränktheit innerhalb des Kreises selbstsüchtiger Interessen, Verweichlichung und Zuchtlosigkeit nicht aufkommen. Die Pflege kriegerischer Tugend ist zugleich Pflege der Selbstlosigkeit, der Hingebung an das Allgemeine, der Treue und Zucht, der physischen Kraft und geistigen Energie. Um der niemals schwindenden Gefahr des Krieges begegnen zu können, muss der Staat ferner die Arbeit seiner inneren Organisation mit doppeltem Ernste betreiben, Freudigkeit ihm zu dienen und Begeisterung für seine Zwecke zu erwecken suchen, der Gerechtigkeit und Freiheit nachstreben. So wird die stets gefährdete Lage des Staates der mächtigste Hebel für die Entwicklung der Cultur.

4. Ist der Krieg zum Ausbruch gekommen, so steht für die mit einander ringenden Staaten alles auf dem Spiel. Es handelt sich für den Staat um seine Existenz, mindestens um die wichtigsten Bedingungen seiner Blüthe und gedeihlichen Fortentwicklung; für das Volk um seine Unabhängigkeit und seinen Fortbestand als Volk, um seine Cultur, seine Eigenthümlichkeit, den Stolz seines Selbstbewusstseins; für jeden Einzelnen um seine höchsten Güter und selbst um die Bedingungen seiner äussern Wolfahrt. Es giebt kein erschütterndes und furchtbareres Schauspiel als den Krieg, aber auch keines, das alle edlen Kräfte und Anlagen der Menschen in lebhafterer Bethätigung zeigte. Der Krieg ist ein Kampf geistiger Mächte; kriegerische Ueberlegenheit beruht auf der vielseitigeren und gründlicheren Ausbildung derjenigen Eigenschaften, die den Werth der Menschen auch in allen anderen Beziehungen bedingen. Den Sieg gewinnt der Staat von höherer Organisation, mit dem Volke von entwickelterer sittlicher Kraft und Einsicht; das alles aber hat zur Voraussetzung die Cultur von höherem Werthe. Nicht die rohe Kraft behauptet sich, sondern die harmonisch, vernünftig geordnete. Darum ist die Entscheidung des Krieges gerecht; das siegreiche Volk wird das führende, vorbildliche Volk; es erweitert seinen Einfluss, den Einfluss seiner Cultur auf die anderen Völker, und erhält sich in solcher Blüthe, so lange es gesund und rüstig, wenigstens gesunder und rüstiger ist als die anderen und nicht in der Grösse und Schnelligkeit seiner Fortschritte hinter den anderen zurückbleibt.

5. Der Krieg ist nicht bestimmt zu dauern, sondern vorüberzugehen, wie ein Gewitter, welches die Spannung der Elemente ausgleicht, die Luft reinigt und die Erde befruchtet.

§ 37. Der Staat und die Weltgeschichte. Sieg u. Niederlage.

Die grossen Culturepochen haben sich an die Entscheidung der Kriege angelehnt; der Sieg und selbst die Niederlage werden der Antrieb zu neuer schöpferischer Thätigkeit. Aber das alles doch nur unter der Voraussetzung, dass die im Gefolge des Krieges unvermeidliche Zerstörung von Menschenleben und Sachwerthen, dass die einseitige und übermässige Anstrengung aller Kräfte nur kurze Zeit währt, um der friedlichen Production und den allseitigen Culturinteressen Raum zu schaffen. Der Krieg ist ein Mittel, um den Frieden zu sichern, und ein geeignetes Mittel erst dann, wenn jedes andere versagt. Aus der Feuerprobe des Krieges gehen die Völker und Staaten gestählt hervor, um auf besser bereiteter Grundlage ihrem Berufe kräftiger obzuliegen. Nur das innerlich Vermorschte und Haltlose geht in den grossen Krisen zu Grunde, und ein langsames Sinken endet mit jähem Sturze; was dagegen innere Lebenskraft bewahrt hat, rafft sich nach schwerem Fall um so sicherer auf, um auf neuer Grundlage zu neuen Höhen emporzuklimmen. In Sieg und Triumph, in Schmach und Niederlage offenbart sich das Richteramt der Weltgeschichte; der Richterspruch ist gerecht, weil kein Sieg und keine Niederlage definitiv ist ohne den Willen der Menschen, die sich darin ergeben.

Zweiter Theil.
Das System der Rechtsbestimmungen.

Erster Abschnitt.
Allgemeine Lehre von den Rechtsbestimmungen.

Erstes Capitel.
Die Natur der objectiven Rechtsbestimmungen.

§ 38.
Die Rechtsquellen.

Das Recht ist seinem Begriffe nach der Wille des Staates, sofern derselbe sich in der Form allgemeiner Bestimmungen für das Handeln ausdrückt. Es giebt daher nur **eine** eigentliche Rechtsquelle, nämlich eben den **Willen des Staates**, und das Recht wird ohne alle Ausnahme oder Einschränkung daran erkannt, dass der Staat es anerkennt und mit seiner Macht durchsetzt. Indessen gehört zum Begriffe des Rechtes nicht, dass der Staat es auch seinem Inhalte nach unmittelbar als Recht geschaffen und ausdrücklich festgesetzt habe. Der Staat kann die Rechtsbildung in diesem Sinne als Erzeugung des Inhalts von Rechtssätzen auch anderen übertragen und dem von anderen Geschaffenen und Festgesetzten durch seine Anerkennung und seinen Schutz nachträglich den Charakter eigentlichen Rechtes verleihen. In diesem Sinne erlangen durch stillschweigende oder ausdrückliche Bevollmächtigung seitens des Staates das **Volk** als lebendig sich bewegendes Ganzes oder engere Kreise innerhalb des Volkes, ferner diejenigen **staatlichen Or-**

§ 38. Die Rechtsquellen.

gane, die zunächst nur für die Rechtsprechung eingesetzt sind, und endlich die ausgezeichneten Vertreter der Rechtswissenschaft die Fähigkeit, den Inhalt von Rechtssätzen zu erzeugen, die dann, vom Staate mit dem Charakter formellen Rechtes ausgestattet, das Leben der staatlichen Gemeinschaft thatsächlich beherrschen. Während es daher für die Rechtsform nur eine einzige Quelle, den Staatswillen, giebt, entstammt der Inhalt der Rechtssätze theils der ausdrücklichen gesetzgebenden Thätigkeit des Staates, die er durch seine dazu ausdrücklich bestimmten Organe in der durch das Recht vorgeschriebenen Weise übt, und das Recht erscheint dann in der Gestalt von formulirten Gesetzen; theils stammt dieser Inhalt aus anderen Quellen: der Gewohnheit, der Autonomie, dem Gerichtsgebrauch, der Autorität der Rechtsgelehrten, und das Recht ermangelt dann freilich jener ausdrücklichen Gesetzesform mit ihrer Bestimmtheit und leichten Erkennbarkeit. In diesem Sinne hat man also eine Mehrzahl von Rechtsquellen anzuerkennen. Doch wird die Form des Gesetzes immer als die ideale für das was als Recht gelten soll anzusehen und anzustreben sein. (Vgl. § 26, 2—5.)

Für den folgenden Abschnitt verweisen wir auf einige Hauptwerke der positiven Rechtswissenschaft, die den gegenwärtigen Stand der betreffenden Fragen am treuesten wiederspiegeln: F. C. v. Savigny, System des heutig. röm. Rechts. 8 Bde. 1840—48. — J. F. Kierulff, Theorie des gem. Civilrechts. Bd. I. 1839. — G. F. Puchta, Pandekten. 12. Aufl. Herausgeg. v. Schirmer. 1877; Vorlesungen über d. heutige röm. Recht. 6. Aufl. 2 Bde. 1873—74. — E. Böcking, Röm. Privatrecht. Institutionen des röm. Civilrechts. 2. Aufl. 1862. — K. A. v. Vangerow, Leitfaden f. Pandekten-Vorles. 7. Aufl. 3 Bde. 1876. — L. Arndts v. Arnesberg, Lehrb. der Pandekten. 10. Aufl. 1879. — A. Brinz, Lehrb. d. Pand. I, 1—3. 2. Aufl. 1873—76. — B. Windscheid, Lehrbuch des Pandektenrechts. 3 Bde. 5. Aufl. 1879. — J. Baron, Pandekten. 3. Aufl. 1879. — G. Beseler, System des gem. deutsch. Privatrechts. 3. Aufl. 2 Bde. 1873. — C. F. Gerber, System des deutsch. Privatrechts. 13. Aufl. 1878. — O. Stobbe, Handb. des deutsch. Privatr. 3 Bde. 1871—78. — Fr. Foerster, Theorie u. Praxis des heut. gem. preuss. Privatr. 4. u. 3. Aufl. 4 Bde. 1873—81. — H. Dernburg, Lehrb. des preuss. Privatr. 3 Bde 2. Aufl. 1879—81. — J. Unger, System des österreich. allgem. Privatr. 2 Bde. 4. Aufl. 1876. — E. Meier, Die Rechtsbildung in Staat u. Kirche. 1861. — A. Thon, Rechtsnorm u. subjectives Recht. 1878. — C. Neuner, Wesen u. Arten der Privatrechtsverhältnisse. 1866.

1. Indem wir uns anschicken, im Anschluss an unsere Entwickelung des Begriffs des Rechtes das System der Rechtsbestimmungen zu zeichnen, scheint es geboten, über die Natur und den Umfang dieser Aufgabe im allgemeinen einige Bemerkungen vorauszuschicken. Dass die Rechtsphilosophie sich nicht damit begnügen kann, nur überhaupt die Stelle des Rechts im System aller Dinge und seine Bedeutung für die sittliche Ordnung der Welt anzugeben, sondern dass sie auch dazu fortschreiten muss, zu zeichnen, wie das Recht nach der Consequenz seines Begriffes in seiner Anwendung auf den Stoff der einzelnen Lebensverhältnisse sich ausnimmt, das scheint selbstverständlich und auch allgemein zugestanden. Wenn nun aber die Philosophie unternimmt, von sich aus ein System von Rechtsbestimmungen zu entwerfen, so kann das, wie öfter bemerkt (§ 2; § 26, 12) nicht in dem Sinne geschehen, dass die Philosophie sich ein Recht erfinde und construire, als ob noch gar keins bis auf sie dagewesen wäre oder das daseiende gar kein rechtes Recht vorgestellt hätte und sie erst das wahre oder das bessere Recht zu zeichnen im Stande wäre. Sondern es kann nur die Absicht sein, innerhalb des vorhandenen und empirisch gegebenen Rechtes aufzuzeigen, wie der Begriff des Rechtes sich mit seinen Consequenzen darin realisirt, und wie in der scheinbar zufälligen Rechtsgestaltung doch der Begriff sich als die gestaltende Macht erweist. Dagegen hat die Philosophie nicht mit der Darstellung oder Charakteristik eines bestimmten irgendwo vorhandenen oder früher vorhanden gewesenen Rechtssystems zu thun, noch viel weniger ein solches an dem von der Philosophie gefundenen Rechtsbegriffe zu prüfen und danach die einzelnen darin vorhandenen Bestimmungen zu billigen oder zu verwerfen. Die Philosophie leitet freilich an, ein bestimmtes Rechtssystem auf die innere organische Einheit der ihm zu Grunde liegenden Rechtsanschauung und auf das Gesetz seines historischen Werdens in der Wechselwirkung von Volksgeist, äusseren Verhältnissen und Natur alles Rechtes zurückzuführen; aber die Aufgabe der Rechtsphilosophie ist nicht die Beschäftigung mit einem einzelnen gegebenen Rechtssystem, sondern mit dem Rechte und seiner concreten Verwirklichung überhaupt, und sie kann nur von ihrem Thun die Wirkung hoffen, dass ein tieferes philosophisches Verständnis auch der einzelnen gegebenen Rechtssysteme durch sie angebahnt und damit selbst der praktische Ausbau des Rechtes mittelbar gefördert werde. Noch weit weniger aber kann es die Aufgabe der Rechtsphilosophie sein, sich auf die unendlichen Einzelheiten der vergleichenden Rechtswissenschaft einzulassen. Denn die unerschöpfliche Masse des empirischen Stoffes kann nicht selber

in die philosophische Betrachtung eingehen, wenn sich auch an ihm jedes von der Philosophie gefundene Resultat immer zu bewähren haben wird. Wenn also die Philosophie ein System der Rechtsbestimmungen entwirft, so ist dabei der Nachdruck nicht sowol auf den Inhalt, als vielmehr auf die **systematische Form** zu legen. Es gilt, in der Vielheit der Erscheinung, die an dem Begriff der Sache gemessen bei aller historischen Begründetheit doch das Moment der Zufälligkeit an sich hat, das Zufällige vom begrifflich Nothwendigen zu scheiden, in der unendlichen Verschiedenheit der historischen Rechtsformen das Gemeinsame nachzuweisen, für alle die tausendfachen Abschweifungen und Ausartungen der Rechtsbildung den gemeinsamen Rahmen zu zeichnen, der sie alle umfasst. Denn auch die entlegensten und seltsamsten Rechtsbildungen fallen doch immer noch in das Gebiet des Rechts und sind in die im Begriffe des Rechtes liegenden Grundverhältnisse einzureihen. Diese Grundverhältnisse, wie sie sich aus der unveränderlichen Natur des Rechtes und der ebenso unveränderlichen Natur des Menschen, seiner Interessen und seiner Lebensverhältnisse ergeben, zeichnet die Rechtsphilosophie nach, geleitet durch die erfahrungsmässig gegebenen Rechtsgestaltungen, durch deren verwirrende Fülle sie sich vermittelst des von ihr gefundenen Rechtsbegriffes wie vermittelst eines Ariadnefadens zurechtzufinden versuchen muss. Es ist also im Grunde ein Schema, ein Skelett, was sie bietet; Fleisch und Blut, Leben und Individualität soll dann erst die Wirklichkeit des concreten Rechtes hinzubringen. Was die Philosophie zu entwerfen vermag, ist nicht ein wirkliches Recht, auch nicht ein Ideal, dem sich die Wirklichkeit erst anzugleichen hätte, sondern nur gewissermaassen der geometrische Ort für alle wirkliche Rechtsbildung. Dabei muss sich die Philosophie am blossen Umriss genügen lassen; in das Detail darf sie sich nicht einlassen, weil dafür ihre Mittel nicht ausreichen. Denn das Besondere gehört der geschichtlichen Einzelheit und Lebendigkeit an und ist aus ihr zu begreifen und fortzubilden. Wenn nun die Philosophie für alle Verschiedenheiten der Rechtsbildung den gemeinsamen Ausgangspunkt im Begriffe des Rechtes aufzeigt, so kann sie es allerdings kaum vermeiden, auch auf die Frage einzugehen, welche von den verschiedenen wirklichen oder möglichen Gestaltungen des jedesmaligen Grundverhältnisses dem Begriffe desselben am meisten zu entsprechen scheine; nur freilich nicht mit der Forderung, dass dieses Ideale jetzt und hier oder dann und dort verwirklicht werden müsse, sondern nur im Sinne einer sichern Aussicht, dass die weitere Entwicklung des Rechtes im menschlichen Geschlechte sich, wenn auch durch Irrungen und Seitenwege, doch diesem Ziele allmählich annähern werde. Indem ferner die Rechtsphilosophie, auf den Begriff des Rechtes sich gründend, für die einzelnen fundamentalen Rechtsinstitute diejenige Auffassung zeichnet, die sich als strenge logische Consequenz aus dem Rechtsbegriffe selbst zu ergeben scheint, so ist es doch nicht ihre Meinung, dass nun auch diese Auffassung immer bei der Ausbildung dieses Rechtsinstitutes im wirklichen Rechte wirksam gewesen sei. Sie wird es gewissermaassen wie eine Gunst der Wirklichkeit dankbar hinzunehmen haben, wenn ein bestimmtes geschichtliches Rechtssystem, wie z. B. das römische oder das germanische, von der gleichen Auffassung durchdrungen erscheint, wie sie sich der Rechtsphilosophie auf ihrem Wege ergiebt; dagegen wird sie im andern Falle unbescheiden genug sein müssen, die eigene Auffassung als die der Sache am meisten entsprechende anzusehen, und dann den vielleicht fernen Zeitpunkt abzuwarten haben, wo die lebendige Rechtsbildung auf Grundlage historischer Bedürfnisse, praktischer Principien und theoretischer Einzelerkenntnisse in ihren Weg einzulenken im Stande sein wird. Ueberall also zeichnet die Rechtsphilosophie nicht ein ideales Recht an Stelle des wirklichen Rechts, etwa mit dem Anspruch, dass das von ihr gezeichnete das bessere Recht sei: sondern sie entwirft für die grossartige Architektonik der geschichtlichen Rechtsverfassungen einen allgemeinen begrifflichen Grundriss, durch den der eine Factor aller wirklichen Rechtsbildung, der in der Natur der Sache liegende, erst recht verständlich wird, während der andere ebenso wichtige Factor, die Macht der geschichtlichen Besonderheit, welche auf der gemeinsamen Grundlage die Verschiedenheit der Einzelbildungen bewirkt, ausserhalb der philosophischen Betrachtung liegt. Eben damit muss aber die Rechtsphilosophie sich zutrauen, der vergleichenden und geschichtlichen Rechtswissenschaft die Fackel vorzutragen. Ist sie selbst von der fortschreitenden geschichtlichen Erkenntnis abhängig, so ist doch auch die geschichtliche Rechtswissenschaft von der Rechtsphilosophie abhängig und empfängt von ihr die gesicherte Grundlage durchgebildeter Begriffe. Ohne diese würde doch alle Historie und alle vergleichende Rechtswissenschaft nichts mehr sein als ein Kehrichtfass und eine Rumpelkammer, eine Sammlung höchstens von interessanten Curiositäten von höchst zweifelhaftem Werth für die eigentliche Erkenntnis der Sache. Und selbst die Praxis der Rechtsbildung empfängt von der Rechtsphilosophie, sofern diese über die Natur der Sache Aufschluss zu geben vermag, nicht zu unterschätzende Antriebe.

2. In diesem Sinne treten wir nun gleich an unseren ersten Gegenstand, an die schwierige Frage nach den Rechts-

quellen heran. Es handelt sich für uns nicht darum, wie es damit innerhalb irgend eines bestimmten gegenwärtigen oder vergangenen Rechtssystems steht, und wie diese Frage von je aufgefasst oder behandelt worden ist; sondern wir müssen versuchen, eine allgemeingültige Lösung aus dem Begriffe des Rechtes selbst zu finden, und dem wirklichen Rechte lediglich vorbehalten, wie weit es jetzt oder demnächst die so gefundenen Bestimmungen anzuerkennen oder sich ihnen anzunähern vermag. Die Frage nach den Rechtsquellen ist die Frage, in welcher Form und kraft welches Urhebers das Recht zu realer Existenz gelangt. Dass nun das Recht zum Rechte wird allein durch Anerkennung des Staates, ist nach allem früher Dargelegten ein tautologischer Satz; der Staat also ist der einzige Urheber, durch den irgend eine Bestimmung rechtliche Gültigkeit zu erlangen vermag. Eine ganz andere und völlig davon verschiedene Frage dagegen ist die, woher die inhaltliche Bestimmung stammt, welcher der Staat, indem er ihr seine Anerkennung verleiht, den formellen Charakter des Rechtes ertheilt. Bei der Erzeugung dieses Inhalts wirken offenbar Factoren mit von nicht staatlicher Art. Thatsächlich ist es durch die Natur der Dinge ausgeschlossen, dass auch der Inhalt der rechtlichen Bestimmungen immer aus der eigenen Production des Staates stamme. So zunächst in den Anfängen der Rechtsbildung. Recht kann nur producirt werden in einer rechtmässigen, d. h. durch schon vorhandenes Recht bestimmten Weise; es geht also jedem vom Staate festzusetzenden Rechtssatze schon vorhandenes Recht voraus, das als solches nicht vom Staate festgesetzt, sondern von ihm nur aufgenommen und anerkannt worden ist. Ferner, der Staat ist im Anfange noch nicht genügend ausgebildet, um die geeigneten Organe zur Production des Rechtes in aller Form zu besitzen; er muss also Quellen irgendwo sonst finden, aus denen er schöpfen kann. Und endlich, die Anfänge der Rechtsbildung auf primitiver Culturstufe wurzeln nicht im klaren Begriff und systematischer bewusster Thätigkeit, sondern in einem unmittelbaren Ergreifen des Rechtsinhaltes vermittelst einer gemeinsamen Rechtsanschauung, welche die in der Gemeinschaft lebenden Menschen beseelt, und in welchen sich alle so begegnen, dass sie das auf Grund gemeinsamer Geistesart hier oder dort Gefundene und Bestimmte als selbstverständlich anerkennen und in ihrem Handeln und Urtheilen befolgen. Diese Art der Rechtsproduction nun macht den Charakter des **Gewohnheitsrechtes** aus; in ihm liegen demnach die Wurzeln alles Rechtes, das von je gegolten hat und heute noch gilt. Denn der im Gewohnheitsrechte enthaltene Rechtsinhalt ist die natürliche Quelle, aus welcher der Staat schöpft. Ihn ergänzt der Staat zu wirklichem Recht. Die Gewohnheit erlangt zum Inhalte die Rechtsform hinzu, indem der Staat das von ihr Bestimmte anerkennt und zu der Verwirklichung des durch Gewohnheit erzeugten Inhalts in der Beherrschung der Lebensverhältnisse seinen Arm leiht. Die Gewohnheit also genügt nicht, um ihrem Erzeugnis vollständigen Rechtscharakter mitzutheilen; sie liefert nur erst inhaltliche Bestimmungen, die, um zu formellem gültigem Recht ergänzt zu werden, erst noch der Anerkennung des Staates bedürfen. Wird der Staat durch sein eigenes Unvermögen von Anfang an darauf angewiesen, nicht von ihm selbst Gebildetes zu adoptiren, so liegt es offenbar am nächsten, dass er es der gewohnheitsmässigen Anschauung und Uebung als dem Ausdrucke des in den Menschen lebenden Rechtsbewusstseins entnehme, unter dessen Macht er selber steht; und andererseits erscheint es als selbstverständlich, dass das in dem gemeinsamen Rechtsbewusstsein Eingewurzelte danach strebt, durch die Macht des Staates seine ausdrückliche Sanction und Durchführung zu erlangen.

3. Indessen, es liegt etwas Unangemessenes darin, dass der Staat den Inhalt seines Willens gewissermaassen von aussen empfängt und dabei an eine Art von Zufälligkeit des Beliebens und der Meinung der Vielen gebunden bleibt. Indem der Staat das, was in der Rechtsmeinung des Volkes als geeignet gilt, das Leben rechtlich zu gestalten, zum wirklichen Rechte erhebt, benutzt er diese ganze lebendig thätige Volksgemeinschaft als Ersatz für Organe, die ihm noch fehlen. Aber dieses von ihm ersatzweise benutzte Organ hat den Mangel an sich, nicht ausdrücklich organisirt zu sein und nicht in regelmässiger und sicherer Weise zu fungiren. Der Staat bleibt darin abhängig von solchem, was nicht unmittelbar staatlichen Charakters ist, und gerade das, worauf es dem Staate für den Ausdruck seines Willens am meisten ankommen muss, die sichere Bestimmtheit und unzweifelhafte Genauigkeit der Form, wird in dem so gewonnenen Inhalt allzusehr vermisst. So drängt denn das Bedürfnis und die Natur der Sache den Staat weiter zur Ausbildung des Rechtes durch unmittelbare eigene Production vermittelst eigenthümlicher, ausdrücklich dazu bestimmter Organe, und dabei kann dann auch der Vorzug einer streng fixirten, leicht kenntlichen Form für das Recht erreicht werden. Ist nur erst die erforderliche Höhe der Cultur erreicht, insbesondere die Verstandesbildung und die Verwicklung der Lebensverhältnisse Hand in Hand mit einander genügend fortgeschritten, so tritt auch der Moment ein, wo der Staat sich das Recht, das er handhabt, selbst zu schaffen beginnt, und die ausschliessliche Herrschaft

§ 38. Die Rechtsquellen. Gewohnheitsrecht. Gesetzesrecht.

des Gewohnheitsrechtes dem Gesetzesrechte Platz macht. Indessen die Aenderung ist doch mehr eine der Form als des Inhalts. Denn fragt man, woher der staatliche Gesetzgeber den Inhalt der von ihm fixirten Bestimmungen schöpft, so erweist sich doch immer die im Volke lebende Vorstellung und Uebung als die Quelle, aus der auch der Gesetzgeber schöpft. Lässt er sich aber von eigenen Einfällen und persönlicher Willkür so weit hinreissen, dass er das in der allgemeinen Vorstellung und Gewöhnung Eingewurzelte zu wenig achtet, so schafft er nichts Dauerndes und Werthvolles, und sein Erzeugnis vermag nicht, einen gesicherten Platz im Leben des Volkes einzunehmen. Uebrigens ist es nicht ausgeschlossen, dass auch im Zeitalter des Gesetzesrechtes der Staat von nicht-staatlichen Organen in Gesetzesform fixirten Inhalt als Recht anerkenne, indem er z. B. die Autonomie von Corporationen gelten lässt, so dass diese für ihren Wirkungskreis sich ihr eigenes Recht in Form von Statuten und Willküren setzen, denen der Staat Gültigkeit auch für alle künftigen Mitglieder der Corporation zuerkennt.

4. Das Gesetzesrecht hat nach der Quelle, aus der es stammt, und nach dem Gepräge, das ihm aufgedrückt ist, von vorn herein die volle Rechtsform, die dem Gewohnheitsrechte als solchem fehlt. Dafür steht es hinter diesem in anderer Beziehung weit zurück. Das Gewohnheitsrecht ist lebendig und wirklich und mit dem Fühlen und Denken der Menschen aufs innigste verflochten. Das Gesetzesrecht ist an sich ein todter Buchstabe, eine den Menschen von aussen mechanisch auferlegte Regel. Zudem ist es unmöglich, dass das Gesetz jemals alle vorhandenen oder im Laufe des Lebens auftauchenden Verhältnisse decke. Das Gesetzesrecht ferner ist fest, das Resultat ausdrücklicher Satzung; es ändert sich nicht von innen mit der Aenderung der Lebensverhältnisse und der Gesinnungen der Menschen; es muss jedesmal erst wieder ein neuer ausdrücklicher Anlauf genommen werden, um es zu ändern, und es fragt sich immer, ob dazu der Wille oder die Möglichkeit aufzutreiben sein wird. Endlich, das Gesetz, auch das beste, mit der grössten Sorgfalt ausgearbeitete, lässt wegen der Natur der Sprache einerseits, wegen des Verhältnisses jedes Allgemeinen zu dem Einzelnen der Wirklichkeit andererseits einen weiten Raum für Unsicherheit und Zwiespältigkeit der Auffassung übrig. Die Vieldeutigkeit aber raubt ihm gerade einen Theil seines wesentlichsten Vorzugs, die unzweifelhafte Bestimmtheit; das scheinbar und der Absicht nach Bestimmteste zerfliesst damit wieder ins Unbestimmte, und um wirkliche Bestimmtheit zu haben, muss man ausser dem Gesetz und über das Gesetz hinaus doch wieder zu

anderen Hilfsmitteln greifen. So geschieht es, dass dem Gesetze als solchem ebensowenig der volle Rechtscharakter zukommt, wie der Gewohnheit als solcher. Zu vollem Rechtscharakter nämlich gehört beides, dass sowol die Form des Rechtes, die Anerkennung und Gültigkeit durch den Arm des Staates, als auch der Inhalt des Rechtes, die continuirliche Möglichkeit, das Leben innerlich zu beherrschen, vorhanden sei; das Gesetzesrecht hat aber nur das erstere unmittelbar gesichert, nicht auch das zweite. Es giebt immer und überall, nicht durch besondere Zustände und Verhältnisse, sondern durch die Natur der Sache, viele Gesetze, die niemals Recht geworden sind und es auch niemals werden können; und es giebt vieles Recht, das doch nicht in der Form des Gesetzes verfasst ist. Formell zu Recht bestehende Gesetze verfallen in Vergessenheit und verlieren den Charakter als geltendes Recht, weil vermöge allgemeiner Uebereinstimmung die Hilfe der Menschen zu ihrer Durchführung sich ihnen entzieht; nicht nur solches, was vom Gesetze offen und unbestimmt gelassen ist, wird aus anderen Quellen ergänzt (praeter legem), sondern auch solches, was durch das Gesetz in ausdrücklicher Form geordnet ist, wird verdrängt und durch ganz Verschiedenes ersetzt (contra legem). Neben dem geschriebenen Gesetzesrecht giebt es zu allen Zeiten und unter allen Umständen geschriebenes und ungeschriebenes anderes Recht, welches durch seine ergänzende oder einschränkende Macht das Gesetz erst befähigt, das Leben der Menschen in möglichstem Umfang rechtlich zu ordnen.

5. Um der Endlichkeit und Bedingtheit alles Gesetzes wegen muss der Gesetzgeber darauf zählen, dass der lebendige Process der Gewohnheitsbildung, der immer fortdauert, wo Menschen mit einander verkehren, immer neuen Rechtsinhalt producire, der die Lücken und Mängel der Gesetzgebung ausgleiche und ausfülle und zwischen den stets wechselnden Erscheinungen des realen Lebens und der starren und steifen Form des fixirten Gesetzesrechtes die nöthige Vermittelung bilde. Darum adoptirt der Staat nicht bloss die eigentliche Gewohnheit, den in wiederholtem Thun und Urtheilen der in Rechtsgemeinschaft lebenden Menschen nachweisbaren Inhalt ihres Rechtsbewusstseins, vermöge dessen ihre Handlungen der Ausdruck ihrer Rechtsüberzeugung, der opinio necessitatis, sind; sondern er achtet auch das Herkommen, die regelmässige Uebung, die nicht gerade auf solcher Rechtsüberzeugung im Anschluss an die Natur der Sache, sondern mehr auf Rücksichten der Zweckmässigkeit oder auf einem zur Gewohnheit gewordenen mehr zufälligen Belieben in Zahlen, Maassen, Formen, Fristen beruht, und ertheilt solchen Ob-

§ 38. Rechtsquellen. Herkommen. Observanz. Juristenrecht. 421

servanzen und Usancen engerer Kreise innerhalb der Rechtsgemeinschaft rechtlich bindenden Charakter. Indem aber mit der Production des Gesetzesrechtes die bewusste und verständig reflectirende Arbeit am Rechte eingetreten ist, so wird damit ein Anstoss gegeben zur Herausbildung eines neuen Factors der Rechtserzeugung, nämlich der wissenschaftlichen Arbeit des fachmässigen Rechtsgelehrten. Denn von nun an ist das Recht nicht nur an sich vernünftig und in weitestem Umfang ein consequent zusammenhängendes Ganzes logisch und zweckmässig mit einander zusammenstimmender Einzelheiten, die in wenigen obersten Principien wurzeln, sondern es wird auch als solches im denkenden Bewusstsein der Gelehrten ergriffen und bearbeitet. und das Product der unbewusst schaffenden Thätigkeit des Volksgeistes wie der am Einzelnen haftenden, klaren und bewussten Reflexion des Gesetzgebers wird im wissenschaftlichen System auf ihre tieferen Gründe und den consequenten Zusammenhang der Principien und Grundbegriffe zurückgeführt. Auf diese Weise vermag aber die Rechtswissenschaft nicht nur das vorhandene Recht nach seinen tiefsten Gründen zu verstehen, sondern es auch im einzelnen auf seinen wesentlichsten Grundlagen auszubauen und fortzubilden. Diese Rechtsproduction auf dem Wege der Wissenschaft, das Juristenrecht, trägt einerseits den Charakter des Gewohnheitsrechtes, und zwar sowol negativ, sofern es nicht unmittelbar durch Organe des Staates producirt ist, als positiv, sofern es der durch die berufenen Vertreter des volksthümlichen Geistes vertretenen, die Gemeinschaft beseelenden Rechtsüberzeugung entspricht. Andererseits ist es dem Gesetzesrechte verwandt durch die strenge Durchbildung der Begriffe und des sprachlichen Ausdrucks, durch formelle Bestimmtheit und Sicherheit. Wo deshalb die Stufe des Gesetzesrechtes einmal erreicht, eine grosse Verflochtenheit der Lebensverhältnisse eingetreten und eine Höhe wissenschaftlicher Kunst des Denkens vorhanden ist, da wirkt auch die Rechtsproduction der Wissenschaft mit Gewohnheit und Gesetz zusammen, und der Staat benutzt die Wissenschaft wie die Gewohnheit, die sich ausserhalb der Wissenschaft bildet, um das Gesetz zu ergänzen und einen möglichst vielseitig durchgebildeten Reichthum an inhaltlichen Bestimmungen zu haben, denen er durch seine Anerkennung den Charakter als Recht verleihen kann. Was die fachmässigen gelehrten Richter in der Entscheidung des einzelnen streitigen Falles für Recht erkannt haben, ihre Auslegung streitiger Gesetzesbestimmungen oder vieldeutiger Rechtsverhältnisse, die von ihnen als gültig anerkannte Rechtsbestimmung aus Gewohnheitsrecht und Observanz, ihre zur

Gewohnheit gewordene formelle Praxis im Rechtsstreit, erlangt so eine gewisse Autorität und Bedeutung für kommende Fälle, nicht weil es von Richtern, sondern weil es von fachmässigen Juristen stammt. Aber auch die rein wissenschaftliche Theorie, die aus dem Charakter und den Principien des vorhandenen Rechtssystems in strenger Consequenz das Einzelne durchbildet, vermag solches zu erzeugen, was annähernd die Gültigkeit des Rechtes erlangt, indem die Autorität vieler übereinstimmender Rechtslehrer und der innere Werth ihrer Ansichten zusammenwirken, um die herrschende Ansicht vom Rechte zu leiten und zu bestimmen. Auch so werden fortgehend Lücken des Rechtes ausgefüllt, Zweifel und Streitfragen über das Recht mit dauernder Gültigkeit entschieden. Mit dem eigentlichen Gewohnheitsrechte indessen darf das Juristenrecht nicht auf gleiche Linie gestellt werden. Jenes hat eigentliche Gültigkeit, dieses unterliegt in weit höherem Grade der subjectiven Würdigung.

6. Der Zustand kann also niemals eintreten, wo alles geltende Recht in streng fixirten Gesetzen niedergelegt wäre. Andererseits aber muss man daran festhalten, dass die Form des ausdrücklichen Gesetzes die allein völlig adäquate ist, um dem Rechte seine volle Verwirklichung zu verschaffen. Denn das Recht soll vor allem klar und leicht erkennbar, völlig gewiss und unzweifelhaft als der Wille des Staates sich darstellen. So bleibt denn die möglichst weit ausgedehnte Herrschaft des Gesetzesrechtes und die möglichste Einschränkung aller anderen Rechtsquellen das Ideal der fortschreitenden Rechtsbildung. Die Fixirung alles Rechtes, das wirklich gelten soll, vermittelst ausdrücklicher Codification ist daher eine der schönsten und wichtigsten Aufgaben für alle diejenigen Geschlechter, die irgend welche Aussicht für das Gelingen dieser Aufgabe haben. Alle Gewohnheit und alle Wissenschaft des Rechtes producirt immer nur provisorisch, bis ihre Gebilde definitiv in ein Gesetzbuch überzugehen die Möglichkeit erlangen. Freilich darf man sich nicht der schwärmerischen Vorstellung hingeben, als könnte es jemals gelingen, durch ein Gesetzbuch allen Anforderungen des Rechtslebens völlig zu genügen. Auf die Ergänzung durch Gewohnheit und Wissenschaft bleibt man immer angewiesen, nur dass bei zunehmender Cultur des Rechts die eingreifende Bedeutung der Rechtsquellen ausserhalb des Gesetzes mehr und mehr eingeschränkt wird. Im übrigen kann die gesetzgebende Macht des Staates in Bezug hierauf verschiedene Verhaltungsweisen innehalten und den nicht unmittelbar staatlichen Rechtsquellen mehr oder weniger Einfluss und Geltung zugestehen. Wo das Interesse für strenge äussere Rechtsform mit

grösserer Ausschliesslichkeit vorwiegt, da wird man wesentlich sich auf das Gesetzesrecht stützen. Wo dagegen zugleich die Rücksicht obwaltet auf materielles Recht und auf die Uebereinstimmung mit dem Rechtsgefühl und der Rechtsüberzeugung der vom Rechte beherrschten Menschen, da wird man je nach dem Charakter der Zeiten und Menschen entweder der Gewohnheit oder der Wissenschaft grössere Zugeständnisse machen. Der fortschreitenden rechtlichen Cultur muss es anheimgestellt bleiben, dass das Ideal mehr und mehr verwirklicht werde; das Ideal aber ist zu finden in einer Codification, die möglichst erschöpfend über die rechtliche Beurtheilung aller vorkommenden Einzelfälle Auskunft giebt, die ferner in strenger Systematik und innigstem Zusammenhange zwischen den obersten Grundsätzen und den einzelnen Bestimmungen zugleich die innere Natur der Verhältnisse und die Rechtsanschauung der Menschen möglichst vollkommen wiederspiegelt, und die endlich durch die Kunst einer sprachlich vollendeten Terminologie in möglichst unzweideutiger Bezeichnung die Zweifel und Unsicherheiten über Meinung und Willen des Gesetzes so viel wie irgend möglich abschneidet.

§ 39.
Gültigkeitsgrenzen des Rechtes.

Da es kein Recht giebt, das durch sich selber selbstverständlich gälte, alles Recht vielmehr erst durch positive Satzung zum Rechte wird, so hat alles Recht seine Gültigkeit nur innerhalb der vom Urheber der Satzung beherrschten Grenzen und in der von ihm gewollten Ausdehnung. Danach kann das Recht für alle Angehörigen eines Staates gelten oder nur für einige oder für einen einzelnen; es kann für das ganze Staatsgebiet oder nur für einen Theil desselben, für unbestimmte Dauer, d. h. bis es ausdrücklich durch neue Satzung aufgehoben wird, oder nur für einen bestimmten Zeitraum gelten, mit dessen Ablauf es von selbst erlischt. Innerhalb dieser Grenzen kann das Recht absolut gebieten oder verbieten, oder nur bedingte dispositive Vorschriften geben und Grenzen ziehen, innerhalb deren der besondere Wille der Rechtssubjecte sich zu bewegen hat, wenn er rechtliche Gültigkeit für seine Aeusserungen erreichen will. Soll in einem Staate das Recht eines fremden Staates irgendwie zur Anwendung

kommen, so muss der erstere es erst zu seinem Rechte für
bestimmte Fälle gemacht haben. Da in einem Staate von
grösserer Ausdehnung für eine grosse Anzahl von Rechtsinstituten die gleichmässige Gestaltung des Rechtes für das gesammte Staatsgebiet ausgeschlossen ist, so ist bei der Verschiedenheit der für die verschiedenen Gebiete innerhalb eines
und desselben Staates geltenden Rechtsbestimmungen das
Natürliche, dass die Person dem Rechte ihrer Heimath untersteht, die Sache dem Rechte des Ortes, wo sie sich befindet,
die Handlung dem Rechte des Ortes, wo sie vollzogen wird.
Jede neu entstehende Satzung hat ihre Geltung nur für die Zeit
n a c h, nicht auch für die Zeit v o r ihrer Entstehung; dass
erworbene Rechte durch eine spätere Aenderung der Rechtssatzung angetastet werden, ist wider das Recht. Indessen
kann solcher Rechtsbruch im geschichtlichen Leben der
Staaten nicht immer vermieden werden; vielmehr bildet
der Bruch des Rechtes in den grossen Wendepunkten der
Rechtsentwicklung die Bedingung für den Uebergang von unvollkommeneren zu vollkommeneren Rechtszuständen.

1. Aus welcher Quelle auch der Rechtsinhalt stammen
mag, er erlangt Rechtskraft erst dadurch, dass der Staat ihn als
seinen Willen anerkennt und durchsetzt. Somit ist das Recht
immer nur Recht für den bestimmten Staat und für das seinem
Herrscherwillen untergebene Gebiet. Dies gilt ganz ebenso
vom Gewohnheitsrecht oder von dem Juristenrecht, wie vom
Gesetzesrecht. Es ist ganz selbstverständlich, dass der Staat
Rechtscharakter ertheilt nur der in seiner Bevölkerung herrschenden Gewohnheit, nicht der in dem Volke eines anderen
Staates herrschenden, und auch dem von der Wissenschaft
producirten Rechtsinhalt nur, sofern diese Wissenschaft auf
nationalem Boden steht und im engen Anschluss an die nationale Rechtsüberzeugung und die nationale Satzung und Gewohnheit sich bewegt. Es ist wol vorgekommen, dass man
das Lehrbuch eines fremden Naturrechtslehrers als subsidiäre
Rechtsquelle gesetzlich anerkannt hat; ja, im vorigen Jahrhundert war man überhaupt geneigt, an ein allgemein für alle
Völker und Staaten gültiges Recht zu glauben, ohne dass freilich eine solche Meinung auf das wirkliche Rechtsleben einen
tieferen Einfluss hätte gewinnen können. Dergleichen lässt
sich doch nur als eine historisch motivirte Abnormität betrachten. Die Elucubrationen des Naturrechts ohne historische
und nationale Basis vermögen niemals wirkliches Recht zu

werden als durch den etwaigen Einfluss auf die wirkliche Gesetzgebung, den sie zu Zeiten ja in der That geübt haben. Die Abnormität ist dieselbe, wie wenn der Juristenstand dereinst am römischen Rechte im Gegensatze zu der heimischen Rechtsanschauung ein allgemeingültiges Universalrecht zu besitzen glaubte. Das Resultat war doch nur eine nationale Rechtsbildung, die das formell durchgebildetere fremde Recht mit dem eigenen in fortschreitender Entwicklung verschmolz. Thatsächlich hat indessen die zunehmende Cultur auf manchen Gebieten eine ausgleichende Wirkung. Je mehr die Lebensverhältnisse einander ähnlich werden, desto grösser wird auch die Uebertragbarkeit der Rechtsinstitute von einem Volke auf das andere. Aber niemals ist die Geltung des Rechtes eine selbverständliche; fremdes Recht wird zu heimischem erst durch ausdrückliche Aneignung in der Form der Gesetzgebung, und wie die Staatsgewalt nur für ein bestimmtes Gebiet und eine bestimmte Bevölkerung gilt, so auch das durch sie anerkannte Recht.

2. Die Rechtsbestimmungen haben nun ferner innerhalb des Staates eine sehr verschiedene Tragweite. Sie regeln theils allgemeine Verhältnisse aller in diesem Rechtsgebiete lebenden Menschen, theils die Verhältnisse bestimmter Classen, Stände, Gruppen, Geschlechter, Altersstufen, und zwar entweder so, dass das Recht für jeden sich ändert, sobald er aus dem einen Lebensverhältnis in das andere eintritt, oder so, dass für ihn das Recht unabänderlich mit seiner Geburt und Persönlichkeit gegeben ist; theils enthalten sie Bestimmungen über eine einzelne Persönlichkeit, als Ausnahmen von dem sonst geltenden Rechte, Dispensation oder Auferlegung von Lasten, Zuertheilung von besonderen Begünstigungen. Im letzteren Falle geht die Gesetzgebung mit fliessenden Grenzen unmerklich in die Thätigkeit der Verwaltung über; der Gesetzgebung gehören eigentlich nur die allgemeinen Bestimmungen an über die Bedingungen und Formen, unter denen ein solches Privilegium ertheilt werden kann. Nur zur Sicherung des Rechtszustandes dient es, wenn für die Ertheilung solcher Privilegien, Concessionen, Monopole der Apparat in Anspruch genommen wird, der für eigentliche Gesetzgebung zu dienen pflegt. Ebenso ist in Bezug auf die zeitliche Dauer die Gültigkeit des Rechtes eine sehr verschiedenartige, besonders gilt dies natürlich vom Gesetzesrecht. Das Gesetz kann gegeben sein für die Dauer des Krieges oder eines Nothstandes, auf einige Monate oder Jahre, bloss transitorisch, um den Uebergang von einem Rechtszustand in den andern zu erleichtern. Enthält es eine solche zeitliche Bestimmung nicht, so bleibt das Gesetz in Gültigkeit bis so

lange, als es ausdrücklich durch eine neue gesetzliche Bestimmung abgelöst wird. Das jüngere Gesetz hebt das ältere selbstverständlich auf, sofern es über dieselbe Rechtsmaterie eine veränderte Bestimmung giebt. Dass ein gegenwärtiges Gesetz die spätere Abänderung des Gesetzes auszuschliessen versucht, ist an sich widersinnig und hat auch in Wirklichkeit niemals den gewollten Erfolg zu erreichen vermocht. Endlich der Intensität seiner Wirkung nach ist das Recht entweder **absolutes Recht**, welches den Willen schlechthin bindet, oder bloss **dispositives, vermittelndes Recht**, welches nur für die Willkür der Rechtssubjecte den Rahmen schafft, innerhalb dessen sie sich rechtliche Anerkennung zu verschaffen vermag.

3. Im Begriffe des Rechtes liegt es unabänderlich, dass auch der Fremde dem Rechte des Staatsgebietes unterliegt, in dem er sich aufhält. Der Staat hat keinen anderen Willen als den seinen und kein anderes Recht als das seine. Kein Staat duldet, dass fremde Gesetzgebung auf sein Gebiet übergreife; darin liegt zunächst der Grund für die **Territorialität** alles Rechtes. Wer sich dem Rechte des Staates nicht unterwirft, kann nicht im Staate leben. Es ist nicht geradezu wider den Begriff des Rechtes, dass der Fremde als rechtlos betrachtet werde; aber es ist barbarisch und überdies unzweckmässig. Jeder Staat muss wünschen, von fremder Kraft und fremdem Vermögen für sich Vortheil zu ziehen, und das ist nur möglich, wenn dem Fremden ein Rechtszustand gewährt wird, der ihn so viel wie möglich dem Einheimischen gleichstellt. Je mehr die Cultur steigt, desto häufiger werden auch die Berührungen zwischen den Angehörigen verschiedener Staaten; jeder Staat kommt deshalb in die Lage, Entscheidung zu treffen darüber, wie er die Rechtsverhältnisse der Fremden untereinander oder die zwischen Fremden und Einheimischen ordnen will. Dabei hat er die Wahl, sich ein besonderes Fremdenrecht zu schaffen oder den Fremden das Recht zu belassen, das sie in ihrem Heimathsstaate haben. Das Letztere wird für viele Rechtsverhältnisse bei weitem das geeignetere sein, wofern in dieser Beziehung zwischen den Staaten Gegenseitigkeit erreichbar ist. Solche Zugeständnisse an das fremde Recht hat man wol als comitas gentium bezeichnet. Dafür haben dann internationale Verträge zu sorgen; in Rücksicht auf diese, auf die Sicherheit, die sie gewähren, und auf die Begünstigungen, die sie enthalten, ordnet der Staat mit seiner souveränen Gesetzgebungsgewalt das Recht der Fremden. Unter dem Gesichtspunkte der Zweckmässigkeit und der Gerechtigkeit wird zu verschiedenen Zeiten sehr Verschiedenes als das Passende erscheinen; solche

Abwägung des Zweckmässigen und des Gerechten bezieht sich aber keineswegs bloss auf das einzelne Rechtsverhältnis und auf die einzelne Person, sondern vor allem auf die ganze Stellung von Staat zu Staat. Denn was dem Fremden gewährt wird, das wird zugleich seinem Heimathstaate gewährt. Dem Zustande höchster Cultur wird es am meisten entsprechen, wenn in voller Gegenseitigkeit die Staaten jedem Fremden volle Gleichberechtigung mit den Einheimischen zugestehen in allem, was nicht unmittelbar politischen Charakter trägt, und dass in Beziehung auf die Verschiedenheit der Rechte des eigenen Staates und des Heimathstaates des Fremden dieser nicht anders gestellt wird, als die eigenen Unterthanen des Staates in Bezug auf die Verschiedenheit der innerhalb des Staates selbst vorhandenen Rechtsgebiete gestellt werden.

4. In jedem Staate von grösserer Ausdehnung findet sich in den verschiedenen Theilen desselben eine grosse Verschiedenheit sowol der Lebensverhältnisse, als auch der historisch überkommenen Rechtsanschauungen und Rechtsgewohnheiten, und demgemäss auch eine grosse Verschiedenheit des geltenden Rechtes. So lange verschiedene Stämme mit entschieden gesonderten Lebensgewohnheiten durcheinander wohnen, behält wol jeder Stamm sein besonderes Recht; bei gründlicher Verschiedenheit der Bevölkerung nach Ständen und Classen bleiben auch die Rechte derselben verschieden. Nimmt die Staatseinheit an Intensität, das nationale Einheitsbewusstsein an Kraft zu, so verwischen sich auch diese Unterschiede des Rechtes, und es ist für die innere Entwickelung jedes Staates ein Ideal, dass auf dem ganzen Staatsgebiete überall nur ein Recht herrsche. Aber dies Ideal ist in keiner gegebenen Zeit völlig erreicht. Man muss schon zufrieden sein, wenn diese Vereinigung und Ausgleichung der Rechte nur in stetigem Zunehmen ist, und wenn wenigstens die fundamentalen Rechtsinstitute, wenn das eigentlich politische Gebiet, das Gebiet des allgemeinen Güterverkehrs, des Strafrechts überall innerhalb des Staates gleichmässig rechtlich geordnet ist. Dagegen bleibt insbesondere das eheliche Güterrecht, das Erbrecht, das Recht des Grundbesitzes die Lieblingsstätte particulärer Rechtsbildung auch in hoch ausgebildeter Cultur des Rechtes. Gilt es nun, in solcher Verschiedenartigkeit der Rechte jeder Person, Sache, Handlung das bestimmte Rechtsgebiet zuzuweisen, unter welches sie gehört, so wird man durch die unendliche Verwicklung der Wirklichkeit, die durch keine Gesetzgebung zu erschöpfen ist, in eine Casuistik ohne Maass und ohne Ende verwickelt. Indessen einige allgemeine Principien, die durch dies Labyrinth zur Richtschnur dienen können, hat man ge-

funden und im wirklichen Rechte angewandt, während das Einzelne vielfach besonderen Zweckmässigkeitsgründen, Gewohnheiten und Satzungen überlassen bleiben muss. Das particuläre Recht hat seinen Sinn und Zweck in der Eigenthümlichkeit des Territoriums, wo es besteht; es entspricht darum der Natur der Sache, was man als statuta personalia und statuta realia bezeichnet, dass auf die Person das Recht ihres Wohnsitzes, auf die Sache, und zwar ebenso die bewegliche wie die unbewegliche, das Recht des Ortes, wo sie sich befindet, angewandt wird. Die Handlung wird am natürlichsten ebenso nach dem Rechte des Ortes wo sie geschieht beurtheilt (locus regit actum). Bei Verträgen wird man am ehesten die Absicht der den Vertrag Schliessenden zu erforschen suchen müssen. Anzunehmen ist dabei, dass sie, wenn darüber nichts ausdrücklich festgesetzt worden ist, den Vertrag nach dem Rechte des Ortes, wo der Vertrag zum Abschluss gekommen ist, beurtheilt wissen wollten, eher als nach dem Rechte des Ortes, wo der Vertrag zur Erfüllung gelangen soll. Alles dies gilt nun im ausgebildeten Rechtszustande auch für den Angehörigen eines fremden Staates. Doch wird in allen den Fällen, wo es sich nicht um bloss formelle Bestimmungen handelt, sondern um solche, die die tiefsten Rechtsüberzeugungen angehen und die zum sittlichen Gefühle der Menschen in naher Beziehung stehen, der Staat immer sein eigenes Recht behaupten und dem fremden Rechte auch nicht bei der Beurtheilung Fremder nachgeben. So im Strafrechte, so mit Bezug auf Sclaverei oder Leibeigenschaft, auf Zurücksetzung des weiblichen Geschlechtes, Polygamie, Ehescheidung. Insbesondere sein Strafrecht über seine Unterthanen wird der Staat auch da festhalten, wo die strafbare That im Auslande begangen worden ist, falls sie nur auch dort mit Strafe bedroht war, oder falls sie den Charakter des Hoch- oder Landesverrathes trägt, und mit Recht straft das Deutsche Reich die im Auslande begangene That auch dann, wenn der Thäter erst später Deutscher geworden ist. Aber auch des Fremden im Auslande begangene That straft der Staat, wenn sie gegen ihn, seinen Herrscher oder seine Unterthanen gerichtet war, sofern sie sonst unbestraft bleiben würde.

5. Wie die örtliche, so verwickelt auch die zeitliche Verschiedenheit der Rechte in die grössten Schwierigkeiten. Dass das Recht sich ändert, liegt in der Natur des Rechtes; denn so viel als möglich soll es sich den wechselnden Lebensverhältnissen anschliessen. Dabei ist nun der oberste Grundsatz, dass an jedem bestimmten Orte zu jeder bestimmten Zeit ein bestimmtes Recht gilt, und dass dieses jedesmal

gültige Recht die Gestaltung der derzeitigen Rechtsverhältnisse bedingt. Rechtsverhältnisse, die dem derzeitigen Rechte unterstehen, können nicht auch einem anderen, etwa zu späterer Zeit entstandenen Rechte unterstehen: das wäre gegen den Satz des Widerspruchs und einfach unsinnig. Das Recht kann nicht zugleich gelten und nicht gelten; es kann nicht zugleich dieses und ein anderes Recht gelten. Damit ist die Rückwirkung von Gesetzen ausgeschlossen. Mit der Anerkennung individueller Willensactionen, mit der Scheu vor dem Eingriff in die Freiheit und Zurechnungsfähigkeit der Menschen hat das nichts weiter zu schaffen; sondern es beruht einfach darauf, dass sonst ein Rechtszustand überhaupt nicht bestehen könnte. Wollte man die Rückwirkung zur Regel erheben, so gäbe es überhaupt kein Recht; dann könnte in jedem Augenblicke der gesammte Rechtszustand aufgehoben werden, niemand könnte die rechtlichen Folgen seines Thuns abmessen, kein Rechtsverhältnis hätte eine dauernde Gestalt, und alles zerflösse unter der Willkür des Gesetzgebers in einen formlosen Nebel. Der Rechtszustand ist seinem Begriffe nach ein dauernder und gesicherter, oder er hört überhaupt auf. Andererseits liegt es freilich ebenso im Begriffe des Rechtes, veränderlich zu sein. Soll also trotzdem ein dauernder Rechtszustand erhalten werden, so ist die nothwendige Forderung, dass das neue Recht das unter dem alten Recht fest und fertig Gebildete anerkenne und nur die nachfolgende Bildung von Rechtsverhältnissen nach seinen neuen Principien bestimme. So im Strafrecht. Von Rechtswegen ist auf die That dasjenige Gesetz anzuwenden, unter dessen Herrschaft die That vollzogen wurde. Die Zeit, die zwischen der That und ihrer Bestrafung verfliesst, ist dabei als für die Sache unwesentlich zu eliminiren; That, Urtheil und Vollstreckung sind zu denken als in die gleiche Zeit und also auch unter die Herrschaft desselben Rechtes fallend. Wird auf die That das spätere mildere Recht angewandt, so ist das Gnade; die Verhängung der härteren Strafe des abgeschafften Gesetzes wäre keineswegs wider das Recht, sondern das eigentlich vom Rechte Geforderte, und ganz mit Unrecht würde man das pflichtwidrig nennen und etwa der Anwendung fremder Gesetze durch den einheimischen Staat vergleichen. Ebenso ist es selbstverständlich, dass vom neuen Rechte grundsätzlich alle erworbenen Rechte unberührt bleiben, d. h. die den bestimmten Personen unter der Herrschaft des früheren Rechtes schon thatsächlich zu eigen gewordenen und anerkannten Rechte. Die Aussicht, die jemand hat, auf Grund des bestehenden Rechtes dereinst einmal ein Recht erwerben zu können, wird durch Veränderung des Rechtes allerdings hinfällig. Auch der Wegfall solcher im geltenden Rechte begründeten Aussicht und Erwartung in Folge einer Veränderung des Rechtes ist ja im Grunde eine Schädigung desjenigen, der die Aussicht hatte, und wenn er durch solche Aussicht zu einer bestimmten Handlungsweise veranlasst worden ist, die nun bei verändertem Rechte ihm zum Schaden gereicht, so hat er Grund, sich zu beklagen. Aber solche Schädigung ist unvermeidlich, wenn es überhaupt ein fortbildungsfähiges Recht geben soll; die Rechtfertigung für die Schädigung des Einzelnen liegt darin, dass nur durch sie die Gesammtheit zu einer vollkommeneren Rechtsordnung gelangen kann. Weit härter ist es, wenn auch das Recht, welches ausdrücklich schon Thatsache geworden und anerkannt ist, durch die veränderte Gesetzgebung aufgehoben wird. Darin tritt allerdings die Rechtsordnung mit sich selbst in Widerspruch, und es vollzieht sich ein offenbarer Rechtsbruch. Dennoch liegt auch solcher Rechtsbruch, wenn auch freilich als Ausnahme, aber doch zuweilen unvermeidlich, in der Consequenz der Veränderlichkeit der Rechtsordnung. Das Recht ist seiner Natur nach zwar dauernd, aber auch seiner Natur nach vergänglich und abhängig. Der Staat allein hat das höchste Recht; niemand hat ein unbedingtes Recht dem Staate gegenüber, kein Recht ist im Staate von absoluter Gültigkeit. Der Staat verleiht alles Recht, aber er verleiht kein Recht auf ewig, und jedes Recht ist seinem Begriffe nach widerruflich, sobald es gegen die Existenzbedingungen des Staates streitet. Darauf muss sich jeder einrichten; niemand kann in jedem Falle auf seinem formellen Rechte bestehen. Der Bruch des Rechtes, den der Staat übt, um eine unvollkommenere Rechtsverfassung mit einer vollkommeneren zu vertauschen, Veraltetes abzuthun, das Recht den neuen Lebensverhältnissen besser anzupassen, ist zugleich als ein innerer Lebensprocess des Rechtes anzusehen; aus solcher Revolution spriesst ein neues, höheres Leben hervor, mag auch der Einzelne dadurch in seinem Rechte gekränkt und geschädigt werden. Das bessere materielle Recht ist oft nicht anders als durch den Bruch des formellen Rechtes zu erkaufen. Selbst die Entschädigung für den Verlust kann nicht immer gewährt werden. Das so geschädigte formelle Recht ist dann eigentlich schon lange materielles Unrecht gewesen, hat sich lange gegen eine durch die Vernunft, das höher entwickelte Rechtsbewusstsein, die Natur der Sache geforderte Aenderung gesträubt, und die Schädigung ist insofern gerechtfertigt als eine Art von Busse für früher genossene, dem materiell Gerechten widersprechende Vortheile. Das zähe und trotzige Festhalten an formellem Rechte, das seinen inneren Sinn verloren hat, fordert den

§ 39. Gültigkeitsgrenzen des Rechtes. Rückwirkung.

Rechtsbruch in der Form der Rückwirkung geradezu heraus, weil es die continuirliche Entwicklung der Rechtsordnung in der Form Rechtens hemmt oder unmöglich macht. Nur zur Regel darf solcher Rechtsbruch nicht werden. Die Aufgabe ist, die fortgehende Entwicklung so schnell wie möglich in die Form Rechtens zurückzuleiten, und immer ist es das Wünschenswerthere, dass nicht die blinde Gewalt der leidenschaftlich erregten Massen solche Aenderungen des Rechtszustandes erzwinge, sondern die von je berechtigten Factoren des Staatslebens und der staatlichen Gesetzgebung den nothwendigen Schnitt ins Fleisch vorzunehmen sich entschliessen.

§ 40.

Die endgültige Feststellung des Rechtes.

Damit die allem Rechte anhaftende Unbestimmtheit völliger Bestimmtheit weiche, bedarf das Recht eines lebendigen Organs, des Richters. Dem Begriffe nach allgemein, vollendet sich das Recht doch erst in der Entscheidung des einzelnen Falles durch Aufhebung der Ungewissheit und des Streites; in der einzelnen Entscheidung aber liegt wieder ein Moment des Allgemeingültigen, ein Schritt zur Fortbildung und Befestigung des Rechtes als der Macht des Allgemeinen über das Einzelne. Die vom Rechte angestrebte Bestimmtheit geht immer wieder in Unbestimmtheit über zunächst durch das gegenseitige Verhältnis der Rechtsquellen, sodann durch das Verhältnis des Sinnes, in dem das Recht zu verstehen ist, zum Ausdruck, endlich durch das Verhältnis der Besonderheit des einzelnen Falles zur Allgemeinheit der Rechtsregel. Diese Unbestimmtheit ist vom Richter aufzuheben. Die erste Aufgabe des Richters ist demnach, die anzuwendende Rechtsbestimmung ausfindig zu machen; dazu muss er an der rechten Quelle zu schöpfen und über die Gültigkeit der Rechtsquelle zu entscheiden verstehen. Die zweite Aufgabe ist, den Rechtssatz richtig auszulegen; die dritte, aus der allgemeinen Bestimmung die entsprechende Entscheidung für den einzelnen Fall abzuleiten. In allen diesen Beziehungen ist die Thätigkeit des Richters eine productive, rechtsbildende. Der Richter ist dem Begriffe nach der lebendige Mund des

Rechtes, in welchem das Recht nicht bloss zur concreten äusseren Erscheinung gelangt, sondern auch an sich erst volles Dasein gewinnt. Dies ist er als der Vertreter des volksthümlichen Rechtsbewusstseins, in welchem zugleich das ideale und das technische Princip des bestimmten nationalen Rechtssystems zu persönlichem Leben geworden ist. In den realen Lebensverhältnissen des Volkes heimisch und vertraut, soll er zugleich von der Wissenschaft des Rechtes bis zu vollendeter praktischer Fertigkeit durchdrungen sein. So wird die starre Objectivität des Rechtes, indem sie sich vollkommen verwirklicht, in die lebendige Subjectivität der Bildung, der Erkenntnis und des Tactes für das Recht umgesetzt.

1. Im Rechte herrscht seiner Aufgabe und Natur entsprechend die Tendenz auf vollkommene Bestimmtheit, und in der That nähert sich das Recht diesem Ziele im Fortschritte der Rechtsentwicklung mehr und mehr. Die gefundenen und gebilligten Rechtssätze werden gesammelt und aufgespeichert; an die Stelle zufälliger Rechtsbildung je nach gegebenem Anlass und Bedürfnis tritt eine systematische, möglichst alle Fälle vorsehende Schöpfung von Rechtssätzen in strenger Consequenz aus obersten Principien; die Form des Ausdrucks wird immer bestimmter und genauer und die Terminologie sicherer und gleichmässiger: alles dies in demselben Maasse, als die innere Durchbildung der Begriffe fortschreitet und das bewusste wissenschaftliche Verständnis des Rechtes wächst. Aber auch so wird die Unbestimmtheit immer nur vermindert, nicht beseitigt. Der Tendenz des Rechtes auf formelle Bestimmtheit steht die andere auf innigsten Anschluss an die Einzelheiten des Lebens gegenüber; der Kampf dieser beiden Tendenzen, der zugleich der Kampf formeller Strenge und materieller Angemessenheit ist, bildet das Gewebe der Rechtsgeschichte. Die continuirliche Veränderung der Lebensverhältnisse und die sich daraus ergebende stetige Rechtsproduction in der volksthümlichen Weise der Gewohnheit lockert beständig die Strenge der Form wieder auf. Bei aller Zunahme sprachlicher Kunst ferner bleibt doch die Incongruenz zwischen Gedanken und Ausdruck, Sinn und Zeichen unaufhebbar, und wie das ungeschriebene Recht vieldeutig ist, so ist es auch das geschriebene, wenn auch in geringerem Grade. Und endlich, die unerschöpfliche Vielgestaltigkeit des Lebens entzieht sich auch dem best ausgedachten und best durchgeführten System, und je weiter sich die Rechtsbildung in die Casuistik einlässt, desto sicherer

§ 40. Endgültige Feststellung d. Rechts. Der Einzelfall u. d. Richter. 433

ist sie, die Wirklichkeit der Einzelfälle zu verfehlen. So bleibt das Recht ohnmächtig, in reiner Objectivität die Bestimmtheit zu erreichen, die es doch haben muss, um wirklich Recht zu sein. Es ist unmöglich, das Recht in unmittelbarer Existenz jedesmal mit voller Sicherheit nachzuweisen. Wie gross auch der Fleiss und die Kunst der Menschen sei, das Recht in seinem objectiven Dasein bleibt ungewiss und schwankend, der Ansicht und Meinung unterworfen. Das Recht als allgemeine, über dem wirklichen Leben schwebende Regel ist also noch kein vollständiges Recht, weil ihm das wesentliche Merkmal des Rechtes, die unzweifelhafte Gewissheit fehlt.

2. Indessen, das Recht ist nicht bestimmt, bloss allgemeine Regel zu bleiben, sondern auch in die Einzelheiten des Lebens einzugehen, und erst in dieser seiner Macht, das Einzelne zu beherrschen und sich im Einzelnen durchzusetzen, erlangt es seinen vollen Charakter. In die Einzelheit geht aber das Recht nicht bloss von aussen ein, so dass es, selbst unverändert, sie bloss nach sich bestimmte: sondern in lebendiger Wechselwirkung wird seine abstracte Unbestimmtheit zugleich durch den ganz bestimmten Charakter des Einzelnen ergänzt und die blosse Möglichkeit, die dem Allgemeinen überhaupt eignet, zu voller concreter Wirklichkeit ausgestaltet. Erst in dieser Verschmelzung mit dem Einzelnen wird also das Recht völlig was es sein soll, in aller Weise unzweifelhafte formelle Bestimmung; das Medium aber, in welchem sich diese Verschmelzung zwischen dem Allgemeinen der Rechtsregel und dem Einzelnen des eigenthümlichen Lebensverhältnisses vollzieht, ist die Subjectivität des Richters. Erst der Richter, der es handhabt, macht somit den Charakter des Rechtes vollständig. Die Tendenz, völlig bestimmt zu sein, wird dem Rechte erst im einzelnen Richterspruche erfüllt. Der Richter ist nicht etwas, was zu dem an sich schon fertigen Rechte hinzukäme: sondern durch ihn wird das Recht erst wirkliches Recht, weil es ohne ihn unbestimmt und schwankend bliebe und unfähig wäre, das Leben zu beherrschen. Der Richter ist die allgemeingültige Persönlichkeit des Rechtes, die viva vox, durch die sich das Recht nicht bloss in der Welt ankündigt, sondern auch erzeugt. Darum hat der Richter auch nicht bloss ein fertiges Recht zu handhaben, sondern er hat es productiv zugleich zu schaffen und das Ueberkommene fortzubilden. Der Richter ist da, um im einzelnen Falle dem Rechtsgedanken zu vollkommenem, formell endgültigem Dasein zu verhelfen. Er giebt keine theoretische Rechtsbelehrung über eine Vielheit von Fällen, keine abstracte Regel; damit käme das Recht immer noch nicht aus der

Allgemeinheit und aus der Unbestimmtheit heraus. Sondern er bewältigt das schlechthin Einzelne durch das Allgemeine des Rechtsgedankens und fügt diesem in eben dieser Anwendung das Moment der Besonderheit ergänzend hinzu. Aber das Einzelne ist als dem Rechtsgedanken unterworfen eben darin kein schlechthin Einzelnes mehr; die allgemeingültige Persönlichkeit producirt im Einzelnen solches, was die Kraft hat, zum allgemeingültigen Rechtssatze zu werden. Im lebendigen Wechselspiel von Gesetz, Gewohnheit und Richterspruch erzeugt sich somit fortschreitend in innerem Wachsthum das Recht, aus dem Einzelnen zum Allgemeinen aufsteigend und aus der Regel zur singulären Bestimmtheit herabsteigend. Erst in diesem Processe lässt sich das Recht erfassen als ein sich stetig objectivirendes Subjectives und ein sich stetig subjectivirendes Objectives.

3. Wo kein Richter ist, da ist auch kein Recht. Ohne den Richter gilt keine Rechtsquelle und kein einzelner Rechtssatz. Der Richter prüft die Gültigkeit von Gesetz und Gewohnheit; er allein entscheidet, ob er nach dieser oder jener Rechtsquelle zu entscheiden hat. Jura novit curia. Ob der Satz dem öffentlichen oder dem Privatrechte angehört: er gilt nicht, wenn der Richter ihn anzuwenden verschmäht. Jeder, der über die rechtliche Gültigkeit von Rechtssätzen rechtsgültig entscheidet mit Bezug auf einen einzelnen vorliegenden Fall, übt richterliches Amt. Wird die Gültigkeit oder Ungültigkeit irgend eines Rechtssatzes in allgemeiner Form ausgesprochen, etwa von der Regierung des Staates oder einem Factor der Gesetzgebung, so ist das Resultat im Grunde doch nur eine theoretische Ansicht, die wissenschaftlichen Werth haben oder auch eine blosse Meinung sein mag: der Richter ist vernünftigerweise daran nicht gebunden, sondern hat selbst zu prüfen. Auch das öffentliche Recht wird wirkliches Recht erst dann, wenn der Richter darüber entscheidet. Wo irgend ein Rechtsgebiet der selbstständigen Prüfung des Richters entzogen ist, da ist der Rechtsgedanke noch nicht zu völligem Durchbruche gelangt. Die Prüfung des Rechtssatzes mit Rücksicht auf den concreten Fall ist Sache des Richters; richterliche Functionen aber soll niemand üben, als wer eine richterliche Persönlichkeit ist und ein richterliches Amt hat. Der Richter muss die Quellen des Rechtes kennen, die Gesetze wie die Gewohnheit, die alterthümliche wie die usus longaevus, wie die im jüngsten Momente neugebildete Gewohnheit. Dazu muss er mitten im Leben stehen, mit den Bedürfnissen des Verkehrs und den Gesinnungen der Menschen vertraut sein. Man mag ihm zu Hilfe kommen, indem man systematisch die Gesetze und Gewohnheiten sammelt und commentirt, frühere

Richtersprüche und Formen der Praxis zusammenstellt; aber prüfen und entscheiden muss doch der Richter selbst. Die Parteien im Rechtsstreit mögen ihm an die Hand gehen und durch beigebrachtes Material ihm die Auffindung des einschlagenden Rechtssatzes aus Gesetz und Gewohnheit erleichtern; die Vertreter der wissenschaftlichen Theorie mögen seiner Meinungsbildung vorarbeiten: höchste Autorität ist er doch selbst, und nimmer darf er sich ohne eigene Prüfung bei fremder Ansicht beruhigen. Ebenso ist es mit der Aufgabe, den gefundenen Rechtssatz zu deuten. Worte sind ja meist mehrdeutig; da ist der Richter das Organ, um die eine Deutung, die Gültigkeit hat, zunächst im einzelnen Falle festzustellen; seine Deutung hat dann Autorität, aber keine bindende Kraft für künftige Fälle. Was früher geurtheilt worden ist, kann helfen, des Richters Prüfung zu leiten, nicht ihn der Prüfung überheben. Legt der Gesetzgeber selbst in sogenannter authentischer Interpretation das Gesetz aus, so liegt nicht eigentlich eine Interpretation, sondern ein neuer Act der Gesetzgebung vor, und einer solchen authentischen Interpretation rückwirkende Kraft zu verleihen, ist nur unter denselben Bedingungen mit der Wahrung eines Rechtszustandes verträglich, wie es bei jeder gesetzgeberischen Neuerung der Fall ist. Interpretation des Rechtssatzes ist schlechthin Sache des Richters und keines anderen. Bildet sich durch eine continuirliche Reihe richterlicher Entscheidungen eine Usual-Interpretation, so kann der Richter sie als eine Art des Gewohnheitsrechtes wie eine andere Rechtsquelle heranziehen. Endlich, was das Verhältnis des Rechtssatzes zum einzelnen Falle anbetrifft, so liegt es am Richter, den Rechtssatz anzuwenden, indem er seine Tragweite ermisst, sie nach Analogie ausdehnt, oder sie einschränkt, und so für seine Entscheidung über den einzelnen Fall den Rechtssatz eigentlich erst selber schafft, den er seiner Entscheidung zu Grunde legt. Jedes richterliche Urtheil hat die Bedeutung einer lex specialis.

4. Der Richter steht so zum vorhandenen Rechte in einem freien Verhältnis; sein Thun ist nicht eine mechanische und äusserliche Anwendung, sondern eine lebendige und selbstschöpferische Nacherzeugung des Rechtsmaterials, das ihm gegeben ist. Indessen ist sein Verhältnis zu diesem Rechte weit entfernt ein willkürliches zu sein. Der Richter ist frei in der Gebundenheit und gebunden in der Freiheit. Er ist kein Gesetzgeber, der ganz neues Recht schüfe; er ist nur der Finder und Deuter des vorhandenen Rechtes. Aber in dieser receptiven Thätigkeit, das Gegebene geltend zu machen, ist er productiv. Das vorhandene Recht muss in ihm zu

persönlichem Leben gelangt sein, so dass er es in seinem innersten Princip und Wesen zu erfassen und seine Meinung zu diviniren vermag, auch wo sie nicht ausgesprochen ist. Dazu dient vor allem die thätige Uebung des Rechtsprechens und der innerliche Zusammenhang mit allen Strömungen des Volkslebens; ein Mann aus dem Volke von freiem Blick und gesundem Gefühl ist der ursprüngliche Richter. Was mit der veränderten Stimmung der Zeiten das naturwüchsige und unmittelbare Einssein mit dem volksthümlichen Leben nicht mehr zu leisten vermag, das erreicht dann die durch wissenschaftliche Erziehung eingewöhnte und eingeübte Technik und die in kritischer Reflexion erstarkte Kunst der Begriffsbildung und des klaren Verständnisses. Die Wissenschaft giebt die Kunstgriffe der juristischen Hermeneutik an die Hand, um auf Grund des Wortlautes und des Zusammenhanges der Sätze und Gedanken in grammatischer und logischer Interpretation die Meinung des Gesetzgebers zu ergründen; sie bildet vermittelst der rechtsgeschichtlichen Erkenntnisse den Blick für die Genesis der in den Rechtssätzen ausgesprochenen Rechtsgedanken und lehrt damit das Wesentliche vom Unwesentlichen scheiden; sie leitet in systematischer Dogmatik an, die Verzweigungen zu verstehen und zu würdigen aus dem Stamme, dem sie entspriessen, und in dem Princip die Consequenzen mit zu erfassen. Der so Gebildete bleibt nicht beim Wortlaute stehen, sondern erfasst in ihm Sinn und Tragweite des Rechtssatzes (L. 6, 1. D. De Verb. sign. L, 16). Das Haften am Wortlaut ergäbe eine chicanöse Anwendung des Gesetzes, während es doch gilt auf Sinn und Meinung zu achten (L. 19. D. Ad exhibend. X, 4). Durchdrungen vom Geiste des Rechtssystems, versteht der Richter dasselbe in dessen eigenem Sinne zu ergänzen, wo es selber stumm bleibt; den gesetzgeberischen Gedanken und die volksthümliche Rechtsanschauung als die Wurzel des Rechtssatzes erfassend, vermag er der Intention des letzteren treu zu bleiben auch bei scheinbarer Abweichung; das Einzelne im Lichte des Systems, die singuläre Bestimmung unter dem Gesichtspunkte der Natur des Rechtsinstitutes betrachtend, verleiht er erst dem vorhandenen Rechte die Kraft, sich den Wirklichkeiten des Lebens anzuschmiegen. Ungebildet ist es, nicht auf das Ganze des Gesetzes zu achten, sondern nur auf eine Nebenbestimmung hin seine Entscheidung zu fällen (L. 24, D. De legib. I, 3). Wer dagegen im System des Rechtes heimisch ist, der erfasst auch im Rechtssatze den Rechtsgedanken, die ratio legis, die Art, wie der Gesetzgeber oder das Volksbewusstsein das thatsächlich gegebene Material der Lebensverhältnisse rechtlich formt und beurtheilt, und noch darüber hinaus den

§ 40. Endgültige Feststellung d. Rechts. Richterliche Rechtsproduction. 437

Zusammenhang der Rechtssätze mit der Natur der Sache, d. h. mit dem eigenen objectiven Wesen der Lebensverhältnisse, die durch jene zu ordnen sind. Weil der Richter in der einzelnen Bestimmung den Geist des Rechtssystems, die Abzweckung des besonderen Rechtsinstituts wiederzuerkennen und ihre Tragweite für die Gestaltung des objectiven Lebensverhältnisses zu ermessen sich gewöhnt hat, so darf er sich auch die productive Kraft zutrauen, um da, wo er über das Gegebene hinausgeht, doch im Geiste und nach der eigenen Meinung des Gegebenen seine Entscheidung zu fällen in freier Nacherzeugung der vorhandenen Rechtsgedanken, nicht aus blosser subjektiver Willkür, und doch nicht in sclavischer Abhängigkeit. Denn auch hier ist es der Buchstabe, der tödtet, und der Geist, der da lebendig macht. In diesem Sinne ist es durchaus vernünftig, dass man dem Richter eine selbstständige Bewegung zumuthet, und ihn, wo die vorhandenen Rechtsquellen versagen, an seine durch Wissenschaft und Uebung erlangte Kunst, an sein lebendiges Gefühl für das innerhalb dieses Rechtssystems Passende und der Natur der Sache am meisten Entsprechende verweist. Und es ist kein Grund, in Bezug auf irgend ein Gebiet der Rechtsprechung, etwa in Bezug auf das Strafrecht, dem Richter engere Fesseln anzulegen; vielleicht würde vielmehr gerade die Strafrechtspflege durch Erweiterung der richterlichen Vollmacht die grössten Fortschritte zu machen im Stande sein.

5. Der Richter ist nicht Gesetzgeber; aber indem er das Recht interpretirt, streift seine Thätigkeit nahe an diejenige der Gesetzgebung heran. In richterlicher Rechtsprechung wie in der thätigen Bewegung des Volkslebens erzeugt sich unausgesetzt eine Umbildung des Rechtes, die zu allmählicher Neubildung werden kann. Veraltetes Recht wendet der Richter nicht mehr an, auch wenn es volle formelle Gültigkeit hat, vorausgesetzt nur, dass seine Auffassung allgemeine Billigung zu finden vermag. Wesentliche Umgestaltungen vorhandener Rechtsinstitute und Rechtssätze bahnt der Richter an, indem er durch freie Interpretation im Sinne des fortgeschrittenen Rechtsbewusstseins und der veränderten Lebensverhältnisse das vorhandene formelle Recht in der Richtung auf das materiell Gerechte hin in Bewegung bringt. So bildet der Richter die lebendige Vermittlung zwischen der leblosen Starrheit der äusseren Rechtsform und dem idealen Gehalte des inneren geschichtlichen Rechtslebens im Volke. Die Thätigkeit des Richters allzusehr einengen, das hiesse das Recht selbst tödten und seine Lebensader unterbinden. Der Richter darf niemals eine Maschine zur Rechtsprechung werden. Freilich darf auch des Richters Rechtsverwaltung nicht in der Luft

schweben und zur Sache der Einbildung und Willkür werden; damit würde die Objectivität des Rechtes ganz verloren gehen und das Vorhandensein eines festen Rechtszustandes überhaupt in Frage kommen. Das Regulativ dafür kann nicht in äusseren Regeln und Vorschriften bestehen, sondern in der durchschnittlichen Bildung der richterlichen Persönlichkeit, in dem Grade von Lebendigkeit, mit welchem das Rechtsbewusstsein des Volkes auf den Richter einwirkt, und in der ererbten Tradition und Selbstwürdigung des richterlichen Standes. Die verschiedenen Gesetzgebungen sind auch darin verschieden, dass sie dem freien Ermessen des Richters einen grösseren oder geringeren Spielraum lassen. Ein Rechtssystem, welches freie Beweglichkeit und innere Bildsamkeit in genügendem Maasse hat, um nicht in der Strenge äusserer Form allein die Garantie seines gesunden Functionirens zu haben, wird dem Richter mehr zugestehen können, als ein anderes, welches unlebendig und starr um der Form willen die Thatsache, sei es auch mit einiger Gewaltsamkeit, unter die Regel beugt. Kommt dem innerlich beweglichen Rechtssystem ein wissenschaftlich und praktisch hochgebildeter Richterstand mit durch die Tradition überkommener geistig freier Haltung entgegen, so ist dasjenige erreicht, was für das nationale Rechtsleben als das Wünschenswertheste erscheint.

6. Wenn nun zum Rechtsprechen in einer Zeit hochgesteigerter juristischer Technik und Cultur des Rechtes vor allem eine richterliche Persönlichkeit gehört mit dem ausgebildeten Bewusstsein ihres Amtes, mit eigenthümlicher Standesehre und gesicherter Tradition, mit anerkannter Stellung im Volksleben und ausgeprägter wissenschaftlicher Berufsbildung: so ist offenbar, dass nicht-fachmässige Richter nur in geringem Umfange für die Verwaltung des Rechtes tauglich erscheinen und die Controle seitens des fachmässigen Richters nirgends entbehrt werden kann. Der falschen Ueberschätzung der richterlichen Thätigkeit des Laienstandes gegenüber ist es wichtig, dies nachdrücklich zu betonen, dass fachmässige Kunst und wissenschaftliche Kritik allein im Stande sind, in hochgebildeter Zeit eine angemessene Rechtsprechung zu verbürgen. Werden Laien zur richterlichen Thätigkeit herangezogen, so ist die Rechtfertigung dafür nicht eigentlich darin zu suchen, dass die Laien Vorzüge haben, die dem Richter von Fach abgehen, sondern darin, dass der Richter Vorzüge hat, die zu gewinnen auch den Laien Gelegenheit geboten werden soll. Die Laien sollen gewöhnt werden, von den specifischen Tugenden des Richters einige sich anzueignen; insbesondere sollen sie durch Uebung lernen, jedes persönliche Interesse hinter das Streben nach reiner Sachlichkeit und

§ 40. Endgültige Feststellung des Rechts. Laienrichter.

Gerechtigkeit ohne Ansehen der Person und im Dienste des gemeinen Rechtes zurückzustellen. Es wird aber weiter dadurch erreicht, dass das Recht und der Rechtszustand mit seiner Heiligkeit aus dem Dunkel der Gerichtshallen entschiedener in das Licht des öffentlichen Lebens tritt und für die Verwaltung des Rechtes Verständnis und Interesse in den weiteren Kreisen des Volkes erweckt wird. Insbesondere für die leichteren Vorkommnisse des Alltags in Handel und Gewerbe ist zur Austragung von Streitigkeiten der nicht-fachmässige Richter, der sonst ein gesundes Urtheil und von den in Frage kommenden Verhältnissen eingehende Kenntnis durch eigene Erfahrung hat, vorzüglich geeignet, und hier kann seine reichhaltigere Erfahrung vielfach die einseitigere Berufsbildung des Richters von Fach ergänzen. Aber darüber darf nicht verkannt werden, dass das Recht sein eigentliches Leben doch vielmehr vermittelst der Kunst und Kenntnis des in der Schule der Wissenschaft erzogenen und mit dem Bewusstsein seines Amtes erfüllten Richters führt. Der Richter giebt auch für den rechtsprechenden Laien die unentbehrliche Stütze und den festen Halt ab, und erst ein Richterstand von vorzüglicher Tüchtigkeit, der für ein gesundes Rechtsleben die nöthige Sicherung bietet, ermöglicht es, dass die Laien zur Rechtspflege herangezogen werden ohne drohende Erschütterung des Rechtszustandes. Die Hoffnung für alle gedeihliche Fortentwicklung des Rechtes beruht doch wesentlich auf dem Stande der Richter von Fach, nicht auf den ungeschulten Laien. Letztere bilden immer nur ein subsidiäres Element; das tritt in der Rechtsprechung noch weit mehr hervor als in der Verwaltung, weil zu jener ein noch weit entschiedenerer Verzicht auf allen Dilettantismus und alle subjectiven Einfälle gehört. An der Fähigkeit, einen tüchtigen Richterstand zu erzeugen, misst sich die rechtsbildende Kraft eines Volkes. In der wirklichen Thätigkeit der Gerichtshöfe gipfelt das Rechtsleben des Volkes, und erst unter den Händen des Richters erlangt auch das beste Gesetzbuch die Fähigkeit, einen geordneten Rechtszustand zu sichern und die rechtliche Cultur des Volkes von Stufe zu Stufe befriedigender zu entwickeln.

Zweites Capitel.
Rechtssubject und Berechtigung.

§ 41.
Das Rechtssubject.

Die objectiven Rechtsbestimmungen ordnen das Handeln wollender Wesen, indem sie die Sphäre begrenzen, innerhalb deren dies Handeln sich zu bewegen hat. Wollende und handelnde Wesen, sofern die Rechtsbestimmungen behufs ihrer Verwirklichung sich an ihre selbstständige Thätigkeit und freie Entschliessung wenden, heissen Rechtssubjecte oder Personen. Die Qualität als Person ist keine selbstverständliche, sondern wird vom Rechte zuerkannt. Was die Qualität als Person nicht hat, das gilt als Sache. Die Bedingungen, unter denen einem Wesen die Qualität als Person zuertheilt wird, finden sich nicht allein bei den Menschen, den sogenannten physischen Personen, vor, sondern auch bei anderen Wesen, die zwar nicht als physische Personen existiren, die aber gleichwol Willen und Handlungsfähigkeit besitzen und deshalb juristische Personen heissen. Auch wo die Personenqualität anerkannt ist, bedingen die wesentlichen Unterschiede, die in den Personen selbst vorkommen, wesentliche Unterschiede der für jede derselben geltenden Rechtsbestimmungen. Das Recht entspricht seinem Begriffe erst dann, wenn es keinem derjenigen Wesen, die ihrer realen Natur nach dazu geeignet sind, die Anerkennung der Persönlichkeit versagt.

1. Wenn von Person die Rede ist im Sinne des Rechtssubjects, so muss man von dem Begriffe, den man in nicht technischem Gebrauche mit dem Worte verbindet, völlig absehen. Es ist ganz verkehrt, bei dem Worte Person, wo es sich um die Sprache des Rechtes handelt, ausschliesslich oder auch nur vorwiegend an lebendige Menschen zu denken. Das würde berechtigt sein, wenn es sich im Rechte nur um die Interessen menschlicher Individuen handelte; thatsächlich aber handelt es sich im Rechte um sehr viel anderes auch noch, oder richtiger, unter dem, um was es sich im Rechte handelt, nehmen die Interessen der menschlichen Individuen nur einen ganz geringen Platz ein. Zunächst soll doch immer die

menschliche Cultur und sollen die für dieselbe unentbehrlichen Veranstaltungen durch das Recht geschützt werden; nothwendigerweise aber stehen nicht die Interessen Einzelner, sondern die der Generationen im Vordergrund, und Wesen, die für den Fortgang der Cultur und den Bestand des Rechtes von erheblich grösserer Bedeutung wären, als die menschlichen Individuen, würden auch im Rechte eine erheblich grössere Berücksichtigung erfahren müssen, wenn solche Wesen nachweisbar wären. Wenn man nun dagegen meint, nur lebendige menschliche Individuen besässen diejenige Willens- und Handlungsfähigkeit, die zum Begriffe des Rechtssubjectes und der Person gehört, so widerspricht man den offenbarsten Thatsachen der Erfahrung. Jeder von uns unterscheidet tagtäglich das, was der Staat oder die Gemeinde thut, von dem was einzelne Personen oder Verbindungen von solchen thun, und das, was wir dem Staat oder der Gemeinde leisten, von dem was wir einzelnen Personen oder Verbindungen von solchen leisten. Gleich von vorn herein das Recht selber ist keineswegs der Wille irgend einer concreten Person, sondern der Wille des Staates, der weder eine physische Person ist, noch aus solchen Personen besteht. Und wenn das Recht ausgeführt und durchgesetzt werden soll, so ist es wieder der Staat, der diese Thätigkeit übt, nicht irgend welche physischen Personen. Das Recht ferner ordnet zu allererst das Handeln des Staates selber und das Handeln der Menschen in Bezug auf den Staat; das erste Rechtssubject also, von dem überhaupt im Rechte die Rede ist, ist nicht irgend ein einzelner Mensch oder eine Vereinigung von Menschen, sondern der Staat selber, der alles eher ist als ein Mensch oder eine Vielheit von Menschen. Mit dem Staate haben wir dann auch gleich die ihm ähnlichen, von ihm ausgehenden Gebilde, von der Provinz herab bis zur Einzelgemeinde, als die ersten und nächsten Rechtssubjecte, die uns in der Wirklichkeit des Rechtslebens begegnen. Die Ansicht, dass wir unsere Steuern dem Steuerbeamten oder dem Finanzminister oder dem Könige oder unseren Mitbürgern zahlten, dass wir unsere Kriegsdienste dem Hauptmann, dem General oder Kriegsminister, oder schliesslich dem Kaiser oder der Gesammtheit der gegenwärtig in unserem Staate lebenden Menschen leisteten, ist doch zu albern, als dass man sie erst noch widerlegen müsste. Die Gasanstalt, aus der ich mein Gas, die Wasserleitung, aus der ich mein Wasser beziehe, die Eisenbahn, auf der ich fahre, die Schule, die mir meinen Sohn erzieht: alle diese Dinge sind nicht durch den Willen, auch nicht im Eigenthum einzelner Menschen, und meine auf sie gerichteten Ansprüche oder Leistungen sind keine Ansprüche oder

Leistungen an einzelne Menschen. Das ist unsere tagtägliche Erfahrung, und blosser Eigensinn ist es, sich gegen die Anerkennung derselben zu sperren. Wer irgend etwas wirklich verstehen will, der muss sich zunächst von der Trivialität der sinnlichen Vorstellung losreissen. Der Streit, ob der Staat und die ihm ähnlichen Gebilde sinnlich real oder blosse Gedankendinge, etwas Concretes oder etwas Abstractes sind, wäre ein blosser müssiger Wortstreit. Dass sie, ob concret oder abstract, reale Existenz haben, kann nur der vollkommene Unverstand bestreiten. Die Existenz der Einzeldinge, von denen wir nur durch sinnliche Wahrnehmung wissen, ist jedenfalls viel zweifelhafter, als die Existenz von Recht und Pflicht und damit auch als die Existenz des Staates, also die Existenz von Objecten, die uns als unzweifelhafter Inhalt unseres denkenden Bewusstseins gegeben sind. Am Staate zunächst und an den ihm ähnlichen Gebilden haben wir demnach völlig gesicherte Beispiele von real vorhandenen Objecten, die Rechtssubjecte, Personen, sind, ohne doch Menschen oder Vereinigungen von Menschen zu sein. Es liegt kein Hindernis vor, Rechtssubjecte von gleicher Art auch in anderen Fällen anzuerkennen.

2. Diejenigen, die von der sinnlichen Vorstellung nicht loskommen können, halten nur die lebendigen Menschen für wirkliche Rechtssubjecte und betrachten es als eine blosse von den Rechtsgelehrten zu grösserer Bequemlichkeit ausgedachte Fiction, dass es auch noch andere Rechtssubjecte gäbe. Aber damit erklären sie das Recht selber für eine Fiction, weil dann das Subject, welches das Recht will, selbst nur eine Fiction wäre. Nimmt man den Staat als reales wollendes Wesen hinweg, so kann man das Recht nur etwa als den Willen der Mehrzahl der gegenwärtig lebenden Menschen ansehen. Diese Menschen aber sind von Augenblick zu Augenblick andere, ihr Wille ändert sich, die Mehrzahl verschiebt sich; was die Mehrzahl will, lässt sich nicht herausbringen, und eigentlich will die Mehrzahl überhaupt nichts mit einheitlichem Willen. Damit gäbe es gar kein Recht, nicht einmal ein sicher erkennbares Belieben, das von heute zu morgen gälte. Wer also zugesteht, dass es Recht giebt, der gesteht auch zu, dass der Staat ein reales Rechtssubject ist. Es ist auf allen Gebieten des Erkennens die immer wiederkehrende leidige Erscheinung, dass diejenigen, die sich auf die Erfahrung und auf die Erfahrung allein zu stützen vorgeben, gerade an den gesichertsten Thatsachen der Erfahrung achtlos vorübergehen oder sie ausdrücklich ableugnen möchten, weil dieselben ihrer vorgefassten Meinung, etwa dem sensualistischen Vorurtheil oder dem sogenannten gesunden Menschen-

verstande, widerstreiten. Es giebt überhaupt keine gesicherte Thatsache, wenn die reale Existenz von Rechtssubjecten, die keine Menschen und auch nicht aus Menschen zusammengesetzt sind, keine sein soll. Diese Thatsache ist sicherer als die reale Existenz von Himmel und Erde oder irgend einem körperlichen Ding. Den Versuch, die Thatsache zu leugnen, hat man immer nur machen können, indem man bei dem Begriffe Rechtssubject ausschliesslich an die Sphäre des Privatrechtes, etwa an das Vermögensrecht dachte, und nun dem Vermögen eine Art von künstlich construirter Selbstständigkeit zuschrieb oder die einzelnen Menschen als die eigentlich Berechtigten und die juristische Person nur als eine künstliche Abbreviatur für die rechtlichen Beziehungen zwischen denselben ansah. Man braucht nur einigermaassen den Blick zu erweitern und an die Verhältnisse des öffentlichen Rechtes zu denken, wo von Vermögen und einzelnen Berechtigten kaum noch die Rede ist, um mit unzweifelhafter Gewissheit einzusehen, dass das nicht-menschliche Rechtssubject nicht eine mehr oder minder willkürliche, mehr oder minder gut motivirte Fiction, sondern eine ausgemachte Realität ist.

3. Damit ein Wesen Rechtssubject sei, wird dreierlei erfordert: erstens, dass es sich einen Zweck zu setzen, zweitens, dass es zu diesem Zwecke die geeigneten Mittel zu wählen, drittens, dass es wahrnehmbare Wirkungen in der äusseren Welt hervorzubringen das Vermögen habe. Denn wo keine äusseren Handlungen geschehen, da hat auch das Recht nichts zu schaffen; überall aber, wo äussere Handlungen vollzogen werden, da ist auch ein Ort für die Anwendung von Rechtssätzen gegeben. Damit aber äussere Handlungen geschehen, ist ein zwecksetzender Wille, eine Intelligenz und ein physisches Vermögen, und nichts als dies erforderlich. Schlechthin ausgeschlossen also von der Qualität als Rechtssubject sind Wesen, deren Existenz wie deren Wirken sonst unzweifelhaft sein mag, sich aber der äusseren Wahrnehmung entzieht, wie Gott, wie die Engel, und ebensowol die Wesen, die zwar das physische Vermögen zu sinnenfälligen Wirkungen, aber weder Willen noch Intelligenz haben, wie die Thiere, die Pflanzen und die ganze leblose Welt. Diesen Wesen könnte die Qualität als Rechtssubject, die Persönlichkeit im juristischen Sinne, nur durch eine Fiction beigelegt werden, so z. B. einem Grundstück; vor der Unnatur, sie mit anderen Personen gleichzustellen, hat sich das Recht wie die Wissenschaft des Rechtes von je wol zu bewahren gewusst. Dagegen durchaus geeignet, als Rechtssubject zu gelten, ist der Mensch; denn in ihm vereinigen sich alle Bedingungen der Persönlichkeit: Willen, Intelligenz und physisches Ver-

mögen. Aber damit ist noch keineswegs gesagt, dass nun auch
jeder Mensch nothwendig ein Rechtssubject, eine Person sei.
Persönlichkeit wird erst vom Recht ertheilt, und das Recht
kann Gründe haben, um sie auch da zu versagen, wo die
Bedingungen derselben sonst vorhanden sind. Ein Sclave ist
ein Mensch und doch keine Person. Seine selbstständige
Thätigkeit und freie Entschliessung kommt nicht in Betracht.
Freilich verwickelt sich damit das Recht in unerträgliche
Widersprüche; denn mag das Recht auch noch so entschlossen
das Auge vor der Thatsache verschliessen, die Thatsache ist
doch nicht aufzuheben, und der formell zu Recht bestehende
Grundsatz, dass ein Mensch eine Sache sei, erweist sich als
unverträglich mit dem eigenen inneren Zusammenhang des
Rechtes und mit dem materiell Gerechten. Man könnte sagen,
das Rechtsinstitut der Sclaverei beruht auf einer Fiction, auf
der Fiction nämlich, ein Mensch habe als eine Sache zu
gelten; aber diese Fiction bringt alles Recht in Verwirrung.
Was vom Sclaven gilt, das gilt anderswo von Fremden,
von echt- und friedelosen Leuten. Ein wesentlicher Fortschritt
des Rechtes wird überall darin zu finden sein, dass solche
Ausnahmen von der Zuerkennung der Persönlichkeit an alle
Menschen nicht mehr zugelassen werden, und dass, wo die
Bedingungen gegeben sind, das Recht auch die thatsächlich
vorhandene Persönlichkeit anerkenne. Daher der Grundzug
in der fortschreitenden Rechtsentwicklung aller Culturvölker,
dass mehr und mehr die Sclaverei selbst und alle der Sclaverei
verwandten Rechtsinstitute beseitigt werden und der Mensch
als solcher Rechtspersönlichkeit erlangt.

4. Ganz in derselben Weise ist es als ein Fortschritt
der Rechtsbildung anzusehen, wenn auch die anderen nicht-
menschlichen Wesen, welche die Bedingungen der Persönlichkeit erfüllen, vom Rechte als Rechtssubjecte anerkannt werden.
Das muss man aber nicht so bezeichnen, als würden damit
Wesen, obwol sie keine Menschen sind, in gewissen Beziehungen
als Menschen behandelt. Person oder Rechtssubject ist etwas
anderes als Mensch. Auch der Mensch ist nicht nothwendig
Person im juristischen Sinne, und wenn er als Person anerkannt wird, so ist das nicht eine blosse Consequenz aus
seiner Menschheit. Ein Mensch ist noch unendlich viel mehr
als bloss Rechtsperson. So wenig die Rechtspersönlichkeit
den Charakter der Menschheit zu erschöpfen trachtet, so
wenig ist sie an die Qualität Mensch zu sein gebunden. Es
giebt thatsächlich Wesen, welche, ohne Menschen zu sein, die
Bedingungen, an welche Rechtspersönlichkeit gebunden ist,
erfüllen: diese werden dann vom Rechte als Personen, aber
bei Leibe nicht als Menschen behandelt. Für die Existenz

dieser Wesen bildet allerdings das Dasein von Menschen und von menschlicher Zweckthätigkeit die Voraussetzung; aber ihr Dasein fällt nicht mit dem Dasein bestimmter einzelner Menschen, und ihr Zweck nicht mit den Zwecken bestimmter einzelner Menschen zusammen. Der Zweck muss sich vielmehr abgelöst und für sich ein vollständiges Dasein gewonnen haben, damit die Voraussetzung für die Anerkennung einer juristischen Person erfüllt werde. Die Intelligenz und das physische Vermögen, die ein solcher Zweck für seine Ausführung in Anspruch nehmen muss, weil er sie selber nicht hat, sind freilich nothwendig Intelligenz und physisches Vermögen menschlicher Individuen, und bei letzteren muss man dann das, was sie im Dienste ihrer eigenen Zwecke thun, von dem unterscheiden, was sie im Dienste eines ihnen fremden Zweckes thun, in dessen Dienst sie sich selbst gestellt haben. Diesen Zwecken wohnt dann eine selbstständige und dauernde Gültigkeit inne; sie reichen über die Interessen des Einzeldaseins hinaus und üben eine herrschende Macht über das Innere der Menschen, derart, dass diese über ihre eigenen Interessen hinaus den Zweck, der nicht ihre eigene Angelegenheit ist, doch als den ihrigen adoptiren. Auch wenn sie dabei ihren Vortheil suchen und finden, so wird dieser Vortheil doch nur mittelbar erlangt durch den Dienst eines fremden Zweckes, und das eben ist die Macht des Zweckes, dass von der Arbeit seiner Ausführung ein Vortheil verheissen und gewährt wird. Das aber setzt wieder voraus, dass der Zweck die Fähigkeit habe, Theilnahme und Interesse bis zur begeisterten und selbstlosen Hingebung bei den Menschen zu erregen. Diesen Charakter nun tragen vor allem die bleibenden Zwecke der Gattung, die als Selbstzwecke idealer Art den Inhalt der Cultur bilden, oder als dienende Mittel die Bedingungen für jene darstellen. Solche Zwecke wurzeln zugleich in der Weltordnung und in der geistigen Natur des Menschen; sie bilden für alles Streben der Menschen den bleibenden Hintergrund, und kein individuelles Wollen kann sich ihnen ganz entziehen. Die hervorragenden Genien, aber auch ganze Massen werden von diesen Zwecken ergriffen und zu der Thätigkeit angetrieben, ihnen die bleibende Organisation und die Fähigkeit zu schaffen, sich inmitten der unzähligen Begierden und Bestrebungen der Menschen zu behaupten. Der Ehrgeiz, die Gewinnsucht, aber auch das edelste Selbstgefühl und die reinste Begeisterung findet in solcher Thätigkeit ihre Befriedigung; was einmal geschaffen worden ist, behauptet fortan seine dauernde Macht über die Menschen, und die Art, wie die selbstsüchtigen Triebe für diese objectiven und allgemeingültigen Zwecke nutzbar gemacht werden, macht den Eindruck einer List, vermittelst welcher dem Menschen Befriedigung für sich vorgespiegelt wird, während seine Kraft in fremdem Dienste verbraucht wird und die Befriedigung eigentlich die des objectiven Zweckes ist. So lange es Menschen und überhaupt vernünftige Wesen giebt, kann es nie eine Zeit geben, wo diese Zwecke nicht in einer über das individuelle Streben übergreifenden und von ihm unabhängigen Weise ihre Ausführung und die Mittel zu derselben fänden. Vernünftig ist der Mensch gerade dadurch, dass er diese allgemeinen Vernunftzwecke zu den seinigen machen, ihren Organismus verstehen und an seiner Stelle ihnen dienen kann. So ist aus der Vernunftanlage des Menschen heraus der allgemeingültige Zweck, dass eine Rechtsordnung sei, in der Organisation des Staates realisirt worden und behauptet seine Realität über den sinnlichen und unvernünftigen Willen der Einzelnen hinaus, dadurch dass er die Mittel hat, im Willen und in der Intelligenz der Menschen seine Organe zu finden. So hat das religiöse Leben der absoluten Sittlichkeit in der Kirche seine selbstständige Organisation gefunden; so bleibt es der weiteren Entwicklung vorbehalten, die Schule mit gleicher Selbstständigkeit wie die Kirche dem grundlegenden Organismus des Staates ein- und unterzuordnen. Die selbstständigen Culturzwecke der Wissenschaft und der Kunst finden in einzelnen Gebilden mit dem Charakter der Persönlichkeit schon jetzt ihre Erfüllung, ebenso wirthschaftliche Zwecke, Zwecke des Vergnügens, der Menschenliebe, des religiösen Lebens. Es ist kein Zweifel, dass in der Culturwelt diese Form selbstständiger Persönlichkeit für die dauernden Zwecke der Gattung sich weiter und weiter ausdehnen wird, während allerdings alles dasjenige, was der Individualität zu voller Selbstständigkeit ihres Einzellebens nöthig ist, ihrer freien Initiative überlassen bleiben muss.

5. Der wesentliche Unterschied der **juristischen Person** von der physischen Person liegt darin, dass jene einen völlig bestimmten Inhalt ihres Willens hat, diese sich beliebigen Inhalt zu geben vermag, und dass jene auf die Intelligenz und Kraft der Menschen angewiesen ist, um den Inhalt ihres Willens zu realisiren, diese mit Intelligenz und Kraft selbst ausgestattet ist. Die juristische Person hat nicht eigentlich einen Zweck, sie ist ein Zweck; da dieser Zweck ihren Willen völlig ausfüllt, so fällt hier der Wille und sein Zweck durchaus zusammen. Der Wille dieses Wesens ist an diesen Zweck schlechthin gebunden, und alle Einzelzwecke, die es verfolgt, sind nur Theile und Gliederungen jenes Zweckes, nur um desselben willen und nur Consequenzen aus demselben. Wo also nicht für diesen Zweck gehandelt wird und nicht mit den für denselben geeigneten Mitteln, da

hat man es auch nicht mit einem Handeln der juristischen Person zu thun. Die juristische Person hat keine freie Selbstbestimmung, keine Möglichkeit, von diesem bestimmten Zwecke abzuweichen, keine Möglichkeit, diesen Zweck an irgend einen höheren Zweck anzuknüpfen. Sie kann weder irgend welche Ideale verfolgen, noch zur Verleugnung ihres Zweckes und zu schlechten Begierden heruntersinken. An den Zweck gebunden, der sie selber ist, ist sie schlechthin eigennützig und rücksichtslos in der Concurrenz mit anderen Zwecken. Das Handeln der juristischen Person ferner stellt sich dar als das Handeln von physischen Personen, die jene nicht eigentlich vertreten, wie ein schon fertiges Rechtssubject durch einen fremden Willen und eine fremde Person vertreten wird; sondern das Handeln der physischen Person ist unmittelbar das Handeln der juristischen Person selber, und diese kommt erst dadurch zu Stande, dass sie Gehirn und Arme physischer Personen für sich gewinnt. Insofern kann man die Intelligenz und Wirkungskraft der letzteren auch geradezu als die Intelligenz und Wirkungskraft der juristischen Person selber bezeichnen, und in der That wird der Zweck, welcher den Inhalt der juristischen Person ausmacht, in der Regel viel sicherer mit den geeigneten Mitteln zur Ausführung gebracht, als die Zwecke der physischen Personen, bei denen die Vielheit der sich in einem und demselben Willen durchkreuzenden Zwecke und Interessen eine gleich stricte Verfolgung eines Einzelzweckes mindestens erschwert. Die physische Person, sofern sie den Zweck der juristischen Person verwirklicht, ist nicht mehr sie selbst, sondern schlechthin zum Organ der letzteren geworden; ihre Handlung ist auch nicht ihr selbst, sondern der letzteren zuzurechnen, und nur das, worin sie von dem Zweck und den nothwendig in demselben liegenden Consequenzen abweicht, gehört ihr und nicht der juristischen Person an. Ein Mensch kann also mehrere Personen in sich vereinigen: seine eigene und die verschiedenen juristischen Personen, deren Organ er ist, und in seinem Handeln lassen sich dann die Handlungen dieser verschiedenen Personen deutlich von einander unterscheiden. Deshalb wird auch der juristischen Person der gute oder schlechte Glaube, den ihre Organe bei der Wahrnehmung der Interessen derselben hatten, zugerechnet, als hätte darin die juristische Person selbst gehandelt.

6. Die juristische Person bedarf der Anerkennung seitens des Rechtes ebenso wie die physische Person. Diese Anerkennung kann für ganze Classen im allgemeinen oder für das bestimmte Gebilde im einzelnen ertheilt werden. Voraussetzung dafür ist, dass ein bestimmter einzelner Zweck vorhanden sei, der mit vollkommener Deutlichkeit von den

Zwecken und Interessen aller anderen Personen unterschieden werden könne, und dass dieser Zweck und die Art seiner Realisirung in den ganzen Zusammenhang der Rechtsordnung in förderlicher Weise hineinpasse. Jede juristische Person will also etwas Förderliches und Rechtmässiges, und da sie an ihren Zweck unabtrennbar gebunden ist, so ist sie offenbar nicht im Stande, etwas Unrechtmässiges zu thun. Wo in ihrem Namen Unrechtmässiges geschieht, da liegt mithin nicht ein Handeln der juristischen Person selber vor, sondern ein Handeln von physischen Personen, die insofern nicht als Organe der juristischen Person gehandelt haben und folglich auch selber die Verantwortung tragen. Dagegen zeugt nicht, dass man die juristische Person unter Umständen für die Vergehen ihrer Organe haftbar macht. Denn weil sie ihrer Natur nach an solche Organe gebunden ist, so ist es nur natürlich und gerecht, dass sie auch ihren Folgen aus dieser ihrer Natur trage, wie ihr die günstigen zu Statten kommen. Die juristische Person wird gekennzeichnet durch ihre Verfassung, ihre Statuten, welche den Zweck und die Mittel zu seiner Ausführung, ihre Organe und deren Wirkungsweise mit völliger Genauigkeit umschreiben; es gehört dazu ein bestimmtes Vermögen, mindestens bestimmte äussere Mittel des Wirkens, die auch bloss in der Gebundenheit von Menschen zu einer bestimmten Wirksamkeit im Sinne des bestimmten Zweckes liegen können. Da die juristische Person einen Zweck darstellt, der sich in Einzelzwecke gliedert, so kann man auch einen dieser Einzelzwecke wieder aus dem Ganzen herausheben und ihn als besondere juristische Person behandeln. So ist der Staat juristische Person und sein Vermögenszweck als Fiscus ist es gleichfalls. Als Arten der juristischen Personen lassen sich Corporationen und Anstalten unterscheiden. Das Wesen jener besteht in der Vereinigung von Menschen zu einem über das Einzelinteresse hinausgreifenden und gegen dasselbe selbstständigen Zweck. Bei den Corporationen im weitesten Sinne, wo das Wort alle Arten von Genossenschaften, Verbänden und Vereinigungen bezeichnet, die nicht Interessen der Einzelnen mit den Mitteln der Einzelnen, sondern den Zweck der Gesammtheit mit den Mitteln der Gesammtheit verfolgen, gehört ein gemeinsames, genossenschaftliches Mitwirken der Betheiligten für den Zweck des Ganzen zum Wesen der juristischen Person. Die Anstalt dagegen verwaltet ihren Zweck durch wenige ihr dienstbare Organe, und die weite Zahl derjenigen, die an ihren Wolthaten Theil haben, bleibt passiv; diese Einzelnen bilden keine selbstständig wirksamen Glieder des Ganzen. Corporativen Charakter in diesem Sinne trägt der Staat und die

§ 41. Rechtssubject. Juristische Person. Corporation. Anstalt. 449

verschiedenen Formen politisch communaler Gebilde; ferner die Kirche und die einzelne Kirchengemeinde, die religiösen Orden, die Schulgemeinden, die Verbände zu wissenschaftlichen, künstlerischen, wirthschaftlichen Zwecken, zu Zwecken des gemeinen Woles und Nutzens, die Erholungsgesellschaften. Ist die Anstalt ihrem Dasein nach auf den Willen eines bestimmten Urhebers zurückzuführen, so heisst sie mit Rücksicht darauf eine **Stiftung**. Wo auch nur regelmässige Zusammenkünfte der Mitglieder zu gemeinsamer Besprechung und Berathung, wo Wahl und Beaufsichtigung der Organe durch die Mitglieder oder doch eine grössere Zahl der Mitglieder stattfindet, da liegt eine Corporation vor. Zu den Anstalten dagegen gehören Kirchen und Klöster, Universitäten und Schulen, Kranken- und Armenhäuser, Cassen zu gemeinnützigen Zwecken u. dergl. m., sofern sie ohne Betheiligung einer grösseren Zahl durch die statutenmässigen Organe verwaltet werden. Der verschiedenen Natur dieser verschiedenen Arten der juristischen Person entspricht auch eine Verschiedenheit der juristischen Beurtheilung; doch sind die Grenzen im einzelnen fliessend und lassen sich nicht immer in aller Strenge ziehen. Ebenso ist zwar die corporative Verbindung von jeder anderen Verbindung, jeder blossen communio, wo der Zweck nicht von dem Einzelinteresse, das Vermögen nicht von dem Vermögen der Verbundenen streng zu sondern ist, dem Begriffe nach vollständig verschieden. Aber in der juristischen Behandlung dieser Gebilde können Verwischungen dieser Unterschiede aus Rücksichten der Zweckmässigkeit und selbst der Gerechtigkeit eintreten, die jedesmal ganz berechtigt sein mögen, ohne dass doch der begriffliche Unterschied dadurch an Wahrheit einbüsste. So macht man wol die Mitglieder einer echten Corporation für Schulden der Corporation solidarisch haftbar, um der Sicherheit des Verkehrs willen. Jedenfalls ist es ein Fortschritt der rechtlichen Cultur, wenn allen für das Ganze förderlichen und in das gegebene Rechtssystem passenden Gebilden mit dem realen Charakter der Persönlichkeit, wie sie in dem Leben eines hochcultivirten Volkes mit unerschöpflicher Fülle hervorspriessen, durch das geltende Recht die Anerkennung dieser Persönlichkeit ausdrücklich zugestanden und die daraus folgenden Consequenzen in ihrer rechtlichen Behandlung auch wirklich gezogen werden.

7. Die Forderung, dass auch alle Menschen als Personen anerkannt werden, beruht auf demselben Grunde. Sobald man eingesehen hat, dass über alle sonstigen Verschiedenheiten hinaus jeder der Menschenangesicht trägt als solcher ein Organ von unermesslicher Bedeutung für alle mensch-

lichen Zwecke zu werden vermag, so ist auch die Gleichheit
aller Menschen in Beziehung auf die ihnen zuzugestehende
Rechtspersönlichkeit eine selbstverständliche Folge. Dieser
unermessliche Werth jedes einzelnen Menschen bewirkt dann
auch, dass man dem Embryo im Mutterleibe schon in gewisser
Weise vorläufig den Charakter des Rechtssubjectes beilegt,
dass man geistig Gestörte, auch solche, die es allem menschlichen Gedenken nach in unheilbarer Weise sind, als Rechtssubjecte zu behandeln fortfährt, weil solche Störung nicht die
Substanz des Menschen selber trifft. Es muss als barbarische
Rohheit erscheinen, dass jemals, und selbst bei Völkern von
hoher Cultur, die Fruchtabtreibung und die Aussetzung von
Kindern, die Tödtung von hochbejahrten Leuten, die zu nichts
mehr tauglich erschienen, rechtlich erlaubt war. So lange
noch das Ablegen des Klostergelübdes rechtlich gestattet ist,
wird auch das Recht nicht umhin können, diejenigen, die dies
Gelübde abgelegt haben, für bürgerlich todt zu erklären und
ihnen Rechtsfähigkeit im privatrechtlichen Sinne abzusprechen;
freilich ist das ein Rest aus alter Zeit von fragwürdigem
Werthe mitten in unserer heutigen rechtlichen Cultur. Die
allen Menschen in gleicher Weise principiell zugestandene
Rechtspersönlichkeit hat nun aber keineswegs auch in anderen Dingen volle Gleichheit des Rechtes zur Folge. In jedem
Rechtssysteme werden die Unterschiede der Personen in Betracht kommen müssen, die jedesmal für ein bestimmtes Rechtsverhältnis als wesentlich erscheinen, und der Fortschritt des
Rechtes kann in dieser Beziehung nur dahin gehen, dass das
subjective Urtheil über die Wesentlichkeit, wie es in dem
Rechtssysteme vorliegt, mit dem objectiven Charakter der
Wesentlichkeit mehr und mehr zusammenfällt. Solche Unterschiede, deren Bedeutung anders und anders gestaltet, mehr
oder weniger eingeschränkt, aber niemals ausser Acht gelassen
werden kann, sind die des Alters und Geschlechtes, der körperlichen und geistigen Vollkommenheit, der Herkunft, des
Religionsbekenntnisses, der bürgerlichen Ehre, der Bildung,
des Vermögens, des Wohnsitzes und der Verwandtschaftsverhältnisse. Das Recht bedarf möglichst exacter Bestimmungen darüber, ob und wann eine lebensfähige Geburt ans
Licht getreten, wann ein Mensch aus dem Leben geschieden
ist. Soweit nicht die darüber geführten Register genügende
Auskunft geben, muss man sich mit äusseren Kennzeichen begnügen, die immer etwas Willkürliches an sich tragen, aber
ihre Rechtfertigung darin finden, dass sie eine exacte Behandlung des Gegenstandes nach gleichmässiger Regel ermöglichen.
Ebenso theilt das Recht nach verschiedenen Gesichtspunkten
die Menschen in Gattungen ein, um exacte Grenzlinien für

ihre rechtliche Behandlung im Anschluss an ihre Verschiedenheiten zu haben. Ohne eine gewisse Aeusserlichkeit geht es auch hier nicht ab; man muss zufrieden sein, wenn nur bis zu einem gewissen Grade der Anschluss an objective Unterschiede in den Qualitäten der Menschen erreicht wird.

§ 42.
Die Berechtigung.

Aus den objectiven Rechtsbestimmungen ergeben sich für jedes Rechtssubject bestimmte Ansprüche an die Verhaltungsweise der anderen, theils aller anderen, das Rechtssubject in dem was zu seiner Befugnis gehört nicht zu stören, theils eines bestimmten anderen, das was in der Rechtssphäre des Rechtssubjectes schon enthalten ist, ihm nicht vorzuenthalten. Solche Ansprüche machen die Berechtigung des Rechtssubjectes, die Rechte im subjectiven Sinne, aus. Seine Rechte hat das Rechtssubject theils selbstverständlich vermöge des allgemeinen Zusammenhanges des bestimmten Rechtssystems, theils in Folge ganz besonderer Gründe. Die Berechtigung gilt entweder allgemein für alle Rechtssubjecte einer gewissen Art, wo gewisse Bedingungen erfüllt sind, oder nur als Ausnahme für einzelne bestimmte Rechtssubjecte. Jedes Recht hat sein Dasein nur in der Bindung des fremden Willens und auf Grund eines Interesses des Berechtigten: der Anspruch kann geltend gemacht werden, aber muss nicht geltend gemacht werden. Die Rechte sind theils vorübergehend und erlöschen durch ihre Ausübung, theils haben sie bleibenden Charakter und können fortdauernd ausgeübt werden. Erworbenen Rechten eignet die Continuität des Bestandes, bis eine zureichende Ursache eintritt, die sie aufhebt. Die Rechte können, sofern sie nicht ihrer Natur nach unabtrennbar an der Person hängen, veräussert werden oder sonst auf andere Personen übergehen; man kann auf sein Recht ausdrücklich verzichten, wobei das Recht untergeht oder einem anderen zufällt. Kein Recht ist unbedingt. Das dringende Interesse der rechtlichen Gemeinschaft selber oder das überwiegend grosse Interesse eines anderen hebt jedes Recht auf oder schränkt es ein. So gewährt der Nothstand das Recht, fremdes Recht anzutasten. Ein gegen die Interessen der anderen rücksichtsloser Gebrauch des Rechtes ist überhaupt ausgeschlossen. Die Collision von Rechten ist möglichst nach Gesichtspunkten der Billigkeit zu schlichten und lässt sonst nur eine rein formelle Entscheidung zu.

1. Dasselbe Wort Recht, welches die einzelne objective Bestimmung wie das ganze System solcher Bestimmungen bezeichnet, wird auch für die durch die objective Bestimmung dem einzelnen Rechtssubjecte zugestandene Berechtigung gebraucht. Das ist zwar an sich nicht vortheilhaft; der Nachtheil wird aber bei genügender Aufmerksamkeit vermeidbar, während es lästig sein würde, statt des geläufigen Ausdrucks andere, wie etwa Berechtigung, Befugnis, Anspruch zu gebrauchen. Dass es ein Recht im objectiven Sinne und einen durch dasselbe geordneten Rechtszustand giebt, ist die Bedingung dafür, dass ein Rechtssubject Rechte habe. Das Recht bestimmt, was jedem an Rechten zugestanden werden kann, und die Rechtsordnung schützt jeden in diesen ihm zugestandenen Rechten, soweit dieselben durch Handlungen anderer beeinträchtigt werden können. Diese Rechte sind von verschiedener Art. Ich habe das Recht spazieren zu gehen oder zu Hause zu bleiben, zu schlafen oder zu wachen, zu arbeiten oder müssig zu gehen; ich habe ein Recht auf gewisse Leistungen meines Gesindes, auf gewisse Unterlassungen meines Nachbars, auf gewisse Nutzungen an fremdem Eigenthum. Mein Recht ist zunächst alles, was nicht ausdrücklich durch das Recht ausgeschlossen ist. Was nicht verboten ist, das ist erlaubt, und niemand darf mich daran hindern. Mein Recht ist ferner jede mir durch das Recht ausdrücklich zugestandene oder unter den vom Rechte bezeichneten Bedingungen von mir erworbene Befugnis. Es giebt sonach Rechte, die sich von selbst zu verstehen scheinen, andere, für die ein besonderer Erwerbsgrund aufzuzeigen ist. In der That aber hat niemand ein Recht, das nicht seinen Grund in der objectiven Rechtsordnung fände, wenn auch nur in der negativen Weise, dass es nirgends ausdrücklich beseitigt und ausgeschlossen ist. Daher hat jeder auch viele Rechte, deren Ausübung unter anderm Gesichtspunkte als dem des stricten Rechts sehr tadelnswerth sein würde. Ich habe innerhalb gewisser Grenzen das Recht, meinen Nachbar zu ärgern, meine Frau zu prügeln, mein Geld in unanständiger Weise auszugeben, unkeusch und schwelgerisch zu leben. Der Kauf-

§ 42. Berechtigung. Anspruch gegen alle u. gegen einen. 453

mann hat das Recht, auch unbilligen Profit zu nehmen, und der Gläubiger das Recht, die Verlegenheit des Schuldners, nur nicht in allzugrober Weise, auszubeuten. Alles das ist mein Recht, sofern die objective Rechtsordnung, weil sie es nicht ausschliesst, von jedem anderen verlangt, dass er mich darin ungestört lasse, und mich gegen thatsächliche Störung schützt. Mein Recht ist also ein Handelndürfen, welches für jeden anderen ein dem widersprechendes Handelndürfen ausschliesst. Die Rechtsordnung ertheilt dies Dürfen, sofern sie es nicht ausdrücklich aufhebt. Sie zieht die Grenze für meine Befugnis, indem sie die Grenze zieht für die Befugnis jedes anderen. Die Befugnis des einen bildet die Schranke für die Befugnis jedes anderen (§ 22). Dass dies mein Recht ist, erweist sich demnach in dem Anspruch, den ich gegen jeden anderen habe, und der ein negativer Anspruch ist, in meinem Rechte nicht gestört zu werden. Zu diesem Anspruch kann aber noch ein besonderer an eine bestimmte Person hinzukommen, der Anspruch, etwas in meinem Interesse zu leisten oder zu unterlassen. Ist dies der Fall, so ist darin ein doppeltes enthalten: erstens ein Anspruch gegen alle, insofern sie gebunden sind, den mir Verpflichteten in dieser Leistung oder Unterlassung nicht zu stören; zweitens aber ist darüber hinaus auch noch der Wille einer bestimmten Person zu einem gewissen Handeln oder Unterlassen verbunden. Letzteres kann wieder nur in der Weise der Fall sein, dass ein andersartiges Handeln dieser Person eine Störung meiner Befugnis sein würde. Eine solche Bindung eines fremden Willens kann theils nach dem Gebote der Rechtsordnung auf einen bestimmten objectiven Thatbestand hin ein für allemal als die selbstverständliche Folge desselben eintreten, oder von besonderen Bedingungen und Gründen im besonderen Fall abhängig gemacht werden. Danach unterscheidet man wol absolutes Recht als dasjenige, welches nur in einem negativen Anspruch gegen alle anderen Rechtssubjecte besteht, vom relativen Rechte als demjenigen, welches obendrein noch einen Anspruch gegen eine bestimmte andere Person zum Inhalte hat. Bei jeder aber von diesen beiden Arten der Rechte sind die beiden Fälle möglich, dass das Recht entweder selbstverständlich und unmittelbar aus dem Zusammenhange der jedesmaligen Rechtsordnung hervorgeht, oder auf Grund derselben unter besonderen Bedingungen erst jedesmal ausdrücklich erworben werden muss. Ertheilt die Rechtsordnung einem bestimmten Rechtssubjecte ein Recht ausnahmsweise, was ebensowol aus Gründen der Zweckmässigkeit als aus Gründen der Gerechtigkeit geschehen kann, weil die Individualität des Rechtssubjectes von unermesslicher Bedeutung für den ganzen

Zusammenhang der Rechtsordnung zu sein vermag, so ist ein solches Privilegium auch als Ausnahme zu behandeln und nicht zur Regel zu erweitern.

2. Indessen ist noch dies näher zu betrachten, wie sich die Befugnis des einen in eine Leistungs- oder Unterlassungspflicht für einen bestimmten andern verwandeln kann. In allem Rechte handelt es sich um Güter, also um Dinge, Kräfte, Thätigkeiten, Eigenschaften, Zustände, die irgend welchen Nutzen haben, an denen also ein Interesse statthat, und die man, weil ihnen ein Werth beiwohnt, auch wol selbst als Werthe bezeichnet. Was keinen Werth hat, woran kein Interesse nachgewiesen werden kann, darauf bezieht sich kein Recht. Ist ein Grundstück mit der Verpflichtung belastet, dass mir die Aussicht nicht verbaut werde, so hört diese Verpflichtung auf, sobald mir die Aussicht ohnedas, etwa durch ein dazwischenliegendes Grundstück, verbaut ist. Zu einem wirklichen Rechte gehört auch dies, dass der Berechtigte mit seinem Willen dabei sei, ein Interesse daran habe. Alle Befugnis lässt sich also auf den Besitz und Gebrauch von Werthen zurückführen. Der Werth gehört mir, sofern ich ihn unter dem Schutze der Rechtsordnung gegen jede durch fremdes Handeln eintretende Störung in meiner Gewalt habe und von dieser meiner Gewalt den mir beliebenden Gebrauch mache. So lange nun der Werth thatsächlich in meiner Gewalt und zu meiner Verfügung steht, so lange sind durch mein Recht alle anderen in gleicher Weise gebunden, nämlich dazu, mich in meinem Rechte nicht zu stören. Sobald der Werth aber nicht mehr thatsächlich in meiner Gewalt, sondern in die Gewalt und Verfügung eines anderen übergegangen ist, so concentrirt sich nun die aus meinem Rechte fliessende Verpflichtung auf diesen bestimmten anderen, gleichviel ob dieser Uebergang des Werthes aus meiner Gewalt in die Gewalt eines anderen, wobei der Werth doch mir gehörig bleiben soll, mit meinem Willen oder ohne denselben stattgefunden hat, und die Rechtsordnung, die mich in meinem Rechte schützt, und zwar gegen jeden beliebigen Störer schützt, hat mich nun gegen diesen bestimmten einzelnen zu schützen, der meinen Werth in seiner Gewalt hat, falls er Miene machen sollte, ihn mir nicht auszuliefern. Es kann mein Wille sein, dass mein Werth bis zu einem bestimmten Zeitpunkte in fremder Gewalt bleibe; dann entsteht die Verpflichtung für den bestimmten anderen in dem bestimmten Zeitpunkte, wo ich meinen Werth zurückfordere, und jede Zögerung wäre ein durch die Rechtsordnung abzuwehrender Eingriff in mein Recht. Mein Werth kann auch das Aequivalent für einen von mir abgegebenen Werth sein; er kann auch in einer

§ 42. Berechtigung. Entstehungsweise u. Inhalt des Anspruchs.

Unterlassung seitens des anderen bestehen, ebensowol wie in einer Sache, die er giebt, einer Thätigkeit, die er übt. Immer ist die Verpflichtung eines bestimmten anderen, sei es zu einer positiven Leistung, sei es zu einer Unterlassung, nur der Specialfall der negativen Verpflichtung, mich in meinem Rechte nicht zu stören, die für alle gilt und die zum Begriffe der Berechtigung selbst gehört. Die Verpflichtung aller wird zur Verpflichtung dieses bestimmten einzelnen dadurch, dass es nicht mehr unbestimmt bleibt, wer mich in meinem Rechte stören könnte, sondern dass dieser bestimmte einzelne, der meinen Werth in seiner Gewalt hat, mich in meinem Rechte stören würde, sobald er ihn im gegebenen Augenblicke mir nicht auslieferte. So kann denn mein Recht ein **Anspruch** sein, dass ein anderer oder jeder beliebige andere etwas thue oder etwas unterlasse; zu dieser Unterlassungsverpflichtung ist als besondere Art die Verpflichtung zu zählen, dass ein anderer mein Thun dulde, d. h. der Störung meines Thuns sich enthalte. Jede Verpflichtung eines anderen, etwas zu thun oder zu unterlassen, ist abgeleitet aus meiner Berechtigung, mit dem mir gehörigen Werthe etwas mir Beliebendes zu thun. Immer also ist mein Recht ein durch die Rechtsordnung geschütztes Handelndürfen.

3. Das Recht im Sinne der Berechtigung enthält eben deshalb, weil es in einem Handelndürfen besteht, keinerlei Verpflichtung, davon nun auch wirklichen Gebrauch zu machen. Mein Recht ist mein durch die Rechtsordnung geschütztes Interesse; ich kann das Interesse, das ein anderer haben würde oder das ich selbst zu anderer Zeit und unter andern Umständen haben würde, entweder nicht empfinden oder zu Gunsten eines für mich dringlicheren Interesses darangeben. Woran ich kein Interesse habe, das hat auch keinen Werth für mich, und daran hört, sobald dies erwiesen ist, auch mein Recht auf; damit kann jeder andere nach seinem Belieben schalten. Darin liegt auch die Richtigkeit des Satzes begründet: prodesse sibi unusquisque, dum alii non nocet, non prohibetur (L. 1, 11. D. De aqua. XXXIX, 3); wodurch gegen niemandes Interesse verstossen wird, das zu meinem Rechte zu machen, reicht mein Interesse aus. Zu meinem Rechte gehört eben darum auch das Recht, es aufzugeben, es nicht geltend zu machen, damit auch den Anspruch gegen die anderen fahren zu lassen. Jure suo uti nemo cogitur; ad agendum nemo compellitur. Ich habe das Recht, auf mein Recht für immer oder für bestimmte Zeit zu verzichten, es zu veräussern und auf einen andern zu übertragen, sofern es nicht untrennbar mit meiner Person verbunden ist, und wenn das Recht theilbar ist, so gilt vom Theile, was vom Ganzen gilt.

Verzichte ich, so erlischt damit das Recht, oder es geht, wie im Falle des Erbrechts, auch ohne meinen ausdrücklichen Willen auf einen andern über. Die von mir weggeworfene oder aufgegebene Sache hat jeder das Recht zu occupiren; der von mir aufgegebene Anspruch giebt dem andern die Freiheit des Handelns zurück. Volenti non fit iniuria, d. h. insofern die Verletzung des Zustimmenden nicht zugleich eine Verletzung eines andern Rechtssubjectes ist, das nicht zustimmt, z. B. des Staates. Auf dieser Möglichkeit, sich seines Rechtes zu entäussern, beruht aller Verkehr, aller Austausch der Güter; denn nur auf diese Weise vermag jeder Werthe dahinzugeben, um andere Werthe zurückzuempfangen. Jede Berechtigung kann aber ferner auch durch einen Stellvertreter des Berechtigten ausgeübt werden, sofern nicht, wie es im Familienrecht und in manchen anderen Verpflichtungsverhältnissen der Fall ist, Recht und Ausübung gerade an der bestimmten Person haftet. Mit dieser Beschränkung gilt der Grundsatz: potest quis per alium quod potest facere per se ipsum. Durch den bevollmächtigten Stellvertreter handelt thatsächlich der Auftraggeber selbst und wird dadurch berechtigt und verpflichtet, wie durch eigenes Handeln. Nicht eine Fiction ist der Grund dafür, sondern thatsächlich ist der Stellvertreter nur das Organ für den Willensausdruck des Vollmachtgebers.

4. Das Recht, das ich habe, ist immer **gegenwärtiges** Recht. Mein Anspruch gegen alle anderen und gegen den bestimmten anderen muss jetzt feststehen und eventuellen rechtlichen Schutz besitzen, um ein Recht zu sein. Ein Recht, das dereinst einmal zu erwerben ich auch noch so begründete Aussicht habe, ist nicht schon jetzt mein Recht und gewährt mir auch keinen rechtlichen Schutz. Wo ein solcher Schutz gewährt wird, da ist immer auch schon gegenwärtiges Recht vorhanden, nämlich das Recht auf dereinstige Erwerbung eines Rechtes, das nicht jeder zu erwerben vermag, wie das Recht des Kindes auf Beerbung des Vaters, das Recht des Anwärters auf Succession in das Lehen bei dereinstiger Erledigung. Der Anspruch, den ich an jemand habe, zu einem bestimmten künftigen Zeitpunkt zu leisten, ist schon mein gegenwärtiges Recht; denn er hat einen bestimmten gegenwärtigen Werth, während die ungewisse Aussicht auf künftigen möglichen Erwerb eines Rechtes einen solchen bestimmten Werth nicht hat. Der zeitlichen Dauer nach giebt es Rechte, die so lange währen wie das Leben der Person und nach deren Tode als das dem Inhalte nach gleiche Recht einer anderen Person auf einen Rechtsnachfolger übergehen; andere Rechte dagegen, die auf einmalige oder

mehrmalige Leistung gehen und zu existiren aufhören, wenn die Leistung vollbracht ist, und in ähnlicher Weise können auch andere Rechte für beschränkte Zeit erworben werden. Die Gesammtheit der den Rechtssubjecten zustehenden **Rechte**, d. h. derjenigen Rechte, die bestimmten natürlichen oder juristischen Personen nach bestimmtem Rechtsgrunde thatsächlich zustehen und rechtlich anerkannt sind, bildet den jedesmaligen Rechtszustand, welchen rechtlich zu schützen und dessen stetige Veränderung rechtlich zu ordnen die Aufgabe der Rechtsordnung ist. Jedes erworbene Recht eines Rechtssubjectes dauert fort, bis ein zureichender Grund eintritt, der das Erlöschen desselben bewirkt: etwa der Untergang der Person oder des Werthes, oder die rechtliche Praeclusion des unbekannten Berechtigten, der sich trotz ergangener Aufforderung nicht gemeldet hat; oder andererseits die Erfüllung der Leistung, der Ablauf des Zeitraums u. dergl. m.

5. Jedes Recht einer Person besteht aus einer Mehrheit von einzelnen Befugnissen, von denen man jede selbst wieder ebenso wie das Ganze das sie umfasst als ein Recht ansehen kann. Insofern sind die Rechte **theilbar**. Sie können qualitativ getheilt werden dem Inhalte, den einzelnen Befugnissen nach; sie können quantitativ eingeschränkt werden dem Umfange, der Zeitdauer, dem Orte nach. Es kann ein Recht einer Person unter mehrere Personen so vertheilt werden, dass jede das Recht seinem ganzen Inhalte nach hat und das Recht des einen durch das Recht des anderen nur in Bezug auf den Umfang, die Zeit oder den Ort der Ausübung beschränkt wird, oder so, dass die einzelnen Theile des Inhalts von einander abgetrennt und verschiedenen zugewiesen werden. Mit dem **Hauptrechte** können **Nebenrechte** verbunden sein, die auf jenes sich stützen und von demselben unabtrennbar sind. Mit dem Rechte als einer Befugnis zu einem bestimmten Handeln ist auch das Recht auf diejenigen Voraussetzungen gegeben, ohne welche jene Befugnis nicht existiren könnte; wer ein Recht auf das Mehr hat, dem darf das Mindere, was darin enthalten ist, nicht vorenthalten werden. **Ein Recht am Rechte** dagegen anzunehmen ist äusserst misslich. Schon wenn ein Recht seinem ganzen Inhalte und Umfange nach auf ein anderes Rechtssubject übergeht, ist es nur eine bequemere Ausdrucksweise, wenn man noch von der Fortdauer desselben Rechtes spricht; das Recht ist ein anderes geworden, schon weil es einen anderen Grund hat. Wird aber von einem Rechte ein Theil abgelöst und auf ein anderes Rechtssubject übertragen, etwa der Niessbrauch auf bestimmte Zeit, so hat damit dieses letztere ein ganz neues und selbst-

ständiges Recht erworben, und das Recht des ersten Berechtigten ist durch Einschränkung der Zeit oder dem Inhalte nach verändert worden. So ist der Niessbrauch am Pfandrechte selbst ein der Zeit und dem Inhalte nach beschränktes Pfandrecht, der Niessbrauch an einer Forderung ein ebenso beschränktes Forderungsrecht. Nur der Inhalt solcher Rechte wird bestimmt durch den Inhalt der Rechte, aus deren Inbegriff sie abgelöst sind.

6. Ein Recht hat seine Geltung nur innerhalb des Ganzen der Rechtsordnung; aus ihr bezieht es seine Kraft, und nur in der Angemessenheit zu ihr vermag es seine Wirksamkeit zu entfalten. Darum ist kein Recht unbedingt. Das dringende Interesse der Gemeinschaft, zuweilen auch das eines anderen einzelnen Rechtssubjectes vermag jedes Recht, auch das vollkommen gültige erworbene Recht, aufzuheben oder einzuschränken. Es ist wider den Grundgedanken des Rechtes, die einzelne von der Rechtsordnung zugestandene Berechtigung als etwas Absolutes anzusehen. sie dem Zusammenhange des Ganzen und allen noch so gebieterischen Anforderungen der Zweckmässigkeit und der Gerechtigkeit als etwas völlig Starres und Unbewegliches gegenüberzuhalten. Der bloss formell rechtliche Charakter der erworbenen Rechte muss vielmehr in vielen Fällen dem materiell Gerechten weichen, und das Recht erhält sich lebendig und gesund nur, indem es in den ernsten Wendepunkten seiner Entwicklung den nur formell gültigen erworbenen Rechten seine Stütze entzieht. Das hat sich uns schon bei der rückwirkenden Kraft der Gesetze ergeben (§ 39, 5). Aber auch im gewöhnlichen Laufe des Rechtslebens lässt sich dieselbe Thatsache beobachten. Das Recht schränkt jedes seiner einzelnen Gebilde ein, um sich als Ganzes zu behaupten und seine Lebenskraft vor dem Erstarrungstode zu bewahren. Treffend hat man deshalb das Recht mit dem Saturn verglichen, der seine eigenen Kinder verschlingt. Das niedere Recht muss dem höheren, das formelle dem materiellen, das Recht des Einzelnen dem des Ganzen weichen: das ist die Forderung des Rechtes selber. Allerdings erhält das Recht damit etwas Fliessendes und Unbestimmtes, was nicht in der Form des Paragraphen, sondern des lebendigen Rechtsgefühles und Rechtsbewusstseins, der Liebe zum Gerechten zu erledigen ist. Wer das Recht liebt, der soll auch an seinem Rechte festhalten und es eifrig vertheidigen, aber nur dem Unrecht oder dem geringeren Recht gegenüber. Der liebt nicht das Recht, sondern sein Interesse in seinem Recht, wer dasselbe wie ein Medusenhaupt jeder, auch der vernünftigsten Einwendung und Einrede gegenüberhält. Allen höheren Anforderungen des Woles und des

§ 42. Berechtigung. Einschränkung.

Gerechten gegenüber auf seinem Schein zu bestehen und fest auf dem Rechtsboden verbleibend sein Ohr gegen alle vernünftige Anforderung zu verschliessen, das beweist nicht Sinn für Recht und Gerechtigkeit, sondern unverständigen Starrsinn und blinde Eigenliebe. Erworbene, formell gültige Rechte ohne dringenden Grund antasten und preisgeben, das hiesse allerdings, in den einzelnen Rechten das Recht und damit die bedeutsamste Grundlage aller gesunden menschlichen Entwicklung erschüttern. Wer aber der vernünftigen Einrede gegenüber sein Recht aufrecht erhalten will, für den genügt es nicht, sich bloss auf sein formelles Recht zu berufen; der weise vielmehr die höhere Vernünftigkeit seines Rechtes nach.

7. So ist es denn keineswegs ausgeschlossen, dass durch neue Rechtsbildung, dass selbst durch eine einzelne von dem rechtmässigen Organe der Rechtsordnung vollzogene Maassregel formell gültige erworbene Rechte angetastet werden. Aber auch ohne Aufhebung des Rechtes selber ist das Rechtssubject in der Ausübung seiner Rechte beschränkt. Allgemeinster und oberster Grundsatz ist allerdings, was in dem Begriffe des Rechtes selbst liegt, dass man den anderen nicht rechtswidrig verletzt, wenn man sich nur seines Rechtes bedient, und dass mithin wer nur sein Recht ausübt, nicht für den Schaden haftet, der dadurch einem anderen zugefügt wird. Aber fraglich bleibt es jedesmal, wie weit die That noch Uebung des Rechtes ist. Völlig unbillig wäre es, jede Schädigung anderer, auch eine verhältnismässig grosse, zuzulassen, damit nur niemand in der Ausübung seiner Rechte, auch solcher, an denen kein grosses Interesse hängt, gestört werde. In der Gemeinschaft hat jeder das Recht, vor vermeidlicher Schädigung seiner Rechte bewahrt zu bleiben, jeder also auch die entsprechende Verpflichtung, die vermeidliche Schädigung des anderen zu unterlassen: damit aber wird jedes Recht seinem Umfange nach wesentlich eingeschränkt. Diese Beschränkung kann ausdrücklich als bindende Rechtsregel ausgesprochen sein: aber meistens bleibt sie als selbstverständlich unausgesprochen, und in vielen Fällen entscheidet nur der Gesichtspunkt der Billigkeit und der herrschenden Sitte und Rechtsanschauung über das Zulässige oder Verbotene in der Schädigung fremder rechtmässiger Interessen bei der Verfolgung der eigenen. Allgemein wird man sagen dürfen: sowenig es möglich ist ein Recht auszuüben ohne jeden Eingriff in das Recht des andern, so hat doch jedes Recht seine Schranke daran, sobald die Schädigung des anderen einen gewissen Grad von Erheblichkeit erlangt, sobald sie insbesondere unersetzliche Güter betrifft. Müsste allerdings jede Schädigung vermieden werden, so müsste die

Ausübung jedes Rechtes unterbleiben, und es gäbe überhaupt keinen Rechtszustand mehr; würde wiederum jede Schädigung zugelassen, die die Folge der Ausübung von Rechten ist, so würde niemand in seinen Rechten geschützt und gleichfalls der Rechtszustand aufgehoben sein. Es folgt also, dass jedes rechtlich geschützte Interesse nicht gegen jede Schädigung, sondern nur gegen die vermeidliche und erhebliche Schädigung in Folge der Uebung fremden Rechtes geschützt ist, und dass die Berechtigung ihre Grenze nicht an jeder, aber an der vermeidlichen und verhältnismässig grossen Schädigung des anderen hat. Dieser Satz wird wichtig bei der Lehre vom Unrecht. Hier ziehen wir nur noch folgende Consequenzen. Ich kann den mir gehörigen Werth missbrauchen oder ungebraucht lassen zu allgemeinem Schaden; aber wo solcher Missbrauch eine Gefahr für andere oder für das Ganze umschliesst, da braucht er über eine gewisse Grenze hinaus nicht geduldet zu werden. Expedit reipublicae, ne quis sua re male utatur. An sich liegt es in meinem Rechte, das mir gehörige Gut zu zerstören; aber wo es aus blosser Schadenfreude, ohne irgend ein anderes eigenes Interesse als das der Böswilligkeit geschieht, um anderen ihre Freude oder ihren Nutzen zu entziehen: da ist ein solcher Gebrauch meines Rechtes nicht zuzulassen. Neque malitiis indulgendum est. Wer auf seinem Grundstücke grabend die Quelle des Nachbars ableitet, bleibt in seinem Recht, so lange er nicht des Nachbars Schaden, sondern den eigenen Vortheil sucht (L. 1, 12; 2, 9. D. de aqua. XXXIX. 3); hier also liegt die Grenze für die Ausübung jedes Rechtes. Gewiss gilt ferner der Grundsatz nicht allgemein und nicht unbedingt: quod mihi prodest et tibi non nocet, ad id potes compelli; aber er gilt doch in dringlichen Ausnahmefällen. Der Nothstand, wo Leib und Leben, wo die Ehre, wo wichtige Rechte, wo das Vermögen auf dem Spiele steht, giebt ein Recht, in fremde Rechte einzugreifen, wenn nur auf Kosten fremder Rechte ein weit dringlicheres und bedeutsameres Recht gewahrt werden kann. So in Lebensgefahr, bei einer Hungersnoth, einer Feuersbrunst, bei einem durch Drohung geübten Zwange. Der Nothstand braucht dabei weder unverschuldet, noch braucht er der eigene Nothstand dessen zu sein, der fremdes Recht verletzt. Eine übermässige Scheu vor dem Eingriffe in fremdes Recht kann dabei Grund zu schwerem Tadel nicht bloss vom sittlichen, sondern auch vom specifisch rechtlichen Standpunkte aus geben, besonders da, wo man die Zerstörung von unersetzbarem Gute zulässt, um nur nicht ersetzbares Gut eines anderen zerstören zu müssen. Die ausdrücklich übernommene Amts- und Berufspflicht darf freilich

§ 42. Berechtigung. Einschränkung durch Nothstand. Collision.

wegen irgend welcher Gefahr eines drohenden Verlustes an Leib und Leben oder sonst einem höchst werthvollen Gute nicht verabsäumt werden, wenn man nur sonst durch solchen Einsatz die Verletzung von anderen abzuwenden im Stande ist. Nothstand und Nothrecht begründet auch der Angriff eines Unzurechnungsfähigen; die Abwehr des von einem Willensfähigen drohenden Unrechtes dagegen gehört einem ganz anderen Gebiete an (§ 45, 5). Das Nothrecht nun ist wirkliches Recht, nicht eine Ausnahme vom Recht; es wurzelt in der mit dem Rechte selbst gesetzten Bedingtheit jeder Berechtigung. Das Verkehrteste wäre, das Nothrecht als Verbrechen, wenn auch als entschuldbares Verbrechen anzusehen oder es für eine besondere Milde oder Klugheit der Rechtsordnung auszugeben, wenn sie die Uebung des Nothrechtes nicht als Unrecht straft, etwa weil Heroismus nicht gefordert werden dürfe. Vielmehr der Nothstand giebt innerhalb der oben bezeichneten Grenzen ein wirkliches Recht, in anerkanntes und durch die Rechtsordnung geschütztes fremdes Recht einzugreifen. Freilich, wer sein Nothrecht übt, versetzt dadurch möglicherweise seinerseits den anderen in einen Nothstand, so dass nun Nothrecht gegen Nothrecht steht, ein Fall der allgemeineren Erscheinung, die sogleich zu besprechen ist.

8. Die bedingte Gültigkeit jedes Rechtes erweist sich nämlich auch in der Möglichkeit, dass zwei verschiedene Rechtssubjecte ausdrücklich erworbene Rechte von gleicher Gültigkeit haben, die doch so beschaffen sind, dass die Ausübung des einen die Ausübung des anderen ausschliesst. In solcher eigentlichen **Collision der Rechte** hilft wiederum kein Paragraph. Die Lösung ist zu finden entweder unter dem Gesichtspunkte der Billigkeit, also nach mehr oder minder subjectivem Ermessen, oder sie ist gar nicht zu finden, und man muss sich an einer rein formellen äusserlichen Entscheidung genügen lassen mit dem Troste, dass, wenn die Nothwendigkeit des Verzichtes den einen der beiden Berechtigten betrifft, sie doch ebensogut den anderen hätte treffen können. Unter dem Gesichtspunkte der Billigkeit nimmt man, wo es möglich ist, eine Theilung des Rechtes vor und weist jedem der Berechtigten statt des Ganzen einen Theil zu, so dass nun die Theile nicht mehr collidiren; oder man zieht dasjenige Recht vor den anderen vor, welches die stärkere Begründung, den reicheren Inhalt hat; oder man lässt den begehrten Vortheil zurücktreten hinter den abzuwendenden Schaden. Auf äusserlichere Weise entscheidet man nach dem Grundsatze: prior tempore, potior iure; derjenige mahlt zuerst, der zuerst kommt. Theatrum licet commune sit, recte tamen dici potest, eius esse eum locum, quem quisque occupaverit

(Cicero De finib. III, 20). In pari causa possidentis melior conditio, z. B. wenn eine Sache an zwei Personen in solidum verliehen, verpachtet, verpfändet ist. Dafür spricht noch wenigstens der Grundsatz, der für alles Recht gilt, dass jedes Recht nur dem besseren Rechte zu weichen hat, also auch nicht dem ebenso guten. Die Unmöglichkeit einer inhaltlich rechtlichen Entscheidung gesteht man endlich ein, wo man, um eine Entscheidung zu finden, zum Loose greift.

§. 43.
Rechtsthatsachen und Rechtshandlungen.

Der Rechtszustand ist in continuirlicher Veränderung; unablässig entstehen Rechte, verändern sich Rechte oder gehen unter. Die Ursachen dieser Veränderung liegen theils in Ereignissen, die vom Willen des Menschen unabhängig sind: Rechtsthatsachen, theils in menschlichen Handlungen, die insofern Rechtshandlungen, und wenn sie ausdrücklich in der Absicht vollzogen werden, um ein Rechtsverhältnis zu begründen, aufzuheben oder zu verändern, Rechtsgeschäfte heissen. An gewisse Thatsachen hat die Rechtsordnung regelmässige Rechtsfolgen geknüpft; so verleiht auch schon der Besitz, die blosse Thatsache, dass jemand eine Verfügungsmöglichkeit dauernd übt, dem Besitzenden Rechtsschutz gegen Störung durch jeden, der nicht besser berechtigt ist, und unter gewissen Bedingungen erlangt der Besitzer durch erwerbende Verjährung vollkommene Anerkennung des Rechtes als des seinigen, während die Thatsache dauernder Nichtübung des Rechtes Verlust des Rechtes durch erlöschende Verjährung herbeiführt. Die Rechtshandlung setzt Handlungsfähigkeit des Handelnden und Abwesenheit von Zwang und Irrthum voraus. Bei Rechtsgeschäften ist es der Wille und seine Absicht, der die Gestaltung der Rechtsverhältnisse innerhalb des Rahmens der von der Rechtsordnung dafür gegebenen Vorschriften bewirkt. Die wichtigste Form der Rechtsgeschäfte ist der Vertrag, die übereinstimmende Willenserklärung verschiedener Personen über die Gestaltung ihrer gegenseitigen Rechtsverhältnisse. Die Willenserklärung beim Rechtsgeschäfte erlangt ihre nähere

Bestimmtheit durch die Hinzufügung einer **Bedingung**, einer **Befristung** oder einer **Zweckbestimmung**.

1. Durch dauernde Gedanken die unablässig schwankende Bewegung des wirklichen Lebens zu befestigen, das ist die Aufgabe der Rechtsordnung. Diese Ordnung selbst ist dauernd, und die Berechtigungen, die sie ertheilt, sind dauernd. Nach gleichen Regeln gestaltet sie die mannigfaltigen Ereignisse, welche die vorhandene Ordnung der Berechtigungen verändern, indem sie sie nach Möglichkeit in Gattungen scheidet und an das Gleiche gleiche, an das Ungleiche ungleiche Rechtsfolgen knüpft. Ereignisse, die auf diese Weise für das Recht in Betracht kommen, sind Geburt, Lebensprocesse und Tod von Personen, Entstehung, Veränderung und Untergang von Sachen oder Verhältnissen. Unter dem Gesichtspunkte der Gerechtigkeit und der Zweckmässigkeit bestrebt sich die Rechtsordnung, jedes dieser Ereignisse so in das schon Vorhandene einzugliedern, dass ein dauerndes Gleichgewicht in aller Veränderung bestehen bleibt oder sich aus aller Erschütterung stetig wiederherstellt. Bei der Unmöglichkeit, jedes mögliche Vorkommnis auch nur nach allen seinen wesentlichen Seiten in einer beschränkten Anzahl von allgemeinen Regeln rechtlich zu bestimmen, bedient sich das Recht zuweilen der **Fiction**, indem es einen vorhandenen Thatbestand so behandelt, als wäre er ein anderer als er ist, um so durch Analogie die für einen anderen Thatbestand gegebenen Regeln auf den vorliegenden Thatbestand anwenden zu können. In der Verwirklichung dieses Systems von Rechtsregeln erhält sich die Rechtsordnung, indem jede Veränderung des durch das Recht durchweg geordneten und bestimmten Zustandes wieder auf rechtlichem Wege, nach den dafür vorgeschriebenen Regeln vor sich geht.

2. Indessen, die continuirliche Veränderung des Rechtszustandes führt, nach rückwärts verfolgt, entweder auf eine unendliche Reihe oder auf einen ersten Zustand, der selbst noch nicht auf rechtliche Weise entstanden ist, aber für alle zukünftige rechtliche Gestaltung der Ereignisse den anerkannten Ausgangspunkt bildet. Die unendliche Reihe ergäbe nirgends eine sichere Basis; also bleibt nur die zweite Möglichkeit offen. D. h. alle Rechte wurzeln zuletzt in blossen Thatsachen, die nicht schon durch das Recht erzeugt und geformt wurden, sondern erst nachträglich durch das Recht anerkannt worden sind. Diese Natur des Rechtes, die blosse Thatsache ideell oder reell zu seiner letzten Voraussetzung zu haben, kommt nun inmitten der lebendigen Bewegung der Rechtsordnung auf vereinzelten Punkten immer wieder zum

Vorschein. Es finden sich immer wieder Thatsachen ein ohne genügende rechtliche Begründung. Jede solche Thatsache ist an sich ein Riss durch den stricten Zusammenhang der Rechtsordnung, eine Unterbrechung in der Stetigkeit der Veränderung, wie eine brandige Stelle an einem lebendigen Körper, die aus dem Zusammenhange der Lebensprocesse herausgelöst ist. Aber auch dieses dem Rechte fremde, ja feindliche Moment einer blossen, rechtlich nicht motivirten Thatsächlichkeit will in den fliessenden Zusammenhang des Rechtslebens wieder aufgenommen werden und erfordert, wenn es überhaupt einen Rechtszustand geben soll, einen dem inneren Wesen alles Rechtes entstammenden Gedanken zu seiner Bewältigung und Wiedereinfügung in das Ganze. Dieser Rechtsgedanke nun liegt in der Natur des Rechtes, aus einem bloss thatsächlichen Zustande von einem gegebenen zeitlichen Momente an herauszuwachsen. Die blosse Thatsächlichkeit ist dem Rechte nicht durchaus fremd, sondern als eine in jedem Augenblicke vorhandene Möglichkeit demselben eingeboren. Das Recht giebt sich also keineswegs auf, wenn es die blosse Thatsächlichkeit anerkennt und als Ausgangspunkt für die weitere rechtliche Gestaltung der Verhältnisse benutzt. Es entspricht vielmehr der Natur des Rechtes, der Thatsache selbst rechtlichen Charakter beizulegen, damit die Störung des Rechtszustandes keine continuirliche werde; das Recht selbst ist die Macht, das Nicht-Rechtliche zu überwinden, die nekrotische Stelle wieder in den ganzen Zusammenhang des rechtlichen Lebensprocesses einzureihen und das Rechtlose als Ausgangspunkt für neue Rechtsbildung zu benutzen. Der Grundsatz, dessen sich die Rechtsordnung dabei bedient, ist der des **zureichenden Grundes**; derselbe stimmt ebenso mit dem Princip der Gerechtigkeit zusammen, dass keiner vor dem anderen etwas voraus habe, es sei denn auf Grund einer bestimmten Berechtigung, wie mit dem Princip der Zweckmässigkeit, wonach jede vermeidliche Erschütterung des gegebenen Zustandes unterbleiben und nur der zwingende Grund zur Anzweifelung und Antastung der thatsächlichen Ordnung veranlassen soll. Diese thatsächliche Ordnung vertheidigt sich demnach mit der dem Princip des Rechtes selber entstammenden Kraft der Trägheit gegen die Veränderung. Der vorhandene Zustand, auch wo er der rechtlichen Begründung entbehrt, kann nicht in jeder beliebigen Weise umgestossen werden; das hiesse vielmehr, mitten im Rechtszustande der grundlosen Willkür einen breiten Zugang eröffnen und den Rechtszustand selbst in Frage stellen. Sondern die vorhandene blosse Thatsächlichkeit kann umgestossen werden nur durch einen zureichenden Grund, und dieser kann nur in einem nachweisbaren Rechte gefunden werden. Daraus folgt, dass der thatsächliche Zustand gilt, so lange bis er dem nachgewiesenen besseren Rechte weichen muss. Die blosse Thatsache hat also als solche schon rechtliche Geltung, nicht etwa weil im allgemeinen vermuthet würde, was thatsächlich sei, werde wol auch rechtlich begründet sein, sondern bloss wegen des Charakters der Thatsächlichkeit, die der Veränderung mit der Kraft der Trägheit widersteht, bis der zureichende Grund der Veränderung in einem nachweisbaren Rechte wirksam wird. Die Thatsache gilt, und zwar zunächst nur v o r l ä u f i g, bis das bessere Recht nachgewiesen wird; darin liegt der Grund für das Rechtsinstitut des B e s i t z e s s c h u t z e s. Dann aber kann sie auch d e f i n i t i v e Geltung erreichen durch die Länge der Zeit, damit nicht der Streit und die Ungewissheit über das Recht ins Unermessliche sich ausdehne und zu jeder Zeit jeder vorhandene Zustand in Frage gestellt werde; denn damit würde wiederum die ganze Rechtsordnung unterhöhlt werden. Der gegebene thatsächliche Zustand erlangt also mit der Zeit, wenn kein besseres Recht bis dahin wirksam geworden ist, selber den Charakter des besten Rechtes, der dann durch keinen Nachweis eines ursprünglich vorhandenen besseren Rechtes mehr erschüttert werden kann. Dies ist der Grund für das Rechtsinstitut der V e r j ä h r u n g, der erlöschenden wie der erwerbenden Verjährung.

3. Unter B e s i t z verstehen wir jede thatsächliche dauernde Ausübung von Thätigkeiten, abgesehen von der rechtlichen Befugnis zu solcher Ausübung, sofern nur eine rechtliche Befugnis dafür in Anspruch genommen wird. Aus der rechtlichen Befugnis ergiebt sich der Besitz selbstverständlich als ihre Consequenz; der Besitz kann aber auch ohne solche Befugnis als etwas bloss Thatsächliches vorhanden sein. Den Besitz seinem Begriffe nach auf die Ausübung von Thätigkeiten in Bezug auf körperliche Sachen zu beschränken, giebt es keinen inneren Grund; nur die geschichtliche Entstehung des Instituts des Besitzesschutzes, die grössere Häufigkeit des Vorkommens und die leichtere Fassbarkeit der Erscheinung hat es bewirkt, dass man das Verhältnis der Person zur körperlichen Sache bei der Gestaltung des Verhältnisses der Thatsache zum Recht vorwiegend ins Auge gefasst hat. Wenn die römischen Juristen den Grundsatz aufstellen: Possideri possunt quae sunt corporalia; Nec possideri intellegitur ius incorporale: so haben sie doch selbst den Grundsatz durch Zulassung einer iuris quasi possessio an dinglichen Nutzungsrechten durchbrochen. Aber auch andere Arten von Rechten, — ein Recht heisst in diesem Zusammenhange eine Ver-

fügungsmöglichkeit, wie sie sonst nur auf Grund rechtlicher
Bestimmungen, in diesem Falle aber bloss thatsächlich vorhanden ist, — lassen ganz in demselben Sinne einen Besitz
zu, nämlich alle diejenigen, die eine dauernde oder von Zeit
zu Zeit wiederkehrende Ausübung gestatten. Einen Besitz
giebt es für Rechte, die in dem Familienverhältnis ihren Grund
haben, wie väterliche Gewalt, elterliche und vormundschaftliche Rechte, und umgekehrt Rechte des Kindes an Eltern
und Vormund; ferner für Rechte, die einen Anspruch an bestimmte Personen begründen, wie regelmässig wiederkehrende
Zinsen eines Capitals, Reallasten, Renten, Bannrechte, Alimente; und für Rechte, die in das öffentliche Leben einschlagen, wie Patronatsrechte, Abgabenfreiheit, Brücken- und
Wegegelder. Die innere Natur des Besitzesverhältnisses ist
in allen diesen Fällen die gleiche, und der innere Grund für
die rechtliche Behandlung desselben der gleiche, mag auch
im einzelnen, was die besonderen Fälle an Unterschieden mit
sich bringen, abweichende Rechtsbestimmungen bedingen.
Das Rechtsverhältnis des Besitzes umfasst also in gleicher
Bedeutung die thatsächliche Ausübung von Befugnissen an
körperlichen Dingen, an dinglichen Nutzungen und an Forderungen. Die Ausübung ist blosser Besitz, sofern sie ohne
rechtliche Begründung dauernd oder immer wieder geschieht.
Die einmalige unberechtigte Handlung ist immer zugleich
widerrechtlich. Wäre sie das nicht, so gäbe es auch keinen
Grund, sie unberechtigt zu nennen; denn jeder ist zu allem
berechtigt, was nicht widerrechtlich ist. Sie kann widerrechtlich sein mit Wissen oder ohne Wissen des Handelnden;
in keinem Falle ergiebt sie irgend ein Recht, denn sie bildet
keinen Bestandtheil des dauernden Rechtszustandes. Die
dauernde oder ständig wiederholte Handlung dagegen ist von
ganz anderer Natur. Sie bildet in dem Gesammtzustande
ein nicht ohne weiteres aufzuhebendes Moment, und die Rechtsordnung hat die Entscheidung zu treffen, ob sie und inwiefern
sie diesem Momente Anerkennung versagen oder gewähren
will. Auch das geringste Maass von Verfügung über Dinge
oder fremde Leistungen, welche jemand thatsächlich ausübt,
auch wenn sein Wille nur auf dieses geringste Maass gerichtet
ist, für das er ein Recht in Anspruch nimmt, indem er das
Recht auf jede weitergehende Verfügung einem anderen zuerkennt, ist noch eine Art von Besitz. Der blosse Innehaber,
der eine Sache für einen anderen verwahrt, kann doch sein
Recht zu diesem Innehaben und Verwahren behaupten und zu
vertheidigen gewillt sein. Die blosse Möglichkeit der Verfügung freilich, die jemand hat ohne sie zu benutzen, der
blosse G e w a h r s a m, ist nicht Besitz, weil damit keine Be-

rechtigung in Anspruch genommen und mit einer etwaigen Veränderung nichts in der Berechtigung dessen, der den Gewahrsam hat, geändert wird; hier also kann der Schutz nur dem zu Theil werden, der das Recht in Anspruch nimmt, nicht dem, der dabei unbetheiligt ist. Von rechtlicher Bedeutung wird die thatsächliche Möglichkeit der Verfügung erst dann, wenn sie in eine dauernd wirklich gewollte Verfügung übergeht, die sich nicht auf fremdes, sondern auf vermeintliches oder wirkliches eigenes Recht stützt.

4. Die Lehre vom Besitz mit ihren gehäuften Schwierigkeiten kann nur in ihren allgemeinsten Umrissen Gegenstand der Rechtsphilosophie sein, und es kann sich dabei nicht um den Anschluss an die Bestimmungen irgend eines positiven Rechtssystems oder um eine Betrachtung der geschichtlichen Entwicklung des Instituts handeln, sondern um den Versuch, die wesentlichen und bleibenden Grundlagen des Instituts aus den obersten Principien des Rechtes selber zu begreifen. Kommen wir zu Begriffen, welche von den im positiven Recht geltenden abweichen, so darf uns das auf diesem viel umstrittenen Gebiete am wenigsten erschrecken; freilich kann es noch weniger die Absicht sein, die hier sich ergebenden Auffassungen den Bearbeitern des positiven Rechtes oder den Gesetzgebern aufzudrängen. Wir erkennen also keinen wesentlichen Unterschied zwischen dem Besitz an körperlichen Sachen und dem Besitz von anderen Verfügungsmöglichkeiten an. Besitz hat, wer die Möglichkeit der Verfügung ständig ausübt mit dem Anspruch, zu dieser Ausübung berechtigt zu sein. In Bezug auf körperliche Sachen kann der Besitz Eigenthumsbesitz an der Sache oder einem ideellen Theile der Sache, ebensowol aber auch an einer Sachgesammtheit sein. Es ist kein innerer Grund abzusehen, weshalb man wol ein Grundstück, einen Wald, einen Complex von Rittergütern, aber nicht eine Bibliothek sollte besitzen können. Oder er kann Nutzungsbesitz sein. Das Erstere ist er, sofern der Besitzer die unbeschränkte Verfügung, das Letztere, sofern er nur die eingeschränkte Verfügung nach gewissen Richtungen, jedesmal mit dem rechtlichen Ansprache auf dieselbe übt. Besitz also hat der Nutzniesser und der Ausüber einer Servitut, der Miether und der Pächter, der Faustpfandgläubiger und der Entleiher, und zwar jeder von ihnen an den von ihm ausgeübten Verfügungsmöglichkeiten über die Sache. Wer die Sache selbst in fremdem Namen besitzt und das Eigenthumsrecht eines anderen ausdrücklich anerkennt, der kann doch vollständiger Besitzer einer bestimmten Verfügungsweise über die Sache sein. In demselben Sinne ist nun auch der Besitz als dauernde Ausübung von

Forderungen an Leistungen bestimmter Personen mit dem Anspruch auf das Recht zu solcher Ausübung zu verstehen. Aller Besitz, obgleich an sich eine blosse äusserlich erweisbare Thatsache, giebt ein Recht auf rechtlichen Schutz gegen eine rechtlich nicht begründete Störung, und giebt dieses Recht unmittelbar dem Besitzer. Denn die Thatsache hat zwar dem besseren Rechte, aber auch nur diesem zu weichen. Damit der Besitz diesen Schutz erfahre, ist also zweierlei nöthig: erstens der Nachweis seines thatsächlichen Bestehens, und zweitens der davon zu unterscheidende Nachweis, dass die Störung und der Eingriff rechtlich nicht begründet ist, entweder weil der Besitzende selbst berechtigt ist, oder weil der Störende nicht besser berechtigt ist als der Besitzende. In dieser Weise wird nun auch der Miether z. B. gegen den Eigenthümer in der wirklich ausgeübten Miethsbefugnis, die er rechtlich beansprucht, vorläufig geschützt werden müssen, bis der rechtliche Stand der Sache klar gelegt ist. Ebenso wird der Inhaber zu schützen sein, der wie der Sequester oder Depositar für einen anderen ohne Anspruch auf das Recht eigener weiterer Verfügung, aber mit dem Anspruch auf das Recht des Innehabens innehat. Denn auch die Thatsache des blossen Innehabens mit dem Anspruch, dazu berechtigt zu sein, verdient vorläufigen Schutz nicht nur gegen jeden Fremden, sondern auch gegen den Eigenthümer der Sache. Ueberall wo Besitz ist, scheint es natürlich, dass der Besitzende selbst für seine in Anspruch genommene Berechtigung Schutz erfahre und die Vertheidigung seines Anspruches übernehme, nicht etwa statt seiner der Eigenthümer, gleichviel ob ihn der Besitzer als solchen anerkennt oder nicht. Für die Sicherung des vorhandenen Rechtszustandes ist es zunächst das Wichtigste, dass der thatsächliche Zustand nicht in unbefugter Weise angetastet, die unbefugter Weise vorgenommene Störung wieder zurückgenommen werde, damit dann erst die Frage nach dem besseren Rechte entschieden werden könne. Um ihrer Selbsterhaltung willen bekleidet die Rechtsordnung die blosse Thatsache mit ihrem Schutze und verleiht sie der Thatsache als solcher einen vorläufigen rechtlichen Charakter. So wird der Besitz selber zu einer Art von Berechtigung, freilich zu einer zeitlich und inhaltlich eng begrenzten. Gleichsam nur accidentiell geschieht dem Besitze diese Ehre, nicht in der Würdigung seines eigenen Werthes, sondern um des Werthes des eigentlichen Rechtes willen. Dem eigentlichen Rechte soll damit nichts vergeben werden. Die untergeordnete Berechtigung des Besitzes soll dem eigentlichen Rechte in jedem Augenblicke weichen; der Besitz hat diese Berechtigung nur, damit das Recht desto sicherer über ihn siegen könne, damit weitere Trübung und Verdunkelung des Bestandes verhütet werde. Von einer Scheu vor der Verletzung des Willens, der Person und ihrer Freiheit dabei zu reden, ist blosses Missverständnis: es handelt sich allein um die Selbsterhaltung der Rechtsordnung, die den Besitzer nicht deshalb gegen den Anderen schützt, weil er Recht hat, sondern nur deshalb, weil der Andere nicht mehr Recht hat als er.

5. Einen wesentlichen Unterschied für die Thatsache des Besitzes macht der Umstand aus, ob jemand r e d l i c h oder u n r e d l i c h besitzt, d. h. ob der Besitzer guten Glaubens ist oder nicht. Gutgläubig besitzt, wer ein Recht zu verfügen wirklich zu haben meint: diese Meinung aber kann derjenige haben, der die Verfügung in seine Macht bekommen hat durch einen Vorgang, der sonst im regelmässigen Gange der Dinge eine Berechtigung zu erzeugen pflegt. Ist die Meinung gleichwol irrthümlich, so muss doch der Irrthum entschuldbar, insbesondere also darf er kein Rechtsirrthum sein, weil das Recht diesen um seiner Selbsterhaltung willen als entschuldbaren Irrthum nicht gelten lassen kann. Wer nicht gutgläubig besitzt, wer also weiss, dass er zur Verfügung kein Recht hat, oder ein Recht zu haben glaubt nur in Folge unentschuldbaren Irrthums, ist ein unredlicher Besitzer. Der Unterschied zwischen redlichem und unredlichem Besitze kommt so lange nicht in Betracht, als es sich nur um vorläufigen Besitzesschutz gegen rechtlich nicht begründete Störung handelt, um einen Schutz also, der eigentlich nicht dem Besitzer, sondern dem vorhandenen Zustand gewährt wird. Solchen Schutz erfährt selbst der Dieb, erfährt jeder, der, sei es heimlich, sei es mit Gewalt, sich in Besitz gesetzt hat, falls das gleiche Verfahren gegen ihn eingeschlagen wird. Aber von entscheidender Bedeutung wird dieser Unterschied, wo es sich um eine definitive Regelung der Rechtsverhältnisse handelt. Gesetzt, es gelinge nicht oder es werde gar nicht der Versuch gemacht, dem Besitzer gegenüber ein besseres Recht als er hat zu erweisen: so kann die Thatsache des Besitzes nicht für immer blosse Thatsache mit der Ungewissheit ihres rechtlichen Bestandes verbleiben, nicht für alle Zeit jedem Angriffe und jeder Anzweifelung von jedem Beliebigen ausgesetzt sein. Eine solche Ungewissheit müsste jeden Besitz, den objectiv rechtmässigen wie den unrechtmässigen treffen; denn äusserlich sind sie nicht unterscheidbar. Es könnte also in jedem Augenblicke der ganze Rechtszustand in Frage gestellt werden. Und doch verdunkelt sich mit der Zeit das Gedächtnis der Menschen: es verschwinden die äusseren Beweismittel für die Vorgänge einer fernen Vergangenheit; die früheren Rechtssubjecte sind nicht mehr vor-

handen, und die Interessen sind andere geworden. Was aber
noch weit wichtiger ist, ein lange unangetasteter und unangezweifelter Bestand ist als Moment in alle Vorstellungen und
alle Berechnungen der Menschen mit eingegangen, er ist ein
ergänzendes Moment in dem gesammten Rechtszustande geworden; ihn auf alte längst vergangene Geschichten hin, die
zu dem Bewusstsein und den Interessen der Lebenden keine
Beziehung mehr haben, in Zweifel zu ziehen, hiesse das Recht
und das Rechtsgefühl nicht fördern, sondern beeinträchtigen.
zumal ebensogut wie das eine auch jedes andere Rechtsverhältnis von langer Dauer angetastet werden könnte, während
der immer wieder erhobene Streit immer schwieriger zu entscheiden wäre bis zu voller Unmöglichkeit. Darum ist es im
Interesse der Ordnung und Sicherheit zweckmässig, dass der
bloss thatsächliche Besitz durch die Länge der Zeit mit dem
Charakter voller Berechtigung ausgestattet, selbst zum besten
Rechte erhoben und gegen das bessere Recht unangreifbar
gemacht werde. Die Anforderung der Gerechtigkeit spricht
nicht dagegen; denn den völlig veränderten Bedürfnissen einer
neuen Generation gegenüber trägt das frühere Recht nur
noch formellen Charakter, während die dauernde Ausübung
der Verfügung und die derselben gewährte Anerkennung den
Besitz als einen Bestandtheil der Rechtsordnung in die Sphäre
des materiell Gerechten zu erheben wol im Stande ist. Nach
gerechter Forderung behält jeder was er hat, bis ein zureichender Grund des Verlustes eintritt; das bloss formelle
Recht verliert aber mit der Zeit unter der Veränderung aller
Umstände seinen Charakter, zureichender Grund solches Verlustes zu sein. Indessen, damit die blosse Thatsache den
Charakter des Gerechten erlangen könne, dazu ist allerdings
erforderlich, dass der Besitzende guten Glauben an sein Recht
habe, damit nicht auf widerrechtliche Aneignung von Verfügungsmöglichkeiten geradezu ein Preis gesetzt werde; und
es ist ferner erforderlich, dass derjenige, der das bessere Recht
zu haben behauptet, an rechtzeitiger Wahrnehmung seines
Rechtes nicht durch unüberwindliche Schwierigkeiten verhindert gewesen sei. Gegen den, der von seinem Rechte
nichts wissen konnte, der es zu gebrauchen oder geltend zu
machen gar nicht im Stande war, läuft keine Verjährung.
Mit diesen Einschränkungen wird durch die Verjährung zugleich erreicht, dass der gutgläubige Erwerber nicht übermässig in Schaden komme, und dass andererseits der Berechtigte in der Vertheidigung seines Rechtes zur Wachsamkeit
und ernstem Fleisse angehalten werde.

6. Durch Verjährung werden also Rechte erworben;
es geht die thatsächlich geübte Verfügung in eine rechtlich

anerkannte und unbedingt geschützte über. Selbst das Gestohlene, Geraubte wird durch Verjährung zum Eigenthum des gutgläubigen Erwerbers. Wer lange Zeit hindurch regelmässig die Zinsen eines Capitals empfangen hat, erlangt dadurch ein anerkanntes Forderungsrecht; dasselbe ist der Fall bei dinglichen Rechten, die jemand lange Zeit ausgeübt hat. Die Länge der Zeit, die zur Verjährung erfordert wird, ist Sache mehr oder minder willkürlicher positiver Satzung. Der innere Grund für solche Satzung liegt allerdings in den menschlichen Verhältnissen: in der Lebensdauer einer Generation, in der Stärke des menschlichen Gedächtnisses, in der Schnelligkeit und den Bedürfnissen des Verkehrs. Es ist verständlich, dass die Verjährung kürzere Zeit dauert für bewegliche als für unbewegliche Habe; kürzere Zeit für den gutgläubigen Erwerber, der sich mit entschuldbarem Irrthum auf einen ausdrücklichen Erwerbsgrund stützen kann oder der doch einen solchen rechtmässigen Erwerbsgrund, einen Putativtitel, bei seinem Erwerbe voraussetzen zu dürfen glaubte; längere Zeit bei gutem Glauben, aber ohne Titel oder auf Grund eines Rechtsirrthums; noch längere Zeit bei gestohlenen und geraubten Sachen, die man gutgläubig erworben, oder bei einer Abweichung von dem ausdrücklich durch Gesetz oder richterliches Erkenntnis Bestimmten, oder gegenüber Rechtssubjecten von ausgezeichneter Stellung, wie dem Fiscus, Kirchen oder frommen Stiftungen. Am deutlichsten offenbart sich der Sinn des Rechtsinstitutes der Verjährung in der unvordenklichen Verjährung. Vermöge derselben wird jeder bestehende Zustand, wie er auch in Wirklichkeit entstanden sein möge, als zu Rechte bestehend angesehen, sofern er seit unvordenklicher Zeit besteht und niemand von den Lebenden das Gegentheil zu bezeugen vermag, oder es wird für die Anerkennung der Rechtmässigkeit thatsächlicher Besitzverhältnisse nur der Nachweis erfordert, dass sie in einem bestimmten Jahre, einem Normaljahre, vorhanden waren, ohne dass das Vorhandensein oder Fehlen eines Besitztitels und selbst des guten Glaubens noch überhaupt einen Unterschied machte.

7. Wie nun durch Verjährung Rechte erworben werden, so werden ferner durch Verjährung auch Rechte verloren. Solcher Verlust kommt einem anderen zu statten, der durch Verjährung von einer Last befreit wird, und im Interesse des so Begünstigten greift die Verjährung Platz. Der Begünstigte ist hier der Besitzer, der dauernd von einer Leistung, die auch in einer Unterlassung bestehen kann, von einer Beschränkung seiner Verfügung thatsächlich befreit war und nun diese Befreiung für immer als sein Recht in Anspruch

nehmen darf. Sein ursprüngliches und nachweisbares Recht
verliert, wer es dauernd nicht übt, wer es geltend zu machen
versäumt: er verliert es durch seine Schuld. Wer allzu lässig
und sorglos ist, darf sich nicht beklagen, wenn er Verlust erleidet. Wer sein Interesse nicht rechtzeitig wahrnimmt, bei
dem ist kein Interesse vorauszusetzen, und wo kein Interesse,
da auch kein Recht. Dafür tritt überwiegend das dringliche
Interesse der Rechtsordnung an der Sicherheit der bestehenden
Zustände ein. Am meisten ist dies der Fall bei Forderungsrechten. Sie sollen nicht nach jedem beliebigen Zeitverlauf
erhoben werden können, damit nicht durch Einforderung
längst vergessener Verpflichtungen, die gar nicht mehr bei
der wirthschaftlichen Gebahrung in Rechnung gezogen werden,
jeder beliebig in seinem gesammten wirthschaftlichen Zustande
erschüttert werden könne. Darum wird hier auch für den,
zu dessen Vortheil die Verjährung stattfindet, nicht einmal
guter Glaube erfordert. Durchaus zweckmässig ist es, dass
für diejenigen Forderungsrechte, die sich auf Leistungen für
den täglichen Lebens- und Wirthschaftsbedarf begründen und
bei denen Leistung und Gegenleistung im Interesse einer vernünftigen Wirthschaftsführung Zug um Zug auf einander
folgen sollten, die Verjährungsfristen auf das kürzeste bemessen werden. Ueberall soll die Verjährung an erster Stelle
die Ungewissheit des Rechtszustandes, die Unerschöpflichkeit
des Streites abschneiden. Darin liegt auch die Grenze für
das Gebiet, auf welchem die Verjährung anwendbar ist. Sie
hat überall da keinen Platz, wo ein erhebliches Interesse an
der Gewissheit nicht vorhanden ist, wo für die Gewissheit
ohnedies schon genügend gesorgt ist, wo das Recht unabtrennbar an der Person des bestimmten Berechtigten haftet.
Darum giebt es keine Verjährung zwischen dem Eigenthümer
und seinem Miether, Pächter oder Verwalter; keine Verjährung
für das Eigenthum, so lange die Sache im Besitze des Eigenthümers oder doch nicht im Besitze eines anderen ist; keine
Verjährung für das, was im Grundbuche eingezeichnet steht;
keine für die Handlungs- und Rechtsfähigkeit der Person, für
Familienrechte, wie Ehe und väterliche Gewalt, Hauskind-
schaft und Vormundschaft, und selbst für das Intestaterbrecht;
und immer wird die Verjährung unterbrochen durch irgend
einen gerichtlichen Act des Berechtigten, in welchem er sein
Recht behauptet oder zu vertheidigen unternimmt.

8. Ganz ähnlich der erlöschenden Verjährung ihrer
inneren Begründung nach ist die Verjährung auf dem
Gebiete des Strafrechts. Auch hier verliert der Vertreter der Rechtsordnung, die Staatsgewalt, durch langdauernde
Nichtausübung das Recht sowol der Anklage gegen die be-

stimmte Person wegen einer bestimmten Rechtsverletzung, als das Recht der Vollziehung des gefällten und zur Rechtskraft gelangten Urtheils. Der Grund ist auch hier, dass es wider den Grundgedanken des Rechtes ist, die Erschütterung des vorhandenen Zustandes bis ins Unbegrenzte zuzulassen. Der rastlos weiter fluthende Strom des Lebens lässt keine Einzelheit als solche fortbestehen. Die längst vergangene That bildet kein Moment weder in dem gegenwärtigen Zustande der Verhältnisse, noch in dem Gefühl und Gedächtnis der gegenwärtig lebenden Menschen. Mit der Zeit hat sich alles verändert bis zur Unerkennbarkeit: der Urheber der Verletzung ebensowol wie die Verletzten und die ganze Sachlage, aus der die Verletzung hervorging und in die sie eingriff. Der Wille dessen, gegen den sich Anklage und Strafe richtet, ist nicht mehr der Wille, aus welchem dereinst die rechtswidrige That hervorging. Den Greis wegen dessen zur Rechenschaft zu ziehen, was der Jüngling verbrochen, erscheint unverständlich, schon weil die Identität der Person nicht mehr unmittelbar erkannt, nur noch durch künstliche Reflexion und äusserliche Beweismittel klar gemacht werden kann. Wie über Gräber und Ruinen hinweg der Zug des Lebens weitertreibt, so geht die Entwicklung der Rechtszustände über die schmerzlichsten und furchtbarsten Thaten hinweg, ausgleichend und wiederherstellend. Nach langer Zeit wird deshalb Anklage und Strafe unbegreiflich und erscheint eher als Ausdruck nachhaltiger Rachsucht, wie als Erweis des Willens der Gerechtigkeit: niemand hat mehr ein Interesse an der Sühnung der Verletzung, die nicht mehr empfunden wird, und der Staat selbst hat kein Interesse mehr, in diesem bestimmten Falle noch seine Strafhoheit geltend zu machen, weil er die Kraft der Selbsterhaltung ja ohnedies bewährt hat und der Beweis derselben in diesem Falle jedenfalls zu spät käme, um wirksam zu sein. Aus diesen Gründen würde die Vollziehung der erkannten Strafe zum Widersinne werden; um so widersinniger wäre die Ausübung des Rechtes der Anklage, die ja nur einen Sinn hätte, wenn ein Strafurtheil eventuell gefällt und vollzogen werden soll. Die Erhebung der Anklage ist aber überdies schon deshalb misslich, weil der Beweis der Anklage ebenso wie die Führung der Vertheidigung durch die Länge der Zeit und das versagende Gedächtnis der Menschen erschwert und die Aussicht, auf Grund eines erwiesenen Thatbestandes ein gerechtes Urtheil fällen zu können, von Jahr zu Jahr unsicherer wird. Auch auf dem Gebiete des Strafrechtes also gilt es vor allem, den bestehenden Zustand gegen die Gefahr einer unbegrenzten Erschütterung sicher zu stellen. Derjenige, zu dessen Gunsten die Verjährung stattfindet, ist auch hier gewissermaassen in einem Besitze, im Besitze thatsächlicher Befreiung, und diese thatsächliche Befreiung geht durch die Verjährung in eine für immer und rechtlich gültige Befreiung über. Durch die besondere Natur dieses Gebietes wird es bedingt, dass das Recht der Anklage und Strafvollziehung durch die Länge der Zeit erlischt, auch wenn es bloss deshalb nicht ausgeübt wurde, weil es nicht ausgeübt werden konnte, weil der Berechtigte die Rechtsverletzung nicht kannte oder der Urheber der Verletzung sich der Verfolgung durch Flucht oder Verborgenheit entzog. Es ist eine weitere Folge, dass die Verjährung unterbrochen werden kann nur durch das Einschreiten gegen diese bestimmte Person, nicht durch ein Geltendmachen des Rechtes im allgemeinen oder eine Untersuchung, die sich nicht gegen die bestimmte Person richtet.

9. Das Recht knüpft die Entstehung, Veränderung und den Untergang von Rechten zunächst an Thatsachen rein äusserlicher Art, sodann an die Thatsache des Besitzes, d. h. an ein thatsächliches dauerndes Handeln unter Berufung auf das Recht, aber ohne rechtliche Begründung. Das wichtigste Gebiet für die Wirksamkeit der Rechtsbestimmungen ist nun endlich das Gebiet derjenigen Handlungen, die innerhalb der von der Rechtsordnung gezogenen Schranken vorgenommen werden, theils mit der ausdrücklichen Absicht einer Veränderung der Rechtsverhältnisse in einem bestimmten Sinne, theils ohne diese ausdrückliche Absicht. Es giebt Handlungen, die ohne alle Rechtsfolge bleiben und für den Rechtszustand völlig indifferent sind, andere, deren Rechtsfolgen genau zu bestimmen erforderlich ist, weil sie in den Rechtszustand eingreifen, wie z. B. die Veränderung des Aufenthaltsortes oder das Ergreifen eines Berufes. Indessen auch diese letztere Art von Rechtshandlungen steht den blossen Thatsachen noch ganz nahe, nur dass der menschliche Wille und seine Zurechnungsfähigkeit bei ihnen in Betracht kommt. Von wesentlich eigener Art dagegen sind die Rechtsgeschäfte, diejenigen Handlungen, in denen der Wille ausdrücklich auf die bestimmte Gestaltung der Rechtsverhältnisse gerichtet ist. Die Rechtsgeschäfte bilden das eigentliche Leben des Rechtes, und die Bedeutung des Rechtes für alles Menschliche erscheint nirgends klarer als in ihnen. Die unendliche Mannigfaltigkeit der menschlichen Begierden und Bedürfnisse ergiebt ein tausendfaches und immer neues und wechselndes Handeln in Bezug auf die äusseren Güter. In dieser Mannigfaltigkeit weiss das Recht einfache Gedanken und Regeln zum Durchbruch zu bringen, das Verworrene und Verschlungene zur Einfachheit zurückzuführen und damit das Wollen des einen

§ 43. Rechtsthatsachen u. Rechtshandlungen. Rechtsgeschäfte. 475

mit dem Wollen des anderen verträglich zu machen. Zu
diesem Behufe setzt das Recht gewisse Bestimmungen fest,
an die der Handelnde, während er im übrigen sich frei bewegen kann, so gebunden ist, dass er nur im Anschluss an
diese Bestimmungen seine Absichten erreichen kann; es erkennt die Willkür und das Belieben an, sofern nur gewisse
Voraussetzungen nicht ausser Augen gelassen werden, und
regelt die aus gewissen Handlungen sich ergebenden Folgen
so, dass es der Willkür unbenommen bleibt, innerhalb dieser
Grenzen über die Gestaltung der eigenen und fremden Berechtigung frei zu entscheiden. Nirgends aber ist es die Absicht des Handelnden allein, was den rechtlichen Charakter
des Rechtsgeschäftes ausmacht, sondern immer wirkt die von
der Rechtsordnung gegebene Bestimmung als der andere und
oft als der eigentlich entscheidende Factor mit. Die Rechtsformen der Rechtsgeschäfte sind dazu erfunden, dass jeder
erreichen kann, woran ihm gelegen ist (L. 38, 17. D. De V. O.
XLV. 1), unter der Voraussetzung, dass er diese Formen
innehalte und recht zu benutzen wisse. So ermöglicht sich
auf Grund einer festen Rechtsordnung das ungeheure gestaltenreiche Schauspiel des Verkehrs der äusseren Güter. Die
Rechtssubjecte erwerben Werthe, Güter und Berechtigungen,
geben sie auf, treten sie ab, veräussern sie, um andere Werthe
zurückzuempfangen, um ihrem Begehren, ihrer Neigung Befriedigung zu verschaffen, alles das innerhalb der ein für allemal bestimmten Schranken, in gegebenen Formen, so dass
jede willkürliche Abweichung durch den Zwang des Rechtes
wieder zur allgemeinen Norm zurückgeführt wird und diese
ganze Unendlichkeit von Begierden, Launen und Einfällen
sich nach einfachen Gattungen und Arten übersichtlich gliedert.
Der Erwerb von Rechten ist danach theils ein ursprünglicher,
theils ein abgeleiteter, sofern das Recht durch Abtretung von
Seiten eines früheren Berechtigten erlangt worden ist. Für
den abgeleiteten Erwerb gilt der Grundsatz, dass niemand
mehr Recht auf einen anderen zu übertragen vermag, als er
selber hat; für das ganze Gebiet aber geht die Forderung
der Gerechtigkeit dahin, dass jeder für jeden abgetretenen
Werth einen gleich grossen Werth zurückempfange.

10. Für jede Handlung wird **Handlungsfähigkeit**
vorausgesetzt; die Handlung muss dem handelnden Subjecte
im vollen Maasse zugerechnet werden können. Dazu gehört,
dass das handelnde Subject Selbstbewusstsein und Bewusstsein der Aussenwelt habe, dass es das Verhältnis der Mittel
zum Zweck zu erwägen und danach seine Absichten, seine
Vorsätze und Entschliessungen einzurichten im Stande sei.
Nicht jeder lebende Mensch besitzt in diesem Sinne Hand-

lungsfähigkeit, und wer sie besitzt, der besitzt sie nicht ununterbrochen. Die frühe Jugend besitzt sie noch nicht, weil Denkvermögen und Willensvermögen noch nicht genügend entwickelt, die Erwägung des Verhältnisses von Mittel und Zweck noch unsicher und die Fähigkeit der Selbstbeherrschung unerprobt ist. Angeborene oder später erworbene Mängel der körperlichen und geistigen Anlage beeinträchtigen sie in dauernder, Krankheiten in vorübergehender Weise; Affecte von besonderer Stärke, Schlaftrunkenheit und Rausch üben die gleiche Wirkung, und der Verschwender ist wenigstens in der einen Richtung der Disposition über sein Vermögen als handlungsfähig nicht anzusehen. Dem Rechte liegt es ob, auf allen diesen Gebieten für die Anerkennung oder Aberkennung der Handlungsfähigkeit genaue Bestimmungen zu treffen, die an sich mit mehr oder minder Willkürlichkeit behaftet sein mögen, im wesentlichen doch durch die eigene Natur der objectiven Verhältnisse und Beschaffenheiten bedingt sind. Aber auch beim Handlungsfähigen kommt keine ihm zuzurechnende Handlung zu Stande, wo er durch Zwang oder Irrthum zum Handeln bestimmt worden ist. Der absolute, physische Zwang, bei welchem eine Selbstbestimmung überhaupt nicht stattfindet, hebt das Wollen schlechthin auf und schliesst damit auch die Zurechnung der geübten Thätigkeit als einer Handlung des Gezwungenen aus. Der compulsive, psychische Zwang, der in der Drohung mit einem schweren und unmittelbar zu erwartenden Uebel besteht, lässt der Zurechnung insofern einen Raum übrig, als der Bedrohte die Möglichkeit der Selbstbestimmung behält und zwischen dem ihm angedrohten Uebel und der Vollziehung der geforderten Handlung als dem kleineren Uebel die Wahl frei hat (coactus voluit). Indessen auch dieser Zwang hebt die Freiheit der Selbstbestimmung auf, und die unter seiner Einwirkung abgegebene Willenserklärung oder vollzogene Handlung kann den Gezwungenen nicht wie eine frei gewollte Handlung binden; es ist ihm vielmehr die Möglichkeit zu gewähren, bei wiedererlangter Freiheit der Entscheidung die unter dem Drucke des Zwanges vorgenommene Veränderung seiner Rechtsverhältnisse wieder rückgängig zu machen. Wer freilich nur erklärt, dass er von seinem Rechte einen dem anderen unerwünschten Gebrauch machen werde, übt damit im allgemeinen noch keinen Zwang aus; nur in besonderen Fällen ist auch solche Drohung als unrechtmässiger Zwang zu erachten. Die Drohung mit der Anzeige eines Verbrechens oder mit der Veröffentlichung eines peinlichen Geheimnisses, um den anderen zur Einräumung irgend welcher Vortheile zu veranlassen, ist eigentlicher Zwang; solcher Gebrauch des Rechtes fällt unter den Begriff der malitiae, die rechtlich nicht zu dulden sind. Wie der Zwang, so hebt auch der Irrthum die Freiheit der Selbstbestimmung auf. Betrifft der Irrthum so wesentliche Umstände, dass nach der Natur des Rechtsgeschäftes und nach der Lage der Personen und Verhältnisse mit dem Irrthum auch der Abschluss des Geschäftes selbst hinweggefallen sein würde, so ist das Geschäft kein Resultat freier Selbstbestimmung, und der dadurch Geschädigte muss die Möglichkeit haben, die unter der Einwirkung des Irrthums unfrei gewordene Aeusserung seines Willens wieder zurückzunehmen. Der Irrthum aber muss, um solche Vergünstigung zu erlangen, entschuldbar, nicht durch Nachlässigkeit und Sorglosigkeit veranlasst sein, und insbesondere darf er nicht die geltenden Rechtsbestimmungen betreffen, weil kein Rechtssystem auf die Forderung verzichten kann, dass, wer ein Rechtsgeschäft vollzieht, sich mit den einschlagenden Rechtssätzen bekannt mache, wenn er den Schutz des Rechtes für seine Interessen geniessen will.

11. Die Rechtsgeschäfte sind einseitig, sofern sie durch die Willenserklärung eines Rechtssubjects, mehrseitig, sofern sie durch die übereinstimmende Willenserklärung mehrerer zu Stande kommen. In letzterem Falle heissen sie Verträge. In der Form des Rechtsgeschäftes hat also das Rechtssubject die Möglichkeit, allein von sich aus oder im Einverständnis mit anderen die eigenen Rechtsverhältnisse auch für eine ferne Zukunft und im Zusammenhange mit den Rechtsverhältnissen anderer zu gestalten. Im allgemeinen erkennt das Recht die Freiheit der Rechtssubjecte, durch Rechtsgeschäfte ihren Willen zu binden, an und gewährt den dadurch entstandenen Berechtigungen seinen Schutz. Aber gerade auf diesem Gebiete entfaltet das Recht auch seine Natur, die blosse Willkür als solche nicht gelten zu lassen, sondern sie in solche Grenzen einzuschliessen, dass eine vernünftige Ordnung dabei bestehen kann, und dass das Princip des Gerechten, welches fordert, dass im Austausch die gegebenen und zurückempfangenen Werthe gleich seien, möglichst gewahrt bleibe. Das Recht übt damit unabänderlich eine bevormundende Macht über das Belieben der Menschen; aber die einzelnen bestimmten Rechtssysteme üben sie in verschiedenem Maasse. Die freie Verfügung wird hier mehr, dort weniger eingeschränkt, die Entstehung, die Veränderung, der Untergang der Berechtigungen hier mehr, dort weniger an das freie Belieben oder an feststehende, vom Willen des Rechtssubjectes unabhängige Thatsachen angeknüpft. Das entscheidende Moment darin ist die geschichtliche Lage, die eigenthümliche Rechtsanschauung, der Grad individuellen Selbstgefühls in einem bestimmten

Volke. Im geschichtlichen Fortschritt wird die Schranke der freien Verfügung stetig weiter gezogen; aber die Grundform bleibt doch immer dieselbe, dass die Willkür der freien Verfügung nicht schon als solche gilt, sondern nur sofern sie die durch die geltende Rechtsordnung festgesetzten Bestimmungen innehält.

12. Verträge müssen gehalten werden: das gehört zu den obersten Bedingungen jedes Rechtszustandes. Der Satz bedeutet nichts anderes, als dass die rechtmässig erworbene Berechtigung eine Schranke für den Willen jedes anderen bildet. Der Wille, indem er den anderen bindet, bindet sich selbst; jeder der beiden Vertragenden ist durch den anderen gebunden. Diese Bindung tritt ein mit dem Augenblicke des definitiven Abschlusses des Vertrages. Die Folge des Abschlusses ist eine doppelte: erstens der Anspruch auf die künftige Leistung, und zweitens die künftige Leistung selber. Jede dieser beiden Folgen stellt einen selbstständigen Werth dar, der dem Abschliessenden zu Theil wird, der eine unmittelbar, der andere in vermittelter Weise. Sobald die beiden eine übereinstimmende Willenserklärung abgegeben haben, kann deshalb nicht mehr der einzelne ohne den Willen des anderen von dem Vertrage zurücktreten; denn damit würde er einen schon in der Befugnis des anderen befindlichen Werth und damit zugleich die gesammte Rechtssphäre des anderen antasten. Der abgeschlossene Vertrag bildet unmittelbar ein bestimmendes Moment für die Rechtsverhältnisse jedes der beiden Vertragenden; jeder richtet sich nun in seinen weiteren Handlungen nach diesem gegenwärtig vorhandenen Zustande seiner Rechtsverhältnisse ein, und der Bruch des Vertrages könnte in seiner gesammten Lage eine unheilbare Zerrüttung hervorbringen. Wer einen Vertrag schliesst, der tritt damit unmittelbar einen Werth ab, um einen Werth einzutauschen; denn auch die Anwartschaft auf irgend ein Gut, eine Sache oder eine Leistung ist schon selbst ein Werth. Mit dem Abschlusse des Vertrages sind deshalb unmittelbar Werthe aus der Befugnis des einen in die Befugnis des anderen übergegangen; vom Vertrage zurücktreten hiesse deshalb auch dann, wenn die Zeit zur Erfüllung noch nicht gekommen ist, die Rechtssphäre des anderen antasten. Die Aufgabe ist daher, den Augenblick festzustellen, in welchem der Vertrag zum Abschluss gelangt. So lange die Vertragenden in persönlicher Gegenwart ihre Willenserklärung austauschen, hat diese Aufgabe keine Schwierigkeit; anders dagegen ist es, wenn die Vertragenden räumlich getrennt sind. Das blosse Anerbieten, einen bestimmten Vertrag einzugehen, falls der andere einwillige, wird so lange zurückgenommen

§ 43. Rechtsthatsachen u. Rechtshandlungen. Vertrag.

werden können, als der andere von diesem Anerbieten noch keine Kenntnis erlangt hat und darauf hin also noch nicht in bestimmter Weise zu handeln veranlasst war. Dagegen ist ein in aller Weise bestimmtes Anerbieten selbst schon als ein einseitiges Geschäft zu deuten, als ein Versprechen, sich an das Anerbieten gebunden zu halten, bis eine rechtzeitig eintreffende Antwort es entweder durch Annahme definitiv gültig oder durch Ablehnung ungültig macht. Ebenso ist der Annehmende gebunden von dem Augenblicke an, wo die Annahme zur Kenntnis des anderen gelangt ist und dieser durch dieselbe zu bestimmtem Handeln veranlasst werden konnte. Nicht die zufällige Uebereinstimmung zwischen zwei etwa zu gleicher Zeit herüber und hinüber gelangten Anerbieten begründet einen bindenden Vertrag, sondern erst die durch ein erhaltenes Anerbieten veranlasste Annahme desselben, sobald diese dem Anerbietenden mitgetheilt worden ist. Denn der Vertrag beruht in der ausdrücklichen Einigung der Willen, nicht in blossem gemeinsamem Willensinhalt. Auf diese Weise aber kann man einen Vertrag auch schliessen mit einer unbestimmten Person, z. B. indem man eine Leistung verspricht an jeden, der die betreffende Urkunde besitzen wird, oder indem man für eine gewisse Leistung, die irgend jemand vollbringen wird, eine gewisse Gegenleistung verheisst. Eine solche Auslobung wird ein wirksamer Vertrag von dem Augenblicke an, wo sie in die Oeffentlichkeit trat und auf die Handlungsweise anderer von Einfluss werden konnte.

13. Rechtsgeschäfte erlangen die Anerkennung und den Schutz der Rechtsordnung nur, wenn sie in den Zusammenhang derselben passen. Sie dürfen nichts Widersinniges, nichts Unmögliches bestimmen; sie müssen Interessen dienen, die nicht von vorn herein den Grundgedanken alles Rechtes widersprechen. Nicht jede Einschränkung künftiger Verfügungsfreiheit wird deshalb zugelassen, auch dann nicht, wenn der eigene Wille des Einzuschränkenden dieser Einschränkung zustimmt. Gewisse Arten der freien Verfügung sind nach dem Gesichtspunkte des Rechtes für jede willkürliche Festsetzung unantastbar. Es darf niemand zu einer Handlung verbunden werden, die nach der allgemeinen Anschauung unsittlich ist, weil das Recht zwar die Berechtigung zu unsittlichen Handlungen nicht immer versagen kann, aber den Zwang zur Unsittlichkeit nicht zulassen darf (§ 21, 2). Wer aus religiösen oder sittlichen Gewissensbedenken, die allgemein verständlich sind, von einem sonst gültigen Vertrage zurücktreten möchte, dem soll das Recht nicht solchen Rücktritt erschweren, z. B. einer Schauspielerin nicht, die vom Theater Gefahr für ihre Seele fürchtet. Ausgeschlossen ferner von

rechtlicher Gültigkeit sind Verträge über Leben, Gesundheit und Ehre. Dass die Ablegung von Mönchsgelübden zugelassen wird, ist eine Anomalie, die nur aus geschichtlichen Zuständen erklärlich ist. Es darf niemand sich verpflichten oder verpflichtet werden zur Ehelosigkeit, zum Religionswechsel, zum Ergreifen oder Festhalten eines bestimmten Berufes. Auch Verabredungen, die in anderer Weise auf eine übermässige Einschränkung der persönlichen Freiheit hinauslaufen würden, lässt das Recht nicht zu, wie eine Verpflichtung zu persönlichen oder wirthschaftlichen Dienstleistungen auf unabsehbare oder übermässig lange Zeit. Verträge, bei denen eine ungerechte Uebervortheilung der einen Partei zu befürchten steht, werden vom Rechte ausgeschlossen. Nicht zulässig ist die Verabredung, dass für die Folgen absichtlich rechtswidrigen Handelns nicht eingetreten werden solle, weil solche Verabredung gegen Ehre und Sitte ist. In der Form des Vertrages steht es jedem frei, von seinem Rechte abzutreten und den anderen zu bereichern; nur muss darin sein deutlicher Wille zur Erscheinung kommen. Dem Schwachen, dessen Nothlage ein anderer ausbeuten möchte, dem minder Einsichtigen, der in Gefahr ist, überlistet zu werden, kommt das Recht zu Hilfe, indem es Verträge, die zu seinen Ungunsten auslaufen würden, für ungültig erklärt. Bei gewissen Ständen, wie Officieren und Beamten, Studirenden, Schauspielern, Fabrikarbeitern, bei denen wegen ihrer objectiven Verhältnisse oder ihrer durchschnittlichen subjectiven Willensbeschaffenheit besondere Gefahren vorliegen und besondere Garantien nöthig sind, und ebenso auch bei Weibern und Hauskindern schränkt das Recht die Freiheit, gewisse Rechtsgeschäfte vorzunehmen, noch in besonderer Weise ein. Mit alle dem thut die Rechtsordnung nur, was ihres Amtes ist. Davon dass die Freiheit der Personen, einen Vertrag nach ihrem Belieben zu schliessen, jemals eine unbeschränkte werden könnte, kann gar nicht die Rede sein. Das Recht kann sich nicht entschlagen, auch auf diesem Gebiete die unvernünftige Willkür unter das vernünftige Gesetz zu beugen, welches nach Gesichtspunkten der Gerechtigkeit und der Zweckmässigkeit dem Ungestüm und der List der zügellosen Begierde Zügel anlegt. Die Sorge ist nur, dass diese Thätigkeit der Rechtsordnung weder über das nöthige Maass hinausgreife, noch unter dem nöthigen Maass zurückbleibe. Im ersteren Falle würden der Freiheit schädliche Fesseln angelegt, die Herausbildung der selbstständigen Individualität erschwert und der Culturfortschritt gehemmt werden; im anderen Falle würde die Unterdrückung und die Ausbeutung überhand nehmen, der Uebermuth der einen, das Elend der anderen ins unbegrenzte wachsen. Das rechte Maass zu finden, wie weit Freiheit der Vertragschliessung, wie weit Einschränkung und bevormundende Fürsorge reichen soll, das ist eine der wichtigsten Aufgaben der Gesetzgebungskunst und der Rechtsbildung, eine Aufgabe, die nur lösbar ist bei einem hohen Grade von rechtlicher und sittlicher Cultur auf Grund tiefer Einsicht und selbstloser Liebe für das gemeine Wol wie für das Wol des Einzelnen. Aus reiner Theorie lässt sich jedenfalls die Aufgabe nicht lösen, und eine allgemeingültige Lösung giebt es überhaupt nicht.

14. Wer in der Form eines Rechtsgeschäftes seinen Willen für die Zukunft bindet, der beabsichtigt damit einen zukünftigen Erfolg für sich und den anderen, und will, dass sich gewisse Rechtsverhältnisse in der Zukunft auf gewisse Weise gestalten. Aber die Zukunft lässt sich nicht mit aller Bestimmtheit vorhersehen. Dass der gewollte Erfolg eintrete, hängt von Umständen ab, deren Erfüllung zum Theil ungewiss ist. Deshalb liegt es in der Natur der Sache, dass eine Willenserklärung auch in bedingter Weise abgegeben werden kann. Die **Bedingung** ist eine Thatsache, deren künftiges Eintreten ungewiss ist. Wer einen künftigen Zustand durch seine Willenserklärung gestalten will, indem er eine bedingte Willenserklärung abgiebt, rechnet mit beiden Möglichkeiten, dass die Bedingung eintrete und dass sie nicht eintrete. Er will den Zustand, wie er sich entsprechend seiner Willenserklärung gestalten muss, sofern die Bedingung sich erfüllt; den Zustand, wie er sich eben danach gestalten würde, falls die Bedingung unerfüllt bliebe, will er nicht. Die Gültigkeit der Willenserklärung fällt also bei unerfüllter Bedingung einfach weg; die Erklärung hat dann vielmehr den Sinn: den Zustand, der nunmehr eintreten würde, wenn meine Willenserklärung gültig bliebe, trotzdem die Bedingung, von der ich sie abhängig gemacht habe, unerfüllt ist, den will ich nicht; also tritt er auch nicht ein, sofern er vom Willen abhängig ist. Dabei kann die Bedingung positive oder negative Form haben, ohne dass dies in der Sache einen Unterschied machte. Das Ausbleiben eines Ereignisses kann ebensowol die Erfüllung einer Bedingung sein, wie das Eintreten eines Ereignisses, und das Eintreten kann ebensowol die Nichterfüllung einer Bedingung sein, wie das Ausbleiben. Die bedingte Willenserklärung kann in doppelter Weise abgegeben werden: entweder so, dass wenn die Bedingung sich nicht erfüllt, ein gewisses Rechtsverhältnis eintreten oder als schon früher eingetreten betrachtet werden soll (Rückziehung); oder so, dass wenn die Bedingung eintritt, ein Rechtsverhältnis aufgehoben werden oder überhaupt gar nicht entstehen soll. Die Bedingung ist

demnach **aufschiebend** oder **auflösend**; doch trägt auch die auflösende Bedingung aufschiebenden Charakter, sofern die Aufhebung oder das Nichteintreten eines Rechtsverhältnisses durch sie suspendirt bleibt. Ist die der Willenserklärung hinzugefügte Bedingung von der Art, dass ihre Erfüllung unmöglich eintreten kann, so ist die Willenserklärung nichtig; ist sie der Art, dass ihre Erfüllung unmöglich ausbleiben kann, so ist die Willenserklärung nur zum Scheine bedingt, in der That vielmehr unbedingt. Wird der Eintritt eines Rechtsverhältnisses abhängig gemacht von einem schon vergangenen Ereignis oder einem gegenwärtigen Zustande, von denen es nur unbekannt ist, ob sie vorhanden sind oder nicht, so liegt keine eigentliche Bedingung vor; vielmehr ist die Willenserklärung von vorn herein nichtig, wenn das Ereignis, der Zustand nicht eingetreten ist, oder gültig, wenn sie eingetreten sind; man weiss nur noch nicht, ob Gültigkeit vorhanden ist oder nicht. Doch liegt eine Analogie mit der eigentlichen Bedingung in der objectiven Ungewissheit, ob der Nachweis, dass das Ereignis wirklich stattgefunden hat, der Zustand wirklich vorhanden war, künftig wird geführt werden können. Die Erfüllung der Bedingung kann von dem Willen desjenigen, der in eine Berechtigung eintreten soll, abhängig oder ganz oder theilweise unabhängig sein. Aber auch eine Bedingung in **der** Form ist möglich, dass das Rechtsgeschäft gelten soll, wenn der eine der beiden Vertragenden es gelten lassen **will**. Dann ist nur der andere gebunden; es liegt dann ein Anerbieten vor, das nur den einen Theil verpflichtet, das aber für den anderen Theil insofern werthvoll ist, als ihm die Möglichkeit, das Rechtsgeschäft gültig werden zu lassen, gesichert ist. Eine verwandte Erscheinung ist es, wenn dem Verpflichteten die Wahl zwischen mehreren Leistungen überlassen ist. Die Verpflichtung gilt dann für die eine Leistung nur, wenn sie für die andere ausgeschlossen ist, also in der Form einer auflösenden Bedingung. In welcher Weise diese Ausschliessung stattzufinden hat, ist nach dem Sinne des Rechtsgeschäftes und der Absicht der Vertragenden zu entscheiden.

15. Ein ähnlicher Grund, wie der, der zur Abhängigmachung einer Willenserklärung von einer Bedingung führt, führt auch zur näheren Bestimmung derselben durch zeitliche Einschränkung, durch eine **Befristung**. Zwar ist es hier nicht die Ungewissheit der Zukunft, die zur Einschränkung veranlasst; aber es ist doch der Wille, dass das Rechtsverhältnis, welches der Willenserklärung entspricht, in eine bestimmte zukünftige Lage in bestimmter Weise eingreife, auch hier der Grund der näheren Bestimmung. Die Be-

§ 43. Rechtsthatsachen u. Rechtshandlungen. Befristung. Modus.

fristung lässt ein Rechtsverhältnis an einem bestimmten Tage entstehen oder untergehen oder eine bestimmte Zeit dauern; der bestimmte Tag kann auch ersetzt werden durch das Eintreten eines Ereignisses, das sicher einmal eintreten muss, und von dem nur unsicher ist, wann es eintreten wird. Jede andere Form der Befristung, also eine solche, die mit einem Ereignis zusammenhängt, dessen Eintreten ungewiss ist, ist vielmehr als eine Bedingung anzusehen; ebenso ist es zu betrachten, wenn der Anfangs- oder Endtermin in die Wahl des anderen gestellt ist, weil es ungewiss bleibt, ob dieser eine Wahl überhaupt treffen wird. Bei der eigentlichen Befristung ist die Willenserklärung eine unbedingte; das Rechtsverhältnis tritt von Anfang an als Berechtigung und Verpflichtung in Wirksamkeit; der Werth des Anspruchs ist schon thatsächlich abgetreten, während bei dem bedingten Rechtsgeschäfte zwar auch ein Rechtsverhältnis schon für die Zeit des Schwebens der Bedingung geschaffen ist, die Wirksamkeit aber doch nicht die des zu Stande gekommenen, sondern nur die eines erst möglicherweise zu erwartenden Rechtsverhältnisses ist. Bei dem bedingten Rechtsgeschäfte ist also nicht der volle Werth des Anspruchs, sondern nur der Werth eines möglicherweise zu erwartenden Anspruchs abgetreten, ein Werth, der sich nach der grösseren oder geringeren Wahrscheinlichkeit der Erfüllung der Bedingung richtet. Beidemale also bildet dieser so bestimmte Werth den Inhalt der mit der Vollziehung des Rechtsgeschäftes eintretenden Berechtigung, die den Schutz der Rechtsordnung von vorn herein geniesst.

16. Endlich kann die Willenserklärung die beabsichtigte bestimmte Lage künftiger Verhältnisse selbst dadurch herbeizuführen unternehmen, dass sie eine Auflage für den anderen, einen Modus, eine **Zweckbestimmung** ausdrücklich mitumfasst. Das geschieht dann nicht im Sinne einer Bedingung; das Eintreten des Rechtsverhältnisses wird davon nicht abhängig gemacht. Dagegen wird damit ein zwingendes Motiv für den Willen des anderen, eine Verpflichtung, geschaffen, das durch die Willenserklärung Beabsichtigte zur Ausführung zu bringen. Wird eine solche Auflage nicht erfüllt, so kann durch die an der Erfüllung Interessirten das Rechtsverhältnis angefochten werden, und die Nichterfüllung der Auflage erlangt dann eine ähnliche Bedeutung, wie die Nichterfüllung einer auflösenden potestativen Bedingung. Eine Einschränkung des Willens desjenigen, der in seine Willenserklärung eine Auflage für den anderen mitaufnimmt, ist darin nicht enthalten, nur eine genauere Bestimmung des eigentlich von ihm Gewollten: darum kommt für die rechtliche Behandlung alles auf die ausgesprochene oder vermuthliche Absicht des

Urhebers der Willenserklärung an. Insbesondere wird ein Unterschied der rechtlichen Behandlung gemacht werden müssen zwischen solchen Zweckbestimmungen, die als eigentliche causa die herrschende Absicht bei dem Rechtsgeschäfte ausmachen, und solchen, die nur nebensächlich ins Gewicht fallen. Dass aber die Zweckbestimmung im technischen Sinne nur bei einseitigen Rechtsgeschäften wie Schenkungen und Vermächtnissen vorkommen, nicht in einer vertragsmässig übernommenen Verpflichtung bestehen kann, ist durch die Natur der Sache selbstverständlich.

Drittes Capitel.
Das Unrecht.

§ 44.
Wesen und Arten des Unrechts.

Da der natürliche Wille, an den sich das Recht wendet, immer in Versuchung ist, die eigene Lust über das Recht zu setzen; auf höherer Stufe seiner Motivbildung aber der Wille immer noch einer irrthümlichen Meinung vom Rechte folgen, oder die vom Rechte geforderte Sorgfalt in der Bildung seiner Absicht ausser Augen setzen, auch wol ein höher scheinendes Gut auf Kosten des Rechtes zu erstreben versucht sein kann: so erzeugt sich innerhalb der rechtlich geordneten Gemeinschaft das Unrecht immer aufs neue, und die vernünftige Natur des Rechtes hat sich unablässig zu bewähren im Kampfe wider die Unvernunft des Unrechts. Aus den drei möglichen Arten des Verhältnisses, das der Wille dem Rechte gegenüber einnehmen kann, ergeben sich die drei Arten des Unrechts: 1) der Wille wendet sich ausdrücklich gegen das Recht im Verbrechen; 2) der Wille verabsäumt das Recht in der Fahrlässigkeit; 3) der Wille entfernt sich thatsächlich vom Rechte trotz der begründeten Meinung, beim Rechte zu bleiben, im schuldlosen Unrecht. In der Fahrlässigkeit wie im Verbrechen giebt es verschiedene Stufen der Intensität des widerrechtlichen Willens und somit der Schuld. Modificirt wird das Unrecht durch das Verhältnis, in welchem das Handeln einerseits zu den äusseren Bedingungen alles Geschehens, andererseits zu dem Willen anderer Handelnden steht. Danach ist das schuldvolle Delict entweder blosser Versuch oder vollendetes Delict, und der das Delict Begehende entweder Thäter, Mitthäter, oder Theilnehmer, Beihelfer zu fremdem Unrecht.

Unter den einschlagenden Werken aus neuerer Zeit heben wir folgende hervor: H. Hälschner, Das gem. deutsche Strafrecht. I. Band. 1881. — A. F. Berner, Lehrb. des deutsch. Strafrechts. 11. Aufl. 1880. — Fr. v. Holtzendorff, Handbuch des deutsch. Strafrechts in Einzelbeiträgen. IV Bde. 1871–77. — C. R. Köstlin, Neue Revision der Grundbegriffe des Criminalrechts. 1845; Syst. d. deutsch. Strafr. I. Thl. 1855. — C. Binding, Die Normen und ihre Uebertretung. II. Bde. 1872—77. — H. Meyer, Lehrb. des deutsch. Strafrechts. 2. Aufl. 1877. — F. E. v. Liszt, Das deutsche Reichsstrafrecht. 1881. — Merkel, Kriminal. Abhandlungen. I. Bd. 1867.

1. Das Vorhandensein des Unrechts ist ein wesentliches Moment des Rechtszustandes selber. Das Recht zieht deshalb nicht nur die Grenzen, innerhalb deren der Wille sich bewegen soll, sondern es hat auch die Aufgabe, den Willen immer wieder hinter diese Grenzen zurückzuwerfen. An sich ist das Unrecht das Zufällige, das, wie es nicht sein soll, so auch nicht in Wahrheit ist, keinen bleibenden und wesentlichen Bestand hat. Aber dass dies Zufällige im Rechtszustande sich immer wieder erneuert, das ist nicht zufällig, sondern nothwendig. Wäre der Wille dieser Zufälligkeit des Beliebens entnommen und in sich schon von der Allgemeinheit der vernünftigen Regel durchdrungen, so hätte die Existenz der Regel in dieser bestimmten Form des Rechtsgesetzes gar keinen Sinn und keine Berechtigung. Das Unrecht ist zudem der beständige Stimulus der fortschreitenden Rechtsbildung. In demselben Maasse als es tausendfache, immer wechselnde Formen annimmt, fordert es den Rechtsgedanken zu immer neuen Anstrengungen heraus, das ihm Feindliche abzuwehren. Wie die Lebensverhältnisse im Laufe der Culturentwicklung sich verändern und verschieben, so erzeugen sie auch immer neue Spielarten des Unrechts, und diese unermüdliche Wandelbarkeit des Unrechts, dem wie der Hydra immer neue Köpfe nachwachsen, bildet die Bedingung und den Antrieb für jeden Fortschritt der Rechtsbildung. Das Recht wäre nicht Recht, wenn es nicht mehr mit dem Unrecht

im Kampfe läge, nicht mehr in diesem Kampfe alle Kraft zusammennehmen müsste. Erst in seinem Siege über das Unrecht offenbart sich die volle Natur des Rechtes.

2. Der Zustand, den das Recht schafft, ist kein ruhender, sondern ein perpetuirlich veränderter Zustand. Theils die äusseren Begebenheiten, theils die Willensäusserungen der Menschen greifen unablässig in den Bestand der Güterwelt ein; in diesem Flusse eine annähernde Stetigkeit des gleichen Bestandes zu erhalten und stets neu zu erzeugen, wenigstens soweit derselbe von menschlichen Handlungen abhängt, ist die Aufgabe des Rechtes. Schon in der eigenen Natur des Rechtes selbst liegt es begründet, dass diese Aufgabe nur in der Form eines steten Kampfes wider das Unrecht lösbar ist. Denn weil das Recht vollkommene Klarheit und Bestimmtheit immer nur anstrebt, ohne sie erreichen zu können; weil es die unendliche Fülle der Einzelheiten mit seinen allgemeinen Regeln zu decken begehrt, ohne doch den Zwiespalt zwischen dem Allgemeinen und dem Einzelnen aufheben zu können: so lässt es in einer Mehrzahl von Fällen verschiedene Meinungen über das was Recht ist übrig, und macht es auch dem rechtlichen Willen unmöglich, die Grenze, die das Recht für alle Willensbethätigung zieht, immer genau zu erkennen und streng innezuhalten. Dazu kommt, dass das Recht in dem Streben, die Berechtigung des Einen mit derjenigen aller Anderen verträglich zu machen, allen Gebrauch der Berechtigung, die es anerkennt oder zugesteht, auch wieder einschränkt, ohne dass diese Einschränkung immer in der bestimmten Form eines allgemeinen Satzes ausgesprochen werden könnte, und endlich, dass das Recht, welches sich selbst nicht für die höchste und inhaltlich werthvollste Form vernünftiger Willensbestimmung giebt, immer in Zwiespalt gerathen kann mit dem, was eine höhere und werthvollere Gesetzgebung fordert oder doch zu fordern scheint. So giebt das Recht durch seine eigene unaufhebbare Natur den stetigen Anlass zum Unrecht, gegen das es sich stetig behaupten muss.

3. Ebenso ist es andererseits in der Natur des Willens begründet, dass das Recht zum unablässigen Kampfe wider das Unrecht gezwungen ist. Denn dem natürlichen Willen, mit dem es das Recht zu thun hat, steht das Gesetz als ein Aeusseres gegenüber, dem er sich wol beugen und unterwürfig bezeigen, dem er aber auch den Gehorsam verweigern kann. Drückt auch das Recht in der Allgemeinheit seiner Bestimmungen nur die eigene vernünftige Natur des Willens aus, so liegt doch in dem Zufall der Individualität die Möglichkeit, dass der Wille vermöge seiner freien Willkür sich seiner Vernünftigkeit entschlage und der nächsten Lust mit

Verachtung des Rechtes oder in ausdrücklichem Trotze wider das Recht nachgebe. Aber auch wo der Wille das Wol und in Folge dessen auch die rechtliche Ordnung will, ist damit noch nicht gesetzt, dass er das Recht um seines vernünftigen Inhaltes willen ehre und befolge. Vielmehr mag der kluge Wille, indem er sich an die Bedeutung der blossen äusseren Ordnung klammert, zunächst im eigenen selbstsüchtigen Interesse es für nützlich und vortheilhaft halten, die Form des Rechtes zu benutzen, um sich dem eigentlich vom Rechte Angestrebten, dem inhaltlich Gerechten, zu entziehen. Die Verschiedenheit des positiv Rechtlichen und des inhaltlich Gerechten, die unaufhebbar zu den nothwendigen Attributen des Rechtes gehört, eröffnet dem formell rechtlichen, inhaltlich ungerechten Willen einen weiten Spielraum. Anderseits ist auch der Wille des zugleich rechtlich und gerecht Gesinnten versucht, das Gerechte selber auf einem dem formell Rechtlichen zuwiderlaufenden Wege zu erstreben, auch aus dem Grunde, weil das Recht als Organe zu seiner Verwirklichung fehlbarer Menschen bedarf, und weil damit die Meinung Grund oder Vorwand erlangt, dass diese Organe das Recht, das sie verwirklichen sollen, eher zu beugen und zu fälschen als zu wahren und zu schützen bestrebt sind. Und endlich, auch wo der Wille sonst die Abweichung vom Rechte zu vermeiden trachtet, kann doch durch mangelhafte Aufmerksamkeit und durch Sorglosigkeit in der Ueberlegung gleichwol die Vorschrift des Rechtes versäumt und dadurch eine widerrechtliche Handlungsweise herbeigeführt werden. So ist der Wille, und zwar auch der rechtliche Wille, immer in Gefahr, die schmale Grenze zu überschreiten, die das Recht vom Unrecht trennt.

4. Wenn nun das wesentliche Kriterium für das Unrecht die Stellung ist, die sich der Wille dem Rechte gegenüber giebt, so ist leicht zu ersehen, dass sehr verschiedene **Arten des Unrechtes** anerkannt werden müssen. Und zwar ist das, was wider das Recht ist, entweder **aus einer dem Rechte feindlichen Gesinnung heraus gerade als solches was wider das Recht ist gewollt;** oder es **ist zwar gewollt, aber nicht in dieser seiner widerrechtlichen Eigenschaft gewollt.** Im letzteren Falle, wo das Unrechte zwar gewollt ist, aber nicht als Unrechtes gewollt ist, kann der Wille wieder dem Rechte gegenüber eine verschiedene Stellung einnehmen. Der Wille kann in das Unrecht hineingerathen entweder indem er **ausdrücklich überzeugt ist, im Einklang mit dem Rechte zu handeln,** oder indem er **unachtsam und indifferent gegen das Recht** zwar keinesweges das Recht zu ver-

letzen sich zum Zwecke setzt, aber auch nicht ausdrücklich
seinen Einklang mit dem Rechte aufrecht zu erhalten bemüht
ist. Nennen wir die gewollte Abweichung des Willens vom
Rechte **Schuld**, so enthalten die drei aufgezählten Arten
des Unrechts offenbar ein sehr verschiedenes Maass der Schuld.
Wo der Wille ausdrücklich gegen das Recht sich auflehnt, wo also die Handlung widerrechtlich ist, weil die Gesinnung das Recht nicht achtete und weil bei der Bildung
der Absicht das dem Rechte Zuwiderlaufende trotz der Erkenntnis von dieser seiner Qualität nicht abgewiesen wurde,
da ist eigentliche **Schuld im strengsten Sinne des
Wortes** vorhanden. Wo die Handlung eine rechtswidrige
wurde, weil der Wille auf das Recht nicht weiter attendirte,
da ist zwar auch noch Schuld, aber Schuld von weit milderer
Art, weil der Wille zwar das Recht vernachlässigt, aber sich
doch nicht ausdrücklich gegen das Recht aufgelehnt hat.
Denn dass der Wille in allen seinen Aeusserungen vor allem
dahin strebe, innerhalb der vom Rechte vorgezeichneten
Grenzen zu bleiben, ist zwar die erste und selbstverständliche
Anforderung des Rechtes; wer aber gegen diese Anforderung
verstösst, der hat zunächst nur gegen die **formelle Voraussetzung** des Rechtes, nicht gegen den Inhalt des
Rechtes selbst gehandelt, und nur diese **Verletzung der
Voraussetzung**, nicht die etwa daraus sich ergebende
inhaltliche Verletzung kann ihm als **Schuld zugerechnet**
werden. Wo endlich der Wille ausdrücklich beim Rechte zu
bleiben entschlossen war und nur aus einer falschen Meinung
von dem was Recht ist in Unrecht verfallen ist, da ist Schuld
überhaupt nicht vorhanden, sondern der Fehler liegt im
Rechte selbst: vorausgesetzt allerdings, dass die falsche Meinung eine solche war, die bei dem gegebenen Zustande der
Rechtsordnung auch ein gesundes Urtheil und eine verständige
Ueberlegung zu täuschen wol vermochte. Wäre die falsche
Meinung freilich aus mangelhafter Ueberlegung und aus einer
Sorglosigkeit entstanden, die auf das Recht nicht genügend
attendirte, so wäre wirkliche Schuld vorhanden im Sinne einer
Vernachlässigung des Rechtes. Man muss also das **schuldlose Unrecht** unterscheiden von dem **schuldvollen Unrecht**, und das letztere wieder eintheilen in das **dolose** und in
das **culpose Unrecht**, wobei dann unter **Dolus** das Wollen
des Unrechts als des Unrechts, unter **Culpa** das Wollen des
Unrechten aus Mangel an Achtsamkeit auf das Recht zu verstehen ist. Das schuldlose Unrecht hat Hegel **unbefange-
nes Unrecht** genannt, mit nicht ganz glücklichem Ausdruck;
denn es wird hier vielmehr von dem befangenen Urtheil ausdrücklich und mit bewusster Ueberlegung das Unrecht für

das Recht ausgegeben. Unbefangenheit ist weit eher der Charakter der Culpa, wo nicht weiter an die Rechtmässigkeit des Handelns gedacht wird; wer unbefangen, harmlos Unrecht thut, der handelt eben culpos. Unbefangenheit im Handeln eines Mündigen ist Schuld; denn dass man die Grenzen des Rechts bei allem Handeln in klarer Unterscheidung sich gegenwärtig erhalte, ist die erste Anforderung des Rechtes. Für das dolose Unrecht mag der Name **Verbrechen**, für das culpose Unrecht der Name **fahrlässiges Delict** gelten; das schuldlose Unrecht kann, sofern es zwar gewollt ist, aber der Absicht des Wollenden sich ausdrücklich als Recht und nicht als Unrecht darstellt, in seinem Gegensatze zu solcher subjectiven Absicht und Vorstellung auch als **objectives Unrecht** bezeichnet werden. Wenn man freilich im Worte Unrecht sogleich die Bedeutung der Schuld mit einbegreifen will, so muss man allerdings das schuldlose Unrecht als einen widersprechenden Begriff leugnen; aber das ist in keinem Sinne wolgethan. Freilich ist der Irrthum über das Recht, der dem schuldlosen Unrecht zu Grunde liegt, ähnlich wie ein äusseres Ereignis vom Willen unabhängig; aber er bestimmt doch den Willen, das Widerrechtliche zu thun, und so wird das Widerrechtliche doch auch hier durch den Willen gesetzt. Mit dem blossen Ereignis hat die Rechtsordnung weiter nichts zu schaffen; aus diesem schuldlosen Unrecht aber stellt sie das Recht wieder her, und an dieser Function der Rechtsordnung erkennt man, dass es Unrecht war, wenn auch schuldloses Unrecht.

5. Wenn wir auf das Verhältnis, das sich der Wille zum Rechte giebt, als auf das wesentliche Kriterium des Unrechts und zugleich der Schuld achten, so ergeben sich weitere Unterschiede von wesentlicher Art auch noch innerhalb der Sphäre des Verbrechens wie innerhalb derjenigen des fahrlässigen Delicts selber. Was zunächst das **Verbrechen** anbetrifft, so kann sich der Wille gegen das Recht auflehnen, erstens, weil er, in die Unvernunft der selbstsüchtigen Begierde versenkt, eine vernünftige Willensbestimmung überhaupt als Schranke für sein Belieben nicht anerkennt und dem Rechte Trotz bietet, indem er in solchem Trotze entweder bloss sich in seiner Selbstherrlichkeit geniessen will, oder indem er in dem Dienste eines bestimmten selbstsüchtigen Zweckes der unvernünftigen Begierde fröhnt. Es kann aber auch zweitens mit bewusster Absicht die Verletzung des Rechtes gewollt sein, während der Handelnde sonst ausdrücklich die Verbindlichkeit, dem Rechte zu gehorchen, anerkennt; und zwar kann die Rechtsverletzung dem Willen geboten erscheinen, weil ein höherer Zweck von allgemeingültiger Art nicht auf

andere Weise erreicht werden zu können scheint, oder weil
diese einzelne Rechtsbestimmung, welche verletzt wird, dem
Gerechten, welches gewollt und angestrebt wird, zu widersprechen scheint. Dahin gehört auch, dass jemand sich dem
Rechte widersetzt, um **sein** Recht, das ihm bedroht scheint,
zu vertheidigen. Offenbar nun ist **der aus reiner zweck-
loser Selbstsucht entspringende Trotz gegen
das Recht** diejenige Erscheinung, die dem Rechte am allermeisten zuwider ist, weil hier das Recht schlechthin als solches verletzt wird. **Der Frevel am Rechte, der aus
einem selbstsüchtig erfassten Einzelzweck hervorgeht**, ist doch in geringerem Maasse ein Frevel am
Rechte als solchem und lässt die Möglichkeit offen, dass das
Recht wenigstens dann innegehalten werde, wenn nicht eine
stärkere Begierde zur Verletzung treibt. Endlich **die Verletzung des Rechts um des vermeintlich Gerechten oder Sittlichen willen** verträgt sich ganz wol mit
der Achtung des Rechtes in allem Uebrigen ausser der vereinzelten Bestimmung, gegen die der Wille sich wendet. So
stuft sich schon innerhalb der Sphäre des Verbrechens der
Grad der Rechtswidrigkeit von einem Maximum ab zu geringerer und relativ geringster Intensität des verbrecherischen
Willens. Dagegen macht es keinen wesentlichen Unterschied
für das dolose Unrecht, ob bei demselben **Gewalt** oder **Betrug** als Mittel gebraucht worden ist; denn dieser Unterschied betrifft nicht die Stellung, die der Wille dem Rechte
gegenüber einnimmt, sondern nur die Form der Aeusserung
des rechtswidrigen Willens. Dass sich die widerrechtliche
Absicht in den **Schein** der rechtlichen kleidet, könnte jedenfalls eher als eine Verschärfung, denn als eine Verminderung
der Intensität des verbrecherischen Willens gelten. Der Selbstgenuss der arglistigen Verschlagenheit in ihrem widerrechtlichen Triumphe über argloses Vertrauen streift ganz nahe
an das Maximum der Intensität des verbrecherischen Willens
auch da, wo der Betrug als Mittel zu einem bestimmten einzelnen selbstsüchtigen Zwecke dient.

6. Aber auch innerhalb der Sphäre des **culposen Delicts** muss man der Natur der Sache nach eine Stufenfolge
der Intensität des Willens der Rechtsverletzung anerkennen.
Alle Fahrlässigkeit besteht darin, dass die Grenze, welche
Recht von Unrecht scheidet, aus Mangel an der schuldigen
Aufmerksamkeit übersehen und dadurch der Wille beim Handeln in das Unrecht verstrickt wird. Wer fahrlässig handelt,
der hat nicht bedacht, was selbstverständlich bei allem Handeln und deshalb schon bei der Bildung der Absicht bedacht
werden muss, dass man im Gebrauch seiner Berechtigung die

Grenze innezuhalten hat, bei deren Ueberschreitung der Gebrauch der Berechtigung in das Unrecht umschlägt, weil man damit in fremdes Recht verletzend eingreift. Fahrlässigkeit ist also ein Mangel des Willens, der es unterlässt, in der Feststellung der Absicht die Ueberlegung durch das Aufmerken auf das Recht zu leiten. Dieser Mangel des Willens nun kann wieder ein mehr oder minder intensiver sein. Er ist am intensivsten da vorhanden, wo **eine besonders und ausdrücklich übernommene Verpflichtung** die Energie und Achtsamkeit des Willens auch in der Leitung der Ueberlegung hätte schärfen sollen; er ist da weniger intensiv, wo ohne solchen besonderen Verpflichtungsgrund die versäumte Ueberlegung **ein hohes Maass von Gleichgültigkeit gegen die Rechtsgüter der anderen** erkennen lässt; und ein relativ geringstes Maass von Intensität zeigt er da, wo nur **eine durch die entfernte Möglichkeit einer Rechtsverletzung begründete äusserliche Rechtsvorschrift unbeachtet geblieben** ist, sei es mit, sei es ohne verletzenden Erfolg. Im ersten Fall ist zwar auch nur gegen die allgemeine formelle Voraussetzung jedes Rechtszustandes gefehlt worden, aber doch so, dass die Wahrung desselben zu einer besonderen persönlichen Verpflichtung geworden war; im zweiten Falle ist nur die jedermann angehende formelle Verpflichtung ausser Augen gelassen worden; im dritten Falle ist zwar eine bestimmte Rechtsvorschrift unbeachtet geblieben, aber eine solche, die nur den Charakter einer formellen Schutzwehr für das eigentliche inhaltliche Recht trägt. Diese drei im Begriffe der Sache liegenden Abstufungen der Fahrlässigkeit haben allerdings mit der altherkömmlichen Unterscheidung von culpa lata, levis und levissima wenig zu schaffen; aber es scheint nicht wolgethan, deshalb weil diese letztere Unterscheidung nirgends eine scharfe Begrenzung zulässt, überhaupt das Vorhandensein wesentlicher Unterschiede im Begriffe der Culpa zu leugnen. Im schuldlosen Unrecht dagegen wird so wenig wie von der Schuld selbst auch von Graden der Verschuldung gesprochen werden können.

7. Wenn im Rechte von **Schuld** die Rede ist, so ist damit etwas ganz anderes gemeint, als wenn man von Schuld im moralischen Sinne spricht. **Schuld im rechtlichen Sinne ist eine solche, die sich menschlichen Augen sicher und unverkennbar darstellt, und da ein menschliches Auge nicht in das Innere dringt, eine solche, auf welche aus wahrgenommenen Thatsachen mit allgemeingültigem Verstande geschlossen werden kann.** Da eben deshalb das Recht nur eine rechtliche Gesinnung und rechtliche Absichten verlangt und

auf die Motive des Handelns nicht weiter eingeht (§ 21, 2), so ist auch die Schuld im rechtlichen Sinne nur zu verstehen als das Fehlen des festen Willens, sich auf der Bahn des Rechtes zu erhalten. Weder das Verbrechen noch die Fahrlässigkeit schliesst darum nothwendig eine sittliche Verschuldung ein. Alle rechtliche Verschuldung muss ferner im äussern Handeln erkennbar zu Tage treten, weil das Recht selbst nur auf äussere Handlungen geht, und sie muss in einer Verletzung von äusseren Gütern sichtbar werden, weil das Recht nur den Schutz äusserer Güter betrifft, sofern dieselben einen Werth haben und an ihnen ein Interesse stattfindet (§ 21, 3). Die tiefere Innerlichkeit des Geistes geht das Recht überhaupt nichts an und kommt deshalb auch bei der rechtlichen Beurtheilung der Schuld nicht in Betracht. Der Hausvater, der in ungezügelter Launenhaftigkeit und liebloser Selbstsucht den Seinen das Leben verbittert; der Vorgesetzte, der aus unmotivirter Bosheit oder zu selbstsüchtigem Zwecke den kränklichen Untergebenen zu Tode ärgert; der Schriftsteller, der für äusseren Erfolg heuchlerisch und liebedienerisch, sei es gegen den Pöbel oder sei es gegen die Hochgestellten, seine Ueberzeugung verleugnet; der Künstler, der aus gemeinem Interesse an Beifall oder Gewinn die Sitten verdirbt und den Genius in sich missbraucht und verkommen lässt: — diese mögen vor dem Richterstuhle Gottes sich als Mörder und Diebe, als eingefleischte Teufel darstellen und der Sünde wider den Heiligen Geist schuldig erscheinen: wider das Recht haben sie nichts verschuldet. Umgekehrt kann aber auch die schwerste Verschuldung wider das Recht eine leichte Verschuldung im sittlichen Sinne oder auch in eben diesem Sinne etwas höchst Verdienstliches sein.

8. Zur Schuld im rechtlichen Sinne gehört also eine Handlung mit dem Charakter eines äusseren Thatbestandes und einer daraus erkennbaren widerrechtlichen Absicht des Thäters. (Vgl. § 12.) Damit eine Handlung vorliege, muss der Thäter zurechnungsfähig sein, d. h. die That muss in seinem bewussten Wollen ihre Ursache finden und durch Ueberlegung vermittelt sein. Der Affect hebt solche Zurechnungsfähigkeit nicht durchaus auf; denn es ist vom Menschen zu verlangen, dass er seine Affecte zu beherrschen sich gewöhnt habe, auch dann wenn ihm sein Naturell dabei besondere Schwierigkeiten in den Weg legt. Nur in milderem Lichte wird ein starker Affect die Schuld erscheinen lassen; in Fällen aber, wo die Plötzlichkeit und Stärke des Affects nach der Anlage der menschlichen Natur überhaupt es zu keiner Ueberlegung kommen liess, wird die Zurechenbarkeit der Handlung ganz auszuschliessen sein. Ebenso giebt es

§ 44. Wesen u. Arten des Unrechts. Schuld. Zurechnung.

Grade der **Trunkenheit**, welche die Zurechnungsfähigkeit aufheben; aber verschuldete Trunkenheit, in welcher Delicte geschehen, ist selber als ein fahrlässiges Delict anzusehen, und liesse sich die Absicht nachweisen, sich in den Zustand der Trunkenheit zu versetzen, um in diesem ein beabsichtigtes Delict zu begehen, so wäre die Trunkenheit wie ein anderes Mittel zum Zwecke zu erachten und das begangene Delict in vollem Sinne zurechenbar. Was das **jugendliche Alter** anbetrifft, so hebt es die Zurechnungsfähigkeit für rechtswidrige Handlungen nicht in demselben Umfange auf, wie die Handlungsfähigkeit für Rechtsgeschäfte. Denn das Urtheil über Recht und Unrecht, Gut und Böse, Ehrenhaftes und Schändliches bildet sich früher zur Sicherheit aus, als die praktische Klugheit und Umsicht in der Wahrnehmung der Interessen. Indessen rechtfertigt sich die Bestimmung, dass Kindheit und Knabenalter, — das 12. Lebensjahr bildet erfahrungsmässig bei uns die durchschnittlich geeignete Grenze, — eine eigentliche rechtliche Verantwortlichkeit nicht zulassen, dadurch dass, mag auch das Bewusstsein von Recht und Unrecht, Pflicht und Schuld schon früher vorhanden sein, doch das Maass von klarer Einsicht und ruhiger Selbstbeherrschung nicht zu erwarten ist, welches die Voraussetzung bildet für eigentliche strafrechtliche Verantwortlichkeit. Einzig angebracht ist also hier die Sorge für Zucht und Besserung. In der dann folgenden Altersstufe bis etwa zum 18. Lebensjahre ist es angemessen, zwar Zurechnungsfähigkeit für rechtswidriges Handeln im allgemeinen anzuerkennen, aber doch in verschiedenem Maasse je nach den einzelnen Arten der Delicte und nach der höher oder weniger hoch gediehenen Entwicklung des Individuums in intellectueller Hinsicht, so dass theils dasselbe jugendliche Individuum für das eine Delict im vollen rechtlichen Sinne verantwortlich ist, für das andere nicht, theils dasselbe Delict dem einen Individuum in vollem Sinne zurechenbar ist, dem anderen nicht. Gewisse **körperliche oder geistige Mängel** ferner heben die Zurechnungsfähigkeit für Delicte auch in höherem Alter auf, wenn sie nachweislich bei dem betreffenden Individuum das Unterscheidungsvermögen und die Einsicht in Causalzusammenhänge, die Fähigkeit besonnener Ueberlegung und Selbstbeherrschung beeinträchtigt haben, so bei Taubstummen, Ununterrichteten, Blödsinnigen. Die Theorien von ererbter „moralischer Belastung" und „moralischem Irresein" bei sonst normalem Zustande des Intellects können das rechtliche Urtheil über die Zurechnungsfähigkeit so lange nicht beeinflussen, als in jedem normal denkenden Menschen ein zur Vernunft veranlagtes Wesen anerkannt wird, welches auch das sprödeste Naturell zu beherrschen und zu lenken das Vermögen und die Aufgabe empfangen hat.

9. Was nun die Zurechenbarkeit anbetrifft, so geht die Absicht, die sich jemand bildet, das Recht so lange nichts an, als sie bloss innerlich bleibt; aber sobald sie sich in erkennbarer Weise äussert, vermag sie eine Schuld zu begründen. Eine solche Aeusserung kann nun ebensowohl in einer Unterlassung als in einer Begehung gefunden werden. Wo nachweisbar die Unterlassung als Mittel für eine rechtswidrige Absicht ausdrücklich gewollt war, da bildet sie auch einen schuldvollen Thatbestand. Solche Nachweisbarkeit wird allerdings meistentheils daran hängen, dass jemand besonders dringenden Anlass hatte das zu thun, dessen Unterlassung Mitursache eines verletzenden Erfolges zu werden vermochte. In keinem Falle aber sollte man bestreiten, dass eine Unterlassung ganz ebenso causal für einen bestimmten Erfolg zu wirken vermag wie ein positives Handeln. Wer den glimmenden Docht am Pulverfasse zwar bemerkt, aber nicht beseitigt; wer die offene Grube zwar sieht, aber nicht zudeckt: der hat an der Explosion oder dem Sturze den gleichen causalen Antheil, als hätte er den Docht selbst an das Fass gelegt, die Grube selbst aufgedeckt. Zwar wirkt zu jedem einzelnen Erfolge die Gesammtheit aller Zustände der Welt in Vergangenheit und Gegenwart zusammen; aber das hindert nicht, dass jeder Erfolg von einer übersehbaren Zahl nächster Ursachen abhängig ist, und dass jede Ueberlegung des causalen Zusammenhanges sich auf diese bestimmten Ursachen zu richten hat. Für die rechtliche Beurtheilung einer Unterlassung kommt es deshalb darauf an, ob nachweisbar der Unterlassende, der durch die Umstände befähigt war, den verletzenden Erfolg zu verhüten, den thatsächlichen Zustand gekannt, und ob er mit der Absicht, den verletzenden Erfolg dadurch herbeiführen zu helfen, in denselben einzugreifen unterlassen hat. Ist bloss das Erstere nachweisbar, so liegt ein fahrlässiges, ist auch das Letztere nachweisbar, so liegt ein vorsätzliches Delict vor. Es erleichtert nur den Nachweis der Schuld, wenn der Unterlassende andere verhindert hat, zur Abwendung des Schadens das zu thun, was er dann auch selbst unterlässt. Hat aber ein Beamter oder sonst Bediensteter die ausdrückliche Verpflichtung übernommen, für die Abwehr drohender Schädlichkeiten zu sorgen, so begründet schon die mangelhafte Sorgfalt, durch die ihm der gefahrdrohende Thatbestand unbekannt geblieben ist, die Schuld der Fahrlässigkeit. Wer im Interesse der öffentlichen Sicherheit und Ordnung erlassene Anordnungen der Obrigkeit durch Unterlassung verletzt, hat sich entweder fahrlässig

oder vorsätzlich schuldig gemacht. Vorsätzliche Schuld lädt ebensowohl der auf sich, der einen bestimmten anderen, den er in Gefahr weiss, zu retten unterlässt, wenn er die Rettung ohne dringende eigene Gefahr vollbringen könnte, wie der, welcher ein geplantes Verbrechen, von dem er Kunde erlangt hat, durch Anzeige oder auf andere Weise zu verhüten unterlässt.

10. Als Schuld zugerechnet wird dem Handelnden nur, was er mit Bewusstsein und Ueberlegung gewollt hat. In maleficiis voluntas spectatur, non exitus. (L. 14. Ad leg. Corn. de sic. XLVIII, 8.) Darum schliesst der Irrthum in solchen Dingen, die für den Charakter der Handlung wesentlich sind, die Schuld aus, oder er lässt doch, wenn er selber nicht-entschuldbarer Irrthum ist, nur die Schuld der Fahrlässigkeit zu. Die Schuld liegt nicht in dem thatsächlichen Erfolge, sondern in dem, was beabsichtigt war; sie richtet sich also nach dem Object und den Umständen nicht wie sie wirklich sind, sondern wie sie der Handelnde kannte, der von ihnen auch eine falsche Vorstellung haben und durch diese sich zum Handeln bewegen lassen konnte. Bestimmt sich nun der ganze Charakter der Handlung nach dem was der Thäter beabsichtigt, so fällt offenbar da die Schuld fort, wo die Handlung in dem ausdrücklichen Glauben vorgenommen wird, dass sie eine rechtlich erlaubte sei, und wäre es im weiteren Umfange möglich, dass man, wider das Recht handelnd, doch in entschuldbarem Irrthum glauben könnte, in Uebereinstimmung mit dem Rechte zu bleiben, so müsste die Rechtsordnung daran zu Grunde gehen. Deshalb muss es die erste Sorge der Rechtsordnung sein, dass das Recht in seinen wesentlichen und fundamentalen Bestimmungen mit dem von allen Rechtssubjecten zu fordernden Rechts- und Pflichtbewusstsein in Uebereinstimmung bleibe. In Betreff der minder wesentlichen und nur zur Sicherung für die wesentlichen Grundlagen des Rechts getroffenen Bestimmungen aber darf die Rechtsordnung ausdrücklich fordern, dass jeder je nach seinen besonderen Verhältnissen sich mit den für ihn geltenden Rechtspflichten bekannt mache. Die Unterlassung dieser Pflicht begründet dann die Schuld der Fahrlässigkeit.

11. Zugerechnet also wird dem Thäter seine **Handlung**, sofern er sich mit bewusstem Wollen, mit Unterscheidungsvermögen und Einsicht in den Causalzusammenhang zu ihr bestimmt hat, und der **Erfolg** seiner Handlung, sofern derselbe von ihm beabsichtigt war und durch den in seiner Absicht gesetzten causalen Zusammenhang herbeigeführt wurde. Es kann dem Thäter nie der Erfolg allein, abgesehen von der Handlung, angerechnet werden, weil der Erfolg ohne diese

Vermittelung durch menschliches Wollen ein blosses Ereignis ohne rechtliche Bedeutung ist; aber wol die Handlung abgesehen von ihrem Erfolge, sofern beide auseinanderfallen und der Erfolg nicht der beabsichtigte oder nicht in der beabsichtigten Weise vermittelt ist. Nur eine **vorsätzliche** Handlung, die durch Zweck, Absicht, Entschliessung bis zum Vorsatze hindurchgegangen ist, kann zugerechnet werden und Schuld begründen. Die Schuld selber aber kann eine zwiefache sein, eine **vorsätzliche** oder **fahrlässige**. Eine vorsätzliche Handlung braucht deshalb noch keine vorsätzliche Schuld zu enthalten. **Vorsätzliche Schuld** (Dolus) liegt erst da vor, wo der Thäter nicht bloss vorsätzlich überhaupt gehandelt hat, sondern auch in dem Bewusstsein, dass seine Handlung eine widerrechtliche sei, und wo der vorgestellte Erfolg als ein widerrechtlicher vorgestellt und als ein solcher auch beabsichtigt war. Bei der Bildung der Absicht wurde dann in bewusster Ueberlegung die Rechtsverletzung als ein Mittel zu dem bezweckten Erfolge vorgestellt, und die Entschliessung ging dahin, den Erfolg vermittelst solcher Rechtsverletzung zu verwirklichen. Im gegebenen Augenblick wurde dann ferner unter Benutzung bestimmter Umstände das Beschlossene vorsätzlich zur Ausführung gebracht; die Rechtsverletzung war mit dem Bewusstsein dieser ihrer Natur im Vorsatz enthalten. **Fahrlässige Schuld** (Culpa) dagegen liegt da vor, wo zwar ebenso vorsätzlich gehandelt wurde, die Handlung selber und ihr Erfolg auch in gleicher Weise widerrechtlich ist, aber diese Widerrechtlichkeit nicht gewollt wurde, sondern aus Mangel an Achtsamkeit auf das Recht gar nicht zum Bewusstsein kam. Bei der fahrlässigen Schuld hat also der Thäter die Grenzen seiner Berechtigung durch eine vorsätzliche Handlung thatsächlich überschritten und in fremde Berechtigung verletzend eingegriffen; aber sein Vorsatz war nicht auf die Rechtsverletzung als solche gerichtet, sondern auf Uebung seiner Berechtigung, und vorsätzlich handelnd hat er eine nicht vorsätzliche Schuld auf sich geladen. (Vgl. § 12.)

12. Wir gebrauchen ein Beispiel. Jemand setzt sich den **Zweck**, durch Gewinnung einer Geldsumme seine Vermögensumstände zu verbessern. Seine **Gesinnung** ist eine solche, dass er, um seinem Egoismus zu fröhnen, eine Verletzung des Rechtes, d. h. fremder Rechtsgüter oder des obersten Rechtsgutes, der öffentlichen Sicherheit und Ordnung, nicht scheut. Dadurch gewinnt bei ihm das **Motiv** der Gewinnsucht die Oberhand, welches sich etwa mit der Furcht vor dem eigenen Vermögensruin, vor der Noth der Seinen und vor der Schande mischt. Sein **Beweggrund** ist seine finan-

ziell bedrängte Lage und die Nähe eines Zahlungstermines; in dieser Situation liegt für ihn die Versuchung, der er bei seiner Gesinnungsart nicht zu widerstehen vermag. Bei weiterer Ueberlegung findet er, dass durch eine ihm von der Versicherungscasse gezahlte Summe seiner Verlegenheit abgeholfen werden könne, dass ein geeignetes Mittel dazu sei, wenn er es bewirke, dass seine vor dem Thor gelegene Scheune abbrenne. Dies zu bewirken, scheint ihm räthlich, nachdem er Mittel mit Mittel verglichen, Motiv und Gegenmotive erwogen hat; in dieser Weise ist ein bestimmter Plan entworfen, eine bestimmte Absicht gebildet worden, und das Ende macht der Beschluss, die erste passende Gelegenheit zur Ausführung zu benutzen. Die Gelegenheit findet sich, und nun geht es mit bedachtem Vorsatz an die Ausführung. Mehrere gegenüberstehende Luken der Scheune werden geöffnet, das Werthvollste aus der Scheune zuvor entfernt, leicht brennbare Stoffe an den geeigneten Stellen aufgehäuft und endlich in dunkler stürmischer Nacht ein Feuerbrand durch die eine Luke geschleudert. In dieser Weise vollzieht sich eine Handlung mit schuldvollem Vorsatz und vorsätzlicher Schuld (dolus determinatus). Wird der angestiftete Brand noch weiter die Ursache des Abbrennens der Scheune des Nachbarn, und hat der Thäter diese weitere Wirkung seines Handelns als eine unvermeidliche vorausgesehen, so erstreckt sich seine Verantwortlichkeit, auch wenn er diese Wirkung nicht gerade unmittelbar beabsichtigt hat, mit auf diesen weiteren Erfolg. Denn was jemand als die nothwendige Folge seines Handelns kennt, das ist auch in seiner Absicht als ein Bestandtheil des Gesammterfolges mitenthalten; nur dass er auf das eine Moment einen grösseren Werth gelegt haben mag als auf das andere. Musste er diesen Erfolg als einen möglichen oder wahrscheinlichen ansehen, den er verhindern konnte, und that er doch nicht das Seine, um ihn zu verhindern, so bleibt er auch dafür verantwortlich. Denn die Folge seines Handelns, die jemand voraussieht und hindern kann, aber nicht hindert, ist von ihm beabsichtigt (dolus eventualis). Sah der Thäter nachweislich voraus, dass in Folge seines Handelns entweder seine Scheune oder die seines Nachbars oder beide abbrennen würden, so ist er, wenn einer der drei möglichen Erfolge eingetreten ist, für den eingetretenen Erfolg verantwortlich, während es für die ausgebliebenen Erfolge beim Versuche geblieben ist (dolus alternativus). Hat der Thäter nur in der Nähe der Scheune ein Feuer angezündet, indem er von dem Sturme oder von der zufälligen Mitwirkung eines Menschen die Uebertragung des Feuers auf die Scheune erhoffte, so ist er selber der vorsätzlichen Anzündung der Scheune nicht schuldig; denn nur was im regelmässigen Laufe der Dinge durch die vom Thäter angewandten Mittel nothwendig bewirkt wird, ergiebt mit dem sicheren Causalzusammenhang zwischen Handlung und Erfolg auch eine wirklich vorsätzliche Schuld. War dagegen die ganze Handlung berechnet auf die nicht verabredete Mitwirkung eines anderen Menschen in sicherer Kenntnis von dessen Gewohnheiten und Charakter, so ist hier mit dem stricten Causalzusammenhange auch wieder die volle Schuld gegeben.

13. Die **fahrlässige Schuld** schliesst ebenso das Bewusstsein der Pflichtwidrigkeit des Handelns aus, wie die ausdrückliche Ueberzeugung von ihrer Uebereinstimmung mit dem Recht. Der Thäter hat zwar vorsätzlich gehandelt, aber nur thatsächlich und nicht vorsätzlich wider das Recht verstossen. Seine Schuld liegt eben in diesem thatsächlichen Verstoss und in der daraus zu erkennenden Willensbeschaffenheit, in der Achtlosigkeit des Willens auf das Recht. Denn es ist selbstverständliche Rechtspflicht, mit aller Sorgfalt in jeglichem Handeln die Ueberschreitung der Befugnis zu vermeiden. Diese Rechtspflicht ist verletzt und damit die öffentliche Ordnung und Sicherheit angetastet worden; zugleich sind damit andere Rechtsgüter verletzt oder gefährdet worden: alles dies ohne darauf gerichteten Vorsatz, wenn auch in vorsätzlichem Handeln. Nicht eigentlich für eine bestimmte Handlung also ist der Fahrlässige verantwortlich, auch nicht für ein positives Moment in seiner Absicht, sondern für einen Mangel, für ein fehlendes Moment in derselben, für die nicht genommene Rücksicht auf das Recht. In zwei Formen kann demnach die Fahrlässigkeit vorkommen. Entweder die Handlung ist zwar an sich rechtswidrig, aber der Thäter weiss nicht, was Recht ist; er hat es versäumt, sich danach zu erkundigen, und handelt demnach unbekümmert um das Recht in unentschuldbarem Irrthum rechtswidrig. Oder die Handlung, die er begeht, ist an sich nicht rechtswidrig; sie wird es nur unter den gegebenen Umständen durch ihre möglichen Folgen, die in die Rechte anderer verletzend eingreifen können, und diese Qualität der Handlung hat der Thäter unbedacht übersehen, oder auch er hat sie wol bedacht, aber als unwahrscheinlich vernachlässigt, ohne Arg, dadurch in Conflict mit der Rechtsordnung zu kommen. Auch dann handelt er in Fahrlässigkeit rechtswidrig. Immer gehört zur Fahrlässigkeit ein verführerischer Schein, der dem achtlosen Thäter die rechtswidrige Qualität seiner Handlung verbirgt. In jedermanns Berechtigung liegt es, so schnell zu fahren als seine Pferde laufen können; nun bedenkt aber der Fahrlässige

§ 44. Wesen u. Arten des Unrechts. Fahrlässige Schuld.

nicht, dass schnell zu fahren da, wo zahlreiche Menschen sich bewegen, deren Leben und Gesundheit bedroht, also widerrechtlich ist. Geld, auch geliehenes Geld, auszugeben ist nicht widerrechtlich; nun giebt aber der Fahrlässige so viel aus, dass er dadurch die Gefahr seiner Zahlungsunfähigkeit und des Vermögensverlustes für seine Gläubiger herbeiführt. Jeder darf sein Gewehr abschiessen; nun schiesst es aber der Fahrlässige ab, wo Gefahr ist, dass die Kugel einen Vorübergehenden treffe. In alle dem wird die feine Linie achtlos überschritten, wo die sonst berechtigte Handlung zur unberechtigten wird. An Baumaterial und Arbeitslohn wird so lange gespart, bis die anerkannten Regeln der Baukunst dadurch überschritten sind und Gefahr des Einsturzes entsteht. Unter vielen anderen Sachen werden auch explosive Substanzen an Bord genommen. Bei Absperrung gegen Seuchen wird eine Person, eine Sache durch den Cordon durchgelassen, in der Meinung, das werde nicht viel schaden. Man richtet muthwillig einen kleinen Schaden an, sorglos, dass ein grosser daraus werden könnte. In alle dem ist es nicht eigentlich der Erfolg, wofür der ihn durch vorsätzliches Handeln Verursachende verantwortlich gemacht wird, sondern seine Achtlosigkeit auf die möglichen Folgen, auf die Gefährdung. Diesen Begriff der Gefährdung leugnen zu wollen, ist die äusserste Verkehrtheit. Jeder Mensch von normalem Verstande und gesundem Denkvermögen muss anerkennen, dass es ein objectives Mögliches und objectives Wahrscheinliches giebt, so gut wie es ein objectives Wirkliches giebt. Was wirklich ist, muss ja selber möglich gewesen sein; ohne Mögliches gäbe es auch kein Wirkliches und kein Nothwendiges. Aber ebenso muss er auch zugeben, dass es einen regelmässigen Lauf der Dinge giebt, in welchem eine beschränkte Zahl von nächstliegenden Möglichkeiten je nach der gegebenen Situation gesetzt ist, und dass alles praktische Verhalten sich auf diese beschränkte Zahl von Möglichkeiten einzurichten hat, widrigenfalls es als das Handeln eines Verrückten angesehen werden müsste. In der That, wenn man manche Auseinandersetzungen über den Begriff des Möglichen und Wahrscheinlichen liest, wie sie gerade bei Gelegenheit der Lehre vom culposen Delict vorgebracht werden, wird einem zu Muthe, als habe man es mit Leuten zu thun, die vor lauter ungesunder Diftelei über logische Kategorien ihre gesunden Sinne eingebüsst haben. Verantwortlich wegen Fahrlässigkeit ist, wer bei einem an sich nicht rechtswidrigen Handeln die im regelmässigen Laufe der Dinge erfahrungsmässig vorkommenden Causalzusammenhänge und die daraus entspringenden Möglichkeiten verletzender Folgen nicht genügend bedacht und sie abzuwenden sich nicht genügend bemüht hat. War das Handeln aber schon an sich rechtswidrig und entspringen daraus nicht-beabsichtigte gefährdende Folgen, so kommen dann Dolus und Culpa in einer und derselben Handlung nach den verschiedenen Beziehungen derselben zusammen. Wer sich dagegen die gefährlichen Folgen seines Handelns ausdrücklich klar vorstellt und dennoch gleichgültig gegen das Eintreten derselben darauf los handelt, der ist nicht mehr wegen Fahrlässigkeit, sondern wegen Dolus eventualis verantwortlich.

14. In allem seinem Handeln steht der Mensch in Verwicklung mit einer unabsehbaren Reihe von Vermittelungen, und mit der grössten Klugheit und Energie bemächtigt er sich doch immer nur eines Theiles der Bedingungen, von denen der Erfolg seiner Handlung abhängt. In dem **Erfolge** ist nun zunächst zu unterscheiden der Erfolg für den Handelnden selbst, die Erreichung seines **Zweckes**, und der Erfolg in der Aussenwelt, die Erfüllung seiner **Absicht** (§ 12, 2—4). Die Absicht ist freilich jedesmal entworfen worden mit Rücksicht auf einen Zweck, in welchem der Handelnde seine Befriedigung sucht. Aber nicht in diesem Zwecke liegt die etwaige rechtliche Schuld, denn er bleibt rein innerlich; sondern in der Absicht, die äusserlich erkennbar zur Erscheinung kommt. Z. B. jemand tödtet, um sich das Geld des Gemordeten anzueignen. Sein Zweck ist etwa die Befriedigung über die eigene Bereicherung oder über die erlangte Möglichkeit, anderen zu schenken; seine Absicht ist zunächst die Tödtung und weiterhin die Beraubung. Er kann die Absicht ganz oder theilweise erreicht haben, ohne doch den Zweck zu erreichen: für die rechtliche Beurtheilung ist es wesentlich, ob die Absicht vollbracht, gleichgültig, ob der Zweck erreicht ist. Unter sittlichem Gesichtspunkte kann sich jemand fromme oder ruchlose Zwecke setzen; für das Recht kommt es nur darauf an, ob seine Absicht rechtlich oder widerrechtlich ist. Man kann zu frommem Zwecke widerrechtliche Absichten und zu ruchlosem Zwecke rechtliche Absichten bilden, und ist in jenem Falle ein Verbrecher, in diesem ein rechtlicher Mann und ehrenwerther Staatsbürger. Der Zweck, den sich jemand setzt, geht das Recht nichts an. Aber wol modificirt sich das rechtliche Urtheil über die Handlung wesentlich danach, ob die widerrechtliche **Absicht** erreicht wurde; denn die nicht erreichte Absicht lässt verschiedene Schlüsse über die Intensität des Willens des Handelnden offen und bedeutet auch eine geringere Gefahr für den öffentlichen Zustand. Dass im Sinne der Absicht thatsächlich gehandelt worden ist, macht das Delict aus, und ist die Absicht widerrechtlich,

§ 44. Wesen u. Arten des Unrechts. Versuch.

so liegt Schuld überhaupt vor, gleichviel ob die Absicht auch zur Erfüllung kam oder nicht; nur wird die Schuld geringer, wo die Absicht nicht erfüllt ist. Wenn also die zur Erfüllung gebrachte widerrechtliche Absicht das **vollendete**, die nicht zur Erfüllung gebrachte, aber doch schon in thatsächlichem Handeln deutlich erkennbar gemachte Absicht das **versuchte Delict** ausmacht, so begründet offenbar auch das versuchte Delict, selbst wenn noch keine thatsächliche Verletzung eines Rechtsgutes eingetreten ist, eine Schuld, sofern nur die Absicht als eine in einem äusseren Thatbestande deutlich erkennbare vorliegt. Denn die Schuld besteht in dem Verhältnis der Absicht zum Recht und in weiter nichts. Und auch beide Arten des schuldvollen Unrechts sind bei dem versuchten Delict gleich sehr möglich, die culpose sowol als die dolose Schuld. Ebenso kann ferner auch beim Versuche die Intensität des widerrechtlichen Willens eine sehr verschiedene sein, oder es kann doch der Thatbestand des Versuches so beschaffen sein, dass der Schluss entweder auf eine grössere Intensität gestattet ist, oder mit einiger Sicherheit nur auf eine geringere Intensität geschlossen werden darf. Eine Verschiedenheit der Schuld liegt deshalb zunächst in der Verschiedenheit des Stadiums, bis zu welchem die Handlung vorgerückt war, als sie abgebrochen wurde. Um den der Absicht entsprechenden Erfolg zu verwirklichen, bedarf es oft einer Reihe von unterscheidbaren Handlungen, von denen, was die Absicht dabei anbetrifft, die früheren in höherem Grade mehrdeutig sind, die späteren immer mehr nur **eine** Deutung übrig lassen. Wer die ersten Schritte thut, der will nicht nothwendig auch die letzten thun; er mag sich inzwischen noch besinnen und etwa vor dem Aeussersten zurückschrecken. Ja, er kann alles, was an ihm lag, gethan haben, um den Erfolg herbeizuführen, und nun mit verändertem Willen aus irgend welchem Motive eigene und fremde Anstrengung aufbieten, um den Erfolg abzuwenden. Und wenn es auch ein äusserer Umstand war, das Ausbleiben einer Bedingung, auf die gerechnet war, oder das Eintreten eines Hindernisses, gegen welches keine Vorkehrung getroffen war, was den Erfolg vereitelte, so bleibt es doch immer zweifelhaft, ob der Handelnde nicht noch vor dem letzten Schritte seinen Sinn geändert haben möchte. Dadurch rechtfertigt sich die Unterscheidung von **Vorbereitungshandlungen** und dem **Anfang der Ausführung**. Darum wird aber auch die Schuld verschieden zu bemessen sein, je nachdem der Handelnde entweder vor der Beendigung von dem Versuche zurückgetreten, nach beendigtem Handeln den Erfolg abzuwenden selbst bemüht gewesen ist, oder durch irgend einen äusseren Umstand seine

Absicht vereitelt worden ist. Immer aber kann von der
Schuld des versuchten Delicts nur soweit die Rede sein, als
ein sicherer Schluss auf die widerrechtliche Absicht möglich
ist. Solcher Schluss ist aber sehr oft möglich. Weil es in
menschlichen Handlungen allgemeingültige Zusammenhänge
zwischen Mittel und Zweck, ebenso wie in der Natur der
Dinge allgemeingültige Zusammenhänge zwischen Ursache und
Wirkung giebt, so kann auch ein gewisses äusseres Handeln
als allgemeingültiger Erkenntnisgrund für eine gewisse Absicht gelten. Wer eine Säge schärft und sie dann auf einem
hölzernen Brette mit genügendem Drucke längere Zeit hin
und her bewegt, der hat offenbar die Absicht, das Brett zu
zersägen; gelingt es ihm nicht, weil die Säge bricht oder weil
er auf einen Ast stösst oder weil ihn jemand stört, so hat er
das Brett zu zersägen zwar nur versucht: aber seine Absicht
bleibt gleichwol unzweifelhaft. Wer dagegen eine Leiter an
ein Fenster legt, Sprosse auf Sprosse hinaufsteigt und etwa
auf der obersten Sprosse gefunden wird, dessen Handlung ist
gewiss äusserst vieldeutig; indessen auch die Vielheit der
möglichen Deutungen ist immerhin eine beschränkte. Er hat
vielleicht in das Fenster einsteigen oder durch das Fenster
ins Innere hineinsehen oder die Menschen darin überraschen
oder etwas hineinlegen oder herausholen oder von geeigneter
Stellung aus eine andere Einwirkung auf Menschen oder Dinge
ausüben wollen, und die näheren Umstände werden für ein
gesundes Urtheil in den meisten Fällen mit voller Sicherheit
ergeben, was die eigentliche Absicht war. Wo nun aus dem
gebrauchten Mittel und der ganzen Natur der Handlung ein
sicherer Schluss auf die Absicht des Handelnden nicht gezogen werden kann, da ist auch Schuld im rechtlichen Sinne
nicht vorhanden und die Annahme eines versuchten Delicts
nicht zulässig. Kann aber nur sonst durch ein allgemeingültiges Denken aus sicheren Zeichen auf die Absicht mit
Sicherheit geschlossen werden, so ist es für die Schuld uner-
heblich, ob die gebrauchten Mittel dem Handelnden nur irrthümlich als tauglich erschienen oder wirklich tauglich waren.
Der Unterschied von tauglichen und untauglichen
Mitteln darf zwar nicht geleugnet werden; aber er ändert
nichts am Charakter der Handlung, sofern dieselbe nach der
Absicht beurtheilt wird. Nur beim vollendeten Delict sind
die gebrauchten Mittel wirklich völlig taugliche gewesen; ist
es bei dem blossen Versuch geblieben, so sind in diesem Falle
offenbar die gebrauchten Mittel nicht ganz tauglichе gewesen,
ganz gleich ob sie sonst als taugliche zu gelten haben oder
nicht. Die Frage ist also nicht, ob das Mittel tauglich oder
untauglich, sondern ob die Absicht sicher erkennbar ist.

Da endlich jedes für eine Absicht gebrauchte Mittel selbst wieder eine Partialabsicht darstellt, so kann auch der Gebrauch eines Mittels von bestimmter Art schon ein selbstständiges Delict ausmachen, ganz abgesehen davon, ob die Absicht, der das Mittel dienen sollte, erreicht worden ist oder nicht. Beim Gebrauche eines Mittels der Art concurriren dann vollendetes Delict und versuchtes Delict. Insbesondere kann die Rechtsordnung ein Interesse daran haben, den Gebrauch gewisser Mittel, die zu besonders gefährlichen Absichten dienen, als ein selbstständiges Delict für sich anzusehen. In diesem Falle würde sich der Sprachgebrauch rechtfertigen, die Anwendung eines solchen Mittels als ein **Unternehmen** zu bezeichnen und sie dadurch von dem gewöhnlichen Versuch eines Delictes zu unterscheiden (Strafgesetzbuch f. d. Deutsche Reich. 81 ff. 159. 333 ff. vgl. 85. 110--112).

15. Das Recht verlangt von jedem die stetige Willensrichtung auf die Erhaltung des Rechtszustandes, so viel an ihm liegt; jeder soll an seiner Stelle und nach dem Maasse seines Vermögens ein Organ sein für den Schutz des Rechtes. Darum hat jeder nicht allein sein eigenes Verhalten dem Rechte gemäss einzurichten, sondern auch so viel als möglich das Unrecht, das andere thun wollen, zu verhindern. Wer diese Pflicht unterlässt, der macht sich selbst des Unrechts schuldig. Die Schuld besteht dann in der nachweisbaren Absicht, das Unrecht, das man verhüten konnte, nicht zu verhüten. Intensiver aber noch ist die Schuld, wenn man zu einem Unrecht, das ein anderer verübt, ausdrücklich **mitwirkt**. Sind freilich mehrere Handelnde bei einem Delict gemeinsam thätig, so dass ihre Absicht auf denselben Erfolg gerichtet ist und jeder das Wirken des anderen als Mittel zu dem gemeinsam beabsichtigten Erfolge gebraucht, so ist jeder von ihnen Thäter des Delicts, und sie stehen unter einander im Verhältnis der **Mitthäterschaft**. Dabei kann von vielen Zusammenwirkenden einer als der **Hauptthäter**, als der **Rädelsführer** erscheinen, indem er durch vorwiegenden Einfluss auf den Willen und die Handlungsweise der anderen an dem gemeinsam vollbrachten Delict einen schwereren Antheil hat, und seine Schuld wird dadurch vergrössert. Es kann ferner durch vorhergehende Verabredung im **Complot** die bestimmte Form verabredet worden sein, wie jeder der Mitthäter an dem herbeizuführenden Erfolge mitwirken soll; es kann eine solche Verbindung zu delicthaftem Thun dauernd bestehen in der Form der **Bande**. Dadurch wird die Schuld in demselben Maasse vergrössert, als der Wille des Unrechts intensiver und dauerhafter hervortritt. Unterschieden davon ist dasjenige Verhältnis, wo das Delict nicht eigentlich in vollem

Sinne gemeinsam begangen wird, sondern der eine der Thäter ist, der andere irgendwie das Unrecht des Thäters nur begünstigt und unterstützt. Daraus erst ergiebt sich eine neue und eigenthümliche Form des rechtswidrigen Handels, die **Beihilfe** zu fremdem Unrecht im weitesten Sinne. Solche Beihilfe wird schon geleistet, indem man den andern gewähren lässt und nicht hindert, obgleich man ihn hindern könnte; noch weit mehr, wo man den Thäter zu seiner That anstiftet; am allermeisten wo man ihn selbstthätig bei der That unterstützt oder nach der That begünstigt, um ihm den von ihm beabsichtigten Erfolg seiner That zu sichern. Die Schuld des Gewährenlassens und Nichtstörens wird um so grösser, je mehr die erkennbare Absicht hervortritt, dadurch zu der Herbeiführung des vom Thäter beabsichtigten Erfolges das Seinige beizutragen. Der **Anstiftung** liegt die Absicht zu Grunde, den anderen als Mittel für einen beabsichtigten Erfolg zu gebrauchen, und insofern steht die Schuld der Anstiftung derjenigen der eigenen Thäterschaft völlig gleich; ja, die Anstiftung unterscheidet sich von eigener Thäterschaft überhaupt nicht mehr, wenn der Angestiftete nicht zurechnungsfähig ist und also als ein blindes Werkzeug erscheint wie ein anderes, dessen man sich bedienen könnte. Man kann auch fahrlässig zum Anstifter werden; das ist aber dann freilich ein ganz anderes Delict als die vorsätzliche Anstiftung, und die Schuld ist nicht von anderer Art, als sie auch sonst bei Fahrlässigkeit ist. Die **Beihilfe** im engeren Sinne endlich unterscheidet sich von eigener Thäterschaft dadurch, dass man die rechtswidrige That als die That eines Fremden nur fördert und unterstützt, der eigentlichen Begehung nur nachhilft durch ein secundäres Handeln, und sie geht mit fliessenden Grenzen in die eigentliche Mittäterschaft über, je nachdem der Antheil an der fremden That für das, was den specifischen Charakter des Delictes ausmacht, von mehr oder minder wesentlicher Bedeutung war. Zur Beihilfe gehört auch die ausdrücklich versprochene und die ohne solches Versprechen gewährte **Begünstigung**, die Unterstützung des Vorhabens, der Ausführung, des Erfolges mit Rath und That, durch intellectuelle, psychische oder physische Einwirkung. In alle dem ist die Schuld begründet durch das Wolgefallen, den Beifall und die Zustimmung, die dem fremden Unrecht gewährt werden, sofern sie in bestimmten Handlungen erkennbar hervortreten, und diese Schuld wird gesteigert in dem Maasse, als eine eigene verbrecherische Mitwirkung den Beihelfer und Unterstützer dem Mitthäter annähert.

§ 45.
Die Abwehr des drohenden Unrechts.

Die Aufgabe, die immer drohende Möglichkeit des Unrechts abzuwenden, ist innerhalb der Rechtsordnung zunächst **den einzelnen Rechtssubjecten** zugewiesen. Jeder hat über seinem Rechte selbst zu wachen, und davon dass das Rechtssubject hierin nichts versäumt habe, macht die öffentliche Macht zum Theil den zu gewährenden Rechtsschutz abhängig. Dafür bietet sie selber ihre Hilfe an, um den Beweis des Rechtes und seine künftige Geltendmachung und Realisirung zu erleichtern. Entsteht gleichwol Zweifel über das Recht, so löst ihn der **Richter**. Ueberall, wo Unrecht droht, ist die **öffentliche Gewalt** als Helferin anzurufen; nur wo ihre Hilfe versagt, da ist **Selbsthilfe** und **Nothwehr** nicht ausgeschlossen. Diejenigen Handlungen, welche erfahrungsmässig eine nahe Möglichkeit der Gefahr für die Rechtsgüter anderer enthalten, und noch mehr alle unmittelbaren Verletzungen des Rechtes werden, um den Willen des Unrechts zu vermindern und die Aufmerksamkeit auf das Recht zu schärfen, von der Rechtsordnung mit **Uebeln von angemessener Grösse** bedroht. So sucht die Rechtsordnung das Uebel der Unsicherheit oder Störung des Rechtes zu vermindern und den Willen der Menschen zur Achtung vor dem Rechte zu erziehen. Doch bei weitem nicht alles schuldvolle Unrecht ist der **Prävention** durch das angedrohete Uebel zugänglich: sondern die Rechtsordnung trifft darin eine Auswahl. Alles dies aber geschieht nach Gesichtspunkten der **Zweckmässigkeit**.

1. Der Schutz der Rechte ist die eigentliche Aufgabe des Staates, der seinem Begriffe nach die realisirte Rechtsordnung ist und dessen Selbsterhaltung in der Schaffung des Rechtes und in der Abwehr des Unrechtes besteht. Die Thatsache des wirklich vorhandenen Unrechts ist für den Staat das höchste Uebel, das er erdulden kann; diesem Uebel sucht er zu begegnen, indem er mit den ihm eigenthümlichen Mitteln dahin wirkt, dass das immer drohende Unrecht in so geringem Umfange als irgend möglich zur Wirklichkeit werde.

Als seine Organe dazu dienen ihm im weitesten Umfange alle Rechtssubjecte, deren Interessen in diesem Sinne mit dem Interesse des Staates Hand in Hand gehen. Denn auch den Rechtssubjecten liegt es vor allem daran, dass sie vor Verletzungen ihrer Rechte bewahrt bleiben und die immer umständliche und mit Mühe verbundene Anrufung der Staatsgewalt zum Schutze des Rechtes so selten als möglich nöthig werde. Der Staat muss damit rechnen, dass jeder sich und das Seinige nach dem Maasse der wahrscheinlichen Bedrohung durch den widerrechtlichen Willen oder durch die Ungewissheit über das Recht nach Kräften zu sichern suche. Er verlangt darum ausdrücklich, dass jedes Rechtssubject mit grösster Sorgfalt die Gelegenheit zur Verletzung seiner Rechte durch andere erschwere. Jeder soll dafür sorgen, dass über sein Recht keine Zweifel entstehen können und sein Anspruch mit Sicherheit Erfüllung finde; deshalb soll er im Verkehr der Rechtsgüter auf das Seinige sehen, Rechtsgeschäfte nur nach begründeter Kenntnis und Erfahrung mit vertrauenswürdigen Leuten abschliessen, vorsichtig sein in der Wahrung seiner Interessen und von den Bestimmungen der Rechtsordnung, die jedesmal seine Angelegenheiten am nächsten betreffen, sich genügende Kenntnis zu verschaffen bemüht sein. Nicht alles kann, nicht alles will die Rechtsordnung selber thun, um die Verletzung der Rechte eines jeden abzuschneiden; nur seine Hilfe bietet der Staat durch seine zur Pflege des Rechtes bestellten Organe, um, wo es nöthig ist, dem Unvermögen der Rechtssubjecte, ihre Rechtsgüter gegen den widerrechtlichen Willen oder gegen eine falsche Auffassung vom Rechte zu schützen, ergänzend beizuspringen.

2. Im Verkehr der Güter gilt es zunächst, das, was ein jeder an Rechten hat, der Unsicherheit und Anzweifelung zu entnehmen, den etwa nöthig werdenden Beweis für den Rechtsbestand zu erleichtern. Das wird in weitem Umfang geleistet durch Cautionen, durch ausdrückliche Formen der Feststellung und Anerkennung, insbesondere durch Urkunden und Zeugen. Darum macht wol der Staat, damit der Streit über das Recht beseitigt oder in engere Grenzen eingeschlossen werde, die Anerkennung der geschehenen Erwerbung eines Rechtes von einer solennen Form abhängig und zwingt andererseits die Menschen zur Vorsicht, indem er das bloss formelle Bestehen einer Urkunde ohne weiteres als Beweis eines bestehenden Rechtsverhältnisses mit eng begrenzter Anfechtbarkeit gelten lässt. In der Form der freiwilligen Gerichtsbarkeit gewährt er dann selber seine Mitwirkung zum Abschluss von Rechtsgeschäften in möglichst unzweideutiger Form. Erklärungen, die in feierlicher Form

abgegeben und aufgezeichnet worden sind, vor Zeugen oder vor dem Beamten des Gerichtes, gelten dann als gesicherte Beweise des Rechtsverhältnisses, und nur innerhalb engerer Grenzen ist noch eine Bestreitung ihrer Rechtsbeständigkeit zulässig. Je wichtiger solche Geschäfte für den gesammten öffentlichen Rechtszustand sind, oder je mehr daran liegt, jeden Zweifel an der Ernstlichkeit des Willens einer Rechtsveränderung auszuschliessen, desto mehr wird für sie die feierliche Form verlangt. So ist die gerichtliche Form erforderlich bei den Geschäften, welche den Familienstand betreffen; so wird das Eigenthum und dingliche Rechte an Grundstücken nur durch feierliche Handlung, durch die Auflassung und Eintragung in die öffentliche Urkunde des Grundbuches, bestellt und übertragen; so erhält das Schenkungsversprechen verbindliche Kraft erst durch gerichtliche Erklärung. Der Sicherheit des Beweises für einen Rechtszustand dient das Anerkenntnis, das eine bestehende rechtliche Verpflichtung oder auch eine Thatsache betrifft, aus der möglicherweise einmal Rechte abgeleitet werden können, sowie die Protestation, durch welche der Berechtigte eingetretenen Thatsachen gegenüber seine Berechtigung ausdrücklich aufrecht erhält. Wo ein noch nicht fällig gewordener Anspruch angezweifelt und bedroht worden ist, da kann die Entscheidung des Richters angerufen werden, der die Thatsachen, auf die der Anspruch sich gründet, feststellt. Dass eine private oder öffentliche Urkunde von unzweifelhafter Beweiskraft vorliegt, hat die wünschenswerthe Wirkung, dass das gerichtliche Verfahren zur Sicherung eines Rechtsanspruches aufs äusserste abgekürzt werden kann, eine Wolthat nicht bloss für den, der den Anspruch erhebt, sondern für den gesammten öffentlichen Rechtszustand. Denn dieser ist um so besser daran, je mehr der Streit über das Recht abgeschnitten ist. Selbst dass einmal auf Grund eines nur formell gültigen Beweismaterials materielles Unrecht geschehe, ist bei weitem kein so grosses Uebel, als wenn durch Abschwächung der Gültigkeit der Form die Streitigkeiten um das Recht sich ins unbegrenzte vermehren. Die Strenge in der Behandlung des Formellen ist überdies das beste Mittel, einen jeden zu der Sorgfalt und Vorsicht zu erziehen, die das Recht von ihm verlangen muss.

3. Weiter aber liegt es im Interesse des Rechtszustandes, dass nicht nur der rechtliche Anspruch über Streit und Zweifel hinausgehoben, sondern dass auch die Erfüllung des Anspruches der Zögerung, dem Unvermögen und dem bösen Willen gegenüber ausreichend gesichert sei. Auch diese Sicherheit, wo es irgend nöthig scheint, sich zu verschaffen,

ist zunächst Sache des Rechtssubjectes selber. Dieses mag
das Gewissen des zu Verpflichtenden in besonderer Weise,
etwa durch einen Eid, binden; es mag sich **Bürgschaft**
geben lassen durch einen Dritten, sich ein **Pfand** bestellen
lassen, oder durch **Sequestration** einer Verletzung seines
Anspruches vorbeugen. In dringenden Fällen aber leistet die
öffentliche Macht auch zu diesem Zwecke ihre Hilfe. Der
Richter weist in den vorläufigen Besitz der streitigen Sache
ein, beschränkt die Verfügung dessen, gegen den ein Anspruch erhoben wird, über seine Person oder seine Sache im
Personal- und Realarrest, verfügt die Sequestration, um
dem wenn auch noch erst zu erweisenden Rechte die Realisirung zu sichern, wo sie bedroht erscheint. Leiten lässt sich
der Richter dabei durch **Vermuthungen**, die sich auf die
erfahrungsmässig bekannte menschliche Natur, wie sie im
Durchschnitte der Fälle sich zeigt, begründen: z. B. dass
jemand, der ihm Nachtheiliges anerkannte oder zuliess, dies
gethan hat, weil er sich dazu verpflichtet glaubte; oder dass
der, welcher von seinem Rechte zurücktrat, eine Entschädigung
dafür in Aussicht nahm; oder dass derjenige, der seinen Besitz verheimlicht hat, nicht rechtmässiger Besitzer war. Solche
Vermuthungen gelten dann, bis das Gegentheil erwiesen ist.
Vermuthungen, die den Gegenbeweis ausschliessen, finden ihre
Begründung in dem Bedürfnis einer strengen Rechtsform, die
die Unbegrenztheit des Rechtsstreites abschneiden soll. In
dringlichen Verhältnissen, bei denen schwierige Rechtsfragen
nicht zu lösen sind, greift auch wol die öffentliche Gewalt in
Form der **Polizeimaassregel** definitiv oder provisorisch
regelnd unmittelbar ein, so in Streitigkeiten zwischen Herrschaft und Gesinde, bei Mieths- und Pachtverhältnissen.

4. Die Rechtsordnung ist dazu da, um jedermann gegen
Verletzungen seines Rechtes zu sichern. Darum hat jeder,
wo er in seinen Rechten bedroht ist, die öffentliche Macht
anzurufen, welche die Aufgabe hat, ihm beizustehen. Dadurch
ist zwar principiell die **Selbsthilfe** ausgeschlossen, die zu
Thaten der Gewalt führen würde und deren sich ebensowol
die blosse unbegründete Meinung von dem eigenen Rechte,
wie das wirklich objectiv vorhandene Recht bedienen möchte;
indessen ist doch auch wieder jedes Rechtssubject ein Organ
der öffentlichen Gewalt für die Aufgabe, drohendes Unrecht
abzuwehren, und die öffentliche Gewalt würde ohne solche ihr
durch die Bereitschaft der Einzelnen zuwachsende Hilfe diese
Aufgabe gar nicht zu lösen vermögen. Deshalb ist die Rechtsordnung veranlasst, die Selbsthilfe da zuzulassen, wo ein
Rechtsgut gefährdet ist, ohne dass die Anrufung der öffentlichen Gewalt möglich oder dass diese noch rechtzeitig Hilfe zu

bringen im Stande wäre. Wer dem offenbar böswilligen Entzieher die eigene Sache abnimmt, um eine Verdunkelung des Thatbestandes zu verhüten, oder eine nicht leicht wieder gut zu machende Störung seines Rechtes abzuwenden, der hat sich nur seines Rechtes bedient und geradezu verdienstlich als Organ der Rechtsordnung gehandelt. Dahin gehört auch die Pfändung, die gegen den Verletzer des Eigenthums an unbeweglichen Sachen von dem Verletzten vorgenommen wird, um seinen Rechtsanspruch da zu sichern, wo der Verletzende eine unbekannte oder unsichere Person ist oder der Beweis der Verletzung nachträglich schwer zu führen sein würde. Die verschiedenen Rechtssysteme lassen, je nachdem sie geneigt sind, den Rechtssubjecten ein freieres Gebahren zuzugestehen oder sie entschiedener zu bevormunden, der Selbsthilfe, die doch niemals ganz entbehrt werden kann, einen sehr verschiedenen Spielraum offen; aber viele Acte der Selbsthilfe müssen auch für das pedantischste System rechtlicher Bevormundung als Uebung unzweifelhafter Berechtigung erscheinen. Dem Fliehenden das mitgenommene Gut, das er andern schuldet, abzunehmen; denjenigen, der sich sonst der Gerechtigkeit entziehen würde, festzuhalten; die zu widerrechtlichen Zwecken getroffenen Vorbereitungen zu stören: das alles ist so sehr selbstverständliche Thätigkeit im Dienste der eigenen oder fremden Berechtigung, dass dergleichen zu unterlassen, besonders wo obrigkeitliche Hilfe nicht zur rechten Zeit zu erlangen ist, geradezu Schuld begründet, wenn das Unrecht sich gegen das Recht Dritter wandte, oder als feiges Preisgeben des eigenen Rechtes erscheint, wenn dieses bedroht war. Beides aber würde als Regel gesetzt gleichmässig zum Nachtheil und zur Schädigung der öffentlichen Rechtsordnung gereichen. Schuldig macht sich derjenige, der Selbsthilfe übt, erst dann, wenn er entweder aus unentschuldbarem Irrthum nicht im Dienste eines wirklich vorhandenen und wirklich bedroheten Rechtes thätig war, oder wenn er über die zu der Vertheidigung des Rechtsgutes unbedingt nöthigen Maassregeln hinaus zu eigentlicher Verletzung des andern sich hat hinreissen lassen. Ebenso macht sich schuldig, wer zur Sicherung seiner Person und seines Gutes Anstalten trifft, die auch für den, der keine Absicht der Verletzung hat, die Möglichkeit einer Schädigung, oder für den, der solche Absicht wirklich hat, die Möglichkeit einer unverhältnismässig schweren Schädigung enthalten.

5. Einen besonderen Fall der Selbsthilfe bildet die Nothwehr gegen einen unmittelbar drohenden rechtswidrigen Angriff. Die Nothwehr ist in noch höherem Grade als andere Selbsthilfe nicht eine Ausnahme von dem eigentlichen Recht,

am allerwenigsten ist sie wider das Recht; im Gegentheil erscheint gerade hier die Natur des Rechts mit besonderer Deutlichkeit, welches auf jedes Rechtssubject als auf ein Organ für seine Verwirklichung und für die Abwehr des dem Rechte Feindlichen zählen muss. Die Bedeutung der Nothwehr wird nicht richtig damit bezeichnet, dass es ein von der Natur selbst verliehenes Recht sei, Gewalt durch Gewalt abzuwehren, als wäre die Nothwehr eine Art von Wiederaufleben des sogenannten Naturstandes, wie er vor dem Rechtszustande gewesen sein soll; ihre Bedeutung liegt vielmehr darin, dass die Nothwehr selbst ein regelmässiges Rechtsmittel ist, dass niemand das Unrecht zu dulden braucht, der es hindern kann, ja dass niemand es dulden darf, wo es fremdes Recht gilt. Jedermann soll im Auftrage der Rechtsordnung selber dem Rechte gegen das Unrecht beistehen, und es handelt sich dabei um weit mehr, als um den drohenden Verlust am Rechtsgute des Einzelnen; es geht vielmehr um den ganzen Bestand der Rechtsordnung selbst. Freilich sollen in der Nothwehr die Grenzen innegehalten werden, die ihr der Rechtsgrund zieht, der allein sie zu rechtfertigen vermag: Vertheidigung des Rechtes gegen die gegenwärtige Gefahr eines bedrohlichen Angriffs. Würde die Gewalt gegen den Thäter noch nach vollbrachter That und ohne das Vorhandensein weiterer Bedrohung geübt werden, so wäre das nicht mehr Nothwehr, sondern eigene Gewaltthat. Wo ferner obrigkeitliche Hilfe zur Hand ist, da wird wenigstens in den meisten Fällen zur Nothwehr kein genügender Anlass gegeben sein; und wo die Drohung eines Angriffs erst nach längerer Zeit wirksam werden kann, da wird die Rechtsordnung verlangen müssen, dass die öffentliche Gewalt zur Verhinderung angerufen werde, wenn letztere im anderen Falle nur durch gewaltsames Vorgehen ermöglicht wäre. Im übrigen wird das Recht eines freien Volkes das Recht der Nothwehr nicht mit übergrosser Aengstlichkeit einschränken. Ob das bedrohte Recht unersetzlich und der Angriff unerwartet, ob die Abwehr mehr oder minder energisch ist, das kann, wenn nur sonst die Bedingungen der Nothwehr gegeben sind, keinen wesentlichen Unterschied für die rechtliche Beurtheilung machen. Der Rechtsordnung kann es nur frommen, dass der Wille des Unrechts, wo er sich äussern möchte, einer recht kräftigen Gegenwehr begegne. Nur den Organen der öffentlichen Gewalt selbst gegenüber, wenn sie die ihnen ertheilte Vollmacht zur Verletzung des Rechtes missbrauchen, muss in allen den Fällen die Nothwehr schweigen, wo nicht geradezu unwiederbringliche Güter von höchstem Werthe gefährdet sind.

6. Die Sorge, dass so viel wie möglich alles das ver-

§ 45. Abwehr des drohenden Unrechts. Nothwehr. Polizei.

mieden werde, was eine Verletzung der Rechte anderer zur Folge haben könnte, ist, wo die Thätigkeit der Einzelnen nicht ausreicht, Sache der öffentlichen Gewalt und wird von der Polizei geübt. Die Polizei schränkt deshalb durch Gebote und Verbote das Handeln der Menschen in dem Sinne ein, dass eines jeden freie Bewegung zu Gunsten des Woles und der Sicherheit aller sich einen Abzug gefallen lassen muss. Die Grenzen dieser polizeilichen Fürsorge lassen sich freilich ins unbestimmte ausdehnen; denn schliesslich giebt es keine Form der Bethätigung, keine Ausübung von Rechten, die nicht irgendwie die Verletzung der Rechtsgüter anderer herbeiführen könnte. In der That ist denn auch das Gebiet, das die Polizei mit ihrer Thätigkeit in Anspruch nimmt, zu den verschiedenen Zeiten ein sehr verschiedenes; es wird um so geringer, je mehr man der Mündigkeit, dem selbstständigen Urtheil und der eigenen Einsicht der Menschen vertrauen zu können glaubt, und je mehr sich die selbstständige Initiative der Menschen der Bevormundung durch die öffentliche Gewalt entzieht. Jedenfalls ist die Einwirkung der Polizei auf den öffentlichen Rechtszustand überall da unentbehrlich, wo nach Art und Gewohnheit der Menschen unter den gegebenen Culturbedingungen die Sorge begründet ist, dass wesentliche Gefährdungen der Rechtsgüter vieler oder aller durch Handlungen oder Unterlassungen herbeigeführt werden könnten, die den ganzen öffentlichen Rechtszustand in Frage stellen. Da übt die Polizei eine präventive Thätigkeit, indem sie durch ihre Verordnungen den Blick schärft für die in gewissen Handlungen enthaltenen bedrohlichen Folgen.

7. Solche Prävention liegt aber nicht allein im Gebiete der Polizei und bezieht sich nicht allein auf Handlungen, die derartige bedrohliche Folgen nur möglicherweise haben. Dass das Unrecht nicht wirklich eintrete, sondern verhütet werde, dass auch die widerrechtliche Gesinnung so viel als möglich von wirklicher Rechtsverletzung zurückgehalten werde, das ist das dringendste Interesse der Rechtsordnung überhaupt. In diesem Interesse gilt es, auf den natürlichen Willen der Selbstsucht, der allein mit Sicherheit bei allen Menschen vorausgesetzt werden kann, in dem Sinne einzuwirken, dass gegenüber den zum Unrecht verleitenden Motiven Gegenmotive von grösserer Kraft wachgerufen werden, wie sie bei der erfahrungsmässig bekannten durchschnittlichen Beschaffenheit der Menschen wenigstens der Regel nach wirksam zu werden vermögen (§ 21, 4). Das dazu geeignete Mittel ist, dass eine Rechtsverletzung, zu der sich jemand versucht fühlen möchte, mit Uebeln für denjenigen bedroht werde, der sie begeht, und zwar mit Uebeln von solcher Grösse, dass der Wille des Un-

rechts zu besonnener Ueberlegung angeleitet werde, um sich nicht für eine geringere Befriedigung eine um vieles grössere Benachtheiligung zuzuziehen. Dann ist nach der durchschnittlichen Anlage der menschlichen Natur zu erwarten, dass der Mensch das kleinere Uebel, die Unlust, die ihm aus der Unterlassung einer Rechtsverletzung erwächst, lieber auf sich nimmt, als das grössere Uebel, das ihn aller Wahrscheinlichkeit nach treffen wird, wenn er der Versuchung unterlegen ist. Und es ist ebenso zu erwarten, dass seine Aufmerksamkeit auf die Grenzen, innerhalb deren er sich ohne Gefahr einer Rechtsverletzung für andere bewegen kann, geschärft werde, wenn es gilt, durch ein sorgfältiges Vermeiden der Ueberschreitung dieser Grenzen von sich selbst ein schweres Uebel abzuwenden. Dass durch dieses Mittel der Androhung eines Uebels jede vorsätzliche oder fahrlässige Verletzung des Rechtes werde abgewendet werden können, das ist freilich nicht zu erwarten; denn die tückische Bosheit und der wilde Trotz, die gedankenlose Unbesonnenheit und frevelhafte Gleichgültigkeit, die Sclaverei unter die nächste sinnliche Lust und die Versunkenheit in raffinirte Selbstsucht liegt zu tief in dem Zufall der menschlichen Individualität begründet, als dass nicht die Hoffnung, dem angedrohten Uebel doch noch zu entgehen, oder der leichtsinnige Entschluss, dieses Uebel lieber zu dulden, als der Begierde zu entsagen, die abschreckende Wirkung jener Androhung in vielen Fällen überwiegen sollte. Aber vermindert wenigstens wird die Zahl der Rechtsverletzungen durch jenes Mittel; der schwankende, unentschlossene Wille wenigstens wird durch das Motiv der Furcht auf die Seite der Innehaltung der Grenzen des Rechtes gezogen. Und wie der Wille der Unmündigen durch das an sich inadäquate Motiv der Lohnsucht und der Furcht vor dem Uebel zu vernünftiger Selbstbeherrschung erzogen wird, so wird ganz allgemein durch die von der Rechtsordnung, die sich ja principiell nur an den natürlichen Willen der Selbstsucht wendet, angedrohten Uebel der Wille der Menschen gewöhnt und erzogen, das Recht zu achten, wenn auch aus selbstsüchtigen Motiven, die rechtliche Gesinnung also, die von der Rechtsordnung gefordert wird, ausgebreitet und die Wirklichkeit des Unrechts damit eingeschränkt.

8. In solcher Androhung von Uebeln zum Zwecke der Prävention des Unrechts erweist sich die Rechtsordnung als beherrscht von Gesichtspunkten der **Nützlichkeit**, das Recht selbst als bestimmt durch das Princip der **Ordnung**. Damit ist denn auch die Consequenz gegeben, dass jene Androhung nur gerechtfertigt sein kann durch ihre Unentbehrlichkeit und innerhalb der Grenzen, in denen diese Unent-

behrlichkeit anerkannt werden muss. Dass das schuldlose Unrecht in dieser präventiven Weise bedroht werde, schliesst sich von selber aus. Wo man einmal in der Auffassung menschlicher Dinge so weit gelangt ist, um den Unterschied zwischen Schuld und Schuldlosigkeit durch Reflexion auf die Innerlichkeit zu machen und festzuhalten, da steht man auch von präventiver Bedrohung des schuldlosen Unrechtes ab. Denn auf diesem Gebiete würde ja eine Einwirkung auf den Willen nichts nützen, weil das Unrecht hier gar nicht gewollt ist; die Prävention gegen Irrthum und falsche Meinung muss also auf andere Weise geübt werden, am meisten durch inneren Ausbau des Rechtssystems selber. Aber auch keineswegs alles schuldvolle Unrecht wird die Rechtsordnung mit Uebeln zu bedrohen sich veranlasst finden; sondern sie wird sich auch hier eine Beschränkung auferlegen und eine Auswahl treffen müssen. Allerdings ist es eine wesentliche Aufgabe der Rechtsordnung, durch die ihr zu Gebote stehenden Mittel möglichst alles schuldvolle Unrecht zu verhüten; aber da sie in der präventiven Androhung durch Gesichtspunkte der Zweckmässigkeit bestimmt wird, so wird sie gerade durch diese Gesichtspunkte abgehalten werden, eine solche Prävention da zu versuchen, wo dieselbe sich als unzweckmässig, als undurchführbar oder auch als lähmend für den ganzen Zusammenhang des Rechtsverkehrs erweisen würde. Deshalb wird für die Androhung von Uebeln gegen rechtswidrige Handlungen zum Zwecke der Verhütung derselben vorausgesetzt, dass solche Androhung auch wirklich ein wirksames Motiv für die Willensbestimmung zu werden vermöge, ferner dass sie behufs der Aufrechterhaltung des Rechtszustandes unentbehrlich, insbesondere eine ausreichende Abwehr durch die Vorsicht und Wachsamkeit der Einzelnen nicht möglich sei, und endlich dass die rechtswidrige That der Art sei, um den Beweis der rechtswidrigen Absicht bei derselben mit einiger Sicherheit zu ermöglichen. Zugleich aber muss schon bei der Androhung selber immer im Auge behalten werden, dass, wenn nicht die Drohung selbst unwirksam und hinfällig werden soll, das angedrohte Uebel nachher auch in jedem Falle wirklich zuzufügen ist, wo, wie es nach der Beschaffenheit der menschlichen Natur immer möglich ist, trotz der Androhung die zu verhütende Handlung gleichwol begangen worden ist. Dabei nun ist zu befürchten, dass diese Zufügung von Uebeln in übermässig häufiger Anwendung für den Zusammenhang der Rechtsordnung grössere Uebel zur Folge haben möchte, als die noch so grosse Häufigkeit der widerrechtlichen Handlung selbst und die Nichtbeachtung derselben seitens der öffentlichen Gewalt. Wo solche Besorgnis in

Bezug auf die Zufügung sich rechtfertigt, da wird auch die Androhung unterlassen werden müssen. Deshalb giebt es viel schuldvolles Unrecht, doloses sowol als culposes, das mit Uebeln nicht bedroht ist, und zu dessen specieller Abwehr das Recht sich somit als unfähig bekennt. Die Rechtsordnung muss sich in Bezug hierauf damit begnügen, dass sie im allgemeinen durch ihre Einwirkung den Willen zur rechtlichen Gesinnung erzieht, und von dieser Erziehung auch für dieses ihr unzugängliche Gebiet eine allmählich fortschreitende Besserung erwarten. Insbesondere muss sie auf den Willen und die Einsicht der rechtlich gesinnten Rechtssubjecte zählen, dass sie sich dem Unrechte nicht aussetzen oder dem Unrechte entgegentreten werden; die Macht der herrschenden Sitte, das Bedürfnis des Vertrauens und das Gefühl für Ehre muss dann das Uebrige thun, damit auch das Unrecht, dem gegenüber das Mittel der Prävention versagt, nicht ins ungemessene fortwuchere.

9. Der Unterschied des schuldhaften Unrechtes, welches mit Zufügung von Uebeln bedroht wird, von dem, welches nicht so bedroht wird, liegt also weder darin, dass bei dem einen Gewalt gebraucht wird, bei dem anderen nicht, noch darin, dass das eine ein ausdrückliches Handeln, das andere ein blosses Nicht-Handeln, Nicht-Leisten und Nicht-Erfüllen ist, noch darin, dass es sich bei dem einen um Vermögensgüter, bei dem andern um Güter von höherem Werthe und von unersetzbarer Bedeutung handelt, oder dass bei dem einen und nicht bei dem anderen voller Ersatz des Schadens möglich ist, oder sonst in etwas, was die Handlung selbst ihrer Form und ihrem Inhalte nach zu charakterisiren vermöchte: sondern allein in der Stellung der Handlung zu der Leistungsfähigkeit der Rechtsordnung und zu dem Zusammenhange des Rechtsverkehrs und der Rechtshandlungen überhaupt. Schuldvoll ist das nicht bedrohte Unrecht ebensosehr wie das bedrohte, und auch die Art der Verschuldung ist in vielen Fällen nicht-bedrohten Unrechts ganz dieselbe wie beim bedrohten Unrecht. Leichtsinniges Schuldenmachen, böswilliges Nichtbezahlen, muthwilliger Vertragsbruch, vorsätzliche Kränkung des Rechtes durch die Chicane, rabulistische Rechtsverdrehung sind an sich und rein objectiv betrachtet ganz zweifellos dem schuldvollen Unrecht, und zum Theil der schwersten Art, beizuzählen. Lügenhafte Versicherungen des Verkäufers, falsche Anpreisungen von Waaren und Diensten, Täuschungen und Uebervortheilungen aller Art, Ausnutzung fremder Noth zu ungerechtfertigtem Gewinn, hämischer Klatsch, heimliche Unzucht, Schlägerei ohne erhebliche verletzende Folgen stehen dem Betruge, der

§ 45. Abwehr d. drohenden Unrechts. Civil-, Criminalunrecht.

Erpressung, dem Verbrechen der Gewalt oder anderen Arten des Verbrechens ganz nahe; und doch bleiben alle diese Arten des Unrechts von präventiver Bedrohung meistentheils verschont, ebenso wie der bei weitem grösste Theil aller derjenigen Handlungen, die ihrem objectiven Charakter nach dem fahrlässigen Unrecht völlig gleichstehen, und wie die meisten Unterlassungen, so sehr sie auch, sei es fahrlässig oder vorsätzlich, die ernstesten Gefahren für das Recht anderer herbeiführen oder bestehen lassen. Unter den Gründen für solche Einschränkung der Prävention ist der wichtigste der, dass die Rechtsordnung ihrer Natur nach in der Prävention sich auf das Unentbehrliche beschränkt, auf diejenigen Arten des Unrechts, mit denen ein Rechtszustand schlechthin unverträglich ist. Darum liegt der Grund der Unterscheidung zwischen bedrohtem und nicht bedrohtem Unrecht zunächst in der Grösse der Gefahr, die sich aus der Handlung für den gesammten Rechtszustand ergiebt. Da nun dieselbe Handlungsweise in verschiedenen Zuständen der Rechtsgemeinschaft ein sehr verschiedenes Maass von Gefährlichkeit mit sich führen kann, so erklärt sich schon daraus sehr einfach die Erscheinung, dass ganz dieselbe Handlung ohne Aenderung des sittlichen Urtheils über dieselbe hier und jetzt der Prävention durch Bedrohung unterliegt, an andrem Orte und zu anderer Zeit dagegen nicht. Sodann kommt es auf die Beweisbarkeit der widerrechtlichen Absicht und der Schuld an. In vielen Fällen lässt das offenbare schuldvolle Unrecht doch für die der Rechtsordnung zu Gebote stehenden Mittel den stricten formellen Beweis nicht zu, dass der Wille ein widerrechtlicher ist und nicht vielmehr das Unrecht gethan wird in der Meinung, man sei in seinem Rechte; in solchen Fällen wäre eine Bedrohung thöricht und zwecklos. Anderes Unrecht ferner ist von der Art, dass jedem mündigen Rechtssubjecte zugemuthet werden kann, sich selbst durch Vorsicht und Sorgfalt gegen dasselbe zu schützen, und dass die Prävention seitens der Rechtsordnung die Gefahr der Verweichlichung und Verzärtelung, einer übergrossen Empfindlichkeit oder Sorglosigkeit mit sich bringen würde. In anderen Fällen würde wieder durch die Prävention in Form der Bedrohung die zum Bestehen und zum Wole des Ganzen erforderliche Leichtigkeit des Verkehrs allzu sehr eingeengt werden, weil die Grenzen des Erlaubten und Verbotenen nicht hinlänglich scharf bezeichnet werden können, und es würden damit gerade die rechtlich Gesinnten, die die Möglichkeit eines Conflictes mit der Rechtsordnung am meisten scheuen, am ehesten von einer zum Gedeihen des Ganzen doch nothwendigen oder erspriesslichen Thätigkeit zurückgehalten werden, aus Furcht, sie könnten unversehens in die Bedrohung mit hineingezogen werden. Zudem bildet der durch die Androhung übernommene **Zwang zur Zufügung des Uebels** unter allen Umständen eine lästige Aufgabe, welche auf sich zu laden die Rechtsordnung in allen den Fällen Bedenken tragen wird, wo sie es ohne Gefahr für das öffentliche Wol und für die Sicherheit des Rechtszustandes vermeiden kann. So kommt es, dass so vieles Unrecht der Prävention entzogen ist, so vieles, was früher der Prävention unterlag, nachher ihr nicht mehr unterliegt. Mit der Aeusserlichkeit der Auffassung, die dem Rechte überhaupt anhaftet, hängt es weiter zusammen, dass die Rechtsordnung, so sehr sie dazu fortgeschritten sein mag, auf die Innerlichkeit der Absicht zu reflectiren, doch in dem **äusseren Erfolge** als der am sichersten erkennbaren Thatsache auch den besten Maassstab finden muss, nach welchem sie die Schuld bemessen kann. So wird der **Versuch des Verbrechens**, so wird das **fahrlässige Unrecht** nur im Falle erheblicher Gefährlichkeit und eines greifbaren Thatbestandes überhaupt mit Uebeln bedroht; so wird der **culpose Versuch** frei gelassen, weil beim Mangel eines schädlichen Erfolges der Beweis nicht geführt werden kann, dass die genügende Vorsicht nicht vorhanden war, oder dass die Handlung, die durch äussere Umstände unterbrochen worden ist, nicht vielleicht mit grösserer Vorsicht würde fortgesetzt worden sein. Von **schuldvollen Unterlassungen** werden nur die wenigsten als Delicte bedroht: Unterlassung der Anzeige oder der Behinderung eines Verbrechens, Unterlassung der Uebung bestimmter ausdrücklich übernommener Berufspflichten. Gegen doloses Verfahren im bürgerlichen Rechtsstreit, gegen Uebervortheilung und Schädigung im Verkehr der Güter aus rechtswidriger Gewinnsucht ist in der grossen Mehrzahl der Fälle die Anwendung der Bedrohung unmöglich oder unzweckmässig, auch wenn das Urtheil über den rechtswidrigen Charakter der Handlung völlig feststeht. Dagegen genügt schon die blosse Handgreiflichkeit und Beweisbarkeit des rechtswidrigen Charakters der Handlung, auch wo die Möglichkeit der Gefährdung eine ziemlich entfernte ist und die Verschuldung keineswegs auf irgend welche Intensität der rechtswidrigen Gesinnung deutet, um im Dienste äusserer Ordnung und Regelmässigkeit die Prävention eintreten zu lassen. Das ist der Fall bei den Uebertretungen der **Polizeivorschriften**, die, so nebensächlich sie auch sein und in so entferntem Verhältnis sie zu dem Schutze wesentlicher Rechtsgüter stehen mögen, doch regelmässig eine Androhung enthalten. Ueberdies muss unter dem Gesichtspunkte der Prävention die Rechtsordnung daran

§ 45. Abwehr des drohenden Unrechts. Civil-, Criminalunrecht.

festhalten, dass bei Delicten der **Irrthum über das Recht** in der Regel an der Verschuldung nichts ändert. Denn wäre es zulässig, sich mit Unkenntnis des Gesetzes zu entschuldigen, so würde die Rechtsordnung jedem Angriffe schutzlos preisgegeben sein, weil diese Entschuldigung von allen die gangbarste und am schwersten zu widerlegende ist. Dass Unkenntnis des rechtswidrigen Charakters der Handlung jede Schuld ausschliesst, ist unzweifelhaft; aber ebenso unzweifelhaft ist es auch, dass in solchem Falle die Rechtsordnung gleichwol meistens gezwungen ist, eine Schuld anzunehmen und zu ahnden. Um so dringender wird das Recht daran gemahnt, so viel als möglich nur solche Handlungen präventiv zu bedrohen, die die Entschuldigung durch einen möglichen Irrthum überhaupt nicht zulassen, weil sie gegen das allgemeine Gefühl für Recht und Pflicht verstossen. Freilich wird ein solcher Zustand völlig nie erreicht werden, und darum aber auch die Nothwendigkeit dem Rechte nicht ganz erspart werden, den blossen Irrthum als Schuld anzurechnen. In alle dem macht sich der fundamentale Unterschied zwischen der Beurtheilung der Verschuldung unter dem Gesichtspunkte der rechtlichen Prävention und dem Gesichtspunkte der Sittlichkeit geltend bis zu schneidender Schärfe.

10. Aus den oben bezeichneten Eigenthümlichkeiten der rechtlichen Prävention ergiebt sich nun auch der **Maassstab für die Grösse des Uebels**, welches der rechtswidrigen Handlung je nach ihrer besonderen Art und Beschaffenheit angedroht wird. Den ersten und nächstliegenden Gesichtspunkt dafür bildet allerdings die in der Handlung nachweisbar hervortretende **Intensität der rechtswidrigen Gesinnung** und die Grösse der von dieser Gesinnung auch in anderen Fällen zu erwartenden Gefährdung des öffentlichen Rechtszustandes. Aber dieser Gesichtspunkt wird durch andere theils ergänzt, theils eingeschränkt. Zunächst durch die Rücksicht auf die zu erwartende **Wirksamkeit der Prävention**. Das angedrohete Uebel muss eben gross genug sein, um ein ausreichend kräftiges Gegenmotiv gegen die Grösse der Versuchung, gegen die von der Handlung zu erwartende Lust zu bilden; es darf nicht kleiner sein, als dazu nöthig ist, damit es überhaupt präventiv wirke; es darf aber auch nicht grösser sein, weil überflüssige Härte wider die Zweckmässigkeit wäre. Sodann aber greift auch die Rücksicht auf die **objective Gefährlichkeit der Handlung** selber in die Abmessung des Uebels ein, so dass dadurch die Abmessung nach der Grösse der subjectiven Verschuldung modificirt wird, weil je grösser die objective Gefährlichkeit, desto dringlicher die Prävention ist. Unter

jedem dieser Gesichtspunkte kann die Handlung im besonderen Falle in milderem Lichte erscheinen und mit geringerem Uebel bedroht sein als gewöhnlich, wenn entweder die Grösse der subjectiven Verschuldung oder die der objectiven Gefährlichkeit geringer ist als sonst bei Handlungen von gleicher Art, oder wenn das Bedürfnis, ein abschreckendes Beispiel für andere zu statuiren, sich als weniger dringlich erweist. Es kann aber auch unter denselben Gesichtspunkten das umgekehrte Verhältnis eintreten, dass für den besonderen Fall die Androhung eines Uebels nöthig wird, dessen Grösse das gewöhnlich für diese Art von Handlungen gültige Maass überschreitet. Die Prävention in Form der Bedrohung richtet sich demgemäss auch darauf ein, dass innerhalb bestimmter Grenzen das für eine bestimmte Art von Handlungen anzudrohende Uebel seiner Grösse nach zwischen einem Maximum und einem Minimum schwankt, und zwar auch dies zunächst aus Gründen der Zweckmässigkeit.

§ 46.

Die Wiederherstellung des Rechtes aus dem Unrecht.

Da das Unrecht wegen der Natur der Menschen und wegen der Natur des Rechtes selber trotz aller Prävention unvermeidlich ist, so erwächst der Rechtsordnung, will sie sich anders selbst erhalten, die fernere Aufgabe, vermittelst der Rechtspflege durch jedesmalige Aufhebung des Unrechts das Recht wiederherzustellen. Diese Aufgabe gestaltet sich verschieden, je nachdem das Unrecht schuldloses oder verschuldetes Unrecht ist. Dem schuldlosen Unrecht gegenüber gilt es bloss, das Recht durch richterliches Urtheil festzustellen und sodann den vom Rechte geforderten Zustand herzustellen. Verschuldetes Unrecht dagegen wird noch weiter durch den dem Geschädigten zu leistenden Schadensersatz gebüsst; wo aber durch den widerrechtlichen Willen die Grundlagen der Rechtsordnung selbst angetastet worden sind, da wird das Unrecht durch die Strafe gesühnt. Das Wesen der Strafe ist, dass am verbrecherischen Willen seine Nichtigkeit aufgezeigt und die Majestät der Rechtsordnung aus dem gegen sie gerichteten Versuche der Trübung wiederhergestellt wird. Alle Thätigkeit zur Wieder-

§ 46. Wiederherstellung des Rechts. Bürgerliche u. Strafrechtspflege.

herstellung des Rechtes aus dem Unrechte steht unter dem Gesichtspunkte der **Gerechtigkeit**.

1. Das Unrecht geschieht wol, aber es darf nicht bleiben, soll nicht das Recht durch das Unrecht erstickt werden wie die edle Frucht durch giftiges Unkraut. Ist nicht alles Unrecht erreichbar, so muss wenigstens das erreichbare getilgt und an seine Stelle das Recht gesetzt werden. Die Rechtsordnung steht mit beschränkten Mitteln mitten in der Endlichkeit und hat selbst eine endliche und begrenzte Existenz. Vieles, was sie anstrebt, bleibt ihr unerreichbar; aber das muss ihr möglich sein zu bewirken, dass der Sieg des Rechtes die Regel, der Triumph des Unrechtes die verhältnismässig seltene Ausnahme bilde. Denn anders hat sie keine Möglichkeit des Bestehens. Darum ist nächst der Schaffung des Rechts die Wahrung desselben durch eine geordnete **Rechtspflege** die specifische Thätigkeit der Rechtsordnung. Für diese Thätigkeit hat sie ihre eigenthümlichen Organe: den Richter, der jedesmal im gegebenen Falle das Recht findet, und die executiven Behörden, die dem vom Richter gefundenen Rechte seine Verwirklichung verschaffen. Die Rechtspflege kann nicht, wie die Verhütung des Unrechts, zum Theil die Aufgabe der einzelnen Rechtssubjecte sein. Denn hier soll aller Zufall der Meinung abgeschnitten, der reine Ausdruck des Rechtes selbst in objectivster Weise gefunden und die eigene Macht des Rechtes zur Erhaltung des Rechtes herangezogen werden. Das aber kann allein das specifische Organ der Rechtsordnung leisten, und dazu darf allein die oberste staatliche Gewalt selber in Thätigkeit gesetzt werden. Nur in unentwickelten Rechtszuständen kann die Rechtspflege, und sei es auch in geringster Ausdehnung, einer andern Gewalt als derjenigen des Staates überlassen bleiben.

2. Nach den Hauptarten des Unrechts zerfällt die Rechtspflege in die **bürgerliche** und in die **Strafrechtspflege**. Die bürgerliche Rechtspflege entscheidet den Streit um das Recht da, wo jemand **klagt oder sich beschwert**, dass ihm Unrecht widerfahren sei, und anzunehmen ist, dass der Urheber dieses Unrechts ohne widerrechtlichen Willen gehandelt habe. Dass jemand sich in seinem Rechte verletzt fühle und diese Verletzung dem Richter vortrage, ist die Voraussetzung. Wo kein Kläger ist, da ist auch kein Richter. Denn wo es sich nur um das Recht des Einzelnen handelt, da ist, wenn der Verletzte schweigt, die Annahme geboten, dass er sich seines Rechtes begiebt, ihm also kein Unrecht geschehen ist. Wenn aber die Organe der bürgerlichen Rechtspflege zugleich die Aufgabe übernehmen, künftiges mögliches

Unrecht zu verhüten und das streitige Recht da zu entscheiden, wo noch kein wirkliches Unrecht geschehen ist, so ist das eine nur zufällige, durch Zweckmässigkeitsgründe zu rechtfertigende Verbindung zweier wesentlich verschiedener Functionen, die freilich beide richterlichen Charakter tragen. Anders verhält es sich mit der Beauftragung des Richters, auch gleich die Vollziehung des Rechtsspruches zu leiten. Dies ist in noch höherem Grade ein zufälliger Zusatz zu dem eigentlichen richterlichen Amt, aber ein Zusatz, der über die Grenzen des eigentlichen Gebietes richterlicher Thätigkeit hinausführt.

3. Die bürgerliche Rechtspflege tritt in Wirksamkeit zunächst auf Anlass einer **Beschwerde**. Es behauptet jemand, es sei ihm Unrecht geschehen, und fordert, dass sein Recht wiederhergestellt werde. Etwa er sei verhindert gewesen, sein Recht wahrzunehmen; die strengen Formen des Rechtsverfahrens hätten ihn über Gebühr benachtheiligt; aus Rechtsgeschäften sei ihm unverschuldeterweise übergrosser Verlust an seinem Rechte entstanden. Solche Beschwerde richtet sich gegen die strenge Rechtsform selber; sie verlangt Herstellung materieller Gerechtigkeit auf Kosten des formellen Rechtes. Es giebt Fälle, wo die Rechtsordnung solchem Verlangen entsprechend Rücksichten der **Billigkeit** wird walten lassen, um übergrosse Schädigung abzuwenden, die in der Consequenz der strengen Rechtsform liegen würde. Die Römer hatten dafür das dem prätorischen Edict entstammende Institut der **Restitutio in integrum**. Ist nun gleich aus guten Gründen die Anwendbarkeit dieses Rechtsmittels mehr und mehr eingeengt worden, so liegt es doch in der Natur des Rechtes, dass ein solches Rechtsmittel in der einen oder der anderen Form immer ein Bedürfnis bleiben wird. Gegen ein formell abgeschlossenes Gerichtsverfahren, z. B. wo entscheidende Urkunden später aufgefunden worden sind, gegen Versäumnis von Fristen und formelle Fehler im Rechtsstreit und auf verwandte Anlässe hin wird man dieser Form der Beschwerde im Interesse des materiell Gerechten ihren Raum gönnen müssen, sofern die gewöhnlichen Rechtsmittel der Anfechtung und der Einrede nicht anwendbar sind.

4. Das regelmässige Mittel, die bürgerliche Rechtspflege in Anspruch zu nehmen, um für verletztes Recht Remedur zu erlangen, wo der Verletzende nicht offenbar schuldvoll gehandelt hat, ist die **Klage**. In jedem von der Rechtsordnung anerkannten Rechte ist selbstverständlich und nicht als ein zweites noch hinzukommendes Moment das Recht der Klage bei eingetretener Verletzung durch ein fremdes Handeln mit enthalten. Dieses **Klagerecht** ist daher ein Merkmal

§ 46. Wiederherstellung d. Rechts. Beschwerde. Klage. Naturalobligation.

dessen, was als Recht überhaupt gelten darf. Wofür es kein Klagerecht, keinen geordneten Schutz durch die öffentliche Gewalt giebt, das ist auch kein Recht. Nur eine scheinbare Ausnahme bildet die sogenannte Naturalobligation, ein Recht, das innerhalb gewisser Grenzen von der Rechtsordnung anerkannt wird, ohne dass es doch mit einem Klagerecht ausgestattet wäre. Die Erscheinung kommt vor auf dem Gebiete der Forderungsrechte, die sich an eine bestimmte Person richten. Eine derartige „natürliche" Forderung ist nicht durch das Rechtsmittel der Klage erzwingbar, insofern also auch kein wirkliches Recht; nichts desto weniger erkennt die Rechtsordnung an, dass die Forderung in dem materiell Gerechten wol ihre Begründung habe, und gewährt ihr deshalb in anderer Weise einen bedingten Schutz. Die Leistung des Geforderten wird nicht als Schenkung angesehen; das Geleistete kann nicht als ohne Rechtsgrund geleistet zurückgefordert werden; die Forderung selber kann zur Compensation in Anrechnung kommen; es lässt sich auf sie ein Versprechen, eine Anerkenntnis, eine Bürgschaft, ein Pfandrecht mit rechtlicher Verbindlichkeit begründen. In alle dem tritt das Wesen der Naturalobligation deutlich genug hervor. Indem die Rechtsordnung einem Anspruch, dem sie den Charakter eines Rechtes nicht zuerkennt, doch gewisse Wirkungen eines anerkannten Rechtes zugesteht, corrigirt sie im Interesse des materiell Gerechten die strenge Consequenz des stricten Rechts durch Billigkeit. Sie versagt das Klagerecht, um dem Rechtszustande den Charakter der strengen äusseren Ordnung zu wahren; sie gewährt eine eingeschränkte Berücksichtigung, um dem Gerechten nicht mehr zu vergeben, als im Interesse dieser stricten Ordnung unvermeidlich ist. Der Mündiggewordene, der das Darlehen bezahlt, das er als Unmündiger ohne Zustimmung des Vormunds aufgenommen, thut, wenn auch vom Rechte nicht dazu gezwungen, doch nur das, was die Gerechtigkeit verlangt. Ist bei Rechtsgeschäften die geforderte solenne Form verabsäumt worden, so ist die Leistung deshalb nicht minder gerecht, weil sie rechtlich nicht erzwingbar ist. Ist die Forderung durch Verjährung oder durch Accord im Concurse erloschen, so mag es doch gerecht erscheinen, auch ohne rechtliche Verbindlichkeit zu zahlen. In dergleichen Fällen, die in reicher Mannigfaltigkeit begegnen, handelt offenbar die Rechtsordnung ihrem Charakter und ihrer Aufgabe gemäss, wenn sie das materiell Gerechte, auch wo es die Folgen des strengen Rechtes nicht zu erzeugen vermag, doch soweit anerkennt und schützt, als dies mit dem Bedürfnis einer stricten rechtlichen Ordnung verträglich ist.

5. Die Klage im bürgerlichen Rechtsstreit geht ihrer

Natur nach auf **Aufhebung der Verletzung**, nachdem das Recht und seine Verletzung erwiesen ist. Da die Voraussetzung ist, dass der Beklagte schuldlos verletzt habe, so wird dieser sich gegen den Angriff mit der **Einrede** wehren, durch die er das Recht des Klägers oder die behauptete Verletzung dieses Rechtes bestreitet und sein eigenes Recht zu erweisen trachtet; aber von einem Einlassungs**zwang** kann nimmermehr die Rede sein. Der Einrede wird dann die Einrede entgegengesetzt und so fort; der **Beweis** wird geführt durch Urkunden, Zeugen, Eide. Die Parteien haben dem Richter die für die vorliegende Rechtsfrage wichtigen Thatsachen vorzuführen; der Richter entscheidet danach, was Rechtens ist. Im allgemeinen gilt der Satz: iura novit curia; doch mag sich der Richter der Hilfe der Parteien bedienen, um aus gesicherten Thatsachen auf geltendes Gewohnheitsrecht schliessen zu können. Unzweckmässig wäre es, den Richter für die zu fällende Entscheidung an die Angaben der Parteien zu binden; das Urtheil soll sich vielmehr auf die Gesammtheit der Thatsachen begründen, die dem Richter im Laufe des Rechtsstreites bekannt geworden sind, und auf den Thatbestand, nicht wie er zu Anfang des Rechtsstreites war, sondern wie er im Momente der Urtheilsfällung sich darstellt. Ist das **Urtheil** rechtskräftig geworden, die streitige Rechtsfrage also entschieden, so ist damit formelles Recht geschaffen, das ein für allemal gilt. Ueber denselben Gegenstand soll nicht zweimal der Rechtsstreit geführt werden, auch nicht über den Theil, nachdem schon über das Ganze der Streit entschieden worden ist; wenigstens soll dies nicht geschehen, sofern die streitenden Parteien dieselben geblieben oder nur statt ihrer ihre Rechtsnachfolger eingetreten sind und sofern nicht eine Begründung durch neue, für den Rechtsbestand entscheidende Thatsachen versucht wird. Das Urtheil sichert somit einen bleibenden Rechtszustand; aber es ertheilt nicht ein neues, sondern es constatirt nur ein bestehendes Recht. Seine Wirkung ist, dass dieses Recht dem Streite nunmehr entnommen ist, dass also die Aufhebung des dem Rechte nicht gemässen Zustandes sofort einzutreten hat, zunächst durch den Willen desjenigen, der das nunmehr anerkannte Recht verletzt hatte, im andern Falle auch wider seinen Willen durch die öffentliche Gewalt.

6. Auf keinem andern Gebiete ist das System der rechtlichen Bestimmungen von so durchaus **formellem Charakter** wie auf dem des bürgerlichen Rechtsstreites. Der Zweck des Verfahrens ist, soweit als es irgend innerhalb des gegebenen positiven Rechtes möglich ist, das materiell Gerechte zu constatiren und dadurch die Verwirklichung seines

§ 46. Wiederherstellung des Rechts. Bürgerlicher Rechtsstreit. 523

Rechtes für jeden zu ermöglichen. Aber man hat es dabei mit dem störrischen Eigensinn, mit der bei vielen hochentwickelten Lust am Streite, mit der Willkürlichkeit der Meinungen und Einbildungen und mit der Selbstsucht dringlicher Interessen zu thun; man muss deshalb immer gefasst sein auf den Versuch, den Streit in die Länge zu ziehen, immer wieder neue Einreden und Gegeneinreden zu erfinden, das Einfache zu verwickeln und das Klare zu trüben. Zudem greift jede aufgeworfene Rechtsfrage in eine geradezu unabsehbare Reihe von Verhältnissen ein, und die durchgängige Singularität der Menschen selber wie ihrer Handlungen und Verhältnisse, welche die Heraushebung des für die rechtliche Beurtheilung Wesentlichen und Entscheidenden oft aufs äusserste erschwert, bietet zugleich die bequemste Handhabe, um sich dem verurtheilenden Spruche so lange wie möglich zu entziehen. Soll deshalb der Streit nicht verewigt werden, so ist ein durchgebildetes System von präcludirenden Fristen, von strict innezuhaltenden Formen und Grenzen erforderlich, welches die Versuchung zur Ausschreitung ins unendliche abschneidet. Eben dieses System von formellen Bestimmungen hat dann aber zugleich die Wirkung, dass in vielen Lagen der Beweis des Rechtes erschwert wird bis zur Unmöglichkeit, dass das formell Correcte über das materiell Gerechte den Sieg davonträgt, dass man sich oft begnügen muss, nur überhaupt zu einer definitiven Entscheidung gelangt zu sein und dem Streit ein Ende gemacht zu haben, während die sachliche Richtigkeit der Entscheidung im Zweifel bleibt. Dieser Zwiespalt zwischen der Leistungsfähigkeit der Rechtsform und ihrer Bestimmung ist unaufhebbar; er lässt sich wol vermindern, aber nicht beseitigen. Deshalb muss man sich dabei beruhigen und zufrieden sein, wenn nur im langsamen Fortschritt der Zeiten und Rechtsbildungen die Garantien für die Findung des materiellen Rechts und für die Angemessenheit der processualischen Formen an ihren Zweck ein allmähliches Wachsthum zeigen. Dass der Rechtsstreit in seinem Ausgange so oft einem Glücksspiele gleicht, in seinem Verlaufe so viel unerwünschte Last mit sich bringt, hat mindestens das Gute, dass von dem Einsichtigeren, ehe er den Streit beginnt, zuvor jedes geeignete Mittel versucht wird, das den Streit zu verhüten im Stande ist, dass die Gewöhnung zur Vorsicht, zur Sorgfalt, zu formeller Strenge gefördert wird, dass die Lust am Processiren mindestens den Verständigen und Besonnenen benommen wird. Es wäre nicht gut, das Eintreten in den Rechtsstreit und das Fortführen desselben allzusehr zu erleichtern, freilich auch nicht, es allzusehr zu erschweren. Denn schliesslich soll jedem doch die Möglichkeit gewährt werden, sein Recht zu erlangen; der wünschenswerthe Respect aller vor der Rechtsordnung beruht bei der grösseren Masse zum wesentlichen Theil auf dieser Function derselben. Je weniger aber ein Volk den Richter bemüht, desto höher steht im allgemeinen seine rechtliche Cultur.

7. Die Voraussetzung des bürgerlichen Rechtsstreites ist, dass die streitenden Parteien zwar das Recht wollen, aber über das Recht verschiedener Meinung sind. Zugleich aber bildet das verwickelte System von Formen, welches das Verfahren im bürgerlichen Rechtsstreit charakterisirt, eine bequeme Deckung für den widerrechtlichen Willen, der durch die Maschen des Netzes durchzuschlüpfen und die Formen des Rechtes zu benutzen weiss, um das Recht zu kränken, ohne dass die widerrechtliche Absicht nachweisbar wäre. Daher entsteht so leicht die Vermuthung, dass derjenige, der im Rechtsstreit unterliegt, dolos gehandelt habe, und der bürgerliche Rechtsstreit trägt schon aus diesem Grunde in weniger entwickelten Zuständen einen der Untersuchung eines Delictes sehr verwandten Charakter; das Urtheil will dann nicht bloss das streitige Recht dem Streit entnehmen, sondern auch den Verurtheilten wegen rechtswidrigen Verhaltens mit Strafe belegen. Zur vollen Ausbildung seiner Eigenthümlichkeit gelangt der bürgerliche Rechtsstreit erst, wo die Unterscheidungskraft weit genug entwickelt ist, um auf die stricte Erweisbarkeit einer widerrechtlichen Absicht oder den Mangel dieser Erweisbarkeit zu reflectiren. Es ist ein wesentlicher Fortschritt der Rechtspflege, wenn Unrecht aus blosser irrthümlicher Meinung vom Recht überall da angenommen wird, wo die widerrechtliche Absicht nicht in aller Strenge erweisbar ist, und die Vermuthung des Dolus höchstens als Anlass zu einer Abweichung vom stricten Recht im Interesse der Billigkeit dient (L. 1,1 D. De doli mali et met. exc. XLIV, 4. — L. 36. D. De verb. obl. XLV, 1). Jedenfalls ist die Wirkung des einmal anhängig gemachten Rechtsstreites die, dass der Beklagte zu verdoppelter Sorgfalt verpflichtet ist, sich seines Rechtes zu versichern; mit der Unbefangenheit des Glaubens an sein Recht, die nun nicht mehr möglich ist, fällt auch seine freie Verfügung über das streitige Recht dahin. Und hat der verurtheilende Spruch Rechtskraft erlangt, so ist fortan die Bereitschaft gefordert, so schleunig als möglich das anerkannte Recht zu verwirklichen. Wer sich hier in Verzug setzt, der handelt offenbar dolos, und damit entstehen neue Verpflichtungen für ihn und neue Ansprüche an ihn.

8. Ist mir ein Schade zugefügt worden durch ein Naturereigniss, eine Sache, eine unzurechnungsfähige Person, so ist darin kein Anstoss für die Thätigkeit der Rechtsordnung ge-

geben; denn diese hat es allein mit den durch Handlungen bewirkten Veränderungen der Rechtsverhältnisse zu thun. Ebenso wenig ist mir ein Unrecht widerfahren, wo mich eine fremde Handlung geschädigt hat, die unzweifelhaft in der Befugnis des Handelnden lag, und die Rechtsordnung, die ja die Befugnis des andern anerkennt und schützt, muss auch die Schädigung, die ich erfahren, mindestens als eine unvermeidliche gelten lassen. War dagegen der Handelnde mit entschuldbarem Irrthum in einer irrigen Meinung von seiner Befugnis befangen, als er mich schädigte, so ist mir zwar Unrecht widerfahren, aber nicht auf eine unrechtmässige Weise; denn der andere hat nicht vorsätzlich noch fahrlässig dies Unrecht gewollt. Dass jemand irrt, auch über das Recht irrt, das ist nicht Schuld seines Willens; insofern ist der Irrthum ein zufälliges Ereignis wie ein anderes, und der Geschädigte muss die Folgen tragen wie die Folgen eines anderen Ereignisses. Die Rechtsordnung gewährt keine Garantie gegen solchen Irrthum, wie sie denn überhaupt nicht jede Verletzung fremden Rechtes ausschliesst, sondern nur die nach der Maxime der Coëxistenz widerrechtliche Verletzung. Ich darf also in solchem Falle die Rechtsordnung um Entscheidung über das streitige Recht und um Herstellung des dem Rechte entsprechenden Zustandes anrufen; aber der andere, der nichts verschuldet hat, ist auch zu nichts verpflichtet, als von seinem vermeintlichen Recht zurückzutreten und mir mein von dem Richter constatirtes Recht zu gewähren. Dass aber nichts verschuldet worden, ist überall da anzunehmen, wo die Verschuldung nicht strict erweisbar ist. Ganz anders liegt die Sache, wo die Verletzung meines Rechtes durch das **schuldvolle Unrecht** eines andern bewirkt worden ist. Solche Verletzung **soll** nicht sein; sie ist vermeidlich und **soll** vermieden werden. Ist sie gleichwol verübt worden, so gilt es nunmehr nicht bloss, dass ich in mein Recht wiedereingesetzt werde, sondern dass auch die widerrechtliche Handlung als eine **nichtige** und **ungültige** aufgewiesen werde, dass sie also soweit als möglich ungeschehen gemacht und die durch sie bewirkte Veränderung des Rechtszustandes völlig aufgehoben werde. Dies nun geschieht in doppelter Weise: erstens **objectiv** an dem Zustande der Rechtsgüter, zweitens **subjectiv** an dem Willen des rechtswidrig Handelnden. Objectiv, indem dem Verletzten der gesammte Schaden, den er durch die widerrechtliche Handlung erlitten, ersetzt wird; subjectiv, indem der rechtswidrige Wille statt des Erfolges, den er beabsichtigte, statt Lust und Befriedigung, das Gegentheil erntet, Unlust und Schmerz. Gegen die nachweisbar rechtswidrige Absicht erzeugt sich daher ein doppelter Anspruch, der Anspruch auf Leistung von Schadensersatz und auf Tragung der Strafe; und zwar beides im Sinne der Gerechtigkeit.

9. Es ist das Verdienst der classischen römischen Jurisprudenz, das Princip der verschiedenartigen Rechtsfolgen von schuldlosem und schuldvollem Unrecht zuerst aufgestellt und mit sicherer Meisterschaft durchgeführt, das Verdienst R. v. Ihering's, dies Princip in das hellste Licht gestellt zu haben (vgl. R. v. Ihering, das Schuldmoment im röm. Privatrecht. 1867). Dass schuldloses Unrecht nach den Anforderungen der Gerechtigkeit anders zu behandeln ist, als schuldvolles Unrecht, liegt schon im ursprünglichen Rechtsgefühl; aber es fehlte in den Anfängen der Rechtsentwicklung an einer sicheren Unterscheidung der beiden Arten des Unrechts, und erst der Fortgang der Entwicklung hat es bewirkt, dass im ausdrücklichen Unterschiede von schuldvollem Unrecht ein immer weiteres Gebiet des Unrechts unter den Gesichtspunkt des schuldlosen Unrechts gestellt worden ist. Wenn nun aber der bürgerliche Rechtsstreit mehr und mehr den Charakter angenommen hat, auf die Voraussetzung schuldlosen Unrechtes sich zu basiren, so ist doch damit nicht ausgeschlossen, dass auch Verhältnisse, in denen nachweisbares schuldvolles Unrecht vorliegt, nach den Methoden des bürgerlichen Rechtsstreites behandelt werden, aus Zweckmässigkeitsgründen. Die Rechtsordnung verzichtet dann auf volle Gerechtigkeit; sie erlässt gewissermaassen die Strafe, — denn alles schuldvolle Unrecht ist an sich strafbar, — um allein den Schadensersatz als Rechtsfolge eintreten zu lassen. Es geschieht das, wo im gewöhnlichen Verkehr der Rechtsgüter die rechtswidrig herbeigeführte Verletzung zunächst nur in das private Recht des Einzelnen eingreift und der grosse Zusammenhang der Rechtsordnung dadurch nicht tiefer beeinflusst wird. Wie dem geschädigten Einzelnen in solchem Falle die Aufgabe überlassen ist, durch Anstellung der Klage für die Remedur der erlittenen Verletzung zu sorgen, so wird hier auch von der Strafe abgesehen, dagegen Schadensersatz gewährt. Am ehesten ist das begreiflich und am wenigsten wird dabei die Forderung der Gerechtigkeit verletzt, wenn die schuldvolle Handlung den Charakter blosser Fahrlässigkeit trug. Aber auch dem Dolus gegenüber lässt die Rechtsordnung in solchen leichteren Fällen von ihrer Strenge nach und begnügt sich mit der Leistung des Schadensersatzes. Denn wenn der Schadensersatz auch zunächst nur den objectiven Zustand der Rechtsgüter wieder zu heilen versucht, als wäre die widerrechtliche Verletzung nie geschehen, so enthält doch schon er zugleich einen Verlust für den Thäter, da dieser

§ 46. Wiederherstellung d. Rechts. Rechtsfolgen d. Dolus. Haftpflicht.

mindestens seinen Zweck verfehlt hat und einen unerwünschten Erfolg hinnehmen muss, und bildet damit einen Rückschlag der Gerechtigkeit wider den rechtswidrigen Vorsatz, bei welchem sich die Rechtsordnung beruhigen darf. Es genügt in solchen Fällen, dass, wer in widerrechtlicher Weise eine Schädigung herbeigeführt hat, nach dem Princip des Schadensersatzes für allen Schaden hafte, den seine widerrechtliche Handlung nachweislich zur Folge gehabt hat, und nicht bloss für den unmittelbaren, sondern auch für den mittelbaren, also auch für entgangenen Gewinn. Dabei kann der Umfang der Haftbarkeit je nach der Grösse der Verschuldung verschieden begrenzt werden. Wird dagegen eine Haftbarkeit für angerichteten Schaden auch dem Handlungsunfähigen auferlegt, dem Kinde, dem Schlaftrunkenen, dem Tobsüchtigen, so kann sich das wider das strenge Princip des Rechtes nur durch Rücksichten der Billigkeit rechtfertigen, etwa wenn der Geschädigte arm, der zufällige Schädiger reich ist. Die Verbindlichkeit ferner des Unternehmers zur Leistung von Schadensersatz für die Tödtungen und Verletzungen, die beim Betriebe seines Gewerbes vorkommen, findet ihre rechtliche Begründung theils in der Thatsache oder der Vermuthung, dass seitens des Unternehmers irgend etwas versäumt worden sei, was die Schädigung hätte abwenden können, theils in dem erfahrungsmässigen Satze, dass bei dem Betriebe ein gewisser Procentsatz von Verletzungen regelmässig vorzukommen pflegt, so dass, wer den Betrieb selbst will, auch gewissermassen diese Consequenz gewollt hat und für dieselbe einzustehen übernimmt.

10. Schadensersatz und Strafe haben den wesentlichen Unterschied, dass die Strafe nur den Thäter selbst trifft, der Schadensersatz, weil er die Verletzung des objectiven Rechtszustandes heilen will, auch von dem Rechtsnachfolger des Thäters zu leisten ist. Mehr und mehr hat sich in dem höher entwickelten Rechte der Grundsatz ausgebildet, dass Strafe nur dem Staate zu leisten ist, Schadensersatz dagegen dem Geschädigten. Damit erst ist der rechte Sinn der Strafe im Unterschiede vom Schadensersatz hervorgetreten. Die Strafe ist der Erweis der Nichtigkeit, nicht der rechtswidrigen Handlung, sondern des rechtswidrigen Willens, der das Gegentheil von dem erlangt, was er begehrt. (Vgl. Hegel, Philos. des Rechts. § 97—103.) Dieser Erweis ist die Sache der Rechtsordnung selber, die durch den rechtswidrigen Willen verletzt worden ist. Dass die Rechtsordnung unbedingt geehrt und beachtet werde, ist das erste Rechtsgut wie für die der Rechtsordnung Unterstehenden, so für die Rechtsordnung selber. Der Wille, ihr zuwider zu handeln, wo er sich erkennbar geäussert hat, hebt dieses

oberste aller Rechtsgüter auf; aus solcher Verletzung dieses
Rechtsgut wiederherzustellen, ist ein Act der Selbsterhaltung,
den die Rechtsordnung zu üben hat. Uebte ihn ein anderer,
so wäre der Zweck verfehlt; dass der rechtswidrige Wille
das Gegentheil seines Begehrens erlangt, würde als Zufall
erscheinen. Denn gefordert wird gerade der Erweis, dass
vermöge der Natur der Rechtsordnung selber der rechtswidrige
Wille der nichtige Wille ist und das Gegentheil von dem
erlangt, was er begehrt. Darum ist es die Rechtsordnung
selber, welche die Strafe vom Thäter für sich und nur für
sich einfordert; der Geschädigte erhält Ersatz nur für das
Rechtsgut, das gerade ihm verletzt worden ist. Der Staat
wartet nicht darauf, dass ein anderer den Strafantrag stelle;
er selbst ist mit verletzt, und deshalb schreitet er von selbst
ein, sobald er von dem schuldvollen Unrecht Kunde erlangt
hat. Fordert er den ausdrücklichen Antrag des Verletzten,
um Verfolgung eintreten zu lassen, so ist das eine Ausnahme,
die sich aus billiger Rücksicht auf den Verletzten erklärt,
dessen Verletzung durch das öffentliche Verfahren der Rechtspflege noch gesteigert werden würde. Der Staat stellt in
solchem Fall das dringende Interesse des einzelnen Verletzten
über die Anforderung der Gerechtigkeit und über das öffentliche Interesse an der Bestrafung des Unrechts. Eine Ausnahme von anderer Art ist es, wenn das Urtheil im bürgerlichen Rechtsstreit zugleich eine Strafe verhängt. Eine solche
Abweichung von der strengen Rechtsform rechtfertigt sich
dadurch, dass ein eigentliches Strafverfahren nach der Consequenz des Rechtssystems ausgeschlossen ist, und doch theils
die Missbilligung des geäusserten Willens ausgesprochen, theils
fernere Benachtheiligung anderer abgewendet werden soll.
Die Privatstrafe, die zu Gunsten eines Dritten, meistens
des Geschädigten, verhängt wird, beherrschte ursprünglich das
ganze Gebiet des bürgerlichen Rechtsstreites. Sie ist weiterhin auf die engsten Grenzen eingeschränkt worden; mit un-
merklichem Uebergange setzt sie sich in einen Rechtsverlust
zu Gunsten der verletzten Rechtsordnung selber um. So
grenzt es an Strafe, wenn der Beschenkte, der sich undank-
bar erwiesen, zur Rückgabe verpflichtet wird, oder wenn der
Verlust eines Rechtes oder einer besonderen rechtlichen Vergünstigung wegen einer unter dem Gesichtspunkte des Rechtes
mehr oder minder tadelnswerthen Handlungsweise verhängt
wird. Der Ehefrau wird, weil sie das Trauerjahr verletzt hat,
das Erbrecht entzogen; der leugnende Bürge verwirkt die
Rechtswohlthat der Theilung und der Vorausklage; der leugnende Gesellschafter die des Nothbedarfs; das Forderungsrecht wurde nach römischem Recht im Falle verbotener

Selbsthilfe für erloschen erklärt. Schiffer oder Steuermann verlieren nach verschuldetem Unfall die Befugnis zur Ausübung ihres Gewerbes; der Arbeitgeber verliert wegen Unzuverlässigkeit die Befugnis zur Beschäftigung jugendlicher Arbeiter. Eben dahin gehören die Vermögensnachtheile für den schuldigen Theil bei Scheidung der Ehe, die Wegnahme der vorhandenen Exemplare und der zur Vervielfältigung dienenden Vorrichtungen bei Verurtheilung wegen Nachdrucks, das von dem Gepfändeten zu zahlende Pfandgeld und manches andere.

11. Die eigentliche Stätte der Strafe ist die **Strafrechtspflege**, die energische Form der Wiederherstellung des Rechtes aus der Verletzung, mit welcher sich die in ihrem Bestande angetastete Rechtsordnung gegen den rechtswidrigen Willen wendet. Die Function des Strafens hat ohne Zweifel eine enge Beziehung auf die Function der **Prävention**, durch welche die Rechtsordnung die drohende Verletzung des Rechtes zu verhüten trachtet. Die Vollziehung des Uebels an dem Thäter erscheint wie eine einfache Consequenz aus der vorangegangenen Bedrohung, und in der That könnte diese Bedrohung die von ihr erwartete Wirkung nicht üben, wenn ihr nicht im gegebenen Falle die Vollziehung folgte. Gleichwol heisst es sehr Verschiedenes vermischen, wenn man die Gesichtspunkte der Strafe ohne weiteres auf die Gesichtspunkte der Prävention zurückzuführen unternimmt. Wenn die Rechtsordnung den unbestimmten Thäter einer gewissen zukünftigen Handlung mit einem Uebel von bestimmter Grösse bedroht, so hat jeder die Möglichkeit, dass diese Drohung nicht auf ihn bezogen werde, sofern er die bedrohete Handlung unterlässt. Die Androhung geht damit gegen keines Einzelnen Menschenwürde und Freiheit; dem vorauszusetzenden selbstsüchtigen Willen aber geschieht nur sein Recht, wenn man ihn durch psychischen Zwang, durch Abschreckung, Warnung und Bedrohung von der Aeusserung zurückzuhalten sucht. Anders ist es, wenn nun an dem wirklichen Thäter das angedrohete Uebel wirklich vollzogen werden soll. Da erhebt sich die Frage nach dem inneren vernünftigen Grunde dafür, dass über einen Menschen von der Rechtsordnung in ausdrücklicher Veranstaltung ein Uebel wirklich verhängt werden soll, und es genügt nicht die Antwort, das geschehe zum Zwecke der Prävention, der Sicherung des Rechtszustandes, der Abschreckung und Warnung für andere. Es ist völlig wider die Vernunft, dass ein Mensch als blosses Mittel für solche äusseren Zwecke benutzt werde. Mit Recht ist bemerkt worden, dass man, wenn einmal das Princip gälte, den Menschen als Mittel zur Sicherung anderer oder der Ge-

sammtheit zu benutzen, auch keinen Anstand nehmen dürfte, beim Ausbruch einer epidemischen Krankheit die ersten, die von ihr befallen werden, todt zu schlagen, um die Weiterverbreitung der Krankheit zu hindern; dass es unter gleicher Voraussetzung geradezu geboten wäre, an kranken Menschen die Vivisection vorzunehmen, um vermittelst des davon zu erhoffenden Gewinnes für die Wissenschaft vielen anderen Heilung zu bringen. (Vgl. A. Thon, Rechtsnorm u. subjectives Recht. 1878. S. 21 ff.) Man darf nicht einwenden, dass doch der Wehrpflichtige auch verpflichtet wird, sein Leben für die Interessen seiner Mitbürger zu lassen, der Seemann in Seenoth sein Leben zur Rettung der Passagiere preiszugeben rechtlich verpflichtet ist, der Staat von seinen Beamten unter Umständen verlangt, dass sie Leben und Gesundheit im Dienste nützlicher Zwecke daransetzen. (Vgl. E. Hertz, das Unrecht u. d. allgem. Lehren des Strafrechts. I. 1880. S. 48 ff.) Denn in diesen Fällen wird nicht das Tragen eines Uebels, sondern die thätige Ausübung einer Pflicht unter gefährdenden Umständen auferlegt; das Charakteristische der Strafe ist aber gerade, dass dem zu Strafenden die Möglichkeit des eigenen Thuns entzogen und ein Uebel äusserlich durch unwiderstehlichen Zwang auferlegt wird, und gerade dafür gilt es den vernünftigen Grund anzugeben. Dass es vernünftig sei, das Leben thätig für die Brüder zu lassen im Dienste der Pflicht, dass auf solche Handlungsweise ein directer rechtlicher Anspruch erworben werden kann, kommt wol überhaupt nicht in Frage. Findet nun die Strafe in der Absicht der Prävention keine genügende Erklärung, so noch weniger in der Absicht, dem Thäter eine Wolthat zu erweisen; denn die Strafe ist für den zu Strafenden ein Uebel, und sie hört auf Strafe zu sein, wenn sie kein Uebel ist. Schon deshalb ist nicht davon zu reden, dass ihre wesentliche Begründung in der Absicht der Besserung des Uebelthäters zu finden sei; in den meisten Fällen könnte man überdies zu diesem Zwecke kaum ein ungeeigneteres und unwirksameres Mittel wählen als die Strafe und die Art, wie sie allein von der Rechtsordnung vollzogen werden kann.

12. Die Strafe lässt sich also aus blossen äusseren Nützlichkeiten nicht erklären. Die relativen Straftheorien begehen insgesammt den Fehler, dass sie die durch die Aufgabe der Verhütung des Unrechts gegebene Rechtfertigung der Bedrohung auch für geeignet und für ausreichend halten, die in der Form der Strafe zu vollziehende Wiederherstellung des Rechtes aus dem Unrechte zu rechtfertigen. Allerdings darf man nicht alles, was Strafe heisst, unter dem gleichen Gesichtspunkte betrachten; man muss Strafe von Strafe unter-

scheiden. Manches, was auch als Strafe erscheint, dient ganz offenbar dem Zwecke der Prävention, so dass es allein aus diesem Zwecke zu rechtfertigen ist. Besonders ist dies der Fall bei Strafen, die den gesammten Bestand der Persönlichkeit und ihrer Rechtsgüter nur in geringerem Maasse antasten. Strafe nennt man gemeinhin jede Zufügung von Uebeln auf Anlass einer verbotenen Handlung, und es ist kein Grund, von solchem Sprachgebrauche abzuweichen; aber darüber darf man die Unterschiede innerhalb des Begriffes der Strafe nicht verkennen. Die Strafe ist eine in den verschiedensten Formen und auf den verschiedensten Lebensgebieten vorkommende Erscheinung und keineswegs etwa auf das Gebiet des Rechtes beschränkt. Zunächst kennen wir die Strafe als Mittel zur **Erziehung** und **Gewöhnung der Unmündigen**, ähnlich wie die Zufügung von Uebeln auch als Mittel der Dressur und Trainirung der Thiere verwandt wird. Die erziehliche Strafe will den unmündigen, noch nicht zur Verantwortlichkeit gereiften Willen stärken, damit er sich gewöhne, den sinnlichen Trieb, den Affect und die Begierde zu beherrschen, und damit er die Fähigkeit, sich der allgemeingültigen Norm anzupassen und in besonnener Ueberlegung die Folgen seines Thuns zu erwägen, in sich ausbilde. Die erziehliche Strafe passt sich zu diesem Zwecke der jedesmaligen Individualität des zu Erziehenden aufs engste an. Verschieden davon ist die Strafe als Mittel der **Disciplin** für den verantwortlichen Willen der **Mündigen**, wo es gilt, die äusserlichen Bedingungen des Zusammenbestehens und Zusammenwirkens einer Vielheit von Menschen gegen die Unordnung und Regellosigkeit der Neigungen und Begierden zu schützen: so in der Schule, der Armee, dem Parlament. Die bloss erziehliche Strafe nun ist der Rechtsordnung fremd, die es immer nur mit dem Willen des für seine Handlungen Verantwortlichen zu thun hat und von der Individualität und Eigenart absehen muss. Nur eine Analogie dazu bietet die von der Rechtsordnung verhängte **Züchtigung**, die sich zwar an den mündigen, aber achtlosen Willen richtet, in der Absicht, ihn durch empfundenes Leid innerlich umzustimmen. Die der Disciplin dienende Strafe dagegen kommt als eigentliches Mittel der Prävention auch innerhalb der Rechtsordnung vor. Ihr unterscheidendes Kennzeichen ist, dass sie mit einem geringeren Grade der Missbilligung verbunden ist, weil die durch sie zu ahndende Handlung sich gegen keine der wesentlichen Grundlagen der Rechtsordnung richtet, auch keine rechtswidrige Gesinnung beweist, sondern nur äusserliche Ordnungen und Regeln von ziemlich vermittelter Beziehung auf die wesentlichen Rechtsgüter verletzt hat. Solche disciplinarische Strafe tastet auch den Bestand der Persönlichkeit und ihrer Rechtsgüter nur in geringerem Grade an; sie ist mehr eine Unannehmlichkeit als ein schweres Uebel und mindert nicht die Ehre des Gestraften in den Augen der Standesgenossen. Je mehr die verletzende Handlung sich nicht bloss gegen die Regel einer äusserlichen Ordnung, sondern auch gegen wesentliche Rechtsgüter gerichtet hat, desto entschiedener verliert die Strafe den bloss disciplinarischen Charakter und geht in die eigentliche Strafe über, die den specifischen Charakter der Rechtsstrafe trägt. Mit Unrecht also würde man bestreiten, dass es innerhalb der Rechtsordnung selber Strafen giebt, die wesentlich auf den äusseren Zweck der Prävention gerichtet sind, und wer da behauptet, es dürfe nie ein Mensch von Rechts wegen gestraft werden, um zum Exempel für andere zu dienen, oder sonst zum Zwecke der Sicherung der anderen und der eigenen Besserung, der behauptet zu viel. Nur so viel ist anzuerkennen, dass in solcher Strafe zu präventiven Zwecken keineswegs der Begriff der Strafe in voller Reinheit und Entschiedenheit hervortritt, und dass die eigentliche Strafe wesentlich andere Züge zeigt.

13. Diese eigentliche Strafe richtet sich ausschliesslich gegen den Willen, der mit Vorsatz sich gegen die fundamentalen Bestimmungen des Rechtes auflehnt. Der Wille, der bloss fahrlässig das Recht nicht beachtet, erfährt Repression und Züchtigung, nicht eigentliche Strafe. In der Fahrlässigkeit ist eine wirkliche Auflehnung gegen das Recht nicht enthalten. Freilich bedroht auch sie den Bestand der Rechtsordnung je nach ihren verschiedenen Graden in schlimmerer oder milderer Weise, und die Rechtsordnung befindet sich auch ihr gegenüber in der Nothwendigkeit der Selbstvertheidigung. Aber nach der Natur des fahrlässigen Vergehens genügt es, dass für die angerichtete Schädigung vom Thäter einerseits Ersatz geleistet, und wo dieser Ersatz im eigentlichen Sinne nicht möglich ist, über ihn ein Strafübel verhängt werde, das wesentlich selber als eine Art von Schadensersatz aufzufassen ist, dass andererseits durch ein mehr oder minder empfindliches Strafleiden dem Thäter Aufmerksamkeit auf das Verhältnis seines Handelns zum Rechte eingeschärft und anderen damit zugleich ein abschreckendes Beispiel vorgehalten werde. Die Strafe der Fahrlässigkeit ist deshalb wesentlich eine Züchtigung und eine disciplinarische Strafe und fällt überwiegend unter den Gesichtspunkt der Prävention. Ganz anders steht die Rechtsordnung der vorsätzlichen Missachtung des Rechtes gegenüber. Hier gilt das Entweder-Oder in seiner schärfsten Form. Entweder der rechtswidrige Wille behält die Oberhand, und dann ist die

Rechtsordnung und mit ihr alle vernünftige Allgemeingültigkeit des Wollens, alle Bedingungen für ein erspriessliches Gemeinschaftsleben und für die Entwicklung der menschlichen Anlage dem Untergange geweiht; oder es soll die Rechtsordnung bestehen und Geltung behalten, und dann muss der rechtswidrige Wille unnachsichtig zu Boden geschlagen werden. Zwischen dem vorsätzlichen Verbrechen und der Rechtsordnung herrscht ein erbitterter Kampf, in welchem es sich um Dasein oder Vernichtung handelt. Das Verbrechen hat als Waffe seine rohe Wildheit, seine boshafte Tücke, seine erfindsame Verschlagenheit und seine verwegene Kühnheit; die Rechtsordnung vertheidigt sich mit der majestätischen Ueberlegenheit des vernünftigen Gedankens über die unvernünftige Begierde. Die Strafe, die dem vorsätzlichen Verbrechen widerfährt, ist der Sieg der Vernunft über die Unvernunft, des Gesetzes über die Willkür, der besonnenen Einsicht über die ungezügelte Ausgelassenheit, und sie hat keinen anderen Zweck, als diesen Sieg zu bezeichnen.

14. Dies also ist allein als eigentliche Strafe zu bezeichnen, dass der vorsätzliche Verächter des Rechtes von der überlegenen Macht des Rechtes wehrlos gemacht und niedergeworfen werde, und in diesem Siege des Rechtes über das Unrecht erscheint die Gerechtigkeit in unmittelbarster und verständlichster Form. Wer das Unrecht gethan hat, der muss das Uebel leiden, das Uebel, das eben für dieses Unrecht die Vergeltung ist. Darin geschieht dem Verbrecher sein Recht. Nicht dass er selber eigentlich dieses sein Recht gewollt hätte; aber er sollte es wollen, weil er als vernünftig das Vernünftige und Gerechte wollen sollte. Dass er, während er sich doch schuldig weiss, gleichwol die Strafe nicht will, die ihm gebührt, beweist seine Strafwürdigkeit nur desto mehr. Richtig ist es also, dass man im Verbrecher den zu vernünftiger Selbstbestimmung angelegten Menschen ehrt, indem man ihn straft. Ein Thier, einen Wahnsinnigen könnte man so nicht strafen. Die Nichtigkeit seines verbrecherischen Willens wird ferner nicht bloss den anderen, sie wird auch dem Verbrecher selbst erwiesen durch die Strafe, die er erleidet; er mag dadurch zur Selbstbesinnung gebracht und zur Umkehr angeleitet werden. Aber das ist kein wesentlicher Zweck der Strafe; das ist nur eine Nebenwirkung, die, wo sie einträte, höchst erwünscht wäre, auf die man aber nicht beim Strafen ohne weiteres rechnen kann. Die Strafe hat als solche überhaupt keinen Zweck; es wird gestraft, weil die Strafe gerecht und vernünftig ist, nicht um durch die Strafe etwas äusserliches zu erreichen. Es ist der selbstverständliche Process des widerrechtlichen Willens, dass

er sich selber aufhebt, dass er der überlegenen Macht, der überlegenen Klugheit begegnet und an ihr scheitert, dass er sich die stärkste aller Gewalten zur Feindin macht, die zur Freundin zu haben selbst von dem Standpunkte des selbstsüchtigen Willens aus das Nützlichste wäre. Das Geschehene sollte nicht geschehen sein; es lässt sich nicht ungeschehen machen, oder doch nur durch eine ideelle Aufhebung. Zunächst wird allerdings dadurch das Uebel nur verdoppelt; aber das zweite Uebel beweist nur, dass das erste Uebel vorhanden war wie eine brandige Stelle am lebendigen Organismus, die im Dienste des Lebensprocesses ausgeschnitten werden muss, damit Heilung eintrete. Der Widerspruch, in welchem die zufällige Bestimmtheit zu der vernünftigen Natur des Menschen getreten ist, kommt in diesem Process zur Erscheinung. Darin liegt die Verwandtschaft zwischen der eigentlichen Rechtsstrafe und der göttlichen Strafe der Sünde im Sinne der sittlichen Lebensauffassung. Auch in der Strafe der Sünde stellt sich in Leid und Schmerz die innere Selbstaufhebung des sündigen Willens dar; die strafende Macht ist hier die göttliche Gerechtigkeit, der die Welt allmächtig durchdringende absolut vernünftige und heilige Wille, der seines Richteramtes waltet hier in den irdischen Geschicken und droben im ewigen jenseitigen Leben. Das Walten dieses Gerichtes erscheint in der Unseligkeit, die das Böse als immanente Bestimmung in sich trägt, und die nur der Reflex des Widerspruchs zwischen unserem Zustande und unserem Wesen für unser Bewusstsein ist. Wenn danach auch das Aeussere unseres widrigen Geschicks als Strafe unserer Sünde und selbst der einzelnen sündigen Handlung erscheint, so liegt darin der Gedanke, dass unsere sittliche Beschaffenheit nicht eine blosse Accidenz an unserer Persönlichkeit, sondern Kern und Substanz derselben ist, dass demnach auch alles Aeussere, was uns widerfährt, in seiner Wirksamkeit auf uns durch dieses unser substantielles Wesen modificirt wird. Das Gute stellt sich an uns dar als Harmonie, Glückseligkeit, unendliche innere Befriedigung, das Böse als Zwiespalt, Unfriede und Unseligkeit. Die Rechtsstrafe nun hat es freilich nicht mit dem Gewissen, sondern mit der rechtswidrigen Gesinnung, nicht mit der Unendlichkeit der inneren Welt, sondern mit bestimmten äusseren Handlungen zu thun; aber auch sie will eben in dieser Gesinnung und diesen Handlungen die Nichtigkeit und den Widerspruch aufzeigen. Der Rechtsordnung stehen nicht die Hilfsmittel der Allmacht und Allwissenheit zu Gebote; ihr ist ausserdem an einer handgreiflichen Demonstration des Widersinnes in allem Unrecht gelegen, an einer leicht und sicher erkennbaren Causalität zwischen der

Handlung und ihrer Rechtsfolge, zwischen der bestimmten Beschaffenheit der Handlung und der entsprechenden Beschaffenheit der Strafe. Die Strafrechtspflege des Staates geht auf eine specifisch staatliche Gerechtigkeit, wie sie im Wesen der Rechtsordnung mit ihrer Gebanntheit in die Schranken der sinnlichen Aeusserlichkeit begründet ist. Sie verhängt ein unmittelbar erkennbares und äusserlich fühlbares, möglichst unfehlbar eintretendes Uebel vermöge eines harten, unbarmherzigen, rücksichtslosen Gesetzes, das kein Ansehen der Person gelten lässt, das dem natürlichen Willen als seine natürliche Schranke mit leicht fassbarer Wirkung und Bedeutung sich offenbart, nicht transcendent, sondern durchaus irdisch, mit allen Cautelen eines umständlichen formellen Verfahrens, unter möglichster Wahrung der ideellen Gleichheit und Verhältnismässigkeit der Werthe von Schuld und Strafe, je nach Culturstand und Empfindungsweise. Aber trotz aller dieser Unterschiede ist die Gerechtigkeit in der Rechtsstrafe dem Wesen nach dieselbe wie die Gerechtigkeit in der göttlichen Strafe der Sünde. Im natürlichen Gefühle spiegelt sich diese Gerechtigkeit als der Trieb der Vergeltung, in welchem sich das unvergoltene Unrecht als ein klaffender Zwiespalt darstellt, der erst durch die geschehene Vergeltung ausgeglichen wird. Es hat einer langen Entwicklung bedurft, um aus der ungeordneten Wildheit der Rache zu dem geordneten Verfahren strafender Gerechtigkeit vorzudringen.

15. Die Forderung der Gerechtigkeit geht dahin, dass der Verletzung nicht allein überhaupt die Vergeltung folge, sondern dass auch näher die Vergeltung der Verletzung angemessen sei (§ 24, 3). Der Abzug an den Gütern des Thäters soll im Verhältnis stehen zu der von ihm bewirkten Zerstörung von Rechtsgütern. Je grösser die Schuld, desto schwerer soll die Strafe sein. Damit ist der Rechtsordnung die Aufgabe gestellt, die Grösse der Schuld ebenso wie die Grösse des Strafleidens richtig zu schätzen. Der Maassstab dafür ist wandelbar und unterliegt dem Wechsel der Zeiten, der Culturzustände und der Ansichten; aber das Grundverhältnis bleibt immer dasselbe. Das Rechtsgut, das der Verbrecher antastet, ist die Sicherheit und der feste Bestand der Rechtsordnung selbst. Die Grösse der Schuld bestimmt sich demnach ebensowol nach dem Maasse von Festigkeit, das die Rechtsordnung selbst besitzt, als nach dem in den Bestand der Rechtsordnung tiefer oder oberflächlicher eingreifenden Charakter der Handlung, und nach der in der Handlung zur Erscheinung kommenden Intensität des verbrecherischen Willens. So findet sich denn, dass die Gesichtspunkte der Gerechtigkeit in der Vollziehung und die der Klugheit in der

Prävention im wesentlichen dieselben sind. (Vgl. § 45, 10.) Es wäre also verkehrt, deshalb, weil man in der Strafe den Charakter der vergeltenden Gerechtigkeit als das Wesentliche erkannt hat, die einzelnen Strafzwecke leugnen zu wollen. Die **absolute Straftheorie** ist allerdings die allein wahre Theorie; denn sie allein erfasst das wesentliche und für alle Einzelheiten maassgebende Princip der Strafe. Aber das Unrecht der **relativen Straftheorien** besteht doch nur darin, dass sie je ein einzelnes Moment in dem, was als Ausfluss und besondere Gestaltung aus dem Princip der Gerechtigkeit zu begreifen ist, einzelne Zwecke und Nützlichkeiten, als das letzte begründende Princip selber bezeichnen. Die absolute Theorie muss also alle diese von der relativen Theorie bezeichneten Zwecke je an ihrer Stelle als gerechtfertigte Momente am Begriff der Strafe anerkennen, und sie muss obendrein zugestehen, dass es Strafen giebt, die nicht eigentlich unter dem Gesichtspunkte der Gerechtigkeit stehen, sondern bei denen dieser durch andere Rücksichten überwogen wird. Die Verwirklichung des Gerechten durch das Recht ist eben eine überaus bedingte; das erweist sich auch auf dem Gebiete des Strafrechts. Das schlechthin Gerechte ist auch hier nur das ideale Ziel, dem sich das Recht schrittweise annähert, so weit es ihm jedesmal die dringenden Bedürfnisse und Einzelzwecke der äusseren Ordnung, die zuerst zu wahren sind, erlauben. Die einzelnen Gründe und Zwecke der Strafe, die man aufgestellt hat, sind also alle durchweg mit Recht aufgestellt worden: die General- und Specialprävention, die Vertheidigung und Sicherung, die Zucht und Besserung, die Genugthuung des beleidigten Gefühls, die Wiederherstellung und Sühnung, und auch die einzelnen Formeln, in welche man diese Principien gekleidet hat, sind grösstentheils in der wirklichen Natur der Strafe begründet. Nur darf sich kein einzelnes dieser Principien für das Ganze ausgeben; sie alle sind dem obersten Gesichtspunkte der Gerechtigkeit untergeordnet und haben nur jedes an seiner Stelle mit der gerechten Abmessung zu concurriren und ihr die genauere Bestimmtheit im Anschluss an die concreten Lebensverhältnisse zu geben.

16. Die Gerechtigkeit erfordert, dass gestraft werde nach einem **Gesetze** unter dem Gesichtspunkte des Allgemeinen und Gleichen. Indem der Staat ein **Strafgesetz** verkündigt, übt er **Prävention**; das verkündete Gesetz soll dahin wirken, dass die Fälle seiner Anwendung möglichst selten werden. Aber zugleich steht die Zusammenfassung des innerlich Gleichartigen in Gruppen und die Abmessung der für jede Delictsart angedrohten Strafe unter dem Gesichts-

punkte der **Gerechtigkeit**; beide Principien haben sich gegenseitig zu begrenzen und auszugleichen. Die einzig angemessene Form von Strafgesetzen ist deshalb die möglichst genaue Bezeichnung einer bestimmten rechtlich zu ahndenden Handlungsweise und die Festsetzung der Grenzen, innerhalb deren die Grösse der für diese Handlungsweise zu verhängenden Strafe schwanken darf, so dass dem Richter die Möglichkeit bleibt, ohne dem Allgemeinen und Gleichen etwas zu vergeben, im Strafurtheil die besonderen jedesmaligen Strafschärfungs- und Strafmilderungsgründe zu berücksichtigen. Ganz unrichtig ist es, dem Strafgesetze sogenannte **Normen** unterzuschieben, als ob diese Normen, Verbote und Gebote, unabhängig vom Strafgesetze, vor dem Strafgesetze vorhanden wären. Ueberaus lächerlich wären doch solche Normen wie: Du sollst einen Verwandten aufsteigender Linie nicht todtschlagen; du sollst dein uneheliches Kind nicht in oder gleich nach der Geburt vorsätzlich tödten; du sollst nicht aus einem zum Gottesdienste bestimmten Gebäude Gegenstände stehlen, welche dem Gottesdienste gewidmet sind; du sollst nicht beim Diebstahle Waffen bei dir führen u. s. w. Solche Normen existiren nicht. Was wirklich existirt und was den Strafgesetzen unabhängig von ihnen und vor ihnen zu Grunde liegt, das sind **Rechte**, denen der Staat seinen Schutz gewährt und dann am nachdrücklichsten gewährt, wenn er bestimmte Arten verletzender Handlungen strafrechtlich zu ahnden verheisst, indem er in diesen Rechten sich selbst mit verletzt bekennt. Das Strafgesetz ist also nur eine specifische Form, in welcher der Staat als realisirte Rechtsordnung seine Function übt, die Sphäre der Befugnis für jeden mit Rücksicht auf die Befugnis aller anderen abzugrenzen, und allen Strafgesetzen liegt nur die eine und immer gleiche selbstverständliche „Norm" zu Grunde, dass es verboten ist, die Grenze seiner Befugnis zu überschreiten. Die nähere Charakterisirung bestimmter Delictsarten enthält nicht eine Specialisirung jenes allgemeinsten und tautologischen Verbotes, sondern nur eine Bezeichnung für den Grad von Verschuldung, den der Staat in jeder dieser besonderen Handlungsweisen findet, und für die Strafe, welche er deshalb auf dieselbe zu setzen nach seiner besonderen Lage für gerecht und nützlich erachtet. Wenn ferner der Staat gewisse Unterlassungen strafen zu wollen erklärt, so liegt auch darin nicht ein eigentliches Gebot: Du sollst die Raupen vernichten, vom Plane des Hochverraths Anzeige machen, den Steig rein halten; sondern es heisst nur, dass der Staat gewisse ausdrücklich bezeichnete Unterlassungen als Verletzung der Rechte anderer bezeichnet und als **Begehungsdelicte durch Unterlassung** strafen zu wollen erklärt.

17. Auf Grund des Strafgesetzes wird die Strafe im richterlichen Urtheil verhängt und durch die Vollziehungsbehörde vollzogen; die Voraussetzung dafür ist die Constatirung des zu strafenden Thatbestandes, des Thäters, seiner Handlungsweise, seiner Absicht und Gesinnung. Darin nun trägt das **Verfahren der Strafrechtspflege** einen ähnlichen Charakter wie der Rechtshandel der bürgerlichen Rechtspflege. Der Staat erhebt die Klage, der Beklagte ist die andere Partei: der Richter, wenn gleich ein vom Staate bestelltes Organ für staatliche Functionen, steht über beiden Parteien als der Ausdruck der reinen Objectivität und Allgemeinheit des Gesetzes, des bleibenden und vernünftigen Willens der Rechtsordnung. Das Interesse geht dahin, aus aller Trübung durch äusseren Schein, durch Irrthum und Täuschung, die Wahrheit zu erkennen. Der Anklage steht die Vertheidigung gegenüber, den Gründen Gegengründe, dem Belastungsbeweis der Entlastungsbeweis. Das möglichst grosse Maass von peinlicher Sorgfalt, damit nicht ein Unschuldiger für schuldig, ein geringeres Maass von Schuld für ein grösseres angesehen werde, ist doch nur eben ausreichend, und eine Uebertreibung darin nicht möglich. Immer noch weit besser, dass durch die Maschen dieses Netzes ein Schuldiger entschlüpfe, als dass ein Unschuldiger sich darin verfange. Denn dass ausnahmsweise einmal ein Schuldiger unbestraft bleibe, das muss man von der Begrenztheit aller staatlichen Wirksamkeit als unvermeidliche Folge hinnehmen, und das mindert auch die Majestät des Staates nicht; aber absolut widersinnig und empörend für Gefühl und Einsicht wäre es, dass ein Unschuldiger unverdiente Strafe trüge. Das Meiste kommt im ganzen Verfahren auf den Richter an, dass dieser geübt sei, einen Thatbestand richtig zu beurtheilen und aus demselben mit allgemeingültigem Verstande sich eine Ueberzeugung zu bilden. Am wenigsten im Strafprocesse ist es wolgethan, den Richter allzu ängstlich einzuschränken. Ihm bleibt doch die Aufgabe, was keine allgemein gefasste gesetzliche Vorschrift vermag, durch persönliche Virtuosität zu leisten, in das Innere, das Individuelle einzudringen, soweit es im Interesse der Rechtsordnung und ihrer Gerechtigkeitspflege liegt. Ihm muss es freistehen, das Gewohnheitsrecht des Gerichtsgebrauches auch neben und ausser dem eigentlichen gesetzlichen Recht nach seiner richterlichen Einsicht in Anwendung zu bringen, und neben der ausdehnenden Auslegung muss ihm wie auf anderen Gebieten des Rechtes auch die analoge Auslegung offen stehen, wo es gilt, vom Gesetze

nicht vorhergesehene Thatbestände zu beurtheilen, nicht bloss wo es sich um Strafmilderung oder Strafausschluss handelt. Das beste Strafgesetzbuch muss zuweilen ohne solche richterliche Thätigkeit zu Widersinn und offenbarer Ungerechtigkeit führen. Die Aufgabe des Strafgesetzes ist es, sich Richter zu erziehen, die seine Mängel ergänzend und seine Härten ausgleichend das dieser Zeit und Culturstufe entsprechende höchste Maass gerechter und einsichtiger Rechtspflege verwirklichen.

18. Geeignet als Strafe verhängt zu werden ist jeder Verlust an Rechtsgütern, den die Rechtsordnung mit sicherer Wirkung und in exact zu bestimmendem Maasse und Grade aufzuerlegen vermag: Verlust des Lebens, der körperlichen Unversehrtheit, der Freiheit, der Ehre, des Vermögens, der Heimath, des Familienstandes, der gesellschaftlichen und der staatsbürgerlichen Rechte. Am geeignetsten vor allen anderen ist doch die Freiheitsstrafe. In ihr drückt sich der Gedanke der vergeltenden Gerechtigkeit, der Zwang des Rechtes wider die unvernünftige Selbstsucht, am klarsten und fassbarsten aus. Zudem hat sie auch alle die einzelnen Eigenschaften, die ein Strafmittel nach Idee und Wesen der Strafe haben soll, in hervorragendem Maasse. Sie legt ein durchschnittlich für alle gleich grosses Uebel auf, denn die Freiheit begehren alle in gleicher Weise und entbehren alle mit gleichem Schmerze; sie trifft mit der Ausschliesslichkeit, die überhaupt erreichbar ist, denjenigen, den sie treffen soll, und in geringerem Maasse als andere Strafen die dem zu Strafenden enger Verbundenen; sie lässt eine Form der Vollziehung zu, die für das Gefühl möglichst wenig Verletzendes hat und der Majestät des Gesetzes einen bis zur Erschütterung ernsten und energischen Ausdruck gewährt, ohne doch in den Schein wilder Grausamkeit und gehässiger Rachsucht zu verfallen; endlich, man kann sie dem Grade nach, in Bezug auf die Art der Vollziehung, und dem Maasse nach, in Bezug auf die zeitliche Dauer, in exactester Weise bemessen und auch die feineren Unterschiede im Grade der Verschuldung durch einen entsprechenden Unterschied in der Strafabmessung zum Ausdruck bringen. Einzelne dieser Vorzüge haben auch die anderen Strafmittel, keines derselben hat sie alle in dieser Verbindung und Ausdehnung. Aus der Verbindung von Freiheitsstrafen mit Vermögensstrafen und Ehrenstrafen haben die gebildetsten Völker allmählich ein woldurchdachtes Strafensystem zu zimmern gelernt; eine verbesserte Art der Vollziehung der Freiheitsstrafen in Bezug auf den Ort der Detinirung, auf die Beschäftigung der Gefangenen, auf Bewahrung vor verderblichen, Zuführung von bessernden Ein-

müssen bleibt der Zukunft vorbehalten. Dass Körperverstümmelung, Brandmarkung, Entziehung von Licht, Nahrung, Schlaf, körperliche Martern überhaupt keine geeigneten Strafen sind, um von dem Staate mit fortgeschrittener Rechtscultur verhängt zu werden, bedarf keines Nachweises. Ob für die Stumpfheit und Ehrlosigkeit besonders jüngerer männlicher Verbrecher die Prügelstrafe angemessen ist, mag zweifelhaft erscheinen; so lange es angeht, wird man besser thun, auf sie zu verzichten. Deportation und Verbannung sind schon in Folge der modernen Lebensverhältnisse nur noch in geringem Maasse anwendbar. Die Todesstrafe bleibt die Königin der Strafen, wie der Tod für den in Sinnlichkeit versunkenen Menschen der König der Schrecken. Dass die Anwendung der Todesstrafe im Fortschritte der Cultur sich stetig vermindert, liegt zugleich in dem stetig steigenden Werthe des Lebens und zugleich in der zunehmenden Kraft der anderen Strafmittel. Die Todesstrafe dagegen im Princip zu verwerfen, scheint verkehrt. Es lässt sich kein zukünftiger Zustand der Menschheit denken, wo, auch abgesehen von ausserordentlichen Fällen wie Kriegesnoth und Meuterei, der radicalen Unvernunft entarteter Individuen anders gewehrt, den brutalen Thaten scheusslichster Verworfenheit anders vergolten werden könnte als mit der Todesstrafe.

Zweiter Abschnitt.

Das Privatrecht.

§ 47.
Privatrecht und öffentliches Recht.

Alle einzelnen Rechtsinstitute und Rechtssätze zerfallen in solche, welche dem Privatrecht, und solche, welche dem öffentlichen Recht angehören. Das öffentliche Recht umfasst alle rechtlichen Bestimmungen, welche unmittelbar den Aufbau und die Gliederung des Staates selbst, die Zahl und Ordnung seiner Organe und den Inhalt und die Begrenzung derjenigen Functionen betreffen, mit denen sie den Willen des Staates zu vollziehen haben. Das Privatrecht umfasst alle rechtlichen Bestimmungen, welche die vom Staate geschützten Befugnisse der einzelnen Rechtssubjecte in der Verfolgung ihrer Interessen betreffen. Dem Privatrechte gehören daher an alle Rechte, welche die Personen selbst in ihrem Bestande, die Personenverbände und das Verhältnis der Personen zu den Sachen betreffen, und zwar sofern alle diese Rechte nicht in unmittelbarer Beziehung stehen zu dem Bestande, der Gliederung und den Thätigkeiten des Staates selbst.

1. Dass die einzelnen Rechte in die beiden Hauptclassen: Privatrecht und öffentliches Recht zerfallen, wird wol allgemein zugegeben, wie denn auch diese Eintheilung im positiven Rechte von Alters her gebräuchlich ist. Aber sowol über das Princip dieser Eintheilung wie über die Abgrenzung der beiden Gebiete gegen einander herrscht die grösste Unklarheit und Meinungsverschiedenheit. Die Eintheilung der römischen Juristen (L. 1, 2. D. De i. et i. I, 1) in solches

Recht, welches das Interesse der Individuen betrifft, und
solches, welches den öffentlichen Zustand des Staates betrifft,
würde ohne weiteres anzunehmen sein, wenn es nicht einem
Missverständnisse Raum liesse. Denn Recht, welches nur
den Interessen der Individuen diente, giebt es überhaupt
nicht; was Recht ist, das ist alles vom Staate unter staatlichen Gesichtspunkten und nach den Existenzbedingungen
des Staates festgesetzt. Wenn die römischen Juristen das
besonders in Bezug auf Dotalrecht und Erbrecht anerkannt
haben (L. 2. D. De iure dot. XXIII, 3. — L. 3. D. Qui
testam. fac. poss. XXVIII, 1), so gilt es doch von allen
anderen Gebieten des Rechtes ganz in derselben Weise, und
wenn es heisst (L. 38. D. De pactis. II, 14), das öffentliche
Recht könne durch private Verabredung nicht verändert
werden, so ist hier das Privatrecht selber mit unter dem
öffentlichen Rechte begriffen, und das absolute Recht geradeso
wie das vermittelnde, sofern beides der Staat für die Rechte
und den Rechtsverkehr der Privaten festgesetzt hat. Eine
Unklarheit und Unbestimmtheit bleibt hier also jedenfalls,
wenigstens dem Sprachgebrauche nach, übrig. Keinenfalls
aber darf man etwa das Vermögensrecht als den einen
Theil und alles, was nicht vermögensrechtlicher Natur ist,
als den anderen Theil des Rechtes bezeichnen wollen. Denn
einerseits verbietet es sich von selbst, das ganze staatliche
Finanzwesen in die Sphäre des Privatrechts hineinzuziehen,
andererseits scheint es doch überaus seltsam, Ehe und väterliche Gewalt z. B. zu Instituten des öffentlichen Rechtes zu
machen. Wenn man aber den Unterschied von Privatrecht
und öffentlichem Rechte darin finden will, dass bei jenem,
wenn es verletzt wird, es dem Verletzten selbst anheimgestellt
ist, ob er von dem ihm gewährten Mittel zur Wiederherstellung seines Rechtes Gebrauch machen will oder nicht, bei
diesem in gleichem Falle ein staatliches Organ einzuschreiten
verpflichtet ist, so ist das zunächst nur ein äusseres Kennzeichen, bei dem die Frage ungelöst bleibt, auf welchem
inneren Unterschiede dieser äussere Unterschied der Rechtsfolgen beruht; aber weiter ist es auch ein unsicheres
Kennzeichen, welches bestimmte Grenzen zu ziehen gar nicht
gestattet. Denn z. B. bei manchen Delicten, deren Unterschied von einander an sich ein offenbar unwesentlicher ist,
wird theils Privatantrag des Verletzten erfordert, theils findet
ohne solchen Antrag amtliches Einschreiten statt. Oder soll
man sagen, dass bei uns die weibliche Geschlechtsehre bis
zum 26. Febr. 1876 privatrechtlicher Natur war, seitdem aber
öffentlich-rechtlicher Natur geworden ist?

2. Der wesentliche Unterschied liegt klar genug in der

§ 47. Privatrecht u. öffentliches Recht. 543

Sache selbst. Alles Recht ist Recht des Staates; aber nicht alles Recht betrifft unmittelbar den Staat. Der Staat ist der Träger und Urheber des Rechtes, die realisirte Rechtsordnung selber; aber das Recht, das er schafft, ordnet theils die Thätigkeiten der einzelnen Rechtssubjecte, theils die Organe und Thätigkeiten des Staates selbst. Und dieser Unterschied ist von fundamentaler Natur, weil der Staat selbst von fundamentaler Bedeutung für alles Recht ist. Der Staat ist in Bezug auf das Recht nicht ein Wesen neben anderen, sondern er ist das Rechtswesen schlechthin. Damit Recht sei, ist zweierlei erforderlich: der rechtlich geordnete Bau des Staates selber und von ihm ausgehend als Ausdruck seines Willens das System rechtlicher Bestimmungen für die Willensbethätigung der Einzelnen. Danach also unterscheiden sich Privatrecht und öffentliches Recht. An sich klar und positiv bestimmt ist zunächst nur die Ausdehnung des öffentlichen Rechtes; zu ihm gehört alles, was den Staat und seine Organe und Functionen betrifft. Der Umfang des Privatrechts lässt sich nur mit Bezug darauf und in negativer Form bestimmen, als das, was nicht öffentliches Recht ist. Alles Recht, welches die bloss gesellschaftlichen Interessen anbetrifft, d. h. die Interessen, welche nicht staatlicher Natur sind, ist privates Recht. Darin aber liegt dann zugleich das Positive, dass das Rechtssubject in dem Privatrechte seine Sicherung geniesst, allerdings unter dem Schutze der öffentlichen, der staatlichen Gewalt, in alle dem, was den Bestand seiner Person, was sein Verhältnis zu den anderen Personen und zu den Sachen angeht. Und damit ist denn auch zugleich die Eintheilung des Privatrechts gegeben. Das Privatrecht zerfällt in das Recht der Person, in das Recht der Personenverbände und in das Vermögensrecht.

3. Allerdings ist damit zwar eine völlig sichere Grenze gegeben zwischen Privatrecht und öffentlichem Recht, aber eine Grenze, die von der herkömmlichen Art, die beiden Gebiete zu scheiden, beträchtlich abweicht. Indess, das positive Recht hat tausend Gründe, die in der geschichtlichen Entwicklung der Rechtsinstitute und der Rechtsbegriffe, in Rücksichten der Zweckmässigkeit und in Bedürfnissen des concreten Lebens liegen, die doch die Rechtsphilosophie für sich nicht gelten zu lassen im Stande ist. Gerade hier, in der blossen systematischen Eintheilung und Ableitung der Begriffe muss es der Rechtsphilosophie gestattet sein, den Weg der positiven und geschichtlichen Rechtswissenschaft, wo es die Sache gebietet, zu verlassen. Wir ziehen also sehr vieles, was gewöhnlich im öffentlichen Recht untergebracht wird, in das Privatrecht hinein: die sogenannten Grundrechte und

§ 47. Privatrecht u. öffentliches Recht.

mancherlei vom Rechte der Stände und Corporationen, insbesondere auch vom Kirchenrecht. Denn alle diese Rechte sind vom Staate festgesetzt und begrenzt nur mit Rücksicht auf den Staat selbst; dem Wesen nach aber ordnen sie die Interessen der einzelnen Rechtssubjecte, die sich auf seinem Boden bewegen. Zum öffentlichen Rechte gehört alles, was das einzelne Rechtssubject in directer Beziehung auf den Staat zu thun hat. Wo jemand Steuern zahlt, Kriegsdienste thut, als Schöffe oder Geschworner thätig ist, zum gesetzgebenden Körper wählt, da liegt seine Thätigkeit auf dem Gebiete des öffentlichen Rechtes. Wo jemand seine Meinung äussert ohne staatlichen, amtlichen Auftrag, mündlich, mit der Feder, vermittelst der Presse; wo jemand frei, ohne amtlichen Auftrag, sich mit andern vereinigt, und sei es auch behufs einer Einwirkung auf das öffentliche, staatliche Leben; wo jemand sich Arbeit, Unterhalt, einen Wohnsitz sucht, malt, dichtet, lehrt, Gottesdienst und Gebet verrichtet: da finden wir private Thätigkeit und privates Recht. Und wenn jemand dem Staate Pacht, Miethe, Kaufgelder zahlt, Lieferungen macht, vom Staate Arbeitslohn oder Gehalt empfängt: da sehen wir den Einzelnen im privatrechtlichen Verhältnis zum Staate, der also in manchen Beziehungen selber ein privatrechtliches Rechtssubject ist wie die anderen auch. Das Nähere kann erst weiterhin auseinandergesetzt werden. Dass aber, obgleich doch der Staat das Frühere und die Quelle alles Rechtes ist, gleichwol das Privatrecht dem öffentlichen Rechte vorangeht, hat seinen Grund darin, dass nach der Idee des Rechtes das öffentliche Recht das höhere, werthvollere, substanziell inhaltreichere Gebilde, die Krönung und Vollendung alles Rechtes ausmacht, während das Privatrecht in gleicher Weise dem öffentlichen Rechte gegenüber das Unselbstständige, Endliche und Niedere ist, wie es die Individuen sind im Verhältnis zum Staate, der sie zeugt und trägt.

Erstes Capitel.
Die Rechte der Persönlichkeit.
§ 48.
Das Recht des Bestandes der Persönlichkeit.

In der rechtlich geordneten Gemeinschaft hat das Rechtssubject zunächst ein anerkanntes Recht auf alles das, was zum Bestande seiner Persönlichkeit gehört und worauf durch äussere Handlungen anderer eine Einwirkung möglich ist, zunächst also auf das Leben selber, auf leibliche Unversehrtheit und auf die Vollziehung der Lebensfunctionen; sodann auf die Freiheit seiner Willensäusserungen und endlich auf seine Ehre und seinen gesammten äusseren Zustand in seinem Verhältnis zur Gemeinschaft wie in seinem Vermögen an Sachgütern. Das Recht der Persönlichkeit begründet eben deshalb auch den Anspruch eines jeden auf Ordnung und Frieden in der umgebenden Oeffentlichkeit, auf Ungestörtheit seines Thuns in der Uebung seiner Befugnis, auf Unterlassung des Aergernisses, das sein Gefühl empört, und auf Sicherheit in dem umfriedeten Raume, den er bewohnt. Und endlich giebt ihm sein anerkanntes Recht auf Leib und Leben auch einen bestimmten Anspruch auf Hilfe und Unterstützung in denjenigen Fällen, wo er in eine hilflose Lage gerathen und der Gefahr des Unterganges ausgesetzt ist.

1. Die Rechte der Persönlichkeit sind grundlegend für alle anderen Rechte, und mögen deshalb sehr wol als Grundrechte bezeichnet werden. Unter ihnen stehen dann wieder obenan die Rechte, welche den äusseren Bestand der Persönlichkeit selbst betreffen, die Zustandsrechte im weitesten Sinne des Wortes. Sie sind Rechte, sofern sie einerseits die Sphäre der Befugnis für das Subject selbst, andererseits die Begrenzung für die Befugnis der anderen ausmachen. Privatrechte, sofern sie von der Rechtsordnung ertheilt sind unmittelbar zur Wahrung der Interessen der Einzelnen; sie ergeben einen Anspruch auf Anerkennung und auf Nichtverletzung gegen jedermann, insbesondere aber auch gegen die

Rechtsordnung selber, sofern dieselbe sich zu ihrer Wahrung ausdrücklich im positiven Gesetze verpflichtet hat. Jeder hat in diesem Sinne das Recht zu leben, das Recht, seinen Leib gesund und unversehrt zu behalten, soweit das von den Handlungen anderer abhängt, das Recht zu essen und zu trinken, zu schlafen, zu arbeiten und spazieren zu gehen, auch auf dem Campus Martius Ball zu spielen. Es ist gar kein Grund, sich vor solcher Ausdrucksweise zu scheuen; vollkommen richtig wird gesagt, dass man jeden Morgen das Recht übt, nach dem Erwachen aufzustehen oder auch noch länger liegen zu bleiben. Denn wer mich unbefugterweise daran hindern würde, dass ich dies Recht übe, der würde offenbar eine Rechtsverletzung begehen. Dass gerade diese Rechte von fundamentaler Bedeutung sind, beweist der Umstand, dass die Rechtsordnung die Verletzung derselben **straft**, also sich selbst darin mitverletzt findet. Es ist gar keine Rechtsordnung denkbar, die nicht diese fundamentalsten Rechte auf Leben, Gesundheit, Freiheit, Ehre mindestens im Princip anerkännte; aus solcher Anerkennung fliesst dann aber auch die Consequenz, dass die Rechtsordnung die nöthigen Veranstaltungen trifft, um Verletzungen dieser Rechte zu verhindern und diejenigen öffentlichen Zustände herzustellen, bei denen jedermann die nöthigste Sicherheit für diese seine ursprünglichsten Rechte findet.

2. Es ist also jedermann zu sichern gegen Tödtung und Körperverletzung, soweit dies durch Strafrecht und Polizeiverordnung erreicht werden kann. Weiter aber hat jedermann auch ein Anrecht auf öffentliche Fürsorge gegen vermeidbare Schädlichkeiten, die das Leben und die Gesundheit bedrohen, und die durch Handlungen von Menschen vermehrt oder vermindert werden können. Zu diesem Zwecke ist eine öffentliche Ordnung zu schaffen, die den Frieden wahrt und gegen Verletzung Sicherheit gewährt. Das Recht eines jeden ist also nicht nur, dass jeder Andere Handlungen, die meine Sicherheit gefährden, unterlasse, sondern auch, dass die Rechtsordnung solche Gefährdung nach Möglichkeit verhindere. Solche Ansprüche haben aber nicht bloss die Handlungsfähigen, sondern auch die Kinder und die Wahnsinnigen, weil sie doch in Wahrheit Personen sind und die Minderung der vollen Personenqualität bei ihnen etwas bloss Zufälliges ist. Eben deshalb geniesst aber solchen rechtlichen Schutz auch schon die Frucht im Mutterleibe, die sich noch erst zum Menschen soll ungehindert entwickeln können. Die künftige menschliche Persönlichkeit wird von dem Augenblicke an Inhaberin von Rechten, wo sie für menschliches Wahrnehmungsvermögen erkennbar, wenn auch noch ungelöst

vom mütterlichen Schoosse, in die Existenz tritt. Der Embryo hat also in der That anerkannte rechtliche Ansprüche gegen die eigene Mutter wie gegen jedermann auf Nichtstörung seiner Entwicklung bis zur Geburtsreife; denn der Embryo ist die erkennbare werdende Rechtsperson.

3. Die **Ehre** eines Rechtssubjectes besteht in der Meinung, welche die anderen Subjecte von ihm haben, dass es mit seinesgleichen in principiell gleicher Würdigkeit die ihm obliegenden Pflichten rechtlicher und sittlicher Art erfülle und der Standessitte entsprechend lebe. Die Ehre ist eines der wichtigsten Güter, weil Minderung der Ehre nicht bloss subjectiv Schmerz verursacht, sondern auch objectiv die Möglichkeit des Zusammenlebens und Zusammenwirkens in der Gemeinschaft aufhebt; sie steht an fundamentalem Werth für den Bestand der Persönlichkeit auch nicht dem Leben selber nach. Deshalb ist die Verletzung der Ehre Verletzung der Person in ihrem tiefsten Kerne, und rechtlicher Schutz gegen **Beleidigung** und **Verleumdung** eine der ersten Grundlagen der Rechtsordnung. Zu schützen ist darum auch die Ehre der Verstorbenen, sofern durch Minderung der Ehre derselben die Ehre Lebender angetastet wird; zu schützen die Ehre der juristischen Personen. Denn wenn auch bei letzteren nicht eigentlich von ihrer eigenen Ehre gesprochen werden kann, so kann doch von dem Zweck und den Functionen der juristischen Person solches ausgesagt werden, was, wenn es eine physische Person beträfe, derselben zur Unehre gereichen würde, und was in dieser Weise sich wirklich auf die physischen Personen, welche die juristische Person vertreten, miterstreckt. So wichtig nun der Schutz der Ehre für den Bestand der Persönlichkeit ist, so schwierig wird es der Rechtsordnung, ihn zu leisten. Kaum auf irgend einem andern Gebiete erweist sich die Rechtsordnung in ihren Mitteln so begrenzt, so bedingt in ihrer Wirkungsweise, als wo es gilt, die Ehre der Menschen zu schützen oder die verletzte Ehre wiederherzustellen. Das Gefühl für Ehre ist bei den verschiedenen Individuen und bei den verschiedenen Ständen in sehr verschiedenem Grade ausgebildet; der stumpfen Fühllosigkeit bei den Einen steht die zugespitzteste Empfindlichkeit bei den Anderen gegenüber. Schon deshalb reicht die gleiche gesetzliche Norm für alle auf diesem Gebiete in vielen Fällen nicht aus, das verletzte Gefühl des Einzelnen zu heilen. Zudem ist gerade die Ehre von allen Rechtsgütern das spirituellste, den Mitteln, die dem Rechte zu Gebote stehen, am wenigsten zugängliche, und zugleich ist sie von solchem Werthe, dass der Ehrliebende alles und selbst das Leben lieber hingiebt, als dass er einen Makel auf seiner Ehre duldete. Wo

es nun durch Landesbrauch und Standessitte ein Bestandtheil im Grundgefühl der Persönlichkeit geworden ist, dass da, wo die von der Rechtsordnung zu gewährende Heilung der verletzten Ehre nicht ausreicht, oder wo die Rechtsordnung überhaupt eine Heilung nicht gewähren kann, die Wiederherstellung der verletzten Ehre im Zweikampfe gesucht werden muss: da wird die Rechtsordnung kaum umhin können, unter gewissen Cautelen allerdings und innerhalb eng bemessener Grenzen, den Zweikampf als eine Art von geduldetem Mittel für die Selbsterhaltung der Persönlichkeit anzusehen, gewissermaassen zur Ergänzung des eigenen Unvermögens, und sie wird deshalb das Amt der Prävention und der Bestrafung in mildester Form üben, schon deshalb, weil ein reizbares Ehrgefühl als eine der Rechtsordnung an sich durchaus willkommene Gesinnung erscheinen muss. Der Raufbold allerdings und der fachmässige oder leichtsinnige Injuriant hat auf solche Rücksicht keinen Anspruch. Darum muss bei der rechtlichen Behandlung des Ehrenhandels der weiteste Spielraum gelassen werden für die Berücksichtigung der besonderen Natur des einzelnen Falles; im allgemeinen gilt es aber gerade hier am meisten, dass das Recht übel daran thäte, in doctrinärer Befangenheit sich gegen die in der lebendigen Wirklichkeit vorhandene Meinung und Sitte eigensinnig zu sperren. Denn die Wirkung könnte doch nur sein, dass es sein Unvermögen deutlicher documentirt und den ihm gebührenden Respect selbst vermindert.

4. Um des Rechtes der Persönlichkeit willen steht jedem der Anspruch zu, dass das unterlassen werde, was seine regelmässigen Lebensfunctionen, z. B. seinen Schlaf, oder seine Arbeit und seine Behaglichkeit stört, ohne zu den nothwendigen Lebensfunctionen des Anderen zu gehören, wie wüster Lärm und Ausgelassenheit. Aber es darf auch jeder verlangen, dass ihm der Anblick fremder Rohheit und Gemeinheit erspart werde, der das Leben zu vergällen und schmerzlichen Widerwillen zu erregen vermag. Aus diesem Grunde wird die Rechtsordnung nach Möglichkeit verhüten, dass sich die Unsittlichkeit, die freche Unzucht, die Trunkenheit ungescheut an das Licht der Oeffentlichkeit wage; freilich giebt es dafür neben dem privatrechtlichen Anspruch noch andere ebenso dringliche Gründe, die dem öffentlichen Rechte angehören und in dem Rechte und der Pflicht des Staates liegen, für die sittliche Unversehrtheit seiner Bürger zu sorgen. Ebenso wird die öffentliche Thierquälerei von der Rechtsordnung verboten, damit Aergerniss und schmerzliche Aufregung von dem etwaigen Zuschauer abgewendet werde; heimliche Thierquälerei dagegen kann nur etwa in dem Sinne

ein Gegenstand rechtlicher Beachtung werden, dass die darin zur Erscheinung kommende Rohheit des Gefühls auch auf die Neigung zu rechtswidrigen Thaten gegen Menschen hindeutet. Vor allem aber hat jeder den Anspruch, dass sein **Hausfriede** unverletzt bleibe, dass in seine Wohnung niemand wider seinen Willen eindringe, niemand in derselben wider seinen Willen bleibe oder gar Handlungen vornehme, die irgendwie eine Beeinträchtigung der freien Verfügung des Bewohners enthalten. In denselben Zusammenhang gehört endlich der Schutz des **Briefgeheimnisses** als grundlegend für die Unverletztheit der Persönlichkeit in ihren intimsten Interessen.

5. Zu dem Bestande der Persönlichkeit gehört sodann an allererster Stelle die **Freiheit der Willensäusserung** in der Uebung dessen, was zur rechtlichen Befugnis eines jeden gehört. Daraus ergiebt sich der Anspruch gegen jeden anderen auf Nichtverletzung dieser Freiheit, und der Anspruch gegen die Rechtsordnung auf rechtlichen Schutz gegen die Verletzung. Jeder soll geschützt sein gegen den Gebrauch von Gewalt und Drohung, gegen widerrechtliche Einsperrung und listige Veranstaltungen, die die gleiche Wirkung haben, gegen Menschenraub insbesondere die Kinder, und gegen Entführung insbesondere die Weiber. Ein hervorragend wichtiges Gebiet dieser Freiheitsverletzungen bilden diejenigen, die mit den geschlechtlichen Functionen zusammenhängen und die mit der Verletzung der rechtlichen Freiheit meistentheils zugleich eine Antastung der Ehre und sogar der körperlichen Unversehrtheit enthalten. Handlungen der Unzucht werden zum Theil aus Gründen des öffentlichen Rechts, das sich den Schutz der sittlichen Ordnung des öffentlichen Lebens zur Aufgabe stellt, als rechtswidrig anzusehen sein; zum Theil aber sind sie schon durch das private Recht auf Freiheit, Ehre und leibliche Unversehrtheit ausgeschlossen. Sie sind da überall da wider die Freiheit, wo sie an einem andern Subjecte wider dessen Willen, sei es durch Zwang, sei es im Zustande der Willenlosigkeit des Verletzten, vollzogen werden; sie sind es aber auch da, wo eine Zustimmung des Verletzten mit den auf diesem Gebiete so mächtigen Mitteln der Verführung und Täuschung herbeigeführt wird. Besonders haben Personen im jugendlichen Alter den Anspruch gegen jedermann, nicht verführt zu werden, und am meisten sind alle zu schützen gegen solche Personen, zu denen sie in einem Verhältnis des Respects, der Untergebenheit und besonderen Vertrauens stehen. Den nachdrücklichsten Schutz aber verdient die weibliche Geschlechtsehre, so lange sie noch unverletzt ist; denn sie bildet das werthvollste Gut

des Weibes und das grundlegende Moment für ihren gesammten Lebensprocess.

6. Als zum Bestande der Persönlichkeit gehörig sind ferner zu schützen der Familienstand, der Name, der bürgerliche Stand und endlich das Vermögen. Der Ehemann hat das Recht, dass ihm die Frau, die Eltern haben das Recht, dass ihnen die Kinder nicht entzogen oder vorenthalten werden. Jeder hat ein Recht, dass sein Geburtsstand, seine Familienzugehörigkeit, sein Familienname anerkannt, dass letzterer nicht von einem Unbefugten gebraucht, die Identität seiner Person nicht in Zweifel gebracht werde. Jeder hat ferner ein Recht, dass seine Geistesproducte nicht wider seinen Willen veröffentlicht, sein Name nicht zu irgend einer Veröffentlichung missbraucht werde. Eben dahin gehört dann aber auch, dass jeder in seinem Vermögen an Sachgütern geschützt sei. Das eigentliche Vermögensrecht zwar hat einen anderen Inhalt; es zeigt, wie eine Sache auf rechtmässige Weise in das Vermögen jemandes eingeht oder übergeht. Hier haben wir es mit dem unmittelbaren Verhältnis der Person zu der Sache zu thun, sofern dieses Verhältnis in der Person selbst gesetzt und die Persönlichkeit durch dieses Verhältnis bedingt ist. Die Person bedarf der Sache um zu leben und sich wol zu befinden; sie kann nicht ohne die Sachen bestehen, die zu ihren Bedürfnissen gehören. Und wie die Sachen, die im unmittelbaren Besitze der Person sich befinden, so gehören auch die rechtlichen Ansprüche auf Sachen, die künftig in den Besitz der Person übergehen sollen, zur Person selbst. Die Sache ist willenlos, sie hat kein Recht gegen die Person; hat die Person sie sich angeeignet, so gehört sie zum Bestande der Person selbst, und das Recht der Person, in ihrem Bestande geschützt zu sein, ist deshalb auch das Recht, in ihrem Vermögen geschützt zu werden. Wie von Leib und Leben, so sind also auch von dem Vermögen Verletzungen und Gefährdungen abzuwenden. In alle dem kann die Rechtsordnung ein Mehr oder Minder thun. Giebt sie z. B. ein Gesetz zum Schutze nützlicher Vögel, so erkennt sie damit ein Recht etwa des Landmanns oder des Gärtners und Waldbesitzers an, gegen die im Wegfangen der Vögel liegende Schädigung geschützt zu sein. Ebenso ist es mit Gesetzen über Schonzeit des Wildes, der Fische, über Forst- und Bergwerksbetrieb. Wol gehört das auch dem öffentlichen Rechte an, sofern der Staat um seiner selbst willen die allgemeine Wolfahrt fördert; aber noch ursprünglicher entstammt es dem privaten Anspruch, welchem der Staat seinen Schutz gewährt, in seinen Interessen unverletzt zu sein. Da nun ferner, um das Leben zu erhalten,

äussere Sachgüter nöthig sind, so liegt in dem Rechte auf
das Leben zugleich das Recht, dass demjenigen, der solche
äusseren Sachgüter auch nicht in dem nothdürftigsten Maasse
hat und sie wegen Kindheit, Alters, Gebrechlichkeit sich auch
nicht verschaffen kann, solche Güter, soweit sie zur Fristung
des Lebens und zur Erhaltung der leiblichen Unversehrtheit
unentbehrlich sind, gereicht werden. Dies Recht auf
Unterstützung begründet einen Anspruch zunächst an die
Rechtsordnung selbst. Diese hat die geordneten Organe zu
schaffen, damit jedem mit Sicherheit dieses Recht zu Theil
werde: Armenämter, Kranken- und Irrenhäuser u. dergl. Es
kann dabei auf private Mildthätigkeit gerechnet werden; aber
die Hauptsache ist, dass der Staat sich seines Amtes bewusst
werde, jedem einen rechtlichen Anspruch auf Fristung seines
Lebens zuzugestehen, und damit diesem Anspruche seine Befriedigung werde, die rechtlichen Veranstaltungen zu treffen,
nicht unter dem Gesichtspunkte der Humanität und Menschenliebe, der kein rechtlicher Gesichtspunkt ist, sondern unter
dem Gesichtspunkte des Rechts und der Gerechtigkeit. Zunächst allerdings ist jedem die Sorge für die Zeit kommender
Hilflosigkeit selbst zu überlassen. In keinem Falle dürfen
durch die Staatsfürsorge die Motive zu angestrengtester wirthschaftlicher Thätigkeit abgeschwächt werden; das wäre ein Unrecht, das allen Nüchternen, Mässigen und Fleissigen zugefügt
werden würde, die mit ihren Mitteln die Parasitennaturen zu
erhalten hätten. Nur das dürftigste Maass der physischen
Lebensfristung kann überhaupt Aufgabe des Staates sein;
mit den Hilfsmitteln des Staates allem Elend wehren zu
wollen, ist ein müssiger und eitler Traum. Jedes Uebermaass
darin leitet den Staat von seiner wahren Aufgabe ab, und ihn
zu einer Institution der Mildthätigkeit zu machen, hiesse ihn
zugleich zu einer Institution der Ungerechtigkeit machen.
Der Humanitätsstaat, der Milde und Wolthätigkeit übt auf
Kosten des Rechts, und den Einen das Ihre nimmt, um es
den Anderen zu geben, mag am ehesten noch ein jüdisches
Ideal sein; das Christenthum verwirft dergleichen als un-
christlich und widerchristlich. Christlich ist auf dem Gebiete
des Staates allein das Streben nach Recht und Gerechtigkeit.

7. Keines der angeführten Rechte freilich ist als ein angeborenes und unveräusserliches Recht anzusehen, denn solche
giebt es überhaupt nicht; aber die Vollkommenheit eines
Rechtszustandes bemisst sich danach, wie weit der Staat in
seinem wirklichen Rechte diese Grundrechte der Persönlichkeit anerkannt hat. In unentwickelten Rechtszuständen ist
auch der rechtliche Schutz für Leben, Freiheit, Ehre, Vermögen unentwickelt. Die herrschende Gewalt erlaubt sich

unbedenklich die willkürlichsten Eingriffe in alle diese privaten Güter und Rechte, und selbst der Schutz, den sie gegen fremde Eingriffe gewährt, ist mangelhaft, unregelmässig und von willkürlichen Gesichtspunkten abhängig. Die Gewalt, die der Mächtige, der Einflussreiche gegen den Schwachen, den Niedrigen übt, bleibt ungerochen; das Verfahren, nach welchem der Schutz geübt wird, ist ungeregelt; es mangelt an den bestimmten Organen und Gesetzen, um dieser ersten und wichtigsten Aufgabe zu genügen. Das Wachsen und Werden des Rechtszustandes zeigt sich gerade in diesen fundamentalen Dingen am deutlichsten. Vieles ist im langsamen Gange der geschichtlichen Entwicklung erreicht worden, vieles bleibt noch zu erreichen. Der classische Wendepunkt in der Bewegung der Menschheit zu einem gesicherten Rechtszustande hin fällt in die Zeiten der Ausbildung des römischen Rechtes, und das Meiste, was in dieser Beziehung erreicht worden ist, ist der edlen Anlage des römischen Volkes für Ausbildung und Durchführung der Grundsätze und Institutionen im Dienste des Rechts und der Gerechtigkeit zu verdanken. Das specifisch Germanische mit seiner Betonung der subjectiven Selbstthätigkeit ist dagegen zunächst ein Rückschritt gewesen, mindestens in allem Formellen, hat aber auch andererseits die Anforderungen an den Rechtsschutz erhöht, weil niemals die Persönlichkeit selbst und ihre Bedeutung in einem höheren Lichte erschien und besonders das Princip der Freiheit und der Ehre tiefer und reicher erfasst wurde als hier. Das Wesentlichste ist, dass der Schutz der Grundrechte der Persönlichkeit bei den Völkern der modernen Welt mehr und mehr allen Menschen zu Theil wurde, und der neuesten Periode der Rechtsentwicklung in dem letzten Jahrhundert ist es vorbehalten geblieben, auch die gesellschaftlich Niedrigststehenden durch geordneten Rechtsschutz zu principieller rechtlicher Gleichheit mit den Höchststehenden emporzuheben und durch die verwirklichte Unabhängigkeit der Rechtspflege den Eingriff der Willkür, das Vorrecht der Macht und des Einflusses zu brechen. Jetzt kann es nur noch gelten, die gewonnenen und gesicherten Principien auszubauen und im Anschluss an das sich fühlbar machende Bedürfnis aus ihnen die rechten Consequenzen zu ziehen. Dass übrigens keines der erwähnten Grundrechte auch im vollkommensten Rechtszustande absolute Geltung beanspruchen darf, wollen wir als selbstverständlich nur erwähnen. Der Verbrecher hat das Recht auf Leben, Freiheit, Ehre verwirkt; im Kriege, in öffentlicher Noth, in privatem Nothstand hat jedes Recht seine Grenze; das Bedürfnis der öffentlichen Sicherheit, die Nothwendigkeit der Untersuchung von Delicten beschränkt das Hausrecht wie das Recht auf persönliche Freiheit: dies alles, weil es absolut gültige Rechte überhaupt nicht geben kann.

§ 49.
Das Recht der materiellen Interessen.

Die Rechtsordnung bemisst nach den vorhandenen Bedürfnissen des öffentlichen wie des privaten Lebens das Maass von freier Selbstentscheidung, das die einzelnen Rechtssubjecte haben sollen in Bezug auf den zu wählenden Wohnsitz oder vorübergehenden Aufenthalt, auf die zu betreibende Beschäftigung und Berufsarbeit, auf die Eingehung einer Ehe und Gründung eines Hausstandes. So viel als jedesmal in diesen Beziehungen die Rechtsordnung dem Einzelnen nach Gesetzen zugesteht, ist sein Recht und begründet einen Anspruch auf Nichtverletzung und Schutz. (Vgl. § 17.)

1. Der Aufenthaltsort des Menschen gehört nur insofern zum Bestande der Persönlichkeit, als ein Mensch um zu leben an irgend einem Orte leben muss; dass er an diesem bestimmten Orte lebe, gehört nicht zu seiner Persönlichkeit überhaupt, sondern das wird erst von Bedeutung durch seine bestimmten Interessen. Dieser bestimmte Aufenthaltsort wird gewählt um der Annehmlichkeit und des Vergnügens willen oder um des Nutzens willen, wegen der Gelegenheit zu bestimmter Arbeit und zu der erwünschten Bethätigung der Kräfte. Von Natur liebt der Mensch die Heimath, weil er hier mit Menschen und mit Dingen vertraut ist und in seiner Gewohnheit verbleiben kann; dem Rastlosen und Unruhigen aber wie dem Eifrigen und Strebsamen mag gerade das Sicheinleben in neue Verhältnisse oder der veränderte Schauplatz seiner Bethätigung besonders verlockend erscheinen. Am meisten wird die freie Wahl des Aufenthaltes wichtig für das Bedürfnis, durch irgend eine nützliche Arbeit sich die Mittel zum Leben und zur Förderung seiner äusseren Vermögenslage zu verschaffen. Die Wahl des Wohnortes steht so in engster Verbindung mit der Wahl des Berufes als eines dauernden für das Leben oder der vorübergehenden Beschäftigung, die den meisten Lohn verheisst und die günstigste Verwerthung der Kräfte gestattet. Gewisse Arbeitsgebiete freilich wird die Rechtsordnung immer von ertheilter ausschliesslicher Berechtigung, von Concessionen und Privilegien, von nachgewiesener Befähigung und Vertrauenswürdigkeit abhängig

machen. Auch der Entschluss zur Begründung eines eigenen Hausstandes wird regelmässig veranlasst ebensosehr durch die Sorge für wirthschaftliche Besserung und Bequemlichkeit, wie durch das Bedürfnis der Ergänzung des Einzellebens durch dauernde Verbindung mit einer Person vom anderen Geschlechte und durch das Streben nach Ausfüllung des persönlichen Lebens mit dem Glücke und der Behaglichkeit des Familienlebens. Das weibliche Geschlecht steht in alle dem schon von Natur durch seine leibliche und geistige Ausstattung unter wesentlich anderen Bedingungen als das männliche Geschlecht. Indessen nur das unentwickelte Recht älterer Zeiten vergisst über dieser natürlichen Ungleichheit das zu berücksichtigen, was beiden Geschlechtern gemeinsam ist; das fortgeschrittenere Recht gewährt auch dem Weibe die Möglichkeit, seine Kräfte selbstständig zu bethätigen, soweit nur dabei die öffentliche Sitte keinen Schaden erleidet. Es ist gerecht, dass das mündige, nicht verheirathete Weib möglichste Rechtsgleichheit mit dem Manne besitze, völlige Rechtsgleichheit also in privatrechtlicher Beziehung, während die Betheiligung des Weibes am politischen öffentlichen Leben durch die Natur der Sache ausgeschlossen ist. Das Wünschenswertheste und der Naturbestimmung des Weibes Angemessenste ist es immer, dass die Kräfte des Weibes im Kreise der häuslichen Dienste und Geschäfte ihre segensreiche Verwendung finden; aber es darf nicht ausgeschlossen sein, dass das Weib sich seine wirthschaftliche Selbstständigkeit begründe, wo die Noth des Lebens es dazu zwingt oder ausgesprochene Begabung dazu antreibt. Diejenigen Berufsarten freilich, zu denen ein streng sich controlirendes kritisches Denken erfordert wird, bleiben dem Weibe nach der Eigenart seiner Begabung immer versagt, insbesondere also diejenigen, zu denen eine im eigentlichen Sinne des Wortes wissenschaftliche Vorbildung gehört. Ernsthafte Wissenschaft ist niemals Sache des Weibes gewesen und wird es niemals werden; kommen solche Fälle in der Wirklichkeit vor, dass Weiber nicht ohne specifische Begabung und nicht ohne Erfolg wissenschaftliche Studien betreiben, so sind das Ausnahmen von nahezu monströsem Charakter, und auf solche Ausnahmen kann das Recht nicht besondere Einrichtungen begründen. In anderen Dingen ist die Kraft und Begabung der beiden Geschlechter nur graduell, nicht der Art nach verschieden, und vielfach kann es dem Systeme der wirthschaftlichen Arbeit nur förderlich sein, wenn sonst brachliegende weibliche Kräfte zur Mitarbeit für das, was ihnen erreichbar ist, mit herangezogen werden.

2. Auf dem Gebiete des Rechtes der materiellen Inter-

§ 49. Das Recht der materiellen Interessen. 555

essen hat die Entwicklung des Rechtes die verschiedensten Stadien durchlaufen von äusserster Gebundenheit des Einzelnen zu weitgehendster Freigebung der individuellen Wahl und Entscheidung. Es kann nicht zweifelhaft sein, dass die grössere Freiheit auf diesem Gebiete auch einen entwickelteren Rechtszustand bedeutet; aber man wird auch zugeben müssen, dass die Einschränkung und Gebundenheit der Subjecte nicht schon an sich verwerflich ist, sondern dass das Urtheil über den speciellen Rechtszustand sich zu richten hat nach der Angemessenheit an den Culturzustand und an die Bedürfnisse des Gesammtlebens der gesellschaftlichen und staatlichen Gemeinschaft. Unter solchem Gesichtspunkte gewinnt nicht nur die Sclaverei und die Leibeigenschaft, das Kastenwesen und der Zwang der Zünfte, die Erschwerung der Niederlassung und des Aufenthaltes ihre rechte Beleuchtung und ihr historisches Verständnis, sondern es wird auch klar, dass der Fortfall der meisten Beschränkungen, die der Freizügigkeit, der freien Berufs- und Arbeitswahl, der freien Eheschliessung früher entgegenstanden, keinesweges etwas Selbstverständliches war, dass er vielmehr erst durch die ausgebildetste wirthschaftliche Cultur und durch die gewonnene Mündigkeit auch der grossen Massen in den fortgeschrittensten Völkern ermöglicht worden ist. Die Völker der modernen Culturwelt werden freilich eine Rückbildung der auf diesem Gebiete gewonnenen Freiheit individueller Selbstentscheidung nicht mehr ertragen, und nur romantische Träumerei kann daran denken, irgend ein Stück der alten Gebundenheit, sei es auch zu angeblicher Vorsorge gegen Verarmung und Uebervölkerung, wieder zum Leben zu erwecken. Aber dass mit den neuen Freiheiten auch neue Uebel gekommen sind, lässt sich nicht verkennen, und nicht in allen Stücken sind wir besser daran als die Menschen der guten alten Zeit. Ist insbesondere in die Gegenwart ein Zug rastloser Unruhe und Auflockerung aller organischen Verbindungen gekommen, so ist um so dringender die Aufgabe gestellt, durch neue Formen der Organisation, im Anschluss an die zu erweckende und zu stärkende Selbstthätigkeit der Einzelnen, neue Verbindungen zwischen den Menschen zu schaffen, die der atomisirenden Zersplitterung wehren und neue Stetigkeit in unsere Verhältnisse bringen können. Indessen, man kann gerade hierin kaum vorsichtig genug sein. Denn die hier zu ordnenden Verhältnisse sind das eigentliche Gebiet der gemeinen Selbstsucht, die nur gedeihen zu können glaubt durch Verkümmerung der Rechte des anderen, des gemeinen Brotneides, der leidenschaftlich festgehaltenen Sonderrechte, der gehässigsten Ausschliesslichkeit. Da gilt es, was wahrhaft allen nützt und dem geordneten Ganzen dient, sorgfältig zu unterscheiden von dem, was nur einer bestimmten Classe oder Gruppe dient, das Gedeihen Einzelner nicht durch Einschränkung Anderer zu fördern auf Kosten der Hilfsquellen, aus denen das Ganze seine Kraft und Blüthe schöpft. Nur die zarteste Gewissenhaftigkeit und die umfassendste Uebersicht über die Gesammtheit der Lebenserscheinungen in den wirthschaftlichen und in den idealen Beziehungen des Volkslebens reicht eben aus, dies schwierigste aller Probleme gesetzgeberisch zu lösen. Dem Einsichtigen kann es nicht zweifelhaft sein, dass unter den heutigen Lebensbedingungen und bei den gegenwärtigen Formen des Wirthschaftsbetriebes die möglichste Weite der Befugnis für jeden, seine Kräfte wirthschaftlich zu verwenden, wie es ihm gut scheint und wo er es für sich für das Passendste hält, dem Gedeihen **aller** Einzelnen und der Blüthe des Ganzen am meisten entspricht, und dass jede Einschränkung an sich ein Uebel ist, wenn auch vielleicht hier oder da, in dem oder jenem Punkte, ein nothwendiges Uebel. Dass selbst die **Auswanderung** in fremde Länder, so schwer sie auch als ein Verlust empfunden werden mag, doch principiell frei zu lassen und nur mit den dringendsten Cautelen für Erfüllung der staatsbürgerlichen Pflichten zu umgeben ist, wird schon durch die Form des Wirthschaftsbetriebes bewirkt, der überall auf den Weltmarkt sich einrichtet und bei der herrschenden Leichtigkeit der Bewegung den Austausch von Sachgütern und Arbeitskräften selbst zwischen den Welttheilen, die der Ocean trennt, zur gebieterischen Nothwendigkeit erhebt.

§ 50.

Das Recht der idealen Interessen.

Auch auf dem Gebiete der idealen Interessen gestehen die verschiedenen Rechtssysteme den Rechtssubjecten ein sehr verschiedenes Maass an Rechten zu. ·Es gehört dahin die Freiheit oder Einschränkung der **Meinungsäusserung** in Wort und Schrift, ebenso das Maass von Freiheit der **Lehre** und der **Gottesverehrung**, der **künstlerischen Bethätigung**, der freien **Vereinigung** und **Versammlung** zu gemeinsamen Zwecken, und des **geselligen Lebensgenusses** in edleren und unedleren Vergnügungen.

1. Weit tiefer noch als die Thätigkeiten der Menschen im Dienste ihrer materiellen Interessen greifen die Lebens-

§ 50. Das Recht der idealen Interessen.

äusserungen von ideellerer Art in die Grundlagen des Bestandes der staatlichen Gemeinschaft ein. Darum ist eine staatliche Regelung derselben und eine sichere gesetzliche Begrenzung der menschlichen Willkür gerade auf diesem Gebiete die erste und dringendste Nothwendigkeit. An sich gilt auch für dieses Gebiet zunächst der **privatrechtliche** Gesichtspunkt. So viel als der Staat mit seinem positiven Gesetze jedem an Befugnissen einräumt, so viel ist das Recht eines jeden und begründet für ihn einen Anspruch gegen jeden anderen auf Nichtverletzung und gegen den Staat auf rechtlichen Schutz. Habe ich ein Recht auf Uebung der Andacht nach dem mir passend scheinenden Brauche, so thut mir der unrecht, der mich darin stört; besitze ich die anerkannte Befugnis der Meinungsäusserung, so soll niemand sich unterstehen, sie mir zu wehren. Allerdings, der Grund, aus welchem der Staat solche Befugnisse einschränkt, ist nicht sowol die Rücksicht auf die etwaige Verletzung der Befugnis der anderen, sondern weit mehr die Rücksicht auf die eigenen Existenzbedingungen des Staates und auf die mögliche Gefährdung der öffentlichen Interessen; aber das hindert nicht, dass gleichwol die vom Staate zugestandenen Rechte private Rechte sind in demselben Sinne, wie diese ideellen Interessen Interessen der einzelnen Rechtssubjecte sind, und zwar der juristischen Personen sowol wie der physischen Personen. (Vgl. § 18.)

2. Die aus dem Begriffe der Sache zu entnehmende Norm für die Ertheilung und Begrenzung der hierher gehörigen Befugnisse ist auch hier die, dass die Befugnis jedesmal ein Maximum, die Einschränkung ein Minimum sein soll, d. h. dass jedesmal an Befugnissen alles das einzuräumen ist, was nicht geradezu unverträglich ist mit den Existenzbedingungen der staatlichen Gemeinschaft und mit dem gemeinen Wole, und dass die Einschränkung gerechtfertigt werden kann nur durch ihre Unentbehrlichkeit. Allerdings, unveräusserliche Rechte giebt es auch auf diesem Gebiete nicht. Weder Pressfreiheit, noch Lehrfreiheit oder Gewissensfreiheit, Glaubensfreiheit, Cultusfreiheit, Theaterfreiheit, weder freies Versammlungsrecht, noch Petitionsrecht, Vereinsrecht für Vereinigung zu politischen, religiösen, wissenschaftlichen oder sonstigen Zwecken, ist etwas mit der menschlichen Natur selber Gegebenes. Es lässt sich sehr wol begreifen und rechtfertigen, dass bei früheren Geschlechtern die Einschränkung eine möglichst grosse, die Befugnis eine möglichst geringe war, und wenn heute bei den gebildetsten Völkern das Princip möglichst ungehinderter individueller Bethätigung allgemein anerkannt und jede Einschränkung als eine Ausnahme betrachtet

wird, so können doch immer auch im Zustande der höchsten
Cultur Lagen und Entwicklungen vorkommen, die eine weitgehende Abweichung von jenem Princip nicht bloss vorübergehend, sondern dauernd gebieten. Wer Freigebung fordert,
der beweise, dass das geordnete Ganze dabei bestehen kann;
wer Beschränkung auferlegt, der rechtfertige sie durch ihre
Unentbehrlichkeit in bestimmter Zeit und bestimmter Lage.
Nicht allgemeine Reflexionen entscheiden hier, sondern die
concreten Anforderungen und Bedürfnisse der jedesmaligen
Verhältnisse.

3. Das Princip, dass die Wissenschaft und ihre Lehre
frei sein soll, lässt immer noch die Verpflichtung der Rechtsordnung unangetastet, zu prüfen, was auf den Namen der
Wissenschaft Anspruch hat, was nicht, und offenbar schädliche Einflüsse auf das Volksleben, die sich etwa unter dem
falschen Namen der Wissenschaft einschleichen möchten, abzuwehren. Das Unzüchtige, Unsittliche, Staatsgefährliche wird
durch die Flagge der Wissenschaft nicht genügend gedeckt.
Die freie Lehre und Meinungsäusserung darf doch nicht bis
zur Erschütterung der Grundlagen des Staates und der gesellschaftlichen Zustände ausgedehnt werden. Wenn in religiösen Dingen der Staat jedem Dogma und jedem Cultus
principiell freien Raum gewährt, so doch immer nur unter
der Bedingung, dass nichts den Staatsgesetzen und den
staatsbürgerlichen Pflichten Widersprechendes darin enthalten
sei. Kunst und Kunstübung mag der Staat freigeben; aber
niemals kann er auch hier auf sein Recht und seine Pflicht
der obersten Controle verzichten, weil er nicht zulassen darf,
dass das Volksleben durch Zuchtlosigkeit und Ausgelassenheit
vergiftet werde. Kurz, jede dieser Freiheiten hat ihre
Grenze an der öffentlichen Freiheit, d. h. an dem durch
seine innere Gerechtigkeit begründeten Anspruch auf das Gedeihen und die gesunde Fortentwicklung des Ganzen wie der
Einzelnen. Ist es ein Fortschritt, dass der bevormundende
Einfluss des Staates mehr und mehr zurückgedrängt werde,
so ist doch die Bedingung dafür die zunehmende sittliche
Reife und Mündigkeit der Individuen und die Tüchtigkeit
des öffentlichen Geistes, der auch ohne Eingreifen der öffentlichen Gewalt das Verderbliche abweist und abwehrt. Nicht
überall ist die unbeschränkte Pressfreiheit ein Gut, weil nicht
überall im freien Streite der Meinungen das Verkehrte und
Verwerfliche unterliegt. Darin hat sich am allermeisten die
Weisheit des Gesetzgebers zu bewähren, dass er jede unnöthig
gewordene Schranke wegräume, um dem freien Walten des
Geistes Raum zu schaffen, aber auch den rechten Moment
erkenne, um die unentbehrliche Schranke aufzurichten. Denn

immer noch besser, es wird dem Uebel, so lange es noch zu bewältigen ist, vorgebeugt, als dass man es ungehindert fortwuchern lässt, bis der Kampf gegen dasselbe aussichtslos geworden ist. Nicht selten sind die vielen Freiheiten der Tod der Freiheit geworden. Ein freies Volk trägt die nöthig gewordene Einschränkung der individuellen Bewegung mit Freudigkeit um der Freiheit und Gesundheit des Ganzen willen.

Zweites Capitel.

Das Recht der Personenverbände.

§ 51.

Der Familienverband.

Die erste und ursprünglichste, durch die menschliche Natur selbst gesetzte Form der Vereinigung zwischen Rechtssubjecten ist die Verbindung zeugungsfähiger Personen verschiedenen Geschlechtes zum Zwecke dauernder geschlechtlicher Gemeinschaft und gemeinsamer Erfüllung der Lebensaufgaben. Die Rechtsordnung gestaltet diese Verbindung in der Form der Ehe zu einem Rechtsinstitute, welches der Träger aller menschlichen Lebensformen wird. Durch die Erzeugung von Kindern erweitert sich diese Verbindung zur Familie, in welcher die hausväterliche und elterliche Gewalt das Organ des Staates wird zur Aufzucht der neuen Generation. Wo die elterliche Gewalt versagt, weil Eltern nicht vorhanden oder zur Ausübung der elterlichen Functionen nicht geeignet sind, da tritt die vormundschaftliche Gewalt des Staates ergänzend ein, die vermittelst bestimmter staatlicher Organe ausgeübt wird. Nach der Reihenfolge der Eheschliessungen und Zeugungen stehen die von gemeinsamen Ahnen Abstammenden wie die Verschwägerten in Verwandtschaftsverhältnissen näheren und ferneren Grades, die auf die rechtlichen Verhältnisse nicht ohne Wirkung bleiben. (Vgl. § 15.)

1. Das Recht der Personenverbände bedeutet etwas anderes als das Recht, in einen Verein zu treten. Letzteres gehört zum Bestande der Persönlichkeit selber; jenes ordnet die inneren Verhältnisse, die sich für die Beziehung zwischen Person und Person aus dem zwischen ihnen obwaltenden Vereinsbande ergeben. Dass die Willkür der Personen in der Gestaltung des Vereinslebens nicht nach Belieben schalten darf, ist mit dem Begriffe des Rechtes gegeben. Das Recht wird keine Form einer Personenvereinigung zulassen können, die mit den Grundlagen und Zwecken der Rechtsordnung selbst unvereinbar wäre; es wird sich vorbehalten müssen, jeder Art von Vereinigung seine Form und Regel aufzuerlegen als Voraussetzung dafür, dass durch solche Vereinigung überhaupt eine dauernde, vom Rechte anerkannte und gültige Bindung des Willens von Rechtssubjecten entstehe, welche auf rechtlichen Schutz Anspruch hat. Die Freiheit, in einen Verein zu treten, ist mithin immer nur die Freiheit, eine der vom Rechte als zulässig und gültig anerkannten Vereinsformen einzugehen, und das Recht schreibt jedesmal die rechtlichen Wirkungen vor, die ein solcher Vereinigungsact für die dadurch gebundenen Personen soll haben können. Die Grundform für die Eingehung einer Vereinigung, durch welche verschiedene Rechtssubjecte ihren Willen gegenseitig binden, ist der Vertrag, und das besondere Rechtsverhältnis, in welches dadurch Person zu Person tritt, die Obligation, beide Wörter im umfassendsten Sinne genommen (§ 43, 11). Das vermögensrechtliche Element ist dabei aus dem Rechte der Personenverbände grösstentheils auszuscheiden und dem besonderen Gebiete des Vermögensrechtes zu überweisen. Denn in dem Rechte der Personenverbände haben wir es mit dem directen Verhältnis von Person zu Person zu schaffen, mit der Obligation im weiteren Sinne des Wortes; in dem Vermögensrechte ist ein directes Verhältnis nur zwischen der Person und der Sache enthalten, und nur mittelbar kann dieses Verhältnis auch ein Verhältnis zu einer bestimmten anderen Person werden, wenn nämlich das Recht zur Sache des Willens einer anderen Person zu seiner Verwirklichung bedarf. Jeder Art von Obligationen ist aber dies gemeinsam, dass nach einer Rechtsregel irgend ein Rechtsgut in die Verfügung einer Person gelangen soll von einem bestimmten gegenwärtigen oder zukünftigen Zeitpunkte an, und dass die thatsächliche Verwirklichung dieses Anspruchs der Person von fremdem Handeln oder fremder Zulassung abhängig ist, so dass sich meine Forderung, in meiner Befugnis unverletzt zu bleiben, im Falle der Obligation nicht bloss gegen alle anderen Rechtssubjecte, sondern überdies auch noch gegen bestimmte

§ 51. Der Familienverband. Obligation. Naturgrund der Ehe.

einzelne Personen richtet. (Vgl. § 42, 2.) Das positive Recht mag guten Grund haben, den Begriff der Obligation auf diejenigen Verhältnisse zu beschränken, bei denen es sich um in Geld auszudrückende Vermögenswerthe handelt: ea in obligatione consistere, quae pecunia lui praestarique possunt (L. 9, 2. D. De statulib. XL, 7); für unsere in allgemeineren Gesichtspunkten wurzelnde Ausführung wäre eine solche Einschränkung der Bedeutung des Wortes unzweckmässig. Dass zwischen der Obligation im bloss vermögensrechtlichen Sinne und der Obligation im Sinne der gegenseitigen Bindung der Personen durch die Form des Personenverbandes ein wesentlicher Unterschied besteht, soll damit nicht verkannt werden. Wir sehen also als Debitor nicht bloss den an, a quo invito exigi pecunia potest (L. 108. D. De V. S. L, 16), sondern jeden, der zu irgend einer nicht von allen gleichmässig zu fordernden Leistung rechtlich angehalten werden kann, sei es auch in der Form drohender Benachtheiligung und Strafe.

2. Die elementarste und ursprünglichste Art des Personenverbandes ist die Ehe. die dauernde Vereinigung zwischen zwei erwachsenen Personen verschiedenen Geschlechtes zu voller Lebensgemeinschaft. Die Ehe selbst ist ein Rechtsinstitut. Das Material, das hier rechtlich geformt wird, ist durch die Natur des Menschen geliefert (§ 15). Dasselbe ist freilich auch bei den anderen Rechtsinstituten der Fall. Auch dem Rechte des Bestandes der Persönlichkeit zu Grunde liegt die von der Natur gegebene leiblich-geistige Person mit ihren Bedürfnissen und ihrer Verletzbarkeit durch fremde Handlungen, und auch das Vermögensrecht wurzelt in dem natürlichen Verhältnis der Person zur Sache. Aber für die Ehe ist es doch von besonderer Bedeutung, die natürliche Wurzel dieses Rechtsinstitutes ins Auge zu fassen, weil gerade hier das Recht die von der Natur gelieferten Bedingungen in freiester Weise nach Rechtsgedanken gestaltet hat. Das natürliche Material, das für die Rechtsbildung der Ehe gegeben ist, besteht in dem Geschlechtsprocesse der Zeugung, der zunächst ein physisches Bedürfnis der geschlechtsreifen Individuen ausmacht, weiterhin aber auch in der Ergänzungsbedürftigkeit der menschlichen Einzelperson durch eine Person von anderem Geschlechte nicht bloss zur Vollziehung der geschlechtlichen Functionen, sondern für alle Lebenszwecke überhaupt. Die Rechtsordnung selber nun kann sich dauernd nur erhalten, wenn ihr durch fortgehende Zeugung immer neue Personen zuwachsen, um die durch den Tod ihr entrissenen wieder zu ersetzen, und sie muss wünschen, dass diese ihr zuwachsenden Personen die rechte physische, intellectuelle und sittliche Pflege von vorn herein schon in den

Zeiten der ursprünglichen Hilflosigkeit und Unfertigkeit des Kindesalters erhalten. Für beide Zwecke, sowol für die Zeugung, als für die Pflege der Individuen, ist die Rechtsordnung auf die Thätigkeit der Einzelnen angewiesen; denn sie selbst ist zu beiden Functionen gleich unfähig. Die Verbindung geschlechtsverschiedener Personen ist somit zugleich ein für den Bestand und das zunehmende Gedeihen der Rechtsordnung entscheidendes Verhältnis; diejenigen, die diese Verbindung eingehen, handeln nicht bloss im eigenen privaten, sondern auch im öffentlichen Interesse, als Organe der Rechtsordnung. Diese Seite des ehelichen Verhältnisses kann in der rechtlichen Ordnung desselben mehr oder minder betont werden; aber hierin am meisten ist es begründet, dass das Recht sich dieser Sphäre des menschlichen Lebens so weit zu bemächtigen sucht, als es irgend möglich ist.

3. Gewöhnlich hebt man mit pathetischem Nachdruck hervor, dass die Verbindung von geschlechtsreifen Rechtssubjecten, die man Ehe nennt, vom Rechte nur gestreift, nur in ihren äusseren Umrissen berührt werde, dass sie im wesentlichen ein Verhältnis der sittlichen Lebensordnung von durchaus überwiegendem religiösem Gehalte sei. Gewiss ist sie das; aber sie ist es nicht in anderer Weise und auch nicht in höherem Grade als irgend ein anderes derjenigen in der menschlichen Natur begründeten Lebensverhältnisse, die ebenso als gegebenes Material der formenden Thätigkeit des Rechtes unterworfen werden. Die Rechtspflicht, den Bestand der Persönlichkeit zu achten, bezeichnet nur einen äusseren Grenzstreifen an dem weiten Gebiete der sittlichen Verpflichtung zur Nächstenliebe und selbstverleugnenden Hingebung; von der unendlichen Bedeutung der Persönlichkeit für die sittliche Weltordnung werden im Rechte nur einige dringende Voraussetzungen herausgehoben und mit den Mitteln des Rechtes gewahrt. Ebenso ist das Verhältnis der Person zur Sache ein im Zusammenhange der sittlichen Weltordnung begründetes, die Sache, über die der Mensch Gewalt hat, ihrer wahren Bestimmung nach ein Mittel für die Arbeit im Dienste des Reiches Gottes; auch hier aber ist es nicht die Idealität und sittliche Bedeutsamkeit des Verhältnisses, sondern das ganz reale Interesse des Einzelnen und des Ganzen, was allein die Art und die Grenzen der Rechtsbestimmung und des Rechtsschutzes bedingt. Ganz so ist es auch mit der Ehe. Gewiss kann die Ehe und soll die Ehe in sittlicher Gesinnung wesentlich aufgefasst werden als eine Verbindung zu gegenseitiger Erziehung für das Reich Gottes und zur Erziehung von Kindern für das ewige Leben, und muss das Recht sich auch hier auf die Regelung des bloss Aeusserlichen be-

§ 51. Der Familienverband. Die Ehe Rechtsinstitut. 563

schränken. Aber im Gegensatze zu der gewöhnlichen Meinung muss gerade dies betont werden, dass die Institution der Ehe dem Rechte gegenüber weit weniger selbstständig ist als die anderen genannten Lebensverhältnisse. Die Persönlichkeit selbst und ihr Verhältnis zur Sache ist wenigstens ideell schon vor dem Rechte vorhanden, und beides behauptet sich auch ohne das Recht, so gut es geht und so weit die Macht reicht: die Ehe dagegen ist wesentlich Rechtsinstitut, eine Schöpfung der Rechtsordnung, nicht vor dieser schon vorhanden, sondern von dieser erst ins Leben gerufen. Wenigstens das, was allein wahrhaft Ehe genannt werden kann, die monogamische Geschlechtsverbindung, die für Lebenszeit geschlossen wird und im Princip unlösbar ist, ist durchaus den specifischen Gesichtspunkten des Rechtes entsprungen und aus ihnen allein in ihrer inneren Nothwendigkeit zu begreifen. Unter dem Gesichtspunkte des sittlichen Lebens würde vielleicht auch eine andere Ordnung des Geschlechtsverhältnisses denkbar erscheinen, wie denn in der That die Offenbarungsurkunde des Alten Testaments, so sehr sie zum ersten Male in der Weltgeschichte das ganze Leben unter den Gesichtspunkt der Heiligung des Willens nach dem Vorbilde der Heiligkeit Gottes stellt, die Polygamie arglos als eine sittlich berechtigte Form des Geschlechtslebens auffasst. Erst die Völker, welche für die Formung des Lebens nach dem Gedanken des Rechtes classische Bedeutung haben, die Griechen, Römer, Germanen haben auch die classische Form der monogamischen Geschlechtsverbindung ausgebildet, und zwar nach Gesichtspunkten des Rechtes und der Gerechtigkeit. Dass das Weib, indem es sich in Liebe dem begehrenden Manne zu geschlechtlicher Vermischung ergiebt, den Mann sich ganz und für das ganze Leben erwirbt: das ist in der That vor allem eine Forderung der Gerechtigkeit und zugleich ein Bedürfnis für die zweckmässige Ordnung in den Lebensverhältnissen, und erst dadurch mittelbar ein Gebot der Sittlichkeit und eine Grundsäule der sittlichen Lebensordnungen überhaupt.

4. Gemeinsam der rechtlichen und der sittlichen Ordnung ist das Bedürfnis der Einschränkung der zügellosen Begierde und des maasslosen Triebes, der gerade in der Sphäre des geschlechtlichen Lebens die wildesten und vernunftlosesten Formen annimmt. Das menschliche Grundgefühl der Scham, das in jedem normalen Gemüthe mächtig ist, kommt dabei dem Gesetze entgegen und erleichtert ihm seine Wirksamkeit. Ebenso ist die Werthhaltung der Keuschheit, besonders beim weiblichen Geschlechte, tief in der menschlichen Natur begründet, und nur die entartetsten und verwildertsten

Stämme haben den Vorwurf des Gewissens gegen die ungeregelte Aeusserung der geschlechtlichen Begierde in höherem Grade abgestumpft. Die geschlechtliche Eifersucht, die die andere Person zu ausschliesslichem geschlechtlichem Umgang für sich begehrt, ist ein wesentlicher Factor in dem ursprünglichen Gefühle des ganzen Menschengeschlechtes. Vor allem aber nimmt bei dem Menschen die geschlechtliche Begierde, wo sie sich in normaler Weise äussert, die bleibende Richtung auf eine bestimmte einzelne Person vom anderen Geschlechte und empfängt damit den idealen Charakter der Liebe. Zu alle dem finden sich Analogien auch wol bei den Thieren auf Grund der sinnlichen Lust und sinnlichen Befriedigung; aber bei den Menschen nimmt diese ganze Reihe von Gefühlen von vorn herein eine ideale, durch sein geistiges Wesen bestimmte Färbung an. Der Geist ist es, der sich seiner Natürlichkeit schämt; der freie Wille ist es, der den Ausbruch des rohen Triebes hemmt. Der geschlechtliche Act geht beim Menschen durch den besonnenen Willen hindurch und wird ein Mittel zum Zweck. In bewusster Absicht erzielt der Mensch eine Art von physischer Unsterblichkeit für sich, indem er sich Nachkommen erzeugt; in gleicher Weise sorgt er für die Erhaltung der ethischen Ordnungen, indem er den Eintritt neuer Individuen in das physische Dasein vermittelt. Der Mann begehrt ferner mit nicht bloss sinnlicher Begierde, sondern auf Grund höherer geistiger Processe gerade dieses Weib, und das Weib überwindet die natürliche Scham gerade diesem Manne gegenüber, weil die innigste Vereinigung der Gemüther schon vorhergegangen ist. Dass die Einzelpersönlichkeit mit ihrer geschlechtlichen Einseitigkeit sich durch die andere Persönlichkeit zu einem ganzen Menschen gerade nach der Seite des höheren geistigen Lebens ergänzt fühlt, das ist beim Menschen der Grund der geschlechtlichen Liebe. Die geschlechtliche Hingebung seitens des Weibes insbesondere ist eine bewusste und gewollte Hingebung der ganzen Persönlichkeit; denn fortan ist ihr ganzes physisches und psychisches Leben im tiefsten Grunde verändert. Darum setzt aber auch der Mann, der diese Hingebung begehrt und erlangt, seine ganze Persönlichkeit ein, um gewissermaassen die andere Persönlichkeit für sich zu erwerben. Dieses volle gegenseitige Sichaufgeben, um sich im anderen wiederzufinden, in der ergänzenden Vereinigung mit dem anderen eine höhere und werthvollere Daseinsform zu erreichen: das ist das Wesen der menschlichen Liebe, und aus dieser Idealität der Liebe erwächst die Eifersucht in ihrer specifisch menschlichen Form. Dass dies alles nicht bei allen Abtheilungen des menschlichen Geschlechts, nicht bei allen Individuen sich gleich stark ausgeprägt findet, ist ja sicher: aber verkehrt wäre es, diesen Formen des Fühlens und Begehrens deshalb den allgemeinmenschlichen Charakter absprechen zu wollen, weil die psychologische Betrachtung zahllose Anomalien aufzuzählen weiss. Nicht das ist wahrhaft menschlich, was als Attribut viehischer Ausartung irgendwo, etwa bei Cannibalen, beobachtet wird, sondern das bezeichnet die eigentlich menschliche Art, was bei den Edelsten und Besten, sei es bei den Individuen, sei es bei Völkern und Stämmen, als Frucht vollendeter Durchbildung menschlicher Anlage sich zeigt. Geworden und durch historische Entwicklung gereift ist alles Menschliche, aber nur der eingeborene Adel der menschlichen Natur hat diese Entwicklung ermöglicht. Die Völker, welche die Träger der Cultur geworden sind, sind ursprünglich in ihren Sitten von naiverer und argloserer Natürlichkeit gewesen; aber die brutale Gefühlsverwilderung der sogenannten Naturvölker lässt sich bei keinem von ihnen auch nur in entfernten Ansätzen nachweisen. So ist denn das menschliche Gefühl der Scham, der Liebe, der Eifersucht als die naturalis ratio von allgemein menschlicher Bedeutung anzusehen, die für die rechtliche Ordnung des Geschlechtsverhältnisses als Grundlage gedient hat. Die Natur selbst hat überdies durch die stetige ungefähre Ausgleichung der Zahl von Personen beiderlei Geschlechtes dafür gesorgt, dass ihre Absicht kaum missverstanden werden kann.

5. Jene durch das Gefühl gegebene menschliche Formbestimmtheit des Geschlechtsprocesses ist an sich noch etwas bloss Natürliches; aber in diesem Natürlichen birgt sich die objective Vernünftigkeit des Verhältnisses. Wo mit freiem bewusstem Wollen das geschlechtlich Natürliche im Dienste des absoluten Zweckes in der durch menschliches Gefühl bestätigten vernünftigen Form vollzogen wird, da ist dies Natürliche ins Sittliche erhoben. Den nothwendigen Durchgangspunkt dafür bildet aber die rechtliche Gestaltung des Geschlechtsverhältnisses. Das Recht sichert hier noch weit mehr als auf irgend einem andern Gebiete dem sittlichen Willen den Boden, auf dem er sich zu bewegen vermag, freilich auch hier, ohne dass doch das Recht an den eigentlichen sittlichen Charakter des Verhältnisses selbst heranreichte. Und zwar leistet dies das Recht, indem es das Verhältnis unter dem Gesichtspunkte der Gerechtigkeit regelt. Gerecht ist es zunächst, dass zwar der Ungleichheit von Mann und Weib Rechnung getragen, zugleich aber das Weib in seiner wesentlichen Bestimmung, Rechtssubject zu sein, dem Manne gleichgestellt werde. Gerecht ist es ferner, dass das Weib, das die Frucht aus des Mannes Samen in ihren

Schooss aufgenommen hat, das sie zur Reife austrägt und unter Qualen und Schmerzen ans Licht gebiert, das, von dem übermächtigen Triebe der Mutterliebe bewegt, das zarte und gebrechliche Pflänzlein unter unendlichen Mühen zu hegen und zu pflegen übernimmt, von dem Manne, der sie geschwächt, ihre Jugendblüthe gepflückt, ihrem Schoosse die Hoffnung seines irdischen Nachlebens anvertraut hat, nicht hilflos und schutzlos ihrer Noth und ihren Mühen überlassen werde, sondern dass er ihr ebensoviel wiedergebe, als er ihr geraubt hat. Gerecht ist endlich, dass das Weib vom Manne nicht als blosses Mittel zur Befriedigung seines Begehrens benutzt werde, sondern dass sie als ebenbürtige Gehültin des Mannes, wie sie sich ihm mit ihrer ganzen Persönlichkeit ergeben hat, so ihn mit dem ganzen Werthe seiner Persönlichkeit zurückgewinne. Aus dieser Gerechtigkeitspflicht des Mannes gegen das Weib ergiebt sich dann umgekehrt die gleiche Pflicht völliger und ausschliesslicher Hingebung der ganzen Persönlichkeit von Seiten des Weibes an den Mann. Will das Weib auf ihr Recht an den Mann verzichten, genügt es ihr als Werkzeug fremder Lust zu dienen oder den Mann als Werkzeug ihrer Lust zu benutzen, so ist das sittlich im höchsten Grade verwerflich; das Recht hat damit nur zu schaffen, sofern der Rechtsordnung von sittlicher Ausgelassenheit und Verwilderung Gefahr droht. Die Rechtsordnung sorgt zunächst nur dafür, dass dem Weibe und dann auch dem Manne das G e r e c h t e zu Theil werde, was aus dem geschlechtlichen Verhältnisse sich nach der Natur der Sache ergiebt; auf das ihm nach Gerechtigkeit Zukommende zu verzichten, steht aber jedermann frei. Das Weib, das sich ausserehelich hingiebt, hat auf sein Recht Verzicht geleistet; nur aus Gesichtspunkten der Billigkeit kann ihm ein Anspruch an den Mann zugestanden werden. Nach dem Grundsatze der Gerechtigkeit setzt geschlechtliche Vermischung gegenseitige Gebundenheit der ganzen Person und für immer voraus. Darum ist die vollendetste rechtliche Form für die geschlechtliche Verbindung erst da zu finden, wo die Ehe lebenslänglich, wo sie eine unlösbare Lebensgemeinschaft, wo sie eine alle Lebensverhältnisse der beiden Persönlichkeiten umfassende Verbindung ist, und wo deshalb e i n Mann nur e i n e m Weibe, e i n Weib nur e i n e m Manne und beide einander ganz und völlig angehören. Die Weltgeschichte hat lange gearbeitet, bis diese vollkommenste und definitive Form des Geschlechtsverhältnisses gefunden war. Erst die christlichen Zeiten und der germanische Nationalcharakter haben der Bewegung auf dieses Ziel hin ihren sicheren und bleibenden Abschluss zu geben vermocht. Fortan ist der Gewinn für alle menschlichen Geschlechter gemacht und kann nie wieder verloren gehen, wenn nicht das menschliche Geschlecht sich selbst aufgiebt.

6. Das Gerechteste erweist sich aber auch hier als das Zweckmässigste. Alle anderen Formen rechtlicher Ordnung der geschlechtlichen Gemeinschaft, die irgendwo auf Erden vorkommen, geben sich als unvollkommen und ungerecht auch durch ihre für das geordnete Ganze schädlichen Nebenwirkungen zu erkennen. Die Aufzucht des jungen Nachwuchses im Geiste der Sitte und einer auf Ehre und Treue haltenden Familientradition ist nur in der monogamischen Ehe von dem bezeichneten Charakter gesichert. Der aller rechtlichen Ordnung einwohnenden Anforderung einer Einschränkung des wilden und zügellosen Triebes wird nur so in dem höchsten erreichbaren Maasse genügt; zugleich wird so am besten der Geist des Friedens und der Eintracht im Hause und mittelbar dadurch auch in der grossen Gemeinschaft der Rechtsgenossen gewahrt, die wirthschaftliche Arbeit durch die stärksten Antriebe vermehrt, der wirthschaftliche Verbrauch durch stete Sorge für die Zukunft geregelt. Der Mensch entwickelt sich und gedeiht nach allen Seiten seines Wesens am regelmässigsten auf dem Culturboden des umfriedeten Hausstandes; aus der Gesundheit des geordneten Familienlebens, dessen Schwelle die gesetzlose Laune zufälliger Begierde nicht zu überschreiten vermag, zieht somit auch der Staat alle seine Kraft und Blüthe. Die Zukunft erneuert sich immer wieder aus der Vergangenheit vermittelst der im Familienkreise fortlebenden Tradition des alteinheimischen Geistes der Zucht und Sitte; alle vernünftige Lebensordnung wird vermittelst der in der Familie ertheilten Erziehung zu sicher eingeübter Gewöhnung. So wird es begreiflich, dass eine dauernde Culturblüthe und eine rastlos fortschreitende Culturthätigkeit nur bei denjenigen Völkern gefunden wird, die das Rechtsinstitut der Ehe im reinsten und vollkommensten Sinne ausgebildet haben.

7. Das Recht bestimmt zunächst, welche Personen mit einander eine Ehe einzugehen berechtigt sein sollen. Es verlangt dafür, dass das Alter der Geschlechtsreife erreicht sei und schliesst am richtigsten jede weitere Beschränkung aus. Nur eine Ehe zwischen Verwandten in auf- und absteigender Linie, zwischen Geschwistern und Verschwägerten der geraden Linie, zwischen Stief- oder Schwiegereltern einerseits und Stief- oder Schwiegerkindern andererseits, lässt das Recht nicht zu und betrachtet fleischliche Vermischung zwischen so nahen Anverwandten als eine der schlimmsten Verletzungen aller rechtlichen Ordnung. Zur Begründung dieser Einschränkung

der rechtlichen Befugnis reicht es nicht aus, sich auf einen
der menschlichen Natur ursprünglich eingepflanzten Abscheu
zu berufen. Ein solcher ist gewiss vorhanden, in Bezug auf
fleischlichen Verkehr zwischen Eltern und Kindern sogar
ganz allgemein fast bei allen Völkern vorhanden; aber der
wahre Erklärungsgrund ist der innere Widersinn der Sache,
nicht ein zufälliges menschliches Gefühl, das doch zuweilen
auch fehlt. Die Sitte erst und dann das Recht haben zu dem
Verbote geführt, und erst auf Grund davon offenbar hat sich
bei den edelsten Völkern dieser natürliche Abscheu herausgebildet. Die Gefahr der physischen und psychischen Entartung durch fortgesetzte Inzucht, Fortpflanzung innerhalb
eines engsten Kreises von blutsverwandten Persönlichkeiten,
wird vielleicht übertrieben; keinesfalls gäbe sie hinreichenden
Anlass, die Ueberschreitung gerade dieser rechtlichen Schranke
der Willkür für ein Verbrechen von so besonderer Schwere
und Widerwärtigkeit anzusehen. Das, was dem rechtlichen
Verbote hier so ausserordentlich dringlichen Charakter verleiht, ist vielmehr die ebenso hässliche als verderbliche Störung aller vernünftigen Ordnung, die von der Zulassung
solcher geschlechtlichen Vermischung zwischen den nächsten
Angehörigen droht. Hier bestehen zwischen den einzelnen
Persönlichkeiten schon Verbindungen von ausgeprägtester
Sonderart und höchster Bedeutsamkeit für alle menschlichen
Verhältnisse, Verbindungen, welche durch die dem Ge-
schlechtsleben eigenthümliche Leidenschaftlichkeit sinnlichen
Begehrens bis zu völliger Ausartung würden zerrüttet werden.
Die in dem täglichen Zusammenleben des gleichen Haus-
standes verbundenen Personen würden dadurch in eine wilde
Spannung zu einander gerathen, jede Unbefangenheit und
jeder Friede würde verschwinden müssen. Es gäbe keine
Stelle mehr, wo die reine Idealität selbstloser Liebe sich
ungestört ausbreiten könnte. Alle geordneten Verhältnisse
zwischen den Personen würden verdorben, die krauseste Verwirrung angerichtet werden; Verhältnisse, die auf zartester
Scheu, theils auf Autorität und unbedingtem Respect, theils
auf arglosem Vertrauen beruhen, würden durch sinnliche
Lüsternheit entstellt, der sinnlichen Ausgelassenheit die nächste
Gelegenheit geboten werden. Das Recht am wenigsten, das
überall saubere Sonderung und scharfe Bestimmtheit anstrebt,
kann solche unvernünftige Verwirrung und Unordnung zulassen, und nur der Reflex solcher Unvernunft ist im Fühlen
der Menschen das natürliche Entsetzen, das sich des normal
empfindenden Menschen bemächtigt, wo das einfachste Gesetz, das aus der Natur der Sache fliesst, durch widerwärtige
und monströse Begierden verletzt worden ist. Nun kann

freilich das Recht in dem Streben, die Reinheit und Sauberkeit der wichtigsten Grundverhältnisse zwischen den Personen aufrecht zu erhalten, bald weiter, bald weniger weit gehen. Bald ist die Ehe selbst zwischen Personen desselben nach Tausenden, ja nach Millionen zählenden Stammes ausgeschlossen, bald wird nur noch im engeren Kreise von Blutsverwandten diejenige verwandtschaftliche Zusammengehörigkeit als Ehehindernis betrachtet, die durch eine übersichtliche Zahl von Generationen auf denselben Stammvater zurückführt. Das durchgebildete Recht hütet sich auch hierin vor Uebertreibung eines an sich gerechfertigten Gesichtspunktes. Während die Ehen zwischen Eltern oder Grosseltern, Stief- oder Schwiegereltern einerseits und Kindern oder Enkeln andererseits, wie die zwischen Geschwistern und auch zwischen Stiefgeschwistern in allem Betracht als ein natur- und vernunftwidriger Greuel empfunden werden müssen, ist es ein Fortschritt der Rechtsbildung, wenn die Ehe zwischen Personen, die der Regel nach nicht demselben Hausstande angehören, zwischen Geschwisterkindern oder Verschwägerten der Seitenlinie, zwischen Oheim und Nichte keinem rechtlichen Hindernis begegnet. Die Ehe dagegen zwischen der älteren Tante und dem Neffen erregt gerechtfertigte Bedenken wegen der Verschiebung des natürlichen Respectsverhältnisses; es ist wol erklärlich, dass selbst da, wo das Recht in dieser Beziehung am weitherzigsten ist, doch jene Ehe regelmässig ausgeschlossen bleibt und ihre Zulassung von besonderer Dispensation abhängt. Damit soll nun keinesweges gesagt sein, dass sonst die Ehe zwischen nahen Verwandten, wie z. B. zwischen Geschwisterkindern, gerade etwas besonders Hübsches und Wolgefälliges wäre; aber das Recht thut offenbar wol daran, wenn es auch hier in seiner einschränkenden Thätigkeit sich mit dem Dringlichsten und Unentbehrlichsten begnügt. Die anderen rechtlichen Einschränkungen, die der freien Wahl des Ehegatten von je entgegenstanden, sind mit der weiteren Durchbildung des Rechts hinweggefallen. Weder der Unterschied der Nationalität noch der des Staates bildet mehr eine Schranke, die der Eingehung einer Ehe entgegenstände, und selbst der Unterschied der Religion hebt die Möglichkeit einer rechtsgültigen Ehe nicht auf, was vom Standpunkte des Rechtes aus gewiss zu billigen ist. An sich ist es ja hübscher, dass Eheleute auch in ihren Vorstellungen von Gott und göttlichen Dingen wie in ihrer daraus sich ergebenden Auffassung der sittlichen Aufgabe zusammenstimmen; aber eine Ehe, wie sie den Anforderungen der Rechtsordnung genügt, lässt sich, wie vielfache Erfahrung beweist, zur Noth auch ohnedas führen. Und was den Unterschied des Standes anbetrifft, so kennen wir heute darin nur noch **eine** wesentliche Grenzscheide, die durch den Grad der intellectuellen Bildung und der Gewandtheit in den Formen des geselligen Benehmens bezeichnet wird. Nur in diesem Sinne kann man noch eine Person unter seinem Stande heirathen und eine Mesalliance eingehen. Nun wird freilich kein Dritter an einer solchen Mesalliance seine besondere Freude haben; aber für die Rechtsordnung ist das völlig gleichgültig. Ihr Gesichtspunkt ist weder der religiöse noch der ästhetische noch der des guten Tons. Ihr genügt es, dass die Bedingungen einer bürgerlichen rechtlichen Ehe gegeben seien; über das nöthigste Maass hinaus die Menschen zu geniren ist wider ihre Natur.

8. Das Recht bestimmt ferner die F o r m, in welcher eine Ehe rechtsgültig eingegangen werden soll. Unter allen Rechtsgeschäften ist die Ehe dasjenige, welches die grösste Bedeutung hat für diejenigen, die es schliessen, wie für deren Angehörige und selbst für den Zusammenhang des öffentlichen Lebens. Um so mehr gebührt sich, dass die Ehe vor Zeugen, dass sie in solenner vorgeschriebener Form eingegangen, dass darüber eine Urkunde aufgenommen werde, damit jede Verdunkelung des Thatbestandes ausgeschlossen bleibe, und die Beurkundung haben am zweckmässigsten die Organe der Rechtsordnung selber vorzunehmen. Dass die Ehe, soweit sie den Staat angeht und Rechtsfolgen nach sich zieht, ein Rechtsinstitut, die Eingehung der Ehe ein Privat-Rechtsgeschäft, die Form des Abschlusses die Sache der staatlichen Rechtspflege ist und thatsächlich auch immer gewesen ist, wenn auch in verhüllenden Formen, das ist so selbstverständlich, dass man es nicht erst zu sagen brauchte, wenn nicht gerade auf diesem Gebiete noch immer das Vorurtheil und die Jahrhunderte alte Gewohnheit völlig verkehrte Vorstellungen zur Folge hätte. Das kann freilich nicht geleugnet werden, dass der Staat unter gewissen gegebenen Bedingungen ganz recht daran thun kann, wenn er die Aufgabe, die Form eines rechtsgültigen Abschlusses der Ehe zu vollziehen, den Beamten einer nicht-staatlichen Gemeinschaft, etwa denen einer kirchlichen Corporation, überlässt. Aber man muss sich dann auch klar darüber sein, dass die Beamten der nicht-staatlichen Gemeinschaft in diesem Falle zugleich als Organe des S t a a t e s, als staatliche Beamte fungiren, und dass der Staat damit aufs tiefste in das Wesen und den Bestand der betreffenden Gemeinschaft einzugreifen sich vorbehalten muss. Ihre grosse praktische Bedeutung hat die Sache aus dem Grunde, weil die verschiedenen Kirchen immer noch den Anspruch erheben, ihr Amt und ihr Recht sei es, den Abschluss von Ehen zu leiten, so dass die Mitwirkung der Kirche die unerlässliche

Bedingung für die Rechtsgültigkeit der Ehe sein soll. Man sieht auch leicht, worauf sich, ganz abgesehen von der Begründung im geschichtlichen Brauch und Herkommen, der Anspruch der Kirche berufen kann. Der Abschluss einer Ehe ist der wichtigste und entscheidendste Wendepunkt in dem gesammten Lebensgange der beiden betreffenden Individuen; an keinem Punkte wie an diesem, oder höchstens noch am Sterbebette, löst die Ungewissheit der Zukunft, der Ernst der Entscheidung, die Grösse und Heiligkeit der übernommenen Pflichten so mächtig erregte religiöse Gefühle aus. Wer ein Haus baut, ein Grundstück kauft, einen Beruf ergreift, vollzieht gewiss auch eine für das ganze Leben und selbst für die Oeffentlichkeit wichtige Entscheidung; aber alles das betrifft doch nicht in gleich mächtiger Weise den innersten Kern der Persönlichkeit, und in der Ehe sind es überdies zwei Personen, die wechselseitig durch den ernstesten Entschluss jeder sein eigenes zeitliches und ewiges Geschick und zugleich jeder das des anderen bestimmen, indem sie sich wechselseitig in unauflöslicher Verbindung an einander ketten. Dass in solchem Augenblicke die religiöse Weihe der Kirche und der Trost aus Gottes Wort begehrt wird, ist leicht zu verstehen, und wenn die Kirche gerade in so ernstem und weihevollem Momente den Zugang zu den Herzen sucht, um sie auf das Ewige zu lenken, so thut sie nur, was ihres Amtes ist. Da aber ferner die Führung der Ehe selbst fast mehr als irgend ein anderes menschliches Verhältnis, mindestens mehr als irgend ein anderes aus dem Kreise der Privatinteressen, den gesammeltsten und ernstesten sittlichen Willen beansprucht, um einer Unendlichkeit von Pflichten zu genügen, von denen die rechtliche Bestimmung doch nur die äusserlichste Grenze zu streifen vermag, so ist es nur natürlich, dass die Ehe in der besonderen Pflege der Kirche unter allen menschlichen Verhältnissen obenan steht. Die Rechtsordnung aber, die selbst das grösste Interesse daran haben muss, dass den Menschen möglichst kräftige Anregungen sittlicher Art aus der kirchlichen Thätigkeit zufliessen, hat jedenfalls eher Grund, die kirchliche Einwirkung auf das eheliche Leben zu stärken, als sie zu schwächen. Unter dem Gesichtspunkte der Interessen der Rechtsordnung unterläge es also an sich keinem Bedenken, die kirchlichen Organe als staatliche Organe zu diesem bestimmten Zwecke zu benutzen und mit dem staatlichen Amte der Eheschliessung zu beauftragen. Ganz anders stellt sich die Sache unter dem Gesichtspunkte der Interessen der Kirche. Die Kirche braucht vor allem Freiheit in ihrer Bewegung innerhalb der ihr durch die Selbsterhaltung des Staates zu ziehenden rechtlichen

Schranken; ihrem Interesse kann also kaum etwas mehr zuwider sein, als dass ihre Organe, indem sie zu staatlichen Zwecken ausgenutzt werden, ihrem eigentlichen, dem kirchlichen Berufe entzogen werden. Denn so wird die Kirche am sichersten und am gründlichsten corrumpirt. Dienen die kirchlichen Organe dem Staate in der Schliessung der Ehe, so müssen sie sich auch gefallen lassen, dass der Staat ihnen seine Gesetze dictirt, welche Ehen sie als gültige und rechtmässige zu weihen und einzusegnen haben. Die rechtlich-staatliche und die kirchliche Auffassung der Ehe gehen aber nicht bloss zufällig und auf einzelnen Punkten aus einander: sie sind fundamental verschieden, und es wird in der Weiterentwicklung des Rechtes jedesmal die Erscheinung auftreten, dass der Staat den kirchlichen Organen, die ihm als Beamte ad hoc dienen, die Einsegnung von Ehen befiehlt, die diese als wider Gottes Wort und die kirchlichen Ordnungen anlaufend betrachten müssen. In solcher Lage hat der Staat nur die Wahl, entweder das Recht zu beugen und seine eigene Autorität preiszugeben, indem er vor der kirchlichen Auffassung zurückweicht, oder die Kirche zu zwingen, dass sie thun muss, was wider ihre Natur und ihren Beruf ist, und so eine der wichtigsten Quellen alles sittlichen Lebens selber in Gefahr zu bringen. Beides ist gleich widerwärtig und gleich unerträglich. Wo also der Widerspruch zwischen staatlicher Ehegesetzgebung und kirchlicher Auffassung der Ehe einmal zum Vorschein gekommen ist, da ist es ein wesentlicher Fortschritt sowol für das Leben der Kirche wie für das des Staates, dass der Staat sich zunächst die Ausführung seiner Gesetze sichere, indem er nur seine eigenen Organe mit der Wahrnehmung seiner Interessen an der Ehe betraut, und dass er sich ebenso den gegen die Kirche zu übenden Zwang wie die Nothwendigkeit, vor den Geboten der Kirche mit seinen Ansprüchen zurückzuweichen, erspare. Für die Kirche aber ist es noch weit mehr eine Wolthat, dass sie von der ihrer Natur widersprechenden Dienstbarkeit gegen den Staat befreit, ihren eigenen Gesichtspunkten in der Behandlung von Ehesachen zu folgen vermag. Nur scheinbar verliert sie dadurch an äusserlichem Einfluss; in Wahrheit gewinnt sie ein Unendliches an innerer Freiheit und Macht, an Gesundheit und Tüchtigkeit, das ihr eigenthümliche Werk zu thun. Der Anspruch der Kirche, dass sie für immer die eigentliche Hoheit in Ehesachen zu üben habe, wäre einfach unverständig; ihr Begehren, sich durch Uebung staatlicher Functionen ein Ansehen zu geben, dafür dann aber auch sich das Joch des Staates aufladen zu lassen, liefe den Interessen der Kirche selbst am meisten zuwider. Freilich ist es auch

§ 51. Der Familienverband. Eheschliessung.

ein Gewinn für den Staat, wenn sauber geschieden und aller Zweifel darüber abgeschnitten wird, wem das Rechtsinstitut der Ehe eigentlich zugehört. Staatliche Functionen sollen auch durch staatliche Organe geübt werden; das ist besser für alle Theile. Tritt der Geistliche als Civilstandsbeamter ein, so soll wenigstens jeder leicht ersehen können, dass er dies Amt nicht als ein kirchliches, sondern als ein staatliches versieht, und seine kirchlichen Functionen dürfen mit dieser Thätigkeit im Dienste des Staates schlechterdings nichts zu thun haben. Endlich aber darf in entwickelteren Rechtszuständen in keinem Falle ein Mensch durch äusserliche gesetzliche Bestimmungen gezwungen werden, einen religiösen Act zu vollziehen, der einen Sinn nur hat, wenn er aus dem Drange des freien Gewissens heraus vollzogen wird. Die Demüthigung und der tödtliche Schade, der aus dem rechtlichen Zwange zu gottesdienstlichen Handlungen sich ergiebt, fällt nicht so sehr auf die Gezwungenen, wie auf die Kirche selber, deren heiligste und ehrwürdigste Bethätigungsformen damit zu einem äusserlichen Geschäfte, das bloss nicht zu umgehen ist, zu einem heuchlerischen Formelkram, den man eben nur mitmacht, heruntergezogen werden. Der Zwang zur kirchlichen Trauung ist das sicherste Mittel, die Kirche in den Augen der Menschen zu degradiren, ihr die Herzen zu entfremden und ihre Heiligthümer wie eine lästige, aber unvermeidliche Formalität erscheinen zu lassen. Es ist in unseren heutigen Zuständen einfach eine Anforderung der Reinlichkeit und Wahrhaftigkeit, dass die staatliche und die kirchliche Auffassung der Ehe, der staatliche und der kirchliche Antheil an der Ehe allen erkennbar gesondert und auseinandergehalten werde. Die schädlichen Folgen der Verwirrung und Unwahrheit auf diesem Gebiete könnte jedenfalls der Staat eher ertragen; für die Kirche müssten sie tödtlich werden.

9. Vom Rechte ist jedem ebenso die Entscheidung, ob er eine Ehe eingehen will, wie die Auswahl der Person, mit der er eine Ehe eingehen will, freigestellt. Für Personen, die unter fremder Gewalt stehen, fordert die Rechtsordnung die Zustimmung des Vaters, der Mutter, der Grosseltern, der Vormünder, des Organs der Rechtspflege, deren begründete Einsprache vom Rechte respectirt wird, damit nicht jugendliche Leidenschaft und Unbesonnenheit über das ganze Leben und über die Lebensinteressen einer Mehrzahl von Familien in unheilvoller Weise verfügen könne. Mit dieser Einschränkung ist es der übereinstimmende Wille der beiden Individuen, der die Ehe begründet. Consensus facit nuptias. Es ist unnütze Ziererei, wenn man der Ehe den Charakter des

Vertrages absprechen will. Die Ehe ist rechtlich betrachtet ein Vertrag wie ein anderer, nur nicht wesentlich ein Vertrag von vermögensrechtlicher Art, sondern von viel weitgreifenderer Bedeutung. Nirgends innerhalb der Rechtsordnung kann der Vertragswille der Individuen festsetzen, was ihm beliebt; die Rechtsfolgen, die mit einem bestimmten Rechtsgeschäfte verbunden sein sollen, setzt überall die Rechtsordnung selbst fest. Bei der ungemeinen Bedeutung des ehelichen Bandes für alle öffentlichen und privaten Verhältnisse wird gerade bei der Eheschliessung der Eingriff der Rechtsordnung in den Privatwillen ein besonders nachdrücklicher sein. Man kann die Ehe nicht bedingungsweise und nicht auf Zeit schliessen; der Irrthum, der beim Abschlusse des Vertrages obwaltete, hat auf die Gültigkeit des Vertrages nur sehr beschränkte Einwirkung. Man hat die freie Wahl, ob man eine Ehe eingehen will oder nicht; aber die Rechtsfolgen des eingegangenen Vertrages stehen ein für allemal durch rechtliche Bestimmung fest, und man kann sie nicht beliebig abändern, oder höchstens doch nur in Bezug auf die vermögensrechtlichen Folgen kann man, immer doch nur im Rahmen der von der Rechtsordnung offen gelassenen beschränkten Möglichkeiten, die eine oder die andere Bestimmung vertragsmässig für sich gelten lassen. Ist die Ehe geschlossen, so geht das rechtliche Band zwischen den Personen nicht auf eine oder wenige einzelne und vorübergehende Leistungen, sondern auf eine continuirliche, durch die ganze Lebensdauer sich hinziehende Reihe von Leistungen von verschiedenster Art und Bedeutung, und nicht bloss einzelne Kräfte, Handlungen, Güter der beiden Eheleute, sondern ihre Personen nach der Gesammtheit ihrer Kräfte und Leistungen stehen in Obligation, auch abgesehen davon, dass ausser der rechtlichen Verpflichtung die Ehe eine unendlich viel höhere und bedeutungsvollere Reihe von Verpflichtungen sittlicher Art mit sich führt. Jedenfalls kann die rechtliche Seite der Ehe in keiner anderen Weise zutreffend aufgefasst werden, als wenn man sie als einen Vertrag und ihre Rechtsfolge als ein obligatorisches Verhältnis betrachtet; die Besorgnis, es möchte damit der Werth und die Bedeutung der Ehe irgend zu gering angeschlagen werden, ist ganz unbegründet. Dass die Ehe in rechtlichem Betracht ein Vertrag ist, hindert nicht, dass sie in anderem Betracht noch viel mehr sei, und die Vertragsform kann ja überdies den edelsten Inhalt haben. Nicht einmal für das Verhältnis zwischen Gott und den Menschen ist es eine Herabsetzung, wenn man dasselbe als einen Vertrag auffasst; die ganz geläufige und gerade dem frommen Sinne naheliegende Analogie zwischen diesem Ver-

§ 51. Der Familienverband. Ehevertrag. Verlöbnis.

hältnis und der Ehe beruht eben darauf, dass beidemale durch vertragsmässige Willensübereinstimmung eine dauernde Bindung der gesammten Persönlichkeit bewirkt wird. Der vertragsmässige Charakter der Ehe tritt recht deutlich gerade in dem Acte des Verlöbnisses hervor. Es ist nicht direct nöthig, dass der Eheschliessung die ausdrückliche Verlobung vorhergehe: aber es ist doch das Regelmässige von je gewesen und auch bei weitem das Passendere. Dass zwei Personen sich gegenseitig geloben, dereinst eine Ehe mit einander einzugehen, hat seinen wesentlichen Grund doch darin, dass jedem von ihnen nicht bloss an der gesicherten Möglichkeit der Ehe überhaupt, sondern auch speciell der Ehe mit dieser bestimmten Person gelegen ist. Der Brautstand vor der Ehe dient zu vielen anderen Zwecken auch noch: man lernt sich näher kennen und gewöhnt sich an einander; man trifft die nöthigen Vorbereitungen für die Begründung des eigenen Hausstandes, man löst sich allmählich aus den alten Verhältnissen ab, um in die neuen überzutreten; aber im Sinne des Rechtes ist doch die Hauptsache das gegebene und angenommene Versprechen, das ein bestimmtes Interesse befriedigt und einen bestimmten Anspruch gewährt, dessen Werth deshalb sogar in einer einklagbaren Geldsumme ausgedrückt werden kann, die dem durch Bruch des Vertrages Geschädigten als Entschädigung zukommt. Ein Zwang, die Ehe einzugehen, soll freilich auch durch das Verlöbnis nicht begründet werden: matrimonia libera esse debent. Aber es ist damit nicht anders als bei anderen obligatorischen Verhältnissen. Wo die Erfüllung ausbleibt, ist wenigstens das Interesse zu leisten, soweit es juristisch fassbar ist.

10. Die geschlossene Ehe begründet zwischen den Gatten ein Verhältnis gegenseitiger **Rechte und Pflichten**, die im strengsten Sinne des Wortes **persönlicher Art** sind. Man kann hier nicht auf sein Recht verzichten, weil man damit zugleich die übernommene Pflicht gegen den anderen Theil verletzen würde; man kann sein Recht ebensowenig veräussern oder sonst darüber verfügen, weil man damit zugleich über das Recht des anderen Theiles oder über das öffentliche Recht verfügen würde. Die beiden Gatten sind einander gegenseitig ihre ganze Persönlichkeit schuldig, und das nicht bloss unter sittlichem, sondern auch unter rechtlichem Gesichtspunkte. Das Recht freilich langt in der Gestaltung dieses Verhältnisses schnell an der Grenze seines Vermögens an. Es muss eine Continuität von das ganze Leben ausfüllenden Handlungen fordern, die durch kein äusseres Maass zu erschöpfen sind; aber solche Continuität ist nur durch die Gesinnung hingebender Liebe und Selbstverleugnung möglich, über welche

das Recht keine Gewalt hat. Deshalb vermag das Recht von alledem nur die dürftigste Aeusserlichkeit zu erfassen; die lebendige Einheit sittlicher Bestimmtheit des Gemüthes löst es in eine Anzahl von einzelnen äusseren Bethätigungsformen auf, um nur die äusseren Grenzen zu wahren. Die volle Lebensgemeinschaft bestimmt das Recht näher als örtliches Beisammensein und Gewährung des Unterhalts, als fortgesetzten und völlig ausschliesslichen geschlechtlichen Umgang, und endlich als durchgängige gegenseitige Aushilfe und Unterstützung je nach den besonderen Pflichten und Gaben, die jedem der beiden Geschlechter eigen sind. So viel versucht das Recht zu eigentlicher rechtlicher Bestimmung zu machen; denn diese Leistungen erzwingt es, soweit seine Kraft reicht. Hier haben wir es also mit eigentlicher Obligation im Sinne des Rechtes zu thun. Wird diese rechtliche Verpflichtung nicht erfüllt, so ist das, was an der Ehe ihren vertragsmässigen Charakter ausmacht, gebrochen, und dem Vertragsbrüchigen droht der rechtliche Nachtheil, sobald die geschädigte Partei wegen ihres verletzten Rechtes Klage erhebt. Dass auf künftige Erfüllung der Verpflichtung und auf Entschädigung für die bisherige Versäumnis geklagt werde, hat allerdings in diesem Verhältnisse vollster Lebensgemeinschaft keinen rechten Sinn; die angemessene Rechtsfolge ist allein, dass der in seinen wichtigsten Rechten gekränkte Theil nun auch seine volle Freiheit wiedergewinne, der schuldige Theil seinen Anspruch an die Persönlichkeit des Gatten verliere und einen entsprechenden Abzug an seinen Rechtsgütern erleide. Darin findet das Rechtsinstitut der Ehescheidung seine Begründung. Unter dem sittlichen Gesichtspunkte nimmt sich das alles freilich ganz anders aus; aber das Recht hat das ganze Verhältnis auf rechtliche Weise zu behandeln, und es wäre verkehrt, beide Gesichtspunkte mit einander zu verwechseln. Dem Princip nach ist die Ehe auch als Rechtsinstitut unlöslich, und je wichtiger die Ehe für alle Lebensverhältnisse der geordneten Gemeinschaft ist, um so entschiedener hat auch schon das Recht an der principiellen Unlöslichkeit der Ehe festzuhalten. Aber eben die Gerechtigkeit erfordert auch, das die wirklich und wesentlich gebrochene Ehe nicht zur immerwährenden Schädigung des gekränkten Theiles wider den Willen desselben fortbestehe. Gebrochen aber ist die Ehe durch die unzweifelhafte Verletzung einer der drei oben genannten Verpflichtungen: durch bösliche Verlassung oder Verweigerung des Unterhalts, durch geschlechtlichen Umgang ausserhalb der Ehe oder Versagung des ehelichen Beiwohnens, durch Leben und Gesundheit bedrohende thatsächliche Lieblosigkeit. Dem Begriffe der Ehe

§ 51. Der Familienverband. Ehescheidung.

gerade im Sinne des Rechtes ist es wenig angemessen, wenn eine Vielheit von anderen Gründen der Ehescheidung zugelassen wird. Entehrende Verbrechen und fortgesetzte leichtsinnige, sittlich verwerfliche Lebensführung mögen zugleich der äussersten Lieblosigkeit gegen den Gatten gleichgerechnet werden, und deshalb eine Scheidung motiviren; aber keine Art von blossem Unglück, am wenigsten Krankheit, auch nicht unheilbare Geisteskrankheit oder geschlechtliches Unvermögen, kann einen Grund abgeben zur Trennung einer Ehe, und wegen unüberwindlicher Abneigung auf gegenseitige Einwilligung hin die Ehe scheiden, ist geradezu ein Hohn und Spott auf die Institution der Ehe. Denn gerade dies ist der Sinn des Rechtsinstitutes der Ehe, das launenhafte Spiel von Neigungen und Abneigungen durch die Festigkeit des rechtlichen Bandes abzuschneiden. Auf die Neigungen und Begierden kommt es hier sowenig an als bei anderen Verhältnissen zwischen Menschen, sofern sie rechtlich geordnet sind. Die Möglichkeit, dass es auch unglückliche Ehen geben kann, und dass die Menschen sich bei der Unlösbarkeit des ehelichen Bandes übel befinden, kommt gegen die dringlichen Interessen der Rechtsordnung nicht auf, welche gebieterisch fordern, dass wer eine Ehe eingeht, wisse, dass er sich damit für immer bindet und etwaige Abneigung oder Neigung, die dem ehelichen Bande widerspricht, zu unterdrücken hat. Wenn aber die Ehe doch eine rechtliche Seite nur neben ihrer Zugehörigkeit zur sittlichen Lebensordnung hat, so ist die Ehescheidung durchaus und ausschliesslich ein Institut der Rechtsordnung. Unter dem Gesichtspunkte des sittlichen Lebens ist die Ehescheidung überhaupt nicht möglich. So gewiss der Verworfenste sich bekehren und die gröbste Sünde Vergebung erlangen kann, so gewiss hat auch in der gebrochenen Ehe der geschädigte Theil zu dulden und auszuharren: die aus der Individualität des Falles und der Menschen sich ergebenden Gründe aber, welche eine Scheidung der Ehe im Sinne des sittlichen Gewissens rechtfertigen können, lassen sich wenigstens nicht auf die Form des Gesetzes bringen. Eine Scheidung der Ehe durch die Kirche, das specifische Institut des sittlichen Lebens, ist daher vor einem geläuterten Gewissen geradezu widersinnig. Das hat der Mund der Wahrheit selber mit unverkennbarer Deutlichkeit verkündet (Ev. Matth. XIX, 4—9). Um der Herzen Härtigkeit willen hat das Gesetz die Ehescheidung zugelassen, die im Princip nicht zulässig ist; das heisst: lösbar ist die Ehe nur als Rechtsinstitut und nur durch die Rechtsordnung, nicht als Institut der sittlichen Lebensordnung und nicht durch die Kirche. Immer ist die Ehescheidung anzusehen als Act der wiederherstellenden Gerechtigkeit zu Gunsten des rechtswidrig Geschädigten und zur Last des rechtswidrigen Schädigers. Der schuldige Theil erleidet Vermögensverlust und Erschwerung bei der Schliessung einer neuen Ehe. Dass der Ehebruch nicht gestraft oder nur auf Antrag gestraft wird, ist eine schwer zu erklärende, noch schwerer zu rechtfertigende Anomalie im positiven Rechte. Es scheint die Furcht zu überwiegen, dass man allzuhäufig in die Lage kommen könnte, dieses Strafamt zu üben, oder dass die Ungleichmässigkeit allzu gross werden würde, indem man die Einen strafte, die Andern, die in gleicher Verdammnis sind, frei ausgehen lassen müsste.

11. Das Zusammenleben einer Vielheit von Personen in der Einheit der Familie macht eine rechtliche Regelung der **Herrschaftsverhältnisse** nöthig. Wenn doch, damit eine geordnete Gemeinschaft ermöglicht werde, ein Wille bestimmende Macht für die übrigen haben muss, so ist es gerecht und zweckmässig, dass dieser Wille der des Mannes sei, dem für das grössere Maass von Kraft und Pflicht auch das grössere Maass von Berechtigung zukommt als der Frau. Im einzelnen ist die **eheherrliche Gewalt** in den verschiedenen Rechtssystemen auf sehr verschiedene Weise construirt worden. Der Fortschritt der Rechtsentwicklung geht jedenfalls auf stetig zunehmende Freiheit der Rechtspersönlichkeit der Frau, auf die die hausväterliche Gewalt regelmässig in ihrem vollen Maasse übergeht, sobald der Mann sie zu üben rechtlich unfähig ist. Selbstverständlich erscheint es, dass neben der eheherrlichen Gewalt nicht noch eine vormundschaftliche Gewalt eines Anderen über die Frau sollte bestehen können. Die innige Lebensgemeinschaft der Ehe, in welcher doch der Mann das bestimmende Element ist, drückt sich rechtlich darin aus, dass die Frau in Stand und Namen des Mannes eintritt, die Einheit des Hausstandes darin, dass der Mann der natürliche Vertreter der Frau in allen ihren Rechtsgeschäften ist, und dass etwaiger Arbeitserwerb der Frau ebenso wie der des Mannes dem Hausstande und dem gemeinsamen Vermögen zu Gute kommt. Die **Vermögensverhältnisse** in der Ehe lassen sich rechtlich auf die verschiedenste Weise regeln je nach besondern socialen Verhältnissen und Zweckmässigkeiten. Gegenüberstehen sich dabei einerseits das Interesse der Einheit des Hausstandes und der engsten Verbindung, die zwischen Personen denkbar ist, andererseits das Interesse der persönlichen Freiheit und selbstständigen Rechtspersönlichkeit. Dazu kommt die Rücksicht auf die Creditfähigkeit des Hausstandes für seine wirthschaftlichen Zwecke und auf Sicherheit für die Befriedigung der Gläubiger. Von der **Gütertrennung** bis zur **Gütereinheit** und **Güter-**

§ 51. Der Familienverband. Herrschaft. Vermögen.

gemeinschaft giebt es danach eine Unendlichkeit von Formen rechtlicher Ordnung dieses Verhältnisses, deren keiner man ihre innere Berechtigung je nach Zeit, Ort und besonderen Verhältnissen bestreiten kann. Hier setzt ländliches Leben andere Bedingungen als städtisches Leben, die Industrie und der Handel andere als Grundbesitz und Ackerbau, Reichthum und Vornehmheit andere als bescheidene Vermögensverhältnisse und niederer Stand. Im allgemeinen wird als das Zweckmässigste und dem Begriffe des ehelichen Verhältnisses Angemessenste erscheinen, was im deutschen Rechte sich von Alters her herausgebildet hat: dass, so lange die Ehe dauert, das Vermögen der Eheleute als gemeinsames Vermögen behandelt und der Mann als Verwalter desselben mit einer Art von vormundschaftlichen Rechten über die Frau ausgestattet wird. Der Zweck, dem die Verwaltung des gemeinsamen Vermögens zu dienen hat, ist die Sicherung und die Blüthe des Hausstandes zunächst in wirthschaftlicher Hinsicht, sodann in allen anderen wesentlichen Zwecken. Dass private Zwecke des Mannes oder der Frau in einer den Interessen des Hausstandes widersprechenden Weise verfolgt werden, wird durch ein Einspruchsrecht der Frau wie des Mannes zu verhüten sein; insbesondere ist dem begründeten Einspruch der Frau gegen eine leichtsinnige Verwaltung seitens des Mannes, die die Substanz des gemeinsamen Vermögens antastet, durch rechtliche Veranstaltung Wirksamkeit zu verleihen. Das Natürlichste ist, dass das besondere Eigenthumsrecht des Mannes oder der Frau während der Dauer der Ehe schläft, um erst mit der Trennung der Ehe wieder zu erwachen. Ob dabei noch während der Ehe ein Theil des gemeinsamen Vermögens als ausdrückliches Frauengut ausgesondert und einer besondern rechtlichen Behandlung unterworfen wird; ob der Antheil, der dereinst als besonderes Eigenthum der Frau ausgeschieden werden soll, etwa wegen seines Herkommens von der Frau als deren Eingebrachtes feststeht, oder ob derselbe erst im gegebenen Augenblick ohne solche Rücksicht nach feststehendem Maassstabe aus der Gesammtmasse gelöst wird: das macht für die principielle Construction des ganzen Verhältnisses keinen wesentlichen Unterschied, so wichtig es für die praktische Gestaltung der Wirthschaft zu werden vermag. Hier wird also im einzelnen der Gesichtspunkt der Zweckmässigkeit zu entscheiden haben, und es wird für private Festsetzung nach Willkür und Uebereinkommen Raum zu belassen sein. Besonders angemessen erscheint es, dass auch die Frau wie der Mann einen Theil des gemeinsamen Vermögens zu besonderer Verfügung habe, allerdings mit den nöthigen Cautelen gegen Beeinträchtigung der Zwecke des

Hausstandes. Während also das römische Dotalsystem unseren Anschauungen von Ehe und Hausstand widerspricht, lässt sich das System der Gütereinheit wie das der Gütergemeinschaft so construiren, dass es unseren Bedürfnissen und Anschauungen angemessen erscheint, und je nach der Verschiedenheit des Standes, des Berufes und der ganzen äusseren Lage wird bald das eine, bald das andere vorzuziehen sein.

12. Das Verhältnis zwischen Eltern und Kindern beruht auf dem einfachsten Naturgefühl; es wird zu einem alle Lebensäusserungen umfassenden Grundbestandtheile der sittlichen Lebensordnung dadurch, dass die natürliche Gebundenheit der Personen an einander zu einer mit bewusstem Wollen ergriffenen und durch die praktische Vernunft bestätigten wird. Das Recht vermag auch hiervon nur die Grenze zu streifen und behandelt das ganze Verhältnis in der dem Rechte eigenen Weise. Dass das Kind aufgezogen werde, dass es im Schoosse der geordneten Familie unter der Einwirkung von Zucht und Sitte aufwachse, daran ist dem Staate um seiner Selbsterhaltung willen gelegen. Dass das Kind und sogar die Frucht im Mutterleibe schon rechtlichen Schutz geniesse und ihm die zu erwartende künftige Rechtspersönlichkeit in mancher Beziehung schon im voraus zu Statten komme, ist eine Anforderung der alle Rechtspersonen wenigstens in dieser elementarsten Beziehung ausgleichenden Gerechtigkeit, an der festgehalten werden muss auch gegenüber den Gefahren, die eine übermässige Zahl von Geburten mit sich bringt. Wo Kinderaussetzung rechtlich zugelassen ist, da ist ebenso die Erkenntnis des vollen Werthes menschlicher Persönlichkeit wie der Trieb zum Gerechten mangelhaft entwickelt. Der Staat bedarf für seine Zwecke der Familie; er bedarf ihrer insbesondere für die Aufzucht der Kinder. Das Amt der Eltern an den Kindern ist ein doppeltes. Die Natur der Dinge bringt es mit sich, dass die Eltern die nächsten Beauftragten der Rechtsordnung sind in Bezug auf das, was dem Kinde zukommt. Zugleich aber üben die Eltern im Sinne der sittlichen Lebensordnung an dem Kinde eine Art von Stellvertretung für die göttliche Güte und Liebe. Beides darf nicht verwechselt werden. Das Recht kann auch hier nur ganz bestimmte und beschränkte Forderungen stellen. Das Kind ist unselbstständig und hilflos, es bedarf des Schutzes und der Hilfe; dies haben nach rechtlicher Forderung die Eltern zu leisten. Die Eltern gewähren dem Kinde Pflege und Unterhalt, vertreten es in seinen Rechten, bewahren es vor Schädigung; sie haben das Kind zu erziehen und für seinen Unterricht mindestens in der vom Staate als unerlässlich vorgeschriebenen Weise zu sorgen. Dafür gehört

§ 51. Der Familienverband. Väterliche Gewalt. Adoption.

dann das Kind der Familie an, in gewissem Sinne als deren Eigenthum. Das Kind tritt in Namen und Stand des Vaters ein; der Vater verfügt über Arbeitskraft und Erwerb des Kindes. Das Kind hat dem Vater gegenüber keinen selbstständigen Willen; es ist dem Vater Gehorsam und Ergebenheit schuldig, und über Lebensberuf und Eheschliessung hat der Vater die Entscheidung. Neben dem Vater und statt des Vaters tritt in Recht und Pflicht dem Kinde gegenüber die Mutter ein. Die rechtliche Gewalt der Eltern über das Kind findet ihr natürliches Ende, wenn das grossjährig gewordene Kind sich seinen Hausstand selbstständig begründet; die rechtliche Pflicht dagegen, dass Eltern den Kindern, Kinder den Eltern im Falle des Bedürfnisses nach ihren Mitteln Unterhalt gewähren, bleibt für das Leben bestehen. Im einzelnen haben verschiedene Rechtssysteme das Verhältnis von Eltern und Kindern, väterliche Gewalt und vermögensrechtliche Beziehungen sehr verschieden geordnet, je nachdem mehr die rechtliche Macht und Herrschaft über das Kind, oder mehr die selbstständige Rechtspersönlichkeit des Kindes, mehr das Interesse des Staates oder mehr das der Familie betont wurde: diese verschiedenen Gesichtspunkte gleichmässig im Auge zu behalten und den verschiedenen Ansprüchen gleichmässig gerecht zu werden, ist die Aufgabe der Rechtsentwicklung. Vor allem gilt es auch hier, das dem Rechte Angehörige mit möglichster Sicherheit aus der Fülle von Beziehungen, die das Verhältnis bietet, auszuscheiden. Was in strengem Sinne als Rechtspflicht zu betrachten ist, das erweist sich auch hier theils in den Nachtheilen, welche der Verletzung desselben angedroht werden, wie z. B. in der Aufhebung oder Einschränkung der väterlichen Gewalt, theils darin, dass das Recht die Mittel verleiht, um die Erfüllung solcher Verpflichtung rechtlich zu erzwingen. Die rechtliche Zuweisung von väterlicher Pflicht und väterlichen Rechten erstreckt sich auch noch weiter über den engsten Kreis des Hausstandes hinaus. Dem Gesichtspunkte der Billigkeit entspricht es, dass auch einem ausserhalb der Ehe gezeugten Kinde gegenüber der Vater die Pflicht des Unterhaltes und der Erziehung hat. In der Annahme an Kindesstatt ferner lässt das Recht ein Institut zu, welches auch ohne die natürliche Basis des Verhältnisses von Eltern und Kinde doch die mit diesem Verhältnisse verbundenen Rechtsfolgen nachahmt. Voraussetzung dafür ist nur, dass nicht durch die besondere Beschaffenheit der Personen solche Nachahmung widersinnig werde. An sich ist die natürliche Ordnung der Zeugung nicht unerlässlich, um ein elterliches Verhältnis, wie es gleichmässig im Dienste der öffentlichen wie der privaten Interessen vom Rechte geordnet wird, zu begründen.

13. Begreift man Recht und Pflicht der Eltern und insbesondere des Vaters in Bezug auf das Kind als Ausfluss des von der Rechtsordnung den Eltern ertheilten Auftrages, der seine rechtliche Form auf Grundlage des von der Natur gelieferten Materials im Dienste der Interessen der Rechtsordnung empfangen hat, so bietet auch das Rechtsinstitut der Vormundschaft keine begrifflichen Schwierigkeiten. Die Vormundschaft ist der gleiche von der Rechtsordnung ertheilte Auftrag, wo die väterliche und überhaupt die elterliche Gewalt cessirt, ertheilt an Personen, die geeignet sind, die elterlichen Functionen zu vertreten, und im Interesse von Kindern und solchen Personen, die in Bezug auf Hilflosigkeit und Schutzbedürftigkeit den Kindern gleich zu achten sind. Die Vormundschaft gehört ebenso und aus demselben Grunde dem Familienrechte an, wie die väterliche Gewalt; denn die Entscheidung darüber, wer Vormund sein soll, beruht meistens auf der Familienverbindung, und die Vormundschaft setzt Rechte und Pflichten nach Art derer im Familienverbande. Auch die väterliche Gewalt ist ja nicht von Natur, sondern durch ausdrückliche rechtliche Bestimmung eingesetzt. Bei der elterlichen Gewalt verdeckt nur der enge natürliche Zusammenhang den rein rechtlichen Charakter des Instituts; bei der vormundschaftlichen Gewalt, wo die ausdrückliche Einsetzung offen hervortritt, spricht sich auch der Charakter einer vom Rechte getroffenen Einrichtung deutlicher aus. Freilich sind nicht alle Rechtssysteme dem innereren Wesen der Sache gleich gerecht geworden. Im römischen Rechte z. B. erscheint auch die Vormundschaft wesentlich als eine aus dem Familienzusammenhange selbstverständlich fliessende Macht und Herrschaft und noch obendrein mit überwiegendem vermögensrechtlichen Interesse, während die Mitwirkung der öffentlichen Organe der staatlichen Rechtspflege eine eng begrenzte bleibt. Treffend dagegen hat das altgermanische Rechtsbewusstsein das Wesen des Instituts ergriffen. Der König ist es, der den Hilflosen, den Handlungsunfähigen schützt; der Rechtsordnung selber gebührt die Obervormundschaft; die Organe des Staates setzen die Vormünder ein und üben in regelmässiger, rechtlich geordneter Form die Aufsicht über sie. Was im germanischen Rechte klar erfasst und ausgedrückt ist, das bildet denn auch überall, wenngleich latent und durch andere Interessen und Vorstellungen überwuchert, den Kern der Sache. Wenn die vormundschaftliche Gewalt der väterlichen Gewalt nachgebildet ist, so dient sie andererseits dazu, das Wesen der väterlichen Gewalt aufzuhellen. Beide haben den-

§ 51. Der Familienverband. Vormundschaft. Verwandtschaft.

selben Grund und das gleiche Wesen unter verschiedenen von der Natur gelieferten Voraussetzungen. Objecte eigentlicher Bevormundung sind Minderjährige und Unmündige, Objecte einer Bevormundung im weiteren Sinne Verschwender, Blödsinnige und Wahnsinnige, an körperlichen Gebrechen Leidende. Analoge Functionen wenigstens mit Bezug auf Vermögensverwaltung werden im Interesse von Abwesenden und Verschollenen, sodann auch zu Gunsten des unbekannten Berechtigten an einem vorhandenen Vermögen und zu Gunsten der ungeborenen Frucht im Mutterleibe geübt. Dem Inhalte nach steht diese blosse Vermögensverwaltung dem Mandatsverhältnis näher als der vormundschaftlichen Gewalt; gleichwol ist sie als Hilfe und Schutz für den Hilflosen meistens an den Familienzusammenhang angeknüpft und ist wesentlich verschieden von der cura bonorum, wie sie im Concurs, bei Sequestration, bei der Geschäftsführung für juristische Personen vorkommt. Die Geschlechtsvormundschaft für mündige Frauenspersonen, die unter niemandes Gewalt stehen, ist seit dem Wegfall der Einschränkungen für die Handlungsfähigkeit der Frauen hinfällig geworden. Der Natur der Sache nach werden zu vormundschaftlicher Gewalt vorzugsweise die nächsten Verwandten herangezogen, sofern sie die erforderlichen Eigenschaften besitzen, oder sonst die Freunde und nächsten Standes- und Berufsgenossen des Hauptes der Familie, weil bei ihnen die grösste Vertrautheit mit den Interessen und Verhältnissen und die wärmste Theilnahme, der lebendigste Eifer in der Uebung ihres Auftrages erwartet werden darf. Nicht unzweckmässig erscheint es, wenn bei der Führung der Vormundschaft für wichtigere Entscheidungen die Mitwirkung eines Familienrathes, eines consilium propinquorum et amicorum, herangezogen wird.

14. Der Umfang der Familie beschränkt sich nicht auf die einem Hausstande angehörigen Personen. Wenn mehrere Kinder aus einer Ehe verschiedene Hausstände begründen, so hört damit das enge Band der Familiengemeinschaft zwischen ihnen nicht auf; und dieses Band erstreckt sich noch weiter auf die Nachkommen von Geschwistern und auf die durch Verschwägerung auch ohne Blutsverwandtschaft mit einander Befreundeten. Das Familienband in diesem weiteren Sinne bewirkt zunächst eine gegenseitige sittliche Verpflichtung der Liebe und thätigen Aushilfe; aber auch das Recht benutzt das natürlich gegebene Verhältnis, um daran besondere Rechte und Pflichten zu knüpfen. Soweit das lebendige Bewusstsein der Familienzusammengehörigkeit reicht, soweit lässt sich auch das Recht und die Pflicht ausdehnen, dass der zu eigenem Erwerb unfähig Gewordene von

dem Verwandten unterhalten werde, und soweit rechtfertigt sich auch ein wechselseitiges Recht der Beerbung. Von anderen Folgen des Familienzusammenhanges heben wir hervor, dass Verwandte nicht verpflichtet sind, gegen einander zu zeugen, dass Familienangehörigen gewährte Begünstigung bei Delicten straflos bleibt oder milder beurtheilt wird, und manche Delicte gegen Angehörige nur auf deren Antrag gestraft werden. Der weitere Familienkreis kann ferner vom Rechte herangezogen werden zur Ordnung gemeinsamer Angelegenheiten der Familie oder der Interessen einzelner Angehörigen der Familie. Im allgemeinen lässt sich sagen: je ursprünglicher die Rechtszustände sind, desto tiefer greift dies Familienband im weiteren Sinne in die Rechtszustände ein; je weiter die selbstständige Entwicklung der Individuen gediehen ist, desto grösser wird die rechtliche Selbstständigkeit des Einzelnen auch der Familie gegenüber. Von der Gentilverbindung und dem Agnatenverbande im römischen Recht, von der Bedeutung der Sippe, der Schwertmagen und Spillmagen im altgermanischen Recht ist in dem neueren Rechte kaum noch etwas übrig geblieben als die genossenschaftliche Form der Familienverbindung beim hohen Adel, als das Recht der Familienstiftung und des Familienfideicommisses.

§ 52.
Der persönliche Dienstverband.

Wie in der Ehe zur Ergänzung der geschlechtlichen Einseitigkeit Person zu Person in ein dauerndes und alle Seiten der Persönlichkeit umfassendes Verhältnis tritt, so bildet der **persönliche Dienstverband** eine ähnliche, im wesentlichen die ganze Person ergreifende Verbindung zum Zwecke der gegenseitigen Ergänzung der beschränkten Kräfte und Fähigkeiten. Die Entstehungsweise der gegenseitigen rechtlichen Verbindlichkeit bildet auch hier der Vertrag. Die eine Person dient, die andere herrscht; die zu gewährenden Dienste richten sich entweder auf das im engeren Sinne persönliche Bedürfnis, oder auf die Unterstützung und Mitwirkung in der Berufsarbeit. Die herrschende Person kann auch eine juristische Person sein.

1. Die hier zu besprechenden Verhältnisse haben das Gemeinsame, dass sie ein obligatorisches Band zwischen

§ 52. Der persönliche Dienstverband.

Personen setzen, das zwar auch seine vermögensrechtliche Seite hat, aber dadurch keineswegs in seiner Bedeutung erschöpft wird. Vielmehr ist hier wie im Familienrechte die ganze Person mit allen ihren Lebensäusserungen an die andere gebunden; vielfach ergiebt sich daraus ein Zusammenleben in der Einheit des Hausstandes, und jedenfalls herrscht zwischen den Personen ein Verhältnis von Herrschaft und Dienstbarkeit, welches an die eheherrliche, die väterliche und elterliche Gewalt erinnert. Auch hier liegt ein durch die Natur des Menschen selbst gesetztes Bedürfnis der Ergänzung zu Grunde; auf der einen Seite die Unmöglichkeit, dass einer alles thue und sich allein auf die eigene Kraft stelle, und die daraus fliessende Nöthigung, nicht bloss einzelne und vorübergehende Leistungen, sondern die dauernde Mitthätigkeit anderer für die Erfüllung der eigenen Zwecke und Aufgaben in Anspruch zu nehmen; auf der anderen Seite aber die intellectuelle und moralische Unselbstständigkeit oder auch bloss die wirthschaftliche Bedürftigkeit, die den Schwachen, den Unreifen, den Armen zwingt, in der Unterordnung unter den Anderen, im Dienste fremder Zwecke Lebensunterhalt, Ausbildung der eigenen Kraft und Einsicht, oder auch nur den der Individualität angemessenen Wirkungskreis zu suchen. Wie im Leben der Familie das Recht nur einzelne Punkte eines die ganze Persönlichkeit erfassenden Bandes von sittlicher Art mit seiner äusserlich regelnden Macht zu bestimmen vermag, so ist das Gleiche auch hier der Fall; nur tritt das bloss Natürliche mehr zurück, die ideelle Macht des Rechtes wirkt hier freier und durchgreifender, und wenn daher auch an sich und besonders im sittlichen Sinne die Familie das Höchste ist, so ist doch unter dem specifischen Gesichtspunkte des Rechtes das Herrschafts- und Dienstverhältnis der uns hier beschäftigenden Art eine reinere und sicherere Ausprägung des Rechtsgedankens.

2. In der gröberen und naiveren Auffassung der ursprünglichen Menschheit gestaltete sich das durch die Bedürftigkeit und Beschränktheit der Kraft geforderte Heranziehen fremder Personen zu Dienst und Mitarbeit als das Verhältnis des Herrn zum Sclaven, als uneingeschränkte, rechtlich bestätigte Herrschaft über den dauernd Unfreien, der damit wie eine Sache mit seiner gesammten Person und allen Kräften in das Eigenthum des Herrn überging: ganz ähnlich, wie ja auch Frau und Kinder ursprünglich dem Hausvater gegenüber in einer Art von Sclaverei waren und der eigenen Rechtspersönlichkeit ermangelten. Es ist der fortgehenden Entwicklung des Rechtes zu verdanken, dass die wahre Natur des Verhältnisses in der ihm durch das Recht verliehenen Form mehr

und mehr ihren klaren und angemessenen Ausdruck gefunden hat. Der Dienende bindet sich danach aus freiem Entschluss und in der Form des Vertrages, und der Herrschende bleibt ihm rechtlich als einem freien Rechtssubjecte verpflichtet; Herrschaft und Dienst haben beide ihr rechtliches Maass und ihre bestimmte Grenze; beide Verbundenen können zu bestimmter Zeit und unter bestimmten Bedingungen von dem Vertrage zurücktreten. Es sind bestimmte Interessen, die durch solchen Vertrag und das aus ihm resultirende Verhältnis ihre Befriedigung finden. Wenn aber die rechtliche Ausbildung des Verhältnisses soweit geht, nur noch das vermögensrechtliche Interesse dabei zu betonen und das persönliche Band zu übersehen, so ist das eine Ausschreitung nach der anderen entgegengesetzten Seite hin, die wiederum das Wesen der Sache verkennt. Denn es handelt sich um ein echtes Band von Person zu Person, nicht bloss um vermögensrechtliche Werthe, nicht um vereinzelte Leistungen; das rechtliche Band setzt eine Gemeinschaft des Lebens und eine Verpflichtung, die die ganze Person ergreift und der sich nicht mit äusserlicher Thätigkeit genügen lässt. Es ergiebt sich daraus ähnlich wie in der Familie ein Band der Liebe, der Treue, der Pietät, der Autorität; eine Herrschaft, die zugleich ein Dienst des anderen ist, und ein Dienst, durch den man zur Fähigkeit eigener Herrschaft heranreift. Von diesem sittlichen Bande wahrt nun das Recht wie in der Regelung des Familienlebens nur die äusseren Grenzen, und es würde seine Aufgabe ebensosehr verfehlen, wenn es das Verhältnis zu einem blossen äusseren Handel und Geschäfte herabzudrücken unternähme, wie wenn es den sittlichen Gehalt des Verhältnisses mit seinen Mitteln zu erschöpfen sich zum Ziele setzte. Wie das Recht die Form der Ehe regelt, so regelt es auch die Form des Dienst- und Arbeitsvertrages. Es schützt den wirthschaftlich Schwachen, den Ungebildeten und Unmündigen, dass ihm werde, was gerecht ist, und lässt, soweit seine Macht reicht, nicht zu, dass die Willkür der Parteien, die den Vertrag schliessen, auf Uebervortheilung des einen oder des anderen Theiles hinauslaufe.

3. Zu den Verträgen, welche in dem bezeichneten Sinne ein persönliches Band begründen, gehören zunächst diejenigen, durch welche der Vorstand eines Haushaltes sich Gehülfen zur Leistung häuslicher oder wirthschaftlicher Dienste gewinnt. Man darf diese Art der **Dienstmiethe** nicht auf gleiche Linie stellen mit den Verträgen von bloss vermögensrechtlicher Art, wo eine einzelne Leistung eines anderen zur Erlangung eines bestimmten einzelnen wirthschaftlichen Gutes vertragsmässig erworben wird. In der eigentlichen Dienst-

§ 52. Der persönliche Dienstverband.

miethe ist das Wesentliche, dass eine continuirliche Reihe von Leistungen und Diensten den Inhalt des Vertrages bildet, so dass die ganze Person alle ihre Kraft einzusetzen hat, um der vertragsmässigen Verpflichtung zu genügen. Die gemiethete Person begiebt sich damit in einen Zustand der Dienstbarkeit, und die Gerechtigkeit erfordert, dass ihr auch dafür weit mehr als bloss eine einzelne Leistung von wirthschaftlichem Werthe seitens der miethenden Herrschaft zu Theil werde. Die dienstbare Person gehört selbst dem Hausstande an, steht unter der hausväterlichen Gewalt, hat das Interesse der Herrschaft mit allen Kräften wahrzunehmen; die Herrschaft hat dafür die Pflicht des entsprechenden Unterhaltes und Schutzes und ist auch rechtlich verpflichtet, das intellectuelle und moralische Wohl des Untergebenen zu fördern. So zunächst dem niederen Gesinde gegenüber, das zu persönlichen Diensten und für die regelmässig in der Führung des Hausstandes nöthig werdenden Arbeiten gedungen ist; so ferner bei denjenigen Hausbeamten, die mit freierer Einsicht und selbstständigerem Urtheil die Besorgung bestimmter Arten von häuslichen Geschäften übernommen haben; so endlich bei den durch einen Arbeitsvertrag zur Unterstützung des Hausherrn in seinem Amt und Beruf Verpflichteten. Nach den Bedürfnissen des gesammten öffentlichen Zustandes bestimmt das Recht insbesondere die gegenseitige Verpflichtung von Meister und Lehrling, Meister und Gesellen, Fabrikherrn oder Grundbesitzer und Fabrik- oder ländlichem Arbeiter, Kaufmann und Handlungsgehülfen, Schiffscapitän und Schiffsmannschaft. Weil nicht jeder einzelne Punkt in dem Verhältnisse des Herrschenden und Dienenden durch ausdrücklichen Rechtssatz bestimmt werden kann, und zugleich weil in diesem Verhältnisse die Störung eine so häufig vorkommende und so überaus lästige ist, hat hier die Polizei eine eingreifende Wirksamkeit zu üben, um auch das, was ohne strengere formelle rechtliche Bestimmtheit der Sitte und dem Brauche entspricht, mit möglichster Schnelligkeit durchzuführen.

4. Analog dem Dienste, der einem Hausstande geleistet wird, ist der Dienst, zu dem man sich einer juristischen Person verpflichtet. Auch hier handelt es sich auf keiner der beiden vertragschliessenden Seiten bloss um einzelne vorübergehende Leistungen, sondern es wird die ganze Person mit allen ihren Kräften eingesetzt, und die Verpflichtung geht auf wechselseitige Treue und Hingebung, die auf Seiten der juristischen Person allerdings nur durch die Vertreter derselben geübt werden kann. Der Beamte des Staates und der Kirche wie jeder Anstalt, Stiftung oder Corporation steht zu

seiner Dienstherrschaft in diesem Sinne in einem Verhältnisse von privatrechtlicher Art, und Anspruch und Verpflichtung ist auf beiden Seiten rechtlich geordnet. Analog ist ferner das Verhältnis des Lehnsherren zum Lehnsmanne insbesondere mit Bezug auf die Treuepflichten und Ehrendienste im Gegensatze zu den Nutzzinsen und Nutzdiensten, die dem Vermögensrechte angehören. Auf allen diesen Gebieten geht das Verhältnis mit fliessenden Grenzen in ein nur vermögensrechtliches über, wenn nur eine einzelne Leistung oder eine discontinuirliche Reihe von Leistungen speciellster Art versprochen und bedungen worden ist, wenn überdies die Gemeinschaft des Hausstandes ausgeschlossen bleibt und nicht die Person selbst nach allen ihren Kräften, sondern nur einzelne wirthschaftliche Güter, die durch die Thätigkeit derselben erworben werden sollen, in Betracht kommen.

§ 53.
Der corporative Verband.

Die Gemeinschaft der Menschen gliedert sich in Bezug auf die privaten Interessen, die von vielen gemeinsam verfolgt werden, in umfassende Interessenkreise, die selbst wieder ein dauerndes Band zwischen den Personen ergeben. Solche Interessenkreise werden theils durch Gemeinschaft des Berufes und Standes, theils durch Gemeinschaft religiöser, wissenschaftlicher, künstlerischer, socialer, politischer Zwecke zusammengehalten. Die dadurch gegebenen Verbände beruhen auf einem vertragsähnlichen Verhältnis; der Inhalt des Vertrages aber wird durch die Rechtsordnung geregelt.

1. Das hier zu betrachtende Band zwischen Person und Person, das durch die Gemeinsamkeit der Interessen und Zwecke begründet wird, ist zu unterscheiden zunächst von den Verbänden, welche dem öffentlichen Rechte angehören, wie die Communen im weitesten Sinne, denen locale Aufgaben der staatlichen Verwaltung anvertraut sind, sodann von denjenigen Verbänden, welche rein vermögensrechtliche Zwecke verfolgen, wie Versicherungsgesellschaften, Wasser- und Wiesengenossenschaften, Deichverbände, Markgenossenschaften, Gewerkschaften, Actienvereine der verschiedensten Art. Im Unterschiede von allen diesen Arten der Genossenschaft giebt es Personenverbindungen von privatrechtlicher Art, bei denen weit mehr in Betracht kommt als bloss der Vermögenszweck,

§ 53. Der corporative Verband. 589

und die eine wirkliche Gebundenheit der Person an die Gemeinschaft zur Folge haben. Am ursprünglichsten erzeugen sich solche Verbindungen auf Grund des gemeinsamen Standes und Berufes. Besondere Standesverbände und Berufsgenossenschaften beeinflussen das ganze rechtliche, wirthschaftliche und sittliche Gebahren ihrer Mitglieder und nehmen die Thätigkeit derselben für die gemeinsamen Zwecke in allen Lebenslagen in Anspruch. Nicht überall und immer kommt es auf der bezeichneten Grundlage zu solchen Personenvereinigungen; aber die Natur der Menschen bietet doch für sie den Anlass und das Material, weil alle Zwecke und Interessen in der Gemeinschaft wirksamer verfolgt werden, und weil das individuelle Selbstbewusstsein sich von vorn herein an die Gleichartigkeit mit den Standes- und Berufsgenossen gebunden weiss. Die Rechtsordnung aber wird in den meisten Fällen die Begründung und den Bestand solcher Gemeinschaften mit günstigen Augen betrachten, solange dieselben, indem sie angemessene Sitte und Brauch pflegen, den Einzelnen durch Ehre und Aufsicht erziehen, für den Bestand des Ganzen wichtige Functionen in günstigem Fortgang erhalten und dadurch mittelbar auch dem Zusammenhange der Rechtsverfassung förderlich sind. Davon, dass solchen Verbänden, wie den Zünften und Innungen oder den Adelsverbänden, zuweilen besondere öffentliche Rechte ertheilt werden, ist hier nicht die Rede, sondern nur davon, dass das Recht innerhalb geeigneter Grenzen die privatrechtliche Gebundenheit der Person durch den Personenverband anerkennt und bestätigt.

2. Der wichtigste Personenverband der bezeichneten Art, der auf alle äusseren Verhältnisse der Menschen und auf den Bestand der Rechtsordnung selbst den mächtigsten Einfluss übt, ist derjenige, der sich auf der Gemeinschaft der Religion begründet. Ursprünglich gehörte die Religion und der Cultus zu den vom Staate selbst unmittelbar verwalteten Interessen; allmählich ist das religiöse Element aus dem Kreise der specifisch staatlichen Interessen mehr und mehr losgelöst worden, wenn sich dies auch hier vollständiger, dort weniger vollständig vollzogen hat. Aber noch immer gehören die Menschen meistens unmittelbar durch ihre Geburt einer bestimmten religiösen Gemeinschaft an und sind durch die in dieser Gemeinschaft herrschenden Gesetze gebunden. Wo freilich die Rechtsentwicklung weit genug gediehen ist, um eine reinliche und sorgfältige Ausscheidung der Interessen der Religionsgemeinschaften aus den vom Staate unmittelbar zu betreibenden Functionen zuzulassen, da ist es jedem Einzelnen rechtlich freigestellt, ob er einer Religionsgemeinschaft und welcher er angehören will, und auch ohne dass eine Beitritts-

erklärung in ausdrücklicher Form gefordert würde, ist die Zugehörigkeit zu einer Religionsgemeinschaft damit zu einem vertragsmässigen Verhältnis geworden, wobei man sich zu den von der Gemeinschaft geforderten Leistungen verpflichtet und dafür die von derselben zu gewährenden Vortheile eintauscht. Das Verhältnis ist dadurch demjenigen ganz ähnlich geworden, das man durch den nicht mehr obligatorischen Eintritt in eine Zunft eingeht. Die Religionsgemeinschaften sind insofern den anderen privatrechtlichen Vereinigungen der Menschen zur Betreibung irgend welcher gemeinsamen Zwecke nahe verwandt, und es entspricht der Natur der Sache am meisten, wenn der Staat die Religionsgemeinschaften unter keinem anderen Gesichtspunkte betrachtet, als diese anderen Vereinigungen. Allerdings sind die Religionsgemeinschaften, und insbesondere die christlichen Kirchen, ehrfurchtgebietende historische Gebilde mit überkommener Macht und Herrlichkeit; mit dem gewaltigen Einfluss aber, den dieselben auf das gesammte geistige Leben des Volkes üben, mit der Macht, durch welche sie dem Staate nützlich oder schädlich werden können, ist auch die Nothwendigkeit gegeben, dass der Staat ihnen eine besondere Aufmerksamkeit zuwende. Immer muss das festgehalten werden, dass die rechtlichen Verhältnisse zwischen den Religionsgemeinschaften einerseits und den ihnen angehörigen Menschen andererseits vom Staate geordnet oder doch begrenzt werden, weil es keine andere selbstständige Quelle des Rechtes giebt als den Staat. Eine Frage des historischen Bestandes ist es, wie viel jedesmal der Staat den Kirchengemeinschaften an Macht über ihre Mitglieder, an Autonomie und eigener Verwaltung ihrer Angelegenheiten zugestehen kann. Dass alles Recht der Kirchen der staatlichen Gesetzgebung unterliegt, ist einfache Consequenz aus dem Begriffe des Staates und des Rechtes, und eine Kirche, die die Regelung ihrer rechtlichen Verhältnisse durch den Staat nicht zugesteht, kann überhaupt im Staate nicht geduldet werden, sowenig wie irgend eine andere Gemeinschaft oder ein Einzelner geduldet werden könnte, der das Recht des Staates nicht anerkennt und sich damit dem Staate gegenüber in den Zustand der Rebellion versetzt.

3. Die Personenverbände zur Betreibung gemeinsamer Zwecke haben die Form der Corporation (vgl. § 41, 6). Alle Corporationen unterliegen der staatlichen Genehmigung und der staatlichen Aufsicht. Entweder der Staat selber giebt ihnen ihre Verfassung, oder er bestätigt dieselbe. Je nach der Bedeutung, die sie für das rechtlich geordnete Ganze haben, je nach der Gefahr, mit der sie seinen Bestand bedrohen können, wird der Staat tiefer oder weniger tief in ihre

Verhältnisse eingreifen. Er behält sich eine Mitwirkung bei der Ernennung der Organe, bei der Ausübung ihrer Functionen vor, oder er beschränkt sich auf blosse Oberaufsicht und Abwehr des für ihn Bedrohlichen. Uebermässige Beeinträchtigung der Freiheit der Mitglieder der Gemeinschaft durch die letztere hindert er, wie er zu gleichem Zwecke die Ehe oder den Inhalt des Arbeitsvertrages regelt. Wol kann der Staat, etwa aus kluger Scheu vor der überlegenen Macht einer Corporation, diese seine Function zeitweise ruhen lassen; aber sicher wird er sie zu gelegener Zeit wieder aufnehmen, und niemals kann sein Recht über irgend eine dieser privatrechtlichen Corporationen an sich zweifelhaft sein.

4. Bisher haben sich geschichtlich umfassendere Personenverbände zur gemeinsamen Förderung von allgemeingültigen Zwecken nur auf Grund der Berufs- und der Religionsgemeinschaft gebildet, in lockrerer Form auch wol auf Grund gemeinsamer socialer und politischer Interessen. Es lässt sich denken, dass die Zukunft auch für die anderen wesentlichen Zwecke von allgemeingültiger Art ähnliche Verbände erzeugen wird, sobald sich nur das genügende Verständnis und der genügende Eifer für diese Zwecke auf grössere Massen von Menschen erstreckt haben wird. So mag sich neben die Kirche eine ähnliche Gemeinschaft zur Förderung der Schule, der Wissenschaft und der intellectuellen Bildung, der Kunst und der Pflege des Schönen stellen, und es wird eine Epoche in der Bildungsgeschichte der Menschheit und in der Entwicklung des Staates insbesondere bezeichnen, wenn die Pflege der Schule und der Kunstübung ebenso aus den unmittelbaren Thätigkeiten des Staates ausgeschieden und besonderen corporativen Verbänden unter Oberaufsicht des Staates überlassen wird, wie es in Bezug auf Religion und Cultus bei den Völkern von höchster Cultur schon jetzt geschehen ist. Dass unter dem Schutze des Staates, von ihm beaufsichtigt, aber nicht unmittelbar beherrscht, alle diejenigen Zwecke und Interessen, die nicht dem Begriffe des Staates noch seinem unmittelbaren Thätigkeitskreise angehören, in der Form freier Personenverbände ihre Befriedigung und Förderung finden und die Person durch ihren freien Vertragswillen an die solchen Zwecken dienende Corporation gebunden sei: das ist das Ideal für alle rechtliche Entwicklung auf diesem Gebiete. Unter dem Gesichtspunkte des Rechtes ist die rechtlich geordnete corporative Form des Personenverbandes eine höhere und reinere Bewährung des Rechtsgedankens, als Ehe und Arbeitsvertrag. Indem der gemeinsame, für den Bestand des Ganzen werthvolle Zweck die Selbstständigkeit der juristischen Person erlangt, das menschliche Einzelwesen aber mit seinen Lebens-

processen an diese höhere Form persönlichen Lebens gebunden wird, erlangt das Dauernde und Gedankenmässige die Herrschaft über das Flüchtige und Zufällige, und der einzelne Mensch erscheint als das, was er seinem Begriffe nach ist, als Werkzeug der ewigen und substantiellen Zwecke der Gattung und ihrer Culturbewegung. Eben dies aber bildet nun weiter die Basis für das Verständnis der höchsten Form, welche die privatrechtlichen Verhältnisse überhaupt annehmen, für das vermögensrechtliche Verhältnis der Person zur Sache, das als drittes zu dem Rechte des Bestandes der Person und zu dem Rechte der Personenverbände hinzutritt.

Drittes Capitel.

Das Vermögensrecht.

§ 54.

Das Eigenthum.

Von Natur ist die Sache das Willenlose und der Herrschaft des Menschen Unterworfene, ist zugleich der Mensch durch sein Bedürfnis an die Sache gewiesen, um sie zu geniessen und zu gebrauchen, für künftigen Gebrauch aufzubewahren, oder sie zu bearbeiten, bis sie die für seine Zwecke geeignete Form erlangt (§ 14). In dem gleichen Verhältnisse zu den Sachen stehen auch die juristischen Personen. Insofern nun das Rechtssubject überhaupt nicht bestehen oder doch nicht zu allseitiger Entwicklung seiner Anlagen gelangen kann ohne gesicherte ausschliessliche Herrschaft über die seinem Willen unterstehenden Sachen, so ist es eines der fundamentalen Attribute der Rechtsordnung, dass sie rechtliche Ordnung des **Eigenthums** sei. Die Rechtsordnung setzt fest, unter welchen **Bedingungen** eine Sache als im Eigenthume einer Person befindlich angesehen werden soll, welchen **Inhalt** dieses anerkannte Eigenthumsrecht haben und welchen **Einschränkungen** es unterliegen soll. Der eigenen Verschiedenheit der Arten von Sachen entspricht eine Verschiedenheit des sie betreffenden Eigenthumsrechtes. Das Rechtsinstitut des Eigenthums findet seine vollendetste Ausprägung in dem Sondereigenthum der einzelnen physischen Person, das zugleich zur Ausstattung des einzelnen wirthschaftenden Hausstandes dient. Die rechtliche Ordnung des Eigenthums bestimmt im Erbrecht insbesondere auch, auf wen das Eigenthum beim Wegfall des bisherigen Eigenthümers übergeht, und wie weit der Wille des Eigenthümers auf solchen Uebergang einzuwirken berechtigt sein soll.

1. Unter Eigenthum versteht man gemeinhin und verstehen auch wir die rechtlich geschützte Befugnis der Person zur unmittelbaren Herrschaft über die Sache nach allen den Richtungen, nach denen eine solche Herrschaft überhaupt geübt werden kann. Alle dinglichen Rechte und alle vermögensrechtlichen Forderungsrechte wurzeln im Eigenthum und haben dasselbe zur Voraussetzung; mit dem Eigenthum zusammen bilden sie den Inbegriff der Formen, die das Vermögensrecht anzunehmen vermag. Man könnte nun wol das Wort Eigenthum auch im weiteren Sinne gebrauchen und auch die aus dinglichen Rechten an fremder Sache und aus Forderungsrechten fliessende Befugnis über Sachgüter und Werthe Eigenthum nennen; indessen kaum zum Vortheil für die Strenge der Begriffe. Mindestens würde man dann immer in der Lage sein, für das, was jetzt Eigenthum heisst, einen neuen Terminus zu prägen und etwa unmittelbares und mittelbares Eigenthum zu unterscheiden. Wird von Eigenthum an dinglichen Rechten und Forderungsrechten gesprochen, so muss man sich bewusst sein, dass man dann das Wort Eigenthum im weiteren Sinne und nicht streng technisch gebraucht. Indem wir hier vom Eigenthum handeln, so fassen wir also zunächst die unmittelbare Herrschaft über die Sache ins Auge, aber allerdings diese zugleich als Grundlage und Ausgangspunkt für alle vermögensrechtlichen Verhältnisse überhaupt.

2. Das Eigenthum hat seinen Grund in der Natur der Dinge, wie die anderen Rechtsinstitute; aber Eigenthum im Sinne des Rechtes giebt es doch nicht von Natur, sondern nur durch das Recht. Könnte man sich einen Zustand denken, in welchem Menschen ohne eine rechtliche Ordnung lebten, so würde in diesem Zustande von Eigenthum nicht die Rede sein können. Zwar auf ausschliessliche Herrschaft über die zu seiner Selbsterhaltung unentbehrlichen Sachen ist der Mensch so dringlich hingewiesen, dass ohne solche eine menschliche Existenz überhaupt nicht denkbar ist; aber diese Herr-

schaft wäre ausserhalb eines Rechtszustandes nur eine factische und bestände nur so lange, als sie kein anderer streitig macht oder als der Besitzende seinen Besitz mit Gewalt und List zu vertheidigen und festzuhalten vermöchte. Dieses rein factische Verhältnis wird so zu sagen vom Rechte vorgefunden; es bildet für das Recht das zu formende Material. Aus dem gesellschaftlichen privaten Interesse an ausschliesslichem Besitze von Sachgütern gestaltet das Recht die Eigenthumsinstitution. Das Recht erkennt unter Umständen, deren genauere Bestimmung es sich vorbehält, den factischen Besitz an und verleiht ihm den Charakter einer rechtlich geschützten Befugnis; der Einzelne wird damit der Nothwendigkeit überhoben, seinen Besitz selbst zu vertheidigen, indem diese Vertheidigung von der Rechtsordnung selbst übernommen wird, und indem ihm der geordnete Weg gewiesen wird, um sein Eigenthumsrecht geltend zu machen und durch Beschwerde und Klage, durch richterliches Urtheil und Execution ohne private Gewaltübung zu dem Seinigen zu kommen. Durch Androhung der Auferlegung von Schadensersatz und Strafe sucht ferner die Rechtsordnung aber auch schon den blossen Willen der Verletzung des Eigenthums abzuwenden. Ideell also hat es mit dem Satze seine Richtigkeit: dominium rerum ex naturali possessione coepisse (L. 1. 1. De acqu. v. am. poss. XLI, 2). Das von der Natur gegebene factische Besitzverhältnis wird in der That erst durch das Recht idealisirt, so dass das Eigenthum als Recht weiter besteht, auch wenn der factische Besitz zu bestehen aufgehört hat. Aber freilich ist der Mensch als vernünftiges Wesen niemals ohne den Begriff einer gerechten Ordnung der Besitzverhältnisse, und das Recht, indem es Eigenthum schafft, verwirklicht nur diese ursprünglich mit dem Menschen selbst gegebene Forderung der Gerechtigkeit. Deshalb ist es ebenso angemessen zu sagen, dass das Rechtsinstitut des Eigenthums so alt ist wie der Mensch, und dass der bloss factische Besitz nur ideell, nicht auch zeitlich der rechtlichen Ordnung des Eigenthums vorhergeht.

3. Dass es in menschlicher Gemeinschaft eine rechtliche Ordnung des Eigenthums gebe, ist eine allgemeine und kategorische Forderung der Vernunft; wie diese Ordnung im einzelnen gestaltet sei, ist Sache der historischen Entwicklung, die auch hier darauf hinzielt, den vorhandenen Rechtszustand dem an sich Gerechten mehr und mehr anzunähern. Alles, was Person ist, juristische Person oder physische Person, bedarf unablässig der Sachen für seinen Bestand und für die Erreichung seiner Zwecke, und bedarf ihrer grossentheils in der Weise, dass der Gebrauch durch andere ausgeschlossen bleiben

§ 54. Das Eigenthum. Naturgrund des Eigenthums.

muss; ohne Sicherung in dieser exclusiven Verfügung über die Sachen auch für die Zukunft könnte keine Person sich Zwecke setzen, noch ihrem Willen einen Inhalt geben. Für die physischen Personen insbesondere ist das Eigenthum an bestimmten Sachen die Voraussetzung für ihre Individualität und damit für die Freiheit der eigenen Entschliessung. Die Individualität der Person ist aufs engste verknüpft mit der Individualität der Sachen, über die sie verfügt. Ohne Eigenthum an den Sachen des augenblicklichen Gebrauches wäre nicht einmal die Erhaltung des Lebens möglich; ohne Eigenthum an Vorrath und Werkzeug für künftigen Gebrauch gäbe es keine vernünftige Lebenseinrichtung, keine freie Zweckthätigkeit. Soll es Individuen geben, so muss auch jede Person andere Zwecke und anderen Brauch, anderen Beruf und andere Stimmung haben, und diese Verschiedenheit muss sich an den Sachen ausprägen, über die jeder ausschliesslich verfügt. Dadurch, dass ich die Sache nach meinen Zwecken handhabe, wird die Sache meine Sache, mit dem Stempel meines Geisteslebens geprägt; sie wird mein Werkzeug, Haus, Kleidung, Nahrung, Luxusobject, eine Erweiterung meines Wesens und eine Offenbarung meiner Thätigkeit im Dienste der höchsten wie der niedrigsten Zwecke. Die Sache wird dadurch selbst ins Geistige erhoben, der Ausdruck individuell verschiedener Lebensweise und Lebensrichtung. Von Natur lebt ferner der Mensch in der Familie als Mann und Frau und Kind. Von der Individualität des Eigenthums hängt die Besonderheit der Familie ab; dass dieser Mann diese Frau, diese Eltern diese Kinder als die ihren haben, ist nur durch das ausschliesslich diesem Hausstande zugehörige Eigenthum möglich. Ohne Eigenthum also keine Person, keine Individualität, kein Wille, keine Freiheit, vor allem keine Familie. Darin liegt die Heiligkeit des Eigenthums. Wer mein Eigenthum verletzt, verletzt meine Person; Achtung vor der Person als einem vernünftigen wollenden Wesen bedingt auch Achtung vor dem Eigenthum. Ein Zustand ohne Sondereigenthum der Person wäre ein viehischer Zustand, selbst wenn jeder im Augenblicke des Bedürfnisses seinen Trog gefüllt fände, um sich an dem im Augenblick ihm ausschliesslich Zugewiesenen sättigen zu können. Dem Zuchthäusler thun wir es als die furchtbarste Strafe an, dass er das Recht verliert, über sich und über die Sachen zu verfügen. Wer nicht durch Verbrauch und Ersparnis, durch freie Wahl in der Gegenwart und eigene Sorge für die Zukunft, durch Arbeit und Genuss nach eigener Entscheidung sein Leben sich selbst einrichten kann nach seiner Eigenart und seinem Belieben, der wird nicht als menschliche Person, sondern als ein Vieh behandelt, und sein Wolbefinden kann auch nur das des Viehes sein.

4. Der oberste Gesichtspunkt, nach dem die rechtliche Institution des Eigenthums das von der Natur der Menschen und der Dinge gelieferte Material ordnet, ist der der **Gerechtigkeit**; nächst diesem werden dann auch Rücksichten der Zweckmässigkeit von Bedeutung. Die Gerechtigkeit aber darf nicht in abstracter Gleichheit gefunden werden. Ein Satz wie der zuweilen gehörte: es dürfe kein Sondereigenthum geben, weil die Menschen alle gleiches Recht auf den Genuss der Güter der Welt haben, ist ein wahres Nest von Verkehrtheiten. **Recht** hat zunächst jeder nur so viel, wie ihm die Rechtsordnung ausdrücklich zugesteht; **gerecht** aber kann es niemals heissen, dass jeder gleich viel geniesse, sondern nur dass jedem der Genuss zugemessen sei nach seiner Würdigkeit, und zwar nach seiner Würdigkeit gerade für dieses bestimmte einzelne Gut, nämlich für den Genuss von Sachgütern. Aber gesetzt selbst, Gleichheit des Genusses wäre das Gerechte, so würde dieselbe doch niemals vermittelt werden können durch objective Gleichheit der Güter; denn die Genussfähigkeit der Menschen ist verschieden, und die Objecte, die dem Einen Genuss bereiten, bereiten ihn nicht auch dem Anderen oder bereiten ihn diesem doch nicht in gleichem Maasse. Was in diesem Verhältnisse gerecht ist, das lässt sich nur begreifen von dem obersten Grundsatze aus, dass mit dem Begriffe der Person auch der Begriff des Sondereigenthums gesetzt ist. Daraus ergiebt sich als Forderung der Gerechtigkeit, nicht dass das Eigenthum für alles, was Person ist, das gleiche sei, was ja unmöglich und wegen der unendlichen Verschiedenheit der Personen auch völlig ungerecht wäre, sondern dass das **Eigenthumsrecht** für alle das gleiche sei, und diesem Ziele nähert sich in der That die Entwicklung des Rechtes stetig fortschreitend an. Sobald alle Menschen als Personen in ihrer Freiheit anerkannt sind, so folgt daraus für alle principiell das gleiche Recht, Eigenthum zu erwerben; aber es lässt sich nicht aus der gleichen Freiheit aller auch Gleichheit der Güter ableiten, so lange die Personen sonst ungleich sind. Gerade die Ungleichheit des Sondereigenthums ist das einzig Gerechte wegen der Ungleichheit der Menschen, und selbst eine annähernde Gleichheit des Genusses lässt sich nur durch solche Ungleichheit erreichen. Objective Benachtheiligung an Gütern ist noch nicht subjective Verminderung des Woles. Wer die Gleichheit nur in den Gütern will, der hat noch nichts erreicht, so lange er die Ungleichheit in allen anderen Beziehungen bestehen lassen muss. Denn den von Wesen Ungleichen würde

§ 54. Das Eigenthum. Ungleichheit.

auch der gleiche Besitz als ein völlig Ungleiches zufallen. Die Menschen aber gleich machen, das heisst die Natur umkehren und den Menschen vernichten. Armuth mag zuweilen schmerzlich sein und macht jedenfalls abhängig; aber Dummheit, Unbildung, Feigheit, Schlechtigkeit überhaupt hat die gleiche Wirkung. Leitet man aus der gleichen Freiheit die Forderung der Gleichheit des Besitzes ab, so muss man mit gleichem Rechte auch die Gleichheit aller an Verstand, Muth, Fleiss und Bildung als Consequenz der gleichen Freiheit fordern. Danach brächte jeder Mensch auch einen unveräusserlichen Anspruch auf einen kräftigen Leib, auf gesunde Lungen, auf eine mittlere Dosis Verstand und Willenskraft mit zur Welt, und wer beträchtlich mehr oder weniger davon hätte, müsste todtgeschlagen werden, weil sonst die Gleichheit doch nicht durchführbar wäre.

5. Die Ungleichheit der Güter im Sondereigenthum ist mithin ebenso durch die Gerechtigkeit gefordert, wie sie durch die Natur gegeben ist. Denkt man sich einen Zustand vor allem Rechte, so würden hier Glück und Zufall, Verschiedenheit des Talentes und des Willens, der Kraft und Selbstbeherrschung ungehindert wirken und eine noch stärkere Ungleichheit zur Folge haben, als sie im Rechtszustande vorhanden ist. In diesem kommen dann als Ursachen der Ungleichheit noch die Verschiedenheit der historischen Situation, die des Standes und der Classe hinzu; andererseits freilich haben die durch das Recht gesetzten, für Alle gleichen Bedingungen des Erwerbes auch wieder eine ausgleichende Macht. Indessen, auch die grösste Ungleichheit darf man als solche noch nicht ungerecht nennen. Es ist doch wol keine Ungerechtigkeit der Natur, dass jeder Mensch von bestimmten Eltern gezeugt wird, die er sich nicht selber wählt, dass er in bestimmtem Lande, zu bestimmter Zeit zur Welt kommt, und dass durch alles das sein ganzes Lebensgeschick in individuellster Weise bestimmt wird; genau ebensowenig ist es eine Ungerechtigkeit, dass auch die für Alle gleichmässig gültige Rechtsordnung für die verschiedenen Individuen die natürliche Ungleichheit der Güter zu beseitigen doch nicht im Stande ist. Auch diese Ungleichheit gehört dazu, damit der Mensch in vollstem Maasse Individuum sei, und damit alle ursprünglich im Begriffe des Menschlichen enthaltene Mannigfaltigkeit zu allseitigster und reichhaltigster Entfaltung komme. Die Ungleichheit der Güter, die Noth des Einen neben dem relativen Ueberfluss des Anderen liegt ebenso in der Idee des Eigenthums, wie das Eigenthum in der Idee der Persönlichkeit liegt. So wenig es ungerecht ist, dass der Eine schön, der Andere hässlich, der Eine ein Mann, der

Andere ein Weib, der Eine ein Deutscher, der Andere ein
Franzose ist, so wenig ist es ungerecht, dass der Eine reich,
der Andere arm ist. Am allerwenigsten darf man die Rechts-
institution für solche Ungleichheit verantwortlich machen;
denn Institutionen, die die Ungleichheit des Eigenthums zu
beseitigen vermöchten, lassen sich ebensowenig erdenken,
wie solche, die jene anderen Unterschiede aus der Welt
schaffen könnten. Wäre jene Ungleichheit aufgehoben, so
würde sie sich doch im Momente immer wieder herstellen,
so lange man gezwungen ist, die Production von Menschen
dem Zeugungstriebe der Natur zu überlassen, und sie nicht
Maschinen anvertrauen kann, die zu Millionen Exemplaren
immer den völlig gleichen Typus fabricirten. Dass die Ungleichheit des Besitzes im Zusammenwirken mit allen andern
Ungleichheiten der Anlage und historischen Situation das
ganze Leben und Schicksal der Menschen bestimmt, darin
gerade liegt die ideale Bedeutung des Eigenthums für die
Ausbildung menschlicher Individualität. Dasselbe was dem
Einen ein Hemmnis ist, ist dem Anderen eine Förderung;
je nach Art und Kraft der Person wirkt hier die Kleinheit,
wie dort die Grösse des Besitzes. Wäre die vom Rechte
veranlasste Ungleichheit unbedingt ein Uebel, so müsste sie
auch dann noch getragen werden, weil anders das Eigenthum,
diese Grundsäule alles Menschlichen, nicht zu haben wäre;
aber weit entfernt, dass sie ein Uebel wäre, ist sie vielmehr
das Mittel, alle schlummernde menschliche Kraft wachzurufen.
So wenig es Zufall ist, dass dieser Mensch gesund, jener krank,
dieser hochbegabt, jener einfältig ist, ebensowenig ist es Zufall, dass die Vertheilung des Besitzes diesem viel, jenem
wenig verliehen hat: so eng wie ihre anderen Eigenschaften
gehört zur Individualität auch das Maass des Besitzes. Wer
die Ungleichheit des Besitzes wegdenkt, denkt sich aus dem
Menschen das Menschliche weg. Leidlich gleich sind die
Wilden, die Barbaren; zunehmende Cultur und Vermensch-
lichung ist zunehmende Ungleichheit. Dass die Ungleichheit
nicht das Maass überschreite, das von dem Interesse der
menschlichen Persönlichkeit wie des rechtlich geordneten
Ganzen geboten wird, das allein kann man von der besonderen
Gestaltung des Eigenthumsrechtes als vernünftige Anforderung
erwarten.

6. Die Institution des Eigenthums lässt sich nicht begründen durch ihren Nutzen Es würde sich sehr schwer
die Ansicht widerlegen lassen, dass der Nachtheil der Eigenthumsinstitution für Glück und Behagen der Menschen viel
grösser ist als ihr etwaiger Vortheil, und dass sie deshalb
auf das engste Gebiet, wo man ihrer allerdings nicht entrathen

kann, auf das Eigenthum an Sachen des unmittelbaren Verbrauches, zu beschränken ist. In solchen utilitarischen Ueberlegungen wurzelt alle socialistische Feindschaft gegen das Sondereigenthum des einzelnen Menschen und des einzelnen Hausstandes, und auf diesem Terrain sind sie unwiderleglich. Handelte es sich darum, Menschen für den Verzehr und Verbrauch zu mästen, wie es ihnen am wenigsten wehe thäte, so würde in der That die Einschränkung des Eigenthums auf Sachen des augenblicklichen Verbrauches das Angemessenste sein. Begreifen und rechtfertigen lässt sich das Eigenthum nur aus Grundsätzen der praktischen Vernunft, nach denen der Mensch als freie Persönlichkeit seine Individualität frei soll darleben können. Mit den Vertretern des Socialismus in seinen verschiedenen Schattirungen vom zahmen Kathedersocialismus durch den decidirten Staatssocialismus hindurch bis zur rasenden Unvernunft der Socialdemokratie zu disputiren, ist daher ganz unnütz, so lange es sich um die Principien handelt; erst bei concreten gesetzgeberischen Fragen der unmittelbaren Wirklichkeit, wo Nutzen und Zweckmässigkeit mit in Betracht kommt, kann die Auseinandersetzung mit der durchgehenden Tendenz auf Einschränkung des Sondereigenthums fruchtbar werden. Das Sondereigenthum als grundlegende Institution der Rechtsordnung ist entweder mit der Person und ihrer Freiheit, durch die Idee der Gerechtigkeit gegeben, oder man muss seine Vertheidigung aufgeben. Aus einzelnen Zweckmässigkeiten würde es sich nicht rechtfertigen lassen; diesen stehen jedenfalls ebenso grosse oder grössere Unzweckmässigkeiten gegenüber. Auch dadurch lässt sich das Sondereigenthum nicht begründen, dass es thatsächlich überall und immer unter den Menschen gefunden werde. Das ist erstens im strengen Sinne nicht einmal der Fall, und zweitens würde es nicht die Ansicht ausschliessen, dass das Eigenthum eine allgemein unter den Menschen verbreitete Krankheit und Verirrung sei. Jedenfalls haben die Menschen unter dem Eigenthumsrecht zu verschiedenen Zeiten sehr Verschiedenes verstanden, und es lässt sich in diesem Sinne nichts dagegen einwenden, dass das Eigenthum als eine „historische Kategorie" bezeichnet wird. Nur darf man nicht folgern: weil das Eigenthumsrecht früherer Zeiten ein anderes gewesen sei, als das heutige, so sei die heutige Form desselben eine zufällige und willkürliche, die man auch wieder abschaffen könne, wie sie einmal eingeführt worden sei. Vielmehr das heutige Eigenthumsrecht der Völker von höchster Cultur ist zu fassen als das reife Resultat einer im wesentlichen vernünftigen und durch die Vernunft beherrschten geschichtlichen Entwicklung. Es aufzugeben und zu Formen zurückzukehren, die sich in früherer Zeit, bei Völkern niederer Culturstufe finden, könnte nur heissen, ein mühsam erreichtes Culturgut aufgeben, um auf die Stufe relativer Uncultur zurückzusinken. Auch auf diesem Gebiete ist die geschichtliche Entwicklung nicht durch die Willkür der Menschen, durch Ungerechtigkeit und Gewalt, sondern durch die innere Logik der Thatsachen gemacht worden, und auch hier hat sie aus der Unfreiheit zur Freiheit, aus der Ungerechtigkeit zur Gerechtigkeit hingeführt. Die Resultate dieser Entwicklung einfach umzustossen, der weiteren Entwicklung selber eine völlig veränderte Richtung anzuweisen, würde sich als einfach unmöglich erweisen. Nachdem wir freie Personen geworden sind, können wir nicht wieder Sclaven eines Gemeinwesens, des Staates, der Gemeinde oder auch der Kirche werden. Es ist wahr: die Römer zuerst haben den Eigenthumsbegriff in aller Strenge ausgebildet, und so erscheint derselbe zunächst als eine historische Besonderheit: aber diese historische Besonderheit ist zugleich der realisirte Begriff dieses Rechtsverhältnisses der Person zur Sache, von ähnlicher classischer und unvergänglicher Gültigkeit, wie etwa auf anderem Gebiete die lebenslängliche monogamische Ehe. In Einzelheiten wird sich das römische Institut in anderer historischer Umgebung und bei Menschen von anderer Art modificiren lassen müssen; das Princip selber ist unverlierbar wie der Adel des menschlichen Geschlechtes, dessen Ausdruck es ist.

7. Dass das Eigenthum selber beseitigt werden könnte, daran ist nicht zu denken, weil die Sache als Gebrauchsgut nothwendig in irgend welchem Eigenthum stehen muss oder nicht zum Gebrauche dienen kann. Aber wol kann man erstens den Inhalt des Eigenthumsrechtes reicher oder ärmer machen, und kann man zweitens das Eigenthum überwiegend den menschlichen Gemeinschaften oder den menschlichen Einzelpersonen überweisen. Wir sprechen zunächst von Letzterem. Dass die Gemeinschaften bestehen müssen, ergiebt sich aus der Bedürftigkeit und Schwäche des Menschen in seiner Vereinzelung; dass sie, um zu bestehen und ihre Zwecke zu erfüllen, Eigenthum haben müssen, liegt in der Natur der Dinge ebenso für die Gemeinschaften wie für die einzelnen Personen begründet. So zunächst der Staat, die erste und ursprünglichste aller Gemeinschaften, die Quelle des Rechtes und damit auch des Eigenthums; so auf dem Boden des Staates und im Rahmen seines Rechtes auch die übrigen Gemeinschaften, die er duldet, anerkennt, fördert, weil sie seinen Zwecken unmittelbar oder mittelbar hilfreich sind. Es lässt sich ferner denken, dass es bestimmte Objecte giebt, für

§ 54. Das Eigenthum. Gemeineigenthum. Inhalt des Eigenthums.

die es durch Gerechtigkeit und Nutzen geboten ist, dass sie im Eigenthume der Gemeinschaften und nicht der Einzelpersonen seien. Die Gemeinschaften haben genau dasselbe, zuweilen ein höheres Recht zu bestehen, als die Einzelnen, und was zu den nothwendigen Bedingungen ihres Bestandes gehört, das muss ihnen zugestanden werden. Aber die Gemeinschaften verlieren ihre für das Ganze wolthätige Bedeutung und damit auch ihre rechtliche Begründung, wenn sie die persönliche Freiheit des Einzelnen nicht heben, sondern erdrücken. Insbesondere des Staates Wille kann es niemals sein, die persönliche Freiheit mehr einzuschränken, als unbedingt nöthig ist, und der missversteht den Willen des Staates, der der Rechtsordnung solche Action der Einschränkung zumuthet, bloss weil er aus derselben irgend einen Nutzen oder Vortheil herausconstruirt. Nun kann man sich freilich nicht eine absolut für alle Zeiten gültige Grenze zwischen Sondereigenthum und Gemeineigenthum denken; diese Abgrenzung hängt vielmehr ab von den besonderen wirthschaftlichen Zuständen, von dem Grade der Individualisirung der Menschen, ihrer Einsicht und Willensstärke. Als Princip muss aber jedenfalls gelten, dass das Sondereigenthum gelten soll, soweit als das geordnete Ganze dabei bestehen kann, Gemeineigenthum nur soweit, als es zum Bestande der für das Ganze förderlichen Gemeinschaften nöthig ist und als die persönliche Freiheit dadurch nicht über Gebühr beeinträchtigt wird.

8. Was nun ferner den Inhalt des Eigenthumsrechtes anbetrifft, so ist das Eigenthum seinem Begriffe nach das ius infinitum et individuum, Verfügung über die Sache in allen nur möglichen Richtungen, weil sonst die Individualität der Person keine genügende Gewähr ihrer Entfaltung hätte. Aber allerdings, ein schlechthin unbedingtes Recht giebt es überhaupt nicht, und auch im Eigenthum liegt die Beschränkung von vorn herein darin, dass es zwar das ius utendi et abutendi re sua ist, aber nur quatenus iuris ratio patitur. Am Rechte des Staates oder anderer Rechtssubjecte hat auch das Eigenthum seine Grenze, und es fragt sich nur, wo jedesmal diese Grenze liegen soll. Dass der Eigensinn, bei dem kein objectiv gültiges Vermögens-Interesse nachweisbar ist, der Egoismus, der sich blind gegen das allgemeine Interesse verschliesst, nicht ohne weiteres rechtlichen Schutz geniessen können, ist selbstverständlich; ebenso, dass äusserste Fälle des Eingreifens in rechtmässig erworbenes Eigenthum wie in jedes erworbene Recht vorbehalten sind. Gegen Rückwirkung der Gesetze, Expropriation, Ablösung von dinglichen Rechten mit oder ohne Entgelt ist auch das Eigenthum nicht gesichert. Bei Sachen ferner, deren in bestimmter Weise zu übender

Gebrauch für das Gedeihen des Ganzen von besonderer Bedeutung ist, wird das Eigenthum noch besonders beschränkt sein. Der Eigenthümer von Grundstücken kann zum Anbau oder zur Veräusserung gezwungen werden; der Eigenthümer von Forstgrundstücken darf Fremden den Zugang nicht verwehren, muss unter gewissen Bedingungen das Sammeln von Pilzen und Beeren zulassen. Mit alledem wird für das Eigenthumsrecht eine Grenze statuirt, die ausserordentlich verschiebbar und veränderlich, aber niemals aufhebbar ist. In den verschiedenen Rechtssystemen wird entweder mehr die individuelle Macht und Herrschaft, oder mehr das Gemeininteresse betont; das Angemessenste ist jedenfalls, weder der freien Verfügung mehr zu vergeben als unbedingt nöthig ist, noch dem Interesse des Ganzen zu versagen, was es zu fordern gezwungen ist. Im allgemeinen dagegen zu behaupten, das Eigenthum sei ein Amt im Dienste der Gemeinschaft, des Staates, der Menschheit, ist ein bedenklicher Irrthum, bei dem der Gesichtspunkt des sittlichen Lebens mit dem Gesichtspunkte des Rechts und der Gerechtigkeit verwechselt wird. Vom sittlichen Gesichtspunkte aus ist allerdings alles Eigenthum ein Lehen Gottes, der Eigenthümer nur Verwalter, um mit seinem eigenen wahren Wole zugleich das der Gesammtheit und das Reich Gottes zu fördern. Aber das Recht kann nur fordern, was es nöthigenfalls zu erzwingen vermag, und Moral zu predigen ist nicht seine Art. Das Recht lässt die Freiheit der Befugnis zu nach der Maxime der Coëxistenz und schafft damit freien Platz für die sittliche Selbstbestimmung. Das Eigenthumsrecht als ein verantwortliches Amt und nicht als möglichst weit gehende persönliche Herrschaft construiren, heisst nichts anderes als zur Sittlichkeit zwingen wollen; damit aber wird die Rechtsordnung nicht etwa idealisirt, sondern aufs gründlichste missverstanden, verfälscht und zerrüttet, und die Freiheit der Individualität in ihren Fundamenten vernichtet. „Wellichem man god hat gegebin eygen gut, der sal wissen, daz he med syme gude mag thun waz he wel", heisst es im „Kleinen Kaiserrecht". Seinen vollen Begriff in aller Strenge erlangt das Eigenthum erst in der Hand der physischen Person, der es innerhalb der Rechtsschranken zu einer unbestimmten Unendlichkeit von Zwecken dient, und deren willkürliches Belieben auch recht unvernünftig sein kann, ohne doch des rechtlichen Schutzes verlustig zu gehen.

9. Sehr verschieden sind die Arten von Sachen, an denen ein Eigenthum möglich ist, und ebenso verschieden gestaltet sich danach das Eigenthumsrecht für diese verschiedenen Arten. Eigenthum im engeren Sinne ist nur an körperlichen Sachen und an Gesammtheiten von solchen

§ 54. Das Eigenthum. Inhalt. Arten der Sachen. 603

möglich, im weiteren Sinne an allem, was ein vermögensrechtliches Interesse hat und an Gesammtheiten von Gegenständen eines vermögensrechtlichen Interesses. Sachen, deren Natur eine exclusive Herrschaft ausschliesst, sind überhaupt unfähig, Eigenthumsobjecte zu sein; anderen entzieht die Rechtsordnung die Möglichkeit, in Sondereigenthum überzugehen. Diese sind dann jedenfalls, sofern überhaupt ein exclusiver Gebrauch von ihnen gemacht werden kann, als im Eigenthume des Staates oder anderer Gemeinschaften befindlich zu betrachten. Verschiedenheiten des Eigenthumsrechtes im einzelnen ergeben sich aus der Vertretbarkeit oder Unvertretbarkeit, der Verbrauchbarkeit oder Unverbrauchbarkeit, der Theilbarkeit oder Untheilbarkeit der Sachen, aus ihrem Charakter als selbstständige Substanzen oder als Pertinenzen und Früchte. Indessen alles dies betrifft mehr einzelne Punkte in der juristischen Construction der Vermögensrechte und ihrer Consequenzen. Von fundamentaler Wichtigkeit dagegen ist der Unterschied der beweglichen und der unbeweglichen Sachen: denn dieser Unterschied greift aufs tiefste ein in die Beziehung des Sondereigenthums zum Interesse der Gemeinschaft. Die anderen Sachen lassen sich beliebig vervielfältigen; Grund und Boden ist nur einmal da, nur in bestimmter Ausdehnung, und als die ein für allemal gegebene Bedingung für das Leben der Menschen, für ihre Ernährung und ihre Beschäftigungen. So ist es nur natürlich, dass das Eigenthum an Grund und Boden von je unter anderen rechtlichen Bedingungen gestanden hat, als das Eigenthum an beweglichen Dingen, dass ursprünglich der Staat oder die Gemeinde das Grundeigenthum sich vorbehielt, und dass auch da, wo es als volles Sondereigenthum der einzelnen Personen anerkannt wurde, es doch in wesentlichen Dingen eingeschränkt und belastet blieb. Neuerdings aufgebrachte Unterscheidungen dagegen wie die von Verbrauchsgegenständen und Productionsmitteln können für eine verschiedenartige Construction des Eigenthumsrechtes nur künstlich verwandt werden, erstens, weil hier strenge Grenzen sich nicht ziehen lassen, und zweitens weil die wirklich vorhandene Verschiedenheit in den Sachen gerade das nicht betrifft, was für die Rechtsbildung von Bedeutung werden könnte: das Verhältnis der Sache zum Vermögensinteresse des Einzelnen und zu den Bedingungen, von denen der Bestand der Gemeinschaft abhängt.

10. Die Gestaltung des Grundeigenthums hängt am allerengsten mit der wirthschaftlichen Entwicklung der Menschen zusammen. Bedingung für eigentliches Grundeigenthum überhaupt ist die Sesshaftigkeit der Menschen. So lange nun überwiegend Viehzucht getrieben wird, so lange herrscht auch

die Institution des Gemeinlandes vor. Sie kann sich halten, so lange der Ackerbau noch mit den einfachsten Mitteln hantirt; kommt alles auf die Sorgfalt, die Einsicht, den Fleiss, die Betriebsmittel des Einzelnen an, so wird die Feldgemeinschaft widersinnig und unmöglich. Zunehmende Dichtigkeit der Bevölkerung, Steigerung der technischen Cultur, Entwicklung des freien Eigenthums an beweglicher Habe, Geldwirthschaft, Handel und Industrie zwingen auch dem Grundeigenthum in grösserer oder geringerer Gleichartigkeit diejenigen Formen des Eigenthums auf, die für bewegliche Habe sich herausgebildet haben. Ueberall geht in Folge dessen der geschichtliche Fortschritt vom Collectiv-Eigenthum zum Sondereigenthum, von der Gemeinwirthschaft zur Privatwirthschaft; aber man darf nicht übersehen, dass im einzelnen und für besondere Gegenstände des Eigenthums auch wol der Uebergang aus privater in öffentliche Bewirthschaftung nöthig werden kann, und dass es Gegenstände giebt, die überhaupt nothwendig oder besser dem Eigenthum und der Bewirthschaftung des Staates und der Gemeinde überlassen bleiben. Die Rechtsbildung hat auf diesem Gebiete Motive, die an sich verschieden sind und zu verschiedenen Resultaten führen, das Gerechte und das Zweckmässige, das für das private Wol und für das Gedeihen des Ganzen Vortheilhafte, das Interesse der persönlichen Freiheit und das wirthschaftliche Interesse, beständig mit einander auszugleichen. Im ganzen stimmen freilich Gerechtigkeit und Vortheil auch hier zusammen. Unter beiden Gesichtspunkten ist das Wünschenswertheste, dass jeder volles Eigenthum habe an dem, was er selbstständig bearbeitet, dass im Gemeineigenthum als Object der Gemeinwirthschaft nur das sei, was sich nach dem Reglement und fester Vorschrift ohne tieferes Eingreifen individueller Auswahl und freier Unternehmungslust bearbeiten lässt, oder was wie öffentliche Wege, wie Forst- und Bergwerkseigenthum im Interesse der künftigen wie der lebenden Geschlechter dem Einfluss privater Willkür nicht unbedingt ausgesetzt werden darf. Dass Eigenthümer sei, wer das Object nicht selbst bewirthschaftet, ist als Ausnahme nicht zu vermeiden, als Regel verderblich. Die scheinbaren wirthschaftlichen Vortheile der Gemeinwirthschaft: die Planmässigkeit und Organisation der Arbeit, bei der das Gegeneinanderwirken der Kräfte vermieden wird, die Hand in Hand mit einander wirken sollten, die Regelung der Production wie der Consumtion durch einen herrschenden Willen: das alles wird in dem System der Sonderwirthschaft weit aufgewogen durch die verstärkte Kraft der persönlichen Initiative, durch die vermehrten Motive der Arbeit, durch die dringenden Antriebe zur Entfaltung aller Gaben und Anlagen

§ 54. Das Eigenthum. Grundeigenthum. Erwerbungsarten.

der Persönlichkeit, durch den härteren Zwang und das wärmere Interesse für das Eigene, was man selbst erwirbt, selbst hat, selbst thut, selbst geniesst, und was man den Seinen zum Genusse überlassen und hinterlassen kann. Dass das Eigenthumsrecht, auch das an unbeweglichen Sachen, mit möglichst reichem Inhalt ausgestattet werde, das erfordert die Idee der Persönlichkeit, die an den Sachen die Mittel zu ihrer allseitigen Entfaltung, zu freithätigem Zwecksetzen hat. Das Gemeineigenthum hat solchen reichen Inhalt niemals, ist niemals freies, volles Eigenthum, weil die Zwecke, zu denen es verwandt wird, durch die Statuten der Gemeinschaft festgelegt sind; darum soll der Idee des Rechtes gemäss im Gemeineigenthum jedesmal nur das sein, was den Einzelpersonen nicht ohne Gefahr anvertraut werden darf, also jedesmal ein Minimum mit Grenzen, die je nach der Höhe der technischen Cultur und der Entwicklung der Persönlichkeit verschiebbar sind. Die Tendenz, die Ausdehnung des Sondereigenthums und der Sonderwirthschaft möglichst zu verringern, um dem Gemeineigenthum und der Gemeinwirthschaft möglichst grossen Platz zu schaffen, ist wider alles Recht und läuft darauf hinaus, die Institution des Zuchthauses zur normalen für das ganze Getriebe der menschlichen Gesellschaft zu machen.

11. Die Arten, wie Eigenthum erworben wird, und die Bedingungen, unter denen Eigenthum anerkannt wird, bestimmt das Recht überwiegend nach Grundsätzen der Gerechtigkeit. Der erste Grundsatz ist danach der, dass jeder behält, was er hat, so lange für eine Veränderung nicht ein zureichender Grund aufgezeigt werden kann. Damit liegt denn allem Eigenthumsrechte die Fiction eines Anfangszustandes zu Grunde, wo ein blosses Innehaben stattfindet, das dann vom Rechte mit Schutz und ideeller Macht ausgestattet wird. Die Vertheilung des empirischen Besitzes, der fortan als rechtmässig anerkannt und in intelligibeles Eigenthum umgewandelt wird, kann als ursprüngliche Thatsache nur auf dem Willen jedes Einzelnen oder der Gemeinschaft, jedesmal nur auf dem Willen dessen beruhen, der sich nach Belieben der Sachen bemächtigt, sie occupirt hat. Die Occupation ist somit der letzte Grund und Ausgangspunkt des Innehabens, welches vom Rechte Eigenthumsschutz empfängt. Diese ursprüngliche Occupation wird gedacht als stattfindend in einem noch rechtlosen Zustande, z. B. auch im Kriege und durch Eroberung seitens ganzer Horden und Stämme. Es ist ideell eine Linie gezogen: jenseits derselben herrscht Freiheit der Occupation, diesseits derselben Schutz für jeden in dem, was er occupirt hat; jenseits Gewalt und List, diesseits

Achtung vor fremdem Rechte. Die communio primaeva, die man sich in dem fingirten Zustande vor allem Rechte vorstellt, ist nichts als diese unbestimmte Möglichkeit der Occupation für jeden ohne Rücksicht auf ein fremdes Recht, das noch gar nicht existirt. Mit dem Rechtszustande erst tritt die Forderung ein, dass fortan alle Eigenthumsveränderung auf rechtliche Weise zugehe, und dass Eigenthum erworben und verloren werde nur in den vom Rechte ausdrücklich vorgeschriebenen Formen, die sich dem Principe der Gerechtigkeit möglichst anzunähern trachten. Auf engsten Raum beschränkt bleibt fortan die O c c u p a t i o n, die blosse Aneignung der Sache aus eigenem Belieben. Denn das Meiste hat seinen Herrn, dessen Recht geschützt ist; für das aber, was noch keinen Herrn hat, bezeichnet der Staat die Bedingungen einer von ihm anzuerkennenden Occupation. Das Eigenthum am Herrenlosen nimmt vernünftigerweise der Staat für sich in Anspruch, weil niemand ein besseres Recht hat als er, und nur aus Gründen der Zweckmässigkeit überlässt er anderen eine bedingte Möglichkeit der Occupation. An sich ist die Begründung des Eigenthums durch Occupation, da dieselbe gegen kein Recht eines anderen verstösst, leicht verständlich; sie entspricht dem ersten Grundsatz des Gerechten (§ 24, 2). Mit dem Eigenthum an der Substanz der Sache ist dann aber auch das Eigenthum an dem gegeben, was als Accidens zur Substanz gehört, an der F r u c h t wie an dem Z u w a c h s und dem mit der Substanz V e r b u n d e n e n. Ideell inhaltsvoller und im Rechtszustande einflussreicher ist indessen die zweite Art des Eigenthumserwerbs, die S p e c i f i c a t i o n. Wer durch seine Arbeit einen Stoff geformt und dadurch neues Gut und neuen Werth, der auch als Frucht der Sache Resultat der Arbeit sein kann, erzeugt hat, dem fällt dieser neue Werth als sein Eigenthum zu. Der Grund dafür liegt zunächst in dem, was der Specification und der Occupation gemein ist; an dem neuen Werthe hat offenbar niemand ein Recht, geschweige denn ein besseres Recht, als der Erzeuger. Das Wesentliche aber ist doch das Positive, was die Specification vor der Occupation voraus hat, das persönliche Verdienst, das sich der Erzeuger um die Entstehung eines neuen Gutes erworben hat, und für welches das an demselben erworbene Eigenthum der gerechte Lohn ist (§ 24. 3). Aber wol zu beachten bleibt, dass nicht die Arbeit als solche schon Eigenthum begründet; Eigenthum zu ertheilen, das vermag nur die Rechtsordnung. Wenn aber einmal eine Rechtsordnung und mit ihr die Eigenthumsinstitution existirt, so ist es gerecht und zweckmässig, dass die Rechtsordnung der Arbeit die Möglichkeit ertheile, Grund des Eigenthumserwerbes zu werden.

§ 54. Das Eigenthum. Erwerbungsarten.

Nur muss man, um den Lohn gerecht zu vertheilen, auch die
Stelle recht erkennen, wo das Verdienst zu finden ist. Die
äusserliche wahrnehmbare Arbeit im sinnlichen Stoff hat in
den meisten Fällen das geringste Verdienst und den geringsten
Antheil an der Erzeugung des neuen Werthes; weit überwiegend ist das Verdienst bei dem, der durch Befehl und
Anweisung, durch Voraussicht und Entwurf, durch Hergabe
der Hilfsmittel und planvolle Klugheit die Kräfte der Anderen
zum Ziele lenkt und den Erfolg der körperlichen Anstrengung
sichert. Endlich die dritte Art des Eigenthumserwerbs, die
Tradition, durch welche nach übereinstimmender Willenserklärung das, was bisher in dem Eigenthum des Einen war,
nunmehr in das Eigenthum des Anderen übergeht, steht unter
dem Grundsatze des Gerechten, dass jeder für jeden abgetretenen Werth gleichen Werth zurückempfangen soll, falls
er nicht auf das ihm gebührende Gleiche verzichtet (§ 24, 3).
Doch lässt die Rechtsordnung auch rechtmässigen Erwerb
fremden Eigenthums ohne solchen Austausch zu, theils wo
der bisherige Eigenthümer als Rechtssubject zu existiren aufgehört hat, durch Erbfolge und Vermächtnis, theils durch
Verwirkung des bisherigen Eigenthümers in delictsähnlichen
Fällen, wo Verlust des Einen und Gewinn des Anderen als
eine Art von Strafe und Schadensersatz zu künstlicher Ausgleichung ideeller Werthe dient, theils durch Usucapion, wo
die blosse Thatsache durch die Länge der Zeit den Charakter
anerkannten Rechtes erlangt (§ 43, 6). Behufs der Erkennbarkeit für alle wird es in den meisten Fällen das Zweckmässigste sein, dass der Eigenthumserwerb daran geknüpft
wird, dass die Sache in die thatsächliche Verfügung des Erwerbers übergeht und bis dahin durch den übereinstimmenden
Willen des früheren Eigenthümers und des Erwerbers nur
ein Anspruch auf die Eigenthumsübertragung entsteht, dessen
Begründung das Recht zu prüfen sich vorbehalten muss, weil
der Vertragswille der Parteien nicht ohne weiteres vom Rechte
anerkannt wird. Die Macht und Wirksamkeit eines erworbenen
Eigenthums Dritten gegenüber wird bald grösser, bald geringer
sein, je nachdem mehr die ideelle Herrschaft des Eigenthümers
allen Thatsachen zum Trotz, oder mehr das Bedürfnis des
Verkehrs und des Vertrauens betont wird. Im römischen
Rechte heisst es: ubi rem meam invenio, ibi vindico; nach
deutschem Rechte gilt der Grundsatz: Hand muss Hand
wahren. Der Fortschritt der Rechtsbildung geht auf Erleichterung des Eigenthumserwerbs durch Wegfall erschweren-
der Formen, auf Schutz für den gutgläubigen Besitzer auch
dem Eigenthümer gegenüber und auf Erleichterung des Erwerbes durch Ersitzung mit Titel und gutem Glauben. Indem

so die Rechtsordnung die Erwerbsarten des Eigenthums bestimmt, sorgt sie dafür, dass jedem das Seine werde oder bleibe. Gerechtigkeit in den Eigenthumsverhältnissen lässt sich nicht auf andere Weise erzielen, als durch diese rechtliche Ordnung der Formen, in denen Eigenthum übergeht und erworben wird. Eine neue Vertheilung unter dem Gesichtspunkte der Gerechtigkeit, so dass jeder je nach seiner Eigenthümlichkeit das erhielte, was ihm zukommt, und dass ihm verhältnismässige Gleichheit des Besitzes und Genusses zu Theil würde, liesse sich von Menschen nicht vornehmen; dass jedem so viel zufliesst, als ihm gut und angemessen ist, dafür muss man die göttliche Güte und Weisheit walten lassen, die ja auch sonst jedem seine Gaben zumisst. Unter dem Gesichtspunkte des Rechtes ist nur dies zu fordern, dass jedem Gelegenheit gegeben werde, wirthschaftliche Tugenden zu entfalten, und dass dem Fleisse, der Einsicht, der Nüchternheit der Erfolg so viel als möglich gesichert sei. Nach diesem Ziele hin hat sich das Recht weiter zu entwickeln, indem es zugleich nach der Maxime der Coëxistenz die Befugnis eines jeden so wenig als möglich einschränkt und im einzelnen seine Ordnungen nach den dringendsten Anforderungen der Zweckmässigkeit und nach dem Rechtsbewusstsein der Rechtsgenossen stetig und regelmässig fortschreitend umgestaltet.

12. Man kann das vorhandene Eigenthumsrecht loben oder tadeln, eine Aenderung desselben von fundamentalerer oder unwesentlicherer Art verlangen; dass der Process der Entwicklung noch nicht abgeschlossen ist, wird jeder Verständige zugeben. Aber eines darf man nicht: die vorhandene Vertheilung des Eigenthums als ungerecht bezeichnen; denn das ist einfach gedankenlos. Dass jedesmal das gegenwärtig vorhandene Eigenthum rechtmässig erworbenes Eigenthum ist, ist ein identischer Satz; denn wäre es nicht rechtmässig, so wäre es auch nicht Eigenthum. Was aber hierin gerecht ist, kann kein Mensch sagen. Es ist eine überaus bedenkliche Rede, wie sie z. B. A. Wagner führt: ein grosser Theil des Privateigenthums sei ungerechtfertigtes Eigenthum, das Privat-Kapital vielfach den Arbeitern vorenthaltener Lohn, die heutige Vertheilung des Grundbesitzes in grossem Umfange ein Product der Rechtswidrigkeit und Gewalt, durch Enterbung und Enteignung der ursprünglichen Besitzer und Bebauer entstanden. Nein, das Eigenthum ist rechtmässig, sonst wäre es vor dem Richter anfechtbar. Alles Eigenthum ist unter der Herrschaft des Rechtszustandes erworben; diese sogenannte Vorenthaltung, Enterbung und Enteignung ist in den Formen Rechtens geschehen: wie kann sie rechtswidrig sein? Wer aber darf sich vermessen, in diesem Rechtsgemässen

§ 54. Das Eigenthum. Gerechtigkeit im Eigenthum.

das Gerechte vom Ungerechten zu sondern? Gerade dazu ist das Recht da, dieses haltlose Meinen und Dünkeln über das Gerechte abzuschneiden. Das Erste und Wichtigste ist, dass man die **Heiligkeit des vorhandenen Eigenthums** anerkenne; denn mit ihr fiele alles rechtliche und sittliche Leben zugleich dahin. Im äussersten Falle mag durch die Gesetzgebung auch in das Eigenthum eingegriffen werden; aber man soll nur wissen, dass das geradeso ein Rechtsbruch ist, als wenn man dem König seine Krone raubt, Thron und Altar umstürzt. Denn der König hat seine Krone aus derselben Quelle, wie jeder sein Eigenthum, nämlich aus dem Rechte, und die Unantastbarkeit des Eigenthums ist gerade ebenso eine der ersten Grundlagen alles Rechtszustandes, wie die Autorität der Obrigkeit. Wer die Massen daran gewöhnt, rechtmässig erworbenes Eigenthum als ungerecht erworben anzusehen, der lockert alle Bande der Ordnung und Zucht, der ruft die dämonischsten Mächte in der Menschenbrust wach und wendet das wirksamste Mittel an, um alle Grundlagen des Staates wie der Kirche zu untergraben. Wer sich eine Spur von gesunder Einsicht bewahrt hat, der muss anerkennen, dass die vorhandene Eigenthumsordnung wie das vorhandene Eigenthumsrecht nicht ein Auswuchs purer Bosheit oder unvernünftiger Gewalt, nicht die Frucht des Unverstandes und der Ungerechtigkeit ist, sondern das reife Resultat der geschichtlichen Entwicklung, das Erzeugnis des Rechtsbewusstseins aller Geschlechter vor uns, der Niederschlag ihrer wirthschaftlichen Verhältnisse und Bedürfnisse. Die Phantasterei, die dem Zuge der historischen Entwicklung entgegen das völlig Fremdartige will, ist nichts als krankhafte Entartung. Wer unter die Projectenmacher geht, dem soll man den Puls fühlen, nicht mit ihm streiten. Nicht Idealismus ist es, sondern Gedankenlosigkeit, von einer Welt zu träumen, die nicht ist, aber werden könnte, und die ganz anders wäre als die Welt, die wir kennen, während doch die Menschen in dieser erträumten Welt dieselben bleiben wie in der wirklichen Welt. Plötzliche grosse Umwälzungen sind überall verderblich, am verderblichsten in der Eigenthumsordnung. Mit leiser Hand schonend und behutsam in einzelnen Punkten reformiren, je nachdem jedes Einzelne dringlich und für eine Besserung reif geworden ist: das ist die Aufgabe, wie sie der Einsichtige und Besonnene stellt. Die Richtung der Entwicklung mag Schwankungen und Abweichungen unterworfen sein: im wesentlichen geht sie bei allen Culturvölkern ohne Ausnahme auf Erweiterung des Gebietes des Sondereigenthums und seines Gehaltes an Befugnis. **Hegel** bezeichnet die Thatsache, dass die Freiheit des Eigenthums gleichsam erst seit gestern, hier und da als Princip anerkannt worden ist, als ein Beispiel aus der Weltgeschichte über die Länge der Zeit, die der Geist braucht, in seinem Selbstbewusstsein fortzuschreiten, und als ein Heilmittel gegen die Ungeduld des Meinens. Diesen Fortschritt in seinem Selbstbewusstsein wird der Geist sicher nicht zurückthun denen zu Gefallen, für die nicht Recht und Gerechtigkeit, sondern gemeiner Neid, Begehrlichkeit und Unzufriedenheit das treibende Motiv bilden, und die in phantastischer Einbildung von Nutzen und äusserem Wol die Anforderungen, die der geistige Adel der Menschennatur stellt, ausser Augen setzen.

13. Das Eigenthum ist, wo es seinem Begriffe gemäss construirt wird, das im Princip unbeschränkte Recht an der Sache. Aber das schliesst die Einschränkung der Fülle der Befugnis im einzelnen nicht aus. Insbesondere sind es drei Gesichtspunkte, welche die Einschränkung des Eigenthums gebieten: 1) jede Einzelwirthschaft ist ein Glied in der Gesammtwirthschaft des Volkes, und es könnte die staatliche Rechtsgemeinschaft bei einem willkürlichen Gebrauche des Eigenthums nicht bestehen; 2) die Rechtsgenossen würden ihre Befugnis an ihrem Eigenthum nicht ausüben können, wenn jeder über seine Sache unbeschränkte Befugnis hätte; 3) das Eigenthum ist niemals Sondereigenthum schlechthin, sondern weil jedes Individuum Mitglied einer Familie ist, hat es zugleich die Bestimmung, der Familie zu dienen als Mittel für den Bestand der Familie selbst wie ihrer einzelnen Mitglieder. Mit Rücksicht auf diese Beziehung des Eigenthums zum Staate, zu den Rechtsgenossen, zu der Familie wechseln in den verschiedenen Rechtssystemen die Grenzen, welche der Eigenthumsbefugnis gezogen werden. Am meisten unterliegt der Einschränkung das Grundeigenthum in Hinsicht auf seine Theilbarkeit und Veräusserlichkeit. Dem Staate liegt daran, dass der Grundbesitz nicht zu sehr zersplittert werde, ein existenzfähiger Bauernstand erhalten, die Familien des Adels mit dem zur Aufrechterhaltung ihrer Stellung nöthigen Vermögen ausgestattet bleiben. Den Familiengenossen, den Gemeindegliedern wird ein Vorkaufsrecht gewährt; bei manchen Objecten wird das Veräusserungsrecht durch das Gesetz ausgeschlossen oder die Ausschliessung durch private Verfügung gesetzlich anerkannt. Um des gemeinen Woles willen verlangt der Staat, dass das Grundstück bebauet, städtischer Grund und Boden mit Baulichkeiten besetzt werde; wer nicht bebauet, dem kann das Eigenthum entzogen werden. Das moderne Princip der Zwangsenteignung, zu dem ältere Analogieen nur etwa beim Bergbau und Deichwesen vorkommen, hat sich unter der Einwirkung der wirthschaftlichen Entwick-

§ 54. Das Eigenthum. Einschränkung der Befugnis.

lung in weit grösserem Umfange auferlegt; auch sonst wird im Falle der Noth wie im Kriegszustande der Eigenthümer durch das Gesetz gezwungen, sein Eigenthum zu zeitweiliger Benutzung oder auch zum Verbrauche herzugeben. Es kann ferner keinem Zweifel unterliegen, dass es des Staates Pflicht und Amt ist, Objecte von ganz besonderer Wichtigkeit, wie Eisenbahnen, Canäle, Gasanstalten, Wasserleitungen, Bergwerke, dem Sondereigenthum zu entziehen, sobald alle gesetzgeberische und beaufsichtigende Thätigkeit sich als nicht ausreichend erweist, um Gefährdungen des öffentlichen Woles, die von einem ungeeigneten und willkürlichen Gebrauche solcher für das Ganze bedeutsamen Objecte in den Händen der Privaten drohen, abzuwehren. Der Rücksicht auf die Rechtsgenossen entspringt das Nachbarrecht, das Verbot des Neidbaus, das Fenster- und Lichtrecht; insbesondere die Rücksicht auf die Familie ist es, welche dem Verschwender die Verwaltung seines Vermögens zu entziehen gebietet. Alle diese Einschränkungen der Eigenthumsbefugnis erwachsen nicht etwa aus einem dem Eigenthum selbst fremden Princip, sondern aus dem eigenen innersten Wesen des Eigenthums. Denn Eigenthum hat jeder nicht von Natur, sondern nur durch das Recht und innerhalb der vom Rechte gezogenen Grenzen; der innere Zweck des Eigenthums ist die persönliche Freiheit, aber diese als die persönliche Freiheit aller und im Einklange mit der Selbsterhaltung des Ganzen. Gerecht also kann niemals das unbeschränkte Eigenthumsrecht sein, sondern nur das mit Rücksicht auf die Coëxistenz der Einzelnen und des Ganzen beschränkte. Nur fordert eben dieser innere Zweck des Eigenthums wie der ganze Zusammenhang der Rechtsordnung überhaupt, dass jede Beschränkung der Eigenthumsbefugnis begründet werde durch ihre Unentbehrlichkeit, nicht etwa durch eine blosse Nützlichkeit und Bequemlichkeit, und dass also das Eigenthum so frei und unbeschränkt sei, wie es jedesmal möglich und erträglich ist. Im Begriffe des Eigenthums liegt es, dass die Sache jedesmal nur im Eigenthum eines Rechtssubjectes, einer physischen oder juristischen Person sein kann. Duorum in solidum dominium esse non potest. Gemeinschaftliches Eigenthum kann immer nur Miteigenthum entweder nach reellen oder nach intellectuellen Theilen sein, und im letzteren Falle kann nur der übereinstimmende Wille der Miteigenthümer über die Sache verfügen. Jede Art von condominium in solidum, von Gesammteigenthum, läuft wie die Unterscheidung von Ober- und Untereigenthum ihrer Natur nach vielmehr auf das Verhältnis des Eigenthümers zum dinglich Berechtigten hinaus. Die eheliche Gütergemeinschaft aber ergiebt Eigenthum des

Hausvaters, nur mit weitgehender obligatorischer Belastung gegenüber den Familiengliedern, insbesondere der Ehefrau. Unverträglich mit dem Begriffe des Eigenthums ist ferner, dass es auf Zeit übertragen werde, weil der Eigenthümer als solcher jede Befugnis auch über die Substanz haben und sie auch vernichten können muss. Derjenige, auf den das Eigenthum nach bestimmter Zeit übergehen soll, ist vielmehr der wahre Eigenthümer, und der einstweilige Inhaber nur der dinglich Berechtigte.

14. Die gleichen Gesichtspunkte, welche auch sonst die Einschränkung der Eigenthumsbefugnis gebieten, bewirken auch die Einschränkung der freien Verfügung des Eigenthümers über seine Sache für den Todesfall. An sich liegt im Eigenthum als der Herrschaft über die Sache nach allen Richtungen, in denen Herrschaft über sie geübt werden kann, auch das Recht, über die Sache für den Todesfall zu verfügen, und in dem Zwecke der persönlichen Freiheit als der Wurzel der Eigenthumsinstitution ist auch diese Befugnis mitbegründet. Dass jemand mit dem angesammelten Vermögen, wenn er selbst nicht mehr im Stande ist, es zu gebrauchen, diejenigen Zwecke zu fördern vermag, die ihm am Herzen liegen, ist zugleich ein wesentliches Motiv für seine ganze wirthschaftliche Gebahrung, für Unternehmung, Verbrauch und Ersparnis; die gesammte Wirthschaft des Volkes hat ein Interesse daran, dass dieses Motiv nicht geschwächt werde. Um es im Grundgedanken des Rechtes begründet zu finden, dass der Wille des Eigenthümers in der Verfügung über die Sache auch noch nach seinem Tode zu achten ist, bedarf es keiner künstlichen Construction. Alle Willkür wird anerkannt und geschützt, sofern sie sich innerhalb der Maxime der Coëxistenz bewegt, mit dem Princip der Ordnung und dem der Gerechtigkeit sich verträgt; darin liegt unmittelbar als Consequenz auch die Freiheit, von Todeswegen über sein Eigenthum zu verfügen, soweit das Ganze und soweit die Anderen dabei bestehen können. Dass innerhalb der Rechtsordnung mit dem Tode Recht und Verpflichtung nicht erlöschen kann, das ist ja selbstverständlich; im anderen Falle gäbe es perpetuirliche Unsicherheit und Störung jedes Bestandes, und jede Ordnung würde aufgehoben. Jedenfalls also bleibt Recht und Verpflichtung des Einzelnen auch nach seinem Tode bestehen als Bestandtheil des gesammten Rechtszustandes, und nur das Rechtssubject wechselt. Für das nicht mehr vorhandene Rechtssubject tritt eins oder mehrere andere ein, und die Continuität des Rechtsverkehrs bleibt gewahrt. Dabei nun wird die Sicherheit einer äusseren Ordnung jedenfalls am leichtesten aufrecht erhalten, wenn derjenige, der

§ 54. Das Eigenthum. Erbrecht. 613

das Vermögen erworben oder conservirt hat, auch darüber zu bestimmen hat, welchen Zwecken das Vermögen zu der Zeit dienen soll, wo er als Rechtssubject nicht mehr existirt, und zugleich erscheint es doch wol als das Gerechteste, dass derjenige, der am Bestande des Vermögens das Verdienst hat, auch in der Freiheit der Verfügung über das Vermögen für sein Verdienst seinen Lohn empfange. Gerade wie die Rechtsordnung sonst den Schutz der subjectiven Rechte übernimmt, wo der Berechtigte nicht im Stande ist, sein Recht selbst zu vertreten, gerade so schützt die Rechtsordnung auch das Rechtssubject, welches nicht mehr im Leben ist, in seiner anerkannten Berechtigung, oder richtiger sie verheisst dem Lebenden ihren Schutz für die Zeit nach seinem Tode, damit sein rechtlich anerkannter Wille zur Verwirklichung gelange. Sondereigenthum und freie Verfügung über das Eigenthum für den Todesfall sind also zusammengehörige Begriffe. Unter dem Gesichtspunkte des Eigenthumsrechtes ist die Testirfreiheit das Selbstverständliche: aber allerdings nicht die unbeschränkte Testirfreiheit, sondern diejenige, welche nur innerhalb der von der Rücksicht auf den Staat, die Rechtsgenossen und die Familie gebotenen Grenzen Anerkennung erlangt.

15. Am allerdringendsten macht sich dabei das Anrecht der Familie geltend, dass sie als Ganzes und dass ihre einzelnen Mitglieder nicht durch die willkürliche Verfügung über das Vermögen, das doch zugleich Lebensbedingung für die Familie ist, in ihrer Existenz bedroht werden. Das Normale ist, dass jeder Mensch in den Vermögensverhältnissen, in denen er aufgewachsen ist, wenn nicht in noch günstigeren, weiter lebe; denn diese Vermögensverhältnisse sind nicht ein blosser äusserer Anhang zu der Persönlichkeit, sondern sie helfen von vorn herein das Wesen der Persönlichkeit bestimmen. Dass die Vermögensverhältnisse durch einen Unglücksfall oder durch verkehrtes wirthschaftliches Gebahren des Hausvaters innerhalb seiner Berechtigung für alle Familienglieder verschlechtert werden, dagegen kann die Rechtsordnung nichts thun; aber wol dagegen, dass einer muthwillig die Seinen von Existenzmitteln entblösse, durch letztwillige Verfügung, die doch immer nur durch Anerkennung seitens der Rechtsordnung Gültigkeit erlangen und zur Ausführung kommen kann. Nicht dass das Vermögen im Gesammteigenthum oder Miteigenthum der Familie wäre; das Eigenthum hat vielmehr immer nur Einer. Aber an diesem Vermögen haftet in Folge des Familienbandes die Verpflichtung gegen die nächsten Familienglieder, wie zum Unterhalt, so auch zur Fürsorge für die Zukunft, und deshalb auch zu einer be-

stimmten Art der Verfügung von Todeswegen, gewissermaassen als eine Zustandsobligation. Die Beschränkung der Testirfreiheit durch ein gesetzliches Erbrecht der nächsten Familienglieder ist also eine Forderung der Gerechtigkeit; auch das Intestaterbrecht hat seinen Grund in dieser Gerechtigkeit, nicht in einem praesumirten Willen des Erblassers. Hat jemand nicht testirt, so ist es Sache der Rechtsordnung, die Verlassenschaft nach Gerechtigkeit zu vertheilen. Entzieht aber jemand ausdrücklich für seinen Todesfall das gemeinsame Vermögen den Seinigen, gleichgültig dagegen, dass er dort Noth und Verlegenheit verursacht, wo bisher grösserer oder geringerer Wolstand war, so handelt er ungerecht, und solche Ungerechtigkeit zu verhüten, der Willkür gegenüber das Princip des Gerechten geltend zu machen, ist grade Aufgabe der Rechtsordnung. Diese Aufgabe suchen verschiedene Rechtssysteme in verschiedener Weise zu lösen. Bald wird auch hier mehr das volle Eigenthumsrecht und die unbegrenzte Herrschaft des Einzelnen betont, bald wird das Eigenthum in nähere Beziehung zur Gemeinschaft gesetzt und die Verwaltung desselben als Dienst der Gemeinschaft aufgefasst. Zwischen dem Satze: uti paterfamilias legassit ita ius esto, und dem anderen: Gott und nicht der Mensch macht den Erben, liegen unzählige Zwischenstufen. Die Familie kann in weiterem oder engerem Sinne genommen, und das Erbrecht auf nähere Glieder beschränkt oder auf weitere ausgedehnt werden; es kann das Recht zu testiren als die Grundlage alles Erbrechts und alles Erbrecht der Familienglieder ohne Willen des Erblassers, das Notherben- und Pflichttheilsrecht, als bloss subsidiär betrachtet werden; es kann aber auch dieses gesetzliche Erbrecht der Familienglieder als das Selbstverständliche gelten und daneben die willkürliche Bestimmung des Erblassers keinen oder einen beschränkten Raum für sich erlangen. Welche positiven Bestimmungen hierüber in diesem oder jenem Rechte gelten, das hat für die Rechtsphilosophie kein weiteres Interesse; denn gerade hier kann die positive Bestimmung, wenn auch immer motivirt durch Brauch und Gewohnheit, geschichtliche Entwicklung und äussere Nützlichkeiten, die Willkürlichkeit ihres Inhalts am wenigsten verleugnen. Als das Natürlichste indessen erscheint, was auf germanischer Grundlage Bestimmung des französischen Rechtes geworden ist: dass den Familiengliedern eine bestimmte Quote der Verlassenschaft gesetzlich gesichert und dem Erblasser nur für den Rest die Freiheit des Testirens zugestanden wird. Als Notherben wie als gesetzliche Erben indessen sind zu bedenken nur die nächsten Familienglieder in aufsteigender und absteigender Linie, die Ehegatten und in bedingter Weise

§ 54. Das Eigenthum. Erbrecht.

auch die leiblichen Geschwister; für die Verwandtschaft fernerer Grade hat die gesetzliche Erbfolge keinen rechten Sinn, am wenigsten da, wo jedes Bewusstsein oder jede Pflege des Familienzusammenhanges fehlt. Wo keine anderen Erben vorhanden sind, da erbt am gerechtesten der Staat; wo die Erben nicht Kinder oder Eltern oder Gatten des Erblassers sind, da wird dem Staate und der Gemeinde ein Theil der Erbschaft etwa in Form einer Erbschaftssteuer zuzusprechen sein. Allzu grosse Anhäufung der Vermögen zur todten Hand im Wege des Vermächtnisses ist wegen der wirthschaftlichen Schädlichkeit und wegen der Durchbrechung des Rechtsprincips des Sondereigenthums durch Rechtsgebot zu verhüten. Für den Grundbesitz ist überall eine besondere Regelung des Erbganges nöthig und dabei wieder im öffentlichen Interesse bäuerlicher Grundbesitz anders zu behandeln als derjenige hochgestellter Adelsfamilien. So lange der Staat durch Besitz und Einfluss mächtige Häuser und Persönlichkeiten nicht wol entbehren kann, sind auch Familienstiftungen, Fideicommisse und Majorate, wenn nur für nicht übermässige Anzahl derselben und für genügende Ausstattung der Benachtheiligten gesorgt ist, dem Grundgedanken des Rechtes keinesweges widersprechend. Dass jemand durch solche äussere Ausstattung für dauernde Blüthe seines Hauses sorgen dürfe, ist wünschenswerth, soweit nicht dringende Gründe des öffentlichen Woles dagegen sprechen, und wenn auch im einzelnen eine nachtheilige Wirkung für die Flüssigkeit des wirthschaftlichen Verkehrs und für die volle Ausbeutung der Eigenthumsbefugnis eintreten kann, so wird doch solcher Nachtheil innerhalb vernünftiger Grenzen um der Bedürfnisse und Vortheile des politischen Zustandes willen getragen werden müssen.

§ 55.
Die dinglichen Rechte.

Aus dem Eigenthum als dem Rechte der Verfügung über die Sache nach allen Richtungen hin lassen sich einzelne Verfügungsrechte nach bestimmten Richtungen hin ausscheiden, die vorübergehend auch einem vom Eigenthümer verschiedenen Rechtssubjecte zustehen können. Auf dieser Möglichkeit beruhen die dinglichen Rechte im engeren Sinne als die Rechte an Sachen in fremdem Eigenthum. Ausscheidbar aus der Fülle der Eigenthumsbefugnisse in diesem Sinne ist 1) das

Recht auf **Benutzung** der Sache, und zwar entweder als Recht auf **einzelne Nutzbarkeiten**, oder auf die **Benutzung im vollen Umfange**, dieses letztere aber entweder als **bestimmten einzelnen Personen** zukommendes, oder als **vererbliches und veräusserliches Recht**; 2) das Recht auf den **Werth** der Sache und 3) das Recht auf die **Form** der Sache. Das Recht auf den Werth bildet die Grundlage von **Pfandrechten**; das Recht auf die Form ist in der neuesten Rechtsentwickung durch die Ausbildung der **Urheberrechte** zur Grundlage eines wichtigen Rechtsinstitutes gemacht worden. Endlich sind 4) als dingliche Rechte anzusehen alle **Vorkaufs-, Retracts- und Anwartschaftsrechte** als Rechte, in künftiger Zeit Eigenthum oder dingliche Rechte an der Sache zu erlangen.

1. Die Vermögensrechte werden gewöhnlich in dingliche und persönliche Rechte eingetheilt. Diese Eintheilung stützt sich vor allem auf den für den Begriff der Sache nicht an erster Stelle entscheidenden Unterschied der zum Schutze der Rechte dienenden Klagerechte. Dem Wesen der Sache angemessener erscheint es, eine Dreitheilung vorzunehmen, bei welcher das Eigenthum als das unabhängige und höchst vollständige Recht das erste Glied, das Forderungsrecht als das von der Leistung einer anderen Person abhängige und höchst unvollständige Recht das letzte Glied, das Recht an fremder Sache aber den Uebergang zwischen beiden bildet. Eben deshalb halten wir es auch nicht für gerechtfertigt, Eigenthum und Rechte an fremder Sache unter einer Bezeichnung zusammenzufassen, und gebrauchen den Terminus **dingliche Rechte** nicht so, dass er das Eigenthum mitbezeichnet, sondern nur für die Rechte an fremder Sache; bei den dinglichen Rechten betonen wir also nicht den Gegensatz zu den Forderungsrechten, sondern die Verwandtschaft mit denselben. In der That bilden schon die dinglichen Rechte als Rechte unmittelbar an der Sache eines fremden Eigenthümers ein Rechtsband und eine gegenseitige Abhängigkeit auch zwischen den Personen des Eigenthümers und des dinglich Berechtigten; in vielen Rechtsverhältnissen ist die Frage, ob hier ein dingliches, ob ein Forderungsrecht vorliegt, eine sehr schwer zu beantwortende, und die juristische Construction stellt manche dieser Rechte bald in die Reihe der dinglichen, bald in die der Forderungsrechte. Die meisten dinglichen Rechte sind sogar ursprünglich als persönliche aufgefasst und als solche im positiven Recht behandelt worden.

§ 55. Die dinglichen Rechte. Naturgrund derselben.

Wo sich in einem Rechtsverhältnisse dingliche und Forderungsrechte begegnen, da soll man beide Bestandtheile sorgfältig unterscheiden und das Rechtsverhältnis eben durch diese Concurrenz charakterisiren, consequenterweise auch die zum Schutze des Rechtes dienenden Klagerechte auf diese Gedoppeltheit hin einrichten.

2. Der Grund der dinglichen Rechte im engeren Sinne ist darin zu finden, dass der Eigenthümer nicht in jedem Augenblicke über seine Sache zu verfügen oder nach jeder möglichen Richtung über sie zu verfügen in der Lage ist, und dass es deshalb im Zusammenhange des wirthschaftlichen Verkehrs von Werth und Bedeutung werden kann, dass ein einzelnes Verfügungsrecht einem Andern als dem Eigenthümer zugestanden, das Eigenthum aber dem letzteren vorbehalten werde, so dass mit dem Wegfall dieses einzelnen Verfügungsrechtes eines Anderen sich das Eigenthum immer wieder und ganz selbstverständlich consolidirt. Der Vortheil dabei liegt in vielen Fällen zugleich auf der Seite des Eigenthümers, des dinglich Berechtigten und der wirthschaftenden Gesammtheit; denn nur so lässt sich der Sache alles das abgewinnen, was sie zu leisten vermag. In anderen Fällen, wo der Eigenthümer nur der Belastete ist, liegt der Vortheil wenigstens auf Seiten des Berechtigten und der Gesammtheit. Es wird eine Sicherung von Personen und Familien, eine Bewirthschaftung des Eigenthums zum Nutzen des Ganzen möglich, auf die ohnedas verzichtet werden müsste; es bildet sich eine Theilung der Arbeit dahin aus, dass der Eine sich Eigenthum verschafft, Güter producirt, um sie zu dinglicher Befugnis anderen zu überlassen. Dieses durch die Natur der Dinge und den inneren Zweck der Eigenthumsinstitution begründete Verhältnis ist es, was durch das Princip der Gerechtigkeit in der Form von dinglichen Rechten bestimmter rechtlich gestaltet wird. Im Begriffe des Eigenthums liegt es, dass dasselbe erstens ideelle Macht über die Sache ist auch ohne reelle Möglichkeit der Verfügung, ferner dass aus der Fülle der in ihm enthaltenen Befugnisse einzelne bestimmte Befugnisse wol unterscheidbar sich herausheben lassen, endlich dass alles Eigenthum beschränkt ist durch die unerlässlichen Anforderungen der Rechtsgenossen wie der Gesammtheit. Darum lässt das Eigenthum nicht nur die Ausscheidung solcher dinglichen Rechte und deren zeitweilige Uebertragung auf den Nicht-Eigenthümer zu, sondern der Begriff des Eigenthums wird durch diese Möglichkeit erst vollendet, die Fülle der in ihm enthaltenen Befugnisse dadurch vermehrt, dass jeder unter Festhaltung seines Eigenthums in einzelnen Verfügungsrichtungen sich einschränken oder eingeschränkt werden kann; zugleich wird so erst das

Sondereigenthum mit den Anforderungen der Rechtsgenossen und der Gemeinschaft zur vollkommensten Ausgleichung gebracht. Da aber allerdings die ideelle Erweiterung der Eigenthumsbefugnisse sich in jedem einzelnen Falle ihrer Verwirklichung als reelle Einschränkung derselben darstellt, so ist Sorge zu tragen, dass die dinglichen Rechte nicht dem Eigenthum über den Kopf wachsen und der innere Zweck des Sondereigenthums, die Freiheit der Persönlichkeit, nicht beeinträchtigt werde durch die in den dinglichen Rechten liegende wechselseitige Gebundenheit. Vor allem fordert der Rechtsgedanke des Eigenthums, dass das Eigenthumsrecht elastisch genug bleibe, um in der Form des Heimfalls sich immer wieder und ganz selbstverständlich zu ergänzen, sobald das dingliche Recht zu existiren aufgehört hat. Dass es übrigens dingliche Rechte an einer herrenlosen Sache nicht geben kann, ergiebt sich aus der Natur der Sache und dem Begriffe der dinglichen Rechte.

3. Dass aus dem Eigenthum einzelne Nutzbarkeiten ausgeschieden werden, kommt am meisten vor in der Form der Grunddienstbarkeiten. Der jedesmalige Eigenthümer eines Grundstücks hat gewisse Nutzungsrechte an einem anderen, meistens einem benachbarten Grundstück, so dass der jedesmalige Eigenthümer des letzteren auf seinem Grundstück entweder die betreffende Verrichtung oder Handlung des ersteren zu dulden, oder selbst gewisse Handlungen, die gegen das Interesse desselben wären, zu unterlassen rechtlich verpflichtet ist. Wäre die Verpflichtung auf eigenes Thun gerichtet, wie es bei den Reallasten der Fall ist, so hätten wir es nicht mehr mit einem dinglichen Rechte, sondern mit einer Obligation als der durch fremde Leistung zu verwirklichenden Befugnis an einer Sache, und zwar mit einer Zustandsobligation zu thun. Die Grunddienstbarkeiten haben ihre begriffliche Rechtfertigung darin, dass die Ausnutzung des herrschenden Grundstücks ohne solche dem Eigenthumsrechte an dem dienenden Grundstücke auferlegten Abzüge überhaupt nicht möglich oder doch wesentlich erschwert würde, während die Bewirthschaftung des dienenden Grundstückes dadurch keine wesentliche Benachtheiligung erleidet. Bestellt werden sie durch privaten Willen, wie Vertrag oder Vorbehalt bei der Eigenthumsübertragung, oder durch die Rechtsordnung selber in der Form richterlicher Verfügung, wo ohnedas das den Anspruch erhebende Grundstück in einem Nothstande sich befinden würde. Denkbar ist es übrigens und auch durch das positive Recht nicht völlig ausgeschlossen, dass solche Nutzung an einem Grundstück auch von einer Person nur für sich auf Zeit oder auf Lebensdauer erworben

§ 55. Dingliche Rechte. Grunddienstbarkeiten. Niessbrauch.

werde, und dass sie erworben werde mit einer Verpflichtung zur Gegenleistung, woraus sich dann ein obligatorisches Verhältnis ergiebt. Selbst an beweglichen Sachen würde die Einräumung gewisser einzelner Befugnisse an den Nichteigenthümer nicht sowol durch das Princip ausgeschlossen, als in ihren Consequenzen bedenklich sein, weil allzuleicht Streit und Unordnung daraus entstehen könnte.

4. Dass aus dem Eigenthum die vollständige Nutzung einer Sache zu Gunsten einer bestimmten Person ausgesondert wird mit der näheren Bestimmung, dass die Substanz als Grundlage des wieder zu ergänzenden Eigenthums unversehrt bleibe, ergiebt das Rechtsinstitut des Niessbrauchs. Seine Anwendbarkeit beschränkt sich der Natur der Sache nach auf Sachen, deren Substanz den Gebrauch überdauert; am meisten geeignet sind auch dafür Grundstücke, weil bei ihnen die zu gewinnenden Früchte von der Sache selbst am deutlichsten unterscheidbar sind. Der uneigentliche Niessbrauch, besonders als Niessbrauch an verbrauchbaren Sachen, aber auch sonst vorkommend, wo dem Eigenthümer der Rückfall nicht desselben, sondern eines gleichwerthigen Objectes vorbehalten und als die im Verbrauche unversehrt zu erhaltende Substanz der Capitalswerth der Sache betrachtet wird, ist eigentlich eine Form der Eigenthumsveräusserung mit ausbedungener Gegenleistung und gehört somit in die Forderungsrechte. Der sogenannte Niessbrauch an Rechten und insbesondere an Forderungsrechten, die eine wiederholte Ausübung zulassen, ist vielmehr eine zeitlich beschränkte, vollständige oder theilweise Uebertragung dieser Rechte selber. Seine wirthschaftliche und rechtliche Bedeutung hat der eigentliche Niessbrauch als dingliches Recht vor allem in der Sphäre des Vermögensrechtes der Familie, und hier tritt er nach gesetzlicher Forderung in gewissen Fällen von selber ein; er dient dazu, den Vermögensstand der Familie und einzelner Familienglieder möglichst unversehrt zu erhalten, ohne dass die Nutzung des Vermögens für die Bedürfnisse des Augenblickes unterbleibt. Ganz ähnlichen Charakter trägt der Niessbrauch des jedesmaligen Amtsinhabers an dem zur Ausstattung eines Amtes dienenden Vermögen. In anderen Fällen bestellt privater Wille den Niessbrauch in Form von Vertrag oder Vorbehalt bei Vermächtnis, Schenkung oder sonstiger Uebertragung von Sachen. Würde der Niessbrauch für immer abgetrennt werden, so würde das zurückbleibende nackte Eigenthumsrecht zum leeren Schemen, und dagegen auf Seiten des Berechtigten nur die wirthschaftlich nachtheilige und lästige Beschränkung seiner Befugnis über die Sache übrig bleiben. Darum endet der Niessbrauch mit dem Tode des Berechtigten

oder geht doch nur auf seine Erben nächster Linie über; und auch für juristische Personen erreicht er seine Endschaft nach dem Ablauf einer bestimmten Zeit. Die Einschränkung des Niessbrauchs auf blossen Usus, Gebrauch der Sache ohne Gewinn der Früchte oder mit solchem Gewinn doch nur zu persönlicher Nothdurft und ohne das Recht, die Früchte zu veräussern, ist wirthschaftlich von sehr geringer Bedeutung und im Zusammenhange der Rechtsordnung kaum mehr als eine Anomalie; der blosse Fruchtgewinn dagegen wäre ohne wenigstens einen eingeschränkten Gebrauch thatsächlich unmöglich.

5. Dem Niessbrauch aufs engste verwandt sind die Berechtigungen des Miethers und Pächters von dem Augenblicke an, wo ihnen die Sache zum Besitze übergeben ist; nur dass der Niessbrauch dem Eigenthümer der Sache bloss eine Verpflichtung zum Dulden, keine positive Leistung auferlegt, und andererseits das dingliche Recht des Miethers oder Pächters seiner Fortdauer nach von der Erfüllung der Gegenleistung des Berechtigten abhängig ist. In ähnlicher Weise ergeben sich dingliche Rechte aus der Leihe. Je grösser die Bedeutung ist, die diese Rechtsverhältnisse von aus dinglichen und obligatorischen Rechten gemischtem Charakter für das wirthschaftliche Leben und die rechte Ausnutzung des Eigenthums haben, desto dringlicher ist die Anforderung an das positive Recht, dass das dingliche Element in den sie betreffenden Rechtssätzen, zumal in dem ihnen gewährten rechtlichen Schutze, zu klarem und vollem Ausdrucke komme. Insbesondere darf die Pacht an ländlichen Grundstücken niemals dem freien Vertrage uneingeschränkt überlassen werden. Mehr als auf anderen Gebieten ist hier wegen der Bedeutsamkeit des Verhältnisses für das ganze nationale Leben die Privatwillkür durch bestimmte rechtliche Formen zu binden. Es gilt, das Pachtverhältnis rechtlich so zu gestalten, dass nur ausnahmsweise der Eigenthümer sein Gut durch einen Pächter bewirthschaften lassen wird, der Pächter aber mindestens dem privaten Grundeigenthümer gegenüber die Möglichkeit erlangt, das Gepachtete mit der Zeit zu freiem Eigenthum zu erwerben. Kurze Pachttermine, Freiheit des Verpächters, den Pachtzins zu bestimmen und dem Pächter beliebige Bedingungen aufzuerlegen, führen zum Ruin nicht bloss einzelner Classen, sondern sind ein öffentlicher Schaden. Auch hier ist das Gerechteste das allseitig Nützlichste. Das Gerechteste aber ist, dass dem Verdienste der Bewirthschaftung der entsprechende Lohn möglichst gesichert, die Anhäufung von Latifundien möglichst verhütet, die Befugnis des Eigen-

thümers durch die Rücksicht auf das öffentliche Wol eingeschränkt werde.

6. Weit tiefer in die Eigenthumsbefugnis wird dann eingegriffen, wenn die **vollständige Benutzung** der Sache so auf einen anderen übertragen wird, dass sie auf ungemessene Zeit **vererblich** und **veräusserlich** jeder beliebigen Person zufallen kann. Dass nur unbewegliche Sachen Objecte dieses Rechtsverhältnisses bilden können, liegt in der Natur der Sache. Rechtsverhältnisse, die auf dieser Grundlage construirt waren, haben in manchen Zeitaltern die ungeheuerste Ausdehnung gewonnen und nicht nur den Charakter des gesammten Vermögensrechtes und Vermögensverkehrs aufs tiefste beeinflusst, sondern auch die politischen Verhältnisse bestimmt und das öffentliche Recht nach sich gebildet. In grobem Missverständnis der Natur des Eigenthums haben Theoretiker auf Grund solcher Rechtsverhältnisse einen Unterschied von Ober- und Untereigenthum erfunden; es bedarf der Ausführung nicht, dass, wenn auch thatsächlich dieses sogenannte Untereigenthum eine fast eigenthumsgleiche Befugnis über die Sache enthält und die Neigung hat, sich geschichtlich zu vollem Eigenthum zu ergänzen, es doch seinem Begriffe nach nur als Nutzungsrecht an fremder Sache richtig verstanden werden kann. Das gilt ebenso wie für die römischrechtliche Emphyteusis und Superficies, auch für die deutschrechtlichen Lehen-, Erbpacht-, Erbzins- und Colonatgüter. Das Recht des Eigenthümers erweist sich dem Nutzungsberechtigten gegenüber meist nur in geringfügigen Resten. Der Eigenthümer erhebt einen Canon und bei etwaiger Veräusserung ein Laudemium; er hat ein Vorkaufsrecht und kann gegen einen etwaigen Käufer Einwendungen erheben. Andererseits ist die Verfügung des Berechtigten eine auch sonst in mancher Hinsicht beschränkte; insbesondere soll er keine Aenderungen vornehmen, die eine Verschlechterung involviren. Weder mit dem inneren Princip des Sondereigenthums noch mit den wirthschaftlichen Gesichtspunkten verträgt es sich, dass Rechtsverhältnisse dieser Art überwuchernd ein allzu grosses Gebiet für sich in Anspruch nehmen. Im einzelnen können sie erträglich, ja wünschenswerth sein, um die rechte Ausnutzung des Eigenthums zu ermöglichen und insbesondere solche, welche kein genügendes Capital besitzen, um Eigenthum zu erwerben, mit eigenthumsähnlichem Grundbesitz auszustatten. Immer aber sollte aus rechtlichen wie aus wirthschaftlichen Gesichtspunkten eine nahe Zeit bestimmt werden, mit deren Ablauf entweder der Erwerb zu vollem Eigenthum oder der Heimfall eintritt, die Zulassung des ganzen Verhältnisses aber nur als einer Ausnahme von ganz bestimmten

Bedingungen abhängig gemacht werden, die in der besonderen wirthschaftlichen Lage dieser Ausnahme eine gewisse Berechtigung zu verleihen im Stande sind.

7. In directem Gegensatze zu allen dinglichen Nutzungsrechten, zum Theil das Verhältnis zwischen dem Eigenthümer und dem dinglich Berechtigten geradezu umkehrend, steht das **dingliche Recht auf den Werth einer fremden Sache**. Aus der unerschöpflichen Fülle der Befugnisse, die an einer Sache geübt werden können, lässt sich die Befugnis, sich den Werth der Sache durch Veräusserung derselben zu verschaffen, deutlich für sich herausheben und deshalb auch als dingliches Recht an fremder Sache construiren. An sich lässt dieses dingliche Recht die weitgehendste Anwendung zu. Das Object des dinglichen Rechtes kann alles, was einen Verkaufswerth hat, eine bewegliche wie eine unbewegliche Sache oder ein dingliches Recht sein; auch das, was allen Werth misst und dessen Werth nicht erst durch Veräusserung zugänglich wird, baares Geld, schliesst die Unterscheidung des Eigenthümers und dessen, der ein dingliches Recht auf seinen Werth hat, insofern nicht aus, als erst durch wirkliches Aufnehmen in das eigene Vermögen zu eigenem Gebrauche der so lange gewissermaassen ruhende Werth des Geldes in volle Verwirklichung tritt. Ja, es kann, weil alle Vermögensrechte einen Werth haben, auch eine Forderung als Object des Rechtes auf den Werth dienen; nur ergiebt sich so allerdings kein dingliches Recht, sondern ein eventuelles und abgeleitetes Forderungsrecht. Andererseits ist ein Recht auf den Werth nicht möglich bei Sachen, die keinen eigentlichen Tauschwerth haben, wie Zeugnisse, Briefschaften, unverkäufliche Manuscripte. Auch die Form, wie das dingliche Recht an dem Werth einer Sache ohne das Eigenthum der Sache selbst erworben wird, könnte man sich als eine tausendfach verschiedenartige vorstellen: es liesse sich denken, dass z. B. durch Vermächtnis oder Schenkung oder sonst durch privaten Willen, durch Gesetz oder richterliche Adjudication dem Einen die Sache selbst, dem Anderen ihr Werth übertragen oder belassen würde. Was würde das nun für eine Bedeutung haben? Das Recht auf den Werth könnte immer nur ausgeübt werden durch die Veräusserung der Sache; das Eigenthum, aus dem zeitweilig das Recht auf den Werth entnommen wäre, würde zwar noch alle andere Befugnis, insbesondere die zu jeder Art von Benutzung und selbst zur Veräusserung, aber nicht die Befugnis zur Verschlechterung der Substanz umfassen und somit dem dinglichen veräusserlichen Rechte auf vollständige Benutzung sehr ähnlich sich gestalten. Ueberdies würde der Eigenthümer selbstverständlich in die Veräusserung der Sache

behufs der Ausübung des Rechtes auf den Werth einzuwilligen und damit sein Eigenthum an den eventuellen Käufer als incerta persona abzutreten, verpflichtet sein. Diese Veräusserung müsste freilich, falls überhaupt noch Eigenthum mit Benutzungsrecht fortbestehen soll, nicht in jedem beliebigen Augenblick, sondern nur nach bestimmter Zeit oder unter irgend einer resolutiven oder suspensiven, im Wollen oder Können des Eigenthümers liegenden Bedingung stattfinden können. Dies alles nun ist am natürlichsten da der Fall, wo das Verkaufsrecht erst dann zur Ausübung gelangt, wenn der Eigenthümer eine dem Berechtigten geschuldete Leistung zu erfüllen unterlässt; denn stände es nicht beim Eigenthümer, die Ausübung des Verkaufsrechtes durch eigene Leistung abzuwehren und sein Eigenthum zu consolidiren, so würde er nur ein dingliches Nutzungsrecht haben, und nicht er, sondern der auf den Werth Berechtigte wäre der wahre Eigenthümer. Thatsächlich ist denn auch im positiven Rechte ganz der Natur der Sache gemäss das dingliche Recht auf den Werth als **Pfandrecht** und eigentlich auch nur so im Gebrauche. Derjenige, der das dingliche Recht auf den Werth hat, hat es naturgemäss in Form einer Forderung, für welche die im Eigenthume des anderen verbliebene Substanz der Sache als Caution dient. Das aber gerade ist der Charakter des Pfandrechts, für eine Forderung accessorisch als Caution und sachliche Bürgschaft zu dienen. Aber allerdings muss man wol im Auge behalten, dass der begriffliche Umfang des Pfandrechts weiter reicht als der des dinglichen Rechts am Werthe. Unter dem Namen Pfandrecht fasst man vielerlei sehr verschiedene Rechtsverhältnisse zusammen, deren gemeinsamer Charakter nur der ist, accessorisches Recht zu einem Forderungsrechte zu sein und als sachliche Caution zu dienen; nicht jedes Pfandrecht also ist als ein dingliches Recht, aber jedes dingliche Recht auf den Werth ist als ein Pfandrecht anzusehen.

8. Die Verpfändung einer Sache geschieht mit **Uebertragung des Besitzes oder ohne dieselbe**. Jenes ist für die Verpfändung von Mobilien das Regelmässige geworden, weil so allein der Zweck der Sicherung des Gläubigers auch wirklich erreicht und die geschehene Verpfändung allen erkennbar wird; wo die eigentliche Uebertragung nicht thunlich oder zweckwidrig wäre, da wird sie wenigstens durch symbolische Uebertragung ersetzt. Pfandrecht ohne Besitzübertragung, an sich das Wünschenswerthere, weil es die Benutzung der Sache nicht ausschliesst, ist dagegen bei der Verpfändung von Grundstücken mit dem inneren Zwecke des Pfandrechtes wol verträglich und hier deshalb auch das weit Ueberwiegende. An wirthschaftlicher Bedeutung ist das Pfand-

recht vielleicht allen anderen dinglichen Rechten überlegen. Der innere Zweck des Pfandrechts, die durch dasselbe ermöglichte Erweiterung des persönlichen Credits und Flüssigmachung stehenden Capitals, macht sich wegen der vorwiegenden Bedeutung des Grundbesitzes für alles wirthschaftliche Leben und für die socialen Verhältnisse auch in Bezug auf das politische Leben als einer der wichtigsten Factoren geltend. Ein geschickt und zweckmässig durchgebildetes Pfandrecht erzeugt geradezu eine Vervielfältigung der wirthschaftlichen Macht eines Volkes und besonders eine Sicherung des Grundbesitzes vor der vernichtenden Einwirkung zeitweiliger Unglücksfälle und Fehlschläge. Im römischen Recht hat diese sociale und politische Bedeutung des Pfandrechts ihre volle Würdigung noch nicht erfahren. Erst die germanische Rechtsbildung, deren Consequenzen man seit dem vorigen Jahrhundert gezogen hat, hat auf diesem Gebiete das Mustergültige geleistet. Durch das Princip der Specialität, der Publicität, der festen Stelle für mehrere Pfandrechte an einer Sache ist das Pfandrecht so weit entwickelt worden, dass es seine segensreiche Macht für den wirthschaftlichen Zustand der Gesammtheit voll zu entfalten im Stande ist. Um diese Macht zu steigern, ist der enge Zusammenhang des Pfandrechtes mit dem Forderungsrechte einigermaassen gelockert worden; das Buchsystem hat im Interesse der Sicherheit des Verkehrs und der Steigerung des Realcredits zur Formalisirung des Pfandrechtes geführt. Neben die **Hypothek**, bei welcher der Grund der Verpfändung in einem bestimmten Forderungsrechte ausdrücklich angegeben wird, ist die **Grundschuld** getreten, bei welcher solche Angabe wegfällt, und die **Hypothek des Eigenthümers** trennt aus dem Gesammtwerthe einen Theil ab, um ihn für den Eigenthümer zu freiem Verkehre als Deckung für eine möglicherweise künftig einzugehende Verpflichtung flüssig zu machen. Was im Grundbuche eingetragen ist, gilt ohne Rücksicht auf die Gültigkeit des Grundes, welcher dereinst zur Eintragung geführt hat; Einreden aus der Beschaffenheit dieses Grundes sind nur bedingterweise zulässig und nur zwischen den ursprünglichen Parteien, nicht zwischen ihren Cessionaren. Nicht selbstverständlich geht die Hypothek unter mit der Erfüllung der Forderung, sondern erst mit der Löschung im Grundbuche, und der redliche Erwerber einer im Grundbuche eingetragenen Forderung ist gegen Einreden aus Thatsachen, die ihm, als er erwarb, nicht bekannt waren, geschützt. Abgelöst von der Forderung ist das Pfandrecht auch so nicht; es wird nur als erwiesen angesehen, dass für die formell fortbestehende Hypothek, die eingetragen und nicht gelöscht ist, auch die be-

§ 55. Dingliche Rechte. Pfandrechte. Urheberrechte.

gründende Forderung fortbestehe. Neben ihren grossen Vortheilen hat diese Formalisirung des Pfandrechts gewiss auch ihre grossen Gefahren, wie dies bei allen streng formell gestalteten Rechtsgeschäften der Fall ist; aber diese Gefahren bestehen doch nur für den nachlässigen, sorglosen und unbedachten Wirth, und die erziehliche Wirkung der strengen Rechtsform kommt auch hier dem ganzen Rechtszustande zu gute. Unter ganz anderen Gesichtspunkten, theils als Forderungsrechte, theils als dingliche Rechte von anderer Art, muss man diejenigen Formen des Pfandrechts betrachten, die kein dingliches Recht auf den Werth und auf Erlangung desselben durch Verkauf enthalten, wie die altrömische Fiducia, die Lex commissoria, die antichretischen Verträge, die ältere Satzung des deutschen Rechts, das Rentengeschäft, das Pfandrecht an einer Forderung oder einer Sache ohne Verkaufswerth. Sie mit Faustpfand, Hypothek, Grundschuld auf gleiche Linie zu stellen, darf man sich durch Verwandtschaft des Zweckes und Ursprunges nicht verleiten lassen. Dagegen ist die Amtscaution als eigentliches dingliches Recht auf den Werth und accessorisch zu einer möglicherweise entstehenden Forderung zu fassen, und auch das Retentionsrecht ist im positiven Recht mannigfach zu einem eigentlichen dinglichen Rechte auf den Werth gesteigert worden.

9. Das in der herrschenden Vorstellung am gründlichsten missverstandene dingliche Recht ist das dingliche Recht auf die Form oder genauer auf den Vermögenswerth der Form. An allen körperlichen Gegenständen unterscheiden wir Stoff und Form; der Stoff bleibt, während die Form wechselt, und man kann dem seinem Stoffe nach identisch verharrenden Gegenstande eine bestimmte Form geben und auch wieder nehmen. Vermögensrechtlich kommt in Betracht, dass wie der Stoff so auch die bestimmte Form einen Vermögenswerth hat; in Folge dessen lässt sich am Eigenthum die Befugnis über den Vermögenswerth der Form von der Befugnis über den Vermögenswerth des Stoffes deutlich und erkennbar unterscheiden und demgemäss auch jene als besonderes dingliches Recht an fremder Sache rechtlich construiren. Ein Recht auf den Vermögenswerth der Form ist denn auch von je theils als Eigenthums-, theils als Forderungsrecht anerkannt worden als Specialfall des Erwerbes durch Specification. Die Eigenthumsordnung, dem Princip des Gerechten nachgehend, hat demjenigen, der einen Stoff durch Arbeit formt, das Eigenthum an dem dadurch neu entstandenen Werthe zugesprochen. Wer nun fremden Stoff gutgläubig geformt hat, dem fällt zwar nicht der Werth des Stoffes, aber wol der Werthzuwachs zu, den er durch seine Arbeit

hervorgebracht hat. Das geschieht in der Regel so, dass er Eigenthümer der neu geformten Sache mit der Pflicht der Entschädigung für den Eigenthümer des Stoffes wird, könnte aber auch so geschehen, dass der Eigenthümer des Stoffes das Eigenthum auch an der geformten Sache behielte und nur den Werthzuwachs an den Arbeiter herauszugeben hätte; das vermögensrechtliche Resultat bliebe in beiden Fällen dasselbe. Das dingliche Recht am Werthe der Form ergiebt sich auf andere Weise. Die Form lässt sich auch als ein Gegenstand für sich, getrennt vom Stoffe, betrachten. Es kann einer eine blosse Form, die vorher noch nicht vorhanden war, erzeugen, sie neu herstellen, so dass sie von nun an auf viele einzelne Exemplare in verschiedenem Stoffe übertragbar ist; dieses Herstellen einer blossen Form heisst erfinden. Der Vermögenswerth dieser neu erzeugten Form als des Productes der Arbeit würde dann nach dem Princip des Gerechten und im Anschluss an den Erwerb durch Specification dem Erfinder zufallen, nicht als der Werth einer einzelnen Sache, sondern als ein Theil des Werthes jeder mit der von ihm erfundenen Form bekleideten Sache, in wessen Eigenthum sie auch sei und wer auch immer die Formung vorgenommen habe, falls nur durch Benutzung seiner Erfindung der Werth der Sache gesteigert worden ist, und mit dem Anspruch gegen jeden, der sich der von ihm erfundenen Form bedient, um irgend einem körperlichen Stoffe oder auch einem Vorgange höheren Werth zu verleihen. Dieses Recht würde als Eigenthum an einer blossen Form zu bezeichnen sein, wenn nicht das von manchen geträumte Immaterialgüterrecht eine contradictio in adiecto wäre. Das Vermögensrecht in dieser schlechten irdischen Welt hat es leider immer unmittelbar oder mittelbar mit Sachen zu thun. Vielleicht mögen die seligen Geister im Jenseits sich ein Immaterialgüterrecht geschaffen haben; für unsere irdischen Verhältnisse würde es keinenfalls und auch dann nicht passen, wenn wir von dieser himmlischen Rechtsbildung durch irgend eine specielle Offenbarung Kenntnis zu erlangen im Stande wären. Die abgetrennte Form hat wol Existenz, aber keine concrete Existenz als Sache, und nur mit Sachen hat es das Vermögensrecht zu thun. Ein literarisches, artistisches Eigenthum ist deshalb ein Unding. Aber wol lässt sich das Recht an der Form als dingliches Recht an fremder Sache construiren, und so tragen denn auch in der That die Urheberrechte, wie sie im positiven Rechte gestaltet worden sind, mit grösserer oder geringerer Consequenz eben diesen Charakter.

10. Die Urheberrechte verdanken ihre Eingliederung in das System der Rechtsinstitute den wirthschaftlichen und

Culturverhältnissen der neueren Zeiten. Der Vermögenswerth neu erfundener Formen hat sich dem Bewusstsein der Menschen seit den Anfängen des Buchdrucks allmählich mehr und mehr aufgedrängt, und das Rechtsgefühl wie das wirthschaftliche Bedürfnis hat in der Ausbildung des Rechtes nach Mitteln gesucht, um den Erfinder gegen die seine gerechten Ansprüche schädigende Ausbeutung seiner Erfindung durch andere zu schützen. Man hat dies Mittel schliesslich auf die natürlichste Weise darin gefunden, dass man dem Erfinder ein dingliches Recht auf den Vermögenswerth der Form einer fremden Sache einräumte; die dingliche Natur des Rechtes bedingt dann vielfach auch die Forderung der öffentlichen Eintragung behufs der Erkennbarkeit für jeden. Damit darf man aber nicht die anderen Rechte verwechseln, die der Erfinder auch sonst noch auf Grund seiner Erfindung hat: z. B. dass niemand das Geistesproduct des Erfinders wider dessen Willen veröffentlichen darf, auch nicht sein Gläubiger, auch nicht derjenige, mit dem er einen Verlagscontract geschlossen hat: das gehört vielmehr in die Persönlichkeitsrechte (§ 48, 6) als besonderer Fall des Rechtes auf persönliche Freiheit und Ehre. Bei dem Autorrecht als dinglichem Recht handelt es sich um die vermögensrechtliche Seite der Sache, und da soll der Erfinder befugt sein, den aus seiner Erfindung zu ziehenden Gewinn selbst zu ziehen. Ein Erfinder aber ist für die Rechtsordnung nicht der, der etwas Werthvolles erfunden hat, sondern derjenige, der eine werthvolle Form in concreter, fassbarer Weise an einer körperlichen Sache so erzeugt hat, dass sie vielen Gegenständen in gleicher Weise mitgetheilt werden kann. In diesem Sinne ist ein Erfinder nicht, wer einen bedeutsamen Gedanken zuerst ausgesprochen hat, sondern wer eine bestimmte Reihenfolge von Zeichen erfunden hat, mit der Papier bedruckt werden kann; nicht wer Mumiengräber aufgedeckt und die Inschriften gelesen hat, sondern wer in bestimmten, anderswo wieder abdruckbaren Worten darüber berichtet hat. Zu den Erfindern von Formen gehören die Schriftsteller und die Künstler. — man hat auch die Photographen in ihre Kategorie gebracht, — die Urheber von Mustern und Modellen, von neuen mechanischen Vorrichtungen; sie alle haben ein Recht auf den Werth, der sich durch Wiederholung der von ihnen erfundenen Form in einer Vielheit von Sachen oder durch die Gestaltung eines Vorganges, wie eines Schauspieles, eines Concertes, unter Benutzung der Form einer Sache, z. B. eines mit Buchstaben oder Noten in bestimmter Reihenfolge bedruckten Papieres, gewinnen lässt. Aber sie haben dieses Recht nur für begrenzte Zeit, und nur innerhalb dieser Frist geht das Recht auch auf ihre Rechtsnachfolger über; durch Nicht-Ausübung erlischt dies Recht schon nach kürzester Frist. Nicht bloss, weil eine unbegrenzte Dauer culturhemmend wäre, und weil mit der Zeit das Werthvolle zum Gegenstande allgemeinster Verfügung für das Volk, ja für die Menschheit wird, wie Licht und Luft: sondern auch deshalb, weil das Recht als Lohn für erworbenes Verdienst und als Sporn für andere, sich gleiches Verdienst zu erwerben, darin seine Grenze findet, dass der Erfinder auch seine genialsten und originellsten Ideen doch dem geistigen Leben des Volkes verdankt und an dasselbe auch wieder ausliefert. Es ist wirthschaftlich ein Bedürfnis und für den Fortschritt der Cultur eine Nothwendigkeit, dass es ermöglicht werde, von der Thätigkeit des Erfinders seinen Lebensunterhalt zu gewinnen, dass es nicht ausgeschlossen sei, bei besonders hervorragenden Leistungen im Erfinden seinen Lebensunterhalt in besonders glänzender Weise zu gewinnen: aber zu verhüten ist, dass durch dauernde Monopolisirung der intellectuelle und technische Fortschritt leide. So stimmt denn auch hier der Gesichtspunkt der Gerechtigkeit mit dem des Nutzens zusammen, und die Ausbildung des Rechtsinstitutes der Urheberrechte in dem Sinne, dass dem Erfinder der Form der Vermögenswerth dieser Form gesichert bleibt, zählt zu den bedeutsamsten Fortschritten moderner Rechtsbildung.

11. Die letzte Form, in der ein dingliches Recht als Recht an einer fremden Sache denkbar ist, ist das Recht auf **künftige Erwerbung** des Eigenthums oder eines dinglichen Rechtes an der Sache. Dem Eigenthum wird dadurch unmittelbar nichts entnommen als die Befugnis beliebiger Bestimmung des Rechtsnachfolgers; so bei den gesetzlichen Erbansprüchen des einen Familiengliedes an dem Vermögen des anderen und bei der Anwartschaft auf den Niessbrauch. Der Fideicommissinhaber hat überdies auch nicht die Befugnis, das Fideicommiss mit Schulden zu belasten, und muss zu einzelnen Handlungen sich die Einwilligung der Anwärter verschaffen; der Lehnsbesitzer darf das Lehen nicht deterioriren. Die neuere Rechtsbildung ist mit Recht allen dinglichen Rechten dieser Art, die dem Interesse der Freiheit des Eigenthums in schädlicher Weise widersprechen, abgewandt.

§ 56.

Die Forderungsrechte.

Die Herrschaft des Menschen über die Sachen vollendet sich, indem in Austausch und Verkehr Eigenthum und ding-

§ 56. Forderungsrechte. Obligation.

liche Rechte von dem einen Rechtssubject auf das andere übertragen werden. Damit treten die Personen in unmittelbare Beziehung zu einander für die Beschaffung der gegenseitigen durch Sachen zu befriedigenden Bedürfnisse, und jeder wird von der productiven Kraft aller anderen abhängig. Dieses Lebensverhältnis gestaltet das Recht zum Rechtsverhältnis des **Forderungsrechtes** unter dem Gesichtspunkte der Gerechtigkeit, welcher gebietet, dass im Austausche der Güter der empfangene und der gegebene Werth gleich sein sollen. Das Forderungsrecht ist ein Anspruch auf einen in fremder Hand befindlichen, von fremder Leistung zu erwartenden Vermögenswerth, ein Anspruch, durch den eine bestimmte andere Person dem Berechtigten zum Geben oder Leisten verpflichtet wird. Forderungsrechte entstehen theils ohne den ausdrücklichen Willen der Parteien aus den sonstigen Verhältnissen, in die sie zu einander gesetzt sind, als **Zustandsobligationen**; theils aus Handlungen, die nicht unmittelbar auf die Entstehung von Forderungen gerichtet sind, als **Delictsobligationen**; theils aus dem ausdrücklich auf die Entstehung der Forderung gerichteten übereinstimmenden Willen, als **Vertragsobligationen**. Das Forderungsrecht kann auf eine einmalige, auf wiederholte oder auf dauernde Leistungen gehen; jede beanspruchte Leistung aber muss einen Vermögenswerth haben und kann im Nothfall durch Hergabe eines Vermögenswerthes erfüllt werden. In alle dem die Unbestimmtheit der privaten Willkür durch feste rechtliche Formen einzuschränken, ist die eigentliche Aufgabe des Obligationenrechts.

1. Der Begriff der **Obligation** reicht über das Gebiet des Vermögensrechtes weit hinaus. Dass eine bestimmte Person einer bestimmten anderen Person rechtlich zu einer Leistung verpflichtet ist, darauf beruht das Recht der Personenverbände (§ 51—53), und auch das öffentliche Recht wäre ohnedas nicht denkbar. Das **Forderungsrecht** ist nur eine bestimmte Art der Obligation, diejenige, wo das zu Leistende eine Sache oder ein anderer bestimmter Vermögenswerth ist, und sein wesentlichster Unterschied von anderen Obligationen besteht darin, dass das Forderungsrecht der gestaltenden und schützenden Macht der Rechtsordnung am zugänglichsten ist, dass hier die Rechtsordnung ihre Macht am

sichersten entfaltet. Was von der Obligation gilt, das gilt auch vom Vertrage als einem der Entstehungsgründe von Obligationen. Auch der Vertrag ist nicht auf das Vermögensrecht beschränkt, sondern überall wo Obligation ist, ist auch Begründung derselben durch Vertrag ebensowol wie in anderer Form möglich. Die Obligation des ehelichen, des Gesindeverhältnisses, des öffentlichen Amtes wird durch Vertrag begründet; andere Obligationen, wie diejenige der väterlichen Gewalt oder der Herrschergewalt in der erblichen Monarchie bringt nach dem Willen der Rechtsordnung die Natur selber hervor. Der vermögensrechtliche Vertrag als die äusserlichste und an innerem Gehalt ärmste Form der Willensübereinstimmung eröffnet auch das verhältnismässig weiteste Gebiet für private Willkür; freilich uneingeschränkt gilt auch der vermögensrechtliche Vertragswille nicht. Uebrigens wird es uns im Folgenden gestattet sein, den geläufigen Ausdruck Obligation, den wir in allgemeinerem Sinne nehmen, als es gewöhnlich geschieht, auch für das Speciellere, für die Forderungsrechte, da zu verwenden, wo ein Missverständnis nicht zu fürchten ist.

2. Dass eine Verpflichtung auf Grund eines vermögensrechtlichen Forderungsrechtes entstehe, kann in keiner anderen Form geschehen, als in der überhaupt Obligationen begründet werden (§ 42, 2): der Eine, der Gläubiger, hat einen Werth, beim Forderungsrechte also einen Vermögenswerth, abgegeben oder verloren, der Andere, der Schuldner, hat diesen Werth in seiner Verfügung; oder beide haben durch gegenseitige Uebereinkunft einen Vermögenswerth in der Weise von einander erworben, dass dereinst zu bestimmter Zeit von diesem zu jenem, von jenem zu diesem eine Sache oder Leistung, die in der Verfügung des Einen ist, auf den Anderen übergehen soll; oder es ist durch das Gesetz bestimmt, dass ein Vermögenswerth, den der Eine verloren oder erworben hat, demselben von diesem bestimmten Anderen ersetzt oder übergeben werden soll. Immer geht die Verpflichtung des Einen auf einen Werth, der der Vermögenssphäre des Anderen schon angehört. Auch der blosse Anspruch auf dereinstige Erfüllung der Verpflichtung enthält schon einen Vermögenswerth, der von dem bei der Erfüllung zu erlangenden Werthe einen um so grösseren Theil ausmacht, je gesicherter das Eintreten der Erfüllung der beanspruchten Leistung ist. Habetur quod peti potest. Aus dem Eigenthum, den dinglichen Berechtigungen und den Forderungen, die einer Person zustehen, setzt sich demgemäss das Vermögen derselben zusammen. Mit allen anderen Rechten haben die Forderungsrechte auch das gemeinsam, dass sie die Sphäre der Befugnis des Berechtigten

§ 56. Forderungsrechte. Naturgrund derselben. 631

bezeichnen, die von keinem Anderen verletzt werden soll. Der Forderungsberechtigte hat demnach nicht **bloss** einen Anspruch gegen eine bestimmte Person, sondern auch einen Anspruch gegen alle anderen, jenen Anspruch gelten zu lassen, ihn eventuell wie im Concurse ausdrücklich anzuerkennen, dem Schuldner die Erfüllung dessen, wozu er verpflichtet ist, nicht unmöglich zu machen (§ 42, 1).

3. Die Bewegung, die mit den dinglichen Rechten begonnen hat, setzt sich in den Forderungsrechten fort und kommt hier zum Abschluss. Die dinglichen Rechte sichern vorwiegend die wirthschaftliche Ausnutzung der S a c h e n und machen das Sondereigenthum zu einem wirthschaftlichen Gute der Gesammtheit; die Forderungsrechte erheben die Leistungskraft und Arbeitsthätigkeit der P e r s o n e n zu einem Gegenstande des allgemeinen Nutzens und zu einem für jeden Einzelnen nutzbaren Gute. Das individuelle Talent und die erworbene Fertigkeit kommen vermöge der Theilung der Arbeit und des allgemeinsten Austausches der Güter und Leistungen zur segensreichsten Verwendung; die beschränkte Kraft des Einzelnen ergänzt sich durch die Kräfte anderer in gemeinsamer Unternehmung, im Systeme des Arbeitsdienstes und Arbeitslohnes. Die Einzelwirthschaften mit exclusivem Eigenthum und grösster Specialisirung der Arbeit greifen hülfreich in einander und verflechten sich zu dem gewaltigen Gewebe der einheitlichen Wirthschaft des Volkes. Die Sorge für die Zukunft erweitert sich von der Aufhäufung von nutzbaren Sachen zur Aufhäufung von Ansprüchen auf Vermögenswerthe; in der Form des Credites wird jeder nutzbaren Arbeitskraft auch die fremde Sache als Arbeits- und Productionsmittel zugänglich. Zugleich tritt statt der Sache hier überall der W e r t h der Sache ein, der Werth als objectiv festzustellender, im geläufigen Verkehr auf offenem Markt zu realisirender, und der Werth als subjectiver, der Affection entstammender. So wird das Eigenthum idealisirt, die materielle Substanz in das unkörperliche Recht umgewandelt. Alle Verschiedenheit der Interessen, der Liebhabereien, Neigungen und Begierden findet ihre Befriedigung in der immer eröffneten Möglichkeit des Austauschs: jeder richtet sich klug mit seiner Arbeit und seiner Consumtion nach den Bedürfnissen der Anderen ein und befriedigt sich, indem er andere befriedigt. Und das alles geschieht auf Grund persönlicher Freiheit, Wahl und Ueberlegung, in verständiger Selbstbeherrschung, mit klugem, die Zukunft weitsichtig bedenkendem Eigennutz, im Anschluss an die herrschende sociale und Standessitte, um Ehre und Vertrauen als die Bedingung des Credites sich zu wahren. Gerechtigkeit ordnet das ganze ungeheure Getriebe. Die unerschöpf-

liche Fülle von Formen, in denen der Austausch sich vollzieht, wird vom Rechte nach bestimmten gedankenmässigen Kategorieen gegliedert; nach obersten Principien und Consequenzen aus diesen Principien wird die jedesmalige Rechtsvorschrift, die den privaten Willen bindet, dem Gesammtbedürfnis der wirthschaftenden Gemeinschaft angepasst. „Dazu, dass jeder erlangen könne, woran er ein Interesse hat, sind alle diese Vertrags- und Verpflichtungsformen ausgebildet worden." Dass niemand sich auf Kosten eines anderen bereichere, das ist das Princip, welches das Recht auf diesem Gebiete nach Möglichkeit zu verwirklichen strebt. Allerdings, in der formellen Natur alles Rechtes und in der Beschränktheit seiner Mittel liegt es, dass das Ziel bei weitem nicht erreicht wird. Dem glänzenden Bilde des rechtlichen Verkehrs fehlt der tiefe Schatten keineswegs. Ungerechte Benachtheiligung Einzelner und ganzer Classen lässt sich nicht durchaus verhüten; nicht bloss ausnahmsweise schlägt der grundsätzlich freie Verkehr unter der Wucht der socialen Verhältnisse, wie sie sich durch das geltende Recht geschichtlich gestaltet haben, bei den Schwachen und Geringen in eigentliche Knechtschaft um. Der Grundherr und der Fabrikunternehmer beuten in der Form des freien Verkehrs das Bedürfnis und die Noth aus zu ungerechtem Gewinn für sich, zu steigendem Elend für die Anderen; die Arbeitskraft, die auf idealem Gebiete thätig ist, die Production von geistigen Werthen entbehrt ihres Lohnes, den der Stumpfsinn und die Rohheit ihr verweigert. Für Geld ist alles zu haben, Geld giebt Ehre, Macht, Einfluss; der Menschenwerth verkommt in der wilden Jagd nach den Werthen, die einen gesicherten Marktpreis haben. Alle solche Anklagen sind völlig zutreffend. Aber unsäglich bornirt sind doch diejenigen, die wegen dieser schädlichen Nebenwirkungen gleich das ganze System des freien Verkehrs beseitigen und die frei zu übernehmende Verpflichtung in den für alle gleichen und durchgängigen Zwang verwandeln wollen. Denn das Uebel, das sie verabscheuen, machen sie damit aus einem vereinzelt vorkommenden zum allgemein herrschenden, und den Segen, den der freie Verkehr für die Ausbildung alles wahrhaft Menschlichen hat, opfern sie leichtherzig auf. Nein, die Aufgabe ist nicht, die allgemeine Staats- oder Gemeindesclaverei durch Aufhebung des Obligationenrechtes herbeizuführen, sondern die Freiheit und Gerechtigkeit allgemeiner zu machen durch sorgfältige Weiterbildung des Obligationenrechtes in allen den Punkten, wo es durch seine Bestimmungen den ungerechten und schädlichen Erfolg fördert oder nicht kräftig genug verhindert. An der in stetiger besonnener Arbeit durch-

§ 56. Forderungsrechte. Naturgrund und Wesen ders. 633

zuführenden Reform des Obligationenrechtes hängt zum grossen Theile die Zukunft der Culturwelt.

4. Das Forderungsrecht ist das Recht auf einen Vermögenswerth, dessen Erlangung von der Leistung einer bestimmten anderen Person abhängig ist. Nur diese ist verpflichtet, nur von dieser kann gefordert werden. Dabei haben die Römer das iuris vinculum zwischen den Personen, das Verhältnis der Herrschaft des Einen, des Gebundenseins des Anderen, als die Hauptsache angesehen und das ganze Obligationenrecht aus diesem Gesichtspunkte construirt: allgemeingültig ist das nicht und hängt mit ganz specifischen Eigenthümlichkeiten der Rechtsentwickelung und der Rechtsbegriffe bei den Römern zusammen. Forderungsrechte persönliche Rechte zu nennen, ist überhaupt nicht angemessen; sie sind Vermögensrechte wie die dinglichen Rechte auch, nur dass das Recht verwirklicht wird durch die Leistung einer bestimmten Person, und gebunden sind in vielen Fällen mehr die Vermögensmassen als die Personen, die sie innehaben. Daraus erklärt sich, dass auch die Handlungsunfähigen, die Unmündigen, die Geisteskranken rechtlich verpflichtet sein können zu Leistungen aus ihrem Vermögen. Im Gegensatze zu der römischen Auffassung (L. 3. D. De obl. et. act. XLIV, 7) muss es also heissen: das Wesen der Obligationen besteht gerade darin, dass sie uns eine Sache oder ein dingliches Recht verschaffen, aber freilich nur mittelbar, dadurch, dass ein anderer verpflichtet ist, uns etwas zu geben. zu thun oder zu leisten. Das dem Sinne des Rechtsinstituts Entsprechende ist ferner, dass die nicht erfüllte Verpflichtung zu einer Leistung als solche bestehen bleibe, so lange die Leistung in natura noch möglich ist, und dass die Umwandlung der Verpflichtung in die Zahlung einer Geldsumme erst mit der Unmöglichkeit der Leistung eintrete. Endlich wird auch zuzulassen sein, dass das Forderungsrecht im weitesten Umfange zum Gegenstande des Verkehrs werde, dass es als ein einzelnes Recht veräussert und abgetreten werden könne, dass in die Stelle des Schuldners bei Einwilligung des Gläubigers oder auch in Consequenz eines Rechtsgeschäftes ein anderer eintrete, dass man durch seinen bevollmächtigten Vertreter Rechte erwerben, Pflichten übernehmen könne, als vollzöge man das Rechtsgeschäft selbst. In diesem Sinne hat die germanische Rechtsanschauung mit ihrer grösseren Unbefangenheit und geringeren Neigung zu formeller Consequenz die römische Rechtsanschauung wesentlich ergänzt und fortgebildet, und so sehr das heutige Obligationenrecht aller Culturvölker auf den bewunderungswürdigen Leistungen römischen Scharfsinns ruht und von römischer Meisterschaft in

der Durchführung von Rechtsprincipien gelernt hat, so dringend ist es der weiteren Rechtsentwicklung geboten, sich von den Einseitigkeiten und Auswüchsen des römischen Rechts mehr und mehr frei zu machen und den modernen Bedürfnissen und Anschauungen auch im offenbaren Gegensatze zu der Art und Weise der Römer gerecht zu werden.

5. Der allgemeine Grund des Forderungsrechtes, dass ein Abzug, eine Abgabe, ein Verlust an dem Vermögen des Einen eingetreten ist und ein anderer sich auf jenes Kosten bereichert hat, oder dass einer etwas erworben hat, was noch im Vermögen des Anderen ist, erweist sich wirksam zunächst in den sogenannten Zustandsobligationen. Die Verpflichtung entsteht hier auf Grund des Verhältnisses, in welchem sich die Personen zu einander ohne ihr Zuthun befinden. So zunächst bei den vermögensrechtlichen Obligationen auf Grund des Familienzusammenhanges, insbesondere der väterlichen Gewalt. Die Obligation entsteht hier durch das Gesetz. Das Kind gewährt dem Vater Freude und Annehmlichkeit; dafür wird die Pflicht, das Kind zu ernähren und auszustatten, dem Vater übertragen. Das Kind erwirbt durch sein blosses Dasein continuirlich solches, was im Vermögen des Vaters ist. Man muss nur als die auszugleichenden Werthe nicht bloss Vermögenswerthe ins Auge fassen; als Grund von Forderungsrechten kann auch empfangener Werth von idealer Art dienen. Forderungsrechte entspringen ferner aus Gemeinschaft an Eigenthum und Erbe, aus dem Verhältnis des Eigenthümers zum dinglich Berechtigten, aus ungerechtfertigter Bereicherung, wie bei Geschäftsführung ohne Auftrag und bei vormundschaftlicher Verwaltung, bei nützlicher Verwendung, beim Fehlen des vermutheten Grundes, in Annahme dessen man etwas geleistet hat, und beim Ausbleiben des zukünftigen Grundes, in Erwartung dessen man etwas geleistet hat, bei Gemeinschaft ohne Societät wie in dem Falle der Lex Rhodia de iactu, und in verwandten Fällen. Endlich sind die Reallasten hierher zu zählen, obligatorische Verpflichtungen, die sich für den Eigenthümer aus seinem Eigenthum an der Sache ergeben und die deshalb einen dauernden Charakter tragen. Selbstverständlich ist es nur ein bildlicher Ausdruck, wenn man sagt: das Gut zinst oder dient; denn das Gut ist kein Rechtssubject und subjectiv-dingliche Rechte kann es in eigentlichem Sinne nicht geben. Berechtigt wie verpflichtet ist immer nur die Person; die Sache und ihr Verhältnis zu der Person kann nur den Grund der Berechtigung und der Verpflichtung bilden. Das aber kann sie aus den verschiedenartigsten Anlässen. Am häufigsten wird der Anlass sein, dass die Ueberlassung des Grundstücks oder dinglicher Rechte an

§ 56. Forderungsrechte. Zustandsobligation. Reallast.

demselben in der an dem Grundstück haftenden Reallast ihr Aequivalent findet, oder dass für eine auf andere Weise entstandene Forderung das Grundstück als eine Art von Bürgschaft mit pfandähnlichem Charakter dient. Mit Recht hat man deshalb die Reallasten fundirte Obligationen genannt. Die fällige unerfüllte Forderung verpflichtet dabei entweder den Erben oder den Nachfolger im Besitze, je nachdem in positiver Satzung mehr der Charakter der Obligation oder mehr die Fundirung derselben betont wird. Wie die Verpflichtung der Reallast immer an ein Grundstück gebunden ist, so kann die aus ihr entspringende Forderung auch wieder einem Grundstück, d. h. dem jedesmaligen Besitzer desselben, sie kann aber auch von solcher Gebundenheit getrennt einer bestimmten Person zustehen. Was die Zeitdauer betrifft, so sind Zinsen, Zehnten, Dienste, Frohnden von unbegrenzter Dauer; der Altentheil, und was ihm ähnlich ist, endet mit dem Leben des Berechtigten. Reallasten werden nicht bloss durch private Willkür, sondern auch durch das Gesetz im Interesse einzelner oder in öffentlichem Interesse auferlegt, so z. B. die Verpflichtung, die Scheidungen zwischen städtischen Grundstücken zu unterhalten, die Mauer zu erhalten, auf der ein Balken des Nachbars liegt; eben dahin gehören die Deichlasten, die Lasten zur Unterhaltung von Schulen und Kirchen u. dergl. Den Reallasten nahe verwandt sind die Zwangs- und Bannrechte, vermöge deren der Berechtigte, der auch auf Grund eines bestimmten Grundbesitzes berechtigt sein kann, an jeden in einem bestimmten Bezirke Wohnenden oder an die Besitzer bestimmter Grundstücke das Forderungsrecht hat, gewisse Gegenstände ihres Bedarfs nur von ihm zu entnehmen oder gewisse Dienste nur von ihm sich leisten zu lassen. Verschieden davon ist die ausschliessende Berechtigung zu einem gewissen Gewerbebetriebe durch Concession, Privilegium, Monopol; diese gehört in das Recht der Persönlichkeit (§ 49, 2). Mit gutem Fug und Grund ist die neuere Rechtsentwicklung aller solchen Realbelastung ebenso wie den dinglichen Rechten in der Form des „Untereigenthums" abgeneigt und fördert dafür andere Formen, die theilweise den gleichen Zweck ebensowol erfüllen, also z. B. das Hypothekenrecht, den Mieths- und Pachtvertrag, die Dienstmiethe, und die doch weder der persönlichen Freiheit noch der Freiheit der Eigenthumsverfügung in gleicher Weise Eintrag thun.

6. Forderungsrechte entstehen ferner aus Delicten als Delictsobligationen. Wo jemand Schaden erlitten hat an den Werthen, die er besass, seien es Vermögenswerthe oder andere Werthe, da ist derjenige, durch dessen Verschuldung er solchen Verlust erlitten, ihm zum Ersatze ver-

pflichtet, soweit ein solcher in Geld geleistet werden kann. So bei Körperverletzung, Schwängerung, Injurien überhaupt, bei „culpa in contrahendo" oder fahrlässiger Verbringung, bei Erregung von Irrthum, bei Nöthigung, bei Dolus überhaupt. Man darf diese Ersatzverbindlichkeit nicht als Strafe ansehen; sie ist vielmehr nur privatrechtliche Ausgleichung einer Störung in den Güterverhältnissen. Die Grösse des Ersatzes richtet sich nach der Grösse der Schädigung; wo der Geschädigte sonst Ersatz gefunden hat, hört die Ersatzpflicht auf. Die Ersatzpflicht geht auf den Erben über, und für den Verpflichteten kann jeder andere eintreten; der Ersatz wird nicht dem Staate, sondern dem Geschädigten geleistet. Eben daher kommt es auch, dass man ersatzpflichtig werden kann ohne eigentliche Verschuldung, nur weil es gerecht ist, dass den Schaden nicht der Geschädigte trage, sondern ein anderer, etwa der, der aus der schädigenden Person oder Sache oder aus dem Vorgange, der Anlass zur Schädigung bot, Vortheil zu ziehen pflegt. Die Grundsätze für die Haftbarmachung haben die Römer in bewundernswürdiger Weise durchgeführt; Raum zu Ergänzungen haben sie reichlich übrig gelassen. Zur Haftbarmachung des Schiffsherrn und Spediteurs, des Gastwirths, des Stallvermiethers, des Arbeits- und Hausherrn für Untreue oder auch Versehen von Untergebenen, des Inhabers einer Wohnung für Schädigungen durch aus dem Fenster Geworfenes oder Gegossenes, des Staates oder der Gemeinde für Schädigungen durch Aufruhr und Tumult, der Beamten für schädigende Amtshandlungen, ist schon eine theilweise Haftpflicht gewerblicher Unternehmer bei Verunglückungen im Betriebe getreten. Das Princip erlaubt und fordert weiteren Ausbau.

7. Das unerschöpfliche Gebiet der Verträge, die ein Forderungsrecht begründen, können wir nur streifen. Der vermögensrechtliche Vertrag ist das eigentliche Mittel der Fürsorge für die Zukunft, soweit die Sicherung künftiger Befriedigung durch fremde Leistung an Arbeit und Gütern vollbracht werden kann. So giebt es denn Verträge erstens über Ueberlassung von Sachen, und zwar theils zum Eigenthum, wie bei Tausch und Kauf, theils zur Benutzung, wie bei Pacht und Miethe und beim Darlehen eines Capitals; zweitens über Leistung von Diensten, und zwar theils Diensten niederer Art, für welche Lohn gezahlt wird, theils Diensten höherer Art, für welche Gehalt oder Honorar gezahlt wird, theils Diensten, welche wechselseitig in völliger Gleichartigkeit geleistet werden: Dienstmiethe, Dienstvertrag, Werkverdingung und Societät im engeren Sinne. Werden diese Verträge

§ 56. Forderungsrechte. Delicts-, Vertragsobligation.

auf Leistung ohne Gegenleistung geschlossen wie bei der **Schenkung**, beim **Commodat**, dem **unverzinslichen Darlehen**, dem **Mandat** und dem **Depositum**, so besteht der begehrte Gegenwerth in der Förderung, in der Freude, dem Glücke des anderen, in seiner Pietät und Dankbarkeit, so dass, wo dieser Gegenwerth nicht geleistet wird, unter Umständen ein Rückforderungsrecht gewährt wird. Auf die genannten Formen lassen sich alle Verträge zurückführen, während allerdings die Anlässe zur Vertragsschliessung von unerschöpflicher Mannigfaltigkeit sind und dafür das Wort gilt: plura negotia quam vocabula. Von besonderer Wichtigkeit sind die **accessorischen** Verträge: **Pfandvertrag**, d. h. Hingabe eines Sachwerthes für empfangene Leistung, und **Bürgschaft**, d. h. eventuelle Uebernahme einer Verpflichtung, falls ein anderer sie nicht leistet. Unter den Kaufverträgen von besonderer Wichtigkeit ist der **Versicherungsvertrag**, d. h. der Kauf eines Ersatzes für eventuelle Vermögensschädigung gegen Leistung einer angemessenen Abgabe, und der damit verwandte **Leibrentenvertrag**, durch den man regelmässig wiederkehrende Leistungen für seine Lebensdauer gegen eine Abgabe erkauft. Endlich ist noch hervorzuheben die **Societät** als blosse **Capitalsverbindung** zu gemeinsamer Betreibung eines Geschäftes und zur Theilung des Gewinnes nach Verhältnis der Antheile oder zur Stärkung des Credites und der Wirthschaft jedes der Verbundenen.

8. Im Vertrage wird die freie Willkür der Parteien der Grund rechtlicher Gebundenheit des Willens; die Rechtsordnung aber bestimmt, welche Verabredungen der Parteien Gültigkeit erlangen und des rechtlichen Schutzes theilhaftig werden sollen, wie die dargelegte Absicht der Parteien rechtlich zu deuten ist, unter welchen Bedingungen und innerhalb welcher Grenzen jedesmal eine rechtliche Verpflichtung eintreten soll. Auf diesem Gebiete zumeist entscheidet über Gedeihen und Verderben wirthschaftliche Klugheit und weite Voraussicht oder Unverstand und Leichtsinn; die wildeste Speculation und die ungezügelte Gewinnsucht drängt sich neben das redliche Geschäft, das den allgemeinen und den eigenen Nutzen gleichmässig im Auge hat, und das Recht kann nicht verhüten, dass auch der Betrug und die Unredlichkeit sich der Form des Rechtes zu ungerechter Uebervortheilung des Anderen bediene. Nur innerhalb enger Schranken kann es die Rechtsordnung unternehmen, den wirthschaftlich Schwächeren, den Unbeholfenen und Beschränkten gegen unredliche Klugheit zu Hilfe zu kommen: würde sie dabei über eine gewisse Grenze hinausgehen, so würde sie den freien

Verkehr überhaupt lähmen und damit die Möglichkeit wirthschaftlichen Gedeihens für alle abschneiden. Im wesentlichen muss die Rechtsordnung doch der Einsicht und Willenskraft der mündigen Menschen vertrauen und ihnen die Führung ihrer Geschäfte selbst überlassen. Um der Sicherheit des Verkehres und der Leichtigkeit des Beweises willen greift das Recht obendrein zur Formalisirung der Rechtsgeschäfte; sie löst die Obligation von dem sie begründenden Geschäfte im Wechsel, im Inhaberpapiere los, und macht damit freilich die Verwirklichung materieller Gerechtigkeit unsicherer, tauscht aber dafür den Vortheil ein, dass die Menschen zur Vorsicht und Energie erzogen werden und der Streit um das Recht innerhalb engerer Grenzen gehalten wird. Allerdings soll jeder lernen für sich selbst und für sein Recht zu sorgen; wer ein Geschäft abschliesst, dem ist zuzumuthen, dass er genügende Kenntnis seiner eigenen Verhältnisse, des Verkehrsganges und des Verkehrsrechtes habe; es ist nicht möglich, dass die Rechtsordnung wie eine Art von allgegenwärtiger Vorsehung alle bevormunde und aller Geschäfte selbst führe. Jeder muss doch schliesslich durch Aufmerksamkeit und Sorgfalt selbst ein Organ der Rechtsordnung werden können, wo es gilt, dass ihm kein Unrecht geschehe: das ist das Ziel aller rechtlichen Cultur. Aber deshalb bleibt es doch wahr, dass die Rechtsordnung auf allen den Punkten in die freie Vertragswillkür einzugreifen hat, wo die wichtigsten Interessen der Einzelnen und des Ganzen schwer gefährdet sind, dass sie den Hilflosen und Einsichtslosen beispringen und durch ihre Vorschriften den Willen der Dränger, der Starken und Gewandten zügeln muss, wo die Noth des Schwachen und Ungebildeten Gegenstand dreister Ausbeutung wird. Diese Staatsfürsorge freilich zum durchgängig herrschenden Princip zu machen, das würde das Recht ebenso in seinen Fundamenten aufheben, als wenn man sie überhaupt ausschliessen wollte. Das vom Begriffe des Rechtes Geforderte ist, dass die Rechtsordnung nur da, aber auch allgemein da Schranken errichte, wo sich nach gesunder Einsicht und reicher Erfahrung ein unzweifelhafter und bedrohlicher Nothstand aus der ungehemmten Willkür des privaten Verkehrs ergeben würde. Nicht darüber kann gestritten werden, ob Staatsfürsorge überhaupt zulässig ist oder nicht, sondern nur, ob sie in dem einzelnen bestimmten Punkte unerlässlich und geboten, ob sie hier zu helfen auch wirklich im Stande ist und ob sie nicht für geringeren Vortheil weit überwiegende Schädlichkeiten im Gefolge hat.

9. Das Obligationenrecht hat die verschiedenartigsten Zwecke gleichmässig im Auge zu behalten. Seine Aufgabe

§ 56. Forderungsrechte. Fortbildnng des Obligationenrechts. 639

besteht in der möglichsten Erleichterung des Verkehrs und zugleich in der möglichsten Sicherung eines jeden in seinem Rechte. Die grösste Freiheit der individuellen Bewegung soll doch zugleich eine möglichste Harmonie aller Interessen ergeben, die Form möglichst streng sein und das materiell Gerechte doch nicht vernachlässigt werden. Zwischen diesen Anforderungen sind nur Compromisse möglich, die zu verschiedener Zeit verschieden ausfallen müssen. Die Verhältnisse, welche durch das Recht geordnet werden sollen, tragen sehr verschiedenen Charakter je nach der Höhe der erreichten wirthschaftlichen Cultur. In unseren gegenwärtigen Verhältnissen, der Individualisirung der Personen, der Unternehmungen und Arbeitsformen, der Durchbildung der wirthschaftlichen Technik und des Weltverkehrs gegenüber wird das Recht mit seinen Eingriffen in die freie Vertragsschliessung vorsichtig und bescheiden sein müssen, wenn es nicht Verwüstung statt Förderung anstiften und die Todtenstille der Bewegungslosigkeit an die Stelle überquellender Lebensbethätigung setzen will. Auf ihren Beruf freilich, zu ordnen und zu regeln, kann die Rechtsordnung auch heute nicht verzichten; sie kann nicht in die Hände der Privatwillkür abdanken. Das laisser faire, laisser passer findet an jedem dringenden Nothstande seine Grenze. Aber andererseits ist das System der Thatsachen, der wirthschaftlichen Bedürfnisse, Interessen und Begierden stärker als jedes Gesetz, welches den vorhandenen Bedingungen nicht genügend angepasst ist. Jeder Versuch, die Preise der Verkehrsgüter von Rechts wegen zu regeln, muss nothwendig scheitern oder das directe Gegentheil des Beabsichtigten erreichen. Im Zeitalter des Welthandels, des ausgebildeten Credit- und Geldwesens kann man nicht so unbefangen dreintappen, wie in unentwickelteren Zuständen. Die Eisenbahn, das Dampfschiff und der Telegraph spotten jedes Unternehmens, in einem einzelnen Lande die Freiheit des Verkehrs von Polizei wegen zu unterbinden. Die Richtung, welche in Folge der seit einem Jahrhundert gründlich veränderten wirthschaftlichen Verhältnisse der Verkehr eingeschlagen hat, der Zug zur Capitals-Association, zur Mobilisirung der Immobilien, zur Organisation des Realcredits, zur Formalisirung der Geschäfte, zur Bürgschaft durch Solidarität, zur Verwischung des Unterschiedes zwischen dem Handelsrecht und dem bürgerlichen Obligationenrecht, wird dauern trotz aller knabenhaften Träumereien von einer besseren Welt und aller halsbrecherischen Versuche staatssocialistischer Organisation. Unendlich viel kann die Gesetzgebung leisten durch weisen Anschluss an die inneren Bedürfnisse des Verkehrs: zu völliger Unfruchtbarkeit verdammt sie sich selbst, wo sie dem eingeborenen Triebe der Verhältnisse in thörichtem Hochmuthe des Besserwissens sich zu widersetzen unternimmt. Das Gesetz auf privatrechtlichem Gebiete kann die machtvollsten Anregungen geben, um durch Privatthätigkeit alles wirthschaftliche Leben des Volkes auf eine höhere Stufe zu heben. Wo es die lebensfähigen, aus dem lebendigen Bedürfnisse des Verkehrs entsprungenen Keime neuer Verkehrsformen verständnisvoll pflegt, die Auswüchse abschneidet, das Echte und Gesunde festhält, durch maassvolle Normen, die nicht beengen und doch auch die ungerechte Willkür nicht zulassen, das Unbestimmte formt, wie im Actienvereins-, im Genossenschafts-, im Versicherungs-, im Bodencredit-, im Darlehnskassenwesen: da erweist sich das fortschreitende Recht als das mächtigste Hilfsmittel zu allen wirthschaftlichen Fortschritten und zum gleichmässigen Gedeihen aller Classen. **Hier liegen die grossen socialen Aufgaben der Zukunft**, von hier aus ist eine langsame Hebung auch der Niederen und Gedrückten zu erreichen: eine langsame Hebung, denn dergleichen geschieht nicht über Nacht und im Handumdrehen, und dass man das Resultat jahrhundertelanger geschichtlicher Processe durch ein Gesetz, eine Polizeimaassregel, ein neues durch Staatsreglement eingeführtes Wirthschaftssystem über den Haufen werfen könne, das wird sich immer als eine thörichte Illusion erweisen. Der Staat hat durch sein Gesetz die Privatwirthschaft zu ordnen, nicht selbst Privatwirthschaft zu treiben in anderem Interesse als zu seiner unmittelbaren Selbsterhaltung. Jede staatswirthschaftliche Thätigkeit, welche die Privatwirthschaft verdrängt, wirkt auf das nationale Leben wie eine partielle Lähmung. Uebernähme der Staat zum Beförderungswesen auch noch das Versicherungswesen und die grossen Creditanstalten, so wäre nicht bloss der wirthschaftlichen, es wäre auch der politischen Freiheit die Axt an die Wurzel gelegt und der Staat der modernen Cultur glücklich wieder auf den Standpunkt des Chinesenthums zurückdirigirt. Dass dergleichen nicht zur Verwirklichung gelangen kann, dafür ist durch die Natur der Menschen und der Dinge hinlänglich gesorgt; aber welche Kämpfe, welche Bedrängnisse und Opfer würde der aufgezwungene Widerstand gegen die blosse Tendenz zu solcher Verstaatlichung des Verkehrs zur Folge haben! Schon vor ernstlichen Versuchen in dieser Richtung wolle uns Gott in Gnaden bewahren!

Dritter Abschnitt.

Das öffentliche Recht.

Erstes Capitel.

Die Verfassung.

§ 57.

Die Herrschgewalt.

Die Natur des Staates ist die, herrschender Wille zu sein und für die Uebung der Herrschaft die höchste zwingende Gewalt zur Hand zu haben und zu gebrauchen (§ 29). Solche Herrschaft erlegt sich den Menschen als die Bedingung ihrer Gemeinschaft und als Anforderung der Vernunft von vorn herein thatsächlich auf; im Fortgange der Entwicklung aber geschieht es, dass der herrschende Wille nicht bloss thatsächlich bleibt und als zufällige Willkür, die die Willkür aller anderen bindet, in die Erscheinung tritt, sondern dass er selber nach einer gedankenmässigen Regel, nach erkennbaren und ausgesprochenen Gesetzen befiehlt und die Anderen nach solchen Gesetzen gehorchen. Dadurch wird der Staat zum **Rechtsstaat** und neben das Privatrecht tritt ein consequent durchgebildetes **öffentliches Recht**; die Verfassung des Staates wird zur **Rechtsverfassung**. Die Herrschaft des Staates betrifft zunächst das **Land**. Auf niederen Stufen wird diese Herrschaft als ein Eigenthumsrecht des Staates aufgefasst, auf höherer Stufe als ein eigenthümlich gestaltetes Verfügungsrecht, welches von allen privatrechtlichen Formen streng geschieden ist. Die Herrschaft des Staates betrifft ferner das **Volk** und alle Einzelnen im

Volke. Zwischen dem Staate und seinen Angehörigen ergiebt sich daraus ein gegenseitiger Verband, der mit den Personenverbänden des Privatrechtes (§ 51—53) eine ausgesprochene Analogie hat. Die Herrschgewalt des Staates trägt nach aussen den Charakter der Souveränetät (§ 35) und lässt eine Einschränkung durch einen anderen Willen als den eigenen Willen des Staates nicht zu.

<small>Literaturangaben siehe § 4 und zu §§ 29 u. 31 (S. 283 ff., 311).</small>

1. Bei der Darstellung des öffentlichen Rechts, die sich hier nach den früher (§ 29—37) gegebenen Ausführungen auf die engsten Grenzen beschränken darf, ist sorgfältig alles das auszuscheiden, was dem Gebiete der Politik als der Wissenschaft von dem concreten Leben und Handeln der besonderen geschichtlichen Staaten angehört, und was wesentlich durch die jedesmaligen einzelnen Zweckmässigkeiten, Bedürfnisse und Interessen der Staaten bestimmt wird. (Vgl. § 60, 2). Hier geht uns nur das an, was allgemein allen Staaten zugehört und worin die specifisch rechtliche Seite des Staates sich darstellt. In diesem Sinne handeln wir zunächst von der Verfassung des Staates. Eine Verfassung hat jeder Staat, und immer ist diese Verfassung rechtlich geordnet, sei es ausdrücklich oder stillschweigend. Das Verfassungsrecht betrifft das Dasein eines herrschenden Willens, die Ordnung seiner Aeusserungen, die Bestellung seiner Organe und die Abgrenzung der Thätigkeiten derselben. Die Verfassung ist somit das Grundgesetz des Staates, die Quelle für alle anderen im Staate geltenden Ordnungen und die Norm für alle einzelnen staatlichen Thätigkeiten; das ist sie auch da, wo ein ausdrückliches Verfassungsgesetz nicht existirt. Thatsächlich ist überall da, wo viele Menschen in Gemeinschaft leben, auch ein Staat vorhanden, und der Staat ist hier überall ganz selbstverständlich und operirt in bestimmter Weise als ein herrschender Wille. Die Wirksamkeit der Staatsgewalt ist die Aeusserung des Staatswillens; was aber der Staat will, das ist jedesmal Recht. Der Staat kann nichts anderes wollen als das Recht, und das Recht kann nichts anderes sein als das vom Staate Gewollte. So lange nun die Wirksamkeit der Staatsgewalt nicht vorausgegebene allgemeine Gedankenbestimmungen verwirklicht, sondern von Augenblick zu Augenblick wechselnden Willensinhalt zum Ausdrucke bringt, so lange ist der Staat unvollkommen, das Recht unentwickelt; denn allgemeine Gedankenbestimmung zu sein in der Form des Gesetzes, das ist die wahre Natur des Rechtes, und dem Rechte zur Verwirklichung seiner wahren Natur zu verhelfen,

§ 57. Die Herrschgewalt. Verfassungsstaat. 643

das ist die Aufgabe des Staates. Daher geht die weltgeschichtliche Entwicklung des Staates dahin, dass des Staates Willensäusserung eine durch die dauernden und formell ausgedrückten Gedanken des Gesetzes bestimmte, und dass der Willensinhalt des Staates nicht mehr durchaus ein nach Gutdünken und Belieben, und sei es auch im Anschluss an Sitte und Brauch, an Nutzen und Vortheil, wechselnder sei. Damit ist aber auch gegeben, dass das Gesetz, welches als allgemeine gedankenmässige Bestimmung den bleibenden Willensinhalt des Staates bildet, sich dem Gerechten stetig annähert; denn das Gerechte ist eben dieses Allgemeine und Gleiche, was sich im bleibenden Rechtssatze ausdrückt. Wo nun das dem Gerechten nachstrebende Grundgesetz für alle staatliche Willensäusserung in ausdrücklicher Formulirung reale Existenz hat, da ist der Staat ein Verfassungsstaat im engeren Sinne, und da giebt es auch eigentlich erst ein öffentliches Recht von formell durchgebildetem Rechtscharakter. Der Staatswille, der sich in despotischer, d. h. in gesetzloser Weise ausdrückt, bezeichnet die niedrigste Stufe rechtlicher Cultur; achtet er wenigstens das Privatrecht und macht er die Privatrechtspflege zu einer gesetzlich geordneten, so ist dies die nächst höhere Stufe; äussert sich der Staatswille selbst durchgängig in gesetzlicher Form und innerhalb der durch das Gesetz gezogenen Schranken, so hat der Staat sein Ziel erreicht, seinen Begriff verwirklicht, und man nennt ihn alsdann einen Rechtsstaat, nicht als ob auf den niedrigeren Stufen staatlichen Daseins der Staatswille etwas anderes hätte wollen können als Recht, sondern weil nunmehr das Recht, welches der Staatswille setzt, dem Begriffe des Rechtes im vollsten Maasse entspricht. Im despotischen Staate ist Recht jedesmal das, was im gegebenen Augenblicke der Staatswille will, und ein bleibendes Recht giebt es hier nicht: im Rechtsstaate will der Staatswille jedesmal das, was als bleibendes Recht von ihm schon vorher ausgedrückt und festgesetzt worden ist, und hier giebt es ein gesetzloses oder gesetzwidriges Wollen des Staates überhaupt nicht. Recht aber, das nicht dauernd gilt, ist noch kein wahrhaftes Recht, und ein Staat, dessen Wille nicht bleibendes Recht will, ist kein wahrhafter Staat. Der Staat ist also bestimmt, Rechtsstaat in dem Sinne zu werden, dass alle Willensäusserungen des Staates durch die bleibenden allgemeinen gesetzlichen Bestimmungen ihren Inhalt und ihre Grenzen empfangen. Ein rein despotischer Staat ist überhaupt nicht zu finden; der Begriff von einem solchen Staate bezeichnet nur den Nullpunct der Entwicklung. Soll in der That ein bleibender Staat und eine bleibende Gewalt sein, so ist wenigstens in rechtsähnlichem Brauch auch eine

Analogie zu bleibendem Rechte nöthig. Jeder wirkliche Staat ist also über jenen Nullpunkt schon hinaus, und die verschiedenen geschichtlichen Staaten bezeichnen die verschiedenen Stadien der Entwicklung von der Despotie zum Rechtsstaate hin. Der reine Rechtsstaat ist andererseits wol das Ziel der Entwicklung, aber nirgends realisirt und in dieser Endlichkeit auch immer nur annähernd realisirbar. Der Gedanke des Rechtsstaates ist in der ursprünglichen Ausstattung vor allem des hellenischen und des germanischen Geistes ein wichtiger Bestandtheil gewesen. Die neueren Zeiten haben, bei germanischen Völkern besonders, entscheidende Schritte auf den Rechtsstaat hin nach langer zum Theil rückläufiger Entwicklung angebahnt.

2. Die Herrschgewalt ist die Gewalt des Staates selber, des Staates als einer selbstständig existirenden Person; geübt wird sie von Menschen als Organen des Staates in dessen Auftrag und Vertretung. Die Gewalt des Staates ist höchste Gewalt; sie äussert sich im obersten Befehl und hat ihren Nachdruck im stärksten, schlechthin unwiderstehlichen Zwange. Den Menschen stellt sich die Herrschgewalt im Anfange dar als der willkürliche Wille des Herrschers, im Fortgange als die Anforderung des bleibenden und anerkannten Gesetzes. Aber in dem rastlos fliessenden Strome des Geschehens und der Veränderung muss der Staatswille auch das unendlich Veränderliche befehlen, und hier bleibt es die ideale Anforderung, dass aller solcher im Augenblick für den Augenblick gegebene Befehl nicht bloss innerhalb der durch das Gesetz gezogenen Schranken sich bewege, sondern auch den im Gesetze enthaltenen Gedanken zu correctem Ausdruck bringe. Der Staat will im wesentlichen sich selbst; er will seinen Willen, und nur mittelbar und um seinetwillen will er auch das, was das Interesse seiner Angehörigen ist. Sein Wille erlegt sich seinen Angehörigen auf; er gebietet, sie gehorchen; er herrscht, sie dulden. Damit aber ist das Verhältnis zwischen dem Staate und seinen Unterthanen nicht erschöpft. Zwischen beiden waltet zugleich ein gegenseitiges Band von unendlicher und unausmessbarer Verpflichtung. Der Staat leistet dem Bürger nicht bloss Einzelnes, sondern er giebt ihm sein Selbst, den edelsten Bestand seines Selbstbewusstseins; und er verlangt vom Bürger nicht bloss Einzelnes, sondern den Einsatz seiner ganzen Persönlichkeit. Gut und Blut, alle seine Kraft und Leistung, wo der Staat sie braucht. Dem Staate und den Existenzbedürfnissen des Staates gegenüber ist alles Recht des Einzelnen bedingtes Recht; dem Staate eignet das ius eminens, ungemessenes Hoheitsrecht, das im Nothfall alles andere Recht bricht. Der Bürger aber

hat nicht bloss die Pflicht des Gehorsams gegen den ausgesprochenen Befehl, sondern auch die Pflicht der Hingebung, der selbstthätigen Förderung der Staatszwecke je an seiner Stelle und nach seinem Berufe. Diese unendliche Verpflichtung ist von umfassender, von sittlicher Art; das Recht als öffentliches Recht kann sie nur an ihren Grenzen streifen und nur das Erzwingbare ausdrücklich rechtlich feststellen. Dafür gewährt der Staat dem Bürger den Raum für die Ausbildung seiner Persönlichkeit nach allen Richtungen hin und schafft und sichert ihm alle grundlegenden Bedingungen auch für sein ganzes sittliches Leben und für alle seine idealen Interessen, und dass der Staat dies thue, ist der Anspruch, den der Bürger an den Staat erheben darf. Daraus folgt, dass, da zwischen verschiedenen Staaten immer der Conflict möglich ist und jeder seinem Staate ganz und ungetheilt gehört, es wider die Vernunft und wider die Natur der Sache ist, dass irgend Jemand zweien Staaten zugleich angehöre.

3. Der Staat übt seine Herrschgewalt ferner über das **Territorium**. Es ist eine unangemessene Anschauung niederer Stufen der Rechtsentwicklung, dieses Herrschaftsrecht nach Art des privaten Eigenthumsrechts aufzufassen und zu gestalten. Wo der Staat Eigenthum an Grundstücken hat, da ergiebt sich ein rein privatrechtliches Verhältnis, und der Staat als öffentlich-rechtliches Wesen steht dem Staate als Grundeigenthümer genau ebenso gegenüber wie jeder physischen oder juristischen Person, die Eigenthum besitzt. Das Land ist also als Eigenthum durchaus in privater Zugehörigkeit; dem Staate aber steht darüber nicht ein Obereigenthum, sondern die **Herrschaft** zu. Das Land bezeichnet die Grenzen, innerhalb deren die Hoheit des Staates gilt; für dieses Territorium ordnet er das Recht, auf ihm gilt seine Macht und sein Zwang, im Nothfall sein Nothrecht. Durch besonderen Vertrag kann er einem anderen Staate auf Theilen seines Gebietes besondere Arten von ähnlichen Hoheitsrechten als eine Analogie zu den Servituten des Privatrechts einräumen; im übrigen schützt der Staat sein Gebiet vor den Eingriffen jeder fremden Staatsgewalt und sichert seine Macht über sein Land. Nur der Staatswille kann vermittelst seiner Organe seine Hoheit über Theile seines Landes aufgeben und an einen fremden Staat abtreten; das ist dann aber keine Eigenthumstradition und vollzieht sich auch nicht in den Formen derselben, und normaler Weise bleibt alles bestehende Eigenthumsrecht völlig unberührt. Ebenso kann nur durch eine Entschliessung des Staatswillens die Ausdehnung seiner Herrschaft über früher von ihm noch nicht beherrschtes Land stattfinden. In solcher Veränderung bleibt

§ 57. Herrschgewalt. Souveränetät.

der Staat continuirlich derselbe, wenn nur der alte Zusammenhang zwischen Land, Volk und Recht des Staates im wesentlichen festgehalten wird.

4. Die Herrschgewalt des Staates ist oberste und einheitliche Gewalt und lässt eine Trennung und Theilung nicht zu. Wer staatliche Gewalt übt, der übt sie als Organ und im Auftrage des Staates, nicht aus eigenem Recht, sondern auf Grund der ihm durch den Staatswillen und also durch das öffentliche Recht verliehenen Berechtigung. Jeder Staatsangehörige steht unmittelbar unter der Hoheit und dem obersten Befehle des Staates. Wo der Staat in der Form der Lehnsverfassung scheinbar Theile seiner Staatshoheit dauernd veräussert hat, da ist das wahre Verhältnis nur hinter verhüllenden Formen versteckt, und die Thatsache deckt sich nicht mit der gleichwol fortbestehenden Natur der Sache. Es ist eine Verkümmerung des Staates, wenn die Herrschgewalt auf fremden guten Willen angewiesen ist, um die Macht des Staates für ihren Herrscherwillen gebrauchen zu können. Als oberste Gewalt lässt der Staat in ausgesprochener Eifersucht auch nicht den Schatten von Herrschaft eines fremden Willens auf seinem Herrschaftsgebiete zu; darin besteht seine **Souveränetät**. Vertragsmässig kann der Staat wol zeitweilig auf einzelne in der Staatshoheit enthaltene Verfügungsrichtungen verzichten, aber immer nur mit dem Vorbehalt, dass er sie wieder an sich nehme, wenn es ihm gut scheint. Auf diese Weise können sich auch verschiedene souveräne Staaten zum **Staatenbund** mit Institutionen, die für alle diese Staaten gemeinsam sind, vereinigen. Entsagt dagegen der Staat für immer bestimmten Hoheitsrechten in der Form, dass eine rechtliche Gebundenheit seines Willens entsteht, so entsagt er damit zugleich seiner Existenz als Staat und wird zur Provinz desjenigen Staates, an dessen Willen er sein Recht abgegeben hat. Einen Selbstmord in diesem Sinne kann man einem Staate nur zumuthen, wenn derselbe ein eigentliches selbstständiges staatliches Leben zu führen auch schon vorher nicht vermochte und dem nationalen Leben eher hinderlich als förderlich war, wie es z. B. bei abgesprengten Bruchstücken eines Nationalstaates der Fall ist. Bleibt mehreren solchen zu Provinzen gewordenen Staaten ein weites Gebiet eigener Herrschaftsrechte, so bilden dieselben einen **Bundesstaat**, in welchem die begrenzte Selbstständigkeit der einzelnen Glieder als das von der Centralgewalt denselben zugestandene Recht der Selbstverwaltung erscheint, während nur die Centralgewalt eigentlich staatlichen Charakter besitzt. Was man **Realunion** nennt, ist dem Wesen nach auf bundesstaatliche Verbindung zurückzuführen.

§. 58.
Die Rechtsbildung.

Der Staatswille drückt seinen Inhalt bei entwickelterer rechtlicher Cultur in der Form von bleibenden allgemeinen Bestimmungen, Gesetzen im weiteren Sinne aus, die ebenso für den Staat selbst als für seine Angehörigen die Norm ihres äusseren Handelns bilden. Nur der oberste herrschende Wille kann Gesetze geben; alle Gesetzesberathung und Gesetzgebung geschieht durch die vom Staate eingesetzten Organe, welche der Staat mit dem Amte betraut hat, seinen Willen zum Ausdruck zu bringen. Die Gesammtheit der im Staate geltenden Gesetze bildet das Recht des Staates, den bleibenden Inhalt des Staatswillens. Die Gesetze sind theils fundamentaler Natur und ordnen die Verfassung des Staates, theils sind sie abgeleiteter Natur und betreffen einzelne Richtungen der Staatsthätigkeit. Sie sind von grösserer oder geringerer Allgemeinheit und steigen zuletzt in der Form des einzelnen Befehles bis in das schlechthin Einzelne hinab. Wie das öffentliche Recht, so wird auch das Privatrecht durch die gesetzgeberische Thätigkeit des Staates bestimmt.

1. Das Recht ist nichts anderes als der Staatswille selber. Wo das Recht zu angemessener Ausbildung gelangt, da erscheint es durchgängig in der Form von allgemeinen und gedankenmässigen Bestimmungen. Diese zu bilden ist somit ebenso die ursprüngliche Thätigkeit des Staatswillens, wie es die Ausübung der Herrschaft selber ist; sie geht allen anderen Thätigkeiten des Staates voraus und ist in allen anderen Thätigkeiten mit enthalten. Das bloss Einzelne, welches nicht Einzelfall des Allgemeinen wäre, kann der Staat, dessen Wille vernünftiges Allgemeines ist, gar nicht wollen ohne inneren Widerspruch zu seinem Wesen. Deshalb bindet sich der Staatswille selber; was ihn bindet, ist er selbst, sein eigener vernünftiger Gehalt in gedankenmässiger Form. Diesen in bestimmter Weise auszudrücken, dienen dem Staate seine Organe, zunächst solche, die nicht ausdrücklich als solche eingesetzt sind. Alle Rechtsbildung geschieht auch hier ursprünglich in der Form der Gewohnheit; das durch Gewohnheit Gebildete erhält im öffentlichen Recht wie im Privatrecht durch Anerkennung des Staates seinen Rechts-

charakter. Im öffentlichen Rechte indessen weit mehr als im Privatrecht wird bei fortgeschrittener rechtlicher Cultur das Gewohnheitsrecht durch streng formulirtes Gesetzesrecht verdrängt; denn wegen der für den Bestand des Ganzen fundamentalen Wichtigkeit dieses Rechtsgebietes muss hier dem Staate am meisten daran liegen, dass alles Schwankende und Flüssige abgeschnitten und der Rechtsgedanke auf seinen strengsten und genauesten Ausdruck gebracht werde. Deshalb wird denn auch hier die Rechtsbildung in der Form der Gewohnheit, die freilich völlig nie entbehrt werden kann, niemals contra legem, nur praeter 'legem wirksam sein, und nur das von ausdrücklicher Gesetzesbildung offen Gelassene wird sie ergänzen dürfen. Die Art wie irgend etwas Rechtskraft erlangen kann, wird ebenfalls rechtlich bestimmt, und der Staat betraut insbesondere mit der Festsetzung des öffentlichen Rechtes bestimmte Organe, denen er ein bestimmtes Verfahren vorschreibt, damit möglichste Sicherheit dafür erlangt werde, dass der Wille des Staates zu reinem Ausdruck komme und nicht durch Willkür und private Interessen getrübt werde. Je mehr die Rechtscultur fortschreitet, desto mehr wird das öffentliche Recht, und zwar am meisten das Verfassungsrecht als das fundamentalste, in strictester Form durch ausdrückliche Gesetzgebung geordnet; die Codification des Verfassungsrechtes ist überall und unter allen Umständen ein wesentlicher und durch die Vernunft der Sache gebotener Fortschritt der Rechtsbildung.

2. Das Verfassungsrecht bildet die am meisten gesicherte Grundlage aller Rechtsbildung; in ihm spricht sich am klarsten die eigenthümliche und bleibende Natur des einzelnen Staates aus. Darum wird das Verfassungsrecht auch mit den stärksten Garantieen gegen Abänderungen umgeben, damit nicht augenblicklich sich vordrängende mächtige Interessen den bleibenden Rechtsgedanken, der aller Rechtsbildung im Staate zu Grunde liegt, anzutasten vermögen. Die Grenzen des Gebietes, das dem Verfassungsrechte zugehört, lassen sich nicht ein für allemal in voller Strenge ziehen. Jedesmal gehört das in die Verfassung, dessen principielle Feststellung für den Lebensprocess des Staates am wichtigsten ist. Daher umfasst das Verfassungsrecht oft auch die obersten Principien für die Rechtsbildung auf dem Gebiete des Privatrechts, damit die Befugnis staatlicher Organe in Bezug auf die privaten Rechte sicher begrenzt werde. Vor allem sind es die Persönlichkeitsrechte (vgl. § 48—50), welche als unantastbar und im wesentlichen unabänderlich den Charakter von Grundrechten erlangen und mit den Garantieen des Verfassungsrechtes umgeben werden.

3. Wenn das Verfassungsgesetz die obersten Principien aller Rechtsbildung im Staate enthält, so ist es die Aufgabe der organischen Gesetze, aus diesen Principien für die einzelnen Gebiete des öffentlichen und des Privatrechts die Consequenzen zu ziehen. Die organischen Gesetze ordnen umfassendere Lebensverhältnisse des Staates und des Volkes. Aber das Recht hat die Aufgabe, auch in das weniger Allgemeine bis in das Einzelne hinein ordnend vorzudringen; so stellen sich den Gesetzen die Verordnungen zur Seite. In der Regel wird zwischen dem Allgemeineren und dem Besonderen ausdrücklich in der Weise unterschieden, dass für jenes ein mühseligeres Verfahren und ein umständlicherer Apparat angewandt wird als für dieses. Wo die Grenzen zwischen dem einen und dem anderen Verfahren liegen, was durch Gesetz, was durch Verordnung zu bestimmen ist, das gehört dem positiven Rechte an; allgemeingültig ist nur dies, dass das Principiellere und für den Zusammenhang des Ganzen Wesentlichere dem Gesetze, die Consequenzen aus dem Princip, das Unwesentlichere und Vergänglichere der Verordnung anheimfällt. Die Verordnung hat sich auf dem Boden und in den Schranken zu halten, die vom Gesetze bezeichnet sind. Wo ein Nothstand eintritt, fällt auch wol der Verordnung anheim, was sonst Sache des Gesetzes ist. Das ganz Vorübergehende endlich wird nach den in der Verordnung enthaltenen Gesichtspunkten in Form der Instruction, der Verfügung, und zuletzt das aller Einzelnste in der Form des für den einen Fall gegebenen Befehles geordnet. Von der Verfassung bis zum einzelnen Befehl hin ist es der eine Rechtsgedanke, der alle Functionen des Staates durchdringt, und indem auch noch Instruction und Befehl sich im Einklang mit den für diesen Staat geltenden obersten Principien des Rechts erhalten, bilden sie alle mit den Gesetzen und Verordnungen zusammen das Recht des Staates, das in jedem einzelnen Augenblick ein Ganzes ist und durch den einzelnen Befehl erst als durch den letzten Ausfluss des rechtsbildenden Staatswillens das Volksleben beherrscht.

4. Da alle Thätigkeit des Staates Recht setzt, Recht aber den Charakter der Allgemeinheit trägt, so wird es dem Wesen des hochentwickelten Staates entsprechen, dass auch für Einzelheiten der staatlichen Willensäusserung die strenge Form eigentlicher Gesetzgebung in Anspruch genommen wird, wo dieselben von hervorragender Wichtigkeit sind. Während also im allgemeinen für Verwaltungsmaassregeln nur gefordert wird, dass sie die vom Gesetze gegebenen Bestimmungen innehalten, im übrigen aber die Organe des Staates nur beauftragt sind, nach bestem Wissen und Können das für den ge-

gebenen Fall Zweckmässige nach Maassgabe des Gesetzes
selbst zu finden und zu bestimmen, werden im einzelnen Verwaltungsmaassregeln von besonderer Wichtigkeit als Gesetze
behandelt und mit dem Apparate der Gesetzgebung betrieben.
Den wichtigsten Fall bildet das für gemessene Zeit dem Staate
zustehende Recht der finanziellen Einnahmen und Ausgaben;
eben dahin aber gehören auch bedeutende wirthschaftliche Anlagen wie Strassen, Canäle, Flussregulirungen, oder Maassregeln zur Heilung von Schäden und Nothständen. Eine
strenge Grenze zwischen dem was unmittelbar der gesetzgeberischen Thätigkeit der obersten Gewalt und was dem Ermessen der Verwaltungsbehörden angehört, lässt sich also nicht
ziehen, soweit es sich um Beziehungen von vorübergehender
Bedeutung handelt. Dagegen gehört der gesetzgeberischen
Thätigkeit des Staates nothwendig alles das an, was bleibend
den Rechtszustand zu bilden bestimmt ist, und deshalb vor
allem auch das Privatrecht. Es ist falsch, wenn man meint,
das Privatrecht trage keinen politischen Charakter und erhalte sich eben deshalb lange Zeiträume hindurch unverändert, während das öffentliche Recht und die Ordnung der
Gewalten in weit stärkerem Schwanken ein anderes und immer
wieder ein anderes Ansehen zeige. Die Sache verhält sich
ganz anders. Die privatrechtlichen Ordnungen, indem sie die
socialen Gliederungen des Volkes bestimmen, haben einen
sehr ausgesprochenen Einfluss auch auf das politische Leben,
und die herrschenden Ueberzeugungen erhalten sich auf dem
Gebiete des Privatrechtes nicht länger und haften nicht zäher
als auf dem des öffentlichen Rechts. Nur so viel lässt sich
sagen, dass es Zeiten giebt, wo die rechtsbildende Kraft mehr
für das öffentliche Recht, andere, in denen sie mehr für das
Privatrecht, und wieder andere, in denen sie ziemlich gleichmässig für beide Rechtsgebiete productiv thätig wird. Niemals aber können Privatrecht und öffentliches Recht gleichgültig gegen einander bleiben; sondern das eine gestaltet sich
nach dem anderen, und die Gesetzgebung auf politischem und
socialem Gebiete lässt sich nicht von einander absondern.
Die Rechtsbildung des Staates ist eine einheitliche; jede Discrepanz zwischen öffentlichem und Privatrecht würde sich
schnell in den stärksten Störungen fühlbar machen. Die Verschiebung der socialen Schichten und die Veränderung der
Rechtsüberzeugung, welche eine Neugestaltung des öffentlichen
Rechtes herbeiführt, wird immer auch für die Fortbildung des
Privatrechts ihre Consequenzen haben.

5. Die Gesetze im engeren Sinne als die Grundlage für
alles Rechtsleben bedürfen einer feierlichen Form nicht bloss
der Berathung, sondern auch der Veröffentlichung. Der

Staatswille unmittelbar verleiht ihnen die Sanction; sie werden dann in feierlicher Urkunde promulgirt und vollzogen, und endlich zur allgemeinsten Kenntnisnahme an einem allen zugänglichen Orte publicirt, sei es dass sie auf Erz, Stein, Holz eingegraben oder auf Papier abgedruckt werden. Es entspricht der Sache, wenn der Grad der Förmlichkeit und Umständlichkeit in demselben Maasse sich vermindert, als die getroffene Bestimmung von der Verordnung herab bis zum Befehl an Bedeutsamkeit für das Ganze des Rechtszustandes abnimmt. Durch das veröffentlichte Gesetz, die veröffentlichte Verordnung u. s. w. bleibt nun der Staatswille ebenso gebunden wie der Wille seiner Unterthanen, bis eine Abänderung auf rechtmässigem Wege zu Stande gekommen ist. Entsteht ein Streit darüber, ob eine Bestimmung rechtlichen Charakter trage, und welches ihr Sinn und ihre Meinung sei, so ist im gegebenen Einzelfall der Richter das Organ des Staatswillens, den Streit zu entscheiden; er ist es im öffentlichen Rechte gerade ebenso wie im Privatrecht. Erst dadurch wird der Begriff des Staates vollendet, der von Natur dazu bestimmt ist, Rechtsstaat zu sein (§ 39. 3).

§ 59.
Die Organe des Staatswillens.

Der Wille des Staates als einer juristischen Person bedarf der Vertretung durch physische Personen. Das Verfassungsrecht des Staates ordnet darum vor allem die Organe, die mit dem Ausdruck des Staatswillens betraut sind. Die Einheitlichkeit und Untheilbarkeit des Staatswillens stellt sich am natürlichsten in der Einheit der Person dar, die die Fülle der Gewalt und Hoheit des Staates in sich vereinigt; weniger vollkommen ist die Staatsform, wenn nicht ein einzelner Mensch, sondern eine Vielheit von Menschen als oberstes Organ des Staates constituirt ist. Die mit der Herrschgewalt des Staates bekleidete Person oder Behörde wird durch das Recht des Staates zu diesem Amte erlesen; die besondere Art, wie sie zu dem Amte berufen wird, lässt im positiven Staatsrechte zahllose Modificationen zu. Alle anderen Organe des Staates leiten ihre Vollmacht nicht ebenso unmittelbar vom Staate, sondern vielmehr von dem Inhaber der höchsten Gewalt als dessen Gehilfen und Werkzeuge ab. Indessen ist der Herrscher selber im Rechtsstaate an das Gesetz gebunden, und das Gesetz wird zwar von ihm sanctionirt, aber es wirken bei der Gesetzesberathung rechtlich geordnete Organe mit. Ebenso ist der Herrscher auch in der Ernennung der Organe der Staatsverwaltung und der Rechtspflege an die gesetzliche Ordnung gebunden. Im Staate von entwickelter rechtlicher Cultur wird den einzelnen dem Herrscher untergeordneten Organen des Staates eine weite Sphäre eigener Verfügung gelassen und damit Raum für die Selbstverwaltung geschaffen, so dass in möglichst grossem Umfange auch die Gemeinde und andere Corporationen und endlich auch jeder einzelne Bürger nach dem Maasse seiner Fähigkeit zum Dienste des Staates als Organ für die Functionen desselben herangezogen wird. Alle staatliche Thätigkeit aber ist öffentliches Amt und Ausfluss der obersten Gewalt des Herrschers; freilich tritt dies in den verschiedenen Verfassungsformen mit verschiedener Deutlichkeit hervor.

1. Der herrschende Wille ist der Wille des Staates selber, in die Erscheinung aber tritt er als der Wille einer herrschenden physischen oder juristischen Person. Zunächst geschieht das rein thatsächlich. Die Herrschaft und damit der Ausdruck des Staatswillens fällt dem Stärksten zu. Denn die Bedingung der Herrschaft ist die Verfügung über die Gewalt, welche in dem organisirten Zusammenwirken vieler nach dem Befehle des Einen gefunden wird. Wer zu organisiren und sich Gehorsam zu sichern versteht, der ist der natürliche Herrscher. Aber damit bliebe die Herrschaft und der Ausdruck des Staatswillens doch immer der Zufälligkeit anheimgegeben. Denn die Herrschaft besteht nur, so lange der Gehorsam derer, die zur Aufrechterhaltung der Gewalt dienen, thatsächlich geleistet wird, und auch dem Einsichtigsten und von Willen Stärksten kann die Herrschaft aus den Händen gleiten. Der Staat aber sucht nach den Bedingungen eines dauernden und gesicherten Bestandes, wie er nur in einer Uebertragung der Herrschaft nach festen Rechtsgrundsätzen zu finden ist; er sucht ferner nach den geeigneten Mitteln, um den Träger der Herrschaft daran zu binden, dass er seinen Willen mit dem Willen des Staates identificire und in der Ausübung seiner Herrschaft nichts wolle als die Realisirung des Willens des Staates selber. Diese Mittel aber sind nur in einem festen Herrscherrechte zu finden. Nur vermittelst einer rechtlichen Herrschaftsordnung also gewinnt der Staat

die Möglichkeit, seinem Willen in dem Wollen und Handeln eines Herrschers den adäquaten Ausdruck zu sichern.

2. Die Herrschgewalt lässt eine Theilung nicht zu; wer sie hat, der hat sie ganz (§ 34, 4). Der in sich einheitliche Wille des Staates verlangt einen einheitlichen Ausdruck. Diesen kann er wol auch in dem einheitlichen Beschlusse einer aus vielen Personen bestehenden Behörde finden; aber wenn diese Form der Herrschaft auch geschichtlich vorkommt und in besonderen geschichtlichen Bedingungen ihre Begründung finden mag, so bleibt sie doch immerhin dem Begriffe der Sache wenig adäquat. Ein Directorium, ein Fürstencollegium, eine versammelte Volksgemeinde bedarf doch schliesslich immer einer im wesentlichen leitenden und den Ausschlag gebenden einheitlichen Person, um der Aufgabe, dem einheitlichen Willen des Staates einen nicht bloss zeitweiligen, sondern continuirlichen Ausdruck zu geben, genügen zu können. Entsprechender ist daher die Form der Monarchie für die Uebung der Herrschgewalt. Jedenfalls aber hat der Herrscher, sei es eine Behörde, sei es ein Einzelner, seine Gewalt als eine übertragene und übt sie in Vertretung des Staates; er erlangt sie und besitzt sie durch den im Staatsrechte ausgedrückten Willen des Staates. Die Art, wie das Recht die Auswahl der mit der Herrschgewalt zu bekleidenden Person oder Behörde ordnet, hängt von geschichtlichen Umständen ab. Der Monarch kann durch das Recht der Geburt oder auch durch Wahl und selbst durch das Loos zur Herrschaft berufen werden; es kann ihm die Herrschaft für bestimmte Zeit oder für die Dauer seines Lebens übertragen werden; wird er durch Wahl bestellt, so können viele oder wenige zum Acte des Wählens berufen, die Wählbarkeit an diese oder jene Qualitäten gebunden sein. Dergleichen gehört der geschichtlichen Zufälligkeit an und ist von besonderen Verhältnissen und Voraussetzungen abhängig. Dasjenige, was der Natur der Sache am meisten entspricht, lässt sich gleichwol bezeichnen. Die Aufgabe ist, dem Staatswillen in der Person des Herrschers den möglichst reinen Ausdruck zu sichern. Das wird am ehesten erreicht werden, wo die Herrschaft nicht das Ziel des Ehrgeizes für irgend einen Beliebigen ist, wo ferner der Herrscher nicht leicht in der Lage ist, persönliche Interessen zu haben, die von den Interessen des Staates verschieden sind, wo er endlich mit der Eigenthümlichkeit des Staatswesens, dem er vorsteht, aufs innigste verwachsen, durch und durch politische Persönlichkeit und nicht noch etwas ausserdem ist. Dies alles ist soweit als es irgend möglich ist erfüllt in der auf dem Geburtsrecht ruhenden monarchischen Herrschaft. Hier ist an der

obersten Stelle ein Punkt gegeben, der der Unruhe und dem Wettstreite ehrgeizigen Bestrebens entnommen ist; die eigene innere Natur des Staates spiegelt sich in der Person des Herrschers wieder. Wie Volk und Staat in der Reihe der Generationen stets sich erneuend mit sich identisch bleibt, so der König, der nicht stirbt. In dem Dynastenhause erbt sich in der Form des Familiengeistes das Lebensprincip dieses Staates in stetiger Tradition fort; zwischen Volk und Dynastie bildet sich fest eingewurzelte gegenseitige Gewöhnung, Anhänglichkeit, Pietät, Vertrauen, Einheit des Gesichtskreises und der Stimmung. Der König, in allem gesichert was er nur begehren kann, vermag rein dem Staate zu leben; durch frühe Schulung und Uebung ist er der Regel nach mit seiner Aufgabe eins geworden. Wo der Herrscher sein Amt fremder Entscheidung verdankt, da erscheint seine Persönlichkeit als eine zufällige, sein Amt selber entbehrt in der Meinung der Menschen der sicheren Begründung; der Herrscher durch Geburt allein lässt an die innere Nothwendigkeit seines Amtes glauben, die der feststehenden Ordnung des Rechtes entstammt und nicht der Willkür der Menschen. Darum repräsentirt denn auch allein der Monarch von Geburt die volle Majestät des Staates und seiner Rechtsordnung. Man darf seinen Beruf nicht eigentlich als ein Amt bezeichnen; er ist die Staatsgewalt selber in sinnlicher Erscheinung, die anschauliche Staatsperson, gewissermaassen eine verdeutlichende Metapher für den nur der geübteren Reflexion zugänglichen Staat. Wie die Monarchie der Pleonarchie, so ist die erbliche Monarchie jeder Art von sogenannter republikanischer Bestellung des Herrschers überlegen. Was man gewöhnlich Republik nennt, Monarchie durch Wahl und auf zwei, drei, vier Jahre übertragen, ist ein embryonischer Zustand oder ein Zustand der Verwitterung; für den Stadtstaat, für den Canton oder eine Verbindung von Cantonen, für ein Staatswesen im Werdezustand geeignet, für einen fertig ausgebildeten Staat von grösseren Dimensionen ein Maskenscherz, eine komische Verunstaltung von keineswegs ungefährlicher Art.

3. Der Herrscher, wie auch sonst der Inhaber der staatlichen Herrschgewalt constituirt sein mag, ist der Inhaber und Vertreter der staatlichen Souveränetät nach aussen, die Verkörperung der Majestät des Staates und seiner rechtlichen Ordnungen nach innen. Er erklärt Krieg, schliesst Frieden und sonstige Verträge mit anderen Staaten; er verfügt über Heer und Marine, er ernennt die oberen Beamten, in seinem Namen wird alle Staatsthätigkeit geübt. Ihm gilt die Verpflichtung jedes Staatsangehörigen zu Treue, Gehorsam und unbegrenzter Hingebung; ihm gebührt die höchste, auch in

§ 59. Organe des Staatswillens. Monarchie. Herrscherrecht. 655

äusserem Ceremoniell sichtbar hervortretende Ehre, so wie die reichste Ausstattung an äusseren Gütern. Seine Person und sein Recht geniesst des höchsten und nachdrücklichsten Schutzes, und in der Monarchie nach Geburtsrecht erstreckt sich dieser Schutz auch auf die anderen Mitglieder des Regentenhauses. Der Grösse seines Rechtes entspricht auch die Grösse seiner Verpflichtung; selbstlos sich seinem Amte hinzugeben und den Staatswillen zu verwirklichen, ist sein Beruf. Diese Verpflichtung ist von rechtlicher Art, wenn auch formell unerzwingbar. Wo der Staat zum Rechtsstaat geworden ist, da hört der rechtliche Zwang an dieser obersten Stelle auf. Der Herrscher ist unverantwortlich, gedeckt durch die Verantwortlichkeit seiner obersten Räthe, so dass keine Regierungshandlung rechtliche Gültigkeit hat, zu der sich nicht einer seiner obersten Räthe ausdrücklich durch Gegenzeichnung bekannt hat. Indessen, wenn es ein Act der Pietät gegen die sacrosancte Person ist, dass man nicht ausdrücklich die Proceduren rechtlichen Zwanges gegen sie anordnet, so hört doch thatsächlich auch hier der rechtliche Zwang nicht auf; der geordnete Weg, um den Staat von einem offenbar pflichtvergessenen und unfähigen Herrscher zu befreien, ist gegeben in der Einsetzung einer Regentschaft. Die Entfernung des Herrschers von den Geschäften als rechtliche Folge der Pflichtvergessenheit hat dann eine Analogie etwa zur Ehescheidung (§ 51, 10). Der Herrscher muss im Lande wohnen; er kann nicht zugleich Herrscher eines anderen Staates sein. Personal-Union ist ohne Real-Union nicht denkbar; ein Mensch kann nicht dauernd zwei Staatswillen vertreten, die so leicht das Entgegengesetzte und Unvereinbare wollen können. Ebensowenig ist eine Mitregentschaft, das Nebeneinanderbestehen mehrerer Herrscher, mit der Einheit des Staates verträglich. Wo vorübergehend eine Stellvertretung, dauernd eine Regentschaft nöthig wird, da ist die Herrschgewalt voll und ganz in die Hand des Stellvertreters, des Regenten übergegangen. Gilt dies alles zunächst für die Monarchie durch Geburtsrecht, so ist doch auch da, wo der Herrscher nicht eine Person, sondern eine Behörde, und nicht durch Geburt, sondern auf andere Weise eingesetzt ist, das Verhältnis analog geordnet.

4. Die Herrschgewalt wird vor allem daran erkannt, dass sie allein Gesetze zu sanctioniren vermag. Das Gesetz ist der Wille des Herrschers, wie es der Wille des Staates ist. Aber wo der Staat irgend entwickelter ist, da ist der Herrscher nicht auch das ausschliessliche Organ, um den Inhalt zu finden, der Gesetz sein soll. Er ist ein einzelner Mensch von beschränktem Wissen und Können und könnte

auch von Rathgebern und Gehilfen, die er sich wählt, ungenügend informirt werden. Ueberdies gilt es, im Rechtsstaate Schutzwehren zu errichten gegen die Möglichkeit tyrannischen Eigenwillens und der Bevorzugung einseitiger Interessen. Es soll das Gesetz ausdrücklich als objectiver Staatswille zur Erscheinung kommen. Darum wird durch das Recht ein strenger Gang der Gesetzesberathung vorgezeichnet und ein Organ von relativer Selbstständigkeit gebildet, um den Inhalt dessen, was als Gesetz sanctionirt werden kann, genügend vorzubereiten. In diesem Organe der Gesetzgebung soll jedes im Volke waltende Interesse, jedes Bedürfnis, die verschiedenen Formen der im Volke vorhandenen Rechtsüberzeugung zum Ausdrucke gelangen. Darum ist es geboten, an der Gesetzesberathung möglichst alle Bürger des Staates, welche politische Rechte besitzen, unmittelbar oder mittelbar zu betheiligen. Im Stadtstaate von geringerem Umfang mag die regelmässig einzuberufende Versammlung der Activbürger mit der Gesetzesberathung betraut werden; ist die Volksversammlung aber zugleich Inhaberin der Herrschgewalt, sind die Behörden nur ihre Beauftragten, nur eine Art von regierendem Ausschuss, und übt das versammelte Volk zugleich die Sanctionirung der Gesetze, das oberste Gericht und die Leitung der Staatsgeschäfte: so ist das Resultat doch nur der Absolutismus, eine Art von Despotie, gemildert nur durch den festen Brauch, der in gesetzlicher Form oder in Form der heilig gehaltenen, etwa auch durch religiöse Scheu geschützten Sitte den Willen des Herrschers bindet. Ueber solchen Absolutismus sind die Republiken des Alterthums nicht hinausgekommen. Wirkliche politische Freiheit ist erst da vorhanden, wo die Gesetzesberathung in fester Form unter gesetzlicher Betheiligung von Organen geübt wird, die von dem Herrscher unabhängig ihr Amt wie er selber durch die stehende gesetzliche Ordnung empfangen haben. Die Aufrichtung dieser Grundsäule wirklicher Freiheit ist erst möglich geworden in den Formen der Monarchie bei den christlichen Völkern der germanischen Welt. Hier ist das Recht, bei der Gesetzesberathung mitzuwirken, theils an den Besitz, sei es an eine gewisse Grösse desselben oder sei es an ein bestimmtes Grundstück, theils an die Geburt, theils an die Wahl gebunden. Mit dem Fortschritte der Rechtsentwicklung ist dann das Princip der Wahl und der Vertretung des Volkes durch einzelne von demselben Beauftragte zu immer ausgedehnterer Herrschaft gekommen, in Verbindung mit ständisch constituirten Vertretungskörpern oder in voller Ausschliesslichkeit. Das ständische Princip wie das der Wahl haben jedes seine Vorzüge und seine Nachtheile. Dort ist die feste Tradition

§ 59. Organe des Staatswillens. Gesetzesberathung.

der politischen Bestrebungen und eine durch die Generationen eingewurzelte Continuität der Einsicht und Kunst in höherem Grade ermöglicht; hier ergiebt sich in lebendigerem Wechsel der engere Anschluss an die Strömungen des Augenblicks, an die veränderlichen Bedürfnisse und das fortschreitende Rechtsbewusstsein. Dort herrscht die grössere Gefahr, dass über eigensinnig festgehaltenen Standesinteressen und Vorurtheilen der Sinn für gleiches Recht und für eine sichere Ausstattung der Herrschgewalt mit der nöthigen Fülle der Mittel und Vollmachten verloren gehe; hier ist zu fürchten, dass die Leidenschaften des Augenblickes den Blick für die bleibenden Nothwendigkeiten des Staatslebens trüben und in wildem Parteitreiben der Eigensinn der Person oder der Coterie über Vernunft und Recht den Sieg davontrage. In den meisten Fällen wird eine Combination aus beiden Principien das Angemessenste sein: böte die geschichtliche Situation die Möglichkeit, die mit der Gesetzesberathung Beauftragten aus dem soliden Unterbau der Selbstverwaltungskörper hervorgehen zu lassen, so würde damit eine weitere Garantie gesunden Functionirens gegeben sein. Eine Theilung des gesetzberathenden Organs in zwei Körper bietet den Vortheil wiederholter und gründlicherer Prüfung und der erschöpfenden Ueberlegung des Gegenstandes unter allen Gesichtspunkten, enthält aber auch die Gefahr übermässiger Verzögerung der Geschäfte und eifersüchtigen Unfriedens der um die Erhaltung ihres Einflusses besorgten grossen Körperschaften. Wo das Princip der Wahl gilt, da ist es das Natürlichste, dass das Wahlrecht allen Bürgern zusteht, aber mit abgestuftem Einfluss je nach der Bedeutung, die der Einzelne durch Bildung, Besitz, Thätigkeit und Uebernahme der Staatslasten für das Ganze hat, und je nach der Höhe des Interesses, das ihm an der Erhaltung und vernünftigen Fortbildung des Rechtsbestandes zugetraut werden darf. Es ist kaum mit einer vernünftigen Ordnung des Staates verträglich, dass bei der Gesetzesberathung diejenigen durch ihre Masse den vorwiegenden Einfluss und die entscheidende Bedeutung besitzen, die sonst am wenigsten besitzen und am wenigsten bedeuten. Im übrigen ist die besondere Art, wie das Wahlrecht geordnet wird, doch von keiner entscheidenden Wichtigkeit. Die im Volke vorhandenen Strömungen der Meinung und der Interessen, wie sie sich im geschichtlichen Leben desselben Volkes in stetem Wechsel erzeugen, werden doch immer die Gelegenheit finden, in dem gewählten Vertretungskörper sich zum Ausdrucke zu bringen und im allgemeinen auch jede in der verhältnismässigen Stärke, mit der sie in der Stimmung der Massen selbst vorhanden ist.

5. Gesetzgeber ist allein der Herrscher; aber im Rechtsstaate ist er in der Gesetzgebung gebunden an die Zustimmung des regelmässig functionirenden gesetzgebenden Körpers, über dessen Zusammensetzung nicht er selbst entscheidet, den er aber innerhalb der gesetzlichen Fristen einberuft, vertagt, auflöst. Die Mitglieder dieses Körpers functioniren als Räthe des Herrschers; ihre Vollmacht ist ein Ausfluss der dem Herrscher in ihrer Ganzheit verliehenen Staatsgewalt, wenn auch nicht vom Herrscher selbst ihnen ertheilt. Ebenso ist auch das Recht der Ernennung dieser Räthe, das Wahlrecht, ein staatliches Amt, welches aus der Herrschergewalt abgeleitet und ebensosehr eine Pflicht als ein Recht ist, dessen Vernachlässigung eben deshalb auch mit Strafe bedroht werden könnte, vielleicht sollte. Der Wähler soll, soweit sein Gesichtskreis reicht, nicht nach seinen Interessen, sondern nach den Bedürfnissen des Staates seine Stimme abgeben, geradeso wie der Gewählte ein staatliches Amt im Auftrage des Herrschers übt. Der Gewählte ist ein Vertreter des Volkes nicht in anderem Sinne, als es auch der Herrscher selber und die von diesem unmittelbar ernannten Organe der Staatsgewalt sind; genau wie diese ist er beauftragt, den Willen des Staates nach seinem Theile zum Ausdruck zu bringen im Anschluss an die im Volke lebenden Stimmungen und an die Bedürfnisse der öffentlichen Lage. Ihre Bedeutung hat die Institution durch die Unabhängigkeit ihrer Mitglieder von der regierenden Gewalt; darum ist die Freiheit ihrer Meinungsäusserung mit besonderen Garantien zu umgeben, aber auch eine missbräuchliche Anwendung dieser Freiheit sorglich zu verhüten. Der Natur der Sache entspricht es, dass der gesetzberathende Körper auch eine Controle über die Führung der öffentlichen Geschäfte hat, damit die Ausführung der Gesetze desto mehr gesichert sei, und dass insbesondere die Auflegung der öffentlichen Lasten, der Steuern und Kriegsdienste, die Verwaltung des Staatsvermögens seiner Bewilligung unterliege. Dagegen ist es wider die Freiheit, dass die regierende Behörde nur als ein Ausschuss aus der in dem gesetzberathenden Körper vorwaltenden Partei betrachtet werde, wie man sich das als sogenannte parlamentarische Regierungsform vorstellt. Allerdings ist die Eintracht zwischen der Regierung und dem Vertretungskörper ein hohes Gut, und ein schweres Uebel ist es, wenn diese beiden obersten Organe der Staatsgewalt mit einander hadernd sich gegenseitig an jeder ersprieslichen Thätigkeit hindern. Aber für den Bestand des Ganzen, für Freiheit und Recht ist am meisten dann gesorgt, wenn der Herrscher in allem Wechsel des politischen Getriebes der feste Punkt bleibt, von dem alle Entscheidung ausgeht. Denn

§ 59. Organe des Staatswillens. Gesetzesberathung. 659

der Herrscher allein hat normaler Weise die Möglichkeit, über allen Parteien zu stehen, und frei von exclusiven Interessen, soweit dies ein Mensch überhaupt sein kann, den Staatsgedanken und den Staatswillen in seiner Reinheit zu vertreten. Das Normale also ist allerdings, dass die regierende Behörde zusammengesetzt sei aus solchen, die für ihre Führung der öffentlichen Geschäfte die Zustimmung des Vertretungskörpers zu finden die Aussicht haben; aber der Herrscher muss immer die Möglichkeit haben, der irregeleiteten öffentlichen Meinung gegenüber, wie sie auch im Vertretungskörper sich zur Herrschaft bringen kann, das Bedürfnis des Staates und das bleibende Recht nach seiner Auffassung aufrecht zu erhalten, indem er die regierende Behörde nach seiner freien Einsicht aus Männern seines Vertrauens zusammensetzt, erforderlichen Falles auch aus solchen, die in dem Vertretungskörper auf Zustimmung nicht rechnen können. Conflicte solcher Art bleiben auf die Dauer auch dem gesunden Staatskörper und dem Volke von entwickeltster rechtlicher Cultur nicht erspart; sie können heftige Krisen des Staatslebens und Gefahren aller Art zur Folge haben: aber viel gefährlicher für die öffentliche Freiheit und den Bestand des Staates würde es sein, wenn man die Herrschgewalt selbst ihrer Vollmacht thatsächlich entkleidete, indem man sie zur Unterwürfigkeit unter die im Vertretungskörper vorwaltenden Parteien und Interessen rechtlich zu zwingen unternähme. In einem freien Staate ist die gegenseitige Unabhängigkeit des regierenden und des gesetzberathenden Organes das Allererste, und so wenig die Regierung die Mitglieder des Vertretungskörpers zu ernennen die Macht haben soll, so wenig darf der Vertretungskörper rechtlich oder auch nur thatsächlich die Mitglieder der Regierung dem Herrscher aufzuzwingen im Stande sein. Im gewöhnlichen Laufe der Dinge wird freilich die Rücksicht auf den erspriesslichen Fortgang der Geschäfte den Einfluss des gesetzberathenden Organs auf die Wahl der obersten Regierungsbeamten zu einem selbstverständlichen machen; in den ernsten Krisen des Staatslebens dagegen wird immer die oberste Vollmacht des Herrschers den Ausschlag zu geben haben, wo nicht die Freiheit Schiffbruch leiden soll.

6. Alle Staatsgewalt ist in den Händen des Herrschers vereinigt; aber nicht alle Staatsgeschäfte kann der Herrscher allein besorgen. Mit der beschränkten Kraft, Zeit und Kenntnis eines Menschen ist er auf die Hilfe und die Dienste anderer angewiesen, die ihn theils berathen, theils seinen Willen zur Ausführung bringen, indem sie nach der von dem Herrscher empfangenen Anleitung seine Gesichtspunkte auf das Einzelne anwenden. Wie nun die Gesetze nach dem

Grade der Allgemeinheit und der Weite ihres Gültigkeitskreises verschiedene Bedeutung haben, so stuft sich auch die Wichtigkeit der Staatsgeschäfte ab, je nachdem sie die Grundlagen des Staates oder nur vereinzelte Lebensäusserungen desselben betreffen. Das Eine besorgt deshalb der Herrscher selbst, das Andere lässt er durch andere besorgen; für alles aber giebt er auf Grund der Gesetze die Richtung an, und im Falle des Zweifels übt er die höchste Entscheidung. Der Vielheit der Staatsgeschäfte entspricht in durchgeführter Theilung der Arbeit auch eine Vielheit der Organe, die ihre Vollmacht aus der Gewalt des Herrschers ableiten, und diese abgeleiteten Organe sind einander über- und untergeordnet je nach der Bedeutung, die das von ihnen zu betreibende Geschäft für den Zusammenhang des Ganzen hat. Sie bilden theils stehende Behörden, theils üben sie vorübergehende Aemter; sie werden begründet durch Gesetz oder durch Verordnung; die Auswahl der Person für das Amt ist bei den obersten und wichtigsten Aemtern Sache des Herrschers, für die niedrigeren und geringeren ist sie den ihm untergeordneten Organen überlassen. Für jeden einzelnen Geschäftskreis giebt es eine höchste Centralstelle mit abgestufter Unterordnung der von ihr ressortirenden Behörden. Dass diese Geschäftskreise nach der Art und Menge der Geschäfte zweckmässig abgegrenzt und vertheilt seien, ist eine der obersten Aufgaben der Staatsverwaltung; aber eine allgemeingültige Regel giebt es dafür nicht, und selbst in einem und demselben Staate wechselt diese Eintheilung mit der geschichtlichen Lage. Die Vielheit dieser Centralstellen bildet wieder einen einheitlichen Körper, ein Ministercollegium, an dessen Spitze ein Ministerpräsident oder Kanzler als der höchste Beauftragte des Herrschers dafür sorgt, dass die Führung aller Geschäfte in einheitlichem Sinne geschehe. Der Einheit der Herrschgewalt entspricht so eine Einheit des regierenden Willens in aller Vielheit der Geschäfte. Jeder, der ein staatliches Amt führt, — zu diesen gehören diejenigen nicht, die dem Staate nur in seiner privatrechtlichen Eigenschaft als Fiscus dienen, — verwaltet einen abgezweigten Theil der Staatsgewalt, der ihm anvertraut ist, der aber zu dem Inbegriffe der obersten Herrschgewalt mitgehört, und ist so ein Organ des Herrschers in dem Berufe, den Staatswillen zu verwirklichen. Darum gilt auch dem Beamten gegenüber in seinem Thätigkeitskreise für alle anderen die Pflicht des Gehorsams. Der untergeordnete Beamte hat dem übergeordneten zu gehorchen, soweit der Befehl nicht wider das Gesetz ist; zugleich aber übt jeder Beamte in abgestufter Weise ein Recht selbstständiger Verfügung und Herrschaft und bleibt nur dafür verantwortlich, dass er dieses Recht pflichtgemäss übe nach Maassgabe und in den Schranken des Gesetzes als des Ausdruckes des Staatswillens, den er zur Ausführung zu bringen hat.

7. Der Herrscher selbst und seine Organe sind in der Ernennung der Personen für die einzelnen Aemter an die gesetzlichen Vorschriften gebunden. Zu jedem Amte gehört eine gesetzliche Qualification des damit zu Betrauenden, eine Qualification, die für das eine Amt häufiger gefunden wird als für das andere. Es giebt Aemter von specifisch technischer Art, die eine specifische Vorbildung erfordern, andere, zu deren Führung nur ein gesundes Urtheil und ein redlicher Wille nöthig ist; in ursprünglicheren Zuständen überwiegen die letzteren, bei grösserer Verwickelung der Lebensverhältnisse die ersteren. Darum ist bei den Völkern der modernen Cultur der Staatsdienst in bestimmtem Amte zu einem besonderen Berufe geworden, der das Leben ausfüllt und zu dem man sich in voller Ausschliesslichkeit vorbereitet. Aus der unbegrenzten Verpflichtung, die jeder dem Staate gegenüber hat, fliesst auch die rechtliche Verpflichtung, das Amt zu übernehmen, zu dem man in gesetzlicher Weise ernannt worden ist; indem aber mit dem Amte Ehre und Macht sowie andere Vortheile verbunden werden, die jedermann begehrt, wird bewirkt, dass diese Verpflichtung nicht ungern und nur selten bloss um des Zwanges willen übernommen wird. Wo nun eine besondere technische Vorbildung für das Amt erfordert wird, da sichert der Staat solchen, die seinen Ansprüchen genügen und sich seinem Dienste völlig widmen wollen, noch ganz besondere Vortheile zu, um immer die geeigneten Persönlichkeiten, die er braucht, erlangen zu können. Damit tritt er zu ihnen in ein privatrechtliches Verhältnis. Das Amt selber zwar und die in demselben enthaltene Befugnis und Verpflichtung ist von öffentlich-rechtlicher Art; aber das Verhältnis des Staates zu der Person des Beamten hat auch eine Seite, nach welcher es dem Verhältnis der Dienstmiethe (§ 52, 4) dem Wesen nach völlig gleich ist, wenn auch im einzelnen mit Modificationen, die durch die besondere Natur des Staatsdienstes veranlasst werden. Der Beamte hat seine ganze Person im Dienste seines Herren, des Staates, und des Herrschers als der persönlichen Erscheinung des Staates, einzusetzen, mit seiner Ehre die Ehre des Staates auch in seinem ausseramtlichen Leben zu wahren; dafür erhält er irgend welche Vortheile, meistens aber bestimmte Leistungen, die einer standesgemässen Alimentation gleichkommen und eine Sicherung seiner äusseren Existenz enthalten, nicht nur für die Zeit, wo er seiner Verpflichtung getreu nachkommt, sondern auch über

die Zeit seines Dienstes hinaus, wo unverschuldete Umstände sein Weiterdienen unmöglich machen. Dies ergiebt ein gegenseitiges obligatorisches Verhältnis, welches durch Vertrag begründet wird; der Beamte kann von demselben jederzeit zurücktreten, der Staat bleibt an ihn gebunden, so lange der Beamte nicht den Vertrag gebrochen hat. Die privatrechtlichen Leistungen des Staates, die mit dem Amte verbunden sind, werden gesetzlich geordnet und sind durch ein privatrechtliches Verfahren wider den Fiscus erzwingbar. Der Staat aber hat wider den Beamten, und zwar wider jeden, nicht bloss wider den von ihm mit privatrechtlichen Vortheilen ausgestatteten, um ihn zur Erfüllung seiner specifischen Amtspflicht anzuhalten, das Disciplinarverfahren. Letzteres ist kein strafrechtliches Verfahren. Es wurzelt in dem besonderen Verpflichtungsverhältnis, in welchem der Beamte zum Staate steht, und welches den Verpflichtungen, wie sie sich aus dem Rechte der Personenverbände (§ 51—53) ergeben, auch in Bezug auf die Erzwingbarkeit analog ist.

8. Indessen, alle staatliche Thätigkeit nur durch solche technischen Beamten üben zu lassen, für die der Staatsdienst den ausschliesslichen Lebensberuf bildet, oder die doch sonst in einem näheren Abhängigkeitsverhältnis von der Regierung stehen, wäre wider die Freiheit. Im freien Staate gilt es, auch in der Verwaltung der einzelnen Geschäfte Garantieen zu schaffen, dass der herrschende Wille im Einklang bleibe mit dem Gesetze, dass der Staat für seinen Willen Organe gewinne, die in möglichster Unabhängigkeit von dem persönlichen Willen der Regierenden dem Gesetze zum Ausdruck verhelfen können. Das Ziel der staatlichen Entwicklung geht überdies dahin, an der Führung der staatlichen Geschäfte möglichst alle zu betheiligen, die dazu geeignet sind (§ 33, 4—6); die Geschäfte aber sind derart, dass sie nicht alle in gleicher Weise eine technische Vorbildung erfordern und dass sie, auch ohne den ausschliesslichen Lebensberuf zu bilden, förderlich betrieben werden können. Deshalb ist es das Kennzeichen des freien Staates, dass in möglichstem Umfange die Bürger zu Organen des Herrschers mit selbstständigem Thätigkeitskreise im Dienste der Staatsgewalt herangezogen werden. Der freie Staat ist somit der Staat der möglichst ausgedehnten Selbstverwaltung. Das Wesen der Selbstverwaltung besteht zunächst darin, dass auch den untergeordneten Organen der Herrschgewalt noch eine Sphäre selbstständiger Verfügung offen gelassen, dass der Einsicht, der Thatkraft auch der Geringeren ein Spielraum vorbehalten wird, innerhalb dessen sie sich üben und bewähren kann. Eben deshalb gehört zur Selbstverwaltung zweitens auch das, dass nicht bloss die aus-

§ 59. Organe des Staatswillens. Beamte. Selbstverwaltung.

drücklich in dem Dienste der Herrschgewalt ihren Beruf findenden Staatsdiener, sondern auch Bürger aus allen Classen und Berufsarten mit der Verwaltung der öffentlichen Geschäfte betraut werden. Dadurch erst kommen alle gesunden Kräfte des Volkes zu heilsamster Verwendung für das Gedeihen des Ganzen und wird das Verständnis für den Staat und die Hingabe an ihn, Rechtsgefühl und Freiheitsbewusstsein in die weitesten Kreise getragen. Und endlich ist es ein Element der Selbstverwaltung, dass die Verpflichtung gegen den Staat jedem so nahe wie möglich vor Augen gerückt wird, dass jeder nach Vermögen nicht bloss mit Geld zu steuern hat, sondern auch seine Person und Arbeitskraft einsetzen, lästige und beschwerliche Dienste für den Staat übernehmen muss. Der Staat der Selbstverwaltung ist der Staat individueller Lebendigkeit, in welchem alle staatliche Gewalt Ausfluss des Herrscherrechtes ist, aber ein Theil derselben durch Organe von unabhängiger Stellung geübt wird. Hier wird also auch die Gemeinde, der Kreis, die Provinz mit Organen ausgestattet, um in gesetzlich geordneter Selbstständigkeit staatliche Thätigkeiten zu üben und insbesondere einen Theil der staatlichen Fürsorge für diese engeren Kreise auf sich zu nehmen; diese Organe werden zum Theil aus dem Kreise derer entnommen, die in dem Staatsdienste nicht ihren Lebensberuf finden. Es werden ebenso anderen Corporationen, Berufsgenossenschaften, ständischen Verbänden und freien Vereinen staatliche Functionen übertragen. Selbst die Betheiligung der Bürger an der Ernennung der Mitglieder des Vertretungskörpers trägt in diesem Sinne den Charakter der Selbstverwaltung, ebenso das Heranziehen der „Laien" zum Dienste des Staates in der Rechtspflege, ja selbst zum Kriegsdienst. Ein Kennzeichen der Selbstverwaltung ist also auch das, was man Decentralisation nennt; eben darum tritt sie am deutlichsten und charakteristischsten im unbesoldeten Ehrenamte hervor, welches Staatsdienst leistet wie das fachmässige Beamtenthum, aber doch in aller Weise von letzterem gründlich verschieden ist. Die Person im Ehrenamte hat eine andere sociale Stellung und Bedeutung als der Beamte von Fach; weder das Vertragsverhältnis mit privatrechtlicher Qualität, noch die durchgängige Abhängigkeit von dem Herrscher und seinen Organen ist hier vorhanden, wie bei den fachmässigen Beamten; die bureaukratische Einseitigkeit specifisch technischer Vorbildung und Gewöhnung tritt zurück gegen die in den mannigfachsten Lebensstellungen gewonnene Einsicht und Erfahrung. Dem unbesoldeten Ehrenamte steht in der Bedeutung für gesetzliche Freiheit am nächsten der besoldete Dienst der Communen oder überhaupt solcher Corporationen, denen staatliche

Thätigkeiten aufgetragen sind; denn auch diese Beamten, wenn gleich technisch vorgebildet und bureaukratisch geschult und Beamte von Beruf, haben doch diejenige Unabhängigkeit gegenüber dem Herrscher und seinen Regierungsorganen, die den Selbstverwaltungsdienst kennzeichnet und ihn zum unentbehrlichen Bestandtheil eines freien Staatswesens macht.

9. Aus der Verschiedenheit der Richtung, in der sich im geschichtlichen Leben der Staaten das grundlegende öffentliche Recht in Herrschgewalt, Gesetzgebung und Staatsdienst ausgebildet hat, ergiebt sich die Verschiedenheit der **Verfassungsformen**. Die Aufgabe, diese zu charakterisiren, können wir nur im Fluge streifen; vor allem gilt es hier, über die landläufige Redensart und die Confusion der Vorstellungen hinweg, die sich wie eine ewige Krankheit fortschleppt, auf die wesentlichen Verschiedenheiten vorzudringen, die sich aus den in dem Begriffe des Staates und in dem Verhältnis seiner Grundelemente liegenden Möglichkeiten ergeben. Der fundamentalste Unterschied in der Beschaffenheit der Staaten besteht offenbar in dem Verhältnis der **Macht zum Rechte**, also vor allem darin, dass die im Begriffe des Staates liegende Tendenz auf Ausbildung eines bleibenden öffentlichen Rechtes in der Form des Gesetzes, welches wie alle anderen, so auch den Inhaber der obersten Gewalt und seine Organe bindet, eine reichere Befriedigung gefunden hat oder in den Anfängen stecken geblieben ist. Mit Bezug darauf ist die Verfassung des Staates entweder eine **despotische**, wenn die Willkür des Herrschers die ihm anvertraute Macht des Staates gesetzlos gebraucht; oder sie ist eine **absolutistische**, wenn der Herrscher zwar nicht durch ein ausdrückliches Gesetz, aber doch thatsächlich durch Brauch und Sitte oder durch regelmässig innegehaltene Selbstbescheidung im Anschluss an einzelne gesetzliche Ordnungen im Gebrauche der Gewalt gebunden ist; oder sie ist endlich eine **constitutionelle**, wenn der Wille des Herrschers auf das ausdrückliche und in aller Form vorhandene Gesetz verpflichtet und die Fortbildung des Gesetzes immer nur wieder in ausdrücklich bestimmter gesetzlicher Form möglich ist. Der constitutionelle Staat erst erlangt die Möglichkeit, sich im vollsten Maasse zum **Freistaate** und zum **Rechtsstaate** fortzuentwickeln. Zum Freistaate wird der Staat dadurch, dass die Bürger in möglichstem Umfange an dem Dienste des Staates betheiligt sind, dass das Gesetz, dem sie gehorchen, zugleich aus ihrer Mitthätigkeit entsprungen ist, und dass dieses Gesetz jedem die weiteste Möglichkeit freier Bewegung zusichert. Unter dem Gesichtspunkte des Rechtsstaates ist die Anforderung an den Staat die, dass die mög-

lichsten Garantieen dafür gegeben seien, dass der Wille des
Herrschers und seiner Organe an das Gesetz gebunden bleibe
und dem Bürger kein anderer Gehorsam zugemuthet werde
als der Gehorsam gegen das Gesetz und gegen das Organ der
Staatsgewalt so weit, als dasselbe im Einklange mit dem Gesetze befiehlt. Die Bedingungen für den Freistaat sind also
im wesentlichen dieselben wie die für den Rechtsstaat. Die
Garantieen des Rechtsstaates werden genau so wie die charakteristischen Kennzeichen des Freistaates allein in dem Systeme
der Selbstverwaltung verwirklicht. Die einzig wirksame
Schutzwehr gegen das widergesetzliche Uebergreifen der
Herrschgewalt besteht darin, dass an der Gesetzesberathung,
der Rechtspflege und der Verwaltung solche betheiligt werden,
die nicht in persönlicher Abhängigkeit zu der Regierung stehen,
dass die Verwaltung im Sinne des Gesetzes nicht bloss der
centralen Regierungsmacht, sondern auch engeren Kreisen in
relativer Selbstständigkeit überlassen wird, dass die Möglichkeit gegeben ist, dem widergesetzlichen Willen der Herrschgewalt gegenüber das Gesetz zur Herrschaft zu bringen, dass
ein unabhängiger Richterstand vorhanden ist, um auch das
öffentliche Recht im Falle des Zweifels auf Klage und Beschwerde festzustellen. Wo das alles nicht der Fall ist, da
bleibt die Freiheit wie das Recht unentwickelt und ungesichert;
ohne diese Garantieen ist der constitutionelle Staat nur ein
Schein und blosser Name. Sind dagegen die Institutionen
der Selbstverwaltung hoch entwickelt, so kann selbst unter
der absolutistischen Staatsform ein hohes Maass von Rechtssicherheit und bürgerlicher Freiheit vorhanden sein. Der constitutionelle Staat der Selbstverwaltung und Rechtssicherheit
ist das Ziel für die Entwicklung des Staates. Wenn man
will, so mag man diesen Staat als den Idealstaat bezeichnen;
jedenfalls ist er der Idealstaat für die germanisch-christliche
Culturwelt. Man muss sich nur bewusst bleiben, dass nicht
eines sich für alle schickt, und dass auch die an sich unvollkommnere Staatsform, in welcher das Problem des Verhältnisses von Recht und Macht noch keine dem Begriffe genügende Lösung gefunden hat, doch die für die besondere geschichtliche Situation des bestimmten Volkes allein angemessene
sein kann.

10. Sehr wenig erheblich für das Wesen der Staatsverfassung ist die besondere Art, in welcher der Inhaber der
Staatsgewalt constituirt wird. Wir haben (§ 59, 2) als die entwickeltste Form des Staates die constitutionelle Monarchie mit Geburtsrecht des Herrschers und lebenslänglicher
Herrschaft kennen gelernt. Sie ist diejenige Staatsform, die
allen Ansprüchen der zunehmenden rechtlichen und staatlichen

Cultur am meisten zu genügen und die Bedingungen des Freistaates und des Rechtsstaates am sichersten herzustellen und zu erhalten vermag. Neben dieser Form der Constituirung des Herrschers kommt noch allein die Einsetzung des Herrschers durch Wahl, also die sogenannte republikanische Staatsform, in Betracht. Sicherlich ist es nicht ausgeschlossen, dass auch da, wo der Herrscher durch Wahl eingesetzt und der Besitz der obersten Herrschgewalt zum Ziele ehrgeizigen Strebens wird, manche der ersten Bedingungen des Freistaates und des Rechtsstaates, insbesondere ein reich entwickeltes System der Selbstverwaltung und ein hohes Maass von Rechtssicherheit gegeben seien; aber Freiheit und Recht besitzen hier im besten Falle doch geringere Garantieen. Der Unterschied zwischen **Republik** und **Monarchie** kann nicht darin liegen, dass dort viele oder wenige, hier einer herrscht. Denn der einheitliche Staatswille bedarf zu seiner Vertretung auch einer einheitlichen physischen Person, und wenigstens thatsächlich wird sich überall die Herrschaft eines Einzigen geltend machen, der die Gewalt des Staates in seine Hand bringt. Ist dies nicht auch die gesetzliche Form der obersten Gewalt, so bildet sich ein unvermeidlicher Zwiespalt zwischen dem gesetzlichen und dem thatsächlichen Zustande heraus; meistens aber bekleidet auch die republikanische Verfassung einen einzelnen Menschen mit der obersten Gewalt und ertheilt einer monarchische Vollmacht, wenn auch etwa unter dem Titel eines Präsidenten. Herrscher ist jedesmal der, der die Staatsgewalt in seiner Hand hat, also derjenige, der die bewaffnete Macht in Bewegung setzen kann, und das ist naturnothwendig nur einer. Pleonarchie ist immer nur geschriebenes, nicht thatsächliches Recht; sie bezeichnet in Wirklichkeit nur die gesetzliche Gebundenheit des einen Herrschers an die Berathung durch eine aus mehreren bestehende Behörde. Was man Republik nennt, ist also eigentlich nur eine Monarchie durch Wahl und auf bestimmte Zeit. Bei solcher Institution aber ist es unausbleiblich, dass die schlechten Bürger mit der Zeit die Oberhand gewinnen und die Macht dazu verurtheilt ist, dem Pöbel oder der für die Ertheilung der obersten Gewalt einflussreichsten Classe zu schmeicheln und willfährig zu sein. Die Sicherheit, dass der Herrscher den Staatswillen ausdrücke, ist also hier eine weit geringere als in der Geburtsmonarchie; dem Herrscher mangelt die erforderliche Selbstständigkeit den Strömungen der öffentlichen Meinung, den Interessen der Classen, den Bestrebungen der Parteien und den Leidenschaften der Massen gegenüber; es mangelt ihm ausserdem das persönliche Verwachsensein mit dem Staate, die Freiheit von Sonderinteressen und die Selbstverständlichkeit seines Machtbesitzes. Die Republik kann überdies ebensowol wie die Monarchie despotischen oder absolutistischen Charakter tragen; denn es verträgt sich mit dem Begriffe der Republik ganz wol, dass ein ausdrückliches Gesetz nur über die Einsetzung des Herrschers und sonst über weiter nichts oder doch nur über vereinzelte Seiten der Staatsthätigkeit entscheidet und dass die Selbstverwaltung und die Rechtssicherheit unentwickelt bleibt.

11. Während nun aber Geburts-Monarchie und Republik immerhin noch charakteristische Unterschiede der Staatsform bilden, so bezeichnen die Namen Aristokratie, Demokratie, Oligarchie u. s. w. nichts, was für das Wesen des Staates irgend von entscheidender Bedeutung wäre. Die durch diese Namen bezeichneten Begriffe haben wol ihre Bedeutung gehabt für die Stadtstaaten, insbesondere für die Sclavenstaaten des Alterthums mit der Form der Gemeindeverfassung: auf die Staaten der modernen Culturwelt sind diese Begriffe überhaupt nicht anwendbar. Höchstens die sociale Gliederung der Staatsbevölkerung, aber nicht die Form der staatlichen Herrschaft lässt diese Bezeichnung zu. Ein Demos kann nicht mehr die Herrschgewalt üben, wo er nach Millionen zählt; ein Adel oder Adelsausschuss kann nicht Herrscher sein in einem Staate von tausenden von Quadratmeilen, in dem einheitlichen Staate einer Nation. Nur in übertragenem Sinne könnte man von aristokratischen Institutionen sprechen, wo eine social ausgezeichnete Classe hervorragenden Einfluss auf die Führung der öffentlichen Geschäfte besitzt, oder von demokratischen, wo die ganze Masse der Bürger gleichmässig solchen Einfluss übt. Letzteres aber ist unmöglich, seitdem nicht mehr die versammelte Volksgemeinde Gesetze giebt, über Krieg und Frieden beschliesst, die Administration der öffentlichen Geschäfte leitet und die Obrigkeiten auf kurze Zeit als Organe ihres Willens wählt. Dass das „Volk" die Herrschgewalt habe, ist nur in einer Einzelgemeinde von beschränktem Umfange und unter Voraussetzung der Sclavenwirthschaft möglich, und wird auch da zu einer blossen Fiction. Die Republiken des Alterthums sind blosse Embryonen von Staaten; alle Glieder des Organismus sind nur erst im Keime angelegt, und das Widersprechende liegt noch harmlos neben einander. Sie sind der Ausgangspunkt aller Entwicklung zum Staate des Rechtes und der Freiheit geworden, aber auch nur als Ausgangspunkt sind sie zu verstehen. Die aus ihren Formen abgeleiteten Begriffe von Staatsverfassung haben deshalb keine Gültigkeit für den Staat im allgemeinen, am wenigsten für den Staat der modernen Cultur. Wo der Unterschied von Sclaven und Freien wegfällt, ist es schlechthin unmöglich,

dass alle in der Masse an dem Einflusse auf die Herrschaft gleich betheiligt seien; es ist also ebenso widersinnig, von einer demokratischen Republik, wie von einer demokratischen Monarchie zu sprechen. Im Staate, dessen Recht nicht der Thatsache widerspricht, ist einer der verfassungsmässige Herrscher; freilich ist der Widerspruch zwischen Recht und Thatsache in der Wirklichkeit nicht immer zu vermeiden. In dem complicirtesten aller Staatsgebäude z. B., im neuen Deutschen Reiche, hat zwar der Verfassung nach die Gesammtheit der verbündeten Regierungen die herrschende Gewalt; thatsächlich aber herrscht der Kaiser, weil es nicht anders möglich ist. Jeder Staat ist also nothwendig monarchisch. Ist die Monarchie despotisch oder absolutistisch, so lassen sich aristokratische oder demokratische Elemente wol in der socialen Gliederung der Classen, niemals in der politischen Verfassung nachweisen. Ist sie constitutionell, so werden die Bürger zwar möglichst alle an der Führung der öffentlichen Geschäfte betheiligt, aber unmöglich alle in gleicher, sondern in sehr abgestufter Weise nach Leistungsfähigkeit und Würdigkeit. Raisonniren freilich und etwa auch noch wählen, das kann jeder; aber dem Staate in der Verwaltung zu dienen, dazu sind nur wenige befähigt, und auch bei diesen wenigen werden noch starke Unterschiede in der Verwendung eintreten. Will man das aristokratisch nennen, so wird sich also die constitutionelle Monarchie mit aristokratischen Formen der Selbstverwaltung als diejenige Verfassung ergeben, die das reife Product der geschichtlichen Entwicklung darstellt. Eine demokratische Selbstverwaltung giebt es nicht, sie ist einfach undenkbar. Kann aber der Demos weder herrschen noch verwalten, so bildet er auch kein politisches Organ, und Demokratie ist ein Wort ohne Sinn. Damit aber wird auch das Wort Aristokratie bedeutungslos, weil Aristokratie nur als Gegensatz zu Monarchie und Demokratie etwas Bestimmtes bezeichnen könnte.

12. Zu dem Unterschiede der Verfassungsformen, welcher in der verschiedenartigen Gestaltung des Verhältnisses der Macht zum Rechte beruht, kommt noch ein zweiter Eintheilungsgrund hinzu, der von der Art der Rechtsbildung im Staate hergenommen ist. Danach entspricht der Staat entweder seinem Begriffe, indem er sein Recht nach den in seinem Wesen gegebenen Gesichtspunkten bildet, oder er widerspricht in geschichtlicher Wirklichkeit seinem Begriffe, indem er sein Recht aus solchen Gesichtspunkten bildet, die seiner Natur fremdartig sind. Für den in dieser Beziehung normal organisirten Staat, der ein vom Privatrechte wol gesondertes öffentliches Recht auf der Basis der Ordnung und

§ 59. Organe des Staatswillens. Verfassungsformen.

der Gerechtigkeit besitzt, ist der oben in anderer Beziehung gebrauchte Terminus Rechtsstaat der geeignetste; in der That lässt sich ein fester Rechtszustand nur begründen und sichern, wo das Recht selber auf normalen Principien seine geeignete Entwicklung gefunden hat. Eine der Norm widersprechende Entwicklung des Rechtes aber ist in dreifacher Weise denkbar. 1) Der Unterschied zwischen Privatrecht und öffentlichem Rechte ist dem staatsbildenden Bewusstsein nicht gegenwärtig; das öffentliche Recht wird nach privatrechtlichen Analogieen aufgefasst und gestaltet; das Herrscherrecht gilt als privates Eigenthum, und die Pflicht gegen den Staat wird ersetzt und verdrängt durch die Treuepflicht gegen die Person nach Art des privatrechtlichen Personenverbandes: dies als System durchgeführt ergiebt den Begriff des **Feudalstaates**. Oder 2) der öffentliche Rechtszustand wird nicht aus dem Gesichtspunkte des Rechtes, sondern aus dem Gesichtspunkte der Interessen, und zwar zunächst der materiellen Interessen, ausgebildet: das ergiebt den Begriff des **socialistischen** Staates. Endlich 3) die Interessen, welche die staatliche Rechtsbildung überwuchern und vom rechten Wege ablenken, sind **ideale** Interessen, und zwar, da unter diesen die Religion allein im Stande ist, die Massen zu ergreifen und so den Staat sich dienstbar zu machen, **kirchliche Interessen**: das bezeichnet den **theokratischen** Staat. Es liegt in der Natur der Sache, dass der Staat auch in solcher Missbildung immer doch Staat bleibt, dass also diese Abweichungen immer nur ein mehr oder minder mächtiges Moment in dem Gesammtbestande des wirklichen Staatswesens zu bilden vermögen, niemals aber rein und voll im wirklichen Staate zur Erscheinung kommen. Elemente dagegen von feudaler, socialistischer, theokratischer Art finden sich in allen geschichtlichen Staatswesen alter und neuer Zeit; sie immer mehr zurückzudrängen, damit die Idee des Rechtsstaates und Freistaates zu immer reinerer Verwirklichung gelange, das ist die eigentliche Aufgabe der fortschreitenden rechtlichen und staatlichen Cultur. Niemand wird leugnen wollen, dass die feudale, die socialistische und die theokratische Staatsform ihre Zeit gehabt haben, dass sie geschichtlich wichtige Spielarten und fördernde Durchgangsstadien für die Ausbildung der staatlichen Verfassung darstellen. Aber ebenso gewiss ist, dass man dem fortgeschrittenen Rechtsbewusstsein, der vertieften wissenschaftlichen Erkenntnis und den veränderten Lebensbedingungen gegenüber nicht versuchen darf, diese Ausartungen den modernen Menschen wieder aufzudrängen. Für die heutige Cultur sind Feudalismus, Socialismus und Theokratie das schlechthin Feindselige und Abgeschmackte, wogegen mit aller Kraft anzukämpfen die erste aller Pflichten ist.

Zweites Capitel.
Die Verwaltung.

§ 60.
Die unmittelbare Selbsterhaltung des Staates.

Auf der Grundlage der Verfassung und innerhalb der durch das Gesetz gezogenen Schranken bewegt sich die niemals rastende Thätigkeit des Staates in der **Verwaltung** mit dem Zwecke der Selbsterhaltung des Staates inmitten der rastlosen Veränderlichkeit aller Dinge. Alle Verwaltungsthätigkeit ist, sofern nicht der Staat nur als Privatperson handelt, **rechtsbildende Thätigkeit**. Die Verwaltung ist **unmittelbare Selbsterhaltung**, wo der Staat die ihm eigenen Mittel seines Bestehens und Wirkens im rechten Stande und Gange erhält; nach den Hauptarten der Mittel seines Bestandes gliedert sich dieser Theil der Verwaltung in die Pflege der **bewaffneten Macht**, in die Pflege der **Finanzen** und in die Pflege der **Aemter**.

1. Der Staat besteht durch seine Thätigkeit. Sein Wesen ist, realisirte Rechtsordnung in Form eines persönlichen Willens zu sein: er will nichts als das Recht, und das Recht ist er selbst. Sein Wille ist also, sich selbst zu setzen und zu erhalten als eine Ordnung, die nicht bloss geordnet ist, sondern sich stetig selbst ordnet, und zwar unter dem Gesichtspunkte der Zweckmässigkeit und der Gerechtigkeit ordnet. Mit dieser ordnenden Thätigkeit geht er nun in die unendlichen Einzelheiten des Geschehens ein. Was er bildet, ist immer wieder er selbst, Recht als Inhalt seines Willens; aber dieses von ihm stetig gebildete Recht ist von sehr verschiedener Tragweite. Die Grundlagen seines Bestandes und die obersten Normen seiner Rechtsbildung setzt der Staat fest in seiner Verfassung; abgeleitete Formen seiner Willensäusserung bestimmt er in seinen Gesetzen; immer weiter ins

§ 60. Die unmittelbare Selbsterhaltung des Staates. 671

Besondere und Einzelne steigt er hinab in der Form von Verordnungen, Verfügungen, Weisungen, Befehlen, und zuletzt ist auch das schlechthin Einzelne seiner jedesmaligen Thätigkeit doch immer noch ein Allgemeines seinem Wesen nach, und somit Recht (§ 58, 3). Völlig verkehrt wäre es, diesen Vorgang so anzusehen, als ob der Staat sich erst ein Recht in Form von Gesetzen und höchstens noch von Verordnungen fertig gebildet hätte und nun dieses fertige Recht nur ausübte oder ausführte, wie man zu sagen pflegt. Vielmehr jeder Act des Staates ist rechtsbildend; eine andere als rechtsbildende Thätigkeit zu üben widerspricht dem Begriffe des Staates. Die Trennung von gesetzgebender und gesetzausführender Thätigkeit ist thatsächlich ebenso unmöglich, wie sie gedanklich missgebildet ist. Es ist der Grundirrthum der geläufigen Anschauung, wie sie sich in der herkömmlichen Logik von byzantinischer Tradition spiegelt, das Allgemeine und Einzelne in rein äusserlicher und mechanischer Beziehung zu einander zu sehen, als wäre das Einzelne ein Theil des Allgemeinen, oder wie das schülerhafteste Missverständnis es darzustellen liebt, ein kleinerer Kreis in einem grösseren Kreise. Von dem wahren Verhältnis des Allgemeinen und Einzelnen, sich in lebendiger Wechselwirkung gegenseitig zu determiniren, giebt gerade die Thätigkeit des Staates ein schlagendes Beispiel. Alle Staatsthätigkeit in der Regierung und Verwaltung ist **determinirend**. Das Gesetz als das Allgemeine setzt eine unbestimmte Vielheit von Möglichkeiten; diese wird in continuirlichem Stufengange Schritt für Schritt eingeengt, indem das Einzelne rechtsgemäss gestaltet wird. Der Wille des Staates ist nur einer und seine Thätigkeit ist nur eine; nicht dass er hier Recht bildete und dort es ausführte: sondern indem er das Einzelne unter das Recht stellt, ist sein Wille zugleich productiv und ergänzt in der Bewältigung des Einzelnen die Abstractheit und Leerheit des Allgemeinen durch positive Weiterbildung. Das eine Princip, welches den Staat in seiner obersten Gesetzgebung leitet, continuirt sich bis in die äussersten Verzweigungen der allergeringfügigsten Thätigkeiten hinein, wo es sich nur überhaupt um Ausübung der Staatshoheit handelt. Ueberall also ist die Thätigkeit des Staates dieselbe: **rechtsbildende Selbsterhaltung**, und die Scheidung von legislativer und executiver Gewalt muss schlechthin als widerstaatlich verworfen werden.

2. Die Verfassung ist die Grundform für alles Bestehen und Functioniren des Staates, sie verleiht ihm eigenthümlichen Charakter und concrete Bestimmtheit. Als dieses vermöge seiner Verfassung so beschaffene Wesen geht der Staat

nun daran, seine einzelnen Aufgaben in einer Fülle einzelner Thätigkeiten zu lösen. Die Gesammtheit aller dieser Thätigkeiten heisst die **Regierung**; mit demselben Worte bezeichnet man dann auch das dem Staatswillen für diese Thätigkeit des Regierens dienende Organ. Innerhalb dieser Gesammtheit unterscheiden wir nun als einzelne Thätigkeitskreise des Staates die Regierung im engeren Sinne, die Gesetzgebung, die Verwaltung und die Rechtspflege (§ 31, 4). Von der Gesetzgebung als dem fundamentalen Theile der Staatsthätigkeit ist oben bei der Lehre von der Verfassung gehandelt worden (§ 58); die Rechtspflege als der abschliessende Gipfel der Staatsthätigkeit wird nachher (§ 63—65) zu betrachten sein. Hier kommt es uns auf den Unterschied der **Regierung** im engeren Sinne und der **Verwaltung** an. Jene ist die Thätigkeit des Staates, die sich unmittelbar auf das Staatsganze als solches bezieht, und die zu ihrem Organe die oberste Staatsgewalt selber hat; die Verwaltung dagegen beschäftigt sich mit den einzelnen Theilfunctionen des Staates, und vollzogen werden diese durch die der Staatsgewalt untergeordneten Organe, die deshalb auch in relativer Selbstständigkeit unter der controlirenden Aufsicht der höchsten Gewalt zu functioniren vermögen. Es giebt keine Selbstregierung, aber wol eine Selbstverwaltung. Die Regierung nun ist der concrete Lebensprocess des bestimmten Staates, und ihre Thätigkeit erwächst aus der ausschliesslichen Besonderheit theils des bestimmten Staatswesens, theils der jedesmaligen geschichtlichen Situation desselben, etwa wie die besonderen Functionen eines Himmelskörpers auf seinem rastlosen Fluge durch die Räume des Weltalls sich von Moment zu Moment wechselnd aus dem bestimmten Orte, den der Himmelskörper im Himmelsraume einnimmt, und besonders aus seiner Stellung zu den anderen Himmelskörpern ergeben. Darum ist die Regierung nicht Gegenstand der Lehre vom öffentlichen Recht, sondern Gegenstand einer selbstständigen Wissenschaft, der **Politik**, welche zu der allgemeinen Lehre von Recht und Staat und zu der speciellen Lehre von den Rechten als ergänzendes drittes Glied hinzutritt. Freilich, eine rechtsbildende Thätigkeit ist auch die Thätigkeit des Regierens; aber das Recht, das sie bildet, lässt keine allgemeine Formulirung zu, sondern ist der letzte und höchste organische Ausdruck des concreten Lebensprocesses dieses bestimmten Staatswesens. Die Verwaltung dagegen bezeichnet die in ihrer Grundform allgemeingültigen besonderen Thätigkeitsrichtungen des Staates überhaupt und stellt sich dar als Ausfluss von Verfassung und Gesetz in ihrer Anwendung auf das concrete Material der bleibenden Aufgaben des Staatslebens. Die Lehre von der Verwaltung vergleicht sich der Lehre von den besonderen physikalischen Qualitäten, der Optik, Akustik u. s. w.; die Politik würde der Astronomie ähnlich sein, wenn dieselbe über die allgemeine Mechanik des Sternenhimmels hinaus bis auf die Erkenntnis der wechselnden Processe der Himmelskörper in den wechselnden Constellationen ihres Laufes, z. B. des Wetters und der magnetischen Strömungen, vorzudringen vermöchte. Die Regierung als organisch aus der jedesmaligen Situation sich ergebender Ausdruck des einheitlichen Willens des concreten Staatswesens entscheidet freilich in letzter Instanz auch über den bestimmten Gang der Verwaltungsordnung, wie über Verfassung, Gesetzgebung und Rechtspflege: aber das thut sie doch nur in der Form einer letzten Determination der durch das allgemeine Wesen des Staates in Bezug auf die Bewältigung des Einzelnen noch übrig gelassenen Möglichkeiten. Wie die Lehre vom öffentlichen Rechte überhaupt, so hat es auch die Lehre von der Verwaltung mit den Grundverhältnissen zu thun, die sich aus dem Begriffe des Staates selbst ergeben, während die Politik als die Lehre von der Regierung die concrete Wirklichkeit der einzelnen geschichtlichen Staatswesen als die bestimmende Macht für den gesammten Lebensprocess der Staaten ins Auge zu fassen hat.

3. Die Verwaltung ist der continuirliche Act nicht sowohl der Aufrechterhaltung, als der Schaffung der Rechtsordnung innerhalb der durch Verfassung und Gesetz offen gelassenen Möglichkeiten. Man muss aber unterscheiden zwischen den Thätigkeiten, die der Staat als öffentlich-rechtliche Person, und denen, die er als privatrechtliche Person übt; nur mit jenen ersteren schafft er einen Rechtszustand, während er mit den letzteren nur einzelne Rechtsverhältnisse in dem Rahmen des vorhandenen Rechtes herstellt wie jeder Privatmann auch. Wenn der Staat sich irgend welche Dienste miethet, so handelt er damit nicht rechtsbildend; aber wol, wenn er vermöge seines Herrschaftswillens einer bestimmten Person staatliche Herrschaftsrechte überträgt. Denn die Eigenthümlichkeit dieser Person ist keineswegs gleichgültig für den Gang der Geschäfte, und der Staatswille muss fortan mit ihr rechnen als mit einer Bedingung für seine Verwirklichung. Deshalb liegt es in der Natur der Verwaltung, sich gemietheter Kräfte zu bedienen, wo es sich nur um einzelne äusserliche Thätigkeiten handelt, dagegen durch sein Herrschaftsrecht seinen Unterthanen den Dienst des Staates aufzuerlegen, wo für diesen Dienst die Einsetzung der ganzen Persönlichkeit erforderlich ist. Privatrechtliche Person ist

Lasson, Rechtsphilosophie. 43

der Staat ferner überall, wo er eine Industrie betreibt, die
ebensowohl ein Privatmann betreiben könnte, z. B. die Brief-
oder Personenbeförderung, Bergbau oder Forstwirthschaft.
In der geschichtlichen Wirklichkeit des Staatslebens geht
vielfach die privatrechtliche Bethätigung des Staates mit
seiner öffentlich-rechtlichen ununterscheidbar durcheinander;
dass beides im wirklichen Rechte geschieden werde, wie es
begrifflich geschieden ist, ist die Aufgabe der fortschreitenden
rechtlichen Cultur.

4. Alle Verwaltung ist Selbsterhaltung des Staates. Die
erste Form derselben ist die Beschaffung, Bewahrung und
Fortbildung der Mittel, die überhaupt erst den Bestand
des Staates ermöglichen: die unmittelbare Selbsterhaltung. Um zu bestehen, bedarf der Staat zunächst der
bewaffneten Macht, mit der er seinem Willen Nachdruck
geben und jeden Widerstand niederwerfen kann. Die bewaffnete Macht besteht aus Menschen, die zum Dienste des
Staates in unverbrüchlicher Disciplin erzogen und immer
bereit sind, ihr Leben im Kampfe gegen die dem Willen des
Staates widerstrebenden inneren und äusseren Feinde dahinzugeben. Der Natur der Sache entspricht es allein, dass der
Dienst mit der Waffe für alle dazu geeigneten Unterthanen
in gleicher Weise durch das Herrscherrecht des Staates auferlegte Pflicht sei; das hindert nicht, dass für solche, die
besondern Ansprüchen an eine für den Dienst des Staates wesentliche technische Vorbildung zu genügen sich bemüht haben, auch
ein Anspruch auf eine privatrechtliche Gegenleistung des
Staates entsteht. Die bewaffnete Macht steht ihrem Begriffe
nach unmittelbar zur Verfügung der obersten Gewalt und
hat selber willenlos gleich einer Waffe, die man handhabt,
in selbstverständlichem Gehorsam den Befehl zu vollziehen,
wie er ertheilt wird. Die Art, wie diese Waffe gebraucht
wird, ist Sache der Politik; die Art, wie sie hergestellt und
erhalten wird, Sache der Verwaltung. Das Gesetz organisirt
die Grundlagen und Bedingungen der Institution; insbesondere zieht es die Grenzen, wie weit die Herrschgewalt des
Staates militärische Dienste der Unterthanen in Anspruch
nehmen darf. Der Verwaltung entspringt aus dieser Berechtigung die Pflicht, dafür zu sorgen, dass eine den Bedürfnissen des Staates entsprechende Macht in grösster Vollkommenheit und mit möglichst geringen Mitteln hergestellt werde.
Demselben Verwaltungskreise gehört dann ferner die Sorge
für das gesammte Material an Dingen des Gebrauches, die
der bewaffneten Macht die Lösung ihrer Aufgabe ermöglichen oder erleichtern. In Bezug darauf nimmt die Verwaltung gemiethete Kräfte und Leistungen in Anspruch; im

§ 60. Unmittelbare Selbsterhaltung des Staates. Armee. Finanzen. 675

übrigen ist auch auf diesem Gebiete die Thätigkeit der Verwaltung, ist auch jeder innerhalb der gesetzlichen Schranken gegebene militärische Befehl rechtsbildend.

5. Zweitens gehört zum Bestande des Staates ein regelmässiger Erwerb von Sachgütern als Mitteln seines Willens. Diesen Erwerb kann der Staat beziehen entweder wie ein Privatmann als den Ertrag seines bleibenden Vermögens und als den Gewinn aus seinem gewerblichen Betriebe, oder in eigenthümlicher Weise als Abgabe seiner Unterthanen, die durch seine Herrschaftsgewalt zu solcher Abgabe von dem Ihrigen herangezogen werden. Dass der Staat bleibendes Vermögen habe, ist offenbar zu seinem Bestande unentbehrlich, und dass dieses Vermögen einen Ertrag abwirft, wie ein anderes, liegt in der Natur der Sache. Nicht zu vermeiden ist es, dass der Staat auch gewerblichen Betrieb übe, theils weil er in manchen Dingen von anderer Diensten und gutem Willen unabhängig bleiben muss, theils weil mancher Betrieb Privatleuten nicht wol ohne öffentlichen Schaden überlassen werden darf. Sofern nun der Staat sein Privatvermögen bewirthschaftet, sein Privatgewerbe betreibt, steht er ganz dem Privatmann gleich: nur dass die Bürger an den Staat den Anspruch haben, dass er so gut wie möglich wirthschafte, wie denn auch schlecht zu wirthschaften wider die Natur des Staates sein würde, und dass der Staatsbetrieb in der Gesetzgebung durch gewisse Vorrechte begünstigt wird, weil er zugleich im Interesse aller ist. Diese Privatwirthschaft des Staates ist also keine rechtsbildende Thätigkeit; sie ist es ebensowenig wie die Thätigkeit des Kaufmanns oder Grundbesitzers, der auf der Basis des bestehenden Rechtes Rechtsgeschäfte abschliesst. Wo nun das Einkommen des Staates aus solchen Privatquellen nicht ausreicht, da tritt das Herrschaftsrecht des Staates ergänzend ein, um den Unterthanen die Deckung seines Bedarfes als Last aufzuerlegen. Diese Last wird gesetzlich geordnet; das Princip dafür ist die Gerechtigkeit, d. h. die verhältnismässige Gleichheit, und den Maassstab der gerechten Vertheilung bildet die Leistungsfähigkeit. Indessen die Aufgabe, letztere zu bestimmen, bietet die ungeheuerste und nur im geringsten Grade überwindbare Schwierigkeit wegen der unendlichen Verschiedenheit und Veränderlichkeit der wirthschaftlichen Situation der Einzelnen; andererseits greift Art und Form der Besteuerung aufs tiefste in das ganze wirthschaftliche Getriebe des Volkslebens und damit in die Quelle ein, aus welcher dem Staate die Ergänzung seines Bedarfs und damit die Möglichkeit seines Bestandes zufliesst. Deshalb wird der Gesichtspunkt der Gerechtigkeit hier noch entschiedener als

43*

sonst durch Gesichtspunkte der Zweckmässigkeit ergänzt oder modificirt. Die Grundsätze der Besteuerung gehören im einzelnen der Politik an; was die Finanzverwaltung anbetrifft, so ist nur noch hinzuzufügen, dass sie rechtsbildend ist, soweit sie Ausübung staatlicher Hoheitsrechte ist. Dies unausgesetzte Ergänzen, Ersetzen und Erneuern des Geschwundenen oder Verschlechterten, dies Verbessern und Fortentwickeln des mangelhaft Gewordenen hat mit der Privatwirthschaft die grösste Aehnlichkeit nach Inhalt und Verfahren und gehört grossentheils dem Privatrecht an; erst wo die privatrechtlichen Proceduren aufhören, beginnt das Gebiet der eigentlichen Staatsverwaltung.

6. Endlich gehört zum Bestande des Staates eine Fülle von menschlichen Arbeitskräften, um dem Willen des Staates als productive, selbstständige, vom Willen des Staates durchdrungene Organe zu dienen. Der Staat gewinnt diese Organe, indem er vermöge seines Herrschaftsrechtes die Last der Arbeit den ihm geeignet scheinenden Personen oder Personenverbänden auferlegt, so dass er theils die Personen für den Staatsdienst selbst ernennt, theils sie durch Ernennung seitens der Personenverbände entgegennimmt. Auch hier concurrirt die Gerechtigkeit, welche Last und Vortheil des Amtes dem Würdigsten und Leistungsfähigsten auferlegt, mit der Zweckmässigkeit. Die Aemter und Behörden selber sind durch das Gesetz organisirt, ebenso nach ihrem Wirkungsbereich und ihrer Last, wie nach den Vortheilen, die etwa der Staat als Gegenleistung gewährt; ergänzend tritt die Verordnung für vorübergehende Bedürfnisse hinzu. Auch die Organisation der Aemter und die Ernennung der Personen für dieselben hat eine Seite, mit welcher sie der Politik angehört; im wesentlichen ist die Ernennung Sache der Verwaltung, und ebenso gehört dieser die dem Ernannten zu ertheilende Anweisung über die Führung der einzelnen Geschäfte und die über die Amtsführung zu übende Controle, dass sie dem Gesetze nicht widerspreche und möglichst zweckmässig sei.

§ 61.
Die abwehrende Staatsfürsorge.

Die selbsterhaltende Thätigkeit des Staates äussert sich gegenüber allen Einzelheiten der Lebenserscheinungen als Erhaltung einer gesicherten Ordnung zunächst durch die **Abwehr der Störung und Gefährdung** dieser Ordnung. Da der Staat dabei überall sich selbst im Auge hat, so ist

§ 61. Die abwehrende Staatsfürsorge.

die Thätigkeit der Abwehr als mittelbare Selbsterhaltung des Staates zu betrachten. Aber zugleich hat jeder einzelne Unterthan nach dem Grundprincip des Privatrechtes einen rechtlichen Anspruch an den Staat auf Abwehr der Störung und Unordnung, die in seine Rechte eingreifen würde (§ 48). Der Staat kann die Bedingungen seines Bestandes nicht herstellen, wenn er nicht zugleich die Rechte der ihm untergebenen Personen vor vermeidlichen Verletzungen bewahrt. Die Verwaltungsthätigkeit, sofern sie auf Abwehr der Störung und Gefahr gerichtet ist, heisst Polizei im engeren Sinne, und Polizei heisst auch das mit dieser Thätigkeit vorzugsweise betraute Organ. Das Gebiet der Polizei ist so unendlich wie die Mannigfaltigkeit der in Natur und Menschenleben zur Erscheinung kommenden Kräfte und der von ihnen drohenden Gefährdungen. Die Polizei entfaltet innerhalb der durch Verfassung und Gesetz gezogenen Schranken eine bis in die intimsten Einzelheiten des Lebens eindringende rechtsbildende Thätigkeit, theils beaufsichtigend, theils verhütend, theils wiederherstellend; behufs der Erfüllung ihrer Aufgaben steht ihr eine eigenthümliche Art der Strafandrohung und Strafvollziehung zu (§ 45, 3; 6).

1. Neben die unmittelbare Selbsterhaltung des Staates in der Wahrung und Fortbildung der Mittel seines Bestandes tritt die mittelbare Selbsterhaltung in der Beherrschung aller Einzelheiten des Lebens. Wir behandeln zunächst nur den überwiegend negativen Theil dieser mittelbaren Selbsterhaltung, der in der Abwehr des Schädlichen besteht, und trennen von ihm das Gebiet der positiven fördernden Fürsorge. Es kann nur nachtheilig wirken, wenn diese beiden Richtungen der Verwaltungsthätigkeit, die dem Wesen nach völlig verschieden sind, in der Theorie nicht genügend aus einander gehalten werden. Dass in der Praxis des Staatslebens beide Thätigkeiten vielfach von denselben Organen geübt werden, darf nicht irre machen: solche Verbindung ist durch Gesichtspunkte der Zweckmässigkeit durchaus gerechtfertigt, wenn nicht geradezu erzwungen, ohne dass auch nur in der Thätigkeit dieser Organe beide Functionen ununterscheidbar zusammenflössen (vgl. L. v. Stein, Handbuch der Verwaltungslehre. 2. Aufl. 1876. S. 186—211).

2. Die Uebung der Polizei ist diejenige Aeusserung der Herrschgewalt, die sich am lästigsten in alle Lebens-

äusserungen der Personen eindrängt und mit der sich die Staatshoheit am stetigsten in der Form eines unentfliehbaren Zwanges allen gleichmässig fühlbar macht. Der Thätigkeit der Polizei ist nichts entzogen, weder das, was im hellsten Lichte der Oeffentlichkeit erscheint, noch was sich im tiefsten Dunkel des Privatlebens verbirgt. Sie hat ihre Hand in allem, und vergebliche Mühe wäre es, ihr irgend etwas entziehen zu wollen. Das ius eminens des Staates bricht gerade in der Uebung der Polizei am häufigsten alles Recht der Person, auch das scheinbar selbstverständlichste und unveräusserlichste. Ich darf nicht schlafen, nicht spazieren gehen, nicht auf der Strasse stehen, wenn die Polizei es nicht erlaubt; ich muss mich und meine Kinder impfen lassen, eine Laterne an meinem Wagen anzünden, mein Signalement bei mir führen, weil die Polizei es so befiehlt. Aber so schwer und fühlbar diese Last ist, aufgelegt wird sie im Dienste des Rechtes: jede polizeiliche Einschränkung meines Rechtes geschieht um des Rechtes der Anderen oder des Staates willen, und keine Polizeimaassregel hat einen anderen Sinn als den, Verletzungen des Rechtes zu verhüten. Es wäre der gröbste Irrthum, in der polizeilichen Thätigkeit der Staatsgewalt irgend etwas anderes sehen zu wollen als rechtsbildende Thätigkeit. Gerade so erst wird die Fülle der Einzelheiten, wird der ganze regelmässige und unregelmässige Verlauf des Lebens durch den Rechtsgedanken bewältigt. Der polizeiliche Befehl ist die von dem Rechte selbst geforderte Ergänzung zu allem anderen Rechte; denn es ist die Natur jeder Berechtigung, alle andere Berechtigung zu beschränken, ohne dass dafür der Maassstab anders als aus der Einzelheit des Lebens entnommen werden könnte (§ 42, 7). Für die Polizei kommt daher alles an auf den schnellen Blick, das sichere Urtheil und die reiche Erfahrung von den Verhältnissen der Wirklichkeit, um dauernd und für den Augenblick das dem Rechtsgedanken wie dem Bedürfnis des Moments Angemessene zu verfügen. Was so von dem Organe der Polizei, und sei es auch nur im Moment und für den Moment, innerhalb seiner rechtlichen Competenz verfügt ist, das ist Recht und Ausfluss der continuirlichen rechtsbildenden Macht der Staatsgewalt.

3. Weil die Polizei die überall und in alles eingreifende Macht ist, und weil sie zugleich das Momentane, Flüchtige, Wechselnde nach persönlicher Einsicht und Urtheilskraft ordnet: so ist hier am meisten Gefahr, dass über der Beherrschung der Einzelheit das, was diese Beherrschung erst zur rechtlichen macht, der allgemeine Rechtssatz, ganz verloren gehe. Darum ist gerade hier das Gegengewicht, das die

freie Verfügungsmacht beim Rechte festhält und sie davor bewahrt in Willkür auszuarten, von besonderer Wichtigkeit. Es ergiebt sich daraus die Aufgabe, den allgemeinen Rechtssatz, unter dem die Ausübung der polizeilichen Fürsorge steht, so eng zu fassen, dass die Polizei in ihrer Thätigkeit aus dem Rechtsgedanken nicht herausfällt, und zugleich so weit, dass sie in der Freiheit der Action, deren sie gegenüber den unendlich wechselnden Einzelheiten bedarf, doch nicht gehemmt ist. Die Aufgabe ist im vollen Sinne nicht lösbar; aber annähernd wird sie schrittweise bewältigt durch das zunehmende Rechtsbewusstsein und die wachsende Technik der Gesetzgebung. Darin liegt ein wesentlicher Fortschritt der rechtlichen Cultur. Das G e b i e t der Polizei freilich lässt sich nicht einengen; es umfasst nicht weniger als alles: aber ihre Thätigkeit auf allen Gebieten nimmt eine immer weniger aufdringliche Form an. Die wachsame Fürsorge bleibt wohl bestehen, aber erst als das Secundäre; das Erste wird die eigene Fürsorge der Bürger und ihrer Vereinigungen. Die Polizei beschränkt sich mehr und mehr auf eine bloss controlirende Thätigkeit, je mehr die Menschen lernen, die nöthige Polizei selbst an sich und ihren Verhältnissen zu üben. Damit wird der ausdrückliche Eingriff der Polizei auf den Nothfall beschränkt; sie macht sich zwar energischer, aber auch seltener geltend. Polizei ist in hervorragendem Maasse bevormundende Thätigkeit, als solche freilich schlechthin unentbehrlich: aber das Ziel ist doch, dass alle Lebensäusserungen der Menschen wenn auch nicht ohne ihre überall eindringende Wachsamkeit, doch ohne ihre überall maassgebende Leitung in glücklichem Fortgange bleiben können.

4. Was die Polizei anstrebt, das ist der Zustand der Ordnung und Sicherheit, in welchem jeder sich seines Rechtes erfreuen könne und das Recht des Einen durch nichts beschränkt sei als durch das Recht des Anderen. Dies aber gerade ist das Wesen der Rechtsordnung überhaupt, und die Polizei übt keine andere Function als jedermann Recht zu schaffen, indem sie auf Grund und in den Schranken oberster Rechtssätze selbstthätig Recht in den Einzelheiten des Lebens producirt. Es ist widersinnig, der Polizei eine ausübende Gewalt anzudichten; sie ist wie alle Verwaltung nur eine der Formen, in denen der Rechtswille des Staates Recht schaffend sich ausdrückt. Der Staat will das Recht und nichts als das Recht; die Polizei als eine wesentliche Function, die zum Begriffe des Staates gehört, hat ihre Eigenthümlichkeit nur darin, dass sie die Rechtsbildung bis in die äussersten und dünnsten Spitzen hinein fortsetzt, bis zum Rechtssatze von minimaler Allgemeinheit, der als ein einzelner Befehl sich darstellt. Sie

verhält sich zu Verfassung und Gesetzgebung wie die peripherischen Nervenenden sich zu den Centralorganen verhalten. Der Staat als Polizeigewalt schafft Ordnung und Sicherheit um seiner selbst willen, weil er anders nicht als Staat, d. h. als realisirte Rechtsordnung, existirte; er schafft sie zugleich um seiner Unterthanen und um des Anspruchs willen, den sie an den Staat haben, weil die Rechtsordnung die Rechte der Einzelnen zu ihrem Inhalt hat und sich erhält, indem sie diese erhält. So sorgt denn die Polizei zunächst für die Sicherheit des Staates selber als **hohe, politische Polizei**. Sie spürt die Gefahren auf, die den Staat bedrohen könnten; sie hindert das Complot und den Aufruhr; sie beaufsichtigt die Vereine, Verbindungen und Versammlungen, die Presse und das gesprochene Wort, und wo es nöthig wird, greift sie zur schärfsten Prävention und Repression mit Standrecht und Belagerungszustand. Von der unmittelbaren Selbsterhaltung des Staates unterscheidet sich diese Thätigkeit der Polizei dadurch, dass jene die bleibenden Bedingungen für Bestand und Macht des Staates in den eigenen Attributen des Staates positiv ausbauend im Stand erhält, diese die vorübergehenden, ausserhalb der Staatsthätigkeit liegenden Einzelvorkommnisse, die die Festigkeit des Staatsbaues berühren könnten, abwehrend ins Auge fasst. Die Polizei sorgt zweitens für die Sicherheit der Einzelnen innerhalb des Staates als **niedere Polizei**. Sie verhütet das Verbrechen und Vergehen, bewacht, wo keine Wachsamkeit des Einzelnen ausreicht, Leben, Freiheit und Eigenthum aller; sie beseitigt die Hemmnisse des Verkehrs, den Schmutz und den gefallenen Schnee, wendet die Gefahren ab, die von den Elementen wie von Werken der Menschenhand drohen, beaufsichtigt den Bau von Häusern, Brücken, Schiffen, und untersagt die Anfertigung und den Gebrauch von Giften, Waffen, explosiven Stoffen, wo sie anderen verderblich werden könnten. Sie schützt durch Preistaxen und Gewerbeordnungen, gewerbliche Concessionen und Verbote, gegen Betrug und Unrecht, überwacht die Flur und den Wald, die Landstrasse und die Eisenbahn, den Strom und den Canal und jeglichen Betrieb auf denselben. Sie schafft den Anblick des Widerwärtigen, Rohen und Gemeinen, des Unsittlichen und Hässlichen aus unserem Wege und verpönt störenden Lärm, Unzucht und Trunkenheit. Zur Pflege der Gesundheit beaufsichtigt sie Aerzte, Apotheker und Hebeammen, regelt die Fabrik, die Werkstätte und den Schulraum, den Stubenofen und die Dampfmaschine, prüft die Lebensmittel im Verkehr, die Wohnräume und die Kleidungsstücke, und wendet Epidemieen, Viehseuchen und Schäden der Vegetation von unseren Grenzen ab oder sucht sie in möglichster

§ 61. Abwehrende Staatsfürsorge. Polizei.

Schnelligkeit zu ersticken. Sie tritt ein für die Schwachen und Schutzlosen, die Säuglinge und die Waisen, die Kranken und die Irren; im Dienste der Rechtspflege geht sie dem Verbrechen und dem Verbrecher nach, bereitet die gerichtliche Untersuchung vor durch Aufspürung von Thatsachen, durch Verhaftung und Beschlagnahme. Um ihre Aufgaben lösen zu können, hat sie jeden und jedes in ihren Registern, verfolgt sie, wer und was sie interessirt, bis in die geheimsten Schlupfwinkel und erhält sich mit Pass- und Meldewesen, mit offenkundigem und geheimem Dienst auf dem Laufenden. Kurz, sie ist überall gegenwärtig in rastloser Thätigkeit, mit weitem Blick und kräftigem Willen, und wenn sie auch jedem lästig fällt, so sichert sie doch jedem erst die Möglichkeit, sich ungestört seiner Arbeit wie seinem Vergnügen zu widmen, sich wol zu fühlen und seine höchsten wie seine niedrigsten Zwecke zu erreichen.

5. In dem Inbegriffe der Staatsthätigkeit nimmt die Polizei einen gewaltigen Raum ein. Ein grosser Theil der Gesetzgebung selber steht unter polizeilichen Gesichtspunkten; Privatrecht und Strafrecht werden der Polizei dienstbar. Am charakteristischsten kommt das Wesen der Polizei zum Ausdruck, wo sie selbstthätig producirend die einzelnsten Einzelheiten durch Rechtsgedanken zu regeln sucht. Dazu müssen der Polizei specifische Mittel gewährt werden, um den Willen der Menschen und die Lage der Verhältnisse beherrschen zu können. Es muss ihr die Macht zur Hand sein, sich zu unterrichten, und jeder deshalb gezwungen sein, ihr Kunde zu geben von dem, was sie interessirt: sie muss durch Androhung von Uebeln präventiv wirken können, und muss Vollmacht haben, das nicht zu Duldende zu beseitigen, das zu Fordernde herzustellen. Und weil das, was sie betreibt, seine besondere Dringlichkeit hat; weil es ihre specifische Aufgabe ist, überall da einzugreifen, wo ein Nothstand droht oder vorhanden ist: so muss sie nicht bloss ein Verordnungsrecht haben, wie jeder andere Zweig der Verwaltung, sondern sie muss auch im Stande sein, ihrer Forderung einen ganz besonderen Nachdruck zu geben. Dies wird ihr gewährt, indem sie die Befugnis erhält, Ordnungsstrafen anzudrohen und auszuführen. Die Polizeistrafe ist keine eigentliche Strafe, wie das Polizeidelict kein eigentliches Delict ist. Diese letzten Einzelheiten des Rechtsbildung liegen doch von den wesentlichen Grundlagen der Rechtsordnung in weitem und vermitteltem Abstand, und die Gesinnung, die sich in der Uebertretung des Polizeibefehles äussert, ist doch keineswegs eine gegen die tieferen Wurzeln alles Rechtszustandes gewendete feindselige Gesinnung. Darum ist denn auch das polizeiliche

Recht präventiver Androhung und nachträglicher Ahndung ein gesetzlich eng begrenztes. Im Rechtsstaate denkt man zuerst daran, durch Habeascorpusacte und andere Gesetze von ähnlicher Tendenz Freiheit, Wohnraum und Besitz eines jeden gegen willkürlichen Gebrauch der polizeilichen Gewalt sorgsam zu schützen, die Verantwortlichkeit des Polizeibeamten dafür, dass er in den Grenzen seiner Competenz und einer zweckmässigen dringlichen Fürsorge sich erhalte, in besonders nachdrücklicher Weise einzuschärfen. Dadurch unterscheidet sich der Rechtsstaat vom Polizeistaat, nicht dass die Polizei in jenem geringere Macht und Wirksamkeit hätte, sondern dass die Polizei mit ihrer discretionären Gewalt erst an zweiter Stelle eintritt, zunächst aber der Selbstthätigkeit der Bürger Raum geschafft ist, und dass die Garantieen gegen polizeiliche Willkür ausreichend gegeben sind, um die Polizei bei dem festzuhalten, was ihres Amtes ist, und das Gesetz zur festen Richtschnur ihrer Thätigkeit zu machen. Ist diese Bedingung erfüllt, so verträgt sich eine sorgsame und umsichtige Uebung der Polizei nicht nur mit der öffentlichen Freiheit, sondern ist eine ihrer wesentlichsten Grundlagen.

§ 62.
Die fördernde Staatsfürsorge.

Die staatliche Thätigkeit der mittelbaren Selbsterhaltung erstreckt sich auf die Lebenserscheinungen innerhalb der Gemeinschaft nicht bloss in der Form der Abwehr des Bedrohlichen, sondern auch in der Form positiver Förderung des für Wolfahrt und Cultur Heilsamen. Das, was unmittelbar der Entwicklung der Menschen und ihrer Kräfte dient, was dadurch zugleich mittelbar zur Bedingung für den Bestand des Staates wird, betreibt der Staat selbst, soweit er sich auf die eigene Thätigkeit seiner Unterthanen nicht in der sicheren Erwartung verlassen kann, dass das Unentbehrliche und Dringliche geschehe (§ 31). Alle staatliche Pflege der Wolfahrt und der Cultur aber vollzieht sich in der Form der Rechtsbildung, nicht sowol als Anerkennung des rechtlichen Anspruches der Einzelnen an den Staat, sondern vielmehr als Erweiterung der Berechtigung des Staates und der Verpflichtung seiner Unterthanen. Das Gebiet der fördernden Staatsfürsorge verengert sich mit der

§ 62. Die fördernde Staatsfürsorge.

zunehmenden Mündigkeit und Selbstthätigkeit der Bürger; das Ziel der Entwickelung des Staates ist, dass Polizeiverordnung, Privatrecht und Strafrecht ausreiche, um das Bedürfnis des Staates und der Einzelnen zugleich zu befriedigen.

1. Für die staatliche Pflege von Wolfahrt und Cultur ist es zunächst von Wichtigkeit festzustellen, dass der Staat sie nicht um eines anderen, sondern um seiner selbst willen betreibt, und dass ihr Zweck nicht ist, Wolthaten zu verbreiten und glücklich zu machen, sondern einfach die staatliche Selbsterhaltung zu sichern und zu erleichtern. Der Staat, der darauf ausginge, Glück und Bildung zu schaffen, würde die widerwärtigste aller Missbildungen sein. Nicht Glück und Bildung, sondern Recht und Gerechtigkeit ist der Inhalt des Staatswillens; nur dazu führt er das Schwert der Gewalt, jeder andere Gebrauch wäre verwerflicher Missbrauch. Nun bedarf es keiner umständlichen Deduction, um klar zu machen, dass der Staat an der Wolfahrt und an der Bildung seiner Angehörigen das dringendste Interesse hat, dass davon seine Stärke und die Sicherheit aller seiner Functionen abhängt, dass ein Staat, in welchem Wolfahrt und Cultur unter ein gewisses Niveau sinken, dem Untergang verfallen ist. Dies ist denn auch der einzige begriffliche und thatsächliche Grund, weshalb der Staat die Pflege der Wolfahrt und Cultur sich zur Aufgabe stellt: die Entwicklung seiner eigenen Macht, die Erleichterung seiner Thätigkeiten, die Dauer seines Bestandes, das ist sein Ziel auch auf diesem Gebiete seines Functionirens, und was darüber hinausgeht, das kann auch nie Gegenstand eigentlich staatlicher Thätigkeit werden.

2. Das Zweite, was es zu betonen gilt, soll nicht die Staatsthätigkeit völlig missverstanden werden, ist dies, dass der Staat auch auf dem Gebiete der Wolfahrts- und Culturpflege sich bethätigen kann nur in der Form der Rechtsbildung. Der Staat übt auch hier sein Hoheitsrecht; er herrscht, befiehlt und zwingt, freilich nicht nach Willkür, sondern nach dem Gesetz, so dass alle Rechtsproduction der in die Einzelheiten des Lebens eindringenden Verwaltung auch hier consequente Durchbildung allgemeiner Grundsätze unter dem Gesichtspunkte der Gerechtigkeit und Zweckmässigkeit ist. Aber nicht Consequenzen des Privatrechts zieht der Staat auf diesem Gebiete, sondern er bedient sich seiner obersten Herrschgewalt, um gegen die Neigungen und das Belieben seiner Unterthanen dasjenige zu erzwingen, was ihm frommt, aber allerdings ihm nur deshalb frommt, weil es den Zustand und die Beschaffenheit seiner Unterthanen verbessert.

Schon die einfache Rücksicht der Klugheit, seine Kraft zu sparen und sie nicht an das zu verschwenden, was ohne ihn ebenso gut zu Stande kommt, wird deshalb den Staat veranlassen, seinen Apparat von Recht und Zwang da nicht anzuwenden, wo er nicht nöthig ist und das Bedürfnis des Staates durch das freie Spiel der Kräfte und Neigungen seiner Unterthanen ausreichende Befriedigung findet. Dem noch unmündigen Volke gegenüber übernimmt der Staat die Rolle des Erziehers; es ist das Wesen der Erziehung, dass sie sich durch den Erfolg ihres Thuns allmählich überflüssig macht. Das mündig gewordene Volk bewährt sich darin, dass die freie Selbstthätigkeit den Zwang des Staates abzulösen vermag.

3. Man muss dabei unterscheiden zwischen den Gebieten der Fürsorge, die vom Begriffe des Staates unabtrennbar sind, und denen, die er aufgeben kann, ohne etwas zu seinem Begriffe Gehöriges aufzugeben. Bei jenen geht höchstens die staatliche Verwaltung von der Form des bureaukratischen Betriebes zu derjenigen der Selbstverwaltung über, die ja auch staatliche Thätigkeit ist; bei diesen dagegen zieht sie sich allmählich auf die blosse polizeiliche Thätigkeit der Oberaufsicht zurück. So kann der Staat zunächst die Verwaltung des Bildungswesens nie aus der Hand geben. Er hängt mit seinem ganzen Bestande davon ab, dass er die Organe mit geeigneter technischer Vorbildung für seinen Dienst finde, und dass jeder seiner Unterthanen mindestens ein geringstes Maass von Bildung des Verstandes und Disciplinirung des Willens besitze. Deshalb könnte dereinst wol der Staat eines höchstgebildeten Volkes die Volksschule wie die Schule der rein-menschlichen und der fachmässigen höheren Bildung irgend welchen dazu ausdrücklich gebildeten Selbstverwaltungskörpern oder den Communen überlassen, die darin seinen Dienst nach seiner Anweisung versähen; aber er könnte nicht auf sein Hoheitsrecht über das Schulwesen überhaupt verzichten. Dagegen kann er sich der Kirche gegenüber ganz wol auf polizeiliche Oberaufsicht beschränken, wo er selbst und wo die Kirche, wo die gesammte sittliche Cultur des Volkes weit genug dafür entwickelt ist. Die Kunstschule zu leiten und zu erhalten, für das Theater und ein edles Volksvergnügen zu sorgen, ist ebensowenig sein wesentliches Geschäft; es ist viel besser, wenn er ohne erhebliche Schädigung der Sache die Aufgabe anderen überlassen kann. Niemals aber kann der Staat von der Regelung des Berg- und Forstwesens, des Strassenbaus und des Verkehrsbetriebes absehen; er kann es auch da nicht, wo gar nicht sein eigenes unmittelbares Bedürfnis, sondern nur die Förderung der wirth-

§ 62. Die fördernde Staatsfürsorge. 685

schaftlichen Verhältnisse des Volkes in Betracht kommt. Aber dass der Staat das Post- und Telegraphenwesen selbst betreibe, das liegt nicht in seinem Begriffe und das ist von ihm wol ablösbar. Dass der Staat die Gewerbe subventionire, Monopole und Concessionen ertheile, kann in zeitlicher Lage begründet sein; aber es ist jedesmal ein Fortschritt zum Besseren, wo er dergleichen zu seinem Begriffe nicht gehörige Thätigkeiten aufzugeben in die Lage versetzt wird.

4. Man darf ferner zu dem Gebiete der fördernden Staatsfürsorge alles das nicht rechnen, was bloss den Ausbau des Privatrechtes betrifft. Wenn der Staat das Armen- und Unterstützungswesen, das Heimathsrecht, die Vormundschaft, die Waisenversorgung, Hospitäler und Irrenhäuser betreibt, so trägt das alles privatrechtlichen Charakter. Die Privatperson hat einen rechtlichen Anspruch auf staatliche Fürsorge, wo sie selbst für sich nicht zu sorgen vermag und sonst niemand für sie sorgt, und der Staat erfüllt nur seine rechtliche Verpflichtung, wo er unmittelbar oder durch seine Selbstverwaltungskörper solchem Anspruche gerecht wird (§ 48, 6). Ebenso, wenn der Staat das Geld, Maass und Gewicht rechtlich bestimmt, so ist seine Function ganz dieselbe, wie wenn er im Privatrechte die Bedingungen eines gültigen Vertrages festsetzt; die Sanctionirung eines bestimmten Zahlungsmittels oder bestimmter als Norm dienender Raumgrössen und Gewichtsverhältnisse steht der privatrechtlichen Bindung des Vertragswillens ganz gleich und ist ebensosehr wie diese eine Bedingung der Rechtssicherheit im Vermögensverkehr. Wenn der Staat Münzen mit seinem Gepräge versieht, Maasse und Gewichte stempelt, so ist das analog mit seiner Thätigkeit, Privaturkunden aufzunehmen und überhaupt zur Sicherung von Rechtsverhältnissen seinen Arm zu leihen. Dagegen dass der Staat selbst am Bankwesen sich betheilige, Versicherungswesen und Sparkassenwesen, Realcredit- oder sonstige Pfandgeschäfte betreibe, das gehört nicht zu seinem Wesen und wird hinfällig, sobald es ein dringliches Bedürfnis in sonst nicht ersetzbarer Weise zu befriedigen aufhört. In das Gebiet der rechtlichen Befriedigung privater Ansprüche, nicht eigentlich der fördernden Staatsfürsorge gehört es endlich, dass der Staat überall da mit seinen Mitteln eintritt, wo ein Nothstand herrscht, der nicht bloss einzelne, sondern viele betrifft. Allerdings ist der Noth abzuhelfen für den Staat zugleich ein Act der Selbsterhaltung; aber vor allem übt er damit seine rechtlich übernommene Pflicht genau in dem Sinne, wie er sie im privatrechtlichen und strafrechtlichen Schutze des Bestandes der Persönlichkeit übt.

5. Die fürsorgende Staatsthätigkeit wird ihren Gipfel

überhaupt in der Weise erreichen, dass sie gar nicht mehr als eine besondere Form der Verwaltung auftritt, sondern das gesammte Leben und Bilden des Staates allgegenwärtig durchdringt. Dass im Gedeihen des Volkes und der Einzelnen im Volke, dass in der Wolfahrt und Cultur der Unterthanen auch das Gedeihen, die Wolfahrt und Cultur des Staates selber gegeben sind, das ist der bestimmende Grund für alle, auch für die obersten Formen der Staatsthätigkeit. Verfassung und Gesetzgebung, Heer, Steuern, Aemterordnung und Polizei, Privatrecht und Strafrecht: sie alle werden unter dem Gesichtspunkte des Rechtes nur dann ausgebildet, wenn sie zugleich mit Rücksicht darauf ausgebildet werden, dass sie der Wolfahrt und Cultur die möglichst grossen Dienste leisten. Die Rechtsbildung steht überall ebensosehr unter dem Princip der Zweckmässigkeit wie unter dem der Gerechtigkeit, und beide Principien schliessen sich nicht aus, sondern ergänzen sich gegenseitig. So ist denn fördernde Staatsfürsorge im Grunde mit der Thätigkeit des Staates überhaupt eines und dasselbe, und ihre Bestimmung ist die, in die andern begrifflich nothwendigen Staatsfunctionen völlig aufzugehen. Es ist jedesmal ein Zeichen der Unvollkommenheit und Mangelhaftigkeit der Zustände des Volkes wie der Form des Staates, wenn die Fürsorge sich noch als ein bestimmtes und abgesondertes Gebiet der Verwaltung aus den anderen Thätigkeiten des Staates abhebt. Das Ziel ist, dass der Staat ganz und gar nichts anderes sei als dieses fürsorgende Wesen, das in der Form der Rechtsbildung sich selbst erhält und damit alles Seinige zugleich erhält. Je mehr die fürsorgende Thätigkeit des Staates sich in die Gestaltung seiner obersten und allgemeinsten Gesetze kleidet, je weniger sie sich vermittelst einzelner besonderer Ausnahmen und casuistischer Rücksichten äussert: um so durchgebildeter ist Staat und Recht, um so freier das Volk, um so gesicherter aller Fortschritt zu höheren Stufen. Diesem Ziele gilt es nachzustreben, wenn auch mit sorgsamster Berücksichtigung des zur Zeit Möglichen einerseits und des zur Zeit Unentbehrlichen andererseits.

Drittes Capitel.
Die Rechtspflege.
§ 63.
Das Gericht.

Der Staatswille als der Wille des Rechtes beschränkt sich nicht darauf, das Recht bloss zu bilden: er will es auch wahren. Seinem Begriffe, Rechtsstaat zu sein, entspricht der Staat erst da, wo er das, was als Recht zu gelten hat, in jedem Falle des Zweifels oder des Streites feststellt und dem so festgestellten Rechte zu seiner Verwirklichung verhilft. Die Feststellung des Rechtes, das zu gelten hat, ist der Inhalt der richterlichen Thätigkeit und die darauf gegründete Wahrung des Rechtes bildet die Rechtspflege des Staates, unter allen seinen Aufgaben die höchste und abschliessende. Für die richterliche Thätigkeit bildet sich der Staat mit Rücksicht auf die Eigenthümlichkeit derselben besondere Organe, die Gerichte, und ordnet das Verfahren derselben durch bestimmte Rechtssätze. Damit die richterliche Thätigkeit ihrem eigenthümlichen Charakter gemäss geübt werden könne, ist das Gericht insbesondere mit Garantieen ausgestattet für seine Unabhängigkeit. In allen wichtigeren Fällen wird die Rechtsprechung durch eine Vielheit von Richtern in einem richterlichen Collegium geübt; es ist ein Instanzenzug geordnet, um durch eine wiederholte Prüfung dem Rechte desto sicherer zum reinen Ausdruck zu verhelfen. Damit aber das Recht und die Rechtsprechung tiefer in das Leben des Volkes hineinwachse, werden auch solche Männer zum Rechtsprechen herangezogen, die, ohne eine besondere technische Vorbildung erworben und ohne den Dienst des Staates im Gericht zum Lebensberufe gemacht zu haben, das Rechtsbewusstsein, wie es im gesammten Volke lebt, rechtsprechend vertreten. Alle richterliche Thätigkeit aber ist Ausfluss der einheitlichen Staatsgewalt und wird im Namen und Auftrag des Herrschers geübt.

1. Die Bedeutung der richterlichen Thätigkeit für die Durchbildung der objectiven Rechtsbestimmungen ist früher dargestellt worden (§ 40); an dieser Stelle gilt es, die richterliche Thätigkeit in ihrem Zusammenhange mit den übrigen staatlichen Thätigkeiten darzustellen. Das Wichtigste dabei ist das Verhältnis der Rechtspflege zur Verwaltung. Zunächst nämlich zeigen beide staatliche Functionen eine nahe Verwandtschaft. Rechtspflege und Verwaltung stehen beide im gleichen Gegensatze zu Verfassung und Gesetz. Die Natur des Rechtes, allgemeine Norm zu sein, drückt sich am meisten in der Verfassung als in dem Inbegriff der obersten Formen aus, in denen der Staat seine Individualität feststellt. Im Anschluss daran bildet der Staat seine Gesetze, vermittelst deren er die Grundformen für die einzelnen hauptsächlichen Gebiete seiner Thätigkeit ordnet. Die Richtung, die in der Gesetzgebung anhebt, setzt sich dann in der Verwaltung fort, welche innerhalb der durch das Gesetz bezeichneten Schranken die Principien, wie sie schon in der Verfassung des Staates angelegt sind, bis in das Einzelnste der Lebensverhältnisse durchbildet. Die Rechtspflege nun hat mit der Verwaltung eben dies gemein, dass sie Durchbildung des Gesetzes bis in das Einzelnste des concreten Falles hinein ist; so wenig wie bei der Verwaltung darf auch hier verkannt werden, dass die Thätigkeit des Richters eine productive, rechtsbildende ist, natürlich innerhalb der Schranken der feststehenden Rechtssätze und auf Grund der in ihnen zum Ausdruck gekommenen Rechtsprincipien. Aber andererseits ist die Rechtspflege von aller Verwaltung doch auch wieder grundsätzlich verschieden. Die Verwaltung bestimmt innerhalb ihrer gesetzlichen Competenz, was künftig oder was jetzt Recht sein soll; die Rechtsprechung dagegen findet, was zu bestimmter Zeit, am bestimmten Orte Recht gewesen und was als der für den bestimmten Fall gültige Rechtssatz zu dieser Zeit anzusehen ist. Der Staat ist nicht Staat, sofern nicht in jedem Augenblicke für alles, was innerhalb seiner geschieht, ein Rechtssatz als allgemeine Norm besteht, unter die jeder einzelne Fall zu subsumiren ist; als realisirte Rechtsordnung erweist er sich dadurch, dass dieses Recht auch in erkennbarer Weise vorliegt; dass es im Zweifelfalle ausdrücklich festgestellt und der factische Zustand danach geordnet werden kann. Das Verfahren des Richters beruht also wesentlich auf der Thätigkeit des Erkennens; es gilt festzustellen, was ist, nicht was sein soll; nur mittelbar erlangt sein Ausspruch Werth auch für künftige Entscheidungen. Die Verwaltung dagegen ist wesentlich praktisches Verhalten, Uebung der staatlichen Herrschgewalt, und zwar als Fort-

§ 63. Das Gericht. Verwaltung u. Rechtsprechung.

bildung des bestehenden Rechtes im Anschluss an concrete Verhältnisse bis ins einzelnste hinein unter den Gesichtspunkten der Zweckmässigkeit und Gerechtigkeit: die Verwaltung bestimmt nicht, was ist, sondern was sein soll. Der Rechtssatz, den der Richter durch erkennende Thätigkeit findet, trägt immer allgemeinen Charakter; derjenige, den die Verwaltung im praktischen Sinne erfindet, ist eine klug ersonnene Ableitung aus der allgemeineren Norm, um selbst das Flüchtigste und Vergänglichste der im Augenblick vorliegenden Einzelheit rechtlich zu gestalten. Das Recht ist Zweck genau ebenso für die Verwaltung wie für das Gericht, und Schranke genau ebenso für das Gericht wie für die Verwaltung. Der Unterschied ist nur der, dass das Gericht sich zum vorhandenen Rechte theoretisch durchbildend, die Verwaltung praktisch ausbildend verhält, jenes ideell schon vorhandenes Recht feststellt, diese noch nicht vorhandenes Recht gestaltet, wenn auch auf Grund und in den Schranken vorhandenen Rechtes. Nur darf darüber nicht vergessen werden, dass Gericht und Verwaltung beide der einen und einheitlichen Staatsgewalt angehören, deren Inhalt immer und auf allen ihren Gebieten gleichmässig Bildung und Wahrung des Rechtes ist. So wenig es eine gesetzgebende oder eine ausführende Gewalt neben und ausser der obersten Herrschgewalt giebt, so wenig darf man von einer abgetrennten richterlichen Gewalt sprechen. Dass im regelmässigen Laufe im Rechtsstaate das Gericht ständigen und unabhängigen Organen anvertraut ist, ändert nichts daran, dass es der Herrscher ist, der vermittelst dieser Organe die staatliche Thätigkeit des Rechtsprechens übt. Der Herrscher setzt den Richter ein, wenn auch auf Vorschlag, und wäre er selbst an eine Vorschlagsliste gebunden; es ist ein Zweig der Herrscherthätigkeit selbst, der dem Richter übertragen ist, nicht eine Thätigkeit, die der Herrschaft als von ihr verschieden gegenüberstände.

2. Dass die an sich verschiedenen Functionen des Gerichtes und der Verwaltung auch für das Bewusstsein der Menschen gesondert auseinandertreten und zuletzt völlig getrennten staatlichen Organen anvertraut werden, ist ein Product der fortschreitenden rechtlichen Cultur. Ursprünglich ist diese Sonderung nicht; das im Wesen der Sache Begründete muss sich eben immer erst geschichtlich zur Verwirklichung bringen. Ist aber diese Verwirklichung einmal vollbracht, so wäre der Abfall davon Rückfall in die Barbarei. Das Princip der Trennung der Justiz von der Administration ist die edelste Frucht des germanischen Geistes auf dem Grunde christlicher Cultur, die den Geist der Zucht und Selbstbe-

herrschung verbreitet und mit mächtigster Wirksamkeit der Gewalt des Drängers Fesseln anlegt. Wo das Recht zweifelhaft geworden, wo es bestritten ist, da muss es fest und sicher mit allgemeingültiger Kraft klargestellt werden: das ist ein Geschäft unparteiischer Erforschung dessen was war und ist, sowol des Rechtssatzes als des besonderen Falles, auf den er anzuwenden ist. Der Richter richtet über Vergangenes. Das Geschehene ist unter der Herrschaft eines bestimmten Rechtssatzes geschehen; dieser darf für das unter ihm Geschehene nicht nachträglich geändert werden; das wäre reiner Rechtsbruch, systematische Aufhebung alles Rechts. Mit dem was Recht gewesen ist, hat der Wille nichts mehr zu schaffen; keine Staatsgewalt kann, ohne sich selbst ihrem Begriffe nach aufzuheben, bestimmen, was sie als das Recht für den vergangenen Fall angesehen wissen will. Darauf kann sich keine Herrschaft beziehen, sondern nur auf das, was künftig als Recht gelten soll. Darum darf der Verwaltung keinerlei Einfluss auf die Rechtsprechung zugestanden werden: das Gericht muss unabhängig sein, und eben darum muss es auch befugt sein, über die Grenzen seiner Zuständigkeit selbst zu entscheiden. In der Natur der Verwaltung liegt es, dass sie herrschend praktisch ordnet; in diesem Sinne bilden sich und üben sich ihre Organe. Gerade die Eigenschaft, die die Auszeichnung und den Vorzug dieser Organe ausmacht, macht sie für die Neutralität, die die Voraussetzung der richterlichen Thätigkeit bildet, ungeeignet. Darum ist nicht nur die Unabhängigkeit des Gerichts, sondern auch die Sonderung der Organe des Rechtsprechens von den Organen der Verwaltung eine der Grundbedingungen des Rechtsstaates. Der Richter hat eine Herrschgewalt nur in dem Sinne, dass, wer sein streitiges Recht behaupten will, sich in vorgeschriebener Form an den Richter wenden muss und dieser, um zu einer Entscheidung zu gelangen, in Anwendung der über das Verfahren vorhandenen Rechtssätze den Parteien je nach der Natur des besonderen Falles ihre Leistungen für den Fortgang des Rechtsstreites vorzeichnet; dem aber entspricht eine Gehorsamspflicht der Parteien nur sofern, als diese ihr Recht behaupten und nicht preisgeben wollen (§ 22, 2). Im übrigen herrscht der Richter nicht, sondern entscheidet die Fragen, die ihm vorgelegt werden. Der Verwaltungsthätigkeit verwandt ist also nur die Leitung des Rechtsstreites durch den Richter; sonst sind die Thätigkeiten des Richters und des Verwaltungsbeamten so verschieden, dass sie auch eine verschiedene Bildung und Gewöhnung der Persönlichkeit erfordern und die für die eine Thätigkeit geeigneten Organe es nicht auch für die andere sind.

3. Für die Thätigkeit des Rechtsprechens wird eine richterliche Persönlichkeit erfordert. Darum kommt alles darauf an, dass diese richterliche Persönlichkeit sich rein herausbilden könne. Da das Wesen des Richters die gegen alle besonderen Interessen gleichgültige Versenkung in den reinen Rechtsgedanken ist, so wird hier mehr als bei jedem anderen Organe des Staates die möglichste sociale Unabhängigkeit des Trägers des Amtes erfordert, und wenn für die Herstellung derselben alles geschieht, was nur irgend mit den anderen Zwecken des Staates verträglich ist, so ist immer noch nicht zu viel geschehen. Es soll nun aber auch, damit der Rechtsgedanke jedesmal rein hervortreten könne, der Zufall der Persönlichkeit mit ihren besonderen Meinungen und Tendenzen möglichst eliminirt werden: darum gehört zum Charakter der Rechtsprechung, dass sie in jedem wichtigeren Falle von einem richterlichen Collegium geübt wird, und dass obendrein eine Stufenfolge von übergeordneten Collegien besteht, von denen das höhere den Rechtsausspruch des niederen zu corrigiren vermag. Die Verwaltung trägt einen überwiegend monarchischen Charakter, denn die praktische Thätigkeit verlangt einen einheitlichen Willen und eine einheitliche Verantwortlichkeit; die Rechtsprechung trägt einen überwiegend pleonarchischen Charakter, denn der Ausspruch über das Recht soll nicht ein Einfall aus dem Stegreif, sondern die gesiebte und gesichtete Erkenntnis aus dem Widerstreit der Meinungen, nicht die zufällige Ansicht eines Einzelnen, sondern der mit dem Charakter der Nothwendigkeit und reinen Objectivität ausgestattete Niederschlag allgemeingültigen Denkens sein. Wie im einzelnen durch die bestehende Rechtsordnung diesen Anforderungen zu genügen gesucht wird, dies darzulegen ist nicht dieses Ortes. Hier bemerken wir nur noch das Eine, dass keinerlei äussere Institution es vermag, die edelste und vornehmste Bedingung eines gesicherten Rechtszustandes in einem von dem Ernste seiner Aufgabe völlig erfüllten und sich ihm ganz hingebenden Richterstande zu schaffen, dass dazu vielmehr die sittliche Cultur des Volkes und die altererbte Tradition am meisten beiträgt. Die unantastbare Würde des Richterstandes, der gesicherte Respect vor dem, was er ist und was er schafft, und dem entsprechend das hohe und stolze Selbstgefühl seiner für das Gedeihen des Ganzen grundlegenden Bedeutung erwächst dem Richterstande nur auf geschichtlicher Basis bei den edelsten Völkern und ist das am sorgfältigsten vor aller Befleckung zu hütende und zu schützende Kleinod des Volkes. Die Würde des Richters steht der Majestät des Herrschers am nächsten; beide ruhen auf gleicher Grundlage, auf der

Heiligkeit des Rechtes, das der Herrscher an höchster Stelle personificirend vertritt, der Richter im Kreise seiner Functionen zu reinem und allgemeingültigem Ausdruck bringt.

4. Das Gericht ist die Garantie dafür, dass jeder sein Recht erlangen kann, eine Garantie insbesondere auch dem herrschenden Willen gegenüber, der die Herrschgewalt auch wol im Dienste verkehrter Meinungen und rechtswidriger Bestrebungen zur Kränkung des Rechtes missbrauchen könnte. Diese Garantie ist die bildende Macht für den bürgerlichen Rechtsstreit; noch viel dringlicheren Charakter nimmt sie an für die Uebung des Strafrechts, wo es sich um die höchsten Güter, um Leben, Freiheit und Ehre des Bürgers handelt. Die richterliche Thätigkeit ist für beide Aufgaben im wesentlichen dieselbe. Es gilt, einen Thatbestand festzustellen, den für denselben gültigen Rechtssatz aufzufinden, in Anwendung dieses Rechtssatzes auf den Thatbestand das Urtheil zu fällen. Für die Feststellung des Thatbestandes ist im bürgerlichen Rechtsstreit der Richter wesentlich auf die ihm von den Parteien gelieferten Erkenntnismittel beschränkt; dem juristisch ungeschulten Verstande der Parteien kommt dabei der Anwalt, der Advocat zu Hilfe. Im strafrechtlichen Verfahren sind die beiden Parteien der Staat, der sein Strafrecht in Anspruch nimmt, und der Angeschuldigte, dem mit einer Verminderung seiner Rechtsgüter gedroht wird. Der Staat lässt sich durch einen öffentlichen Ankläger vertreten, dem Angeschuldigten wird ein Vertheidiger beigegeben. Die Erkenntnismittel für den Thatbestand sind auch hier durch die beiden streitenden Parteien herbeizuschaffen; der Richter kommt ihnen in dieser Aufgabe zu Hilfe, indem er auf Grund der gesetzlichen Vorschriften die Mittel, die zur Klarstellung der Sache dienen können, beiden Parteien auch in der Form von Zwangsverfügungen gewährt. In diesem Sinne, als Anklageverfahren im Gegensatze zum Inquisitionsverfahren, wird sich im Rechtsstaate der Strafprocess immer consequenter auszubilden haben, damit dem Begriffe des Gerichts immer völliger genügt werde (§ 46, 5; 17). Dass das Hauptverfahren im bürgerlichen Rechtsstreit wie im Strafprocess ein mündliches sei, gebietet der Zweck der Ermittelung materieller Wahrheit; die Anforderung, dass es ein öffentliches sei, ist dadurch begründet, dass die Oeffentlichkeit eine werthvolle Garantie für ein rechtliches Verfahren bildet und dass das Rechtsleben dadurch in den Vordergrund einer allgemeinen Theilnahme gerückt wird.

5. Ganz demselben Gesichtspunkte entspricht es, wenn auch nicht-fachmässig gebildete Männer als Geschworene und Schöffen in den Dienst der Rechtsprechung gezogen

§ 63. Das Gericht. Gerichtsverfahren. Laienrichter. 693

werden (§ 40, 6). Zum Begriff des Gerichts gehört das
keineswegs; eine völlig selbstständige Uebung der Justiz,
die eine ausreichende Garantie gegen die Willkür der Regierung wie gegen die der gesellschaftlichen Interessen bildet,
liesse sich auch ohne das denken. Vielfach sind die rechtsprechenden Laien der Corrumpirung ihres Rechtsgefühls
durch die Leidenschaft und die Strömung des Momentes,
durch Beschränktheit ihres Gesichtskreises und die gewohn-
heitsmässige Verfolgung ganz besonderer Interessen in höherem
Maasse ausgesetzt als die fachmässigen Richter mit der Tradition ihres Amtsbewusstseins und der ausgebildeten Ehre
ihres Berufs. Aber die Betheiligung der Laien am Rechtsprechen ist ein wichtiges Erziehungsmittel für das Volk,
und für manche Gebiete streitiger Rechtsverhältnisse ist die
Kenntnis der Zustände, Erfordernisse und Gebräuche, welche
nur den auf diesem Gebiete völlig heimischen Nicht-Juristen
zugänglich ist, eine geradezu unentbehrliche Vorbedingung
für die Herstellung materieller Gerechtigkeit. Dass zu schied-
lich friedlicher Ausgleichung entstandener Streitigkeiten vor
Betretung des Rechtsweges die Parteien an Laien-Schieds-
richter gewiesen werden, gehört dem Gebiete der Zweckmässigkeit an. Aber dass Handels-, Gewerbe-, Militairgerichte
mit solchen besetzt werden, die dem betreffenden Stande angehören, ausschliesslich mit solchen oder theils mit ihnen,
theils mit fachmässigen Richtern, ist geradezu eine Anforderung der Gerechtigkeit. Im Strafprocess kann gerade
die Unbefangenheit des an der Rechtsprechung betheiligten
Laien eine Gewähr bieten, dass die Strafrechtspflege den im
Volke lebenden Anschauungen von Recht und Sitte gemäss
gehandhabt wird. Das Wichtigste aber ist nicht die Laien-
thätigkeit, sondern dass überhaupt ein ständiges, gesetzlich geordnetes Gericht da sei, unzugänglich der Beein-
flussung von irgend welcher Seite her, dass niemand seinem
ordentlichen Richter entzogen werden, von keiner Seite her
ein Eingriff in das gesetzmässige Verfahren des Gerichtes
stattfinden könne und das Verfahren selbst mit allen erforderlichen Cautelen zur Uebung der Gerechtigkeit ausgestattet sei.

§ 64.

Die Vollstreckung.

Zum Urtheil des Richters kommt in der Rechtspflege die
Vollstreckung des Urtheils als das Zweite. Es entspricht
der Sache am meisten, wenn der Richter nicht zugleich die

Vollstreckung übernimmt, die von seinen eigentlichen Functionen weit abliegt, sondern dieselbe nur überwacht. Die Vollstreckung ist Sache der Verwaltung, die darin der Entscheidung des Gerichtes unterworfen ist. Das richterliche Urtheil, einmal rechtskräftig geworden, bildet einen unumstösslichen Bestandtheil des Rechtszustandes; nur die Vollstreckung des strafrichterlichen Urtheils kann in der Form der **Begnadigung** durch den Inhaber der obersten Gewalt modificirt werden, theils nach Gesichtspunkten der Billigkeit, theils aus Gründen der Politik.

1. Das Interesse, welches der Richter als Organ der Rechtspflege befriedigt, ist dies, dass das zweifelhafte Recht entschieden werde. Ist diese Entscheidung erfolgt, so ergiebt sich für die Rechtspflege die weitere Aufgabe, dass der wirkliche Zustand dem, was nunmehr als Recht festgestellt worden ist, angemessen gestaltet werde. Offenbar ist das dabei vorwaltende Interesse ein anderes, als das, für welches der Richter in Anspruch genommen worden ist, und ebenso ist auch die Thätigkeit, die zur Vollstreckung des Urtheils erfordert wird, von ganz anderer Art als diejenige, die zum Urtheile selber führt. Darum haben diejenigen Rechtssysteme das Richtigere und der Natur der Sache Angemessenere getroffen, die für die verschiedenen Thätigkeiten auch verschiedene Organe berufen und die Vollstreckung einem nicht-richterlichen Beamten, etwa dem Gerichtsvollzieher und in der Strafrechtspflege dem Staatsanwalt, übertragen. Das Gericht ertheilt dann nur die Anweisung zur Vollstreckung, und zweckmässig ist es, dass ihm über die Ausführung derselben eine Oberaufsicht zuerkannt werde. Es ergiebt sich daraus für die Verwaltung ein Verhältnis der Unterordnung unter die Gerichte. Was die Gerichte entschieden haben, das ist für die Verwaltung bindend geworden, und nach Anweisung der Gerichte zu verfahren, ist für die Verwaltung im Rechtsstaate unerlässliche Verpflichtung.

2. Eine Ausnahme bildet vernünftigerweise nur das **Begnadigungsrecht** des Herrschers im Falle der strafrechtlichen Verurtheilung. Der Staat ist es hier, der sein Recht an den Rechtsgütern dessen, der ein Delict begangen hat, geltend macht; auf dieses Recht kann er in der Form der Begnadigung ganz oder theilweise verzichten. Zwar ist alles öffentliche Recht zugleich öffentliche Pflicht; es muss wahrgenommen werden, weil alle Bürger einen Anspruch darauf haben, dass der Staat und die Organe des Staates ihre Berechtigung nicht unbenutzt lassen. Aber eben dieser Anspruch kann doch zu-

§ 64. Die Vollstreckung. Begnadigung.

weilen gerade durch den Verzicht auf die Ausübung des
Rechtes am besten befriedigt werden. Denn der Anspruch
geht doch eigentlich auf das, was zu einem gesicherten Rechtszustande nöthig ist, und nur darauf. Das einzelne richterliche Urtheil aber kann theils bei aller Strenge in der Wahrung
des formellen Rechtes doch mit dem materiell Gerechten in
Zwiespalt gerathen, theils kann seine Vollstreckung sich als
schädlich und unzweckmässig für den eben vorhandenen Zustand des gemeinen Wesens erweisen. Im ersteren Fall ist
es das schöne und erhabene Vorrecht des Herrschers, gross-
müthig nicht auf seinem Scheine, auf dem formellen Rechtsanspruch des Staates, zu bestehen und durch Uebung der
Billigkeit das stricte Recht zu corrigiren; im anderen Falle
ist es die Aufgabe der Staatsklugheit, das für jetzt Angemessene und dem Heile des Ganzen Zuträgliche auch auf
Kosten des formellen Rechtes herzustellen. Das Recht der
Gnade wird also in jedem Falle zur Förderung des Rechtszustandes geübt und darf nicht geübt werden, wo die Gnade
dem Rechte schädlich und dem Rechtsbewusstsein anstössig
sein würde. Dass in Zeiten öffentlicher Unruhen und allgemeiner Verwirrung des Rechtsgefühls eine Amnestie ertheilt
wird für ganze Gruppen von rechtskräftig Verurtheilten, wird
durch eben die Gründe gerechtfertigt, welche dazu bewegen,
gewisse Arten von begangenen Delicten zeitweise gar nicht
als solche zu betrachten und nicht unter Verfolgung zu stellen.
Eine Niederschlagung schon anhängig gemachter Verfolgungen
dagegen verträgt sich mit einem Rechtszustande nicht. Aber
auch im regelmässigen Laufe der Dinge findet die Gnade den
Fall ihrer Anwendung da, wo der oberste Vertreter des
Staatswillens die individuelle Natur des Falles und der Person
in höherem Grade in Betracht ziehen darf, als es das an den
vorhandenen Rechtssatz gebundene Gericht vermag. Wo das
Recht seine äusserste Schärfe im Todesurtheil herauskehrt,
wird die Erwägung, ob nicht ohne Schaden des Rechtszustandes
im besonderen Fall Milde in Form einer Strafumwandlung
geübt werden kann, regelmässig an der Stelle stattfinden, von
der aus der gesammte Zustand des Volkes am besten übersehen werden kann. Aber nicht die Todesurtheile werden
bestätigt oder abgeändert, sondern nur die Vollstreckung
derselben wird anbefohlen oder gehemmt. Die Gnade selber
steht im Dienste des Rechtes, nicht über dem Recht. Dass
dem Rechte der Begnadigung nicht auch ein Recht der Straf-
verschärfung über das richterliche Urtheil hinaus entsprechen
kann, darüber bedarf es keines weiteren Wortes. Wollte die
Gnade irgend etwas anderes vorstellen, als grossmüthigen Verzicht auf erworbene Rechte; gäbe sie sich für eine Correctur

eines rechtskräftigen Urtheiles aus: so würde sie mit einem Rechtszustande überhaupt unverträglich sein.

§ 65.
Das Verwaltungsgericht.

Damit der Staat seinem Begriffe gemäss sich zum Rechtsstaate gestalte, ist das letzte Erfordernis, dass auch alle einzelnen Acte der Staatsgewalt, wo Streit und Zweifel über das Recht entsteht, in strenger gerichtlicher Form auf ihren Rechtscharakter, d. h. auf ihre Angemessenheit an Verfassung und Gesetz geprüft werden können. Dies geschieht am zweckmässigsten durch besondere Verwaltungsgerichte, welche die ständige collegialische Einrichtung, die Unabhängigkeit ihrer Stellung und die Mündlichkeit und Oeffentlichkeit des Verfahrens mit den anderen Gerichten gemein haben, eine besondere Gewähr dafür aber, dass weder den Bedürfnissen des Staates etwas vergeben, noch das Recht zu Gunsten einer im Staate herrschenden Partei gebeugt werde, dadurch bieten, dass sie aus Männern von richterlichem Berufe, aus Berufsbeamten der Verwaltung und aus solchen, die im Ehrenamte der Selbstverwaltung stehen, zusammengesetzt sind. Indem in contradictorischer Verhandlung die Staatsverwaltung als die eine Partei gegenüber den ihr unterthänigen Rechtssubjecten als der anderen Partei vom Gerichte Recht nimmt und das empfangene Urtheil ausführt, erweist sich, **dass die wahre Herrschaft im Staate die Herrschaft des Rechtes ist** und alle lebendige Bewegung des Staates die innere Lebendigkeit des Rechtes zum treibenden Motive hat.

1. Die erste Voraussetzung für das Verständnis des Staates ist die, dass alle staatliche Thätigkeit rechtsbildende Thätigkeit ist. Das Recht aber ist allgemeine Norm; die Schwierigkeit liegt darin, dass es alle Einzelheiten des Lebens zu bewältigen im Stande sein soll, damit nicht der Staat in seinem wirklichen Leben aus dem Rechte herausfalle. Diese Bewältigung der Einzelheiten durch das Recht vollbringt der Staat, indem er das Recht zunächst in obersten Principien von umfassender Allgemeinheit zur Erscheinung bringt und auf dieser sicheren Grundlage innerhalb ganz bestimmter

§ 65. Das Verwaltungsgericht. 697

Schranken es soweit ausbaut, um auch noch den flüchtigen Moment und sein vorübergehendes Bedürfnis zwar in freier productiver Thätigkeit, aber doch im Anschluss an die obersten, das Wesen dieses Staates bildenden Rechtsprincipien rechtlich gestalten zu können. Dass nun die Innehaltung des Gesetzes nach Buchstaben und Geist in allen Verzweigungen der Verwaltung nicht eine blosse Vorschrift, ein fernes Ideal, ein frommer Wunsch bleibt, sondern dass die unter Menschen überhaupt möglichen Garantieen für eine wahrhaft rechtsbildende Thätigkeit der Verwaltung nach Anweisung von Verfassung und Gesetz auch wirklich hergestellt werden, das ist die schliessliche Signatur und Krönung des Rechtsstaates. Solche Garantieen aber liegen darin, dass in jedem Falle des Streites um das Recht die Frage nach dem Rechte durch die rein objective und neutrale Thätigkeit eines Gerichtes entschieden werden kann und das erflossene richterliche Urtheil auch seine sichere Verwirklichung findet. Dafür aber ist eine technisch und inhaltlich durchgebildete Gesetzgebung die Vorbedingung. Damit der Richter entscheiden kann, muss ein nach strenger Methode zu erkennendes und zu handhabendes Recht vorhanden sein; an Verfassung und Gesetz muss der Richter die sichere Basis für seine Entscheidung haben. Darin liegt nun auch die naturgemässe Schranke für alle richterliche Thätigkeit. Die Gesetzgebung ist für den Staat das Mittel, sich in seiner Individualität zu constituiren und fortzubilden; die Gesammtheit der bestehenden Gesetze macht den Inhalt der Rechtsordnung und damit des Staates selber als eines bleibenden und substanziellen Wesens aus. Dieser Staat hat diese Gesetze, die als die Grundlage dienen für alle weitere Rechtsbildung und damit auch für alles Gericht. Den Staat nun hat offenbar der Richter nicht zu bilden, und der Bildungsprocess des Staates unterliegt nicht seiner Entscheidung. Das Gesetz nimmt der Richter aus der Hand der obersten Gewalt entgegen; in Bezug auf das Gesetz betrifft seine Competenz allein das rein Formelle, ob etwas, was sich als Gesetz giebt, auch wirklich Gesetz ist, d. h. ob es nach den für das Zustandekommen von Gesetzen vorhandenen gesetzlichen Vorschriften von den gesetzlich dazu geordneten Organen berathen, sanctionirt und promulgirt worden ist. Aber kein Staat kann rein nach Gesetzen seine Lebensprocesse vollziehen; auf Grund der Gesetze muss er vielmehr seine Thätigkeiten in immer absteigender Allgemeinheit weiter ordnen bis ins ganz Singuläre hinein. Dazu bedarf er seiner Verwaltungsorgane, und diese können aus Irrthum oder parteiischem Interesse den Willen des Staates, den sie ausdrücken sollen, auch fälschen und unter dem Scheine des Rechtes das Unrecht, das der Verfassung und den Gesetzen widerspricht, für den Willen des Staates ausgeben. Wie es nun im Rechtsstaate Garantieen giebt dafür, dass der oberste herrschende Wille beim Rechte bleibe, so muss es auch Garantieen dafür geben, dass die Organe der Verwaltung nicht das Unrecht an die Stelle des Rechtes setzen, und diese Garantieen sind an oberster Stelle dadurch gegeben, dass durch den Richter in jedem Falle der Abweichung der bleibende Rechtsgedanke des Gesetzes aus der Trübung wiederhergestellt und die widerrechtliche Willkür des Organes der Staatsgewalt unter das Gesetz gebeugt wird.

2. Damit nun scheint der Staat in Widerspruch zu sich selbst zu kommen. Denn ein und derselbe Staat ist es, der die Beamten der Verwaltung wie die Gerichte zu seinen Organen für die Ausübung seiner Funktionen macht; und ein und derselbe Staat ist es, der seine Unterthanen beherrscht und nun seinen Unterthanen als einer gleichberechtigten Partei gestatten soll, Klage gegen ihn vor dem Gerichte zu erheben. Das Gericht aber gewinnt dadurch das Aussehen, als sei es eine ausserstaatliche und überstaatliche Potenz, der sich der Wille des Herrschers, der es geschaffen hat, selbst zu beugen hätte. Indessen dieser Widerspruch ist doch nur ein scheinbarer. Der Conflict ist nicht der zwischen Verwaltungsorganen und Gerichtsorganen, nicht der zwischen Herrschaftsrecht und Unterthanenrecht; es handelt sich nicht darum, den Staat dem Gerichte zu unterwerfen oder die Herrschaft als gleichberechtigte Partei neben den Unterthan zu stellen. Sondern das ist das wirkliche Verhältnis, dass der Staat selber durch die eine Seite seines Wesens, durch den bleibenden Rechtsgedanken, der seine Substanz ausmacht, die andere Seite seines Wesens, die Beherrschung der Einzelheiten im Leben des Volkes, corrigirt und im rechten Gange erhält. Der Staat, der seinem Begriffe nach Rechtsstaat ist, darf sich nicht aufgeben, indem er seine einzelnen Herrschaftsrechte übt; sich selber aber festzuhalten und sich in seinem Wesen zu behaupten, das vermag er allein dadurch, dass er all sein Bilden unter Rechtsgedanken stellt. Nicht das Gericht also richtet über die Verwaltung oder über den Staat, sondern der Staat in seiner höchsten Function richtet über sich selbst in seinen niederen Functionen, und führt immer wieder seine vorübergehenden Thätigkeiten richtend auf seine bleibenden Grundgedanken zurück. Auch das ist nichts als ein Act der **Selbsterhaltung**, durch den der Staat sich nicht bloss im äusseren Dasein, sondern in seinem Wesen erhält. Nicht Cultur noch Wolfahrt, nicht blosse Zweckmässigkeit oder Nützlichkeit ist der Inhalt der Verwaltung, sondern **Durchbildung des Rechtes**

§ 65. Das Verwaltungsgericht. 699

als des Lebensprincips des Staates bis in die einzelnsten Lebensäusserungen hinein, und diese Natur der Verwaltung kommt zum adäquaten Ausdrucke nur da, wo die Verwaltung durch die Garantieen gerichtlichen Verfahrens beim Rechte festgehalten wird.

3. Dass also der Staat sich selbst richte, dass er durch die Garantieen, die die contradictorische Verhandlung vor einem unabhängigen Gerichte auf Grund von Verfassung und Gesetz gewährt, die rechtswidrige Parteilichkeit oder Voreingenommenheit seiner Verwaltungsorgane im Zaume halte, das liegt geradezu im Begriffe des Staates, und wo nur ein Ansatz zur Durchbildung eines wahrhaften Rechtszustandes gefunden wird, da wird auch die richterliche Entscheidung über die Verwaltungsthätigkeit gefunden, wie unregelmässig sie auch functionire und wie gering auch das Maass ihrer Ausbildung sei. Die Frage kann also gar nicht sein, ob Verwaltungsjurisdiction stattfinden soll oder nicht, sondern nur, bei welchen Grenzen die Thätigkeit des Verwaltungsgerichtes Halt machen und wie die Organe der Verwaltungsrechtsprechung geordnet sein sollen. Was nun erstens diese Grenzen anbetrifft, so können sie im positiven Rechte enger oder weiter gezogen werden; aber dem Begriffe der Sache und der Idee des Staates als des Rechtsstaates entspricht es am meisten, dass Verfassung und Gesetz und auch nur diese der richterlichen Entscheidung entzogen sind, dagegen alle Maassregeln der Verwaltung, bei denen irgend welche Rechte anderer Rechtssubjecte in Frage kommen, ohne Ausnahme der richterlichen Entscheidung in jedem Falle des Streites unterliegen. Zweitens aber, die Organe zu solcher Rechtsprechung können nicht ohne weiteres in den Organen der Verwaltung selbst gefunden werden; denn diese besitzen nicht die wesentliche Eigenschaft des Richters, die Unabhängigkeit und Unparteilichkeit. Andererseits würde es doch auch wieder misslich sein, die Gerichte, denen die Entscheidung im bürgerlichen Rechtsstreit und in der Strafrechtspflege obliegt, auch mit der Verwaltungsgerichtsbarkeit zu betrauen; denn diesen liegt das Technische der Verwaltung und die jedesmalige locale und zeitliche Eigenthümlichkeit des zu entscheidenden Falles viel zu fern, um das, was an der Verwaltungsthätigkeit productiv ist, inhaltlich würdigen zu können, und aus dem beständigen Einspruch eines Gerichtes, welches mit Männern ohne die eingehendste Uebung und Gewöhnung im Verwaltungsdienste besetzt wäre, würden sich die bedenklichsten Folgen für den gedeihlichen Fortgang der Verwaltungsthätigkeit und damit eine Lähmung und Stockung in allen Verhältnissen ergeben. Darum ist es ebenso zweckmässig, zum

Verwaltungsgerichte Verwaltungsbeamte heranzuziehen, wie
es zweckmässig ist, zum Militärgerichte Militärs und zum
Handelsgerichte Kaufleute zu Hilfe zu nehmen. Die Garantie,
dass wirklich unparteiisch Recht gesprochen werde, ist dann
darin zu finden, dass Männer im Ehrenamt der Selbstverwaltung und andere mit specifisch richterlicher Bildung zu
den Verwaltungsbeamten von Beruf hinzutreten; diese Garantie
wird verstärkt durch die Form des Verfahrens, durch die
ständige collegialische Bildung des Gerichtes und durch die
Mündlichkeit und Oeffentlichkeit der Verhandlung, endlich
durch einen geordneten Zug von zweckmässig gebildeten
Instanzen, so dass an höchster Stelle die wichtigsten Sachen
von einem Collegium rein richterlicher Beamten entschieden
werden, die die intimste Kenntnis der Verwaltung und des
Verwaltungsrechts zu ihrer Lebensaufgabe gemacht haben.
Ist alles dies erreicht, so wird zum Ausbau des Rechtsstaates
noch dies erfordert, dass, wo über die Competenz der verschiedenen Arten von Gerichten zwischen denselben Streit
entsteht, ein Gericht von höchstem Ansehen und mit allen
Garantieen richterlicher Abhängigkeit solchen Streit zu entscheiden habe. Es ist das Zweckmässigste, dass der höchste
Gerichtshof für alle privatrechtlichen und strafrechtlichen
Entscheidungen auch diese Function der höchsten Entscheidung über die Competenz zu üben habe; dazu muss er aber
allerdings im Centrum des politischen Lebens des Staates
weilen, und seine Mitglieder müssen die Möglichkeit des viel-
seitigsten Austausches mit allen Centralbehörden haben, um
vom concreten Leben des Staates, von seiner Politik und dem
Gange der Regierung die reichhaltigste staatsmännische Anschauung zu gewinnen. Endlich aber gebietet der Gedanke
des Rechtsstaates, dass auch da, wo über Sinn und Willen
der Verfassung und des Gesetzes selber Streit entsteht, nicht
eine der betheiligten Parteien, die Regierung des Staates oder
die Stände oder die sogenannte öffentliche Meinung, die Entscheidung an sich reisse, sondern dass auch für die obersten
Fragen des Staatsrechts ein gerichtliches Verfahren möglich
sei mit allen Cautelen der Neutralität, der Unabhängigkeit
und Unparteilichkeit, die unter Menschen überhaupt möglicherweise gegeben werden können. Dafür braucht der Staat ein
besonderes Organ, einen Staatsrath, der aus Männern von
anerkanntestem Charakter und bewährtester Tüchtigkeit zu-
zammengesetzt sein müsste und dessen Mitglieder theils unmittelbar durch die oberste Staatsgewalt, theils durch die
gesetzberathende Körperschaft, theils durch die obersten
Glieder der Selbstverwaltung zu ernennen wären. Ein solcher
Staatsrath würde mit seiner doch nur in seltenen Fällen zu

§ 65. Das Verwaltungsgericht. Fortbildung des Rechtsstaates. 701

übenden richterlichen Thätigkeit in förderlichster Weise das laufende Geschäft der Vorberathung von Gesetzvorschlägen, die an die Stände gebracht werden sollen, übernehmen können. 4. Bei alle dem würde es eine verhängnisvolle Täuschung sein, wenn man glauben wollte, um den Rechtsstaat zu verwirklichen, genüge es, die geeigneten Institutionen und Organe zu schaffen. Das Erste, was nöthig ist, sind vielmehr die geeigneten Menschen. Wo ein Herrscher und ein Volk vorhanden ist, die gewohnt sind, das Recht höher zu stellen als Parteigeist und eigennütziges Interesse, da wird ein Rechtszustand von hoher thatsächlicher Vollkommenheit walten, auch wenn die ausdrücklichen Institutionen des Rechtsstaates wenig ausgebildet sind. Wo dagegen die herrschenden und die einflussreichen Classen das Rechtsgefühl über parteiischer Verbissenheit und gemeiner Selbstsucht vergessen haben, da helfen auch die besten und am klügsten ausgedachten Institutionen nicht, um dem Staate den Charakter des Rechtsstaates zu sichern. Zuletzt ruht doch die Gesundheit des Staates auf der sittlichen Cultur des Volkes. Aber eben darum dürfen wir auf die Zukunft unseres, des deutschen Staates, mit getrostem Muthe vertrauen. Die deutsche Nation hat seit dem Anfange dieses Jahrhunderts in aller rechtlichen und staatlichen Cultur die gewaltigsten Fortschritte gemacht. Zumal, sie hat sich auf die alten Schätze germanischer Freiheit besonnen und sich von dem bestechenden, aber nichtigen Scheine französischer Staatsweisheit frei zu machen gelernt. Die Erkenntnis des Rechtes und der Wille, es zu verwirklichen, hat an Klarheit und Nachdruck ausserordentlich zugenommen. In der grossen Epoche von 1867—1877 hat das Deutsche Reich und die zum Reiche geeinigten Bundesgenossen im deutschen Staatswesen die wesentlichsten Institutionen, die den Rechtsstaat kennzeichnen, angelegt; es ist jetzt an der deutschen Nation, diesen kostbarsten Besitz festzuhalten und den Institutionen zu fruchtbarem Leben zu verhelfen. Es fehlt der Nation nicht an sittlichen Kräften und nicht an unverwüstlicher Gesundheit. Die Gefahren, die dem Rechtsstaate drohen von der hohlen Phantasterei der Weltverbesserer wie von der Bornirtheit derjenigen, die in dem, was die Geschichte unwiderruflich verurtheilt hat, das wunderthätige Heilmittel für alle Schäden erblicken, sind nicht gering: aber noch grösser ist die Lebenskraft der Nation. Wie sie dereinst mit den Schwärmereien der Wiedertäufer und dem „christlichen Staate" in dem Stil des Johann von Leiden fertig geworden ist. so wird sie auch die verwandten Tendenzen der modernen Schwarmgeister und des modernen

Pharisäerthums abzuthun wissen. Die Wahrscheinlichkeit ist überdies nicht gross, dass ein moderner Staat in eine Anstalt zur Stallfütterung für Menschenvieh werde umgewandelt werden können. Indessen, für jeden, der es ernst mit dem Vaterlande meint, gilt es in diesen Zeiten mehr denn jemals, das Banner des Rechtsstaates hoch zu halten und den falschen Propheten zu widerstehen, die da behaupten, die Menschen könnten glücklich und die Staaten blühend werden durch Ungerechtigkeit, durch ungebundene Macht und durch bureaukratische Bevormundung. Staatliche Freiheit ist die Voraussetzung für allen Fortschritt eines Volkes auf der Bahn der materiellen wie der idealen Cultur, für die Blüthe der Kirche ebensosehr wie für das Gedeihen der Wissenschaft; Freiheit aber ist nur da, wo die Herrschaft eine Herrschaft des Rechts, und wo der Gehorsam ein Gehorsam gegen das Gesetz ist. Das Ziel der deutschen Entwicklung seit dem Jahrhunderten ist dies, den Staat der Freiheit als den Staat des Rechtes zu gründen; die eigenthümliche Begabung des germanischen Stammes ist es von je, die geheiligten Ordnungen des Rechtes durch die freieste Beweglichkeit reich entfalteter Individualität zu beleben. Der freudige Glaube des Deutschen an die grosse Zukunft seines Volkes ruht darauf, dass das deutsche Volk in Zukunft sein wird, was es von je gewesen ist. Der Staat der deutschen Nation kann nur die Signatur des Rechtsstaates tragen, oder die Nation giebt sich und ihre Geschichte auf.

Sachregister.

Absicht 144, 200, 497, 500, 502.
Absolutismus 664, 668.
Adoption 581.
Affect 139, 492.
Amnestie 695.
Amt 660, 676.
Anerbieten 478.
Anerkenntnis 507.
Anspruch 455.
Anstalt 448.
Arbeitsvertrag 587.
Aristokratie 667.
Armeeverwaltung 674.
Armenpflege 551.
Auswanderung 556.
Autonomie 419.

Beamter 587, 661.
Bedingung 481.
Befristung 482.
Befugnis 207 ff., 458.
Begehren 136.
Begnadigung 694.
Begünstigung 504.
Behörde 660, 676.
Beihilfe 504.
Berechtigung 451 ff., 458.
Beschwerde 520.
Besitz 465, 594.
Besteuerung 675.
Billigkeit 60, 74, 238, 520, 521.
Brüderlichkeit 377.
Budget 650.
Bundesstaat 646.
Bureaukratie 320.
Bürgschaft 508.

Caution 506.
Christlicher Staat 364 ff.
Classen 185.

Codification 422, 648.
Collision der Rechte 461.
Complot 503.
Constitution 664, 669.
Corporation 448, 588.
Culpa 488, 490.
Cultusfreiheit 557.

Decentralisation 663.
Delictsobligation 635.
Demokratie 667.
Despotie 664.
Dienstmiethe 586, 661.
Discipiinarverfahren 662.
Dolus 488, 497.
Dynastie 654 ff.

Ehe 561.
Eheherrliche Gewalt 578.
Eheliches Güterrecht 578.
Eherecht 567.
Ehescheidung 576.
Eheschliessung 570.
Ehevertrag 573.
Ehre 547, 549.
Ehrenamt 663, 700.
Eigenthum 592 ff. — Erwerbungsarten 605.
Embryo 547.
Entschliessung 144.
Erbrecht 612 ff.

Fahrlässigkeit 489, 498, 516.
Familie 160, 165, 559.
Feudalismus 669.
Finanzverwaltung 675.
Föderation 358.
Frauenrechte 554.
Freiheit, des Willens 149 ff., 272 ff.
— persönliche 549.

Sachregister.

Freiheit, politische 372.
Freistaat 664.
Freiwillige Gerichtsbarkeit 506.
Freizügigkeit 555.
Fremdenrecht 426.

Gefährdung 499, 515.
Geld 179.
Gemeineigenthum 600.
Gemeingeist 355.
Gerechte, das 13, 24, 28, 34, 53, 58, 222 ff.
Gerechtigkeit 223, 228.
Gericht 687 ff.
Gerichtsverfahren 691 ff.
Gerichtsverfassung 691.
Gesellschaft 105, 187.
Gesetz 198 ff., 649 ff.
Gesetzesrecht 247, 419.
Gesetzgebung 314, 647 ff.
Gesinde 587.
Gesinnung 145, 200, 496.
Gewahrsam 466.
Gewerberecht 555.
Gewissensfreiheit 343, 558.
Gewohnheitsrecht 245, 417, 648.
Glaube, guter, schlechter 200, 469.
Gleichgewicht 408.
Gleichheit 223, 225, 376, 596.
Göttliches Recht 254, 297, 307.
Grunddienstbarkeit 618.
Grundeigenthum 603.
Grundrechte 545, 648.
Grundschuld 624.
Gut 179, 202.
Gütergemeinschaft 579.

Haftpflicht 526, 636.
Handlung 151, 495.
Handlungsfähigkeit 475, 492.
Herkommen 420.
Herrscherrecht 652.
Hypothek 624.

Imperative 210.
Interessen 324, 454, 588.
— materielle 174.
— der Persönlichkeit 181.
— gesellschaftliche 187.
Interpretation 435.
Irrthum 476, 495, 517, 525.

Juristenrecht 248, 421.

Kirche 161, 334 ff., 589, 684.
Klage 520.
Klostergelübde 450, 480.
Krieg 409.

Laienrichter 438, 693.
Land 291, 645.
Legitimität 304.
Lehrfreiheit 557.
Litteraturangaben 44, 107, 114, 187, 243, 263, 283, 311, 389, 413, 485.

Macht und Recht 33, 46 ff., 51, 90, 204 ff., 384, 664.
Menschenrechte 210, 258.
Miethe 620.
Ministerium 660.
Mitthäterschaft 503.
Modus 483.
Monarchie 653, 665.
Motiv 146, 496.

Nationalität 358.
Nationalstaat 362.
Naturalobligation 521.
Naturrecht 11, 15, 32, 37, 43, 60, 87, 98, 257.
Naturstand 33, 83, 87, 92, 95, 177, 296, 392.
Niessbrauch 619.
Norm 210, 537.
Nothstand 460.
Nothwehr 509.

Obligation 453 ff., 560, 629.
Obrigkeit 291, 302.
Observanz 421.
Occupation 605.
Oeffentliches Recht 541, 650 ff.
Oligarchie 667.
Ordnung 193, 203.
Organischer Charakter des Rechtes 243, 253, 256.
Organismen, ethische 160.

Pacht 620.
Parlament 656.
Parlamentarische Regierung 658.
Person 122, 200, 287, 440.
Personal-Union 359, 655.
Pfandrecht 623.
Pfändung 509.
Polizei 508, 511, 516, 587, 677 ff.
Polizeistrafe 516, 681.
Politik 642, 672.
Prävention 511.
Pressfreiheit 557.
Privatrecht 541, 650.
Privatstrafe 528.
Promulgation 651.
Protestation 507.

Sachregister. 705

Race 356.
Reallast 634.
Real-Union 359, 646, 655.
Recht, Bedeutungen des Wortes 23, 26.
— Begriff des Rechts 21, 26.
— absolutes und dispositives 426.
— erworbenes 429.
— Gültigkeitsgrenzen des Rechts 423.
— Historischer Charakter des Rechts 244.
— ideales Recht 21.
— subjectives Recht 537.
— das — und das Gerechte 24, 215 ff.
Recht der Stärke 46. 229.
Rechtsgesetz und Sittengesetz 2 ff., 94, 211.
Rechtsgeschäft 474.
Rechtshandlung 474.
Rechtsinstitut 199.
Rechtspflege 519 ff., 687 ff.
— bürgerliche 519 ff.
— Strafrechtspflege 529 ff.
Rechtsphilosophie, Begriff 1 ff., 11 ff., 259.
— Aufgabe 10, 259, 414.
— Gegenstand 1 ff., 259, 415.
Rechtsquellen 412 ff.
Rechtsstaat 41, 643, 664, 669, 697, 701.
Rechtsverhältnis 199.
Regentschaft 655.
Regierung 314, 672.
Republik 654, 666.
Res publica 373.
Restitutio in integrum 520.
Revolution 256.
Richter 431 ff., 688 ff.
Rückwirkung 429, 690.
Rückziehung 481.

Sachen 602.
Sanction 651, 655.
Schadensersatz 526 ff., 635.
Schuld 488.
Schule 161, 333, 684.
Sclaverei 444, 585.
Selbsthilfe 508.
Selbstverwaltung 373, 662 ff., 684.
Sociale Frage 632.
Socialismus 46, 214, 270, 324, 599, 638, 669.
Sondereigenthum 597 ff.
Souveränetät 389 ff., 646.

Lasson, Rechtsphilosophie.

Specification 606.
Staat, Begriff des Staates 37, 160, 283 ff.
— Functionen des Staates 310 ff., 671 ff.
Staat und Interessen 324, 330 ff.
Staat und Kirche 39, 81, 334 ff., 684.
Staat und Recht 37, 286.
Staat und Schule 333, 684.
Staatenbund 646.
Staatsfürsorge 638, 676 ff., 682 ff.
Staatsideale 13, 17, 100.
Staatsrath 700.
Staatsvertrag 294. 298.
Staatszweck 286, 311.
Stiftung 449.
Strafarten 539.
Strafe, erziehliche 531.
— Disciplinarstrafe 531.
— eigentliche (Rechts-) Strafe 526, 529, 532.
Strafgesetz 536 ff.
Straftheorieen 529, 536.

Territorialität des Rechts 426.
Territorium 645.
That 152.
Theilung der Gewalten 384, 653.
Theokratie 214, 335, 669.
Thierquälerei 548.
Todesstrafe 540.
Tradition 607.

Unrecht. Arten des Unrechts 484, 487 519, 525.
— Civil- und Criminalunrecht 513.
Unsittlichkeit 201.
Unterlassung 494.
Unternehmen 503.
Unterstützungsrecht 551.
Unverantwortlichkeit 655.
Urheberrecht 625.
Urkunde 506.
Urtheil, richterliches 522, 695.
Utilitarismus 68, 216.

Vaterland 356.
Väterliche Gewalt 580.
Verbrechen 489.
Verfassung 641 ff.
Verfassungsformen 664.
Verfassungsstaat 643.
Verjährung 465.
Vermuthung 508, 524.
Vernunftrecht 11, 17, 34, 97 ff.
Verordnung 649.

45

Versuch 500 ff., 516.
Versuchung 149, 497.
Vertrag 403, 477, 560, 585, 630, 637.
Verwaltung 315, 670.
Verwaltungsgericht 696.
Verwandtschaft 583.
Volk 169, 290, 353, 644.
Völkerrecht 394 ff.
Volkssouveränetät 299 ff., 393.
Volksvertretung 656.
Volkswille 299, 327.
Vollstreckung 693.

Vormundschaft 582.
Vorsatz 145, 497.

Wahlrecht 657.
Werth 454.
Wille 148.

Zurechnung 152, 200, 476, 492.
Zustandsobligation 634.
Zustandsrechte 545 ff.
Zwang 204, 385, 476.
Zwangsrechte 635.
Zweck 143 ff., 496.
Zweikampf 548.

Namenregister.

Ahrens, H., 8, 37, 107.
Althusius, Joh., 86.
Antisthenes 67.
Archelaos 28.
Aristippos 30.
Aristoteles 2, 14, 29, 38, 43, 55 ff., 217, 239, 296, 313.
Augustinus 2, 39.
Augustinus Triumphus 81.

Baader, Fr. v., 107.
Bacon 312.
Bähr, O., 42.
Bellarmin 15, 85.
Bentham 31, 96.
Bodinus, J., 15, 84.
Brockhaus, F., 307.
Buchanan 15, 85.
Burke, Edm., 18, 40, 44.

Celsus 2.
Cicero 2, 31, 39, 49, 71 ff., 461.
Cyniker, die, 67.

Dante 82.

Eichhorn, K. Fr., 18.
Engelbert von Volkersdorf 84.
Epiktet 69.
Epikur 30, 43, 67 ff.
Epikureer 39, 67.
Euhemeros 14.

Fichte, J. G., 5, 17, 35, 40, 100 ff., 280.

Geyer, A., 108.
Gneist, R., 41, 42.
Gorgias 46, 47.
Grotius, Hugo, 3, 15, 32, 39, 44, 87, 312.

Hegel, G. W. F., 6, 17, 35, 41, 103 ff., 279, 488, 527, 609.
Heraklit 28.
Herbart 108.
Hertz, E., 530.
Hippias v. Elis 29.
Hippodamus v. Milet 13.
Hobbes, Th., 32, 39, 88, 312.
Hugo 18, 35.

Jesuiten 85.
Ihering, R. v., 9, 27, 108, 526.
Juristen, die römischen, 2, 16, 73 ff.

Kallikles 29, 46.
Kant 5, 17, 34, 40, 43, 97 ff., 156, 313.
Karneades 70.
Kirchmann, J. H. v., 108.
Krause 107.
Kritias 29.
Kyrenaiker 67.

Languet, Humbert, 15, 85.
Leibniz 4.
Locke, John, 39, 95, 312.
Louis XIV. 308.
Lupold von Bebenburg 84.
Lykophron 29.

Mariana 15, 85.
Marsilius von Padua 83.
Michelet, C. L., 108.
Mill, John Stuart, 96.
Milton, J., 15, 86.
Mohl, R. v., 41.
Molina, Ludw., 85.
Monarchomachen 85.
Montaigne 34.
Montesquieu 34, 44.
Morus, Thomas, 15.

Neuplatoniker 71.
Nicolaus von Cusa 84.
Niebuhr, B. G., 18.

Occam, Wilhelm, 82.

Paulus 241.
Petrus de Andlo 84.
Phaleas von Chalcedon 13.
Plato 14, 29, 38, 43, 50 ff., 240, 313.
Plotinus 14.
Polos 29, 46.
Prodikos 47.
Protagoras 28, 46, 47.
Ptolemaeus Lucensis 79, 81.
Puchta 18, 36.
Pufendorf, Sam., 3, 33, 39, 91 ff., 312.

Roeder, K., 108.
Rousseau J. J., 15, 96.

Savigny 18, 313.
Schelling 18, 40.
Schlözer 311.
Schulze, B. H., 38, 313.
Seneca 2.

Sidney, Alg., 87.
Sokrates 43, 49.
Sophisten 45 ff.
Spinoza 23, 33, 89 ff.
Stahl, F. J., 7, 36, 41, 107, 308.
Stein, L. v., 677.
Stoiker 2, 30, 43, 67.
Suarez 15, 85.

Thibaut 263.
Thomas von Aquino 3, 31, 39, 43, 79 ff.
Thomasius, Chr., 5, 34, 94.
Thon, A., 530.
Thrasymachos 13, 46.
Timon 70.
Trendelenburg, A., 7, 108.

Ulrici, H., 8.

Volkmann, W. Ritter von Volkmar, 114.

Wagner, Adolf, 608.
Waitz 313
Wolf, Christian v., 94.
Wundt, Wilhelm, 114.